地球の歩き方　2006～2007年版

イギリス

United Kingdom of Great Britain & Northern Ireland

地球の歩き方編集室

Contents

地球の歩き方

イギリス

目次

ロンドン名物、ノッティングヒル・カーニバル

テムズのほとり
Along the Thames

ブルーベル鉄道

南海岸地方
Southern Coast

イングランド中央部
Central England

マンチェスターの運河に停泊中のナローボート

イングランド北部
Northern England

ウェールズ
Wales

北アイルランドの情報は『A05 アイルランド』に詳しく出ています

インヴァネスを流れるネス川

スコットランド

Scotland

旅の準備とテクニック

Travel Advice

本書をご利用になる前に

旅はのんびり……

本書は、イギリス全土にわたる多彩な魅力をいろいろな角度から取り上げています。初めての滞在でも個人で歩けるよう、交通機関や観光ポイントのデータを重視し、割安なホテルやB&Bなどの情報も豊富に掲載しています。なお「地球の歩き方」のイギリス関連書籍は本書のほかに『A03ロンドン』『A04スコットランド』『A05アイルランド』があります。ご旅行の地域に合わせてお選びください。

取材時期

本書は原則として2006年2～4月の現地調査をもとに編集しています。具体的で役立つデータを記載していますが、時間の経過とともに変更が出てくることをお含みおきのうえでご利用ください。特に料金はシーズンによる変動も大きいものです。

掲載の料金には原則として税、サービス料などは含まれません。また、日本の消費税については、税5%を含んだ総額表示です。

なおイギリスでは、正式に発表されていなくても、クリスマス前から正月にかけて、またイースター（2007年は4月8日）前後の数日間に休業する施設（博物館や美術館、ホテル、B&B、レストラン等）が多い傾向にあります。これらの休日や、イレギュラーな休業日は本書に記載されておりませんので現地でお確かめください。

発行後の更新情報

本書に掲載している情報で、発行後に変更されたものについては、「地球の歩き方」ホームページの「ガイドブック更新情報掲示板」で、可能な限り最新のデータに更新しています（ホテル、レストラン料金の変更は除く）。旅立つ前に、ぜひ最新情報をご確認ください。

inet **support.arukikata.co.jp**

読者投稿について

囲み記事、ホテル情報、おすすめ観光ポイントなど、☺☹マークがあるものはすべて読者の体験談です。データについてはすべて現地で確認していますが、体験や感性には、個人差があることをご承知ください。

☺はよかった体験、☹はがっかりした体験を表します。同じ物件に多数情報がある場合は、好意的な投稿と否定的な体験をマーク数で表記しました。「他投稿＝☺☺☹」は掲載の投稿のほかに、よかった体験が2通、よくなかったという意見が1通寄せられたことを意味します。

なお投稿年の春は2～5月、夏は6～9月、秋は10～11月、12月と1月についてはその

記号、略号説明

本文中に使われている記号、略号は以下のとおりです。

～通り＝～St.（Street）～Rd.（Road）
～Av.（Avenue）～Dri.（Drive）
～Ter.（Terrace）～Ln.（Lane）
～Cres.（Crescent）～Cir.（Circus）
～Pde.（Parade）
～広場＝～Sq.（Square）～Pl.（Place）
～橋＝～Br.（Bridge）
～公園＝～Pk.（Park）～Gdns.（Gardens）
上～＝Upr～（Upper）下～＝Lwr～（Lower）
聖～＝St.～（Saint）
～ショッピング・センター＝～S. C.（Shopping Centre）
ユースホステル（イングランド、ウェールズ）＝YHA（Youth Hostels Association）
ユースホステル（スコットランド）＝SYHA（Scottish Youth Hostels Association）
✉住所または予約などの宛先
TEL電話番号　FAXファクシミリ番号
無料 日本国内で利用できる無料通話
Free イギリスで利用できる無料通話
Inet ウエブアドレス（http://は省略しています。また日本語で読めるサイトには末尾に

旨明記してあります。

読者投稿について

編集室では、掲載ホテルに本書持参の旅行者のための宿泊費の割引をお願いしています。読者割引と表記されている宿に本書を持参してご自身で直接予約し、受付で下記の文章と該当ページをご提示ください。ただし、本書発行後に経営が変わるなど、条件が変わったり利用できなくなる場合もあります。なお、割引率、宿泊の条件などは必ずチェックインの前にお確かめください。「学生割引」「連泊割引」「シーズン割引」などが適用された場合は、原則として併用できません。

Dear Manager
Please be advised that 読者割引 described beside the name of hotel means that those tourists carrying this book would be given discount on room rate, which has been agreed or contracted between the hotel and the GIO Globe-trotter Travel Guide.

ホテルのカテゴリー

本書では、旅のスタイルに合った宿泊施設を見つけるための手引きとして、掲載宿泊施設をいくつかのカテゴリーに分けています。そのうち「ユースホステル」は、国際ユースホステル連盟に加盟しているホステルを指します。それ以外の非加盟ホステル（プライベートホステル、バックパッカーズホステルなど）は、本書では「ホステル」と分類しました。

博物館、美術館の展示

博物館や美術館では展示物をほかの施設に貸し出したり、補修などのために非公開とすることもあります。記載されている展示物は変更になることもあります。

鉄道の運行について

イギリスでは、2000年10月の鉄道事故以来、大規模な線路の補修工事や減速運転が続いています。特に冬期の週末などは幹線鉄道で工事をする傾向にあります。またストライキなどで運休や減便になることもあります。列車の運行に関しては最新情報が駅に掲示されるので、必ず現地で確かめてください。

掲載情報のご利用にあたって

編集部では、できるだけ最新で正確な情報を掲載するように努めていますが、現地の規則や手続きなどがしばしば変更されたり、またその解釈に見解の相違が生じることもあります。

このような理由に基づく場合、または弊社に重大な過失がない場合は、本書を利用して生じた損失や不都合などについて、弊社は責任を負いかねますのでご了承ください。

また、本書をお使いいただく際は、掲載されている情報やアドバイスがご自身の状況や立場に適しているか、すべてご自身の責任でご判断のうえでご利用ください。

と記しています）
Mail Eメールアドレス
ⓘツーリスト・インフォメーション
航空機　列車　バス、地図上はバスステーション　タクシーまたはレンタカー　フェリー（地図上は桟橋）
㊐入場時間、開館時間、営業時間など
㊡休業日、閉館日　㊎料金
JPY（日本円）、€（ユーロ）、£（イギリスポンド）、US$（アメリカドル）
C/C クレジットカード
T/C トラベラーズチェック
現金
Ⓐアメリカン・エキスプレス　Ⓓダイナース
ⒿJCB　ⓂMasterCard　ⓋVISA
D ドミトリー　S シングルルーム
W ダブルまたはツインルーム（料金は部屋あたり）
部屋にトイレ付き
共同トイレまたはトイレなし
部屋にシャワー付き
共同シャワーまたはシャワーなし
部屋にバスタブ付きのシャワールームあり
部屋のシャワールームにバスタブはない
宿泊料金に朝食が込み
宿泊料金に朝食は含まれない

ジェネラル インフォメーション

正式国名

グレート・ブリテンおよび北アイルランド連合王国United Kingdom of Great Britain & Northern Ireland

国旗

ユニオンジャックUnion Jackは、イングランドのセント・ジョージズ・クロスSt. George's Crossと、スコットランドのセント・アンドリューズ・クロスSt. Andrew's Crossに、アイルランドのセント・パトリックス・クロスSt. Patrick's Crossが合わさってできたもの。

バッキンガム宮殿に翻るユニオンジャック

国歌

"God Save the Queen"「神よ女王を守り給え」

面積

約24万4000km²。日本の約3分の2。

人口

5983万4300人（2005年）

首都

ロンドンLondon。人口717万2000人(2001年国勢調査より)。

元首

女王エリザベス2世Queen Elizabeth Ⅱ

政体

立憲君主制、議院内閣制、EU（欧州連合）に加盟。

民族構成

イングランド人83%、スコットランド人8%、ウェールズ人5%、アイルランド人3%。マン人。ほかにアフリカ、インド、カリブ海諸国、中国など旧植民地からの移民も多い。

宗教

英国国教会、カトリック、バプティスト、ヒンドゥー教、イスラム教など

言語

英語、ウェールズ語、ゲール語

旅の言葉 ⊂⊃ P.579

通貨と為替レート

ようこそロンドンへ！

通貨単位はポンド(£)。補助単位はペンス(p)。1£＝100p≒220.41円
(2006年5月19日現在)

紙幣は£5、£10、£20、£50。硬貨は1p、2p、5p、10p、20p、50p、£1、£2。スコットランドや北アイルランド、マン島では独自の紙幣を発行しているが、イングランド銀行発行のものと価値は同じで、イングランドでも使うことができる。ただし、日本では換金はできない。

通貨と両替 ⊂⊃ P.539
旅の予算 ⊂⊃ P.540

おもな祝祭日

祝日が土・日曜と重なる場合は、その翌日が振替休日となる。3/17のセント・パトリック・デイ、7/12のオレンジマンズ・デイは北アイルランドのみの祝日。

新年　1/1
バンクホリデイ　1/2★
聖金曜日　4/6（2007年）
イースター・マンデイ※　4/9（2007年）
メーデー・バンクホリデイ　5/7（2007年）
スプリング・バンクホリデイ　5/28（2007年）
サマー・バンクホリデイ★　8/7（2006年）
サマー・バンクホリデイ※　8/28（2006年）
クリスマス　12/25
ボクシング・デイ　12/26
※はスコットランドを除く地域の祝日
★はスコットランドのみの祝日

ビジネスアワー

以下は一般的な営業時間の目安。ショップやレストランでは、店によって異なる。日曜や祝日に営業するところも増えつつある。

銀行　月～金曜9:30～16:30。土・日曜、祝日は休日。

デパートやショップ　月～土曜9:00～18:00頃、大きなスーパーマーケットなどでは、日曜の12:00～18:00頃も営業する。

レストラン　12:00～14:00、18:00～22:00。

パブ　月～土曜11:00～23:00、日曜12:00～22:30。

個性豊かな郵便局

電圧とプラグ

電圧は220～230Vで周波数50Hz、プラグは3本足のBFタイプ。日本国内の電化製品はそのままでは使えないので、変圧器が必要。

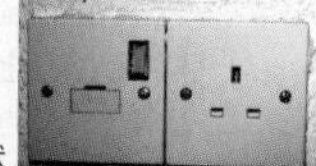
コンセントの形状

ビデオ方式

イギリスのテレビ・ビデオ方式はPAL。日本やアメリカの方式（NTSC方式）とは異なる。一般的な日本国内用のビデオデッキでは再生不可能。ソフト購入時には確認を。また、DVDは、リージョンコードは2で日本と同じだが、ビデオと同様に方式が異なるため、一般的な家庭用DVDプレーヤーでは再生不可能。

チップ

レストランやホテルなどの料金にはサービス料が含まれていることもある。必ずしもチップ（ティップと発音）は必要ではない。ただ、快いサービスを受けたときには、以下の相場を参考にして、スマートにチップを渡してみたい。

また、大型ホテルなどでは、サービス料、VAT（付加価値税）が別料金というところもある。

タクシー　料金の10～15％くらい。

レストラン　合計料金の10～15％くらい。サービス料が含まれている場合は払う必要はない。

パブ　特別な場合を除いて必要なし。

ホテル　ベルボーイやルームサービスに対し、1回につき￡0.50～1.00程度。

英国流生活のルール ⇒ P.568

両替商の店先にはレートが貼り出される

水

水道水は普通に飲むことができるが、ミネラルウオーターも各種揃っている。ミネラルウオーターは、炭酸なし（Still）と、炭酸入り（Sparkling）があるので、購入するときには注意。

コッツウォルズの水

気候

本格的な夏は短く、長い冬とつかの間の春と秋がある。観光シーズンは5〜9月。降水量は少ないが、雨の日が多い。

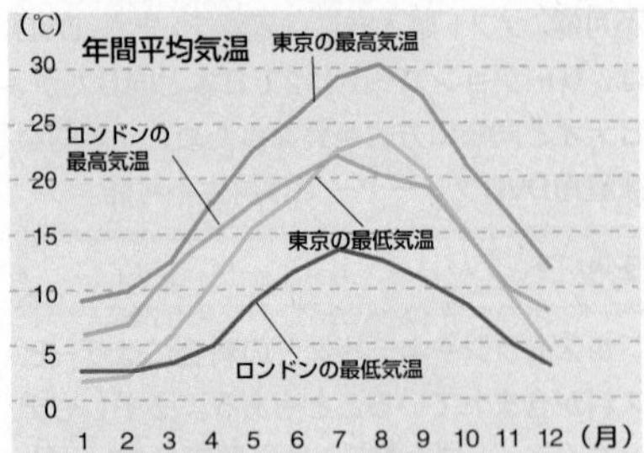

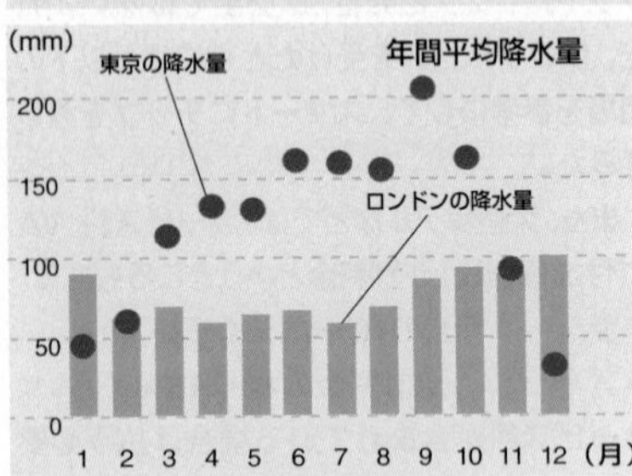

●ロンドンと東京の気温&降水量グラフ
※ロンドンのデータは、www.onlineweather.com、東京のデータは東京管区気象台による。

日本からのフライト時間

衛兵交替式

日本からロンドンまでは約12時間。現在4社(日本航空、全日空、ブリティッシュ・エアウェイズ、ヴァージン アトランティック航空)の直行便が運航している。成田空港からロンドンへは各社合計で1日約6便。

イギリスへの道 ⊂⊃ P.528

時差とサマータイム

イギリスではグリニッジ標準時(GMT)を採用している。日本との時差は9時間で、日本時間から9を引けばよい。つまり、日本の8:00がイギリスでは前日の23:00となる。サマータイム実施中は8時間の差になる。サマータイム実施期間は、3月の最終日曜の午前1:00〜10月の最終日曜の午前1:00。

北の荒れ野を覆うヒースの花

郵便

イギリスの郵便はロイヤル・メールRoyal Mailと呼ばれている。郵便局には本局Main Post Officeと、支局Sub Post Officeの2種類がある。郵便局の営業時間は一般的に、月〜金曜9:00〜17:30、土曜は9:00〜13:00で日曜、祝日は休み(昼休みをとったり、土曜も休業するところもある)。日本へのエアメールの場合、ハガキ50p、封書は10gまで50p、20gまで72p。

郵便と電話 ⊂⊃ P.541

入出国

ビザ 日本国籍の場合、就労や事業が目的でなければ、通常は6ヵ月以内の滞在についてビザは不要。ただし、入国審査時に往復航空券の提示などが必要になる。

パスポート パスポートの有効残存期間は特に定められていないが、できれば6ヵ月以上が望ましい。

入国カード 入国カードは機内で配られるので、記入は機内にいる間に済ませておこう。もし忘れたときは入国審査のホールにも置いてある。

事前の準備と手続き ⊂⊃ P.524
空路での入国と出国 ⊂⊃ P.531
鉄道・バスでの出入国 ⊂⊃ P.534
船での出入国 ⊂⊃ P.536

税金

イギリスではほとんどの物品に17.5%のV

電話のかけ方

●日本への電話のかけ方

00（国際電話認識番号） ＋ 81（日本の国番号） ＋ 相手先の電話番号（市外局番の最初の0は取る）

●日本からの電話のかけ方

001（KDDI）※1　0033（NTTコミュニケーションズ）※1
0041（日本テレコム）※1
※1 マイラインの国際区分に登録している場合は不要。
詳細は inet www.myline.org
005345（au）　009130（NTTドコモ）※2
0046（ボーダフォン）※2
※2 NTTドコモ、ボーダフォンは事前登録が必要。

＋ 010 ＋ 44 イギリスの国番号 ＋ 相手先の電話番号（市外局番の最初の0は取る）

※auは010不要

●現地での電話のかけ方

市内通話は（　）内に書かれた市外局番をはずしてプッシュする。
市外通話は（　）内に書かれた番号を0を含めてプッシュする。

AT（付加価値税）がかかっている。免税の対象店で買い物をしたときに書類を作成してもらい、出国地の税関で申請すれば、払い戻しが受けられる。ちなみに戻ってくるのは買い物で支払った代金。ホテルや飲食など現地で受けたサービスについては還付されない。

VATの払い戻し ⇒ P.533

トラブル

イギリスは比較的治安のよい国だが、大都市ではスリ、ひったくりなどの犯罪が報告されているので気を付けたい。

【警察】【救急車】【消防】　TEL 999

旅のトラブル ⇒ P.570

年齢制限

イギリスでは18歳未満の酒類とタバコの購入は禁止されている。レンタカーは空港や主要な観光地などで借りることができるが、年齢制限があることも。車種によっても違うことがあるのでレンタカー会社に問い合わせておこう。

レンタカー事情 ⇒ P.556

のんびりしたいなかの駅

度量衡

日本の度量衡とは、長さ、面積、容量、速度、重さ、温度など、ほとんどが異なる。長さはインチInch（＝約2.54cm）、重さはポンドlb（＝約453.6g）、距離はマイルMile（＝約1.61km）といった具合。ショッピングの際のサイズ表示の違いなどにも気を付けたい。

そのほか

マナー　エスカレーターでは右側に立ち、左側を空ける。列（キューQueueという）を作るときはフォーク式（窓口がいくつあっても列に並び、順番が来たら空いた窓口に行く）に。タクシーやバスを停めるときには、横に手を出して合図する。タクシーの支払いは降車後、窓越しに行う。

禁煙　スコットランドでは公共の屋内空間、飲食店（パブなども含む）では禁煙。

在外公館

ロンドンの日本大使館
Embassy of Japan

✉101-104 Piccadilly, London, W1J 7JT
TEL (020) 74656500　FAX (020) 74919328
inet www.uk.emb-japan.go.jp

エディンバラの日本総領事館
Consulate General of Japan

✉2 Melville Cres., Edinburgh, EH3 7HW
TEL (0131) 2254777　FAX (0131) 2254828
inet www.edinburgh.uk.emb-japan.go.jp

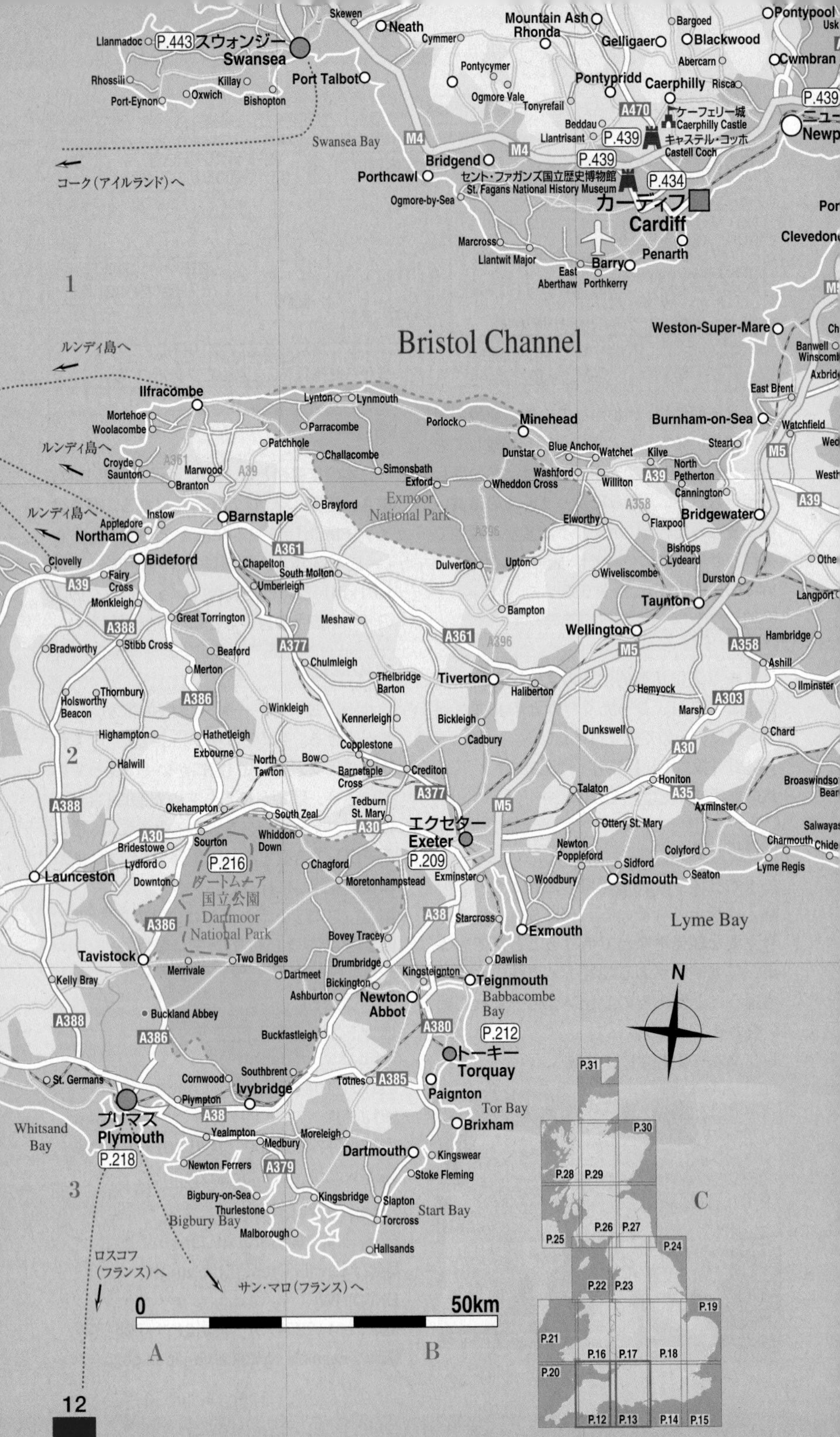

Skewen
Neath
Mountain Ash
Rhonda
Pontypool
Usk
Bargoed
Llanmadoc
P.443 スウォンジー
Swansea
Cymmer
Gelligaer
Blackwood
Abercarn
Cwmbran
Pontycymer
Rhossili
Killay
Port Talbot
Pontypridd
Caerphilly
Risca
Oxwich
Port-Eynon
Bishopton
Ogmore Vale
Tonyrefail
A470
P.439
ケーフェリー城
Caerphilly Castle
ニュー
Newp
Beddau
Llantrisant
P.439
キャステル・コッホ
Castell Coch
Swansea Bay
M4
M4
P.439
Bridgend
コーク（アイルランド）へ
Porthcawl
セント・ファガンズ国立歴史博物館
St. Fagans National History Museum
P.434
Ogmore-by-Sea
カーディフ
Cardiff
Por
Clevedon
Marcross
Penarth
Llantwit Major
Barry
East
Aberthaw
Porthkerry
1
Weston-Super-Mare
Bristol Channel
ルンディ島へ
Banwell
Winscomb
Axbrid
East Brent
Ilfracombe
Lynton
Lynmouth
Mortehoe
Woolacombe
Parracombe
Porlock
Minehead
Burnham-on-Sea
Watchfield
ルンディ島へ
Patchhole
Blue Anchor
Watchet
Kilve
Steart
Dunstar
Challacombe
Croyde
Saunton
A361
Marwood
A39
Simonsbath
Washford
Williton
North
Petherton
M5
Wed
Branton
Exford
Wheddon Cross
A39
Cannington
Westh
ルンディ島へ
Instow
Appledore
Northam
Barnstaple
Brayford
Exmoor
National Park
A358
Flaxpool
Bridgewater
A39
Elworthy
A396
A361
Bishops
Lydeard
Clovelly
Bideford
Chapelton
Dulverton
Upton
Wiveliscombe
Durston
Othe
Fairy
Cross
A39
South Molton
Umberleigh
Langport
Monkleigh
Taunton
Bampton
A388
Great Torrington
Meshaw
Wellington
A361
A396
Hambridge
Bradworthy
Stibb Cross
Beaford
A377
A358
M5
Ashill
Merton
Chulmleigh
Thelbridge
Barton
Tiverton
Haliberton
Hemyock
Ilminster
Holsworthy
Beacon
Thornbury
A386
Winkleigh
Marsh
A303
Kennerleigh
Bickleigh
Highampton
Hathetleigh
Dunkswell
Chard
Cadbury
2
Exbourne
Copplestone
Halwill
North
Tawton
Bow
Barnstaple
Cross
Crediton
A30
A388
Talaton
Honiton
Broaswindso
Bear
A377
A35
Okehampton
Tedburn
St. Mary
M5
Axminster
South Zeal
A30
Whiddon
Down
エクセター
Exeter
Ottery St. Mary
Salwayas
A30
Sourton
Charmouth
Chide
Bridestowe
Newton
Poppleford
Colyford
P.216
P.209
Lydford
Chagford
Sidford
Lyme Regis
Launceston
Downton
Moretonhampstead
Exminster
Woodbury
Sidmouth
Seaton
ダートムーア
国立公園
Dartmoor
National Park
A386
A38
Starcross
Lyme Bay
Exmouth
Bovey Tracey
Tavistock
Two Bridges
Dawlish
Merrivale
Drumbridge
Kelly Bray
Dartmeet
Bickington
Kingsteignton
Teignmouth
N
Ashburton
Newton
Abbot
Babbacombe
Bay
Buckland Abbey
A388
A380
P.212
Buckfastleigh
A386
トーキー
Torquay
Cornwood
Southbrent
St. Germans
Totnes
A385
Paignton
Plympton
Ivybridge
Tor Bay
A38
Brixham
Whitsand
Bay
プリマス
Plymouth
Yealmpton
Moreleigh
Medbury
Dartmouth
Kingswear
P.218
Newton Ferrers
A379
Stoke Fleming
3
Bigbury-on-Sea
Kingsbridge
Slapton
C
Thurlestone
Start Bay
Bigbury Bay
Torcross
Malborough
Hallsands
ロスコフ
（フランス）へ
サン・マロ（フランス）へ
0
50km
A
B
P.31
P.30
P.28
P.29
P.26
P.27
P.25
P.24
P.22
P.23
P.19
P.21
P.16
P.17
P.18
P.20
P.12
P.13
P.14
P.15

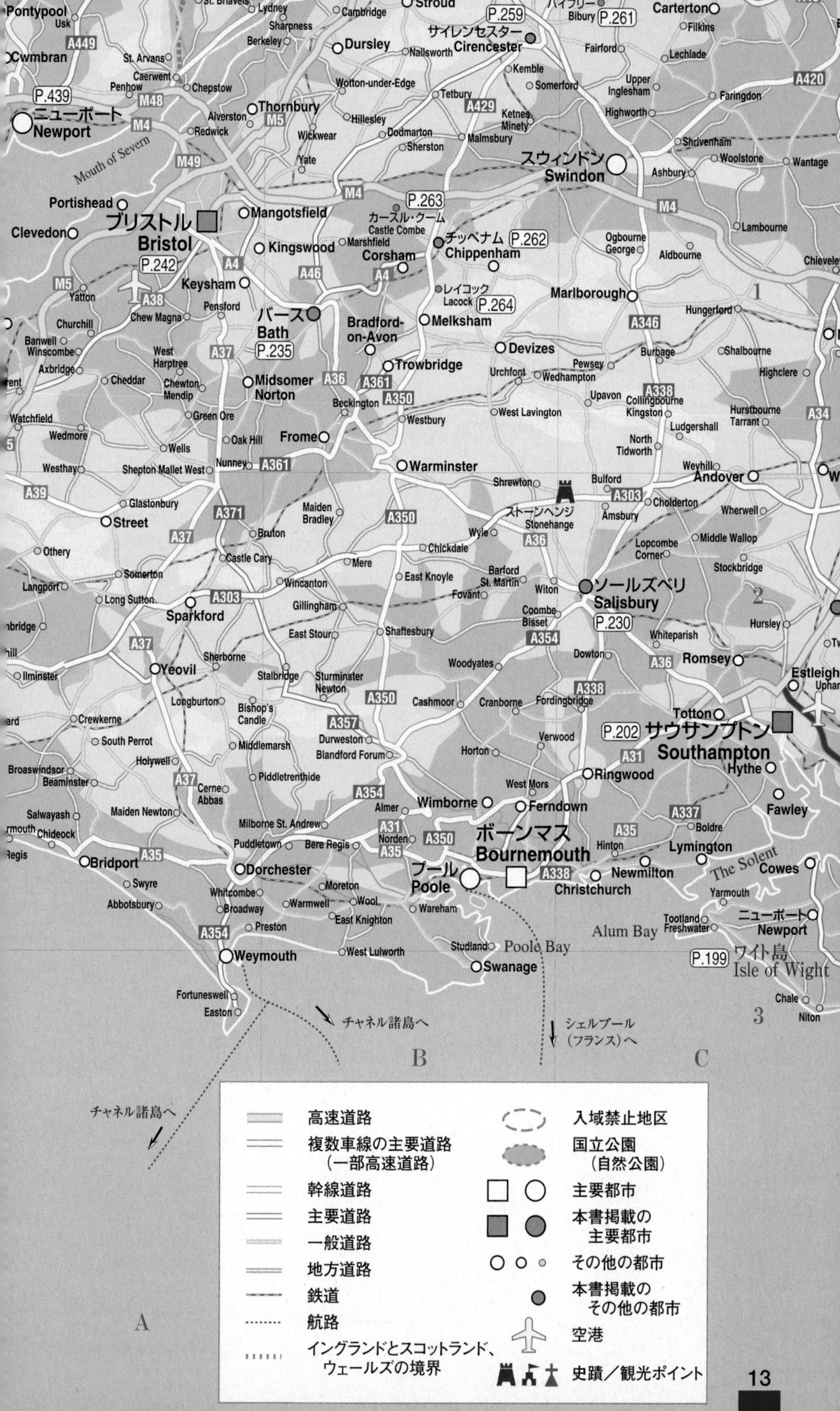

Pontypool
Usk
A449
Cwmbran
St. Briavels
Lydney
Sharpness
Berkeley
Cambridge
Stroud
Dursley
Nailsworth
P.259
サイレンセスター
Cirencester
バイブリー
Bibury
P.261
Carterton
Filkins
Fairford
Lechlade
A420
St. Arvans
Caerwent
Penhow
Chepstow
Wotton-under-Edge
Tetbury
Kemble
Somerford
Upper Inglesham
Faringdon
P.439
ニューポート
Newport
M48
M4
Alverston
Thornbury
M5
Redwick
Hillesley
Wickwear
A429
Dodmarton
Ketnes Minety
Malmsbury
Highworth
Sherston
Shrivenham
Mouth of Severn
M49
Yate
スウィンドン
Swindon
Ashbury
Woolstone
Wantage
Portishead
Clevedon
ブリストル
Bristol
Mangotsfield
P.263
カースル・クーム
Castle Combe
M4
Lambourne
Kingswood
Marshfield
チッペナム
Chippenham
P.262
Ogbourne George
Aldbourne
Chieveley
P.242
A4
A46
Corsham
A4
M5
Yatton
A38
Keysham
レイコック
Lacock
P.264
Marlborough
1
Hungerford
Pensford
Chew Magna
バース
Bath
Bradford-on-Avon
Melksham
A346
Churchill
Banwell
Winscombe
Axbridge
West Harptree
A37
P.235
Devizes
Burbage
Shalbourne
Trowbridge
Pewsey
Cheddar
Chewton Mendip
Midsomer Norton
A36
A361
Urchfont
Wedhampton
Highclere
Beckington
A350
Upavon
A338
Collingbourne Kingston
Hurstbourne Tarrant
A34
Watchfield
Green Ore
Westbury
West Lavington
Ludgershall
Wedmore
Oak Hill
Frome
North Tidworth
Wells
Westhay
Shepton Mallet West
Nunney
A361
Warminster
Weyhill
Andover
Shrewton
Bulford
A303
A39
Glastonbury
Cholderton
Maiden Bradley
ストーンヘンジ
Stonehenge
Amsbury
Wherwell
Street
A371
A350
A37
Bruton
Wylie
A36
Middle Wallop
Lopcombe Corner
Othery
Chickdale
Castle Cary
Mere
Barford St. Martin
Stockbridge
Somerton
East Knoyle
Wincanton
Langport
Wilton
ソールズベリ
Salisbury
2
Long Sutton
A303
Fovant
Sparkford
Gillingham
Coombe Bisset
P.230
Hursley
East Stour
Shaftesbury
Whiteparish
A37
A354
Sherborne
Woodyates
Dowton
A36
Romsey
Ilminster
Yeovil
Stalbridge
Sturminster Newton
Estleigh
Longburton
A350
Cashmoor
Cranborne
Fordingbridge
A338
Totton
Bishop's Candle
Crewkerne
A357
P.202
サウサンプトン
Southampton
South Perrot
Middlemarsh
Durweston
Verwood
Blandford Forum
Horton
A31
Hythe
Holywell
Broadwindsor
Beaminster
A37
Piddletrenthide
Ringwood
Cerne Abbas
West Mors
A354
Fawley
Salwayash
Maiden Newton
Almer
Wimborne
Ferndown
A337
Chideock
Milborne St. Andrew
A31
Norden
A350
ボーンマス
Bournemouth
A35
Boldre
Hinton
Puddletown
Bere Regis
A35
Lymington
Bridport
A35
Dorchester
プール
Poole
A338
Newmilton
The Solent
Cowes
Swyre
Moreton
Christchurch
Whitcombe
Yarmouth
Abbotsbury
Broadway
Warmwell
Wool
Wareham
East Knighton
Tootland
Freshwater
ニューポート
Newport
A354
Preston
Alum Bay
Studland
Poole Bay
Weymouth
West Lulworth
Swanage
P.199
ワイト島
Isle of Wight
Fortuneswell
Easton
Chale
3
Niton
チャネル諸島へ
シェルブール（フランス）へ
B
C
チャネル諸島へ
A
高速道路
複数車線の主要道路（一部高速道路）
幹線道路
主要道路
一般道路
地方道路
鉄道
航路
イングランドとスコットランド、ウェールズの境界
入域禁止地区
国立公園（自然公園）
主要都市
本書掲載の主要都市
その他の都市
本書掲載のその他の都市
空港
史蹟／観光ポイント

オックスフォード
Oxford
P.272
ロンドン
London
P.57
レディング
Reading
ウィンザー
Windsor
P.161
スロフ
Slough
ワトフォード
Watford
ヘンリー・オン・テムズ
Henley-on-Thames
ヒースロー空港
Heathrow Airport
ロンドン・シティ空港
London City Airport
ベイジングストーク
Basingstoke
ギルドフォード
Guildford
ガトウィック空港
Gatwick Airport
イースト・グリンステッド
East Grinstead
ウィンチェスター
Winchester
P.206
ポーツマス
Portsmouth
P.196
チチェスター
Chichester
ブライトン
Brighton
P.192
セブン・シスターズ
Seven Sisters
P.185
ライド
Ryde
ル・アーブル、カン
(フランス)へ
ディエップ
(フランス)へ
A
B
C
1
2
3

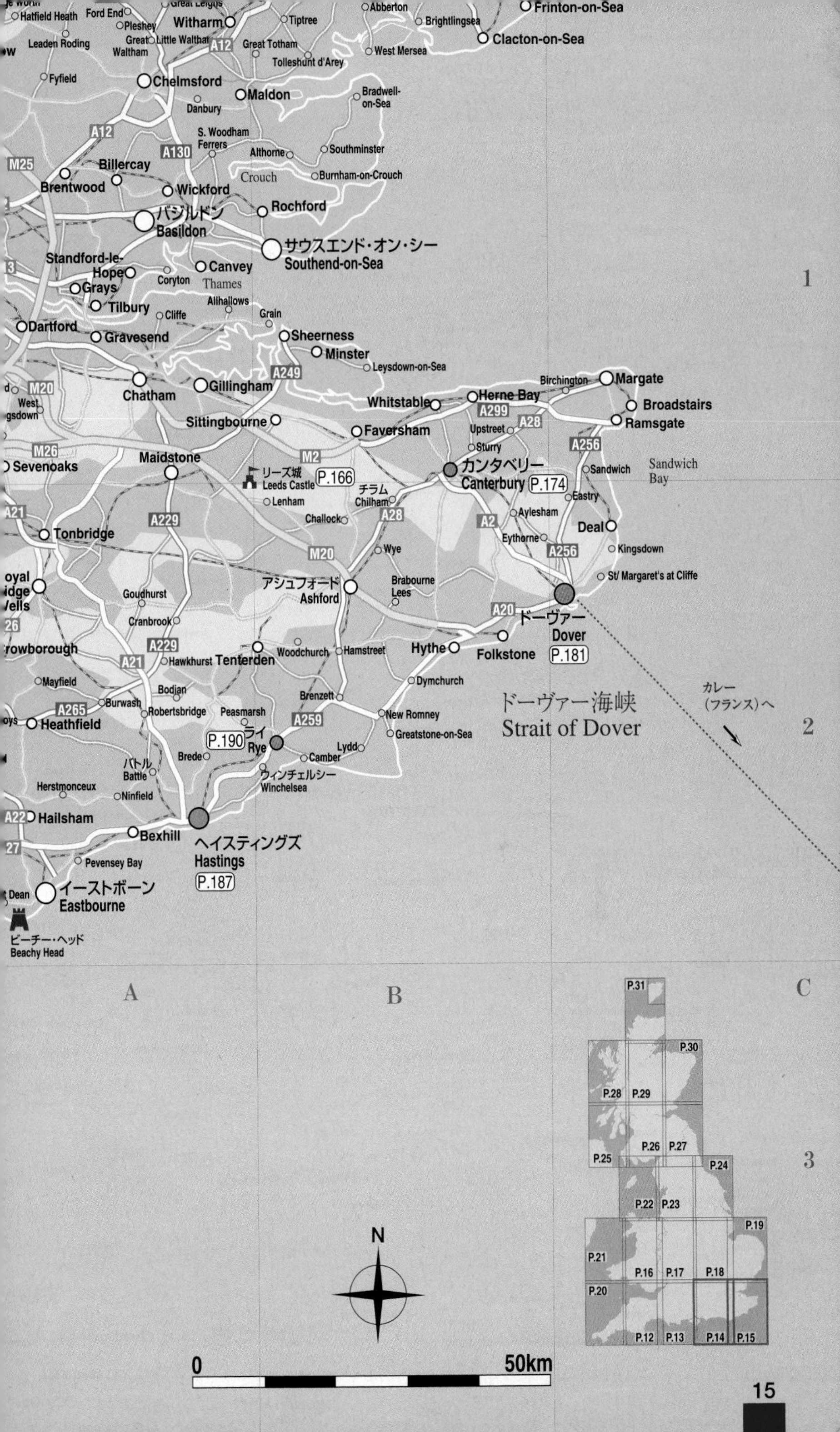

Hatfield Heath
Ford End
Pleshey
Witharm
Tiptree
Abberton
Brightlingsea
Frinton-on-Sea
Clacton-on-Sea
Leaden Roding
Great Waltham
Little Waltham
A12
Great Totham
Tolleshunt d'Arey
West Mersea
Fyfield
Chelmsford
Maldon
Danbury
Bradwell-on-Sea
A12
S. Woodham Ferrers
A130
Althorne
Southminster
M25
Billercay
Brentwood
Crouch
Burnham-on-Crouch
Wickford
Rochford
バジルドン
Basildon
サウスエンド・オン・シー
Southend-on-Sea
Standford-le-Hope
Canvey
Coryton
Thames
Grays
Tilbury
Allhallows
Cliffe
Grain
Dartford
Gravesend
Sheerness
Minster
Leysdown-on-Sea
A249
M20
Chatham
Gillingham
Birchington
Margate
West
Whitstable
Herne Bay
Broadstairs
A299
Sittingbourne
Upstreet
A28
Ramsgate
Faversham
Sturry
A256
M26
Sevenoaks
Maidstone
M2
Sandwich
Sandwich Bay
リーズ城
Leeds Castle
P.166
カンタベリー
Canterbury
P.174
Lenham
チラム
Chilham
Eastry
A21
A229
Challock
A28
A2
Aylesham
Tonbridge
Eythorne
Deal
Wye
M20
A256
Kingsdown
St/ Margaret's at Cliffe
Brabourne Lees
アシュフォード
Ashford
Goudhurst
A20
ドーヴァー
Dover
Cranbrook
Folkstone
A229
Tenterden
Woodchurch
Hamstreet
Hythe
P.181
A21
Hawkhurst
Mayfield
Bodian
Dymchurch
Burwash
Brenzett
A265
Heathfield
Robertsbridge
Peasmarsh
A259
New Romney
ドーヴァー海峡
Strait of Dover
カレー (フランス)へ
P.190
ライ
Rye
Lydd
Greatstone-on-Sea
Brede
Camber
バトル
Battle
ウィンチェルシー
Winchelsea
Herstmonceux
Ninfield
A22
Hailsham
Bexhill
ヘイスティングズ
Hastings
P.187
Pevensey Bay
Dean
イーストボーン
Eastbourne
ビーチー・ヘッド
Beachy Head
1
2
3
A
B
C
P.31
P.30
P.28
P.29
P.26
P.27
P.25
P.24
P.22
P.23
P.19
P.21
P.16
P.17
P.18
P.20
P.12
P.13
P.14
P.15
N
0
50km

Valley
Pentraeth
Llangefni
Llanfair-yn-Neubwll
A55
ボーマリス
Beaumaris
P.447
Llandudno
コンウィ
Conwy
Colwyn Bay
Rhyl
Prestyn
Kinmel Bay
Glan-y-don
Llysfaen
Abergele
Llanfechan
メナイ橋
Menai Bridge
ペンリン城
Penrhyn Castle
P.444
Bodorgan Station
バンガー
Bangor
P.448
Dawn
Llanfair Talhaiarn
St. Asaph
Trefnant
Bodfari
A55
Rhuallt
Flint
P.332
Llangaffo
Newborough
カナーヴォン
Caernarfon
Llanrug
Penisa'r Waun
Dolgarrog
A470
Llangernyw
Denbigh
Connah's Quay
Caernarfon Bay
P.452
スランベリス
Llanberis
P.455
Trefriw
Bylchau
Gwtherin
Buckley
Capel Curig
A5
Llandwrog
Carmel
Penygroes
Ruthin
Hope
Llanarmon-yn-Ial
1
A487
Clynnogfawr
Dolwyddelan
Clawdd-newydd
Rhydtalog
Llandegla
Penmachno
Bwlchgwyn
Beddgelert
A5
Llanelidian
Wrexham
Cerrigydrudion
A494
Llithfaen
Llanelhaearn
Ffestiniog Blaenau
Nefyn
Greoeffordd
Garreg
Druid
Rhoslan
Prenteg
Ffestiniog
Glan-yr-afon
Corwen
Penycae
Y Ffôr
Porthmadog
Maentwrog
A5
Criccieth
Penrhyndeudrath
Cynwyd
Llangollen
Trawsfynydd
Pwllheli
Bala
A494
Pale
Froncysyllte
A470
Llanbedrog
Tremadog Bay
スノードニア
国立公園
Snowdonia
National
Park
Gobowen
Rhiw
Abersoch
Harlech
Llanuwchllyn
Oswestry
N
Llanbedr
Llanhaeeadr-ym-Mochnant
Llansilin
Dyffryn Ardudwy
Penubontfawr
Llanclys
Tal-y-bont
Llansantffraid-ym-Mechain
Pant
Llanaber
Abergwynant
Llanwddyn
Llanfyllin
Barmouth
Dolgellau
A470
Arthog
Barmouth Bay
A487
A483
Mallwyd
A458
Meifod
Middletown
Llwyngwril
Llangadfan
Llangelynnin
Abergynolwyn
Corris
Gulisfield
Melin-y-ddôl
ウェルシュプール
Welshpool
Llanrgryn
Llanfair Caereinion
Cemmaes Road
Brycrug
Llanbrynmair
A489
Tywyn
Pennal
Worthen
Machynlleth
New Mills
Berriew
Aberdyfi
Garthmyl
Plas Llysyn
A470
Montgomery
Cardigan Bay
Caersws
Abermule
Staylittle
Borth
Talybont
Trefeglwys
A489
Newtown
Lydham
Glanmule
A487
Dolfor
Bishop's Castle
Llangorwen
Llanidloes
A470
Aberstwyth
Newcastke
Ponterwyd
A44
Felindre
Llangurig
Clun
New Cross
Llanilar
Decvil's Bridge
Llanbadaren Fynydd
A487
A470
Bwlch-y-sarnau
0
20km
Llanrhystud
Lledrod
Llanbister
Knucklas
Llanon
Knighton
Pontrhydfendigaid
Rhayader
Nantmel
Aberarth
A44
Aberaeron
Fron
Crossgates
Presteigne
Newquay
New Radnor
Tregaron
Llandrindod Wells
Ciliau-Aeron
Llanfihangel-nant-Melan
Old Radnor
Newbridge-on-Wye
Llangranog
Temple Bar
A483
Synod Inn
Mydroilyn
Knighton
Aberporth
Llangybi
Abergwesyn
A470
Llangy
Glascwm
Ffostrasol
Cwrtnewydd
Beulah
Garth
Builth Wells
Newchurch
Horeb
Llanwrtyd Wells
Llangammarch
Newcastle Emlyn
Llanubyther
Llandelio Graban
Willersley
Rhandirmwyn
Llandysul
Pumsaint
Upper Chapel
Llangeler
Cilycwm
A438
Hay-on-wye
A483
Glasbury
Dorstone
Llyfwen
Trelech
Alltwalis
Talley Llanwrda
Talgarth
A40
A470
Capel-y-ffin
Cynwyl Elfed
Llanfyndd
Llangadog
Sennybridge
Brecon
A479
3
Carmarthen
Ilanmddeusant
ブレコン・ビーコンズ
国立公園
Brecon Beacons
National
Park
Meidrin
A40
Llamdeilo
A40
Saint Clears
P.442
Bwlch
A40
Tretower
A48
A483
Crickhowell
Red Roses
Laugharne
Llandefaelog
Brynamman
Llanstephan
Pontyberem
Abergavenny
Glanaman
Ammanford
A470
Pendine
Llannon
Seven Sisters
A465
Kiswelly
Ystalyfera
Glyn Neath
Merthyr Tydfil
Tredegar
Burry Port
Pontardulais
Pontardawe
Hirwaun
A
Clydach
B
A465
C
New Tredegar
Abertillery
Carmarthen Bay
Llanelli
Aberdare
Skewen
Mountain Ash
Rhonda
Bargoed
Pontypool
Neath
Llanmadoc
P.443
スウォンジー
Cymmer
Gelligaer
Blackwood
P.31
P.30
P.28
P.29
P.26
P.27
P.25
P.24
P.22
P.23
P.19
P.21
P.16
P.17
P.18
P.20
P.12
P.13
P.14
P.15

Widnes
Lymm
Stockport
Marple
Bebington
Heswall
Runcorn
Poynton
Mere
Booth
Castleton
Bamford
Wilmslow
Adlington
Flint
Ellesmere Port
M56
Frodsham
A49
Knutsford
Chapel-en-le-Frith
Helsby
Weaverham
A623
P.332 チェスター動物園
Chester Zoo
Nortwich
Chelford
A6
Tideswell
Dronfield
Macclesfield
Cuddington
Winsford
バクストン
Buxton
Eyam
チェスター
Chester
Holmes Chapel
チェスターフィールド
Chesterfield
Tarvin
Kelsall
Cotebrook
Marton
Ashford-in-the-Water
Bakewell
P.328
A51
M6
Bosley
Longnor
Tarporley
Arclid Green
Congleton
Rowsley
Hope
A41
A53
A515
Youlgreave
Aldford
Handley
A49
Calveley
Sandbach
A34
Clay Cross
Rhydtalog
Farrdon
Spurstow
Biddulph
Upper Hulme
Matlock
クルーエ
Crewe
Rode Heath
Hartongton
Clutton
Bulkeley
Leek
Warslow
Wrexham
Kidsgrove
Wrexham Estate
Nantwich
Shavington
Cromford
Cross Lanes
Walgherton
P.302
Wirksworth
A6
Whatstandwell
Bickley Moss
Ilam
Aston
ストーク・オン・トレント
Stoke-on-Trent
Kniveton
Ambergate
Penycae
Malpas
ニューキャッスル・アンダー・ライム
Newcastle-under-Lyme
Froghall
Cefnmawr
Bangor-is-y-coed
Belper
Overton
Kingsley
Ashbourne
Longton
Mayfield
Whitchurch
Burleydam
Woore
Oakamoor
Turnditch
Chirk
Harmer
Ellastone
A52
A5
Welshampton
Blackbrook
Upper Tean
Brailsford
Gobowen
lesmere
A53
Ceckley
Rocester
Loggerheads
Langley
Whittington
Market Drayton
Longford
ダービー
Derby
Prees
Stone
Millmeece
Uttoxer
A50
Prees Green
Ternhill
Queen Head
Wem
Hodnet
Sandon
Sudbury
Llanclys
Weston
Burlton
Hinstock
Eccleshall
Hatton
A5
A53
Woodseaves
スタッフォード
Stafford
Weston
Draycott-in-the-Clay
Pant
Baschurch
A41
A50
A49
Abbots Bromley
Tutbury
Hanmer Hill
Shawbury
Tixall
バートン・アポン・トレント
Burton-upon-Trent
Newport
Gnosall
Colwich
Nesscliffe
Haughton
Ticknall
A483
M6
Melverley
Rugeley
A444
Middletown
シュルーズベリー
Shrewsbury
A34
Ashby-de-la-Zouch
Cardeston
Telford
Penkridge
Huntington
A51
Overseal
Westbury
P.299
A5
Gailey
Cannock
A38
Coalville
Hanwood
Lichfield
Lullington
アイアンブリッジ
Ironbridge
Worthen
Minsterley
M54
Marton
Seckington
Dorrington
Cressage
Acton Burnell
A458
P.300
Codsall
Twycross
Tamworth
M42
Hughley
Much Wenlock
Walsall
Aldridge
Bridges
Longville-in-the-Dale
ウォルヴァーハンプトン
Wolverhampton
Sheepy Magna
Church Stretton
Shipton
Morville
Hilton
A5
Wentnor
Athersrone
Lydham
Bridgnorth
ウエスト・ブロミッジ
West Bromwich
A49
Bishop's Castle
Munslow
Ditton Priors
A458
M6
Dudley
Neneaton
Wistanstow
Cleobury North
Six Ashes
バーミンガム
Birmingham
Oldbury
Craven Arms
Billingsley
Stourbridge
Clun
Highley
Halesowen
M6
Bedworth
Cleedownton
P.293
Clungunford
A442
A449
A456
Bromfield
Cleobury Mortimer
Soilhull
コヴェントリー
Coventry
Clee Hill
Kidderminster
Leintwardine
Ludlow
A435
Knowle
Walford
Wythall
Wigmore
Newnham Bridge
A456
Stourport-on-Severn
M42
Hockley Heath
P.297
A49
A46
Lingen
Tenbury Wells
Bromsgrove
Kenilworth
Redditch
P.289 ウォーリック城
Warwick Castle
Mortimer's Cross
Great Witley
Hatton
Henlet-in-Arden
Leysters
Kyre Park
Headless Cross
Shirl Heath
Holt Heath
ウォーリック
Warwick
レミントン
Leamington
High Lane
Studley
Pembridge
Martley
Droitwitch
A44
Leominster
Astwood Bank
Wootton Wawen
Monkland
A435
Bishop's Tachbrook
Lyonshall
Bredenbury
Inkberrow
Bromyard
ウスター
Worcester
Upton Snodsbury
ストラトフォード・アポン・エイヴォン
Stratford-upon-Avon
sarnesfield
Spetchley
Dilwyn
Wellesbourne
Westhope
Gaydon
Ridgeway Cross
Storridge
Powick
Staunton-on-Wye
Burley Gate
Wyre Piddle
A46
P.284
Credenhill
Newtown
Great Malvern
A44
Kineton
Norton
Ettington
M40
A438
Pershore
Swainhill
ヒアフォード
Hereford
Little Malvern
イーヴシャム
Evesham
Mickleton
Halford
Ilmington
Trumpet
Upton-upon-Severn
Middle Tysoe
Vowchurch
Weston Subedge
P.254
Ledbury
チッピング・カムデン
Chipping Campden
バンベリー
Banbury
Bredon
Broadway
Sollers Hope
Kingsthorne
Tewkesbury
A46
Ewyas Harold
Much Marcle
モートン・イン・マーシュ
Moreton-in-Marsh
Stanton
A44
A465
Pendock
Bloxham
Toddington
Bishop's Cleve
P.256
Pontrilas
Deerhurst
A49
M50
Staunton
ウィンチクーム
Winchcombe
P.258
Hook Norton
Dedding
Grosmont
Coombe Hill
Newent
Cleeve Hill
Kineton
Stow-on-the-Wold
Chipping Norton
Pandy
Ross-on-Wye
Skenfrith
チェルトナム
Cheltenham
P.266
Enstone
Middle Barton
Mitcheldean
Huntley
A429
Goodrich
Abergavenny
グロスター
Gloucester
ボートン・オン・ザ・ウォーター
Bourton-on-the-Water
Charlbury
Drybrool
Andoversford
A44
Monmouth
Cinderford
P.270
Cowley
P.257
ブレナム宮殿
Blenheim Palace
Newnham
A40
A40
Coleford
A417
P.280
Painswick
Duntisbourne Leer
Chedworth
Raglan
A38
Aldsworth
Witney
Bream
Pitchcombe
St. Briavels
Lydney
Stroud
バイブリー
Bibury
P.261
Carterton
A40
ontypool
Usk
Sharpness
Cambridge
P.259
Filkins
A449
Berkeley
Dursley
サイレンセスター
1
2
3
A
B
C

シェフィールド
Sheffirld
Gringley-on-the-hill
A631
Ranskill
Beckingham
Gainsborough
A15
A631
Binbrook
Saltfleet
Market Rasen
Middle Rasen
Ludford
A16
Dinnington
Clarborough
A156
Louth
Spridlington
Hainton
Worksop
East Retford
A46
Fulnetby
Market Stainton
Withern
Staveley
Burwell
Darlton
A57
Tuxford
リンカン
Lincoln
Tetford
M1
Langwith
Budby
Budby
Warsop
South Clifton
Doddington
Harrington
Ulceby
A1
シャーウッド・フォレスト
Sherwood Forest
P.307
Bardney
Horncastle
A158
Partney
Kneesall
Charlton-on-Trent
Waddington
Tibshelf
Mansfield
Sutton in Ashfield
Collingham
Matheringham
Martin
Woodhall
Spa
Spilsby
Keal
Kirkby in Ashfield
Kirklington
South
Muskham
South
Normanton
A617
ニューステッド・アビー
Newstead Abbey
Revesby
Tattershall
Tumby
Southwell
Newark-on-Trent
Wainfleet
Ripley
P.307
Billinghay
A16
Hucknall
Calverton
Leadenham
North Kyme
Heanor
Kimberley
Lowdham
A1
Ruskington
Arnold
A46
Leasingham
Frithville
Sibsey
Leake
Langrick
Ilkeston
Carlton
Long
Bennington
A52
Ancaster
Sleaford
ノッティンガム
Nottingham
P.306
Foston
Barkston
ボストン
Boston
A52
Binghan
Bottesford
Belton
Ockbrook
Swineshead
Kirton End
Kirton
West Bridgford
Cotgrade
A52
Grantham
Swaton
Ruddington
Belvoir
Threekingham
A52
Donington
Sutterton
A453
Keyworth
A607
Harby
Biithby
Pagnel
Donington
Nether
Broughton
Croxton Kerrial
Gosberton
Kegworth
A15
Melbourne
Rempstone
A46
Waltham-on-the-Wolds
Rippingale
A17
Holbeach St. Marks
A42
Hathern
Corby Glen
A16
Gedney
Ab Kettleby
Buckminster
Pinchbeck
Holbeach
Shepshed
Loughborough
Asfordby
Grimsthorpe
Sutton Bridge
Melton Mowbray
A1
Spalding
Whaplode
Duorndon
Stapleford
Bourne
Sutton Brid
Coalville
Sileby
Rearsby
A606
M1
Stretton
Thurlby
Cowbit
Sutton St. James
Cropston
Syston
Langham
Ibstock
Twyford
Ryhall
Holbeach Drove
Newton
Barlestone
The Deepings
Owston
Oakham
Cadeby
レスター
Leicester
Empingham
Stamford
Crowland
Wisbech
A15
Billesdon
Glinton
Thorney
Morcott
A43
Elm
Guyhirn
A47
East Norton
A47
Earl Shilton
Wigston
Uppingham
A47
Dubbington
A6
ピーターバラ
Peterborough
Kibworth
Harvourt
A43
P.314
Whittlesey
Hinckley
Medbourne
Caldecott
Bulwick
Elton
March
M1
Arnesby
Rockingham
Wibtoft
Fotheringhay
Farcet
Fen
Tansor
Bedworth
A5
Wimblington
Market
Harborough
Corby
Pndersbridge
North
Kilworth
Yaxley
Doddington
Lutterworth
Husbands
Bosworth
Dundle
Benwick
Manea
Pailton
A605
ヴェントリー
oventry
Desborough
Ramsey
Chatteris
Pymore
Rothwell
Great Gidding
A142
Rugby
A14
Kelmarsh
Kettering
A1
Warboys
Thornby
Abbots
Ripton
A141
Sutton
Lamport
Burton
Latimer
Somersham
West Haddon
Broughton
Creaton
A14
Alconbury
Old Hurst
Earith
Haddenham
M45
A43
ック城
Castle
Brixworth
Finedon
Raunds
Stretham
Irthlingborough
Huntingdon
St. Ives
Braunston
Long Buckby
Kimbolton
Brampton
Godmanchester
Willingham
Wellingborough
Moulton
Earls
Barton
Buckden
Chitter
Daventry
Rushden
Offord
Longstanton
Cottenham
Napton-on-
the-Hill
Wollaston
A6
Staughton
Highway
Waterb
ノーザンプトン
Northampton
Bar Hill
Histon
Priors
Mariston
Eaton St. Neots
Sharnbrook
Eltisley
Madingley
ケンブリ
Cambridg
Bughbrooke
Hardingstone
Bolnhurst
Caxton
Byfield
Maidford
Milton Ernest
A5
Horton
Chawston
Great
Gransden
Comberton
グランチェスター
Grantchester
P.314
M40
Roade
Olney
Great Barford
Potten
Warnington
Chipping Warden
Towcester
M1
Stoke Soldington
Stagsden
Arrington
Harston
Wardington
Orwell
Great Shelford
Sulgrave
Kempston
Bedford
Sandy
Wrestlingworth
Silverstone
A1
Middleton
Cheney
Wolverton-Stoney
Stratford
Newport Pagnell
Wilstead
Old
Warden
Biggleswade
Fowlmere
A43
Guilden
Morden
Melbourn
Royston
Brackley
Shefford
Henlow
Adderbury
Buckingham
Ashwell
Aynho
Finmere
ミルトン・キーネス
Milton Keynes
Clophill
Barley
Duddenhoe
End
Deddington
Bletchley
Stotfold
Reed
M11
Barton-le-Cley
Baldock
Letchworth
Middle Claydon
Winslow
A10
Stewkley
Toddington
A6
Hitchin
Hare Street
Clavering
Middle
Barton
Cottered
Leighton
Buzzard
ルトン
Luton
Buntingford
Quendon
Bicester
Stevenage
Whitchurch
Dunstable
ルトン空港
Luton Airport
Braughing
Blackthorn
A41
A5
Bishop's Stortford
Kidlington
A
Ivinghoe
Dagnall
B
A1
C
Aylebury
Tring
M1
St. Albans
Sawbridge Worth
Hatfield
Wolvercote
Wendove
Berkhamsted
Hertford
オックスフォード
Oxford
P.272
Botley
Hatfield
Hemel
Hoddesdon
Harlow
1
2
3

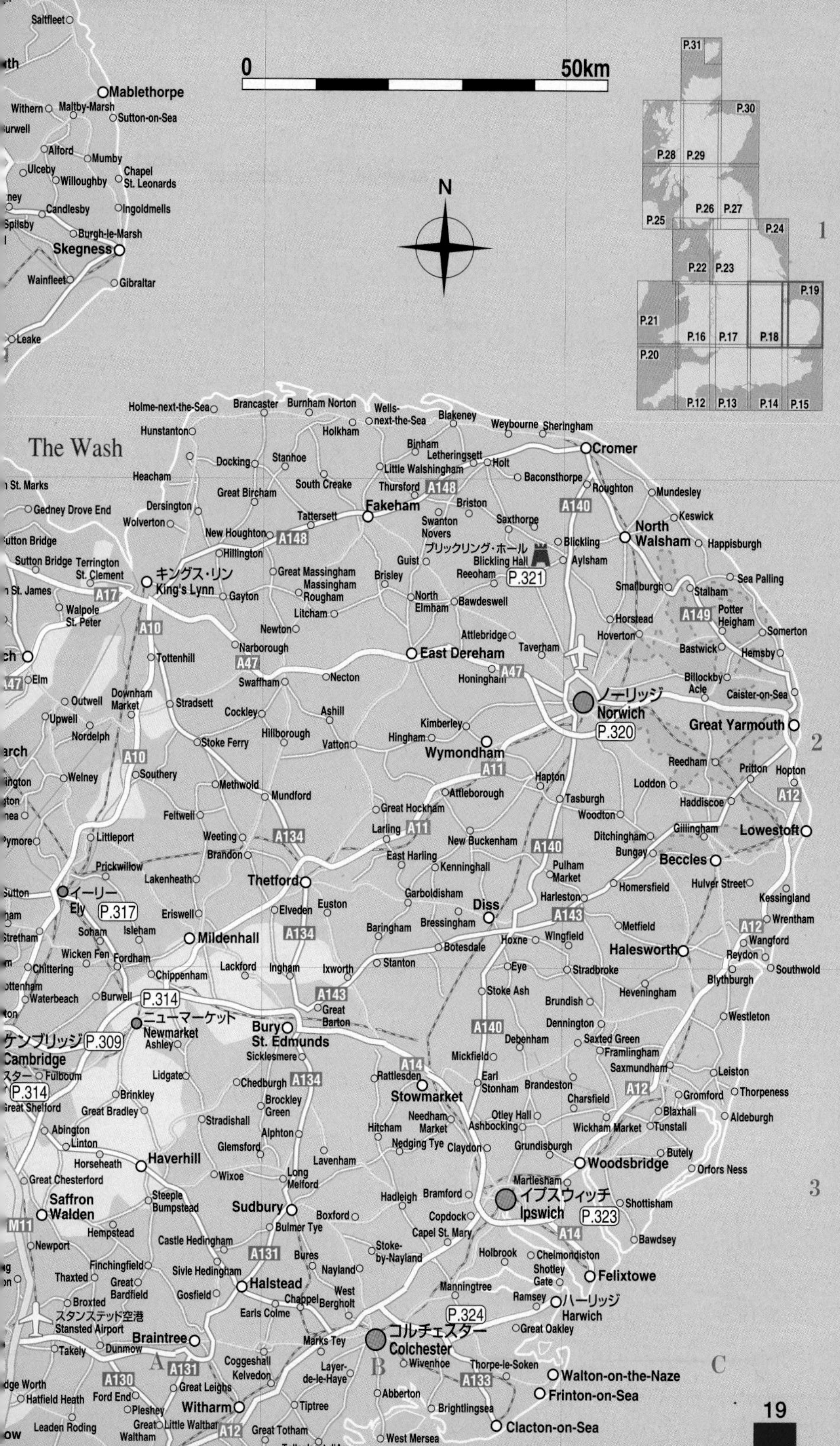

0
50km
N
P.31
P.30
P.28
P.29
P.25
P.26
P.27
P.24
P.22
P.23
P.19
P.21
P.16
P.17
P.18
P.20
P.12
P.13
P.14
P.15
1
2
3
A
B
C
Saltfleet
Mablethorpe
Withern
Maltby-Marsh
Sutton-on-Sea
Alford
Mumby
Ulceby
Willoughby
Chapel St. Leonards
Candlesby
Ingoldmells
Spilsby
Burgh-le-Marsh
Skegness
Wainfleet
Gibraltar
Leake
The Wash
Holme-next-the-Sea
Brancaster
Burnham Norton
Wells-next-the-Sea
Blakeney
Weybourne
Sheringham
Hunstanton
Holkham
Binham
Letheringsett
Holt
Cromer
Docking
Stanhoe
Little Walshingham
Baconsthorpe
Heacham
South Creake
Thursford
A148
Roughton
Mundesley
St. Marks
Great Bircham
Briston
A140
Gedney Drove End
Dersington
Tattersett
Fakeham
Saxthorpe
Keswick
Wolverton
Swanton Novers
North Walsham
Sutton Bridge
New Houghton
A148
ブリックリング・ホール
Blickling Hall
Blickling
Happisburgh
Hillington
Guist
Aylsham
Sutton Bridge
Terrington St. Clement
Great Massingham
Massingham
Brisley
Reeoham
P.321
Sea Palling
キングス・リン
King's Lynn
Rougham
North Elmham
Bawdeswell
Smallburgh
Stalham
St. James
A17
Gayton
Litcham
A149
Potter Heigham
Walpole St. Peter
Newton
Horstead
A10
Attlebridge
Hoverton
Somerton
Narborough
East Dereham
Taverham
Bastwick
Hemsby
Tottenhill
A47
Elm
Swaffham
Necton
Honingham
A47
Billockby
Acle
Caister-on-Sea
Outwell
Downham Market
Stradsett
Ashill
ノーリッジ
Norwich
Upwell
Cockley
Kimberley
Great Yarmouth
Nordelph
Hillborough
Hingham
P.320
Stoke Ferry
Vatton
Wymondham
A10
A11
Reedham
Pritton
Hopton
Welney
Southery
Hapton
Loddon
Methwold
Mundford
Attleborough
Tasburgh
A12
Haddiscoe
Feltwell
Great Hockham
Woodton
Littleport
Weeting
A134
Larling
A11
Ditchingham
Gillingham
Lowestoft
Pymore
Brandon
New Buckenham
A140
Bungay
Beccles
Prickwillow
East Harling
Kenninghall
Lakenheath
Thetford
Pulham Market
Homersfield
Hulver Street
イーリー
Ely
P.317
Garboldisham
Harleston
Kessingland
Euston
Diss
Eriswell
Elveden
A143
Wrentham
Soham
Isleham
Baringham
Bressingham
Metfield
A12
Stretham
Mildenhall
A134
Hoxne
Wingfield
Wangford
Wicken Fen
Fordham
Botesdale
Halesworth
Reydon
Chittering
Lackford
Ingham
Ixworth
Stanton
Eye
Stradbroke
Southwold
Chippenham
Blythburgh
Waterbeach
Burwell
P.314
A143
Stoke Ash
Heveningham
Great Barton
Brundish
ニューマーケット
Newmarket
Westleton
ケンブリッジ
P.309
Ashley
Bury St. Edmunds
A140
Dennington
Cambridge
Debenham
Saxted Green
Sicklesmere
A14
Mickfield
Framlingham
Fulbourn
Lidgate
Chedburgh
A134
Rattlesden
Earl Stonham
Saxmundham
Leiston
P.314
Brinkley
Brockley Green
Stowmarket
Brandeston
A12
Gromford
Thorpeness
Great Shelford
Great Bradley
Charsfield
Blaxhall
Stradishall
Needham Market
Otley Hall
Aldeburgh
Abington
Alphton
Hitcham
Ashbocking
Wickham Market
Tunstall
Linton
Glemsford
Nedging Tye
Claydon
Grundisburgh
Horseheath
Haverhill
Lavenham
Butely
Woodsbridge
Orfors Ness
Great Chesterford
Wixoe
Long Melford
Martlesham
Steeple Bumpstead
Hadleigh
Bramford
イプスウィッチ
Ipswich
P.323
Saffron Walden
Sudbury
Boxford
Shottisham
Copdock
Hempstead
Bulmer Tye
Capel St. Mary
A14
M11
Castle Hedingham
Bawdsey
Newport
A131
Bures
Stoke-by-Nayland
Holbrook
Chelmondiston
Finchingfield
Nayland
Thaxted
Sivle Hedingham
Shotley Gate
Felixtowe
Great Bardfield
Halstead
West Bergholt
Manningtree
Gosfield
Chappel
Ramsey
ハーリッジ
Harwich
Broxted
Earls Colne
スタンステッド空港
Stansted Airport
P.324
Great Oakley
Braintree
Marks Tey
コルチェスター
Colchester
Takely
Dunmow
Coggeshall
Kelvedon
Wivenhoe
Thorpe-le-Soken
A131
Layer-de-le-Haye
Walton-on-the-Naze
A130
A133
Great Leighs
Hatfield Heath
Ford End
Abberton
Frinton-on-Sea
Pleshey
Witharm
Tiptree
Brightlingsea
Leaden Roding
Great Waltham
Little Walthar
A12
Great Totham
Clacton-on-Sea
West Mersea

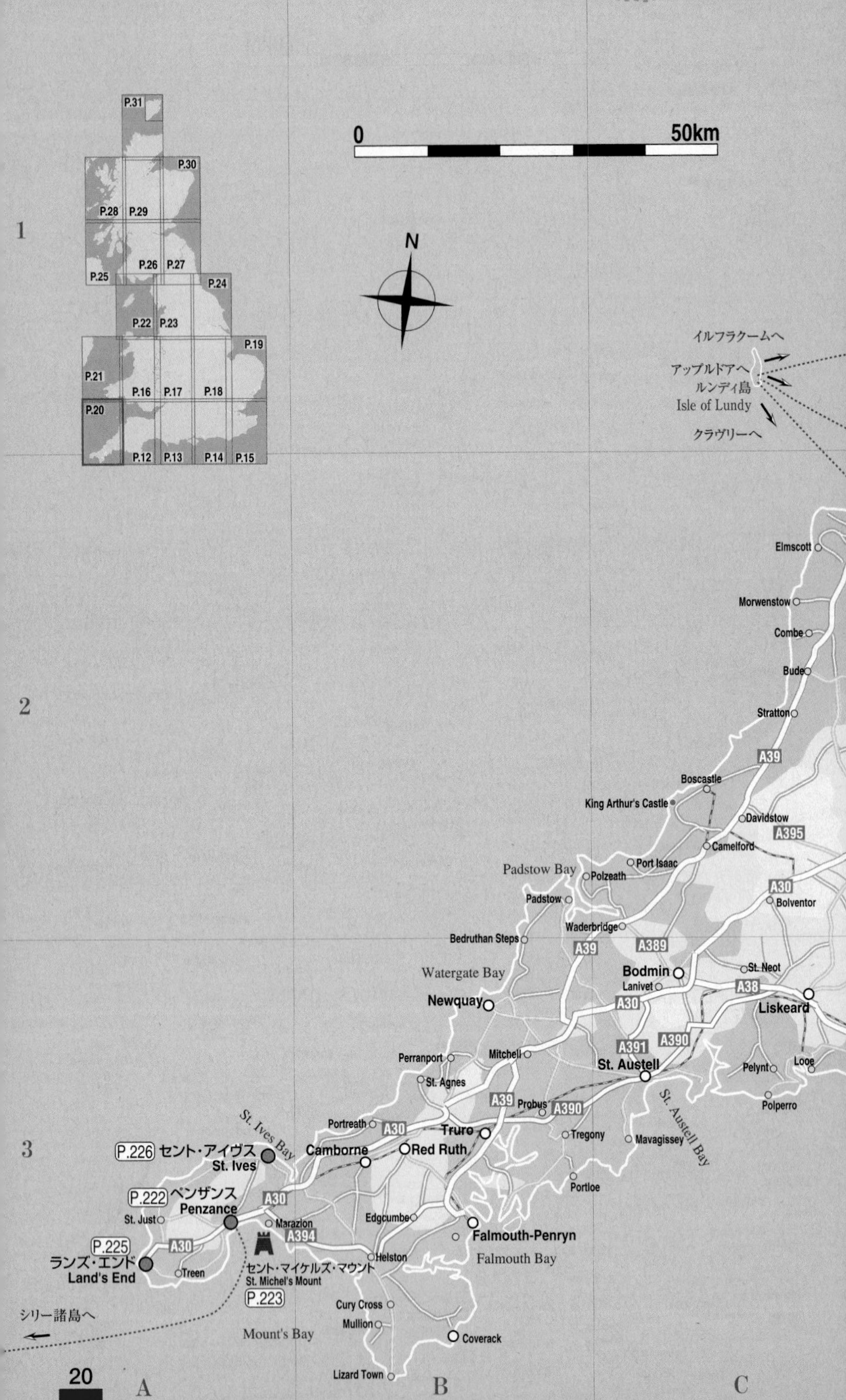
0
50km
N
P.31
P.30
P.28
P.29
P.25
P.26
P.27
P.24
P.22
P.23
P.19
P.21
P.16
P.17
P.18
P.20
P.12
P.13
P.14
P.15
1
2
3
A
B
C
イルフラクームへ
アップルドアへ
ルンディ島
Isle of Lundy
クラヴリーへ
Elmscott
Morwenstow
Combe
Bude
Stratton
A39
Boscastle
King Arthur's Castle
Davidstow
A395
Camelford
Port Isaac
Padstow Bay
Polzeath
A30
Padstow
Bolventor
Waderbridge
Bedruthan Steps
A39
A389
Watergate Bay
Bodmin
St. Neot
Lanivet
A38
Newquay
A30
Liskeard
A391
A390
Perranport
Mitchell
St. Austell
Looe
Pelynt
St. Agnes
A39
Probus
A390
St. Austell Bay
Polperro
St. Ives Bay
Portreath
A30
Truro
Tregony
Mavagissey
P.226 セント・アイヴス
St. Ives
Camborne
Red Ruth
Portloe
P.222 ペンザンス
Penzance
A30
St. Just
Marazion
Edgcumbe
Falmouth-Penryn
A394
P.225
A30
Helston
Falmouth Bay
ランズ・エンド
Land's End
Treen
セント・マイケルズ・マウント
St. Michel's Mount
P.223
Cury Cross
シリー諸島へ
Mullion
Mount's Bay
Coverack
Lizard Town

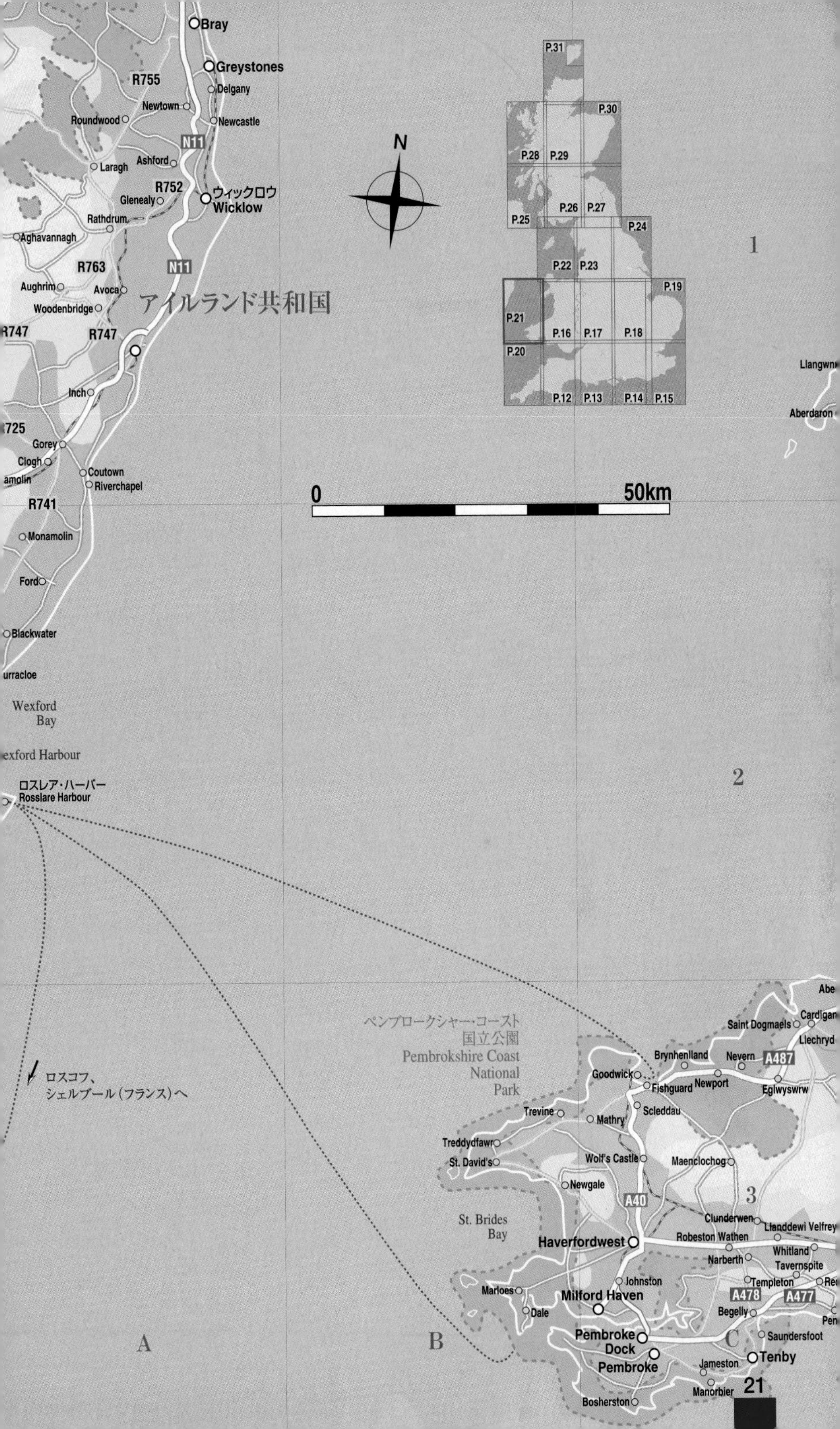
Bray
Greystones
Delgany
Newtown
Newcastle
Roundwood
R755
N11
Laragh
Ashford
R752
Glenealy
ウィックロウ
Wicklow
Rathdrum
Aghavannagh
R763
N11
Aughrim
Avoca
Woodenbridge
アイルランド共和国
R747
R747
Inch
R725
Gorey
Clogh
Coutown
Riverchapel
R741
Monamolin
Ford
Blackwater
Wexford
Bay
Wexford Harbour
ロスレア・ハーバー
Rosslare Harbour
ロスコフ、
シェルブール（フランス）へ
N
0
50km
P.31
P.30
P.28
P.29
P.26
P.27
P.25
P.24
P.22
P.23
P.19
P.21
P.16
P.17
P.18
P.20
P.12
P.13
P.14
P.15
Aberdaron
ペンブロークシャー・コースト
国立公園
Pembrokeshire Coast
National
Park
Saint Dogmaels
Cardigan
Llechryd
Brynhenlland
Nevern
A487
Goodwick
Fishguard
Newport
Eglwyswrw
Trevine
Mathry
Scleddau
Treddydfawr
St. David's
Wolf's Castle
Maenclochog
Newgale
A40
St. Brides
Bay
Clunderwen
Llanddewi Velfrey
Haverfordwest
Robeston Wathen
Narberth
Whitland
Tavernspite
Marloes
Johnston
Templeton
Milford Haven
A478
A477
Dale
Begelly
Saundersfoot
Pembroke
Dock
Pembroke
Tenby
Jameston
Manorbier
Bosherston
1
2
3
A
B
C

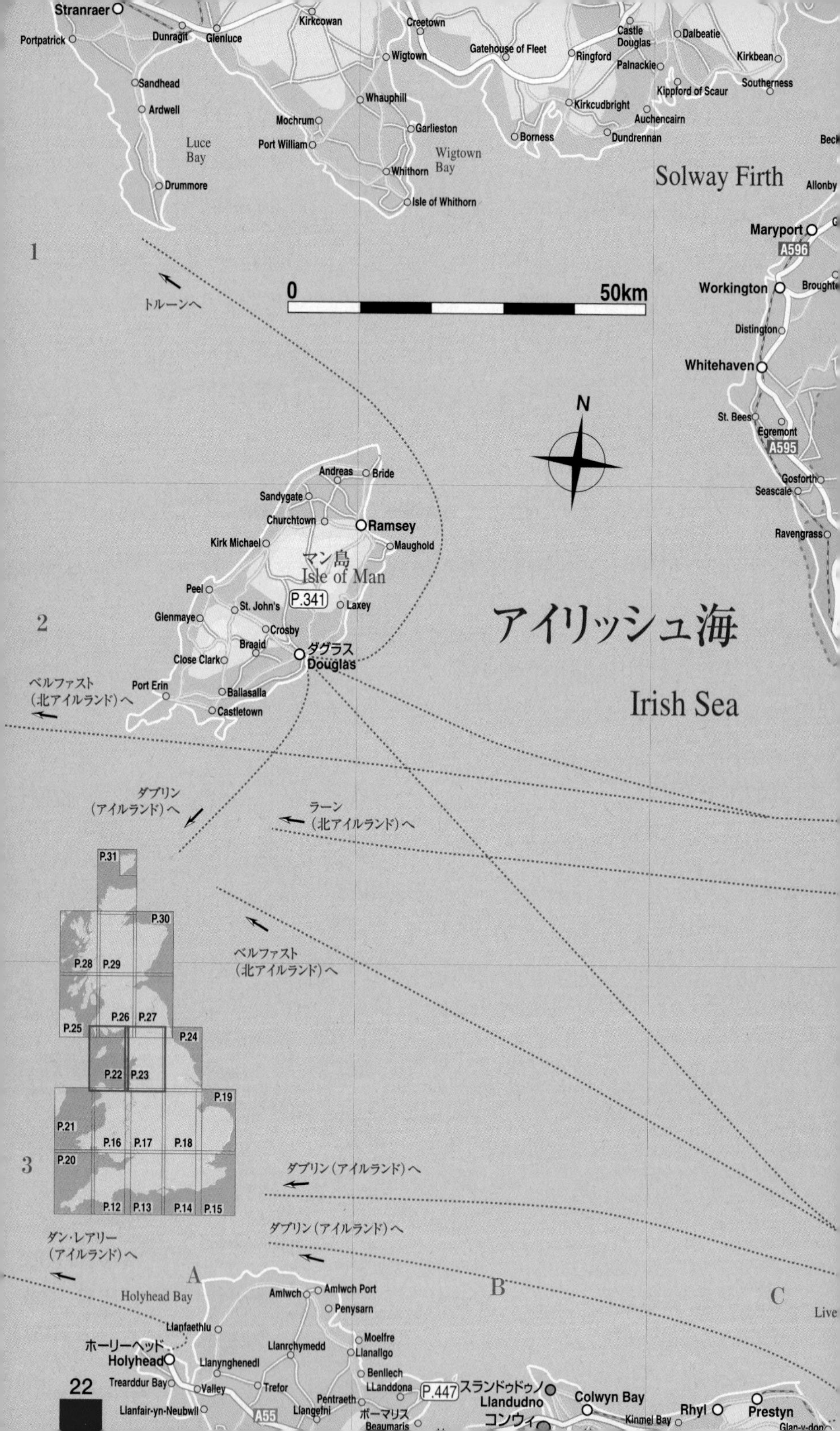

Stranraer
Portpatrick
Dunragit
Glenluce
Kirkcowan
Creetown
Wigtown
Gatehouse of Fleet
Ringford
Castle Douglas
Dalbeatie
Palnackie
Kirkbean
Southerness
Kippford of Scaur
Kirkcudbright
Auchencairn
Dundrennan
Borness
Sandhead
Ardwell
Luce Bay
Whauphill
Mochrum
Garlieston
Port William
Wigtown Bay
Whithorn
Isle of Whithorn
Drummore
Solway Firth
Allonby
Maryport
A596
Workington
Distington
Whitehaven
St. Bees
Egremont
A595
Gosforth
Seascale
Ravenglass
1
トルーンへ
0
50km
N
Andreas
Bride
Sandygate
Churchtown
Ramsey
Kirk Michael
Maughold
マン島
Isle of Man
Peel
P.341
Laxey
Glenmaye
St. John's
Crosby
Braaid
ダグラス
Douglas
Close Clark
Port Erin
Ballasalla
Castletown
2
アイリッシュ海
Irish Sea
ベルファスト（北アイルランド）へ
ダブリン（アイルランド）へ
ラーン（北アイルランド）へ
ベルファスト（北アイルランド）へ
P.31
P.30
P.28
P.29
P.26
P.27
P.25
P.24
P.22
P.23
P.19
P.21
P.16
P.17
P.18
P.20
P.12
P.13
P.14
P.15
3
ダブリン（アイルランド）へ
ダブリン（アイルランド）へ
ダン・レアリー（アイルランド）へ
A
B
C
Holyhead Bay
Amlwch
Amlwch Port
Penysarn
Llanfaethlu
Moelfre
Llanrchymedd
Llanallgo
ホーリーヘッド
Holyhead
Llanynghenedl
Benllech
Trearddur Bay
Valley
Trefor
LLanddona
P.447
スランドゥドゥノ
Llandudno
Colwyn Bay
Rhyl
Prestyn
Pentraeth
Llanfair-yn-Neubwll
A55
Llangefni
ボーマリス
Beaumaris
コンウィ
Kinmel Bay

Low Brunton
Darras Hall
Smithfield
Blackford
Greenhead
Haltwhistle
Bardon Mill
ヘクサム
Hexham
Corbridge
Newburn
Port Carlisle
A74
Brampton
A69
Plenmeller
Haydon Bridge
Riding Mill
Blaydon
Kirkbride
カーライル
Carlisle
Thurstonfield
P.378
Hallbankgate
Lambley
A69
Wetheral
Slaley
Rowlands Gill
A692
Allendale Town
minsteracres
Abbeytown
A596
A595
Wigton
Thursby
Dalston
M6
A68
Stanley
Red Dial
Gaitsgill
Blanchland
Edmundbyers
Consett
Aspatria
A595
Mealsgate
High Hesket
Alston
Nenthead
Allenheads
Lanchester
Bothel
Caldbeck
Kirkoswald
Garrigill
Esh Winning
Cowshill
Stanhope
Bassenthwaite
Plumpton
Melmerby
St. John's Chapel
Tow Law
1
Wolsington
コッカーマス
Cockermouth
Langwathby
Crook
ペンリス
Penrith
Langdon Beck
Witton-le-Wear
A66
A66
Temple Sowerby
Dufton
Newbiggin
Bishop Auckland
ケズィック
Keswick
P.375
A66
Middleton-in-Teeside
Mickleton
Shildon
M6
Appleby-in-Westmoorland
Staindrop
A688
湖水地方
国立公園
P.348
Lake District
National Park
Cotherstone
Winston
Barnard Castle
A591
Brough
Piercebridge
グラスミア
Grasmere
A66
Bowes
A685
アンブルサイド
Ambleside
P.371
P.373
Kirkby Stephen
P.416
A66
Eskdale
Rayenstonedale
ヨークシャー・デイルズ
国立公園
Yorkshire Dales
National Park
Coniston
Hawkshead
ウィンダミア
Windermere
P.364
M6
Keld
Sawrey
Richmond
Torver
Colburn
ケンダル
Kendal
P.377
Sedbergh
Garsdale Head
Catterick Garrison
Broughton-in-Furness
ホウズ
Hawes
P.424
Bainbridge
A1
Leyburn
Hallthwaites
Gawthwaite
Newby Bridge
Wensley
Gawthrop
Greenodd
Stalling Busk
Aysgarth
Middleham
A590
Millom
A595
Milnthorpe
Lindale
Ulverston
Treleth
Cartmel
Arnside
Ellingstring
Burton-in-Kendal
Kirkby Lonsdale
Ribble Head
A590
Masham
Cark
Silverdale
Foxup
Buckden
Dalton-in-Furness
A65
2
バロウ・イン・ファーネス
Barrow-in-Furness
Carnforth
Ingleton
A687
Lofthouse
Kettlewell
P.396
Bolton-le-Sands
A683
Clapham
Stainforth
High Bentham
ファウンテンズ・アビー
Fountains Abbey
Morecambe Bay
Morecambe
Brookhouse
Lowgill
P.425
P.423
セトル
Settle
マラム
Malham
ランカスター
Lancaster
ヘイシャム
Heysham
Threshfield
Grassington
Pateley Bridge
Linton
Summer Bridge
A65
Long Preston
Appletreewick
Galgate
Gargrave
Cockerham
Slaidburn
スキップトン
Skipton
P.421
Knott-End-on-Sea
A682
Fleetwood
Stake Pool
Preesall
Gisburn
A56
A629
Garstang
Sawley
Barnoldswick
Earby
イルクリー
Ilkley
Cleveleys
Great Eccleston
M6
Chipping
A59
Glusburn
A65
Clitheroe
キースリー
Keighley
ブラックプール
Blackpool
Longridge
Colne
Yeadon
Whalley
Nelson
ハワース
Haworth
P.426
Bingley
M55
Padiham
M65
Shipley
Kirkham
Wrea Green
Great Harwood
プレストン
Preston
Burnley
ブラッドフォード
Bradford
Pudsey
Lytham St. Anne's
Lytham
ブラックバーン
Blackburn
A646
Hebden Bridge
Leyland
Darwen
Haslington
A56
Rawtenstall
Bacup
Todmorden
Halifax
Crossens
Tarleton
Sowerby
Bateley
Southport
Chorley
A666
Greetland
Littleborough
Dewsbury
M61
Ramsbottom
3
A59
A565
M6
M66
ロッチデール
Rochdale
ハダースフィールド
Huddersfield
Marsden
Formby
Ormskirk
ボルトン
Bolton
Bury
M62
Meltham
Skelmanthorpe
Skelmersdale
ウィガン
Wigan
Royton
Holmfirth
Maghull
Rainford
Denby Dale
M60
Oldham
P.347
Crosby
Leigh
Kirkby
P.334
ピーク・ディストリクト
国立公園
Peak District
National Park
A628
Bootle
M602
マンチェスター
Manchester
Langsett
Liverpool Bay
リヴァプール
Liverpool
St. Helens
Salford
Stocksbridge
Wallasay
A
M62
B
Altrincham
P.343
クロサップ
Glossop
バーケンヘッド
Birkenhead
Warrington
ストックポート
Stockport
C
Mersey
Widnes
Lymn
Marple
Bebington
Heswall
Runcorn
Poynton
Booth

クリスチャンサン（ノルウェー）、
ヨーテボリ（スウェーデン）へ
ウィットリー・ベイ
Whitley Bay
Jarrow
South Shilds
ニューキャッスル・アポン・タイン
Newcastle-upon-Tyne
P.384
ゲーツヘッド
Gateshead
ビーミッシュ屋外博物館
Beamish Open Air Museum
P.394
サンダーランド
Sunderland
ハンブルク（ドイツ）へ
Street
Seaham
Murton
0
50km
Easington Colliery
ダラム
Durham
P.393
Peterlee
Blackhall
Wingate
N
A1
Spennymoor
Trimdon
Elwick
Fishburn
A19
Hartlepool
Sedgefield
A689
Newton
Aycliffe
Billingham Eston and
South Bank
Redcar
Stockton-on-Tees
Marske-by-the-Sea
Saltburn-by-the-Sea
ミドルズボロー
Middlesborough
Thornaby
Loftus
Staithes
ダーリントン
Darlington
Egglescliffe
Guisborough
Goldsborough
Hurworth-on-Tees
Great Ayton
ウィットビー
Whitby
P.399
Crathorne
Stokesley
Danby
A171
Great
Smeaton
Westerdale
Hawsker
Egton
Sleights
A19
Whorlton
ロビン・フッズ・ベイ
Robin Hood's Bay
P.404
Catterick Bridge
Great Langton
Seave Green
ゴースランド
Goathland
Ravenscar
Osmontherley
P.398
ノース・ヨーク・ムーアズ
国立公園
North York Moors
National Park
イーマウデン（オランダ）へ
Northallerton
Rosedale Abbey
A171
Bedale
South Otterington
Cloughton
Lockton
Scalby
A1
Kirkbymoorside
Wrelton
ピカリング
Pickering
スカーボロ
Scarborough
P.402
Kirklington
Thirsk
Helmsley
Sprokton
Sutton-under-
Whitestonecliffe
A170
A170
Snainton
Ayrton
Seamer
Skripton-on-Swale
Allerston
Brompton
Salton
Kirby Misperton
Staxton
Filey
Topcliffe
Hutton
Sessay
Coxwold
A61
リポン
Ripon
Knapton
A64
Hunmanby
Slingsby
Brandsby
Reighton
Malton
Kirby Hill
Easingwold
Norton
Aldborough
A19
Ganthorpe
Flamborough
Minskip
Flawith
Sutton-on-the-Forest
North Grimston
West Lutton
Ripley
マザー・シップトン洞窟
Mother Shipton's Cave
P.397
Whitwell-on-the-Hill
Langtoft
Boynton
Bridlington
Sledmere
Kilham
ネイルズバラ
Knaresborough
Green Hammerton
A64
A614
Thixendale
Burton Agness
Haxby
Bridlington
Bay
ハロゲイト
Harrogate
P.395
Fridaythorpe
Wetwang
A166
Driffield
Lissett
Spofforth
ヨーク
York
P.405
North Dalton
Bainton
Hutton
Cranswick
Beeford
Skipsea
A61
Wetherby
A165
Harewoof
Collingham
Pocklington
ヘアウッド・ハウス
Harewood House
Tadcaster
A614
Middleton-on-the-Wolds
A19
Hornsea
Shiptonthorpe
Leven
Siggleshorne
A64
Ulleskelf
Market Weighton
P.413
A1
Cawood
Ricall
Beverley
リーズ
Leeds
Garforth
Sherburn-in-Elmnet
Bubwith
South Skirlaugh
Newbald
Aldborough
Monk Fryston
Selby
A614
Little
Weighton
Skidby
Rothwell
Hemingburgh
A63
M62
Howden
キングストン・アポン・ハル
Kingston-upon Hull
Castleford
Cambleforth
Hedon
Normanton
Knottingley
Wakefield
Goole
North Ferriby
Withernsea
Swinefleet
Humber
M62
Whitley
Burton-upon-Stather
South Ferriby
Barton-upon-Humber
New Holland
Patrington
A1
Ryhill
Hlmsworth
Winterton
Royston
Eastoft
Thornton Curtis
Askern
Appleby
Easington
South Kirkby
Thorne
Crowle
Cudworth
A180
Immingham
Kilnsea
Hatfield
Burringham
Scunthorpe
Barnsley
M18
Broughton
Grimsby
ロッテルダム
（オランダ）、
ゼーブルージュ
（ベルギー）へ
A635
Barnetby-le-Wold
Keelby
ドンカスター
Doncaster
M180
Brigg
Cleethorpes
Hoyland
Nether
Epworth
Owston Ferry
Messingham
Irby-upon-Humber
Humberston
ローザラム
Rotherham
A630
New
Rossington
Blaxton
Haxey
Scotter
A46
A18
Waltham
M1
A159
Kirton-in-Lindsey
Redbourne
Moortown
Caistor
1
2
3
A
B
C
P.31
P.30
P.28
P.29
P.25
P.26
P.27
P.24
P.22
P.23
P.19
P.21
P.16
P.17
P.18
P.20
P.12
P.13
P.14
P.15

0
50km
オーバンへ
Colonsay
ジュラ島
Jura
アイラ島
Isle of Islay
Sound of Jura
Sound of Gigha
アラン島
Isle of Arran
Sound of Bute
アルドロッサンへ
トルーンへ
ラスリン島
Rathlin Island
コーズウェイ・コースト
Causeway Coast
P.514
ポートラッシュ
Portrush
北アイルランド
Murlough Bay
North Channel
Lough Neagh
Loch Ryan
Loch Fyne
Loch Awe
Loch Indaal
キャンベルタウン
Campbeltown
ストランラー
Stranraer
キャリックファーガス
Carrickfergus
バンガー
Bangor
ベルファスト
Belfast
ボウモア
Bowmore
ブロディック
Brodick
リヴァプール、
ヘイシャムへ
A816
A83
A77
Kilmelfort
Arduaine
Toberonochy
Blarghour
Ford
Fincharn
Auchindroin
Aird
Kilmartin
Crarae
Newton
Crinan
Lochgilphead
Ardrishaig
Ardlussa
Otter Ferry
Clachan of Glendaruel
Keillmore
Inverneil Ho
Lagg
Colintravie
Sanaigmore
Ballinaby
Port Askaig
Feolin Ferry
Craighouse
Millhouse
Tarbert
Portvadie
Kilchoman
Bridgend
Port Charlotte
Kennacraig
Rothesay
Skipness
Claonaig
Clachan
Portnahaven
Ardtalla
Kingarth
Glenegedale
Crossaig
Kintra
Port Ellen
Ardbeg
Ardminish
Rhunaorine
Tayinloan
Lochranza
Lower Killeyan
Pirnmill
Corrie
Carradale
Dippen
Glenbarr
Auchgallon
Saddell
Lamalsh
Blackwaterfoot
Whiting Bay
Kilchenzie
Machrihanish
Stewarton
Kilmory
Dippin
Kildonan
Feochaig
Southend
Portballintrae
Ballintoy
Portstewart
Bushmills
Ballycastle
Coleraine
Derrykeighan
Dervock
Armoy
Stranocum
Cushendun
Drumdallagh
Ballymoney
Cushendall
Glenariff
Lendalfoot
Ballantrae
Garvagh
Clogh Mills
Newtown Crommelin
Kilrea
Rasharkin
Carnlough
Glenarm
The Sheddings
Upperlands
Cullybackey
Broughshane
Kirkcolm
Cairnryan
Portglenore
Ballymena
Carncastle
Ballygalley
Leswalt
New Luce
Ahoghill
Innermessan
Bellaghy
Moorfields
Larne
Kilwaughter
Dunragit
Kells
Glynn
Portpatrick
Magherafelt
Randalstown
Ballynure
Ballynarry
Sandhead
Ballyclare
Doagh
Ballyonan
Whitehead
Antrim
Ardwell
Temple Patrick
Newport Trench
Newtownabbey
Helen's Bay
Crumlin
Holywood
Drummore
Glenavy
Donghadee
Newtownards
Millisle
N
P.31
P.30
P.28
P.29
P.25
P.26
P.27
P.24
P.22
P.23
P.19
P.21
P.16
P.17
P.18
P.20
P.12
P.13
P.14
P.15
1
2
3

Ardlui
Strathyre
Dalchruin
Crieff
A9
A84
Muthill
Kinkell Bridge
Bridge of Earn
インヴァレリー
Inverary
Cairndow
Dunning
Stronachlacher
Loch Katrine
Inveruglas
Auchterarder
A83
Arrochan
Lendrick
Callander
Braco
Greenloaning
Strachur
Ardgatan
Kinlochard
A84
A9
Milnathort
Kinross
Lochgilphead
Glendevon
Rowardennan
Lodge
Aberfoyle
Thirnhill
Doune
Dunblane
A91
Yetts Muckhart
Carrick
A82
A84
Bridge of Allan
M90
Luss
A91
Dollar
Garelochhead
ローモンド湖
Loch Lomond
Buchlyvie
Kippen
A811
Tullibody
Alva
Tillicoutry
Ballingry
P.492
スターリング
Stirling
Alloa
Ardebtinny
Coulport
Kelty
Beinn Ruadh
A811
Drymen
Balfron
Cowie
ダンファームリン
Cowdenbeath
Rhu
Killean
Fintry
Dunfermline
Arboretum
Kilcreggan
Helensburgh
Kincardine
A92
Balloch
A985
M80
Alexandria
Denny
Rosyth
Aberdour
Cardross
Larbert
Grangemouth
Dunoon
Notherton
Bo'ness
Inverkeithing
Dumbarton
Kilsyth
1
A82
フォルカーク
Falkirk
リンリスゴー
Linlithgow
Dalmeny
A8
Kirkintilloch
Lenzie
Innellan
Cumbernauld
Slamannan
M9
A90
Wemyss Bay
Bearsden
Clydebank
Renfrew
P.486
Gondorrat
Avonbridge
Broxburn
Toward
M73
Bathgate
Skelmorlie
グラスゴー
Glasgow
Coatbridge
Armadale
M8
Livingston
Bridge of Weir
M8
ペイズリー
Paisley
Johnstone
Airdrie
A720
Curriel
Largs
Lochwinnoch
M74
M8
Whitburn
Blackburn
West Calder
Balerno
A78
Barrhead
Neilston
Shotts
Fauldhouse
Millport
Fairlie
Kilbirnie
A737
Beith
Penicuik
East
Kilbride
Motherwell
West
Killbridge
Dalry
Lugton
Newmains
Portencross
Burnhouse
Dunlop
M77
Blantyre-
Hamilton
Wishaw
Forth
Eaglesham
A702
アルドロッサン
Ardrossan
Auchentiber
A73
Carluke
Larkhall
West Linton
Killwinning
Stewarton
A721
Dunsyre
Saltcoats
Stevenson
Fenwick
Starthaven
M74
Crossford
Carstairs
Carnwath
Mountain Cross
プロディックへ
Irvine
キルマーノック
Lanark
A721
Blyth Bridge
Killmarnock
A71
Libberton
Dreghorn
A71
Drumclog
ニュー・ラナーク
Elsrickle
ダグラスへ
Galston
Darvel
New Lanark
A72
A78
Newmilns
Lesmahagow
Biggar
ピーブルズ
Peebles
Troon
Bogend
A77
Middleyard
Stockbriggs
Broughton
A76
Uddington
A702
Drumelzier
Mauchline
Prestwick
Tarbolton
Sorn
Muirkirk
Douglas
Lamington
エア
Ayr
Trabbochburn
Auchinleck
2
Crawford
Abington
Tweedsmuir
Alloway
A70
Cumnock
Dunure
Drongun
Meggethead
Dalrymple
Holybush
Elvanfoot
New
Cumnock
Maybole
Kirkconnell
Wanlockhead
A77
Patna
Dalleagles
Watermeetings
Kirkoswald
Turnberry
A713
Sanquhar
Straiton
Dalmellington
A74
A77
Dailly
Enterkinfoot
Moffat
Girvan
Beattock
Barr
Carronbridge
Carsphairn
Thornhill
Eskdalemuir
Knowehead
ockdolian
stle
Pinwherry
Moniaive
Closeburn
A713
Dinwoodie
Boreland
Barrhill
Parkgate
Dunscore
A76
A701
A74
St. John's Town of Dalry
Amisfield Town
Lochmaben
Drumlamford House
New
Galloway
Locharbriggs
Lockerbie
Hightae
Fallford
Corsock
ダンフリース
Dumfries
Waterbeck
Collin
Parton
Crocketford
A75
Ecclefechan
Newton
Stewart
A713
A75
Carrutherstown
uce
Beeswing
A75
Kirkpatrick
Fleming
3
A75
Kirkcowan
Laurieston
New Abbey
Ruthwell
Gretha
Green Gret
Blackshaw
Glenluce
Creetown
Castle
Douglas
Cummertrees
Eastriggs
Dalbettie
Port Carlisle
Wigtown
Gatehouse
of Fleet
Ringford
Kirkbean
A75
Palnackie
Kippford of Scaur
Southerness
Kirkbride
Thurstonfie
Whauphill
Solway Firth
Kirkcudbright
Auchencairn
Silloth
Mochrum
Garlieston
Abbeytown
Thur
Borness
Dundrennan
Beckfoot
A596
Port William
Wigton
Red Dial
Whithorn
Wigtown Bay
Allonby
Aspartia
Luce Bay
Isle of Whithorn
Mealsgate
Bothel
Gilerux
Caldbeck
A
B
Maryport
C
A596

セント・アンドリューズ
St. Andrews
P.482
0
50km
ゼーブルージュ（ベルギー）へ
カルカーディ
Kirkcaldy
Firth of Forth
ノース・ベーリック
North Berwick
P.460
エディンバラ
Edinburgh
ダンバー
Dunbar
ハディントン
Haddington
Musselburgh
Dalkieth
ロスリン礼拝堂
ベーリック・アポン・ツイード
Berwick-upon-Tweed
N
ガラシールズ
Galashiels
メルローズ
Melrose
ケルソ
Kelso
セルカーク
Selkirk
ジェドバラ
Jedburgh
ホーウィック
Hawick
ノーザンバーランド国立公園
Nothamberland National Park
アニック城
Alnwick Castle
P.390
アニック
Alnwick
Morpeth
AShington
Blyth
Bedlington
Cramlington
Ponteland
スタヴァンゲル、ベルゲン（ノルウェー）へ
ウィットリー・ベイ
Whitley Bay
Tynemouth
Gosforth
ニューキャッスル・アポン・タイン
Newcastle-upon-Tyne
P.384
ヘクサム
Hexham
ハドリアヌスの城壁
Hadrian's Wall
P.382
カーライル
Carlisle
P.378
ビーミッシュ屋外博物館
Beamish Open Air Museum
P.394
ゲーツヘッド
Gateshead
サンダーランド
Sunderland
Consett
Stanley
Chester-le-Street
ダラム
Durham
P.393
Peterlee

Borve
Northon
Cluer
ハリス島
Harri
Rodel
Rubha Mor
Gruinard Bay
Mellon Charles
Cove
Tignafiline
Melvaig
Loch Ewe
Midtown
Tournaig
0
50km
Newtonferry
Trumisgarry
ターバートへ
Kilmalung
Bigsand
Poolewe
Gairloch
Loch Gairloch
Lochmaddy
Kerrysdale
Little Minch
ウイグ
Uig
Trumpan
Loch Snizort
ノース・ユイスト島
North Uist
Loch Torridon
Fearnmore
Lower Diabaig
Lusta
スカイ島
P.508
Isle of Skye
Loch Dunvegan
1
Torridon
Sound of Rasay
Milovaig
Colbost
Dunvegan
A87
Shieldaig
Inner Sound
Brove
Sea of Hebrides
Ramasaig
Roskhill
ポートリー
Portree
Brochel
Aoolecross
Loch Bradale
Bracadale
Camastiavaig
Strathcarron
Ardarroch
Toscaig
Clachan
Lochcarron
N
Fiskavaig
Peinchorran
Attadale House
Merkadale
Drynoch
Sconser
Loch Carron
Stormferry
Sligachan
Kyle of Lochalsh
Luib
A87
Kyleakin
Balmacara
Dornie
Loch alsh
Broadford
Skulamus
Glenbrittle House
Torrin
A87
Kylerhea
Morvich
P.31
ロッホボイズデールへ
Loch Scavaig
Glenelg
Shiel Bridge
Elgol
Loch Slapin
Isleornsay
P.30
Loch Hourn
Arnisdale
キャッスルベイへ
アーマデール
Armadale
Sound of Sleat
Kinloch Hourn
Sound of Canna
P.28
P.29
Aird of Sleat
Kinloch Castle
Loch Quoich
マレイグ
Mallaig
Loch Nevis
Rum
P.26
P.27
P.25
P.24
Eigg
Glenancross
2
Loch Morar
Cleadale
Sound of Rhum
P.22
P.23
Bunacaimb
Arisaig
P.19
P.21
Sound of Arisaig
Lochailort
A830
P.16
P.17
P.18
Glenfinnan
Locheilside Station
P.20
キャッスルベイへ
Drumsallie
P.12
P.13
P.14
P.15
Ockle
Ardtoe
Ardmolich
Loch Shiel
Achosnich
Acharacle
Coll
Sorisdale
Kilchoan
Salen
Arnabost
Glenborrodale
Loch Sunart
Ballyhaugh
Strontian
Corran
Arinagour
Arileod
トバモリー
Tobermory
North Ballachul
Drimnin
Clachan Mór
Caoles
Calgary
Dervaig
Sound of Mull
Scarinish
Loch Linnie
Barrapol
Crossapol
A828
Achleck
Achranich
Loch Tuath
Tiree
Portbacroish
Salen
Lochaline
Port Appin
Loch na Keal
3
Barcaldine
Benderloch
Balnahard
クレイグニュア
Craignure
マル島
Lochdon
Connel
Isle of Mull
A85
オーバン
Oban
Taynuit
Baile Mór
Fionnphort
Loch Scridain
Lochbuie
Bunessan
A816
Carsaig
Loch Buie
Firth of Lorn
Kilniver
A
B
C
Kilmelfort
Blarghour

Pittentrail
Brora
Oykel Bridge
Invercassley
Golspie
Badluarach
アラプール
Ullapool
East Rhidorroch Lodge
Inveran
Littleferry
Badcaur
Culrain
Proncy
Bonar Bridge
Dundonnell
Ardcharnich
Ardgay
Dornoch
Dornoch Firth
A835
Fearn Lodge
Edderton
Tain
Portmahomack
A9
Fearn Station
ゼーブルージュ
(ベルギー)へ
Balintore
A835
Wyvis Lodge
Milton
1
Dalnavie
Alness
Invergordon
Balnapaling
Moray Firth
Eilleanach Lodge
Loch Fannich
Balblair
Cromarty
Burghhead
Kinlochewe
Achanalt
A9
Forstan Garve
Findhorn
Achnasheen
A835
Kinloss
A96
Fartrose
Dingwall
ネアン
フォレス
Milton
Fart George
Avoch
Nairn
Forres
Strathpffer
Contin
A96
Conon Bridge
Scardroy
Mary Bank
Tore
Lair
A96
Clephanton
Dallas
Croy
North Kessock
Beauly
インヴァネス
Inverness
Loch Monar
Ferness
P.500
Daviot
Stury
Balnafoich
A9
A82
Dores
Loch Mullardoch
Milton
ドロムナドロケット
Dromnadrochit
Tomatin
Tomich
A9
Grantown-on-Spey
P.506
ネス湖
Loch Ness
Duthill
Carrbridge
A95
Foyers
Invermoriston
Dalchreichart
A887
アヴィモア
Aviemore
フォート・オーガスタス
Fort Augustus
Garragie Lodge
Inverdruie
Glenmore Lodge
Loch Loyne
A82
A87
A9
2
Invergarry
Kingussie
Newtonmore
Melgrave
urlaggan
Loch Arkaig
A86
Drumgask
Brae Roy Lodge
Glenfeshie Lodge
Clunes
ブレイマー
Braemer
Loch Laggan
Inverey
Gairlochy
Gaick Lodge
Roybridge
Moy Lodge
Dalwhinnie
Spean Bridge
A86
830
A82
Tulloch Station
Corpach
Caol
Benalder Lodge
フォート・ウィリアム
Fort Willam
Loch Treig
P.512
Loch Ericht
Creaguaineach Lodge
A9
82
Onich
Loch Leven
Kinlochleven
Blackwater Reservoir
sh
Glencoe
Enochdu
ulish
Killichonan
Kinloch Rannoch
Tummel Bridge
Tressait
A9
Rannoch Station
Loch Rannoch
ピトロッホリー
Pitlochry
Black Iunans
Kirkmichael
A82
Ballinluig
Aberfeldy
3
Gualachulain
Fortingall
Kenmore
A9
Loch Lyon
Loch Tay
Acharn
Dunkeld
Blairgowrie
R
Bridge of Orchy
Milton
Milton
Morenish
Ardeonaig
Meikleur
A85
Killin
Bankfoot
A93
Tyndrum
A9
Stanley
A94
Dalmally
A
Crianlarich
A85
B
C
Balbeggie
Kilchrenan
Cladich
Buchanty
New Scone
Lochearnhead
St. Fillans
Methven
Balquhidder
A85
Comrie
A85
Fowlis Wester
パース
Perth
クリーフ
Crieff
A82
Inverlochlarig
Ardlui
Strathyre
Dalchruin
A9

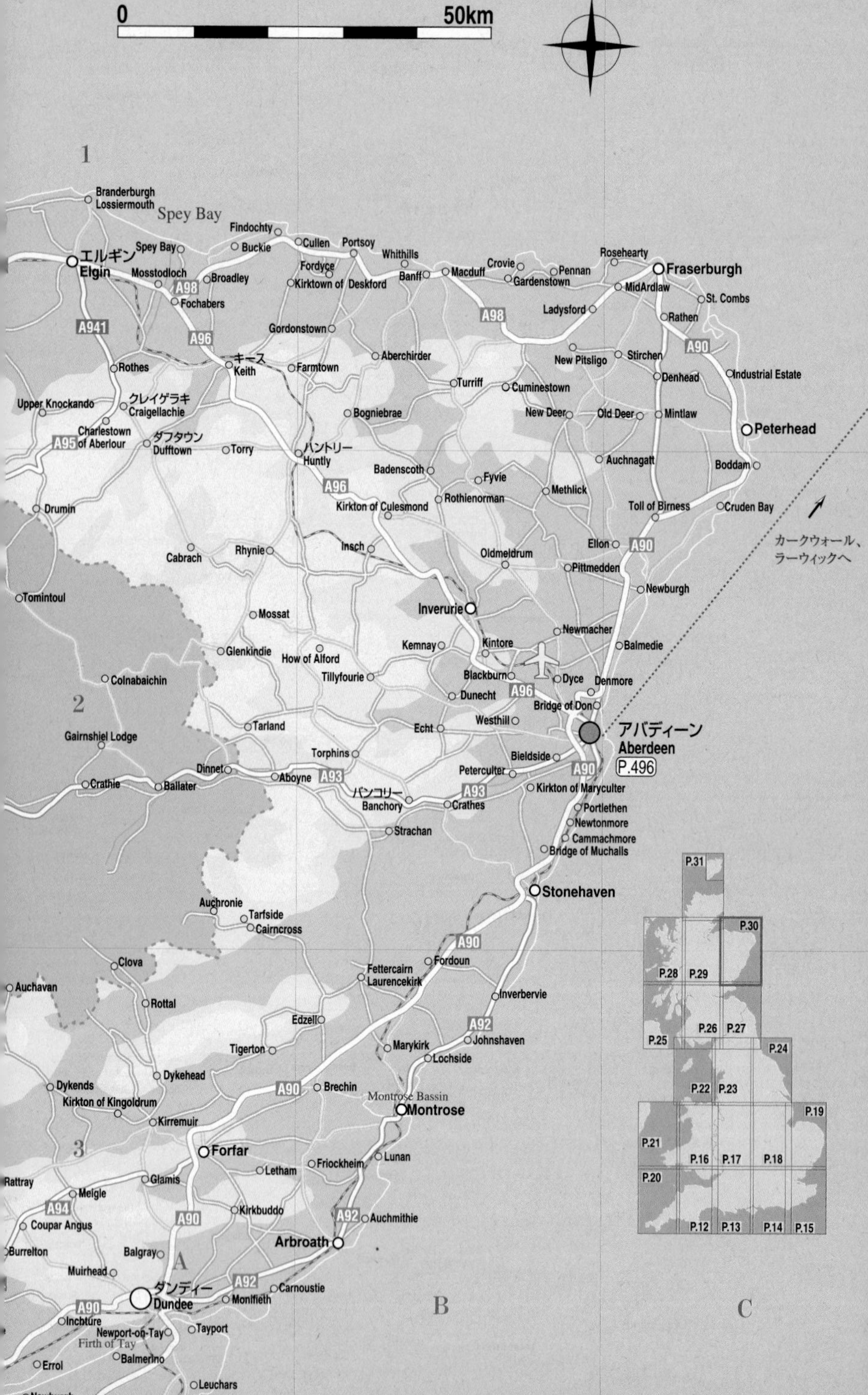

0
50km
N
1
2
3
A
B
C
Spey Bay
Branderburgh
Lossiermouth
エルギン
Elgin
Findochty
Buckie
Cullen
Portsoy
Whithills
Fordyce
Kirktown of Deskford
Banff
Macduff
Crovie
Pennan
Gardenstown
Rosehearty
Fraserburgh
MidArdlaw
St. Combs
Rathen
Ladysford
Mosstodloch
Broadley
Fochabers
Gordonstown
Aberchirder
キース
Keith
Farmtown
Rothes
Turriff
Cuminestown
New Pitsligo
Stirchen
Denhead
Industrial Estate
Upper Knockando
クレイゲラキ
Craigellachie
Bogniebrae
New Deer
Old Deer
Mintlaw
Peterhead
Charlestown of Aberlour
ダフタウン
Dufftown
Torry
ハントリー
Huntly
Badenscoth
Fyvie
Auchnagatt
Boddam
Rothienorman
Methlick
Drumin
Kirkton of Culesmond
Toll of Birness
Cruden Bay
カークウォール、
ラーウィックへ
Insch
Ellon
Cabrach
Rhynie
Oldmeldrum
Pittmedden
Newburgh
Tomintoul
Inverurie
Mossat
Newmacher
Kemnay
Kintore
Balmedie
Glenkindie
How of Alford
Blackburn
Dyce
Denmore
Tillyfourie
Colnabaichin
Dunecht
Bridge of Don
Westhill
Tarland
Echt
アバディーン
Aberdeen
P.496
Gairnshiel Lodge
Torphins
Bieldside
Dinnet
Aboyne
Peterculter
Crathie
Ballater
バンコリー
Banchory
Crathes
Kirkton of Maryculter
Portlethen
Strachan
Newtonmore
Cammachmore
Bridge of Muchalls
Stonehaven
Auchronie
Tarfside
Cairncross
Clova
Fordoun
Fettercairn
Laurencekirk
Auchavan
Rottal
Inverbervie
Edzell
Tigerton
Marykirk
Johnshaven
Lochside
Dykends
Dykehead
Brechin
Montrose Bassin
Kirkton of Kingoldrum
Montrose
Kirriemuir
Forfar
Friockheim
Lunan
Letham
Rattray
Glamis
Meigle
Coupar Angus
Kirkbuddo
Auchmithie
Arbroath
Burrelton
Balgray
Muirhead
ダンディー
Dundee
Carnoustie
Monifieth
Inchture
Newport-on-Tay
Tayport
Firth of Tay
Balmerino
Errol
Leuchars
Newburgh
A98
A941
A96
A95
A90
A93
A92
A94
A91
P.31
P.30
P.28
P.29
P.25
P.26
P.27
P.24
P.22
P.23
P.19
P.21
P.16
P.17
P.18
P.20
P.12
P.13
P.14
P.15

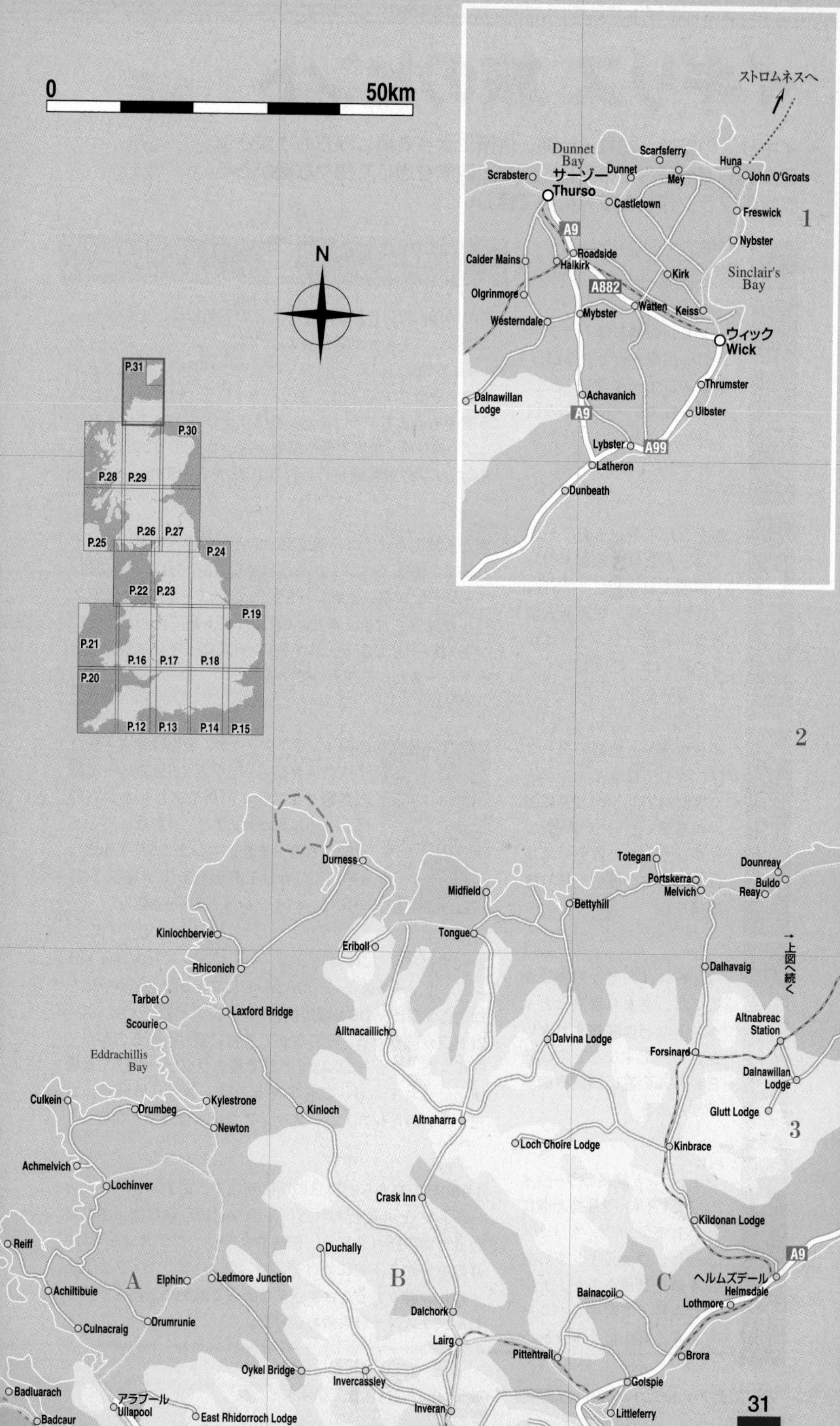
0
50km
N
ストロムネスへ
Dunnet Bay
Scarfsferry
Huna
John O'Groats
Scrabster
サーゾー
Thurso
Dunnet
Mey
Castletown
Freswick
1
A9
Nybster
Roadside
Calder Mains
Halkirk
Kirk
Sinclair's Bay
A882
Olgrinmore
Watten
Keiss
Westerndale
Mybster
ウィック
Wick
Thrumster
Dalnawillan Lodge
Achavanich
Ulbster
A9
Lybster
A99
Latheron
Dunbeath
P.31
P.30
P.28
P.29
P.25
P.26
P.27
P.24
P.22
P.23
P.19
P.21
P.16
P.17
P.18
P.20
P.12
P.13
P.14
P.15
2
Durness
Totegan
Dounreay
Portskerra
Buldo
Midfield
Melvich
Reay
Bettyhill
Kinlochbervie
Tongue
Eriboll
→上図へ続く
Rhiconich
Dalhavaig
Tarbet
Laxford Bridge
Scourie
Altnabreac Station
Alltnacaillich
Dalvina Lodge
Eddrachillis Bay
Forsinard
Dalnawillan Lodge
Culkein
Kylestrone
Drumbeg
Kinloch
Glutt Lodge
Newton
Altnaharra
3
Loch Choire Lodge
Kinbrace
Achmelvich
Lochinver
Crask Inn
Kildonan Lodge
Reiff
Duchally
A9
A
Elphin
Ledmore Junction
B
C
ヘルムズデール
Helmsdale
Achiltibuie
Bainacoil
Lothmore
Drumrunie
Dalchork
Culnacraig
Lairg
Pittentrail
Brora
Oykel Bridge
Invercassley
Golspie
Badluarach
アラプール
Ullapool
Inveran
Littleferry
Badcaur
East Rhidorroch Lodge
Culrain

イギリス 旅のヒント

イギリスの旅は、訪れる時期、場所によって楽しみ方もさまざま。アウトドアや屋内での芸術鑑賞など四季を通じて様々な顔がある。旅行のプラン作りの参考にしてほしい。

 月／地域	冬～春	春
ロンドン	ロンドンの新年はトラファルガー広場で行われる**ロンドン・ニューイヤー・パレード**からスタート。1年の始まりにふさわしい、壮大なパレードだ。	この時期のロンドンは花盛り。5月の下旬には**チェルシー・フラワー・ショー**が開かれる。 4月下旬には、**ロンドン・マラソン**が開催。3万5000人もの人が参加するこの大会は、チャリティーイベントという側面ももっている。また、春はサッカー、FAプレミアシップの終盤戦。世界で最も歴史が古いサッカーのカップ戦、**FAカップの決勝戦**が行われるのは5月の中旬だ。
南海岸地方	残念ながら冬から春にかけては、あまり大きなイベントは開かれない。3月5日、コンウォールの守護聖人聖ピランを祝う**セント・ピラン・デイ**は、数少ないイベントのひとつ。	春から秋にかけては、南東部や南西部の沿岸では、それぞれ特徴のあるイベントがめじろ押し。5～6月にかけては、ヘイスティングズの戦いを記念した、**バトル・フェスティバル**が開催される。また、6月にワイト島で行われる**ラウンド・ザ・アイランド・ヨット・レース**はイギリス最大のヨットレースとして知られている。
イングランド中部・北部	イングランド北部のヨークは、かつてヴァイキングの交易都市であった。2月に開かれる**ヨーヴィック・ヴァイキング・フェスティバル**はそんな町の歴史を振り返る祭りだ。	 春のイングランド中部、北部はさまざまなイベントが盛りだくさん。5月の**バース国際音楽フェスティバル**や**チェルトナム競馬**、ゴールドカップなど、多彩なイベントが開かれる。また、マン島で5月下旬から6月初旬にかけて行われる**マン島T.T.レース**は、バイクレースの最高峰。
ウェールズ	ウェールズの冬から春にかけては、あまり目立ったイベントなどは開催されないが、カーディフなどでは連日レベルの高い演劇や演奏が楽しめる。	2～3月はイギリス内の3ヵ国（イングランド、スコットランド、ウェールズ）、アイルランドにフランスとイタリアを加えたラグビーの6ヵ国対抗戦、**シックス・ネーションズ・カップ**が開かれる。そのなかでも特に盛り上がるのがウェールズだ。ウェールズは北半球で最もラグビーが盛んな場所といわれており、試合のある日は、お祭り気分だ。カーディフのミレニアム・スタジアムが試合会場となる。
スコットランド	シェトランド諸島のラーウィックで1月末～2月初め頃に行われる**アップ・ヘリー・アー**は、ヴァイキングの衣装を着た島民たちが、たいまつを持って町中をパレードをする勇壮なイベント。	4月30日の夜から5月1日の朝にかけて、エディンバラのカールトン・ヒルで行われる**ベルテン**という祭りは、冬の終わりと春の訪れを祝う、伝統的な祭り。グラスゴーでは6月の中旬から下旬にかけて、**ウエスト・エンド・フェスティバル**が開かれる。さまざまな会場で演劇や演奏会が開かれるグラスゴー最大のお祭りだ。

北アイルランドの情報は『A05 アイルランド』に詳しく出ています

イベント・カレンダー

イギリスでは、華やかなフェスティバルや世界的なスポーツイベントが一年を通して行われている。
ここではイギリスで行われるおもなイベントをまとめてみた。

夏

女王の誕生日は4月21日だが、公式の**女王の誕生日式典**は6月に行われる。6月下旬には芝のコート最強を決めるテニスの**ウィンブルドン国際テニス選手権大会**、ほぼ同時期にシティでは**シティ・オブ・ロンドン・フェスティバル**、8月にはラテン系の**ノッティング・ヒル・カーニバル**など盛りだくさん。

南海岸地方の夏は、さすがにリゾート地だけあって海水浴客などが各地から押し寄せる。この時期は野外コンサートなど、各都市がそれぞれ趣向を凝らしたイベントを開催する。

7月中旬はイギリス最大のモータースポーツのイベント、**F1グランプリ**がイギリス中部にあるシルバーストーン・サーキットで開催される。また、8月中旬には**国際ビートルズ週間**があり、世界各国からビートルズファンがリヴァプールに集い、コピーバンドの演奏や、オリジナルグッズの販売などが行われる。

6月19日から8月6日（2006年）は、**カーディフ・フェスティバル**が開かれる。イギリス最大の野外フェスティバルとして知られ、連日市内各所でさまざまなイベントが催される。また、同時期にスウォンジーでは、**スウォンジー・ベイ・サマー・フェスティバル**が開催される。

スコットランドで最も人気のある夏のイベントといえば、8月の**エディンバラ国際フェスティバル**。エディンバラ城の前で連夜繰り返される**ミリタリー・タトゥー**は、機会があればぜひ見ておきたい。また、9月にブレイマーで行われる**ブレイマー・ギャザリング**は、スコットランド最大のハイランド・ゲームだ

秋～冬

11月5日は、国会議事堂を爆破しようと陰謀を企てたガイ・フォークスにちなみ、花火を打ち上げたりする**ガイ・フォークス・ナイト**がイギリス各地で行われる。もちろん国会議事堂のあるロンドンのものが最も盛大だ。ロンドン映画祭は11月に開かれる。クリスマスはトラファルガー広場のイルミネーションがきれい。

南海岸地方最大の芸術祭は、10月の中旬に2週間にわたって行われる**カンタベリー・フェスティバル**。期間中は大聖堂でのコンサートをはじめさまざまなジャンルの音楽の演奏や、オペラ、ダンス、演劇、ストリートパフォーマンス、有名人によるトークショーなど、総計200を超すイベントが催される。

8月になると、サッカーの**プレミアシップ**が開幕する。イングランドのサッカーチームは、ロンドン以外では北部に強豪チームがひしめいている。常勝軍団のマンチェスター・ユナイテッドをはじめ、リヴァプールやニューキャッスルなども、優勝争いに絡むだけの戦力をもっている。

ウェールズの秋は、特に目立ったイベントが開かれるわけではないが、ウオーキングやトレッキング、フィッシングなどのアウトドア・アクティビティに最高の季節。日が短くなる冬になると、カーディフなどの都市部では、コンサートや演劇といった室内イベントやナイトライフが充実してくる。

ヨーロッパではあまり大晦日を盛大に祝う習慣はないが、スコットランドは別。**ホグマニー**と呼ばれる大晦日パーティが各地で開かれ、特にエディンバラでは盛大に祝われる。冬にはスキー場もオープンする。

イギリスの代表的な観光スポット

ウェールズ Wales

ケルト文化を色濃く残すウェールズ地方。北部には13世紀にエドワード1世がウェールズ征服のために築いた、アイアン・リング（鉄の環）と呼ばれる10の城塞が残り、カナーヴォン城●P.453世界遺産、コンウィ城●P.445世界遺産、ボーマリス城●P.450世界遺産の3つが世界遺産。首都カーディフ●P.434をはじめ、おもな町は南部と北部の海岸沿いに集中している。

バンガーのペンリン城

カンタベリー大聖堂前の門

南海岸地方 Southern Coast

イギリス海峡沿いの海岸線には、国内屈指のリゾート地や風情のある港町が続く。地中海のリゾートを思わせるコンウォール半島先端のペンザンス●P.222やセント・アイヴス●P.226、ロンドンっ子ごひいきのリゾートタウン、ブライトン●P.192。英国国教会の権威的存在カンタベリー大聖堂●P.176世界遺産はぜひ訪れたい。その東側にはホワイト・クリフで有名なドーヴァーがある。

大英博物館

ロンドン London

世界中から人や文化が集まるイギリスの首都、ロンドン。歴代の王が戴冠式を行ってきたウェストミンスター寺院●P.105世界遺産、血なまぐさい逸話が数多く残るロンドン塔●P.122世界遺産をはじめ、古今東西の至宝を収蔵する大英博物館●P.112など盛りだくさん。ロンドンを見下ろす大観覧車、ウエストエンドでは人気のミュージカルも楽しみたい。

スコットランド Scotland

イギリスの中にある別国ともいうべきスコットランドは、イングランドとは異なる魅力をもった地域。首都のエディンバラ●P.460■●世界遺産には歴史的建造物や見ごたえある博物館が多い。セント・アンドリューズ●P.482はゴルフで有名だが、大学や大聖堂など、見どころも多い人気の観光地。ハイランドにあるインヴァネス●P.500の南には神秘的な雰囲気のネス湖が広がる。

聖アンドリュー大聖堂

イングランド北部 Northern England

ウィンダミア湖の船着場

産業革命の中心となった大都市があるほか、5つの国立公園があり、ローマ時代の遺跡も多い。100以上もの湖と美しい風景が広がる湖水地方●P.348、司教が町を治めてきたダラムの大聖堂●P.393■●世界遺産やローマ時代のハドリアヌスの城壁●P.382■●世界遺産はニューキャッスル・アポン・タインを起点に。産業革命時代の理想郷ソルテア●P.419■●世界遺産はヨークシャー・デイルズにある。

イングランド中央部 Central England

風光明媚な田園地帯が広がる中央部。イギリスのカントリーサイドを代表するコッツウォルズ地方●P.246。文豪ウィリアム・シェイクスピアゆかりのストラトフォード・アポン・エイヴォン●P.284、謎多き古代の巨石遺跡ストーンヘンジ●P.232■●世界遺産への起点、ソールズベリ。ローマ時代の浴場跡ローマン・バスのあるバース●P.235■●世界遺産などの見どころがある。

シェイクスピアの生家

テムズのほとり Along the Thames

グリニッジ標準時の時計

天気のよい日はロンドンから少し足を延ばしてみよう。世界の時間の中心、グリニッジ●P.163■●世界遺産や、世界中の植物が集められたキュー・ガーデンズ●P.168■●世界遺産やテニスの聖地ウィンブルドン●P.166など、個性的な見どころが多い。英国王室ゆかりのウィンザー●P.161やハンプトンコート・パレス●P.167やリーズ城●P.166など城巡りも楽しめる。

レンタカーで美しい田園をドライブ

湖水地方→ハドリアヌスの城壁→マン島

イギリスでもっとも美しいといわれている湖水地方。
歴史遺産であるハドリアヌスの城壁、そして海を渡ってマン島へ。
イギリスのカントリーサイドには
レンタカーだからこそできる気ままな旅がよく似合う。

取材協力：ハーツレンタカー

空港に着いたら出口にあるレンタカーのカウンターで手続き

羊の群が草をはむ緑豊かな丘、という典型的ないなかのイギリスを探しに、イングランド北部を旅した。目指すは幾多の文豪が愛した湖水地方。さわやかな夏の日、車の窓をいっぱいに開けてドライブすれば、谷間の湖をわたる風が心地よく頬をくすぐる。突然の雨……、くるくると変わる空模様に、湖は碧、紺、藍とその色を変える。気に入った場所に車を停めてランチにするもよし、おしゃれなマナーハウス（領主の館）でアフタヌーンティーを楽しむのもよし。自然の中で素敵な休日が過ごせそうな予感だ。

マンチェスター→ウィンダミア

ロンドンから空路マンチェスターへ向かい、空港でレンタカーを借りる。高速道路M6に乗り北へ向かう。走行距離100km強、1時間ほどでケンダルの町へ到着。この町は鉄道の乗り換え駅でもあり、湖水地方の入口といっていい。レンタカー会社もあるからここで車を手配してもいいだろう。今回はマン島へ渡るつもりだったので、マンチェスターで借り出し&

オレストヘッドから眺めた細長いウィンダミア湖

返却のプランを日本で手配した。マン島へはフェリーもあるが、時間の関係で飛行機を選択。マン島では、改めてレンタカーを借りることになっているのだ。

さて、ケンダルからはA591号線でウィンダミアへ。今日の宿はウィンダミア湖のほとりのホテルとなった。

ウィンダミア→ケズィック

ウィンダミアからA591号線で北へ向かう。このあたりは湖水地方随一の観光地で、夏の間は小さな町が世界中から来るお客さんでにぎわっている。子供たちは、ピーター・ラビットの世界に遊び、作者ベアトリクス・ポターに関する展示を堪能している。ワーズワースゆかりのライダル・マウント（→P.360）やダヴ・コテージ（→P.361）は博物館になっている。

湖水地方の人気の町のひとつであるアンブルサイドで昼食をとり、幻想的なライダル湖を車窓に眺めつつケズィックを目指す。途中、ストーンヘンジのような石が並ぶ不思議な遺跡キャッスルリッグ・ストーン・サークル（→P.362）に立ち寄る。ケズィックの宿を決めたら、午後はダーウェント湖でボートを借りる。湖上からの眺めもまた抜群だ。

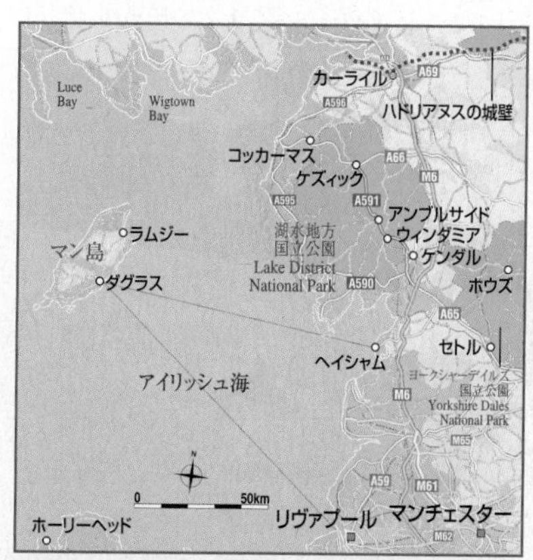

キャッスルリッグ・ストーン・サークル

雨の合間に日が差し神秘的な色をなすライダル湖

リアルでちょっと怖い「ベアトリクス・ポターの世界」の展示

ウィンダミアの中心街に並ぶかわいい家も人気の秘密

ダーウェント湖では遊覧船などで1日楽しめる

ケズィック→エクスデイル鉄道

ケズィック近くをドライブ。次から次へと車窓に現れる小さな湖も、よく見ればーつひとつ表情が違う。なだらかな丘というイメージだったが、意外に起伏が激しいところもある。

A66号線で西へ、A595号線で南に車を走らせる。やがてワスト湖が見えてきた。

ワスト湖は、これまでの穏やかな風景とは違い、湖岸の丘には木々が少ない。茶色い岩肌に紫色のヒースが彩りを添えていた。レイヴェングラスの町からは、小さな蒸気機関車エクスデイル・レイヴェングラス鉄道が走っている。親子やカップルの観光客に混じって、乗ってみることにしよう。

荒々しい岩肌を見せるワスト湖

コニストン湖をはじめどの湖でもカヌーなどのアクティビティが盛んだ

遺品が展示されているポター・ギャラリー

ワーズワース・グラマースクール

エクスデイル・レイヴェングラス鉄道

漁業の町レイヴェングラスからエクスデイルまでの11kmを40分間で結ぶ蒸気機関車。軌間15インチの小さなものとしては世界最古の車両も残り、文化的価値も高い。緑豊かな森を抜けると標高978mのスコーフェル山の麓らしい荒々しい山岳風景も楽しめる。夏期のみ運行。

www.ravenglass-railway.co.uk

小さくても立派な蒸気機関車。満面の笑顔をたたえた観光客を乗せて煙を吐いて力強く走る

氷河が削り取ったなだらかな圏谷（カール）をドライブ

アンブルサイド周辺ドライブ

ピーター・ラビットとその作者ベアトリクス・ポター、あるいは詩人ワーズワース（→P.361）は、湖水地方を語るキーワードだ。ホークスヘッドやニア・ソーリー、アンブルサイドやコッカーマスなどにゆかりの地が点在している。そんなところを訪ねるのも車なら簡単だ。

イギリスのナショナル・トラスト運動（→P.356）は、ここ湖水地方でベアトリクス・ポターが自然を保護するために私財を投じて土地を買い取り、それを寄付したことに始まる。今残る豊かな自然や古いコテージに思いをはせながらドライブしよう。

ナショナル・トラストが管理している古い建物。川をまたぐように建てられている

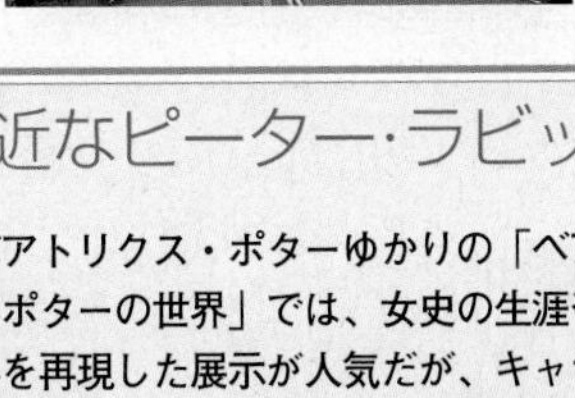

アンブルサイドの町並み

身近なピーター・ラビット

おなじみのピーター・ラビット・グッズ

ベアトリクス・ポターゆかりの「ベアトリクス・ポターの世界」では、女史の生涯や物語の世界を再現した展示が人気だが、キャラクター商品を扱うショップも人気だ。おなじみのキャラクターだが日本ではなかなかお目にかかれないアイテムもたくさんあって、ファンならずとも手に取りたくなる。おみやげにいかが？

カーライルから
ハドリアヌスの城壁へ

湖水地方の北の玄関口カーライルからA69号線で東へ向かう。ここには世界遺産にも登録されている「ハドリアヌスの城壁（→P.382）」がある。牧草地帯を縫うように真っすぐに延びた城壁はのどかな田園と不思議議な対照を見せる。ローマ帝国によって122～126年に建造された城壁は全長117km。ほとんどが朽ちているが、何ヵ所かは保存状態もよくきちんと管理されている。

数ヵ所の見どころを回る快適なドライブのあと、マンチェスターへの帰途につく。A686号線、M6号線を経由してケンダルへ。A65号線からはヨークシャー・デイルズ国立公園に立ち寄る。どこを切り取っても美しいイングランドのいなかに感動！

ヴィンドランダ・フォート

リブルヘッド陸橋をセトル・カーライル鉄道が走る

風化しつつある城壁がどこまでも続く

昔の戦場も今や羊にとって最高の食堂だ

イギリスの異国？
マン島をドライブ

マンチェスターから空路マン島へ。マン島は世界的に有名な「マン島TTレース」の舞台。100年の歴史をもつこの公道レースは、風光明媚な景観とは裏腹に、峠の越えのカーブが連続する過酷なコースだ。その同じ舞台でドライブできるなんて、イギリスまで来たかいがあるというものだ。

マン島は、英国ではあるもののその文化を大切に守っており、独自の議会や郵便システムをもつ。馬車鉄道など古い鉄道も残る魅力的な島である。1周60kmほどの小さな島。のんびりと走ろう。

ダグラスの港

マン島を代表する見どころピール城

西側の島は厳しい気候ゆえ高い木は育ちにくい

ヒースの咲く丘を縫ってスネフェル登山鉄道が走る

週末のカントリー・ウオーキングは国民的レジャー

「フットパス」をたどっていなかを歩く

イギリスは世界でも名だたるウオーキング大国。イギリス人の最大のアウトドアレジャーとして老若男女を問わず、広く楽しまれている。歩くことの楽しみを誰よりも理解するイギリス人にならって、フットパスを歩いてみよう。

英国全土を網羅するフットパス

自然の景観を配慮した標識

パブリック・フットパスとは、歩行者専用の遊歩道。運河沿いの小径、畑の裏の散策路、少し長いハイキング用のトレイルなど、イギリスにはそれこそ星の数ほどのフットパスがある。誰もが自然を共有し、そこを通行する権利があるという考えから、ときには他人の土地を横切ることもある。都会で働く人々は、週末になると車でカントリーサイドに出かけ、フットパスを歩いて自然を満喫する。これが英国流の過ごし方だ。

景色は地域によって多種多様

フットパスのコースは地方や地域によりさまざま。のどかな田園風景が広がるコッツウォルズ丘陵、森と湖が調和した絵画的な風景が広がる湖水地方、ヘザーが咲く荒涼としたムーア（荒れ野）、谷や川、森など変化に富んだ地形を行くハイランド、南西部の美しい海岸沿いのコースなど、イギリスの美しい自然をダイレクトに満喫できる。

人気の高いコース

日本人に人気のコースは湖水地方やコッツウォルズ。長短さまざまなコースが揃い、標識も親切ていねいに出ているので、初めてでも気軽に歩くことができる。

ヨークシャー・デイルズやノース・ヨーク・ムーアズでは、ムーアと小さな村々を訪ね歩くコース、スコットランドならローモンド湖畔も人気のコースだ。なかでもウエスト・ハイランド・ウェイはグラス

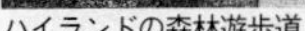
ハイランドの森林遊歩道

荒れた野原も独自のよさがある

舟に乗ったり歩いたり、自然への接し方は幅広い

ゴーからフォート・ウィリアムまで続く150kmものコースの一部。夏になると多くの観光客がこのコースを歩きにやってくる。

情報収集

フットパスのスタート地点(トレイル・ヘッドTrail Headとも呼ばれる)には簡単な地図や標識が出ているが、これだけではやはり不安。ルートが書き込まれた詳細地図は❶や書店で購入しよう。イギリスではさまざまな種類のフットパス用の地図が販売されており、初心者向けから上級者向けまで自分に合ったコースが選べる。

フットパスの表示を見逃さないで

また、ウエブサイトでもウオーキングマップなどをダウンロード(→P.523)することができるので、コースの予習にもなる。

服装

私有地や私道には入らないように気を付けよう

ヒル・トップへのフットパス

短いコースなら普通のスニーカーでも充分。雨上がりなどは道がぬかるんでおり、すべりやすいポイントも多いので、本格的に楽しみたい人はアウトドアショップで、ウオーキングやトレッキング用の靴を買うのがよいだろう。天候も変わりやすいので、常に調節の利く服装を心がけるのも大事なポイント。雨具の用意も忘れずに。

ポニートレッキングに出発

乗馬にチャレンジ

イギリスのいなかを歩いていると、乗馬を楽しんでいる人とすれ違うことがときどきあり、乗馬が社会に根を下ろしていることを実感する。そんなイギリスで気軽に乗馬に挑戦したい人は、ポニートレッキングがおすすめ。国立公園など、各地にあるポニートレッキング・センターでは、ポニーを引いてくれる人がいるので、初心者でも安心して楽しめる。シーズンは5月~9月末ぐらいまでだ。

サイクリングを楽しもう

イギリスではウオーキング同様、サイクリングの人気も非常に高い。次から次へと移り変わってゆく景色、風を切る爽快さがサイクリングの醍醐味だ。レンタサイクルの店も多く、気軽に楽しめる。

イギリスでは町の郊外に見どころがある場合も多い。そのような場合、レンタサイクルを利用すれば、行動範囲がグンと広がる。サイクリングと観光を同時に楽しむことができ、まさに一石二鳥だ。

スピーディに駆け抜けるサイクリストたち

川やロッホ（湖）には大物を狙うアングラーがやってくる

フィッシングの本場で大物を狙え！

**自然を愛する英国では、いなかに身を置くことが最上のレジャーのひとつ。
釣りも盛んで、特に河川や湖の多いスコットランドでは、
気軽に楽しめるアクティビティのひとつだ。
釣りのスポットはそれこそ無限、町にひとつは釣具屋があるという土地。
気に入った所でフィッシングをしてみてはいかがだろうか。**

本格的なフライフィッシング

スコットランド、ネス湖のあるインヴァネスからバスで1時間ほどの所にスペイ川という川がある。その流れは清らかにしてシングル・モルト・ウイスキーの銘酒のふるさととなり、同時に大西洋からサーモンが帰る母なる川として知られている。

となればサーモンフィッシングが盛んなのはいうまでもないだろう。いわば世界中のアングラーあこがれの聖地だ。フライフィッシングのキャスティングの技法のひとつ、スペイキャストはこの川から生まれたほどの所なのだ。

スコットランドでは許可証（パーミット）なしにサケ・マス類を釣ることは法律で禁止されている。種類によって解禁日が異なるが、シーズンは早春から秋にかけて。ちなみに日曜にサケあるいはサーモンを釣ることは禁止されている。夏の釣りは最高だが、水に入るなら夏でも冷えるので防寒対策はしっかりとしておきたい。

情報は、ⓘのほか各町の釣具店で。各々の釣り場はアングリング・アソシエーションなどの団体によって管理されており、使用可能な道具、ロッドの本数、エサにいたるまで、さまざまな規定がある。例えば、ロッドは手で持つタイプのみ有効で、置き竿は禁止といった具合。釣り場によってはフライフィッシングしかできない場合もある。

アヴィモア近郊にあるロシマーカス・エステートの釣り堀

グランタウン・オン・スペイを流れるスペイ川

キャスティングのときには背後に注意

グランタウン・オン・スペイ～キンクレイグ周辺

スペイ川沿いで釣りの盛んな大きな町は下流のグランタウン・オン・スペイGrantown-on-Spey。ここからキンクレイグKincraigまでは、モーリッヒ湖など手軽に釣りを楽しめる場所が多い。周辺ではボート・オブ・ガーテンBoat of Garten、ネジーブリッジNethybridge、ダルナイン・ブリッジDulnain Bridgeにも多くの釣り場がある。6・7月が狙い目のシーズンだ。

キヌースィー～インシュ湖

キヌースィーKingussieあたりの上流まで行くと、支流や湖も多くなり、より多彩な釣りが楽しめる。キヌースィーの町から近いガイナック湖Loch Gynackもおすすめ。キヌースィーとアヴィモアの中間、キンクレイグKincraig近郊にあるインシュ湖Loch Inshでは各種ウオータースポーツの設備が整っており、釣り具はもちろん、ボートフィッシングも可能。インシュ湖へは、キンクレイグで下車し、約2km徒歩。

もっと気軽に楽しむ

道具も少なく、許可証を購入する必要もなく、もっと気軽に楽しみたいなら釣り堀がおすすめ。釣り堀といっても、コンクリートで固められた生簀のようなものではない。小さな湖や池に魚を放流している所で、ストックト・ロッホStocked Lochやフィッシャリー Fisheryと呼ばれている。アヴィモア近くのロシマーカス・エステートやグランタウン・オン・スペイ近郊のクラガン・フィッシャリーなどで楽しむことができる。

大物を手にしてにっこり

Travel Data

許可証　シーズンにより料金は異なる場合もあるが、1日有効のもので、£15.00～40.00ほど。1週間有効（日曜は禁止）のものもある。許可証1枚につきロッド1本が有効。

アバーネジー・アングリング・アソシエーション
Inet **www.river-spey.com**

インシュ湖ウオータースポーツ
Inet **www.lochinsh.com**

フィッシング・スコットランド
フライフィッシングの指導、釣りに関する総合的なアレンジなどを手がける。
Inet **www.fishing-scotland.co.uk**

運河のネットワークは、イングランド中部の美しいカントリーサイドが中心だ（ナプトンNapton付近）

のんびりと運河を進むナローボートの旅

18世紀にイギリスで始まった産業革命。
そのエネルギーでもあった石炭の輸送に活躍したのが運河である。
しかし、その役割はほどなく鉄道に取って代わられ、衰退の一途をたどる。
第2次世界大戦後、レジャー用としての運河利用に注目が集まり始める。
そして今では、世界中の人々がイギリス運河の旅を楽しみに来るようになった。

運河はあなたのすぐ近くにある

イギリスの運河ネットワークは約3000kmにも及ぶ。その中心は、工業地帯として発展した中部イングランド、特にバーミンガム、マンチェスターだ。バーミンガムの中心街を流れる水路は、実はウスター&バーミンガム運河の一部であり、マンチェスターの最先端人が集まるキャッスルフィールドは、ロッチデイル運河の元荷役場を再開発した所。またシェークスピアの生誕地ストラトフォード・アポン・エイヴォンの船溜まりは、ストラトフォード運河とエイヴォン川のジャンクション。ロンドンのリトル・ヴェニス〜カムデン・マーケットの観光船が通るリージェント運河も、ロンドン〜バーミンガムを結ぶ全長250kmのグランドユニオン運河の一部なのだ。

この大ネットワークをもつイギリスの運河は、自分たちでボートを駆って旅することができるのである。

ナローボートで住みながら旅する

イギリス運河の旅は、「ナローボート」という独特のボートが活躍する。幅約2.1m。まさにナロー(狭い)ボートだ。それに対して長さは、短いもので5m、長いもので25m近くにもなり、その極端に細長い船体が想像できるだろう。

そもそもナローボートは、産業革命時代の石炭運搬船だったもの。狭い船幅も、運

水鳥の声を聞きながら、ボートでいただくイングリッシュ・ブレックファスト

出発前に行われる講習。わからないことは、この場で何度でも聞き直そう

河の幅に合わせて決められたのである。現在のナローボートは、かつて石炭を山積みしていたデッキに居心地のよいキャビン（船室）を置き、その中にテレビ、ソファ、食堂、キッチン、トイレなどを備え付けた。キッチンには冷蔵庫、ガスグリルに加えて、皿、鍋、ナイフ&フォークといった什器もすべて揃っている。また、温水シャワー、ベッド、クローゼットなどももちろんある。一軒の家がそのまま水の上を移動するものだと考えればいいだろう。

免許や経験はまったく不要

ナローボートは、レンタカーと同じように、自分で運転する。しかも、免許や経験は一切不要。運河だけではなく、テムズ河やエイヴォン川などの河川も含めて、ほぼすべての水路で、免許不要で運転が許可されている。

ボートの操船に免許がいらないとは、にわかに信じられないかもしれない。その理由は、操船のシンプルさとスピードにある。

最後尾にある操船デッキには、「ティラー」と呼ばれる舵と、スロットル（アクセル）レバーが付けられているだけ。ティラーを進行方向に対して右に振るとボートは左へ、左に振れば右に船首を向ける。スロットルは、前に倒せば前進、後ろに倒せば後進で、ギアチェンジなどは必要ない。

また、ナローボートの速度は時速3マイル（約4.8km）程度。このスピードだからこそ、免許や経験不要で誰でも操縦が可能なのだ。

簡単な説明を受けて、いざ出航！

ボートを借りるときには、30分ほどの講習がある。外国人の利用者も多いからか、スタッフはわかりやすい英語でゆっくりしゃべってくれる。特にエンジン部へのグリースの挿入などの日常点検、スクリューに何かが絡まってしまった際の対処の仕方は聞き逃さないようにしたい。

ひととおりの説明が終わると、「その内容を理解した」という旨の書類にサインし、いよいよ出航だ。

最初はスタッフが同乗し、操作方法を教えてくれるが、ほんの数分で岸に飛び降り、「それじゃ、いい旅を！」と言い残してマリーナに帰ってしまう。

パニックになってはいけない。まずティラーをしっかり持とう。川幅が広い所へ出たら、ティラーを左右に振ってみる。すると、操作からちょっと遅れて船首が方向を変えることがわかるはずだ。これはボートの独特の動きだが、30分もすれば、それもマスターできるだろう。

ロック（水門）に入ると、巨大なボートが上下する

ロックやアクアダクトを越えて

工業地帯と炭鉱を結ぶという目的で建設されたイギリスの運河だが、町を出れば実に牧歌的な風景が広がる。

運河の水面には、さまざまな種類の水鳥が遊んでいる。目を上げれば、牧場ではヒツジやウシが草をのんびりと食んでいる。イギリスのいなかを称賛する人は多いが、運河から見るカントリーサイドにかなうものはない。

しかし運河は、時にエキサイティングなアトラクションを用意してくれている。ボートの行く手に、白黒のツートンカラーの扉が運河をせき止めている。これがロックLock（水門）だ。ロックを通過するには、ロック・キーLock Key（ウインドラス）と呼ばれる器具を使い、水位を変えてやる。ちょっと大変だが、ロックを越えながら進むことこそ、運河の旅の醍醐味ともいえる。

また「リフト・ブリッジLift Bridge（跳ね橋）」や「スイング・ブリッジSwing Bridge（回転橋）」でも、ロックと同じように操作してボートを通してやる。丘陵部をくり抜いて作られた「運河トンネル」では、ライトを点灯して、さらにゆっくりと進む。

ロックのなかでも特に有名なフォクストンFoxtonロック。ロックが5段の階段状になっており「ステアケース」と呼ばれている

何といっても一番感動するのは「アクアダクトAquaduct（水道橋）」だろう。

Travel Data

■ボートを借りるには？

ボートを貸し出す会社ハイヤー・カンパニーHire Companyは、イギリスに100社以上ある。最近はウエブサイトをもっている会社も多く、サイトから直接予約もできる。料金は、ボートのサイズ、シーズンにより異なる。乗船人数が多く、大きいボートほど高く、同じボートでも8月中旬が一番高い。ハイヤー・カンパニーは毎年3月から11月頃までの営業で、このシーズン初めと終わりが一番安い。

また、ナローボートは1週間単位（7泊8日）で借りるのが基本で、土曜の15:00前後に借りて、翌週の土曜の9:00前後に返却するのが一般的だ。1週間の時間が取れない人向けに、「ショートブレイクス」という3泊4日〜4泊5日のプランを用意している会社もある。

■運河の情報源

ハイヤー・カンパニーの多くは自社のウエブサイトをもっているが、どの会社がどこで営業しているかわからない人は、以下のページを参考にするといいだろう。

●Canal Mania　inet www.h4.dion.ne.jp/~canal

●Drifters　inet www.drifters.co.uk

■日本人が運航する「キャプテンプーク」 Captain Pook Canal Boat

免許や経験が一切不要、とはいっても、最初は不安な人も多い。そんな人におすすめなのが、日本人の淳子（あつこ）さんとイギリス人のアンディAndyさん夫妻が運航するキャプテンプーク・カナル・ボート。ストラトフォード・アポン・エイヴォンをベースに、エイヴォン川、ストラトフォード運河へのクルーズを行っている。操船やそのほかの作業は淳子さんとアンディさんがやってくれるが、自分で参加することも大歓迎。また、ハイヤー・カンパニーと違って、半日から数泊まで、要望に応じてプログラムを考えてくれる。運航は毎年5月1日から9月末ぐらいまで。

TEL (078) 99998334（5〜9月／イギリスの携帯電話）
TEL (043) 486-5681（10〜4月／日本）
inet www.captainpook.com
料 半日クルーズ£45.00〜（茶菓子付き）
1泊2日クルーズ£115.00〜（食事付き）

■英国運河についての本

『英国運河の旅』
秋山岳志著／彩流社刊／定価2100円（税込）

アクアダクトは、大きな高低差がある場所を通過するためにかけられている「水の橋」。なんと橋の上をボートが通るのである。最も有名なアクアダクトは、ウェールズとイングランドの境にあるスランゴスレン運河のポントカサステ・アクアダクト。全長約300m、高さは約36mもあり、操船しながら橋の上から見下ろす峡谷はまさに絶景だ。

メンテナンスも忘れずに

ナローボートの旅を始める前には、運河地図(現地でも買える)を使ってだいたいのルートを設定しよう。地図には、マイル数、ロックや係留所Mooringの位置、食料品店、パブなどの諸施設がプロットされているので、1日どれくらい進んで、どのあたりで係留するかの目安をつける。

メンテナンスには、まず水の問題がある。上水は船底のタンクに貯めて使うので、給水は1日1回が基本。ウオーター・ポイントWater Pointという場所が地図に載っており、そこで備え付けのホースを使って自分で給水する。これは無料だ。

トイレの下水も、タンクに貯めてあるので、1週間以上旅行する人は、ポンプ・アウトPump Out(バキューム)という作業が必要だ。これは、マリーナなどでスタッフにやってもらうことが多く、1回£10.00ほどの料金がかかる。

一方、キッチン用火力として搭載しているプロパンガスやエンジン用のディーゼル燃料は、1週間の旅なら補給を考える必要はない。

30m以上の高さをボートが進むポントカサステのアクアダクト(水道橋)は、"土木の父"とも呼ばれるトーマス・テルフォードが設計を担当

こう書くとまた難しそうに思われるかもしれないが、心配はまったく無用。イギリス人はもとより、世界からやってくるボーター(ボートに乗る人)が、何の知識や経験もないまま楽しんでいるのである。次のイギリス旅行には、ナローボートの旅を取り入れてみてはいかがだろうか。

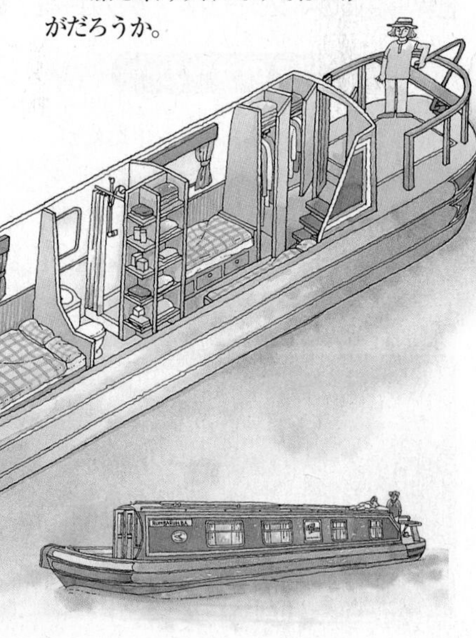

イングランド・サッカーを観に行こう!

**サッカー観戦の醍醐味は、何といってもその臨場感。
ボールを蹴る音、選手の体がぶつかり合う音、観客のどよめき、ブーイング。
スタジアムが思いのほか暑かったり、隣のファンの熱心な応援のせいで
耳が痛くなったり、そんな体験もテレビでは絶対に味わうことができない。
世界最高峰のイングランド・サッカーを、観に行こう!**

イギリスのサッカー

イギリスには、イングランドのほか、ウェールズ、スコットランド、北アイルランドそれぞれに国内リーグがある。世界レベルの実力があり、ベッカム人気で一躍有名になったのはイングランド・リーグ。ここではイングランドに絞って解説していこう。

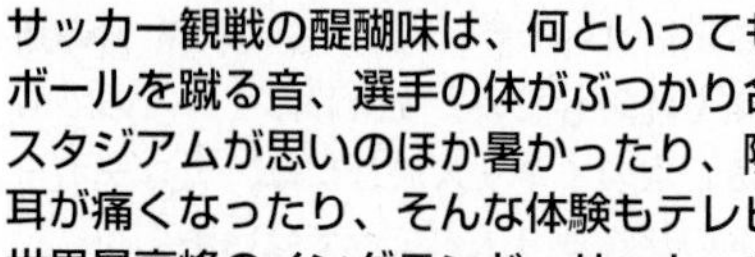

リーズ対チャールトンの試合

イングランドのプロリーグは4部構成。そのトップリーグが20チームで構成されるプレミアシップ(Premiership)だ。一般に8月頃に開幕し翌年5月までが開催期間。試合は基本的には土曜と日曜の午後に行われるが、一部平日の夜に行われるものもある。

そのほか、国際試合としてチャンピオンズリーグ、UEFAカップなどの大会が国内リーグと並行して開催される。

情報収集

出発前にはインターネットが、現地では新聞、雑誌が役に立つ。最新の情報を得ておきたい。

●新聞・雑誌

試合日程が変更されることも多いので、最新の情報は新聞や雑誌で確認を。日刊のスポーツ新聞はないが、一般紙や大衆紙のスポーツ記事が、質、量ともに充実している。『The Guardian』、『Daily Express』などが特に詳しい。週刊のフットボール専門誌では「Match」(毎週火曜発売)がいい。

フットボールの雑誌

『ガーディアン』のような新聞でもスポーツ記事は非常に充実している

●ウエブサイト

下記のほか、各クラブのウエブサイト(→P.52)も忘れずにチェック。

●Premiership Official
(プレミアシップのオフィシャルサイト)
inet www.premierleague.com

●FA
(イングランドサッカー協会のオフィシャルサイト)
inet www.the-fa.org

チケットの確保

どのクラブでもまず、クラブ会員向けに売り出し、売れ残った場合に一般販売(General Sale)が行われる。超人気クラブでは、シーズンチケットとクラブ会員向けでほとんどの席が売り切れている。

●電話で予約

試合カード、必要枚数、氏名、住所、連絡先、クレジットカード番号を伝え、チケットの有無を確認する。試合当日にスタジアムのボックスオフィスか専用窓口に行き、クレジットカードを提示すればチケットを出してくれる。チケットの額面に加え、普通は手数料が加算される。

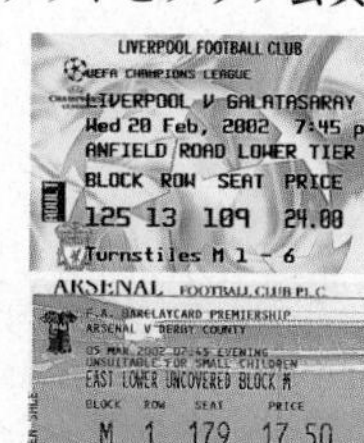

チケットの半券は旅の思い出にもなる

●スタジアムのボックスオフィス

英語に自信がない人には電話より安心だ。超人気クラブ絡み、あるいは地域のライバル同士の対戦でなければ、購入できることも少なくない。週末の試合よりも、平日夜の試合にチャンスが高い。

●チケットブローカー

超人気クラブのチケットも含め、売り切れの試合でも必ず入手できるというのが売り。しかし、かなり割高になる。金額を気にしない人や、どうしても入手したい試合がある場合には有効だ。ウエブサイトでのオンライン予約も可能。

●Premier Events
TEL 08702034040
inet www.premierevents.co.uk

●Sold Out Event Tickets
TEL 08703506071
inet www.soldouteventtickets.com

●チケット代理店

ブローカーと違って、額面に近い値段で入手できる。ただし、扱っているクラブは限られており、超人気クラブのチケットを入手することはまず無理。

●Ticketmaster
inet www.ticketmaster.co.uk

アーセナルのボックスオフィス。スタジアムの座席の種類や位置をきちんと伝えよう。ゴール裏は熱狂的なファンが多いので、避けたほうが無難

●日本の旅行会社などで購入

確実に入手でき、日本語で事足りるというのが魅力。しかし、値段は非常に高い。現地のホテルと、往復の飛行機まで入れた観戦ツアーもある。

試合当日

いよいよ試合当日。スタジアムとその周辺には独特の空気が流れている。早めに行って雰囲気を満喫したい。

●試合前、スタジアム周辺のにぎわい

試合の日の午後、スタジアム周辺は大勢のファンですでに大にぎわい。どこか祭りの華やぎに似た雰囲気だ。近くのパブの前は黒山の人だかり。ざわめきのなかから歌声が上がる。

スタジアムへの道から応援歌を歌っていくファンも見かける

運よくリー・ボウヤー選手に遭遇。選手も英国紳士なので、サインや握手にも気軽に応じてくれる

●最高の舞台装置、スタジアムに入場

いよいよスタジアムに入る。チケットに書かれた席がわからなければ、「Steward」と書かれた目立つ制服の係員にチケットを見せて教えてもらうといい。通路を抜けてスタンドに入ると、ピッチの鮮やかな緑が目に飛び込んでくる。美しい……。席に着き、改めてスタ

Team Data

■アーセナル Arsenal

ホームスタジアムは今シーズンからエミレーツ・スタジアムEmirates Stadium（地下鉄アーセナル駅Arsenal下車）。スタジアムツアーの詳細は未定。
inet www.arsenal.com

■チェルシー Chelsea

ホームスタジアムはスタンフォード・ブリッジStanford Bridge（地下鉄フラム・ブロードウェイ駅Fulham Broadway下車）。スタジアムツアーは試合日と祝日以外、1日2～3回。予約TEL 08706030005。
inet www.chelseafc.com

■リヴァプール Liverpool

ホームスタジアムはアンフィールドAnfield（クイーン・スクエアのバスステーションから217番のバス）。スタジアムツアーは試合日以外の10:00～17:00。予約はTEL(0151) 2606677。博物館もある。
inet www.liverpoolfc.tv

■エヴァートン Everton

ホームスタジアムはグッディソン・パークGoodison Park（クイーン・スクエアのバスステーションから1、2、20番などのバス）。スタジアムツアーは試合日以外で予約はTEL(0151) 3302305。
inet www.evertonfc.com

■マンチェスター・ユナイテッド Manchester United

ホームスタジアムはオールド・トラフォード（アクセス、スタジアムツアーについては→P.345）。
inet www.manutd.com

■ニューキャッスル・ユナイテッド Newcastle United

ホームスタジアムはセント・ジェイムス・パークSt. James' Park。スタジアムツアーは水～日曜の12:00、14:00発で要予約TEL 08708508074。
inet www.nufc.co.uk

陸上トラックもなく、選手との距離が本当に近く感じられるスタジアムだ

ジアムを見渡してみる。陸上競技用のトラックがない専用スタジアムだからスタンドとピッチが極めて近い。

スタジアムの看板でも座席や値段を確認できる

アーセナルの栄光の歴史を集めた博物館

チケットが取れなければスポーツカフェで観戦という手も

●防寒対策を忘れずに

11～3月頃には防寒対策をしていったほうがいいだろう。真冬や夜の試合の場合は保温性の高い下着の着用、靴下の重ね履き、それに携帯カイロも忘れずに。

●伝統を感じさせる観客と応援

歌声は自然発生的にスタジアム中に広がり、拍手もブーイングもごく自然。ホームチームのゴールが決まると「イエェー！」という独特の叫びがスタジアムにこだまする恍惚の時。

スタジアムツアー

人気クラブでは、スタジアムのツアーを行っている。スタンドに座って説明を聞いたり、選手のロッカールームも見学する。予約するのが確実だが、直接行っても空き次第で参加できる場合もある。各クラブのウエブサイトで確認しよう。

●クラブの博物館

伝統と実績のあるクラブは、歴史と栄光を伝える博物館をスタジアム内にもっている。ユニホームの展示や、映像を用いた多角的な展示がなされている。入場は有料の場合が多い。

通りをいっぱい使ってダンサーがパフォーマンスを繰り広げるノッティング・ヒル・カーニバル

フェスティバルに参加しよう!

民俗色あふれる素朴なお祭りや、街がまるごとディスコになったような
カーニバル、色とりどりの衣装に身を包んだ人々のパレード……
イギリスにはさまざまなタイプのお祭りがある。せっかくイギリスに行くなら、
旅程の日取りをうまく合わせて祭りに参加してみよう!
祭りに合わせて同時に催されるさまざまなイベントも楽しみだ。

8月13〜9月3日　エディンバラ→P.460

エディンバラ国際フェスティバル
Edinburgh International Festival

50年以上の歴史をもつ、世界でも有数の芸術祭。期間中はさまざまなイベントが催される、スコットランドを代表するフェスティバルだ。期間中は世界の一流アーティストによるオペラや演劇、コンサート、ダンスなどが連日催され、同時期に行われるフェスティバル・フリンジでは実験的な劇も上演される。

ミリタリー・タトゥーのフィナーレ

ハイライトはエディンバラ・ミリタリー・タトゥーと呼ばれる音楽パフォーマンス。エディンバラ城前の広場で、バッグパイプ・バンドを中心に各国のバンドやダンサーがパフォーマンスを繰り広げる。

さまざまな国のバッグパイプ・バンドが集結する

Travel Data

ワンポイントアドバイス　期間中は世界中からの観光客がエディンバラに押し寄せる。市内のほとんどのホテルは満室が続くので、できるだけ早く予約を取ることをおすすめする。

エディンバラ国際フェスティバル
inet www.eif.co.uk

エディンバラのイベント情報
inet www.edinburghfestivals.co.uk

8月27・28日 ロンドン→P.57

ノッティング・ヒル・カーニバル
Notting Hill Carnival

街角で催されるお祭りとしてはリオのカーニバルに次ぐといわれ、もちろんヨーロッパ最大のカーニバル。もともとはカリブなど旧英領から流入した黒人を中心とする移民たちが、故郷の音楽や踊りを街角でのカーニバルに昇華させたものだが、今やカリブの音楽は完全に社会に定着し、黒人だけではなくさまざまな人がストリートパフォーマンスを繰り広げる。

ロンドンがカリブ色に染まる楽しいカーニバル

Travel Data

ワンポイントアドバイス　毎年8月の最終日曜と翌月曜(バンク・ホリデイ)に行われる。最寄りの駅は地下鉄ノッティング・ヒル・ゲート駅。

3月17日 ベルファストなど

セント・パトリック・デイ
Saint Patrick's Day

ベルファストで行われたパレード

アイルランドの守護聖人セント・パトリックを記念して行われる祭り。この日は世界中に住むアイルランド人にとって、自らのルーツや故郷に思いをはせる日でもある。アイルランドはもちろん、世界各地でもパレードが行われ、人々はシャムロック(三つ葉のクローバー)をあしらった衣装で通りを練り歩く。

Travel Data

ワンポイントアドバイス　セント・パトリック・デイは3月17日だが、パレードが行われる日は都市により若干前後するので必ず事前に確認を。

1月30日 ラーウィック→折込地図C1

アップ・ヘリー・アー
Up-Helly A'

シェトランド諸島はほかのイギリスとは異なり、ノルウェーやフェロー諸島、アイスランドなどと同様、ヴァイキングの伝統を色濃く受け継いでいる。毎年1月の最終火曜の夜から行われるアップ・ヘリー・アーは、海の民であったヴァイキングらしい何とも勇壮なお祭りだ。クライマックスでは、甲冑に身を包んだ男たちが船を取り囲み、次々と手に持ったたいまつを投げつける。

たいまつを投げる瞬間、祭りは独特の高揚感に包まれる

祭りで使われる甲冑

Travel Data

ワンポイントアドバイス　祭りが催されるシェトランド諸島へは飛行機の利用が便利。アバディーンから約1時間、エディンバラから約1時間30分。

ロンドン

London

ハリーポッターの舞台となったキングズ・クロス駅9と3/4番線

中心部を巡る厳選コース

ヨーロッパを代表する大都市、ロンドンは非常に見どころの多い都市だ。じっくりと滞在して見学したいところだが、限られた時間をイギリスのほかの地域にも割きたい。ここでは初めてのロンドンでも見落としたくない観光ポイントを厳選して回るコースを紹介しよう。

Basic1

基本コース1

ロンドンでも選りすぐりの観光名所を巡るコース。国会議事堂は外を見るだけに留め、まずはウェストミンスター寺院を見学。11:00ぐらいにはバッキンガム宮殿の衛兵交替式の場所を確保しよう。式が終わったら大英博物館へ行き、午後を博物館見学に費やす。夜まで博物館見学。その後ショッピングをしながらピカデリー・サーカス周辺でミュージカル鑑賞や食事を楽しむ。

大英博物館

ウェストミンスター寺院

衛兵交替式

ウェストミンスター寺院

↓ 地下鉄サークル／ディストリクト・ライン

衛兵交替式

↓ 地下鉄ヴィクトリア・ライン＋セントラル・ライン

大英博物館

↓ 地下鉄ピカデリー・ライン

ピカデリー・サーカス周辺

Basic2

基本コース2

セント・ポール大聖堂

テムズ河沿いにある見どころを中心に見学するコース。まず、セント・ポール大聖堂を見学してから、金融街、シティにある建造物を見て回る。次のロンドン塔は見学に時間がかかるので、食事は事前に済ませておいたほうがいいだろう。ロンドン塔の見学が終わって時間があったら、タワー・ブリッジへも行ってみよう。そしてBAロンドン・アイで眼下に広がるロンドンの町並みを目に焼け付け、最後はどこかのパブでエール・ビールを1杯。

セント・ポール大聖堂

↓ 徒歩 or 地下鉄セントラル・ライン

シティ

↓ 地下鉄サークル／ディストリクト・ライン

ロンドン塔

↓ リバー・ボート or 地下鉄サークル／ディストリクト・ライン

BAロンドン・アイ

ロンドン塔

ロンドンの郊外にも足を延ばすモデルコース

博物館巡りやショッピングも楽しいけれど、ロンドンの喧噪を離れ、緑あふれる郊外で1日ゆっくり過ごしてみよう。ここでは2コースのみを紹介するが、ほかにもロンドン郊外には珠玉の見どころがいくつも存在している。時間に余裕のある人はぜひいろいろな場所へ行ってほしい(→P.159)。

Excursion to Greenwich & Docklands

郊外コース 1

行きはリバー・ボートを利用してテムズ河を渡り、ゆっくりとグリニッジへ。グリニッジは旧天文台や旧王立海軍学校、国立海洋博物館など見どころが満載。さて、グリニッジの見学が終わる頃にはもう夕方になっているはず。帰りはリバー・ボートではなく、ドックランズ・ライト・レイルウェイ(DLR)を利用してドックランズへ行こう。カナリー・ウォーフ駅Canary Warfで下車し、ここで夕食をとってからロンドン中心部へと戻る。

グリニッジの観光案内所

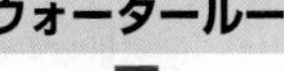

ウォータールー

↓ リバー・ボート

グリニッジ駅

↓ DLR

カナリー・ウォーフ駅

↓ DLR

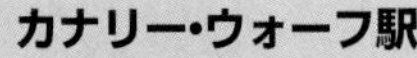

カナリー・ウォーフ駅

カティー・サーク号

カナリー・ウォーフ

Excursion to Windsor & Eton

郊外コース2

ウィンザーの聖ジョージ礼拝堂

ウィンザーに着いたら、まずはウィンザー城を見学。城自体はいうまでもないが、聖ジョージ礼拝堂も必見だ。礼拝堂内は非常に凝った装飾が施されており、ヘンリー8世ほか歴代の英国王が埋葬されている場所でもある。礼拝堂は日曜は閉まっているので、できれば平日に訪れたいところだ。ウィンザー城をゆっくりと回ったあとは、英国で最も由緒があるのパブリック・スクール、イートン校を見学しよう。

イートン校

ウィンザーとテムズ河

ウォータールー駅

↓ 鉄道

ウィンザー城

↓ 鉄道

イートン校

↓ 鉄道

ウォータールー駅

Fitzrovia
フィッツロビア
W1
テレコム・タワー
Telecom Tower
Devonshire St.
Upper Wimpole St.
Weymouth St.
Westmoreland St.
Hallam St.
New Cavendish St.
Hanson St.
Ogle St.
Howland St.
Great Titchfield St.
Riding House St.
ミドルセックス病
Middlesex Hospit
Dorset St.
Manchester St.
Broadstone Pl.
ベーカー・ストリート
Baker St.
Marylebone High St.
Cramer St.
Aybrook St.
P.157
Topkapi
Harley Pl.
Mansfield St.
Duchess St.
ポートランド・プレイス
Portland Pl.
Langham St.
万霊教会
All Souls
1
消防署
Fire Station
Giraffe P.157
Blandford St.
P.141 Jurys Clifton Ford
P.142 Durrants
Queen Anne St.
Harley St.
Chandos St.
Langham Pl.
Bywell Pl.
Mortimer St.
Wells
ウォレス・コレクション P.128
The Wallace Collection
Bulstrode St.
Wimpole St.
Welbeck St.
Langham
P.140
Little Portland St.
Great Titchfield St.
Robert Adam St.
Manchester Sq.
Bentinck St.
Marylebone Ln.
Cavendish Sq.
Regent St.
Margaret St.
Market Pl.
Winsley St.
Wigmore Hall
Margaret Howell
Fitzhardinge St.
Mandeville Pl.
Christopher Pl.
Wimpole St.
Great Castle St.
J-D Sports
ポートマン・スクエア
Portman Sq.
Wigmore St.
Duke St.
Eat-Thai
P.157
James St.
Welbeck St.
Old Cavendish St.
British Home Stores
John Lewis
Nike Town
Marks & Spe
Oxford Circus
Seymour St.
P.142
Selfridges
Debenhams
Holles St.
Ramillies Pl.
警察
Police
Portman St.
Orchard St.
Barrett St.
Selfridges
Fcuk
Bond Street
Dering St.
Princes St.
London Palladium
Noel
Granville Pl.
Marks & Spencer
P.136
P.136
Oxford St.
オックスフォード・ストリート
Gilbert St.
Binney St.
South Molton St.
Woodstock St.
Blenheim St.
P.138
W1
Apple Store
Thistle Marble Arch
P.141
JAL Plaza Igirisuya
ハノーヴァー・スクエア
Hanover Sq.
Hanover St.
Liberty
P.136
Balderton St.
Weighhouse St.
Duke St.
Sakura
P.154
Mill St.
Maddox St.
North Row
North Audley St.
ヘンデル・ハウス博物館 P.129
Handel House Museum
ニュー・ボンド・ストリート
New Bond St.
Jeager
Red Pl.
Park St.
P.141
London Marriott Grosvenor Square
Brook St.
Davies St.
Avery Row
Claridge's
P.139
St. George St.
Guardian Service
Hamleys
Green St.
Lees Pl.
聖ジョージ教会
St. George
Smythson
P.138
Conduit St.
New Burlington Pl.
Mappin Webb
W1
Dunraven St.
2
ルーズベルト記念碑
Roosevelt Memorial
Grosvenor St.
Bourdon St.
Burlington St.
Waterford Wedgwood
P.138
Upr Brook St.
クロウナー・スクエア
Grosvenor Sq.
Grosvenor Hill
P.140
The Westbury Mayfair
Burberrys
P.137
Coach & Horses Yd.
警察
Police
Regent St.
アメリカ大使館
Embassy of U.S.
Carlos Pl.
Bruton Pl.
Barlow Pl.
Bruton Ln.
Old Burlington St.
Savile Row
P.141 Millennium London Mayfair
Bruton St.
P.137
Aquascutum
Upr Grosvenor St.
P.140
The Connaught
Grafton St.
Burlington Gdns.
Vigo St.
Austin Reed
P.137
South Audley St.
Chor Bizarre
P.157
Albemarle St.
Old Bond St.
王立芸術院
Royal Academy of Arts P.115
パーク・レーン
バークリー・スクエア
Berkeley Sq.
グロヴナー・チャペル
Grosvenor Chapel
Hay Hill
Mount St.
Hill St.
Hay's Mews
Alford St.
P.136 Fortnum & M
Rex Pl.
Mayfair
メイフェア
Hay's Mews
P.140
Radisson Edwardian Mayfair London
P.141
Holiday Inn Mayfair
Berkeley St.
Waterford Wedgwood
JCBプラザ
P.138 Dunh
South St.
Park Ln.
Hill St.
P.142
The Chesterfield
Stratton St.
Quagilno's
P.151
Gre
Charles St.
Queen St.
Washington Mayfair
P.140
Bolton St.
P.139
The Ritz
Arlington St.
St. James's St.
Bury St.
The Dorchester P.139
ハイド・パーク
Hyde Park
P.107
Curzon St.
シェファード・マーケット
Shepherd Market
P.140
Flemings Mayfair
Green Park
Park Pl.
Curzon Mayfair
Market Mews
Half Moon St.
White Horse St.
Shepherd St.
Piccadilly
The Stafford
P.140
St. James's Pl.
The London Hilton on Park Lane
P.140
Hertford St.
P.141
Sheraton Park Lane
Yarmouth Pl.
日本大使館・領事館
Japanese Embassy. Consulate
スペンサー・ハウス
Spencer House
3
Bandstand
Brick St.
Down St.
Athenaeum
P.140
ピカデリー
P.153 L'Oranger
Four Seasons
P.140
Old Park Ln.
Hamilton Pl.
グリーン・パーク
Green Park
P.107
クラレンス・ハウス
Clarence House
Hard Rock Cafe
Hard Rock Cafe P.158
Inter-Continental London
ウェリントン博物館
Wellington Museum
Hyde Park Corner
ウェリントン・アーチ
Wellington Arch
警察
Police
Constitution Hill
ヴィクトリア女王記念碑
Queen Victoria Memorial
Grosvenor Cres.
A
B

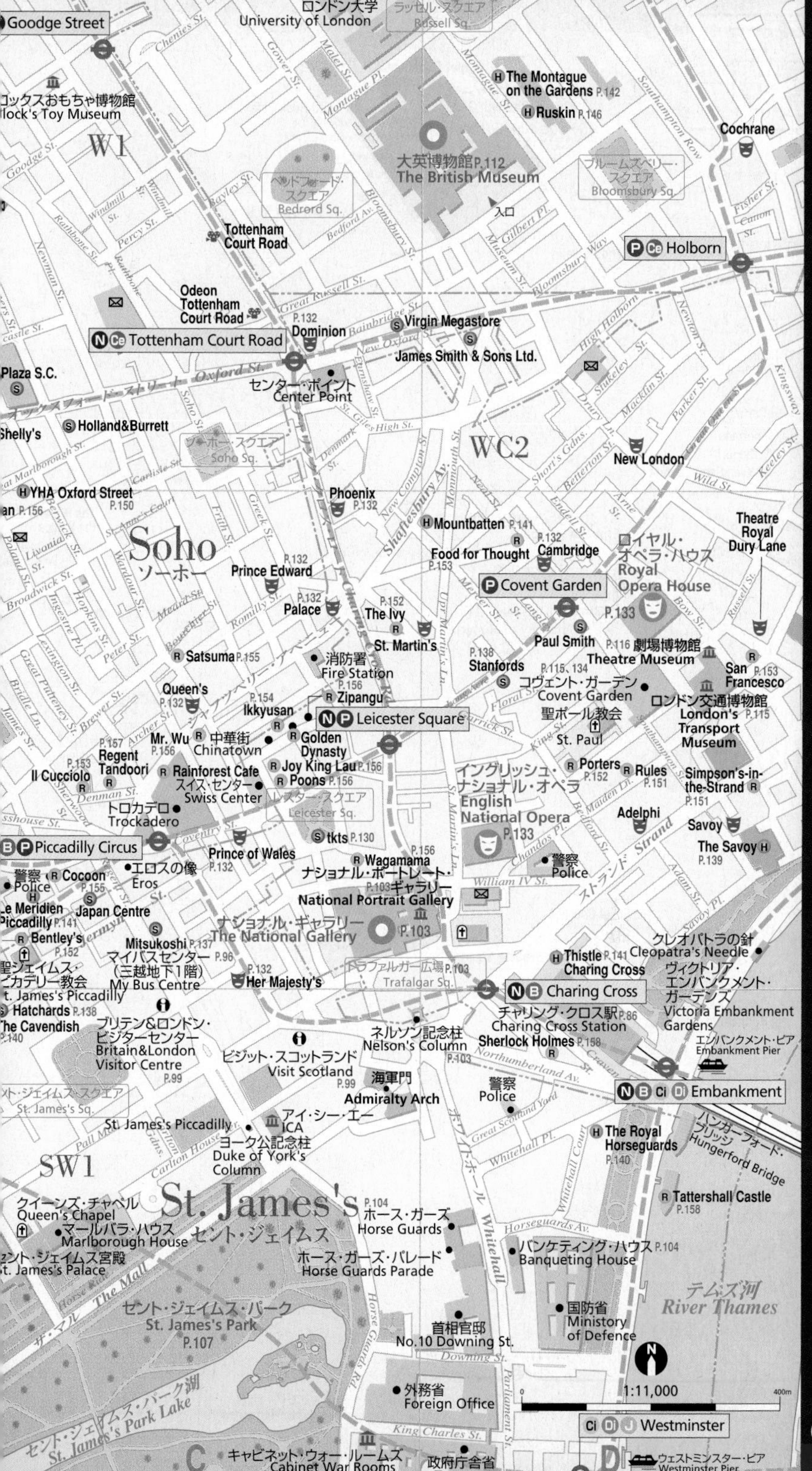

Goodge Street
ロンドン大学
University of London
ラッセル・スクエア
Russell Sq.
Chenies St.
Gower St.
Malet St.
Montague Pl.
Montague St.
The Montague on the Gardens P.142
Ruskin P.146
Southampton Row
コックスおもちゃ博物館
Pollock's Toy Museum
W1
Goodge St.
大英博物館 P.112
The British Museum
ブルームズベリー・スクエア
Bloomsbury Sq.
Cochrane
ベッドフォード・スクエア
Bedford Sq.
Bayley St.
Windmill St.
Percy St.
Rathbone Pl.
Newman St.
Bedford Av.
Bloomsbury St.
Museum St.
Gilbert Pl.
入口
Fisher St.
Catton St.
Tottenham Court Road
Holborn
Bloomsbury Way
Odeon Tottenham Court Road
Great Russell St.
P.132
Dominion
Bainbridge St.
Virgin Megastore
New Oxford St.
James Smith & Sons Ltd.
High Holborn
Newton St.
Plaza S.C.
Oxford St.
オックスフォード・ストリート
センター・ポイント
Center Point
Earnshaw St.
St. Giles High St.
Stukeley St.
Drury Ln.
Macklin St.
Parker St.
Great Queen St.
Kingsway
Holland&Burrett
Shelly's
Soho St.
ソーホー・スクエア
Soho Sq.
Denmark St.
New Compton St.
WC2
New London
Great Marlborough St.
Carlisle St.
Short's Gdns.
Betterton St.
Wild St.
Keeley St.
YHA Oxford Street P.150
P.156
Phoenix P.132
Shaftesbury Av.
Monmouth St.
Neal St.
Endell St.
Arne St.
Theatre Royal Drury Lane
Soho
ソーホー
Berwick St.
Poland St.
Livonia St.
St. Anne's Ct.
Frith St.
Greek St.
Mountbatten P.141
Food for Thought P.153
P.132 Cambridge
ロイヤル・オペラ・ハウス
Royal Opera House
P.133
Broadwick St.
Hopkins St.
Ingestre Pl.
Wardour St.
Meard St.
Dean St.
P.132 Prince Edward
Romilly St.
P.132 Palace
P.152 The Ivy
Covent Garden
Mercer St.
Long Acre
Bow St.
Russell St.
Lexington St.
Great Pulteney St.
Bridle Ln.
James St.
Peter St.
Bourchier St.
Satsuma P.155
消防署
Fire Station
P.156
Charing Cross Rd.
St. Martin's
Upr St. Martin's Ln.
P.138 Stanfords
Paul Smith
P.116 劇場博物館
Theatre Museum
San Francesco P.153
Queen's P.132
Brewer St.
シャフツベリー・アベニュー
P.154 Ikkyusan
Zipangu
Leicester Square
P.115、134 コヴェント・ガーデン
Covent Garden
Floral St.
Garrick St.
ロンドン交通博物館
London's Transport Museum P.115
聖ポール教会
St. Paul
King St.
Southampton St.
P.157 Regent Tandoori
Archer St.
Mr. Wu P.156
中華街
Chinatown
Golden Dynasty
Joy King Lau P.156
Poons P.156
P.153 Il Cucciolo
Rainforest Cafe
スイス・センター
Swiss Center
イングリッシュ・ナショナル・オペラ
English National Opera P.133
Porters P.152
Rules P.151
Simpson's-in-the-Strand P.151
Maiden Ln.
Denman St.
Sherwood St.
トロカデロ
Trockadero
レスター・スクエア
Leicester Sq.
St. Martin's Ln.
Bedford St.
Adelphi
Savoy
Glasshouse St.
Coventry St.
tkts P.130
Chandos Pl.
Strand
ストランド
The Savoy P.139
Piccadilly Circus
Prince of Wales P.132
P.156 Wagamama
警察
Police
エロスの像
Eros
ナショナル・ポートレート・ギャラリー P.103
National Portrait Gallery
William IV St.
Adam St.
Savoy Pl.
Cocoon P.155
Le Meridien Piccadilly P.141
Japan Centre
Jermyn St.
Bentley's P.152
Mitsukoshi P.137
マイバスセンター(三越地下1階) P.96
My Bus Centre
ナショナル・ギャラリー
The National Gallery P.103
Thistle Charing Cross P.141
クレオパトラの針
Cleopatra's Needle
聖ジェイムス・ピカデリー教会
St. James's Piccadilly
P.132 Her Majesty's
トラファルガー広場 P.103
Trafalgar Sq.
Charing Cross
ヴィクトリア・エンバンクメント・ガーデンズ
Victoria Embankment Gardens
Hatchards P.138
The Cavendish P.140
ブリテン&ロンドン・ビジターセンター
Britain&London Visitor Centre P.99
ネルソン記念柱
Nelson's Column P.103
チャリング・クロス駅 P.86
Charing Cross Station
Sherlock Holmes P.158
エンバンクメント・ピア
Embankment Pier
ビジット・スコットランド
Visit Scotland P.99
海軍門
Admiralty Arch
Northumberland Av.
Craven St.
Embankment
セント・ジェイムス・スクエア
St. James's Sq.
警察
Police
Great Scotland Yard
St. James's Piccadilly
アイ・シー・エー
ICA
Pall Mall
Carlton Gdns.
Carlton House Ter.
ヨーク公記念柱
Duke of York's Column
The Royal Horseguards P.140
ハンガーフォード・ブリッジ
Hungerford Bridge
Whitehall Pl.
Whitehall Court
ホワイトホール
SW1
St. James's
セント・ジェイムス
クイーンズ・チャペル
Queen's Chapel
P.104 ホース・ガーズ
Horse Guards
Tattershall Castle P.158
マールバラ・ハウス
Marlborough House
セント・ジェイムス宮殿
St. James's Palace
ホース・ガーズ・パレード
Horse Guards Parade
Whitehall
Horseguards Av.
バンケティング・ハウス P.104
Banqueting House
The Mall
ザ・マル
Horse Guards Rd.
セント・ジェイムス・パーク
St. James's Park P.107
テムズ河
River Thames
国防省
Ministry of Defence
首相官邸
No.10 Downing St.
Downing St.
N
1:11,000
0
400m
セント・ジェイムス・パーク湖
St. James's Park Lake
外務省
Foreign Office
Parliament St.
King Charles St.
Westminster
キャビネット・ウォー・ルームズ
Cabinet War Rooms
政府庁舎街
Treasury
ウェストミンスター・ピア
Westminster Pier
C
D

Bandstand
ハイド・パーク
Hyde Park
P.107
クイーン・エリザベス・ゲート
Queen Elizabeth Gate
Hyde Park Corner
P.140
Four Seasons
Inter-Continental
London
Athenaeum
P.140
Sheraton
Park Lane
P.141
Hard Rock Cafe
Hard Rock Cafe P.158
Piccadilly
ピカデリー
ウェリントン博物館
Wellington Museum
ウェリントン・アーチ
Wellington Arch
警察
Police
グリーン・パーク
Green Park
P.107
Constitution Hill
Old Park La.
Brick St.
Hamilton Pl.
1
Kinghtsbridge
Sheraton
Park Tower
P.141
Harvey Nichols
P.136
The Berkeley
P.140
Grosvenor Cres.
Grosvenor Cres. Mews
Kinnerton St.
Lowndes Sq.
消防署
Fire Station
Louis
Vuitton
Cartier
Joseph
Hermes
Bvlgari
Yves Saint Laurent
Giorgio Armani
Prada
Chaumet
Pavilion Rd.
スローン・ストリート
Sloane St.
バッキンガム・パレス・ガーデンズ
Buckingham Palace Gardens
バッキンガム宮殿 P.109
Buckingham Palace
クイーンズ・ギャラリー
Queen's Gallery
P.109
Belgravia
ベルグラビア
ロイヤル・ミューズ
P.109 Royal Mews
Grosvenor Pl.
Headfort Pl.
Halkin St.
Montrose Pl.
Chapel St.
Chester St.
ベルグレイブ・スクエア
Belgrave Sq.
West Halkin St.
Upper Belgrave St.
Wilton St.
Lwr. Grosvenor Pl.
The Rubens at
the Palace P.143
Thistle
Westminster
Allington St.
Victoria Palace
P.132
ノルウェー大使館
Embassy of Norway
スペイン大使館
Embassy of Spain
ベルギー大使館
Embassy of Belgium
ドイツ大使館
Embassy of Germany
Sheraton
Belgravia
P.141
ハンガリー大使館
Embassy of Hungary
Eaton Sq.
Grosvenor Gdns.
Pacha London
Victoria
Terminus Pl.
Apollo Victoria
交通局
P.85
ヴィクトリア駅
Victoria Station
Pont St.
Cadogan St.
Cadogan Sq.
Pavilion Rd.
Cadogan Pl.
Cadogan Ln.
Lyall St.
Eaton Pl.
Eaton Ms.
2
Brompton
ブロンプトン
SW1
Buckingham Palace Rd.
Victoria Place
S. C.
Eccleston Br.
Clabon Mews
Ellis St.
D'Oyley St.
Cliveden Pl.
South Eaton Pl.
Ebury House
P.146
[みゅう]
インフォメーション・センター
P.96
Collonades
S. C.
Gillingham St.
Caroline Ter.
Chester Row
Ebury St.
Elizabeth St.
グリーン・ライン・
トラベル・オフィス
Green Line Travel Office
Draycott Ter.
Cadogan Gdns.
Royal Court
スローン・スクエア
Sloane Sq.
Sloane Square
ヴィクトリア・コーチステーション
Victoria Coach Station
P.87
エクレストン・スクエア
Eccleston Sq.
Peter Jones P.136
Body Shop
Gerald Rd.
Cundy St.
警察
Police
Hugh St.
St. George's Dri.
Enrico
P.147
Coulson St.
King's Rd.
Lower Sloane St.
Sloane Gdns.
Holbein Pl.
Graham Ter.
Ranelagh Grove
SW1
Georgian House
P.147
Cambridge St.
Ebury Br.
Warwick Way
Windermere
P.147
Alderney St.
Pimlico Rd.
St. Barnabas St.
Ebury Bridge Rd.
Sutherland St.
Winchester St.
Turk's Row
Cumberland St.
Sussex St.
3
St. Leonard's Ter.
Chelsea Bridge Rd.
Peabody Av.
Westmoreland Ter.
Pimlico
ピムリコ
バートンズ・コート
Burton's Court
Royal Hospital Rd.
Garliff Rd.
チェルシー王立病院
Royal Hospital
ランリー・ガーデンズ
Ranelagh Gardens
Ormonde Gate
Ralston St.
Tite St.
国立陸軍博物館 P.129
The National Army Museum
リスター病院
Lister Hospital
Lupus St.
A
B

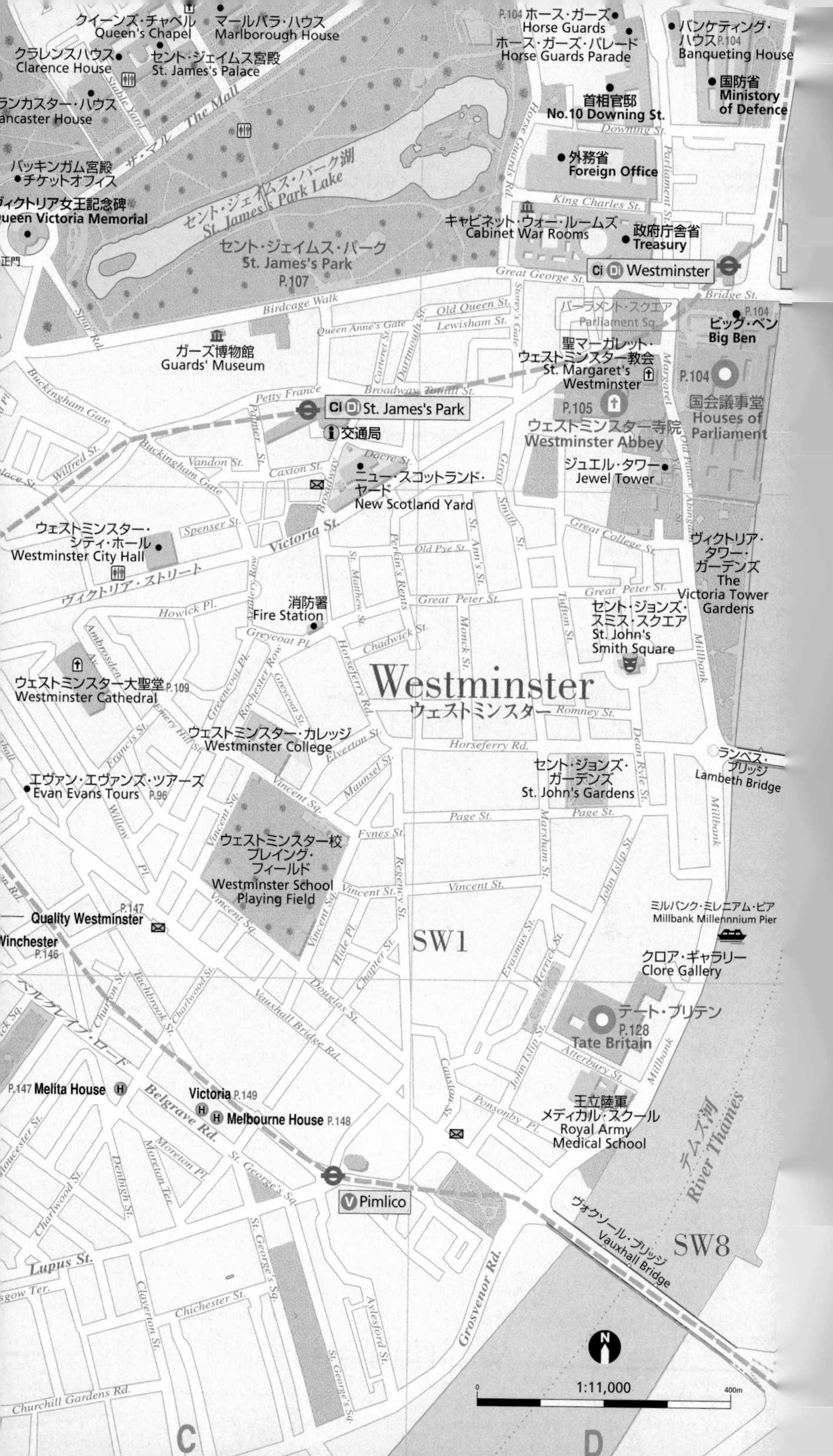

クイーンズ・チャペル Queen's Chapel
マールバラ・ハウス Marlborough House
クラレンスハウス Clarence House
セント・ジェイムス宮殿 St. James's Palace
ランカスター・ハウス Lancaster House
バッキンガム宮殿 チケットオフィス
ヴィクトリア女王記念碑 Queen Victoria Memorial
セント・ジェイムス・パーク湖 St. James's Park Lake
セント・ジェイムス・パーク St. James's Park P.107
P.104 ホース・ガーズ Horse Guards
ホース・ガーズ・パレード Horse Guards Parade
バンケティング・ハウス P.104 Banqueting House
国防省 Ministry of Defence
首相官邸 No.10 Downing St.
外務省 Foreign Office
キャビネット・ウォー・ルームズ Cabinet War Rooms
政府庁舎省 Treasury
Westminster
パーラメント・スクエア Parliament Sq.
P.104 ビッグ・ベン Big Ben
聖マーガレット・ウェストミンスター教会 St. Margaret's Westminster
P.104 国会議事堂 Houses of Parliament
P.105 ウェストミンスター寺院 Westminster Abbey
ジュエル・タワー Jewel Tower
ガーズ博物館 Guards' Museum
St. James's Park
交通局
ニュー・スコットランド・ヤード New Scotland Yard
ウェストミンスター・シティ・ホール Westminster City Hall
ヴィクトリア・ストリート
ヴィクトリア・タワー・ガーデンズ The Victoria Tower Gardens
消防署 Fire Station
セント・ジョンズ・スミス・スクエア St. John's Smith Square
Westminster ウェストミンスター
ウェストミンスター大聖堂 P.109 Westminster Cathedral
ウェストミンスター・カレッジ Westminster College
エヴァン・エヴァンズ・ツアーズ Evan Evans Tours P.96
セント・ジョンズ・ガーデンズ St. John's Gardens
ランベス・ブリッジ Lambeth Bridge
ウェストミンスター校プレイング・フィールド Westminster School Playing Field
P.147 Quality Westminster
Winchester P.146
SW1
ミルバンク・ミレニアム・ピア Millbank Millennnium Pier
クロア・ギャラリー Clore Gallery
テート・ブリテン P.128 Tate Britain
P.147 Melita House
Victoria P.149
Melbourne House P.148
ベルグレイブ・ロード
王立陸軍メディカル・スクール Royal Army Medical School
テムズ河 River Thames
Pimlico
ヴォクソール・ブリッジ Vauxhall Bridge
SW8
1:11,000
0
400m
C
D

Soho
ソーホー
W1
SW1
St. James's
セント・ジェイムス
Westminster
ウェストミンスター
Piccadilly Circus
Leicester Square
Covent Garden
Charing Cross
Embankment
Westminster
St. James's Park
ロイヤル・オペラ・ハウス
Royal Opera House
P.133
ナショナル・ギャラリー
The National Gallery
P.103
ナショナル・ポートレート・ギャラリー
National Portrait Gallery
P.103
トラファルガー広場
Trafalgar Sq.
ネルソン記念柱
Nelson's Column
チャリング・クロス駅
Charing Cross Station
王立芸術院
Royal Academy of Arts
P.115
ホース・ガーズ
Horse Guards
P.104
バンケティング・ハウス
Banqueting House
P.104
首相官邸
No.10 Downing St.
外務省
Foreign Office
キャビネット・ウォー・ルームズ
Cabinet War Rooms
政府庁舎省
Treasury
セント・ジェイムス・パーク
St. James's Park
P.107
グリーン・パーク
Green Park
P.107
ヴィクトリア女王記念碑
Queen Victoria Memorial
ウェストミンスター寺院
Westminster Abbey
P.105
国会議事堂
Houses of Parliament
P.104
ビッグ・ベン
Big Ben
P.104
ジュエル・タワー
Jewel Tower
ニュー・スコットランド・ヤード
New Scotland Yard
ウェストミンスター大聖堂
Westminster Cathedral
P.109
ウェストミンスター・カレッジ
Westminster College
ヴィクトリア・タワー・ガーデンズ
Victoria Tower Gardens
St. John's Smith Square
セント・ジョンズ・ガーデンズ
St. John's Gardens
River Thames
テムズ河
1:11,000

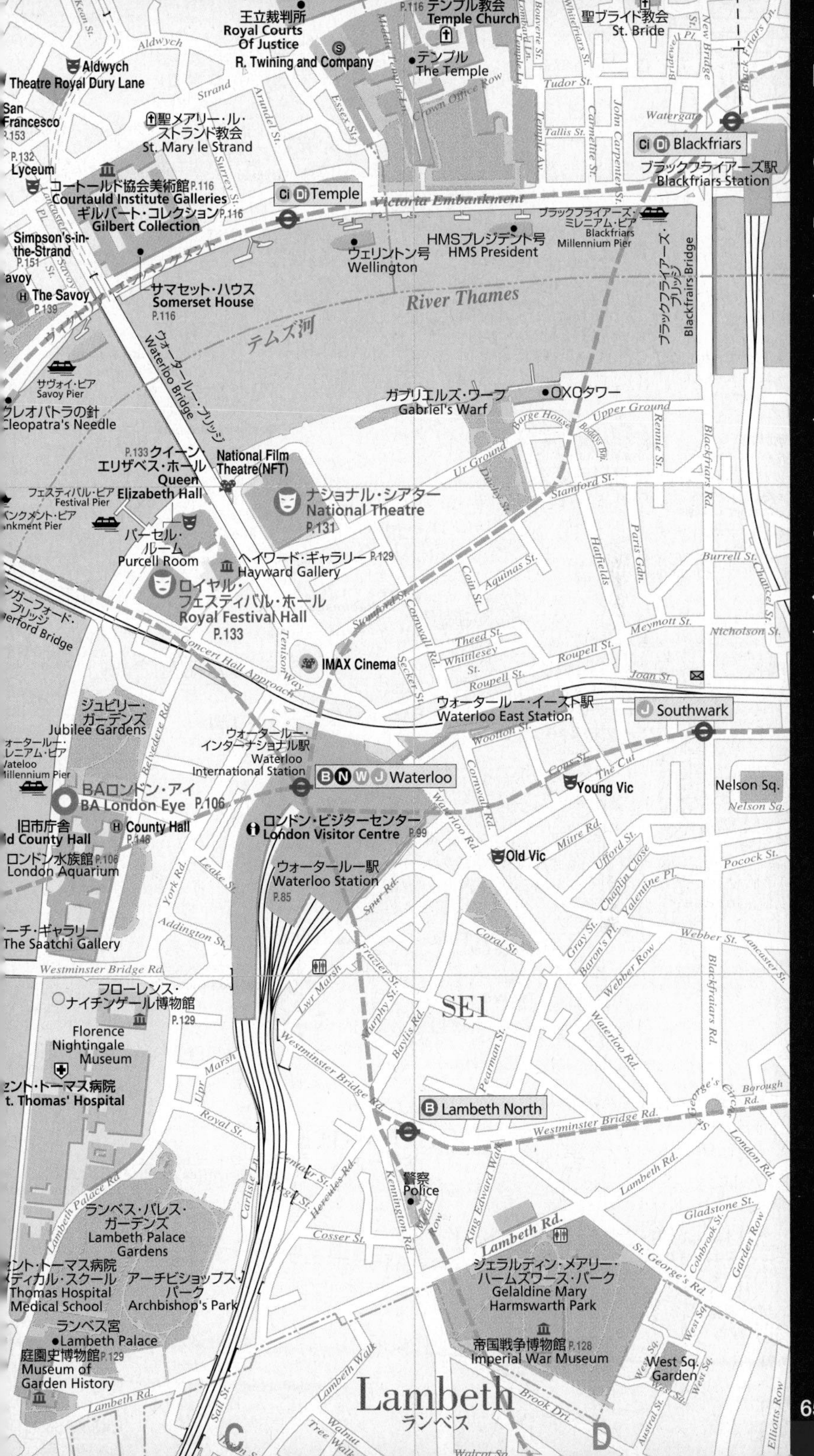
王立裁判所
Royal Courts Of Justice
R. Twining and Company
P.116 テンプル教会
Temple Church
テンプル
The Temple
聖ブライド教会
St. Bride
Aldwych
Theatre Royal Dury Lane
San Francesco
P.153
聖メアリー・ル・ストランド教会
St. Mary le Strand
P.132
Lyceum
コートールド協会美術館 P.116
Courtauld Institute Galleries
ギルバート・コレクション P.116
Gilbert Collection
Temple
Blackfriars
ブラックフライアーズ駅
Blackfriars Station
Victoria Embankment
ブラックフライアーズ・ミレニアム・ピア
Blackfriars Millennium Pier
HMSプレジデント号
HMS President
ウェリントン号
Wellington
Simpson's-in-the-Strand
P.151
The Savoy
P.139
サマセット・ハウス
Somerset House
P.116
River Thames
テムズ河
ブラックフライアーズ・ブリッジ
Blackfriars Bridge
ウォータールー・ブリッジ
Waterloo Bridge
サヴォイ・ピア
Savoy Pier
クレオパトラの針
Cleopatra's Needle
ガブリエルズ・ワーフ
Gabriel's Warf
OXOタワー
P.133 クイーン・エリザベス・ホール
Queen Elizabeth Hall
National Film Theatre(NFT)
ナショナル・シアター
National Theatre
P.131
フェスティバル・ピア
Festival Pier
エンバンクメント・ピア
Embankment Pier
パーセル・ルーム
Purcell Room
ヘイワード・ギャラリー P.129
Hayward Gallery
ロイヤル・フェスティバル・ホール
Royal Festival Hall
P.133
ハンガーフォード・ブリッジ
Hungerford Bridge
IMAX Cinema
ウォータールー・イースト駅
Waterloo East Station
Southwark
ジュビリー・ガーデンズ
Jubilee Gardens
ウォータールー・インターナショナル駅
Waterloo International Station
Waterloo
ウォータールー・ミレニアム・ピア
Waterloo Millennium Pier
BAロンドン・アイ
BA London Eye P.106
Young Vic
Nelson Sq.
旧市庁舎
Old County Hall
County Hall
P.148
ロンドン・ビジターセンター
London Visitor Centre P.99
Old Vic
ロンドン水族館 P.106
London Aquarium
ウォータールー駅
Waterloo Station
P.85
サーチ・ギャラリー
The Saatchi Gallery
SE1
フローレンス・ナイチンゲール博物館
P.129
Florence Nightingale Museum
セント・トーマス病院
St. Thomas' Hospital
Lambeth North
警察
Police
ランベス・パレス・ガーデンズ
Lambeth Palace Gardens
セント・トーマス病院メディカル・スクール
St. Thomas Hospital Medical School
アーチビショップス・パーク
Archbishop's Park
ジェラルディン・メアリー・ハームズワース・パーク
Geraldine Mary Harmswarth Park
ランベス宮
Lambeth Palace
庭園史博物館 P.129
Museum of Garden History
帝国戦争博物館 P.128
Imperial War Museum
West Sq. Garden
Lambeth
ランベス
C
D

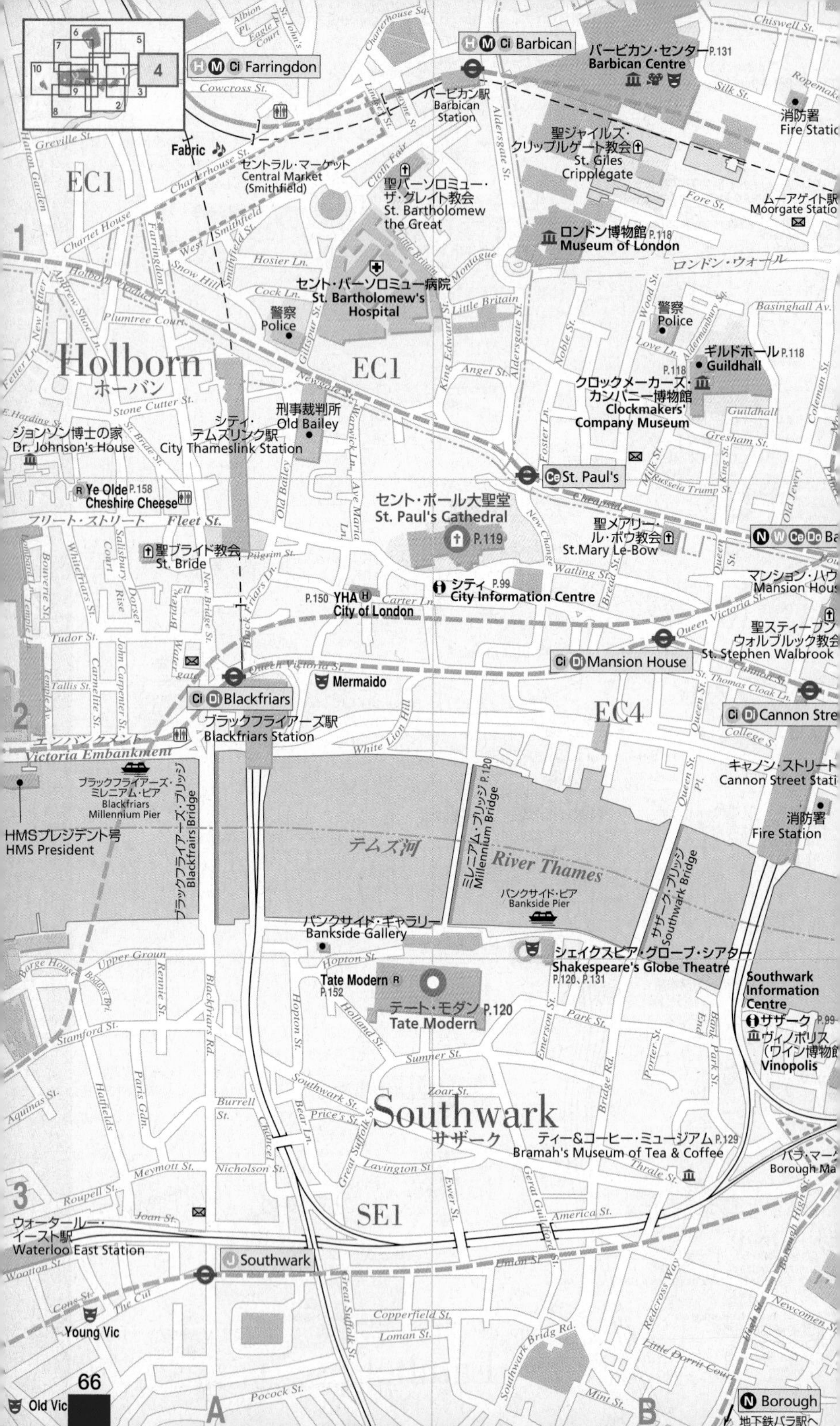
Farringdon
Barbican
バービカン・センター P.131
Barbican Centre
バービカン駅
Barbican Station
Fabric
セントラル・マーケット
Central Market (Smithfield)
聖バーソロミュー・ザ・グレイト教会
St. Bartholomew the Great
聖ジャイルズ・クリップルゲート教会
St. Giles Cripplegate
消防署
Fire Station
ムーアゲイト駅
Moorgate Station
ロンドン博物館 P.118
Museum of London
ロンドン・ウォール
EC1
Holborn
ホーバン
セント・バーソロミュー病院
St. Bartholomew's Hospital
警察
Police
刑事裁判所
Old Bailey
シティ・テムズリンク駅
City Thameslink Station
ジョンソン博士の家
Dr. Johnson's House
Ye Olde P.158
Cheshire Cheese
ギルドホール P.118
Guildhall
クロックメーカーズ・カンパニー博物館 P.118
Clockmakers' Company Museum
St. Paul's
セント・ポール大聖堂
St. Paul's Cathedral P.119
聖メアリー・ル・ボウ教会
St.Mary Le-Bow
フリート・ストリート Fleet St.
聖ブライド教会
St. Bride
シティ P.99
City Information Centre
P.150 YHA
City of London
マンション・ハウス
Mansion House
聖スティーブン・ウォルブルック教会
St. Stephen Walbrook
Mermaido
Blackfriars
ブラックフライアーズ駅
Blackfriars Station
EC4
Cannon Street
キャノン・ストリート駅
Cannon Street Station
Victoria Embankment
ブラックフライアーズ・ミレニアム・ピア
Blackfriars Millennium Pier
HMSプレジデント号
HMS President
ブラックフライアーズ・ブリッジ
Blackfriars Bridge
テムズ河
River Thames
ミレニアム・ブリッジ P.120
Millennium Bridge
サザーク・ブリッジ
Southwark Bridge
バンクサイド・ピア
Bankside Pier
バンクサイド・ギャラリー
Bankside Gallery
シェイクスピア・グローブ・シアター
Shakespeare's Globe Theatre
P.120、P.131
Tate Modern P.152
テート・モダン P.120
Tate Modern
Southwark Information Centre
サザーク P.99
ヴィノポリス（ワイン博物館）
Vinopolis
Southwark
サザーク
ティー&コーヒー・ミュージアム P.129
Bramah's Museum of Tea & Coffee
バラ・マーケット
Borough Market
SE1
ウォータールー・イースト駅
Waterloo East Station
Southwark
Young Vic
Old Vic
Borough
地下鉄バラ駅へ
A
B
1
2
3

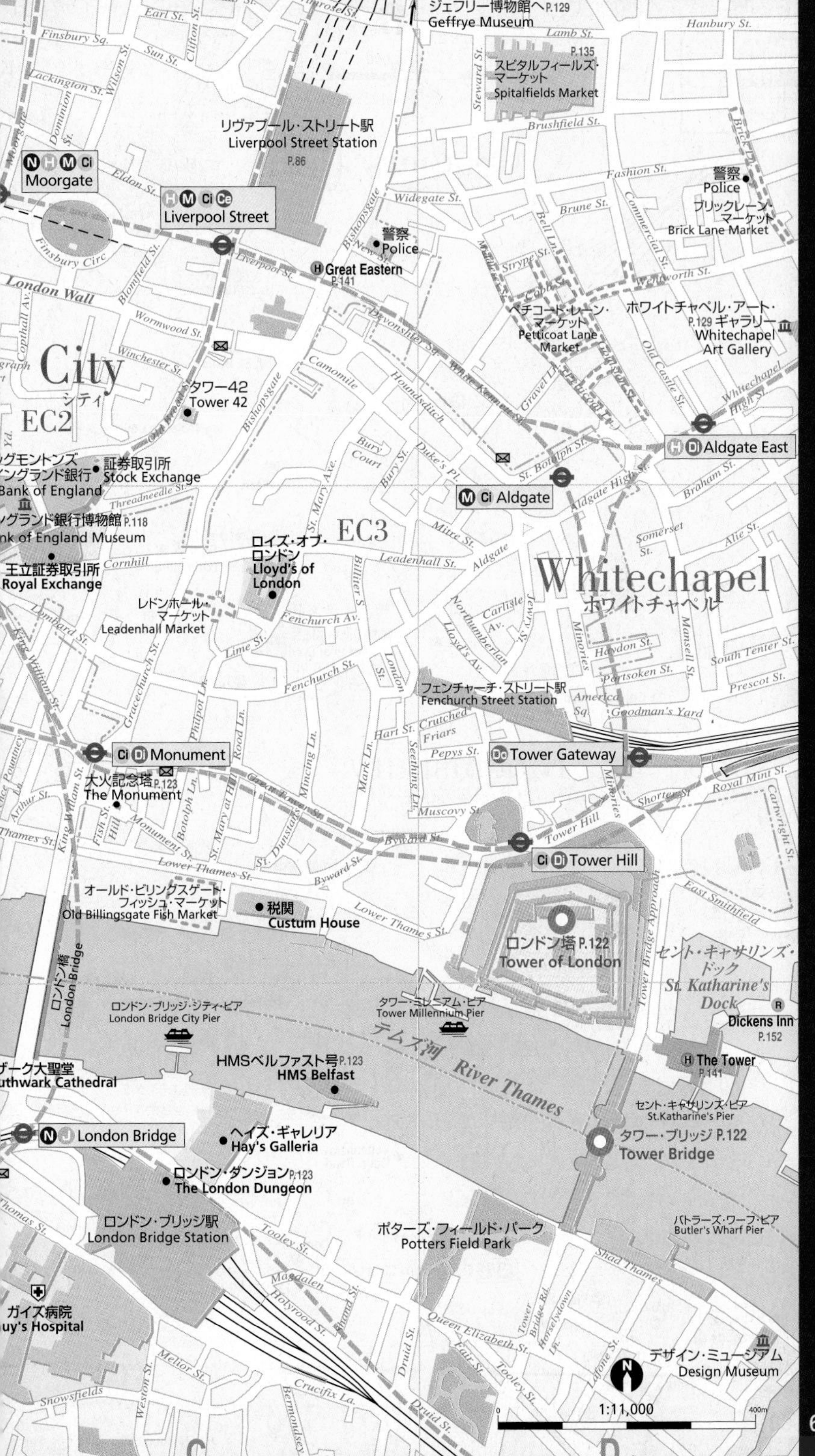

MAP ④ シティ～サザーク

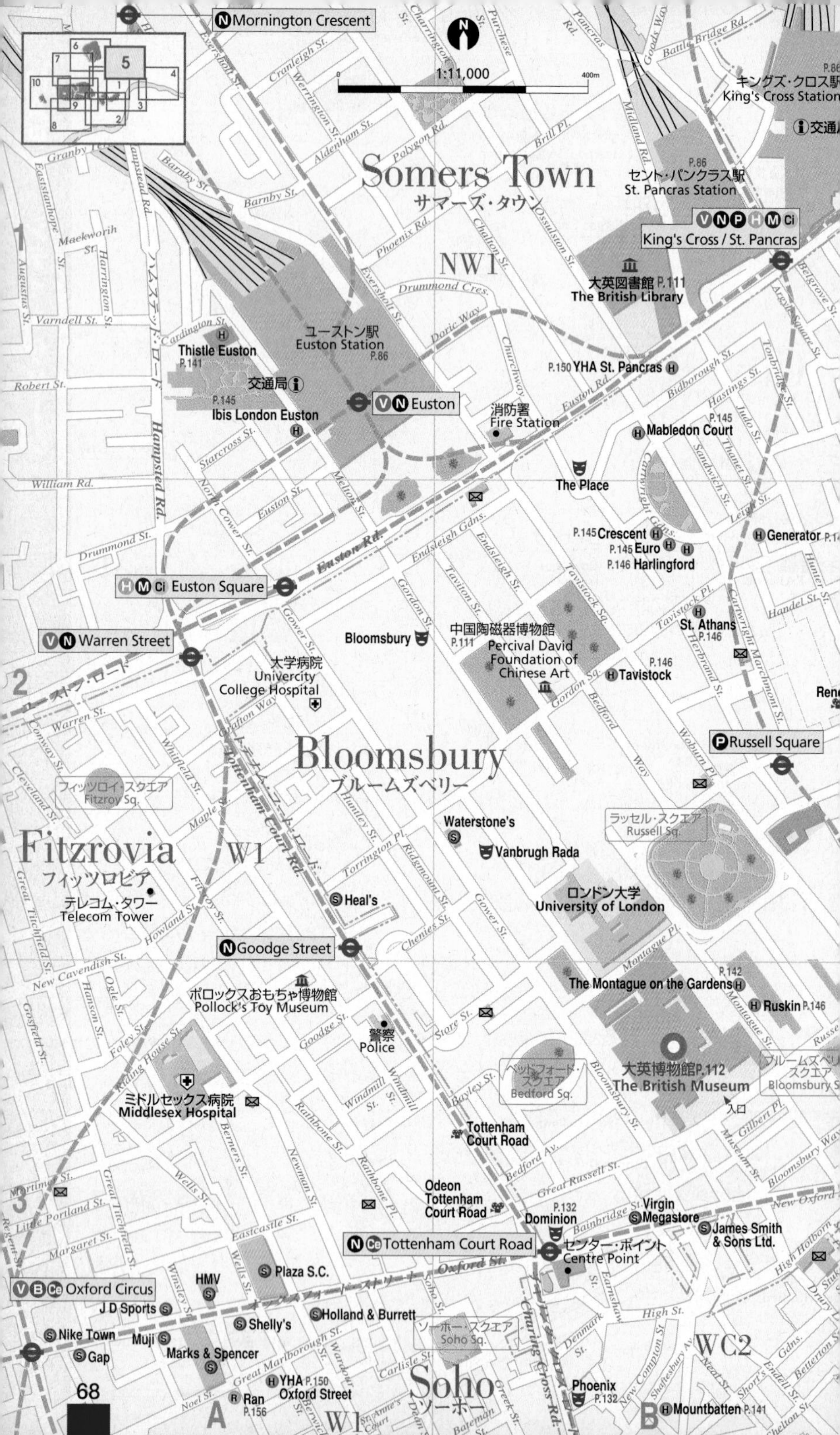

Mornington Crescent
1:11,000
Somers Town
サマーズ・タウン
NW1
キングス・クロス駅
King's Cross Station
セント・パンクラス駅
St. Pancras Station
King's Cross / St. Pancras
大英図書館 P.111
The British Library
ユーストン駅
Euston Station
P.86
Thistle Euston
P.141
交通局
Ibis London Euston
P.145
Euston
消防署
Fire Station
YHA St. Pancras P.150
Mabledon Court P.145
The Place
Crescent P.145
Euro P.145
Harlingford P.146
Generator
Euston Square
Warren Street
Bloomsbury
中国陶磁器博物館 P.111
Percival David Foundation of Chinese Art
St. Athans P.146
Tavistock P.146
大学病院
Univercity College Hospital
Bloomsbury
ブルームズベリー
Russell Square
フィッツロイ・スクエア
Fitzroy Sq.
ラッセル・スクエア
Russell Sq.
Waterstone's
Vanbrugh Rada
Fitzrovia
フィッツロビア
W1
テレコム・タワー
Telecom Tower
Heal's
ロンドン大学
University of London
Goodge Street
The Montague on the Gardens P.142
Ruskin P.146
ポロックスおもちゃ博物館
Pollock's Toy Museum
警察
Police
ベッドフォード・スクエア
Bedford Sq.
大英博物館 P.112
The British Museum
ブルームズベリー・スクエア
Bloomsbury Sq.
入口
ミドルセックス病院
Middlesex Hospital
Tottenham Court Road
Odeon Tottenham Court Road
Dominion P.132
Virgin Megastore
James Smith & Sons Ltd.
Tottenham Court Road
センター・ポイント
Centre Point
Plaza S.C.
Oxford Circus
HMV
J D Sports
Holland & Burrett
Shelly's
ソーホー・スクエア
Soho Sq.
Nike Town
Muji
Gap
Marks & Spencer
YHA Oxford Street P.150
Ran P.156
Soho
ソーホー
Phoenix P.132
WC2
Mountbatten P.141

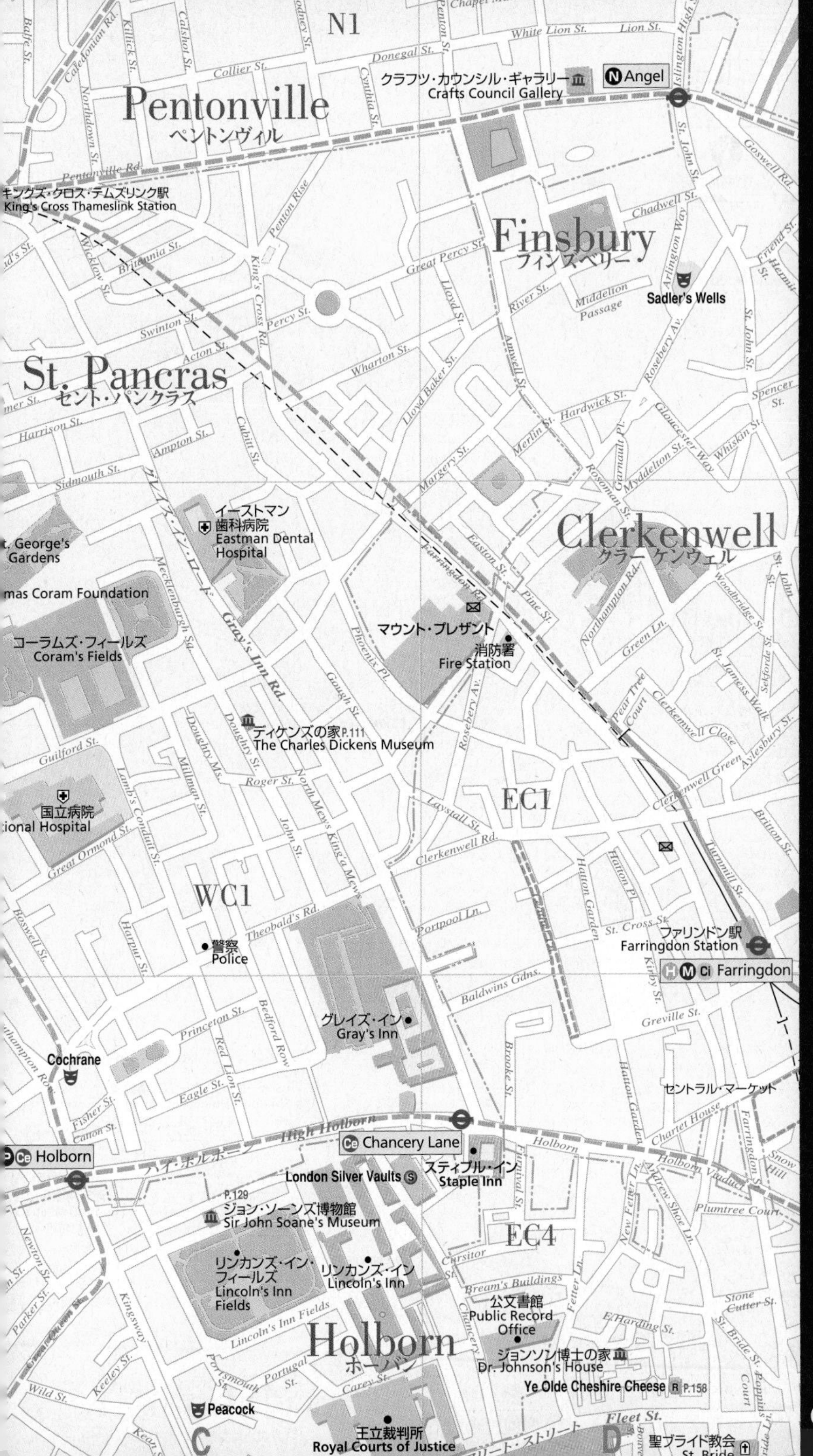
Pentonville
ペントンヴィル
Finsbury
フィンズベリー
St. Pancras
セント・パンクラス
Clerkenwell
クラーケンウェル
Holborn
ホーバン
N1
EC1
WC1
EC4
クラフツ・カウンシル・ギャラリー
Crafts Council Gallery
Angel
キングズ・クロス・テムズリンク駅
King's Cross Thameslink Station
Sadler's Wells
イーストマン歯科病院
Eastman Dental Hospital
t. George's Gardens
mas Coram Foundation
コーラムズ・フィールズ
Coram's Fields
マウント・プレザント
消防署
Fire Station
ディケンズの家 P.111
The Charles Dickens Museum
国立病院
ional Hospital
警察
Police
グレイズ・イン
Gray's Inn
ファリンドン駅
Farringdon Station
Farringdon
セントラル・マーケット
Cochrane
Chancery Lane
Holborn
London Silver Vaults
ステイプル・イン
Staple Inn
P.129
ジョン・ソーンズ博物館
Sir John Soane's Museum
リンカンズ・イン・フィールズ
Lincoln's Inn Fields
リンカンズ・イン
Lincoln's Inn
公文書館
Public Record Office
ジョンソン博士の家
Dr. Johnson's House
Ye Olde Cheshire Cheese P.158
Peacock
王立裁判所
Royal Courts of Justice
聖ブライド教会
St. Bride
C
D

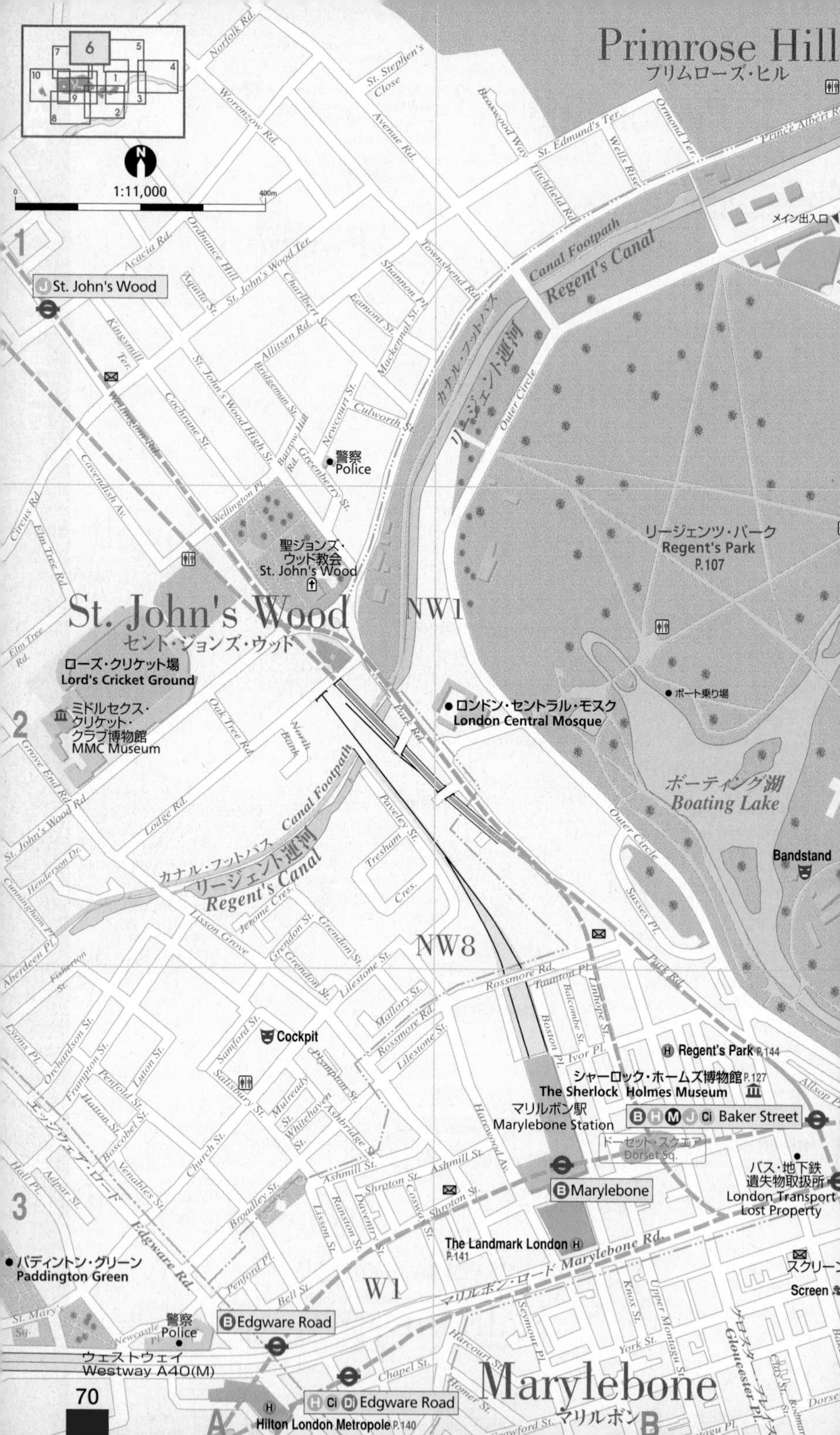
Primrose Hill
プリムローズ・ヒル
1:11,000
St. John's Wood
St. John's Wood
セント・ジョンズ・ウッド
ローズ・クリケット場
Lord's Cricket Ground
ミドルセクス・クリケット・クラブ博物館
MMC Museum
聖ジョンズ・ウッド教会
St. John's Wood
警察
Police
NW1
NW8
W1
リージェンツ・パーク
Regent's Park
P.107
Canal Footpath
Regent's Canal
カナル・フットパス
リージェント運河
メイン出入口
ボート乗り場
ロンドン・セントラル・モスク
London Central Mosque
ボーティング湖
Boating Lake
Bandstand
Cockpit
Regent's Park P.144
シャーロック・ホームズ博物館 P.127
The Sherlock Holmes Museum
マリルボン駅
Marylebone Station
Baker Street
ドーセット・スクエア
Dorset Sq.
Marylebone
バス・地下鉄遺失物取扱所
London Transport Lost Property
The Landmark London
P.141
スクリーン
Screen
パディントン・グリーン
Paddington Green
警察
Police
Edgware Road
Edgware Road
ウェストウェイ
Westway A40(M)
Hilton London Metropole P.140
Marylebone
マリルボン
マリルボン・ロード Marylebone Rd.
エッジウェア・ロード Edgware Rd.
グロスター・プレイス Gloucester Pl.
Norfolk Rd.
Woronzow Rd.
St. Stephen's Close
Avenue Rd.
Broxwood Way
St. Edmund's Ter.
Wells Rise
Ormond Ter.
Prince Albert Rd.
Titchfield Rd.
Acacia Rd.
Ordnance Hill
St. John's Wood Ter.
Charlbert St.
Townshend Rd.
Shannon Pl.
Aquila St.
Kingsmill Ter.
Allitsen Rd.
Eamont St.
Mackennal St.
St. John's Wood Rd.
Bridgeman St.
Newcourt St.
Culworth St.
Wellington Rd.
Cochrane St.
St. John's Wood High St.
Barrow Hill Rd.
Greenberry St.
Cavendish Av.
Wellington Pl.
Circus Rd.
Elm Tree Rd.
Outer Circle
Park Rd.
Oak Tree Rd.
North Bank
Grove End Rd.
Lodge Rd.
Paveley St.
Tresham Cres.
Henderson Dr.
Cunningham Pl.
Jerome Cres.
Lisson Grove
Grendon St.
Aberdeen Pl.
Fisherton St.
Lilestone St.
Rossmore Rd.
Taunton Pl.
Balcombe St.
Linhope St.
Sussex Pl.
Mallory St.
Boston Pl.
Ivor Pl.
Allsop Pl.
Lyons Pl.
Orchardson St.
Frampton St.
Penfold St.
Lutton St.
Samford St.
Salisbury St.
Plympton St.
Mulready St.
Whitehaven St.
Ashbridge St.
Hatton St.
Boscobel St.
Venables St.
Church St.
Harewood Av.
Hall Pl.
Adpar St.
Broadley St.
Ashmill St.
Shroton St.
Lisson St.
Ranston St.
Daventry St.
Cosway St.
Penfold Pl.
Bell St.
St. Mary's Sq.
Newcastle Pl.
Chapel St.
Harcourt St.
Seymour Pl.
Knox St.
Upper Montagu St.
York St.
Homer St.
Crawford St.
Montagu Pl.
Dorset St.
Rodmarton St.

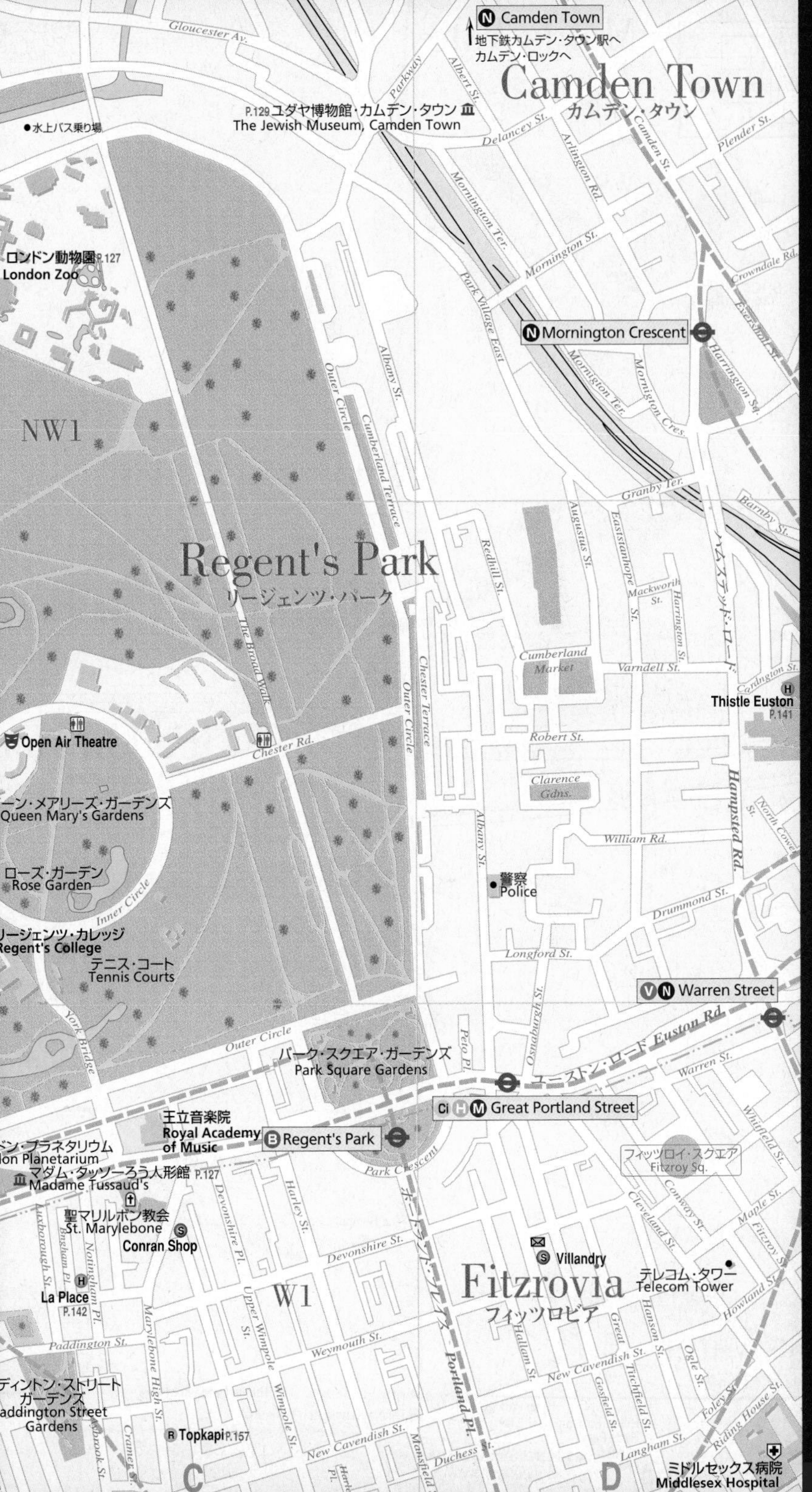
Camden Town
地下鉄カムデン・タウン駅へ
カムデン・ロックへ
Camden Town
カムデン・タウン
Gloucester Av.
Parkway
Albert St.
P.129 ユダヤ博物館・カムデン・タウン
The Jewish Museum, Camden Town
水上バス乗り場
Delancey St.
Arlington Rd.
Camden St.
Plender St.
Mornington Ter.
Mornington St.
Crowndale Rd.
Eversholt St.
Park Village East
Mornington Crescent
Harrington Sq.
Mornington Ter.
Mornington Cres.
ロンドン動物園 P.127
London Zoo
Albany St.
Outer Circle
Cumberland Terrace
NW1
Granby Ter.
Barnby St.
Augustus St.
Eaststanhope St.
Redhill St.
Regent's Park
リージェンツ・パーク
ハムステッド・ロード
Mackworth St.
Harrington St.
Cumberland Market
Varndell St.
Cardington St.
Thistle Euston
P.141
The Broad Walk
Chester Terrace
Outer Circle
Open Air Theatre
Chester Rd.
Robert St.
Clarence Gdns.
Hampsted Rd.
North Cower St.
イーン・メアリーズ・ガーデンズ
Queen Mary's Gardens
William Rd.
Albany St.
警察
Police
ローズ・ガーデン
Rose Garden
Inner Circle
Drummond St.
リージェンツ・カレッジ
Regent's College
テニス・コート
Tennis Courts
Longford St.
Osnaburgh St.
Warren Street
York Bridge
Outer Circle
Peto Pl.
Euston Rd.
ユーストン・ロード
パーク・スクエア・ガーデンズ
Park Square Gardens
Warren St.
Great Portland Street
王立音楽院
Royal Academy of Music
Regent's Park
ドン・プラネタリウム
don Planetarium
マダム・タッソーろう人形館 P.127
Madame Tussaud's
Park Crescent
フィッツロイ・スクエア
Fitzroy Sq.
Whitfield St.
聖マリルボン教会
St. Marylebone
Conran Shop
Devonshire Pl.
Harley St.
Conway St.
Cleveland St.
Maple St.
Fitzroy St.
Luxborough St.
Bingham Pl.
Nottingham Pl.
Devonshire St.
Villandry
La Place
P.142
W1
Fitzrovia
フィッツロビア
テレコム・タワー
Telecom Tower
Howland St.
Upper Wimpole St.
Hallam St.
Great
Hanson St.
Paddington St.
Marylebone High St.
Weymouth St.
New Cavendish St.
Ogle St.
パディントン・ストリート
ガーデンズ
Paddington Street
Gardens
Wimpole St.
Portland Pl.
Gosfield St.
Titchfield St.
Foley St.
Riding House St.
Topkapi P.157
Cramer St.
New Cavendish St.
Mansfield St.
Duchess St.
Langham St.
ミドルセックス病院
Middlesex Hospital
C
D

Maida Vale
メイダ・ヴェイル
W9
BBCスタジオ
BBC Studios
グランド・ユニオン運河
Grand Union Canal
カナル・フットパス
Canal Footpath
Warwick Avenue
リトル・ヴェニス
Little Venice
水上バス乗り場
Regent's Canal Waterbus
Little Venice Landing Stage
消防署
Fire Station
W2
ワーウィック・エステート
Warwick Estate
ウエストウエイ
Westway A40(M)
Royal Oak
Paddington
パディントン
パディントン・グリーン
Paddington Green
パディントン駅
Paddington Station
P.85
Paddington
Yo! Sushi P.155
Hilton London Paddington P.140
ホワイトリーズ
Whiteleys
UCI
The Garden Court P.144
Allandale P.144
The Hempel P.140
Saki P.154
Bayswater
Royal Lancaster P.141
Lancaster G
Bayswater
ベイズウォーター
Hyde Park P.149
Hilton London Hyde Park P.140
Thistle Kensington Gardens P.141
Thistle Lancaster Gate P.141
ランカスター・ゲート
Lancaster Gate
Queensway
マールボロ・ゲー
Marlborough Ga
ミドルセクス・クリケット・クラブ博物館
MMC Museum

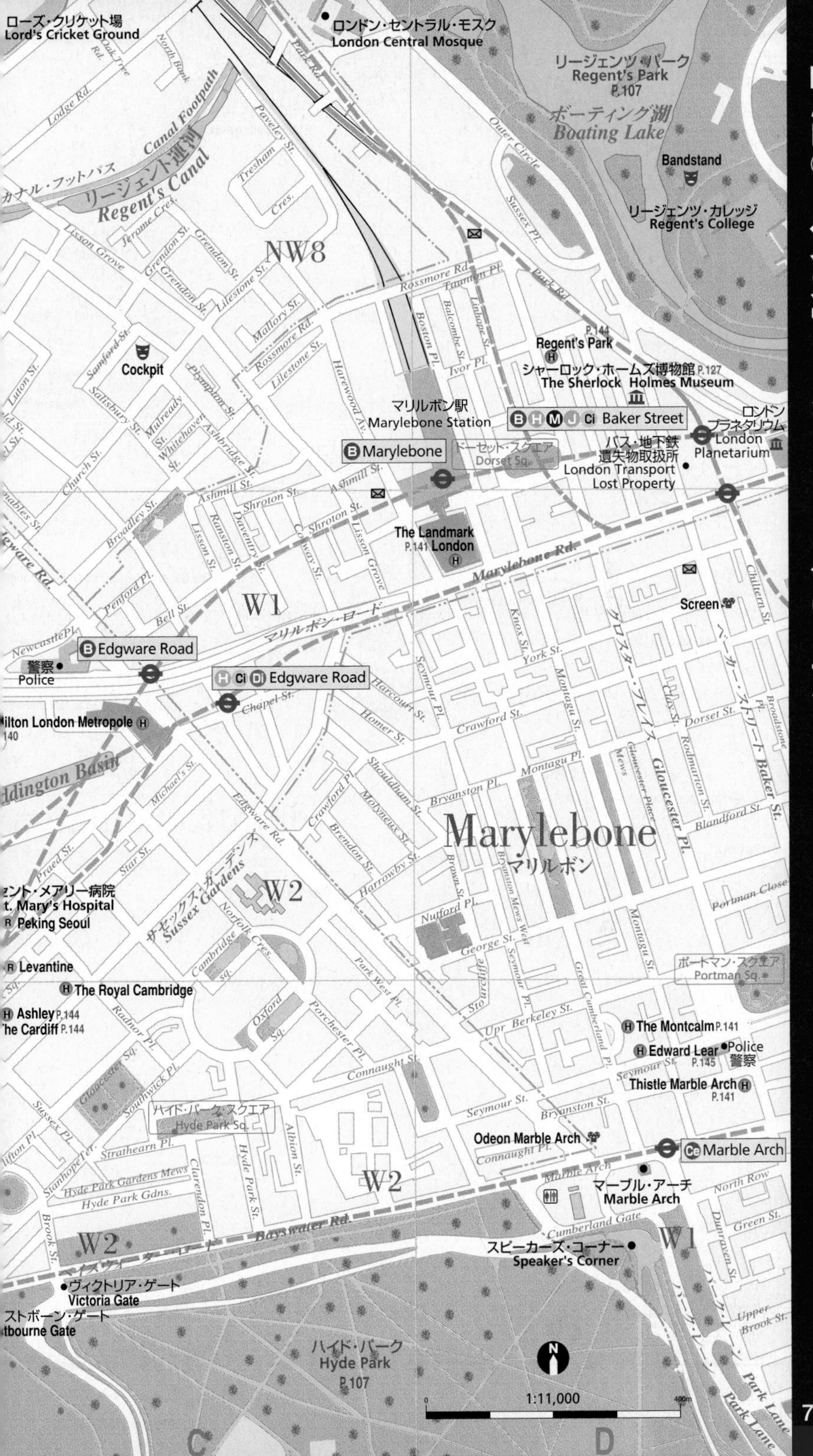
ローズ・クリケット場
Lord's Cricket Ground
ロンドン・セントラル・モスク
London Central Mosque
リージェンツ・パーク
Regent's Park
P.107
ボーティング湖
Boating Lake
Bandstand
リージェンツ・カレッジ
Regent's College
カナル・フットパス
Canal Footpath
リージェント運河
Regent's Canal
NW8
Regent's Park
P.144
シャーロック・ホームズ博物館 P.127
The Sherlock Holmes Museum
Cockpit
マリルボン駅
Marylebone Station
Baker Street
ロンドン・プラネタリウム
London Planetarium
Marylebone
ドーセット・スクエア
Dorset Sq.
バス・地下鉄遺失物取扱所
London Transport Lost Property
The Landmark London
P.141
Marylebone Rd.
W1
マリルボン・ロード
Screen
Edgware Road
警察
Police
Edgware Road
Hilton London Metropole
P.140
Paddington Basin
Marylebone
マリルボン
W2
セント・メアリー病院
St. Mary's Hospital
Peking Seoul
Levantine
The Royal Cambridge
Ashley P.144
The Cardiff P.144
サセックス・ガーデンズ
Sussex Gardens
ポートマン・スクエア
Portman Sq.
The Montcalm P.141
Edward Lear P.145
Police
警察
Thistle Marble Arch P.141
ハイド・パーク・スクエア
Hyde Park Sq.
Odeon Marble Arch
Marble Arch
マーブル・アーチ
Marble Arch
W2
W2
Bayswater Rd.
ベイズウォーター・ロード
スピーカーズ・コーナー
Speaker's Corner
W1
ヴィクトリア・ゲート
Victoria Gate
ウエストボーン・ゲート
Westbourne Gate
ハイド・パーク
Hyde Park
P.107
Park Lane
パーク・レーン
1:11,000
C
D

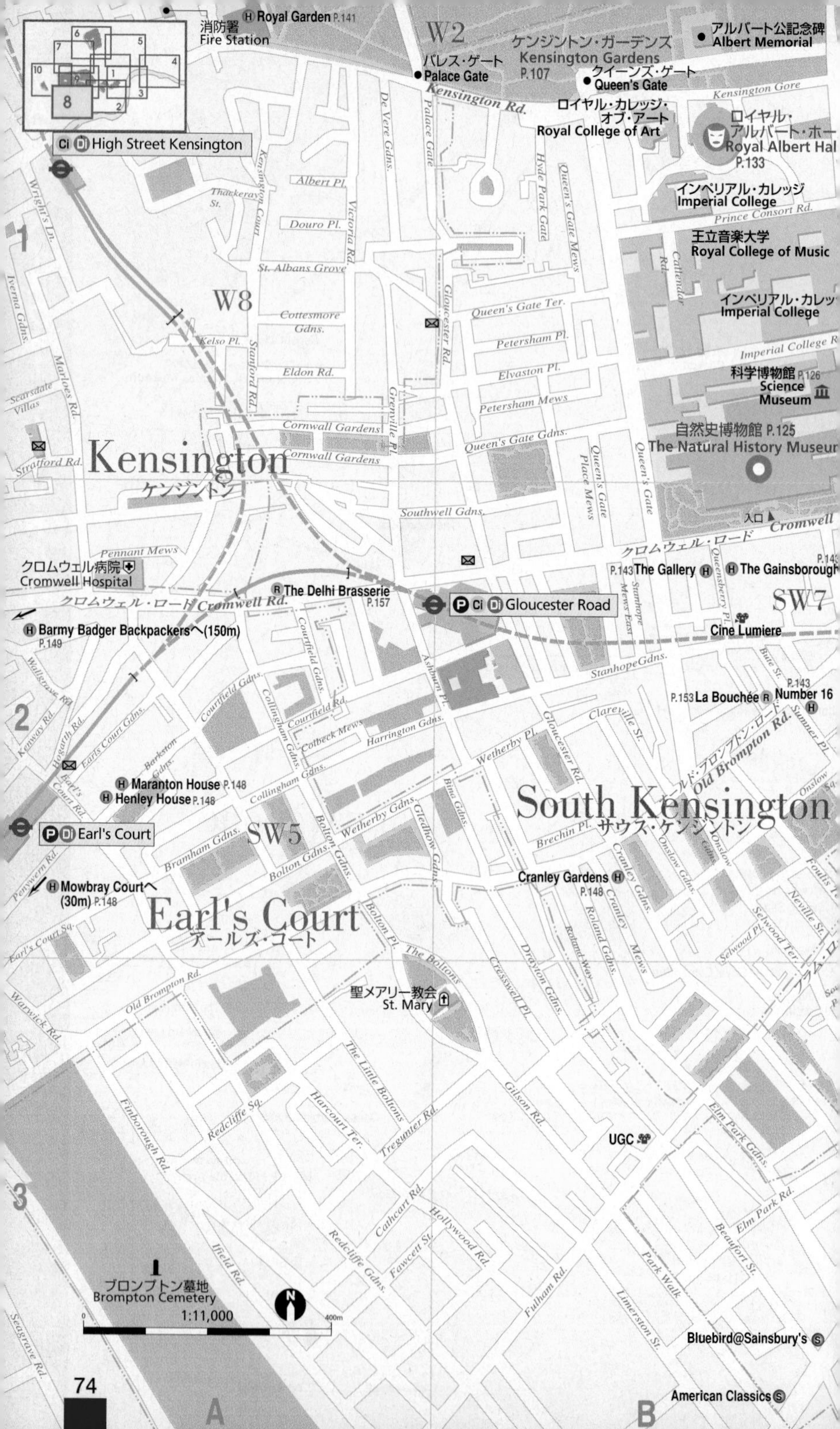
消防署
Fire Station
Royal Garden P.141
W2
パレス・ゲート
Palace Gate
ケンジントン・ガーデンズ
Kensington Gardens
P.107
クイーンズ・ゲート
Queen's Gate
アルバート公記念碑
Albert Memorial
Kensington Rd.
Kensington Gore
ロイヤル・カレッジ・オブ・アート
Royal College of Art
ロイヤル・アルバート・ホール
Royal Albert Hal
P.133
High Street Kensington
インペリアル・カレッジ
Imperial College
Prince Consort Rd.
王立音楽大学
Royal College of Music
インペリアル・カレッ
Imperial College
Imperial College R
科学博物館 P.126
Science Museum
自然史博物館 P.125
The Natural History Museum
W8
Kensington
ケンジントン
De Vere Gdns.
Palace Gate
Albert Pl.
Thackeray St.
Kensington Court
Douro Pl.
Victoria Rd.
St. Albans Grove
Hyde Park Gate
Queen's Gate Mews
Wright's Ln.
Iverna Gdns.
Cottesmore Gdns.
Kelso Pl.
Stanford Rd.
Eldon Rd.
Gloucester Rd.
Queen's Gate Ter.
Petersham Pl.
Elvaston Pl.
Petersham Mews
Queen's Gate Gdns.
Marloes Rd.
Scarsdale Villas
Stratford Rd.
Cornwall Gardens
Grenville Pl.
Southwell Gdns.
Queen's Gate Place Mews
Queen's Gate
Callendar Rd.
入口
Cromwell
クロムウェル・ロード
Pennant Mews
クロムウェル病院
Cromwell Hospital
The Delhi Brasserie P.157
クロムウェル・ロード Cromwell Rd.
Gloucester Road
P.143 The Gallery
The Gainsborough P.143
SW7
Barmy Badger Backpackers へ(150m) P.149
Cine Lumiere
Stanhope Mews East
Queensberry Pl.
Stanhope Gdns.
Courtfield Gdns.
Ashburn Pl.
Wallgrave Rd.
Kenway Rd.
Hogarth Rd.
Earls Court Gdns.
Barkston Gdns.
Collingham Gdns.
Courtfield Rd.
Colbeck Mews
Harrington Gdns.
Wetherby Pl.
Clareville St.
Bute St.
P.153 La Bouchée
Number 16 P.143
Sumner Pl.
オールド・ブロンプトン・ロード
Old Brompton Rd.
Maranton House P.148
Henley House P.148
Earl's Court Rd.
Collingham Gdns.
Bina Gdns.
Gloucester Rd.
South Kensington
サウス・ケンジントン
Onslow Sq.
Earl's Court
SW5
Bramham Gdns.
Bolton Gdns.
Wetherby Gdns.
Gledhow Gdns.
Brechin Pl.
Cranley Gdns.
Onslow Gdns.
Foulis Ter.
Penywern Rd.
Mowbray Court へ (30m) P.148
Earl's Court
アールズ・コート
Cranley Gardens P.148
Cranley Mews
Roland Gdns.
Roland Way
Selwood Ter.
Neville St.
Earl's Court Sq.
Bolton Pl.
The Boltons
Drayton Gdns.
Cresswell Pl.
Old Brompton Rd.
聖メアリー教会
St. Mary
Warwick Rd.
The Little Boltons
Harcourt Ter.
Redcliffe Sq.
Finborough Rd.
Tregunter Rd.
Gilson Rd.
UGC
Elm Park Gdns.
Cathcart Rd.
Hollywood Rd.
Redcliffe Gdns.
Fawcett St.
Elm Park Rd.
Beaufort St.
Park Walk
Ifield Rd.
Fulham Rd.
Limerston St.
ブロンプトン墓地
Brompton Cemetery
1:11,000
0
400m
Seagrave Rd.
Bluebird@Sainsbury's
American Classics
1
2
3
A
B

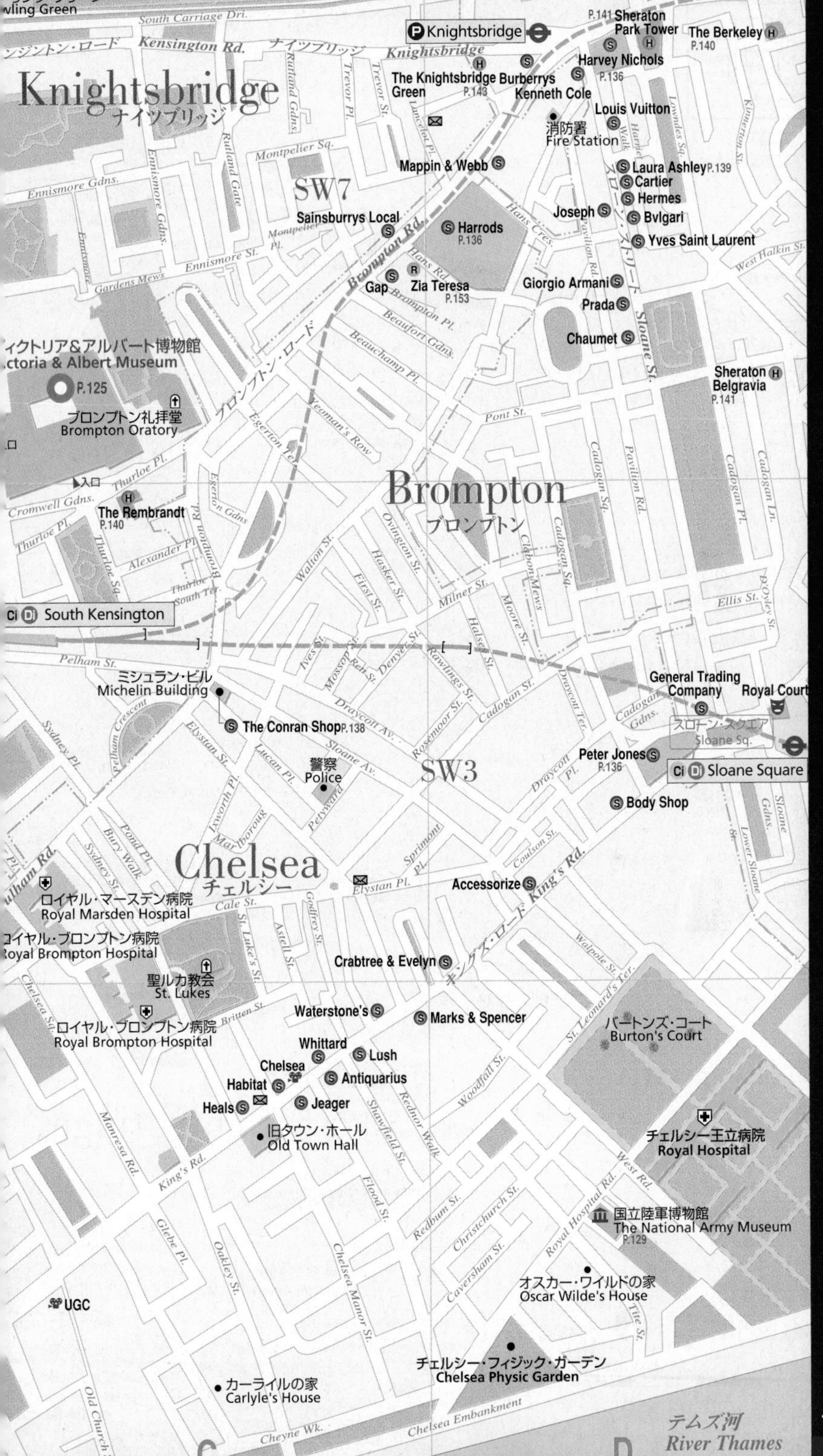

Knightsbridge
ナイツブリッジ
Knightsbridge
The Knightsbridge Green
P.143
Burberrys
Kenneth Cole
Sheraton Park Tower
P.141
The Berkeley
P.140
Harvey Nichols
P.136
Louis Vuitton
消防署
Fire Station
Mappin & Webb
Laura Ashley P.139
Cartier
Hermes
Bvlgari
Yves Saint Laurent
Joseph
SW7
Sainsburrys Local
Harrods
P.136
Gap
Zia Teresa
P.153
Giorgio Armani
Prada
Chaumet
Sheraton Belgravia
P.141
ヴィクトリア&アルバート博物館
Victoria & Albert Museum
P.125
ブロンプトン礼拝堂
Brompton Oratory
入口
The Rembrandt
P.140
Brompton
ブロンプトン
South Kensington
ミシュラン・ビル
Michelin Building
The Conran Shop P.138
警察
Police
SW3
General Trading Company
Royal Court
スローン・スクエア
Sloane Sq.
Sloane Square
Peter Jones
P.136
Body Shop
Chelsea
チェルシー
Accessorize
ロイヤル・マースデン病院
Royal Marsden Hospital
ロイヤル・ブロンプトン病院
Royal Brompton Hospital
聖ルカ教会
St. Lukes
ロイヤル・ブロンプトン病院
Royal Brompton Hospital
Crabtree & Evelyn
Waterstone's
Marks & Spencer
Whittard
Lush
Chelsea
Habitat
Antiquarius
Heals
Jeager
旧タウン・ホール
Old Town Hall
バートンズ・コート
Burton's Court
チェルシー王立病院
Royal Hospital
国立陸軍博物館
The National Army Museum
P.129
オスカー・ワイルドの家
Oscar Wilde's House
UGC
チェルシー・フィジック・ガーデン
Chelsea Physic Garden
カーライルの家
Carlyle's House
テムズ河
River Thames
Kensington Rd.
Brompton Rd.
King's Rd.
Sloane St.
Chelsea Embankment
C
D

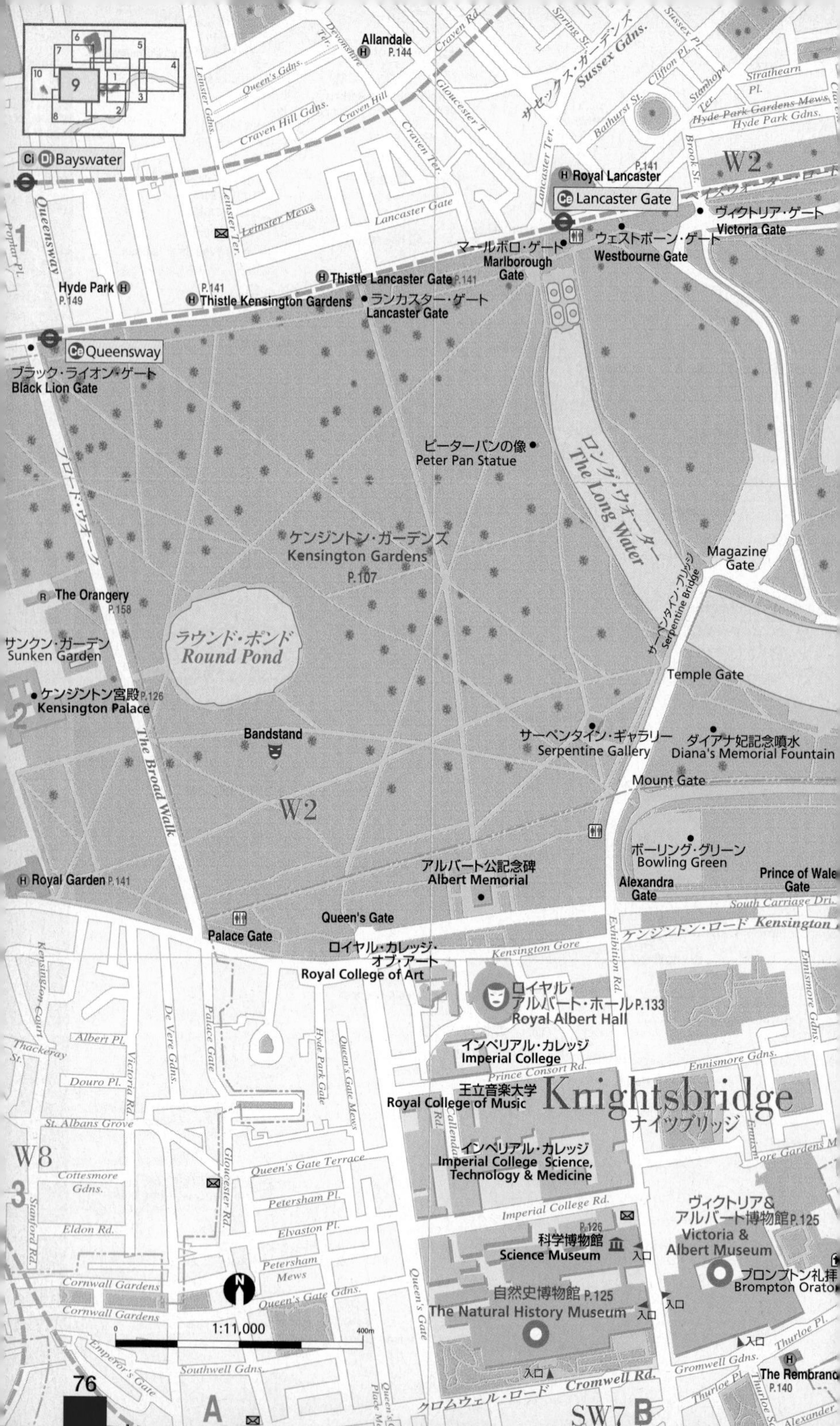

Allandale P.144
Bayswater
Queensway
Royal Lancaster P.141
Lancaster Gate
W2
ヴィクトリア・ゲート
Victoria Gate
ウェストボーン・ゲート
Westbourne Gate
マールボロ・ゲート
Marlborough Gate
Hyde Park P.149
Thistle Lancaster Gate P.141
Thistle Kensington Gardens P.141
ランカスター・ゲート
Lancaster Gate
ブラック・ライオン・ゲート
Black Lion Gate
ピーターパンの像
Peter Pan Statue
ロング・ウオーター
The Long Water
ケンジントン・ガーデンズ
Kensington Gardens
P.107
Magazine Gate
サーペンタイン・ブリッジ
Serpentine Bridge
The Orangery P.158
サンクン・ガーデン
Sunken Garden
ラウンド・ポンド
Round Pond
ケンジントン宮殿 P.126
Kensington Palace
Temple Gate
Bandstand
サーペンタイン・ギャラリー
Serpentine Gallery
ダイアナ妃記念噴水
Diana's Memorial Fountain
Mount Gate
The Broad Walk
W2
ボーリング・グリーン
Bowling Green
アルバート公記念碑
Albert Memorial
Royal Garden P.141
Alexandra Gate
Prince of Wales Gate
Queen's Gate
Palace Gate
ケンジントン・ロード Kensington
ロイヤル・カレッジ・オブ・アート
Royal College of Art
ロイヤル・アルバート・ホール P.133
Royal Albert Hall
インペリアル・カレッジ
Imperial College
王立音楽大学
Royal College of Music
Knightsbridge
ナイツブリッジ
インペリアル・カレッジ
Imperial College Science, Technology & Medicine
W8
ヴィクトリア&アルバート博物館 P.125
Victoria & Albert Museum
科学博物館
Science Museum
入口
ブロンプトン礼拝
Brompton Orato
自然史博物館 P.125
The Natural History Museum
1:11,000
0
400m
The Rembranc P.140
Cromwell Rd.
クロムウェル・ロード
SW7
A
B
1
2
3

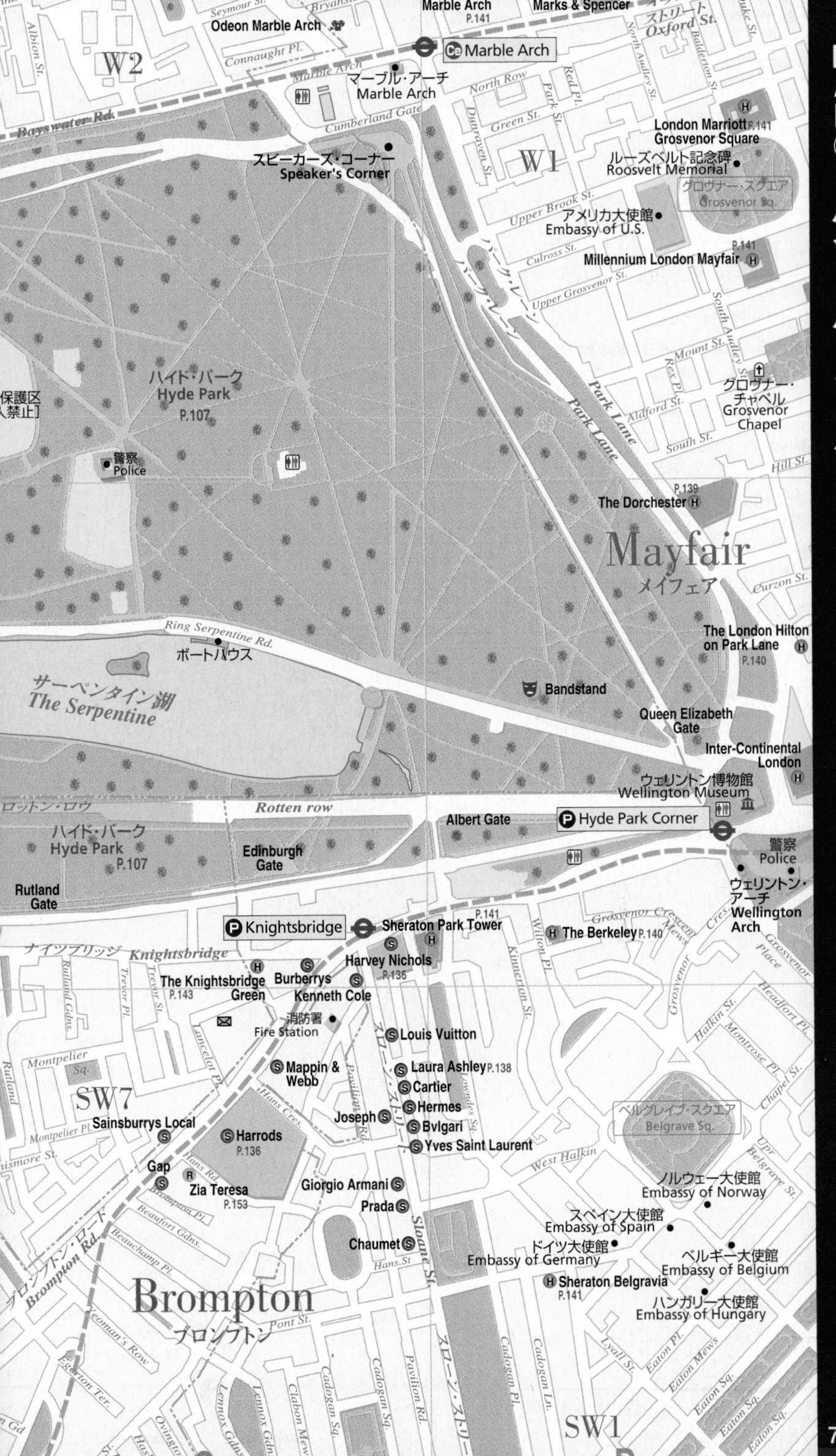
Thistle Marble Arch
P.141
Marks & Spencer
Odeon Marble Arch
Marble Arch
マーブル・アーチ
Marble Arch
Oxford St.
W2
W1
Bayswater Rd.
Cumberland Gate
スピーカーズ・コーナー
Speaker's Corner
London Marriott Grosvenor Square P.141
ルーズベルト記念碑
Roosvelt Memorial
グロヴナー・スクエア
Grosvenor Sq.
アメリカ大使館
Embassy of U.S.
Millennium London Mayfair P.141
パーク・レーン
Park Lane
グロヴナー・チャペル
Grosvenor Chapel
ハイド・パーク
Hyde Park
P.107
警察
Police
The Dorchester P.139
Mayfair
メイフェア
Ring Serpentine Rd.
ボートハウス
サーペンタイン湖
The Serpentine
The London Hilton on Park Lane P.140
Bandstand
Queen Elizabeth Gate
Inter-Continental London
ウェリントン博物館
Wellington Museum
Rotten row
ロットン・ロウ
Albert Gate
Hyde Park Corner
ハイド・パーク
Hyde Park
P.107
Edinburgh Gate
Rutland Gate
警察
Police
ウェリントン・アーチ
Wellington Arch
Knightsbridge
Sheraton Park Tower P.141
The Berkeley P.140
ナイツブリッジ Knightsbridge
Harvey Nichols P.136
The Knightsbridge Green P.143
Burberrys
Kenneth Cole
消防署
Fire Station
Louis Vuitton
Mappin & Webb
Laura Ashley P.138
Cartier
SW7
Hermes
Joseph
Bvlgari
Sainsburrys Local
Harrods P.136
Yves Saint Laurent
ベルグレイブ・スクエア
Belgrave Sq.
Gap
Zia Teresa P.153
Giorgio Armani
Prada
Chaumet
ノルウェー大使館
Embassy of Norway
スペイン大使館
Embassy of Spain
ドイツ大使館
Embassy of Germany
ベルギー大使館
Embassy of Belgium
Sheraton Belgravia P.141
ハンガリー大使館
Embassy of Hungary
ブロンプトン・ロード
Brompton Rd.
Sloane St.
スローン・ストリート
Brompton
ブロンプトン
SW1
C
D

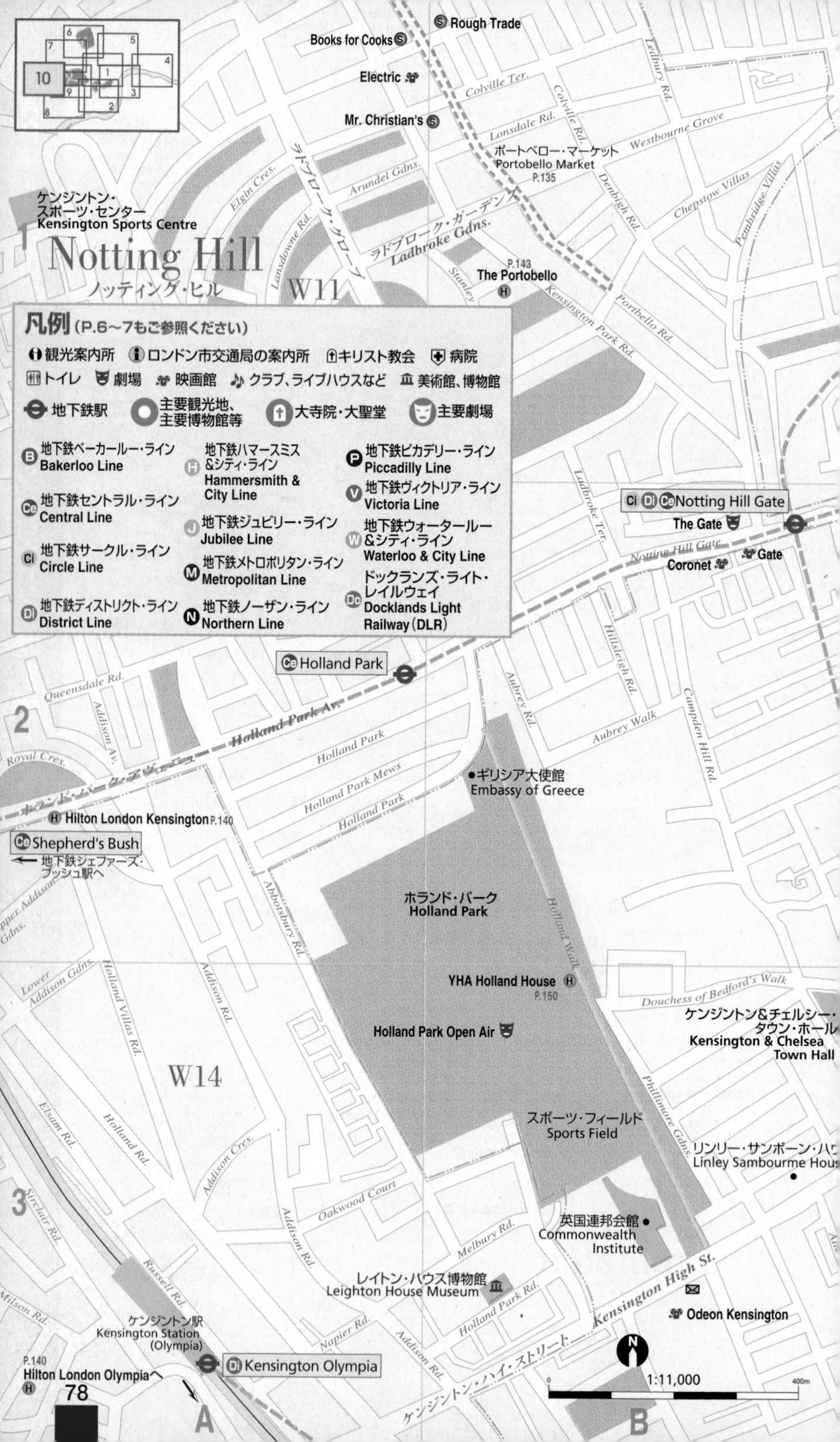
Notting Hill
ノッティング・ヒル
凡例（P.6～7もご参照ください）
観光案内所
ロンドン市交通局の案内所
キリスト教会
病院
トイレ
劇場
映画館
クラブ、ライブハウスなど
美術館、博物館
地下鉄駅
主要観光地、主要博物館等
大寺院・大聖堂
主要劇場
地下鉄ベーカールー・ライン Bakerloo Line
地下鉄セントラル・ライン Central Line
地下鉄サークル・ライン Circle Line
地下鉄ディストリクト・ライン District Line
地下鉄ハマースミス&シティ・ライン Hammersmith & City Line
地下鉄ジュビリー・ライン Jubilee Line
地下鉄メトロポリタン・ライン Metropolitan Line
地下鉄ノーザン・ライン Northern Line
地下鉄ピカデリー・ライン Piccadilly Line
地下鉄ヴィクトリア・ライン Victoria Line
地下鉄ウォータールー&シティ・ライン Waterloo & City Line
ドックランズ・ライト・レイルウェイ Docklands Light Railway（DLR）
Rough Trade
Books for Cooks
Electric
Mr. Christian's
ポートベロー・マーケット Portobello Market P.135
ケンジントン・スポーツ・センター Kensington Sports Centre
ラドブローク・ガーデンズ Ladbroke Gdns.
ラドブローク・グローブ
The Portobello P.143
W11
Notting Hill Gate
The Gate
Coronet
Gate
Holland Park
Holland Park Av.
ホランド・パーク・アヴェニュー
Hilton London Kensington P.140
Shepherd's Bush
地下鉄シェファーズ・ブッシュ駅へ
ギリシア大使館 Embassy of Greece
ホランド・パーク Holland Park
YHA Holland House P.150
Holland Park Open Air
ケンジントン&チェルシー・タウン・ホール Kensington & Chelsea Town Hall
スポーツ・フィールド Sports Field
リンリー・サンボーン・ハウ Linley Sambourne Hous
英国連邦会館 Commonwealth Institute
レイトン・ハウス博物館 Leighton House Museum
Odeon Kensington
ケンジントン駅 Kensington Station (Olympia)
Kensington Olympia
P.140 Hilton London Olympiaへ
ケンジントン・ハイ・ストリート Kensington High St.
W14
1:11,000
Colville Ter.
Lonsdale Rd.
Colville Rd.
Ledbury Rd.
Westbourne Grove
Chepstow Villas
Pembridge Villas
Denbigh Rd.
Portbello Rd.
Kensington Park Rd.
Stanley
Elgin Cres.
Arundel Gdns.
Lansdowne Rd.
Ladbroke Ter.
Notting Hill Gate
Hillsleigh Rd.
Aubrey Rd.
Aubrey Walk
Campden Hill Rd.
Queensdale Rd.
Addison Av.
Royal Cres.
Holland Park Mews
Abbotsbury Rd.
Holland Walk
Duchess of Bedford's Walk
Phillimore Gdns.
Upper Addison Gdns.
Lower Addison Gdns.
Holland Villas Rd.
Addison Rd.
Elsam Rd.
Holland Rd.
Addison Cres.
Oakwood Court
Melbury Rd.
Sinclair Rd.
Russell Rd.
Milson Rd.
Napier Rd.
Holland Park Rd.

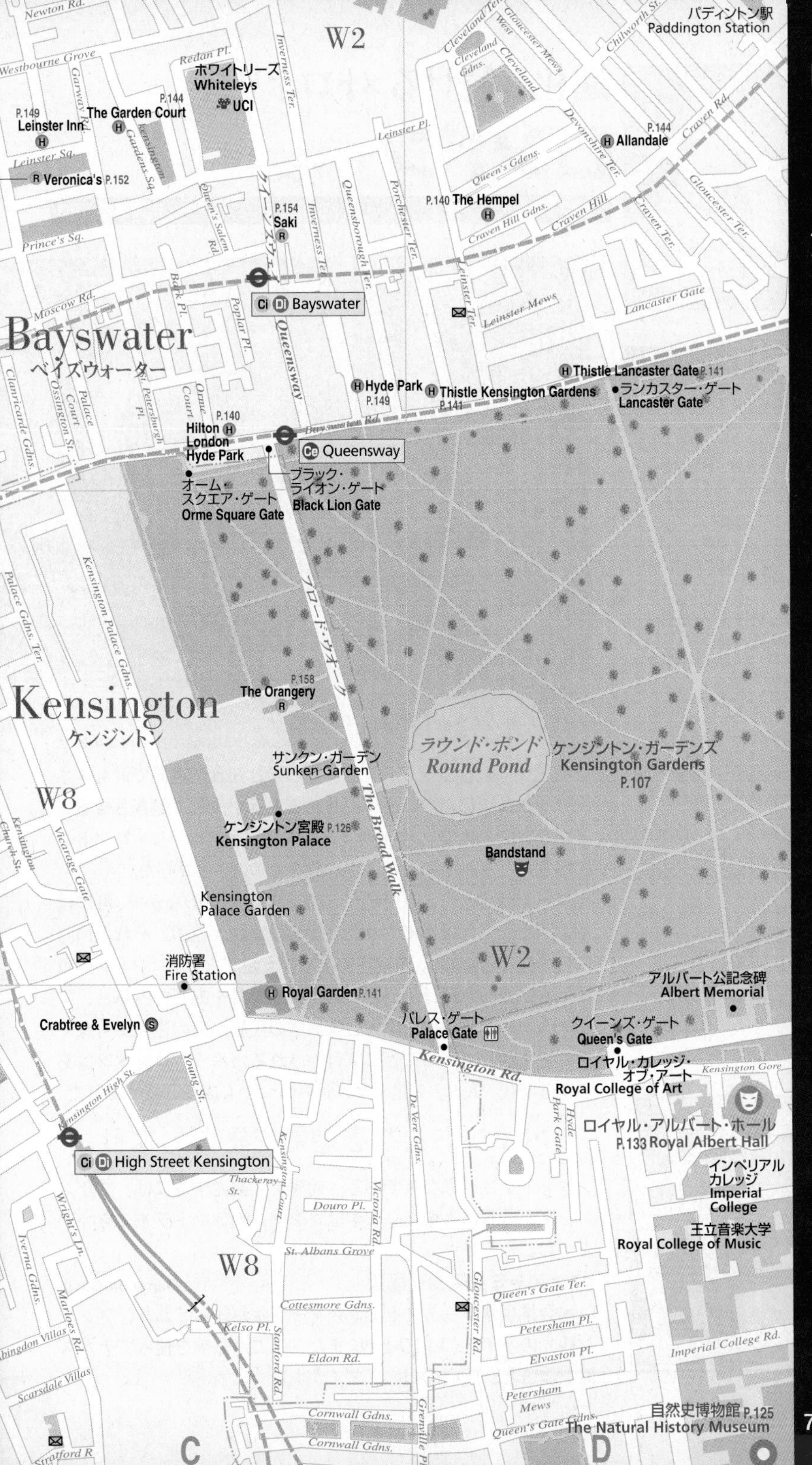
W2
パディントン駅
Paddington Station
ホワイトリーズ
Whiteleys
UCI
P.144
The Garden Court
P.149
Leinster Inn
Veronica's P.152
P.144
Allandale
P.140 The Hempel
P.154
Saki
Bayswater
Bayswater
ベイズウォーター
Hyde Park
P.149
Thistle Kensington Gardens
P.141
Thistle Lancaster Gate P.141
ランカスター・ゲート
Lancaster Gate
P.140
Hilton London Hyde Park
Queensway
ブラック・ライオン・ゲート
Black Lion Gate
オーム・スクエア・ゲート
Orme Square Gate
ブロード・ウオーク
P.158
The Orangery
Kensington
ケンジントン
サンクン・ガーデン
Sunken Garden
ラウンド・ポンド
Round Pond
ケンジントン・ガーデンズ
Kensington Gardens
P.107
W8
ケンジントン宮殿 P.126
Kensington Palace
The Broad Walk
Bandstand
Kensington Palace Garden
W2
消防署
Fire Station
Royal Garden P.141
アルバート公記念碑
Albert Memorial
Crabtree & Evelyn
パレス・ゲート
Palace Gate
クイーンズ・ゲート
Queen's Gate
ロイヤル・カレッジ・オブ・アート
Royal College of Art
ロイヤル・アルバート・ホール
P.133 Royal Albert Hall
High Street Kensington
インペリアル カレッジ
Imperial College
王立音楽大学
Royal College of Music
W8
自然史博物館 P.125
The Natural History Museum
C
D
Newton Rd.
Westbourne Grove
Redan Pl.
Garway Rd.
Leinster Sq.
Prince's Sq.
Inverness Ter.
Queensway
Queensborough Ter.
Porchester Ter.
Leinster Pl.
Leinster Ter.
Leinster Mews
Craven Hill Gdns.
Craven Hill
Craven Rd.
Craven Ter.
Devonshire Ter.
Gloucester Ter.
Chilworth St.
Lancaster Gate
Moscow Rd.
Poplar Pl.
Ossington St.
Palace Court
Kensington Palace Gdns.
Palace Gdns. Ter.
Vicarage Gate
Kensington Church St.
Young St.
Kensington High St.
Kensington Rd.
Kensington Gore
De Vere Gdns.
Hyde Park Gate
Thackeray St.
Kensington Court
Douro Pl.
Victoria Rd.
St. Albans Grove
Wright's Ln.
Iverna Gdns.
Cottesmore Gdns.
Kelso Pl.
Marloes Rd.
Abingdon Villas
Scarsdale Villas
Stanford Rd.
Eldon Rd.
Cornwall Gdns.
Gloucester Rd.
Queen's Gate Ter.
Petersham Pl.
Elvaston Pl.
Petersham Mews
Queen's Gate Gdns.
Imperial College Rd.
Grenville Pl.
Stratford Rd.

進化し続けるメトロポリス

ロンドン London

人口717万人　市外局番020

ロンドン

バッキンガム宮殿前で行われる衛兵交替式

イギリスの首都ロンドンは、いわずと知れた世界で最もエネルギッシュな都市のひとつ。訪れる人々を決して飽きさせることがないこの町を、作家サミュエル・ジョンソンは「ロンドンに飽きたとき、その人は人生に飽きたのだ」と評した。

ローマ時代から2000年近くに及ぶ長い歴史のなかで、町にはさまざまな時代に建てられた歴史的建築物が並ぶ。それと同時に再開発などにより、超近代的なビルも建てられ、ロンドンの景観は常に変わり続けている。人々の姿に目を転じてみると、アジア系、中東系、白人、黒人と世界中の民族が何の違和感もなくそこで生活していることに気付かされるだろう。ロンドンはあらゆる時代、人々、文化を飲み込みつつ今も成長し続ける町だ。

ポイントとなる地域を把握しよう

ロンドンは巨大な町である。効率よく観光するには、プランニングが非常に大切だ。まずはロンドンのアウトラインをつかんでおこう。

ウェストミンスター周辺

Map P.64-65 ③

国会議事堂やウェストミンスター寺院が建っており、ロンドン観光のハイライトのひとつ。また、ここから橋を使ってテムズ河を渡ると、BAロンドン・アイがある。

ロンドンへの行き方

●エディンバラから
✈ロンドンの各空港へ頻発
所要：約1時間
🚃ほとんどの便はキングズ・クロス駅着。1時間に1～2便。
所要：4時間30分～5時間15分（夜行は約7時間20分でユーストン駅着）
🚌1日2～4便
所要：8時間35分～9時間45分

●ヨークから
🚃キングズ・クロス駅着、1時間に1～3便
所要：2時間～3時間30分
🚌1日4便
所要：約5時間15分

●リヴァプールから
🚃1時間に1便程度
所要：約2時間30分
🚌2時間に1便程度
所要：5時間～6時間45分

●バーミンガムから
🚃頻発。ユーストン駅着とマリルボン駅着の便がある。
所要：1時間20分～2時間20分
🚌1時間に1～2便
所要：約2時間50分

ウェストミンスター寺院

バッキンガム宮殿周辺　Map P.62-63 ②

三方を美しい公園に囲まれたこの地域には、英国王室の宮殿、バッキンガム宮殿が建っている。ここでの衛兵交替式はロンドン名物のひとつ。宮殿から南へ進むと、ロンドンの主要鉄道駅のひとつ、ヴィクトリア駅がある。

大英博物館周辺　Map P.68-69 ⑤

ブルームズベリーとも呼ばれているロンドンの文教地区。ここに建つ大英博物館はあまりにも有名。

ピカデリー・サーカス周辺　Map P.60-61 ①

このあたりはまさにロンドン観光の中心。リージェント・ストリートやボンド・ストリートなどのショッピング・ストリート、あらゆる種類のレストランと多くの劇場が建ち並ぶ。

シティ周辺　Map P.66-67 ④

シティは世界の金融の中心をなす地域。シティの西端には、セント・ポール大聖堂が建っている。

ロンドン塔周辺　Map P.66-67 ④

ロンドン中心部の東の先にある。ここにはロンドン塔、タワー・ブリッジなどの見どころがあり、ロンドン観光には欠かせない地域。

ナイツブリッジとケンジントン　Map P.76-77 ⑨

ナイツブリッジはハロッズをはじめとする有名デパートや高級ブランドショップが軒を連ねるショッピング街。西に進むとヴィクトリア&アルバート博物館や自然史博物館があり、さらに北には、ハイド・パークとケンジントン・ガーデンズという、ロンドンでも最大級の公園が広がっている。

ピカデリー・サーカス

ロンドン塔

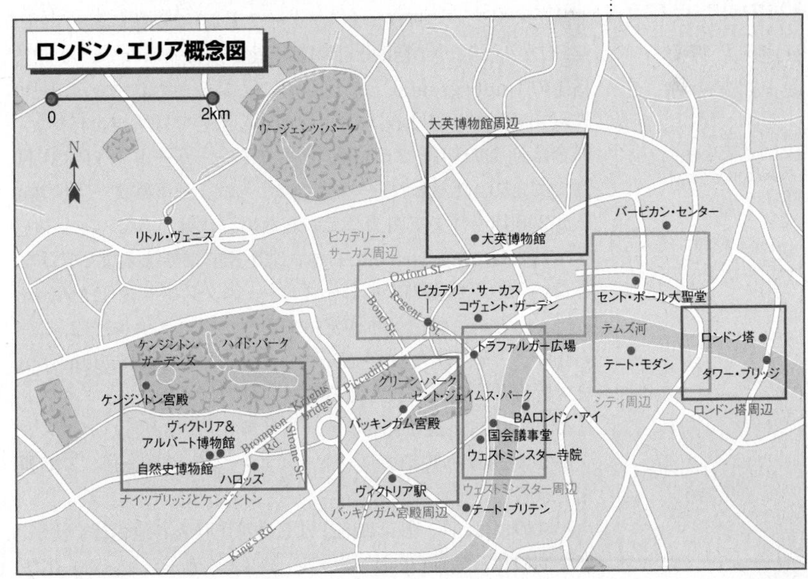

空港から市内へ

ロンドンとその周辺には、全部で5つの空港がある。そのうち、日本からの旅行者が最初に到着するのは、ヒースロー空港だ。しかし、イギリスの国内便や格安航空会社の便は、ほかの空港を利用するケースが多い。

ヒースロー空港は航空会社や行き先によってターミナルが分かれている

ヒースロー空港 Heathrow Airport

日本やほかのヨーロッパの国からロンドンへの定期便の多くがヒースロー空港に発着する。

ターミナルは4つ　ヒースロー空港にはターミナルが4つあり、それぞれ利用航空会社が決まっている。ターミナル1、2、3は地下でつながっているが、ターミナル4だけがほかのターミナルから離れており、ほかのターミナルとはバスを使って行き来することになる。(無料。ヒースロー空港ターミナル関係図→P.532)。ちなみに、日本からの直行便は、日本航空、全日空、ヴァージン アトランティック航空がターミナル3、ブリティッシュ・エアウェイズがターミナル1に発着する。

ヒースロー空港

空港から市内へ　空港と市内は、地下鉄で結ばれている。空港内の"Underground"という目印に従って行けば、すぐに地下鉄駅までたどり着ける。ロンドンの中心部までは所要約45分で、料金は通常の切符で£4.00、オイスター・カード(→P.89)利用で£3.50。ただし、ターミナル4からは、地下鉄ターミナル4駅が2006年9月まで閉鎖しているため、代替バスでハットン・クロス駅Hatton Crossまで行き、地下鉄に乗り換えなくてはならない。地下鉄以外にもヒースロー・エクスプレスHeathrow Expressという特急列車が走っており、ターミナル1、2、3から15分、ターミナル4から23分で、パディントン駅Paddingtonまで行ける。同じ路線を走る普通列車のヒースロー・コネクトHeathrow Connectだと、ターミナル1、2、3からパディントン駅まで26分。共にブリットレイルパスなどの鉄道パスで利用できる。

バスの便は、ロンドン市内をはじめイギリス各地へ行く便が、空港内のヒースロー・セントラル・バス・ステーションから出て

■ヒースロー空港
Map P.160
TEL 08700000123
Inet www.heathrowairport.com

■ヒースロー・エクスプレス
TEL 08456001515
Inet www.heathrowexpress.com
5:07〜23:41の15分に1便
所要：15分(ターミナル1、2、3)
23分(ターミナル4)
料 £14.50 (1等£23.50)

■ヒースロー・コネクト
TEL 08456786975
Inet www.heathrowconnect.com
5:36〜翌0:06の30分に1便
所要：26分
料 £9.50

■ナショナル・エクスプレス・エアポート
TEL 08705808080
Inet www.nationalexpress.com
●ヴィクトリア・コーチステーション行きのバス
1時間に1〜6便程度
所要：50分
料 £10.00

■ホテリンク
TEL (01293) 532244
Inet www.hotelink.co.uk
料 £17.00

いるほか、空港からロンドン市内のホテルにダイレクトに連れて行ってくれるホテリンクHotelinkが6:00～22:00に運行している。予約が望ましいが、空席があれば利用できる。

ガトウィック空港 Gatwick Airport

ガトウィック空港は、ヒースロー空港に次いでロンドンではメジャーな空港。ヒースロー空港から直行のバスの便も多く、乗り換えもスムーズ。

ターミナルはふたつ ガトウィック空港にはノースターミナルNorth Terminalと、サウスターミナルSouth Terminalのふたつのターミナルがあり、モノレールでつながっている。

空港から市内へ 空港と市内は、特急列車のガトウィック・エクスプレスGatwick Expressが便利。ヴィクトリア駅と空港を結んでおり、所要時間は約30分。バスでは25番がサウスターミナルからヴィクトリア・コーチステーションまで行く。所要1時間20分。

スタンステッド空港 Stansted Airport

ロンドンで利用者が3番目に多い空港で、年々重要度を増している。国内便、国際便とも便数が多い。

空港から市内へ 空港から市内へは、鉄道のスタンステッド・エクスプレスStansted Expressがリヴァプール・ストリート駅まで42分で結んでいる。バスでは、A6番で、ヴィクトリア・コーチステーションまで1時間32分。

ルトン空港 Luton Airport

スコットランドや北アイルランドへ行く便は、この空港に発着するものも多い。

空港から市内へ 空港から市内へは、鉄道の場合、まず空港から空港近くの鉄道駅、ルトン・エアポート・パークウェイ駅Luton Airport Parkwayまで無料のバスで行き（所要5分）、そこからキングズ・クロス駅へ行く。また、バスでは、空港からヴィクトリア駅まで、グリーン・ラインのエクスプレス・コーチExpress Coach757番で、所要時間1時間30分。

ロンドン・シティ空港 London City Airport

シティで働くビジネスマンのために建設された空港で、ロンドンの中心街から最も近い。

空港から市内へ 空港前からドックランズ・ライト・レイルウェイ（DLR）に乗り、カニング・タウン駅Canning Townで地下鉄ジュビリー・ラインに乗り換える。

空港間の移動 ロンドン・シティ空港を除いて、すべての空港間に直通のバスの便がある（→P.84）。ロンドン・シティ空港からほかの空港へ行く場合、直行のバスはないので、一度ロンドンの中心部まで行き、各空港行きの便に乗り換えなければならない。

■ガトウィック空港
Map P.160
TEL 08700002468
Inet www.gatwickairport.com
■ガトウィック・エクスプレス
TEL 08458501530
Inet www.gatwickexpress.com
🚌4:35～翌1:35の15～30分に1便
所要：約30分
料 £14.00（1等£20.00）
■ナショナル・エクスプレス・エアポート
TEL 08705808080
Inet www.nationalexpress.com
●25番
🚌5:15～22:15の1時間に1便程度
所要：1時間20分 料 £6.60

■スタンステッド空港
Map P.19A-3
TEL (0870) 0000303
Inet www.stanstedairport.com
■スタンステッド・エクスプレス
TEL (0845) 6007245
Inet www.stanstedexpress.co.uk
🚌6:00（月・金5:30）～翌0:30（火～木～23:59）の15～30分に1便
所要：42分
料 £15
■ナショナル・エクスプレス・エアポート・バス
TEL 08705808080
Inet www.nationalexpress.com
●A6番
🚌10～30分に1便程度
所要：約1時間30分
料 £10.00
■ルトン空港
Map P.18B-3
TEL (01582) 405100
Inet www.london-luton.co.uk
■グリーン・ライン
TEL (0870) 6087261
Inet www.greenline.co.uk
●757番
🚌1時間に1～3便
所要：1時間30分
料 £9.00～
■ロンドン・シティ空港
Map P.160
TEL (020) 76460088
Inet www.londoncityairport.com

市内と空港のアクセス

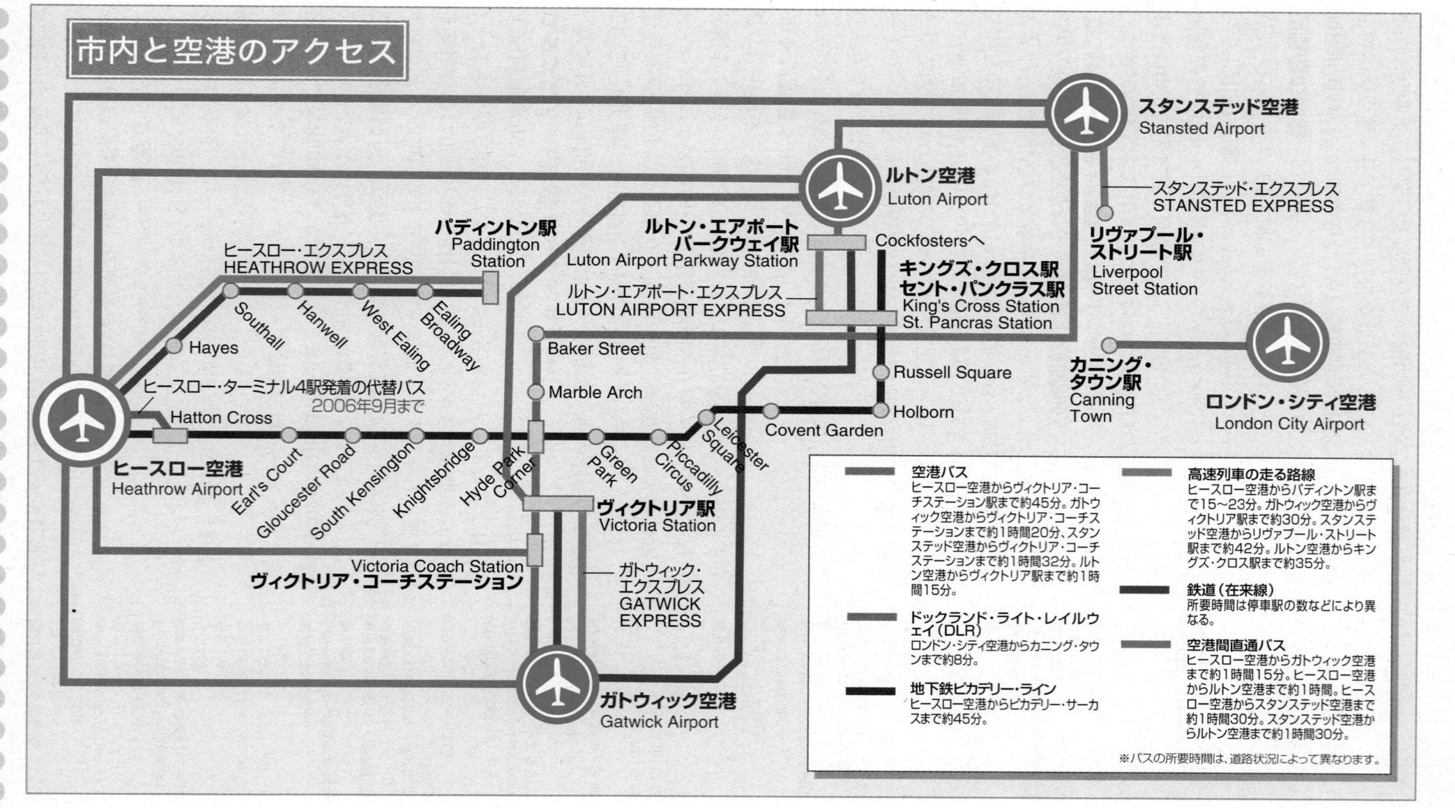

スタンステッド空港
Stansted Airport
ルトン空港
Luton Airport
スタンステッド・エクスプレス
STANSTED EXPRESS
リヴァプール・ストリート駅
Liverpool Street Station
ルトン・エアポート パークウェイ駅
Luton Airport Parkway Station
Cockfostersへ
パディントン駅
Paddington Station
ヒースロー・エクスプレス
HEATHROW EXPRESS
キングズ・クロス駅 セント・パンクラス駅
King's Cross Station
St. Pancras Station
ルトン・エアポート・エクスプレス
LUTON AIRPORT EXPRESS
Southall
Hanwell
West Ealing
Ealing Broadway
Hayes
Baker Street
カニング・タウン駅
Canning Town
ロンドン・シティ空港
London City Airport
Russell Square
ヒースロー・ターミナル4駅発着の代替バス
2006年9月まで
Marble Arch
Hatton Cross
Holborn
Covent Garden
Leicester Square
Piccadilly Circus
Green Park
Hyde Park Corner
Knightsbridge
South Kensington
Gloucester Road
Earl's Court
ヒースロー空港
Heathrow Airport
ヴィクトリア駅
Victoria Station
Victoria Coach Station
ヴィクトリア・コーチステーション
ガトウィック・エクスプレス
GATWICK EXPRESS
ガトウィック空港
Gatwick Airport
空港バス
ヒースロー空港からヴィクトリア・コーチステーション駅まで約45分。ガトウィック空港からヴィクトリア・コーチステーションまで約1時間20分、スタンステッド空港からヴィクトリア・コーチステーションまで約1時間32分。ルトン空港からヴィクトリア駅まで約1時間15分。
ドックランド・ライト・レイルウェイ(DLR)
ロンドン・シティ空港からカニング・タウンまで約8分。
地下鉄ピカデリー・ライン
ヒースロー空港からピカデリー・サーカスまで約45分。
高速列車の走る路線
ヒースロー空港からパディントン駅まで15〜23分。ガトウィック空港からヴィクトリア駅まで約30分。スタンステッド空港からリヴァプール・ストリート駅まで約42分。ルトン空港からキングズ・クロス駅まで約35分。
鉄道(在来線)
所要時間は停車駅の数などにより異なる。
空港間直通バス
ヒースロー空港からガトウィック空港まで約1時間15分。ヒースロー空港からルトン空港まで約1時間。ヒースロー空港からスタンステッド空港まで約1時間30分。スタンステッド空港からルトン空港まで約1時間30分。
※バスの所要時間は、道路状況によって異なります。

ロンドンのターミナル駅

ヒースロー・エクスプレス

鉄道発祥の地イギリスでは、鉄道駅は町の郊外に造られることが非常に多い。ロンドンにおいてもそれは例外ではないが、ロンドンはイギリス全土からの鉄道が集まる交通のハブのような場所。複数の鉄道会社がそれぞれに駅をもち、東へ行く列車は東の駅へ、北へ行く列車は北の駅というように、行き先に応じて数多くの駅がある。旅行者にとっては行き先ごとに出発する駅を確認しなければならず、ロンドンを経由して別の方面へ行く列車に乗り換えるときも、駅から駅へと移動しなければならない。非常に不便に思うがこれは仕方がない。ただ、ロンドンは地下鉄が発達しており、各鉄道駅が地下鉄によって結ばれているので、駅間の移動はそれほど苦痛ではない。ここではロンドンにある代表的な鉄道駅を紹介しよう。

パディントン駅ではチェックインもできる

映画『ハリー・ポッター』でおなじみのキングズ・クロス駅9と3/4番線

ヴィクトリア駅 Victoria　Map P.86A-2・P.62-63 ②-B2

かつてはさまざまな豪華列車が発着した、ロンドンを代表する駅。現在はドーヴァー、カンタベリーなどへの列車がここから出ている。ガトウィック空港とを結ぶガトウィック・エクスプレスもこの駅に発着。また、長距離バスのターミナル、ヴィクトリア・コーチステーションへも近い。

パディントン駅 Paddington　Map P.86A-1・P.72-73 ⑦-B2

ロンドンから西のオックスフォードやバース、イングランド南西部のリゾート地域、ウェールズのカーディフへの便はここに発着。ヒースロー空港へのヒースロー・エクスプレスもここから。

ウォータールー駅 Waterloo　Map P.86B-2・P.64-65 ③-C2

駅の名前は、プロイセンと結んだイギリス、オランダ軍がナポレオン率いるフランス軍を撃破した、ベルギーにある古戦場、ワーテルローにちなむ。ポーツマス、サウサンプトン、ウィンチェスターなどへの便はここから出る。パリやブリュッセルと

ヴィクトリア駅構内にはシャワー室もある

カートはまとめて置かれている。使用するときは£1.00硬貨を投入してほかのカートから切り離す

ヴィクトリア駅構内

パディントン駅のプラットホーム

ウォータールー駅構内

ユーロスターの発着地、ウォータールー・インターナショナル駅

キングズ・クロス駅

チャリング・クロス駅

チャリング・クロス駅舎

リヴァプール・ストリート駅

を結ぶユーロスターは、ウォータールー駅に隣接するウォータールー･インターナショナル駅に発着する。

ユーストン駅 Euston　Map P.86A-1・P.68-69 ⑤-A1

バーミンガム、マンチェスター、リヴァプール、カーライル、チェスター、グラスゴーなど、北西方面への便が発着するターミナル。ロンドンのターミナルのなかでは、1837年と最も開業が早い歴史ある駅だが、現在の建物は建て替えられた新しいものだ。

ユーストン駅

セント・パンクラス駅 St. Pancras　Map P.86B-1・P.68-69 ⑤-B1

ノッティンガムやシェフィールドといったイングランド中部地域への発着起点となっている。中世ゴシック建築を模した重厚な建築で知られている。

キングズ・クロス駅 King's Cross　Map P.86B-1・P.68-69 ⑤-B1

ケンブリッジ、リーズ、ヨーク、ニューキャッスル･アポン･タイン、エディンバラなど、北へ向かう列車が発着するのがこの駅。

チャリング・クロス駅 Charing Cross　Map P.86A-2・P.64-65 ③-B1

ドーヴァー、カンタベリーなど、ロンドンから南、南東へ向かう列車が発着する駅。ロンドンの中心部に最も近い駅でもある。

リヴァプール・ストリート駅 Liverpool Street　Map P.86B-1・P.66-67-④C1

ケンブリッジ、ノーリッジ、イプスウィッチなど、北東部への便が発着する。スタンステッド空港へのスタンステッド･エクスプレスもここから出る。

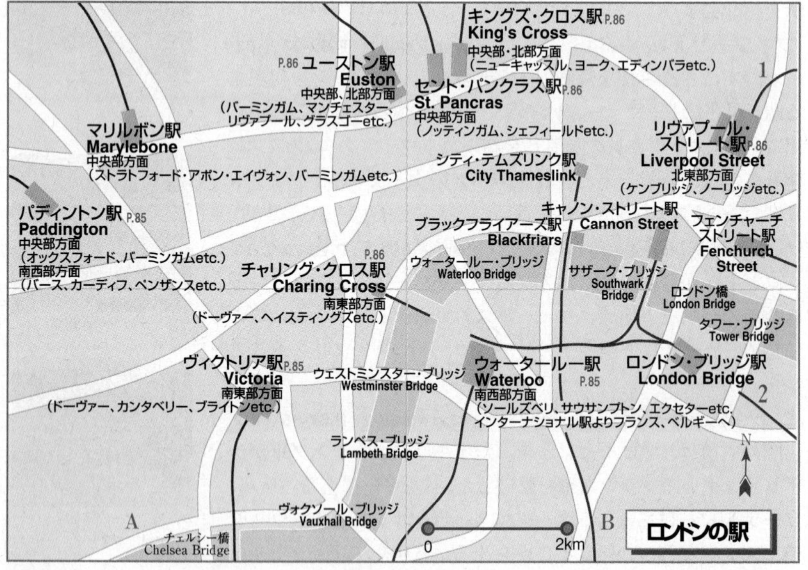

ロンドンの長距離バスターミナル

ヴィクトリア・コーチステーション Victoria Coach Station

ヴィクトリア・コーチステーション

ロンドンの鉄道は、目的地の方向、運営する鉄道会社などによって、出発する駅が異なっているが、コーチ（長距離バス）は、ほとんどすべての便がヴィクトリア・コーチステーション発着と、いたってシンプル。イギリス国内のバスだけでなく、国際バスも発着している。建物は、到着用と出発用が別々にあるが、互いに非常に近い場所にある。

ヴィクトリア・コーチステーションを利用するうえで覚えておきたいことは、ここから出発するコーチは原則として乗る前にチケットを購入しておかなければならないということ。コーチステーション内にあるチケット売り場は込み合っていることが多いので、チケットを持っていない人は、時間に余裕をもってコーチステーションに到着しておきたい。また、国際便を利用する場合は、出国手続きを行わなければならないので、さらに時間に余裕をみておく必要がある。

出発ターミナル

■ヴィクトリア・コーチステーション
Map P.62-63 ②B-2
✉164 Buckingham Palace Rd, SW1W 9TP
TEL (020) 77303466
Inet www.tfl.gov.uk/vcs

ヴィクトリア・コーチ・ステーションには国内、国外を問わず数多くのバスが発着する

ヴィクトリア・コーチステーションの中にある荷物預かり所（レフト・ラゲージLeft Luggage）

ヒースロー・セントラル・バスステーション Heathorow Central Bus Station

ヒースロー・セントラル・バスステーション

ヒースロー空港内にあるヒースロー・セントラル・バスステーションは、ロンドン市内だけでなくイギリス各都市へのバスも発着しており、ロンドンの中心部を経由せず直接目的地に行くことができる。その反対にロンドン以外の町からも直接ヒースロー空港に行けるので、利用価値は高い。ヒースロー・セントラル・バスステーションは地下鉄ヒースロー・ターミナル1、2、3駅の上にあり、ターミナル4に到着した場合はヒースロー・エクスプレスやバスを利用してターミナル1、2、3に行く（無料）。チケットはヒースロー・セントラル・バスステーション内にあるトラベルセンターで購入する。

■ヒースロー・セントラル・バスステーション
Map P.532
●ヒースロー・セントラル・バスステーション・トラベルセンター
開6:30～22:30
Inet www.heathrowairport.com

ヒースロー・セントラル・バスステーション内にあるトラベルセンター

地下鉄キングズ・クロス駅

■ロンドンの地下鉄
TEL(020) 72221234
Inet www.tfl.gov.uk/tube
料●通常の切符利用時
ゾーン1～5、6間
£4.00
上記以外のゾーン間の移動
£3.00
●オイスターカード利用時
1ゾーン
£1.50(ゾーン1)
£1.00(ゾーン1を含まない)
2ゾーン
£2.00(ゾーン1を含み、月～金の7:00～19:00の利用)
£1.50(ゾーン1を含み、月～金の7:00～19:00以外の利用)
£1.00(ゾーン1を含まない)
3～4ゾーン
£2.50(ゾーン1を含み、月～金の7:00～19:00の利用)
£2.00(ゾーン1を含み、月～金の7:00～19:00以外の利用)
£1.80(ゾーン1を含まず、月～金の7:00～19:00の利用)
£1.00(ゾーン1を含まず、月～金の7:00～19:00以外の利用)
5～6ゾーン
£3.50(ゾーン1を含み、月～金の7:00～19:00の利用)
£2.00(ゾーン1を含み、月～金の7:00～19:00以外の利用)
£1.80(ゾーン1を含まず、月～金の7:00～19:00の利用)
£1.00(ゾーン1を含まず、月～金の7:00～19:00以外の利用)

地下鉄入口

ロンドンの市内交通

タクシーとバス

赤い2階建てのバス(ダブルデッカー)、チューブと呼ばれる地下鉄、そして黒塗りのタクシー。ロンドンの交通機関は、それ自体がロンドン名物といえる。

地下鉄

地下鉄のホーム

チューブという名称で親しまれているロンドンの地下鉄は、全12路線、289もの駅をもち、まさしくロンドンの地下に縦横無尽に張り巡らされている。便数も多く、利用しやすい地下鉄は、土地勘のない旅行者にも簡単に乗りこなすことができる。まさにロンドンの足代わりになってくれるだろう。

料金はゾーン制

地下鉄の駅は、1～6のゾーンに分かれている。ロンドンの中心地がゾーン1で、中心地から離れるにしたがってゾーン2、ゾーン3というようにゾーンの番号が大きくなっていく。料金は何ゾーンにまたがって移動したのかと、利用するゾーンにゾーン1が含まれているかどうかによって決まる。ただし、現在ロンドンの交通局はオイスター・カード(→P.89)というICカードの導入を積極的に進めるため、通常の切符は、ゾーン1からゾーン5またはゾーン6まで移動した場合は£4.00、それ以外は一律£3.00と、料金設定はシンプルかつ高め。一方、オイスターカードを利用した場合は、前述のゾーンに加えて月曜から金曜の7:00～19:00とそれ以外の時間帯によっても料金が異なり、やや複雑になっている。オイスター・カード利用時の料金は普通の切符の約半額となる。通常の切符と比べると、料金がかなり割高になるので、地下鉄を使って観光をしようと思っている人は、1日券や3日券、もしくはオイスターカードの購入を考えたほうがいいだろう。

切符の買い方

窓口で切符を買う

小銭がないときや1日乗り放題のトラベルカード(→P.92)を買うときは窓口へ。ただし、通勤時間や1日券(オフ・ピーク)の発売開始時間(9:30～)には長い行列ができることも。目的地の駅名や1日券のゾーン数を言えば、切符とおつりをくれる。

自動券売機で切符を買う

小銭があれば、こちらのほうが数も多くすいている場合が多い。おつりが用意されているときには"Change Given"、おつりのないときには"Exact Money Only"の表示が上部に表示されている。

地下鉄の自動券売機

最も目につくのは、ゾーンごとの料金に区分けされたボタンと1日券用のボタンが並んだタイプ。使い方は簡単。自分の希望する料金のボタンを押すと金額が表示されるので、お金を入れれば自動的に切符やおつりが出てくる。

タッチパネル式の自動券売機は、ボタンを押すのではなく、画面に直接触れて購入する。日本語表示も可能で、コインやお札のほかに、クレジットカードの使用もできる優れもの。オイスターカードにお金をチャージするときは、まず、この自販機の右下にある黄色い読み取り部分にカードを押し当てて、画面上でチャージする金額を選んでから、お金を入れる。

改札

切符を手に入れたら改札へ。ロンドンではすべて自動改札。もちろんトラベルカードも自動改札でOK。日本の自動改札システムと違う点は、改札の扉を通過する前に切符の受け取り口があるということ。ここで切符を取らないと、いつまで経っても扉は開かない。オイスターカードの場合は、黄色い読みとり部分にカードを押し当てる。

ラッシュ時に注意
地下鉄はラッシュ時には満員になってしまい、一時的に駅が閉鎖されることがありました。ラッシュ時は充分時間に余裕をもってください。
（三重県　大道由香　'05春）

運休の多い路線
休日、祝日は地下鉄のディストリクト・ラインとサークル・ラインは運休していることが多いですので、移動する際には気を付けてください。
（千葉県　柳川直人　'05春）

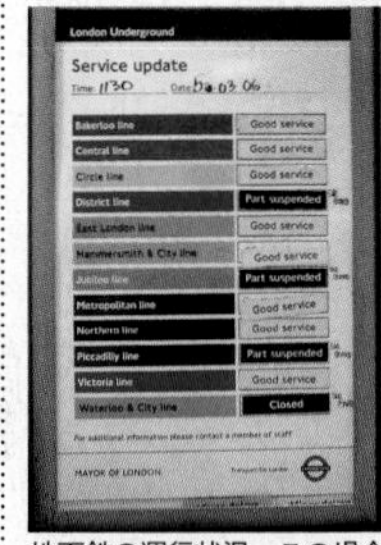

地下鉄の運行状況。この場合はディストリクト・ライン、ジュビリー・ライン、ピカデリー・ラインの一部が不通。ウォータールー＆シティ・ラインは閉鎖中となっている。週末は路線工事などのため、運行しない路線が出てくるので、乗車する前に駅で情報収集しよう

Information　History　Topics

オイスター・カード

ロンドンの公共交通機関には、JR東日本のスイカやJR西日本のイコカと同じシステムのオイスター・カードOyster Cardが導入されている。事前に自動販売機でカードにお金をチャージ(プリペイ)しておいたり、定期券の情報をカードに入力しておけば、改札口では黄色い読み取り部分にカードをタッチして中に入り、出るときの改札でも同様に黄色い場所にタッチするだけでOK。プリペイのシステムは地下鉄とバス、DLR、一部の鉄道などで利用することができ、運賃も通常の約半額に設定されている。カードにお金をチャージするのは、タッチパネル式の自動券売機で可能。カードの入手は、地下鉄の窓口や交通局のⓘで行い、その際、デポジットの£3.00が必要となる。この£3.00は、カードを返却すると戻ってくることになっているが、そのためには、住所の登録など、かなり面倒な作業をしなければならない。

■オイスター・カード
inet www.oystercard.com

オイスター・カード利用者はここにカードをタッチさせて改札を抜ける

オイスター・カードは料金を入れておけば何度でも使うことができる

プラットホームへ

乗りたいラインの表示に従ってプラットホームへ向かう途中に路線図がある。Eastbound（東方面）、Westbound（西方面）、Southbound（南方面）、Northbound（北方面）などに分けられているので、目的駅がどの方面なのかを、ここでしっかりと頭に入れてから、歩き始めよう。というのも、ロンドンのプラットホームにはその駅の名前のみで、日本のように～方面とか、次の停車駅を示す表示がないところが多いためだ。

降車時にドアを開けるときはボタンを押す

乗車

乗車の前には列車の目的地を確認してから乗ること。同じラインでも目的地が違うものがあるからだ。例えば、ピカデリー・ラインのWestbound（西方面）でもヒースロー・ターミナルHeathrow Terminal行きと、アックスブリッジUxbridge行きがある。ヒースロー空港に行くのにアックスブリッジ行きに乗らないよう、乗る前にしっかりと確認しよう。

故障やテロの予告などのさまざまな事情により、地下鉄が止まってしまうこともある。プラットホームには運行状況がアナウンスされることもあるが、周りの人がザワツキながら移動し始めたら、その可能性大。駅員や事情のわかっていそうな人を見つけて状況を聞くなどするしかない。

出口へは"Way out"の表示に従って進む

出口へ

目指す駅に降り立ったら、黄色い文字の“Way out”の表示を追って、再び自動改札を抜ければ無事フィニッシュ。

バス

赤い2階建てのバスはロンドンのシンボルとしてすっかり有名。地下鉄に比べると観光客にはちょっと利用しづらい面もあるが、一方で、タウンウオッチングをしながら利用できるという利点もある。

■ロンドンのバス
TEL (020) 72221234
inet www.tfl.gov.uk/buses
料1回券：£1.50
オイスターカード利用：
月～金の7:00～9:30
£1.00
月～金の7:00～9:30以外
£0.80
1回券の6枚セット：£6.00
1日券：£3.50
1週間券：£13.50
チケットは自動券売機や地下鉄駅、交通❶などで購入する。

自分が乗るバスとバス停の探し方

旅行者にとって地下鉄に比べバスが利用しづらい理由のひとつは、どのバス停にどこへ行くバスがあるのかがわからないということ。しかし、ロンドンの中心部でなら、どこでもいいからバス停を見つけ、バス停案内の地図と目的地のリストを確認しよう。この案内図はすべてのバス停にあるわけではないが、ロンドン中心部ならほとんどのバス停で見つかるはずだ。次に目的地を羅列しているリストから自分の行きたい場所を探し、そのバスの番号と停留所を確認する。各停留所はアルファベットのマークがあるので、それを頼りにバス停案内の地図を見ながら、自分の乗るバス停に移動すればよい。

まず下のリストから目的地を探し、次に上の地図から自分の乗るバス停の位置を確認

バスの乗り方

ロンドンのバスはワンマン。前のドアから乗り、運転手に

1階建てのバスも走っている

切符を見せる。オイスターカードの場合は、運転席の横に付いている黄色い読み取り部分にカードをタッチさせよう。降りるときは、赤ボタンで知らせ、中ほどにあるドアから降りる。降りる所がわからないときは、運転手に頼んでおいて、すぐそばに座ろう。

切符は事前に買っておこう

ロンドンの中心部（ウォーターループ、パディントン、キングズ・クロスを結んだラインの中）では、バスの運行をスムーズにするという理由で、切符はバスの中での購入はできず、事前に購入しておかなければならない。ロンドン中心部にあるバス停留所にはすべて自動券売機が設置されているが、この自動販売機は、紙幣は使えず、おつりも出ないようになっており、意外と使い勝手が悪い。バスを利用する人は事前に交通局の❶や地下鉄駅などで切符を購入するか、オイスターカードを用意しておこう。

券売機はロンドンの中心部のバス停すべてに設置された

覚えておきたいバスの規則

バスは、原則として、1階には20人までしか立たせない。2階は揺れが激しいので、立つことを禁止している。また、渋滞による遅延は予想がつかず、来ることを信じて今か今かと待っていると、30分以上も経って2～3台まとめて来ることがある。しかし、どんなに腹立たしい思いをしようと、2階の一番前に乗る楽しさは、一度味わうとやみつきになる。つい、ふらふらと、停留所に立ってしまう人も多いかも。バス内では、全面禁煙。これを破ると多額の罰金を課せられる。

バスの2階最前列からの眺め

停留所について

停留所には、満員のとき以外は必ず停まるフェア・ステージFare Stageと、タイミングよく手を挙げて合図しないと停ま

■おすすめのバスルート
サイトシーイング・ツアーのバスに乗らなくても、普通のバスで観光を楽しむことができるルートが、いくつもある。交通❶でCentral London Bus Guideをもらって、自分なりのルートを選んでみるのもおもしろいだろう。以下は参考までによさそうなルートをピックアップしてみた。

●11番
セント・ポール大聖堂の脇やビッグ・ベンの側、フルハム・ロードを抜けていく。

●12番
オックスフォード・ストリートからリージェント・ストリート、ウェストミンスター寺院、ウォータールー駅へ行く。

●24番
ロンドンを南北に縦断するルート。カムデン・ロックから、大英博物館、ヴィクトリア駅、テート・ブリテンへと抜ける。

●ヘリテージルート9番
(旧型バスルートマスター)
ロイヤル・アルバート・ホールからナイツブリッジ、ピカデリーサーカス、オルドウィッチへ行く。

●ヘリテージルート15番
(旧型バスルートマスター)
トラファルガー広場からセント・ポール寺院、モニュメント、タワーヒル駅へ行く。

☺バスの2階は最高
ロンドンのバスはバス停に路線図がわかりやすく書かれており、地下鉄では乗り換えて行かなければならない場所へもスムーズに行けます。ダブルデッカーの2階から見下ろすロンドンの町は忘れられない思い出になりました。ただ、バスは運転手が乗客数を数えており、定員以上乗せないので朝夕のラッシュのときは乗れないこともあります。
（奈良県　澤井一家　'05夏）

よく使う路線番号を覚えておくと行動範囲が広がる

降りるときは車両中ほどのドアから

ってくれないリクエストRequestの2種類があり、それぞれ表示してある。イギリス人はここでも列を作ることを忘れないが、前に並んだ人が同じバスを待っているとは限らない。列の中からでも合図して停めないと、無情にも行ってしまう。ちなみに、イギリスでは、手は真横に出して合図する。どのFare Stageにも、停車するバスの番号が表示してある。ナイトバスは、N～で表されている。いくつも同じ名前の停留所が並ぶ所もあるので、自分の乗りたい番号のバスが停まる場所を確認すること。

ビッグ・ベンと赤いダブルデッカーのバス

地下鉄とバスを乗りこなすために

ウェストミンスター駅の駅員

とりあえず地下鉄とバスの路線図が付いているマップ(無料)を駅で手に入れよう。ヒースロー空港、ヴィクトリア駅、ピカデリー駅などにある交通局の❶や切符購入窓口に常備してある。

バスを利用するときは、マップ裏面のバス系統図の見方に慣れておくといい。図中、通り沿いに系統番号がふってあり、そのバスがどこを通るのか目で追える。ホテルから市内のおもな通りへのバスを使えるぐらいになると、ロンドンライフにもグッと幅が出る。

お得なトラベルカード

ロンドンには、便利なトラベルカードがいろいろある。充分に調べて活用してみたい。

1日券 1 Day Travelcard

ピークとオフ・ピークの2種類があり、ピークは月～金曜の終日、オフ・ピークは月～金曜の9:30からと土・日曜と祝日の終日。地下鉄とバスをはじめ、テムズリンク、ドックランズ・ライト・レイルウェイ、ナショナル・レイルのロンドン市内のサービスにも乗り放題。また、リバー・ボートにも通常の3分の2の料金で乗ることができる。

■ロンドン市交通局
TEL(020) 72221234
inet www.tfl.gov.uk/tfl
■トラベルカードの料金
●1日券(ピーク)
ゾーン1・2：£6.20
ゾーン1～3：£7.20
ゾーン1～4：£8.40
ゾーン1～5：£10.40
ゾーン1～6：£12.40
ゾーン2～6：£7.40
●1日券(オフ・ピーク)
ゾーン1・2：£4.90
ゾーン1～4：£5.40
ゾーン1～6：£6.30
ゾーン2～6：£4.30
●3日券(ピーク)
ゾーン1・2：£15.40
ゾーン1～6：£37.20
●3日券(オフ・ピーク)
ゾーン1～6：£18.90
●定期券(1週間)
ゾーン1・2
£22.20(ゾーン1を含む)
£14.00(ゾーン1を含まない)
3ゾーン
£26.00(ゾーン1を含む)
£18.40(ゾーン1を含まない)
4ゾーン
£31.60(ゾーン1を含む)
£22.20(ゾーン1を含まない)
5ゾーン
£37.80(ゾーン1を含む)
£27.20(ゾーン1を含まない)
6ゾーン
£41.00

3日券 3 Day Travelcard

3日間利用することができる。ゾーン1・2に有効の3日券は同様の1日券を3枚足した値段よりも£3.20安い。

定期券 Travelcard

1週間、1ヵ月、1年とさまざまな有効期限のものがあり、1週間有効のものは、ちょっとロンドンに腰を落ち着けて観光をしようとする人にとって利用価値が高い。主要地下鉄駅、鉄道駅、交通局の❶などで作ることができる。定期券はオイスターカードで渡される。

タクシー

おなじみブラック・キャブ

ブラック・キャブと呼ばれる黒塗りでがっしりとした車体のタクシー（黒くないカラフルな車体のタクシーも見かける）は、2階建ての赤いバスと同様に、ロンドンにはなくてはならない存在。ブラック・キャブの運転手になるためには、ロンドンのあらゆる通りの名前を覚えなくてはならないなど、非常に難しい試験をパスすることが必要で、それだけに信頼度も高い。

タクシーの乗り方

タクシーは、空港や鉄道駅、高級ホテルなど人の往来が激しい所にあるタクシー乗り場のほか、流しもひろえる。電話で呼ぶことも可能。屋根のTAXIのランプや、FOR HIREのランプが助手席についているのが空車。助手席の窓を下げ、行き先を言ってから後ろに乗る。補助席がふたつあって5人まで乗ることができるが、通常は4人までとなっている。

料金

料金はメーターで表示され、基本料金は£2.20。料金は以降加算されていくが、曜日や時間帯によって異なる。例えば、同じ3kmでも、平日の日中は約£5.60、週末では約£6.40、深夜や祝日の平日では約£7.60になる。

支払い

タクシーは、運転手が後ろから襲われないためや、後ろの会話を運転手に聞こえないようにするために、運転席と客席がガラスによって遮断されている。支払いは目的地に着いてから車を降り、助手席から支払う。このとき、全体の10～15%のチップを加えるのが習慣。

支払いは窓越しに

☺定期券が便利

実は間違ってゾーン1～2の定期券（1週間分）を買ってしまったのですが、これで地下鉄もバスも乗り放題。おもな観光名所が充分回れました。またルートを間違えたりしても、何度でも乗り直せて楽に回れて助かりました。

（三重県　大道由香　'05春）

■ロンドンのタクシー
TEL (020) 72221234
inet www.tfl.gov.uk/pco

■ブラック・キャブの遺失物取扱所
✉Tfl Lost Property Office
200 Baker St., NW1 5RZ
TEL 08453309882

■ブラック・キャブの予約電話番号
●コンピュータ・キャブ
Computer Cab
TEL (020) 79080207
●ダイヤル・エー・キャブ
Dial-A-Cab
TEL (020) 72535000
●ラジオ・タクシー
Radio Taxis
TEL (020) 72720272

■ミニ・キャブMini Cab
ロンドンにはブラック・キャブのほかにミニ・キャブといわれるタクシーも存在する。車体もブラック・キャブのように黒ずくめのがっしりしたタイプのものではなく、普通の乗用車タイプ。料金はブラック・キャブに比べて経済的だ。乗り方は電話をして呼んだり、看板のあるオフィスに直接行くのが一般的。流しをひろうこともできるが、安全上避けたほうが賢明。メーターはなく、乗る前に料金を交渉する。

リバー・ボート

テムズ河クルーズ

テムズ河を運航しているリバー・ボートも、立派なロンドンの交通手段のひとつ。バスや地下鉄に比べると、便数は少なく、移動時間もかかるが、船の上から眺める景色のよさは格別。ゆっくりと移動を楽しみながら次の目的地を目指そう。リバー・ボートの路線は多数あり、ウェストミンスター寺院を見学したあと、ロンドン塔へ行く際に利用してみたり、グリニッジや、ハンプトン・コート・パレス、キュー・ガーデンズといった郊外の見どころへ行くのも楽しい。

チケットの購入

リバー・ボートは市民の大事な足

リバー・ボートは、地下鉄やバスなどとは異なり、複数の会社によって運営されている。チケットの購入方法は路線によって異なるが、チケットは乗船前に船着場（ピア）で購入するのが一般的。乗船後にチケットを購入する場合もある。また、地下鉄、バスの1日券を提示することによって、ほとんどの便のチケットが33%引きで購入可能。

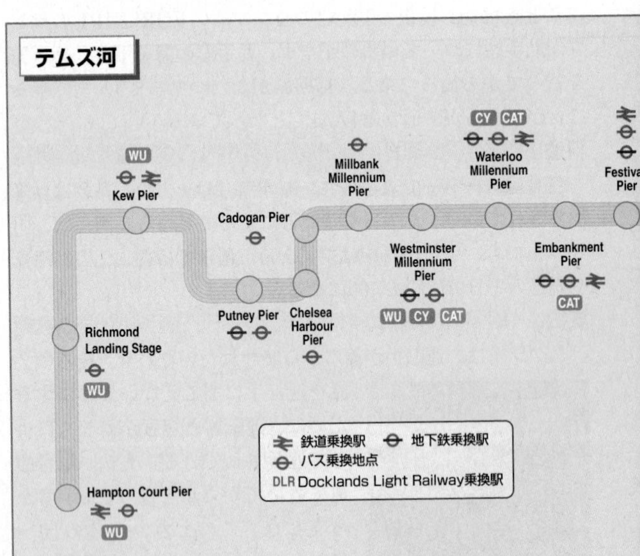

■おもな運営会社と路線

●ウェストミンスター・パッセンジャー・サービス
Westminster Passanger Service
✉Westminster Pier, Victoria, Embankment, SW1A 2JH
TEL(020) 79302062
FAX(020) 79307770
Inet www.wpsa.co.uk
ウェストミンスターWestminster発
キューKew行き
1日4便
休11～3月
料片道£10.50
往復£16.50
ハンプトン・コートHampton Court行き
1日2便
休11～3月
料片道£13.50
往復£19.50

●シティ・クルーズ
City Cruises
✉Cherry Garden Pier, Cherry Garden St., SE16 4TU
TEL(020) 77400400
FAX(020) 77400495
Inet www.citycruises.com
ウェストミンスター発、ウォータールーWaterloo、タワーTower、経由グリニッジGreenwich行き
1日8～11便
料ウェストミンスター～グリニッジ片道£7.00、往復£9.00

●カタマラン・クルーザーズ
Catamaran Cruisers
✉Embankment Pier, WC2N 6NU
TEL(020) 79252215
FAX(020) 78391034
Inet www.catamarancruisers.co.uk
テムズ・リバー・ポイント・トゥー・ポイント・クルーズ（エンバンクメントEmbankment、ウォータールー、バンクサイドBankside、タワー、グリニッジを周遊）
1日7～11便
料エンバンクメント～グリニッジ片道£6.80、往復£8.60
テムズ河遊覧（日本語音声ガイドあり）
ウェストミンスター発
1日7～10便
所要時間50分
料£9.00

運河巡り

18～19世紀にかけて、多くの運河が建設され、商工業の発展に大きく貢献した。いわば、運河は産業革命の落とし子。

今はすっかり時代に置き去られ、忘れられたように、ひっそりと水をたたえている。その運河に昔ながらの船が、遊覧船として行き交う。巧みに操られて、水面をすべるほっそりとした船からは、時という名の流れが見える。

運河は、ロンドン中心部の北を巡る。代表的な運河である、リージェント運河の起点は、パディントンに近いリトル・ヴェニスLittle Venice。地下鉄ウォーリック・アベニュー駅Warwick Avenueで下車し、ゆるい坂を上がった所にある。

リトル・ヴェニス

水際のブロムフィールド・ストリートBlomfield St.には、運河に魅せられ、運河の姿を描き続ける、画家アレックス・プロウAlex Prowe氏の船上画廊（カスケード・アート・ギャラリーCascade Art Gallery）があり、素敵な絵を見ることができる。そこから橋を渡ると乗船場。ここから、カムデン・ロックCamden Lockの水門まで、途中ロンドン動物園London Zooを経由して船が走る。この運河がリージェント運河Regent's Canal。土・日曜は、カムデン・ロックでマーケットが開かれるので、運河巡りだけでなく、ショッピングも楽しめて一石二鳥。これに、動物園が加わると、なんと一石三鳥！

■リージェント運河巡り
●ロンドン・ウオーターバス・カンパニーLondon Waterbus Company
TEL (020) 74822660
inet www.londonwaterbus.com
リトル・ヴェニス発カムデン・ロック行き
料 片道￡5.50
往復￡7.00
リトル・ヴェニス発ロンドン動物園行き
料 ￡14.50（ロンドン動物園の入園料込み）
ロンドン動物園発リトル・ヴェニス行き
料 ￡3.50
カムデン・ロック発ロンドン動物園行き
料 ￡14.00（ロンドン動物園の入園料込み）
ロンドン動物園発カムデン・ロック行き
料 ￡2.20

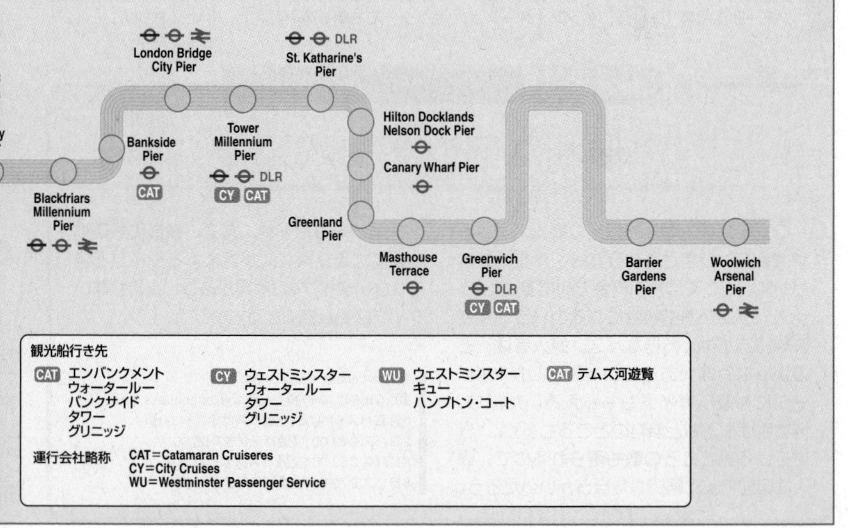

多くの見どころを網羅しているオープントップの観光バス

ロンドンのツアー

観光バス

観光客の多いロンドンだから、ツアーも個性的なものが多い。ロンドン歩きの下見にするなら、おもな見どころを網羅するオープントップの市内バスツアーを利用するとよい。ガイドさんの説明は基本的に英語だが、ツアーによっては日本語も多くある。また、ロンドンの近郊へのツアーも充実している。❶やホテルにあるパンフレットを眺めて検討してみよう。

日本語ガイド付きツアー

【みゅう】インフォメーション・センター MYU Information Center

✉Unit8, Colonnade Walk, 123 Buckingham Palace Rd., Victoria
TEL (020) 76305666（日本語OK）　inet www.myushop.net

ロンドン市内観光はもちろん、コッツウォルズやリーズ城、オックスフォード、バースなどロンドンからの日帰りツアーなどもバラエティ豊富。ほとんどのツアーに日本語ガイドが付くのが心強い。オフィスはヴィクトリア駅裏のショッピング&イーティング・アーケード内にある。　(Map P.62-63 ②B-2)

マイバスツアー My Bus Tours

✉Dorland House,14-20 Lower Regent St.　TEL (020) 79761191（日本語OK）
FAX (020) 79761192　inet www.mybus.co.uk

日本語ガイド付きのバスツアー。ロンドン観光ツアーをはじめ、ウィンザー城、バースやストーンヘンジなど郊外への日帰りツアーも充実。予約は電話かファクス、もしくはピカデリーのロンドン三越地下1階にあるマイバスのデスク（Map P.60-61 ①C-2）で直接申し込む。

エヴァン・エヴァンズ・ツアーズ Evan Evans Tours

✉258 Vauxhall Bridge Rd.　TEL (020) 79501777　FAX (020) 79501771
inet www.evanevans-j.co.uk

ロンドン市内ツアーをはじめ、ウィンザー、コッツウォルズなど半日、1日ツアーもある。ツアーによっては日本語ガイド付きツアーもある。ロンドン市内の有名ホテルからピックアップサービスもある。ツアーは上記の【みゅう】インフォメーション・センターでも申し込み可。　(Map P.62-63 ②C-2)

Information　History　Topics

便利なロンドンパス

ロンドンパスは、50以上の観光ポイントや博物館、指定されたリバー・クルーズなどが無料もしくは割引料金で利用できたり、レストランが割引料金になるというさまざまな特典が付くお得なパス。購入者は、どのような特典があるのかを説明した100ページにも及ぶガイドももらえる。ただし、博物館はもともと無料のところも多く、1日で行ける見どころの数も限られるので、購入は事前によく検討したほうがいいだろう。

ゾーン1～6の地下鉄、バス、鉄道にも乗り放題になる交通パスが含まれるタイプと含まれないタイプの2種類があり、含まれないタイプは少し安くなる。

■The Leisure Pass Group
TEL (01664) 485020　inet www.londonpass.com
料1日パス￡29.00（交通パス付き￡34.00）
2日パス￡42.00（交通パス付き￡55.00）
3日パス￡52.00（交通パス付き￡71.00）
6日パス￡72.00（交通パス付き￡110.00）

オリジナル・ロンドン・サイトシーイング・ツアー The Original London Sightseeing Tour

TEL (020)88771722 inet www.theoriginaltour.com

出発：頻発 料 £18.00（24時間有効）

市内を走っているのと同じダブルデッカーバス(2階はオープンデッキ)を利用するツアー。チケットは24時間有効で、乗り降り自由。4路線、90のバス停があり、ロンドンのほとんどの見どころを網羅している。イヤホンで日本語解説を聞くこともできる。また、カタマラン・クルーザーズのテムズ・リバー・ポイント・トゥー・ポイント・クルーズもしくはテムズ河遊覧(→P.94)のどちらか好きなほうに乗ることもできる。

ビッグ・バスThe Big Bus

TEL (020)72339533 inet www.bigbus.co.uk

出発：頻発 料 £20.00（24時間有効）

レッドツアー、グリーンツアー、ブルーツアーの3種類のコースがあり、ロンドンの主要な見どころを効率よく回ることができる。いずれも15～30分間隔の運行で所要2時間ほど。日本語テープあり。おもな発着場所は、マダム・タッソー前、グリーン・パーク、ヴィクトリア駅前など。チケットの有効期間内はウオーキングツアーと、テムズ河のリバー・ボートも無料で利用できる。

ロンドン・バイ・ナイト・サイトシーイング・ツアー London By Night Sightseeing Tour

TEL (020)86461747 inet www.london-by-night.net

出発：19:35～、20:35～、21:35～ 料 £9.00 ミニツアー £7.00

イルミネーションに包まれた夜のロンドンを2階建てのバスで巡る所要2時間のツアー。タワー・ブリッジやセント・ポール大聖堂、BAロンドン・アイなど、日中見た観光名所のライトアップされた姿は、昼間とはまた違った美しさがある。集合場所は、BAロンドン・アイ前のほか、ヴィクトリア駅、ベーカー・ストリート、マーブルチャーチ、オックスフォード・ストリート、ピカデリー・サーカス、トラファルガー広場など。時間がない人のための1時間のミニツアーもウエスト・エンド・ツアーとシティ・ツアーの2種類があり、いずれもBAロンドン・アイの前からスタートする。チケットは直接バスの運転手から買える以外に、インターネットを使っての購入も可能。日が長い夏期に行われる19:35からのツアーは、日が暮れきっていないため、夜景が見られないので注意。4月上旬～12月末の運行。

ロンドン・ダックツアーズ London Ducktours

TEL (020)79283132 FAX (020)79282050 inet www.londonducktours.co.uk

出発：頻発 料 £17.50 学生 £14.00

第2次世界大戦のノルマンディー上陸作戦用に開発された水陸両用車に乗り、ロンドンの見どころを巡回する所要70分の人気ツアー。BAロンドン・アイ近くから出発し、国会議事堂、トラファルガー広場、バッキンガム宮殿、ウェストミンスター寺院、テート・ブリテンといった見どころを陸路で回ったあと、テムズ河に入り、クルーズを楽しむ。ツアーは15～30分おきに出発するが、人気が高いので、特に週末や祝日には事前の予約が望ましい。電話やファクスのほか、インターネットからも予約を行うことができる。

オリジナル・ロンドン・ウオーク The Original London Walks

TEL (020) 76249255（自動音声） TEL (020) 76243978 FAX (020) 76251932
inet www.walks.com

料 £6.00 学生 £5.00 半日ツアーなどは要予約

毎日10種類以上もあるツアーのなかから選べる。所要時間は約2時間。スタート地点は指定されている地下鉄駅を出た所に各自集合。事前の予約は必要ない。ディケンズの誕生日のツアーやシェイクスピアの記念日のツアーなども組まれているのでパンフレットをチェックしてみよう。

●シェイクスピアのロンドン Shakespear's London

出発：月・土10:00発 集合場所：地下鉄ウェストミンスター駅Westminster

●ロンドンとダ・ヴィンチ・コード London & The Da Vinci Code

出発：水14:00発 集合場所：地下鉄テンプル駅Temple

●切り裂きジャック・ハント Jack the Ripper Haunts

出発：毎日19:30発 集合場所：地下鉄タワー・ヒル駅Tower Hill

●ビートルズ・マジカル・ミステリー・ツアー The Beatles Magical Mistery Tour

出発：水14:00、木11:00、日10:55発
集合場所：地下鉄トッテナム・コート・ロード駅Tottenham Court Road

ロンドンの🅘

ブリテン&ロンドン・ビジターセンター

毎年500万人以上の旅行者が訪れるロンドンでは、🅘に詰めかける旅行者も多い。🅘のスタッフは、このおびただしい数の旅行者一人ひとりに、にこにこテキパキと応対してくれる。

ブリテン&ロンドン・ビジターセンター Britain & London Visitor Centre

ロンドン三越のすぐ近く、リージェント・ストリートRegent St.沿いにある。ロンドンだけでなく、イギリス全体の情報を網羅している大規模なビジターセンターでイギリス各地のさまざまなパンフレットが手に入る。スタッフもロンドン担当とイギリス全土担当に分かれている。日本語のパンフレットも多数揃っている。エンターテインメントのチケットや、ホテル予約も可能。

ロンドン・ビジターセンター London Visitor Centre

ウォータールー・インターナショナル駅のユーロスター到着ホームを出た所にある。小規模な🅘で、パンフレットなどは少ないが、ホテルの予約は可能。

サザークの🅘 Southwark Information Centre

ロンドン・ブリッジ駅の西、ヴィノポリスというワイン博物館の中にある。再開発で盛り上がるテムズ南岸を回ろうという人は立ち寄るといいだろう。

シティの🅘 City Information Centre

セント・ポール大聖堂の向かいにあるので、これからシティに向かうという人にとって利用価値が高い。シティ独自の🅘なので、入手できる情報もシティに関するものが中心となっており、宿の予約もできない。

シティの🅘

ビジット・スコットランド Visit Scotland

スコットランド専門の🅘で、ロンドンやイングランドの情報は手に入らない。スコットランドに行く予定の人はここで情報収集しておくといいだろう。各種パンフレットが揃っているほか、スコットランドのおみやげの販売も行っている。宿の予約はスコットランドのみに限られる。

■ロンドンの🅘
inet www.visitlondon.com

●ブリテン&ロンドン・ビジターセンター
Map P.60-61 ①C-3
✉1 Regent St., Piccadilly Circus, SW1Y 4NR
開月9:30～18:30
火～金9:00～18:30
土・日10:00～16:00
休1/1、12/25、12/26
宿の予約は手数料£5.00

●ロンドン・ビジターセンター
Map P.64-65 ③C-2
✉Arrival Hall, Waterloo International, SW1 7LT
開9:00～22:00(日9:30～23:00)
休無休
宿の予約は手数料£5.00

●サザークの🅘
Map P.66-67 ④B-3
✉Vinopolis, 1 Bank End, SE1 9BU
TEL(020) 73579168
開10:00～18:000(日12:00～16:00)
休月
宿の予約はデポジットとして1泊目の宿泊料の10%

●シティの🅘
Map P.66-67 ④B-2
✉St. Paul's Churchyard, EC4M 8BX
TEL(020) 73321456
開4～9月9:30～17:00
10～3月9:30～17:00
(土9:30～12:30)
休10～3月の日曜
宿の予約はできない

●ビジット・スコットランド
Map P.60-61 ①C-3
✉19 Cosckspur St., SW1Y 5BL
TEL(020) 73215752
開5～9月9:30～18:30
(土10:00～17:00)、
10～4月10:30～16:30
(土10:00～17:00)
休日
宿の予約は手数料£3.00とデポジットとして1泊目の宿泊料金の10%

■交通局の❶
TEL(020) 72221234
inet www.tfl.gov.uk/tfl

ユーストン駅にある交通局の❶

交通局の❶ Transport for London Travel Information Centre

ロンドンの足、地下鉄とバス、タクシー、近郊の鉄道についての情報、地図、タイムテーブルなどが手に入り、各種交通機関の切符や定期券なども購入できる。ヴィクトリア駅構内とヴィクトリア・コーチステーションのほか、地下鉄ヒースロー・ターミナル1、2、3駅、地下鉄ピカデリー・サーカス駅、ユーストン駅、リヴァプール・ストリート駅の各構内にある。

ロンドンの情報誌

■市内のおすすめマップ
❶で手に入る『London Map』は使いやすい。住所から物件を探そうという人なら、『London A to Z』という地図本がどこでも購入できておすすめ。通りの名で場所がわかるのでとても使いやすい。

「タイムアウト」はロンドンの最新情報が満載

おもしろいイベントに、評判の高いミュージカルやコンサート。ロンドンでは、いつも何かが起こっている。それらに気付かず、時を過ごすなんてもったいない。

列を作って、❶で情報を仕入れるのもいいけれど、タウン情報誌を1冊手に入れて最新情報をチェックしよう。『Time Outタイムアウト』など、ロンドン版『ぴあ』のようなものが、書店、キオスク、新聞スタンドなど、どこにでも置いてある。

タイムアウト Time Out

自信とキャリアを感じさせる情報誌。毎週水曜発行。£2.50。各種イベントはもちろん、最新の話題や生活情報、格安航空券などまで載っている。ショッピングや食べ歩きを特集した特別版もある。

また、『Time Out London for Visitors』(£5.99)は、地元の人しか知らないような観光穴場まで網羅している便利なガイド。

「タイムアウト」のレストランガイドは食べ歩きに便利

ワッツ・オン What's On

『Time Out』よりも安いが、情報の質、量とも『Time Out』ほど充実していない。毎週水曜発行。£1.60。

ロンドン・プランナー London Planner

英国政府観光庁が毎月発行しているロンドン・ガイド。その月に行われるイベント情報や人気の高い見どころ、さらにレストランやホテルなどの情報がコンパクトにまとめられており利用価値が高い。

ブリテン&ロンドン・ビジターセンターなどで無料で手に入るほか、日本の英国政府観光庁でも入手可能なので、日本出発前の情報収集にも便利。

無料で手に入る『ロンドン・プランナー』

新聞スタンドでも情報誌が手に入る

王たちのロンドン

ロンドンとその周辺には、歴代英国王にゆかりの深い見どころが、それこそ数限りなく存在する。英国史のなかでも特に有名な4人にまつわる見どころを見ていこう。

ヘンリー8世 1491〜1547
Henry VIII

ハンプトン・コート・パレスの時計塔

自身の離婚問題が原因でローマ・カトリックから分離し、英国国教会を設立したヘンリー8世は、その後英国内の修道院を解散させ、その財産を没収。これによって得た莫大な富をもとに、いくつもの宮殿の改築事業に着手している。そのなかでも代表的なものとして挙げられるのが、ハンプトン・コート・パレス(→P.167)。宮殿内にあるヘンリー8世のステート・アパートメントは、当時の贅沢ぶりを今に伝えている。そのほか、ウィンザー城(→P.162)やリーズ城(→P.166)、ロンドン塔(→P.122)などもヘンリーによって改築工事が行われている。生涯6人の妻をもち、波乱の人生を生きたヘンリー8世は、ウィンザー城内の聖ジョージ礼拝堂で永遠の眠りに就いている。

エリザベス1世 1533〜1603
Elizabeth I

エリザベス1世が生まれたのは、1533年グリニッジ宮殿にて。現在の旧王立海軍学校(→P.164)があった場所に建っていたこの宮殿は、現在では残念ながら見ることはできない。

ヘンリー8世の死後に即位したエドワード6世は16歳で夭折し、その後即位したメアリー1世は、英国国教会からカトリックへと国の宗教を再度変更。国教派の要人を次々とロンドン塔へ送り込み、多くの者が処刑された。エリザベス1世も謀反の疑いをかけられ、1554年にロンドン塔に送られている。1558年にエリザベスが即位してからは、再び英国国教会が力を取り戻し、それまでとは逆に数多くのカトリック派の要人がロンドン塔に送られることとなった。

45年の治世の間に、新興のプロテスタント国家イギリスを、ヨーロッパ有数の強国へと導いたエリザベス1世は、ウェストミンスター寺院(→P.105)に埋葬されている。

チャールズ1世 1600〜1649
Charles I

エリザベスの死後、スコットランド王だったジェームス1世がイングランドの王位も兼ねることになり、スチュアート王朝が始まる。チャールズ1世は父のジェームス1世の死後、英国国王として即位した。ホワイトホール宮殿のバンケティング・ハウス(→P.104)には、彼がレンブラントに描かせた天井画を見ることができる。その後チャールズはピューリタン革命において議会派に敗れ、処刑されることとなるが、その処刑場所がここバンケティング・ハウスの前であった。運命に翻弄され、斬首という悲しい最期を迎えたチャールズ1世の遺体は、王政復古以後、首と胴体をつなぎ合わされ、ウインザー城内の聖ジョージ礼拝堂に安置されている。

ウィリアム3世 1650〜1702
William III

1689年の名誉革命によってオランダから国王として迎入れられたのが、ジェイムス2世の娘メアリー2世と、その夫ウィリアム3世。ふたりはテムズ川のほとりに建つホワイトホール宮殿を好まず、ケンジントン宮殿(→P.126)を購入し、時の大建築家クリストファー・レンに依頼して大改装工事を行った。また、ウイリアムはハンプトン・コート・パレスもこよなく愛し、同じくレンに改装工事を依頼。キングズ・アパートメントは、ヘンリー8世のステート・アパートメント同様、この宮殿最大の見どころとなっている。ウィリアム3世は、ハンプトン・コート・パレスで落馬したのがきっかけで、ケンジントン宮殿で死去。遺体はウェストミンスター寺院に埋葬されている。

ウェストミンスター周辺

国会議事堂の前にある像

ゴシック様式教会の最高傑作ウェストミンスター寺院と、議会政治の母国イギリスが誇る国会議事堂。このふたつの建築物が寄り添うように建っているウェストミンスターの周辺は、まさにロンドンの顔ともいうべき地域。周りには政府関係のビルが並び、首相官邸もある。テムズ河を渡れば、新名所のBAロンドン・アイがあり、トラファルガー広場にもほど近い。この地域を見ずしてロンドンを語ることはできない。

ビッグ・ベン

歩き方

トラファルガー広場

ロンドンの観光は、まずトラファルガー広場から始めよう。ネルソン記念柱とハトの大群で観光客にすっかり有名な広場だ。その背後にあるギリシア風の建築物が、ヨーロッパ絵画の殿堂ナショナル・ギャラリーと英国の偉人、有名人の肖像画を集めたナショナル・ポートレート・ギャラリーだ。

ホワイトホール

トラファルガー広場は交通の一大集結点でもあり、ここを中心に放射線状に道路が延びている。ここから南へと延びるホワイトホールWhitehallP.60-61 ①-D3という通りは、国会議事堂とウェストミンスター寺院へと通じているので、まずはこの通りを進んでいこう。ホワイトホールという名前は、かつてここにあった宮殿の名前に由来している。現在この通り沿いには首相官邸や外務省など政府関係の建物が並ぶ。途中にあるバンケティング・ハウスが、唯一当時の面影を残している建物だ。

国会議事堂の横に建つクロムウェル像

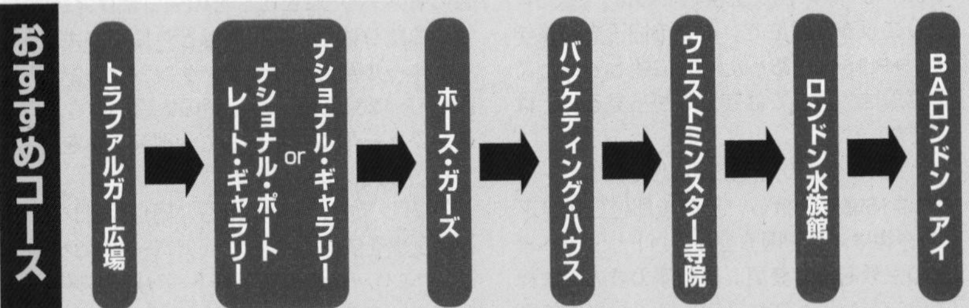

衛兵の交替式の時間は決まっているので、それに合わせてナショナル・ギャラリーとナショナル・ポートレート・ギャラリーの見学時間を調整しよう。もちろん、衛兵の交替式を見学せず、バンケティング・ハウスに行っても構わない。また、これらの見どころを1日ですべて見て回るとなると、かなりの急ぎ足になってしまうので、自分で優先順位を付けて、効率よく回りたい。夏期なら国会議事堂の見学もプランに組み込むことができる。

国会議事堂とウェストミンスター寺院

ホワイトホールをそのまましばらく進んでいくと、国会議事堂とウェストミンスター寺院が見えてくる。いずれもロンドン観光の目玉というべき見どころだ。じっくりと見学しよう。

橋を渡ってテムズ河南岸へ

ウェストミンスター寺院を見学したら、ウェストミンスター・ブリッジWestmister Bridgeを渡って、テムズ河南岸へ行こう。ここには、BAロンドン・アイと、ロンドン水族館、ヘイワード・ギャラリーといった見どころが集まっている。

ネルソン提督とハトで有名

見学所要時間の目安 30分

トラファルガー広場
Trafalgar Square

トラファルガー広場

高さ55mのネルソン記念柱がそびえるトラファルガー広場は、いつも観光客とハトで埋め尽くされているにぎやかな広場。ネルソン記念柱は、ナポレオン軍を打ち破ったトラファルガーの海戦で戦死しつつも、勝利を収めたネルソン提督の功績を称えて建てられたもの。台座のレリーフには、トラファルガーの海戦をはじめとして、ネルソンの戦った4つの有名な海戦がレリーフに描かれている。

西欧絵画の傑作がめじろ押し

見学所要時間の目安 半日以上

ナショナル・ギャラリー
The National Gallery

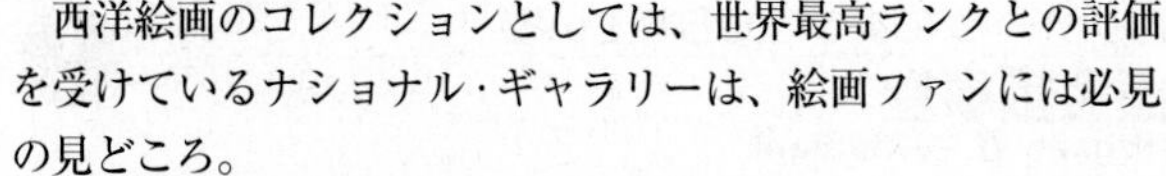

西洋絵画のコレクションとしては、世界最高ランクとの評価を受けているナショナル・ギャラリーは、絵画ファンには必見の見どころ。

館内は年代順に4つのブロックに分かれており、セインズベリ・ウイングには13・14世紀の絵画、イースト・ウイングには16世紀、ウエスト・ウイングには17世紀、ノース・ウイングには18・19世紀の作品が展示されている。

コレクションは、特にイタリア絵画、オランダ派のものが充実しており、イタリア絵画では、ダ・ヴィンチやボッティチェッリ、ティツィアーノ、ラファエッロなど、オランダ絵画ではレンブラントの作品が高い人気を誇っている。

ナショナル・ポートレート・ギャラリー

隣接しているナショナル・ポートレート・ギャラリーNational Portrait Galleryでは、時代別にイギリスを代表する偉人の肖像画が展示されている。

■トラファルガー広場
Map P.64-65 ③B-1
地下鉄チャリング・クロス駅Charing Cross下車
✉Trafalgar Sq.

■ナショナル・ギャラリー
Map P.64-65 ③B-1
地下鉄チャリング・クロス駅Charing Cross下車
✉Trafalgar Sq., WC2N 5DN
TEL (020) 77472885
inet www.nationalgallery.org.uk
開 10:00〜18:00 (水10:00〜21:00)
休 1/1、12/24〜12/26
料 無料、特別展は有料
オーディオガイド(日本語あり)無料

■ナショナル・ポートレート・ギャラリー
Map P.64-65 ③B-1
地下鉄チャリング・クロス駅Charing Cross下車
✉2 St. Martin's Pl., WC2H 0HE
TEL (020) 73060055
開 10:00〜18:00 (木・金10:00〜21:00)
休 1/1、聖金曜日、12/25、12/26
料 無料、企画展は有料
オーディオガイド(日本語あり)無料(希望寄付額£2.00)

■バンケティング・ハウス
Map P.64-65 ③B-2
地下鉄チャリング・クロス駅Charing Cross／ウェストミンスター駅Westminster下車
✉Whitehall, SW1A 2ER
TEL(0870) 7515178
inet www.hrp.org.uk
開10:00～17:00
休日・祝、12/24～1/1
※上記以外にも不定期に休むことがあるので要確認。
料£4.00　学生£3.00

ルーベンスの天井画は必見

見学所要時間の目安 1時間

バンケティング・ハウス
Banqueting House

16、17世紀の英国王室の宮殿、ホワイトホール宮殿のなかで、火事で焼失を免れた建物。最大の見どころは、何といってもルーベンスによる大天井画。チャールズ1世の依頼により描かれたもので、彼の父、ジェイムス1世の治世を称えたものだ。ちなみに、チャールズ1世自身は清教徒革命時にこの建物の前で処刑されている。

■騎兵の交替
Map P.64-65 ③B-2
地下鉄チャリング・クロス駅Charing Cross下車
✉Whitehall, SW1X 6AA
TEL(0839) 123411
開月～土11:00～
日10:00～
日程の変更もあるので要確認。
休不定期
料無料

整然とした騎兵の交替式は壮観

見学所要時間の目安 30分

ホース・ガーズ
Horse Guards

バンケティング・ハウスの向かいは、近衛騎兵隊の司令部になっている。金色の兜に赤い房の飾りの付いた騎兵隊はいかにもイギリス的だ。騎兵の交替式は毎日行われており、ぜひ見学したい。交替式といえばバッキンガム宮殿のものがあまりにも有名だが、こちらはそれほど知られていない、穴場的存在となっている。

衛兵さんと記念撮影

赤い房が英国風

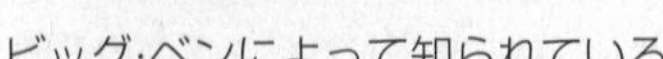

■国会議事堂
Map P.64-65 ③B-3
地下鉄ウェストミンスター駅Westminster下車
✉Parliament Sq., SW1A 0AA
TEL(020) 72194272
inet www.parliament.uk
●ガイドツアー
2006年は8/1～9/30
開8月の月・火・金・土9:15～16:30、8月の水・木13:15～16:30
9月の月・金・土9:15～16:30、9月の火～木13:15～16:30
休£7.00　学生£5.00
料日・祝、10～7月
※ツアーの予約は上記のウエブサイト、TEL(0870) 9063773、7月中旬からオープンする議事堂前のアビントン・グリーンAbington Greenにあるチケットオフィスで行うことができる。

ビッグ・ベンによって知られている

見学所要時間の目安 1時間

国会議事堂
Houses of Parliament

ウェストミンスター寺院のすぐそばにある、黄金色に輝くネオゴシック建築の建物が国会議事堂。正式名称はウエストミンスター宮殿Palace of Westminster。1834年の大火災でウェストミンスター・ホールWestminster Hallを残して全焼したのを、改修して現在のような姿になった。時計塔の愛称「ビッグ・ベン」は、工事担当者のベンジャミン・ホールBenjamin Hallに由来しており、もともとは塔の中にある鐘に付けられた名称だった。

国会議事堂よりもビッグ・ベンのほうが有名だ

歴代の王族が眠る寺院

見学所要時間の目安 2時間

ウェストミンスター寺院
Westminster Abbey

テムズ河のそばに美しい姿を見せる白亜の教会が、英国王室の教会、ウェストミンスター寺院。1066年のノルマン征服以来、歴代の王の戴冠式が執り行われた教会であり、ダイアナ妃の葬儀もここで行われた。

白く美しいウェストミンスター寺院の外観

主祭壇

本堂中心部の一段上がったようになっている場所が、この教会の中心部、主祭壇。ヘンリー3世やその息子エドワード1世とその妃たちは、聖エドワードの廟を取り囲むように埋葬されている。聖エドワードの近くに埋葬されることによって彼の助力を得て天国に行けるようにと当時の王たちが考えたためだ。ここへは通常は入れないが、英語によるガイドツアーの参加者のみ入ることができる。

戴冠のイス

聖廟の近くにある戴冠のイスは1301年に作られたもので、その下には代々のスコットランド王が戴冠するときに使ったとされるスクーンと呼ばれる石が置かれていた。エドワード1世がスコットランド遠征時に戦利品として持ち帰ったものだが、それ以来石の返還はスコットランド人たちの悲願になっていた。1996年になって石はやっとスコットランドに返還され、現在はエディンバラ城に保管されている。一方で、石のなくなった戴冠のイスは依然としてこの寺院に置かれている。

ヘンリー7世チャペル

戴冠のイスのすぐ横にある階段の先がヘンリー7世チャペル。その名のとおり、ヘンリー7世の時代に増築された部分だ。ゴシック様式の教会のなかでも、これほど美しい場所はほかにないというほどの美しさで、思わずため息が出てしまう。また、チャペルの側廊にはエリザベス1世やスコットランド女王メアリーの墓などがある。

そのほかの見どころ

本堂には、ほかにも政治家の通路Statesmen's Aisleや、詩人のコーナーPoet's Cornerといった、英国史に残る有名人の墓や祈念碑が、また、本堂を南に行くと、チャプターハウスChapter Houseや寺院博物館Abbey Museumといった見どころがある。

■ウェストミンスター寺院
Map P.64-65 ③B-3
地下鉄ウェストミンスター駅Westminster下車
✉Broad Sanbtuary, SW1P 3PA
TEL(020) 76544900
FAX(020) 76544894
inet www.westminster-abbey.org
開9:30〜15:45
(水9:30〜19:00、土9:30〜13:45)
休日
料£10.00　学生£6.00
ガイドツアー£4.00
オーディオガイド(日本語あり)£3.00

ファサード（正面）の壮麗な装飾

北側から見たウェストミンスター寺院

☺鏡越しがおすすめ
ヘンリー7世のチャペルは鏡のほうが光を反射するので、天井を直接見るよりきれいに見える。
（埼玉県　日野烈　'05春）

大聖堂の北側にある小さな教会は聖マーガレット・ウェストミンスター教会

■BAロンドン・アイ
Map P.64-65 ③C-2
地下鉄ウォータールー駅Waterloo下車
✉Westminster Bridge Rd., SE1 7XZ
TEL(0870) 5000600
Inet www.londoneye.com
開10～4月10:00～20:00
6～9月10:00～21:00
休1/3～1/8、12/25
料£13.00

最後に記念写真

BAロンドン・アイの最後には記念写真を撮ってもらえます。放送が流れたらすぐカプセルの両サイドのどちらかに立って場所を取ること！ 真ん中に立っても写真には写りません。

（東京都 Mika '05春）

■ロンドン水族館
Map P.64-65 ③C-2
地下鉄ウォータールー駅Waterloo下車
✉County Hall, Westminster Bridge Rd., SE1 7PB
TEL(020) 79678000
FAX(020) 79678029
Inet www.londonaquarium.co.uk
開10:00～18:00
最終入場は17:00
休12/25
料£10.75～11.75
学生£8.50～9.50

ロンドンを上から見物

BAロンドン・アイ
BA London Eye

見学所要時間の目安 30分

中からテムズ河を見下ろす

テムズ河沿岸にそびえ立つBAロンドン・アイは、2000年からロンドンの町並みに加わった。高さ135mのこの大観覧車からは、ロンドンの町並みが360°広がっており、天気がよければ、グリニッジやヒースロー空港まで見渡すことができる。

旧市庁舎内にある

ロンドン水族館
London Aquarium

見学所要時間の目安 2時間

水族館がある旧市庁舎

BAロンドン・アイのすぐ横、旧ロンドン市庁舎Old County Hall内に造られた水族館。中心には3フロアにわたって貫かれた巨大な水槽があり、見学はこの巨大水槽の外側を円弧を描くように回るようになっている。館内は14のゾーンに分かれており、それぞれ異なるテーマに関する展示がされている。見学の最後には、タッチプールがあり、エイなどの海の生き物に実際に触れることができる。

from Readers

オープンハウス

毎年9月後半の土・日曜に、ロンドン市内500ヵ所にも上る、各種の建物が一般に無料で公開されます。その多くは、通常一般公開しておらず、普段入ることのできない興味深い建築を味わう絶好のチャンスです。人気の建物としては、奇妙な形をしたロンドンの新市庁舎や、外務省などの官庁、モダンな外観で知られる保険会社ロイズや、いつも観光客が制服を着た衛兵と並んで写真を撮っているホース・ガーズなども含まれています。歴史的なものから最新のものまで、ロンドンの多様な建築と、そこで行われている活動を市民に身近に感じてもらおうという粋なイベントです。通常の観光とは一風違った、ロンドンの歴史的首都としての顔をかいま見ることができるでしょう。

（ロンドン在住 H.T. '05秋）

■オープンハウス
✉Open House, 4th floor, 297 Euston Rd, NW1 3AQ
TEL(020) 73832131
FAX(020) 73801037
Inet www.openhouse.org.uk
開9/16・17（2006年）
料無料

ロンドンの公園案内

ロンドンを訪れて、公園の多さと広さに驚いた人は少なくないだろう。イギリスにおいて、公園は人々の生活の一部となっており、それはロンドンのような大都会でも例外ではない。ここでは、ロンドンにある代表的な公園を見ていきたい。

ハイド・パーク
Hyde Park

南はハロッズがある高級ショッピング街ナイツブリッジから、北はオックスフォード・ストリートまでという、広大な敷地を有する公園。さらに西はケンジントン・ガーデンズと隣接しており、その間にサーペンタイン湖が横たわっている。

この公園ではその広大な敷地を活かして、多くの人々が乗馬やボート遊びなどを楽しんでいる。

ケンジントン・ガーデンズ
Kensington Gardens

ハイド・パークと隣接する公園で、もともとは英国王室の庭園だった。公園の西側には、チャールズ皇太子と故ダイアナ妃が暮らしていたケンジントン宮殿が建っている。南側にはヴィクトリア女王の夫、アルバート公の記念碑が建てられているなど、英国王室とのつながりの深さを感じさせる公園だ。ランカスター・ゲートから南に行った所には2004年に生誕100周年を迎えたピーターパンの像が建っている。

ケンジントン・ガーデンズ内に立つピーターパンの像

リージェンツ・パーク
Regent's Park

ロンドン市内で最大の広さを誇る公園。敷地内にはロンドン動物園が丸ごと入っていることからも、その広さがわかるだろう。

敷地内には、ほかにもクイーン・メアリーズ・ガーデンズという庭園があり、6月頃になると一斉に花が咲き誇る。

また、夏場には野外劇場がオープンし、芝居が行われたりしているなど、何もせずくつろぐ場というよりは、積極的に楽しむタイプの公園。ここからはリージェント運河もすぐ。時間があれば、ここから運河下りに行ったり、カムデン・ロックへ買い物へ出かけたりするのもいいだろう。

セント・ジェイムス・パーク
St. James's Park

バッキンガム宮殿からトラファルガー広場を結ぶザ・マルThe Mallという通りの南に面した細長い公園。中央には、池が広がり、ここにはハクチョウやカモをはじめとするさまざまな鳥が生息している。

グリーン・パーク
Green Park

バッキンガム宮殿の北に広がる公園で、名前のとおり、一面緑に包まれた公園。逆にいえば、緑以外に何もない公園ともいえる。公園には一応道が存在しているが、芝生を歩いてもOK。また、公園にはデッキチェアなども置かれているが、これは有料。公園の北はピカデリー・サーカスで、通りには、高級なホテルが建ち並んでいる。

■ハイド・パーク
Map P.76-77 ⑨B-1～D-2
■ケンジントン・ガーデンズ
Map P.76-77 ⑨A-1～C-2
Map P.78-79 ⑩C-1～D-3
■リージェンツ・パーク
Map P.70-71 ⑥B-1～C-3
■セント・ジェイムス・パーク
Map P.64-65 ③A-2～B-2
■グリーン・パーク
Map P.60-61 ①A-3～B-3
Map P.62-63 ②B-1～C-1

バッキンガム宮殿周辺

衛兵の交替式

英国王室の宮殿、バッキンガム宮殿とその前で繰り広げられる衛兵交替式は、ロンドンに来たならぜひ見ておきたいハイライトのひとつ。宮殿は周りを公園に囲まれているので、公園でのんびりしたり、周りに建てられた建物を見学するのも楽しい所だ。

バッキンガム宮殿の石像

トラファルガー広場

歩き方

海軍門から宮殿へ

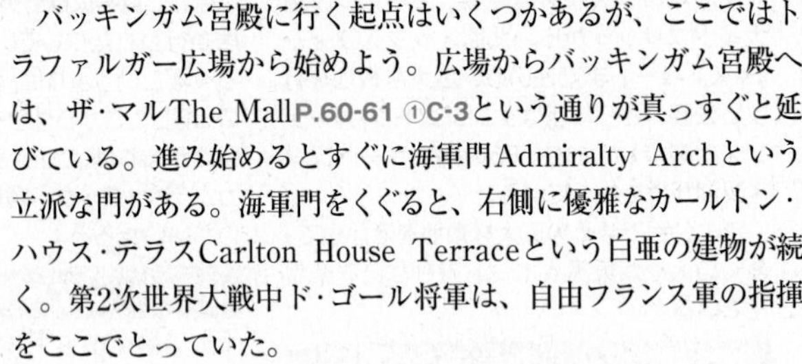

バッキンガム宮殿に行く起点はいくつかあるが、ここではトラファルガー広場から始めよう。広場からバッキンガム宮殿へは、ザ・マルThe MallP.60-61 ①C-3という通りが真っすぐと延びている。進み始めるとすぐに海軍門Admiralty Archという立派な門がある。海軍門をくぐると、右側に優雅なカールトン・ハウス・テラスCarlton House Terraceという白亜の建物が続く。第2次世界大戦中ド・ゴール将軍は、自由フランス軍の指揮をここでとっていた。

ザ・マルの6番地は由緒ある王室協会。歴代の会員のなかにはニュートンやダーウィンもいる。先の塀越しの豪邸は、チャーチルの祖先マールバラ卿の元住居マールバラ・ハウスMarlborough House。左側にはセント・ジェイムス・パークSt. James's Parkが広がり、黒々としたレンガ造りのセント・ジェイムス宮殿St. James's Palaceが右に控えている。

ヴィクトリア駅周辺

ヴィクトリア駅へは、バッキンガム宮殿南側のバッキンガム・ゲートBuckingham GateP.62-63 ②B-1、バッキンガム・パレス・ロードBuckingham Palace Rd.P.62-63 ②B-2を歩いていけばいい。ヴィクトリア駅近くにはウェストミンスター大聖堂が堂々と建っている。

おすすめコース

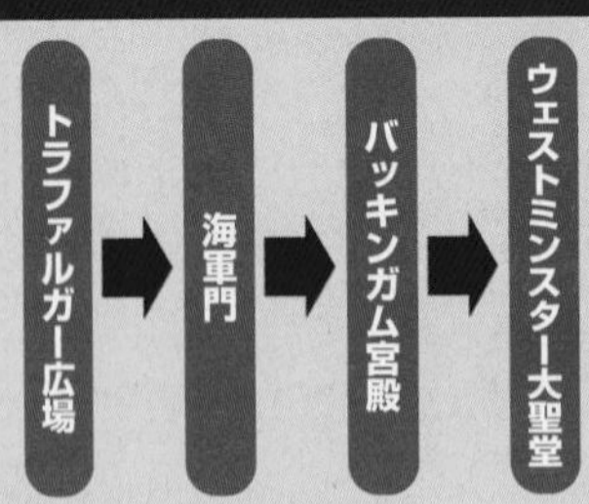

衛兵交替式をいい場所で見たいという人は、できるだけ早く行って場所取りをしておこう。

バッキンガム宮殿は夏期のみの公開なので、それ以外の時期に訪れた場合は、ひととおり回っても、時間が余ってしまうことだろう。公園でゆっくりするのもおすすめだが、もっといろいろな見どころを見たいという人は、このコースとは逆に進むのもおすすめ。その場合最後がトラファルガー広場となるので、時間があれば、ナショナル・ギャラリーを見学したり、ピカデリー・サーカス周辺へ繰り出すのもいいだろう。

女王陛下の宮殿

見学所要時間の目安 2時間

バッキンガム宮殿
Buckingham Palace

もともとはバッキンガム公の私邸として建てられたものだったが、英国王室が買い上げ、莫大な費用をかけて改装した。

宮殿の内部見学

1992年のウィンザー城の火事により修復費が必要となったため、女王がスコットランドに訪問する毎年8・9月には、国賓を招待したり会見したりする際に使用される19室が、一般公開されるようになった。各部屋は王室の美術コレクションによって美しく装飾されており、まさに美術館さながら。入場料には、オーディオガイドが含まれており、日本語のオーディオガイドも用意されている。

クイーンズ・ギャラリーとロイヤル・ミューズ

宮殿の内部の見学は夏期のみだが、南にあるクイーンズ・ギャラリーは通年オープン。王室の莫大な美術コレクションの一部を公開している。また、ロイヤル・ミューズは直訳すると王室のうまや。ここでは、王室所有の馬車や自動車が展示されている。

衛兵交替式

宮殿前で繰り広げられる衛兵交替式は、ロンドンで最も有名なアトラクションのひとつ。とにかく混雑するので、できるだけ早く行って席を確保しておこう。

宮殿前で行われる衛兵交替式

イギリスにおけるカトリックの総本山

見学所要時間の目安 30分

ウェストミンスター大聖堂
Westminster Cathedral

ウェストミンスター大聖堂は、ウェストミンスター寺院と名前が似ているが別の建物。訪れる人はあまり多くはないが、一見の価値はある。イギリスでは非常に珍しいネオ・ビザンツ様式の大聖堂で、1893年に完成した。赤いレンガと円形ドームが非常に印象的な建物だが、中に入ると一変して荘厳な雰囲気。壁のあちこちに大理石製の宗教美術品やモザイク画が飾られている。エレベーターを使って高さ83mのベルタワー（鐘楼）を上ると、ロンドンを一望のもとにできる。

イギリスでは珍しいネオ・ビザンツ様式のウェストミンスター大聖堂

■バッキンガム宮殿
Map P.62-63 ②B-1
地下鉄ヴィクトリア駅Victoria下車
✉Buckingham Palace Rd., SW1A 1AA
TEL (020) 77667300
inet www.royal.gov.uk
●宮殿の内部見学
開 2006年は7/26～9/24の9:45～18:30
休 上記以外の日
料 £14.00　学生£12.50
※チケットの予約はウエブサイト（inet www.the-royal-collection.com/royaltickets）もしくは上記の電話番号を通して行う。当日券はグリーン・パークに面したカナダ・ゲートCanada Gateのチケットオフィスで9:30～16:00に購入する。
●衛兵交替式
開 11:30～（4～7月は毎日、8～3月は1日おき）
王室関係や国賓の滞在中、天候などの諸事情により変更になることもあるので、事前の確認が望ましい
休 8～3月の1日おき
料 無料
●クイーンズ・ギャラリー
開 10:00～17:30
7/25～9/24　9:30～17:00
最終入場は閉館の1時間前
休 12/25、12/26
料 £7.50　学生£6.00
●ロイヤル・ミューズ
開 2006年は3/25～7/24、9/25～10/29　11:00～16:00
7/25～9/24　10:00～17:00
最終入場は閉館の45分前
休 10/30～3/24、金、6/3、6/10、6/17
料 £6.50　学生£5.50

■ウェストミンスター大聖堂
Map P.62-63 ②C-2
地下鉄ヴィクトリア駅Victoria下車
✉42 Francis St., SW1P 1QW
TEL (020) 77989055
FAX (020) 77989090
inet www.westminstercathedral.org.uk
開 7:00～19:00
休 無休
料 寄付歓迎
●ベルタワー
開 9:30～12:30 13:00～17:00
料 £3.00

大英博物館に収蔵された古代の傑作をスケッチする

大英博物館周辺

ブルームズベリーBloomsburyと呼ばれるこの地域は、チャールズ・ディケンズ、バーナード・ショウ、サマセット・モームなど、19、20世紀を代表する英国の作家たちが好んで暮らした地域。

大英博物館入口

ロンドン大学のカレッジが数多く点在する地域でもあり、ロンドンにおける文教地区を形成している。このエリアで最大の見どころがご存知、大英博物館だ。すべてを見ようと思ったらいったい何日かかるかわからない。好きな人は、それこそ何度も足を運んでしまうことだろう。

この地域は数多くのホテル、B＆Bが並ぶ地域でもある。ウエスト・エンドにも近く、観光の拠点として宿を定めるのにも最適な場所といえる。

大英博物館には世界中の遺跡からの発掘品が収められている

歩き方

大英博物館へ

起点となる地下鉄の駅はトテナム・コート・ロード駅Tottenham Court Rd.P.68-69 ⑤B-3。ここから大英博物館へは、ニュー・オックスフォード・ストリートNew Oxford St.P.68-69 ⑤B-3をしばらく進み、ブルームズベリー・ストリートBloomsbury St.P.68-69 ⑤B-3へと入り、すぐ右折。

大英図書館

大英博物館から大英図書館へは1kmほど。大英博物館を出たら、東にしばらく進み、サウサンプトン・ロウSouthampton RowP.68-69 ⑤C-3で左折。そのままラッセル・スクエアRussell Sq.P.68-69 ⑤B-2を左に見ながら進み、ユーストン・ロードEuston Rd.P.68-69 ⑤B-1で右折すると左側にある。その奥に見える建物がセント・パンクラス鉄道駅だ。中国陶磁器博物館は、大英博物館から大英

セント・パンクラス駅

おすすめコース

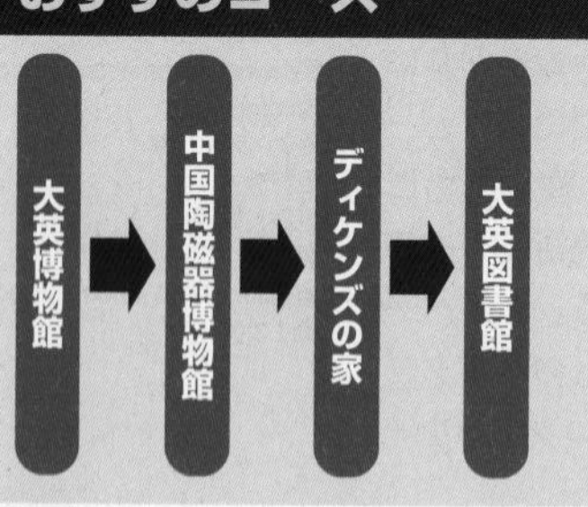

4つの見どころを効率的に回るには、大英博物館、中国陶磁器博物館と見てからディケンズの家に行き、そこからグレイズ・イン・ロードGray's Inn Rd.を通って大英図書館へ向かうのがよい。もっとも、この地域は博物館が多いので、1日の観光にバリエーションをもたせたいという人は、大英博物館のみに留めて、BAロンドン・アイやテムズ河のボート・クルーズなどを絡ませてメリハリを付けるといいだろう。

図書館へ行く途中、ラッセル・スクエアの先にあるゴードン・スクエアGordon Sq.P.68-69 ⑤B-2で左折した右側にある。また、ディケンズの家に行くには、ラッセル・スクエアの所でギルフォード・ストリートGuilford St.P.68-69 ⑤C-2に入り、ダウティー・ストリートDoughty St.P.68-69 ⑤C-2で右折する。

貴重な原稿がずらりと並ぶ

見学所要時間の目安 1時間

大英図書館
The British Library

大英図書館の入口

もともとは大英博物館内にあったが1998年に独立し、現在はセント・パンクラス鉄道駅のすぐ隣にある。館内のギャラリーには、『マグナ・カルタ』の原本、グーテンベルクの活版印刷によって刷られた聖書、さらにビートルズの自筆の楽譜などなど、貴重な本、文書などが展示されている。また、興味深い企画展を行うことでも有名。

■大英図書館
Map P.68-69 ⑤B-1
地下鉄キングズ・クロス／ユーストン駅King's Cross／Euston下車
✉96 Euston Rd., NW1 2DB
TEL(020) 74127332
Inet www.bl.uk
開9:30～18:00
（火9:30～20:00、土9:30～17:00、日・祝11:00～17:00）
休1/1、1/2、12/23～12/27
料無料

『オリバー・ツイスト』の生まれた

見学所要時間の目安 1時間

ディケンズの家
The Charles Dickens Museum

『クリスマス・キャロル』の作者として、日本でもよく知られているチャールズ・ディケンズ。彼が1837年から39年まで住んでいたのがこの家だ。

『ニコラス・ニックルビー』や『オリバー・ツイスト』といった作品が、この家で書かれた。彼の手紙や原稿、筆記具の展示も興味深いが、地下にある狭い台所は当時の暮らしを感じさせてくれる。

■ディケンズの家
Map P.68-69 ⑤C-2
地下鉄ラッセル・スクエア駅Russell Square下車
✉48 Doughty St., WC1N 2LX
TEL(020) 74052127
Inet www.dickensmuseum.com
開10:00～17:00
（日11:00～17:00）
最終入場は閉館の30分前
休無休
料￡5.00　学生￡4.00

中国歴代の陶磁器が一堂に会する

見学所要時間の目安 1時間

中国陶磁器博物館
Percival David Foundation of Chinese Arts

学者であり、収集家でもあったパーシヴァル・デイヴィド卿が1950年にロンドン大学に寄贈したコレクションが基になっている。10～18世紀の中国の陶磁器、約1700点を収蔵しており、当時の中国皇帝が所有していたものも多数含まれている。収蔵点数もさることながら、美術的価値、歴史的価値も非常に高いコレクションといえるだろう。収蔵品は系統だって分類され、1～3階にわたって展示されている。

ゴードン・スクエアに面する

■中国陶磁器博物館
Map P.68-69 ⑤B-2
地下鉄ラッセル・スクエア駅Russell Square下車
✉53 Gordon Sq., WC1H 0PD
TEL(020) 73873909
FAX(020) 73835163
Inet www.pdfmuseum.org.uk
開10:30～17:00
休土・日・祝
料無料、寄付歓迎

■大英博物館
Map P.68-69 ⑤B-3
地下鉄トテナム・コート・ロード駅Tottenham Court Road下車
✉Great Russell St., WC1B 3DG
TEL(020) 73238299
Inet www.thebritishmuseum.ac.uk
開ギャラリー10:00〜17:30
(木・金10:00〜20:30)
※ギャラリーによっては、特定の時間にしか開かないものもある。
グレートコート9:00〜18:00
(木〜土9:00〜23:00)
休1/1、聖金曜、12/24〜12/26
料無料
(希望寄付額£3.00以上)
英語ガイドツアー£8.00
学生£5.00
オーディオガイド£3.50
パルテノン神殿の彫刻群専用オーディオガイド(日本語あり)
£3.50

荷物預かり所
大英博物館の北側入口(モンタギュー・プレイス沿い)では£1.00で大きな荷物を預かってくれるので、帰国日にスーツケースを持って観光していた私には助かりました。
(東京都 Chako '05夏)

2階北側には数多くのミイラ、棺を展示

ギリシア政府との所有問題に揺れるパルテノン神殿の彫刻群

世界三大博物館のひとつ

見学所要時間の目安 半日以上

大英博物館
The British Museum

ロゼッタストーン

世界最高の博物館という称号をほしいままにしている博物館。その規模といい、質の高さといい、他の博物館の追随を許さない。2000年には、かつて大英図書館があった場所に、巨大で現代的なガラス張りの天井がある中庭、グレートコートGreat Courtが新たに加えられた。

とにかく広い博物館なので、初めにどこを重点的に見るのか、ある程度決めておいたほうがいいだろう。英語のオーディオガイドの貸し出しも行っているので、ガイドに従ってめぼしい収蔵品の説明を聞きながら巡るのも効率がよい。館内は一部を除いてフラッシュ付きの写真撮影、ビデオカメラの撮影も認められている。おもな展示は以下のとおり。

地上階(1階)西側

古代エジプト、メソポタミア、ギリシア・ローマの展示がされている。必見なのは、ルーム4にあるロゼッタ・ストーン。エジプト象形文字解読の手がかりになったことはあまりにも有名だ。ルーム18のパルテノン神殿の彫刻群は、ギリシアとの返還問題で揺れている、いわく付きのコレクション。ほかにもアッシリアのサルゴン2世の宮殿の門に置かれていたという人頭有翼のウシの像などもある。

2階南側

ここではブリテン、ヨーロッパのコレクションが展示されている。古代エジプトやメソポタミア、ギリシアなどに注目が集まる大英博物館だが、ルーム41に展示されているサットン・フーで発掘されたアングロ・サクソン時代の鉄製のヘルメットや、ルーム42のスコットランドのルイス島出土のチェス人形などは英国の宝ともいえる貴重なコレクションだ。また、ルーム68は貨幣コレクションになっており、17世紀までの各国の貨幣が展示されている。

2階北側

ルーム61〜66は古代エジプトに関する展示になっており、多数のミイラが並ぶ。ルーム64にある『ジンジャー』という赤毛のミイラは紀元前3100年頃に埋葬されたもので、遺体が完全な形で残されている。

地上階(1階)・2階最北側

ガンダーラの仏像やヒンドゥー教の石像など、東洋の文化遺産を幅広く展示している。ルーム92〜94には日本画のコレクションがある。

大英博物館

トイレ　電話　エレベーター
ショップ　カフェ、レストラン　インフォメーション

2〜4階
UPPER FLOORS

- ブリテン、ヨーロッパ
- 西アジア
- エジプト
- 貨幣
- ギリシア・ローマ
- 東洋
- 版画と線画

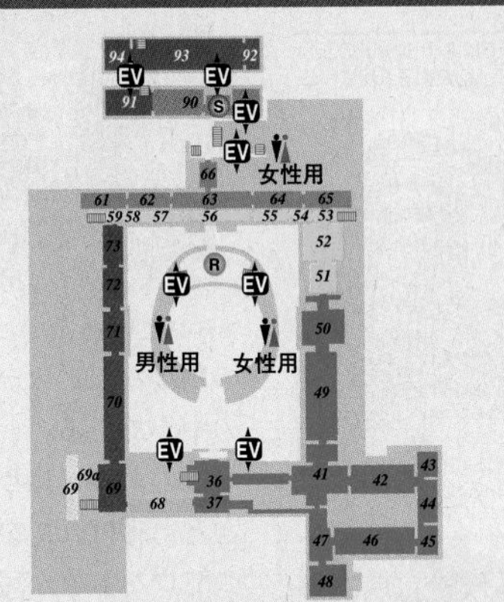

1階
MAIN FLOOR

- 18世紀
- 特別展
- エジプト
- 西アジア
- ギリシア・ローマ
- アメリカ、メキシコなど
- 東洋

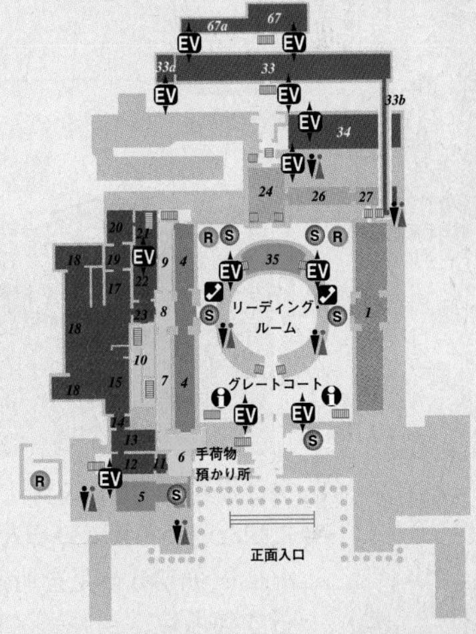

地下
LOWER FLOORS

- アフリカ
- ギリシア・ローマ
- 西アジア

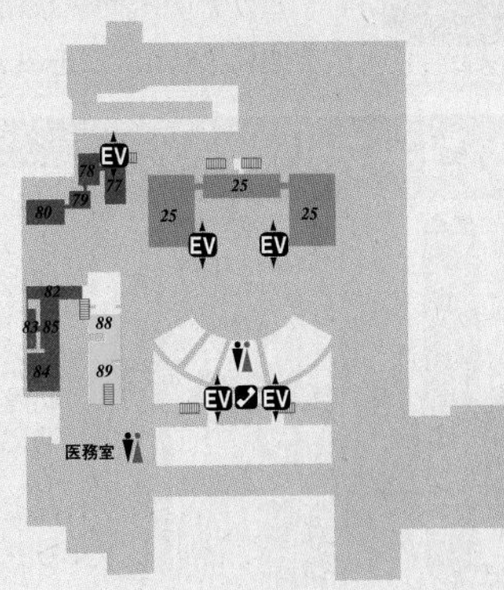

中華街ではストリートの表示板に中国語が併記されている

クイーンズ・シアター

レスター・スクエアにあるチャップリンの像

オールド・ボンド・ストリート

ピカデリー・サーカス周辺

ピカデリー・サーカス

ピカデリー・サーカス周辺は、ロンドンで最も人通りの激しい場所のひとつ。リージェント・ストリートRegent St.P.60-61 ①B-2やニュー・ボンド・ストリートNew Bond St.P.60-61 ①B-2といったショッピングストリート、活気ある中華街、数々の劇場などピカデリー・サーカスは、ロンドンのシティライフの中心である。

このエリアはウエスト・エンドWest End、ソーホーSohoなどとも呼ばれている。ウエスト・エンドとは西の端の意味で、かつてロンドンが城壁で囲まれていた時代には文字どおり西端だったが、市街地の拡大に伴い、現在ではロンドンの中心に位置している。

歩き方

情報収集

ピカデリー・サーカス周辺

ピカデリー・サーカス周辺は、ロンドンの情報発信地。まずリージェント・ストリートを南へと進み、ブリテン&ロンドン・ビジターセンターでパンフレットなどを手に入れてから町歩きをスタートしよう。また、ミュージカルや演劇を手頃な値段で観たいと考えている人は、レスター・スクエアにあるチケッツtkts（→P.130）へ足を運ぼう。

王立芸術院

ピカデリー・サーカス駅からピカデリーPiccadillyP.60-61 ①B-3を西に400mほど進み、右折すると王立芸術院がある。

おすすめコース

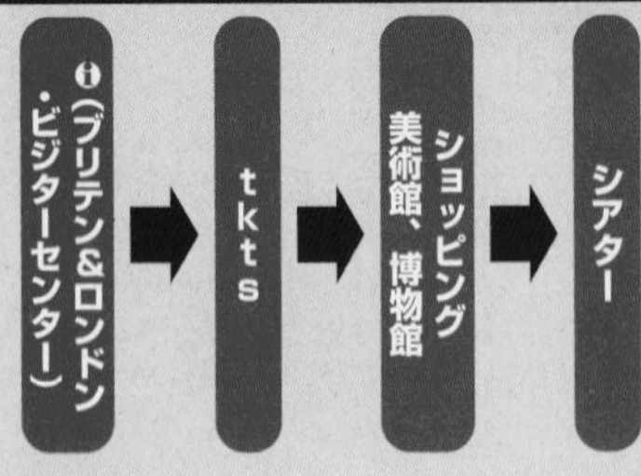

ピカデリー・サーカス周辺では、行く時期によってさまざまなイベントが行われている。まずは❶で情報を集めてからスタート。それ以降は、興味のある所へ行くのがいいだろう。公演などは夜が多いので、昼間はショッピングや博物館巡りが一般的だが、人気のミュージカルは週に1、2日マチネという昼の興行もやっている。ミュージカル好きの人はハシゴするのもいいかも。また、この周辺のレストランはプレ・シアターメニューを出しているところが多い。

ショッピングエリア

買い物がお目当ての人にとっては、このあたりは本当にショップが多いので、圧倒されてしまうかもしれない。おもな場所を挙げると、高級ブランドショップがズラリと並ぶリージェント・ストリート、由緒ある高級ショッピング街のオールド・ボンド・ストリートOld Bond St.、背広の語源となったともいわれるサヴィル・ロウSavile Rowがある。

コヴェント・ガーデン

レスター・スクエアからさらに東にあるのが『マイ・フェア・レディ』の舞台としても有名なコヴェント・ガーデン。コヴェント・ガーデン・ピアザCovent Garden Piazzaは、昔ながらの雰囲気を保ちつつも、大型ショッピングセンターとなっている。

コヴェント・ガーデン

話題をふりまく展示が魅力

王立芸術院
Royal Academy of Arts

王立芸術院

1768年に創設された王立芸術院はイギリス最初のアート・スクール。ここの企画展は内容が充実していることで知られており、毎回話題になる。どのような展示が行われているのかは情報誌などで確認しよう。

■王立芸術院
Map P.60-61 ①B-2
地下鉄ピカデリー・サーカス駅Piccadilly Circus 下車
✉Burlington House, W1J 0BD
TEL (020) 73008000
FAX (020) 78315175
inet www.royalacademy.org.uk
開 10:00～18:00
(金・土10:00～22:00)
休 12/25、12/26
料 展示により異なる

『マイ・フェア・レディ』で有名な

コヴェント・ガーデン
Covent Garden

17世紀まで、ここに壁に囲まれた広大なコヴェント(修道院)所有の土地があったことが名前の由来となっている。

その後、建築家イニゴ・ジョーンズInigo Jonesがイタリア風の屋敷が並ぶ開放的な広場に造り変え、市場としてにぎわい始めた。花や野菜、果物が売り買いされ、このにぎわいは1974年にテムズ河対岸のヴォクソールVauxhallに市場が移されるまで続いた。1830年代に建てられた現在の建物は、当時の雰囲気は多少薄れたものの、跡地はコヴェント・ガーデン・ピアザCovent garden Piazzaと呼ばれ、ショッピングセンターとして多くの市民を集めている。

■コヴェント・ガーデン
Map P.60-61 ①D-2
地下鉄コヴェント・ガーデン駅Covent Garden 下車

大道芸人も現れる

交通の歴史を探る

ロンドン交通博物館
London's Transport Museum

この博物館は18世紀初めからのロンドンの都市交通にスポットを当てた博物館。馬車に始まり、トラム、トロリーバス、バス、地下鉄まで、ロンドンの町を彩ってきた交通手段の移り変わり、発展の歴史を説明している。

■ロンドン交通博物館
Map P.60-61 ①D-2
地下鉄コヴェント・ガーデン駅Covent Garden下車
✉Covent Garden Piazza, WC2E 7BB
TEL (020) 73796344
inet www.ltmuseum.co.uk
2007年春まで改修工事のため閉館。

■劇場博物館
Map P.60-61 ①D-2
地下鉄コヴェント・ガーデン駅Covent Garden下車
✉Russell St., WC2E 7PR
TEL(020) 79434700
FAX(020) 79434777
inet www.theatremuseum.org
開10:00～18:00
最終入場時間17:00
休月・祝
料無料

■サマセット・ハウス
Map P.64-65 ③C-1
地下鉄テンプル駅Temple下車
✉Somerset House, Strand, WC2R ORN
TEL(020) 78454600
inet www.somerset-house.org.uk
開10:00～18:00
休12/25、12/26
料無料
●コートールド協会美術館
Map P.64-65 ③C-1
TEL(020) 78482526
inet www.courtauld.ac.uk
開10:00～18:00
休12/25、12/26
料£5.00 学生£4.00
月曜の10:00～14:00は無料
(バンクホリデイの月曜は除く)
●ギルバート・コレクション
Map P.64-65 ③C-1
TEL(020) 74209400
inet www.gilbert-collection.org.uk
開10:00～18:00
休12/24～12/26
料£5.00 学生£4.00

■テンプル教会
Map P.64-65 ③D-1
地下鉄テンプル駅Temple下車
✉The Temple Church, Temple, EC4Y 7BB
TEL(020) 73533470
inet www.templechurch.com
開不定、南に面したのドア前にその日の開館時間が書かれている
休不定
料無料

劇場の歴史を探る

劇場博物館
Theatre Museum

見学所要時間の目安 2時間

劇場博物館

劇場が建ち並ぶコヴェント・ガーデン周辺にある、劇場に関する博物館で、ロイヤル・オペラ・ハウスや、現役としてはロンドン最古の劇場、シアター・ロイヤル・ドゥルリー・レーンもすぐ近くにある。オペラ、バレエ、ミュージカル、サーカス、マジックなどで使われる舞台装置やコスチュームが展示されており、1日数回メークアップの実演も行われる。

秀逸な美術館をもつ

サマセット・ハウス
Somerset House

見学所要時間の目安 半日

サマセット・ハウスは、広々とした中庭をもつ居心地のいい空間。コートールド協会美術館、ギルバート・コレクションが入っているほか、1年を通じて多くのイベントが行われている。

コートールド協会美術館

実業家サミュエル・コートールドが1932年にロンドン大学に寄贈した名画コレクションをもとに設立された。規模は小さくとも、イタリア・ルネッサンスや印象派の巨匠たちの作品が並んでおり、クラナッハの『アダムとイブ』やドガの『ふたりの踊り子』、ゴッホが耳に包帯をした自画像など有名な作品も多い。

ギルバート・コレクション

エンバンクメント側の入口にあるギャラリー。アーサー・ギルバート卿が集めた金・銀細工や調度品を展示している。

エルサレムの聖墳墓教会を模した

テンプル教会
Temple Church

見学所要時間の目安 30分

コヴェント・ガーデンとシティの間にあるテンプルは、かつてテンプル騎士団がロンドンの拠点とした地域。ここに残るテンプル教会は、1185年に建てられたロンドンでも最も古い建築物のひとつ。イギリスの教会としては珍しい円形という形は、エルサレムにある聖墳墓教会を模したもの。中には、レリーフが施された騎士団有力者の墓が並ぶ。

小説『ダ・ヴィンチ・コード』の舞台にもなった

シティ周辺

シティと呼ばれるこのエリアは、ロンドン発祥の地。1世紀にローマ人が城塞都市ロンディニウムを建設したのがその起源とされている。その後、ロンドン橋P.66-67 ④C-2~C-3がテムズ河にかかり、交易の中心として発展。ウェストミンスター周辺がロンドンの政治の中心だったのに対し、シティは、ロンドンの経済の中心としての役割を果たしてきた。

セント・ポール大聖堂

1666年のロンドン大火災や第2次世界大戦などでは、かなりの被害を受けたが、そのたびに復興し、現在では高層ビルが建ち並び、東京の兜町、ニューヨークのウォール街と並ぶ世界の金融の中心地となっている。

歩き方

バンク

地下鉄バンク駅から外に出ると、いきなり美しく装飾されたビルに囲まれて圧倒される。そして周りには忙しそうなスーツ姿のビジネスマンたち。ここがロンドンの金融街バンクだ。出て右側にある正面に列柱を構えた建物が王立証券取引所Royal Exchange（現在は実際の証券取引は行われていない）。その左にイングランド銀行Bank of England、その奥には証券取引所Stock Exchangeが建っている。狭い空間にこれだけ豪華な建物が並ぶのはさすがに壮観だ。

王立証券取引所

また、イングランド銀行の手前、プリンスィズ・ストリートPrince's St.P.66-67 ④B-2を左に曲がり、グレシャム・ストリートGresham St.P.66-67 ④B-1に入ってしばらく進むと、右側には中世からタイムスリップしてきたようなギルドホールの姿が見える。ギルド

テート・モダンのカフェ

おすすめコース

バンク → ギルドホール → ロンドン博物館 → セント・ポール大聖堂 → テート・モダン → シェイクスピア・グローブ・シアター

この地域は、バンク、セント・ポール大聖堂、そしてサウスバンクの3つに分けることができる。バンク、セント・ポール大聖堂、サウスバンクの順に回ると、効率が最もよいが、一方、セント・ポール大聖堂のそばには、シティの❶があるので、まず地下鉄のセント・ポールズ駅で降りて、❶で情報を集めてからシティへ行ってもよい。また、このコースでは、1日にロンドン博物館とテート・モダンという規模の大きいふたつの博物館を回ることになっているが、時間によっては、ひとつにするのもいいだろう。

ホールを見学したらグレシャム・ストリートを西へ行き、エルダーズゲート・ストリートAldersgate St.P.66-67 ④B-1を北に行くと、ロンドン博物館がある。

セント・ポール大聖堂

ロンドン博物館から南へ向かって進むと、セント・ポール大聖堂が間近に迫ってくる。入口は南にあるので、ぐるっと回り込むようにして入る。シティが運営する❶は大聖堂の南、道路を渡った所にある。

テムズ河を渡ってサウスバンクへ

セント・ポール大聖堂からさらに南へ行くと、テムズ河に出る。ここから真っすぐ延びている近代的な橋がミレニアム・ブリッジだ。この橋を渡れば、すぐ目の前にテート・モダンとシェイクスピア・グローブ・シアターが見える。

バンクの歴史を語る

イングランド銀行博物館
Bank of England Museum

見学所要時間の目安 1時間

バンクの中心にあるイングランド銀行に併設されている博物館。2006年5月に改装オープンしたばかり。展示の中心は、銀行と通貨の歴史に関するもので、紙幣の原板や、イングランド銀行が発行してきたさまざまな紙幣やコインなどが展示されている。このほか美術品や装飾品のコレクションなどがある。

中世の英国をリードした

ギルドホール
Guildhall

見学所要時間の目安 2時間

シティの心臓、ギルドホール

1411年にギルド（中世の同業組合）統治の中心として建設された。中世の雰囲気そのままのグランド・ホールでは、今も市長の晩餐会や講演会、定例の市議会が開催されている。いわばシティの国会議事堂だ。時間が許すなら、クロックメーカーズ・カンパニー博物館Clockmakers' Company Museumや、ギルドホール入口広場の東側にあるギルドホール・アート・ギャラリーGuildhall Art Galleryにも立ち寄ってみたい。

都市の博物館としては世界最大

ロンドン博物館
Museum of London

見学所要時間の目安 2時間

先史時代から現代にいたるまでのロンドンの歴史を説明する博物館。収蔵品の数は100万を超すという、都市をテーマとし

■イングランド銀行博物館
Map P.66-67 ④C-2
🚇地下鉄バンク駅Bank下車
✉Threadneedle St., EC2R 8AH
TEL(020) 76013985
Inet www.bankofengland.co.uk
開10:00～17:00
休土・日・祝
料無料

イングランド銀行博物館

■ギルドホール
Map P.66-67 ④B-1
🚇地下鉄バンク駅Bank下車
✉Gresham St., EC2P 2EJ
TEL(020) 76063030
Inet www.cityoflondon.gov.uk
開10:00～16:00
休日（不定期に閉まることもあるので要確認）
料無料
●クロックメーカーズ・カンパニー博物館
開9:30～16:45
TEL(020) 73321868
Inet www.clockmakers.org
休日・祝　料無料
●ギルドホール・アート・ギャラリー
TEL(020) 73323700
Inet www.guildhall-art-gallery.org.uk
開月～土10:00～17:00（日12:00～16:00）
最終入場は閉館の30分前
休12/25、12/26、1/1
料£2.50　学生£1.00

■ロンドン博物館
Map P.66-67 ④B-1
🚇地下鉄セント・ポールズ駅St. Paul's下車
✉150 London Wall, EC2Y 5HN
TEL(0870) 4443851
FAX(020) 76001058
Inet www.museumoflondon.org.uk
開10:00～17:50（日12:00～17:50）
休12/24～12/26、1/1
料無料

た博物館としては、世界最大の規模を誇っている。

収蔵品は多いが、単にその収蔵品を飾っているだけでなく、例えば、ロンドン大火は、ジオラマによって説明がなされるなどの工夫が見られ、わかりやすい。

クリストファー・レンの傑作

見学所要時間の目安 1時間

セント・ポール大聖堂
St. Paul's Cathedral

均整のとれた美しいドームはどこからでもよく目立つ

1666年にシティを呑み込んだロンドン大火災は、旧セント・ポール大聖堂をすっかり灰にしてしまった。かねてより国王チャールズ2世に依頼を受けていた、時の大建築家クリストファー・レンは、構想を練っていた復元プランをまとめ、1675年から35年の歳月をかけて、今の大聖堂を建設した。様式は、大きなドームをかぶせたルネッサンス風。高さ約111m、幅約74m、奥行き約157m、ドームの直径約34mの大建築。レンの最高傑作だ。入口の広い階段を上っていくだけで、おごそかな気分にさせられる。

中に入ってドームを下から見上げてみよう。めまいを感じない人はいないはず。奥の聖歌隊席、祭壇あたりの天井の金装飾は豪華絢爛。まるでこの世のものとは思えない。

室内にはたくさんの有名人の墓碑が置かれている。中央右側の入口からウィスパリング・ギャラリーWhispering Galleryへ入ってみよう。反対側でのヒソヒソ話が聞こえる有名な回廊である。ここを通ってドームの外側へ出ると、ロンドンが一望できる。ここからの眺めは、昔は尖塔が目立ったそうだが、今日立つのは高層ビル。建物がぎっしり詰まったにぎやかなロンドンが見える。なお、ドームの頂上までは約530段。

大聖堂内部の右奥の入口は、地下納骨堂へ通じている。納骨堂といってもまるで美術館。ウェリントン将軍やネルソン提督の墓に混じって、レンの墓もある。その墓碑にはラテン語で“彼の記念碑を見たい人は、周りを見よ”とある。この大聖堂自体が記念碑であるというわけだ。

セント・ポール大聖堂からの眺め

■セント・ポール大聖堂
Map P.66-67 ④A-2・B-2
地下鉄セント・ポールズ駅St. Paul's下車
St. Paul's Churchyard, EC4M 8AD
TEL (020) 72364128
FAX (020) 772483104
Inet www.stpauls.co.uk
開 月～土8:30～16:00
休 日
料 £9.00　学生£8.00
ガイドツアー£3.00
学生£2.50
オーディオガイド(日本語なし)
£3.50　学生£3.00

頂上からの景色
セント・ポール大聖堂の頂上からの見晴らしは最高！　長い階段を上るのは大変だけれど、ロンドン橋やミレニアム・ブリッジ等のテムズ川の様子もしっかり見えます。
(三重県　大道由香　'05春)

長い階段
セント・ポール大聖堂は圧巻!! ただ、ウィスパリング・ギャラリーより上階は写真撮影が禁止になっていて残念です。ウィスパリング・ギャラリーまでの階段は長いので体調の悪い日は避けたほうが無難です。(東京都　まるべ　'05夏)

西暦2000年を記念する橋

ミレニアム・ブリッジ
Millennium Bridge

見学所要時間の目安 5分

■ミレニアム・ブリッジ
Map P.66-67 ④B-2
地下鉄セント・ポールズ駅St. Paul's下車
開随時
休無休
料無料

ミレニアム・ブリッジ

西暦2000年を記念してロンドン市が行った一連のミレニアム・プロジェクトのうちのひとつ。橋は2000年6月に開通したものの、人が通ると橋が揺れすぎるという理由ですぐに閉鎖され、その後2002年2月になってようやく渡れるようになった。この橋によってセント・ポール大聖堂のそばから、対岸のテート・モダンまでが徒歩5分で行けるようになり、シティからサウスバンクへの移動がいっそう便利になった。

現代美術の殿堂

テート・モダン
Tate Modern

見学所要時間の目安 2時間

■テート・モダン
Map P.66-67 ④A-3・B-3
地下鉄ブラックフライアーズ駅Blackfriars下車
✉Bankside, SE1 9TG
TEL(020) 78878888
inet www.tate.org.uk
開10:00～18:00
(金・土10:00～22:00)
休12/24～12/26
料無料

ショップもおすすめ
テート・モダンのショップでは、トートバッグ、缶ペン、カレンダーからTシャツまで、アートなおみやげがたくさん見つかります。夜遅くまで開いているのもいいです。
(東京都　まるべ　'05夏)

テート・モダン

2000年にテート・ギャラリーの現代美術コレクションを移してオープンした。かつて火力発電所であった建物を利用しているだけあって、非常に大きな美術館だ。入口を入るとすぐに吹き抜けの空間が広がり、そこにある巨大なオブジェに圧倒される。作品は「裸体、風景、静物、歴史的絵画」という4つのテーマ別に展示されている。ピカソ、ダリ、セザンヌ、マティスといった20世紀を代表する巨匠たちの作品は必見。

シェイクスピア当時の劇場を再現

シェイクスピア・グローブ・シアター
Shakespeare's Globe Theatre

見学所要時間の目安 1時間

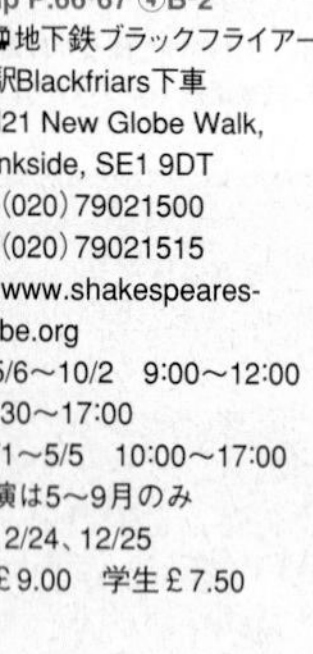
■シェイクスピア・グローブ・シアター
Map P.66-67 ④B-2
地下鉄ブラックフライアーズ駅Blackfriars下車
✉21 New Globe Walk, Bankside, SE1 9DT
TEL(020) 79021500
FAX(020) 79021515
inet www.shakespeares-globe.org
開5/6～10/2　9:00～12:00　12:30～17:00
10/1～5/5　10:00～17:00
上演は5～9月のみ
休12/24、12/25
料£9.00　学生£7.50

ビジターセンターの建物

シェイクスピア・グローブ・シアターは、かつてシェイクスピア自身が活躍したグローブ座のあった場所に、当時の劇場を復元してできた。つまり、シェイクスピアの時代とまったく同じ条件でシェイクスピア劇を観ることができるというわけだ。上演は5～9月のみだが、当時の劇場や、ロンドンの町に関する展示、ガイドツアーなどは、1年を通じて行われている。

ロンドン塔周辺

ロンドン塔

ロンドン塔とタワー・ブリッジという、ロンドンを象徴する見どころがあり、ロンドン観光の目玉のひとつといえる地域。以前はロンドンの中心部の東の果てという感じのこの地域であったが、ドックランドの再開発などにより、中心部と、東の再開発地域とを結ぶ中継点的な役割も果たすようになった。

中世の服を着たスタッフも雰囲気を盛り上げてくれる

歩き方

ロンドン塔とタワー・ブリッジ

最寄りの地下鉄駅は、タワー・ヒル駅。地上を出るとすぐに、堀に囲まれどっしりとした姿のロンドン塔が、目に飛び込んでくるはずだ。まずは、地下道を通って道路の反対側へと渡り、そこから堀に沿って右へ進んでいくと入口がある。ロンドン塔はロンドン有数の史跡。ゆっくりと時間を取って見学したい。ロンドン塔の観光の次には、タワー・ブリッジを見学し、そのままテムズ河を渡ってしまおう。

テムズ河のほとりで思いおもいの時間を過ごす

テムズ河南岸

橋を渡って対岸へ来たら、テムズ河沿いの遊歩道を右へ行こう。公園を通り越してしばらく進むと、軍艦、HMSベルファスト号がテムズ河に浮かんでいる。拷問や処刑をテーマにしたアトラクション、ロンドン・ダンジョンもこの近くにある。

ロンドン橋と大火記念塔

ロンドン・ダンジョンからさらに西のほうへ歩を進めると、ロンドン橋にたどり着く。童謡で有名なロンドン橋だが、外観はいたって普通の橋。橋を渡ってしばらく行くと、1666年のロンドン大火を記念して造られた大火記念塔がそびえている。

タワー・ブリッジをバックに記念撮影

おすすめコース

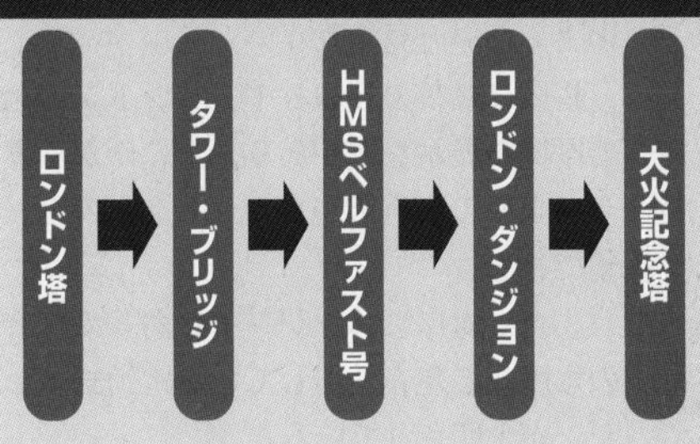

朝から観光を始めて、ロンドン塔とタワー・ブリッジを両方見学する頃には、もう昼過ぎになっているはず。タワー・ブリッジのすぐ東にあるセント・キャサリンズ・ドックには、ランチを出すレストランが多いので、ここで食事をとるのもいいだろう。時間が限られている人はタワー・ブリッジから一気に大火記念塔へ行き、そこからさらにシティを観光するのもいい。

■ロンドン塔
Map P.66-67 ④D-2•D-3
地下鉄タワー・ヒル駅
Tower Hill下車
✉Tower Hill, EC3N 4AB
TEL(0870) 7566060
inet www.hrp.org.uk
開3～10月9:00～18:00
（日・月10:00～18:00）
11～2月9:00～17:00
（日・月10:00～17:00）
最終入場は閉館の1時間前
休1/1、12/24～12/26
料£15.00　学生£12.00

ロンドン塔は怖くない
多くの王様、女王様、お妃様が処刑のために幽閉されたというロンドン塔ですが、おどろおどろしい空気はまったくなく、すこし期待はずれでした。（東京都　まるべ　'05夏）

■タワー・ブリッジ
Map P.66-67 ④D-3
地下鉄タワー・ヒル駅
Tower Hill下車
✉Tower Bridge, SE1 2UP
TEL(020) 74033761
inet www.towerbridge.org.uk 
開4～9月10:00～18:30
10～3月9:30～18:00
最終入場は閉館の1時間前
休12/24、12/25
料£5.50　学生£4.25
（大火記念塔との共通チケット£6.50　学生£4.50）

ロンドンの血なまぐさい歴史の目撃者

見学所要時間の目安 2時間

ロンドン塔
Tower of London

重厚な城塞のロンドン塔

シティの東にどっしり建つロンドン塔は、塔というよりは城塞。ウィリアム征服王の時代に完成し、以来900年以上ロンドンの歴史を見つめ続けてきた。

一時的に王室の宮廷としても使われもしたが、もっぱら牢獄、拷問、処刑の場としての歴史を歩んできた。ここで処刑された歴史的人物は数知れず、最も悲惨といわれているのが、13歳で即位したエドワード5世と、弟のリチャードの暗殺。首謀者は彼らの叔父で、その後国王となったリチャード3世とうわさされた。そのほか、ヘンリー8世の離婚問題に反対して処刑されたトマス・モア、そのヘンリー8世の2番目の妻で、姦通の罪で処刑されたアン・ブーリン。彼女の娘で、後にイギリスの女王となるエリザベス1世も、姉のメアリー1世の治世には、ここロンドン塔に幽閉された経験がある。

血なまぐさい事件には枚挙にいとまがないロンドン塔だが、見るべきものはそれだけではない。特にジュエル・ハウスには、国王の即位のときに使われる王冠、宝珠、王錫といった宝器をはじめとして、数々の宝物が展示されている。これらは、動く歩道に乗って眺めるようになっているため、ゆっくりと鑑賞できないのが残念。

世界で最も有名な橋

見学所要時間の目安 1時間

タワー・ブリッジ
Tower Bridge

ヴィクトリア調の優雅さあふれるこの橋は、1894年に完成した。船が重要な交通機関だった頃は1日に50回くらい跳ね橋が上がっていたが、今では日に2、3回、運がよくないと見られない。

塔内には橋の仕組みや、ロンドンの橋の歴史の展示などがあり、上にかかるガラス張りの歩道橋からロンドン市内を一望できる。

また、対岸にエンジン室があって、昔の水圧式と現在使用している電動式エンジンが公開されている。

橋が上がったタワー・ブリッジ

世界中の戦場で活躍した

見学所要時間の目安 1時間

HMSベルファスト号
HMS Belfast

テムズ河の南岸、タワー・ブリッジとロンドン橋のちょうど中間に停泊している巡洋艦。名前のベルファストは、建造された北アイルランドの町の名前。

HMSベルファスト号は1936年建造の巡洋艦で、第2次世界大戦、朝鮮戦争などで活躍。1965年で現役を退き、その後紆余曲折を経て、帝国戦争博物館の別館として、現在の場所に落ち着いた。船内では、20世紀中頃の巡洋艦の様子がよくわかるほか、船内での生活にもスポットを当てている。

■HMSベルファスト号
Map P.66-67 ④C-3
地下鉄ロンドン・ブリッジ駅London Bridge下車
✉Morgan's Ln., Tooley St., SE1 2JH
TEL(020) 79406300
FAX(020) 74030719
Inet www.iwm.org.uk
開3～10月10:00～18:00
11～2月10:00～17:00
最終入場は閉館の45分前
休12/24～12/26
料£8.50　学生£5.25

人気のお化け屋敷

見学所要時間の目安 2時間

ロンドン・ダンジョン
The London Dungeon

ロンドン・ブリッジ駅を出てすぐの所にある。切り裂きジャックや1666年のロンドン大火災、そしてペストの大流行など、ロンドンで実際に起こった歴史的事物を等身大の人形などを使って再現したところで、虐殺や拷問のシーンなどが生々しく暗闇の中に浮かび上がっている。不気味なものが好きな人は、このイギリス版お化け屋敷に一度は行ってもらいたい。

■ロンドン・ダンジョン
Map P.66-67 ④C-3
地下鉄ロンドン・ブリッジ駅London Bridge下車
✉28-34 Tooley St., SE1 2SZ
TEL(020) 74037221
FAX(020) 73781529
Inet www.thedungeons.com
開9～6月9:30～17:30
7・8月9:30～19:30
休無休
料£17.50　学生£15.25

ロンドン大火を記念した

大火記念塔
The Monument

1666年9月2日にプディング・レーンPudding Ln.から出た火の手は乾燥した強風にあおられて、たちまちロンドン市をのみ込んでしまった。被害は死者9人(この規模では奇跡的な少なさ)、焼けた家屋は約1万3000で市の3分の2(東京ドーム約35.5個分)が灰になり、数万人が焼け出された。ペスト大流行とともに中世史上忘れられない大事件になっている。出火点から202フィート(60m)離れた所に高さ202フィートの大火記念塔が建っている。

クリストファー・レンの手による大火記念塔

これも大火後、忙しく働きまくったクリストファー・レンの作品。上に上がることもできるが、311段の階段はかなりきつい。

■大火記念塔
Map P.66-67 ④C-2
地下鉄モニュメント駅Monument下車
✉Monument St., EC3R 8AH
TEL(020) 76262717
Inet www.towerbridge.org.uk
開9:30～17:30
休12/24、12/25
料£2.00　学生£1.00

地下鉄サウス・ケンジントン駅

ケンジントン・ガーデンズ

ケンジントン・ガーデンズの南に建つアルバート公記念碑

ヴィクトリア&アルバート博物館

ナイツブリッジとケンジントン

ケンジントン・ガーデンズの中にはケンジントン宮殿があり、サウス・ケンジントンにはヴィクトリア&アルバート博物館、自然史博物館などが集まっている。また、ナイツブリッジはハロッズに代表される高級デパートやブランドショップが軒を連ねるショッピング街だ。

歩き方

ケンジントン宮殿へ

地下鉄クイーンズウェイ駅Queenswayを出てケンジントン・ガーデンズのブロード・ウオークThe Broad WalkP.78-79 ⑩C-2を南に行くと右側にケンジントン宮殿が見えてくる。さらに南に行き、パレス・ゲートPalace Gateの手前を左折するとアルバート公記念碑Albert Memorialがある。ケンジントン・ロードKensington Rd.を挟んだ向かい側にあるのが、英国有数のコンサートホール、ロイヤル・アルバート・ホールだ。

博物館地区へ

ケンジントン・ロードからエキシビジョン・ロードExhibition Rd.P.74-75 ⑧B-1を南に入ると、左側にヴィクトリア&アルバート博物館が見えてくる。その向かいには科学博物館、その先には自然史博物館が建ち並んでいる。

ナイツブリッジへ

ヴィクトリア&アルバート博物館を越えて、北東に延びる通りがブロンプトン・ロードBrompton Rd.P.74-75 ⑧C~D-1だ。この通りはハロッズなどの高級店が軒を連ねるショッピングストリートになっている。

スローン・スクエアへ

地下鉄ナイツブリッジ駅から南に延びるスローン・ストリートSloane St.P.74-75 ⑧D-1には高級ブランドショップが並んでいる。さらに南に行くと、スローン・スクエアに出る。スローン・スクエアから南西に延びるキングズ・ロードKing's Rd.P.74-75 ⑧D-2~C-3には雑貨やカジュアルの店が多い。

おすすめコース

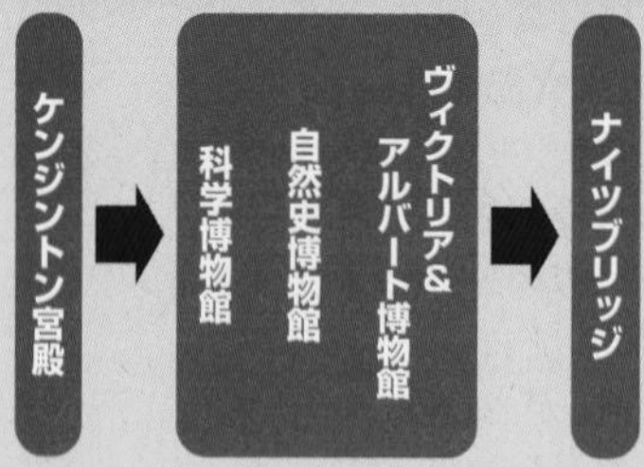

まずはケンジントン・ガーデンズの散策からスタートし、自然史博物館やヴィクトリア&アルバート博物館を見学したら、最後にナイツブリッジで食事や買い物を楽しもう。ショッピングだけが目的なら、まず地下鉄スローン・スクエア駅Sloane Squareで下車し、キングズ・ロードを南西へ散策したあと、スローン・スクエアに戻り、スローン・ストリートを北上してナイツブリッジに行けばほとんどの有名ブランドのショップを制覇できる。

世界の装飾美術が集結

見学所要時間の目安 半日

ヴィクトリア＆アルバート博物館
Victoria & Albert Museum

多種多様な装飾美術品を収蔵する

装飾美術を中心に、世界各地の秀逸なデザインをもつ芸術作品を多数収蔵した博物館。展示物は4万点を超す。しかもあまりにも多様なものが集められているので、全体的に雑多な印象はぬぐえない。「ごった煮的博物館」といえるかもしれない。

代表的な展示物としては、各時代のトップ・モード・ファッションを並べたドレス・コレクションや、中近東、インド、アジアの美術品が並べられた東洋コレクション、ウィリアム・モリスのデザインした、「緑の部屋Morris Room」などなど。大英博物館と同様、1日ですべてを見ることは不可能なほど規模が大きいので、最初のプランニングをしっかりとして回ったほうがいいだろう。

■ヴィクトリア＆アルバート博物館
Map P.74-75 ⑧C-1
地下鉄サウス・ケンジントン駅South Kensington下車
Cromwell Rd., South Kensington, SW7 2RL
TEL (020) 79422000
inet www.vam.ac.uk
開 10:00～17:45（水、毎月の最終金曜10:00～22:00）
休 1/1、12/24～12/26
料 無料、企画展は有料

恐竜ファンならずともおもしろい

見学所要時間の目安 半日

自然史博物館
The Natural History Museum

ヴィクトリア＆アルバート博物館のすぐ隣。恐竜ブームのおかげもあり、ロンドンの数ある博物館のなかでも屈指の人気を誇る博物館だ。建物はアルフレッド・ウォーターハウスによる設計で、一見すると、大聖堂のような壮麗さがある。

展示はライフ館Life Galleryとアース館Earth Galleryとに分かれており、ライフ館はクロムウェル・ロード沿いの入口、アース館は、エキシビジョン・ロードExhibition Rd.沿いの入口を入ってすぐ。もっともふたつは中でつながっているので、どちらから入ってもよい。ライフ館には、恐竜などの古代生物も含めて、世界中のあらゆる種類の動物や昆虫などの化石やはく製、骨格標本などが集められている。一方アース館では、地球の成り立ちや、地震のメカニズムなどを、楽しみながら学べるような構成になっている。

自然史博物館

トルコ、オスマン朝時代のモスクのタイル

■自然史博物館
Map P.74-75 ⑧B-1•B-2
地下鉄サウス・ケンジントン駅South Kensington下車
Cromwell Rd., South Kensington, SW7 5BD
TEL (020) 79425000
inet www.nhm.ac.uk
開 10:00～17:50（日11:00～17:50）最終入場は17:30
休 12/24～12/26
料 無料、企画展は有料

家族連れにも人気

見学所要
時間の目安 半日以上

科学博物館
Science Museum

■科学博物館
Map P.74-75 ⑧B-1
地下鉄サウス・ケンジントン駅South Kensington下車
Exhibition Rd.,SW7 2DD
TEL (0870) 8704868
Inet www.sciencemuseum.org.uk
開 10:00～18:00
休 12/24～12/26
料 無料、企画展は有料

自然史博物館のすぐ北に隣接している。数学、物理学、化学、エンジニアリング、輸送、鉱物学、通信といったあらゆる分野の「科学」に関する博物館。特にウェルカム・ウイングでは、最先端の技術を駆使した展示が数多くあり、評判になっている。子供たちの間で特に人気が高く、土・日曜は親子連れが多い。

ヴィクトリア女王が生まれた

ケンジントン宮殿
Kensington Palace

■ケンジントン宮殿
Map P.78-79 ⑩C-2
地下鉄クイーンズウェイ駅Queensway下車
Kensington Palace State Apartments, Kensington Gdns., W8 4PX
TEL (0870) 7515170
Inet www.hrp.org.uk
開 3～11月10:00～18:00
11～2月10:00～17:00
最終入場は閉館の1時間前
休 12/24～12/26
料 £11.50 学生£9.00

ケンジントン宮殿正面

ケンジントン・ガーデンズ内にある英国王室の宮殿。かつてはチャールズ皇太子と故ダイアナ妃の住居であった建物だ。

もともとノッティンガム・ハウスと呼ばれていたこの建物は、名誉革命によって国王になったウイリアム3世とメアリー2世によって王室が買い上げ、その後セント・ポール大聖堂を設計した大建築家クリストファー・レンの手によって宮殿へと改築された。ジョージ1世の治世にはさらなる改装が行われ、ほぼ現在見られるような建物になった。ちなみに、ヴィクトリア女王は、ここで1819年5月24日に誕生している。

ケンジントン・ガーデンズ入口

ジョージ1世によって改装されたステート・アパートメントは、宮殿観光の中心部分をなす部分。なかでも特筆すべきなのがキューポラ・ルームCupola Room。ヴィクトリア女王が洗礼を受けた部屋で、ステート・アパートメントのなかでもその贅沢さは群を抜いている。キングズ・ギャラリーKing's Galleryには、王室コレクションの絵画が並べられており、こちらも必見だ。また、ドレス・コレクションも人気が高い展示。18世紀以降から現在までの王室の儀礼用に使われた数々のドレスのなかには、エリザベス2世のものや、故ダイアナ妃のものも多数含まれている。

ケンジントン・ガーデンズ

宮殿の見学は、自分のペースで回ることができるセルフガイド方式。各国語のオーディオガイドのレンタル料は料金に含まれており、日本語のガイドもある。

そのほかの地域の見どころ

古今東西の有名人が勢揃い

見学所要時間の目安 2時間

マダム・タッソーろう人形館
Madame Tussaud's

ビートルズのメンバーと記念撮影

マダム・タッソーが1835年にロンドンに創設したろう人形館。ヘンリー8世と6人の妻たちから、現在のロイヤルファミリーまで、勢揃い。世界中の有名人に一度に会える愉快なところ。もちろん、あのベッカムもいる。「チャンバー・ライブChamber Live」は処刑や拷問を再現する恐怖の部屋。これを含まないチケットもある。また、チケットは隣のプラネタリウムとの共通券。いつも長い列ができているので、早めに行ったほうが無難だ。

ホームズファン必見

見学所要時間の目安 30分

シャーロック・ホームズ博物館
The Sherlock Holmes Museum

博物館内の展示

ホームズとワトソンが下宿をしていたというベーカー街221Bを再現した博物館。ベーカー街221Bは、作品が書かれていた当時は架空の住所であったが、その後番地が増えたことによって、現実に存在するようになった。もっとも、実際は、Abbey National Buildingがそこにあたり、博物館はそこより少し南に位置している。1階部分にはおみやげからビデオまで、ホームズに関するグッズもいっぱい。ホームズのファンなら訪れてみたい。

リージェンツ・パークの中にある

見学所要時間の目安 2時間

ロンドン動物園
London Zoo

1828年に動物の研究を目的として開園された、近代的な動物園の元祖。実際に一般にも開放されるようになったのは、1847年になってからのことだ。一時財政難により、閉鎖の危機に陥ったが、市民の援助により立ち直ったという経緯がある。家族連れには高い人気を誇る見どころだが、斬新なスタイルの鶏小屋など、建築的にもおもしろいものが並ぶ。

■マダム・タッソーろう人形館
Map P.70-71 ⑥C-3
地下鉄ベーカー・ストリート駅Baker St.下車
✉Marylebone Rd., NW1 5LR
TEL (0870) 4003000
inet www.madame-tussauds.com
開 9:30～17:30
(土・日9:00～18:00)
時期によって変更される場合もあるので要確認
休 無休
料 9:00～17:00 £21.99
17:00～17:30 £13.00
チャンバー・ライブを含む場合は上記の料金にプラス£2.00。

■シャーロック・ホームズ博物館
Map P.70-71 ⑥B-3
地下鉄ベーカー・ストリート駅Baker St.下車
✉221B Baker St., NW1 6XE
TEL (020) 79358866
inet www.sherlock-holmes.co.uk
開 9:30～18:00
休 12/25
料 £6.00

■ロンドン動物園
Map P.70-71 ⑥B-1・C-1
地下鉄カムデン・タウン駅Camden Town下車
✉Outer Circle, Regent's Park, NW1 4RY
TEL (020) 77223333
inet www.londonzoo.co.uk
開 3月初旬～10月初旬
10:00～17:30
10月中旬、2月初旬～3月初旬 10:00～16:30
10月下旬～2月初旬
10:00～16:00
最終入場は閉館の1時間前
休 12/25
料 £14.50 学生£12.70

■ウォレス・コレクション
Map P.60-61 ①A-1
地下鉄ボンド・ストリート駅Bond St.下車
✉Hertford House, Manchester Sq., W1U 3BN
TEL(020) 75639500
Inet www.wallacecollection.org
開10:00〜17:00
休12/24〜12/26
料無料

貴族のコレクション

見学所要時間の目安 2時間

ウォレス・コレクション
The Wallace Collection

ウォレス・コレクション

サー・リチャード・ウォレスのコレクション。ヨーロッパの絵画、家具、調度品から東洋の武具まで、コレクションの範囲は幅広く、それぞれ貴重なものばかり。ここではイギリスの絵画はもちろんのこと、イタリア・ルネッサンス、フランドル絵画など、世界の超一級品に出合える。

■テート・ブリテン
Map P.62-63 ②D-3
地下鉄ピムリコ駅Pimlico下車
✉Millbank, SW1P 4RG
TEL(020) 78878888
Inet www.tate.org.uk
開10:00〜17:50
最終入場は17:00
(毎月の第1金曜10:00〜17:50 18:00〜22:00)
休12/24〜26
料無料、企画展は有料

英国人作家の作品が並ぶ

見学所要時間の目安 2時間

テート・ブリテン
Tate Britain

イギリスの絵画が充実している博物館。コレクションは1600〜1900年の英国絵画、1900〜2000年の英国絵画、そしてターナー・コレクションの3部門に分かれている。特にターナーはイギリスが世界に誇る画家であり、テート・ブリテンのターナー・コレクションは世界最大の規模を誇る。このほか、イギリスの有名な画家ブレークの作品群も秀逸だ。内容の濃い企画展でも定評がある。

■帝国戦争博物館
Map P.64-65 ③D-3
地下鉄ランベス・ノース駅Lambeth North下車
✉Lambeth Rd., SE1 6HZ
TEL(020) 74165320
FAX(020) 74165374
Inet www.iwm.org.uk
開10:00〜18:00
休12/24〜12/26
料無料、企画展は有料

20世紀を戦争から振り返る

見学所要時間の目安 2時間

帝国戦争博物館
Imperial War Museum

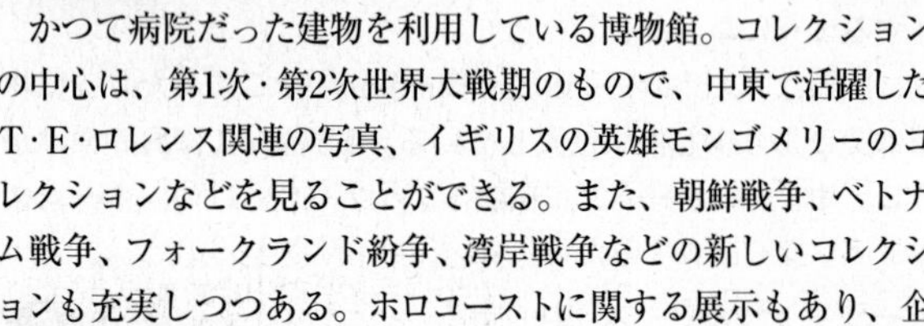
かつて病院だった建物を利用している博物館。コレクションの中心は、第1次・第2次世界大戦期のもので、中東で活躍したT・E・ロレンス関連の写真、イギリスの英雄モンゴメリーのコレクションなどを見ることができる。また、朝鮮戦争、ベトナム戦争、フォークランド紛争、湾岸戦争などの新しいコレクションも充実しつつある。ホロコーストに関する展示もあり、企画展も興味深い。

■倫敦漱石記念館
地図外
地下鉄クラパム・コモン駅Clapham Common下車
✉80B The Chase, SW40NG
TEL(020) 77208718
Inet www.soseki.org
開2〜9月の水・土
11:00〜13:00 14:00〜17:00
(日14:00〜17:00)
最終入場は16:30
休月・火・木・金、10〜1月
料£4.00 学生£3.00

漱石のロンドンでの足跡を知る

見学所要時間の目安 1時間

倫敦漱石記念館
Soseki Museum In London

漱石第5の下宿の斜め向かいに1984年に開館した、外国では最初の日本文学館。館内には、漱石がロンドン留学時に愛読していた『パンチPunch』などの雑誌をはじめ、さまざまな資料が揃っており、漱石ファンなら、ぜひ訪れたい。

ロンドンにあるそのほかの博物館・美術館

庭園史博物館 Museum of Garden History Map P.64-65 ③C-3
地下鉄ウォータールー駅Waterloo駅下車 ✉St. Mary-at-Lambeth, Lambeth Palace Rd., SE1 7LB
TEL(020)74018865 FAX(020)74018869 inet www.museumgardenhistory.org
開10:30〜17:00 休12/24〜1/1 料無料、£3.00程度の寄付歓迎
14世紀の教会を利用した博物館。世界中の珍しい植物や改良された植物であふれ、どれも美しい。

ジョン・ソーン博物館 Sir John Soane's Museum Map P.68-69 ⑤C-3
地下鉄ホーバン駅Holborn下車 ✉13 Lincoln's Inn Fields, WC2A 3BP
TEL(020)74052107 FAX(020)78313957 inet www.soane.org
開火〜土10:00〜17:00 休日・月・祝、12/24 料無料、寄付歓迎
18〜19世紀にかけてのイギリスを代表する建築家、ジョン・ソーンSir John Soaneの家が博物館になったもの。彼はイングランド銀行Bank of Englandなどの設計で知られている。

ユダヤ博物館・カムデン・タウン The Jewish Museum, Camden Town Map P.70-71 ⑥D-1
地下鉄カムデン・タウン駅Camden Town下車 ✉129-131 Albert St., NW1 7NB
TEL(020)72841997 FAX(020)72679008 inet www.jewishmuseum.org.uk
開10:00〜16:00(日10:00〜17:00) 休金・土・祝 料£3.50 学生£1.50
ユダヤ人の生活、歴史、文化、宗教に関する博物館。ユダヤ教、ユダヤ民族に関するビデオも上映され、興味深い。フィンチリーFinchleyにも別館がある。

ヘンデル・ハウス博物館 Handel House Museum Map P.60-61 ①B-2
地下鉄ボンド・ストリート駅Bond Street下車 ✉25 Brook St., Mayfair, W1K 4HB
TEL(020)74951685 inet www.handelhouse.org
開10:00〜18:00(木10:00〜20:00、日12:00〜18:00) 休月・祝 料£5.00 学生£4.50
『メサイア』の作曲者として知られるヘンデルが、1723年から59年まで生活していた家を利用した博物館。ヘンデルの手書きの楽譜や手紙などが展示されている。

国立陸軍博物館 The National Army Museum Map P.62-63 ②A-3
地下鉄スローン・スクエア駅Sloane Square下車 ✉Royal Hospital Rd., SW3 4HT
TEL(020)77300717 inet www.national-army-museum.ac.uk
開10:00〜17:30 休1/1、聖金曜、メーデー・バンクホリデイ、12/24〜12/26 料無料
イギリス陸軍に関する博物館。中世から現代にいたるまでの陸軍の歴史がよくわかる。

ジェフリー博物館 Geffrye Museum Map P.66-67 ④D-1外
地下鉄リヴァプール・ストリート駅Liverpool Streetから149、242番のバス
✉136 Kingsland Rd., E2 8EA TEL(020)77399893 inet www.geffrye-museum.org.uk
開10:00〜17:00(日・祝12:00〜17:00) 休月、1/1、聖金曜、12/24〜26 料無料、寄付歓迎
家具の博物館。1600年代のものから年代順に並べてあり、わかりやすい。2006年秋まで休館。

ホワイトチャペル・アート・ギャラリー Whitechapel Art Gallery Map P.66-67 ④D-1
地下鉄オルドゲート・イースト駅Aldgate East下車 ✉80-82 Whitechapel High St., E1 7QX
TEL(020)75227888 inet www.whitechapel.org
開11:00〜18:00(木11:00〜21:00) 休月 料無料
現代のアーティストたちの作品が多く、時代の勢いを感じさせてくれる。

V&A子供博物館 The V&A Museum of Childhood 地図外
地下鉄ベスナル・グリーン駅Bethnal Green下車 ✉Cambridge Heath Rd., E2 9PA
TEL(020)89835200 inet www.vam.ac.uk/moc
ヴィクトリア&アルバート博物館の別館で、おもちゃやドール・ハウス、子供服など、子供に関する膨大なコレクションを展示している。2006年秋まで改装のため閉館。

ヘイワード・ギャラリー Hayward Gallery Map P.64-65 ③C-2
地下鉄ウォータールー駅Waterloo下車 ✉Belvedere Rd., SE1 8XZ
TEL(020)79210813 FAX(020)74012664 inet www.hayward.org.uk
開10:00〜18:00(火・水10:00〜20:00、金10:00〜21:00) 休1/1・2、12/24〜26 料£7.50 学生£5.00
サウスバンクにある文化施設のひとつで、ガーディアン紙から「ロンドンで最も完璧なギャラリー」という評を受けたこともある。

フローレンス・ナイチンゲール博物館 Florence Nightingale Museum Map P.64-65 ③C-3
地下鉄ウォータールー駅Waterloo下車 ✉St. Thomas' Hospital, 2 Lambeth Palace Rd., SE1 7EW
TEL(020)76200374 inet www.florence-nightingale.co.uk 開10:00〜17:00(土・日・祝10:00〜16:30)
休聖金曜、イースターの日曜、12/24〜1/2 料£5.80 学生£4.20
セント・トーマス病院はナイチンゲールがクリミア戦争従軍後に看護学校を創設した病院。ナイチンゲールの生涯と彼女の業績に関する展示がされている。

ティー&コーヒー・ミュージアム Bramah's Museum of Tea & Coffee Map P.66-67 ④B-3
地下鉄ロンドン・ブリッジ駅London Bridge下車
✉40 Southwark St., SE1 1UN TEL(020)74035650 inet www.bramahmuseum.co.uk
開10:00〜18:00 休12/25・26 料£4.00 学生£3.50
イギリスの400年に及ぶお茶とコーヒーにまつわる歴史の解説や1000種以上の茶器の展示を行っている。併設のカフェでは本格的アフタヌーンティーも味わえる。

シアター

セント・マーティンズ・シアターで上演されている『マウス・トラップ』は2002年には連続公演50年という金字塔を打ち立て、現在も演劇史上最長のロングラン記録を更新中

■ソサイエティ・オブ・ロンドン・シアター
Inet www.officiallondontheatre.co.uk
TEL (020) 75576700
FAX (020) 75576799

セント・マーティンズ・シアター

ロンドンは、芝居やミュージカルの本場。質が高く、料金もそれほど高くはないので、ぜひこの機会に観劇を楽しみたい。人気のある演目は、予約が必要だが、それ以外の多くは当日に行って観ることができる。また、余った当日券を販売するチケットオフィスもある。

情報の収集

レスター・スクエアにあるチケッツ

■チケッツ(tkts)
Map P.60-61 ①C-2
地下鉄レスター・スクエア駅Leicester Square下車
開10:00〜19:00
(日12:00〜15:00) 休12/25
料手数料£2.50。支払いはポンド以外にもユーロの現金やクレジットカードなども使える。

まずは、どこでどんな公演が行われているかをチェック。情報誌として最もポピュラーなのは、『タイムアウトTime Out』(水曜発売)。『ワッツ・オンWhat's On』(水曜発売)にも情報が載っている。また、英国政府観光庁が発行するロンドン情報誌『ロンドン・プランナーLondon Planner』や、ソサイエティ・オブ・ロンドン・シアターが発行する『オフィシャル・ロンドン・シアター・ガイドThe Official London Theatre Guide』といった無料の冊子も基本的な情報はちゃんと押さえている。

チケットの購入

チケットの入手方法は以下の方法がある。

各劇場のボックスオフィスでの購入

座席表を見ながら購入することができる。前売りの予約も、電話、郵便、ファクス、ウエブサイトなどで受け付けている。

レスター・スクエアにある「チケッツtkts」での購入

レスター・スクエアの南側にある「チケッツtkts」では、当日券に限り、売れ残ったチケットを半額で販売している(一部25%引きや正規料金のものもある)。人気の高い公演のチケット入手は当然難しいが、朝早く並べば手に入るかもしれない。なお、料金には手数料£2.50が加算される。

スタンバイ・チケットを購入

ジュリー・アンドリュース主演の映画で有名な『メリー・ポピンズ』はプリンス・エドワーズ・シアターで上演中

多くの劇場では開演の直前になると売れ残ったチケットをボックスオフィスにて割安で売り出すスタンバイというシステムがある。販売開始時間は劇場によって多少の違いはあるが、だ

いたい開演の1時間30分から45分前ぐらいから。また、購入者は学生や未成年、60歳以上の人といった制限が設けられており、これも劇場ごとに異なっている。購入時には学生証や身分証明証の提示を求められる。

リターン・チケットを購入

たとえボックスオフィスでチケットが売り切れでも、当日キャンセルされたチケットが再びボックスオフィスで販売されるのを狙って買うという方法がある。通常リターン・チケットは、公演開始の4～5時間前から売り出される。

ⓘやプレイガイドでの購入

どこへ行ってもチケットが入手できない場合でも、ⓘやプレイガイドで手に入ることがある。正規料金に最高25%の予約手数料はかかるが、列に並んだり、事前にボックスオフィスまで行く手間を考えると、利用価値は高いといえる。

日本の代理店を通しての購入

人気が高い演目などは、日本で予約していくのが安心。手数料と時間はかかるが、最も確実な方法だ。

おもな劇場

ナショナル・シアター
National Theatre

1976年に建てられた国立劇場。中には、大劇場のオリヴィエOlivier、中劇場のリトルトンLyttelton、小劇場のコテスローCottesloeの3つの劇場が入っている。スケジュールは日替わりなので、情報誌などで確認を。前売券の売り場は、正面西側の入口から入った所にある。

バービカン・センター
Barbican Centre

バービカン・センターは、ロイヤル・シェイクスピア・カンパニーRoyal Shakespeare Company (RSC) のロンドンでの本拠地。バービカン・センターの中には、バービカン・シアターBarbican Theatreという大劇場とザ・ピットThe Pitという小劇場がある。バービカン・シアターでは、もっぱらシェイクスピアもの、ザ・ピットではRSCによる実験劇などが上演されている。

シェイクスピア・グローブ・シアター
Shakespeare's Globe Theatre

グローブ座は、シェイクスピアの活躍していた時代に、実際シェイクスピア劇が演じられていた劇場だが、そのグローブ座を、当時の場所に当時の建築様式で復元したのが、このシェイクスピア・グローブ・シアター。当時の環境と演出でシェイクスピア劇が楽しめる。上演は、5～9月のみだが、そのほかの時期にはシアターツアー、展示等が行われる。

■日本にあるチケット代理店

●カーテンコール
TEL (03) 3770-9496
inet www.curtaincall.co.jp
開 10:00～17:30
休 土・日・祝

●JALワールドプレイガイド
TEL (03) 6717-6363
inet www.jalworldplayguide.com
開 10:00～17:00
休 土・日・祝、年末年始

●ワールドチケットぴあ
TEL (03) 5777-3695
inet www.wt-pia.jp
開 10:00～18:00
休 土・日・祝

☺ミュージカルを観よう

ロンドンに滞在するなら、ぜひミュージカルを観に行くことをおすすめします。日本のように短期間ではなく、人気のミューカルは年中上演されています。日本であまり観に行く機会のない方にもおすすめです。何よりもまず、チケットが安く買えることです。日本だと1万円以上しますが、ロンドンでは£20.00前後から買えます。歌あり、踊りありでとても楽しめるので、英語力に自信のない方も一度試してみてはいかがですか？私が観てよかったのは、『レ・ミゼラブル』、『ライオン・キング』、『オペラ座の怪人』です。
(東京都 バーバリー '05春)

■ナショナル・シアター
Map P.64-65 ③C-1・C-2
地下鉄ウォータールー駅Waterloo下車
✉South Bank, SE 1 9PX
TEL (020) 74523000
inet www.nt-online.org

■バービカン・センター
Map P.66-67 ④B-1
地下鉄ムーアゲイト駅Moorgate、またはバービカン駅Barbican下車
✉Silk St., EC2Y 8DS
TEL (020) 76388891
inet www.barbican.org.uk

■シェイクスピア・グローブ・シアター
Map P.66-67 ④B-2
地下鉄ブラックフライアーズ駅Blackfriars下車
✉21 New Globe Walk, Bankside , SE1 9DT
TEL (020) 74019919
FAX (020) 79021475
inet www.shakespeares-globe.org

ロンドンで公演中の人気ミュージカル (2006年4月現在)

オペラ座の怪人 The Phantom of the Opera
ハー・マジェスティーズ・シアターHer Majesty's Theatre　Map P.60-61 ①C-2
地下鉄ピカデリー・サーカス駅Piccadilly Circus下車　⊠Heymarket, SW1Y 4QR
TEL 08708901106　inet www.thephantomoftheopera.com　開月〜土19:30〜、マチネ火・土14:30〜
18年もの長きにわたって人気を保ち続けている傑作。19世紀末にパリのオペラ座で、クリスティーヌという若手歌手に怪人が恋をする物語。

レ・ミゼラブル Le Misérables
クイーンズ・シアターQueen's Theatre　Map P.60-61 ①C-2
地下鉄レスター・スクエア駅Leicester Square下車　⊠51 Shaftesbury Av., W1D 6BA
TEL 08709500930　inet www.lesmis.com　開月〜土19:30〜、マチネ水・土14:30〜
現在ウエスト・エンドで最も長く続いているミュージカル。原作はヴィクトル・ユゴーの小説『ああ無情』。トレヴァー・ナンの力強い舞台演出が魅力。

ライオン・キング The Lion King
ライシアム・シアターLyceum Theatre　Map P.64-65 ③C-1
地下鉄コヴェント・ガーデン駅Covent Garden下車　⊠21 Wellington St., WC2E 7RQ
TEL 08702439000　inet www.disney.co.uk/MusicalTheatre/TheLionKing
開火〜土19:30〜、日15:00〜、マチネ水・土14:30〜
ディズニー映画でおなじみ。衣装のセンスや演出がユニークで見ごたえがある。

シカゴ Chicago
ケンブリッジ・シアターCambridge Theatre　Map P.60-61 ①D-2
地下鉄コヴェント・ガーデン駅Covent Garden下車　⊠50 Earlham St., WC2H 9HP
TEL 08708901102　inet www.chicagothemusical.com
開月〜木20:00〜、金16:30〜、20:00〜、土15:00〜、20:00〜
シカゴでは殺人や法廷もエンターテインメント。作詞作曲は『キャバレー』でも知られるカンダー&エッブ。

ビリー・エリオット・ザ・ミュージカル Billy Elliot, the Musical
ヴィクトリア・パレス・シアター Victoria Palace Theatre　Map P.62-63 ②-B2
地下鉄ヴィクトリア駅Victoria下車　⊠Victoria St., SW1 5EA
TEL 08704000805　開月〜木19:30〜、金17:30〜、20:30〜、土15:00〜、19:30〜
ニューヨークの演劇学校に通いながら、スターを目指す青年たちの姿を描く、ダンス満載の作品。

エビータ Evita
アデルフィ・シアターAdelphi Theatre　Map P.60-61 ①D-2
地下鉄チャリング・クロス駅Charing Cross下車　⊠Strand, WC2E 7NA
TEL 08708955598　inet www.evitathemusical.com
開月〜土19:30〜、マチネ木・土14:30〜
貧困から身を起こし、遂にはアルゼンチン大統領夫人となったエバ・ペロンの生涯をミュージカル化。

メリー・ポピンズ Mary Poppins
プリンス・エドワード・シアターPrince Edward Theatre　Map P.60-61 ①C-2
地下鉄レスター・スクエア駅Leicester Square下車　⊠Old Compton St., W1D 4HS
TEL 08708509191　inet www.marypoppinsthemusical.co.uk
開月〜土19:30〜　マチネ木・土14:30〜
傘を差し、空からやってきた家庭教師のメリー・ポピンズと子供たちとの触れ合いの物語。

ブラッド・ブラザーズ Blood Brothers
フェニックス・シアターPhoenix Theatre　Map P.60-61 ①C-2
地下鉄トテナム・コート・ロード駅Tottenham Court Road下車
⊠Charing Cross Rd., WC2H 0JP　TEL 08700606629
開月〜土19:45〜　マチネ木15:00〜、土16:00〜
別々の環境で育てられた双子の兄弟が、お互い兄弟であることに気付かずに友情をはぐくむ。しかし、環境の違いからふたりの運命は悲劇的な結末へと向かってゆく。

マンマ・ミーア Mamma Mia!
プリンス・オブ・ウェールズ・シアターPrince of Wales Theatre　Map P.60-61 ①C-2
地下鉄レスター・スクエア駅Leicester Square下車　⊠Coventry St., W1D 6AS
TEL 08708500393　inet www.mamma-mia.com
開月〜木19:30〜、金17:00〜、20:30〜、土15:00〜、19:30〜
ギリシアの小さな島を舞台に、結婚式直前に繰り広げられる母と娘のドタバタを描いた心あたたまる作品。

ウィー・ウィル・ロック・ユー We Will Rock You
ドミニオン・シアターDominion Theatre　Map P.60-61 ①C-1
地下鉄トテナム・コート・ロード駅Tottenham Court Road下車　⊠Tottenham Court Rd., W1P 0AG　TEL 08701690116　inet www.queenonline.com
開月〜土19:30〜、マチネ土14:30〜、月末の水曜14:30〜
すべての楽器が失われた世界を舞台に、ロックを復活させるために戦うガリレオ・フィガロの冒険を描く。全曲クイーンの音楽で構成されており、クイーンのファンにはたまらない内容。公演は2006年10月7日まで。

ミュージック&ダンス

ロンドンのクラシックコンサートは、音のいいコンサートホールで、ゆっくり肩を張らずに聴けるのがいい。また、チケットの値段が安いのもファンにはこたえられない。

ロイヤル・オペラ・ハウス
Royal Opera House

地下鉄コヴェント・ガーデン駅で下車し、地上に出てすぐ。8月を除く日曜以外の毎日、オペラもしくはバレエが上演されている。レベルは非常に高く、オペラは世界的に有名な指揮者や歌手が連日登場し、バレエは、世界の一流カンパニーである英国ロイヤルバレエ団によって、クラシックから現代作品までの幅広いレパートリーが上演される。

イングリッシュ・ナショナル・オペラ
English National Opera

通称コリシアムColiseumと呼ばれている。コリシアムはチャリング・クロス駅から徒歩5分、トラファルガー広場とナショナル・ギャラリーのすぐそば。おしゃれした観客を見に行くのもオペラの楽しみのひとつだ。

ロイヤル・アルバート・ホール
Royal Albert Hall

1870年に建てられた歴史あるコンサートホール。ここで毎年夏(7月中旬～9月中旬)に、約90年の歴史をもつヘンリー・ウッド・プロムナード・コンサートHenry Wood Promenade Concert(略称プロムスProms)というイベントが行われる。約2ヵ月の期間中には、ロンドンの5大オーケストラをはじめ、オルガン、合唱などを含めたコンサートが毎日開かれる。

イギリスで最も有名なコンサートホール

ロイヤル・フェスイティバル・ホール
Royal Festival Hall

ウォータールー・ブリッジを渡ったテムズ河の南岸にある、ロンドンを代表するホール。ロンドン交響楽団、フィルハーモニア管弦楽団、ロンドン・フィルハーモニー管弦楽団などの公演が中心。一流演奏家の出演も多い。

クイーン・エリザベス・ホール
Queen Elizabeth Hall

ロイヤル・フェスティバル・ホールの隣にある。ロイヤル・フェスティバル・ホールほど大きくないが、ここでも毎日コンサートが開かれている。

■ロイヤル・オペラ・ハウス
Map P.60-61 ①D-2
地下鉄コヴェント・ガーデン駅Covent Gardenまたはレスター・スクエア駅Leicester Square下車
✉Bow St., Covent Garden, WC2E 9DD
Inet www.royalopera.org
TEL (020) 73044000

■イングリッシュ・ナショナル・オペラ
Map P.60-61 ①D-2
地下鉄チャリング・クロス駅Charing Crossまたはレスター・スクエア駅Leicester Square下車
✉St. Martin's Ln., Trafalgar Sq., WC2N 4ES
TEL (0870) 1450200
FAX (020) 73791264
Inet www.eno.org

■ロイヤル・アルバート・ホール
Map P.74-75 ⑧B-1
地下鉄サウス・ケンジントン駅South Kensingtonまたはナイツブリッジ駅Knightsbridge下車
✉Kensington Gore, SW7 2AP
TEL (020) 75898212
Inet www.royalalberthall.com

●プロムス
Inet www.bbc.co.uk/proms

☺ロイヤル・アルバート・ホールで音楽鑑賞
ロイヤル・アルバート・ホールでコンサートを聴きました。当日券は販売時間の1時間以上前に列に並んでいないと買えません。さらに、公演が始まるまで約30分列に並んで待っていなければなりません。事前に電話等で確認しておいたほうがいいかもしれません。スタンディングでしたが、とてもすばらしいコンサートでした。
(東京都　山本広樹&梅原悠平　'05夏)

■ロイヤル・フェスティバル・ホール
Map P.64-65 ③C-2
地下鉄ウォータールー駅Waterloo下車
✉Belvedere Rd., SE1 8XX
TEL (0870) 4018181
Inet www.sbc.org.uk

■クイーン・エリザベス・ホール
Map P.64-65 ③C-2
地下鉄ウォータールー駅Waterloo下車
✉South Bank, SE1 8XX
TEL (0870) 4018181
Inet www.sbc.org.uk

演奏の合間にひと休み

ショッピングエリア

右側の白装束の人はポートベローの大道芸人

大都市ロンドンでは、どこにショッピングエリアがあり、そのエリアにどのようなショップがあるのかを知っておかなければ、欲しいものは探し当てられない。以下ではロンドンで有名なショッピングエリアとその特徴を紹介しよう。

ちなみにロンドンでは夏と冬に大きなセールが行われる。夏のセールは6月末から7月中旬まで、冬のセールはクリスマス後から1月下旬まで。この時期にロンドンに滞在できるラッキーな人はぜひショッピングに出かけて、今まで欲しかったものを探してみよう。

コヴェント・ガーデン

オックスフォード・ストリート Oxford Street

Map P.60-61 ①A~C-1~2

ロンドンで最もにぎやかな通り。地下鉄のトテナム·コート·ロード駅Tottenham Court Roadからオックスフォード·サーカス駅Oxford Circus、ボンド·ストリート駅Bond Street、マーブル·アーチ駅Marble Archまでの4区間にわたる長い通り。通りには、高級ブランド店やデパート、おみやげ屋やレコードショップなど、大小さまざまなショップが並んでいる。

リージェント・ストリート Regent Street

Map P.60-61 ①B-2~C-2

ロンドンで最も有名なデパート、ハロッズはナイツブリッジにある

地下鉄オックスフォード·サーカス駅からピカデリー·サーカス駅にかけての通り。日本人旅行者にはおなじみのロンドン三越もある。高級ショッピング街として知られており、品のよい建物が並ぶ。特にファッション関係の有名ショップがずらりと並び、銀製品の老舗マッピン&ウェブや、ウェッジウッドなどの陶磁器ショップもある。また、西に並行しているサヴィル・ロウSaville RowP.60-61 ①-B2は背広の語源となったといわれており、高級紳士服の老舗が軒を連ねている。

コヴェント・ガーデン Covent Garden

Map P.60-61 ①-D-2

ザ・マーケットThe Marketと呼ばれるモールがあり、アンティークやハンドメイドのアクセサリーなどを販売している。ザ・マーケットから真っすぐ延びているニール・ストリートNeal St.P.60-61 ①D1~2にはおしゃれなショップが多い。

スローン・ストリートにあるハーベイ・ニコルズ

ナイツブリッジ Knightsbridge

Map P.74-75 ⑧D-1

イギリスで最も有名なデパート、ハロッズのあるエリア。最新モードの発信基地として有名なハーベイ・ニコルズHarvey Nicholsもナイツブリッジの地下鉄駅近くのスローン・ストリートSloane St.P.74-75 ⑧D-1にあり、この通りにはエルメスやア

ルマーニ、プラダ、ルイ・ヴィトンなど数多くの高級ブランドのブティックがある。

イエーガーのショップ

ニュー・ボンド・ストリート New Bond Street

Map P.60-61 ①B-2

リージェント・ストリートの西に並行して延びている通り。一流デザイナーのブランド品や貴金属などを扱う老舗や超高級店が軒を連ねる。買い物するかしないかは別にして、ウインドーショッピングを楽しみながら優雅に歩いてみたい通りだ。

カムデン・ロック Camden Lock

Map P.70-71 ⑥D-1外

若者に人気の高いマーケット。数え切れないほどの店が通りを埋め尽くしている。売っているものも多種多様で、小物や本、衣類、食料品など何でもある。いつも込み合っているので、スリには注意をしよう。場所は、地下鉄カムデン・タウン駅Camden Townを降りて、カムデン・ハイ・ストリートCamden High St.を進み、リージェンツ運河を越えた所にある。

カムデン・ロック

おしゃれな雑貨やインテリアならハビタ

キングズ・ロード King's Road

Map P.74-75 ⑧D-2～C-3

地下鉄スローン・スクエア駅Sloane Square下車。スローン・スクエア駅から始まる長いショッピングエリア。パンク発祥の地として有名だが、ハビタHabitatなど今ではおしゃれな生活雑貨のショップでも有名。カジュアル系のショップやコスメティックのショップも点在している。

ロンドンっ子にも人気の無印良品は、キングズ・ロードに面している

スピタルフィールズ・マーケット Spitalfields Market

Map P.66-67 ④D-1

ヴィクトリア朝時代の倉庫内で行われている。衣類やハンドメイドのアクセサリーをはじめ、絵画、CD、食料品までジャンルはさまざま。また、テイク・アウェイの屋台などもあり、イート・インのスペースで食事もできる。平日も行われているが、出店数が多くなる日曜が狙い目。地下鉄リヴァプール・ストリートLiverpool Street駅下車。

広大な倉庫に店が乱立するスピタルフィールズ・マーケット

ポートベロー・マーケット Portobello Market

Map P.78-79 ⑩B-1

掘り出し物を求める観光客だけでなく、アンティークディーラーたちも足を運ぶロンドン最大のアンティークマーケット。地下鉄ノッティング・ヒル・ゲート駅Notting Hill Gateの周辺がアンティーク市で、近くには生鮮食料品の市場や、がらくた市もある。

ポートベロー・マーケット

ポートベローで売られていたパブの看板のミニチュア

ショップ Shop

世界各地からあらゆるものが集まるロンドンで、見つからないものはない。ロンドンには数多くのデパートや有名ブランド店があるが、ここでは、おもにイギリスを代表する有名ショップを紹介しよう。

デパート

ハロッズ Harrods

Map P.74-75 ⑨D-1

地下鉄ナイツブリッジ駅Knightsbridge下車
87-135 Brompton Rd., SW1X 7XL TEL(020)77301234 FAX(020)72256633 inet www.harrods.com
開10:00〜19:00(日12:00〜18:00) 休1/1、12/25、12/26
1849年創業という伝統に新しい感覚のファッションが加わり、ハロッズに行けば何でも揃うとまでいわれる。インフォメーション・デスクには日本人スタッフもいる。

ハーベイ・ニコルズ Harvey Nichols

Map P.74-75 ⑧C-2

地下鉄ナイツブリッジ駅Knightsbridge下車
109-125Knightsbridge, SW1X 7RJ TEL(020)72355000 inet www.harveynichols.com
開10:00〜20:00(日12:00〜18:00) 休祝
有名ブランドから若手デザイナーやオリジナルのブランドまで揃っている。ロンドンの最新ファッションが1日でわかる便利なところ。インテリアや食品売り場、レストランも楽しめる。

リバティ Liberty

Map P.60-61 ①B-2

地下鉄オックスフォード・サーカス駅Oxford Circus下車
210-220 Regent St., W1B 5AH TEL(020)77341234 FAX(020)75739898 inet www.liberty.co.uk
開10:00〜19:00(木10:00〜20:00、日12:00〜18:00) 休12/25・26
東洋の製品が多く揃っており、イギリスの人にも人気がある。建物はテューダー王朝様式で、ブラックティンバーの古風な外観もいい。インテリア用品、レディスファッションも充実。

セルフリッジ Selfridges

Map P.60-61 ①A-1・A-2

地下鉄ボンド・ストリート駅Bond Street下車
400 Oxford St., W1C 2BU TEL08708377377 inet www.selfridges.co.uk
開9:30〜20:00(木9:30〜21:00、日11:30〜18:00) 休12/25
ロンドンっ子たちに広く愛されている庶民的なデパート。イギリスの女性の間では、"Miss Selfridges"というオリジナルブランドが人気を集めている。

ピーター・ジョーンズ Peter Jones

Map P.74-75 ⑧D-2

地下鉄スローン・スクエア駅Slone Square下車
Sloane Sq., SW1W 8EL TEL(020)77303434 FAX(020)77309645 inet www.peterjones.co.uk
開9:30〜19:00(金9:30〜20:00、日11:00〜17:00) 休祝
おしゃれなショップが多いスローン・スクエアに建つデパート。イギリスの人たちが日常的に利用する、カジュアルな品物が多い。

マークス&スペンサー Marks & Spencer

Map P.60-61 ①A-2

地下鉄ボンド・ストリート駅Bond Street、マーブル・アーチ駅Marble Arch下車
458 Oxford St., W1C 1AP TEL(020)79357954 FAX(020)74865379 inet www.marksandspencer.com
開9:00〜20:00(日12:00〜18:00) 休無休
衣類、雑貨、食料品など何でも揃う。イギリスの人が、最も信頼して食品を買う場所として有名。

フォートナム&メイソン Fortnum & Mason

Map P.60-61 ①B-2・B-3

地下鉄ピカデリー・サーカス駅Piccadilly Circus下車
181 Piccadilly, W1A 1ER TEL(020)77348040 FAX(020)74373278 inet www.fortnumandmason.com
開10:00〜18:30(日12:00〜18:00) 休祝
日本人の間では68種類以上のブレンドの紅茶が人気。そのほか、コーヒー、自社ブランドのチョコレート、ジャム、サーモンなど、おいしいものがいっぱいの英国王室御用達の店。

デパート

ロンドン三越 Mitsukoshi

Map P.60-61 ①C-2

🚇地下鉄ピカデリー・サーカス駅Piccadilly Circus下車
✉Dorland House,14-20 Regent St., SW1Y 4PH TEL(020)77661000 inet www.mitsukoshi.co.jp
開10:30〜18:30(日10:30〜16:30) 休1/1、イースターの日曜、12/25
ロンドンの日系デパートでは最大規模。買い物だけでなくロンドンの情報提供といったサービスもしている。宅配サービスやベビー・ケア・ルームもあるので便利。日本食レストラン三越も併設。

ファッション

バーバリー Burberrys

Map P.60-61 ①B-2

🚇地下鉄ボンド・ストリート駅Bond Street下車
✉21-23 New Bond St., W1S 2RE TEL(020)78395222 inet www.burberry.com
開10:00〜19:00(日12:00〜18:00、祝10:00〜18:00) 休イースターの日曜、12/25・26
バーバリーチェックのトレンチコートで有名なバーバリー。傘、ベルト、マフラー、スーツ、スカート、コートなど、幅広くトータルファッションを取り扱っている。

アクアスキュータム Aquascutum

Map P.60-61 ①B-2

🚇地下鉄ピカデリー・サーカス駅Piccadilly Circus下車
✉100 Regent St., W1B 5SR TEL(020)76758200 inet www.aquascutum.co.uk
開10:00〜18:30(木10:00〜19:00、日12:00〜17:00) 休イースターの日曜、12/25
あのアクアスチェックで有名な店。コート、セーター、ネクタイ、バッグ、アクセサリー。紳士物、婦人物の両方を取り扱っている。日本人向けのサイズもある。

オースティン・リード Austin Reed

Map P.60-61 ①B-2

🚇地下鉄ピカデリー・サーカス駅Piccadilly Circus下車
✉103-113 Regent St., W1B 4HL TEL(020)77346789 inet www.austinreed.co.uk
開9:30〜19:00(火10:00〜19:00、木9:30〜20:00、日12:00〜18:00) 休祝
イギリスだけで50店舗以上の支店をもつ。紳士服のほか、レディス、香水なども扱っている。

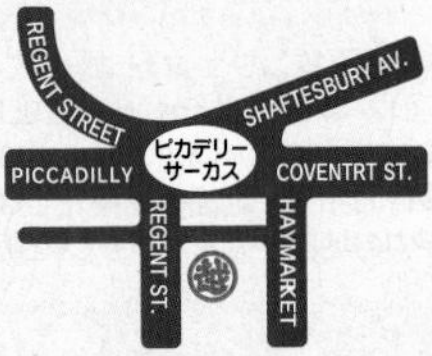

ファッション

ローラ・アシュレイ Laura Ashley

Map P.76-77 ⑨C-3

地下鉄ナイツブリッジ駅Knightsbridge下車
7-9 Harriet St., SW1X 9JS TEL087172231422 inet www.laura-ashley.com
開10:00～18:00 休日・祝
イギリスのいなか風の小さな花柄プリント、パステルカラーのコットン製品で有名。普遍的なデザインが人気のヒミツのようだ。インテリア用品、バス用品もある。

ダンヒル Dunhill

Map P.60-61 ③B-3

地下鉄グリーン・パーク駅Green Park下車
48 Jermyn St., SW1Y 6DL TEL(020) 72908622 inet www.dunhill.com
開9:30～18:30（木9:30～19:00） 休日・祝
紳士服の最高級店。服以外にもタバコをはじめ、革製品、時計などさまざまな品物を扱っている。

陶磁器

ウォーターフォード・ウェッジウッド Waterford Wedgwood

Map P.60-61 ①B-2

地下鉄ピカデリー・サーカス駅Piccadilly Circus下車
158 Regent St., W1 5SW TEL(020) 77347262 inet www.wedgwood.co.uk
開10:00～19:00（木10:00～19:30、日12:00～18:00） 休祝
日本でも高い人気を誇るウェッジウッドの陶器と、アイルランドの逸品ウォーターフォード・クリスタル製品を販売している。日本への発送サービスもしている。

インテリア

コンラン・ショップ The Conran Shop

Map P.74-75 ⑧C-2

地下鉄サウス・ケンジントン駅South Kensington下車
Michelin Building, 81 Fulham Rd., SW3 6RD TEL(020) 75897401 FAX(020) 78237015
inet www.conran.co.uk 開10:00～18:00（水・木10:00～19:00、土10:00～18:30、日12:00～18:00） 休祝
コンラン卿がオーナーのインテリアショップ。家具から雑貨まで、どれもセンスを感じさせるラインアップ。日本（新宿、丸の内、名古屋、福岡）にもショップがある。

文房具

スマイソン Smythson

Map P.60-61 ①B-2

地下鉄ボンド・ストリート駅Bond Street
40 New Bond St., W1S 2DE TEL(020) 76298558 FAX(020) 74956111 inet www.smythson.com
開9:30～18:00（木10:00～19:00、土10:00～18:00） 休日・祝
高級文具店。ダイアリーの専門店として知られている。個人名入り封筒や便箋も作ってくれる英国王室御用達の店。

書籍

ハッチャーズ Hatchards

Map P.64-65 ③A-1

地下鉄ピカデリー・サーカス駅Piccadilly Circus下車
187 Picaddilly, W1J 9LE TEL(020) 74399921 inet www.hatchards.co.uk
開9:30～19:00（日12:00～18:00） 休祝
1797年創業というロンドンで最も古い書店。5階建ての建物は品数豊富で、店内は歴史を感じさせる造り。作家のサイン会なども頻繁に行われる。

スタンフォーズ Stanfords

Map P.60-61 ①D-2

地下鉄コヴェント・ガーデン駅Covent Garden下車
12-14 Long Acre, WC2E 9LP TEL(020) 76328928 FAX(020) 78360189 inet www.stanfords.co.uk
開9:00～19:30（木9:00～20:00、土10:00～19:00、日12:00～18:00） 休祝
旅行ガイド、地図の品揃えでは世界最大を誇っている書店。ロンドン、イギリスのものはもちろん、世界中の地図、ガイドブックを販売している。

おみやげ

JALプラザ・いぎりす屋 JAL Plaza Igirisuya

Map P.60-61 ①B-2

地下鉄オックスフォード・サーカス駅Oxford Circus下車
7A Hanover St., W1S 1YS
TEL(020) 76298801 FAX(020) 74918401 inet www.igirisuya-london.com
開10:00～18:30（日11:30～17:30） 休イースターの日曜、12/25
ハノーヴァー・スクエアのすぐそば。1972年創業以来、多くの旅行者に支持されている老舗的存在。高級ブランド品から手頃なおみやげまで、幅広い品揃えが魅力。

ホテル Hotel

ロンドンでは、ユースホステルから超高級ホテルまで、あらゆる種類の宿が揃っているが、イギリスのほかの町に比べて全般的に値段は高め。また、夏期は込み合うので、予約しておいたほうがいいだろう。

日本からホテルへの電話 電話会社の番号 + 010 + 国番号44 + 市外局番の最初の0を取った掲載の電話番号

伝統と格式あるホテル

クラリッジ Claridge's 超高級

メイフェア

●イギリス貴族、名士たちをはじめ、世界中の上流階級の人たちに愛されている、ロンドンを代表するホテル。1812年創業で、200年近くの伝統に裏打ちされたサービスはさすがに洗練されており、期待を裏切らない。

最寄り駅：⊖ボンド・ストリート駅Bond Street

189室 Map P.60-61 ①A-2•B-2

✉Brook St., W1A 2JQ
TEL(020) 76298860 FAX(020) 74992210
Inet www.claridges.co.uk
S £ 409.00～
W £ 459.00～
VAT17.5%別途
£ € US$ JPY
T/C £ € US$ JPY
C/C ⒶⒹⒿⓂⓋ

リッツ The Ritz 超高級

セント・ジェイムス

●フランス風のエレガントな建物が目を引く超高級ホテル。部屋はアンティークの高級家具などで装飾され、贅沢このうえない。また、このホテルからのグリーン・パークの眺めはすばらしい。2006年に開業100周年を迎えた。

最寄り駅：⊖グリーン・パーク駅Green Park

130室 Map P.60-61 ①B-3

✉150 Piccadilly, W1J 9BR
TEL(020) 74938181
FAX(020) 74932687
Inet www.theritzlondon.com
S £ 387.75
W £ 470.00
£ € US$ JPY
T/C £ € US$ JPY
C/C ⒶⒹⒿⓂⓋ

ドーチェスター The Dorchester 超高級

メイフェア

●18世紀に後のドーチェスター伯爵によって建てられ、20世紀の初めには、アメリカ大使館としても使われていたという由緒正しい建物。各国の王族や、ハリウッドの俳優たちには、ここを常宿にしている人も少なくない。

最寄り駅：⊖ハイド・パーク・コーナー駅Hyde Park Corner

250室 Map P.60-61 ①A-3

✉Park Ln., W1A 2HJ
TEL(020) 76298888 FAX(020) 74090114
Inet www.dorchesterhotel.com
S £ 350.00～
W £ 400.00～
VAT17.5%別途
£ € US$ JPY
T/C £ € US$ JPY
C/C ⒶⒹⒿⓂⓋ

サヴォイ The Savoy 超高級

セント・ジェイムス

●ストランドとエンバンクメントの間にあり、1889年創業という古い歴史をもつ名門ホテル。世界中の名士が常泊している。ホテルの窓から眺めるテムズ河の流れ、夜景の美しさは格別。日本人専門スタッフもいる。

最寄り駅：⊖チャリング・クロス駅Charing Cross、エンバンクメント駅Embankment

263室 Map P.60-61 ①D-2

✉Strand, WC2R 0EU
TEL(020) 78364343 FAX(020) 72406040
Inet www.fairmont.com/Savoy
S £ 349.00～
W £ 369.00～
VAT17.5%別途
£ € US$ JPY
T/C £ € US$ JPY
C/C ⒶⒹⒿⓂⓋ

ツアーでよく使われるホテルリスト

ホテル名	住所・電話・FAX・ウエブサイト	地図	料金	日本の予約事務所
高級				
Washington Mayfair **ワシントン・メイフェア**	✉5 Curzon St., Mayfair, W1J 5HE TEL(020) 74997000 FAX(020) 74956172 inet www.washington-mayfair.co.uk	P.60-61 ①B-3	£	
The Connaught **コンノート**	✉Carlos Pl., Mayfair, W1K 2AL TEL(020) 74997070 FAX(020) 74953262 inet www.theconnaughthotellondon.com	P.60-61 ①A-2	££	
The Berkeley **バークレー**	✉Wilton Pl., Knightsbridge, SW1X 7RL TEL(020) 72356000 FAX(020) 72354330 inet www.theberkeleyhotellondon.com	P.76-77 ⑨D-2	£££	
Athenaeum Hotel **アシーニアム**	✉116 Piccadilly, W1J 7BJ TEL(020) 74993464 FAX(020) 74931860 inet www.athenaeumhotel.com	P.60-61 ①B-3	£££	
The Stafford Hotel **スタッフォード**	✉St. James's Pl., SW1A 1NJ TEL(020) 74930111 FAX(020) 74937121 inet www.thestaffordhotel.co.uk	P.60-61 ①B-3	£££	
The Westbury Mayfair **ウエストベリ・メイフェア**	✉Bond St., Mayfair, W1S 2YF TEL(020) 76297755 FAX(020) 74951163 inet www.westbury-london.co.uk	P.60-61 ①B-2	££	
The Cavendish **カヴェンディッシュ**	✉81 Jermyn St., St. James's, SW1Y 6JF TEL(020) 79302111 FAX(020) 78392125 inet www.devereonline.co.uk	P.60-61 ①C-3	££	
Flemings Mayfair **フレミングス・メイフェア**	✉Half Moon St., Mayfair, W1J 7BH TEL(020) 74992964 FAX(020) 74991817 inet www.flemings-mayfair.co.uk	P.60-61 ①B-3	££	
The Rembrandt **レンブラント**	✉11 Thurloe Pl., SW7 2RS TEL(020) 75898100 FAX(020) 72253476 inet www.sarova.co.uk	P.74-75 ⑧C-2	£	
The Hempel **ヘンペル**	✉31-35 Craven Hill Gdns., W2 3EA TEL(020) 72989000 FAX(020) 74024666 inet www.the-hempel.co.uk	P.72-73 ⑦B-3	££	
大型				
The London Hilton on Park Lane **ロンドン・ヒルトン・オン・パーク・レーン**	✉22 Park Ln., W1K 1BE TEL(020) 74938000 FAX(020) 72084142 inet www.hilton.com	P.60-61 ①A-3	££	東京から TEL(03) 5405-7700 その他の地域から 無料0120-489852
Hilton London Olympia **ヒルトン・ロンドン・オリンピア**	✉380 Kensington High St., W14 8NL TEL(020) 76033333 FAX(020) 76034846 inet www.hilton.com	P.78-79 ⑩A-3外	£	東京から TEL(03) 5405-7700 その他の地域から 無料0120-489852
Hilton London Paddington **ヒルトン・ロンドン・パディントン**	✉146 Praed St., W2 1EE TEL(020) 78500500 FAX(020) 78500600 inet www.hilton.com	P.72-73 ⑦B-3	££	東京から TEL(03) 5405-7700 その他の地域から 無料0120-489852
Hilton London Kensington **ヒルトン・ロンドン・ケンジントン**	✉179-199 Holland Park Av., W11 4UL TEL(020) 76033355 FAX(020) 76029397 inet www.hilton.com	P.78-79 ⑩A-2	£	東京から TEL(03) 5405-7700 その他の地域から 無料0120-489852
Hilton London Metropole **ヒルトン・ロンドン・メトロポール**	✉225 Edgware Rd., W2 1JU TEL(020) 74024141 FAX(020) 77248866 inet www.hilton.com	P.72-73 ⑦C-2	£	東京から TEL(03) 5405-7700 その他の地域から 無料0120-489852
Hilton London Hyde Park **ヒルトン・ロンドン・ハイド・パーク**	✉129 Bayswater Rd., W2 4RJ TEL(020) 72212217 FAX(020) 72290557 inet www.hilton.com	P.72-73 ⑦A-3	£	東京から TEL(03) 5405-7700 その他の地域から 無料0120-489852
Four Seasons **フォー・シーズンズ**	✉Hamilton Pl., Park Ln., W1A 1AZ TEL(020) 74990888 FAX(020) 74931895 inet www.fourseasons.com	P.60-61 ①A-3	£££	無料0120-024754
Langham Hotel **ランガム**	✉1C Portland Pl., Regent St., W1B 1JA TEL(020) 76361000 FAX(020) 73232340 inet www.langhamhotels.com	P.60-61 ①B-1	£££	
The Royal Horseguards **ロイヤル・ホースガーズ**	✉2 Whitehall Court, SW1A 2EJ TEL 08703339122 FAX 08703339222 inet www.thistlehotels.com	P.60-61 ①D-3	££	
Radisson Edwardian Mayfair London **ラディソン・エドワーディアン・メイフェア・ロンドン**	✉Stratton St., W1A 2AN TEL(020) 76297777 FAX(020) 76291459 inet www.radissonedwardian.com	P.60-61 ①B-3	£££	無料00531-653648

ホテルの宿泊料金は最低金額が£250.00～＝£££、£150.00～＝££、£100.00～＝£で表しています。

ホテル名	住所・電話・FAX・ウエブサイト	地図	料金	日本の予約事務所
Sheraton Park Tower シェラトン・パーク・タワー	101 Knightsbridge, SW1X 7RN TEL (020) 72358050 FAX (020) 72358231 inet www.starwoodhotels.com	P.62-63 ②A-1	£££	無料 0120-003535
Sheraton Park Lane シェラトン・パーク・レーン	Piccadilly, W1J 7BX TEL (020) 74996321 FAX (020) 74991965 inet www.starwoodhotels.com	P.60-61 ①B-3	££	無料 0120-003535
Sheraton Belgravia シェラトン・ベルグラビア	20 Chesham Pl., SW1X 8HQ TEL (020) 72356040 FAX (020) 72596243 inet www.starwoodhotels.com	P.62-63 ②A-2	££	無料 0120-003535
Thistle Westminster シスル・ウェストミンスター	Buckingham Palace Rd., SW1W 0QT TEL 08703339121 FAX 08703339221 inet www.thistlehotels.com	P.62-63 ②B-2	££	
Thistle Marble Arch シスル・マーブル・アーチ	Bryanston St., Marble Arch, W1H 7EH TEL 08703339116 FAX 08703339216 inet www.thistlehotels.com	P.60-61 ①A-2	££	
Thistle Euston シスル・ユーストン	Cardington St., NW1 2LP TEL 08703339107 FAX 08703339207 inet www.thistlehotels.com	P.68-69 ⑤A-1	£	
Thistle Kensington Gardens シスル・ケンジントン・ガーデンズ	104 Bayswater Rd., W2 3HL TEL 08703339102 FAX 08703339202 inet www.thistlehotels.com	P.76-77 ⑨A-1	£	
Thistle London Heathrow シスル・ロンドン・ヒースロー	Bath Rd., West Drayton, UB7 0EQ TEL 08703339108 FAX 08703339208 inet www.thistlehotels.com	地図外	£	
Thistle Charing Cross シスル・チャリング・クロス	The Strand, WC2N 5HX TEL 08703339105 FAX 08703339205 inet www.thistlehotels.com	P.60-61 ①D-2	££	
The Tower タワー	St. Katharine's Way, E1W 1LD TEL 08703339106 FAX 08703339206 inet www.guoman.com	P.66-67 ④D-3	££	
Le Meridien Piccadilly メリディアン・ピカデリー	21 Piccadilly, W1J 0BH TEL (020) 77348000 FAX (020) 74373574 inet www.starwoodhotels.com	P.60-61 ①C-2	£££	無料 0120-003535
Holiday Inn Mayfair ホリデイ・イン・メイフェア	3 Berkeley St., W1J 8NE TEL 08704009110 FAX (020) 76292827 inet www.ichotelsgroup.com	P.60-61 ①B-3	£	無料 0120-381489
Jurys Clifton Ford ジュリーズ・クリフトン・フォード	47 Welbeck St., W1G 8DN TEL (020) 74866600 FAX (020) 74867492 inet www.jurys.com	P.60-61 ①A-1	££	
London Marriott Grosvenor Square ロンドン・マリオット・グロヴナー・スクエア	10-13 Grosvenor Sq., W1K 6JP TEL (020) 74931232 FAX (020) 74913201 inet www.marriott.com	P.60-61 ①A-2	££	無料 0120-142536
The Montcalm モントカーム	30-40 Great Cumberland Pl., W1H 7TW TEL (020) 74024288 FAX (020) 77249180 inet www.jalhotels.com	P.72-73 ⑦D-3	££	無料 0120-582586
Royal Lancaster ロイヤル・ランカスター	Lancaster Ter., W2 2TY TEL (020) 72626737 FAX (020) 77243191 inet www.royallancaster.co.uk	P.72-73 ⑦B-3	£	
Royal Garden ロイヤル・ガーデン	2-24 Kensington High St., W8 4PT TEL (020) 79378000 FAX (020) 73611991 inet www.royalgardenhotel.co.uk	P.78-79 ⑩C-3	££	
Mountbatten マウントバッテン	20 Monmouth St., WC2H 9HD TEL (020) 78364300 FAX (020)72403540 inet www.radisson.com	P.60-61 ①D-2	££	無料 00531-653648
Great Eastern グレート・イースタン	Liverpool St., EC2M 7QN TEL (020) 76185000 FAX なし inet www.great-eastern-hotel.co.uk	P.66-67 ④C-1	££	
The Landmark London ランドマーク・ロンドン	222 Marylebone Rd., NW1 6JQ TEL (020) 76318000 FAX (020) 76318080 inet www.landmarklondon.co.uk	P.70-71 ⑥B-3	££	
Millennium London Mayfair ミレニアム・ロンドン・メイフェア	44 Grosvenor Sq., W1K 2HP TEL (020) 76299400 FAX (020) 76297736 inet www.millenniumhotels.com	P.60-61 ①A-2	££	無料 0120-500174

ホテルの宿泊料金は最低金額が£250.00～＝£££、£150.00～＝££、£100.00～＝£で表しています。

ちょっとおしゃれな高級ホテル

ラ・プレイス Hotel La Place 【高級】

マリルボン

●70%以上が女性客という、特に女性に人気の高い、おしゃれなプチ・ホテル。各部屋にはテレビ、ドライヤー、ズボンプレス、ミニバーなどが備え付けられている。インターネットも利用可能。

最寄り駅：⊖ベーカー・ストリート駅Baker Street

20室 Map P.70-71 ⑥C-3

✉17 Nottingham Pl., W1U 5LG
TEL(020) 74862323 FAX(020) 74864335
inet www.hotellaplace.com
S £ 99.00〜
W £ 120.00〜
£ T/C £
C/C ⒶⒹⒿⓂⓋ

ドゥランツ Durrants Hotel 【高級】

マリルボン

●ジョージア朝様式のタウンハウスを利用している高級ホテル。1790年以来ホテルとして使われており、ホテル全体がアンティークの家具や絵画などで格調高く装飾されている。日本人スタッフも働いている。レストランやバーも併設。最寄り駅：⊖ボンド・ストリート駅Bond Street、ベーカー・ストリート駅Baker Street

92室 Map P.60-61 ①A-1

✉26-32 George St., W1H 5BJ
TEL(020) 79358131
FAX(020) 74873510
inet www.durrantshotel.co.uk
S £ 99.00〜115.00
W £ 165.00
£ T/C不可
C/C ⒶⓂⓋ

セルフリッジ The Selfridge 【高級】

マリルボン

●ロンドンを代表する高級デパート、セルフリッジと同じ建物にあり、オックスフォード・ストリートもすぐそばと立地条件は抜群。右の料金は公式料金で、状況によって、より安く宿泊できる。

最寄り駅：⊖ボンド・ストリート駅Bond Street

139室 Map P.60-61 ①A-2

✉Orchard St., W1H 6JS
TEL(0870) 3339117 FAX(0870) 3339217
inet www.thistlehotels.com/selfridge
S £ 188.60
W £ 223.25
£
T/C £
C/C ⒶⒹⒿⓂⓋ

☺子供と3人で宿泊しました。デパートの隣、マークス＆スペンサーが目の前と、場所は最高。部屋はちょっと狭かったが、シャワーの出もよく、子連れにはよかったです。（神奈川県　桑原直美　'05夏）

モンタギュー・オン・ザ・ガーデンズ The Montague on the Gardens 【高級】

ブルームズベリー

●美しい庭園に面しており、ほとんどの部屋からは庭園を眺めることができる。レストランやバー、サウナ、ジムなども併設。ルームサービスは24時間体制。各部屋は最新の設備をもち、部屋ごとに独自の装飾がなされている。朝食は別料金でコンチネンタルが£14.50、イングリッシュが£16.50。

最寄り駅:⊖ラッセル・スクエア駅Russell Squareほか

86室 Map P.68-69 ⑤B-3

✉15 Montague St., WC1B 5BJ
TEL(020) 76371001
FAX(020) 76372516
inet www.montaguehotel.com
S £ 135.00〜180.00
W £ 150.00〜210.00
料VAT17.5%別途
£ € US$ JPY T/C £
C/C ⒶⒹⒿⓂⓋ

チェスターフィールド The Chesterfield Hotel 【高級】

メイフェア

●部屋の豪華さもさることながら、レストランやバーも非常に高い格式を感じさせる高級ホテル。コンサバトリーで楽しむ伝統的アフタヌーンティーがおすすめ。レストランも併設している。

最寄り駅：⊖グリーン・パーク駅Green Park

110室 Map P.60-61 ①B-3

✉35 Charles St., W1J 5EB
TEL(020) 74912622 FAX(020) 74914793
inet www.chesterfieldmayfair.com
S £ 180.00〜225.00
W £ 205.00〜295.00
料VAT17.5%別途
£ T/C £
C/C ⒶⒹⒿⓂⓋ

ルーベンス・アット・ザ・パレス The Rubens at the Palace 【高級】

ベルグラビア

●ヴィクトリア駅のすぐそばで、バッキンガム宮殿も目の前。観光には最適の立地といえるだろう。内装も文句なしにすばらしく、心からくつろげる。レストランは2店併設されている。最寄り駅：⊖ヴィクトリア駅Victoria

172室 Map P.62-63 ②B-1〜2

✉39 Buckingham Palace Rd., SW1W 0PS
TEL(020) 78346600 FAX(020) 72336037
inet www.rubenshotel.com
S £190.00 W £225.00
料VAT17.5%別途
£ € US$ JPY T/C £ C/C A D J M V

ゲンスボロー The Gainsborough 【高級】

サウス・ケンジントン

●自然史博物館から徒歩1分。看板にとても小さくThe Gainsboroughと書かれているだけなので、一見しただけではホテルとはわからないかも。品のよさが漂うホテルで、テレビは日本のNHKも映る。
最寄り駅：⊖サウス・ケンジントン駅South Kensington

49室 Map P.74-75 ⑧B-2

✉7-11 Queensberry Pl., SW7 2DL
TEL(020) 79570000 FAX(020) 79570001
inet www.eeh.co.uk
S £105.75〜
W £182.13〜
£ T/C £
C/C A D J M V

ギャラリー The Gallery 【高級】

サウス・ケンジントン

●自然史博物館から徒歩1分。ゲンスボローの向かいにある同系列のホテル。ギャラリーという名前にふさわしく、館内にはいたる所に絵画が飾られている。
最寄り駅：⊖サウス・ケンジントン駅South Kensington

49室 Map P.74-75 ⑧B-2

✉8-10 Queensberry Pl., SW7 2EA
TEL(020) 79150000 FAX(020) 79154400
inet www.eeh.co.uk
S £170.38
W £188.00
£ T/C £ C/C A D J M V

☺朝食はビュッフェ形式で充実していました。レストランにはウィリアム・モリスのクロス等で統一されていて、特に女性におすすめ。ヒースロー空港からもピカデリー・ラインで1本です。（東京都 ハンナ '05秋）

ナンバー・シックスティーン Number 16 【高級】

サウス・ケンジントン

●部屋はそれぞれ異なるデザインになっており、モダン・イングリッシュのデザインと機能性がうまく組み合わされている。また、噴水がある美しい裏庭もある。
最寄り駅：⊖サウス・ケンジントン駅South Kensington

42室 Map P.74-75 ⑧B-2

✉16 Sumner Pl., SW7 3EG
TEL(020) 75895232 FAX(020) 75848615
inet www.firmdale.com
S £95.00〜
W £170.00〜
料VAT17.5%別途
£ € US$ T/C £ US$ C/C A J M V

ナイツブリッジ・グリーン The Knightsbridge Green Hotel 【高級】

ナイツブリッジ

●有名デパート、ショップが並ぶナイツブリッジにあり、ショッピングには最高の立地。ハイド・パークもすぐそば。部屋は広くてゆったりしている。別料金の朝食は部屋まで運んできてくれる。最寄り駅：⊖ナイツブリッジ駅Knightsbridge

28室 Map P.74-75 ⑧D-1

✉159 Knightsbridge, SW1X 7PD
TEL(020) 75846274 FAX(020) 72251635
inet www.thekghotel.com
S £105.00〜120.00
W £140.00〜160.00
£ T/C £ C/C A D M V

ポートベロー The Portobello Hotel 【高級】

ノッティング・ヒル

●周囲を庭園に囲まれ、多くの部屋からは庭園を見下ろすことができる。ポートベロー・マーケットにも近い。内装にもこだわりを見せ、テレビはBang & Olufsen社製。
最寄り駅：⊖ノッティング・ヒル・ゲート駅Notting Hill Gate

24室 Map P.78-79 ⑩B-1

✉22 Stanley Gdns., W11 2NG
TEL(020) 77272777 FAX(020) 77929641
inet www.portobello-hotel.co.uk
S £130.00〜190.00
W £170.00〜285.00
£ T/C £ C/C A M V

アシュレイ Ashley Hotel

中級

パディントン

●公園に面したタウン・ハウス・ホテル。部屋にはテレビ、シンク、ティーセット、電話が完備されている。テレビルームもあり、ここでは観光情報を集めたファイルや、新聞も読むことができる。エレベーターがないことから5階の部屋には特別料金が設定されている。

最寄り駅：
⊖パディントン駅Paddington

53室 Map P.72-73 ⑦C-3

読者割引10%

✉15/17 Norfolk Sq., W2 1RU
TEL(020) 77233375
FAX(020) 77230173
inet www.ashleyhotels.com
S £40.00
S £55.00
W £85.00
£ T/C £ C/C J M V

カーディフ The Cardiff Hotel

中級

パディントン

●ノーフォーク・スクエアにある。家族経営のホテルで、40年以上の長い歴史を誇っている。部屋はヴィクトリア王朝風で、テレビ、ティーセットが完備。冬期は安くなる。朝食はイングリッシュ・ブレックファスト。

最寄り駅：⊖パディントン駅Paddington

61室 Map P.72-73 ⑦C-3

読者割引10%

✉5/7/9 Norfolk Sq., W2 1RU
TEL(020) 77239068
FAX(020) 74022342
inet www.cardiff-hotel.com
S £45.00～55.00
W £85.00
£ T/C £
C/C J M V

アランデール Allandale Hotel

中級

パディントン

●2005年に改装を行い、エアコンやフラットスクリーンのテレビなど最新の設備が整っている。各部屋にはオーストリアやドイツなど国の名前が付けられており、その国のテーマに合わせた装飾がされている。

最寄り駅：⊖パディントン駅Paddington

17室 Map P.72-73 ⑦B-3

✉3 Devonshire Ter., W2 3DN
TEL(020) 77238311
FAX(020) 77237807
inet www.allandalehotel.com
S £60.00
W £90.00
£ T/C £
C/C A D J M V

☺屋根裏のファミリールームでしたが、エアコン完備の部屋が3人で£105.00でした。少し割高に思えましたが、ロンドンならば妥当かとも思えました。部屋も上品にまとめてありました。（愛知県　伊藤ゆみ　'05夏）

ガーデン・コート・ホテル The Garden Court Hotel

中級

ベイズウォーター

●ベイズウォーター駅から徒歩5分ほど。50年以上の歴史がある。ホテルはエレベーターやゲストラウンジを備えており、各部屋には衛星放送視聴可能なテレビ、電話、ドライヤーなどが完備されている。近くにはレストランやショップが並び、立地条件もよい。

最寄り駅：⊖ベイズウォーター駅Bayswater

31室 Map P.72-73 ⑦A-3

✉30-31 Kensington Gardens Sq., W2 4BG
TEL(020) 72292553
FAX(020) 77272749
inet www.gardencourthotel.co.uk
S £40.00　S £63.00
W £64.00　W £92.00
£
T/C 不可
C/C D J M V

リージェンツ・パーク Regent's Park Hotel

中級

マリルボン

●地下鉄ベーカー・ストリート駅から徒歩5分。各部屋には衛星放送視聴可能なテレビ、ティーセット、ドライヤー、ズボンプレス、インターネットポートが備え付けられている。最寄り駅：⊖ベーカー・ストリート駅Baker Street、マリルボン駅Marylebone

29室 Map P.72-73 ⑦D-1

読者割引15%

✉156 Gloucester Pl., NW1 6DT
TEL(020) 72581911　FAX(020) 72580288
inet www.regentspkhotel.com
S £80.00　W £99.00
£ € US$　T/C £　C/C A D J M V

エドワード・リア Edward Lear Hotel 【中級】

マリルボン

●ヴィクトリア王朝期の詩人にして画家であったエドワード・リアがかつて住んでいた所であり、ホテルの名称も彼からとった。部屋はさまざまなタイプのものがあり、各部屋にはテレビ、電話、ティーセットなど、基本的な設備は揃っている。

最寄り駅：⊖マーブル・アーチ駅Marble Arch

31室 Map P.72-73 ⑦D-3

28/30 Seymour St., W1H 7JA
TEL (020) 74025401
FAX (020) 77063766
inet www.edlear.com
S £47.50.　S £60.00
W £66.50　W £74.00
W £89.00
£
T/C £
C/C Ⓐ Ⓜ Ⓥ

アイビス・ロンドン・ユーストン Ibis London Euston 【中級】

ブルームズベリー

●世界中に600以上の系列ホテルをもつホテルチェーン。ユーストン駅から徒歩2分。駅のすぐそばにあるのですぐわかる。部屋数も非常に多く、エアコンやテレビ、ティーセットなどの設備も整っている。やや狭いが、機能的にまとまった造りだ。レストランとバーも併設されている。朝食は別料金で、コンチネンタルのビュッフェ方式。

最寄り駅：⊖ユーストン駅Euston

380室 Map P.68-69 ⑤A-1

3 Cardington St., NW1 2LW
TEL (020) 73887777
FAX (020) 73880001
inet www.ibishotel.com
S W £74.95～94.95
£
T/C £
C/C Ⓜ Ⓥ

メイブルドン・コート Mabledon Court Hotel 【中級】

ブルームズベリー

●ユーストン駅またはキングズ・クロス駅から徒歩8分ほど。ダイニングルームは地下1階にあるが、サンルームになっていて気持ちいい。部屋には国際電話もできる電話やドライヤーのほか、インターネットに接続できるモジュラーなど完備。

最寄り駅：⊖ユーストン駅Euston

42室 Map P.68-69 ⑤B-1

10-11 Mabledon Pl., WC1H 9AZ
TEL (020) 73883866
FAX (020) 73875686
inet www.mabledonhotel.com
S £65.00～72.00
W £85.00
£　T/C 不可　C/C Ⓐ Ⓓ Ⓙ Ⓜ Ⓥ

クレッセント Crescent Hotel 【中級】

ブルームズベリー

●19世紀の初めに建てられた建物を利用したホテルで、カートライト・ガーデンズという庭園に面している。いくつかの部屋からは庭園を眺められる。各部屋にテレビと電話、ティーセットなどが備え付けられている。全室禁煙。

最寄り駅：⊖ラッセル・スクエア駅Russell Square

27室 Map P.68-69 ⑤B-2

49-50 Cartwright Gdns., WC1H 9EL
TEL (020) 73871515
FAX (020) 73832054
inet www.crescenthoteloflondon.com
S £48.00　S £53.00
S £78.00　W £93.00
£
T/C £
C/C Ⓜ Ⓥ

ユーロ Euro Hotel 【中級】

ブルームズベリー

●テニスコートのある小さな公園に面した静かな環境にある。室内には明るい色調の木彫の家具が置かれている。値段のわりにゆったりとした造りが自慢。朝食もボリュームたっぷり。

最寄り駅：⊖ラッセル・スクエア駅Russell Square

35室 Map P.68-69 ⑤B-2

53 Cartwright Gdns., WC1H 9EL
TEL (020) 73871515
FAX (020) 73832054
inet www.eurohotel.co.uk
S £49.00　S £70.00
W £69.00　W £89.00
£　T/C 不可　C/C Ⓐ Ⓜ Ⓥ

ハーリングフォード Harlingford Hotel

【中級】

ブルームズベリー

●カートライト・ガーデンズにある。現代的なデザインを取り入れたホテルで、白を基調とし、ところどころに紫色をあしらった部屋は非常におしゃれ。

最寄り駅：⊖ラッセル・スクエア駅Russell Square

44室 Map P.68-69 ⑤B-2

✉61-63 Cartwright Gdns., WC1H 9EL
TEL (020) 73871551 FAX (020) 73874616
inet www.harlingfordhotel.com
S £79.00
W £99.00
£ T/C不可 C/C Ⓐ Ⓜ Ⓥ

ラスキン Ruskin Hotel

【中級】

ブルームズベリー

●大英博物館のすぐそば。テレビラウンジは美しく装飾されており、壁にはフレスコ画が描かれている。各部屋にはテレビ、電話、ティーセットが備え付けられている。

最寄り駅：⊖ホーバン駅Holborn

32室 Map P.68-69 ⑤B-3

✉23-24 Montague St., WC1B 5BH
TEL (020) 76367388 FAX (020) 73231662
inet www.ruskinhotellondon.com
S £47.00～
W £67.00～
W £84.00～
£ T/C £ C/C Ⓐ Ⓓ Ⓙ Ⓜ Ⓥ

セント・アセンズ St. Athans Hotel

【中級】

ブルームズベリー

●ラッセル・スクエア駅から徒歩5分ほど。部屋は非常にシンプルで、流し台とコップくらいしか置かれていないが、清潔にされている。

最寄り駅：⊖ラッセル・スクエア駅Russell Square

60室 Map P.68-69 ⑤B-2

✉20 Tavistock Pl., WC1H 9RE
TEL (020) 78379140 FAX (020) 78338352
inet www.stathanshotel.com
S £38.00 S £55.00
W £48.00 W £65.00
£ T/C £ C/C Ⓐ Ⓓ Ⓙ Ⓜ Ⓥ（手数料4％別途）

タヴィストック Tavistock Hotel

【中級】

ブルームズベリー

●ユーストン駅とラッセル・スクエアのちょうど中間にあるアールデコ調のビジネスホテル。目の前にはタヴィストック・スクエアという公園が広がっている。バーも併設されている。最寄り駅：⊖ラッセル・スクエア駅Russell Square

395室 Map P.68-69 ⑤B-2

✉Tavistock Sq., WC1H 9EU
TEL (020) 76368383 FAX (020) 78374653
inet www.imperialhotels.co.uk
S £61.00
W £82.00
£ T/C £ C/C Ⓐ Ⓓ Ⓙ Ⓜ Ⓥ

エブリ・ハウス Ebury House Hotel

【中級】

ベルグラビア

●ヴィクトリア・コーチステーションの近く。周辺には同様のタウン・ハウス・ホテルが多い。部屋はやや狭いものの、清潔で設備も整っており、テレビとドライヤーが各部屋に完備されている。

最寄り駅：⊖ヴィクトリア駅Victoria

13室 Map P.62-63 ②B-2

✉102 Ebury St., Belgravia, SW1W 9QD
TEL (020) 77301350 FAX (020) 72590400
inet www.ebury-house-hotel.com
S £45.00 S £65.00
W £60.00 W £75.00
£ T/C £
C/C Ⓜ Ⓥ

ウィンチェスター Winchester Hotel

【中級】

ベルグラビア

●ヴィクトリア駅の近くにある家族経営のホテル。室内は花柄系のファブリックでまとまっている。全室に衛星放送視聴可能のテレビとドライヤーを完備。シャワーのお湯の出もよい。

最寄り駅：⊖ヴィクトリア駅Victoria

18室 Map P.62-63 ②C-2

✉17 Belgrave Rd., SW1V 1 RB
TEL (020) 78282972 FAX (020) 78285191
inet www.winchester-hotel.net
S W £85.00
£ € US$
T/C £
C/C Ⓐ Ⓜ Ⓥ

クオリティ・ウェストミンスター Quality Hotel Westminster 【中級】

ベルグラビア

●ヴィクトリア駅から徒歩5分ほどの所にあり、落ち着いた19世紀の建物を利用したホテル。このあたりのホテルのなかでは最も施設が整っており、全室衛星放送視聴可能なテレビ付き。レストランやカクテルバーも併設している。週末の宿泊は、右の料金よりも安くなる。

最寄り駅：⊖ヴィクトリア駅Victoria

107室 Map P.62-63 ②B-2

82-83 Eccleston Sq., SW1V 1PS
TEL (020) 78348042
FAX (020) 76308942
inet www.choicehotels.com
S £136.00
W £155.00
両替 £　T/C 不可
C/C ⒶⒹⒿⓂⓋ

エンリコ Enrico Hotel 【中級】

ピムリコ

●ヴィクトリア駅周辺のB&B街の一角にある。2003年にオーナーが変わった。このクラスのホテルには珍しくルームサービスがあり、ピザやサンドイッチ、ドリンクなどを持ってきてくれる。部屋にはテレビ、電話が備わっている。

最寄り駅：⊖ヴィクトリア駅Victoria

30室 Map P.62-63 ②B-3

77-79 Warwick Way, SW1V 1QP
TEL (020) 78349538　FAX (020) 72339995
inet www.enricohotel.com
S £30.00～45.00
W £45.00～55.00
W £55.00～65.00
両替 £ €　T/C £ €　C/C ⒶⓂⓋ

ジョージアン・ハウス Georgian House Hotel 【中級】

ピムリコ

●経営者が比較的よく変わるヴィクトリア周辺のB&B街で、1851年以来同じ家族で経営されている老舗的ホテル。室内の設備は衛星放送視聴可能のテレビやティーセット、ドライヤー、電話などが揃っている。宿泊料はチェルシー･フラワー･ショーなどのイベント時には値上がりする。

最寄り駅：⊖ピムリコ駅Pimlico、ヴィクトリア駅Victoria

53室 Map P.62-63 ②B-3

35-39 St. George's Dri., SW1V 4DG
TEL (020) 78341438
FAX (020) 79766085
inet www.georgianhousehotel.co.uk
S £30.00～
S £50.00～
W £45.00～
W £75.00～
両替 £　T/C £
C/C ⒿⓂⓋ

ウィンダミア Windermere Hotel 【中級】

ピムリコ

●ヴィクトリア駅から徒歩10分。部屋の大きさや設備が部屋ごとに異なっており、値段もさまざま。バスタブ付きの部屋などもある。全室に衛星放送視聴可能のテレビを備えてあり、レストランも併設している。

最寄り駅：⊖ヴィクトリア駅Victoria

20室 Map P.62-63 ②B-3

読者割引10%
142-144 Warwick Way, SW1V 4JE
TEL (020) 78345163　FAX (020) 76308831
inet www.windermere-hotel.co.uk
S £89.00～99.00
W £104.00～139.00
両替 £ € US$　T/C £ US$
C/C ⒶⒿⓂⓋ

☺掃除が行き届いていて、きれいでほっとするような所でした。部屋には珍しくバスタブがあり、日本人向けかなと思いました。ヴィクトリア駅までも近くて便利でおすすめです。（大阪府　K.H.　'05春）

メリタ・ハウス Melita House Hotel 【中級】

ピムリコ

●薄いブルーを基調とした室内は清潔で、テレビやドライヤー、電話のほか、セキュリティボックスや冷蔵庫なども備え付けられている。ゲストラウンジには、フラットテレビがあり、ここで日本語の放送を見ることもできる。

最寄り駅：⊖ピムリコ駅Pimlico、ヴィクトリア駅Victoria

22室 Map P.62-63 ②C-3

35 Charlwood St., SW1V 2DU
TEL (020) 78280471
FAX (020) 79320988
inet www.melitahotel.com
S £50.00～75.00
W £70.00～100.00
両替 £ € US$
T/C £
C/C ⒶⒿⓂⓋ

メルボーン・ハウス Melbourne House Hotel

中級

ピムリコ

●ピムリコ駅から徒歩3分。部屋は清潔で、テレビ、シンク、ドライヤーが常備されている。スタッフの応対も親切。シングルのトイレ、シャワー共同の部屋は非常に狭いが、料金を考えると魅力的といえる。

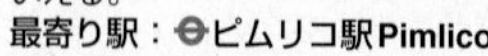

最寄り駅：⊖ピムリコ駅Pimlico

17室 Map P.62-63 ②C-3

読者割引1・2月5%

✉79 Belgrave Rd., SW1V 2BG
TEL(020) 78283516 FAX(020) 78287120
inet www.melbournehousehotel.co.uk
S £35.00
S £60.00
W £75.00～85.00
£ T/C £ C/C D J M V

☺シングルを頼んだら、空いていないと言われ、本来ダブルの部屋をひとりで使わせてもらえました。しかもシャワー、トイレ付きの料金である£60.00を£45.00まで下げてくれました。（東京都　塩原洋二　'05夏）

カウンティー・ホール County Hall

中級

ランベス

●イギリス全土に450の系列ホテルをチェーン展開するトラベル・インの系列ホテル。BAロンドン・アイのすぐ近くにあり、国会議事堂やウェストミンスター寺院にも近い。設備はしっかりしており、いかにもビジネスホテルという感じ。レストランとバーも併設されている。

最寄り駅：⊖ウォータールー駅Waterloo

313室 Map P.64-65 ③C-2

✉Belvedere Rd., SE1 7PB
TEL(0870) 2383300
FAX(020) 79021619
inet www.premiertravelinn.com
S&W £92.00
£ T/C £
C/C A D J M V

クランリー・ガーデンズ Cranley Gardens Hotel

中級

サウス・ケンジントン

●住宅地の中にあるので、静かでくつろげる。全85室中、6室はシャワーのみだが、それ以外の部屋はバスタブ付き。部屋は広めで、花柄のファブリックでまとめられている。衛星放送視聴可能なテレビやドライヤーなども備え付けられている。館内にはラウンジやコーヒーショップも併設されている。

最寄り駅：⊖サウス・ケンジントン駅South Kensington

85室 Map P.74-75 ⑧B-2

✉8 Cranley Gdns., SW7 3DB
TEL(020) 73733232
FAX(020) 73737944
inet www.cranleygardenshotel.com
S £69.00～85.00
W £89.00～115.00
£ T/C £
C/C A D J M V

ヘンリー・ハウス Henley House Hotel

中級

アールズ・コート

●アールズ・コート駅からすぐという好立地にあるホテル。部屋は光沢ある木製の家具で品よくまとめられており、設備も衛星放送視聴可能のテレビ、ティーセットなど基本的なものは揃っている。朝食はコンチネンタル・ビュッフェ。

最寄り駅：⊖アールズ・コート駅Earl's Court

21室 Map P.74-75 ⑧A-2

✉30 Barkston Gdns., SW5 0EN
TEL(020) 73704111
FAX(020) 73700026
inet www.henleyhousehotel.com
S £59.00～69.00
W £79.00～92.00
£ T/C不可 C/C A D J M V

マラントン・ハウス Maranton House Hotel

中級

アールズ・コート

●小規模な家族経営のホテル。赤レンガが特徴的なジョージ王朝様式の建物を利用しており、館内のいたる所には花が飾られている。全室トイレ、シャワー付き。バスルームも広く、アメニティも充実している。テレビ、電話、ティーセットなども完備している。レセプションは23:30～翌8:00の間は閉まっている。

最寄り駅：⊖アールズ・コート駅Earl's Court

16室 Map P.74-75 ⑧A-2

読者割引10%

✉14 Barkston Gdns., SW5 0EN
TEL(020) 73735782
FAX(020) 72449543
inet www.marantonhousehotel.com
S £55.00 S £65.00
W £70.00 W £85.00
£ T/C £
C/C A D M V

ホステル・ユースホステル

ハイド・パーク Hyde Park Hostel 【ホステル】

ベイズウォーター

●地下鉄クイーンズウェイ駅を出てすぐ。ドミトリーのベッド数は4～18で、ベッド数と滞在する季節によって料金が異なる。ベッドのシーツは無料。朝食はコンチネンタル・ブレックファスト。

最寄り駅：⊖クイーンズウェイ駅Queensway

ベッド数250 Map P.72-73 ⑦A-3

✉2-6 Inverness Ter., W2 3HY
TEL(020) 72295101
FAX(020) 72293170
inet www.astorhostels.com
D £11.00～18.00
W £43.00～50.00
£ T/C £
C/C J M V

☹1泊£11.00という値段に惹かれて泊まりました。地下にあるバーがうるさく、夜中の2時ぐらいまで騒がしかったです。（東京都　塩原洋二　'05夏）

レンスター・イン Leinster Inn 【ホステル】

ベイズウォーター

●閑静なレンスター・スクエアに建つホステル。部屋数も多く、それぞれシャワー付きとシャワーなしの部屋が選べる。部屋の鍵はデポジットとして£10.00が必要で、チェックアウト時に返却されるシステム。

最寄り駅：⊖ベイズウォーター駅Bayswater

☺にぎやかな所から通りふたつくらい離れていて静かでした。（東京都　塩原洋二　'05夏）

ベッド数360 Map P.78-79 ⑩C-1

✉7-12 Leinster Sq., W2 4PP
TEL(020) 72299641　FAX(020) 72215255
inet www.astorhostels.com
D £13.00～16.50
D (シャワー付き) £15.50～19.00
S £26.50～35.50
S (シャワー付き) £30.50～40.50
W £41.00～51.00
W (シャワー付き) £53.00～59.00
£ T/C不可 C/C J M V

ジェネレーター Generator 【ホステル】

ブルームズベリー

●ロンドン最大のベッド数を誇るホステルで、世界中の若者やバックパッカーが集まってくる。ラッセル・スクエアの近くで地理的な条件もよい。ドミトリーは、ベッド数3～14。基本的に男女ミックスだが、予約時に申告しておけば、女性だけの部屋も手配可能。

最寄り駅：⊖ラッセル・スクエア駅Russell Square

ベッド数844 Map P.68-69 ⑤B-2

✉Compton Pl., off 37 Tavistock Pl., WC1H 9SE
TEL(020) 73887655　FAX(020) 73887644
inet www.generatorhostels.com
D £12.50～20.00
S £35.00～56.00
W £50.00～56.00
£ T/C不可
C/C J M V

☹バーとかがあって飲むのが好きな若者向け。シャワーはぬるい。ベッドは柔らかい。（埼玉県　日野烈　'05春）

バーミー・バッジャー・バックパッカーズ Barmy Badger Backpackers 【ホステル】

アールズ・コート

●小規模なインディペンデント系ホステル。ベッド数は多くないが、清潔で、テレビルームやランドリー、キッチンなど基本的なものはすべて整っている。

最寄り駅：⊖アールズ・コート駅Earl's Court

ベッド数50 Map P.74-75 ⑧A-2外

✉17 Longridge Rd., SW5 9SB
TEL&FAX(020) 73705213
inet www.barmybadger.com
D £15.00～18.00
W £36.00
£ T/C不可
C/C M V

ヴィクトリア Victoria Hostel 【ホステル】

ピムリコ

●ピムリコ駅から徒歩3分ほどで、ヴィクトリア駅にも近い。ホステル内は、キッチン、ランドリーなどを備え、インターネットも利用可能。朝食はコンチネンタル。ドミトリーは4～8人部屋。

最寄り駅：⊖ピムリコ駅Pimlico

ベッド数200 Map P.62-63 ②C-3

✉71 Belgrave Rd., SW1V 2BG
TEL(020) 78343077　FAX(020) 79320693
inet www.astorhostels.com
D £16.50～19.50
W £50.00
£ T/C £ C/C M V

YHAオックスフォード・ストリート YHA Oxford Street　ユースホステル

ソーホー

●ロンドンの中心部に安く滞在したいという人にぴったり。ドミトリーとツインのほかにも3～4人用の部屋などがある。レセプションは3階にある。

最寄り駅：⊖オックスフォード・サーカス駅Oxford Circus

ベッド数73　Map P.60-61 ①C-2

✉14 Noel St., W1F 8GJ
TEL(0870) 7705984　FAX(0870) 7705985
inet www.yha.org.uk
D £22.60
W £49.20
£　T/C不可
C/C J M V

YHAシティ・オブ・ロンドン YHA City of London　ユースホステル

シティ

●セント・ポール大聖堂のすぐ近く。ドミトリーは4～8人部屋がほとんどだが、10人部屋や15人部屋もある。キッチンはないが、レストランが併設されており、そこで食事をとることができる。ほかにもテレビルーム、ランドリーなどがある。

最寄り駅：⊖セント・ポール駅St. Paul's

ベッド数192　Map P.66-67 ④A-2

✉36-38 Carter Ln., EC4V 5AB
TEL(020) 72364965
FAX(020) 72367681
inet www.yha.org.uk
D £17.20～26.00
S £32.00
W £53.50
£　T/C £
C/C J M V

YHAセント・パンクラス YHA St. Pancras　ユースホステル

セント・パンクラス

●大英図書館の向かいにあり、キングズ・クロス、セント・パンクラス駅からすぐ。部屋にはロッカーが備え付けられており、無料で使えるが、南京錠やダイヤル錠が必要。南京錠はレセプションで£3.60で販売している。

最寄り駅：⊖キングズ・クロス駅Kings Cross
セント・パンクラス駅St. Pancras

ベッド数156　Map P.68-69 ⑤B-1

✉79-81 Euston Rd., NW1 2QS
TEL(020) 73889998
FAX(020) 73886766
inet www.yha.org.uk
D £24.60
W £56.00
W £61.50
£
T/C £
C/C J M V

☺朝ごはんはイングリッシュブレックファストで、質、量ともに大満足です。バス、トイレは各部屋の横にありました。清潔です。
（大阪府　ayumi　'05夏）

YHAホランド・ハウス YHA Holland House　ユースホステル

ケンジントン

●ホランド・パークの中にあり、環境は非常によい。個室の利用は、宿泊の2週間以上前に予約しておかなければならない。ドミトリーは12人部屋と、20人部屋がある。キッチン、ランドリーなども完備している。インターネットも利用可能。

最寄り駅：⊖ホランド・パーク駅Holland Park
ハイストリート・ケンジントンHigh Street Kensington

ベッド数200　Map P.78-79 ⑩B-3

✉Holland Walk, W8 7QU
TEL(020) 79370748
FAX(020) 73760667
inet www.yha.org.uk
D £21.60
£
T/C £
C/C M V

YHAローザハイス YHA Rotherhithe　ユースホステル

ローザハイス

●地下鉄ローザハイス駅を出て左に進み、徒歩5分程度。川を越えた所にある大きなYHAと書かれたビル。施設は新しくてきれい。ラウンジも広く、レストランやバー、テレビルームやキッチンなども完備されている。

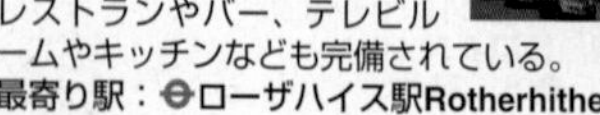

最寄り駅：⊖ローザハイス駅Rotherhithe

ベッド数320　地図外

✉20 Salter Rd., SE16 5PR
TEL(020) 72322114
FAX(020) 72372919
inet www.yha.org.uk
D £15.00～23.60
S W £51.50
£　T/C不可
C/C J M V

レストラン Restaurant

国際都市ロンドンは、もちろん料理もインターナショナル。特に安くておいしいインド料理、中華料理は、ロンドン名物といわれるぐらい有名だ。対する英国料理も、最近は各国料理の影響を受けたモダン・ブリティッシュが人気を集めており、洗練された味の店も多い。

英国料理

ルールズ Rules 【英国料理】

ソーホー

●伝統的な英国料理が楽しめる、1798年創業の老舗。イギリスでも有数の高級レストランで、今までさまざまな有名人を惹きつけている。私有の狩猟場も所有しており、伝統的な狩猟料理なども楽しめる。店内は美術品でいっぱい。要予約。

最寄り駅：⊖コヴェント・ガーデン駅Covent Garden

Map P.60-61 ①D-2

✉35 Maiden Ln., WC2E 7LB
TEL (020) 78365314
FAX (020) 74971081
inet www.rules.co.uk
開 12:00～23:30（日12:00～22:30）
休 無休
£ €　T/C £
C/C Ⓐ Ⓓ Ⓙ Ⓜ Ⓥ

シンプソンズ・イン・ザ・ストランド Simpson's-in-the-Strand 【英国料理】

ソーホー

●伝統的イギリス料理の雰囲気が楽しめる店として定評がある。ローストビーフ、ローストハムをトロリーに載せて運んできて、目の前で切り分けてくれる。銀食器が使われており、内装やサービスの仕方など、すべてが格調高い英国式でムード満点。予約が望ましい。

最寄り駅：⊖コヴェント・ガーデン駅Covent Garden

Map P.60-61 ①D-2

✉100 Strand, WC2R 0EW
TEL (020) 78369112
FAX (020) 78361381
inet www.simpsons-in-the-strand.co.uk
開 7:45～10:30　12:45～14:45　17:45～22:45
（日12:15～15:00　18:00～21:00）
休 無休
£　T/C £
C/C Ⓐ Ⓓ Ⓙ Ⓜ Ⓥ

クアグリーノス Quaglino's 【英国料理】

セント・ジェイムス

●コンラン・グループの運営しているレストラン。外観を見ただけではちょっとレストランには見えないが、地下へ下りていくと、おしゃれな空間が広がっている。料理はシーフードを中心としたモダン・ブリティッシュ。ランチのセットメニューは2品で£17.50、3品で£19.50。ディナーはアラカルトのみで予算の目安は£45.00ほど。

最寄り駅：⊖グリーン・パーク駅Green Park

Map P.60-61 ①B-3

✉16 Bury St., SW1Y 6AJ
TEL (020) 79306767
FAX (020) 78392866
inet www.conran-restaurants.co.uk
開 12:00～24:00
（金・土12:00～翌1:00、日12:00～23:00）
休 無休
£
T/C 不可
C/C Ⓐ Ⓓ Ⓙ Ⓜ Ⓥ

グリーンズ Green's 【英国料理】

セント・ジェイムス

●過度な装飾を控え、イギリスらしい高級感にあふれたレストラン兼オイスターバー。料理はオイスター、ロブスター、カニといった、シーフードに定評がある。前菜は£6.00～19.00、メインが£12.50～37.50、日替わりのランチは£14.00～19.50。予約が望ましい。

最寄り駅：⊖グリーン・パーク駅Green Park

Map P.60-61 ①B-3

✉36 Duke St., St. James's, SW1Y 6DF
TEL (020) 79304566
FAX (020) 74917463
inet www.greens.org.uk
開 11:30～15:00　17:30～23:00
休 5～8月の日曜
£
T/C 不可
C/C Ⓐ Ⓓ Ⓙ Ⓜ Ⓥ

ベントレーズ Bentley's　【英国料理】

ピカデリー・サーカス

●1916年創業という老舗の高級シーフード料理店。特にオイスター、ロブスター、スモークサーモンを使った料理に定評がある。予算はドリンク抜きで£35.00ほど。
最寄り駅：⊖ピカデリー・サーカス駅Piccadilly Circus

Map P.60-61 ①C-2

✉11-15 Swallow St., W1B 4DG
TEL(020) 77344756　FAX(020) 77584140
Inet www.bentleysoysterbarandgrill.co.uk
開12:00～24:00（日12:00～23:00）
休無休
£　T/C £
C/C Ⓐ Ⓜ Ⓥ

ヴェロニカズ Veronica's　【英国料理】

ベイズウォーター

●14世紀、リチャード2世の時代から現在までの英国料理を出すレストラン。ユニークな料理は、受賞歴もある本格派。メニューには一つひとつの料理に歴史的説明がされている。
最寄り駅：⊖ベイズウォーター駅Bayswater

Map P.78-79 ⑩C-1

✉3 Hereford Rd., Bayswater, W2 4AB
TEL(020) 72295079　FAX(020) 72211452
Inet www.veronicasrestaurant.co.uk
開18:00～22:30（日18:00～22:00）
休無休
£　T/C £　C/C Ⓐ Ⓙ Ⓜ Ⓥ

アイビー The Ivy　【英国料理】

レスター・スクエア

●おしゃれな雰囲気で人気の高いモダン・ブリティッシュ・レストラン。ベジタリアンなどもあり、メニューの幅は広い。予約したほうがいい。土・日曜のランチは3品のコースで£21.50。
最寄り駅：⊖レスター・スクエア駅Leicester Square

Map P.60-61 ①C-2

✉1 West St., WC2H 9NQ
TEL(020) 78364751
FAX(020) 72409333
開12:00～15:00　17:30～24:00
休無休
£　T/C £　C/C Ⓐ Ⓓ Ⓙ Ⓜ Ⓥ

テート・モダン Tate Modern Restaurant　【英国料理】

サザーク

●テート・モダンの最上階にある。カフェ兼レストラン。テムズ河とセント・ポール大聖堂を眺められ、景色のよさはロンドンでも屈指。ディナーは金・土曜のみで予約不可。
最寄り駅：⊖ブラックフライヤーズ駅Blackfriars

Map P.66-67 ④A-3・B-3

✉Bankside, SE1 9TG
TEL(020) 74015020
FAX(020) 74015171
開10:30～18:00（金・土10:00～23:00）
休無休
£　T/C £　C/C Ⓐ Ⓓ Ⓙ Ⓜ Ⓥ

☺窓際のとてもいい席に案内してもらい、セント・ポール大聖堂をゆっくり眺めながら食事をすることができ大満足。味もよかった。
（三重県　大道由香　'05春）〈他投稿=☺〉

ディケンズ・イン Dickens Inn　【英国料理】

ホワイトチャペル

●セント・キャサリンズ・ドック内にある、19世紀のインを利用したレストラン。3階建てになっており、1階がパブ、2階はピッツェリア、3階が英国料理レストランになっている。
最寄り駅：⊖タワー・ヒル駅Tower Hill

Map P.66-67 ④D-3

✉St. Katharine's Dock, E1W 1UH
TEL(020) 74882208
FAX(020) 77023610
Inet www.dickensinn.co.uk
開11:00～23:00（日12:00～22:30）　休無休
£　T/C 不可
C/C Ⓐ Ⓓ Ⓙ Ⓜ Ⓥ

ポーターズ Porters　【英国料理】

ソーホー

●安くておいしいと評判のレストラン。特にパイが人気。各種パイ（£9.95）以外にも、ローストビーフやステーキ、フィッシュ＆チップスなど伝統的英国料理が楽しめる。最寄り駅：⊖コヴェント・ガーデン駅Covent Garden

Map P.60-61 ①D-2

✉17 Henrietta St., WC2E 8QH
TEL(020) 78366466
FAX(020) 73794296
Inet www.porters-restaurant.com
開11:00～23:30（日12:00～22:30）　休無休
£　T/C 不可
C/C Ⓓ Ⓙ Ⓜ Ⓥ

ヨーロッパ料理

ロランジェ L'Oranger 【フランス料理】

セント・ジェイムス

●新鮮な魚介類が評判の高級レストラン。フロアは縦に長く、中央には大きな花瓶が飾られている。天井は、ガラス張りになっており、自然光が入り込む。要予約。

最寄り駅：⊖グリーン・パーク駅Green Park

Map P.64-65 ③A-2

✉5 St. James's St., SW1A 1EF
TEL (020) 78393774
FAX (020) 78394330
開 12:00～14:30　18:30～22:45
休 土曜のランチと日曜
£　T/C 不可　C/C Ⓐ Ⓓ Ⓜ Ⓥ

ラ・ブシェー La Bouchée 【フランス料理】

サウス・ケンジントン

●自然史博物館近くにあるフランス料理店。地元の人がよくデートなどに利用する。夜は各テーブルにロウソクが灯され、店内はロマンティックな雰囲気に包まれる。予算はひとり£30.00ほど。

最寄り駅：⊖サウス・ケンジントン駅South Kensington

Map P.74-75 ⑧B-2

✉56 Old Brompton Rd., SW7 3DY
TEL (020) 75891929　FAX (020) 75848625
Mail mail@labouchee.com
開 12:00～15:00　17:30～23:00（土12:00～16:00　17:30～23:00　日12:00～16:00　17:30～22:30）
休 無休　£　T/C 不可　C/C Ⓜ Ⓥ

サン・フランチェスコ San Francesco 【イタリア料理】

ソーホー

●コヴェント・ガーデンにあるイタリア料理店。スタッフも陽気で、気軽に入れる雰囲気がいい。2品のセットメニューは£10.95～。

最寄り駅：⊖コヴェント・ガーデン駅Covent Garden

Map P.60-61 ①D-2

✉19 Catherine St., WC2B 5JS
TEL (020) 78366354　FAX (020) 72407848
開 12:00～15:00　17:30～23:30
休 日
£　T/C £　C/C Ⓐ Ⓓ Ⓙ Ⓜ Ⓥ

ズィア・テレーザ Zia Teresa 【イタリア料理】

ブロンプトン

●ハロッズのすぐそばにあり、ショッピングの帰りに寄りたいイタリアン・レストラン。メインの料理は1品£7.50～£19.50。毎週変わるセットメニューは2品が£14.00、3品が£17.00。

最寄り駅：⊖ナイツブリッジ駅Knightsbridge

Map P.74-75 ⑧C-1

✉6 Hans Rd., SW3 1RX
TEL (020) 75897634　FAX (020) 75847423
Mail info@metrorest.com
開 12:00～23:00（日12:00～18:00）
休 無休
£　T/C £　C/C Ⓐ Ⓓ Ⓙ Ⓜ Ⓥ

イル・クッチョロ Il Cucciolo 【イタリア料理】

ソーホー

●周囲には劇場も多いので、演劇を見る前に寄るのにちょうどよい立地。お得なセットメニューは2品にコーヒーが付いて£14.50。

最寄り駅：⊖ピカデリー・サーカス駅Piccadilly Circus

Map P.60-61 ①C-2

✉12 Denman St., W1D 7HH
TEL (020) 74370302
開 12:00～15:00　17:30～23:30
休 日
£　T/C £　C/C Ⓐ Ⓓ Ⓙ Ⓜ Ⓥ

フード・フォー・ソウト Food for Thought 【ベジタリアン】

ソーホー

●コヴェント・ガーデン近くにあるベジタリアン・レストラン。自然な味だから、野菜嫌いの人にもおすすめ。料金はメインが£4.20～6.70。テイク・アウェイ可能で、その場合料金が少し安くなる。

最寄り駅：⊖コヴェント・ガーデン駅Covent Garden

Map P.60-61 ①D-2

✉31 Neal St., Covent Gdn., WC2H 9PR
TEL (020) 78369072
FAX (020) 73791249
開 12:00～20:30（日12:00～17:00）
休 無休
£　T/C 不可　C/C 不可

日本・中華・韓国料理

一休　食の派 Ikkyusan 【日本料理】

ソーホー

●中国人によって経営されているが、味はかなり本格的で、量も多い。ただしみそ汁はスープのように食事の最初に出てくる。

最寄り駅：⊖レスター・スクエア駅Leicester Square

Map P.60-61 ①C-2

✉39 Gerrard St., W1D 5QD
TEL(020) 74340899
FAX(020) 74340820
開12:00〜23:30　休無休
£　T/C不可　C/C ⒶⒿⓂⓋ

サキ Saki 【日本料理】

ベイズウォーター

●ベイズウォーター駅を出てすぐ。寿司、どんぶり、麺類などが£4.80〜12.00と比較的安価に味わえる。セットメニューは£9.80〜14.80。

最寄り駅：⊖ベイズウォーター駅Bayswater

Map P.72-73 ⑦A-3

✉82 Queensway, W2 3RL
TEL(020) 72292234　FAX(020) 72297377
開12:00〜23:00
休無休
£　T/C不可　C/C ⒿⓂⓋ（£10.00以上）

さくら Sakura 【日本料理】

ベイズウォーター

●JALプラザ・いぎりす屋の向かいにある。寿司、すき焼き、天ぷらなど、多彩な日本食が楽しめる。店内では日本のテレビ番組が放送されている。最寄り駅：⊖オックスフォード・サーカス駅Oxford Circus

Map P.60-61 ①B-2

✉9 Hanover St., W1S 1YF
TEL(020) 76292961　FAX(020) 74911541
開12:00〜22:00
休無休
£　T/C £　C/C ⒶⒹⒿⓂⓋ

☺ラーメンなどの麺類、トンカツなど、なかなかいけますよ。店内はいつも超満員です。　（ミラノ在住　たま　'05春）

さつま Satsuma 【日本料理】

ソーホー

●日本食が懐かしくなったときにおすすめ。カレー£7.20〜7.50、焼きそば£5.40〜6.90、弁当£9.90〜15.90など。長いカウンターテーブルがある店内はおしゃれな雰囲気。

最寄り駅：⊖ピカデリー・サーカス駅Piccadilly Circus

Map P.60-61 ①C-2

✉56 Wardour St., W1D 4JG
TEL(020) 74378338
FAX(020) 74373389
開月・日12:00〜22:30、火12:00〜23:30、水・木12:00〜23:00、金・土12:00〜24:00
休無休 £ T/C £ C/C ⒶⒹⒿⓂⓋ

ヨー・スシ Yo! Sushi 【日本料理】

パディントン

●パディントン駅をはじめとして、ハーベイ・ニコルズや、セルフリッジといったデパートの中にも出店している回転寿司の店。寿司のほかにも、焼き鳥や天ぷら、ラーメンなども出す。料金は一品£1.50〜5.00。

最寄り駅：⊖パディントン駅Paddington

Map P.72-73 ⑦B-2

✉Unit R07, The Lawn, Paddington Station, W2 1FT
TEL(020) 77069550 FAXなし
Inet www.yosushi.com
開11:00〜23:00
休無休
£ T/C不可 C/C ⒿⓂⓋ

コクーン Cocoon 【日本料理】

ピカデリー・サーカス

●リージェント・ストリートにある寿司バー。インテリアはモダンな感じ。ネタは常時20種ほどある。ほかにもアジア各国の料理を幅広く出す。

最寄り駅：⊖ピカデリー・サーカス駅Piccadilly Circus

Map P.60-61 ①C-2

✉65 Regent St., W1B 4EA
TEL(020) 74947600 FAX(020) 74947607
Inet www.cocoon-restaurants.com
開12:00〜15:00 17:30〜23:30
休土のランチ、日
£ T/C不可 C/C ⓂⓋ

ワガママ Wagamama 【日本料理】

ソーホー

●人気の日本料理店チェーンで、早くてうまいがモットー。ロンドンだけでも17店舗もある。ラーメン£6.60～9.60や焼きそば£5.95、チャーハン£6.35、チキンカツカレー£7.25など、料理の種類も豊富。日本酒や日本のビールなどのアルコール類も各種揃っている。最寄り駅：⊖レスター・スクエア駅Leicester Square

Map P.60-61 ①C-2

✉14a Irving St., WC1H 7AFB
TEL(020) 78392323
FAX(020) 73210537
inet www.wagamama.com
開12:00～23:00
(金・土12:00～23:00　日12:30～22:00)
休無休
£　T/C不可　C/C A D J M V

ジパング Zipangu 【日本料理】

ソーホー

●中華街にある小さな日本食店。こぢんまりとした店内には、日本人の店員さんもいる。刺身や寿司などのほか天ぷら、などの各種定食がある。人気メニューはカツ丼£5.30。
最寄り駅：⊖レスター・スクエア駅Leicester Square

Map P.60-61 ①C-2

✉8 Little New Port St., WC27 7JJ
TEL(020) 74375042
FAXなし
開12:00～23:00
(金・土12:00～23:30　日12:00～22:30)
休無休
£　T/C不可　C/C A M V

プーンズ Poons 【中華料理】

ソーホー

●スイス・センターの横にある細い通りを入った所にある。いつも込んでいて、列ができることも。ロンドンっ子にかなり高く評価されている店。
最寄り駅：⊖レスター・スクエア駅Leicester Square

Map P.60-61 ①C-2

✉4 Leicester St., Leicester Sq., WC2H 7BL
TEL(020) 74371528　FAX(020) 74372903
開12:00～23:30
休無休
£　T/C不可　C/C A J M V

ジョイ・キン・ラウ Joy King Lau 【中華料理】

ソーホー

●雰囲気がよく、しかも値段もお手頃の中華料理店。日本人の味覚にも合う。1品£5.00ぐらいから。点心の種類が豊富で人気。
最寄り駅：⊖レスター・スクエア駅Leicester Square

Map P.60-61 ①C-2

✉3 Leicester St., WC2H 7BL
TEL(020) 74371132　FAX(020) 74372629
開12:00～23:30 (日11:00～22:30)
休無休
£　T/C £　C/C A D M V

ミスター・ウー(胡) Mr. Wu 【中華料理】

ソーホー

●シャフツベリー・アベニューにあるビュッフェ形式の中華料理店。ひとり£8.50で食べ放題とあっていつも込み合っている。落ち着いた店内の中央には常時約40種の料理が並ぶ。サラダバーやデザートもある。
最寄り駅：⊖レスター・スクエア駅Leicester Square

Map P.60-61 ①C-2

✉58-60 Shaftesbury Ave., W1D 6LS
TEL(020) 72878883
FAXなし
開12:00～23:30
休無休
£　T/C不可　C/C不可

ラン Ran 【韓国料理】

ソーホー

●本格派の韓国式焼肉レストラン。日本語メニューもある。ランチはひとり£6.75～11.45、ディナーのセットはひとり£23.00～69.00。

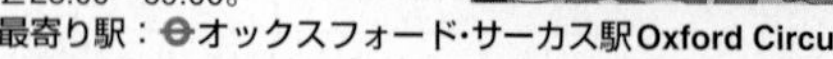

最寄り駅：⊖オックスフォード・サーカス駅Oxford Circus

Map P.60-61 ①C-2

✉58-59 Great Marlborough St., W1F 7JY
TEL(020) 74341650　FAXなし
開12:00～15:00　18:00～23:00
休日曜のランチ　£　T/C £
C/C A J M V

☺そんなに広くないので20～30分待ちはあたりまえ！予約をしたほうがいいですよ。(東京都　Mika　'05春)〈他投稿=☺〉

各国料理

チョール・ビザール Chor Bizarre 【インド料理】

メイフェア

●ロンドンを代表するインド料理店。過去数々の賞を受賞しており、芸能人が愛用する店としても有名。予算は飲み物を含まないで、ひとり£25.00程度。
最寄り駅：⊖グリーン・パーク駅 Green Park

Map P.60-61 ①B-2
✉16 Albemarle St., W1S 4HW
TEL(020) 76299802 FAX(020) 74937756
inet www.chorbizarre.com
開12:00〜15:00 18:00〜23:30（日18:00〜22:30） 休無休
£ T/C不可 C/C Ⓐ Ⓓ Ⓙ Ⓜ Ⓥ

デリー・ブラッセリー The Delhi Brasserie 【インド料理】

ケンジントン

●メニューは特にカレーが充実しているほか、ビルヤーニ、タンドーリ、ベジタリアンも充実。カレーは£6.95〜13.95。また、3品のランチセットは£6.95とお得。
最寄り駅：⊖グロスター・ロード駅 Gloucester Road

Map P.74-75 ⑧A-2
✉134 Cromwell Rd., SW7 2HA
TEL(020) 73707617 FAX(020) 72448639
inet www.delhibrasserie.com
開12:00〜23:30
休無休
£ T/C不可 C/C Ⓐ Ⓓ Ⓜ Ⓥ

リージェント・タンドーリ Regent Tandoori 【インド料理】

ソーホー

●高級な雰囲気の店。マドラスなど南インド料理が専門でタンドーリも出す。なかでもチキン・マサラがおいしい。コース料理は£18.95〜。
最寄り駅：⊖ピカデリー・サーカス駅 Piccadilly Circus

Map P.60-61 ①C-2
✉10 Denman St., W1V 7RF
TEL(020) 74341134
開12:00〜23:30
休無休
£ T/C £（£20.00以上） C/C Ⓐ Ⓓ Ⓙ Ⓜ Ⓥ

イート・タイ Eat-Thai 【タイ料理】

ソーホー

●人気のタイ料理レストラン。トムヤムクンなどタイの各種スープをはじめ、タイ風春巻きや麺類、カレーなどがある。ランチは2品で£8.95。テイク・アウェイ用のメニューもある。
最寄り駅：⊖ボンド・ストリート駅 Bond Street

Map P.60-61 ①A-1
✉22 St. Christopher's Pl., W1U 1NP
TEL(020) 74860777 FAX(020) 74869350
inet www.eat-thai.net
開12:00〜15:00 18:00〜23:00
休無休
£ T/C不可 C/C Ⓐ Ⓜ Ⓥ

トプカプ Topkapi 【トルコ料理】

マリルボン

●30年以上の歴史を誇る老舗トルコ料理店。本格的なトルコ料理が堪能できる。コースメニューは前菜、サラダ、メイン、デザート、コーヒーまで付いて£19.90。テイク・アウェイも可能。
最寄り駅：⊖ベーカー・ストリート駅 Baker Street

Map P.70-71 ⑥C-3
✉25 Marylebone High St., W1U 4PQ
TEL(020) 74861872
FAX(020) 74862063
開12:00〜23:30
休無休
£ T/C不可 C/C Ⓐ Ⓓ Ⓙ Ⓜ Ⓥ

ジラフ Giraffe 【バラエティ】

マリルボン

●ウォレス・コレクションの近くにある。タイ、メキシコ、中近東などさまざまな国の料理を出すカジュアルなレストラン。メインは£6.95〜12.95。
最寄り駅：⊖ベーカー・ストリート駅 Baker Street

Map P.60-61 ①A-1
✉6-8 Blandford St., W1U 4AU
TEL(020) 79352333 FAX(020) 79352334
開8:00〜22:30（土・日9:00〜22:30）
休無休
£ T/C不可 C/C Ⓐ Ⓜ Ⓥ

ハード・ロック・カフェ Hard Rock Café 【バラエティ】

メイフェア

●世界中に支店があるハード・ロック・カフェの1号店。店内には数々のロック・ミュージシャンの楽器が飾られている。隣の建物は、ショップ兼ロック・ミュージアム。

最寄り駅：⊖ハイド・パーク・コーナー駅Hyde Park Corner

Map P.60-61 ①A-3

✉150 Old Park Ln., W1K 1QZ
TEL(020) 76290382
inet www.hardrockcafe.com
開11:30〜24:00（木・金11:30〜翌1:00、日11:30〜23:30）
休無休　£　T/C不可　C/C ⒶⒹⓂⓋ

パブ、カフェ

タターシャル・キャッスル Tattershall Castle 【パブ】

セント・ジェイムス

●テムズ河に浮かぶ船を利用したパブ。絶好のロケーションに加え、ライブイベントも盛り上がる。夜は周囲のライトアップが美しい。

最寄り駅：⊖エンバンクメント駅Embankment

Map P.64-65 ③B-2

✉Victoria Embankment, SW1A 2HR
TEL(020) 78396548　FAX(020) 78391139
開11:00〜23:00（土・日12:00〜22:30）
休無休
£　T/C不可　C/C ⒶⒹⒿⓂⓋ

オールド・チェシャー・チーズ Ye Olde Cheshire Cheese 【パブ】

ホーバン

●1667年創業という老舗パブ。かのディケンズとジョンソン博士が好んで座っていたのは1階の暖炉の右側だったそう。漆黒の家具も歴史を感じさせる。

最寄り駅：⊖ブラックフライアーズ駅Blackfriars

Map P.66-67 ④A-2

✉145 Fleet St., EC4A 2BU
TEL(020) 73536170
開11:00〜23:00（土11:00〜15:00　18:00〜23:00、日12:00〜15:00）
休無休
£　T/C不可
C/C ⒶⒹⒿⓂⓋ（手数料別途）

シャーロック・ホームズ Sherlock Holmes 【パブ】

セント・ジェイムス

●1階はパブになっており、2階にはレストランとシャーロック・ホームズの部屋がある。ホームズファンならぜひ訪れたい場所だ。

最寄り駅：⊖チャリング・クロス駅Charing Cross

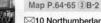

Map P.64-65 ③B-2

✉10 Northumberland St., WC2N 5DA
TEL(020) 79302644
開11:00〜23:00（日12:00〜22:30）
休無休
£　T/C £　C/C ⓂⓋ

オランジェリー The Orangery 【ティー&カフェ】

ケンジントン

●ケンジントン・ガーデンズ内、ケンジントン宮殿のすぐ北にある建物。店内は大きな窓で外からの光が取り入れられ、明るく雰囲気がよい。15:00以降はアフタヌーンティーが楽しめる。

最寄り駅：⊖クイーンズウェイ駅Queensway

Map P.78-79 ⑩C-2

✉Kensington Palace, W8 3UY
TEL(020) 73760239
Mail orangery@digbytrout.co.uk
開10:00〜17:00
休無休
£
T/C不可
C/C ⒹⒿⓂⓋ

ニューウェンズ Newens 【ティー&カフェ】

キュー・ガーデンズ

●キュー・ガーデンズ駅からキュー・ガーデンズに向かい、キュー・ロードKew Rd.で右折して5分。メイド・オブ・オナーズというお菓子で有名。

最寄り駅：⊖キュー・ガーデンズ駅Kew Gardens

地図外

✉288 Kew Rd., Kew Gardens, Surry, TW9 2DU
TEL(020) 89402752
開9:30〜18:00（月9:30〜13:00）　休日
£　T/C不可　C/C ⒿⓂⓋ

テムズのほとり

Along the Thames

グリニッジにある宮王立海軍学校の礼拝堂

キュー・ガーデンズ

日帰りで郊外へ出かけよう

テムズのほとり

どんな町があるか

ロンドンの近郊には、ロンドン中心部とは異なる魅力で満ちあふれている。英国王室の宮殿があるウィンザーやハンプトン・コート・パレス、ユネスコの世界遺産にも登録されている河港都市グリニッジ、そして世界中に存在する植物の8分の1を収集している世界一の植物園キュー・ガーデンズなど、いずれも見ごたえ充分だ。これらはほとんどがテムズ河のほとりに位置している。忙しい町なかを離れて、郊外の見どころをのんびりと楽しんではいかがだろう。

移動のコツ

どの町や見どころもロンドンの中心部から、地下鉄や列車、バスなどで容易にアクセスできる。夏期にはロンドンの中心部からリバー・ボートが出航しており、テムズ河をクルーズしながら、グリニッジやキュー・ガーデンズ、ハンプトン・コート・パレスに行くこともできる。

プランニングのコツ

どの見どころもロンドン中心部からは近いが、放射状に点在しており、1日に数ヵ所の観光スポットを回るのは現実的ではない。また、城や庭園は観光に半日ぐらいは見ておきたい見どころも多い。モデルルートはP.59を参照。

ハンプトン・コート・パレス

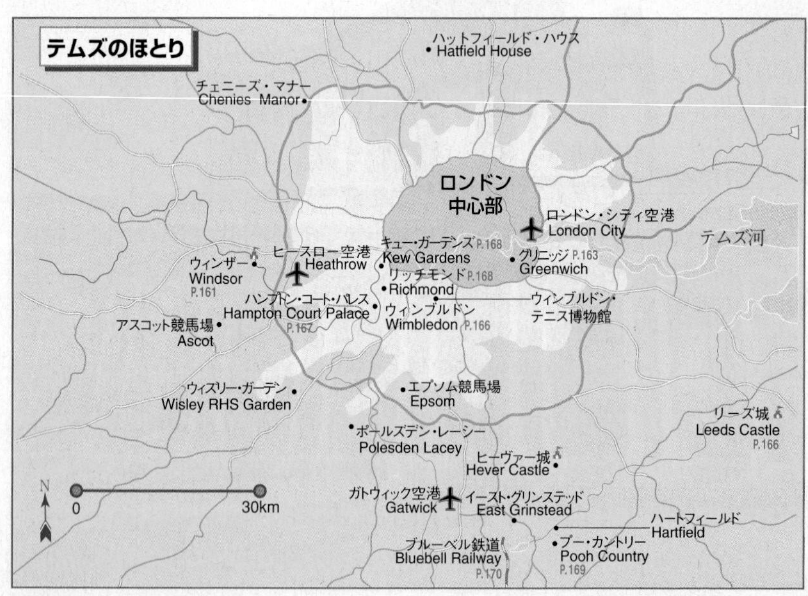

英国の品格と伝統を体現する町

ウィンザー Windsor

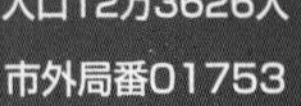

広大な敷地面積を誇るウィンザー城

現在使われている王室の居城としては、世界最大の規模を誇るウィンザー城。ウィリアム征服王が1066年にイングランドを征服して以来、900年以上の長きにわたり、城塞、そして英国王室の宮殿として使われている。ウィンザーの町は、そんなウィンザー城の周りに広がる城下町。ロイヤル・タウンと呼ぶにふさわしい優美さを感じさせる町だ。現在の英国王室はウィンザー王朝。この名称からも英国王室とこの町とのつながりがいかに深いかがわかるだろう。

ウィンザーからテムズ河の北岸へと渡りしばらく進むと、イギリス屈指の名門校であるイートン校。燕尾服に身を包んだ未来の英国紳士が勉学にいそしんでいる。

歩き方

ウィンザーにはセントラル駅、リバーサイド駅のふたつの鉄道駅があるが、どちらも町の中心部に近い。まずは、❶で地図をもらったり、情報収集をしよう。ウィンザー城は❶のすぐそば。城の入口はキャッスル・ヒルを上った所にある。もうひとつの見どころ、イートン校は、町の中心部から徒歩10分ほどの所。テムズ河にかかる橋、ウィンザー&イートン・ブリッジを渡り、そのまま真っすぐ進むとある。途中の道は、石畳が敷き詰められた雰囲気のよい通りだ。

見どころ

この町最大の見どころ、ウィンザー城は時間を取ってゆっくりと見学をしたい。イートン校は、見学時間が限られているので注意が必要。

ウィンザーへの行き方

●ロンドンから

🚃パディントン駅からSlough スロウで乗り換え、セントラル駅Central下車。直通もある。1時間に2便　所要：約25分

🚃ウォータールー駅発で、リバーサイド駅Riverside下車。1時間に2便　所要：約55分

🚌グリーン・ライン・コーチステーションからグリーンライン701、702番が1時間に1便程度　所要：約1時間

■ウィンザーの❶

Map P.161

✉Windsor Royal Shopping, Thomas St., SL4 1RH

TEL(01753) 743900

FAX(01753) 743904

Inetwww.windsor.gov.uk

開4～6月10:00～17:00
7・8月10:00～17:30
(日10:00～17:00)
9月10:00～17:00
(日10:00～16:00)
10～3月10:00～16:00
(土10:00～17:00)

休1/1、12/24～12/26

■ウィンザー城
Map P.161
✉Windsor, SL4 1NJ
TEL (020) 77667304
FAX (020) 79309625
inet www.royal.gov.uk
開 3～10月9:45～17:15
11～2月9:45～16:15
最終入場は閉館の1時間15分前
休 6/19、12/25・26
ステート・アパートメントは6/17～20、聖ジョージ礼拝堂は日曜は入場できない
ロイヤル・ファミリーや国賓の滞在中や国家行事があるときなどは、内部見学が制限または閉鎖されるので要確認（特に4・6・12月）。
料 £13.50　学生£12.00（ステート・アパートメントが閉鎖されているときは£7.00、学生£6.00）

歴代の国王が眠る聖ジョージ礼拝堂

■イートン校
Map P.161
✉Eton High St., SL4 6DW
TEL (01753) 671177
FAX (01753) 671029
inet www.etoncollege.com
開 3/25～4/20、7/2～9/5
10:30～16:30
4/21～7/1、9/6～10/1
14:00～16:30
休 5/31、6/13、上記以外の時期
料 £4.00、1時間のガイドツアー料込み£5.00

イートン校の礼拝堂

イートン校の中庭

英国王室の居城

ウィンザー城
Windsor Castle

見学所要時間の目安 半日以上

中央部にあるラウンド・タワー

ウィンザーの町を見下ろすように建つウィンザー城は、900年にも及ぶ長い間、英国王室の居城として使われ続けている由緒正しき城。

現在見学することができるのは、ステート・アパートメント、クイーン・メアリー人形館、そして聖ジョージ礼拝堂の3ヵ所。しかし、公式の広間としての役割をもつステート・アパートメントは、使用中であれば入場はできないし、聖ジョージ礼拝堂も、日曜は入場不可になっているなど、そのときの状況によって見学が制限されることがあるので、事前に確認しておこう。

ステート・アパートメント内部はさすがに豪華で、あちこちに王室所蔵の絵画や装飾品が飾られている。また、聖ジョージ礼拝堂は立派なゴシック様式の礼拝堂。ヘンリー8世をはじめとする英国王室の墓所でもある。

英国屈指のエリート校

イートン校
Eton College

見学所要時間の目安 1時間

イートン校の校舎

イートン校は、15世紀にヘンリー6世によって建てられたパブリック・スクール（イングランドでパブリック・スクールとは、公立学校ではなく、全寮制私立学校のこと）。ここはそんなパブリック・スクールのなかでも英国随一の名門校として知られており、ウォルポール、グラッドストンをはじめとして、過去18人もの英国首相を輩出。現在も12歳から18歳までの1000人以上の生徒がこの学校で学んでいる。

学校の門をくぐると、まず目に付くのが中央にある学校の創設者ヘンリー6世の像。入って右側にあるゴシック様式の礼拝堂は、同じくヘンリー6世の命によって建てられたが、建造中に王が廃位されたため、当初の計画は大幅に縮小されることになった。礼拝堂の内部には中世に描かれた壁画も残されている。構内には博物館もあり、イートン校の歴史、学校生活に関する展示がされている。

7つの海を支配した大英帝国の象徴
グリニッジ Greenwich

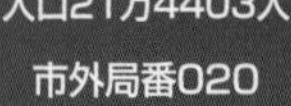

人口21万4403人
市外局番020

英国海洋史に名を残す美しい帆船カティー・サーク号

世界標準時刻の軸として有名なグリニッジは、世界の海を支配した大英帝国の栄光を今に伝える町。ロンドンの東南部に位置するこの町には、海軍学校が開かれるなど、大英帝国の発展に多大な貢献をした。海軍学校にはロンドンのセント・ポール大聖堂を設計したクリストファー・レンによる美しいバロック様式の建築物が並ぶ。1997年には河港都市グリニッジとしてユネスコの世界遺産にも登録されている。ロンドンからのアクセスも非常によく、テムズ河を船でクルーズしたり、ドックランズ・ライト・レイルウェイを利用して、ドックランズを眺めながら行けるので、ロンドンから足を延ばすのに絶好の場所だ。

歩き方

グリニッジ・ピアGreenwich Pierに着いても、カティー・サーク駅Cutty Sarkに着いても、すぐに大きな帆船、カティー・サーク号が目に付く。まずはここを目指そう。鉄道でグリニッジ駅に到着した人は、グリニッジ・ハイ・ロードGreenwich High Rd.P.163A-2に沿って北東へと進むと、5分ほどでカティ・サーク号周辺に着くはずだ。カティ・サーク号に着いたら船内の見学はひとまずおいておき、まずは旧王立海軍学校の中にある🛈へと直行しよう。ここでは、地図や町の見どころのパンフレットが手に入るし、町の歴史を紹介した展示もされている。🛈から出たら、いったんカティ・サーク号に戻り、船内を見学、それ

グリニッジへの行き方

●ロンドンから

🚃チャリング・クロス駅からウォータールー・イースト駅、ロンドン・ブリッジ駅経由でグリニッジ下車
頻発
所要：約15分

🚃ドックランズ・ライト・レイルウェイ（DLR）でカティー・サークCutty Sark駅下車

🚢ウェストミンスター・ピアからウォータールー・ピア、タワー・ピアを経由してグリニッジ下船
1日8～11便
所要：約1時間

■グリニッジの🛈
Map P.163A-1
✉Pepys House, 2 Cutty Sark Gdns., SE10 9LW
TEL 08706082000
inet www.greenwich.gov.uk
開10:00～17:00
休12/25・26
宿の予約は手数料£2.00とデポジットとして1泊目の宿泊料金の10%

グリニッジの❶

から学校内を見て回ろう。旧王立海軍学校のすぐ南に面した建物は、国立海洋軍事博物館になっている。さらにこの南には広大な公園、グリニッジ・パークGreenwich Park P.163B-2が広がっており、小高い丘の上には有名な旧天文台が建っている。丘からの眺めは非常によく、ドックランズやミレニアム・ドームを見渡すことができる。

かつて世界最速を誇った帆船

カティー・サーク号
Cutty Sark

見学所要時間の目安 30分

■カティー・サーク号
Map P.163A-1
✉King William Walk, SE10 9HT
TEL (020) 88582698
FAX (020) 88586976
Inet www.cuttysark.org.uk
開 10:00～17:00
最終入場16:30
休 12/24～26
料 £5.00　学生£3.90

グリニッジ桟橋の目の前に堂々とした姿を披露しているカティー・サーク号は、1869年に建造され、当時としては世界最速を誇った大型快速帆船。中国からの紅茶や、オーストラリアの羊毛などを運ぶ運搬船として、インド航路で活躍し、1954年に今の場所に落ち着いた。現在は博物館として現役当時の航海の様子を今に伝えている。

カティー・サーク号内の展示

クリストファー・レンの傑作が並ぶ

旧王立海軍学校
The Old Royal Naval College

見学所要時間の目安 1時間

■旧王立海軍学校
Map P.163B-1
✉2 Cutty Sark Gdns., SE10 9LW
TEL (020) 82694747
FAX (020) 82694757
Inet www.greenwichfoundation.org.uk
開 10:00～17:00
休 12/24～26
料 無料
ガイドツアー£4.00

海軍学校の礼拝堂

クリストファー・レンが設計したバロック様式の建物が並ぶ旧王立海軍学校。美しい建物が規則正しく、整然と並ぶのは何とも壮観だ。この建物は、本来は病院として建てられたもので、その後1873年からは王立海軍学校として使用され始め、現在は大学となっている。

現役の学校という性格上、建物すべては見学できないが、ペインティド・ホールPainted Hall、礼拝堂Chapell、そしてスティーブン・ローレンス・ギャラリーStephen Lawrence Galleryの見学は可能。これらはキューポラのあるふたつの建物の中にある。

英国海事史を語る

国立海洋博物館
The National Maritime Museum

見学所要時間の目安 2時間

■国立海洋博物館
Map P.163B-1～2
✉Romney Rd, SE10 9NF
TEL (020) 83126565
FAX (020) 83126632
Inet www.nmm.ac.uk
開 10:00～17:00
最終入場16:30
休 12/24～26
料 無料

旧王立海軍学校の南側、グリニッジ・パークとの間にある。英国海軍史のすべてがわかるといっても過言ではないほどの充

広大な展示スペースをもつ国立海洋博物館

実の内容を誇る博物館。西隣にある建物は、クイーンズ・ハウスQueen's House。パッラーディオ様式のファサードが印象的な美しい建物で、中にはイギリス海軍に関するさまざまな絵画が飾られている。

■クイーンズ・ハウス
Map P.163B-1
✉Romney Rd., SE10 9NF
TEL(020) 83126565
FAX(020) 83126632
inetwww.nmm.ac.uk
開10:00~17:00
最終入場16:30
休12/24~26
料無料

世界の時刻を決めていた

旧天文台
Old Royal Observatory

見学所要時間の目安 30分

グリニッジといって真っ先に思い浮かぶのがグリニッジ標準時刻。経度0は、ここグリニッジにある天文台を中心に決められた。つまり、ここに立てば片足は東半球、片足は西半球ということになる。旧天文台はグリニッジ・パークの丘の上にあり、ここからは、旧王立海軍学校やテムズ河、ミレニアム・ドームまで見え、抜群の景観を提供している。ぜひカメラに納めておきたい。

軽度0の子午線をまたいで記念撮影

■旧天文台
Map P.163B-2
✉Greenwich Park, SE10 8QY
TEL(020) 83126565
FAX(020) 83126632
inetwww.nmm.ac.uk
開10:00~17:00
最終入場16:30
休12/24~26
料無料

グリニッジ標準時はこの天文台をもとに決められた

ロンドンの東に広がる再開発地域

ドックランズ Docklands

19万6106人　市外局番020

カナリー・ウォーフ駅前のオフィス街

ロンドン塔の東、セント・キャサリンズ・ドックからグリニッジへと続く地域はドックランズと呼ばれる地域。かつては閉鎖されたドックが建ち並ぶ後進的な地域であったが、再開発の結果、ロンドンでも最先端の地域へと大きく様変わりした。ロンドン中心部やグリニッジからはドックランズ・ライト・レイルウェイで簡単にアクセスすることができる。ドックランズの中心はカナリー・ウォーフCanary Warf。ここは高層ビルが建ち並ぶ、新興オフィス街になっており、ビルの中にはショップモールやレストランが入っている。ロンドンの若者に人気のスポットだ。

ドックランズへの行き方

●ロンドンから
🚃ロンドンの中心部からドッグランズ・ライト・レイルウェイ(DLR)でつながっているほか、地下鉄ジュビリー・ラインでも行くことができる。

カナリー・ウォーフ駅に到着したDLR

世界で最も愛らしい城

リーズ城 Leeds Castle

非居住地域
市外局番01622

リーズ城への行き方

●ロンドンから
🚃🚌ヴィクトリア駅からアシュフォードAshford行きの列車でベアステッドBearsted駅まで約1時間。ここからバスに乗り換えて約15分。入場料がセットになったお得な往復チケットもある。
🚌ヴィクトリア・コーチステーションからナショナル・エクスプレスのコーチ21番が9:00発。帰路は15:05発。所要時間約1時間30分。

■リーズ城　Map P.160
✉Maidstone, Kent, ME17 1PL
TEL(01622) 765400
FAX(01622) 735616
Inet www.leeds-castle.com
開4～9月10:30～19:00
最終入場17:00
10～3月10:30～17:00
最終入場15:30
休6/24、7/1、11/4、12/25
料£13.50　学生£11.00

かつては要塞だったリーズ城

「世界で最も愛らしい城」と評されたこともあるリーズ城。その歴史はとても古く、ノルマン征服後に作られた検地書、ドゥームズデイ・ブックDomesday Bookにも記録されている。本来は要塞として建てられたのだったが、ヘンリー8世は、最初の妻キャサリンのために、この要塞を宮殿へと改築した。

入口を入るとしばらく散歩道が続き、城へは7～8分ほどかかる。途中さまざまな鳥を見かけ、何とものどかな雰囲気だ。城自体はそれほど大きくないものの、内部はやはり豪華。あちこちに鳥の絵が飾られている。

敷地はなかなか広く、城の背後には庭園をはじめとして、レストランや鳥園、そして迷路などが広がっている。1日かけてゆっくり過ごすのにぴったりの場所だ。

テニスの聖地

ウィンブルドン Wimbledon

人口4万8000人　市外局番020

ウィンブルドンへの行き方

🚃地下鉄ディストリクト・ラインでサウスフィールズSouthfieldsまたは地下鉄ノーザン・ラインでサウス・ウィンブルドンSouth Wimbledonで下車、バス493番に乗り換え

■ウィンブルドン・テニス博物館　Map P.160
✉Church Rd., SW19 5AE
TEL(020) 89466131
Inet www.wimbledon.org/museum
開10:00～17:00
大会中は大会チケットの保持者のみ入場可。
休大会中の日曜、大会直後の月曜、1/1、12/24～26
料博物館のみ£7.50
　学生£6.25　博物館+ツアー£45.50　学生£13.00

ウィンブルドンは改めて説明のする必要のないテニスの聖地。毎年6月に行われる全英オープンのために深夜までテレビ観戦する人も少なくないはず。そんなテニスファン必見の場所がウィンブルドン・テニス博物館。2006年4月にリニューアル・オープンした博物館の展示は、巨大スクリーンやタッチパネルなど、いずれも最新の技術を駆使したものばかり。1980年代の男子更衣室を、往年のトッププレーヤーで現在は解説者として活躍中のジョン・マッケンローがゴーストとして案内してくれたり、2005年にセンターコートで行われたマリア・シャラポアの試合を200度のワイドスクリーンで再現しながら、トッププレーヤーの技術や身体能力を科学的に解明するなど、テニスファンならずとも楽しめる内容になっている。また、ガイドツアーでは、一般の人は普段入れないウィンブルドンの裏側を見学できる。

美しい庭園に囲まれた宮殿

ハンプトン・コート・パレス Hampton Court Palace

非居住地域
市外局番020

ハンプトン・コート・パレス

ロンドンから鉄道で30分ほどの所にあるハンプトン・コート・パレスは、広大な庭園に囲まれたレンガ造りの宮殿。1514年にトマス・ウルジー枢機卿が建てたものだが、その後ヘンリー8世が半ば無理矢理奪ってしまった。以来ここはヘンリー8世のお気に入りの宮殿であり、宮殿内には彼にまつわるさまざまなものが残されている。とにかく見どころが多いので、できれば1日かけてゆっくりと回りたいところだ。

観光の中心クロック・コート

入って最初の広場が、ベース・コートBase Court。さらにもうひとつの門をくぐるとクロック・コートClock Courtがある。入ってきた門にある時計がこの広場の名前の由来であるヘンリー8世の時計。テムズ河の潮の干満までわかるようになっている当時最先端を誇った大時計だ。

ヘンリー8世の時計

クロック・コートは宮殿観光の中心になっており、オーディオガイドの貸し出しなどを行っている❶もここに面した建物に入っている。時計を背にして左は、1000人以上の人の食事を調理できたというテューダー朝期の厨房だ。

ステート・アパートメント

宮殿の建物内部は、いくつかの部門に分かれており、中世の服装をしたガイドによるツアーなどが定期的に行われている。そのなかでも最大の見どころは、ヘンリー8世のステート・アパートメントHenry VIII's State Apartment。❶で借りることができるオーディオガイドで日本語の説明も聞くことができる。そのほか宮殿内には、王立礼拝堂Chapel Royalやウイリアム3世のステート・アパートメントKings Apartmentなど、見どころ満載。

庭園

宮殿は美しく造園された庭園に取り囲まれている。宮殿内の見学にちょっと疲れたら美しい庭園を眺めながらひと休みするのもいいだろう。

手入れの行き届いた広大な庭園

ハンプトン・コート・パレスへの行き方

●ロンドンから

🚃ウォータールー駅発ハンプトン・コート駅下車
1時間に2便
所要：30分

🚌111、216、411、416、451、461、513、718、R68

⛴ウェストミンスター・ピア発、キュー・ピア、リッチモンド・ピア経由ハンプトン・コート・ピア行き
4～9月の運航
1日2～3便
所要：3時間

■ハンプトン・コート・パレス
Map P.160
✉East Molesey, Surrey, KT8 9AU
TEL(0870) 7527777
Inet www.hrp.org.uk
開3/26～10/28 10:00～18:00
10/29～3/25 10:00～16:30
最終入場は閉館の1時間前
休12/24～26
料£12.30　学生£10.00

宮殿の中庭

中世のレディと記念撮影

世界に冠たる植物園

キュー・ガーデンズ Kew Gardens

非居住地域
市外局番020

キュー・ガーデンズへの行き方

●ロンドンから
地下鉄ディストリクト・ライン、キュー・ガーデンズ駅Kew Gardens下車
ウェストミンスター・ピア発、キュー・ピアで下船
4～9月の運航、1日4便
所要：1時間30分

■キュー・ガーデンズ
Map P.160
✉Royal Botanic Gardens Kew, Richmond, Surrey, TW9 3AB
TEL(020) 83325655
inet www.kew.org
開4月上旬～9月上旬
9:30～18:30
(土・日・祝9:30～19:30)
9月上旬～10月下旬
9:30～18:00
10月下旬～2月上旬
9:30～16:15
2月下旬～3月下旬
9:30～17:30
最終入場は閉館の30分前
休12/24・25
料£11.75　学生£8.75

ガーデニングファンはぜひ訪れたい

正式名はキュー王立植物園Royal Botanic Gardens, Kew。1759年に、ジョージ3世の母后プリンセス・オーガスタが庭師のW.アイトンに命じて造らせたのが始まり。その後、キャプテン・クックに随行して世界各地を旅行し、さまざまな植物を収集したバンクスのコレクションが加わり、いっそう充実した。現在4万種以上もの植物が育てられ、植物標本の数は700万点以上。名実ともに世界最大の植物園。2003年に世界遺産に登録された。世界各国の植物が植えられ、四季折々の花が咲き乱れている園内は、どの季節に訪れてもすばらしい。

約300エーカーの園内には、アヒルがたわむれる人造湖をはじめ、巨大な温室や花壇が工夫を凝らして配置されている。敷地内にはレストランやカフェも複数あり、1日かけてのんびりとできる。

ロンドン郊外に広がる動物たちの楽園

リッチモンド Richmond

人口17万2335人　市外局番020

リッチモンドへの行き方

●ロンドンから
地下鉄ディストリクト・ライン、リッチモンド駅下車
ウォータールー駅発、リッチモンド駅Richmond下車
所要：15分

■リッチモンドのℹ
✉Old Town Hall,Whittaker Av., Surry, TW9 1TP
TEL(020) 89409125
inet www.visitrichmond.co.uk
開10:00～17:00(日10:30～13:30)
休10～4月の日曜

緑があふれるリッチモンド

キュー・ガーデンズからほど近い所にあるリッチモンドは、かつては英国王室の保養地であった場所。キュー・ガーデンズからは、川沿いに徒歩で訪れることもできる。

このリッチモンドの外れに広がる公園がリッチモンド・パーク。1000ヘクタールの敷地をもつこの公園は、徒歩で回るにはちょっと広すぎるほど。中には、シカをはじめとしてさまざまな動物が生息しており、ロンドン郊外における自然の楽園になっている。

『クマのプーさん』のふるさと
プー・カントリー Pooh Country

人口2400人
市外局番01892

『クマのプーさんWinnie-the-Pooh』に描かれた世界が現前するのがプー・カントリー。クリストファー・ロビンが駆け巡った百町森100 Acre Woodsが広がる。子供に戻ったつもりでゆっくり歩いてみよう。

これが聖地プー・コーナー

起点はハートフィールドの村。ひととおり歩いても10分かからないほどの小さな村だ。ここに世界からプーさんファンが集まるショップ、プー・コーナーPooh Cornerもある。

フットパスを示す日本語の表示もある

村を出てすぐ右に折れ、しばらく歩くと左側にフットパスを示す看板があるので、野原のほうに入っていく。私有地も多いので、柵を越えないように注意しよう。牧場の縁を通ったり野原の真ん中を突っ切ったり、間違っていないか不安になるが、フットパスの表示を頼りに進むと、プーさんたちが棒落としをして遊んだ橋に到着。所要約40分だ。南には百町森が広がり、こちらも歩くと半日ほどの行程となる。

プーの棒落とし橋

プー・カントリーへの行き方

起点はハートフィールド村。

●ロンドンから

ヴィクトリア駅からイースト・グリンステッドEast Grinstead駅へ1時間に2便程度、所要約30分。駅を出てすぐ左にある幹線道路からメトロバスMetro Bus291番に乗り、所要30分程度。月～土は6:29～18:11にほぼ1時間おきに便はある。日曜は運休。

チャリング・クロス駅からタンブリッジ・ウェルTunbridge Well駅へ1時間に3便程度（一部の便はトンブリッジTonbridge駅で乗り換え）、所要約1時間。メトロバス291番に乗り換え所要約20分。日曜は運休。

■プー・コーナー

Map P.169

「プーさん」の聖地的存在のショップ。ハートフィールドには観光案内所がないので、ここで資料を揃えよう。店が忙しくなければ質問に応じてくれるそうだ。

High St., Hartfield East Sussex TN7 4AE
TEL (01892) 770456
FAX (01892) 770872
Inet www.pooh-country.co.uk
開 9:00（日・祝11:00）～17:00
休 1/1、12/25・26

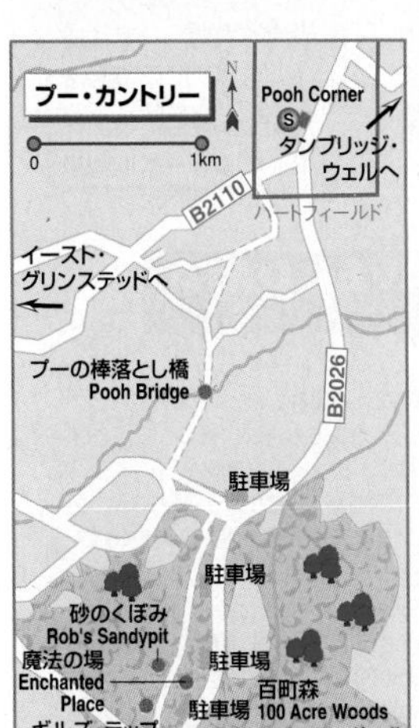

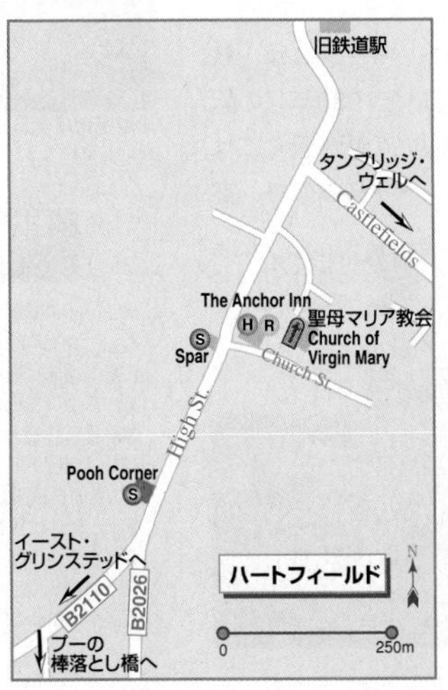

プーの棒落とし橋へはこちら

フットパスからの眺め

ロンドンから足を延ばして近郊の旅

プーさんのふるさとを走る機関車

ブルーベル鉄道

A.A.ミルンが『くまのプーさん』を書いた1920年代、舞台となったハートフィールドには鉄道が走っていた。残念ながら1960年代後半に廃線となってしまったが、現在も当時の息吹を伝える蒸気機関車がすぐ近くを走っている。数あるイギリスの保存鉄道のなかでも屈指の人気を誇るブルーベル鉄道だ。

ハートフィールドにはかつて蒸気機関車が走っていた。周辺に住む農民たちが市場に物を運ぶのにも使われたのどかな単線だったが、惜しまれながら1967年にその幕を閉じた。村の北にある旧鉄道駅は残され、現在保育園となっている。

その当時の鉄道の雰囲気を今に残すのがブルーベル鉄道だ。廃線となっていた鉄道をブルーベル鉄道が引き継ぎ、蒸気機関車のみを運行させている。

イースト・グリンステッド方面からのお客さんがまず出会うのがキングズコート駅だ。1950年代初頭の駅をイメージしたあたたかい雰囲気。ここで切符(ある年齢以上の人には懐かしの硬券!)を買い、客車に乗り込む。クロスシートとコンパートメントがあるが、どちらも古い内装はそのままに、きれいに手入れして使っている。もちろん扉は外からしか開かないオールド・スラム・ドアだ。

中央の駅ホーステッド・キーンズは、鉄道がまだ繁栄を謳歌していた1930年代の駅舎の雰囲気を残している。この駅の近くには蒸気機関車の撮影ポイントがあるので、多くの鉄道ファンが乗り降りする。

入線してきた蒸気機関車

シェフィールド・パーク駅は最大の駅で、グッズショップや小さな博物館、パブが併設されている。駅前にはナショナルトラストが管理する美しい庭園もある。

当時を偲ばせるモノがいっぱい!

扉の真ん中にある革のベルトは窓の開閉に使う

シェフィールド・パーク駅併設のショップは鉄道ファンなら必見

TRAVEL DATA
トラベル・データ

■ブルーベル鉄道

4月～10月下旬は毎日3～6便あるほか、シーズンオフの冬も週末は運行。イベントも頻繁に行われるので詳細なスケジュールはウエブサイトで確認を。

🚌運行に合わせて送迎バス(473番)がイースト・グリンステッド～キングズコート間を運行。メトロバス270番もほぼ同じルートを運行している。

㊒1日乗り放題￡9.50～

ナショナルトラストガーデンとの共通券は￡12.50

TEL (01825) 720825(24時間運行予定案内)

Inet www.bluebell-railway.co.uk

南海岸地方

Southern Coast

ポーツマス・ハーバーに停泊する帆船

港町には美しいビーチもある

白い崖とリゾートタウンが続く
南海岸地方

南海岸はふたつに分かれる

イギリス海峡に沿って続く南海岸は、美しい海岸線が続きリゾート地や港町としてのにぎわいを見せる地域。南海岸地方はさらにサウサンプトンあたりを境に南東部と南西部に分けることができる。

白亜の壁が美しい南東部

南東部の魅力のひとつはロンドンから容易にアクセスできること。ブライトンは、ロンドンっ子に人気のリゾート地だ。また、南東部の海岸線は、真っ白な岸壁が続いており、なかでもセブン・シスターズは名高い。

歴史的な町並みが残る所では、英国国教会の総本山があるカンタベリーやイギリスの表玄関ドーヴァー、ノルマン征服の舞台となったヘイスティングズ、壮麗な大聖堂が建つウィンチェスターなどが挙げられる。そのほか英国海軍の拠点となった軍港ポーツマスやあのタイタニックが出港したことでも知られるサウサンプトンといった港町もあり、ポーツマスはイギリス海峡に浮かぶワイト島への拠点となっている。

セブンシ・スターズの白い断崖絶壁

コンウォール半島

南西部のコンウォール半島は、イギリス有数のリゾート地として有名な地域。ローマ時代に端を発する町、エクセターと、メイフラワー号がアメリカへと出発した地、プリマスの間には、荒涼とした大地、ダートムーア国立公園が広がっており、海岸巡りの旅にアクセントを加えてくれるだろう。

ダートムーア国立公園

ダートムーアはシャーロック・ホームズの長編やアガサ・クリスティの小説に登場するなど、ミステリーファンにはなじみ深い所でもある。近くにあるリゾート地、トーキーはアガサ・クリスティゆかりの地なので、ダートムーアと合わせて訪ねたい。

コンウォール半島の先端部には、イギリス版モン・サン・ミッシェルともいわれるセント・マイケルズ・マウントがあるほか、芸術家の集まる町セント・アイヴスや、大海原をバックにした野外劇場、ミナック・シアターなどもあり、いずれもペンザンスを拠点として行くことができる。

移動のコツ

この地域は鉄道網がしっかりしているので、おもな移動手段としては、鉄道が中心になる。一方、南東部の海岸線を走るバス路線はなかなかの景勝ルートなので、ところどころバスでの移動を絡めてもいいだろう。

プランニングのコツ

南東部はロンドンから日帰りを繰り返して行ってもよいだろう。いずれも鉄道であれば片道2時間以内の場所で、ブリットレイルのロンドン・プラスパスの範囲でもある。一方、南西部へはロンドンから直行せず、途中ソールズベリやバースなどに立ち寄りながら行くのもおもしろい。ロンドンからペンザンスへは、ファースト・グレート・ウエスタンがナイト・リヴィエラ・スリーパーという寝台列車を運行しているので、まずペンザンスまで行き、ロンドンへと戻りながら旅を続けるのもいいだろう。イギリスで運行されている寝台列車はこのナイト・リビエラ・スリーパーとロンドン〜スコットランドを運行するカレドニアン・スリーパーだけなので、鉄道ファンならぜひ乗っておきたい。

海に浮かぶ聖なる島セント・マイケルズ・マウント

モデルコース

カンタベリー大聖堂〜海岸線の町へ（1週間コース）

南東部を中心に回るコース。観光名所のカンタベリーを観たあと、イギリスの海岸線の町を堪能する。列車でカンタベリーからドーヴァーへ。バスでヘイスティングズを経由してイギリスで最も美しい町として名高いライへ。ブライトンからサウサンプトン、帰りにウィンチェスターに立ち寄ってロンドンへ戻る。

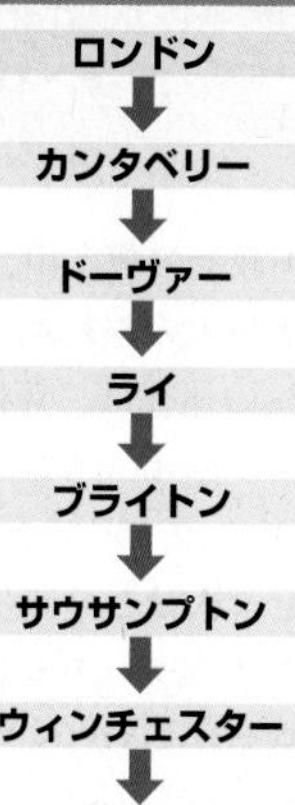

コンウォール半島〜ダートムーアへ（1週間コース）

コンウォール半島とダートムーアの大自然を楽しむコース。ロンドンからソールズベリを経由してペンザンスへ。最西端の岬ランズ・エンドやセント・アイヴスを含め3日間滞在。セント・アイヴスのビーチはイギリスでも1、2を争う美しさ。夏なら海水浴も楽しもう。帰りはプリマスからダートムーア国立公園のドライブを楽しんで、エクセターからロンドンへ。

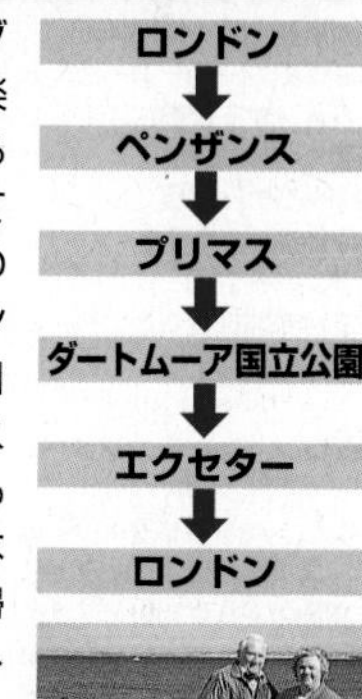

南部海岸を散歩する夫婦

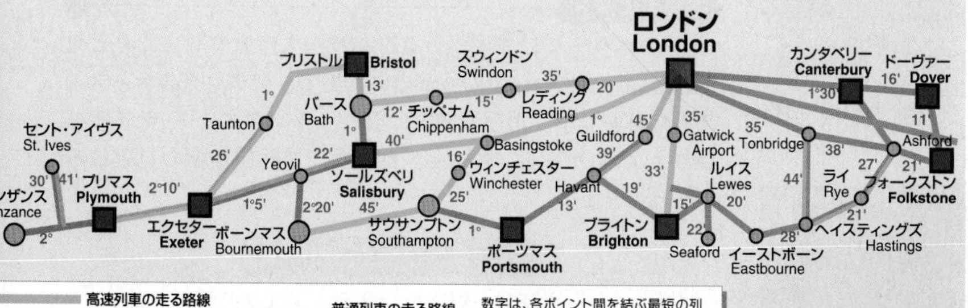

高速列車の走る路線
高速列車の走る路線+景勝ルート
普通列車の走る路線
普通列車の走る路線+景勝ルート
ユーロスター

数字は、各ポイント間を結ぶ最短の列車を利用した場合の、おおよその所要時間を示しています。乗り換え時間は含みません。運行は曜日や時間帯により異なることがありますので、必ず事前にご確認ください。
例）1°15' =1時間15分

主要路線図

イギリス最大の巡礼地

カンタベリー Canterbury

人口13万5278人　市外局番01227

ロンドン
カンタベリー

カンタベリーの象徴、カンタベリー大聖堂

カンタベリーは英国国教会の総本山、カンタベリー大聖堂があることで知られる英国最大の巡礼地。ロンドンから100kmほど離れたカンタベリーへの巡礼は、昔は徒歩で2～3日の旅程。14世紀の作家、ジェフリー･チョーサーの代表作『カンタベリー物語』も、ロンドンからカンタベリーへと向かう巡礼の一団が、道すがら奇想天外な話を一人ひとり語っていくという内容であった。現在、ロンドンとカンタベリーは鉄道でわずか1時間30分。カンタベリー大聖堂をはじめとする歴史的建造物や古い町並みが保存されているカンタベリーは、ロンドンからの日帰りの旅や、ちょっと足を延ばしてみるのに最適な町といえるだろう。

モデルルート

カンタベリーではまず、カンタベリー大聖堂をじっくりと見学したい。次にいったん城壁の外に出て、聖アウグスティヌス修道院跡を見学。再び城壁内に戻り、カンタベリー・テイルズやウエスト･ゲート・タワー、ローマン博物館などの見どころを訪れるとよい。

カンタベリー1日コース

カンタベリー大聖堂→聖アウグスティヌス修道院跡→ローマン博物館→カンタベリー･テイルズ→ウエスト･ゲート･タワー

カンタベリーは歩いてひと回りしても30分ほどの小さな町なので、自分の好きな順に見学して問題ない。時間に余裕がある人は、少し離れたチラム村まで足を運ぶのもいいだろう。

カンタベリーへの行き方

●ロンドンから

🚃カンタベリーにはイースト駅とウエスト駅がある。イースト駅行きはヴィクトリア駅発、所要約1時間30分。便によっては、ファーヴァシャムFavershamで乗り換える必要がある。ウエスト駅行きはヴィクトリア駅発が所要約2時間。チャリング・クロス駅発が所要時間約1時間45分。

🚌ヴィクトリア・コーチステーションから1時間に1便
所要：1時間50分

●ドーヴァーから

🚃1時間に2便程度
所要：15～26分

🚌1時間に1便
所要：40分

ロンドンからカンタベリーへ行く列車

ロンドンからカンタベリー・イースト駅へは、ヴィクトリア駅発のドーヴァー・プライオリー駅行き列車になりますが、時間によってはラムスゲイト駅＆ドーヴァー・プライオリー駅行き列車になります。途中のファーヴァシャム駅で列車が切り離され、前寄り4両がラムスゲイト駅行き、後ろ寄り4両がドーヴァー・プライオリー駅行きというようになるので、乗車する車両に注意が必要です。
（埼玉県　遠藤友教　'05春）

大聖堂のすぐそばにあるカンタベリーの❶

歩き方

西のウエスト・ゲート・タワーと、東のバスステーションを結ぶ通り、イースト駅からカンタベリー大聖堂を結ぶ通りが、町の目抜き通りで、それを把握しておくと、町歩きは非常に簡単だ。町の中心はこのふたつの通りが交差するあたりで、❶やカンタベリー大聖堂、カンタベリー・テイルズはすべてこの周辺に集中している。

■カンタベリーの❶
Map P.175A-1
✉12-13 Sun St., The Buttermarket, CT1 2HX
TEL(01227) 378100
FAX(01227) 378101
Inet www.canterbury.co.uk
開10月～イースター
10:00～16:00、
イースター～9月
9:30～17:30
（日10:00～16:00）
休10月～イースターの日曜
宿の予約は手数料£2.50と、デポジットとして1泊目の宿泊料金の10%

ターミナルから市の中心部へ

鉄道駅

カンタベリーには、イースト駅とウエスト駅のふたつの鉄道駅がある。イースト駅から町の中心へは、陸橋を渡り、キャッスル・ストリートを真っすぐ進む。ウエスト駅からは、まず、南へ進み、セント・ダンスタンズ・ストリートSt. Dunstan's St.**P.175A-1**に出たら、左折、200mほど進むとウエスト・ゲート・タワーにいたる。

バスステーション

バスステーションは町の東側、城壁の近くにある。少し西に進むと、すぐに町の中心だ。

旅の情報収集

❶はカンタベリー大聖堂の門、クライストチャーチ・ゲートの向かいにある。❶にはカフェも併設されているので、まずはじっくりここで市内見学のプランを立てよう。

カンタベリー大聖堂へと続く門、クライストチャーチ・ゲート

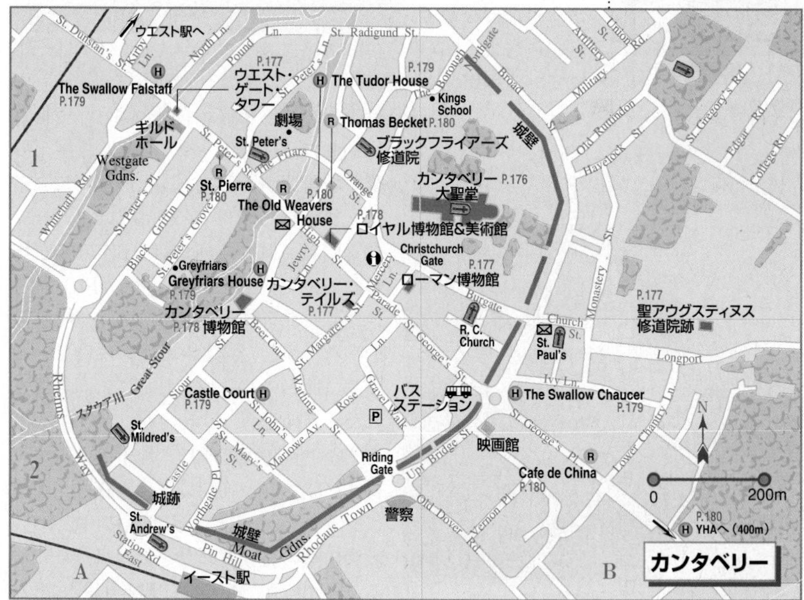

■カンタベリー大聖堂
Map P.175B-1
✉The Precincts,
CT1 2EH
TEL(01227) 762862
Inet www.canterbury-cathedral.org
開夏期9:00～18:30
（日9:00～14:30　16:30～17:30）
冬期9:00～17:00
（日10:00～14:00　16:30～17:30）
休基本的には無休だが、儀式等で入場不可になる時間帯もある。上記電話番号で確認を。
料£5.00　学生£4.00

日本語オーディオガイド
カンタベリー大聖堂内は日本語のオーディオガイドがあるので、ぜひ利用してみては。また、日本語の無料パンフレットもありました。パンフレットはオーディオガイドを利用しなくてもいただけます
（埼玉県　遠藤友教　'05春）

カンタベリー大聖堂を彩る見事なステンドグラス

カンタベリーの見どころは、カンタベリー大聖堂抜きには語れない。ほかにも聖アウグスティヌス修道院跡や、質の高い博物館などを観光プランに組み込んでみよう。

英国を代表する大聖堂
カンタベリー大聖堂
Canterbury Cathedral

見学所要時間の目安　2時間

厳かな雰囲気が漂う身廊

トーマス・ベケットが暗殺された場所

カンタベリーを訪れる旅行者のほとんどすべてが、この大聖堂を訪れるといっても過言ではない。建築物としての美しさや、英国国教会の総本山という地位、さらにさまざまな歴史的事件の舞台となったことなど、知れば知るほど興味が尽きない見どころといえるだろう。

カンタベリー大聖堂にまつわる数ある事件のなかでも、最もよく知られているのが、大司教、トーマス・ベケットの暗殺。聖職者の特権をめぐって時の国王ヘンリー2世と対立したトーマス・ベケットは、国王の軽率な言葉がもとで、国王の配下によって、頭に傷を受けて殺害されてしまう。今も暗殺された場所には、3本の剣が飾られている。トーマス・ベケットの死後、さまざまな奇跡が起き、彼の遺骨は不治の病を治すと崇拝されるようになり、イギリス屈指の巡礼地としてにぎわうようになったのだ。

また、この大聖堂は、地下のノルマン様式に始まり、初期ゴシック様式、中期ゴシックと、ひとつの大聖堂にいながら、教会建築の移り変わりを目の当たりにすることができ、建築的な興味も尽きない。

回廊から見たカンタベリー大聖堂の本堂

イギリスのキリスト教布教の拠点のひとつ

見学所要時間の目安 1時間

聖アウグスティヌス修道院跡

St. Augustine's Abbey

かつてはイギリスを代表する修道院としておおいに栄えた

6世紀に聖アウグスティヌスによって建てられた修道院で、イギリスのキリスト教布教に非常に重要な役割を果たした。幾度も改築などを繰り返したが、ヘンリー8世による修道院解散により、建物は解体。ほとんど廃墟となってしまっているが、ビジターセンターではこの地での発掘品などが展示されており、見ごたえがある。

■聖アウグスティヌス修道院跡
Map P.175B-2
✉Longport, CT1 1TF
TEL(01227) 767345
inet www.english-heritage.org.uk
開10〜3月10:00〜16:00
4〜9月10:00〜18:00
休10〜3月の月・火
1/1、12/24〜26
料£3.90 学生£2.90

カンタベリー物語の世界を再現

見学所要時間の目安 1時間

カンタベリー・テイルズ

Canterbury Tales

カンタベリーの名を世界的に広めたジェフリー・チョーサーの傑作『カンタベリー物語』の世界を、ろう人形やセットを使って再現したアトラクション。

ロンドンからカンタベリーまでの巡礼の道すがら、騎士や修道士、バース出身のご婦人など、さまざまな階層の人が、自分の知っている奇想天外な話を披露してゆくという設定。音声ガイドに従って進んで行くようになっており、日本語の音声ガイドも用意されている。

■カンタベリー・テイルズ
Map P.175A-1
✉St. Margaret's St., CT1 2TG
TEL(01227) 479227
inet www.canterburytales.org.uk
開11〜2月10:00〜16:30
3〜6・9・10月10:00〜17:00
7・8月9:30〜17:00
休12/24〜12/26
料£7.25 学生£6.25

堂々とした姿の町の入口

見学所要時間の目安 30分

ウエスト・ゲート・タワー

West Gate Towers

城壁の西の門をなしている、立派な門。ロンドンからの巡礼者は皆この門をくぐり、カンタベリー大聖堂へと向かっていった。塔内には、武器や防具などが展示してあり、塔の頂上からは町の様子を眺めることができる。

ウエスト・ゲート・タワーの頂上からは、カンタベリーの町並みが一望できる

■ウエスト・ゲート・タワー
Map P.175A-1
✉St. Peter's St., CT1 2BQ
TEL(01227) 789576
inet www.canterbury-museums.co.uk
開11:00〜12:30
13:30〜15:30
休日、聖金曜、クリスマス週間
料£1.20 学生£0.70

カンタベリーの地下に広がるローマ世界

見学所要時間の目安 1時間

ローマン博物館

Roman Museum

町の東、ショッピング・センターのすぐ近くにある。入口は小さいが、ローマ風の門をくぐり下の階へ行くと、広大な展示スペースが広がっている。ローマ時代の生活を、多様な発掘物や人形、さらにビデオなどにより説明する。ローマ時代の家のモザイクなどもあり必見。

■ローマン博物館
Map P.175A-1
✉Butchery Ln., CT1 2JR
TEL(01227) 785575
inet www.canterbury-museums.co.uk
開10:00〜17:00
(6〜10月の日曜13:30〜17:00)
休11〜5月の日曜、聖金曜、クリスマス週間
料£3.00 学生£1.85

■カンタベリー博物館
Map P.175A-1
✉Stour St., CT1 2NR
TEL (01227) 475202
inet www.canterbury-museums.co.uk
開 10:30〜17:00
(6〜10月の日曜13:30〜17:00)
休 11〜5月の日曜、聖金曜、12/25
料 £3.30 学生£2.20

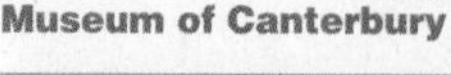

歴史的建築物としても見ごたえがある

カンタベリー博物館
Museum of Canterbury

見学所要時間の目安 1時間

病院だった建物がカンタベリー博物館となっている

町の中心からやや南、川を背にして建っている。石器時代から現代までの、町の歴史全般をカバーしており充実した内容の博物館。中世に病院だった建物を利用しており、樫の木で造られた屋根部分の細工など、歴史的建築物としても見ごたえがある。

■ロイヤル博物館&美術館
Map P.175A-1
✉High St., CT1 2RA
TEL (01227) 452747
inet www.canterbury-artgallery.co.uk
開 10:00〜17:00
休 日、聖金曜、12/25
料 無料

ヴィクトリア王朝様式の建物が印象的な

ロイヤル博物館&美術館
Royal Museum & Gallery

見学所要時間の目安 30分

ハイ・ストリートに面して建つヴィクトリア王朝様式の美しい建築物を利用している。ギャラリーではおもに地元ケント州出身の芸術家の作品を展示し、見ごたえがある。そのほか、この地域を中心とした歩兵連隊の歴史に関する展示などもある。

建物自体がひとつの歴史資料

Information History Topics

中世の香りが漂うチラム村

カンタベリーからバスで約25分、チラム村Chilham Villageはふらっと訪ねると中世にタイムスリップしてしまったような感覚に襲われる村だ。村の歴史は古く紀元前にまでさかのぼるが、中世荘園の形式をそのまま残している。中世荘園とは、城主領地の門の外が広場となっており、その周りに家が集まる村のこと。広場を囲んで建つ木骨造りの家は、中世に建てられ、現在はパブやアンティークショップ、みやげ物屋などになっている。お茶を楽しんだりして、中世の建物の中で、その気分を味わってみたい。

現代に残る、中世の町並み

チラム城の庭園は、イギリスで最も有名な庭師が手入れをしているという(入場不可)。ヘンリー2世によって建てられた城砦とジャコビアン様式の邸宅もこの村のもつ長い歴史を物語っている。城と反対側には聖メアリー教会St. Mary's Churchが建っており、ここから10分ほど歩くと小さな湖や川、水車小屋などもある。

■チラム村への行き方
●カンタベリーから
🚃ウエスト駅発、1時間に1便程度
所要：10分
駅から広場までは徒歩で所要15分
🚌バスステーションの乗り場D2から652番のアシュフォードAshford行き。1日8便。
所要：25分

ホテル Hotel

英国最大の巡礼地だけあり、宿泊施設はバラエティに富んでおり、数も多い。B&Bは、城壁内にも点在しているが、セント・ダンスタンズ・ストリートSt. Dunstan's St.周辺にも安くてよい宿が多い。

日本からホテルへの電話　電話会社の番号 + 010 + 国番号44 + 市外局番の最初の0を取った掲載の電話番号

スワロウ・チョーサー The Swallow Chaucer Hotel 【高級】

●城壁を東に抜けてすぐ。ジョージ王朝様式の建築物を利用しているホテル。ホテルの名前の由来となっているのは『カンタベリー物語』の著者、ジェフリー・チョーサーで、多くの部屋にカンタベリー物語に出てくるキャラクターの名前が付けられている。

42室　Map P.175B-2

63 Ivy Ln., CT1 1TU
TEL (01227) 464427　FAX (01227) 450397
inet www.swallowhotels.com
S £93.00
W £120.00
£　T/C不可　C/C A D J M V

スワロウ・フォルスタッフ The Swallow Falstaff Hotel 【高級】

●城壁内からウエスト・ゲートを出てすぐ。15世紀のインを改装したホテルで、全体的に高級な雰囲気が漂っている。ホテルには、レストラン、バー、ラウンジなどが併設されており、レストランではモダン・ヨーロッパ料理を楽しむことができる。

47室　Map P.175A-1

8-10 St. Dunstan's St., CT2 8AF
TEL (01227) 462138　FAX (01227) 463525
inet www.swallowhotels.com
S £105.00
W £115.00
£　T/C不可　C/C A J D M V

グレイフライアーズ・ハウス Greyfriars House 【ゲストハウス】

●町の中心部にあるゲストハウス。12世紀にもさかのぼる歴史の古い建物だが、改装されているので、設備は新しく快適だ。全室トイレ、シャワー付きで、テレビとティーセットが完備されている。朝食はイングリッシュ・ブレックファスト。

6室　Map P.175A-1

読者割引2泊以上5%
6 Stour St., CT1 2NR
TEL (01227) 456255　FAX (01227) 455233
inet www.greyfriars-house.co.uk
S £35.00
W £60.00～65.00
£　T/C £　C/C不可

キャッスル・コート Castle Court Guest House 【ゲストハウス】

●カンタベリー・テイルズから南西へ進むとある経済的なゲストハウス。部屋は非常にシンプルだが清潔。スタッフも親切で、旅行の相談に乗ってくれる。食事はイングリッシュ・ブレックファスト。冬期は左記の料金より安くなる場合も。

11室　Map P.175A-2

8 Castle St., CT1 2QF
TEL (01227) 463441
e-mail enquiries@castlecourtguesthouse.co.uk
S £25.00　S £30.00～
W £40.00　W £46.00～
£　T/C £　C/C不可

テューダー・ハウス The Tudor House 【ゲストハウス】

●町の中心部にあり、カンタベリー大聖堂にも近い。建物は500年前に建てられたもので、各部屋の大きさはさまざま。設備も部屋によって若干異なってはいるが、全室にテレビとティーセットは備わっている。

9室　Map P.175A-1

6 Best Ln., CT1 2JB
TEL & FAX (01227) 765650
S £26.00
W £52.00
W £56.00
£　T/C不可　C/C不可

☺リフォームされてとてもきれい。チェックアウト後も荷物を気持ちよく預かってくれた。(神奈川県　キャット　'05秋)

YHAカンタベリー YHA Canterbury

【ユースホステル】

●町の中心部から1kmほど南東、セント・ジョージズ・プレイスをずっと直進した右側にある。レセプションが開いているのは7:30〜10:00、15:00〜23:00。設備は整っており、フェリーのチケットなども販売している。

ベッド数68 Map P.175B-2外

✉ Ellerslie, 54 New Dover Rd., CT1 3DT
TEL (01227) 462911
FAX (01227) 470752
inet www.yha.org.uk
D £17.50
£ T/C £ C/C Ⓙ Ⓜ Ⓥ

☺朝食がイングリッシュ、コンチネンタル、ベジタリアンのなかから選べます。部屋も過ごしやすかったです。
（東京都　塩原洋二　'05夏）

レストラン Restaurant

世界中から訪れる観光客も多く、レストランは種類もさまざま。特にレストランが多いのは、町の中心街をなすセント・ジョージズ・ストリートからセント・ピーターズ・ストリートへと続くエリア。古くからの巡礼地なので歴史を感じさせるパブもある。

オールド・ウィーバーズ・ハウス The Old Weavers House

【英国料理】

●15世紀に建てられた古い家を利用したレストラン。町の中心部にあり、観光の途中で休むのにちょうどよい。メニューは伝統的英国料理やイタリア料理など。カンタベリー・クリーム・ティーCanterbury Cream Teaは£3.45。

Map P.175A-1

✉1 St. Peter's St., CT1 2AT
TEL (01227) 464660
開 冬期11:00〜22:30　夏期11:00〜23:00
休 無休
£ T/C 不可
C/C Ⓐ Ⓜ Ⓥ

カフェ・ド・チャイナ Cafe de China

【中華料理】

●北京料理、広東料理、四川料理といった各種中華料理に加えてタイカレーや日本料理のうどんなど、バラエティ豊かなメニューを取り揃えている。コースはふたりからオーダーできる。テイク・アウェイも可能。

Map P.175B-2

✉5-6 St. Georges Centre, CT1 1UL
TEL (01227) 781523
開 12:00〜15:00　17:30〜23:30
休 無休
£ T/C 不可
C/C Ⓜ Ⓥ

トーマス・ベケット Thomas Becket

【パブ】

●ハイ・ストリートから一本北へ入ったベスト・レーン沿いにあるダイニング・パブ。白い壁に黒い木材が露出した内装や、天井に飾られた真鍮製のヤカンなどが古きよきパブの雰囲気を出している。料理は£6.00〜12.50。

Map P.175A-1

✉21 Best Ln., CT1 2JB
TEL (01227) 464384
開 10:00〜24:00
休 無料
£ T/C 不可
C/C Ⓐ Ⓓ Ⓜ Ⓥ

サン・ピエール St. Pierre

【ティー&カフェ】

●カンタベリーの中心部、セント・ピーターズ・ストリートにあるフランス風カフェ。メニューはサンドイッチ、スナック、ケーキなど。持ち帰りもでき、その場合は店内で食べるよりも安くなる。

Map P.175A-1

✉41 St. Peter's St., CT1 2BG
TEL (01227) 456791
開 8:00〜18:00（日9:00〜17:00）
休 無休
£ T/C 不可　C/C 不可

イギリスと大陸との架け橋

ドーヴァー Dover

人口10万4556人　市外局番01304

海峡を渡るフェリー、対岸はフランスのカレー

グレート・ブリテン島で最も大陸と近い場所にある港町、ドーヴァー。はるか昔から、ここはイギリスと大陸とを結ぶ町として栄えてきた。1992年にこの地で発見された青銅器時代の船は、現在知られているなかで最も古い海洋船だ。いかにドーヴァーが海と密接なつながりがあったかがわかるだろう。ドーヴァーは依然としてフランスへと渡る主要な中継地だが、飛行機の発達や、ユーロトンネルの開通などにより、もはやイギリスの表玄関とは呼べないのかもしれない。しかし、ドーヴァー城やローマ時代の家といった歴史的建築物、質の高い博物館など、ドーヴァーには数多くの見どころがあり、単なる交通の中継地を超えて、魅力に富む町といえるだろう。

モデルルート

ドーヴァーの見どころは、町なかとドーヴァー城に分かれている。ドーヴァー城も充分徒歩で行ける範囲内にあるので、最初にドーヴァー城を見学してから、あとでゆっくり町なかを見学するのがいいだろう。

カンタベリー1日コース

ドーヴァー城→ドーヴァー博物館→ローマン・ペインティッド・ハウス

まずは町の外れにあるドーヴァー城まで行き、ドーヴァー城を見学、そのあと町に戻って、ドーヴァー博物館と、ローマン・ペインティッド・ハウスへ。また、ドーヴァーの海岸沿いは、ヴィクトリア王朝時代の美しい建物が並んでおり、時間があれば、ここでゆっくりするのもおすすめ。

ドーヴァーへの行き方

●ロンドンから

列車 チャリング・クロス駅、もしくはヴィクトリア駅発いずれも1時間に数便。ヴィクトリア駅発は便によっては、ファーヴァシャムFavershamで乗り換える必要がある。
所要：1時間45分～2時間15分

バス ヴィクトリア・コーチステーションから1時間に1～2便
所要：2時間30分～3時間

●カンタベリーから

列車 イースト駅から1時間に1～2便
所要：16～28分

バス 1時間に1便
所要：40分

ドーヴァーでのフェリーによる出入国は→P.536～538

ロンドンやカンタベリーからの列車が発着するドーヴァー・プライオリー駅。駅からはフェリー発着場への無料送迎バスが出ている

■ドーヴァーの❶
Map P.182A-1
✉Old Town Gaol, Biggin St., CT16 1DL
TEL(01304) 205108
FAX(01304) 245409
Inet www.whitecliffscountry.org.uk
開10～3月9:00～17:30
(土10:00～16:00)
4・5・9月9:00～17:30
(土・日10:00～16:00)
6～8月9:00～17:30
休10～3月の日曜
宿の予約はデポジットとして1泊目の宿泊料金の10%。
バスチケットの販売も行っている。

■ドーヴァー城
Map P.182B-1
🚌バスステーションのスタンドC発、ステージコーチ社の90番か113番
✉Dover Castle, CT16 1HU
TEL(01304) 211067
Inet www.english-heritage.org.uk
開4〜7・9月10:00〜18:00
8月9:30〜18:30
10月10:00〜17:00
11〜3月10:00〜16:00
休 11〜1月の火・水、1/1、12/24〜26
料£9.50　学生£7.10

歩き方

町の中心は、マーケット・スクエアMarket Sq.で、そこから❶のあるタウンホールへと続く道はショップが続く、メインストリートとなっている。マーケット・スクエアをさらに南に進んでいくと、海岸沿いの道路に出る。

見どころ

ドーヴァーの見どころは町から少しはずれたドーヴァー城が非常に有名だが、町なかにあるドーヴァー博物館、ローマン・ペインティッド・ハウスもかなり見ごたえがある。

イギリスの鍵

ドーヴァー城
Dover Castle

イギリス防衛の要であったドーヴァー城

大陸から最短の距離にあるドーヴァーは、常に大陸からの脅威にさらされてきた土地でもあった。そのドーヴァーの防御の中心をなしたのがドーヴァー城だ。ドーヴァー城が落ちることは、イギリス全土に敵の脅威が広がることを意味し、ドーヴァー城は「イギリスの鍵」と呼ばれ、イギリスの防御の最前線であり続

フェリーが往来するイースタン・ドック

のんびり草をはむヒツジ

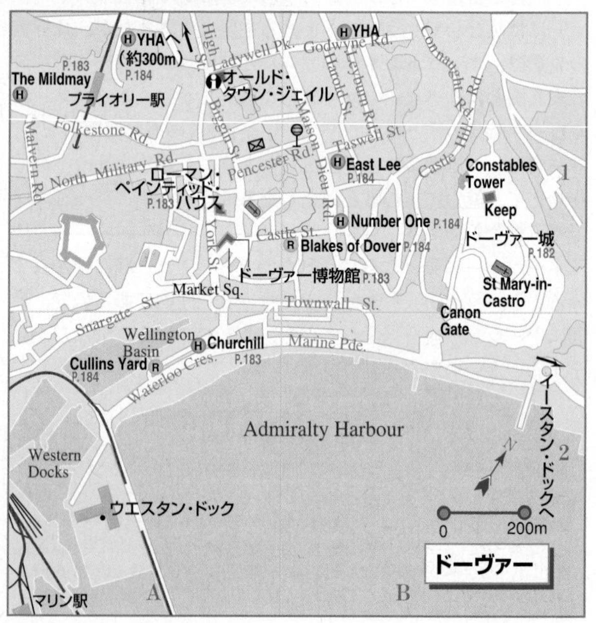

けた。中には1世紀にローマ人によって建てられたファロスPharosという灯台をはじめ、地下トンネルなど、数々の見どころがある。

青銅器時代のボートは必見

見学所要時間の目安 1時間

ドーヴァー博物館
Dover Museum and the Bronze Age Boat Gallery

町の中心、マーケット・スクエアに面している博物館。石器時代から第2次世界大戦までのドーヴァーに関するさまざまな品物を収蔵し、ドーヴァーの歴史に光を当てている。特に青銅器時代の船は、この種のものとしては世界最古のもので大変貴重。館内では、この船の発掘から保存、展示にいたるまでの過程をビデオで詳しく説明している。

■ドーヴァー博物館
Map P.182A-1
✉Market Sq., CT16 1PB
TEL(01304) 201066
FAX(01304) 241186
Inet www.dover.gov.uk/museum
開10:00～17:30
(日13:00～17:30)
休10～3月の日曜、1/1、12/25・26
料£2.50　学生£1.50

壁画が残るローマ時代の屋敷

見学所要時間の目安 30分

ローマン・ペインティッド・ハウス
The Roman Painted House

2世紀中頃に建てられたローマ時代の建物で、現在の地表より3mほど下に広がっている。イギリスにある数あるローマ時代の建物のなかでも、最も保存状態がよく、建物内には、当時の壁画も残っている。ほかにも、ローマ時代のセントラル・ヒーティング・システムが見られ、ローマ時代の生活がうかがえる。

■ローマン・ペインティッド・ハウス
Map P.182A-1
✉New St., CT17 9AJ
TEL(01304) 203279
開4～9月10:00～17:00
休月・祝、10～3月
料£2.00

ホテル Hotel

B&Bはプライオリー駅のそばの道、フォークストン・ロードFolkestone Rd.にたくさんある。また、ドーヴァー城近くにもちらほらとB&Bが顔を出している。中高級のホテルは、海沿いに点在している。

日本からホテルへの電話 電話会社の番号 + 010 + 国番号44 + 市外局番の最初の0を取った掲載の電話番号

チャーチル Churchill Hotel 【中級】

●通りに沿って美しいカーブを描く建物を利用したホテル。目の前にはドーヴァー海峡が広がり、ドーヴァーでも屈指の好立地に建つ。レストランやバー、フィットネスクラブ、会議室等が併設されている。

81室 Map P.182A-2
✉Dover Waterfront, CT17 9BP
TEL(01304) 203633　FAX(01304) 216320
Inet www.bw-churchillhotel.co.uk
S £68.00　W £90.00
£　T/C £　C/C A D J M V

マイルドメイ The Mildmay Hotel 【中級】

●プライオリー駅を出て町の中心部とは反対の方向に進んだフォークストン・ロード沿いにある。駅から徒歩5分ほど。2003年に大規模な改修を済ませ、設備も新しく、バーやレストランの雰囲気もよい。駐車場も完備しているので、レンタカーなどで大陸に渡ろうという人にもおすすめ。

21室 Map P.182A-1
✉78 Folkstone Rd., CT17 9SF
TEL(01304) 204278
FAX(01304) 215342
Inet www.mildmayhoteldover.com
S £60.00
W £80.00
£ €　T/C £
C/C A D J M V

イースト・リー East Lee Guest House 【ゲストハウス】

●部屋ごとに部屋の大きさや内装などが異なるが、全体的に一般的なB&Bよりも豪華な感じで、居心地がよい。朝食はイングリッシュブレックファスト、コンチネンタル、ベジタリアンなどから選ぶことができ、早朝出発する人には予約時に申し込んでおけば朝食をボックスに入れて、お弁当にしてくれる。全館禁煙。

6室 Map P.182B-1

読者割引10%
✉108 Maison Dieu Rd., CT16 1RT
TEL (01304) 210176
FAX (01304) 206705
inet www.eastlee.co.uk
S £3500～38.00
W £54.00～58.00
£ € US$ T/C £ C/C M V

ナンバー・ワン Number One Guest House 【ゲストハウス】

●小規模だが、町の中心部にあり、ドーヴァー城にも近く、観光には便利な立地といえるだろう。ジョージ王朝様式の建物を利用しており、各部屋にはトイレ、ティーセット、ドライヤー、目覚まし時計などが備え付けられている。朝食は自分の部屋でとる。駐車場は1日£3.00。

4室 Map P.182B-1

読者割引2泊以上10%
✉1 Castle St., CT16 1QH
TEL (01304) 202007 FAX (01304) 214078
inet www.number1guesthouse.co.uk
S £30.00
W £46.00～56.00
£ € T/C £ C/C M V

YHAドーヴァー YHA Dover 【ユースホステル】

●ドーヴァーにはユースホステルが2ヵ所あるが、メインはロンドン・ロード沿いのほうで、規模も大きい。ⓘから徒歩5分ほど。もう1軒のゴドウィン・ロードGodwyne Rd.沿いのほうは、冬期には閉まっていることもある。どちらも町の中心に近く、便利な立地だ。

ベッド数120 Map P.182A-1外

✉306 London Rd., CT17 0SY
TEL (01304) 201314
FAX (01304) 202236
inet www.yha.org.uk
D £17.50
W £39.50
£ € US$ JPY T/C £ C/C J M V

レストラン Restaurant

ドーヴァーの名物はドーヴァー・ソールと呼ばれるヒラメ。近くで水揚げされたばかりの新鮮な魚介類をシーフードレストランで試してみたい。レストランは、町中に点在しているが、特にマーケット・スクエアの周辺と、海岸沿いなどのエリアに多い。

ブレークス・オブ・ドーバー Blakes of Dover 【英国料理】

●B&Bとパブ・レストランを兼ねている。パブ・レストランは地下にあり、レンガ造りの壁とこげ茶色のテーブルがシックな雰囲気を出している。この地で獲れた新鮮な魚介類の料理が高い評判を得ている。

Map P.182B-1

✉52 Castle St., CT16 1PJ
TEL&FAX (01304) 202194
開 11:30～23:00（日12:00～22:30）
休 無休
£ T/C 不可 C/C M V

カリンズ・ヤード Cullins Yard 【シーフード】

●チャーチル・ホテルから西へ150mほど進むと右側にあるシーフードレストラン。毎日スペシャルメニューが用意されており、獲れたての魚介類が楽しめる。イギリスのシーフードレストランのベスト50にも選ばれた。

Map P.182A-2

✉11 Cambridge Rd., CT17 9BY
TEL&FAX (01304) 211666
開 10:00～24:00
休 無休
£ T/C 不可 C/C M V

海峡の陽光を浴びて光り輝く白亜の壁

セブン・シスターズ Seven Sisters

非居住地域
市外局番01323

白く光り輝く断崖

7つの頂をもつ白亜の断崖、セブン・シスターズは、イーストボーンEastbourneとシーフォードSeafordの間、カックミア川Cuckmere Riverの河口付近にある。この周辺はサウス・ダウンSouth Downと呼ばれ、海岸線には白亜の断崖がところどころ見られるが、そのなかでも絶景として知られているのがセブン・シスターズだ。

チョークの絶壁

垂直に切り立ったセブン・シスターズの断崖は白亜（英語でチョークChalk）でできている崖。白亜とは泥質の石灰岩の一種。日本では白墨として知られ、以前はチョークの原材料に使用されていた。この白亜の崖は毎年30〜40cmというスピードで後退している。これは波が崖の根元部分を浸食し、アンバランスになった崖の上部が、豪雨のあとなどに崩れ落ちることが原因とされている。

野生の動植物

セブン・シスターズ周辺はサセックスでも手付かずの自然が残る地域として、セブン・シスターズ・カントリー・パークSeven Sisters Country Parkに指定されており、野鳥や植物も保護の対象となっている。このあたりではアジサシTernや、フルマカモメFulmar、タヒバリなどの野鳥を見ることができ、砂利の浜にも、キャベツの野生種や黄色い花がきれいなツノゲシなどの植物が見られる。

セブン・シスターズへの行き方

🚌起点となる町はイーストボーンEastbourneとブライトン。ブライトン〜イーストボーンを結ぶ12、13、712番のバスでセブン・シスターズ・カントリー・パークSeven Sisters Country Park下車

■イーストボーンへの行き方
●ロンドンから
🚌ヴィクトリア駅発、1時間に2便程度
所要：1時間30分
●ブライトンから
🚌1時間に2便程度
所要：40分
●ヘイスティングズから
🚌1時間に2〜3便
所要：30分

■ブライトンへの行き方
→P.192

■セブン・シスターズへの行き方
●イーストボーンから
🚌1時間に4便程度
所要：30分
●ブライトンから
🚌1時間に4便程度
所要：50分

セブン・シスターズは人気のウオーキングコースのひとつ

歩き方

ブライトン～イーストボーン間のバスはステージコーチ・コーストラインStagecoach Coastlineが運行。バスが到着するのは、セブン・シスターズ・カントリー・パークの駐車場付近。ここにはビジターセンターやレンタサイクルショップ、レストランなどが完備されている。

セブン・シスターズの断崖へはさらに30分ほど歩かなければならない。

絶景のウオーキングコース

セブン・シスターズは絶景のウオーキングコースとしても人気が高い。ウオーキングは崖の上を歩くコースと崖の下の海岸を歩くコースがある。干潮時には崖の下を歩くのがおすすめ。鋭くとがった石もあるので、ケガをしないように気を付けよう。

ビーチー・ヘッド

イーストボーンの南西約5kmにあるビーチー・ヘッドBeachy Headの岬にもセブン・シスターズに負けない白亜の絶壁があり、高さは約175m。

沖合には小さな灯台も見える。夏期のみイーストボーンからバスが出る。

そそり立つ白亜の絶壁は圧巻だ

■セブン・シスターズ・カントリー・パーク・ビジターセンター
地図なし
✉Seven Sisters Country Park, Seaford, BN25 4AD
TEL(01323) 870280
FAX(01323) 871070
inet www.sevensisters.org.uk

■カックメア・サイクル（レンタサイクル）
地図なし
✉Seven Sisters Country Park, Seaford, BN25 4AD
TEL(01323) 870310
inet www.cuckmere-cycle.co.uk
開10:00～17:00
休無休
料レンタル自転車
1時間£5.00　2時間£8.00
3時間£14.00　1日£23.00

■シティサイトシーイング
イーストボーン市内の見どころや郊外のビーチーヘッドを巡回するオープントップのバス。乗り降り自由。始発はイーストボーン・ピア。セブン・シスターズへは行かない。
運行：4月上旬～10月下旬
料£6.50　学生£5.50

☺レンタカーでセブン・シスターズを見る
白い断崖が見たくて、ブライトンからイーストボーンへ向けてレンタカーで行きました。カックメア川の河口付近の道を進むと、セブンシスターズが見えます。はっきり7人まで見えなかったけど、憧れの「姉妹」に出合えました。（長野県　窪田ミ恵子　'05夏）

セブン・シスターズにバスで着いた所にあるビジターセンター。まずここで情報を収集しよう

天下分け目の戦場となった平原が残る

ヘイスティングズ Hastings

人口8万1100人
市外局番01424

ヘイスティングズ城跡からの眺め

ドーヴァー海峡に面する港町ヘイスティングズは、長いビーチをもつ人気のリゾートタウン。歴史的には、1066年、ヘイスティングズの戦いの舞台となった町でもある。フランスのノルマン公ウィリアムが当時の英国王ハロルド2世率いるアングロ・サクソン軍を破り、イングランドを征服。英国王ウィリアム1世として即位した。この結果イングランドはノルマン王朝に支配されることとなり、あらゆる面においてフランスの影響を受けることになる。

現在は、ウィリアムが建てたといわれるヘイスティングズ城の廃墟が残るのみだが、新市街の中心から小高い丘陵に城壁跡がはっきりと眺められ、わずかながら11世紀の名残を感じさせる。新旧入り混じった独特の魅力があふれる町だ。

歩き方

町の南部には長いビーチが続き、海岸線に沿って東側に旧市街、西側に新市街と分かれている。鉄道駅から中心街へ続く道がハブロック・ロードHavelock Rd.**P.187-A**。新市街の目抜き通りが遊歩道ケンブリッジ・ロードCambridge Rd.**P.187-A**。旧市街の中心はジョージ・ストリートGeorge St.**P.187-B**とハイ・ストリートHigh St.**P.187-B**。ジョージ・ストリートには、ヘイスティングズ城へ上るためのケーブルカー、ウエスト・ヒル・リフトの乗り場がある。新市街南側の海沿いにはホテルやB&Bが並び、西へ行くとホワイト・ロック・シアター、ヘイスティングズ・ピアへと続く。

ヘイスティングズへの行き方

●ロンドンから
🚃チャリング・クロス駅から1時間に2便程度
所要：約1時間40分
🚌ヴィクトリア・コーチステーションから1日2便
所要：2時間25分～3時間45分

■ヘイスティングズのⓘ
TEL (01845) 2741001
FAX (01424) 781186
inet www.hastings.gov.uk
宿の予約は手数料£2.00とデポジットとして1泊目の宿泊料の10%

●タウンホールのⓘ
Map P.187-A
✉Pliory Meadow,Queens Sq., TN34 1TL
開8:30～18:15
(土9:00～17:00、日10:30～16:30)　休無休

●旧市街のⓘ
Map P.187-B
✉The Stade, Flamingo Amusement Park,TN34 1EZ
開3月中旬～10月10:00～17:00(水10:30～17:00、日10:00～16:30)
11月～3月中旬の金・土10:00～17:00、日10:00～16:30
休11月～3月中旬の月～木

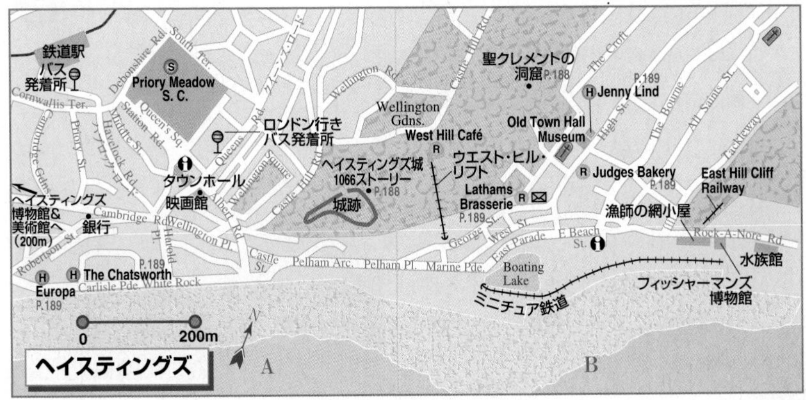

ターミナルから市の中心部へ

鉄道駅

鉄道駅は町の北西にある。ⓘへ向かうには、ハブロック・ロードを南へ下り、大きな7差路に出たらそこを左へ入っていく。

見どころ

ヘイスティングズ以外に、バトルやライ（→P.190）といった近郊にも足を延ばしてみたい。

■ヘイスティングズ城
Map P.187-A
✉West Hill, TN34 3RG
TEL(01424) 781112
Inet www.discoverhastings.co.uk
開イースター～10月 10:00～17:00
11月～イースター 11:00～15:00
休12/24～26
料£3.65　学生£3.00

頂上の眺望から11世紀の戦いを偲ぶ

ヘイスティングズ城
Hastings Castle

見学所要時間の目安 30分

朽ち果てた廃墟が歴史を語る

ウィリアム1世が建設したとされる城。13世紀の嵐で城の本丸部分が滑落し海に沈んだため、今ではわずかな城壁跡と教会の跡が残るだけ。敷地内にある中世テント風の小屋では、ヘイスティングズの歴史を説明する映画を上映している。

■聖クレメントの洞窟
Map P.187-B
✉West Hill, TN34 3HY
TEL(01424) 422964
Inet www.discoverhastings.co.uk
開イースター～10月10:00～17:30
11月～イースター11:00～16:30　休無休
料£6.40　学生£5.40

リアルな人形を使った洞窟内の展示

スリル満点のアトラクションが人気

聖クレメントの洞窟
Smugglers Adventure in St. Clement's Caves

見学所要時間の目安 1時間

ヘイスティングズ城の北端にある洞窟で、18世紀には密輸品の保存場所として利用され、第2次世界大戦中は防空壕にも使われていた。自然にできた洞窟に何世紀にもわたって人の手が加わり、5157m²もの広さに拡大された。現在は音楽やビジュアル効果を駆使したスマグラーズ・アドベンチャーというアトラクションがウケている。

近郊の見どころ

■バトルフィールド&アビー
地図なし
●ヘイスティングズから
1時間に1便
所要15分
🚌4、5番が1時間に1便（日曜運休）
所要：30分
✉High St., Battle, TN33 0AD
TEL(01424) 773792
Inet www.english-heritage.org.uk
開4～9月10:00～18:00
10～3月10:00～16:00
休1/1、12/24～26
料£5.50　学生£4.10

英国屈指の戦場跡

バトルフィールド&アビー
Battlefield & Abbey

見学所要時間の目安 2時間

1066年10月14日、名高いヘイスティングズの戦いで実際の戦場となったのが、ヘイスティングズ近郊にあるバトルという場所。戦場とウィリアム1世が建てた修道院跡はオーディオガイド（日本語あり）で説明を聞きながら見学ができる。

修道院の廃墟

ホテル＆レストラン Hotel&Restaurant

ヘイスティングズのホテルは、海沿いのホワイト・ロックや、鉄道駅近くのケンブリッジ・ガーデンズCambridge Gdns.周辺、旧市街ならハイ・ストリート沿いに多い。ユースホステルは町から7km近く離れている。

日本からホテルへの電話 電話会社の番号 + 010 + 国番号44 + 市外局番の最初の0を取った掲載の電話番号

チャッツワース The Chatsworth Hotel 【中級】

●海の目の前に建ち、ほとんどの部屋はシービュー。1985年にオープンした建物はややくたびれている感はあるが、2005年4月に白壁のすっきりとした外観にリニューアルされた。ワインカラーを基調にした客室でバスタブは広い。フロントの感じもよい。部屋の電話にはインターネット接続用のモジュラージャック付き。

52室 Map P.187-A

Carlisle Pde., TN34 1JG
TEL (01424) 720188
FAX (01424) 445865
Inet www.chatsworthhotel.com
S £65.00
W £90.00
£ T/C不可
C/C A D J M V

エウロパ Hotel Europa 【ゲストハウス】

●シービューの客室からは海を一望できて気分がいい。客室は青と白のさわやかな内装。ホテルの裏側はロバートソン・ストリートに面し、中心街に歩いて5分もかからない。劇場や桟橋にも歩いてすぐ。鉄道駅からはタクシーで約£3.00。朝食はフル・イングリッシュ・ブレックファスト。

12室 Map P.187-A

読者割引5%
2 Carlisle Pde., TN34 1JG
TEL&FAX (01424) 717329
S £30.00～35.00
W £55.00～65.00
£ T/C不可
C/C M V（手数料5%別途）

ジェニー・リンド Jenny Lind 【イン】

●1階はダイニング・パブになっているが、全6室中5室は3階にあり、パブの騒音が届きにくい。各部屋はいずれも間取りが広く、家具などもおとなしい中間色でまとめられているので、広さがいっそう引き立つ。全室ティーセットとテレビを完備。パブは町でも屈指の人気店で、音楽の生演奏を行うこともある。パブの食事は12:00～21:00で営業は23:00まで。

6室 Map P.187-B

69 High St., TN34 3EW
TEL (01424) 421392
S £40.00
W £80.00
£
T/C £
C/C D M V

レイサムズ・ブラッセリー Lathams Brasserie 【英国料理】

●旧市街にあるおしゃれな雰囲気のレストラン。英国料理をはじめ、ヨーロッパの大陸料理、シーフードなど、メニューの幅が広い。通常のメニュー以外にもその日に市場で仕入れた新鮮な食材を使った特別メニューがある。

Map P.187-B

63 George St., TN34 3EE
TEL (01424) 434960
開 12:00～22:00
休 無休
£ T/C不可 C/C M V

ジャッジス・ベーカリー Judges Bakery 【ベーカリー】

●1826年創業の老舗ベーカリー。毎朝焼き上げられるブラウンやホワイト・ブレッドの食パン、バゲット、具だくさんのツナサンドやBLTサンドなどが並ぶ。ゲンコツ大のスコーンは£0.50。テイク・アウェイして、海岸でランチをとるのもおすすめ。

Map P.187-B

51 High St., TN34 3EN
TEL (01424) 722588
開 8:15～19:00（日10:00～17:00）
休 無休
£ T/C不可 C/C不可

ヘイスティングスから足を延ばして
近郊の旅

中世の町へタイムトリップ

ライ Rye

イギリスでも最も美しい町のひとつに挙げられるライは、3時間もあれば隅々まで見て回れるほどの小さな町。

白壁が美しいマーメイド・イン

レンガ造りの家並みに石畳の路地。物語の世界にでも迷い込んでしまったかのような美しいたたずまいのライ。

日本でも人気があるせいか、ⓘでは日本語オーディオガイドを借し出しているので、詳しい説明を聞きながらゆっくりと町を歩いてみたい。

町の中央を走るハイ・ストリートHigh St.からライオン・ストリートLion St.に入ると、正面に聖メアリー教会が見えてくる。ここが町の中心だ。教会の裏側にあたるチャーチ・スクエアChurch Sq.やウォッチベル・ストリートWatchbell St.、マーメイド・ストリートMermaid St.にかけては、特に見逃せない通り。しっくいの壁の木造家屋は、落ち着いたテューダー朝様式と、イタリア建築の流れを汲む優美なジョージ王朝様式がほどよく混ざり、見事な調和を見せている。ハイ・ストリート周辺の小さな路地にはギャラリーやアンティーク店、雑貨店、インテリアショップなどが軒を連ねている。

ショッピングが目的なら、17:00頃には閉まるので、日中早いうちに店を回ってしまおう。時間があれば町から約4kmのライの港にも足を延ばしてみよう。

かわいらしい屋根が並ぶライの町並み

無人駅に停車する旧式の鉄道車両

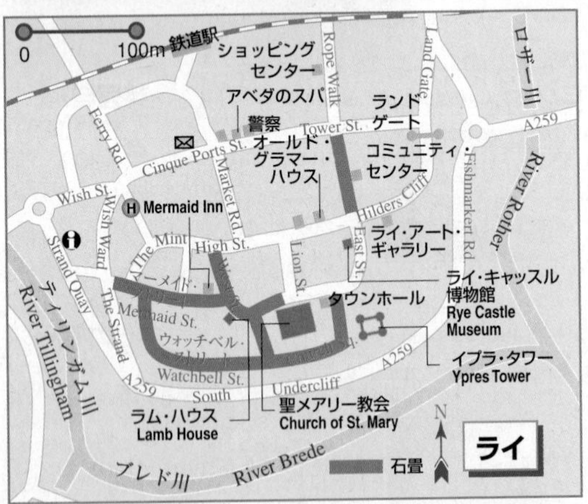

聖メアリー教会
Church of St. Mary

教会の最も古い部分は1150年頃のもの。1377年のフランス人の侵略にも持ちこたえた、イギリス最古の時計が残されている。

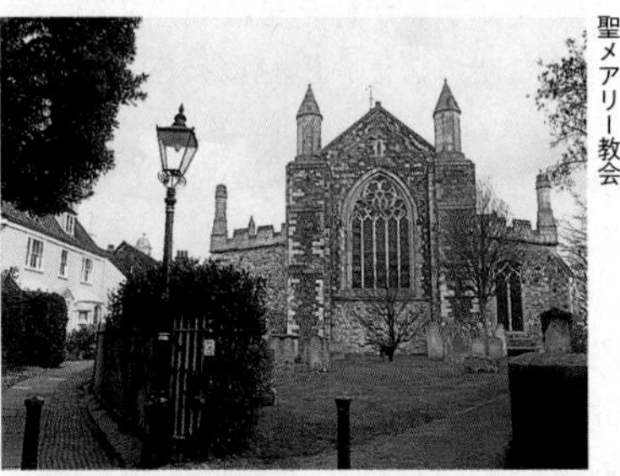

聖メアリー教会

イプラ・タワー
Ypres Tower

1249年、フランスからの侵略に備えて建設された塔。すぐ近くのイースト・ストリートには関連の遺物や資料を展示するライ・キャッスル博物館がある。

重厚な造りのイプラ・タワー

ラム・ハウス
Lamb House

ニコール・キッドマン主演の映画『ある貴婦人の肖像』の原作者として知られるアメリカ人作家、ヘンリー・ジェイムスが1898～1916年に住んでいた家。

ウィンチェルシー
Winchelsea

ウィンチェルシーは、ライから約3kmほど西に位置する小さな村。ヘイスティングズから列車でライへ向かう途中にあり、ヘイスティングズからは18分。まだ観光地化されておらず訪れる人は少ないが、イギリスを代表する風景画家ウィリアム・ターナー（Joseph Mallord William Turner 1775～1851）がこの地を多くの作品に描いたことで知られている。村の周辺では、ターナーが描いたあの黄金色の田園風景を実際に目にすることができるのだ。村の中央には、古い教会や建物が建ち、少ないがB&Bやパブなどもあって滞在も可能。

TRAVEL DATA
トラベル・データ

■ライへの行き方
●ヘイスティングズから
🚃1時間に1便程度　所要：21分
🚌ステージコーチ社の711番が1時間に1便程度
所要：45分
●ロンドンから
🚃チャリング・クロス駅からヘイスティングズやアシュフォードを経由する
所要：約2時間
■ライのⓘ　Map P.190
✉Rye Heritage Centre, Strand Quay, TN31 7AY
TEL(01797) 226696　FAX(01797) 223460
Inet www.visitrye.co.uk
Inet www.ryeheritage.co.uk
開3～10月9:30～17:00（日10:00～17:00）
11～2月10:00～16:00　休無休
オーディオガイドは£2.50（要デポジット）
■聖メアリー教会　Map P.190
TEL(01797) 222430
開6～8月9:00～19:00　9～5月9:00～17:00
休無休　料無料
■イプラ・タワー　Map P.190
TEL(01797) 226728
開4～10月10:00～13:00　14:00～17:00
11～3月10:30～15:30
休4～10月の火・水、11～3月の月～金
料タワーと博物館で£2.90　学生£2.00
■ラム・ハウス　Map P.190
✉West St., TN31 7ES
TEL(01797) 229542
Inet www.nationaltrust.org.uk
開3/23～10/28の水・土14:00～18:00
休月・火・木・金・日、11月～3月下旬
料£3.00
■ウィンチェルシーへの行き方
●ヘイスティングズから
🚃1時間に1便程度　所要：18分
●ライから
🚃1時間に1便程度　所要：3分

華やかなリゾートライフを満喫

ブライトン Brighton

人口19万2500人
市外局番01273

ブライトンへの行き方

●ロンドンから
🚃ヴィクトリア駅から頻発
所要：約1時間
🚌ヴィクトリア・コーチステーションから1時間に1便程度
所要：2時間10分
●ヘイスティングズから
🚃1時間に1～3便
所要：1時間20分
●ポーツマスから
🚃1時間に1便
所要：1時間30分

ブライトンはロンドンからわずか85km、イギリス海峡に面した人気のリゾートタウン。ビーチ沿いにはプロムナード（遊歩道）が続き、瀟洒なリゾートホテルが軒を連ねる。夕方、海沿いを散歩すると、暮れなずむ空にブライトン・ピア遊園地のネオンが輝き、なんともロマンティックだ。とりわけロンドンの人々にとっては幼少の頃から慣れ親しんだ海辺の町として特別の思い入れがあるようで、夏の週末ともなると太陽と海を求めて多くの人が集まる。

ブライトン・ピア

リゾート地としての歴史はイギリスで最も古く、1750年代頃からすでにロンドンの上流階級の人々の保養地としてにぎわっていた。そのためか、歴史のあるホテルも多く、町も風格が感じられどことなく上品。また多くの語学学校があることから、学生が多く繁華街はいつも若者でにぎやかだ。

■ブライトンの❶
Map P.192A-2
✉10 Bartholomew Sq., BN1 1JS
TEL(0906) 7112255
(1分￡0.50)
inet www.visitbrighton.com
開5～9月9:00～17:00
(土10:00～17:00、日10:00～16:00)
10～4月10:00～17:00
(日10:00～16:00)
休冬期の日曜
宿の予約は所定の手数料とデポジットとして全体の宿泊料金の10%

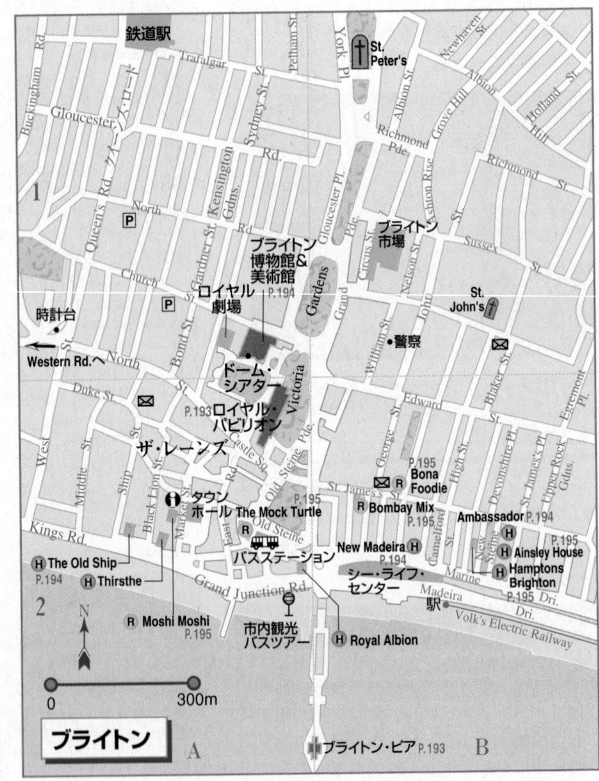

■ショッピングエリア
ショップが集まるエリアは、鉄道駅前のトラファルガー・ストリートTrafalgar St.P.192A-1から南へと下るシドニー・ストリートSydney St.P.192A-1、ケンジントン・ガーデンズKensington Gdns.P.192A-1、ボンド・ストリートBond St.P.192A-1など。

歩き方

町の目抜き通りは、鉄道駅から南へ延びるクイーンズ·ロードQueen's Rd.P.192A-1。その突きあたりに海があり、海辺沿いのキングス·ロードKings Rd.P.192A-2とマリン·ドライブMarine Dri.P.192B-2には、リゾートホテルが集中する。

町の中心部

町の中心街はクイーンズ·ロードから海にかけての東側一帯で、ⓘの東にあるマーケット·ストリートMarket St.や、イースト·ロードEast Rd.P.192A-2周辺に雰囲気のいいレストランやパブが集まる。ブライトン·ピアBrighton Pierから東側にかけては手頃なゲストハウスが並び、マリン·ドライブと並行して北側にあるセント·ジェイムス·ストリートSt. James's St.P.192B-2は、安いレストランや雑貨店などが並ぶ庶民的な地域。ブライトン·ピアからプロムナードを東へ約2kmほど行くとヨットが停泊するブライトン·マリーナがあり、ビストロやパブ、ブティックなどが並ぶ。バスステーションは、海沿いのマリン·ドライブから少し入ったオールド·ステインOld SteineP.192A-2にある。

見どころ

町の中心部は歩いて回れる範囲。海岸を散歩したり、夜もナイトライフが楽しい町だ。

贅を尽くしたきらびやかな豪邸

ロイヤル·パビリオン
The Royal Pavilion

見学所要時間の目安 1時間

国王ジョージ4世が40年の歳月をかけて建てた離宮。このロイヤル·パビリオンとともに、ブライトンの町はリゾートの町としての地位を築いてきた。1783年、まだ皇太子だったジョージ4世は初めて訪問したブライトンの町をいたく気に入り、小さな農家の屋敷を買い取って古典様式の離宮建設を計画。1802年、最初にできあがった離宮は中国風の装飾を施したものだったが、1815年から22年にかけて建築家ジョン·ナッシュに依頼し、増築を行って今の離宮が完成した。外観にはインド様式を取り入れていて、バンケットホール（宴会場）、大厨房、音楽の間、寝室などオリエンタル趣味とヨーロッパ建築が融合したユニークな造り。特にバンケットホールの内装は一見の価値あり。中央

美しいブライトンの海岸線

ブライトン·ピア

■ブライトン·ピア
Brighton Pier
Map P.192B-2
長さ536mの桟橋。小さな遊園地やゲームセンター、カフェテリアがある。
✉Madeira Dri., BN1 1TW
inet www.brightonpier.co.uk
開 夏期 10:00～翌2:00
冬期 10:00～24:00
休 無休
料 無料

町のおもな見どころを巡回するシティ·サイトシーイングのバス

■ロイヤル·パビリオン
Map P.192A-2
✉The Royal Pavilion, BN1 1EE
TEL (01273) 292822
FAX (01273) 292821
inet www.royalpavilion.org.uk
開 4～9月9:30～17:45
10～3月 10:00～17:15
最終入場は閉館の45分前
休 12/25、12/26
料 £6.10 学生£4.30

市内ツアー

シティ·サイトシーイング City Sightseeing
TEL (01789)294466 inet www.citysightseeing.co.uk
出発：6月中旬～7月中旬の土·日、7月中旬～9月上旬10:00～
料 £6.50 学生£5.50
ブライトン·ピア、ロイヤル·パビリオン、鉄道駅、ブライトン·マリーナなどを回る。バスの頻度は30分おきになっている。

■ブライトン博物館&美術館
Map P.192A-1
✉Old Steine, Brighton, BN1 1EE
TEL(01273) 290900
inet www.virtualmuseum.info
開10:00~17:00
(火10:00~19:00、日14:00~17:00)
休月
料無料

の食卓に飾られた食器類、竜が体をくねらせるシャンデリア、壁面に描かれた中国画や彫刻など、贅を尽くした徹底ぶり。

洋の東西の様式が融合した建物

ガーデンの外には、ブライトン博物館&美術館があり、アールヌーボー&アールデコ様式の家具のほか、ブライトンの町の有志が使っていた生活道具など多数を展示している。

ホテル Hotel

リゾート地だけあってホテルやB&Bの数は多いが、夏期のシーズン中はどのホテルも満室になるので早めの予約を心がけよう。また、金・土曜の夜やホリデイシーズンは平日料金の2~3倍ほどに値上がりする。

日本からホテルへの電話　電話会社の番号 + 010 + 国番号44 + 市外局番の最初の0を取った掲載の電話番号

オールド・シップ The Old Ship Hotel 【高級】

●16世紀から続く老舗ホテルで、真っ白な外観が印象的。老舗のわりには気取ったところがなく、スタッフはとても気さくで、サービスも一流。客室の家具や調度品も高級感にあふれセンスもよく、リラックスできる。品数豊富なビュッフェ式朝食もおすすめ。

152室　Map P.192A-2
✉Kings Rd., BN1 1NR
TEL(01273) 329001　FAX(01273) 820718
inet www.paramount-hotels.co.uk
S £139.00
W £170.00
£　T/C不可　C/C ADJMV

ニュー・マデイラ New Madeira Hotel 【中級】

●海からの潮風が心地よい海岸沿いに建ち、大半の客室はシービューで眺めもよい。ブライトン・ピアへも徒歩2分と、夜遅く出歩くのに便利な立地で、全室にバスタブ、シャワー、トイレを完備し機能性抜群。なお、朝食は別料金。週末は最低2泊以上から。ラウンジバーも併設されている。

34室　Map P.192B-2
読者割引10~5月10%
✉19-23 Marine Pde., BN2 1TL
TEL(01273) 698331　FAX(01273) 606193
inet www.newmadeirahotel.com
S £35.00~65.00
W £50.00~120.00
£　T/C £　C/C AMV

アンバサダー Ambassador Hotel 【中級】

●B&B、ゲストハウスが並ぶニュー・ステイン沿いにある小規模なタウン・ハウス・ホテル。全24室のうち10室は、最大4人まで宿泊することができる大きめの部屋で、家族で滞在する人にもおすすめ。宿泊客専用のバーがあり、各種ドリンクを取り揃えている。

24室　Map P.192B-2
✉22-23 New Steine, BN2 1PD
TEL(01273) 676869
FAX(01273) 689988
inet www.ambassadorbrighton.co.uk
S £36.00~65.00
W £55.00~115.00
£ €　T/C £ £ €　C/C ADJMV

アインスレー・ハウス Ainsley House 〔ゲストハウス〕

●ニュー・ステインのガーデン沿いにあるアットホームな宿。鉄道駅からはタクシーで5分、バスステーションからは歩いて10分ほど。部屋の設備や広さなどによって値段はさまざま。庭と海とを見下ろすことができる部屋も多く、ベージュを基調にしたかわいらしい造りで清潔感がある。女性のオーナーもとても上品。全室禁煙。

11室 Map P.192B-2

読者割引10～3月8%
28 New Steine, BN2 1PD
TEL (01273) 605310 FAX (01273) 688604
inet www.ainsleyhotel.com
S £30.00 S £40.00
W £65.00
W £70.00～90.00
£ T/C不可 C/C A D J M V

ハンプトンズ・ブライトン Hamptons Brighton 〔ゲストハウス〕

●以前はアレンデール・ホテルという名前だったが、2006年2月の改装を機に名前を改めた。内装は白を基調に、ところどころに赤と黒をあしらい、ヨーロッパ・モダンの雰囲気を醸し出している、

13室 Map P.192B-2

3 New Steine, Marine Pde., BN2 1PD
TEL (01273) 675436 FAX (01273) 602603
inet www.hamptonsbrighton.com
S £38.00～ S £40.00
W £70.00～ W £80.00
£ T/C £ C/C M V

レストラン Restaurant

レストランはマーケット・ストリート周辺に集中している。海岸沿いの店は眺めがよい分、少々高め。セント・ジェイムス・ストリートには手頃な店が並んでいる。

ボンベイ・ミックス Bombay Mix 〔インド料理〕

●ビュッフェ形式のインド料理店。コルマと呼ばれるカレーは、ラムやチキン、ベジタブルがある。そのほかナンやライス、カット・フルーツなどが並び、組み合わせが自由にできる。料金は肉類のあるなし、ランチ、ディナーかによって異なる。

Map P.192B-2

119 St. James's St., BN2 1TH
TEL (01273) 622133
inet www.bombay-aloo.co.uk
開 12:00～24:00 休 無休
£ T/C £ C/C J M V

もしもし Moshi Moshi 〔日本料理〕

●ⓘのすぐそばにある回転寿司の店で日本人の店員も働いている。寿司がメインだが、焼き餃子などの温かい料理やお弁当などもあり、アルコール類は日本酒のほかワインが数種類。テイク・アウェイ可。

Map P.192A-2

Bartholomew Sq., BN1 1JS
TEL (01273) 719195 FAX (01273) 719196
inet www.moshimoshi.co.uk
開 12:00～23:00 休 月
£ T/C不可 C/C M V

モック・タートル The Mock Turtle Restaurant 〔ティー&カフェ〕

●バスステーション近くにある小径、プール・バレーにあるカフェ。人気が高く、いつもたくさんの客でにぎわっている。クリーム・ティーは£4.50。各種菓子やケーキ類も揃う。

Map P.192A-2

4 Pool Valley, BN1 1NJ
TEL (01273) 327380
開 10:00～18:00 休 日・月
£ T/C不可 C/C不可

ボナ・フーディ Bona Foodie 〔デリカテッセン〕

●ヨーロッパ各国から選りすぐった食材を販売。ショーケースには、手作りのラザニアやキッシュなどの惣菜をはじめ、イギリス産のオーガニックハムやイタリアのオリーブ、チーズなどが並ぶ。

Map P.192B-2

218 St. James's St., BN2 1RF
TEL (01273) 698007
開 9:30～18:00 休 無休
£ T/C不可 C/C A J M V

英国海軍の拠点となる町

ポーツマス Portsmouth

人口19万人
市外局番023

ポーツマスへの行き方

●ロンドンから
🚃ウォータールー駅から1時間に2本程度
所要：約1時間40分
🚌ヴィクトリア・コーチステーションから1時間に1便程度
所要：2時間15分〜3時間35分
●サウサンプトンから
🚃頻発
所要：約1時間
🚌1日9便
所要：1時間
●ブライトンから
🚃1時間に1〜2便
所要：約1時間30分

ポーツマスは、15世紀末に王立造船所ができて以来、イギリスの軍港、要塞として発展してきた町。現在、広大な海軍基地の敷地は「フラッグシップ・ポーツマス」と呼ばれるアトラクションとなっている。ポーツマス港にはアウトレット店を含むショッピングセンターと映画館などの複合レジャー施設ガンワーフ・キーズGunwharf Quaysがあり、おしゃれなウオーターフロントして再開発が進んでいる。

そのほかの見どころでは『クリスマス・キャロル』『二都物語』の作者として名高い19世紀の文豪チャールズ・ディケンズの生家がある。また、ポーツマスはリゾート地のワイト島への起点となっている。

サウスシー駅周辺

歩き方

町はかなり広く、徒歩だけでは移動が限られてしまう。鉄道やタクシーをうまく利用しよう。

3つのエリアに分かれる

旅行者が移動するメインのエリアは、大きく分けると、海軍基地周辺と、古い港やビーチがあるオールド・ポーツマス周辺、ショッピング街が広がるポーツマス&サウスシー駅周辺の3つ。

オールド・ポーツマス

港町としての風情を楽しむなら、オールド・ポーツマスのブロード・ストリートBroad St.P.196-2から海沿いに南へ続く遊歩道を歩こう。その先には小さな遊園地やワイト島行きホヴァークラフトターミナルがある。

ショッピングエリア

ショッピングを楽しむなら、ポーツマス&サウスシー駅の北側に延びるコマーシャル・ロードCommercial Rd.P.196-1へ。

鉄道駅

ポーツマスの鉄道駅はふたつ。ひとつは中心街にあるポーツマス&サウスシー駅Portsmouth & SouthseaP.196-1、もうひとつは海軍基地や港に近いポーツマス・ハーバー駅Portsmouth HarbourP.196-2。観光を楽しむなら、ポーツマス・ハーバー駅で降りよう。宿を取るなら、ポーツマス・ハーバー駅からは少し離れるが、オールド・ポーツマス周辺が便利。

オールド・ポーツマスの港

■ポーツマスの❶
Map P.196-1
✉The Hard, PO1 3QJ
TEL (023) 92839766
FAX (023) 92827519
Inet www.visitportsmouth.co.uk
開 5〜9月9:30〜17:45
10〜4月9:30〜17:15
休 無休
宿の予約は手数料£2.00とデポジットとして1泊目の宿泊料金の10%

見どころ

町は広いが、観光は1日で可能。時間があればワイト島へも足を延ばしてみたい。

人気のイギリス軍艦アトラクション

見学所要時間の目安 半日以上

フラッグシップ・ポーツマス
Flagship Portsmouth (Portsmouth Historic Dockyard)

イギリス海軍基地内にある海洋史アトラクション。イギリス海軍の歴史に触れられるよう、さまざまな展示やアトラクションが整っている。

ヘンリー8世が愛したメアリー・ローズ号や、世界初の鉄製甲板戦艦、ネルソン提督のHMSヴィクトリー号、ヴィクトリア女王艦隊が誇るHMSウォリアー1860号など歴史的な戦艦を展示し、それぞれにまつわる逸話を映像や音響で紹介する。特に1982年に海底から引き上げられたメアリー・ローズ号には博物館ボナヴェンチェア・ギャラリーを設け、テューダー朝時代の内装が施された船内で、生活の様子を再現している。ほか王立海軍博物館など見ごたえのある内容となっている。

■フラッグシップ・ポーツマス
Map P.196-1
✉1/7 College Rd., HM Navel Base, PO1 3LI
TEL (023) 92861512
Inet www.historicdockyard.co.uk
開 4〜10月10:00〜18:00
11〜3月10:00〜17:30
最終入場は閉館1時間30分前
休 12/24・25、海軍の特別イベントがある日（❶やウエブサイトで確認のこと）
料 1アトラクション
£10.00　学生£8.00
全アトラクション
£16.00　学生£12.50

偉大な文豪が生を授かった

見学所要時間の目安 30分

チャールズ・ディケンズの生家
Charles Dicken's Birthplace Museum

ポーツマス&サウスシー駅から北へ徒歩20分の所にある。イギリスを代表する文豪チャールズ・ディケンズの生家がそのまま残されていて、博物館になっている。1812年にディケンズはこの家で生まれ、3歳になるまで住んでいた。部屋の装飾や家具はディケンズが生まれた当時のものを再現しており、ディケンズが執筆中に利用していたインク入れやペーパーナイフ、筆記類ほか、生活道具が展示されている。

生家にある天蓋付きのベッド

■チャールズ・ディケンズの生家
Map P.196-1
コマーシャル・ロードを北進、ロータリーに出てもコマーシャル・ロードを北進。次のロータリーに出たら、ウイングフィールド・ストリートWingfield St.を右折してすぐのゲートを入っていくと左側。
🚌❶近くのバス停から5、12A、27、45、69、700番のバスに乗り、エディンバーグ・ロードEdinburge Rd.下車。所要5分。
✉393 Old Commercial Rd., PO1 4QL
TEL (023) 92827261
Inet www.charlesdickensbirthplace.co.uk
開 4〜9月10:00〜17:30
10月10:00〜17:00
最終入場は閉館の30分前
休 11〜3月
料 £2.50　学生£1.50

ホテル＆レストラン Hotel&Restaurant

ホテルの数はそれほど多くないので、宿泊するなら早めに予約をしよう。食事は、オールド・ポーツマスから歩くと30分以上はかかるが、エルム・グローブElm Groveやアルバート・ロードAlbert Rd.沿いに各国の料理店が軒を連ねている。

日本からホテルへの電話 電話会社の番号 + 010 + 国番号44 + 市外局番の最初の0を取った掲載の電話番号

ホリデイ・イン・ポーツマス Holiday Inn Portsmouth 大型

●オールド・ポーツマスの遊歩道やワイト島行きホヴァークラフトターミナルに歩いて5分ほど。客室は明るくモダンなインテリアで、最新型テレビが備わり、浴室のシャワーの出もよい。屋内プール、サウナ、フィットネスセンターなど完備され、旅の疲れを癒すのに最適。エグゼクティブルームはプラス£25.00。

166室 Map P.196-2

Pembroke Rd., PO1 2TA
日本での予約：無料0120-381489
TEL(0870) 4009065
FAX(023) 92756715
inet www.holiday-inn.co.uk
S W £66.00～150.00
£ T/C £ C/C A D J M V

ケッペルズ・ヘッド Keppel's Head Hotel 中級

●ポーツマス・ハーバー駅から歩いても3分という便利な場所にある。客室はグリーンが基調のさわやかなイメージで、陶器のランプなどが置かれ落ち着いた雰囲気。ふたりがけのソファーやデスクなどがあり使い勝手がよい。200年以上の歴史あるホテルで、上品な空気に包まれている。オフシーズンは割引交渉可能。

30室 Map P.196-2

The Hard, PO1 3DT
TEL(023) 92833231
FAX(023) 92838688
inet www.keppelsheadhotel.co.uk
S £65.00
W £79.00
£ T/C £ C/C A M V

サリー・ポート・イン The Sally Port Inn イン

●ポーツマス大聖堂の前にある。16世紀創業の古いホテルで、樫の木を使ったイギリス風のインテリアが特徴。1階はパブとバーを兼ねており、2階はアラカルトレストランになっている。港沿いの遊歩道にも近い。

10室 Map P.196-2

High St., Old Portsmouth, PO1 2LU
TEL(023) 92821860
FAX(023) 92821293
S £40.00～45.00
W £60.00～65.00
£ T/C £ C/C A D M V

フォーティトゥード・コテージ Fortitude Cottage B&B

●オールド・ポーツマスにある数少ないB&Bのひとつ。部屋の設備はテレビやティーセット、洗面台など、基本的なものは揃っており、ほとんどの客室からは海を眺めることができる。朝食はイングリッシュとコンチネンタルがあり、コンチネンタルは6:00～8:45、イングリッシュは7:30～8:45となっている。

4室 Map P.196-2

51 Broad St., Old Portsmouth, PO1 2JD
TEL&FAX(023) 92823748
inet www.fortitudecottage.co.uk
S £35.00～75.00
W £70.00～75.00
£ T/C £ C/C M V

スパイス・アイランド・イン The Spice Island Inn パブ

●港を行き来するフェリーを眺めながらくつろげるパブ。1階はパブ、2階がレストランになっていてきちんと食事もできる。1階パブの奥にはソファもあり、フィッシュ＆チップスやサンドイッチ、クレープ包み(ラップ)など軽食もとれる。いずれも£4.00～6.00。

Map P.196-2

1 Bath Sq., Old Portsmouth, PO1 2JL
TEL(023) 92870543
開11:30～23:00
休無休
£ T/C不可 C/C M V

ソレント海峡に浮かぶリゾートアイランド

ワイト島 Isle of Wight

人口12万5000人
市外局番01983

リゾートの町、サンダウンのビーチ

緑豊かな自然に囲まれ、夏ともなれば多くの観光客でにぎわうリゾートの島。ロンドンの約半分の面積をもち、島内にはニューポートNewportをはじめ、ポーツマスからのフェリーが発着するライドRyde、島東部のビーチリゾート、サンダウンSandownやシャンクリンShanklin、島の西部には石灰岩の尖塔が突出した景勝地のニードルズNeedlesがある。

歩き方

ライド港

ポーツマスからの高速フェリーとホヴァークラフトが到着するのはライド。高速フェリー、ファスト·キャットFast Catはライドのフェリー乗り場ピア·ヘッドPire Headに、ホヴァークラフトは直接ライドの町のエスプラネイド駅Esplanade Station前に到着する。

ピア·ヘッドからライドの町までは歩いて10分ほどの長い桟橋がある。ピア·ヘッドからライド、サンダウン、シャンクリン間は鉄道が走っていて、直接サンダウンやシャンクリンを目指すことができる。列車は20〜30分おきに出るので、列車を逃してしまったら歩いてエスプラネイド駅に出よう。駅前からはワイト島内各地にバスが出ている。

島内交通

島内のおもな交通手段はサザン·ベクティス社Southern Vectisのバス。ニューポートを拠点に、各町へバスが出ている。ライドからも出ているが、ニューポートからのほうが便数が多い。ニューポートかライドのバス乗り場で、時刻表付きのバスルートマップを入手してから回るといい。

ワイト島への行き方

ブリテン島からのフェリーが到着する港は、ライドとイースト・カウズ

■ライドへの行き方

●ポーツマスから

高速フェリー（Fast Cat）
ポーツマス・ハーバーから1時間に2便
所要：15〜20分

ホヴァークラフト
オールド・ポーツマスのホヴァークラフトターミナルから1時間に2〜3便
所要：10分

■イースト・カウズへの行き方

●サウサンプトンから

レッド・ファンネル・フェリーターミナルから1時間に1便
所要：約1時間

■ライド駅発のバス

●ニューポートへ
1、7、7A、7B、33番 のバスで約25〜30分

●オズボーン・ハウスへ
イースト・カウズ行き4番のバスで約25分

●サンダウン、シャンクリンへ
7、7A、7Bのバスで、サンダウンへ約25分、シャンクリンへは約40分

●ヤーマスへ
7、7Aのバスで約1時間

■サザン・ベクティス・バス
TEL (01983) 532373
Inet www.islandbuses.info
1日券£9.00、2日券£16.00、7日券£35.00。乗車時に購入する。片道料金はライド〜サンダウン£2.60、ライド〜ニューポート£2.60。

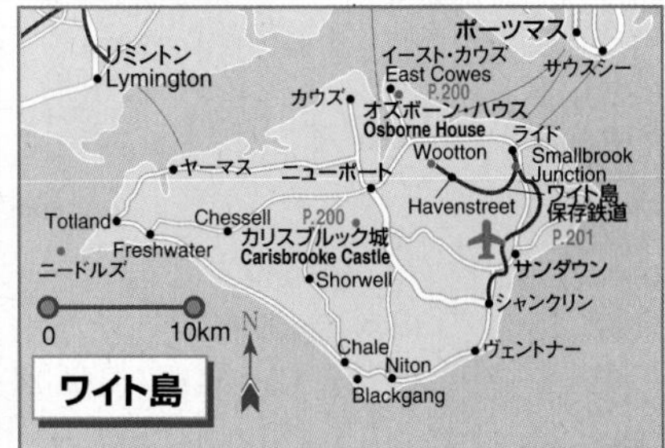

ニューポート

ワイト島の中心の町だけあって、規模は比較的大きいが、歩いて回れる範囲。ハイ・ストリートにある❶には島の各町の資料も揃う。町の中心はハイ・ストリートとジェイムス・ストリートJames St.周辺。バスステーションはサウス・ストリートSouth St.にある。

サンダウン

町の中心はビーチ沿いのエスプラネイド通りEaplanadeで、リゾートホテルやカフェが並んでいる。ライドからのバスが発着するのは、ハイ・ストリートHigh St.。鉄道駅は約1km西へ離れた場所にある。

見どころ

ポーツマスから日帰りで回るなら、まずライドからニューポートへ出て、カリスブルック城を見学。次にニューポートのバスステーションから5番のバスに乗って、オズボーン・ハウスへ行こう。最後にイースト・カウズから4番のバスでライドへ戻るとむだがない。

ヴィクトリア女王の別荘

オズボーン・ハウス
Osborne House

美しい庭園が広がる

ヴィクトリア女王とその夫アルバート公の別荘だった建物。王室の保養地となっていたようで、ヴィクトリア女王はこの地で82年の生涯を終えた。宴会場や居間、ダイニングルームなど豪華な内装や調度品がすばらしく、ロイヤルファミリーの写真や肖像画が展示されている。

美しい田園風景の中にある

見学所要
時間の目安 1時間

カリスブルック城
Carisbrooke Castle

カリスブルック城

12世紀にイザベラ・ド・レドバーズIsabella de Redversが所有していた城だが、ピューリタン革命後にチャールズ1世が幽閉されていた場所として有名になった。広大な敷地内は手入れが行き届き、美しい芝生の庭園の中には、チャールズ1世没後250年を記念して1904年に建てられた聖ニコラス教会St. Nicholas Chapelや、チャールズ1世に関する歴史を紹介する博物館などがあり、チャールズ1世が脱走を試みたという窓が復元されている。城壁の見張り台からは、ワイト島のすばらしい田園風景が眺められる。

■ワイト島の❶
宿の予約はデポジットとして1泊目の宿泊料金の10%
TEL (01983) 813818
Inet www.islandbreaks.co.uk

●ニューポートの❶
地図なし
✉The Guildhall, High St., PO30 1TY
開9:30〜17:00
（日・祝10:00〜16:00）
休1/1、12/25・26

●サンダウンの❶
Map P.199左
✉8 High St., PO36 8DA
開4〜10月9:30〜17:00
（日・祝10:00〜16:00）
11〜3月9:30〜16:30
（日10:00〜16:00）
休1/1、12/25・26・29・30

ニューポートの❶

■オズボーン・ハウス
Map P.199右
🚌ライドから4番、ニューポートから5番のバスに乗り、オズボーン・ハウス・ゲートで下車。ライドからは約25分、ニューポートからは約20分。
TEL (01983) 200022
Inet www.english-heritage.org.uk
開4〜9月10:00〜18:00
10月10:00〜16:00
11〜3月はガイドツアーのみ（要予約）
最終入場は閉館の1時間前
休11〜3月の金・土
料£9.50　学生£7.10

■カリスブルック城
Map P.199右
🚌ニューポートのバスステーションF乗り場から、7のバスで約5〜10分。バス停から標識に向かって徒歩15分。
徒歩なら、ハイ・ストリートからカリスブルック・ロードを南西に30〜40分。
TEL (01983) 522107
FAX (01983) 528632
Inet www.english-heritage.org.uk
開4〜9月10:00〜17:00
11〜3月10:00〜16:00
最終入場は閉館の30分前
休1/1、12/24〜12/26
料£5.50　学生£4.10

島を駆け巡る古きよき保存鉄道

見学所要時間の目安 30分

ワイト島保存鉄道
Isle of Wight Steam Railway

ワイト島蒸気鉄道は1971年以来ボランティアによって運営されている保存鉄道。スモールブルーク・ジャンクション駅Smallbrook JunctionからワットンWoottonまでの87kmを約30分で結んでいる。スモールブルーク・ジャンクション駅まではライドから鉄道で行くことができる。

■ワイト島保存鉄道
Map P.199右
TEL (01983) 882204
inet www.iwsteamrailway.co.uk
開 6月～9月中旬は毎日運行。それ以外は要確認。
料 1等£12.50 3等£8.50

ホテル Hotel

ワイト島には、さまざまな規模の宿泊施設が点在する。観光の起点にするならニューポート、ビーチでマリンスポーツを楽しむならサンダウンやシャンクリンのホテルに。西部には小さなB&Bが点在しており、家庭的なもてなしが受けられる。

日本からホテルへの電話 電話会社の番号 + 010 + 国番号44 + 市外局番の最初の0を取った掲載の電話番号

カルバーツ Calverts Hotel 【B&B】

●ワイト島の中心地、ニューポートの❶のすぐそばにある大型B&B。ハイ・ストリートからキー・ストリートに入った左側にある。建物自体は1732年にまでさかのぼる。パブとレストランを併設しているが、別棟にあるので騒音に悩まされず静かに過ごせる。客室はすっきりとまとめられたシンプルな造り。

33室 地図なし

✉Quay St., Newport, PO36 5BA
TEL & FAX (01983) 525281
inet www.calvertshotel.co.uk
S £33.00
W £66.00
£ T/C不可
C/C Ⓐ Ⓜ Ⓥ

トリーヴィル Trouville Hotel 【中級】

●4階建ての大型ホテル。ピアのすぐ近くにあり、ロケーションは最高。のんびり滞在するのにぴったりの宿だ。シービューの部屋は右記料金に£10.00追加。シングルルームにはシービューの部屋はない。1階にはバーとレストランが併設されている。

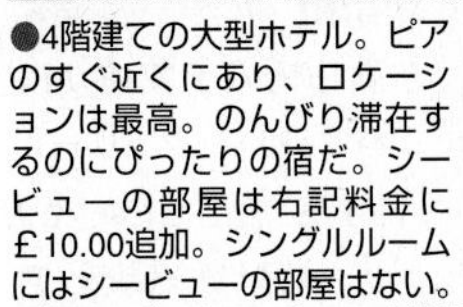

89室 Map P.199左

✉Esplanade, Sandown, PO36 8LB
TEL (01983) 402141 FAX (01983) 403143
inet www.trouvillehotel.co.uk
S £30.00～50.00
W £60.00～100.00
£ T/C不可 C/C Ⓜ Ⓥ

ロイヤル・ピア Royal Pier Hotel 【中級】

●エントランスのテラスから海が一望できる好ロケーション。ピアにも近くすぐ歩いていける。室内プールとジャクージ付き。この立地と設備でこの料金は安い。海が眺められる部屋は、右記料金にひとり£3.00追加。18:00前に到着の場合は夕飯も頼める(要予約)。

64室 Map P.199左

✉ Pier St., Sandown, PO36 8JP
TEL (01983) 403187 FAX (01983) 408155
S £25.00～90.00
W £50.00～180.00
£ T/C £ C/C不可

ヘーゼルウッド Hazelwood 【B&B】

●日本びいきのオーナーが経営するB&B。日本好きがこうじて、日本風の部屋を造るなど、各部屋とも趣向が凝らされている。手入れの行き届いた庭は、夏には花があふれる。バス停まで歩いて約10分。クリスマスシーズンには吹き抜けに大型ツリーが飾られる。

7室 Map P.199左

✉ 19 Carter St., Sandown, PO36 8BL
TEL (01983) 402536 FAX なし
S £20.00～25.00
W £40.00～50.00
£ T/C不可 C/C Ⓐ Ⓙ Ⓜ Ⓥ

タイタニック号が出港した港町

サウサンプトン Southampton

人口21万人
市外局番023

サウサンプトンへの行き方

●ロンドンから
🚃ウォータールー駅から頻発
所要：約1時間20分
🚌ヴィクトリア・コーチステーションから1時間に1便
所要：約2時間30分
●ウィンチェスターから
🚃頻発　所要：15分
🚌1～2時間に1便
所要：35分

■サウサンプトンのℹ
Map P.202A-2
✉9 Civic Centre Rd., SO14 7FJ
TEL(023) 80833333
Inet www.visit-southampton.co.uk
開9:30～17:00　休日
宿の予約手数料はホテルが£7.00、ゲストハウスが£3.00とデポジットとして1泊目の宿泊料金の10%

国際船も停泊する

イギリス海峡沿いの海岸のほぼ中央に位置するサウサンプトンは、イギリス最古の貿易港であり、現在でも巨大な商船が行き来する活気のある港町だ。中世には貿易でかなり潤い、外敵に備えて城壁が築かれた。現在でも旧市街を囲む城壁跡が残り、バーゲートBargateP.202A-2と呼ばれる大きな門が中世の姿のまま残されている。

サウサンプトンといえば、1912年4月10日、映画で一躍有名になった豪華客船タイタニック号がニューヨークへ向けて出港した港である。タイタニック号に関する見どころも多い。

歩き方

大きな港町だが、中心部は徒歩で充分観光できる大きさだ。町は大きく新市街と旧市街に分かれており、中世に建てられた門、バーゲートがふたつの地区を分けている。バーゲートより北側はショッピングセンターの多い新市街、南側で港周辺の地域が旧市街だ。

新市街

新市街の主要通りはアバブ・バー・ストリートAbove Bar St.P.202A-2。ℹは鉄道駅とアバブ・バー・ストリートを結ぶシビック・センター・ストリートCivic Centre St.P.202A-2にある。

旧市街

バーゲートを南に抜けると旧市街に入る。新旧の建築物が混在し、時折城壁跡が姿を現す。ハイ・ストリートHigh St.P.202B-2と交差するバーナード・ストリートBernard St.P.202B-3からオックスフォード・ストリートOxford St.P.202B-3に入ると、しゃれたレストランやパブが集中している。

■ウエスト・キー・ショッピングセンター
West Quay Shopping Centre
Map P.202A-2
✉West Quay, SO15 1QD
TEL(023) 80336828
inet www.west-quay.co.uk
開9:00～18:00
(木9:00～20:00、日11:00～17:00)
休無休

ウエスト・キー・ショッピングセンター

ターミナルから市の中心部へ

鉄道駅

鉄道駅は町の北西にあり、港近くの中心街までは歩いて20分はかかる。重い荷物を抱えて歩くのはきついので、ホテルが決まっていたらタクシーを利用しよう。❶へは歩いて5分ほどで到着する。

バスステーション

バスステーションは鉄道駅の南側、ハーバー・パレードHarbour Pde.に位置している。アバブ・バー・ストリートまでは徒歩約7～8分。

港

ハイ・ストリートから南に下った突きあたりは、近郊エリアへのフェリーが発着するタウン・キー・マリーナTown Quay Marina P.202A-3がある。鉄道駅とタウン・キー・マリーナは無料シャトルバスで結ばれている。

見どころ

タイタニック号ゆかりの見どころは港付近に集中している。

タイタニックの映画がよみがえる　見学所要時間の目安 1時間

海洋博物館
Maritime Museum

サウサンプトンから出港した人気豪華客船について紹介する博物館。小さいながらも見ごたえは充分だ。1階は現在のサウサンプトン港の模型、2階には豪華客船の模型や記念の品々が展示されている。全長3mはあるクイーン・メアリー号（クイーン・エリザベス2世号の元となった船）の模型や、1937年までサウサンプトンとケープタウン間を航海していたケープタウン・キャッスル号の内側の断面も展示している。タイタニック号に関する展示も充実している。

■海洋博物館
Map P.202A-3
✉Town Quay, SO14 2AR
TEL(023) 80223941
開4～10月10:00～13:00 14:00～17:00
(土10:00～13:00 14:00～16:00、日14:00～17:00)
11～3月10:00～16:00
(土10:00～13:00 14:00～16:00、日13:00～16:00)
休月 料無料

石造りの海洋博物館

サウサンプトンの市内ツアー

●サウサンプトン・ツーリスト・ガイド（無料ウオーキングツアー）

出発：6月の月・水・日10:30～、7～9月10:30～、8月10:30～、14:30～　10～5月の日曜10:30～

旧市街を歩くガイド付き無料ツアー（英語）がある。集合場所はバーゲート。さまざまな歴史的建築物の説明や、旧市街にまつわる知られざる話などを聞くことができる。詳細は❶へ。

●対岸の町ハイスHytheへのフェリー

出発：6:40～23:10の30分ごと　所要：12分　運賃：£4.30（往復）

タウン・キー・マリーナのフェリー乗り場から入江を挟んで対岸のハイスまでフェリーが出ている。ハイスはハンプシャー州で初めて市場が開かれた町で、現在のハイス・ピア周辺はショッピング＆レストラン街になっている。

旧市街への入口、バーゲート

■考古学博物館
Map P.202B-3
✉God's House Tower, Winkle St., SO14 2NY
TEL(023) 80635904
開10:00〜16:00
(土10:00〜12:00 13:00〜16:00、日13:00〜16:00)
休月、12/24〜26
料無料

■ソレント・スカイ
Map P.202B-3
✉Albert Rd. South, SO14 3FR
TEL(023) 80635830
TEL(023) 80223383
inet www.spitfireonline.co.uk
開10:00〜16:00
(日12:00〜16:00)
休月、12/24〜26
料£5.00 学生£4.00

町の歴史に光を当てる

考古学博物館
The Museum of Archaeology

見学所要時間の目安 30分

かつては町の防御の一翼を担った

ゴッズ・ハウス・タワーGod's House Towerという15世紀に建てられた塔を利用した博物館。石器時代、ローマ時代、中世にサウサンプトン周辺で発掘されたものを中心とする展示になっている。中世のサウサンプトンの模型もあり、当時の町の様子を再現している。

かつての空の英雄が一堂に会する

ソレント・スカイ
Solent Sky

見学所要時間の目安 1時間

サウサンプトンは航空機産業も盛んで、昔から多くの航空機や軍用機が開発されてきた。その歴史を紹介するのがここ。例えば、第2次世界大戦で活躍し、今でも絶大な人気を誇る伝説の名機スピットファイアSpitfireの展示をはじめ、当時世界最大といわれた飛行艇S25 Sandringham (1943年型) は機内も見学できる。

ホテル＆レストラン Hotel&Restaurant

大きな港町のわりにホテルが少なく、安宿街として有名なヒル・レーン周辺のB&Bは満室のことが多い。旧市街の中級ホテルなら比較的空室を見つけやすいので、B&Bが無理ならそちらで探してみては。料理は港町のせいか各国料理が楽しめる。

日本からホテルへの電話 電話会社の番号 + 010 + 国番号44 + 市外局番の最初の0を取った掲載の電話番号

グランド・ハーバー De Vere Grand Harbour 【高級】

●イギリス国内に43のホテルを展開する高級5つ星ホテル。ウオーターフロントに位置し、ウエスト・キー・ショッピングセンターへも近い。とにかくロビー、レストラン、室内ともゴージャスのひと言。室内プール、サウナ、ジム、スパなどが完備され、シティリゾートと呼ぶにふさわしい。

173室 Map P.202A-3
✉West Quay Rd., SO15 1AG
TEL(023) 80633033 FAX(023) 80633066
inet www.devereonline.co.uk
S W £150.00〜
£ T/C £
C/C A D J M V

ドルフィン The Dolphin Hotel 【中級】

●清潔感にあふれ、なかなか味わいのあるホテル。客室のインテリアはチェックと花柄のファブリック類が絶妙にマッチしていて、古きよきイギリスの宿といった趣がある。旧市街の中心に位置しており、近くには郵便局や銀行、レストランがあって何かと便利。

66室 Map P.202B-3
✉34-35 High St., SO14 2HN
TEL(023) 80339955 FAX(023) 80333650
inet www.thedolphin.co.uk
S W £115.00
£
T/C 不可
C/C A D M V

スター The Star Hotel 【中級】

●旧市街の中心にあるせいか値は張るが、安宿街が満室のときでも比較的空いていることが多い。もともとは長い歴史を誇る由緒あるホテルで、19世紀の初頭には、王室関係者も宿泊していたほど。客室は非常にシックで、ベッドの質とシーツの気持ちよさは最高。1階はレストランになっている。

44室 Map P.202B-2・3

✉26 High St., SO14 2NA
TEL(023) 80339939 FAX(023) 80335291
inet starhotel.co.uk
S £45.00
S £60.00
W £85.00
£ T/C不可 C/C M V

アイビス・サウサンプトン Ibis Southampton 【中級】

●ヨーロッパ大手ホテルチェーンのアイビス。ほとんどのホテルが鉄道駅からかなり離れているなか、唯一駅から徒歩3分ほどの距離にある。ウエスト・キー・ショッピングセンターにも近く、立地条件が魅力。客室はいたってシンプルだが不自由はない。隣の敷地には同じグループのノボテルが建つ。朝食は£2.50〜4.95。

93室 Map P.202A-2

✉West Quay Rd., SO15 1RA
日本での予約：無料00531-616353
TEL(023) 80634463
FAX(023) 80223273
inet www.ibishotels.com
S W £55.95〜59.95
£ € US$ JPY T/C不可 C/C A D J M V

イートン・コート Eaton Court Hotel 【ゲストハウス】

●町の中心部からはやや離れているが、鉄道駅から徒歩5分程度で、夜に列車で到着した人や、重い荷物を持って旅をしている人にとっては申し分のない立地。客室は清潔で、テレビ、ティーセットなどが完備されている。朝食はフル・イングリッシュ・ブレックファストのほか、ベジタリアンなども選ぶことができる。

14室 Map P.202A-1

✉32 Hill Ln., SO15 5AY
TEL(023) 80223081 FAX(023) 80322006
inet www.eatoncourtsouthampton.co.uk
S £32.00
S £38.00
W £47.00
W £52.00
£ T/C £ C/C A D J M V

パール・ハーバー Pearl Harbour Restaurat 【中華料理】

●バーゲートからアバブ・バー・ストリートを150mほど行くとある中華料理店。客層は中国人が半分以上を占めており、地元の華僑に支持されていることがわかる。ボリュームたっぷりの料理は日本人の味覚にもよく合う。飲茶などもある。

Map P.202B-2

✉86A-88A Above Bar St., SO14 7DT
TEL(023) 80639833 FAX なし
開12:00〜23:00
休無休
£ T/C不可 C/C A M V

レッド・ライオン The Red Lion 【パブ】

●ヘンリー5世が法廷として使ったとの言い伝えがある歴史のあるパブで、地元の人の憩いの場となっている。高い天井をもち、古めかしいインテリアが渋い。料理のメニューはなかなか豊富で、ステーキ、フィッシュ・アンド・チップス、ソーセージ・アンド・マッシュなど、メインが£4.95〜12.95。話のネタにのぞいてみるのもいい。

Map P.202B-3

✉55 High St., SO14 2NS
TEL(023) 80333595
FAX なし
開11:00〜23:00（食事は12:00〜14:30 18:00〜21:30、土12:00〜22:30、日12:00〜17:00）
休無休
£ T/C不可 C/C J M V

オリーブ・ツリー Olive Tree 【地中海料理】

●しゃれたレストランが並ぶオックスフォード・ストリートにあり、白を基調としたオープンエアの店内が気持ちいい。大皿にたっぷりと盛られた魚介料理が中心で、リゾットやパスタ、グリルメニューのほか、ワインはモロッコやアルゼンチンなど産地はさまざま。予算はひとり£30.00程度。

Map P.202B-3

✉29 Oxford St., SO14 3DJ
TEL(023) 80343333 FAX なし
inet www.olivetree.co.uk
開12:00〜21:30（金12:00〜22:30、土10:00〜22:30、日10:00〜21:30） 休無休
£ T/C不可 C/C A M V

小川の流れるのどかな古都

ウィンチェスター Winchester

人口9万6180人
市外局番01962

ウィンチェスターへの行き方

●ロンドンから
🚃ウォータールー駅から頻発
所要：約1時間
🚌ヴィクトリア・コーチステーションから1～2時間に1便
所要：約2時間
●サウサンプトンから
🚃頻発
所要：15分
🚌1～2時間に1便
所要：35分

ℹの入っているギルドホール

ウィンチェスターはアングロ・サクソン時代には、ウェセックス王国の都としてロンドンと肩を並べるほど栄えた町。1554年には、英国女王メアリー1世とスペイン王フェリペ2世の結婚式がこの町で行われている。中世の雰囲気が漂うこの町には、ウィンチェスター大聖堂や、イギリス最古のパブリック・スクール、ウィンチェスター・カレッジなど歴史的建造物が数多く残っている。

歩き方

ウィンチェスターは、町の中心ハイ・ストリートHigh St.P.206 A-1～B-2から南側に広がるウィンチェスター大聖堂Winchester Cathedralとウィンチェスター・カレッジ周辺、北側の市街地の3つに分けられる。

ハイ・ストリート～イッチン川

ℹはハイ・ストリートから東のイッチン川River Itchen方向へ進んだブロードウェイBroadway P.206B-2にある。その真向かいにバスステーション、さらに東へ進むとロータリーの手前にアルフレッド大王の像が建つ。イッチン川へ出て手前を右に曲がると、遊歩道が続いていて、ウルブジー城跡Wolvesey

■ウィンチェスターのℹ
Map P.206B-2
✉Guildhall, Broadway, SO23 9GH
TEL (01962) 840500
FAX (01962) 850348
inet www.visitwinchester.co.uk
開 4～9月9:30～17:30
(日11:00～16:00)
10～3月10:00～17:00
休 10～3月の日曜
宿の予約は手数料￡3.00とデポジットとして1泊目の宿泊料金の10%
ウオーキングツアーも催行している（￡3.00）。

■ウィンチェスター・カレッジ
Map P.206A-2～B-2
✉College St.,SO23 9NA
TEL (01962) 621209
FAX (01962) 621166
inet www.winchestercollege.co.uk
開 見学はツアーのみ
月・水・金・土10:45、12:00、14:15、15:30発
火・木10:45、12:00発
日14:15、15:30発
休 12/25～1/1
料 ￡3.50　学生￡3.00

■ウルブジー城跡
Map P.206B-2
✉College St., SO23 8NB
TEL (01424) 775705
inet www.english-heritage.org.uk
開 4～9月10:00～17:00
休 10～3月
料 無料

イッチン川沿いの遊歩道

Castle、ウィンチェスター・カレッジへと続く。カレッジ付近を散策すると、背後にはこんもりと森が覆いイッチン川沿いの遊歩道ではバードウオッチングも楽しめる。

大聖堂西側周辺

ウィンチェスター大聖堂の西側一帯は、グレート・ホールGreat Hall & Round Table、ロイヤル・グリーン・ジャケット博物館Royal Green Jackets Museumなどの見どころが集中している。

見どころ

コンパクトな町なので、ロンドンやサウサンプトンからの日帰りも充分に可能。

イギリス屈指の巡礼地だった

見学所要時間の目安 1時間

ウィンチェスター大聖堂
Winchester Cathedral

映画『ダ・ヴィンチ・コード』の撮影にも使われた

アングロ・サクソン時代の648年に建設されたが、1079～1404年と長い年月をかけて現在の形に再建された。奥行きが約170mと、ヨーロッパでも最長の身廊をもつ大聖堂である。内装はゴシック様式だが、北翼廊と南翼廊、地下祭室はゴシック以前の建築様式であるノルマン様式になっており、建築の途中で様式を変更したことがうかがえる。

身廊の北側には『高慢と偏見』、『エマ』の作者として知られる作家ジェーン・オースティンの墓がある。南側には、彫刻家ウイリアム・ウォーカーの影像やアイザック・ウォルトンの墓などもある。

アングロ・サクソン時代の作品もある

見学所要時間の目安 1時間

市立博物館
City Museum

ウィンチェスター大聖堂の中庭にある比較的新しい博物館。ローマ時代からアルフレッド大王時代、ノルマン時代から現在まで、年代別に分けてウィンチェスターの歴史を紹介。2階には650年～1500年のウィンチェスターの町の模型が4つ展示されており、中世を通して町がどのように発展したかがよくわかる。

充実した展示の市立博物館

■ジェーン・オースティンの家
Map P.206A-2
イギリスを代表する女流作家のジェーン・オースティンが最晩年を過ごした家がウィンチェスター・カレッジのすぐそばに残されている。現在は私邸として使われており、内部の見学などはできない。

ジェーン・オースティンはここで最晩年を過ごし、現在はウィンチェスター大聖堂で永遠の眠りに就いている

■ウィンチェスター大聖堂
Map P.206A-2～B-2
✉1 The Close, SO23 9LS
TEL(01962) 857202
inet www.winchester-cathedral.org.uk
開8:30～17:00
休無休
料£4.00
日本語解説書あり。ガイドツアーは月～土の10:00～15:00で、1時間に1回。

アルフレッド大王の像

■市立博物館
Map P.206A-2
✉The Square, SO23 9ES
TEL(01962) 848269
開4～10月10:00～17:00
(日12:00～17:00)
11～3月10:00～16:00
(日12:00～16:00)
休11～3月の月曜
料無料

■グレート・ホール
Map P.206A-1
✉Castle Av., SO23 8PJ
TEL (01962) 846476
開 3〜10月10:00〜17:00
11〜2月10:00〜16:00
休 12/25・26

アーサー王ゆかりの円卓がある

グレート・ホール
Great Hall & Round Table

ウエストゲート近くに、ウィンチェスター城の一部が残されていて、その中にアーサー王ゆかりの円卓がある。とはいってもアーサー王は実在したかどうかも不明な人物。実際は13世紀に造られた円卓で、16世紀のテューダー王朝期にペイントされた。直径6m弱の円卓は、ダーツ板のように白と黒に色分けされ、中央にはテューダーのバラが描かれている。

ホテル＆レストラン Hotel&Restaurant

小さな町なので、どこに泊まっても移動には困らない。買い物に関していうと、この町には洗練された店が多く、ハイ・ストリートをはじめ、市立博物館近くの通りなどのエリアに、おしゃれな店が集中している。

日本からホテルへの電話 電話会社の番号 + 010 + 国番号44 + 市外局番の最初の0を取った掲載の電話番号

ウェセックス The Wessex Hotel 【高級】

●ヘリテージハウスを利用した高級ホテル。ウィンチェスター大聖堂のすぐ北側にあって、多くのスーペリアルームからは大聖堂が見渡せる。ソファ、ベッド、リネン類などすべて上質でセンスもよく、いかにもイギリスらしい客室だ。

94室 Map P.206B-2
✉Paternoster Row, SO23 9LQ
TEL (0870) 4008126 FAX (01962) 849617
Inet www.macdonaldhotels.co.uk
S £90.00
W £140.00
£ T/C 不可 C/C A D J M V

ウェカハム・アームズ The Wykeham Arms 【イン】

●1755年創業の宿で、パブとレストランも兼ねる。パブは長年地元客に愛され、とても活気があり、パブだけでも一見の価値がある。客室はベージュと赤を基調に品よくまとまり、朝食ルームは、食器にも凝り、ジャムも高級品を使用。人気があるので、早めに予約しておこう。

14室 Map P.206A-2
✉75 Kingsgate St., SO23 9PE
TEL (01962) 853834
FAX (01962) 854411
S £57.00〜105.00
W £95.00〜135.00
£ T/C £ C/C A D M V

カフェモンド Cafemonde 【ティー&カフェ】

●間接照明を取り入れた店内や、テラス席で食事を楽しむ人で常ににぎわう。カラフルな食器に盛られたメニューは、パニーニやバゲット、オーガニックの素材を使ったスイーツなど。スタッフも気さくで陽気な雰囲気。

Map P.206A-1
✉22 The Square, SO23 9EX
TEL (01962) 877177
開 8:00〜18:00
休 無休
£ T/C 不可 C/C M V

オールド・マーケット The Old Market 【パブ】

●ハイ・ストリートとウィンチェスター大聖堂の間にある。食事のメニューは伝統的なパブフードのほか、イタリア料理も出す。フィッシュ＆チップス£5.75、ステーキ£10.95、スパゲティ£5.75〜6.75など。

Map P.206A-2
✉34 The Square, SO23 9EX
TEL (01962) 627341
開 11:00〜23:00
休 無休
£ T/C 不可 C/C A D M V

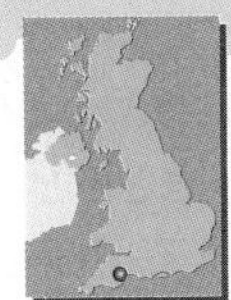

エクセ川沿いに広がる町

エクセター Exeter

人口9万4700人
市外局番01392

エクセターはデボン州の州都。エクセ川のほとりに広がるのどかな雰囲気の町だ。町の歴史は古く、2世紀頃にローマ軍の駐屯地として築かれ、中心部はローマ時代の城壁跡に囲まれている。エクセ川沿いのヒストリック・キーサイドは運河交易の港として18世紀に最も栄え、当時の面影を残す商館や家屋が続いており、川には野鳥が戯れ美しい川の景色を堪能できる。

歩き方

町の中心となるのは、エクセター大聖堂。大聖堂を取り囲むように美しい芝生の公園と遊歩道が広がり、しゃれたカフェやレストランも並び、市民の憩いの場となっている。おもな見どころはハイ・ストリートHigh St.P.209A-1～B-1付近に集中。中心街から南へ下ると、エクセ川の両岸に広がるヒストリック・キーサイドHistoric Quaysideへ出る。カフェやみやげ物店が軒を連ねていて散策には最適。

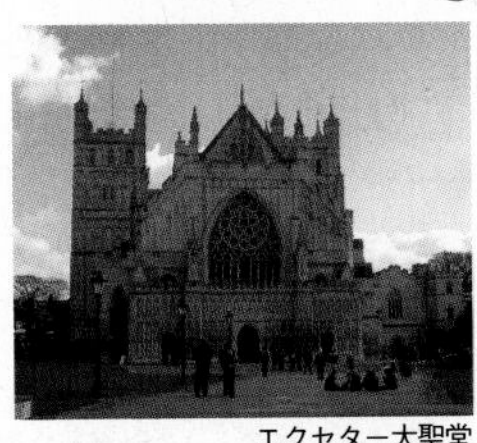

エクセター大聖堂

エクセターへの行き方

●ロンドンから
🚆パディントン駅から1時間に2便程度
所要：2時間15分～2時間40分
🚌1～2時間に1便程度
所要：約4時間30分
●ブリストルから
🚆1時間に2便程度
所要：約1時間
🚌1日4便
所要：約2時間
●ペンザンスから
🚆1時間に1～2便程度
所要：約3時間
🚌1日2便
所要：約4時間40分

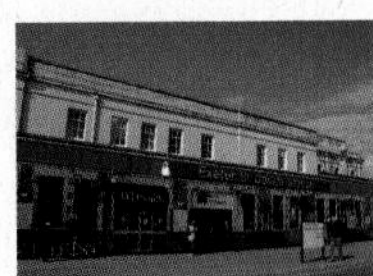

セント・デイビッズ駅

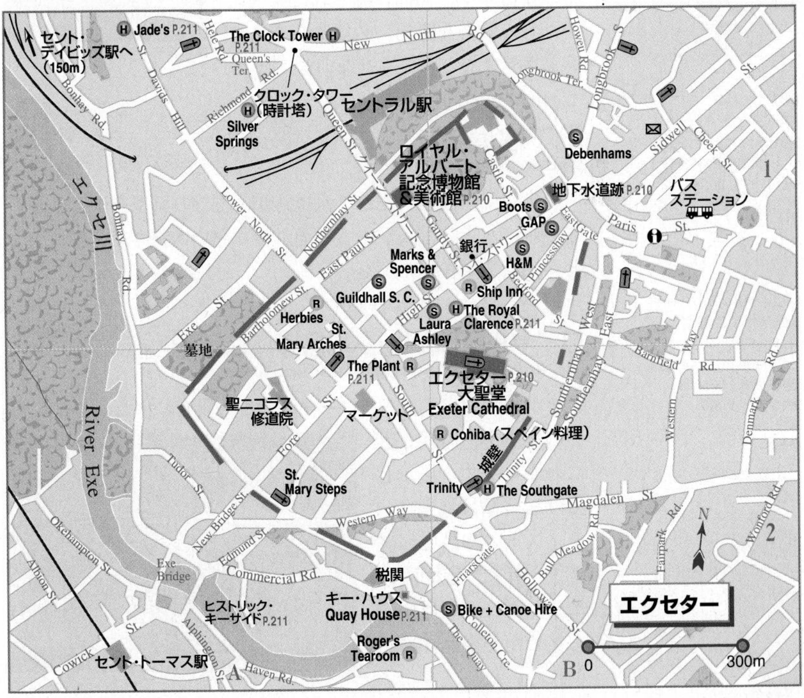

エクセター
セント・デイビッズ駅へ（150m）
Jade's P.211
The Clock Tower P.211
クロック・タワー（時計塔）
セントラル駅
Silver Springs
ロイヤル・アルバート記念博物館＆美術館 P.210
地下水道跡 P.210
バスステーション
Debenhams
Boots
GAP
H&M
銀行
Marks & Spencer
Guildhall S. C.
Ship Inn
The Royal Clarence P.211
Laura Ashley
Herbies
St. Mary Arches
The Plant P.211
墓地
聖ニコラス修道院
マーケット
エクセター大聖堂 Exeter Cathedral P.210
Cohiba（スペイン料理）
城壁
St. Mary Steps
Trinity
The Southgate
エクセ川
River Exe
Exe Bridge
税関
ヒストリック・キーサイド P.211
キー・ハウス Quay House P.211
Bike + Canoe Hire
Roger's Tearoom
セント・トーマス駅
New North Rd.
Queen St.
High St.
Fore St.
Western Way
Commercial Rd.
Magdalen St.
Paris St.
Sidwell St.
0
300m

鉄道駅

エクセターの町には全部で3つの鉄道駅があるが、ほとんどの列車は、町の北西にあるセント・デイビッズ駅に停まる。セント・デイビッズ駅から町の中心へは徒歩15分。駅前の大通りを渡って真っすぐ延びる急な坂道を上り、セント・デイビッズ・ヒルSt Davids Hill**P.209A-1**に出る。そこからヘレ・ロードHele Rd.**P.209A-1**を通ってクロック・タワーへ。クイーン・ストリートQueen St.**P.209A-1**を南東に行くと中心部に出る。

■エクセターの❶
Map P.209B-1
✉Civic Centre, Dix's Field, EX1 1RQ
TEL(01392) 265700
FAX(01392) 265260
inet www.exeter.gov.uk
開9:00〜17:00
7・8月の日曜10:00〜16:00
休9〜6月の日曜
宿の予約は手数料£3.00とデポジットとして1泊目の宿泊料の10%

■無料ウオーキングツアー
通年催行の約90分のツアー。夏期は1日2〜5回、冬期は11:00、14:00の2回。コースは日替わりで、エクセター大聖堂の前に集合。予約不要。

見どころ

見どころは町の中心とエクセ川沿いの運河。散策を楽しみながら1日で回れる。

世界一長いアーチ型天井は必見

見学所要時間の目安 1時間

エクセター大聖堂
Exeter Cathedral

12〜15世紀に建設され、850年以上も地元の人々に親しまれている大聖堂。一歩中に入ると、まず丸天井の美しさに目を見張る。14世紀の装飾ゴシック様式で、左右対称の調和も見事だ。ひと続きになったアーチ天井としては世界一の長さを誇る。中央にある聖歌隊席の仕切りや、側面に施された楽人天使たちの緻密な彫刻、色鮮やかなステンドグラスなども見逃せない。

連なるアーチ型装飾は息を飲む美しさ

■エクセター大聖堂
Map P.209B-2
✉The Close, EX1 1HS
inet www.exeter-cathedral.org.uk
TEL(01392) 255573
開9:30〜17:00
休無休
料希望寄付額£3.50

14世紀の原型をとどめる

見学所要時間の目安 1時間

地下水道跡
Underground Passage

14世紀に建設された地下水道跡が、当時の原型をほぼとどめている。水道跡は人がやっと通れるくらいの狭さで、ガイドとともに見学するシステム。

■地下水道跡
Map P.209B-1
✉Romangate Passage, off High St., EX4 3PZ
TEL(01392) 665887
※2007年夏まで閉館の予定。

エクセターの歴史を体感

見学所要時間の目安

ロイヤル・アルバート記念博物館&美術館
Royal Albert Memorial Museum & Art Gallery

デボン州の自然史や、ローマ時代から現在にいたるエクセターの歴史を、時代ごとにわかりやすく展示している。2階は地元アーティストの作品と、アジア、南米、南太平洋、エジプトなど世界中から集めた美術品が展示されている。

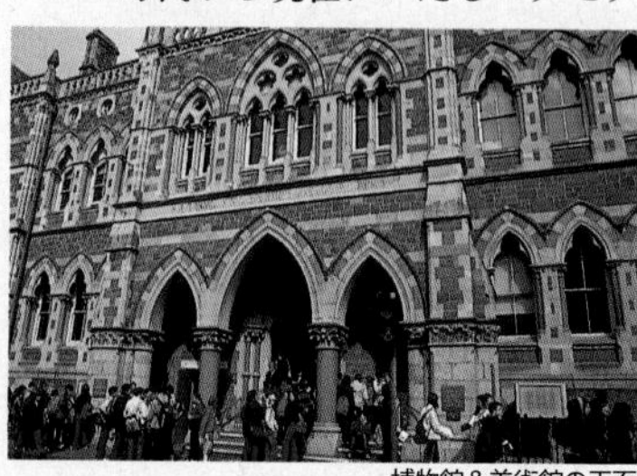
博物館&美術館の正面

■ロイヤル・アルバート記念博物館&美術館
Map P.209A-1
✉Queen St., EX4 3RX
TEL(01392) 665858
開10:00〜17:00
休日・祝
料無料

のんびりと川の景色を満喫

見学所要時間の目安 1時間

ヒストリック・キーサイド
Historic Quayside

エクセ川に運河が築かれたのはローマ時代。その後、18世紀には毛織物の輸出の拠点として、おおいに繁栄した。当時の面影を残すのがこのエリア。その中心となったキー・ハウスQuay Houseはビジターセンターも兼ねており、運河の歴史の様子をビデオで学べる。

■キー・ハウス
Map P.209A-2
✉46 The Quay, EX2 4AN
TEL(01392) 271611
開4～10月 10:00～17:00
11～3月の土・日11:00～16:00
休11～3月の平日
料無料

ホテル＆レストラン Hotel&Restaurant

基本的に観光地ではないので、宿泊施設は多くはない。安宿はセント・デイビッズ・ヒルに集中しているが、5～6軒といったところ。夏期は必ず予約を入れよう。ベジタリアン料理店ハービーズHerbiesも地元客でにぎわっている人気の店。

日本からホテルへの電話 電話会社の番号 + 010 + 国番号44 + 市外局番の最初の0を取った掲載の電話番号

ロイヤル・クラレンス The Royal Clarence Hotel 【高級】

●エクセター大聖堂の広場を見渡す場所にある絶好のロケーションにある高級ホテル。客室は重厚なヴィクトリア様式のインテリアで装飾されており、1階にあるレストランやパブの雰囲気もよい。朝食は別料金でコンチネンタルが£9.50、フル・イングリッシュが£14.50。

53室 Map P.209B-1
✉Cathedral Yard, EX1 1HD
TEL(01392) 319955
FAX(01392) 439423
inet www.abodehotels.co.uk/eteter
S £125.00
£ T/C £ C/C A J M V

クロック・タワー The Clock Tower Hotel 【中級】

●セント・デイビッズ駅から歩いて10分、クロック・タワーが目印。深夜に到着しても快く迎えてくれる。ダブルルームは料金によって広さが異なっている。朝食はコンチネンタルかイングリッシュかの選択が可能。

18室 Map P.209A-1
✉16 New North Rd., EX4 4HF
TEL(01392) 424545 FAX(01392) 218445
inet www.clocktowerhotel.co.uk
S £45.00
W £62.00～72.00
£ T/C £ C/C M V

ジェイズ Jade's Guest House 【B&B】

●セント・デイビッズ駅から徒歩5分。夫婦で営む小規模なゲストハウスで、アットホームな雰囲気を大切にしている。各部屋ごとに趣が異なり、清潔感にあふれている。朝食は小さな庭を眺めるダイニングでフル・イングリッシュ・ブレックファストを。

7室 Map P.209A-1
読者割引2泊以上5%
✉65 St. Davids Hill, EX4 4DW
TEL(01392) 435610 FAX なし
e-mail jllbkrb@aol.com
S £35.00
W £60.00
£ € T/C 不可 C/C A J M V

プラント The Plant 【ティー＆カフェ】

●エクセター大聖堂の前にあるオーガニックのデリ＆カフェ。終日、地元の女性たちでいっぱい。ヘルシー志向のメニューには、豆腐を使用したキッシュやクスクスのサラダなどさまざま。日替わりセットメニューもある。

Map P.209A-2
✉1 Cathderal yard, EX1 1HJ
TEL(01392) 428144
開9:00～18:00(日10:30～17:30)
休無休 £ T/C 不可 C/C 不可

イギリス最大の海岸リゾート地
トーキー Torquay

イギリス南西部に位置するイングリッシュ・リヴィエラは、
デボン州のトー・ベイTor Bayと呼ばれる湾に面したリゾート地のひとつ。
おもな町はトーキーをはじめ、
ペイントンPaignton、ブリックシャムBrixhamなど。
1820年代にニュージーランドから初めて輸入されたという
椰子の木が風にそよぐ海岸沿いにはカフェやレストラン、
みやげ物屋などが並び、高台には真っ白なヴィラが建ち並ぶ。
22マイル（約35km）に及ぶ海岸沿いには20のビーチが点在し、
夏にはのんびりと日光浴を楽しむ人たちでにぎわっている。

白亜の建物が建ち並ぶトーキーの町並み

歴史

もともと小さな漁村だったこの地域は、19世紀から上流階級の避暑地として発展。トーキーの有名な7つの丘が海岸の背景にそびえる風景から、いつしかリヴィエラの名前を取ってイングリッシュ・リヴィエラと呼ばれるようになった。アガサ・クリスティが生まれた1890年頃が全盛期で、イギリスの王室一家、ロシア、フランスの皇室一家も避暑を楽しんだという。現在は7万5000人の人口を抱える避暑地。

アガサ・クリスティ

ミステリーの女王として知られるアガサ・クリスティは、1890年にトーキーで生まれた。生家、アシュフィールドAshfieldは1962年に取り壊されたが、クリスティは途中でロンドンやフランスに住んだこともあったものの、約50年にわたりこの家に住んだという。推理小説80冊、その他の小説6冊、戯曲19本、詩集2冊をこの世に送り出し、世界で合計10億冊を売り上げた活発な執筆活動とは裏腹に、あまり人前に出たりインタビューを受けたりすることは好まなかった。

気候

イギリスのほかの土地よりも穏やかで暖かい気候で知られる。夏の平均気温は摂氏20度前後、冬の平均気温は摂氏8度前後。冬も零下になることはほとんどなく、雪はめったに降らない。10月から2月の月間平均降雨量は100mm前後。

トーキー駅
Torquay Station

1848年に建てられ、その後何度か改築工事が行われた駅。クリスティの生誕100年祭が開催された1990年、俳優デビッド・スーシェが演じるエルキュール・ポアロと、女優ジョーン・ヒクソンが演じるミス・マープルという、クリスティが生み出した名探偵が実際に顔を合わせるというイベントの舞台となった。駅前からはタクシーが出ているので、ホテルまでの移動に利用するといいだろう。

アガサ・クリスティの胸像
Agatha Christie Memorial Bust

アガサ・クリスティゆかりのスポットやクリスティの作品に登場したスポット10ヵ所を追う、アガサ・クリスティ・マイルThe Agatha Christie Mileの出発点。❶の前にあるキャリー・ガーデンズCary Gardensに、クリスティの生誕100年を記念し、クリスティが60歳のときの写真をもとにオランダの彫刻家Carol Van Den Boom-Cairns氏が制作したもので、クリスティの胸像としては世界にひとつしかないものだ。アガサ・クリスティ・マイルの地図は❶で入手できる。

ミステリーの女王、アガサ・クリスティの胸像

トア・アビー・ヒストリック・ハウス&ギャラリー
Torre Abbey Historic House and Gallery

1196年に修道院として建てられたものが、1930年から博物館として利用されている。ツ

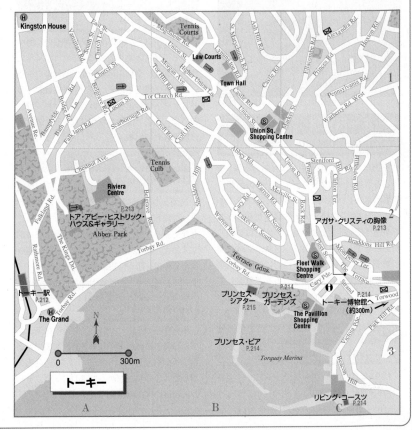

トーキー

Kingston House
Tennis Courts
Law Courts
Town Hall
Union Sq. Shopping Centre
Tennis Culb
Riviera Centre
トア・アビー・ヒストリック・ハウス&ギャラリー P.213
Abbey Park
アガサ・クリスティの胸像 P.213
Fleet Walk Shopping Centre
プリンセス・シアター P.215
プリンセス・ガーデンズ P.214
The Pavillion Shopping Centre
トーキー博物館へ（約300m）P.214
トーキー駅 P.212
The Grand
プリンセス・ピア P.214
Torquay Marina
リビング・コースツ P.214
0 300m

われたこの博物館の見どころはアガサ・スティの遺品などが展示されているメモリアル・ルーム。クリスティが愛用したタイプライターやイス、そして直筆の原稿、貴重な写真、世界各国で発売されたクリスティの作品などがいっぱいだ。なお、この部屋の中での写真撮影は禁じられている。博物館の裏手にはこぢんまりした庭があり、バラ園が特に人気。また、修道院の台所はティールームに改装されており、スコーンとお茶の名物クリーム・ティーを味わえる。

修道院は現在博物館として利用されている

トーキー博物館
Torquay Museum

35万年前からの郷土史を学べる博物館。見どころはアガサ・クリスティゆかりの品が多数展示されている「アガサ・クリスティ・エキシビジョン」。クリスティの誕生から老後までを追う伝記的なセクション、ポアロを演じたデビッド・スーシェやミス・マープルを演じたジョーン・ヒクソンが撮影に使用した衣装など映画や書籍のセクションなど充実している。クリスティが「すばらしい演技だった」とヒクソンに書いた手紙など貴重な品もある。

プリンセス・ガーデンズ
Princess Gardens

1894年にウオーターフロントにオープンしたこの庭は、鋳鉄製（キャスト・アイロン）

見事な噴水が印象的なプリンセス・ガーデンズ

の大きな噴水が有名。周りには色とりどりの花が咲き乱れる。『ABC殺人事件』にも登場している。

プリンセス・ピア
Princess Pier

プリンセス・ガーデンズから海沿いに西へ向かって歩くと右側にある埠頭。1894年にオープンし、クリスティの幼少時代はローラースケート場だったそうだが、現在はローラースケートは禁止されている。トーキー博物館では、ここで撮影されたクリスティの写真が展示されている。

リビング・コースツ
Living Coasts

アザラシやペンギンなどが見られる動物園。動物たちが入ったプールを下から見ることができるなど、幼い子供のいる家族にはおすすめだ。ほとんどのアトラクションは屋外にあるので、暖かい日に最適。

ケンツ・カヴァーン
Kents Cavern

トーキーから約1マイル（1.6km）の所にある洞窟で、イギリスで発見されたものでは最古の人類の住居。クリスティの『茶色の服の男』にはこの洞窟がハンプスリー・カヴァーンHampsly Cavern として登場している。

コッキントン・コート&カントリー・パーク
Cockington Court & Country Park

トーキーのウオーターフロントから約1マイル(1.6km)の所にあり、昔のいなかの風景がそのまま残っている村。かつて領主が住んだ館は一般に公開されており、その周辺には460エーカーもの公園が広がる。緑地の配置、管理、安全性などで評価されるグリーン・フラッグ賞を8年連続で受賞したことでも知られている。

プリンセス・シアター
Princess Theatre

コンサートから演劇まで、バラエティ豊かな公演が楽しめる劇場。最新のイベントはチケットマスターで。

TRAVEL DATA トラベル・データ

■トーキーへの行き方

●ロンドンから

🚃パディントン駅から1時間に1便程度。ニュートン・アボットNewton Abbotで乗り換えの場合あり。

所要：約3時間30分

●エクセターから

1時間に1便程度。ニュートン・アボットで乗り換え。

所要：約40～50分

■トーキーのℹ　Map P.213C-3

✉Vaughan Parade, Torquay, TQ2 5JG

TEL(01803) 297428　FAX(01803) 214885

e-mail torquay.tic@torbay.gov.uk

開夏期9:30～17:00(日10:00～16:00)　冬期9:30～17:00　休冬期の日曜

■トーキー駅　Map P.213A-2・A-3

■アガサ・クリスティの胸像　Map P.213C-2

開随時　休無休　料無料

キャリー・ガーデンズCary Gdns.内

■トア・アビー・ヒストリック・ハウス&ギャラリー　Map P.213A-2

✉The King's Dri., TQ2 5JE

TEL(01803) 293593

inet www.torre-abbey.org.uk

開4～10月9:30～18:00　11～3月は要予約

休11～3月　料£3.50　学生£3.00

■トーキー博物館　Map P.213C-3外

✉529 Babbacombe Rd., TQ1 1HG

TEL(01803) 293975

inet www.torquaymuseum.org

開10:00～17:00(日13:30～17:00)

休冬期の日曜　料£3.00　学生£2.00

現在改装中。一部閉館のため入場料£1.00(終了時期未定)

■プリンセス・ガーデンズ　Map P.213B-3・C-3

開随時　休無休　料無料

■プリンセス・ピア　Map P.213B-3

開随時　休無休　料無料

■リビング・コースツ　Map P.213C-3

✉Beacon Quay, TQ1 2BG

TEL(01803) 202470

inet www.livingcoasts.org.uk

開夏期10:00～18:00　冬期10:00～17:00

最終入場は閉館の1時間前

休12/25　料£5.90　学生£4.60

■ケンツ・カヴァーン　地図外

✉Cavern House, Ilsham Rd., TQ1 2JF

TEL(01803) 215136

inet www.kents-cavern.co.uk

開3～6・9・10月10:00～16:00　7・8月10:00～16:30　10～2月11:00、12:30、14:00、15:30(ガイドツアーのみ)

休12/25・26　料£6.75　学生£6.25

■コッキントン・コート&カントリー・パーク　地図外

✉Torquay, Devon, TQ2 6XA

TEL(01803) 606035

inet www.countryside-trust.org.uk

開随時　休無休　料無料

■プリンセス・シアター　Map P.213B-3

✉Torbay Rd., TQ2 5EZ　TEL(08702) 414120

ボックスオフィス　月～土10:00～18:00

■チケット・マスター

inet www.ticketmaster.co.uk

■アガサ・クリスティ没後30年記念イベントを開催

トーキーでは2006年、ミステリー作家アガサ・クリスティが没後30年を記念し、各種イベントが開催される。トーキー博物館やトア・アビーのメモリアル・ルームではクリスティゆかりの品々を展示しているほか、関連グッズを販売する専門店もある。

南西イングランド観光局では「アガサ・クリスティ・マイル」ツアーなど、ホテルの宿泊プランを企画。9月11日から16日まで、アガサ・クリスティに関するフェスティバルが開催される。このフェスティバルはアガサ・クリスティが"失踪"していた地として知られるヨークシャーのハロゲイトでも7月20日から23日まで開催される。

詳細は下記のウエブサイトへ。

■ハロゲイト・クライム・ライティング・フェスティバル

inet www.harrogate-festival.org.uk/crime

イギリス南部の大自然に触れる

ダートムーア国立公園

Dartmoor National Park

イギリス国内でもかなり人気の高いダートムーア国立公園は、エクセターとプリマスの間に位置し、広さ約770km²、標高は高い所で600mを超える。ムーアとは、木々がほとんど茂らず、岩肌がむき出しになった荒野のこと。ダートムーア国立公園内は、平坦な荒野から深い谷、沼地と大変起伏に富んでおり、さらにトーToaと呼ばれる奇岩や岩山が点在していて独特の景観を添える。

国立公園内巡りの拠点となるのは、ⓘを設けている4つの町だ。1年を通してオープンしているのが、ダートムーアの中心の町となるプリンスタウンPrincetownのハイ・ムーアランド観光案内所。夏期のみのオープンのⓘがあるのが、ヘイトアHaytor、ポストブリッジPostbridge、ニューブリッジNewbridge。エクセターとプリマスを結ぶB3212が公園内のメインストリートとなっていて、プリンスタウンとポストブリッジはB3212沿い、公園敷地のほぼ中央に集中している。

アウトドア・スポット

ダートムーアは、イギリス国民にはとりわけウオーキングやサイクリング、釣り、乗馬などアウトドアを楽しむ場所として親しまれているようだが、先史時代の住居跡や古城、ストーンサークル型古代遺跡などもあり、小さないなか町を回りながらのドライブ旅行も最高だ。特に春から夏にかけては紫のヒースや黄色いゴースと呼ばれるシダ種の花々などが大地を覆い、イギリス南部ならではのすばらしい自然美を堪能できるはず。

ウオーキングを楽しみたいなら、プリンスタウンやポストブリッジ、公園北部のチャグフォードChagfordなどに初心者向けのコースが用意されている。上級者向けのコースなら、東部のヘイトアと北部のオークハンプトンOkehamptonなど。いずれも、ⓘで相談し、公園案内図「The Dartmoor Visitor」を入手してコー

スを決めるといいだろう。夏期はガイド付きウオークツアー（英語）なども催行している。地図の危険エリアには立ち入らないようにしよう。

サイクリングコースは、プリマスからイェルバートンYelverton間のコース、ユースホステルのあるベレベールVelleverの森の中を走る約5kmのコース、公園の西外れにあるタヴィストックTavistockのコースなど。乗馬やゴルフは各ⓘやホテルで確認のこと。

小説の舞台とアガサ・クリスティ

この地は数々の小説の舞台として登場しており、シャーロック・ホームズ・シリーズ人気No.1の作品『バスカビル家の犬』や、イギリスを代表する推理小説作家アガサ・クリスティの多くの小説でも描かれている。

1890年9月15日、アガサはフレデリック・アルバー・ミラー氏とクラリサ夫人の次女として、トーキーで生まれた。幼少の頃から、アガサは家族でダートムーアを何度か訪れていたようだが、1917年、母親の強いすすめでダートムーアのヘイトアにあるムーアランド・ホテルMoorland Hotelに滞在し、処女作『スタイルズ荘の怪事件』（1920年）を書き上げたことは有名。ホテルの資料によると、彼女の日課は、午前中は執筆活動、午後は読書と昼寝、そしてムーアの散歩。ヘイトア周辺にもよく散歩に出かけていたという。彼女が創作中に時折散歩したという周辺の風景は、当時と変わらずそのままで、アガサのミステリーワールドに浸れること請け合いである。アガサはほかにも『ビッグ4』（1927年）、『シタフォードの秘密』（1931年）、『白昼の悪魔』（1940年）の作品で、この地の大自然を描写している。

ダートムーア国立公園内で出会ったウシの群れ

荒涼としたムーアがどこまでも広がっている

TRAVEL DATA
トラベル・データ

■ダートムーアへの行き方
🚌エクセターとプリマスからアクセスできる。夏期はエクセターとプリマスのふたつの町を結ぶ直行バス82番が、1日2便、日曜は2時間に1便出ている。エクセターからプリンスタウンまで所要約1時間30分、プリマスからは所要約1時間。
●ロンドンのパディントン駅から
エクセターへ （→P.209）
プリマスへ （→P.218）

■ダートムーア国立公園
inet www.dartmoor-npa.gov.uk

■ハイ・ムーアランドのⓘ
✉Duchy Building Tavistock Rd., Princetown, PL20 6QF
TEL (01822) 890414　FAX (01626) 832093
開 10:00～17:00（冬期10:00～16:00）
休 12/24～12/26

■ヘイトアのⓘ
TEL (01364) 661520
開 4～10月10:00～17:00　休 11～3月

■ポストブリッジのⓘ
✉Postbridge Prinu t Toun
TEL (01822) 880272
開 4～10月10:00～17:00　休 11～3月

■ニューブリッジのⓘ
TEL (01364) 631303
開 4～10月10:00～17:00　休 11～3月

■オークハンプトンのⓘ
✉Museum Courtyard, 3 West St., EX20 1HQ
TEL (01837) 53020　FAX (01822) 55225
開 10:00～17:00　休 日曜

■タヴィストックのⓘ
✉Town Hall Building, Bedford Sq., PL19 0AE
TEL (01822) 612938　FAX (01822) 618389
開 3～9月9:30～17:00　10～2月10:00～16:00
休 10～2月の日曜

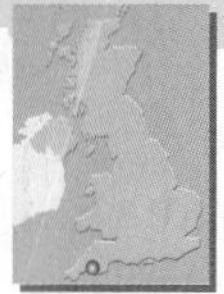

瀟洒な港町でリゾート気分に浸る

プリマス Plymouth

人口24万5800人
市外局番01752

プリマスへの行き方

●ロンドンから
🚃パディントン駅発1時間に1便程度、ブリストルで乗り換えの場合あり
所要：3時間30分～4時間
🚌ヴィクトリア・コーチステーションから直行6便（エクセター乗り換え4便）
所要：5～9時間
●エクセターから
🚃1日に6本程度
所要：1時間10分
🚌1日4～5便
所要：1～2時間
●ペンザンスから
🚃1時間に1～2便
所要：約2時間
🚌1日7便
所要：2時間30分～3時間30分

バービカンの遊歩道

プリマスはコンウォール半島最大の港町。1588年、イングランド海軍がスペイン無敵艦隊を撃退するために出航し、17世紀には清教徒を乗せたメイフラワー号がアメリカ大陸を目指して船出したという歴史をもつ。

有名な観光都市ではないが、メイフラワー号出航記念碑が建つ港地区バービカンは、16～17世紀当時の旧市街が残っており風情のある町並みが続く。旧市街を散策すると、イギリスのいなか町でよく見かけるファッジと呼ばれるお菓子の老舗店があり、お客が行列をなす様子などが見られる。近くには国立水族館もあるせいか、シーズン中は特に家族連れの観光客でにぎわっている。ホーの丘の西側には、海を見渡せる老舗ホテルや安くて快適なゲストハウスが集まっていて、旅人には居心地のいい町だ。また、エクセターと同様、プリマスはダートムーア国立公園観光の拠点となっている。

ホー公園でくつろいでいたご婦人

ホー公園に建つスミートンズ・タワー

歩き方

観光エリアを大きく分けると、旧市街のバービカン、町の南側に広がるホーの丘、鉄道駅から南へ続くショッピング街のアルマダ・ウェイArmada WayP.218A-1～2の3つ。

❶はメイフラワー号出港記念碑の斜め向かいにある。ホテルはホーの丘の西側、シタデル・ロードCitadel Rd.P.218A-2周辺に多いので、滞在するホテルが決まったら、ホーの丘を起点に歩き出すといいだろう。3つのエリアからは少し離れるが、プリマス博物館&美術館のあるタヴィストック・ロードTavistock Rd.P.218B-1は、プリマス大学があるせいか、学生向けのレストランやカフェ、雑貨店や中古レコード店などが目立つ。

鉄道駅

鉄道駅は町の北端にある。町の目抜き通りアルマダ・ウェイへは歩いて10分ほど。

バスステーション

大通りのエクセター・ストリートP.218B-1沿いにある。ホテル街のシタデル・ロードへは、ロイヤル・パレードP.218A-1からアルマダ・ウェイを歩いて10分ほど。平日、土・日曜を問わず鉄道路線の修復工事があり、鉄道が使えない場合は、代替輸送機関としてバスが各駅を結んでいる。

市内バス

町なかと周辺の町へはファースト社とシティ・バスが運行している。旅行者が利用しやすいのは、鉄道駅からバービカンやホーの丘方面へ行く5、6、25Aのバス。鉄道駅のバス停は、駅を出た道路の斜め向かいにある。バービカンへは所要約10分。

見どころ

バービカンとホーの丘に見どころが集中しており、半日ほどで回れる。

■プリマスの❶
Map P.192B-2
✉3-5 The Barbican, PL1 2LR
TEL (01752) 306330
FAX (01752) 306333
Inet www.visitplymouth.co.uk
開4～9月9:00～17:00
(日10:00～16:00)
10～3月9:00～17:00
(土10:00～16:00)
休10～3月の日曜
宿の予約はデポジットとして1泊目の宿泊料金の10%

プリマスのタクシー

バービカンの路地

Information History Topics

プリマスからタマール川をクルーズ

5月上旬から9月の間、プリマス市内の西側を流れるタマール川を北へ約30km、ランセストン Launceston北側のタマール谷Tamar Valleyまでを往復する約4時間のボートクルーズ「プリマス・カルストックPlymouth Calstock」が出ている。途中、有名なブルネルズ・ロイヤル・アルバート・ブリッジやタマール・ブリッジなどを通過し、景勝ポイントでランチをとるというもの。チケットの販売と出発はバービカンのフェニックス・ワーフで。

■プリマス・カルストック
TEL (01752) 822797
Inet www.westcountrylinks.co.uk/pbc/calstock.htm
運航：5月上旬～9月下旬。7・8月は便数は多いが、それ以外の月は要確認。1日2～6便ほど運航。
料往復£5.00（昼食代除く）
ほかにもTamar Cruising & Cremyll Ferryがクルーズを催行している。

地元の人々に親しまれている散歩道

見学所要時間の目安 1時間

ホーの丘
Plymouth Hoe

スミートンズ・タワー

プリマスのランドマーク、赤と白のスミートンズ・タワーSmeaton's Towerが建つ芝生の美しい公園。町の南端の高台にあり、プリマス海峡を一望できる。タワーのそばにはスペイン無敵艦隊を撃退したドレイク船長の銅像が建つ。

スミートンズ・タワーから海岸側へ下りていくと、プリマスの歴史を最新AVで紹介するプリマス・ドームPlymous Dome、ホーの丘の東側には1670年にチャールズ2世が建てた要塞、ロイヤル・シタデルRoyal Citadelがある。

16～17世紀の繁栄を偲ぶ歴史地区

見学所要時間の目安 1時間

バービカン
Barbican

バービカンの町並み

町一番の観光スポットがここ。ホーの丘方面から東へ進んでいくと、色とりどりのヨットが浮かぶ美しいハーバーが目に入る。ハーバー沿いには、新鮮な魚料理を出すレストランやカフェ、ブティック、雑貨店などが軒を連ねていて散策には絶好の場所。一歩裏路地に入れば、16世紀後半に建てられたエリザベス朝時代の家Elizabethan House Museumが見学できる。メイフラワー号出航記念碑Mayflower Stone & Stepsでの記念撮影もお忘れなく。

巨大水槽は圧巻

見学所要時間の目安 2時間

プリマス国立水族館
The National Marine Aquarium

国内でも人気が高い水族館

ムーアの小川から海へと、順を追って淡水魚や海の生物を観察できる学習型の水族館。イギリス最大の水族館で、ヨーロッパ最深を誇る巨大な水槽はまるで深海を潜っているような気分にさせてくれる。近海に生息する魚たちを中心に、南太平洋のコーラルリーフフィッシュをはじめ、世界の海の魚や珍種ほか全4192種以上を展示している。特に珍しいタツノオトシゴの水槽は必見。グッズショップも充実している。

■ホーの丘
Map P.218A-2
■スミートンズ・タワー
Map P.218A-2
✉The Hoe, PL1 2PA
開4～10月10:00～16:00
11～3月10:00～15:00
休11～3月の日曜　料£2.25
プリマス・ドームとの共通チケット£6.50　学生£5.50
■プリマス・ドーム
Map P.218A-2
✉The Hoe, PL1 2NZ
TEL(01752) 603300
開4～9月10:00～17:00、10～3月の火～土10:00～16:00
休11～3月の日・月
料£4.75　学生£3.75
改装のため2006年冬は閉館予定。
■ロイヤル・シタデル（軍隊駐屯所）
Map P.218B-2
inet www.english-heritage.org.uk
ガイドツアーは5～9月の火・木14:30発
料£3.50　学生£3.00

■エリザベス朝時代の家
Map P.218B-2
✉32 New St., Barbican, PL1 2NA
TEL(01752) 304774
inet www.plymouthmuseum.gov.uk
開イースタ～9月の火～土10:00～17:00
休イースター～9月の日・月、10月～イースタイースター
料£1.30

メイフラワー号出航記念碑

■プリマス国立水族館
Map P.218B-2
✉Rope Walk, Coxside, PL4 0LF
TEL(01752) 600301
inet www.national-aquarium.co.uk
開4～10月10:00～18:00
11～3月10:00～17:00
最終入場は閉館の1時間前
休12/25
料£9.55　学生£8.00

ホテル＆レストラン Hotel&Restaurant

ホテル街はホー公園西側のシタデル・ロードやアセニューム・ストリートAthenaeum St.周辺。駅からシタデル・ロードへは1km以上も離れている。タクシー代を惜しむなら駅近くのノースロード・イーストNorth Rd. Eastにも数軒の宿がある。

日本からホテルへの電話 電話会社の番号 + 010 + 国番号44 + 市外局番の最初の0を取った掲載の電話番号

クオリティ・プリマス Quality Hotel Plymouth 【大型】

●ホーの丘と港を見下ろすように建つ好ロケーション。高級ホテルチェーンらしく部屋の設備は整っており、快適に滞在することができる。一部の客室やラウンジ、併設のバーからは大海原を望める。レストランなども併設されている。プラス£30で夕飯も付けられる。

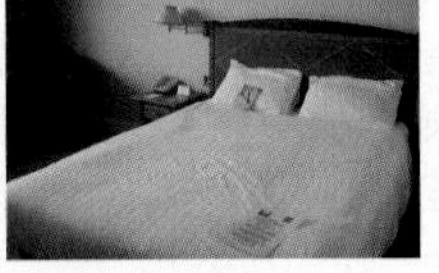

112室 Map P.218A-2

✉Cliff Rd., PL1 3DL
TEL(01752) 507800 FAX(01752) 660974
inet www.quality-hotel-plymouth.com
S W £75.00～165.00
£ € T/C £
C/C Ⓐ Ⓓ Ⓜ Ⓥ

ボーリング・グリーン Bowling Green Hotel 【B&B】

●親日的な主人が営む宿。ベッドの質やバスルームに置かれたアメニティグッズにもこだわりが見られる。各部屋にはテレビ、ティーセット、ドライヤーなどが完備されている。朝食も自慢で、いろいろアレンジ可能。ドリンクは4種のコーヒーと6種の紅茶から選べる。 新しく温室風の朝食スペースが完成し、くつろぎぎのスペースも充実。

12室 Map P.218A-2

✉9-10 Osborne Pl., Lockyer St., PL1 2PU
TEL(01752) 209090 FAX(01752) 209092
inet www.bowlinggreenhotel.com
S £50.00～54.00
W £60.00～62.00
£ T/C不可 C/C Ⓜ Ⓥ

グロヴナー・パーク Grosvenor Park Hotel 【ゲストハウス】

●鉄道駅から歩いて3分、町の中心のアルマダ・ウェイへも徒歩5分という便利な場所にある。1階にはラウンジ、バー、ダイニングルームがあり、宿泊客の語らいの場となっている。ラウンジには、プリマス市内を含め、コンウォール地方の観光パンフレットが置かれており、旅の計画に便利なうえ、旅行の相談などにも気軽に応じてくれる。

17室 Map P.218B-1

✉114-116 North Road East, PL4 6AH
TEL(01752) 229312 FAX(01752) 252777
inet www.grosvenorparkhotel.co.uk
S £26.00
S £35.00
W £50.00～60.00
£ T/C 不可 C/C不可

テューダー・ハウス The Tudor House Hotel 【B&B】

●シタデル・ロードで20年以上続く老舗のB&B。料金も安くて、部屋も清潔なので人気が高い。夏期は事前に予約しておいたほうがいいだろう。また、この宿の周りには、ここと似たような設備と値段の宿が集中している。

10室 Map P.218A-2

✉105 Citadel Rd., PL1 2RN
TEL & FAX(01752) 661557
S £20.00
W £34.00
W £42.00
£ T/C 不可 C/C Ⓜ Ⓥ

シーフード＆パスタ Seafood & Pasta 【地中海料理】

●ハーバー沿いにあり潮風に吹かれて食事ができる、雰囲気のよい地中海料理のレストラン。スペイン、ギリシア、イタリア料理がメイン。新鮮な魚介類が揃う。シーフードパエリヤは£14.95。パスタ類は£8.50～。

Map P.218B-2

✉10 Quay road
TEL(01752) 260717
開10:00～23:00(冬季は～21:30) 休無休
£ T/C £ C/C Ⓐ Ⓓ Ⓜ Ⓥ

陽光あふれる古(いにしえ)の聖地

ペンザンス Penzance

人口1万9184人
市外局番01736

ペンザンスへの行き方

●ロンドンから
🚃パディントン駅から1～2時間に1便程度。ブリストルもしくはプリマスで乗り換えの場合あり。
所要：約5時間30分
🚌ヴィクトリア・コーチステーション発　1日に6本程度
所要：8時間30分～10時間
●プリマスから
🚃1時間に2便程度
所要：約2時間
🚌2時間に1便程度
所要：3時間～3時間30分

マーケット・ジュー・ストリート

■ペンザンスの❶
Map P.222B-1
鉄道駅から出てすぐのワーフ・ロードWharf Rd.沿いにある。
✉Station Rd., TR18 2NF
TEL(01736) 362207
FAX(01736) 363600
Inetwww.go-cornwall.com
開10～6月9:00～17:00（土10:00～16:00）
7～9月9：00～17:30（土9:00～17:00、日10:00～16:00）
休10～6月の日曜
宿の予約は手数料£3.00とデポジットとして1泊目の宿泊料金の10%

インターネットカフェ

ペンザンスはコンウォール半島の先端、マイケル湾に面した小さな港町。ランズ・エンドや、セント・アイヴスへもこの町が起点となる。年間を通して温暖な気候に恵まれており、国内でも屈指のリゾート地として人気が高い。数日間の滞在であっても土地の暮らしが感じられ、何といっても人々があたたかい。ペンザンスとは土地の言葉で「聖なる岬」を意味する。この地域は古くは聖地だったのだろうか、先史時代の遺跡も発見され、考古学者の注目を集めた。

歩き方

町は港の西側に広がっている。メインストリートは、町の北側のマーケット・ジュー・ストリートMarket Jew St.P.222B-1。鉄道駅方面からこの通りを歩いて行くと、緩やかな坂道が続き5分もすると道路中央にロイド銀行Lloyds TSBの大きな建物が見えてくる。ここを起点に歩き出すとわかりやすい。そこから北へ延びるコーズウェイヘッドCauseway HeadP.222A-1は庶民的な商店街。一方南へ下っていくと13世紀から続くチャペル・ストリートChapel St.P.222B-2へ出る。この周辺には由緒ある建物が多く残されていて散策には最適。3世代にわたって愛される老舗パブや、素敵なアンティーク店などが軒を連ねる。

見どころ

ペンザンス観光には半日で充分。周辺へも足を延ばすなら2〜3日は滞在したい。

マイケル湾に浮かぶ

見学所要時間の目安 2時間

セント・マイケルズ・マウント St. Michel's Mount

イギリス版モン・サンミッシェル

セント・マイケルズ・マウントはペンザンスから東へ約5km、マラザイアンMarazionから約300mほど離れた沖合に浮かぶ小さな島。ここはかつて、キリスト教三大聖地のひとつ、サンティアゴ・デ・コンポステーラ（スペイン北西部）への巡礼ルートの拠点として栄えた。

花崗岩に覆われたこの島には、聖職者たちの邸宅や要塞跡があり、山の頂上には城が建っている。もともとは小さなベネディクト修道院として建設されたが、11世紀のノルマン征服以降、大天使ミカエルArchangel Michaelを祀る修道院として再建された。

■セント・マイケルズ・マウント
Map P.20A-3
🚌 ❶の斜め向かいからヘルストンHelston行き2Aのバス（1時間に2便）で10分。マラザイアン・スクエアで下車。
⛴ マラザイアンの町から島までは満潮時のみボートが運航している。片道£1.20。干潮時には島まで歩いて行ける。
TEL (01736) 710507
Inet www.stmichaelsmount.co.uk
開 4〜10月10:30〜17:30
11〜3月は不定期なので❶で要確認。
休 土
料 £6.00　学生£2.75
城へ上るときは岩道が続くので、ヒールのない履き慣れた靴で行こう。

緑豊かな庭園の中にある

見学所要時間の目安 1時間

ペンリー・ハウス美術館＆博物館 Penlee House Gallery & Museum

西コンウォール地方の、石器時代から20世紀までの歴史を紹介する博物館。絵画、テキスタイル、銅製品が展示され、周辺で出土した食器や古代美術品なども興味深い。

■ペンリー美術館＆博物館
Map P.222A-2
✉ Morrab Rd., TR18 4HE
TEL (01736) 363625
Inet www.penleehouse.org.uk
開 5〜9月10:00〜17:00
10〜4月10:30〜16:30
休 日、12/24〜28
料 £3.00　学生£2.00
土は無料

ホテル＆レストラン Hotel&Restaurant

ホテルが集まるのは、チャペル・ストリート、リージェント・テラスRegent Ter.や、モラブ・ロードMorrab Rd.など。部屋数も少なく、すぐに満室になるので早めに予約しよう。レストランは町全体に点在している。

日本からホテルへの電話　電話会社の番号 + 010 + 国番号44 + 市外局番の最初の0を取った掲載の電話番号

アビー Abbey Hotel　【高級】

●1660年代の建物を改装したホテルで、1階のラウンジや室内はすべてアンティーク家具でまとめられ、350年前に戻ったよう。窓からは港とセント・マイケルズ・マウントを望める。チャペル・ストリートのすぐそばにあって、快適な滞在が期待できる。スタッフの応対もフレンドリー。

6室　Map P.222B-2
✉ Abbey St., TR18 4AR
TEL (01736) 366906
FAX (01736) 351163
S £95.00
W £100.00〜190.00
£　T/C 不可　C/C A M V

タルバート Tarbert Hotel 【中級】

●暖炉のある小さなバーやラウンジがあり、アットホームな雰囲気。客室はシングル、ダブル、ツイン、ファミリーなどで、ダブルとツインは比較的広め。ラウンジ以外は禁煙。2日以上の滞在は割引あり。中心街からはやや離れるが、閑静な住宅街に位置し、鉄道駅からはタクシーで5分くらい。付属のレストランでは三つ星シェフのディナーが楽しめる。

14室 Map P.222A-1

読者割引8%
✉11-12 Clarence St., TR18 2NU
TEL(01736) 363758 FAX(01736) 331336
inet www.tarbert-hotel.co.uk
S £40.00〜50.00
W £77.00〜87.00
£ € T/C £ C/C ADJMV

コン・アモール Con Amore Guest House 【ゲストハウス】

●駅から歩いて10分くらい。日本人学生に口コミで人気の宿で、日本人には特別料金で提供。スタッフも親切で心配りもこまやか。町の見どころやおすすめのレストランを教えてくれるなど、快適に滞在できる。部屋の趣味もよく、ダイニングルームもおしゃれ。すべての部屋にはテレビとティーセット、ドライヤーなどが備え付けられている。

9室 Map P.222A-2

✉38 Morrab Rd., TR18 4EX
TEL&FAX(01736) 363423
inet www.con-amore.co.uk
S £20.00
S £23.00〜25.00
W £46.00〜50.00
£ T/C £ C/C JMV

ウッドストック Woodstock 【ゲストハウス】

●コン・アモールの斜め前にある家族経営の宿。各客室はやや狭いが、シンプルで洗練されている。朝食はコンチネンタル、ベジタリアンも選択可能。シャワー共同の安い部屋もある。Sは£22.00〜25.00、Wは£24.00〜27.00。

8室 Map P.222A-2

✉29 Morrab Rd., TR18 4EZ
TEL&FAX(01736) 369049
inet www.woodstockguesthouse.co.uk
S £28.00〜32.00
W £26.00〜32.00
£ T/C不可 C/C JMV

リンウッド Lynwood 【ゲストハウス】

●B&Bが建ち並ぶモラブ・ロードにあり、長年B&Bを営んでいる親切な夫婦が出迎えてくれる。ホスピタリティと部屋の清潔さには定評があり、リピーターも多い。部屋により趣きが異なるが、花柄のファブリックを使用した英国調のスタイル。ティーセットにはココアも用意されている。朝食もボリュームたっぷり。

7室 Map P.222A-2

読者割引8%
✉41 Morrab Rd., TR18 4EX
TEL&FAX(01736) 365871
inet www.lynwood-guesthouse.co.uk
S £18.00〜20.00
S £20.00〜25.00
W £36.00〜40.00
W £40.00〜50.00
£ T/C不可 C/C ADMV

ヨット・イン The Yacht Inn 【イン】

●港を見渡せる絶好の位置に建つイン。1階はレストラン兼パブ、2階は客室になっている。客室はすっきりとして明るい感じ。全室テレビ、ドライヤー、ティーセットを完備している。シービューの部屋は料金が若干高くなる。全室禁煙。

7室 Map P.222B-2

✉Green St., TR18 4AU
TEL(01736) 362787 FAX(01736) 331604
S £30.00〜35.00
W £50.00〜60.00
£ T/C不可 C/C MV

タークス・ヘッド・イン The Turks Head Inn 【パブ】

●1382年創業、現在の建物は1660年に改装したという、ペンザンス最古のパブ。店内はそれほど広くないが、インテリアは渋く、古きよきパブの雰囲気を醸し出している。地ビールのコーニッシュビールやイギリスの伝統ビールなど種類は豊富。料理はどれを食べても外れはない。

Map P.222B-1

✉49 Chapel St., TR18 4AF
TEL(01736) 363093
開11:00〜15:00、17:30〜23:00(食事は11:30〜14:30、18:00〜21:30)
休無休
£ T/C £ C/C MV

ペンザスから足を延ばして近郊の旅

目の前には壮大な大海原と地平線が広がる
ランズ・エンド

ペンザンスからさらに西へ約16km、コンウォール半島の先端に位置するランズ・エンドは、断崖絶壁の海岸に絶えず強風が吹きつけ、まさに名のとおり「地の果て」を思わせる風景が広がっている。

ペンザンスを出発したバスは、視界360度、見渡す限りの平原をただひたすら地平線に向かって走っていく。こんな景色は世界広しといえど、そうお目にかかれるものではない。

ランズ・エンドにはテーマパークのレジェンダリー・ランズ・エンドLegendary Land's Endが建てられ、園内にはマルチスクリーンでスペクタクルショーなどを見せるアトラクションが6つある。一番人気はリターン・トゥ・ザ・ラスト・ラビリンス。一番奥には唯一のホテル、ランズ・エンド・ホテルがある。ホテルから先は断崖絶壁の海への道が続いている。テーマパークの外は荒野が広がっていてフットパスが設けられているので、園内入口の❶で無料の地図をもらって歩こう。

ミナック・シアター
Minack Theatre

ランズ・エンドから南東へ約5kmほど行った海岸沿いに、石造りの野外劇場ミナック・シアターがある。大海原をバックに周辺の断崖と溶け合う様は一見の価値がある。この劇場は、なんとロウィーナ・ケイドRowena Cadeという女性が、断崖絶壁の岩を切り砕き50年もの歳月をかけて造り上げたもの。劇場は1年中オープンしており、公演は5月半ば〜9月半ば、上演時間は13:00か14:00と20:00の1日2回が一般的。国内でも一流の劇団による演劇が鑑賞できることもあり、地元でも人気が高い。ときにはシェイクスピア劇なども上演される。

ミナック・シアター

TRAVEL DATA
トラベル・データ

■ランズ・エンドへの行き方
🚌ペンザンスのバスステーションから、1、1A、1Bのバスで終点ランズ・エンド下車。
1〜2時間に1便、日曜は2時間に1便。
所要：約1時間

■レジェンダリー・ランズ・エンド
TEL08704580099
inetwww.landsend-landmark.co.uk
開10:00〜17:00（7月末〜8月末の火・木曜の夜19:00〜は花火ショーがある）
料6つのアトラクションの共通チケットが£9.95

■ミナック・シアター
🚌ペンザンスのバスステーションから、ランズ・エンド行き1Aに乗り、ポースクァーノPorthcurno下車。
月〜土は1時間に1便、日曜は2時間に1便。
所要：約45分
✉Porthcurno, TR19 6JU
TEL(01736) 810181 inetwww.minack.com
開4〜9月9:30〜17:30
10〜3月10:00〜16:00
休5/22〜9/22の水・金12:00〜16:45
6/12〜16、19〜23の月〜金12:00〜16:45
料入場料£3.00　予約チケット£6.00〜7.50
シーズン中の演目は、ペンザンスの❶やホテルに置いてあるパンフレット、あるいはウエブサイトで確認、予約が可能。シアター・ボックスオフィスでは当日券も販売している。

☺ランズ・エンドで記念撮影
ランズ・エンドの標識では記念写真を撮ってもらえます。標識に日付や日本までの距離など、ほかにも名前やメッセージを入れることもできるので、記念になると思います。（静岡県　Ran　'04夏）

ペンザスから足を延ばして近郊の旅

アートが息づく美しいリゾートタウン セント・アイヴス

白壁の家々に真っ青な空……エーゲ海の島々を思わせる美しい路地には、小さなギャラリーやショップがいっぱい。

ハーバーを望む

イギリスを代表する彫刻家バーバラ・ヘップワースや日本にも縁の深い陶芸家バーナード・リーチ、作家のヴァージニア・ウルフなど、多くの芸術家たちがこの町を拠点に創作活動を続けていたことは有名。現在でも町のあちこちにアトリエや工房、陶芸教室などが点在し、町すべてが作家たちの住みか、そんな印象を残す。この町は3つの美しいビーチに囲まれている。特にテート・セント・アイヴスTete St. Ives前に広がるポースメア・ビーチPorthmeor Beachの美しさは感動もの。夏はサーフィンを楽しむ若者でにぎわう。

歩き方　鉄道駅やバスターミナルは丘の上にあり、海と町並みが眼下に広がる。バス停からトレゲナ・ヒルTregenna Hillを下って行くとハイ・ストリートに出る。ハイ・ストリートとその先にあるフォア・ストリートFore St.が町のメインストリート。フォア・ストリートから路地を入っていくと大小のギャラリーが軒を連ねる。

見どころ　選りすぐりのモダンアート作品を展示するテート・セント・アイヴスと、ヘップワースのアトリエを美術館として公開しているバーバラ・ヘップワース彫刻庭園美術館Barbara Hepworth Museum & Sculpture Gardenは必見。町歩きを始める前に❶で情報を入手しておこう。

セント・アイヴス

TRAVEL DATA トラベル・データ

■セント・アイヴスへの行き方

🚃ペンザンスから1時間に1便ほど。セント・アースSt. Erthで乗り換えの場合あり。
所要：20～40分

🚌ペンザンスから17、17A、17Bが1時間に1～2便。終点のセント・アイヴス下車。
所要：約30分

■セント・アイヴスの❶　Map P.226-2
✉The Guildhall, Street-an-Pol, TR26 2DS
TEL(01736) 796297　FAX(01736) 798309
inet www.go-cornwall.com
開イースター～10月9:00～18:00(日～13:00)
11月～イースター9:00～17:00（土10:00～13:00)
休11月～イースターの日曜

■バーバラ・ヘップワース彫刻庭園美術館
Map P.226-2
✉Barnoon Hill, TR26 1AD
TEL(01736) 796226　inet www.tate.org.uk
開3～10月10:00～17:30　11～2月10:00～16:30
休11～2月の月曜
料￡4.50　学生￡2.25　テート・セント・アイヴスとの共通券￡8.50　学生￡4.25

■テート・セント・アイヴス　Map P.226-1
✉Porthmeor Beach, TR26 1TG
TEL(01736) 796226　inet www.tate.org.uk
開3～10月10:00～17:30　11～2月10:00～16:30
休11～2月の月曜　料￡5.50　学生￡2.75

イングランド中央部

Central England

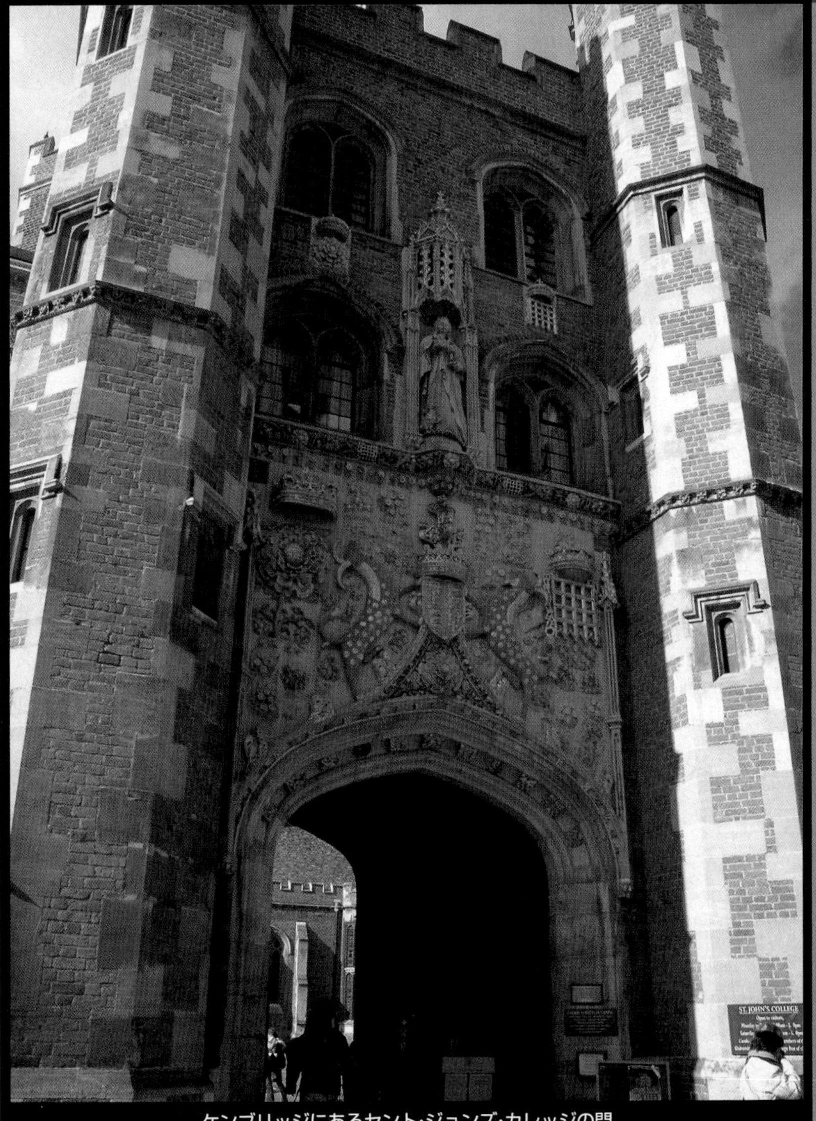

ケンブリッジにあるセント・ジョンズ・カレッジの門

ウィンチクームの町並み

穏やかな自然と歴史ある町々

イングランド中央部

3つの地域からなる中央部

イギリス中央部は、大きく3つに分けられる。ロンドンの南西に位置するソールズベリとバース周辺エリア、コッツウォルズやバーミンガム周辺のミッドランド、ロンドンの北東に広がるケンブリッジ周辺のイースト・アングリアだ。

バースとソールズベリ

ローマ時代の遺跡といわれるローマン・バス

ソールズベリには、高い尖塔が印象的なソールズベリ大聖堂があり、巨石遺跡ストーンヘンジ観光の起点にもなっている。そこから北西へ約50kmほど行くと、温泉保養地バース。ローマ時代の温泉ローマン・バスやバース・アビーがあり、イギリスで最も人気が高い観光地ともいわれている。バースから列車で15分のブリストルは、ウェールズやコンウォール半島への交通の要衝となっている。

ミッドランド（中部地方）

オックスフォードは、大学の建築物が町を埋め尽くすように建ち並んでいる世界屈指の学問の町。歴史と伝統のあるカレッジ巡りを楽しもう。オックスフォードの40kmほど北西にはシェイクスピア生誕の地ストラトフォード・アポン・エイヴォンがあり、2都市の間には牧歌的な村を満喫できるコッツウォルズ丘陵が広がっている。北に目を向けると、イギリス第2の都市バーミンガムが、さらに北には陶磁器の町として知られているストーク・オン・トレントがある。ウェッジウッドなどの世界的な陶磁器メーカーのビジターセンターは、焼き物に興味のある人ならばぜひとも訪れたい場所だ。

イースト・アングリア（東部地方）

イースト・アングリアには湿地帯が多く、カントリーサイドとしての魅力にあふれるエリア。学問の町としてオックスフォードと双璧をなすケンブリッジがある。ケンブリッジは学園都市として以外にもアングロ・サクソン時代の史跡が多く残っており歴史的にも楽しめる町だ。

移動のコツ

最大の見どころであるコッツウォルズ地方は、バース、ストラトフォード・アポン・エイヴォン、オックスフォードに囲まれた広大な丘陵地帯に小さい村が点在する。どこかの町を拠点にして、コッツウォルズの村をいくつか回るといい。ただし公共交通手段のバスは便数が限られる。P.229のモデルルートを参考にうまく回ろう。可能ならレンタカー利用も検討したい。

オックスフォードからバーミンガム、ストーク・オン・トレント方面や、ケンブリッジへはロンドンからのアクセスもよいので、時間の限られている人はロンドンから日帰りするのもいいだろう。

ストラトフォード・アポン・エイヴォンの手頃な宿泊料金のB&Bが集まるエリア

プランニングのコツ

まずは、広い中央部のどこを中心に回るかを決めよう。一番行きたい町を決めて、その周辺で興味のある町へ足を延ばそう。例えば、陶器に興味があるならストーク・オン・トレントを中心にし、学園都市の雰囲気に触れるならオックスフォードやケンブリッジをベースにする、といった具合。

コッツウォルズをレンタカーで回るなら1泊2日、バスやサイクリングなら2～3泊はみておこう。ソールズベリ、ストーンヘンジ、バースは1日で回れる。

モデルコース

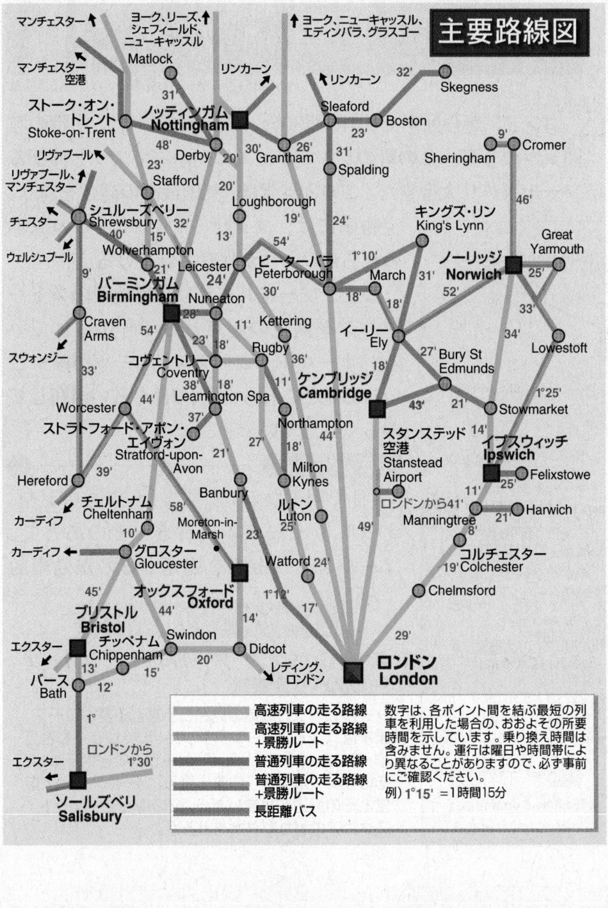

コッツウォルズから文学の町、陶磁器の里を巡る（10日間コース）

バースからコッツウォルズに入り、ストラトフォード・アポン・エイヴォンへ。シェイクスピア劇を楽しんだあと、バーミンガムを経てストーク・オン・トレントへ。ウェッジウッドで買い物をしてからロンドンへ。

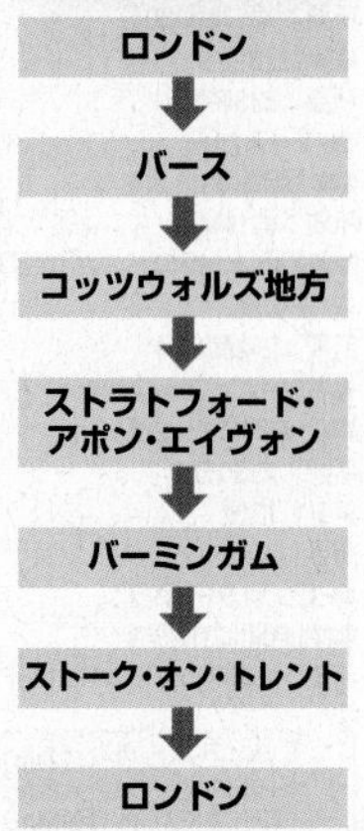

ふたつの学園都市とロビンフッド伝説の町へ（1週間コース）

ケンブリッジとその周辺を見たあとはノッティンガムへ。そこからコヴェントリーやオックスフォードとその周辺を観光し、ロンドンへ戻る。

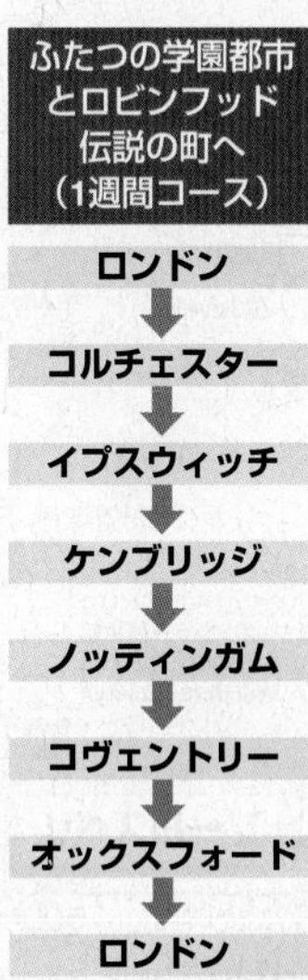

主要路線図

高速列車の走る路線
高速列車の走る路線+景勝ルート
普通列車の走る路線
普通列車の走る路線+景勝ルート
長距離バス

数字は、各ポイント間を結ぶ最短の列車を利用した場合の、おおよその所要時間を示しています。乗り換え時間は含みません。運行は曜日や時間帯により異なることがありますので、必ず事前にご確認ください。
例）1°15' =1時間15分

ロンドン
ソールズベリ

そびえ建つ大聖堂に見守られる町

ソールズベリ Salisbury

人口11万4613人　市外局番01722

町のどこからでも見ることができる大聖堂

ソールズベリへの行き方

●ロンドンから
🚃ウォータールー駅発、1時間に1～2便
所要：約1時間30分
🚌1日3便
所要：約3時間
●バースから
🚃1時間に1～2便
所要：約1時間
🚌X4、X5番のバスが1時間に1便程度
所要：2時間10分
●サウサンプトンから
🚃1時間に1～2便
所要：約30分
🚌1日3便
所要：40分
●エクセターから
🚃1時間に1便程度
所要：1時間40分～2時間10分

ロンドンから列車で約1時間30分、ソールズベリは、中世の雰囲気が漂う町。この町のシンボルは天に向かってスッと伸びるソールズベリ大聖堂だ。この大聖堂は、英国最高の高さを誇り、宝物庫には、マグナ・カルタの4つの原本のうちのひとつが保管されている。

また、ソールズベリは世界遺産のストーンヘンジ観光の起点としても知られている。オールド・セーラムやエーヴベリーといった見どころもあり、2日くらい滞在してゆっくりしたい。

モデルルート

1日で回るなら、まずストーンヘンジや、オールド・セーラムに行き、そのあとで、ソールズベリ市内を観光するのが効率的

ソールズベリ1日コース

ストーンヘンジ→オールド・セーラム→ソールズベリ大聖堂

ソールズベリと周辺の見どころを巡る基本コース。まずはバスでストーンヘンジへ行き、じっくりと見学。帰りのバスでオールド・セーラムで途中下車し、その後ソールズベリの町に戻る。ソールズベリ大聖堂とその周辺を見学したら、町の中心マーケット・スクエアの周りで夕食をとろう。

だ。2日以上滞在するなら、全体的にもっとゆっくり回ることができ、さらに、エーヴベリーにも足を延ばすことができる。

歩き方

バスステーションから町の中心へは南へ進むとすぐ。鉄道駅からは駅を出てすぐ右折し、5分ほど真っすぐ進むと着く。町の中心はマーケット・スクエアMarket Sq.P.230-1、❶はこのすぐ近くにある。観光の中心となっている地域は、ソールズベリ大聖堂周辺のクロースと呼ばれている場所で、マーケット・スクエアから大聖堂へは南に5分ほど。大聖堂の尖塔がそびえているので、迷う心配はない。また、マーケット・スクエアからキャサリン・ストリートCatherine St.P.230-2を南下し、セント・アンズ・ゲートSt. Ann's GateP.230-2から大聖堂のほうへ入っていく道は、中世にタイムスリップしたような雰囲気だ。

旅の情報収集

観光案内所

メインの❶はマーケット・スクエアの南に面した小道、フィッシュ・ロウFish RowP.230-1にある。夏期には鉄道駅にも臨時の❶が開設される。

見どころ

見どころは大聖堂の周辺に集中。マーケット・スクエア周辺は、細い路地や古くて味わいのある建築物が見られ、そぞろ歩きが楽しい。

町のランドマーク

見学所要時間の目安 1時間

ソールズベリ大聖堂
Salisbury Cathedral

天に向かってそびえるソールズベリ大聖堂は、イギリスを代表する大聖堂のひとつ。塔の高さは123mあり、英国最高を誇る。

大聖堂は1220年から1258年にかけて建てられ、建築のスタイルはイングランド初期ゴシック様式で統一されている。

最大の見どころはチャプター・ハウスChapter House。ここにはマグナ・カルタの原本の4冊のうちの1冊が納められているほか、教会所有のさまざまな宝物が展示されている。また、チャプター・ハウスの壁に施された彫刻は、アダムとイブ、カインとアベル、ノアの箱船など、旧約聖書に題材を取っており、非常に完成度が高い。

■ソールズベリの❶
TEL(01722) 334956
FAX(01722) 422059
Inet www.visitsalisbury.com
宿の予約はデポジットとして宿泊料金の10%
●ギルドホールの❶
Map P.230-1
✉Fish Row, SP1 1EJ
開10～4月9:30～17:00
5月9:30～17:00
(日10:30～16:30)
6～9月9:30～18:00
(日10:30～16:30)
休10～4月の日曜
●鉄道駅の❶
Map P.230-1
✉The Railway Station
開イースター～9月
9:30～16:30
休日・祝、10月～イースター

■ソールズベリ大聖堂
Map P.230-2
✉33 The Close, SP1 2EJ
TEL(01722) 555120
FAX(01722) 555116
Inet www.salisburycathedral.org.uk
開8/29～6/12　7:15～18:15
6/13～8/28　7:15～19:15
(日7:15～18:15)
休無休
料希望寄付額£4.00
学生£3.50

天に向かってそびえる塔

ストーンヘンジ・ギャラリーは必見

見学所要時間の目安 1時間

ソールズベリ＆南ウィルトシャー博物館
Salisbury & South Wiltshire Museum

ソールズベリとその周辺の地域に焦点を当てた博物館。特にストーンヘンジ・ギャラリーは、ストーンヘンジの製造過程や古代の人々の生活などについての詳細な解説がされており、見ごたえたっぷり。ストーンヘンジとその周辺での発掘物も豊富に展示している。

18世紀の優雅な館

見学所要時間の目安 1時間

モンペッソン・ハウス
Mompesson House

1701年に建てられた美しい屋敷で、映画『いつか晴れた日に』の舞台ともなった。中は、美しい家具で装飾されており、18世紀に使われていたグラスのコレクションがある。

近郊の見どころ

ソールズベリ近郊には、ストーンヘンジをはじめとする巨石遺跡や、オールド・セーラムなど見どころが多い。

謎に満ちた石柱群

見学所要時間の目安 1時間

ストーンヘンジ
Stonehenge

さまざまな人の想像力を刺激する謎の巨石建造物、ストーンヘンジ。紀元前3000年からいくつかの段階をかけて建造されており、年代が下るごとに、だんだんとその規模が大きくなっていった。もともとは、円形の堀と塚という構造だったが、紀元前2900年頃には塚に沿って56本の木の杭が立てられ、現在巨石が置かれている位置にも木の祭壇が作られていたという。巨大な石が運ばれてきたのは紀元前2500年頃。巨石は約30km離れた場所から、小さい石は、はるか200km先のウェールズ南西部から運ばれてきたことが判明している。

見学はオーディオガイドを聞きながら進むセルフガイド方式。日本語のオーディオガイドもあり、謎多き遺跡をさまざまな角度から説明してくれる。

ストーンヘンジで最も高い巨石は高さ7.3mある

■ソールズベリ＆南ウィルトシャー博物館
Map P.230-2
⊠The King's House, 65 The Close, SP1 2EN
TEL (01722) 332151
FAX (01722) 325611
inet www.salisburymuseum.org.uk
開 10:00～17:00（7・8月の日曜14:00～17:00）
休 9～6月の日曜、12/24～28
料 £4.00　学生£3.00

■モンペッソン・ハウス
Map P.230-2
⊠The Close, SP1 2EL
TEL (01722) 335659
FAX (01722) 321559
inet www.nationaltrust.org.uk
開 3/25～10/29 11:00～17:00
休 3/25～10/29の木・金 10/30～3/24
料 £4.40

■ストーンヘンジ
Map P.230-1外
バス ウィルツ＆ドーセット社Wiltz & Dorsetの3番のバスがソールズベリ・バスステーション発、鉄道駅経由で冬期1日3～5便、夏期8～10便。そのほかソールズベリ発のツアーが数社から出ている。
所要：40分
⊠Near Amesbury, SP4 7DE
TEL (0870) 3331181
FAX (01980) 623465
inet www.english-heritage.org.uk
開 3/16～5/31、9/1～10/15 9:30～18:00
6～8月9:00～19:00
10/16～3/15　9:30～16:00
休 1/1、12/24～26
料 £5.90　学生£4.40

遺跡の中心から少し離れて置かれた巨石は、ヒール・ストーンと呼ばれている。冬至の日には、このヒール・ストーンから遺跡の中心の延長線上に日が沈む

かつての町の中心

見学所要時間の目安 1時間

オールド・セーラム
Old Sarum

かつての繁栄の跡が残る

オールド・セーラムは、かつてのこの地域の中心だった場所。ソールズベリが別名ニュー・セーラムと呼ばれるのは、ソールズベリがここオールド・セーラムの新市街であったことを示している。現在廃墟となっているオールド・セーラムには、城塞や大聖堂、宮殿など、往時を偲ぶ遺跡が残されている。

■オールド・セーラム
Map P.230-1外
🚌ウィルツ＆ドーセット社 Wiltz & Dorsetの3番
所要：20分
✉Castle Rd., SP1 3SD
TEL(01722) 335398
FAX(01722) 416037
inet www.english-heritage.org.uk
開4～6・9月10:00～17:00
7・8月9:00～18:00
10月10:00～16:00
11～2月10:00～15:00
3月10:00～16:00
休1/1、12/24～12/26
料£2.90　学生£2.20

もうひとつのストーンサークル

見学所要時間の目安 30分

エーヴベリー
Avebury

この地の巨石建造物は、ストーンヘンジがあまりにも有名だが、エーヴベリーにも状態のよいストーン・サークルが残されており、こちらもユネスコの世界遺産に登録されている。巨石遺跡に興味のある人はぜひ訪れたい。

■エーヴベリー
Map P.230-1外
🚌ウィルツ＆ドーセット社 Wiltz & Dorsetの5、6番がソールズベリのバスステーション発、1日3～5便
所要：1時間30分
inet www.english-heritage.org.uk
開随時　休無休
料無料

ホテル＆レストラン Hotel&Restaurant

ソールズベリのB&Bは町の中心からちょっとはずれた所に多い。特に北に延びるキャッスル・ロードCastle Rd.沿いには多くのB&Bが並ぶ。レストランやパブは町の中心、マーケット・スクエア周辺に多い。

日本からホテルへの電話　電話会社の番号 ＋ 010 ＋ 国番号44 ＋ 市外局番の最初の0を取った掲載の電話番号

ローズ・アンド・クラウン The Rose & Crown Hotel 【高級】

●ソーズルベリ大聖堂から南下し、川を越してすぐ。13世紀の伝統感あふれる建築物と近年建てられた建物のふたつの部分から成り立っている。バラの花の咲く美しい庭があり、ここからは川越しに大聖堂を眺めることができる。レストランやバー、会議室なども併設。

28室　Map P.230-2
✉Harnham Rd., SP2 8JQ
TEL(01722) 399955
FAX(01722) 339816
inet www.swallow-hotels.com
S W £116.00
£　T/C £
C/C A D J M V

レッド・ライオン The Red Lion Hotel 【高級】

●13世紀にソールズベリ大聖堂の設計者を宿泊させるために建てられたという、英国内でも屈指の歴史を誇るホテル。ホテル内はアンティークな家具や置き時計などで装飾され、雰囲気は抜群。レストランやバー、会議室なども併設されている。

52室　Map P.230-1
✉Milford St., SP1 2AN
TEL(01722) 323334　FAX(01722) 325756
inet www.the-redlion.co.uk
S £100.00
W £130.00
£　T/C 不可　C/C A D J M V

クロヴェリー Clovelly Hotel 【ゲストハウス】

●駅から徒歩2分で、町の中心へも徒歩5分ほどという絶好のロケーションに建っている。室内はすっきりとしていて清潔。障害者向けに設計された部屋もある。各部屋にはテレビ、ティーセットなどが完備されている。全室禁煙。

13室 Map P.230-1

✉17-19 Mill Rd., SP2 7RT
TEL(01722) 322055 FAX(01722) 327677
inet www.clovellyhotel.co.uk
S £50.00 W £75.00
£ T/C £ C/C J M V

エドワーディアン・ロッジ The Edwardian Lodge Guest House 【ゲストハウス】

●キャッスル・ロード沿いにある入口は現在は裏口として使われており、ブザーを押しても中には伝わらない。裏に回ったヴィクトリア・ロードVictoria Rd.沿いに玄関がある。朝食はメニューを前日までに用紙に記入して伝えておくシステムになっている。

8室 Map P.230-1

✉59 Castle Rd., SP1 3RH
TEL(01722) 413329
FAX(01722) 503105
inet www.edwardianlodge.co.uk
S £35.00～42.00
W £50.00～60.00
£ T/C £ C/C M V

マルヴァーン Malvern Guest House 【ゲストハウス】

●キャッスル・ロードのほど近く。オーナーは礼儀の正しい日本人が好きだという親日家。庭はエイヴォン川に面していて、環境的にも静かで居心地がよい。かわいらしい内装が印象的な部屋には、テレビとティーセットが完備されている。全館禁煙。

3室 Map P.230-1

✉31 Hulse Rd., SP1 3LU
TEL&FAX(01722) 327995
inet www.malvernguesthouse.com
S £40.00
W £55.00
£ T/C £ C/C不可

YHAソールズベリ YHA Salisbury 【ユースホステル】

●町の中心から近くてよい立地。建物は200年ほど前に建てられた一軒家を利用しており、広い庭もある。設備的にもテレビラウンジやキッチン、ランドリーなどが揃い、インターネットも使用可能など、快適に滞在できる。

ベッド数70 Map P.230-1

✉Milford Hill House, Millford, SP1 2QW
TEL(0870) 7706018 FAX(0870) 7706019
inet www.yha.org.uk D £17.50
S £19.50～20.50
W £39.50～40.50
£ T/C £ C/C A J M V

☺ロッカーが部屋に人数分付いているので便利です。 （東京都 塩原洋二 '05夏）

ハーパーズ Harpers 【バラエティ】

●マーケット・スクエアに面したビルの2階にある。店内は家庭的な雰囲気が漂い、リラックスして食事が楽しめる。コースメニューは、ランチが£7.90、18:00～20:00のアーリー・バード・メニューは2品で£9.50。ワインの種類も充実している。

Map P.230-1

✉6-7 Ox Row Market Pl., SP1 1EU
TEL&FAX(01722) 333118
inet www.harpersrestaurant.co.uk
開12:00～14:00 18:00～21:30
(土12:00～14:00 18:00～22:00)
休日
£ T/C不可
C/C A D M V

アノーカ Anokaa 【インド料理】

●駅から町の中心部に向かう途中にある。インド各地のシェフを集め、各地の料理を洗練された盛り付けで独自にアレンジしたモダン・インド料理を味わうことができる。

Map P.230-1

✉60 Fisherton St., SP2 7RB
TEL(01722) 414142 FAXなし
inet www.anokaa.com
開12:00～14:30 17:30～22:30 休無休
£ T/C £ C/C A M V

優雅な建築物に囲まれた温泉の町

バース Bath

人口16万9040人　市外局番01225

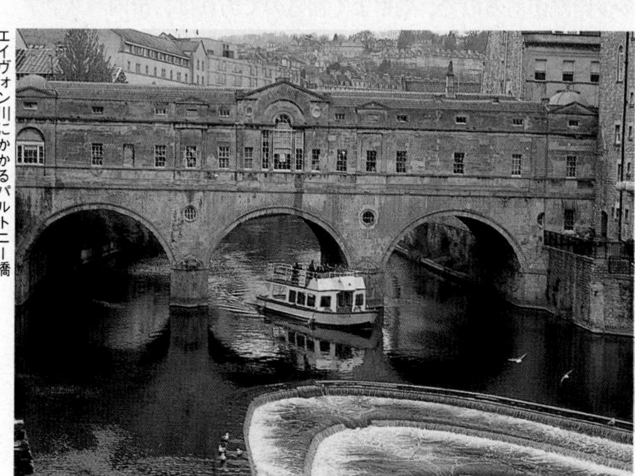
エイヴォン川にかかるパルトニー橋

ローマ時代に温泉の町として栄えたバースは、温泉の語源になったことでも有名な観光都市。18世紀には上流階級が集う高級リゾート地として栄え、数多くの有名人、著名人がこの町を訪れた。町は、この地域で採れたハチミツ色の石材で建てられた建築で埋め尽くされ、優雅なジョージ王朝の時代を現在に伝えている。

モデルルート

パッラーディオ様式の建物が数多く残されているバースは、ゆっくりと徒歩で回ってこそその魅力がわかるというもの。基本的なルートとしては、ローマン・バスからスタートして、クイーン・スクエアQueen Sq.P.236A-1、ザ・サーカスThe CircusP.236A-1を通り、ロイヤル・クレッセントまで行くコース。ゆっくり見ていくと、ちょうど1日で回れるくらいのコースだ。時間が余ったらパルトニー橋を渡って、町の東へ行ってみよう。

カンタベリー1日コース

ローマン・バス→バース・アビー→ロイヤル劇場→クイーン・スクエア→ジェーン・オースティン・センター→アセンブリー・ルーム→ザ・サークル→ロイヤル・クレッセント

❶のあるバース・アビー周辺は見どころが満載。ここでじっくりと観光を楽しむと、ひととおり見終わる頃には、もうお昼を過ぎているはず。この近くで昼食をとり、ロイヤル劇場、クイーン・スクエア、ジェーン・オースティン・センターと見て回り、ザ・サーカスへ。ここでアセンブリー・ルームとコスチューム博物館を見学してロイヤル・クレッセントに向かってもよいが、時間があったら、バース建築博物館に寄るのもいいだろう。

バースへの行き方

●ロンドンから

🚃パディントン駅から1時間に2便
所要：1時間30分

🚌ヴィクトリア・コーチステーションから1時間30分に1便
所要：3時間15分

●ブリストルから

🚃テンプル・ミーズ駅から頻発
所要：11分

🚌ファースト・バスのX39番が頻発
所要：50分

●ソールズベリから

🚃1時間に1～2便
所要：約1時間

🚌X4、X5番のバスが1時間に1便程度
所要：2時間10分

●オックスフォードから

🚃直行便はない。ディドコット・パークウェイ駅Didcot Parkwayで乗り換え。1時間に1便。
所要：1時間15分

🚌1日1便
所要：2時間5分

古い町並みに馬車が似合う

バース・アビー前の広場は市民の憩いの場

■バースの🛈
Map P.236B-2
✉Abbey Chambers, Abbey Church Yard, BA1 1LY
TEL09067112000
（英国内から毎分50p課金）
TEL8704446442
（英国外から）
inetwww.visitbath.co.uk
開6～10月9:30～18:00
（日10:00～16:00）
11～5月9:30～17:00
（日10:00～16:00）
休無休
宿の予約手数料£5.00とデポジットとして1泊目の宿泊料金の10%

歩き方

町の中心はバース・アビー、ローマン・バスなどの見どころが集中するアビー・チャーチ・ヤードAbbey Church YardP.236B-2。アセンブリー・ルームやロイヤル・クレッセントは町の北のほうに位置している。これらの見どころへは徒歩でも行けるが、多少距離があるので、効率よく回るのであれば、市内バスツアーが便利。

ターミナルから市の中心部へ

バースの鉄道駅はバース・スパ駅Bath Spaという。鉄道駅とバスステーションはともに町の南に位置している。アビー・チャーチ・ヤードまでは徒歩で5分ほど。

旅の情報収集

🛈はバース・アビー、ローマン・バスなどがある観光の中心地にあるので、観光の初めに立ち寄るといいだろう。みやげ物の品揃えも豊富。

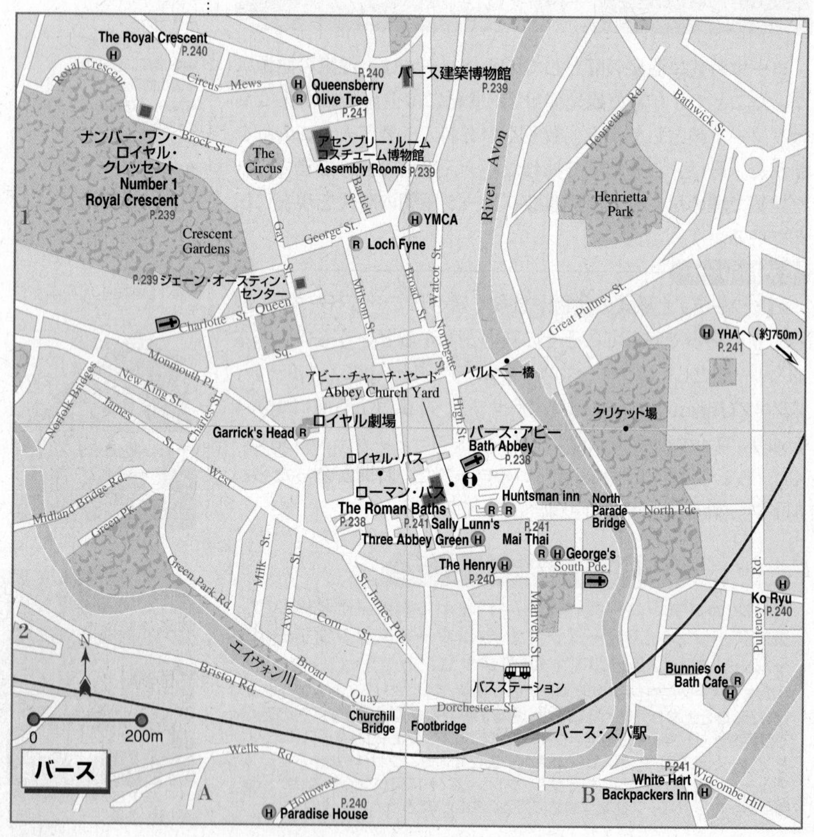

ツアー

町を巡るツアーバス

バスツアー

バースでは、複数の会社が乗り降り自由の観光バスを運行している。また、バースを起点として、コッツウォルズの村々（→P.253）やストーンヘンジへ行く日帰りバスツアーなどもある。

ウオーキングツアー

アビー・チャーチ・ヤードからは毎日無料のウオーキングツアーが催行されているので、まずこのツアーに参加してから観光を始めるのもよい。

バスツアー

シティ・サイトシーイング City Sightseeing

TEL (01225)330444　inet www.city-sightseeing.co.uk

出発：シティ・ルート9:30～17:00　10～30分ごと
スカイライン・ルート11:00～17:00　30分～1時間ごと
料 £9.00　学生£7.50（24時間有効）

乗り降り自由のツアー。シティ・ルートとスカイライン・ルートのふたつのルートがあり、チケットは共通。シティ・ルートは町の中心を45分かけて1周し、ロイヤル・クレッセントやグレート・パルトニー・ストリートなど15のバス停に停まる。スカイライン・ルートはホルバーン博物館Holbourne Museum、アメリカ博物館The American Museum、プライアー・パーク・ランドスケープ・ガーデンPrior Park Landscape Gardenなど郊外の見どころを45分かけて回る。両ルートとも日本語の説明用紙付き。

マッド・マックス・ツアーズ Mad Max Tours

TEL (01225)464323　inet www.madmaxtours.co.uk

●ストーンヘンジ&エーヴベリー・フル・デイ・ツアー Stonehenge & Avebury Full Day Tour

出発：8:45　料 £22.50

午前中はストーンヘンジとエーヴベリーのストーンサークルへ行き、午後はレイコックやカースル・クームといったコッツウォルズの村を巡る。

●ストーンヘンジ・ハーフ・デイ・ツアー Stonehenge Half Day Tour

出発：14:00　料 £12.50

ストーンヘンジとコッツウォルズのブラッドフォード・オン・エイヴォンBradford-on-Avonに行く半日ミニバスツアー。ツアーの開催日は要確認。

ウオーキングツアー

フリー・ウオーキング・ツアー Free Walking Tours of Bath

TEL (01225)477411　inet www.thecityofbath.co.uk

出発：5～9月10:30、14:00（火・金10:30、14:00、19:00　土10:30、19:00）
10～4月10:30、14:00（土10:30）　料 無料　所要：2時間

バースの町を巡る無料のウオーキングツアー。2000年にわたるバースの歴史をボランティアのガイドが説明してくれる。集合場所はアビー・チャーチ・ヤード。

ゴースト・ウオーク Ghost Walks of Bath

TEL (01225)350512　inet www.ghostwalksofbath.co.uk

出発：4～10月の月～土20:00　11～3月金20:00　料 £6.00　所要：2時間

夜のバースを巡りながら、怪談を聞くというウオーキングツアー。集合場所はロイヤル劇場近くにあるパブ、ギャリックス・ヘッドGarrick's Headから。

ビザール・バース Bizarre Bath

TEL (01225)335124　inet www.bizarrebath.co.uk

出発：4～9月20:00　料 £7.00　学生£5.00　所要：1時間30分

町の知られざる歴史を冗談混じりに語ってくれる夜のウオーキングツアー。レストランのサリー・ランズ（→P.241）と同じ並びにあるパブ、ハンツマン・インHuntsman Inn集合。

見どころ

バースといえばローマ時代の温泉でその名を知られている町だが、博物館や由緒正しき教会などもあり、見どころは多岐にわたっている。

ローマ時代の一大保養地

見学所要時間の目安 2時間

ローマン・バス
The Roman Baths

■ローマン・バス
Map P.236B-2
✉Stall St., BA1 1LZ
TEL(01225) 477785
FAX(01225) 477743
Inet www.romanbaths.co.uk
開3～6・9・10月9:00～18:00
7・8月9:00～22:00
11～2月9:30～17:30
入場は閉館の1時間前まで
休12/25・26
料£10.00（7・8月£11.00）
学生£8.50
コスチューム博物館との共通券は£13.00　学生£11.00
日本語の音声ガイドは料金に含まれている。

ローマ時代の発掘品も展示されている

ローマン・バスの装飾にも注目

紀元前1世紀にローマ人によって建てられたこの大浴場は、アルプス以北で最も保存状態のよいローマ遺跡といわれている。中には、ミネルヴァ神（ギリシア神話のアネナと同一視される知恵と工芸、戦いの女神）の神殿もあるが、これはローマ時代には、温泉の効力が神の力と考えられていたことによる。ローマ人たちは各地で公共浴場を建設したが、中にプールまであるようなものは、バースの大浴場のみ。バースはローマ帝国の各地から人々が訪れる古代の一大保養地であった。

中世の間に大浴場の大部分は埋もれてしまったが、19世紀末の発見によって再び日の目を見るようになった。博物館内には、ミネルヴァの胸像やゴルゴンのレリーフ、人々が祈りを込めて温泉に投げ込んだ数々のコインなど、実にさまざまなものが保管されている。

また、この浴場の入口にあるパンプ・ルームPump Roomは、18世紀にこの町が上流階級の保養地として栄えていた頃に建てられた社交場。現在ではレストランとなっている。

☹パンプ・ルームのスパ水
ローマン・バスのパンプ・ルームでは、1杯50pで温泉のお湯が飲めます。かなり鉄の味がして、ひとりでも1杯飲むのはけっこう大変です。おなかの弱い人はやめたほうがいいかもしれません。
（東京都　N.O.　'05春～夏）

イングランド西部の灯火

見学所要時間の目安 1時間

バース・アビー
Bath Abbey

■バース・アビー
Map P.236B-2
✉Bath Abbey, BA1 1LT
TEL(01225) 422462
FAX(01225) 429990
Inet www.bathabbey.org
開4～10月9:00～18:00
（日13:00～14:00
16:30～17:30）
11～3月9:00～16:30
（日13:00～14:30）
休無休
料希望寄付額£2.50

バース・アビー

史上初の統一イングランドの王となったエドガー王が、993年に戴冠式を行った由緒ある教会。現在の教会は、1499年に建てられたもので、ヘンリー8世の修道院解散直前に建てられた貴重なもの。内部は、柱から扇が広がるような形のアーチが天井を埋め尽くしており、非常に美しい。また、壁の80%は窓で覆われており、「イングランド西部の灯火」と称えられるほどだ。西壁のファサードには「天国への階段」が彫られている。

バース社交界の集会場

見学所要時間の目安 2時間

アセンブリー・ルーム
Assembly Rooms

アセンブリー・ルームとは集会場のこと。1771年にジョン・ウッド（息子）の設計によって建てられ、以来バースの社交界の中心地として、舞踏会やお茶会などが催された。第2次世界大戦によって一度消失したが、忠実に復元された。地下にはコスチューム博物館があり、ここでは16世紀後半から現代までのさまざまな衣装、アクセサリーが展示されている。

■アセンブリー・ルーム
Map P.236A-1
✉Bennett St., BA1 2QH
TEL(01225) 477789
FAX(01225) 444793
Inet www.museumofcostume.co.uk
開3～10月11:00～18:00
11～2月11:00～17:00
入場は閉館の1時間前まで
休コスチューム博物館は12/25・26。アセンブリー・ルームは貸し切りになっているときは中に入れないので要確認。
料コスチューム博物館は£6.25、学生£5.25
（ローマン・バスとの共通券は£13.00 学生£11.00）
アセンブリー・ルームは無料

美しい曲線を描く建築物

見学所要時間の目安 2時間

ロイヤル・クレッセント
Royal Crescent

ロイヤル・クレッセント

クレッセントとは三日月の意味で、三日月のようにきれいな曲線を描いた建物が建ち並んでいる。1767年から74年にかけてジョン・ウッド(息子)によって建てられたもので、バースを代表するパッラーディオ様式の建築物だ。家のなかのひとつは、ナンバー・ワン・ロイヤル・クレッセントNo.1 Royal Crescentとして博物館になっている。内装は、この建物が造られたジョージ王朝時代のもので統一されており、当時の生活をうかがい知ることができる。

■ナンバー・ワン・ロイヤル・クレッセント
Map P.236A-1
✉No.1 Royal Cres., BA1 2LR
TEL(01225) 428126
FAX(01225) 481850
Inet www.bath-preservation-trust.org.uk
開2/11～10/28 10:30～17:00
10/29～11/26 10:30～16:00
休バンクホリデー以外の月、聖金曜、11/27～2/10
料£5.00 学生£3.50

英国を代表する女流作家の記念館

見学所要時間の目安 1時間

ジェーン・オースティン・センター
Jane Austen Centre

日本にも数多くのファンがいるジェーン・オースティンは、1801年から5年間バースに滞在していた。このセンターでは、バースでの彼女の生活やバースが彼女に与えた影響などについての展示がされており、ジェーン・オースティンに興味のある人はぜひ訪れたい。

■ジェーン・オースティン・センター
Map P.236A-1
✉40 Gay St., BA1 2NT
TEL&FAX(01225) 443000
Inet www.janeausten.co.uk
開夏期10:00～17:30
冬期11:00～16:30
休無休
料£5.95 学生£4.50

建築ファン必見

見学所要時間の目安 1時間

バース建築博物館
Building of Bath Museum

18世紀の建築ラッシュで、洗練された保養地としてその名をとどろかせたバース。ここはその18世紀の建築物に焦点を当てた博物館。装飾や家具を展示するギャラリーもある。

■バース建築博物館
Map P.236A-1
✉The Countess of Huntingdon's Chapel, The Vineyards, The Paragon, BA1 5NA
TEL(01225) 333895
FAX(01225) 445473
Inet www.bath-preservation-trust.org.uk
開10:30～17:00
最終入場は16:15
休バンクホリデイ以外の月曜、12/1～14
料£4.00 学生£3.00

ホテル Hotel

イギリスを代表する観光地だけあり、宿の数も多いが、夏の観光シーズンにはそれを上回る観光客が訪れるため、宿がいっぱいになってしまうことも多い。目当ての宿があるならできるだけ早く予約しておいたほうがいいだろう。

日本からホテルへの電話 電話会社の番号 + 010 + 国番号44 + 市外局番の最初の0を取った掲載の電話番号

ロイヤル・クレッセント The Royal Crescent Hotel 【最高級】

●ロイヤル・クレッセントの建物を利用したバース屈指の高級ホテル。建物内は18世紀の建設当時のスタイルでまとめられている。建物の奥は中庭が広がり、スパ、レストランなどもある。右は公式料金で、ウエブサイトを通しての予約では、キャンペーン料金を設定していることもある。

45室 Map P.236A-1

16 Royal Cres., BA1 2LS
TEL(01225) 823333 FAX(01225) 339401
inet www.royalcrescent.co.uk
S W £290.00
£ € US$ JPY
T/C £ C/C A J M V

☺室内の調度品もサービスもすばらしく、貴族になったような気分になりました。中庭でのアフタヌーンティーは庭もきれいで落ち着けますし、スパでマッサージなども受けられます。 (東京都 Chako '05夏)

クイーンズベリー Queensberry Hotel 【高級】

●アセンブリー・ルームのすぐそば。部屋はそれぞれ独自にデザインされ、伝統的な建築物とモダンな設備がうまく組み合わされている。

☺「これぞまさにイギリスのホテル」というすばらしい雰囲気を感じさせてくれます。 (バース在住 Juliet '05夏)

29室 Map P.236A-1

Russel St., BA1 2QF
TEL(01225) 447928 FAX(01225) 446065
inet www.thequeensberry.co.uk
S W £100.00～150.00
£ T/C £
C/C A M V

パラダイス・ハウス・バース Paradise House Bath 【ゲストハウス】

●バース・スパ駅から南へ進み、トンネルをくぐり右折。ターミナルのそばの歩道から坂を上って400mほど。客室はそれぞれ設備が異なっており、それに応じて値段も異なる。11部屋中9部屋はバス付き。マネジャーは日本人女性で日本語が通じるのもうれしい。

11室 Map P.236A-2

86-88 Holloway, BA2 4PX
TEL(01225) 317723 FAX(01225) 482005
inet www.paradise-house.co.uk
S £65.00～97.00
W £65.00～160.00
£ T/C £ C/C A J M V

ヘンリー The Henry Guest House 【B&B】

●鉄道駅とバース・アビーの間にある。オーナー夫妻は親切で観光情報などを気さくに教えてくれる。部屋は少し狭いが清潔。朝食はティーやヨーグルトなどの種類が豊富。金・土曜は1泊のみの宿泊はできない。ファミリー向けの部屋が多いスリー・アビー・グリーンThree Abbey Greenも同系列。

8室 Map P.236B-2

6 Henry St., BA1 1JT
TEL(01225) 424052 FAX(01225) 316669
inet www.thehenry.com
S £35.00
W £60.00～65.00
£ T/C £ C/C M V

光流(コウリュウ) Ko Ryu Bed & Breakfast 【B&B】

●日本人女性が経営するB&B。ボリュームたっぷりの朝食が自慢。クリスマス、年末年始も営業。金・土曜は1泊のみの宿泊は不可。同系列で寿司、クレープ、アイスを扱うカフェ、バーニーズ・オブ・バース・カフェBunnies of Bath Cafeにも宿泊施設があり、右の連絡先から予約できる。

6室 Map P.236B-2

7 Pulteney Gdns., BA2 4HG
TEL(01225) 337642 FAX なし
Mail japanesekoryu@hotmail.co.jp(日本語OK)
S £35.00～40.00
W £55.00～60.00
£ T/C £ C/C 不可

YHAバース YHA Bath
【ユースホステル】

●町の中心から1kmほど東にある。バスステーションからバス18番で約8分。現金、T/Cとも日本円の両替可能。非会員は左記の料金プラス£3.00。6泊分のスタンプを集めると会員になれる。朝食は£3.80。

ベッド数112 Map P.236B-1外

Bathwick Hill, BA2 6JZ
TEL (01225) 465674 FAX (01225) 447532
inet www.yha.org.uk
D £12.50
W £32.00 W £36.00
£ T/C £ C/C A J M V

中心街から遠いです。ただ、丘の上にあるので、途中の景色もよく、山登りしていると思えばまったく苦になりません。静かで過ごしやすく、庭にベンチもあるので、リラックスできると思いました。（東京都　塩原洋二　'05夏）〈他投稿=☺〉

ホワイト・ハート・バックパッカーズ・イン White Hart Backpackers Inn
【ホステル】

●駅から徒歩5分ほどの好立地にあるホステル。1階はレストラン兼パブになっている。ドミトリーや個室は2階で、個室は全室テレビ付き。朝食は出ないが、キッチンがあり自炊することができる。ランドリーはホステル内にはないが、コインランドリーが近くにある。全館禁煙。

ベッド数35 Map P.236B-2

Widcombe Hill, BA2 6AA
TEL (01225) 313985 FAX なし
inet www.whitehartbath.co.uk
D £14.00 S £25.00
W £40.00
W £45.00～60.00
£ T/C 不可 C/C M V

レストラン Restaurant

イギリス有数の観光地であるバースは、レストランの数、種類ともに豊富。特に多いのが町の中心のアビー・チャーチ・ヤード周辺。ノース・パレード・パッセージにあるサリー・ランズでは、バース名物としてお菓子好きに広く知られているサリー・ラン・バンが販売されている。

オリーブ・ツリー Olive Tree
【地中海料理】

●クイーンズベリー・ホテルに併設している。料理はモダン・イングリッシュと地中海料理をミックスしたもので、ランチはコースが£14.50～16.50、ディナーはアラカルトでメインが£15.50～23.00。

Map P.236A-1

Russel St., BA1 2QF
TEL (01225) 447928 FAX (01225) 446065
inet www.thequeensberry.co.uk
開 12:30～14:00　19:00～22:00
休 月曜のランチ　£ T/C 不可 C/C A M V

バースで一番おいしいといわれているそうです。いつも忙しそうなので、予約するほうがベターです。ワインもかなりの種類があり、ワイン好きの私としては、かなり満足させていただきました。（バース在住　Juliet　'05夏）

マイ・タイ Mai Thai
【タイ料理】

●ジョージズ・ホテルの横にある、安くておいしいと評判のタイ料理店。美しい木彫り細工が施されたテーブルなど、内装が非常に美しい。金・土曜は込み合うので、事前に予約をしておいたほうがよい。

Map P.236B-2

6 Pierrepont St., BA1 1LB
TEL (01225) 445557
開 12:00～14:00　18:00～22:30
休 無休
£ T/C 不可 C/C A D J M V（£10.00以上）

サリー・ランズ Sally Lunn's
【ティー&カフェ】

●1680年に建てられたバースで最も古い建物を利用したティーハウス。サリー・ラン・バンの元祖の店として、バースの観光地のひとつにもなっているほど。ティーだけでなく、普通の食事もできる。地下は博物館兼みやげ物屋となっている。

Map P.236B-2

4 North Parade Passage, BA1 1NX
TEL (01225) 461634 FAX (01225) 811800
inet www.sallylunns.co.uk
開 10:00～22:00（日11:00～21:00）
休 無休　£ T/C 不可 C/C M V

古さと新しさが交錯する貿易港

ブリストル Bristol

人口38万615人
市外局番0117

ブリストルへの行き方

●ロンドンから
🚃パディントン駅発、テンプル・ミーズ駅下車。頻発。
所要：1時間30分
🚌ヴィクトリア・コーチステーションから1時間に1便
所要：2時間30分
●バースから
🚃バース・スパ駅から頻発
所要：15分
🚌ファースト・バスのX39番が頻発
所要：50分
●チェルトナムから
🚃頻発
所要：50分
🚌1日3便
所要：1時間15分
●カーディフから
🚃セントラル駅から1時間に2便
所要：50分
🚌1日3便
所要：1時間20分

エイヴォン川の河口に位置するブリストルは、かつてはヨーロッパ中の船が集まる、とうたわれたほどの貿易港。1497年、ジョン・キャボットがこの港から出帆し、ニューファンドランド島を見つけて以来、北アメリカとの取引で、おおいに富を蓄えた。

2006年はグレート・ウエスタン鉄道やグレート・ブリテン号、クリフトン吊り橋を設計したブルネルの生誕200年にあたり、大々的に彼の業績を称えるイベントが行われる。

歩き方

町の中心は、センター・プロムナードCentre Promenade周辺。鉄道駅はテンプル・ミーズ駅Temple Meadsといい、町の東にある。町の中心までは約1km。徒歩で行くこともでき、バスの便も多い。夏期はフェリーでも行くことができる。テンプル・ミーズ駅から徒歩で5分ほど西に行くと、聖メアリー・レッドクリフ教会がある。ℹはさらに西、ブリストル大聖堂の近く。バスステーションは、町の北に位置している。鉄道駅同様、徒歩でも、市内バスでも町の中心へ行くことができる。市内バスは、8、9、500番がテンプル・ミーズ駅と、バスステーション、センター・プロムナード、さらに町の西にあるクリフトン吊り橋付近まで行く。

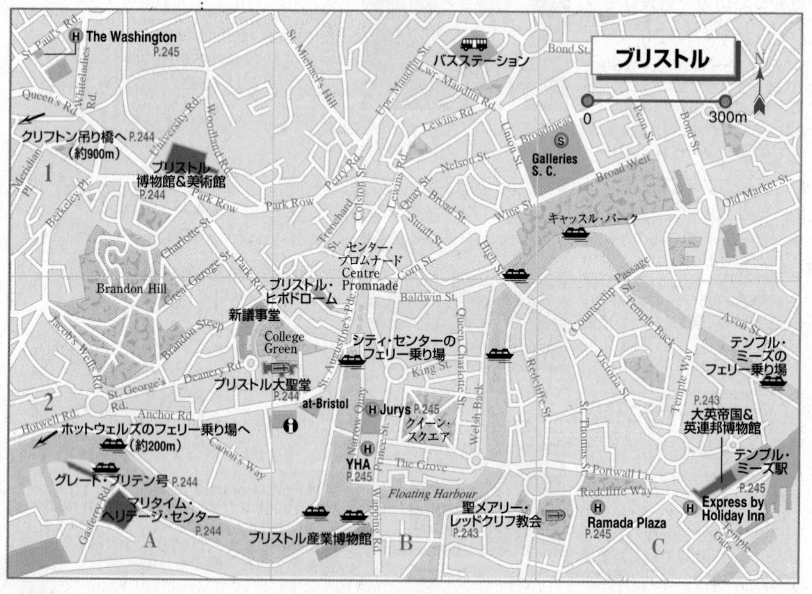

見どころ

ブリストルの見どころは、町の中心部から離れているものも多い。徒歩でも行けないことはないが、市内バスを利用したほうが現実的。

大英帝国の光と影に迫る　見学所要時間の目安 2時間

大英帝国＆英連邦博物館
British Empire & Commonwealth Museum

大英帝国の歴史を映像と音声、そしてさまざまな展示物によって説明する。奴隷貿易や海外植民地の生活など、大英帝国の影の部分にも光を当てた充実した内容となっている。

イングランドで最も美しく魅力的な教会　見学所要時間の目安 30分

聖メアリー・レッドクリフ教会
St. Mary Redcliffe Church

テンプル・ミーズ駅から町の中心部へ向かう途中にある。空に向かって伸びる尖塔が印象的な教会で、教区教会Parish Churchとしてはイギリスでも最大の大きさを誇る。1574年にブリストルを訪れたエリザベス1世は、この教会を「イングランドで最も美しく、魅力的な教区教会」と表現している。

聖メアリー・レッドクリフ教会

■ブリストルのⓘ
Map P.242B-2
✉Wildwalk, Anchor Rd., BS1 5DB
TEL 09067112191
（毎分50p課金）
inet www.visitbristol.co.uk
開 3～8月10:00～18:00
　9～2月10:00～17:00
休 無休
宿の予約は手数料￡3.00とデポジットとして宿泊料金の10%

■大英帝国＆英連邦博物館
Map P.242C-2
✉Station Approach, Temple Meads, BS1 6QH
TEL (0117) 9254980
inet www.empiremuseum.co.uk
開 10:00～17:00
最終入場は16:30まで
休 12/25・26
料 ￡6.95　学生￡5.95

■聖メアリー・レッドクリフ教会
Map P.242C-2
✉12 Colston Pde., BS1 6RA
TEL&FAX (0117) 9291487
inet www.stmaryredcliffe.co.uk
開 夏期9:00～17:00
（日8:00～20:00）
冬期9:00～16:00
（日8:00～20:00）
休 無休
料 無料

バスツアー

シティ・サイトシーイング City Sightseeing
TEL (0870)4440654　inet www.city-sightseeing.com

出発：4/1～9/24 10:00～16:00　料 ￡8.50　学生￡7.50（24時間有効）
乗り降り自由の市内観光バス。クリフトン吊り橋、グレート・ブリテン号など、町の中心から少し離れた見どころに行ってくれるので便利。

フェリー

ブリストル・フェリー・ボート Bristol Ferry Boat Co.
TEL (0117)9273416　inet www.bristolferryboat.co.uk

●テンプル・ミーズ～シティ・センター巡回Temple Meads~City Centre
出発： 4～10月　1日9便、11～3月の土・日・祝　1日8便　所要：1周40分～1時間
料 1回券￡1.30　学生￡1.00、1周￡4.00　学生￡2.50、1日券￡5.00　学生￡3.50
テンプル・ミーズからシティ・センター、グレート・ブリテン号を経由して再びテンプル・ミーズへ戻ってくる。途中で下船することもできる。

●シティ・センター～ホットウェルズ巡回City Centre~Hotwells
1日11便　所要：1周40分
料 1回券￡1.30　学生￡1.00、1周￡4.00　学生￡2.50、1日券￡5.00　学生￡3.50
シティ・センターから西へ向かい、グレート・ブリテン号、ブリストル・マリーナを経由し、マーチャンツ・ブリッジの手前、ホットウェルズまで行く。途中下船可能。

チャプター・ハウスは必見

ブリストル大聖堂

Bristol Cathedral

見学所要時間の目安 2時間

1148年に聖アウグスティヌス修道院の教会として建てられ、16世紀中期頃大聖堂となった。本来はノルマン様式によって建てられた教会だが、その後ほとんどの部分は改築されてしまった。だが、チャプター・ハウスは例外的に本来の姿を留めており、教会が建造された当時の美しさを偲ぶことができる。

町の中心に建つブリストル大聖堂

■ブリストル大聖堂
Map P.242-B2
✉College Green,BS1 5LT
TEL(0117) 9264879
inet www.bristol-cathedral.co.uk
開8:00～18:00
（土8:00～17:30
日7:30～17:00）
休無休
料寄付歓迎

史上初の鉄製外洋航行船

グレート・ブリテン号

ss Great Britain

見学所要時間の目安 1時間

多くの移民がこの船で出航していった

ブリテン号は1843年にブルネルによって製作された史上初の鋼鉄製かつスクリュープロペラを備えた外洋航行船。近代的な船の先駆的、記念碑的な存在。船のすぐ東にあるのが、マリタイム・ヘリテージ・センターMaritime Heritage CentreP.242-A-2だ。ここでは蒸気船の仕組みについての展示がされている。

■グレート・ブリテン号
Map P.242A-2
✉Great Western Dockyard, Gas Ferry Rd., BS1 6TY
TEL(0117) 9260680
inet www.ssgreatbritain.org
開4～10月10:00～17:30
11～3月10:00～16:30
最終入場は閉館の30分前
休12/18、12/24、12/25
料£8.95　学生£4.95

さまざまな美術品が一堂に会する

ブリストル博物館＆美術館

Bristol Museum & Art Gallery

見学所要時間の目安 2時間

3階建ての博物館兼美術館で、古代エジプト美術や日本美術、鉱物や動植物に関する展示と、非常に幅広い分野の展示物が集められている。

■ブリストル博物館＆美術館　Map P.242A-1
✉Queen's Rd., BS8 1RL
TEL(0117) 9223571
FAX(0117) 9222047
inet www.bristol-city.gov.uk/museums
開10:00～17:00
休一部祝
料無料

ブリストルのシンボル

クリフトン吊り橋

Clifton Suspension Bridge

見学所要時間の目安 30分

グレート・ブリテン号と同じブルネルにより設計され、1864年に完成したエイヴォン渓谷にかかる橋。町の中心部からはやや離れているが、その美しい姿を見に訪れる人は絶えない。夜はイルミネーションに映し出される。

エイヴォン渓谷にかかるクリフトン吊り橋

■クリフトン吊り橋
Map P.242A-1外
🚌センター・プロムナードから8、9、500番で約10分
TEL(0117) 9744664
inet www.clifton-suspension-bridge.org.uk
開無休
休随時
料無料

ホテル Hotel

ブリストルの町の中心部には、高級ホテルやチェーン系ビジネスホテルは多いが、手頃なゲストハウスやB&Bはない。町の北西にあるセント・ポールズ・ロードSt. Paul's Rd.にはホテルやゲストハウスが何軒か軒を連ねている。

日本からホテルへの電話 電話会社の番号 + 010 + 国番号44 + 市外局番の最初の0を取った掲載の電話番号

ラマダ・プラザ Ramada Plaza 【高級】

●聖メアリー・レッドクリフ教会の近くにある高級ホテル。かつてはヒルトン系列のホテルだった。テレビは衛星放送視聴可能で、追加料金で映画を見ることもできる。右の料金は公式料金で、時期によっては割引があったり、料金に朝食が含まれることもある。

201室 Map P.242C-2

✉Redcliffe Way, BS1 6NJ
TEL (0117) 9260041
FAX (0117) 9230089
inet www.ramadajarvis.co.uk
S W £145.00
£ T/C £
C/C A D J M V

ジュリーズ Jurys Bristol Hotel 【高級】

●町の中心にある高級ホテル。ビジネスでの利用者が多いためか、月～木曜と金～日曜の料金が大きく異なり、金～土曜のほうがはるかに安く宿泊できる。各部屋にはティーセット、衛星放送視聴可能なテレビ、ドライヤー、ズボンプレス等が備え付けられている。

191室 Map P.242B-2

✉Prince St., BS1 4QF
TEL (0117) 9230333 FAX (0117) 9230300
inet www.jurysdoyle.com
S £69.00～150.00
W £84.00～150.00
£ T/C £
C/C A D J M V

エクスプレス Express by Holiday Inn Bristol 【中級】

●テンプル・ミーズ駅を出てすぐという便利な立地。設備は衛星放送視聴可能なテレビにティーセット、ドライヤーを完備し、電話はインターネット用のモジュラージャック付き。朝食はコンチネンタルブレックファスト。

96室 Map P.242C-2

✉Temple Gate, BS1 6PL
TEL (0117) 9304800 FAX (0117) 9304900
inet www.hiexpress.com
S W £59.00～95.50
£ T/C 不可 C/C A D J M V

ワシントン The Washington Hotel 【中級】

●町の中心からクイーンズ・ロードを北西に向かい、ラウンド・アバウトでホワイトレディーズ・ロードWhiteladies Rd.に入り、しばらく進んだあと、左折して、セント・ポールズ・ロードに入る。周辺に並ぶホテル、ゲストハウスのなかでは高級な部類に入り、レストランも併設されている。

46室 Map P.242A-1

✉St. Paul's Rd., BS8 1LX
TEL (0117) 9733980 FAX (0117) 9734740
inet www.cliftonhotels.com
S £49.00 S £59.00
W £59.00
W £79.00～84.00
£ T/C £ C/C A D J M V

YHAブリストル YHA Bristol 【ユースホステル】

●町の中心から橋を渡るとⓘという絶好の立地。6階建てのビルを利用しており、地下は駐輪場と、ランドリールームになっている。ランドリーの使用料は洗濯が£2.50、乾燥が£1.00。インターネットカフェも併設されている。

ベッド数91 Map P.242B-2

✉14 Narrow Quay, BS1 4QA
TEL (0117) 9221659 FAX (0870) 7705727
inet www.yha.org.uk
D £20.00 S £25.00
W £44.00～50.00
£ T/C 不可 C/C J M V

ロンドン
コッツウォルズ

かわいらしい村が点在する

コッツウォルズ Cotswolds

チッピング・カムデン／バイブリー／カースル・クームほか

休日になると多くの人がバイブリーを訪れる

　イングランドでも屈指の美しさを誇るカントリーサイド、それがコッツウォルズ地方だ。淡い緑の中で点々と白いヒツジたちが草をはむ、のどかな風景が続く。

　コッツウォルズの町を彩るのは、この地方で採れる石灰岩、ライムストーンLimestoneだ。北東部ではハチミツ色をしたこのライムストーンは、中部では黄金色となり、さらに南西に下るに従って真珠のような柔らかい白色へと変化してゆく。茅葺きの帽子をかぶった民家を眺めながら、のんびりとした時間を過ごすことこそが、コッツウォルズを旅する楽しみのひとつである。

起点にする町を決めよう

モートン・イン・マーシュ

モートン・イン・マーシュ駅は旅の出発地にぴったり

移動　ファースト・グレート・ウエスタンFirst Great Westernの列車がロンドン、オックスフォード方面とモートン・イン・マーシュを結んでいる。ローカルバスも発着し、コッツウォルズ北部周遊の起点にちょうどよい。

宿　モートン・イン・マーシュの町には高級ホテルが多く、B&Bなど経済的な宿は郊外に散在している。

コッツウォルズへの行き方

コッツウォルズはチェルトナム（→P.266）、グロスター（→P.270）、オックスフォード（→P.272）、ストラトフォード・アポン・エイヴォン（→P.284）、バース（→P.235）、ブリストル（→P.242）に囲まれた一帯を指す。ロンドンから直接入るなら、モートン・イン・マーシュ、サイレンセスター、チッペナムなどが便利。

■モートン・イン・マーシュへ
●ロンドンから
🚃パディントン駅から1～2時間に1便程度
所要：1時間40分

■サイレンセスターへ
●ロンドンから
🚌1～2時間に1便程度
所要：2時間15分

■ケンブルへ
●ロンドンから
🚃パディントン駅から1時間に1便程度。スウィンドンで乗り換えの場合もある。
所要：1時間15分

■チッペナムへ
●ロンドンから
🚃パディントン駅から1時間に1～2便
所要：1時間15分

バスステーションで出発を待つバス

モートン・イン・マーシュの❶

サイレンセスター

サイレンセスター近郊のケンブル駅

移動　コッツウォルズの中央部に位置し、北部のモートン・イン・マーシュ、西部のチェルトナム、南部のチッペナムとバスの便がある。ロンドンからはナショナル・エクスプレスNational Expressのバスが運行している。

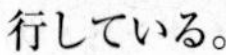

宿　町の中心部にホテル、B&Bともたくさんある。B&Bはヴィクトリア・ロード周辺に集中している。

コッツウォルズにはかつて羊毛の取引で栄えていた町が多い。写真はサイレンセスターの羊毛取引所だった場所に建っている像

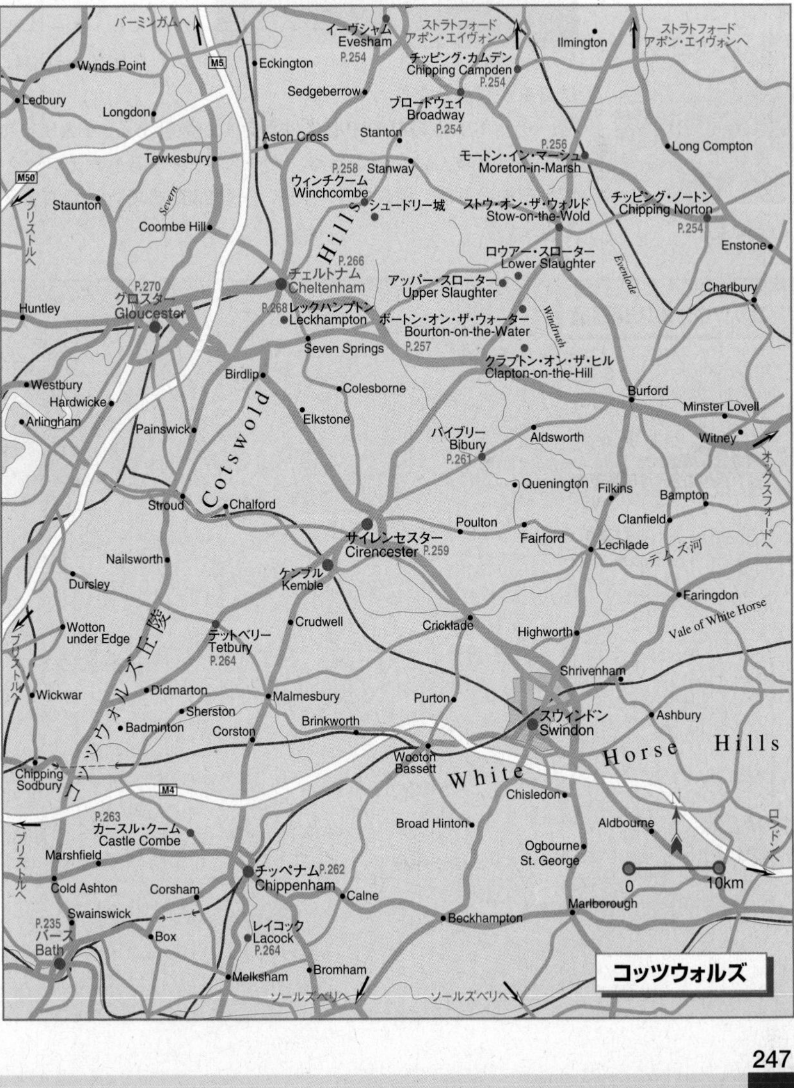

コッツウォルズ

バーミンガムへ
イーヴシャム Evesham P.254
ストラトフォード・アポン・エイヴォンへ
Ilmington
ストラトフォード・アポン・エイヴォンへ
Wynds Point
M5
Eckington
チッピング・カムデン Chipping Campden P.254
Ledbury
Sedgeberrow
ブロードウェイ Broadway P.254
Longdon
Stanton
Aston Cross
P.256 モートン・イン・マーシュ Moreton-in-Marsh
Long Compton
Tewkesbury
P.258 ウィンチクーム Winchcombe
Stanway
M50
Severn
シュードリー城
ストウ・オン・ザ・ウォルド Stow-on-the-Wold
チッピング・ノートン Chipping Norton P.254
ブリストルへ
Staunton
Coombe Hill
Hills
ロウアー・スローター Lower Slaughter
Enstone
Evenlode
P.266 チェルトナム Cheltenham
アッパー・スローター Upper Slaughter
Charlbury
P.270 クロスター Gloucester
Huntley
P.268 レックハンプトン Leckhampton
ボートン・オン・ザ・ウォーター Bourton-on-the-Water P.257
Windrush
Seven Springs
クラプトン・オン・ザ・ヒル Clapton-on-the-Hill
Birdlip
Westbury
Colesborne
Burford
Hardwicke
Minster Lovell
Arlingham
Elkstone
Painswick
バイブリー Bibury P.261
Aldsworth
Witney
オックスフォードへ
Cotswold
Quenington
Filkins
Bampton
Stroud
Chalford
Clanfield
Poulton
サイレンセスター Cirencester P.259
Fairford
Lechlade
テムズ河
Nailsworth
ケンブル Kemble
Dursley
Faringdon
Crudwell
Wotton under Edge
ブリストルへ
テットベリー Tetbury P.264
Cricklade
Highworth
Vale of White Horse
コッツウォルズ丘陵
Shrivenham
Wickwar
Didmarton
Malmesbury
Sherston
Purton
スウィンドン Swindon
Ashbury
Badminton
Brinkworth
Corston
Horse Hills
Chipping Sodbury
Wooton Bassett
White
M4
Chisledon
P.263 カースル・クーム Castle Combe
Broad Hinton
Aldbourne
ロンドンへ
ブリストルへ
Marshfield
Ogbourne St. George
チッペナム Chippenham P.262
0 10km
Cold Ashton
Corsham
Calne
Marlborough
Swainswick
P.235 バース Bath
Box
Beckhampton
レイコック Lacock P.264
Melksham
Bromham
ソールズベリへ
ソールズベリへ

チェルトナム

(→P.266)

移動　ロンドン、バーミンガム、ブリストル、カーディフなどからヴァージン・トレインズVirgin Trainsの列車が発着する。モートン・イン・マーシュ、サイレンセスターをはじめ、コッツウォルズ北中部の多くの町へのバスが走っていて、起点となる町。

チェルトナムと各地を結ぶバスステーション

チッペナム

チッペナムの❶

移動　ロンドンとブリストルを結ぶファースト・グレート・ウエスタンFirst Great Westernの列車がチッペナムを経由する。カースル・クームやレイコックへ行くにはここが起点となる。

宿　チッペナムの町の中心にはホテルが数軒ある。B&Bも数はそれほど多くはないがある。カースル・クームやレイコックでも宿泊は可能。隣の駅、バース（→P.235）まで行って泊まるのもよい。

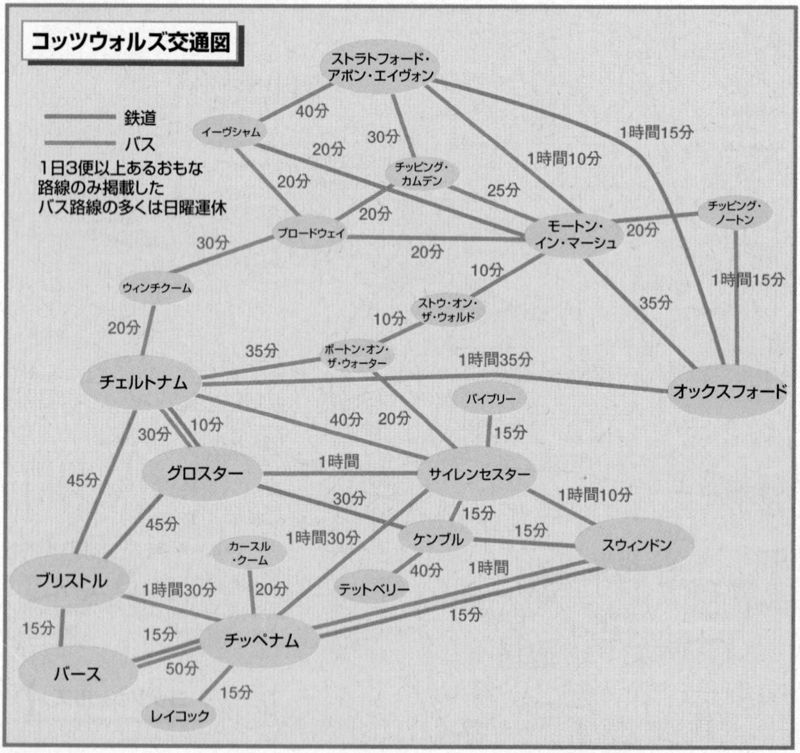

チッペナムのバスステーション

チッペナムは南部コッツウォルズ交通の起点

コッツウォルズ交通図

鉄道
バス
1日3便以上あるおもな路線のみ掲載した
バス路線の多くは日曜運休

ストラトフォード・アポン・エイヴォン
イーヴシャム
チッピング・カムデン
ブロードウェイ
モートン・イン・マーシュ
チッピング・ノートン
ウィンチクーム
ストウ・オン・ザ・ウォルド
ボートン・オン・ザ・ウォーター
チェルトナム
オックスフォード
バイブリー
グロスター
サイレンセスター
カースル・クーム
ケンブル
スウィンドン
テットベリー
ブリストル
チッペナム
バース
レイコック

歩き方

コッツウォルズは広いエリアに小さな町や村が点在しているが、バスや鉄道などの公共交通機関が充実しているとはいえない。ときには自転車や徒歩で、コッツウォルズを自分の足で感じながら、少ないバスや鉄道路線をうまく利用して回りたい。また、レンタカーを借りたり、現地発着のバスツアーに参加する方法もある。

レンタカー

コッツウォルズを回る方法はいくつかあるが、回りやすいのはレンタカーを借りるという方法。制約なく回ることができ、町の中心から距離があるB&Bなどにも泊まれるため、宿泊の選択肢も広い。多くの宿が駐車場の設備を備えている。時間を効率的に使える回り方だ。

鉄道

コッツウォルズ観光の起点となるオックスフォード駅

コッツウォルズ丘陵を迂回するように鉄道路線が走っているため、コッツウォルズを回るには、鉄道はあまり便利ではない。しかし、バス路線の多くが運休となる日曜にも運行しているのは強みだ。

このエリアを結ぶ路線で重要なのは、ロンドン～オックスフォード～モートン・イン・マーシュ～イーヴシャムEveshamや、ロンドン～レディング～スウィンドンSwindon～チッペナム～ブリストル、チェルトナム～ケンブル～スウィンドンなど。

■おもな町の間の距離

●コッツウォルズ北部
- ストラトフォード・アポン・エイヴォン～チッピング・カムデン 23km
- チッピング・カムデン～モートン・イン・マーシュ 13km
- チッピング・カムデン～ブロードウェイ 7km
- モートン・イン・マーシュ～ボートン・オン・ザ・ウォーター 19km

●コッツウォルズ中部
- ボートン・オン・ザ・ウォーター～チェルトナム 22km
- チェルトナム～ウィンチクーム 7km
- ウィンチクーム～ブロードウェイ 19km
- サイレンセスター～バイブリー 15km
- サイレンセスター～テットベリー 19km

●コッツウォルズ南部
- テットベリー～チッペナム 24km
- チッペナム～レイコック 6km
- チッペナム～カースル・クーム 10km
- カースル・クーム～バース 24km

コッツウォルズおすすめの村

☺バーフォード

コッツウォルズのバーフォードBurfordという村を訪ねました。ボートン・オン・ザ・ウォーターから車で20～30分の所に位置しています。この町のおすすめは、何といってもメインストリートの坂道！　緩やかな坂道を、ウインドーショッピングしながら上っていって、上りきったあたりにある木陰のベンチの所で振り返ってみてください。村のメインストリートが一望できて、なかなかなの眺めです。そこで、サンドイッチなんかをかじりながら、のんびり景色を眺めるなんていうのもいいのではないでしょうか。休憩が終わったら、メインストリートをそれて、脇道を通りながらかわいらしい家々を眺めて歩くのがおすすめです。観光客も多く、にぎわっていました。　（北海道　しゅん　'05夏）

レイコックで出会った子供たち

バス

コッツウォルズを巡るバスの便は決して多くはないが、うまく利用すれば小さな町や村を訪ねながら歩くことができる。まず、自分がどの町に行きたいか決め、そこを中心に下記の表やP.248の交通図を参考にして肉付けしていこう。

ストラトフォード・アポン・エイヴォン発

●ジョンソンズ・オブ・ヘンリー Johnsons of Henley TEL(01564) 797070

21番：9:25、12:15、16:45発

ストラトフォード・アポン・エイヴォン→チッピング・カムデン→ブロードウェイ→モートン・イン・マーシュ

22番：7:55〜17:45に5便

ストラトフォード・アポン・エイヴォン→チッピング・カムデン→モートン・イン・マーシュ

●ステージコーチ・ミッドランド・レッド Stagecoach Midland Red TEL(01788) 535555

28番：7:00〜23:15の1時間に1便程度

ストラトフォード・アポン・エイヴォン→イーヴシャム

50番：9:15、14:15、17:20発（土9:15、14:15、17:15発）

ストラトフォード・アポン・エイヴォン→チッピング・ノートン
（日曜はモートン・イン・マーシュを経由してオックスフォードまで行く便を4便運行している）

モートン・イン・マーシュ発（上記の便を除く）

●プルハムズ・コーチ Pulhams Coach TEL(01451) 820369

P1番（801番）：7:30〜16:45に6便

モートン・イン・マーシュ→ストウ・オン・ザ・ウォルド→ボートン・オン・ザ・ウォーター→チェルトナム

●ビューモント・トラベル Beaumont Travel TEL(01452) 309770

55番：6:25〜17:00に8便

モートン・イン・マーシュ→ストウ・オン・ザ・ウォルド→ボートン・オン・ザ・ウォーター→サイレンセスター→ケンブル

イーヴシャム発（上記の便を除く）

●キャッスルウェイズ Castleways TEL(01242) 602949

559番：7:33〜18:19に8便（土8:30〜18:19に7便）

イーヴシャム→ブロードウェイ

グロスター発（上記の便を除く）

●スワンブルック Swanbrook TEL(01452) 712386

53番：6:45、9:20発（日16:65発）

グロスター→チェルトナム→オックスフォード

●ビューモント・トラベル Beaumont Travel TEL(01452) 309770

852番：6:50〜18:10に4便（土8:30、11:30、16:00発）

グロスター→サイレンセスター

●ステージコーチ・グロスター Stagecoach Gloucester TEL(01452) 418630

94、X94、N94番：6:15〜23:30に頻発（土6:40〜翌1:45に頻発、日8:00〜22:30の1時間に1〜3便）

グロスター→チェルトナム

チェルトナム発（上記の便を除く）

●キャッスルウェイズ Castleways TEL (01242) 602949

606番：7:15～18:10に10便（ブロードウェイまで行くのは4便のみ、土9便）
チェルトナム→ウィンチクーム→ブロードウェイ

●ステージコーチ・イン・スウィンドン Stagecoach in Swindon TEL (01793) 522243

51番：8:10～17:10に10便
チェルトナム→サイレンセスター→スウィンドン

●スワンブルック Swanbrook TEL (01452) 712386

53番：7:10～16:00に3便と金17:45発（日17:00発）
チェルトナム→オックスフォード

オックスフォード発（上記の便を除く）

●ステージコーチ・イン・オックスフォード Stagecoach in Oxford TEL (01865) 772250

20番：7:50～23:40に16便（土9:00～23:40に15便）
オックスフォード→チッピング・ノートン
（日曜はX50番がストラトフォード・アポン・エイヴォンまで路線を延長して4便運行している）

サイレンセスター発（上記の便を除く）

●アレックスカーズ Alexcars TEL (01285) 653985

A1番：6:30～18:10に6便（土7:15～17:10に6便）
サイレンセスター→ケンブル→テットベリー

●エブリー・バス Ebley Bus TEL (01453) 839333

860、863、865、866番：7:25～17:10に5～6便（土12:30発）
サイレンセスター→バイブリー

●アンディバス Andybus TEL (01666) 510085

92、93番：8:00～17:20に8～9便（土10:10～16:35に7便）
サイレンセスター→チッペナム

チッペナム発（上記の便を除く）

●コーチスタイル Coachstyle TEL (01249) 782224

35、35A番：10:13～17:30に5便
チッペナム→カースル・クーム

●ファースト・バス First Bus TEL (08456) 064446

231、232番：7:06～22:10に27便（土7:37～22:10に24便、日8:35～22:35に8便）
チッペナム→バース

234番：7:45～22:10に14便
チッペナム→レイコック

635番：6:40～17:10に6便（土6:55～17:10に6便）
チッペナム→ブリストル

バース発（上記の便を除く）

●エブリー・バス Ebley Bus TEL (01453) 839333

620番：7:48～17:50に7便（土10:40～17:50に4便）
バース→テットベリー

※データはすべて2006年2月現在のもの。バス路線の便数や時刻は変更の可能性があるので、現地にて必ず確認してください。なお、ただし書きがない限り、日曜は運休なので注意しよう。

カースル・クームからのフットパス

■ウオーキングツアー
コッツウォルズを肌で感じる究極の方法が、コッツウォルズを歩いて回ること。コッツウォルズは町と町との間の距離がそれほど離れていないうえ、比較的小さな町にも宿があるので、1週間、2週間と長い時間をかけてコッツウォルズを歩く旅行者も珍しくない。チェルトナムをはじめ、周辺の町にはウオーキングツアーを催行する会社もいくつかある。チェルトナムのコッツウォルド・ウオーキング・ホリデイズ Cotswold Wakling Holidaysの場合、B&Bに泊まって3泊4日で£175.00（ふたりで参加した場合のひとり分の料金）。ガイドは付かないが、案内書や地図をくれる。荷物を宿まで移動しておいてくれるので身軽にウオーキングが楽しめる。

●コッツウォルド・ウオーキング・ホリデイズ
inet www.cotswoldwalks.com

■コッツウォルズをサイクリング
歩いて回るほどの時間はないけれど、バスでは行けないような小さな村を見たり、自分だけのとっておきの場所を発見したい、という人におすすめなのがサイクリング。丘陵地帯なので坂は多いが、だからこそ刻々と移り変わる景色も楽しいものになる。
ⓘではサイクリング・マップも販売している。また、サイクリングにもウオーキングと同じようなツアーがある。こちらもガイドは付かないが、地図、荷物の移動、自転車のレンタルが付いている。コッツウォルド・カントリー・サイクルズ Cotswold Country Cyclesでは2泊3日で£195.00（ふたりで参加した場合のひとり分の料金）。

●コッツウォルド・カントリー・サイクルズ
inet www.cotswoldcountrycycles.com

モデルルート

コッツウォルズを回るのに必要な日数は、レンタカーを基本にするのか、バスや鉄道を基本にするのか、あるいはウオーキングやサイクリングを基本にするのかによってそれぞれ大きく異なる。また、ひとつの町を起点にするのか、たくさんの町を訪れるのかによっても必要な日数は変わってくる。

車を使ってコッツウォルズを回るのは効率的だが、観光は徒歩が基本。バスやレンタカーを基本にする人も、どこかでウオーキングを挟むことを頭に入れておこう。

ヒツジを見ながらのんびりと過ごせるのも、ウオーキングの楽しみ

レンタカーを使うコッツウォルズ（1泊2日）

1日目：バース→カースル・クーム→テットベリー→バイブリー
2日目：バイブリー→ボートン・オン・ザ・ウォーター→ストウ・オン・ザ・ウォルド→ウィンチクーム→チッピング・カムデン

レンタカーでコッツウォルズを駆け足で回る旅。これだけの町を回るならできれば2泊3日にして、気が向いた場所で車を停めて、ウオーキングを楽しんだり、いなかの小さなB&Bで宿を取ったりしてゆっくり楽しみたい。バスでは訪れられないような小さな村や、人里離れた所にあるマナーハウスやお城などを訪ねられるのも、レンタカーを使えばこその旅の楽しさだ。

コッツウォルズ北部をバスを使って満喫（1泊2日）

1日目：ストラトフォード・アポン・エイヴォン→チッピング・カムデン→（ブロードウェイ）→モートン・イン・マーシュ
2日目：モートン・イン・マーシュ→（ストウ・オン・ザ・ウォルド）→ボートン・オン・ザ・ウォーター→チェルトナム（サイレンセスター）

ブロードウェイやストウ・オン・ザ・ウォルドは時間があるときに寄りたい町。チッピング・カムデンでは、ハチミツ色の建物と、ドーヴァーズ・ヒルまでのウオーキングを楽しもう。モートン・イン・マーシュからストウ・オン・ザ・ウォルド、ボートン・オン・ザ・ウォーターを経てチェルトナムへと結ぶP1番（801番）のバス、途中まで同じルートを通って最後はサイレンセスターまで行く55番のバスは、ともにコッツウォルズを横断するように走る景勝ルートだ。

コッツウォルズ中南部をバスを使って満喫（2泊3日）

1日目：チェルトナム→ウィンチクーム→サイレンセスター
2日目：サイレンセスター→バイブリー→テットベリー→バース
3日目：バース→カースル・クーム→レイコック→チッペナム

ウィンチクームでシュードリー城へのウオーキングを楽しみ、チェルトナムへ戻ってサイレンセスターへ。翌日はバイブリー、テットベリーと魅力的な町を見て、バースで宿泊。3日目はチッペナムを終点にカースル・クーム、レイコックを訪ねる。バスを使って歩く場合、注意しなければならないのは、日曜にかからないように日程を考えることだ。ちなみにここに挙げたバス路線はすべてが日曜運休。日曜にかかる日程の場合は、バースやオックスフォード、あるいはストラトフォード・アポン・エイヴォンなど、見どころが多い周辺の町をうまく組み合わせよう。

コッツウォルズ周辺の町からのツアー

レンタカーは高価だし、公共バスでは1日に回れる村が限られてしまうという人は、バスツアーがおすすめ。ウオーキングやサイクリングを楽しむことはできないが、コッツウォルズの村々を限られた時間で効率よく回ることができ、しかも出費も抑えることができる。

下記はコッツウォルズ周辺にあるおもな町からのバスツアー。このほかにもロンドンにある【みゅう】インフォメーション・センター、マイバスツアー、エヴァン・エヴァンス・ツアーではロンドン発でコッツウォルズを回る日帰りツアーを催行しており、これらのバスツアーには日本語ガイドも付く。ロンドン発のツアーに関する連絡先はP.96を参照のこと。

サイレンセスターのマーケットでは、ハチミツをはじめ、さまざまなコッツウォルズ産の食品を販売している

チェルトナム発

コッツウォルズ・コーチ・ツアーズ Cotswolds Coach Tours

✉Tourist Information Centre, 77 Promenade, Cheltenham, GL50 1PP
TEL (01242)522878 inet www.visitcheltenham.co.uk

●シーニック・コーチ・ツアーズ Scineic Coach Tours

出発：火10:15 （6/21～9/11）
所要：7時間～7時間30分 料 £28.00 学生 £20.00

夏期にチェルトナムの❶が行っているバスツアーで、毎回行き先が異なる。日によっては、コッツウォルズ以外の場所へ行くこともある。北コッツウォルズへのツアーは、ウィンチクームを経由してブロードウェイへ行き、チッピング・カムデンでランチ。午後はモートン・イン・マーシュ、チッピング・ノートン、ストウ・オン・ザ・ウォルドへ行く。南コッツウォルズへのツアーはバイブリー、フェアフォードFairfordを訪れてからバーフォードBurfordでランチ。午後はサイレンセスターへと向かう。木曜日にも同様のバスツアーがあるが、こちらはバースやストラトフォード・アポン・エイヴォンなど、近郊の観光地を巡るツアーになっている。

オックスフォード発

コッツウォルド・ローミング Cotswold Roaming

TEL (01865)308300 inet www.oxfordcity.co.uk/cotswold-roaming

●コッツウォルズ北部 North Cotswolds

出発：火・土10:00
所要：8時間15分 料 £32.50 学生 £30.00

料金は入場料込み。ボートン・オン・ザ・ウォーター、チッピング・カムデン、ブロードウェイ、ストウ・オン・ザ・ウォルドをはじめ、アッパー＆ロウアー・スローターUpper & Lower Slaughterなど行きにくい町をも回ってくれる1日ツアー。土曜はこのツアーの代わりに「バースとカースル・クーム」が催行されることもある。

●バースとカースル・クーム Bath & Casle Combe

出発：水・土9:45
所要：8時間15分 料 £30.00 学生 £27.50

バースとカースル・クームを満喫する1日ツアー。土曜はこのツアーの代わりに「コッツウォルズ北部」が催行されることもある。

バース発

マッド・マックス・ツアー Mad Max Tour

TEL (01225)464323 inet www.madmaxtours.co.uk

●コッツウォルド・ディスカバリー The Cotswold Discovery

出発：火・木・日8:45
所要：8時間15分 料 £25.00

ミニバスで回る少人数限定の1日ツアー。行き先はその日によって変わるが、テットベリー、ボートン・オン・ザ・ウォーター、ストン・オン・ザ・ウォルド、バドミントンBadmintonなどへ行くことが多い。

ハチミツ色の家が並ぶ

チッピング・カムデン Chipping Campden

人口2200人
市外局番01386

チッピング・カムデンへの行き方

チッピング・カムデンへはバスで (→P.250)

■チッピング・カムデンの❶
The Old Police Station, High St., GL55 6HB
TEL(01386) 841206
FAX(01386) 841681
Inet www.visitchippingcampden.com
開10:00〜17:00
サマータイム時10:00〜17:30
休12/25
宿の予約は手数料£1.00とデポジットとして1泊目の宿泊料金の10%

マーケット・ホール界隈

中世に毛織物の町として栄えたチッピング・カムデンは「王冠の中の宝石」にたとえられる。ハチミツ色のコッツウォルド・ストーンの家々がハイ・ストリートHigh St.沿いに続く。

バスは、乳製品の取引所として1627年に建てられた、マーケット・ホールMarket Hallの横に停車する。その正面には❶があり、東へ進むと聖ジェイムス教会St. James' Churchが見えてくる。

❶から西へ進むと交差点があり、北へ行くとコッツウォルド・ウェイCotswold Wayが始まる。大パノラマが広がるドーヴァーズ・ヒルDover's Hillはここから2kmほどのウオーキン

Information History Topics

チッピング・カムデン周辺の魅力的な町

ブロードウェイ
Broadway Map P.247

ブロードウェイは、温かい色のコッツウォルド・ストーンで建てられた家並みがハイ・ストリート沿いに続く、典型的なコッツウォルズの町のひとつ。

コッツウォルド・ウェイCotswold Wayを町から東南へ2kmあまり上った丘の上には、ブロードウェイ・タワーBroadway Towerがそびえている。ここからはイーヴシャム渓谷が一望できる。天気がいい日にはウェールズの山々までも見ることができるという。

イーヴシャム
Evesham Map P.247

イーヴシャムはコッツウォルズの北西側の入口にあたる町。ロンドンからモートン・イン・マーシュを経由して多くの列車が発着している。

エイヴォン川ではボートや釣りなど多彩なレジャーが楽しめる。コッツウォルズ巡りの途中にぶらりと立ち寄るのにぴったりの町だ。

チッピング・ノートン
Chipping Norton Map P.247

13世紀初頭にジョン王から毛織物の取引の勅許を得てから、毛織物を扱う重要な町として発展してきた。

町には旧毛織物工場Bliss Millや、15世紀に毛織物商人の豊富な財力により再建されたという聖メアリー教会St. Mary the Virgin Churchなどの見どころがある。毎週水曜には市場が開かれる。

■コッツウォルズ北部の町への行き方
🚃イーヴシャムへはロンドンのパディントン駅からモートン・イン・マーシュ経由で1〜2時間に1便程度、所要約2時間
🚌コッツウォルズ北部のそれぞれの町を結ぶバスの便については→P.250

聖ジェイムス教会

グだ。ドーヴァーズ・ヒルは1612年から、近代オリンピックにヒントを与えたとされる、「ロバート・ドーヴァーズ・オリンピック・ゲームズRobert Dover's Olympic Games」が開かれていた場所でもある。現在も毎年6月の第1金曜に開催されている。

ホテル&レストラン

町の中のホテルはハイ・ストリートとパーク・ロードPark Rd.沿いに点在している。ハイ・ストリートの北側に並行して走るバック・エンズBack Endsにも B&Bはある。パブと宿を兼ねたスタイルの店も多い。

日本からホテルへの電話　電話会社の番号 + 010 + 国番号44 + 市外局番の最初の0を取った掲載の電話番号

コッツウォルド・ハウス The Cotswold House Hotel 【高級】

●バス停の目の前にある。外観はほかの建物と同じようにあたたかみのある風情だが、内装はスマートにまとめられている。建物の裏にある庭をのんびりと散策するのも楽しい。1室だけバスタブなしの部屋もある。

30室 Map P.255

The Square, GL55 6AN
TEL (01386) 840330　FAX (01386) 840310
inet www.cotswoldhouse.com
S W £140.00〜
£　T/C £　C/C A M V

リゴン・アームズ Lygon Arms 【中級】

●部屋にはDVD、テレビなどがあり、設備は新しい。バスルームは部屋によってシャワー、バス、ジャクージなどさまざま。パブも併設しているが、ほとんどの部屋は裏の別館にあるので、音も気にならない。

12室 Map P.255

High St., GL55 6HB
TEL (01386) 840318　FAX (01386) 841088
inet www.lygonarms.co.uk
S £60.00〜70.00
W £130.00〜140.00
£　T/C 不可　C/C A M V

とてもよかったです。1階でパブ&レストランを営んでいますが、うるさくもなくおすすめです。朝食も泊まったB&Bのなかで一番豪華でした。
（愛知県　伊藤ゆみ　'05夏）

エイト・ベルズ The Eight Bells 【パブ】

●ハイ・ストリートからチャーチ・ストリートに入ると左側にある。料理は英国料理が中心で、メニューは毎週変わる。21:00（金・土曜は21:30）までと比較的遅くまで食事がとれる。奥には宿泊施設（全7室）もあり、朝食付きで S £50.00、W £80.00〜115.00。

Map P.255

Church St., GL55 6JG
TEL (01386) 840371　FAX (01386) 841669
inet www.eightbellsinn.co.uk
開 12:00〜23:00（日12:00〜22:30）
休 無休
£　T/C 不可　C/C M V

ヴォランティア・イン The Volunteer Inn 【パブ】

●ハイ・ストリートとパーク・ロードとが交わる角にある。300年以上の歴史をもつパブ兼宿。宿泊施設のほうは部屋により広さがかなり異なっており、バスタブが付いている部屋もある。朝食付きで S £40.00、W £70.00。

Map P.255

Lwr. High St., GL55 6DY
TEL (01386) 840688　FAX (01386) 840543
開 12:00〜14:30　17:00〜23:00（日12:00〜14:30　19:00〜22:30）
休 無休　£　T/C 不可　C/C M V

コッツウォルズ交通の要所

モートン・イン・マーシュ Moreton-in-Marsh

人口3250人
市外局番01608

モートン・イン・マーシュへの行き方

バス(→P.250)、
鉄道(→P.246)

■モートン・イン・マーシュのⓘ
✉High St., GL56 0AZ
TEL(01608) 650881
FAX(01608) 651542
開8:45～17:15
(月8:45～16:00、金8:45～16:45、土10:00～13:00)
休日・祝
宿の予約は手数料£2.00とデポジットとして宿泊料金の10%

町の中心、ハイ・ストリート

モートン・イン・マーシュは、13世紀以来商業の町として発達してきた。毎週火曜にはコッツウォルズ最大級の青空市場が開かれる。

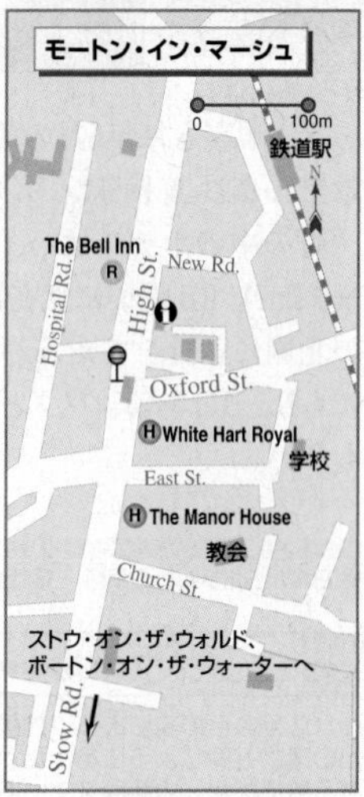

ホテル&レストラン

小さい町だが宿は多い。バス停周辺には高級感のあるホテルがあり、B&Bはハイ・ストリートからストウ・ロードStow Rd.にかけてと、東のロンドン・ロードLondon Rd.に集中している。

日本からホテルへの電話 電話会社の番号 + 010 + 国番号44 + 市外局番の最初の0を取った掲載の電話番号

マナー・ハウス The Manor House Hotel 【マナーハウス】

●ホワイト・ハート・ロイヤルホテルの横にある。建造されたのは16世紀にまでさかのぼる歴史あるマナーハウスだが、内装は意外に近代的な印象。部屋も明るい色でまとめられているので、重々しさは感じない。レストランも併設している。

35室 Map P.256

✉High St., GL56 0LJ
TEL(01608) 650501 FAX(01608) 651481
inet www.cotswold-inns-hotels.co.uk/manor
S £115.00～
W £135.00～
£ T/C £ C/C ⒶⒹⓂⓋ

ホワイト・ハート・ロイヤル White Hart Royal Hotel 【高級】

●バス停の近くにある。清教徒革命の5年前、王党派と議会派が争っていた1644年に国王チャールズ1世も身を潜めたという、由緒ある宿。当時の建物が今も使われている。6室はバスタブが付いていない。併設のレストランは、ワインの品揃えが充実しており評判もよい。

18室 Map P.256

✉High St., GL56 0BA
TEL(01608) 650731 FAX(01608) 650880
inet www.oldenglish.co.uk
S £75.00
W £95.00
£ T/C 不可 C/C ⒶⓂⓋ

ベル・イン The Bell Inn 【パブ】

●ハイ・ストリートに面している。200年以上前に建てられた建物を現在も使用している。料理はコッテージ・パイなど伝統的な英国料理。パブと宿泊施設(全5室)を兼ね備えている。部屋には基本的にバスタブが付いており、朝食付きでS£45.00～55.00、W£90.00～100.00。

Map P.256

✉High St., GL56 0AF
TEL(01608) 651688
FAX(01608) 652195
開10:00～23:00 (日12:00～23:00)
休無休
£ T/C 不可 C/C ⒶⓂⓋ

コッツウォルズのヴェネツィア

ボートン・オン・ザ・ウォーター Bourton-on-the-Water

人口3151人
市外局番01451

ボートン・オン・ザ・ウォーターは、ウインドラッシュ川River Windrushのほとりの小さな町。川と橋と町並みがマッチしており、「コッツウォルズのヴェネツィア」と呼ばれている。

穏やかなウィンドラッシュ川

バスはハイ・ストリートHigh St.沿いに停車する。近くにはコッツウォルド自動車博物館Cotswold Motoring Museumがあり、橋を渡ったエリアには❶がある。ハイ・ストリートを東に進むと、古い家並みを再現したモデル・ヴィレッジThe Model VillageやバードランドBirdlandといった見どころある。ロウアー・スローターLower Slaughter、アッパー・スローターUpper Slaughterへ続くフットパスも歩いて楽しい。

モデル・ヴィレッジ

ホテル&レストラン

町には、ホテルが点在している。ハイ・ストリートから東へ真っすぐ延びるリッシントン・ロードRissington Rd.や、ステーション・ロードStation Rd.沿いにはB&Bが集まっている。

ボートン・オン・ザ・ウォーターへの行き方

バス（→P.250）

（→P.250）

■ボートン・オン・ザ・ウォーターの❶
✉Victoria St., Bourton-on-the-Water GL54 2BU
TEL(01451) 820211
inet www.bourtoninfo.com
開夏期9:30～17:00
冬期9:30～16:00
休日
宿の予約は手数料£2.00とデポジットとして1泊目の宿泊料金の10%

■自動車博物館
TEL(01451) 821255
inet www.cotswold-motor-museum.com
開10:00～18:00
休11月～2月中旬　料£2.95

■モデル・ヴィレッジ
TEL(01451) 820467
inet www.theoldnewinn.co.uk
開4～10月9:00～17:45
11～3月10:00～16:00
休12/25　料£3.50

■バードランド
TEL(01451) 820480
開4～10月10:00～18:00
11～3月10:00～16:00
休12/25　料£4.95

日本からホテルへの電話　電話会社の番号 + 010 + 国番号44 + 市外局番の最初の0を取った掲載の電話番号

オールド・ニュー・イン The Old New Inn 【イン】

●モデル・ヴィレッジを所有するイン。もともとはふたつのコテージだった建物を1712年にひとつにしてオープンしたのが始まりだとか。1階はパブになっており、営業時間は11:00～23:00（日曜は12:00～22:30）。2食付きの宿泊プラン（ひとり£56.00）が人気。

9室 Map P.257
✉Bourton-on-the-Water, GL54 2AF
TEL(01451) 820467　FAX(01451) 810236
inet www.theoldnewinn.co.uk
S £38.00　W £76.00
£　T/C £　C/C J M V

スモール・トーク Small Talk 【ティー&カフェ】

●バス停の前にあり、バスを待つときなどに利用するのに便利。店内はやや狭く、人でいっぱいのことが多い。

☺地元の人、観光客ともに多く、ひとりでもまったく平気でした。地元産のクロテッドクリームが買えます。（北海道　しゅん　'05夏）

Map P.257
✉Bourton-on-the-Water, GL54 2AP
TEL(01451) 821596　FAXなし
e-mail smalltalk@netbreeze.co.uk
開10:00～16:15
休無休　£　T/C不可　C/C M V

シュードリー城のある

ウィンチクーム Winchcombe

人口5200人
市外局番01242

ウィンチクームへの行き方

ウィンチクームへはバスで
(→P.251)

■ウィンチクームのⓘ
✉Town Hall, High St., Winchcombe, GL54 5LJ
TEL & FAX (01242) 602925
開冬期の土・日10:00〜16:00
夏期10:00〜13:00
14:00〜17:00(日10:00〜16:00)
休冬期の月〜金
宿の予約はデポジットとして1泊目の宿泊料金の10%

■シュードリー城
TEL (01242) 602308
FAX (01242) 602959
inet www.sudeleycastle.co.uk
開10:30〜17:30
休3/5〜4/13、4/30〜5/25
9/3〜10/19の金・土
10/30〜3/4
料£7.20 学生£6.20

チェルトナムから北東へ約8kmの丘の上にある小さな町。近郊にヘンリー8世の未亡人が住んでいたシュードリー城Sudeley Castleがあることでよく知られている。

チェルトナムからのバスは、すばらしい景色に囲まれながら坂を上ってゆき、やがてウィンチクーム・アビー跡の前Abbey Terraceに停車する。アビー跡には聖ピーター教会St. Peter Churchがそびえる。シュードリー城へはここから東へ1kmあまりのショートウオークだ。また、チェルトナム・レース・コースからウィンチクーム北のウィンチクーム鉄道駅経由でトッディントンToddingtonへ走る保存鉄道、GWRも体験したい。原則的に3〜12月の土・日曜(8月は月・金を除く毎日)に走るが、詳しいスケジュールはウエブサイト(inet www.gwsr.com)で確認を。

町のシンボル、シュードリー城

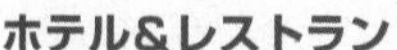

ホテル&レストラン

ホテル、B&Bともに数は揃っているが、週末や夏のシーズンには満室になることも多い。レストランなどは意外に少ないので、宿で食事付きのプランにしてもよいだろう。

日本からホテルへの電話 電話会社の番号 + 010 + 国番号44 + 市外局番の最初の0を取った掲載の電話番号

ウェズレイ・ハウス Wesley House 【中級】

●ウィンチクームの町のほぼ中心にある雰囲気のよいホテル。レストランも併設しており、バーがレセプションを兼ねている。テラス付きの部屋もあり、ここからはすばらしい風景を眺めることができる。週末は夕食込みとなる。

5室 Map P.258
✉High St., GL54 5LJ
TEL (01242) 602366 FAX (01242) 609046
inet www.wesleyhouse.co.uk
S £95.00〜120.00
W £150.00〜180.00
£ T/C £ C/C Ⓐ Ⓓ Ⓙ Ⓜ Ⓥ

ジュリズ・オールド・ベーカリー・ティー・ショップ Juri's the Olde Bakery Tea Shoppe 【ティー&カフェ】

●日本人の樹里さんがご家族と経営する雰囲気のよいティーショップ。フレンチのテイストを加えながらも伝統を大事にした英国料理は地元の人にも好評。自家製のスコーンも人気が高い。ランチは日替わりで、ボードにメニューが書かれている。

Map P.258
✉High St., GL54 5LJ
TEL (01242) 602469 FAX なし
開10:00〜17:00 (土10:30〜17:00、日11:00〜17:00) 休月(バンクホリデイを除く)、火
£ T/C 不可 C/C Ⓙ Ⓜ Ⓥ(£10.00未満は使用不可。£20.00未満は手数料£1.00)

ローマ時代以来の古都

サイレンセスター Cirencester

人口1万9370人
市外局番01285

コッツウォルズで最も規模の大きなマーケットが開かれる

サイレンセスターの起源は、ローマ時代に「コリニウム・ドブンノルムCorinium Dobunnorum」と呼ばれていた頃までさかのぼる。遺跡としては、円形劇場跡Amphi-theatreが残るが、ほとんど原形をとどめていない。町の歴史は、コリニウム博物館Corinium Museumで見学するといいだろう。

バス停は、「コッツウォルズの大聖堂」の異名ももつ古いパリッシュ・チャーチの前(ナショナル・エクスプレスのバスは町の東、ロンドン・ロードLondon Rd.沿いに停車)。ⓘのあるコーン・ホールCorn Hallは目の前だ。なお、円形劇場跡は町の南、徒歩20分ほどの所にある。

ホテル&レストラン

ホテルが集まるのはパリッシュ・チャーチ周辺。B&Bは町の東のヴィクトリア・ロードVictoria Rd.沿いに集中している。

サイレンセスターへの行き方

バス(→P.250)。鉄道なら、ケンブル駅に列車で来て(→P.246)、バスに乗り換える方法が最も早い。

■サイレンセスターのⓘ
✉Corn Hall, Market Place Cirencester, GL7 2NW
TEL(01285) 654180
Mail cirencestervic@cotswold.gov.uk
開4～12月9:30～17:30
(月9:45～17:30)
1～3月9:30～17:00
(月9:45～17:00)
休日

日本からホテルへの電話 電話会社の番号 + 010 + 国番号44 + 市外局番の最初の0を取った掲載の電話番号

キングズ・ヘッド King's Head Hotel 中級

●町の中心、マーケット・プレイスMarket Pl.に面する、町一番の大型ホテル。この建物のできた年代はわかっていないものの、14世紀の半ばには宿屋として使われていたらしい。部屋はテレビ、ティーセット完備。朝食はイングリッシュのほか、コンチネンタル、ベジタリアンなども選べる。

64室 Map P.259
✉Market Pl., GL7 2NR
TEL(01285) 653322
FAX(01285) 655103
S £35.00～48.00
W £70.00～96.00
£ T/C不可 C/C M V

フリース The Fleece Hotel 中級

●木組みの建物が印象的な外観。ふたつの建物を連結してホテルとしている。古い建物のため広さにはかなり差があり、バスタブではなくシャワーのみの部屋もある。各部屋にあるセーフティボックスはノートパソコンも入る大きなサイズのものだ。

28室 Map P.259
✉Market Pl., GL7 2NZ
TEL(01285) 658507 FAX(01285) 651017
Inet www.fleecehotel.co.uk
S £86.00
W £92.00
£ T/C不可 C/C A M V

アイヴィ・ハウス The Ivy House 【B&B】

●ロンドン・ロードとヴィクトリア・ロードの交差点にある。外観はややいかめしい感じを受けるが、部屋の内装はシンプルで清潔にまとまっている。テレビとティーセット付き。全館禁煙。朝食は基本的にはイングリッシュ・ブレックファストのみ。

4室 Map P.259

⊠2 Victoria Rd., GL7 1EN
TEL&FAX(01285) 656626
Inet www.ivyhousecotswolds.com
S £45.00
W £55.00
£ T/C不可 C/C A J M V

☺オーナー夫妻はとても親切で歓迎してくれました。部屋もきれいで、チョコやキャンディ、紅茶がたくさん置いてありました。コッツウォルズ周辺への町への行き方や、近くのおすすめレストランも教えてくださいました。朝、忙しいときでも写真撮影にも快く応じてくださり、とてもいい思い出となりました。（広島県 岩永恭子 '05年1月）

オールドブリューハウス The Old Brewhouse B&B 【B&B】

●ナショナル・エクスプレスのバス停のそばにある。建物は19世紀初頭のもので、醸造所として使われていた。大きめの入口は当時の名残だ。部屋は淡い色で明るくまとめられている。全室にテレビ、ティーセットが付いている。全館禁煙。

7室 Map P.259

⊠7 London Rd., GL7 2PU
TEL&FAX(01285) 656099
Inet www.theoldbrewhouse.com
S £45.00～
W £55.00～
£ T/C £ C/C D J M V

タルボット・イン The Talbot Inn 【イン】

●アイヴィ・ハウスから南下すると、右側にある。パブも併設しているが、部屋はパブとは別棟なので音はあまり気にならない。宿泊棟はパブの裏側にある。パブの夕食はギネス・パイなど英国料理のほか、ティッカ・マサラなども食べることができる。

5室 Map P.259

⊠14 Victoria Rd., GL7 1EN
TEL(01285) 653760 FAXなし
Inet www.talbotinncotswolds.co.uk
S £53.00
W £65.00
£ T/C £ C/C M V

1651 1651 【地中海料理】

●フリース・ホテルに併設のレストラン。1651という店名とは対照的に店内はモダンな内装になっている。料理は地中海料理が中心だが、英国料理もある。ディナーのメインは£7.95～13.95。

Map P.259

⊠Market Pl., GL7 2NZ
TEL(01285) 658507 FAX(01285) 651017
Inet www.fleecehotel.co.uk
開12:00～17:30 19:00～21:30（金12:00～17:30 19:00～22:00）
休無休 £ T/C不可 C/C A M V

ウィートシーフ The Wheatsheaf 【パブ】

●パリッシュ・チャーチから少し南に行くとある。日曜の昼には礼拝のあとに訪れる地元の人々でいっぱいだ。コッテージ・パイなどのパイ類（£4.95）が人気だそうだ。フィッシュ&チップス、オムレツなどもある。

Map P.259

⊠79 Cricklade St., GL7 1JF
TEL(01285) 653674 FAXなし
開11:00～24:00（金・土11:00～翌1:00、日12:00～24:00） 休無休
£ T/C不可 C/C不可

ジャックス Jacks Café Restaurant 【ティー&カフェ】

●コリニウム博物館の並びにあるサンドイッチなどの軽食が中心のコーヒーショップ。店内は明るく、気軽に入れる雰囲気。モーニングとランチともに時間限定のメニューがある。ランチメニューは£4.50～8.95。

Map P.259

⊠44 Black Jack St., GL7 2AA
TEL(01285) 640888 FAXなし
開9:00～17:00
休無休
£ T/C不可 C/C A D M V

コッツウォルズ屈指の人気

バイブリー Bibury

人口630人
市外局番01285

バイブリー・トラウト・ファーム

芸術家であり思想家でもあったウィリアム・モリスは、バイブリーに住みつき、「イングランドで最も美しい村」と評した。その魅力は変わらず、人々は今も訪れる。周辺の牧草地を眺めながらのショートウオークも楽しい。

バイブリーのバス停はスワン・ホテルの前にある。橋を渡ると村で一番人気のバイブリー・トラウト・ファームBibury Trout Farmがある。3〜10月にはマスが放流され、そばに流れるコーン川River Colnに泳ぎ出していく。

バイブリーへの行き方

バイブリーへはバスで(→P.251)

■バイブリーの❶
バイブリーには❶はないので、サイレンセスターの❶で情報を得ておこう。

■バイブリー・トラウト・ファーム
✉Bibury, GL7 5NL
TEL(01285) 740212
FAX(01285) 740392
開冬期10:00〜16:00
夏期9:00〜18:00
(月10:00〜18:00)
休無休
料£3.00　学生£2.50

ホテル

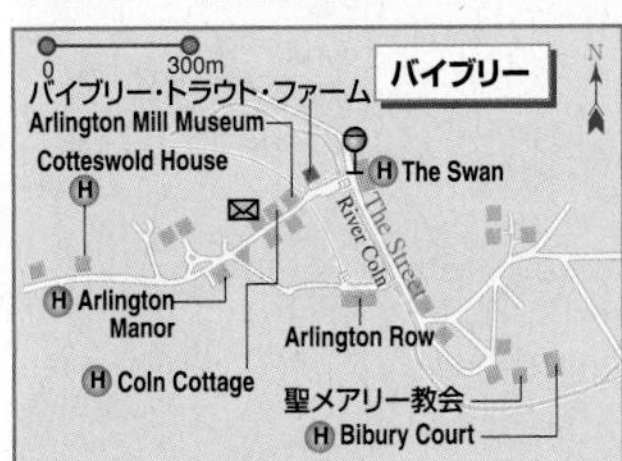

宿泊施設の数はそれほど多くはない。B&Bはバイブリーからサイレンセスターの方向に少し戻ったアーリントンArlingtonというエリアにある。サイレンセスターからの日帰りも可能だ。

バイブリーの古い家並み

日本からホテルへの電話　電話会社の番号 + 010 + 国番号44 + 市外局番の最初の0を取った掲載の電話番号

スワン The Swan Hotel　【高級】

●バイブリー・トラウト・ファームの前にある村一番のホテル。団体で利用できるホテルが少なく、週末は込み合うので、予約をしておいたほうがよいだろう。ウエブサイトには各部屋の写真が掲載されており、部屋も選べる。

18室　Map P.261
✉Bibury, GL7 5NW
TEL(01285) 740695　FAX(01285) 740473
inet www.cotswold-inns-hotels.co.uk
S £99.00〜
W £140.00〜
£　T/C £　C/C Ⓐ Ⓓ Ⓙ Ⓜ Ⓥ

バイブリー・コート Bibury Court Hotel　【マナーハウス】

●村からやや離れており、徒歩で15分ほどかかる。1633年に建てられた、貴族のサックヴィル家の館がもとになっている。マナーハウスだけあって部屋の広さはかなりのもの。多くの部屋に天蓋付きベッドが入っており、各部屋の内装も歴史ある重厚な雰囲気だ。

18室　Map P.261
✉Bibury, GL7 5NT
TEL(01285) 740337　FAX(01285) 740660
inet www.biburycourt.com
S £125.00〜
W £145.00〜
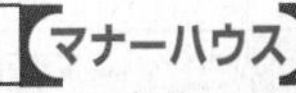
£　T/C £　C/C Ⓐ Ⓙ Ⓜ Ⓥ

南部コッツウォルズの交通の起点

チッペナム Chippenham

人口2万5400人
市外局番01249

チッペナムへの行き方

バス（→P.251）、鉄道（→P.248）。このほか、以下のような路線がある。

●バースから
1時間に2～3便
所要：15分

■チッペナムの❶
✉The Yelde Hall, Market Pl., SN15 3HL
TEL(01249) 665970
FAX(01249) 460776
Inet www.chippenham.gov.uk
開9:30～16:30
(土10:00～15:45)
休日・祝
宿の予約はデポジットとして宿泊料金の10%

■チッペナム博物館&ヘリテージ・センター
✉10 Market Pl., SN15 3HJ
TEL(01249) 705020
FAX(01249) 705025
Inet www.chippenham.gov.uk
開10:00～16:00
休日、12/25
料無料

チッペナムはこの地域では比較的大きな町で、1000年以上の歴史をもつ。中心には聖アンドリュー教会St. Andrew's Churchをはじめ、歴史的な建物も残っている。

町の中心はハイ・ストリートHigh St.。❶や、チッペナム博物館&ヘリテージ・センターChippenham Museum & Heritage Centreも、この通りから南に続くマーケット・プレイスMarket Pl.にある。

さらに坂を上るとバスステーションがあり、カースル・クームやレイコック、バースなどからのバスが発着する。

ホテル

チッペナムのホテルは町の中心、マーケット・プレイス周辺に数軒ある。B&Bはニュー・ロードから西に延びる、マーシュフィールド・ロードMarshfield Rd.と、それに続くブリストル・ロードBristol Rd.沿いに多い。

チッペナム博物館&ヘリテージ・センター

日本からホテルへの電話　電話会社の番号 + 010 + 国番号44 + 市外局番の最初の0を取った掲載の電話番号

エンジェル Angel Hotel　高級

●町の中心にある、ベストウエスタン系列のホテル。小さいながらも室内プールとフィットネスルームを備えている。部屋にはインターネット用のモジュラー、ドライヤー、衛星放送の見られるテレビ付き。日～木曜と金・土曜で値段が大きく異なる。週末のほうが安い。

50室　Map P.262
✉Market Pl., SN15 3HD
TEL(01249) 652615
FAX(012849) 443210
S £75.50～
W £95.50～
£　T/C £　C/C A D M V

ニュー・ロード New Road Guesthouse　ゲストハウス

●駅の北側の出口から西に歩き、ニュー・ロードに出た所にある。駅から所要3分ととても便利な立地。本館はファミリールームが中心で、裏庭にある別館のコテージにバスなしのシングル、ダブルルームがあり、静かな環境だ。全室テレビ、ティーセット付き。

10室　Map P.262
✉31, New Rd., SN15 1HP
TEL(01249) 657259　FAXなし
Inet www.newroadguesthouse.co.uk
S £25.00～　W £45.00
W £50.00
£　T/C £　C/C M V

「最も古い家並みが保存されている村」

カースル・クーム Castle Combe

人口350人
市外局番01249

ハチミツ色の家が並ぶ

カースル・クームは「最も古い家並みが保存されている村」として広く知られている。

バスの停留所は、14世紀に建てられたマーケット・ホールMarket Hall前にある。背後にあるのが、聖アンドリュー教会St. Andrew's Church。ここからザ・ストリートThe Street沿いに美しい家が並ぶ。川沿いからの道は緑豊かな丘を上る人気のピクニックルート。また、アッパー・カースル・クームUpper Castle Combeへのフットパスもある。

ホテル&レストラン

小さな村なので宿泊施設、食事をとる所、ともに乏しい。特にB&Bやゲストハウスは絶対数が少ないので、宿泊料金を抑えたいという人は、近郊のチッペナムや、バースで宿泊することも考えよう。

聖アンドリュー教会

チッペナムとを結ぶバス

カースル・クームへの行き方

カースル・クームへはバスで(→P.251)。水曜のみバースからのバスも1便ある。

■カースル・クームの❶
カースル・クームに❶はない。チッペナムの❶で情報を得ておこう。

マーケット・クロス

村を流れるバイ・ザ・ブルック川

日本からホテルへの電話 | 電話会社の番号 | + | 010 | + | 国番号44 | + | 市外局番の最初の0を取った掲載の電話番号

マナーハウス The Manor House Hotel 【マナーハウス】

●カースル・クームにある、比較的大型のマナーハウス。庭は非常に広大で、村外れにはゴルフ場も所有している。部屋の内装も重厚ながら明るく、貴族の気分をちょっと味わってみるのにぴったりだ。

48室 Map P.263
✉Castle Combe, SN14 7HR
TEL (01249) 782206 FAX (01249) 782159
inet www.exclusivehotels.co.uk
S W £235.00
£ T/C £ C/C A D M V

キャッスル・イン The Castle Inn Hotel 【イン】

●カースル・クームの村の入口にある。バスも目の前に停まり、観光には最適の立地。日～木曜と金・土曜では料金が異なり、金・土曜のほうが料金が高い。全室バス付きだが、ジャクージのような豪華なバスが付いている部屋もある。テレビ、ドライヤー、ティーセットなどが付いている。

11室 Map P.263
✉Castle Combe, SN14 7HN
TEL (01249) 783030 FAX (01249) 782315
inet www.castle-inn.info
S £69.50～89.00
W £100.00～165.00
£ T/C 不可 C/C A M V

オールド・ベーカリー The Old Bakery 【B&B】

●キャッスル・インの裏にある。コッツウォルド・ストーンが使われた建物のオリジナルは、17世紀の古いパン屋さんだそうだ。1室しかないので、家庭的な雰囲気の中で過ごすことができる。内装は明るい雰囲気で、部屋も清潔だ。

1室 Map P.263

✉Castle Combe, SN14 7HN
TEL (01249) 782821　FAX なし
Mail grisildah@aol.com
S W £60.00
£　T/C £　C/C 不可

ホワイト・ハート The White Hart 【パブ】

●マーケット・クロスにある。ビアガーデンもあるので、晴れた日には外で楽しくビールを飲むのもよい。食事を出す時間は、12:00～15:30、18:30～21:00。料理のメインはほとんどが£7.50。

Map P.263

✉Castle Combe, SN14 7HS
TEL & FAX (01249) 782295
開 11:00～23:00　日11:00～22:30　休 無休
£　T/C 不可　C/C Ⓙ Ⓜ Ⓥ

多くの映画の舞台になった村

レイコック Lacock

人口1050人　市外局番01249

レイコックへの行き方

レイコックへはバスで(→P.251)

レイコックはコッツウォルズからはずれているが、ちょっと足を延ばすのにちょうどよい。レイコック・アビーLacock Abbeyは、多くの映画やテレビ番組の撮影が行われ、『ハリー・ポッターと賢者の石Harry Potter And Philosopher's Stone』の舞台ともなった。

聖シリアク教会

Information　History　Topics

まだまだある周辺の魅力的な町

テットベリー Tetbury

Map P.247

　サイレンセスターとバースを結ぶ道の途中にあるテットベリーの起源は、サクソン人が7世紀の後半にこの地に修道院を建てたことに始まる。中世を通して羊毛の取引で栄え、ロンドンやバースから多くの人々がよい商品を求めて町にやって来たという。

　現在のテットベリーは、アン王女、チャールズ皇太子などが別邸を構えていることでも知られている。

　ゴシック様式で建てられた聖メアリー教会、ロング・ストリートLong St.を中心とした古い町並みなど、小さいながらも歩いていて楽しい町だ。

■テットベリーへの行き方
テットベリーへはサイレンセスターとバースから、それぞれバスが運行されている(→P.251)。

チッペナムからのバスはジョージ・イン前のバス停に停まる。バス停のあるウエスト・ストリートWest St.から、ハイ・ストリートHigh St.に入ろう。ひたすら直進すればレイコック・アビーの入口が見える。

古い建物が残るハイ・ストリート

レイコック・アビーからハイ・ストリートに戻る途中でイースト・ストリートEast St.に入り、チャーチ・ストリートChurch St.で右折し、直進すれば聖シリアク教会St. Cyriac's Churchにいたる。教会は大部分が19世紀に改築されたが、入って左奥のレディ・チャペルは15世紀初頭の雰囲気をよくとどめている。

■レイコック・アビー
✉Lacock, SN15 2LG
TEL(01249) 730227
FAX(01249) 730501
inet www.nationaltrust.org.uk
開アビー13:00～17:30
博物館11:00～17:30
休アビーは火と10/31～3/24
博物館は11/4～12/17、1/6～2/18の土・日、10/30～11/3、12/18～1/5
料アビーと博物館の共通券£7.80
アビーのみ£6.30
博物館のみ(冬期) £3.40

ホテル

宿泊施設はそれほど多くない。チッペナムやバースで泊まることも念頭におこう。日帰りは充分可能だ。

日本からホテルへの電話 電話会社の番号 + 010 + 国番号44 + 市外局番の最初の0を取った掲載の電話番号

サイン・オブ・エンジェル The Sign of the Angel 【中級】

●ウエスト・ストリートからチャーチ・ストリートに入ると左側にある。15世紀の羊毛商人の家をホテルとしている。一部バスタブなしの部屋もあるが、全室ティーセット、テレビが備え付けられており、天蓋付きベッドの部屋もある。アンティークの調度品がところどころに使われているが、部屋の雰囲気は明るい。

11室 Map P.264

✉6 Church St., SN15 2LB
TEL(01249) 730230 FAX(01249) 730527
inet www.lacock.co.uk
S £72.00～85.00
W £105.00～115.00
£ T/C £
C/C A D M V

レイコック・ポッタリー Lacock Pottery Bed & Breakfast 【B&B】

●聖シリアク教会の向かいにある。陶器工房を併設したユニークなB&B。気さくなオーナー夫妻があたたかく出迎えてくれる。客室はそれぞれが独自に装飾されており、全3室中、テレビのある部屋は1部屋のみ。

3室 Map P.264

✉1 The Tanyard, Church St., SN15 2LB
TEL(01249) 730266 FAX(01249) 730948
inet www.lacockbedandbreakfast.com
S £45.00～55.00
W £65.00～85.00
£ T/C £ C/C M V

レイコック・ベーカリー The Lacock Bakery 【ベーカリー】

●チャーチ・ストリート沿いにあるパン屋さん。店内にはテーブルがあり、ここで軽い食事をとることもできる。マフィン£1.00、コーニッシュ・パイ£2.50など。パン以外にも各種ジャムやソースなども販売している。

Map P.264

✉Church St., SN15 2LB
TEL(01249) 730457 FAXなし
開10:00～17:00
休無休
£ T/C不可 C/C M V

ジョージ・イン The George Inn 【パブ】

●レイコックで最も古いパブ。創業は14世紀にまでさかのぼり、常にパブとして使われてきた。ランチタイムは12:00～14:00、ディナーは 18:00～21:00。バス停が目の前にあるので、バス待ちに使うのも便利。

Map P.264

✉4 West St., SN15 2LH
TEL(01249) 730263 FAX(01249) 730186
開10:00～15:00 17:00～23:00(日～22:30)
休無休 £ T/C不可 C/C M V

コッツウォルズの温泉町

チェルトナム Cheltenham

人口11万人
市外局番01242

チェルトナムへの行き方

鉄道ではブリストルとバーミンガムの間にある。そのため、このふたつの町からのアクセスは便利。

●ロンドンから
🚂パディントン駅から1～2時間に1便、スウィンドンかブリストルで乗り換えるほうが便数が多くて便利。
所要：2時間10分
🚌7:00～23:30に約11便
所要：約3時間

●ヒースロー空港から
🚂パディントン駅で乗り換え
🚌7:50～翌0:05に約11便
所要：約2時間10分

●オックスフォードから
🚂ディドコット・パークウェイDidcot Parkwayかバーミンガムで乗り換え
🚌スワンブルックSwan brookのバス53番が1日1～4便

●ブリストルから
🚂テンプル・ミーズ駅発 1時間に2～3便
所要：45分
🚌1日3～4便
所要：1時間15分

●バーミンガムから
🚂ニュー・ストリート駅から頻発
所要：40分
🚌1日3～5便
所要：1時間10分

●カーディフから
🚂1時間に1便程度
所要：1時間10分
🚌直通はない

■タウンホール
Map P.267-2
✉Imperial Sq., GL50 1QA
TEL(01242) 521621
開9:30～17:30
休日
開館時間中でもイベントや貸し切りのなどのため入場できないこともある。

かつては羊毛の取引が主産業の小さな村だったが、1715年に温泉が発見されると、チェルトナムは保養地として発展する。町にはギリシア・ローマ風の建物や、並木通り、劇場などが次々と建てられ、ほかの町にはない雰囲気を醸し出している。1788年にはジョージ3世がここを訪れ、保養地としての格はさらに上がった。1816年にウェリントン将軍が肝臓病の治療をしたことでも、さらに評判が高まった。今ではコッツウォルズの中心都市として観光客にもなじみ深い町。高級感があるプロムナード、真っ白いテラスが続き、公園には季節の花が咲き競う。

歩き方

鉄道駅

駅は中心街まで歩くと20分ほどかかる。重い荷物を持っている場合は、バスで行こう。大通りからステージコーチ社の市内バスDかEかRに乗ると、5～10分でハイ・ストリートHigh St.とピットヴィル・ストリートPitville St.の交差点に到着する。逆に、町の中心からチェルトナム・スパ駅へは、ハイ・ストリートからバスに乗る。

プロムナードのカフェ

チェルトナムのバスステーション（ロイヤル・ウェル・バスステーションRoyal Well Bus Station）には、ナショナル・エクスプレスの長距離バスをはじめ、コッツウォルズへの便も含む中近距離のバスも発着する。

町の中心を南北に走るのはプロムナードPromenadeP.267-1～2。プロムナードに面したインペリアル・ガーデンズImperial Gdns.P.267-2に建つ大きな建物はタウンホールTown Hall。ここではクラシックのコンサートや舞踏会も催され、毎年7月にはチェルトナム国際音楽祭Cheltenham International Festival of Music & Fringeが行われる。このシーズンにはストリート・パフォーマンスも繰り広げられる。

堂々とした外観のタウンホール

町の南西に延びるモンペリエ・ストリートMontpellier St.P.267-

2を中心としたモンペリエ地区は、おしゃれな界隈として知られ、雰囲気のよい店やカフェ、レストランが多い。

旅の情報収集

チェルトナムの❶はプロムナードの道沿い西側にある。中北部コッツウォルズの情報もここで。最新の時刻などバス路線の情報も知ることができる。

■チェルトナムの❶
Map P.267-1
✉77 Promenade, GL50 1PJ
TEL(01242) 522878
FAX(01242) 255848
Inet www.visitcheltenham.info
開9:30～17:15
（水10:00～17:15、祝9:30～13:30）
休日
宿の予約はデポジットとして宿泊料金の10%

見どころ

チェルトナムの見どころは1日あれば充分見て回れるが、チェルトナムを起点にコッツウォルズの村々もぜひ訪れたい。コッツウォルズへの興味にもよるが、合わせて2～3日はみておきたいところだ。

企画展も見逃すな！

チェルトナム美術館＆博物館
Cheltenham Art Gallery & Museum

内外の美術品や市の歴史、地誌の資料などが見られる。いつも何らかの企画展が行われているので、❶でプログラムをチェックしておこう。

■チェルトナム美術館＆博物館 Map P.267-1
✉Clarence St., GL50 3JT
TEL(01242) 237431
FAX(01242) 262334
Inet www.cheltenhammuseum.org.uk
開10:00～17:20
（第1木曜11:00～17:20）
休日・祝
料無料

保養地の社交場

ピットヴィル・パンプ・ルーム
Pittville Pump Room

1830年に、保養に来た人々のための社交場として建てられた。人々はここで汲み上げられた温泉を口にしながら、さぞかし華やかな社交を繰り広げたことであろう。

現在、温泉水は飲めないが、当時に思いをはせつつ、広い庭でのんびりするのもおすすめの過ごし方だ。

■ピットヴィル・パンプ・ルーム
Map P.267-1外
✉Pittville Park, GL52 3JE
TEL(01242) 523852
開10:00～16:00
休火・祝
料無料
開館時間中でもイベントや貸し切りのなどのため入場できないこともある。

ピットヴィル・パンプ・ルーム

■ホルスト博物館
Map P.267-1
✉4 Clarence Rd., GL52 2AY
TEL(01242) 524846
FAX(01242) 580182
Inet www.holstmuseum.org.uk
開10:00～16:00
休日・月、一部祝、12月中旬～1月中旬
料£3.50　学生£3.00

モンペリエ・ストリート

■レックハンプトン
Map P.247
レックハンプトンのハイキングコースは約4.5km。やや高低差があるので時間には余裕をもとう。フットパスの入口は、レックハンプトンの病院前のバス停から東へ歩いてオールド・バース・ロードOld Bath Rd.へ入り南下、ピルフォード・ロードPilford Rd.（アヴェニューではないので注意）を左折、直進するとフットパスとなる。
🚌クレランス・ロードのバス停から市内バスFで所要15分。6:55～22:35の30分おき。日曜は1日7便。

グスタフ・ホルストが生まれた

見学所要時間の目安 30分

ホルスト博物館
Holst Birthplace Museum

幼少時代のホルストが過ごした家

グスタフ・ホルストは組曲『惑星』で有名な作曲家。数代続いた音楽家の家系で、彼の父親アドルフもピアニスト、オルガニストとして知られた。グスタフはここで1874年に生まれ、7歳になるまで過ごした。1882年、グスタフを産んだ母クララが死に、家族は引っ越すことになった。

現在、ここはホルストの資料を集めた博物館として公開されている。また、生活当時のものを使って部屋を再現しており、19世紀後半の生活スタイルがわかるようになっている。

近郊の見どころ

「悪魔の煙突」がある

見学所要時間の目安 2時間

レックハンプトン
Leckhampton

レックハンプトンはチェルトナムの南にある村。ここからコッツウォルズ丘陵を歩くハイキングコースがある。目指すは「悪魔の煙突」と呼ばれる奇妙な形の岩だ。この地下に悪魔が住んでいるとされ、岩はその煙突なのだと言い伝えられた。かつてはこの岩に上ってコインを置く習慣があったそうだが、現在は岩を保護するため禁止されている。

ホテル＆レストラン Hotel&Restaurant

チェルトナムの市内にはホテルやB&Bも多く、コッツウォルズ観光の起点としても便利な町。町の北、ピットヴィル公園周辺にB&Bやゲストハウスは多い。レストランは中心部に多く、モンペリエ・ストリートには雰囲気のよいカフェがある。

日本からホテルへの電話　電話会社の番号 ＋ 010 ＋ 国番号44 ＋ 市外局番の最初の0を取った掲載の電話番号

クイーンズ The Queen's　【大型】

●プロムナードの南端にある。町の中心部で最も大きく、町のシンボル的な存在だ。古い建物のため、館内の構造はややわかりにくいが、吹き抜けの階段を取り囲むように部屋がある。併設されている英国料理レストランの評判もよい。

79室　Map P.267-2
✉The Promenade, GL50 1NN
TEL(0870) 4008107
FAX(01242) 224145
Inet www.thequeens-cheltenham.co.uk
S W £160.00
£　T/C £　C/C A D J M V

ホテル・オン・ザ・パーク Hotel on the Park 【中級】

●町の中心よりやや北にある。内装は部屋ごとに異なっているが、いずれも格調高く装飾されており、設備も充実。ゆっくり滞在するのに適している。併設するパーカーズParkersというレストランの評判もよい。

12室 Map P.267-1

✉38 Evesham Rd., GL52 2AH
TEL(01242) 518898 FAX(01242) 511526
inet www.hotelonthepark.com
S £99.00
W £126.00～
£ T/C £ C/C A D J M V

ミルトン・ハウス Milton House Hotel 【ゲストハウス】

●モンペリエ・ストリートの1本裏にある。周囲はコッツウォルド・ストーンで建てられた同じような建物が並んでおり、目立たない外観だが、内装はアンティークの調度品で彩られている。天蓋付きベッドが入っている部屋もある。

8室 Map P.267-2

✉12 Bayshill Rd., Royal Pde., GL50 3AY
TEL(01242) 582601 FAX(01242) 222326
inet www.miltonhousehotel.co.uk
S £65.00～
W £95.00～104.00
£ T/C 不可 C/C A J M V

ロンズデール・ハウス Lonsdale House 【ゲストハウス】

●町の南のほうにあるがモンペリエ・ストリートに近く、町の観光には便利な立地。さまざまなタイプの部屋があるので、予算に合わせて決めることができる。共同のバスルームにはバスタブが付いているところもある。前には駐車場もあるので、車で来ても大丈夫。全館禁煙。

9室 Map P.267-2

✉Montpellier Dri., GL50 1TX
TEL & FAX(01242) 232379
e-mail lonsdalehouse@hotmail.com
S £28.00
S £42.00
W £53.00～54.00
W £59.00～63.00
£ T/C £ C/C A J M V

カフェ・ルージュ Café Rouge 【フランス料理】

●英国全土に支店をもつフランス料理のチェーンレストラン。町の中心部にあるレストランのなかでは夜遅くまで食事がとれるほうだ。朝食、昼食、夕食とそれぞれメニューが異なる。選べるワインの種類は15種類とかなり豊富。

Map P.267-1

✉31-41 The Promenade, GL50 1NW
TEL(01242) 529989 FAXなし
inet www.caferouge.co.uk
開9:00～23:00 日10:00～22:00
休無休
£ T/C 不可 C/C A M V

カシミール Kashmir 【インド料理】

●プロムナードを北に行った所にあるインド料理店。タンドール料理やイギリス生まれのインド料理、バルティの種類が豊富。テイク・アウェイもやっており、店内の価格より10%安くなる。

Map P.267-1

✉1 Albion St., GL52 2LH
TEL(01242) 524288 FAXなし
開12:00～14:30 18:00～24:00
休無休
£ T/C 不可 C/C A J M V

プリンス・オブ・ウェールズ Prince of Wales 【パブ】

●プロムナードからホルスト博物館へ行く途中にある。建物の内部はそれほど広くはないが、裏には中庭があって、ここでもビールを飲むことができる。夕方になると多くの人でにぎわう。

Map P.267-1

✉11 Portland St., GL52 2NZ
TEL(01242) 234004 FAXなし
開10:00～23:00 日12:00～22:30
休無休
£ T/C 不可 C/C 不可

北部コッツウォルズ地方の中核都市

グロスター Gloucester

人口11万人
市外局番01452

グロスターは、ローマ時代以来の歴史をもつ町。当初はノルマン様式の修道院として建てられたグロスター大聖堂とともに発展した。現在はコッツウォルズにあるということもあってのどかなイメージが強いが、産業革命期には鉄道や運河を使った物流の要衝でもあった。

ピーター・ラビットを生んだベアトリクス・ポターの童話『グロスターの仕立屋』の舞台としても知られ、最近では『ハリー・ポッターと賢者の石』の多くのシーンがグロスター大聖堂で撮影されたことでもよく知られている。

歩き方

グロスター・ドック

駅やバスステーションは町の東側にあり、町の中心部のザ・クロスThe CrossP.270A-1までは歩いて10分弱。ザ・クロスのあたりでは毎週金曜の午前中からファーマーズ・マーケットFarmers Marketsが開かれる。

ここからサウスゲート・ストリートSouthgate St.P.270A-2に入るとすぐℹがあり、さらに歩くとおしゃれに生まれ変わった船着場、グロスター・ドックGloucester Docksがあり、ショッピングセンターや国立運河博物館National Waterways Museumなどがある。逆にノースゲート・ストリートNorthgate St.P.270B-1を行くとグロスター大聖堂へと入る道がある。また、ベアトリクス・ポターが滞在し、『グロスターの仕立屋』の舞台となった「グロスターの仕立屋」の家House of the Tailor of Gloucester

グロスターへの行き方

●ロンドンから
パディントン駅発
直行は1日15便。スウィンドンかブリストルで乗り換えるほうが便数が多く便利
所要：2時間
7:00～23:30に約11便
所要：約3時間20分
●チェルトナムから
1時間に1～3便
所要：10分
94番などが頻発
所要：30～45分
●ブリストルから
テンプル・ミーズ駅発
1時間に1便程度
所要：45分
1日1～3便　所要：55分

■グロスターのℹ
Map P.270A-2
✉28 Southgate St., GL1 2DP
TEL(01452) 396572
FAX(01452) 504273
Inet www.gloucester.gov.uk
開10:00～17:00（日11:00～15:00）
休9～6月の日曜

■グロスター・ドック
Map P.270A-2
✉Albion Cottages, The Docks, GL1 2ER
TEL(01452) 311190

●国立運河博物館
Map P.270A-2
✉Llanthony Warehouse, Docks, GL1 2EH
TEL(01452) 318200
Inet www.nwm.org.uk
開10:00～17:00
（入場は～16:00）　休12/25
料£5.95　学生£4.75

■「グロスターの仕立屋」の家
Map P.270A-1
✉9 College Court, GL1 2HJ
※2006年2月現在閉館中

黒い木材を使った装飾が美しい

はグロスター大聖堂のすぐ脇。2006年2月現在閉鎖中で、再開に向けて有志の寄付を募っている。

ハリー・ポッターで一躍有名に

見学所要時間の目安 1時間

グロスター大聖堂
Gloucester Cathedral

映画『ハリー・ポッターと賢者の石』でホグワーツ魔法魔術学校として使われた大聖堂。もともとはノルマン様式の聖ピーター修道院として11世紀後半に建てられたものだが、後に何度も改築されて現在の形になっている。16世紀には宗教改革により大聖堂となった。数々のステンドグラスや大聖堂ゆかりの人物を記念した彫像など、じっくり見学したい。

グロスター大聖堂

町の中心にあるベーカーズ・クロック

■グロスター大聖堂
Map P.270A-1
College Green GL1 2LR
TEL (01452) 528095
FAX (01452) 300469
inet www.gloucestercathedral.org.uk
開 7:30～18:00(土・日7:30～17:00) 休 無休
料 希望寄付額£4.00

ホテル＆レストラン Hotel&Restaurant

チェルトナムとともにコッツウォルズ観光の拠点にもなるグロスターだけあり、中心部にはホテルの数は多いが、B&Bは少ない。レストランも点在しているが、出費を抑えたければショッピングセンター内のフードコートを狙う手もある。

日本からホテルへの電話 電話会社の番号 + 010 + 国番号44 + 市外局番の最初の0を取った掲載の電話番号

ニュー・イン The New Inn Hotel Gloucester 【中級】

●15世紀に聖ピーター修道院(現在のグロスター大聖堂)への巡礼団の宿泊施設として建てられた由緒あるホテル。古い建物に典型的な、白壁に黒をあしらった外観が美しい。天蓋付きベッドが付いた部屋もあり、アンティークな雰囲気のある内装とよくマッチしている。

34室 Map P.270B-1
16 Northgate St., GL1 1SF
TEL (01452) 522177
FAX (01452) 301054
inet www.newinnglos.com
S W £60.00～110.00
£ T/C 不可 C/C A M V

ステーション Station Cafe Bar and Hotel 【中級】

●鉄道駅のすぐ近くにあるので、夜遅い到着や朝早い出発のときは便利。大通りに面しているので夜の車の音がやや気になるかもしれない。内装はシンプルながら機能的。パブが併設されているので、夕食もここでとれる。

21室 Map P.270B-1
Bruton Way, GL1 1DG
TEL (01452) 520022 FAX (01452) 410452
S £35.00
W £65.00
£ T/C £ C/C M V

コンフィ・ピュー Comfy Pew 【英国料理】

●大聖堂の目と鼻の先にあり、観光がてら立ち寄るのにピッタリ。周辺には古い建築が残り、この建物も築150年以上だとか。周辺の地方で取れた新鮮な食材を使った料理はもちろん、ケーキなどデザート類の評判もよい。

Map P.270A-1
11 Colledge St., GL1 2NE
TEL (01452) 415648
開 10:00～16:00 19:00～23:00
休 日、月～水の夜
£ T/C 不可 C/C A M V

オックスフォード

ロンドン

世界中から学生が集う学問の都
オックスフォード Oxford

人口13万4239人　市外局番01865

ルイス・キャロルを生んだクライスト・チャーチ

学問の町オックスフォードの歴史は古いが、町の起源はよくわかっていない。伝説によれば、8世紀初頭にサクソンの王女、フライズワイドFrideswideがこの地に修道院を建てた。これが現在のクライスト・チャーチのもとになっているという。彼女を追ってきた好色な王は雷に打たれて失明するが、フライズワイドの祈りにより視力が回復したという。

13世紀には大学の町としての側面を備えていったが、学生が住民と対立したりして悪評が立った時代もあった。

現在は学問の中心として、世界中から多くの学生が集う国際的な雰囲気と、歴史の重みを伝えるように建つ重厚な学舎とが不思議議な調和を生み出す町となっている。

モデルルート

オックスフォードでの観光の中心は、何といっても大学(カレッジ)だ。多くのカレッジがあるので、あらかじめ見学する場所をいくつかに絞ろう。パント(舟)遊びを楽しんだり、ブレナム宮殿や、コッツウォルズへ足を延ばすのもいい。

オックスフォードを満喫の1日

クライスト・チャーチ→オックスフォード博物館→聖メアリー教会→オックスフォード・ストーリー→ブレナム宮殿

昼までにオックスフォードのおもな見どころを回り、昼からはブレナム宮殿の見学に半日を費やすオックスフォード満喫の1日コース。大学をもっと見たいという人や、パントにも乗ってみたい、という人はブレナム宮殿を翌日に回すのもよいだろう。

オックスフォードへの行き方

●ロンドンから
🚃パディントン駅発
1時間に2便程度
所要：1時間
🚌オックスフォード・バス
Oxford Busの運行
ヴィクトリア・コーチステーション発
頻発、深夜は1時間に1便(24時間)
所要：1時間40分
🚌ステージコーチ・イン・オックスフォードStagecoach in Oxfordの運行
バッキンガム・パレス・ロード(ヴィクトリア・コーチステーション向かい)発
頻発、深夜は1時間に1便程度(24時間)
所要：1時間40分
●ヒースロー空港から
🚌オックスフォード・バス
Oxford Busの運行
セントラル・バスステーション発
5:50～24:00に頻発、深夜は1:50、3:50発
所要：1時間20分
🚌オックスフォード・バス
Oxford Busの運行
ターミナル4発
6:10～23:10に頻発
所要：1時間40分
●ガトウィック空港から
🚃レディングで乗り換え
🚌南ターミナル発北ターミナル経由
1時間に1便、深夜は2時間に1便(24時間)
所要：2時間
●バーミンガムから
🚃1時間に2便程度
所要：1時間10分
🚌1日5便
所要：1時間35分～2時間10分
●バースから
🚃ディドコット・パークウェイDidcot Parkwayで乗り換え
🚌16:40発
所要：2時間

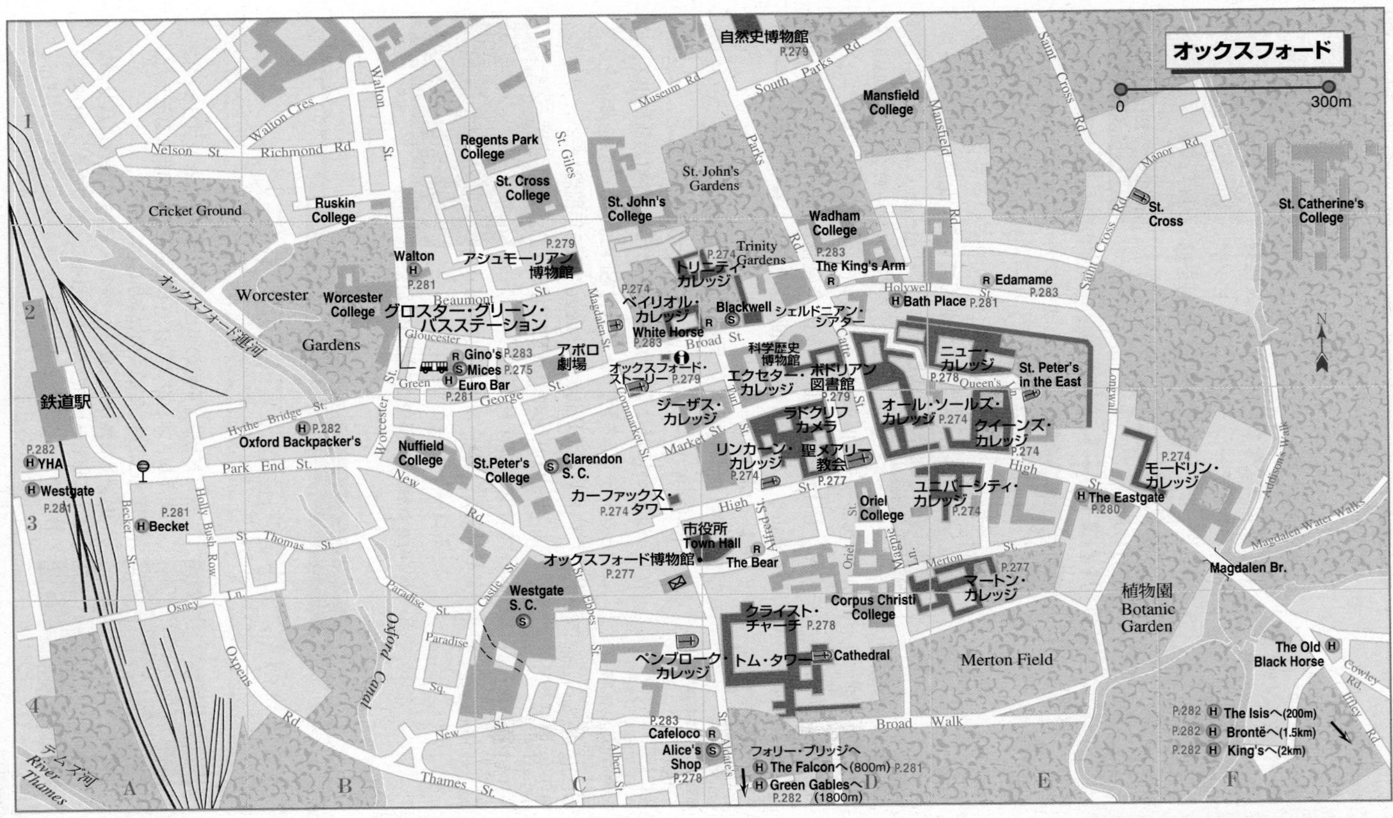

オックスフォード
0
300m
N
1
2
3
4
A
B
C
D
E
F
自然史博物館
P.279
South Parks Rd.
Museum Rd.
Mansfield College
Mansfield Rd.
Saint Cross Rd.
Manor Rd.
St. Cross
St. Catherine's College
Walton Cres.
Walton St.
Nelson St.
Richmond Rd.
Regents Park College
St. Giles
St. John's Gardens
Parks Rd.
St. Cross College
Cricket Ground
Ruskin College
St. John's College
Wadham College
P.283
The King's Arm
Walton
P.281
P.279
アシュモーリアン博物館
P.274
Trinity Gardens
トリニティ・カレッジ
Holywell St.
Edamame
P.283
Bath Place
P.281
Worcester
Worcester College
Gardens
Beaumont St.
グロスター・グリーン・バスステーション
Gloucester Green
P.274
ベイリオル・カレッジ
Blackwell
シェルドニアン・シアター
White Horse
P.283
Broad St.
Catte St.
オックスフォード運河
Magdalen St.
Gino's
P.283
Mices
P.275
Euro Bar
P.281
アポロ劇場
オックスフォード・ストーリー
P.279
科学歴史博物館
エクセター・カレッジ
ボドリアン図書館
P.279
ニュー・カレッジ
P.278
Queen's Ln.
St. Peter's in the East
Longwall St.
George St.
Cornmarket St.
Turl St.
鉄道駅
Hythe Bridge St.
P.282
Oxford Backpacker's
Worcester St.
ジーザス・カレッジ
ラドクリフ・カメラ
オール・ソールズ・カレッジ
P.274
クイーンズ・カレッジ
P.274
Addison's Walk
Nuffield College
St.Peter's College
Clarendon S. C.
Market St.
リンカーン・カレッジ
P.274
聖メアリー教会
P.277
High St.
P.274
モードリン・カレッジ
P.282
YHA
Park End St.
New Rd.
カーファックス・タワー
P.274
Oriel College
Oriel St.
ユニバーシティ・カレッジ
P.274
The Eastgate
P.280
Westgate
P.281
P.281
Becket
Becket St.
Holly Bush Row
St. Thomas St.
市役所
Town Hall
Alfred St.
The Bear
Magpie Ln.
Merton St.
P.277
マートン・カレッジ
Magdalen Water Walks
Magdalen Br.
オックスフォード博物館
P.277
Westgate S. C.
Castle St.
St. Ebbes St.
Paradise St.
Paradise Sq.
Oxford Canal
Osney Ln.
Oxpens Rd.
クライスト・チャーチ
P.278
Corpus Christi College
植物園
Botanic Garden
ペンブローク・カレッジ
トム・タワー
Cathedral
Merton Field
The Old Black Horse
Cowley Rd.
Iffley Rd.
Broad Walk
New St.
P.283
Cafeloco
Alice's Shop
P.278
St. Aldate's
フォリー・ブリッジへ
The Falcon へ(800m)
P.281
Green Gables へ(1800m)
P.282
P.282
The Isis へ(200m)
P.282
Brontë へ(1.5km)
P.282
King's へ(2km)
テムズ河
River Thames
Thames St.
Albert St.

■カーファックス・タワー
Map P.273C-3
開4〜9月10:00〜17:00
10月10:00〜16:00
11〜3月10:00〜15:00
休無休　料£1.90
■リンカーン・カレッジ
Map P.273D-3
✉Turl St., OX1 3DR
TEL(01865) 279800
開14:00〜17:00
(日11:00〜17:00)
休無休　料無料
■オール・ソールズ・カレッジ
Map P.273D-3
✉High St.,OX1 4AL
TEL(01865) 279379
開14:00〜16:00
休土・日　料無料
■クイーンズ・カレッジ
Map P.273E-3
ⓘのガイドツアーでのみ入場が可能
■モードリン・カレッジ
Map P.273E-3
✉High St., OX1 4AU
TEL(01865) 276000
開6〜9月12:00〜18:00
10〜3月13:00〜日没
4・5月13:00〜18:00
休無休
料£3.00　学生£2.00
■ユニバーシティ・カレッジ
Map P.273E-3
原則として一般には開放されていない
■トリニティ・カレッジ
Map P.273C-2・D-2〜D-2
✉Broad St., OX1 3BH
TEL(01865) 279900
開10:30〜12:00 14:00〜16:00(土・日14:00〜16:00)
休暇中の土・日
10:00〜12:00 14:00〜16:00
休不定期
料£1.00　学生£0.50

歩き方

カーファックス・タワー

町の中心に建つのはカーファックス・タワーCarfax Tower。町が一望できる眺望ポイントだ。ここより東側にさまざまなカレッジがあり、西側にはバスステーションやショッピングセンターなどがある。さらに運河を越えると鉄道駅。これらはすべて歩いて行ける。

ハイ・ストリート

モードリン・カレッジ

カーファックスP.273C-3からハイ・ストリートHigh St.P.273D-3沿いに東へ向かうと、さまざまなカレッジが並んでいる。北側は、リンカーン・カレッジLincoln College(1427年創設)、聖メアリー教会、オール・ソールズ・カレッジAll Souls College(1438年創設)、クイーンズ・カレッジQueens College(1341年創設)、モードリン・カレッジMagdalen College(1458年創設)と続く。南にはユニバーシティ・カレッジがある。

ブロード・ストリート

クイーンズ・レーンQueen's Ln.P.273E-2を入ると、ニュー・カレッジ沿いに道はくねり、ボドリアン図書館の前に出る。ここからブロード・ストリートBroad St.P.273C〜D-2を歩くと、トリニティ・カレッジTrinity College(1555年創設)やベイリオル・カレッジBelliol College(1282年創設)、オックスフォード・ストーリーなどがある。カーファックスのほうへ戻るコーンマーケット・ストリートCornmarket St.P.273C-3はたく

町角の風船売り

Information　History　Topics

パントに乗って運河を行く

オックスフォード運河にて

パントとは、平底の小さな船。パントはケンブリッジにもあるが、オックスフォードとはこぎ方が異なるそうだ。運河をこぎ進めていくのはなかなかの気分。

パントを借りる料金は、1時間に£15.00程度。パントのほかにもボートやカヌーを借りることもできる。乗り場は、カーファックスから南に進んだフォリー・ブリッジFolly Bridgeのたもとにある。

さんの人でにぎわう歩行者天国になっている。

クライスト・チャーチ周辺

カーファックスから南へ行くとオックスフォード博物館、ペンブローク・カレッジPembroke College(1624年創設)があり、さらに南下するとクライスト・チャーチの入口がある。

ターミナルから市の中心部へ

空港

ヒースロー、ガトウィックの両空港からは鉄道でも来ることができるが、直通バスの利用が便利。バスステーションまでオックスフォード・バスの便がある(→P.272欄外)。

鉄道駅

オックスフォード駅

鉄道駅は町の西にある。カーファックスまでは徒歩10分ほど。パーク・エンド・ストリートPark End St.P.273 A~B-3を直進し、橋を渡ってニュー・ロードNew Rd.P.273B~C-3に入る。右側にウエストゲート・ショッピングセンターWestgate S. C.を見ながらさらに直進するとカーファックスだ。

バスステーション

長距離バスは、町のほぼ中心にあるグロスター・グリーン・バスステーションGloucester Green Bus Stationに到着する。バスステーションにはオックスフォード・バスとナショナル・エクスプレスのブースがある。

市内交通

オックスフォードの中心部はそれほど広くはないのでバスなどに乗る必要はないが、B&Bやゲストハウスは郊外にある場合が多いので、このときはバスを利用したほうが便利。市内を走るバスの多くは鉄道駅前から発着。町の中心からは、ハイ・ストリート沿いのバス停が近い。

一方、周辺の町や見どころなどへのバスは、グロスター・グリーン・バスステーション発着だ。

旅の情報収集

観光案内所

ℹはブロード・ストリートにある。ここでは、情報の収集や、宿の予約のほか、ツアーの予約なども受け付けてくれる。

インターネットカフェ

世界中から留学生が集まってくるオックスフォードでは、インターネットカフェも各国語に対応。特にバスステーション横のマイシスMicesは日本語が入力できるマシンを多く備えている。

■ベイリオル・カレッジ
Map P.273C-2
✉Broad St., OX1 3BJ
TEL(01865) 277777
開13:00~17:00
休無休 料£1.00

ラドクリフ・カメラ

オックスフォードのグロスター・グリーン・バスステーション

■オックスフォードのℹ
Map P.273C-2
✉15/16 Broad St., OX1 3AS
TEL(01865) 726871
FAX(01865) 240261
inet www.visitoxford.org
開9:30~17:00
(日・祝10:00~16:00)
休12/25~1/1
宿の予約は手数料£4.00とデポジットとして宿泊料金の10%

■マイシス・インターネットカフェ
Map P.273B-2
✉91 Gloucester Green, OX1 2BU
TEL(01865) 726009
inet www.mices.com
開9:00~23:00
(日・祝10:00~23:00)
休無休
料£1.00(30分)

ツアー

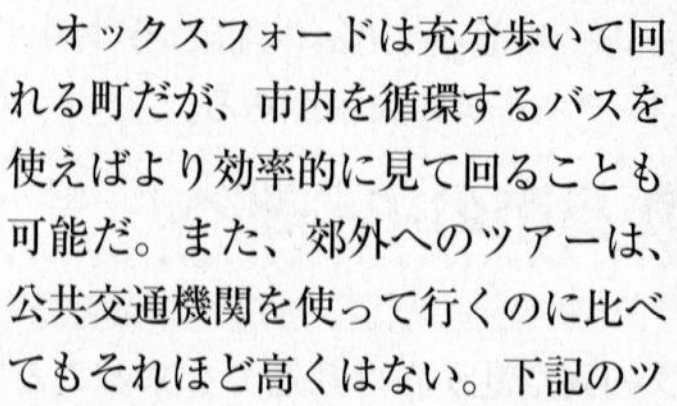

ウオーキング・ツアーはⓘで申し込む。ツアーはあらかじめ人数が定められているので、早めに申し込んでおこう

バスツアー

オックスフォードは充分歩いて回れる町だが、市内を循環するバスを使えばより効率的に見て回ることも可能だ。また、郊外へのツアーは、公共交通機関を使って行くのに比べてもそれほど高くはない。下記のツアーのほか、コッツウォルズに行くツアー(→P.253)も便利。

シティ・サイトシーイングのバス

ウオーキングツアー

さまざまな種類のものが出ている。本には載っていないような細かなエピソードを聞けるのがうれしい。

バスツアー

シティ・サイトシーイング City Sightseeing

TEL(01865)790522　inet www.citysightseeingoxford.com

●シティ・サイトシーイング・オックスフォード City Sightseeing Oxford

出発：4～9月9:30～18:00　3・10月9:30～17:00　11～2月9:30～16:00　10～30分毎
料£9.50　学生£8.50（24時間有効）

乗り降り自由の市内観光バス。鉄道駅からバスステーションを経由しおもな見どころやカレッジを経由し、町を1周する。

コッツウォルド・ローミング Cotswold Roaming

TEL(01865)308300　inet www.oxfordcity.co.uk/cotswold-roaming

●ブレナム宮殿&ブレイドン Blenheim Palace & Bladon

出発：4～10月　10:00　料£17.00　学生£15.50　所要：3時間50分

ブレナム宮殿と、ウィンストン・チャーチルが眠るブレイドンへのツアー。ブレナム宮殿の入場料とガイドが含まれており、料金的にはお得かも。

市内ウオーキングツアー

ツーリスト・インフォメーション・センター Tourist Information Centre

TEL(01865)726871　inet www.oxford.gov.uk/tourism/walking-tours.cfm

●町と大学巡り A City & Colleges Tour

出発：11:00、14:00（土10:30、11:00、13:00、14:00）
料£6.50　所要：2時間

ⓘの前出発。車では回りづらい町の中心部を歩きながら楽しむ。訪れる大学は、ツアーによって異なる。大学の入場料はツアーの料金に含まれている。ツアーに参加できる人数は19人までと決まっているので、事前の予約が望ましい。

●クライスト・チャーチを含む 町と大学巡り City & Colleges Tour including Christ Church

出発：金・土14:00　料£6.50　所要：2時間

ハリー・ポッターの映画の舞台になるなど、最も見どころの多いカレッジを見て回るウオーキングツアー。大学の入場料はツアーの料金に含まれている。ⓘの前出発。

●主任警部モースツアー Inspector Morse Tour

出発：土13:30　料£7.00　所要：2時間

オックスフォードを舞台にしたテレビ番組の人気キャラクター、主任警部モースになってオックスフォードの町を歩く。ⓘの前出発。

●ゴースト・ツアー Ghost Tour

出発：6～10月の金・土19:45　料£5.00　所要：1時間30分

暗い町をひたすら行く。気の弱い人にはきついかも。ⓘの前出発。

見どころ

オックスフォードの見どころは、何といってもカレッジ。「大学の中に町がある」といわれるほど、たくさんある。以下に代表的なものを示したが、ほかにも伝統と格式のあるカレッジは多く、内部を見学させてくれるところも多い。ただし、そのほとんどは午後にならないと一般に開放しないので、午前中に町の内外にある見どころを見てからカレッジの見学にとりかかるとよいだろう。

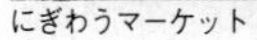

にぎわうマーケット

観光前にお勉強

見学所要時間の目安 1時間

オックスフォード博物館
Museum of Oxford

オックスフォード博物館

市役所内にあり、小さな博物館の印象を受けるが、意外に展示は充実。先史時代以来のオックスフォードの歴史を解き明かしている。

■オックスフォード博物館
Map P.273C-3
✉St. Aldates, OX1 1DZ
TEL (01865) 252761
Inet www.oxford.gov.uk/museum
開 10:00～16:30（土10:00～17:00、日12:00～16:00）
最終入場は閉館の1時間前
休 月
料 £2.00　学生£1.50

最古の常設大学

見学所要時間の目安 30分

マートン・カレッジ
Merton College

オックスフォードで最古の常設のカレッジで、1264年に設立された。それまでのカレッジは土地をもたない存在だったが、これをきっかけにユニバーシティ・カレッジやベイリオル・カレッジBelliol Collegeなども常設のカレッジになっていった。日本の現皇太子殿下が在学したのもここ（ちなみに雅子妃殿下が留学していたのはベイリオル・カレッジ）だ。

1370年設立とイングランド最古の図書館はこの中にある。

■マートン・カレッジ
Map P.273E-3
✉Merton St., OX1 4JD
TEL (01865) 276310
Inet www.merton.ox.ac.uk
開 14:00～16:00
（土・日10:00～16:00）
休 イースター週間、12/25～1/1
料 無料

町が一望できる

見学所要時間の目安 30分

聖メアリー教会
University Church of St. Mary the Virgin

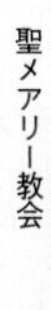

聖メアリー教会の起源はよくわかっていないが、サクソン人の時代に建てられたものだといわれている。教会の中で現存する最古の建物は、1280年に建てられた塔。ここからの景色はすばらしく、多くの人がひとめ見ようと訪れる。眼下にラドクリフ・カメラをはじめ、オックスフォードの名建築を収める気分は爽快だ。

■聖メアリー教会
Map P.273D-3
✉High St., OX1 4AH
TEL (01865) 279111
Inet www.university-church.ox.ac.uk
開 9～6月9:00～17:00
（日12:00～17:00）
7・8月9:00～18:00
（日12:00～18:00）
休 聖金曜、12/24～12/26
料 無料
塔は£2.50　学生£2.00

アーチの造形が美しい身廊

■クライスト・チャーチ
Map P.273D-4
✉Christ Church, OX1 1DP
TEL(01865) 276492
inet www.visitchristchurch.net
開9:00～17:30
(日13:00～17:30)
最終入場時間は16:30
美術館4～9月10:30～17:30
(日14:30～16:30)
10～3月10:30～13:00 14:30～16:30(日14:30～16:30)
休12/25
料£4.50　学生3.50
大聖堂が閉まっている日は£3.00　学生2.00

大聖堂とカレッジをもつ

クライスト・チャーチ
Christ Church

見学所要時間の目安 2時間

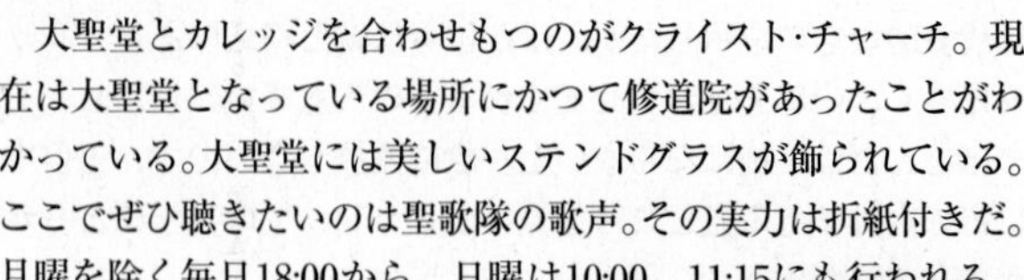

大聖堂とカレッジを合わせもつのがクライスト・チャーチ。現在は大聖堂となっている場所にかつて修道院があったことがわかっている。大聖堂には美しいステンドグラスが飾られている。ここでぜひ聴きたいのは聖歌隊の歌声。その実力は折紙付きだ。月曜を除く毎日18:00から。日曜は10:00、11:15にも行われる。

中には美術館Picture Galleryがあり、ファン・ダイクやダ・ヴィンチなどの作品が収蔵されている。

クライスト・チャーチ

表の塔がトム・タワーTom Tower。オックスフォード出身のクリストファー・レンChirstopher Wrenの作品で、中に収められた鐘Great Bellが時を知らせている。かつてこの鐘の音を合図にカレッジは閉門されたという。

■ニュー・カレッジ
Map P.273E-2
✉Holywell St., OX1 3BN
TEL(01865) 279555
FAX(01865) 279590
inet www.new.ox.ac.uk
開イースター～10月上旬 11:00～17:00
10月上旬～イースター 14:00～16:00
休無休
料イースター～10月上旬 £2.00
10月上旬～イースター は無料

1379年創設

ニュー・カレッジ
New College

見学所要時間の目安 30分

1379年創設と歴史は長いが、オックスフォードのカレッジのなかでは新しい部類に属する。ペスト流行により聖職者が減ったため、養成機関としてできたもの。また、ここの聖歌隊の歌声も非常に人気がある。

ニュー・カレッジ

Information　History　**Topics**

『アリス』ゆかりの店

クライスト・チャーチで数学を教えていたルイス・キャロルが『不思議の国のアリス』、『鏡の国のアリス』を発表したのは19世紀後半のこと。当時のオックスフォードの町が舞台になっているため、世界中のアリス・ファンは特別な思いでこの町を訪れるが、なかでも彼らが必ず訪ねるのが、『鏡の国のアリス』に登場するアリス・ショップ。クライスト・チャーチの目の前にある。『鏡の国のアリス』で、アリスが機嫌の悪いヒツジと出会うのはこの店。

アリス・ファンには見逃せない

現在はさまざまなアリスのグッズを販売している。小さな赤い看板が目印だ。

■アリス・ショップ
Map P.273D-4
✉83 St. Aldates, OX1 1RA
TEL(01865) 723793
inet www.sheepshop.com
開11:00～17:00　休無休

大学の町が誇る図書館

見学所要時間の目安 1時間

ボドリアン図書館
Bodleian Library

ロンドンの大英図書館に次ぐ700万冊もの蔵書を誇る図書館。本館のほかに、ラドクリフ・カメラRadcliffe Camera、クラレンドン・ビルディングClarendon Building、新館New Bodlean Libraryなどの中に、膨大な量の書物が収められている。建物としてひときわ目をひくのは1749年に建てられたラドクリフ・カメラだ。このドーム型の建物、もともとは科学関係の書物を収める図書館として建てられたそうだ。

図書館内はガイドツアーでのみ見学可能。ツアーで見学できる会議室は、17世紀のイングランド内乱時代、ロンドンを追放されたチャールズ1世の王宮が置かれていたときに英国議会として使われていた部屋。2階の閲覧室はジャコビアン・スタイルの内装の部屋で、ハリーポッターの撮影にも使われた。

■ボドリアン図書館
Map P.273D-2
✉Broad St., OX1 3BG
TEL(01865) 277224
FAX(01865) 277218
inet www.bodley.ox.ac.uk
開ガイドツアー4～10月
10:30、11:30、14:00、15:00
11～3月11:00、14:00、15:00（土10:30、11:30）
休日
料ガイドツアー £5.00

ツアーはここからスタート

英国有数の博物館

見学所要時間の目安 2時間

アシュモーリアン博物館
The Ashmolean

1683年創設という歴史ある博物館。大学の運営する博物館としては、世界一のコレクションを誇るといわれている。考古学に関する展示が充実しており、特にギリシア・ローマ時代の彫像や古代エジプトのコレクションなどは見ごたえがある。ほかにも、ヨーロッパをはじめ日本や中国、インドなど世界中の美術品を収蔵している。

アシュモーリアン博物館のファサード

■アシュモーリアン博物館
Map P.273C-2
✉Beaumont St., OX1 2PH
TEL(01865) 278000
FAX(01865) 278018
inet www.ashmol.ox.ac.uk
開10:00～17:00
（日14:00～17:00）
休月、1/1、9/3～9/5、12/24～12/26
料無料

町の歴史をここで勉強

見学所要時間の目安 1時間

オックスフォード・ストーリー
Oxford Story

900年にも及ぶ大学の歴史を、1時間弱で見て回れる。展示はもちろん、音響効果や匂いも含め、さまざまな感覚を通してオックスフォードを知ることができるようになっている。

■オックスフォード・ストーリー　Map P.273C-2
✉6 Broad St., OX1 3AJ
TEL(01865) 790055
FAX(01865) 791716
inet www.oxfordstory.co.uk
開10:00～16:30
（日11:00～16:30）
7・8月9:30～17:00
休12/25
料£7.25　学生£5.95
日本語のオーディオガイド付き

ネオ・ゴシック様式の建物も必見

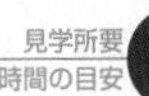
見学所要時間の目安 1時間

自然史博物館
Oxford University Museum of Natural History

ドードーの剥製や恐竜の骨格標本などの生物に関する展示をはじめ、鉱物や地質学など自然科学全般にわたるコレクションが一堂に会する博物館。展示と同様に注目したいのは、博物館の建築。自然科学の大聖堂を標榜して建てられたヴィクトリア朝期のネオ・ゴシック様式で、鉄とガラスという当時としては最先端を行く建築資材を用いている。

■自然史博物館
Map P.273D-1
✉Parks Rd.., OX1 3PW
TEL(01865) 272950
inet www.oum.ox.ac.uk
開12:00～17:00
休イースターの日曜、
料£7.25　学生£5.95
日本語のオーディオガイド付き

イグアノドンの骨格標本

■ブレナム宮殿
Map P.17C-3
🚌グロスター・グリーン・バスステーションから20番
1時間に1便
所要：30分
✉Woodstock, OX20 1PX
TEL(08700) 602080
FAX(01993) 810570
Inet www.blenheimpalace.com
開宮殿10:30～17:30
最終入場は16:45
庭園10:00～18:00
公園9:00～18:00
休宮殿は11/1～12/10の月・火、12/11～2/12
公園と庭園は12/25
料宮殿、庭園、公園£14.00
学生£11.50
庭園と公園£9.00
学生£7.00

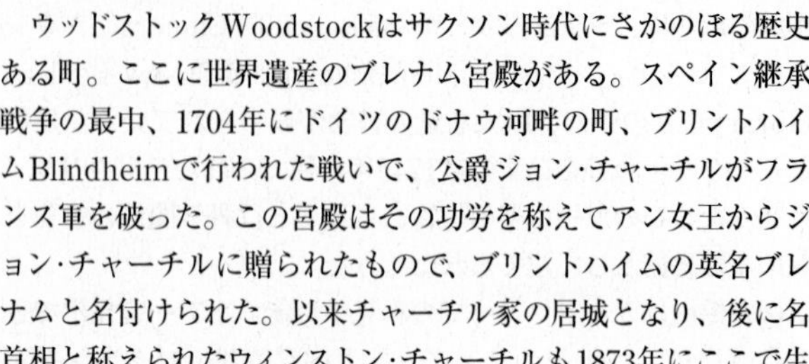

近郊の見どころ

首相チャーチルが生まれた

見学所要時間の目安 半日以上

ブレナム宮殿
Blenheim Palace

ウッドストックWoodstockはサクソン時代にさかのぼる歴史ある町。ここに世界遺産のブレナム宮殿がある。スペイン継承戦争の最中、1704年にドイツのドナウ河畔の町、ブリントハイムBlindheimで行われた戦いで、公爵ジョン・チャーチルがフランス軍を破った。この宮殿はその功労を称えてアン女王からジョン・チャーチルに贈られたもので、ブリントハイムの英名ブレナムと名付けられた。以来チャーチル家の居城となり、後に名首相と称えられたウィンストン・チャーチルも1873年にここで生まれている。

オックスフォードからはバスで30分ほど。ヘンジントン・ゲートのそばに到着する。ゲートからひたすら直進するとチケットブースが、さらにひたすら歩くと建物の入口に到着する。まず驚かされるのはその広さだ。

チャーチルが生まれた部屋はもちろん、英国伯爵の豪華な生活がうかがえる調度品の数々、花が咲き誇る手入れの行き届いた庭園もじっくり堪能したい。ほかにもバタフライファームやバラ園、迷路などもあり、1日楽しめる。

壮大なブレナム宮殿

ホテル Hotel

オックスフォードはロンドンほどではないが、宿泊料金はやや高め。B&Bは町の中には少なく、倹約派にはややきつい。だが、周辺には手頃な料金の宿も多く、イフリー・ロードひとつとってもひしめき合うようにB&Bやホテルが建っている。

日本からホテルへの電話　電話会社の番号 + 010 + 国番号44 + 市外局番の最初の0を取った掲載の電話番号

イーストゲート The Eastgate Townhouse Hotel　高級

●モードリン・カレッジの斜め向かいにある高級ホテル。17世紀に旅籠として利用されていた建物を改装したもの。予約時に前もってリクエストすれば、1階のバーやメインストリートから遠い部屋にしてくれる。一部シャワーのみの部屋もある。レストラン兼バーは、グリル料理の評判が高い。

64室　Map P.273E-3
✉The High St., OX1 4BE
TEL(0870) 4008201　FAX(01865) 791681
Inet www.macdonald-hotels.co.uk
S £144.00
W £160.00
£　T/C不可
C/C Ⓐ Ⓓ Ⓙ Ⓜ Ⓥ

バース・プレイス Bath Place Hotel 中級

●町の中心部にあり、建物ができたのは17世紀にさかのぼるそうだ。1900年からは学生寮として使われた。その長い歴史を示すかのように、古い梁や柱があちこちに見られる。このあたたかい雰囲気とホスピタリティが人気のようで、満室のことが多い。できるだけ予約はしたほうがよい。なお、一部バスタブはない部屋もある。

14室 Map P.273D-2

4-5 Bath Pl., OX1 3SU
TEL(01865) 791812 FAX(01865) 791834
inet www.bathplace.co.uk
S £90.00〜
W £100.00〜
£ T/C £
C/C ADMV

ユーロ・バー Euro Bar Hotel 中級

●グロスター・グリーン・バスステーションの近くで、バスの発着が深夜や早朝になる場合は便利。一方で、夜通しバスが発着するので、部屋によってはややうるさいかもしれない。1階がカフェバーになっており、ここで食事をとったり、コーヒーやビールを飲むことができる。レセプションはなく、バーがレセプションを兼ねている。客室はモダンな印象。

13室 Map P.273B-2

48 George St., OX1 2AQ
TEL(01865) 725087 FAX(01865) 243367
inet www.oxfordcity.co.uk/accom/eurobar
S £45.00 S £65.00
W £59.00 W £80.00
£ T/C不可
C/C MV

ウエストゲート Westgate Hotel 中級

●駅から町の中心部とは逆の方向に進むとひとつ目の角にある。1階はレストランになっている。夕食は18:30〜20:00。道を挟んで少し北に離れた場所に7室をもつ別棟もあり、こちらはシャワー、トイレ共同になっている。全室テレビ、ティーセット付き。

19室 Map P.273A-3

1 Botley Rd., OX2 0AA
TEL(01865) 726721 FAX(01865) 722078
e-mail westgatehotel.2@btopenworld.com
S £44.00 S £54.00
W £56.00 W £76.00
£ T/C £ C/C AMV

ウォルトン Walton Guest House ゲストハウス

●アイルランド出身のおばあちゃんが経営するゲストハウス。町の中心近くにあるゲストハウスのなかではかなり安い部類に属する。部屋は簡素だが、かわいらしくまとめられている。中庭は夏期には花で満ちあふれる。全室テレビとティーセット付き。

7室 Map P.273B-2

169 Walton St., OX1 2HD
TEL(01865) 552137
FAX なし
S £30.00〜35.00
W £50.00
£ T/C不可 C/C不可

ベケット Becket Guest House ゲストハウス

●駅から近く便利な立地にありながら、値段が手頃なので人気がある。予約しておいたほうがよいだろう。設備が新しくはないからか、部屋はやや簡素な印象があるが、もちろん清潔にしてある。全室テレビ付き。

15室 Map P.273A-3

5 Becket St., OX1 1PP
TEL & FAX(01865) 724675
S £35.00 S £40.00
W £48.00 W £58.00
£ T/C £ C/C AMV

ファルコン The Falcon Private Hotel ゲストハウス

●カーファックスから南に徒歩10分ほど。駅前のバス停からはX3でニュートン・ロードNewton Road下車。静かな環境にある。レセプションは22:30まで。室内は禁煙で、喫煙は1階のラウンジでのみ可能となっている。朝食は、豊富なメニューから選んで決める。

16室 Map P.273D-4外

88-90 Abingdon Rd., OX1 4PX
TEL(01865) 511122 FAX(01865) 246642
inet www.oxfordcity.co.uk/hotels/falcon
S £38.00
W £72.00
£ T/C £ C/C AMV

グリーン・ゲーブルズ Green Gables Guest House 【ゲストハウス】

●町の中心から2kmほど南の閑静な住宅街にあるゲストハウス。駅からX3のバスでチャタム・ロードChatham Road下車。

☺朝食は3種類から選べ、おいしかったです。部屋はなかなかキレイでした。(東京都 momo '05夏)

11室 Map P.273D-4外

✉326 Abingdon RD., OX1 4TE
TEL(01865) 725870 FAX(01865) 723115
inet www.greengables.uk.com
S £52.00 W £72.00
£ T/C £ C/C A M V

キングズ King's Guest House 【ゲストハウス】

●町の中心からはやや遠く、聖メアリー教会まで徒歩で25分ほどかかる。鉄道駅からバス3番または4、4A、4B、4CでコーンウォリスロードCornwallis Rd.下車。部屋は明るい雰囲気で、とてもきれい。朝食はベジタリアンメニューも可能。

6室 Map P.273F-4外

✉363 Iffley Rd., OX4 4DP
TEL(01865) 205333 FAX(01865) 711544
e-mail kingsguesthouse@email.com
S £30.00~35.00
W £50.00
W £55.00~60.00
£ € US$ T/C £ C/C J M V

ブロンテ Brontë Guest House 【ゲストハウス】

●聖メアリー教会まで徒歩15分ほどの距離にある。バスだと3番または4番でハワード・ストリートHoward St.下車。共同のバス、トイレは清潔にされており、バスタブも付いている。部屋の内装もなかなかかわいらしい。夏期を中心とするシーズン中と、シーズンオフでは若干宿泊料金が異なる。

7室 Map P.273F-4外

✉282 Iffley Rd., OX4 4AA
TEL(01865) 244594
FAX(01865) 793662
S £30.00
W £50.00
W £56.00
£ T/C £ C/C不可

YHAオックスフォード YHA Oxford 【ユースホステル】

●2001年オープンと、比較的新しいユースホステルなので、建物もきれいで設備も整っている。インターネット使用可能。自炊できるようにキッチンも付いている。

☺新しくきれいで設備も整っている。鉄道駅の隣であるため、騒音、振動が少し気になったがその他は満足。(宮城県 千田桃子 '05夏)

ベッド数194 Map P.273A-3

✉2a Botley Rd., OX2 0AB
TEL(01865) 727275 FAX(01865) 251182
inet www.yha.org.uk
D £17.95
S W £49.00
£ T/C £ C/C J M V

オックスフォード・バックパッカーズ Oxford Backpacker's 【ホステル】

●駅から町の中心に行く途中にある。ロケーションは非常によいが、大通りに面しているので騒音がやや気になることがあるかも。だが、いつも若者でいっぱいで活気はある。バー、キッチンも付いているので自炊も可能だ。ランドリーやインターネットも利用可能。

ベッド数102 Map P.273B-3

✉9a Hythe Bridge St., OX1 2EW
TEL(01865) 721761
FAX(01865) 203293
inet www.hostels.co.uk
D £14.00
£ T/C £ C/C M V

アイシス The Isis Guest House 【学生寮】

●普段は学生が生活しているゲストハウスだが、学校が休みになる7~9月は一般に開放する。シングルが中心。一部、シャワー、トイレ付きの部屋もある。このほかオックスフォードの町には、夏期になると一般に開放する学生寮がいくつかあるので、詳しくは❶で聞いてみよう。

37室 Map P.273F-4外

✉45-53 Iffley Rd., OX4 1ED
TEL(01865) 248894
FAX(01865) 243492
e-mail isis@herald.ox.ac.uk
S £30.00 S £38.00
W £60.00 W £64.00
£ T/C不可 C/C J M V

レストラン Restaurant

オックスフォードは歴史ある町、しかも学生の町だけあって、古いパブが町中に点在している。昼はカレッジ見学、夜はパブ巡りを楽しむのもよいだろう。また、町には世界中から学生が集うためさまざまな料理を楽しむことができる。

えだまめ Edamame 【日本料理】

●営業時間は短いが、地元の人にも観光客にも人気の日本料理店。昼は定食が中心。カツカレーや焼きそば、ラーメンなど£5.00～8.00。木曜の夕方は寿司の日で7コのセットが£8.00。金・土曜の夕方は居酒屋風の一品料理が中心。カードでの支払いは£10.00以上で夕食時にのみ可能。

Map P.273E-2

✉15, Holywell St., OX1 3SA
TEL & FAX (01865) 246916
Inet www.edamame.co.uk
開 11:30～14:30
17:00～20:30(日12:00～16:00)
休 火・水・日の夕方と月曜
£ T/C £ C/C Ⓙ Ⓜ Ⓥ

ジーノス Gino's Spaghetti House 【イタリア料理】

●グロスター・グリーン・バスステーションの前にあり、バスを待ちがてらワイン片手に食事をとるのにもよい。店内は明るい雰囲気。スパゲティ・ハウスというだけあってパスタはなかなかの味だ。値段もパスタ£5.30～6.90、ピザ£5.90～6.90、メインは£8.00～10.50程度とそれほど高くはない。

Map P.273B-2

✉94 Gloucester Green, OX1 2DF
TEL (01865) 794446
FAX (01865) 723177
開 12:00～14:30 18:00～23:00(日・月12:00～14:30 18:00～22:30、土12:00～15:00 18:00～23:00) 休 無休
£ T/C 不可 C/C Ⓙ Ⓜ Ⓥ

キングズ・アーム The King's Arm 【パブ】

●17世紀の初めに創業、ニュー・カレッジの近くにあり、学生もよく訪れるが、観光客にも人気のパブ。オープンで明るい雰囲気だからか、いつもにぎわっている。店の外で飲みながら、学生たちが行き交うのを見るのも楽しい。

Map P.273D-2

✉40 Holywell St., OX1 3SP
TEL (01865) 242369 FAX なし
開 10:30～23:30
休 無休
£ T/C 不可 C/C Ⓜ Ⓥ

ホワイト・ホース White Horse 【パブ】

●数世紀の伝統をもつ古いパブ。大通りに面している。少なくとも15世紀にはホワイト・マーメイドという名のパブだった。ちょっとした隠れ家的な雰囲気がある小さなパブだが、その小さなスペースには、夕方になると人がひしめき合うようになって、それぞれの時間を楽しんでいる。

Map P.273D-2

✉52 Broad St., OX1 3BB
TEL (01865) 728318 FAX なし
開 11:00～23:00(金・土12:00～24:00)
休 無休
£ T/C 不可
C/C Ⓜ Ⓥ

カフェロコ Cafeloco 【カフェ】

●クライスト・チャーチの向かい、アリス・ショップの隣にあるカフェ。食事は朝食と軽食、アフタヌーンティーなどが楽しめる。通常のメニューのほかに、黒板に日替わりメニューが書かれている。

Map P.273D-4

✉85-87 St. Aldates, OX1 1RA
TEL (01865) 200959 FAX なし
Inet www.goingloco.com
開 8:00～18:00(土9:00～18:00、日10:00～18:00)
休 無休 £ T/C 不可 C/C Ⓜ Ⓥ (5£以上)

☺スタッフがきびきびしていて感じよく、長居できました。 (北海道 しゅん '05夏)〈他投稿=☺〉

シェイクスピアの生まれた町

ストラトフォード・アポン・エイヴォン

Stratford-upon-Avon

人口11万1500人　市外局番01789

シェイクスピアの生家

ウィリアム・シェイクスピアは、商人だったジョン・シェイクスピアの長男として1564年にこの町で生まれた。彼はやがて偉大な劇作家としてして世界中にその名を知られることとなる。彼が生まれ、そしてその骨を埋めた、「エイヴォン川のほとりのストラトフォード」という町にも注目が集まり、それがこの町の運命を変えた。

現在でもこの町は400年も前に亡くなったシェイクスピアを中心として動いているといっても過言ではない。

モデルルート

この小さな町の最大の見どころは、何といってもシェイクスピアの生家と劇場。これを中心に、自分の興味に従って見どころを追加していこう。ウォーリック城やコッツウォルズ観光の起点としての滞在時間や、エイヴォン川のショートクルーズなども計画に入れたい。時間は多めに割いておこう。

シェイクスピアを知る半日コース

シェイクスピアの生家→ナッシュの家→ホールズ・クロフト→アン・ハザウェイの家→メアリー・アーデンの家

シェイクスピア関連の見どころを見て回る。町の周囲にも見どころはあるので、シティ・サイトシーイングのバスを利用すると便利だろう。また、この5つの見どころは共通券を販売している。初めの見どころで購入しておこう。シティ・サイトシーイングのバスを利用すれば割引もある。ここまで来れば、できれば夜は劇場でシェイクスピアを観賞したい。翌日はウォーリック城へ足を延ばすのもよいし、エイヴォン川のリバークルーズに出るのもよい。

ストラトフォード・アポン・エイヴォンへの行き方

●ロンドンから
🚃マリルボン駅発
2時間に1便
所要：2時間10分
🚌8:30、13:00、18:30、23:30発
所要：3時間

●バーミンガムから
🚃スノウ・ヒル駅発、ムーア・ストリート駅経由が1時間に1便。
所要：50分
🚌コーチステーション横発、ストラトフォード・ブルーStratford BlueのX20番が1時間に1便程度
所要：1時間

●コヴェントリーから
🚃直行便はない。バーミンガムかレミントン・スパLeamington Spaで乗り換え。
所要：1時間～2時間
🚌ステージコーチのX17に乗り、レミントン・スパで16、18番に乗り換え
所要：1時間40分

●オックスフォードから
🚃直行便はない。レミントン・スパで乗り換え。
所要：1時間30分
🚌ナショナル・エクスプレスが1:05、10:55発
所要：1時間
🚌ステージコーチ、もしくはストラトフォード・ブルーの50、X50番が1日3～4便
所要：1時間30分～2時間

●チェルトナムから
🚃直行便はない。バーミンガムかレミントン・スパで乗り換え。
所要：2時間10分
🚌17:25発
所要：1時間10分

町の西に位置する鉄道駅

歩き方

シェイクスピアの生家があるのが町の中心部で、アン・ハザウェイの家やメアリー・アーデンの家は郊外にある。バスもうまく活用しながら回ろう。

ターミナルから市の中心部へ

鉄道駅

鉄道駅は町の西側にある。駅の出口から延びる1本道を直進すると町の中心部に出られる。

バスステーション

長距離バスはリバーサイド・バスステーションRiverside Bus Stationに到着する。また、チッピング・カムデンやコヴェントリーといった近〜中距離のバスは、ブリッジ・ストリートBridge St.**P.285C-1**のバス停に到着する。

市内交通

市内バス

町の中や近郊を走るバスはブリッジ・ストリートのバス停から出る。

旅の情報収集

ⓘは橋のたもとのブリッジフットBridgefoot**P.285D-1**にある。宿の情報などだけではなく、催し物や劇場での公演予定まで、幅広く教えてくれる。

■ストラトフォード・アポン・エイヴォンのⓘ
Map P.285D-1
✉Bridgefoot, CV37 6GW
TEL(0870) 1607930
FAX(01789) 295262
inet www.shakespeare-country.co.uk
開イースター〜9/30
9:00〜17:30
(日10:00〜16:00)
10月〜イースター
9:00〜17:00
(日10:00〜15:00)
休無休
宿の予約は手数料£3.00とデポジットとして宿泊料金の10%

ホーリー・トリニティ教会内にはシェイクスピアの墓がある

市内を巡るツアーバス

ツアー

アン・ハザウェイの家やメアリー・アーデンの家など、町から離れた見どころへは公共交通機関でも行けるが、便が少なく利用しづらいので、バスツアーを利用すると効率よく回ることができる。

バスツアー

シティ・サイトシーイング City Sightseeing

TEL(01789)299866 inet www.city-sightseeing.co.uk

出発：夏期9:30～17:00の15～20分毎　冬期9:30～15:30の30分毎
料 £9.00　学生 £7.00（24時間有効）

郊外にあることも多いストラトフォード・アポン・エイヴォンの見どころを効率的に回るのにちょうどよいツアー。このチケットを持っていれば、いくつかの見どころが割引になる。また、ボートツアーと組み合わせたチケットも販売している。

市内ウォーキングツアー

ロイヤル・シェイクスピア・カンパニー Royal Shakespeare Company

TEL(01789)403405 e-mail thewalkinstratford@ntlworld.com

●ストラトフォードでのシェイクスピア Shakespeare's Life in Stratford

出発：土（4～6月木・土、7～9月の木・土・日）10:30　料 £6.00　学生 £5.00
所要：2時間

ストラトフォードにあるシェイクスピアに関わりのある場所を巡るツアー。申し込みはロイヤル・シェイクスピア・シアター内のツアーデスクで行う。

●ストラトフォード・タウン・ウオーク Stratford Town Walk　TEL (01789) 292478

出発：月～水11:00　木～日14:00
料 £5.00　学生 £4.00　所要：1時間30分～2時間

ロイヤル・シェイクスピア・シアター、ホーリー・トリニティ教会などを見ながらエイヴォン川のほとりを歩く。町並みをじっくり見たい人向き。また、木、金曜の19:30からはゴーストウオークツアーも催行される（事前の予約が必要）。

Information　History　Topics

エイヴォン川のリバークルーズ

エイヴォン川はナローボートを使ったクルーズや、モーターボート、手漕ぎボートで川下りをするのが人気。ボートはクロプトン・ブリッジClopton Br.周辺で借りることができる。レンタル料は手漕ぎボートが時間によって£3.00から、モーターボートが£10.00から。

ナローボートは、クルーズを催行する船、レストランや軽食を出す浮かんでいるだけの船など、さまざまなタイプのものがある。イーヴシャムへのアフタヌーンクルーズやナイトクルーズは、所要1時間30分～3時間30分で£16.50～30.00ぐらい。ウォーターサイドWaterside沿いに多くのナローボートが浮かんでいる。

ボートを漕ぎ出せば、川を渡る風が心地よい

ボートを店舗にしたアイスクリームショップ

見どころ

シェウクスピア関連の見どころは、町の中心部にあるものが多い。見どころ共通券を買うとお得。

大文豪はここで生まれた

見学所要時間の目安 1時間

シェイクスピアの生家
Shakespeare's Birthplace

見学者はまずシェイクスピア・センターに入る

ウィリアム・シェイクスピアは、1564年4月23日にこの家で生まれたといわれている。入口は、隣接するシェイクスピア・センターにあり、まずここでシェイクスピアの生涯と彼の活躍した時代についての展示を見学してから、生家へと入っていく。内部にはシェイクスピアが誕生した当時の生活の様子が、実物とレプリカの両方を用いて再現されている。シェイクスピアが誕生したとされる部屋には立派な天蓋付きのベッドが置かれ、彼の家がかなり裕福だったことがうかがえる。

シェイクスピアが引退後の生活を営んだ家

見学所要時間の目安 1時間

ナッシュの家とニュー・プレイス
Nash's House & New Place

ナッシュの家は、シェイクスピアの孫娘エリザベスが夫トーマス・ナッシュと一緒に住んだ所。家の中はストラトフォードの歴史に関する展示を行っている。春には外壁いっぱいに藤が咲き誇るこの家の庭園に、シェイクスピアが引退後没するまで過ごした家ニュー・プレイスがある。見物客への煩わしさから1759年に当時の家主が取り壊したため、現在は土台しか残っていない。跡地の英国ルネッサンス期様式で造られたノット庭園Knott Gardenには、春になると色とりどりの美しい花が咲き乱れる。

17世紀の生活を今に伝える

見学所要時間の目安 1時間

ホールズ・クロフト
Hall's Croft

シェイクスピアの娘スザンナと、その夫で医者のジョン・ホールの家。美しく立派な外観をもつ家屋で、夫の職業柄、内部にはエリザベス朝時代の診察室兼薬剤室が残っている。居間をはじめとした生活スペースには当時の家具が置かれ、室内に施された装飾も興味深い。塀に囲まれた広い庭は樹木や花であふれている。

ホールズ・クロフトは19世紀の中頃には学校として使われたという記録も残っている

■シェイクスピア関連の見どころ共通券
シェイクスピアの生家、ナッシュの家とニュー・プレイス、ホールズ・クロフト、アン・ハザウェイの家、メアリー・アーデンの家はいずれもシェイクスピア・バースプレイス・トラストによって管理されており、5ヵ所すべての共通券と、町なかにあるシェイクスピアの生家、ナッシュの家とニュープレイス、ホールズ・クロフトの3ヵ所の共通券が各窓口で購入できる。
●5ヵ所の共通券
料£14.00　学生£12.00
●3ヵ所の共通券
料£11.00　学生£9.00

■シェイクスピア・バースプレイス・トラストのウエブサイト
Inet www.shakespeare.org.uk

■シェイクスピアの生家
Map P.285B-1
開4・5・9・10月10:00～17:00
6～8月9:00～17:00
(日9:30～17:00)
11～3月10:00～16:00
(日10:30～16:00)
休12/23～26
料£7.00　学生£6.00

■ナッシュの家とニュー・プレイス
Map P.285B-2
開4・5・9・10月11:00～17:00
6～8月9:30～17:00
(日10:00～17:00)
11～3月11:00～16:00
休12/23～26
料£3.75　学生£3.00

■ホールズ・クロフト
Map P.285B-3
開4・5・9・10月11:00～17:00
6～8月9:30～17:00
(日10:00～17:00)
11～3月11:00～16:00
休12/23～26
料£3.75　学生£3.00

■アン・ハザウェイの家
Map P.285A-2外
🚌ブリッジ・ストリートのバス停からストラトフォード・ブルーのG1番でコテージ・レーンCottage Ln.下車。
開4・5・9・10月9:30～17:00
(日10:00～17:00)
6～8月9:00～17:00
(日9:30～17:00)
11～3月10:00～16:00
休12/23～26
料£5.50　学生£4.50

古きイングランドらしさにあふれるアン・ハザウェイの家

■メアリー・アーデンの家
Map P.285B-1外
🚌ウィルムコートで下車し、徒歩10分
開4・5・9・10月10:00～17:00
6～8月9:30～17:00
11～3月10:00～16:00
休12/23～26
料£5.70　学生£5.00

■テディ・ベア博物館
Map P.285B-1
✉19 Greenhill St., CV37 6LF
TEL(01789) 293160
Inet www.theteddybearmuseum.com
開3～12月9:30～17:00
1・2月10:00～16:00
休12/25、12/26
料£2.95　学生£2.45

■シェイクスペリエンス
Map P.285C-2
✉Waterside, CV37 6BA
TEL(01789) 290111
Inet www.shakespearience.co.uk
開夏期10:30～17:00
冬期10:30～16:00
休12/25
料£7.25　学生£6.25

■ホーリー・トリニティ教会
Map P.285B-3
✉Old Town, CV37 6BG
TEL(01789) 266316
開4～10月8:30～18:00
(日12:00～17:00)
11～2月9:00～16:00
(日12:00～17:00)
3月8:30～17:00
(日12:00～17:00)
休無休
料£1.50　学生£0.50

シェイクスピアの妻の農家

見学所要時間の目安 1時間

アン・ハザウェイの家
Anne Hathaway's Cottage

シェイクスピアの妻アン・ハザウェイが結婚前に家族と住んだ家。ふたりが結婚したのは1582年、シェイクスピアが18歳でアンが26歳のときだった。ハザウェイ家はかなり大きな農家で、立派な茅葺き屋根とテューダー朝建築を代表する見事な外観をもつ。家屋の内部には12部屋あり、それぞれに16世紀のアンティーク家具が置かれている。キッチンの大きな暖炉やパン焼きオーブンなども当時のまま残されていて興味深い。

文豪の母の生家

見学所要時間の目安 1時間

メアリー・アーデンの家
Mary Arden's House

16世紀に建てられたメアリー・アーデンの家は外観はレンガに覆われているが、中では木組みの構造を見ることができる

シェイクスピアの母メアリー・アーデンが育った家。エドワード王朝様式の建物に改修されたため、2000年までは、同敷地内にあるパーマー農園がメアリー・アーデンの家だと考えられていた。敷地内には納屋や牛小屋もあり、古い石造りの鳩舎には600もの巣穴がある。シェイクスピア・カントリーサイド博物館Shakespeare Coutryside Museumも併設されている。

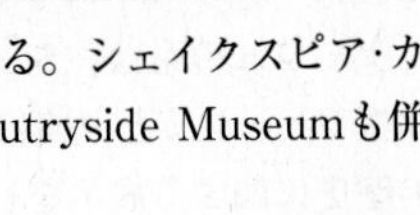

ぬいぐるみで埋め尽くされた

見学所要時間の目安 30分

テディ・ベア博物館
The Teddy Bear Museum

世界中から集められたテディ・ベアが何百体も展示されている博物館。テディ・ベアのぬいぐるみやグッズも販売もしている。

シェイクスピアの舞台の魅力に迫る

見学所要時間の目安 1時間

シェイクスペリエンス
Shakespearience

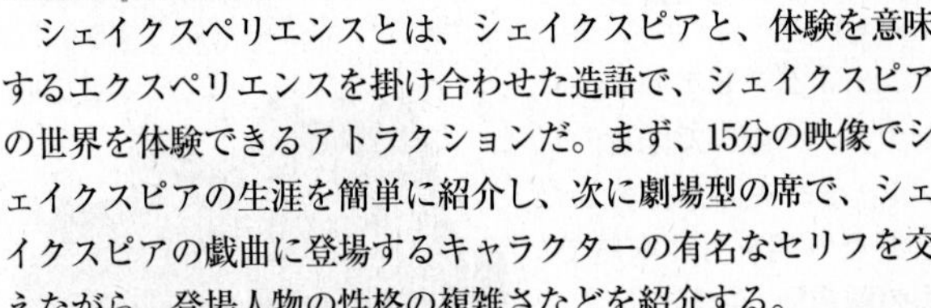

シェイクスペリエンスとは、シェイクスピアと、体験を意味するエクスペリエンスを掛け合わせた造語で、シェイクスピアの世界を体験できるアトラクションだ。まず、15分の映像でシェイクスピアの生涯を簡単に紹介し、次に劇場型の席で、シェイクスピアの戯曲に登場するキャラクターの有名なセリフを交えながら、登場人物の性格の複雑さなどを紹介する。

シェイクスピア永眠の地

見学所要時間の目安  30分

ホーリー・トリニティ教会
Holy Trinity Church

シェイクスピアとその身内が埋葬されている教会。シェイクスピアの墓は内陣にあり、近くには彼の胸像もある。

シアター・演劇

RSC（ロイヤル・シェイクスピア・カンパニー）の地元はストラトフォード・アポン・エイヴォン。次の3つの劇場で公演を行っている。

ロイヤル・シェイクスピア・シアター
Royal Shakespeare Theatre

RSCのメイン会場。レストランも備えており、観劇前やあとには多くの人でにぎわう。RSTのグッズを売るショップもある。2007年までに1000席の劇場に改修する工事を行う予定。

スワン・シアター
Swan Theatre

古い劇場だが、現在の建物は1928年の火災のあとに再建されたもので、1986年にオープンした。しかし、舞台や客席には伝統の重みが感じられる。

コートヤード・シアター
The Courtyard Theatre

ロイヤル・シェイクスピア・シアターの改修工事を行う間、RSCのメイン劇場になるように建てられた1000席の臨時劇場。改修工事の完了後は取り壊される予定。

■ロイヤル・シェイクピア・シアター
Map P.285C-2
■スワン・シアター
Map P.285C-2
■コートヤード・シアター
Map P.285C-2
■ロイヤル・シェイクピア・カンパニーのウエブサイト
[inet]www.rsc.org.uk

近郊の見どころ

エイヴォン河畔に建つ中世の城

ウォーリック城
Warwick Castle

ウォーリックはストラトフォード・アポン・エイヴォンとコヴェントリーの間にある小さな町。この小さな町が有名なのは、その名を冠した立派な城があるからだ。

この城の元は914年にさかのぼる。アルフレッド大王の娘がウォーリックの町を守る要塞を造ったことがその始まり。以降、歴史の流れとともに増改築が繰り返され、現在のようなすばらしい城ができあがった。

現在はその時代ごとに変遷を追いながら見学できる。中世の武器から貴族の豪華な生活がうかがえるような展示物まで、その歴史の長さを思い知らせてくれる。また、14世紀に建てられたガイズ・タワーGuy's Towerからの景色は、見ごたえたっぷりだ。

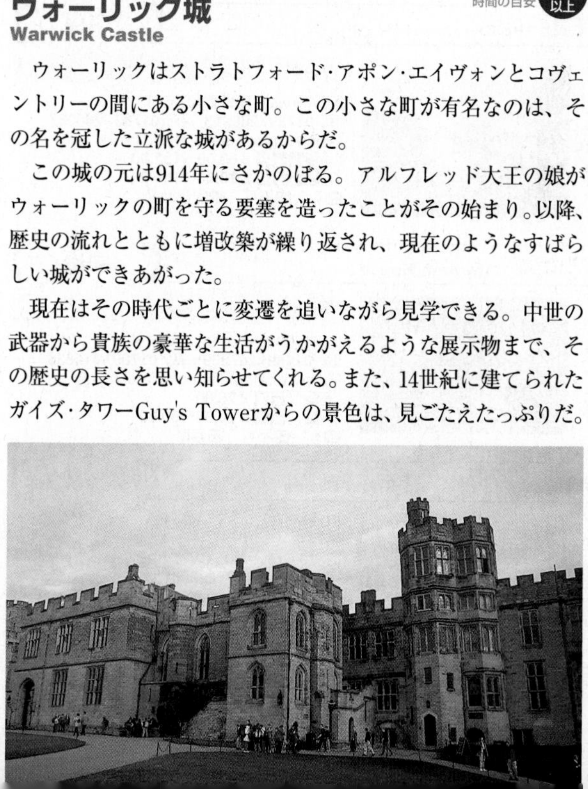

ウォーリック城ではさまざまなイベントが定期的に行われている

■ウォーリックへの行き方
●ストラトフォード・アポン・エイヴォンから
[バス]ブリッジ・ストリート発
1時間に2便程度
所要：20～50分
●バーミンガムから
[鉄道]スノウ・ヒル駅発
1時間に1～2便
所要：30～50分
●コヴェントリーから
[バス]レミントン・スパで乗り換え
所要：35分
●ロンドンから
[鉄道]マリルボン駅発
1時間に1～3便
所要：1時間40分
[バス]8:30、13:00、18:30発
所要：3時間

■ウォーリック城
Map P.17C-2
[TEL](0870) 4422000
[inet]www.warwick-castle.co.uk
[開]4～9月10:00～18:00
10～3月10:00～17:00
[休]12/25
[料]スタンダード
￡15.95　学生￡11.95
ピークシーズン
￡17.95　学生￡12.95
オフシーズン
￡13.95　学生￡10.75
日本語オーディオガイド
￡3.50

ホテル Hotel

ストラトフォード・アポン・エイヴォンはホテル、B&Bとも充実している。ホテルは町の中心部に、B&Bはグローヴ・ロードGrove Rd.やイーヴシャム・プレイスEvesham Pl.、あるいは東のシップストン・ロードShipston Rd.沿いに集中している。

日本からホテルへの電話 電話会社の番号 + 010 + 国番号44 + 市外局番の最初の0を取った掲載の電話番号

シェイクスピア The Shakespeare Hotel

高級

●町の中心にあり、観光に非常に便利な立地。木組みの大きな建物が印象的だ。各部屋は戯曲のタイトルなどにちなんだ名前が付けられている。内装もアンティークの家具を配し、シックな感じでまとめられている。歴史と風格が感じられて居心地がよい。併設のレストランでは地中海料理などさまざまな料理を出す。

74室 Map P.285B-2

✉Chapel St., CV37 6ER
TEL(0870) 4008182 FAX(01789) 415411
inet www.macdonaldhotels.co.uk
S £80.00～128.00
W £138.00～160.00
£ T/C不可
C/C Ⓐ Ⓓ Ⓙ Ⓜ Ⓥ

スワンズ・ネスト The Swan's Nest

高級

●エイヴォン川のほとりにある。ホテルの創建は17世紀にさかのぼるという。新館と旧館があり、部屋の雰囲気は異なるが、いずれも明るい雰囲気でまとめられている。それぞれの部屋には部屋番号ではなく名前が付けられ、それぞれのテーマを表しているそうだ。

67室 Map P.285D-2

✉Bridgefoot, CV37 7LT
TEL(0870) 4008183 FAX(01789) 414547
inet www.macdonaldhotels.co.uk
S £60.00～80.00
W £90.00～100.00
£ T/C £ C/C Ⓐ Ⓓ Ⓙ Ⓜ Ⓥ

グロヴナー・ホテル The Grosvenor Hotel

中級

●町の中心から近く便利な立地。ジョージ王朝様式で建てられたホテル。外観、内装ともにアイボリーなど明るい色が多用されている。部屋にはテレビ、電話、ドライヤーが付いている。部屋によってはバスタブ付きの部屋もある。

73室 Map P.285C-1

✉Warwick Rd., CV37 6YT
TEL(01789) 269213 FAX(01789) 266087
inet www.groshotelstratford.co.uk
S £60.00～132.00
W £70.00～154.00
£ T/C不可 C/C Ⓐ Ⓓ Ⓜ Ⓥ

ケーターハム・ハウス Caterham House

中級

●町の中心から少し南に歩くとある。1階はバーになっている。部屋ごとにテーマの異なった内装で、中国風の部屋、エジプト風の部屋などがある。設備も若干異なっており、バスタブ付きの部屋もある。

10室 Map P.285B-2

✉58-59 Rother St., CV37 6LT
TEL(01789) 267309 FAX(01789) 414836
inet www.caterhamhousehotel.co.uk
S £70.00
W £80.00～90.00
£ T/C不可 C/C Ⓜ Ⓥ

ウッドストック Woodstock Private Guest House

ゲストハウス

●庭に美しい花が咲き誇るゲストハウス。内装はレースや花柄のファブリックを使用したかわいらしい感じでまとめられている。部屋の広さは部屋により多少差がある。全室ティーセット、テレビ付き。駐車場もあるので、レンタカーなど車で行く人はあらかじめ伝えておこう。

5室 Map P.285A-2

✉30 Grove Rd., CV37 6PB
TEL & FAX(01789) 299881
inet www.woodstock-house.co.uk
S 30.00～35.00
W 60.00～64.00
£ T/C £
C/C不可

アーデン・パーク Arden Park Hotel 【ゲストハウス】

●駅から歩いて5分。重い荷物を抱えている人には便利な立地条件といえる。各客室にはテレビ、ティーセット、セーフティボックスが備え付けられている。インターネットは無料で使用することもできる。全館禁煙。宿泊日数が増えるごとに1泊あたりの料金が下がっていく値段設定になっている。

9室 Map P.285A-1

✉6 Arden St., CV37 6PA
TEL (01789) 262126 FAX (0870) 1378977
inet www.ardenparkhotel.co.uk
S £ 42.00～58.00
W £ 66.00～70.00
£ € T/C £
C/C M V

ハムレット・ハウス Hamlet House 【B&B】

●B&Bが多いグローヴ・ロードにある。経営者が変わることの多いこの町のゲストハウスだが、長い間変わることもなく続いてきた。部屋は少しずつ内装が異なり、ウエブサイトから予約する場合はすべての部屋の写真があるので、雰囲気を見てから予約することができる。オフシーズンなら平日に3泊以上すれば割引ありだそうだ。

5室 Map P.285A-2

✉52 Grove Rd., CV37 6PB
TEL & FAX (01789) 204386
inet www.hamlethouse.com
S £ 25.00～30.00
S £ 35.00～40.00
W £ 45.00～48.00
W £ 45.00～55.00
£ T/C £ C/C不可

ブラッドボーン・ハウス Bradbourne House 【ゲストハウス】

●さまざまなタイプの部屋があり、値段は設備などにより異なる。全室に衛星放送が見られるテレビ、ティーセットが完備されている。建物の前には駐車場がある。裏庭は手入れが行き届いており、緑を眺めるのも楽しい。オーナー夫妻は2年ほど日本に滞在した経験もある親日家。

7室 Map P.285D-3

✉44 Shipston Rd., CV37 7LP
TEL (01789) 204178 FAX (01789) 262335
inet www.bradbourne-house.co.uk
S £ 20.00～30.00
W £ 40.00～44.00
W £ 60.00～68.00
£ T/C不可 C/C不可

アンブルサイド Ambleside Guest House 【ゲストハウス】

●RAC（王立自動車クラブ）の「あたたかいもてなし賞」と「輝くダイヤモンド賞」を受賞したゲストハウス。表の庭もとてもきれい。部屋はいろいろなタイプがあるが、天蓋付きベッドが入った部屋がおすすめ。読者割引は予約時に告げておかなくてはならないとのこと。

7室 Map P.285A-2

読者割引5～10%
✉41 Grove Rd., CV37 6PB
TEL (01789) 297239 FAX (01789) 295670
inet www.amblesideguesthouse.com
S £ 25.00～35.00
W £ 55.00～75.00
£ T/C £ C/C J M V（手数料5%）

☺数々の賞を取っているということで泊まりました。シングルでこの値段は魅力的ですが、部屋は狭いです（ベッド+2畳くらい）。朝食はメニューリストから自分で選べます。他の宿泊施設に比べて、特別優れているというところもなく、ごく普通でした。
（東京都　塩原洋二　'05夏）

アシュバートン Ashburton Guest House 【B&B】

●イーヴシャム・プレイス沿いにあり、大きな日本語の看板が目印。日本人の夫人とイギリス人の旦那さんが経営している。部屋は広々としており、ティーセットのなかには、緑茶もある。朝食は日本食かイングリッシュかが選べるが、1組で1種類。つまり、一緒に来た人同士がそれぞれ別の朝食を選ぶことはできない。長期滞在は安くなるので要交渉。全館禁煙。

4室 Map P.285A-2

✉27 Evesham Pl., CV37 6HT
TEL (01789) 292444 FAX なし
inet www.ashburton-house.com
S £ 27.00～35.00
W £ 54.00～60.00
£
T/C £
C/C不可

☺シングルがなかったのですが、シングルの料金でダブルの部屋を使わせてくれました。和食の朝食はとてもおいしかったです。
（千葉県　福あり　'06春）

サラマンダー Salamander Guest House

ゲストハウス

●グローヴ・ロード沿いにある家族経営のゲストハウス。あたたかい家庭的もてなしが魅力だ。玄関の前には小さな庭があり、春頃には美しい花が咲き誇る。客室にはテレビやティーセットなどが備え付けられている。駐車場も完備。全館禁煙になっている。

7室 Map P.285A-2

✉40 Grove Rd., CV37 6PB
TEL & FAX (01789) 205728
Inet www.salamanderguesthouse.co.uk
S £20.00～30.00
W £36.00～£57.50
£ T/C £ C/C A M V

YHAストラトフォード・アポン・エイヴォン YHA Stratford-upon-Avon

ユースホステル

●町の中心部からは3kmほど離れているので、バスの利用が便利。ブリッジ・ストリートからレミントン・スパ、コヴェントリー行きのX17、18、77番のバスで10分ほど乗り、ユースホステル前下車。のどかな風景の中に建っている。周りに食事をとる場所はほとんどないので、ここで夕食をとるのもよいだろう。ドミトリーには男女別の部屋もある。

ベッド数132 Map P.285D-2外

✉Hemmingford House, Alveston, CV37 7RG
TEL (01789) 297093 FAX (01789) 205513
Inet www.yha.org.uk
D £19.95
S £28.00 S £30.00
W £44.00 W £50.00
£ T/C £ C/C D J M V

レストラン Restaurant

ストラトフォード・アポン・エイヴォンはそれほど大きな町ではないが、レストランやパブは多い。シープ・ストリートSheep St.周辺には木組みの建物を活かしたカフェやパブが集中している。エイヴォン川沿いにはナローボートも多いので、食事付きのクルーズに参加するのも楽しい。

タイ・キングダム Thai Kingdom

タイ料理

●グロヴナー・ホテルの向かいにある。店構えは高級感が漂っているが料金はお手頃。メニューも充実している。タイカレーは具だくさんで本格的な味。ランチセットは£4.99とお得。テイク・アウェイは座って食事をするよりも2割ほど安くなる。

Map P.285C-1

✉11 Warwick Rd., CV37 6YW
TEL (01789) 261103 FAX (01789) 266055
開12:00～14:00 18:00～22:45（日12:00～15:00 17:30～21:00） 休無休
£ T/C不可
C/C A D M V

ギャリック・イン The Garrick Inn

パブ

●ハーヴァード・ハウスの南隣にある。1594年に建てられた、現在営業しているなかで最古のパブ。18世紀の名優、デイヴィッド・ギャリックDavid Garrickにちなんでこの名が付けられている。食事は12:00～21:00。

Map P.285B-2

✉25 High St., CV37 4BA
TEL (01789) 2967697 FAX なし
開11:00～23:00（日12:00～23:00）
休無休
£ T/C不可 C/C M V

クイーンズ・ヘッド The Queens Head

パブ

●18世紀以来の歴史をもつ由緒あるパブ。ビールの味がよいことで地元でもよく知られている。料理は12:00～14:30のランチのみで、軽めの料理が中心。ひと皿£3.50～8.50と値段も手頃。また、ここは宿泊施設も併設しており、さまざまなタイプの部屋がある。料金はS£35.00、W£70.00、朝食付き。

Map P.285B-2

✉54 Ely St., CV37 6LN
TEL (01789) 204914 FAX (01789) 415106
開11:30～24:00（日12:00～23:00）
休無休
£
T/C不可
C/C M V

イギリス第2の大都会
バーミンガム Birmingham

近代建築が林立する市街地

バーミンガムは産業革命で大きな役割を果たしたイギリス第2の都市。産業革命時に町には多くの運河が引かれ、水の都の顔ももつ。第2次世界大戦の空爆により、古い建物はほとんど破壊されたが、被害を免れたルネッサンス様式のカウンシル・ハウスなどに加え、ショッピングが楽しめるブル・リングBull Ringやメイル・ボックスThe Mail Boxなどの近代建築が並び、新旧の顔が混在している。

市内には、数多くの劇場やコンサートホールが点在し、エンターテインメントも充実。街の南東にはバルティ・トライアングル（三角地帯）の愛称で親しまれているパキスタンやインド人街があり、バーミンガム発祥のカレー料理「バルティ」を提供するレストランが30軒以上並ぶほか、中華街では飲茶といったグルメな楽しみ方も魅力的だ。

歩き方

大都市バーミンガムだが、観光エリアは中心部にコンパクトにまとまっている。

ニュー・ストリート周辺

バーミンガムで最も にぎやかなエリアはニュー・ストリートNew St.P.293B-1。デパートやブティックが建ち並び、いつで

バーミンガムへの行き方

●ロンドンから
🚃ユーストン駅発、ニュー・ストリート駅着
30分〜1時間ごと
所要：1時間30分〜2時間
🚃マリルボン駅発、スノウ・ヒル駅着
30分〜1時間ごと
所要：約2時間20分
🚌ヴィクトリア・コーチステーション発
30分〜1時間ごと
所要：約2時間50分
●ストラトフォード・アポン・エイヴォンから
🚃ムーア・ストリート駅着
1時間に1便程度
所要：1時間
●コヴェントリーから
🚃ニュー・ストリート駅着
頻発
所要：30分
🚌30〜1時間30分に1便（ナショナル・エクスプレス）
所要：45分

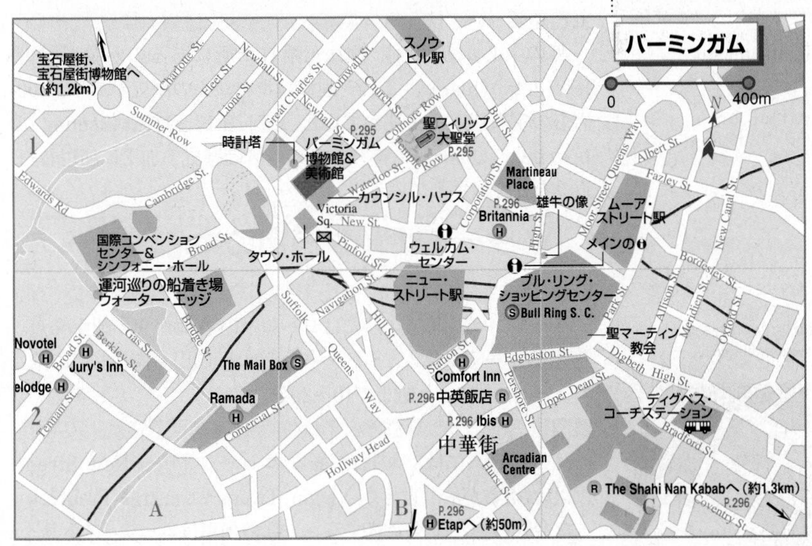

も人でごった返している。この通りの東端に雄牛の像があり、その横には巨大なブル・リング・ショッピングセンターがある。ブル・リング横の坂から見える聖マーティン教会St. Martin's Churchは13世紀に建てられたが、現在の教会は19世紀に再建されたものだ。

ニュー・ストリート

ヴィクトリア・スクエア

ヴィクトリア・スクエア

ニュー・ストリートの西端にあるヴィクトリア・スクエアVictoriaSq.P.293B-1には、ルネッサンス様式のカウンシル・ハウスCouncil Houseや、フランス・ルネッサンス様式の中央郵便局、ギリシア神殿を模して造られたタウン・ホールTown Hallなど壮麗な建物が並ぶ。

愛らしい雄牛の像

運河周辺

ヴィクトリア・スクエアの近くから地下道を通ってブロード・ストリートをBroad St.P.293A-1を進むと、国際コンベンション・センターとシンフォニー・ホールがある。シンフォニー・ホールは世界的に有名なバーミンガム市立交響楽団の本拠地。さらに進むと運河に出る。運河巡りの船も出ており、ナローボートに乗って運河下りが楽しめる。

シンフォニー・ホール

町を流れる運河

中華街

ニュー・ストリート駅の南側には中華街Chinese QuaterP.293B-2が広がる。中華料理店が軒を連ね、中華食材を専門に扱うスーパーマーケットや中国雑貨の店もある。

宝石屋街

町の中心から北西に約2km離れた所にあるのが宝石屋街Jewellery Quater。この一画は14世紀からの歴史があり、100店もの宝石店が軒を連ねている。宝石屋街博物館Museum of Jewellery Quarterもあり、この地区の歴史や加工に使用した道具などを展示している。

■宝石屋街博物館
Map P.293A-1外
スノウ・ヒル駅から電車で2番目、ジュエリー・クオーター Jewellery Quarter駅下車。
✉75/79 Vyse St., Hockley, B18 6HA
TEL(0121) 5543598
Inet www.bmag.org.uk
開11:30～16:00
休日・月、12/24～28、1/1
料無料

ターミナルから市の中心部へ

空港

バーミンガム国際空港にはヨーロッパ各地からの便が発着。鉄道駅(バーミンガム・インターナショナル駅)も隣接しており、ニュー・ストリート駅まで10～20分。

■バーミンガム国際空港
TEL(08707) 335511
FAX(0121) 7828802
Inet www.bhx.co.uk

鉄道駅

バーミンガムには3つの駅がある。ニュー・ストリートNew Street駅P.293B-2が最も大きく、Virgin TrainsやCentral Trainといった会社の便が多く発着する。一部の列車はムーア・ストリー

ニュー・ストリート駅構内

トMoor Street駅P.293C-1とスノウ・ヒルSnow Hill駅P.293B-1に着く。

バスステーション

ナショナル・エクスプレスの長距離バスは街の南東のコーチステーションから発着する。近郊行きのバスはムーア・ストリート駅前からも発着している。

旅の情報収集

観光案内所

メインの❶はブル・リング横にあり、イベントチケットの販売も行っている。ニュー・ストリートにある小さな❶はウエルカム・センターと呼ばれ、地図の配布や観光案内を行っている。

■バーミンガムの❶
Inet www.beinbirmingham.com
●メインの❶
Map P.293B-1
✉2 City Arcade, B2 4TX
TEL (0121) 2025099
開 9:30〜17:30
(日10:30〜16:30)
休 無休
宿の予約はデポジットとして1泊目の宿泊料金の10%
●ウエルカム・センター
Map P.293B-1
✉New St.
開 9:00〜17:30(火10:00〜17:00　日10:00〜16:00)
休 無休
ホテルの予約はできない

見どころ

活気あふれる町を歩いたり、ショッピングも楽しいが、ユニークな博物館も多く、演劇や音楽鑑賞もおすすめ。

バラエティあふれる展示内容

見学所要時間の目安 1時間

バーミンガム博物館＆美術館
Birmingham Museum & Art Gallery

ヴィクトリア・スクエアに面したカウンシル・ハウスの裏側にある。バーミンガムの郷土史や自然史、考古学、民族史学など、幅広い展示内容が見もの。なかでも、エジプト、アフリカ、南米やインドなど、世界中から収集した美術品の展示スペースには、高さ2.5mのブッダ像があり、荘厳な雰囲気に包まれている。絵画は、ラファエロ前派のコレクションが充実。また、館内にはエドワード王朝風のティールームEdwardian Tearoomが併設されており、鑑賞後にひと休みできる。

博物館の向かい側にある小さな時計塔は、19世紀にバーミンガムに運河を引いたジョセフ・チェンバレンを記念して建てられた。

■バーミンガム博物館＆美術館　Map P.293B-1
✉Chamberlain Sq., B3 3DH
TEL (0121) 3033155
FAX (0121) 3031394
Inet www.bmag.org.uk
開 10:00〜17:00(金10:30〜17:00、日12:30〜17:00)
休 無休　料 無料

博物館外観

博物館の横にある時計塔

都会の中にポツンとある

見学所要時間の目安 30分

聖フィリップ大聖堂
St. Philip's Cathedral

トーマス・アーサーの設計により、1715年に完成。その後、1905年にバーミンガム大司教区の大聖堂となった。イギリス・バロック様式の内部を彩るステンドグラスも必見。これは19世紀初頭、ラファエロ前派の画家エドワード・バーン・ジョーンズによって、デザインされたもの。

荘厳な雰囲気が漂う大聖堂内

■聖フィリップ大聖堂
Map P.293B-1
✉Colmore Row, B3 2QB
開 9:00〜18:00
(日8:00〜18:00)
休 無休　料 無料

ホテル＆レストラン Hotel&Restaurant

中心部にはビジネスホテルが多い。B&Bは町の西、ハグリー・ロードHagley Rd.に多い。インド料理で有名なバルティ・トライアングルへはコーポレーション・ストリートCorporation St.から4～6番のバスでストラトフォード・ロードStratford Rd.下車。

日本からホテルへの電話 電話会社の番号 + 010 + 国番号44 + 市外局番の最初の0を取った掲載の電話番号

ブリタニア・バーミンガム Britannia Hotel Birmingham 【大型】

●ニュー・ストリート駅のすぐ近くにあるため、観光にも夜遅く到着したときにも便利。ニュー・ストリートの繁華街にあるので、買い物にも便利。部屋にはテレビや電話、ヘアドライヤーなどが備わっている。一部バスタブがない部屋もある。

195室 Map P.293B-1

✉New St., B2 4RX
TEL (0121) 6313331 FAX (0121) 6333226
inet www.britanniahotels.com
S £65.00～135.00
W £70.00～150.00
£ T/C £ C/C A D M V

アイビス・シティ・センター Ibis Birmingham City Centre 【大型】

●バーミンガムにはアイビスが3軒あるが、ここは最も町の中心部から近く、中華街の真ん中にある。部屋数は多いが、便利な位置にあり、値段も手頃なので、空室は少ない。あらかじめ予約をしていったほうがよいだろう。ほかのアイビスホテルよりややコンパクトな感じはするが、設備は変わらない。朝食は£4.95。

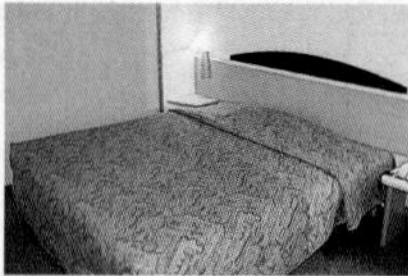

159室 Map P.293B-2

✉Arcadian Centre Ladywell Walk, B5 4ST
TEL (0121) 6226010 FAX (0121) 622620
日本での予約：無料 00531-616353
inet www.ibishotel.com
S W £56.95～71.95
£ € T/C £
C/C A D J M V

エタップ・バーミンガム・センター Etap Birmingham Centre 【大型】

●クイーンズ・ウェイを南に行くと左側にある。バーミンガムにあるホテルのなかでは最も安い部類に入り、しかも町の中心からも近く、ニュー・ストリート駅から徒歩10～15分ほど。部屋は簡素で、ベッドは2段式。別料金の朝食は、パンと飲み物だけ。

250室 Map P.293B-2外

✉1 Great Colmore St., B15 2AP
TEL (0121) 6227575 FAX (0121) 6227576
inet www.accorhotels.com
S W £39.00～44.00
£ T/C 不可
C/C A M V

☺とにかく安いし、町なかにあるのでおすすめです。中華街にも近いです。テレビは衛星放送も映りました。
（千葉県　福あり　'06春）

中英飯店 Chung Ying 【中華料理】

●アイビスの向かい側にある。バーミンガムの中華街で一番大きなレストラン。赤い外観が目印。広東料理のレストランで、飲茶が1品£3.00前後で楽しめ、種類も50品前後と豊富。海鮮を使った麺類もおすすめ。

Map P.293B-2

✉16-18 Wrottesley St., B5 4RT
TEL (0121) 244355 FAX (0121) 6667051
開 12:30～24:00（日～22:30）
休 12/25
£ T/C 不可 C/C A D M V

シャーヒ・ナン・カバブ The Shahi Nan Kabab 【インド料理】

●ストラトフォード・ロードのバス停を挟んだ斜め向かいにある。真っ黒な大きな鉄鍋で出される具だくさんのバルティBaltiをはじめ、チキンや羊のカバブ（串焼き）などが、地元でもおいしいと評判の店。

Map P.293C-2外

✉353 Stratford Rd., Spark Hill, B11 4JY
TEL (0121) 7722787 FAX なし
開 12:30～23:00（金・土～24:00）
休 無休
£ T/C 不可 C/C A D M V

伯爵夫人ゴダイヴァの町

コヴェントリー Coventry

人口30万848人
市外局番024

セント・メアリーズ・ホール

伯爵夫人ゴダイヴァの伝説が今に伝わるコヴェントリーの町は、古くから栄えてきた。15世紀にはイングランドで最も栄えた町として全盛期を迎える。産業革命以降、町は近代化していったが、第2次世界大戦中、軍需産業が集中していたためドイツ軍による空爆を受け、町は徹底的に破壊された。今でもその傷跡が大聖堂に残されている。

歩き方

コヴェントリーの中心は、コヴェントリー大聖堂やセント・メアリーズ・ホールSt Mary's Hallの周辺。ⓘはホリー・トリニティ教会Holy Trinity Churchの向かいにある。

空港

バーミンガム国際空港がバーミンガムとコヴェントリーとの間にあり、バスが頻発している。所要約30分。

鉄道駅

鉄道駅は町の南に位置している。中心部までは歩いて15分ほど。中心へ向かう途中にゲストハウスやB&Bが集中するセント・パトリック・ロードSt. Patrick Rd.がある。

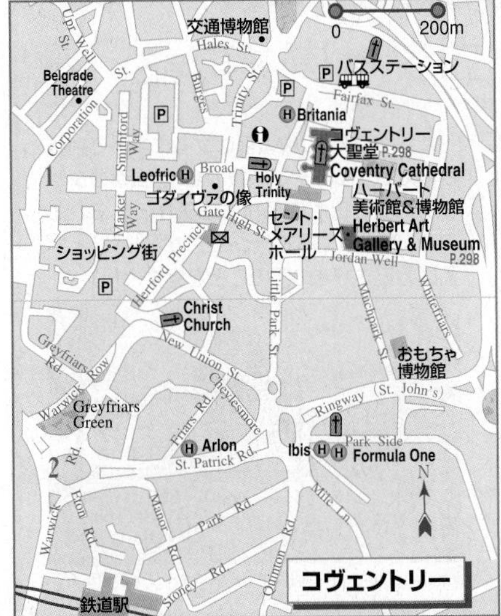

バスステーション

バスステーションはコヴェントリー大聖堂の北にある。市内バスや近距離路線もコヴェントリー大聖堂周辺から発着するものが多い。

コヴェントリーへの行き方

●ロンドンから
🚃ユーストン駅から1時間に2便
所要：約1時間
🚌ヴィクトリア・コーチステーションから1～2時間に1便程度
所要：2時間10分

●バーミンガムから
🚃ニュー・ストリート駅から頻発
所要：20～30分
🚌ムーア・ストリート駅前から頻発
所要：1時間
🚌ディグベス・コーチステーションから30分～1時間30分に1便
所要：40分

●ストラトフォード・アポン・エイヴォンから
🚃レミントン・スパ乗り換え
🚌ブリッジ・ストリートから1時間に1便程度
所要：1時間30分

ハーバート美術館＆博物館

コヴェントリーのⓘ

■コヴェントリーのⓘ
Map P.297-1
✉4 Priory Row, CV1 5EX
TEL (024) 76227264
FAX (024) 76227255
inet www.visitcoventry.co.uk
開 夏期9:30～17:00
（土10:00～16:30、日10:00～12:30　13:30～16:30）
冬期9:30～16:30
（土10:00～16:30、日10:00～12:30　13:30～16:30）
休 無休
ホテル予約はデポジットとして宿泊料金の8％

■コヴェントリー大聖堂
Map P.297-1
✉1 Hill Top, CV1 5AB
TEL(024) 76521200
Inet www.coventrycathedral.org.uk
開9:00～17:00　休無休
料£3.00の寄付歓迎

第2次世界大戦時の空爆によって廃墟と化した大聖堂

■ハーバート美術館＆博物館
Map P.297-1
✉Jordan Well, CV1 5QP
TEL(024) 76832386
FAX(024) 76832410
Inet www.coventrymuseum.org.uk
開10:00～17:30
(日12:00～17:00)
休無休　料無料
2008年初頭まで改修工事予定だが見学は可能。

見どころ

コヴェントリー大聖堂の周辺に見どころが集中している。

レオフリック伯爵ゆかりの

見学所要時間の目安 30分

コヴェントリー大聖堂
Coventry Cathedral

もともとはレオフリック伯爵とゴダイヴァ夫人が建てた修道院が元になっている。その後建て直された14世紀以来、長い間コヴェントリーの発展を見守ってきたが、第2次世界大戦中の1940年に、激しい空爆により建物は破壊された。現在の建物は戦後新たに建てられたもの。前の建物の残骸は、ルーインズ（廃墟）と呼ばれ、現在の大聖堂の横に残されている。

第2次世界大戦後、急激に復興したコヴェントリーの町だが、ここに来ると戦争が残した爪痕の大きさを思い知らされる。現在の建物はうって変わって現代的。中にはビジターセンターもある。

考古学からゴダイヴァ伝説まで展示内容の豊富な

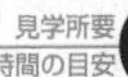

見学所要時間の目安 1時間

ハーバート美術館＆博物館
Herbert Art Gallery & Museum

歴史からゴダイヴァ伝説、考古学の発掘の成果や科学技術に関する展示まで、ここに来ればコヴェントリーのことがひととおりわかるようになっている。さまざまな画家が描いたゴダイヴァの絵が収蔵されている。

Information　History　Topics

町のシンボル、ゴダイヴァの話

コヴェントリーのシンボルとなっているのが伯爵夫人ゴダイヴァ（ゴディヴァ）。このゴダイヴァには有名な逸話がある。

領主レオフリックが、コヴェントリーの人々に重税を課しているのを見たゴダイヴァは、負担を軽くするように求めた。これに対してレオフリックは「それではおまえが裸で町を歩いてみよ」と答えた。

ゴダイヴァは意を決して裸体のまま馬に乗り、町を歩く。そして彼女の心を察した町の人々は、みな外を見ないようにと窓を閉めた。ところが、そこにひとりだけ、好奇心に勝てなかったのか、夫人の姿を見ようと窓からのぞいてしまった男がいた。

だが次の刹那、彼の目は従者によって射抜かれてしまう。そして彼の名、トムはゴダイヴァの名とともに現在まで語り伝えられている。現在の英語で「ピーピング・トム」といえばのぞき好きの男のことを指すのだ。

町の中心にはゴダイヴァの像がある

テューダー王朝様式の家並みが美しい

シュルーズベリー Shrewsbury

人口9万6500人
市外局番01743

ハイ・ストリートに並ぶ木組みの家

ウェールズにほど近いシュルーズベリーは、白い壁と黒い梁をもつ15世紀のテューダー王朝様式の家々が多く残る中世の町並みが美しい町。馬蹄形に蛇行するセヴァーン川のほとりにできたサクソン人の集落がこの町の始まりで、世界初の鉄橋があるアイアンブリッジ渓谷への起点となる町でもある。

また、毎年8月に催されるシュルーズベリー・フラワー・ショーShrewsbury Flower Show（2006年は8月11～12日）は2日間で10万人以上の人が訪れる華やかなイベントだ。

歩き方

鉄道駅から出ると、正面に11世紀に造られたシュルーズベリー城がそびえる。内部はシュロプシャー連隊博物館Shropshire Regimental Museumになっている。城の横のキャッスル・ストリートCastle St.**P.299B-1**沿いから、美しい伝統家屋が並ぶ。中世の街区がそのまま残された旧市街がバッチャー・ロウBucher Row**P.299B-1～2**とフィッシュ・ストリートFish St.**P.299B-2**。南に抜ければハイ・ストリートHigh St.**P.299B-2**に出る。ℹはザ・スクエアThe Square**P.299A-2**に面したミュージック・ホール内にある。

シュルーズベリー城

シュルーズベリー
0 100m
鉄道駅
Smithfield Rd.
バスステーション
P.301 Traitors Gate Brasserie R
シュルーズベリー城（シュロプシャー連隊博物館）P.299
Victoria Avenue
シュルーズベリー博物館＆美術館 Shrewsbury Museum & Art Gallery P.300
The Darwin S.C.
Pride Hill S.C.
St. Mary's
Castle St.
Pride Hill
Mardol
Barker St.
The Square
Old Market Hall
マーケット
High St.
Fish St.
Butcher Row
P.301 Prince Rupert
Cromwells Hotel
Tudor House P.301
Three Fishes P.301
Princess St.
Wyle Cop
Lion
Sandford House P.301
セヴァーン川
シュルーズベリー・アビー Shrewsbury Abbey P.300
Abbey Foregate
English Br.
Old Potts Way
River Severn
Greyfriars Footbridge
Kingsland Bridge
A B C 1 2 N

シュルーズベリーへの行き方

●ロンドンから
🚃ユーストン駅発、クルーエCrewe乗り換え
所要：2時間30分
🚌ヴィクトリア・コーチステーションから13:00、15:30発
所要：4時間30分
●バーミンガムから
🚃1時間に2便程度
所要：約1時間
🚌16:10、18:40発
所要：約1時間20分
●チェスターから
🚃1時間に1便程度
クルーエCrewe乗り換えの便もある
所要：1時間
●カーディフから
🚃1時間に1便程度
所要：約2時間

■シュロプシャー連隊博物館
Map P.299B-1
TEL (01743) 358516
Inet www.shrewsburymuseums.com
開 9月末～3月の火～土 10:00～16:00
4月～5月末の火～土 10:00～17:00
5月末～9月末 10:00～17:00（日～16:00）
休 12月末～2月中旬、2月中旬～5月末の月曜、10～5月の日曜
料 £2.50

■シュルーズベリーのℹ
Map P.299A-2
✉The Music Hall, The Square, SY1 1LH
TEL (01743) 281200
FAX (01743) 218213
Inet www.visitshrewsbury.com
開 5～9月9:30～17:30（日10:00～16:00）
10～4月10:00～17:00
休 10～4月の日曜
宿の予約は手数料£1.50とデポジットとして1泊目の宿泊料の10%

■ウオーキングツアー
ⓘの前から出発。5・6・10月は14:30発、7〜9月は14:30発と日曜の11:00発、11〜4月は土曜14:30発。チケットはⓘで購入可能。
㊡10月の日、11〜4月の日〜金
㊒£3.00

■シュルーズベリー博物館&美術館
Map P.299A-1
✉Barker St., SY1 1QH
TEL(01743) 361196
Inet www.shrewsburymuseums.com
開1〜3月、9/12〜12月中旬 10:00〜16:00
4/1〜5/28　10:00〜17:00
5/29〜9/11　10:00〜17:00(日〜16:00)
㊡5/29〜9/12の日・月、12月中旬〜1月上旬
㊒無料

■シュルーズベリー・アビー
Map P.299C-2
✉The Abbey, SY2 6BS
TEL(01743) 232723
Inet www.shrewsburyabbey.com
開夏期10:00〜16:30
　冬期10:00〜15:00
㊡無休
㊒寄付歓迎

見どころ

シュルーズベリーは町歩きが楽しい。ⓘ主催のウオーキングツアーに参加するのも手。

商人の邸宅を改築した

シュルーズベリー博物館&美術館
Shrewsbury Museum & Art Gallery

見学所要時間の目安 1時間

16世紀の商人の家、ロウリーの家Rowley's Houseを改装し2001年に開館した。ローマ時代の遺跡からの発掘物を見ることができる。また、シュルーズベリーで生まれたチャールズ・ダーウィンの展示もある。

建築物としても興味深い

『修道士カドフェル』の舞台

シュルーズベリー・アビー
Shrewsbury Abbey

見学所要時間の目安 30分

12世紀のシュルーズベリー・アビーを舞台とした、エリス・ピーターズEllis Peters作の推理小説『修道士カドフェルBrother Cadfael』シリーズによって一躍有名になった。聖ペテロとパウロを祀ったこの修道院は、1083年にロジェ・ド・モンゴメリRoger de Montgomeryによって開かれた。

カドフェルゆかりの修道院

Information　History　Topics

産業革命が残したアイアンブリッジ渓谷

産業革命にスポットを当てた一大テーマパークとも呼ぶべきアイアンブリッジ渓谷。セヴァーン川の渓谷に世界初の鉄橋ができたのは1779年。その後もこの地域には数多くの工場が建てられ、産業革命時のイギリスの先進地域となった。時は過ぎ、第2次世界大戦後は工場も使われることはなく、廃墟だけが残っていた。しかし、廃墟となった工場群は博物館やアトラクションとなり、一大観光地として生まれ変わった。広大なエリアに多くの博物館やアトラクションなどの見どころが点在しており、とても1日では回りきれない。

アイアンブリッジ　世界初の鉄橋は、鉄橋には珍しくアーチ型。これは当時まだ鉄の素材を活かした建築技術がなかったため、木造橋の手法を採ったといわれる。建築を指示したダービー3世の館は、アイアンブリッジの北にある鉄博物館Museum of Ironの近くにある。

ブリスツヒル Blists Hill　ヴィクトリア朝時代の町並みや生活、人々の衣装が再現された屋外博物館。雑貨屋やパン屋さんも当時のまま。ティールームでお茶もできる。

■アイアンブリッジへの行き方
🚌シュルーズベリーから96番。8:45、10:45、12:45、14:45、17:45発、所要45分。日曜運休。テルフォードTelfordからも便はあるが日曜は運休。
■アイアンブリッジ　Map P.17B-2
✉Ironbridge, Telford
TEL(01952) 884391
Inet www.ironbridge.org.uk
開10:00〜17:00(11〜3月は休館の博物館もある)
㊒博物館共通パスポート£14.00
鉄博物館£5.00　ダービーハウス£3.50
鉄博物館+ダービーハウス£6.00
ブリスツヒル£9.00

ホテル＆レストラン Hotel&Restaurant

シュルーズベリーの町は小さいのでホテルの数もそう多くはない。旧市街のほか、鉄道駅周辺にも数軒ある。アイアンブリッジにもホテルやゲストハウス、レストランがあるので、1泊2日で見てくるのもよいだろう。

日本からホテルへの電話 電話会社の番号 + 010 + 国番号44 + 市外局番の最初の0を取った掲載の電話番号

プリンス・ルパート Prince Rupert Hotel 【高級】

●町の中心にあり、背後には聖メアリー教会がそびえる。サウナ、フィットネスセンター、ビューティサロンなどを備えており、充実した設備を誇る。天蓋付きベッドが配された部屋もある。併設したレストラン、ロイヤリストRoyalistも人気。

70室 Map P.299B-1

✉Butcher Row, SY1 1UQ
TEL (01743) 499955 FAX (01743) 357306
inet www.prince-rupert-hotel.co.uk
S £79.00～85.00
W £105.00
£ T/C不可 C/C A D M V

サンドフォード・ハウス Sandford House Hotel 【ゲストハウス】

●旧市街からシュルーズベリー・アビーに行く途中にある。本館と裏庭を挟んだ向かい側にある新館のふたつの建物から成り立っており、本館は1760年代に建てられたジョージ王朝様式の建物。本館、新館とも同じような内装で、部屋にはテレビ、ティーセットが付いている。全20部屋中2部屋は広くてバスタブ付きになっている。

20室 Map P.299B-2

✉St. Julians Friars, SY1 1XL
TEL & FAX (01743) 343829
inet www.sandfordhouse.co.uk
S £50.00
W £65.00～75.00
£ T/C £
C/C A J M V

テューダー・ハウス Tudor House 【B&B】

●町の中心にあり、ロケーションが抜群によい。この建物も非常に歴史があり、保存建築物に指定されている。有名人もよくここに泊まりに来るそうだ。朝食はすべて有機農法で作られた食材を使用している。古い建物の構造をそのまま利用しているため、一部シャワー・トイレがない部屋もあるが、それぞれ専用のバスルームが近くにある。

5室 Map P.299B-2

✉2 Fish St., SY1 1UR
TEL & FAX (01743) 351735
inet www.tudorhouseshrewsbury.co.uk
S £69.00
W £79.00～120.00
£
T/C £ C/C不可

トレイターズ・ゲート・ブラッセリー Traitors Gate Brasserie 【バラエティ】

●シュルーズベリー城から町の中心へ向かう途中にある。古いレンガ造りの部屋を利用しており、雰囲気は抜群。料理はイタリア料理を中心に幅広いメニューを揃えている。ひとり£21.60のコースメニューは4人から注文可能。

Map P.299B-1

✉Castle St., Mary's Water Ln., SY1 2BX
TEL & FAX (01743) 249152
inet www.traitorsgate.co.uk
開 10:30～15:00 18:30～22:30
休 日・月 £ T/C £ C/C A J M V

スリー・フィッシズ Three Fishes 【パブ】

●テューダー・ハウスの隣にある。分煙のパブは最近増えてきているが、このパブのように完全禁煙というのは非常に珍しい。確かにタバコの臭いがしないので、子供連れでも安心して食事できる。樽仕込みのエールも出している。

Map P.299B-2

✉Fish St., SY1 1UR
TEL & FAX (01743) 344793
開 11:30～15:00 17:00～23:00（金・土11:30～23:00、日12:00～16:00 19:00～22:30）
休 無休
£ T/C £ C/C D M V

英国陶器のふるさと

ストーク・オン・トレント Stoke-on-Trent

人口24万1000人
市外局番01782

ストーク・オン・トレントへの行き方

●ロンドンから
🚆ユーストン駅から1時間に2便程度
所要：1時間35分
🚌ヴィクトリア・コーチステーションから1日5便
所要：3時間30分～4時間30分
●バーミンガムから
🚆1時間に1便程度
所要：50分
🚌1日13便
所要：1時間～1時間30分
●マンチェスターから
🚆ピカデリー駅発、1時間に2便程度
所要：45分
🚌1日9便
所要：約1時間30分

イギリスを代表する陶磁器、ボーンチャイナ。ボーンチャイナとは牛の骨灰を陶石に混ぜることによってできた、半透明で乳白色に輝く陶磁器のこと。そのボーンチャイナ発祥の地がストーク・オン・トレント。ウェッジウッドをはじめとして、多くの陶磁器メーカーの工場が置かれ、製造工程の見学や、直営店でのショッピングを楽しむことができる。

熟練の職人技が間近で見学できる

ウェッジウッドにて

歩き方

ストーク・オン・トレントは、北から順にタンストールTunstall、バースレムBurslem、ヘンリーHanley、ストークStoke、フェントンFenton、ロンストンLonstonの6つの町に分かれいる。中心となる町はヘンリーで、ⓘやバスステーション、博物館がある。ストーク・オン・トレントの鉄道駅からはヘンリー行きの市内バスが頻繁に運行されている。ストーク・オン・トレントに到着したら、まずはヘンリーに向かうのがよいだろう。

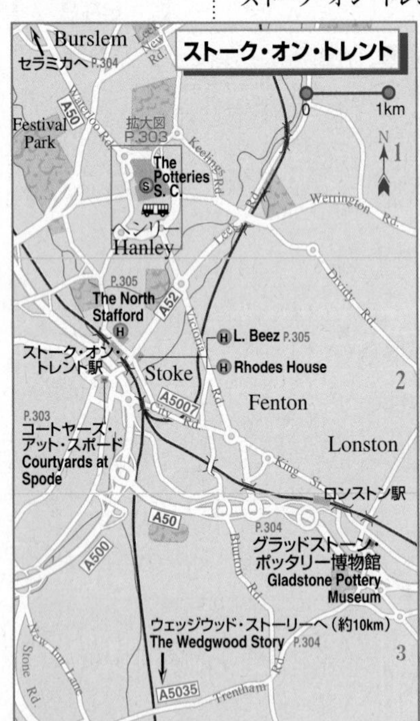

鉄道駅

鉄道駅はヘンリーの南、ストークにある。ヘンリーへは駅前のバス停から、29、66番のバスがほぼ10分おきに運行している。所要時間は5分。

バスステーション

各地からのバスは、ヘンリーにあるバスステーションに到着する。

ストーク・オン・トレントの鉄道駅

各町へのバス

ヘンリーから周辺の各町へは、市内バスが運行されているが、町によって発着地が異なるので、ⓘやバスステーションの案内所で乗る場所を確認しておこう。

ヘンリーにあるバスステーション

観光案内所

ヴィクトリア・ホール

ⓘはヘンリーのバスステーションにほど近い、ヴィクトリア・ホールVictoria Hall内にある。各窯元の場所が掲載された無料の地図なども置いている。Visit The Potteriesというパンフレットはぜひ手に入れよう。

■ストーク・オン・トレントのⓘ Map P.303
✉Bagmall St., Hanley, ST1 3AD
TEL (01782) 236000
FAX (01782) 236005
Inet www.visitstoke.co.uk
開9:15～17:15 休日
ホテルの予約は手数料£2.95とデポジットとして宿泊料金の10%

見どころ

ウェッジウッドにはビジターセンターがあるが、小規模な窯元の見学は、事前に予約が必要な場合も多いので注意。また、基本的に見学はファクトリー･ホリデイの日には行われない。有名ブランドのファクトリーショップやアウトレットも多く、掘り出し物探しも楽しい。

■ファクトリー・ホリデイ
●2006年
4月14・17日
5月1日
6月22・23日
7月3・26日
8月24・25・28日
12月25日

ボーンチャイナの元祖

見学所要時間の目安

コートヤーズ・アット・スポード
Courtyards at Spode

スポードは、ボーンチャイナの開発と、釉薬を塗る前に絵付けを行うアンダー･グレージングという製法を確立し、英国の陶磁器産業に多大な貢献をした窯元。

ストーク･オン･トレントの鉄道駅のすぐそばにある工場には、スポードの歴史と作品を紹介するビジターセンターをはじめ、ショップ、レストランなども併設されている。

材料となる牛の灰骨が展示されている

■コートヤーズ・アット・スポード
Map P.302-2
✉Church St., Stoke, ST4 1BX
TEL (01782) 744011
FAX (01782) 572505
Inet www.spode.co.uk
開9:00～17:00
(日10:00～16:00)
レストランは閉館時間の15分前に閉店
休無休（ツアーは月～金のみ）
●工場ツアー（要予約）
Factory Tour
月～木10:00、11:00、13:30、15:00
金10:00、11:00
所要：1時間30分
料£4.50 学生£4.00
●鑑定家ツアー（要予約）
ConnoisseurTour
月～木10:00、13:30
金10:00
所要：2時間30分
料£7.50 学生£6.50

工場の見学は、所要1時間30分の工場ツアーと、さらに深くスポードの秘密に迫る2時間30分の鑑定家ツアーがあり、いずれも予約が必要。併設の博物館では18～19世紀のスポードの製品を展示しており、デザインや色柄の変遷がよくわかる。

■ウェッジウッド・ストーリー
Map P.302-3外
🚌ヘンリーからD&G社のバス350番
✉The Wedgwood Visitor Centre, Barlaston, ST12 9ES
TEL(01782) 282986
FAX(01782) 374083
inet www.thewedgwoodvisitorcentre.com
開9:00～17:00
(土・日10:00～17:00)
休12/24～31（工場ツアーは月～木9:30～15:30、金9:00～12:00、4月～10/29の土・日10:30～15:30）
料工場ツアー£8.00
学生£6.00

幅広い展示で1日楽しめる

ウェッジウッド・ストーリー
The Wedgwood Story

見学所要時間の目安 半日以上

イギリス陶工の父といわれるジョサイヤ・ウェッジウッドが設立したウェッジウッドは、ジャスパー・ウェアをはじめとする独創的な陶磁器で、多くのファンを魅了してやまない。

ウェッジウッドのビジターセンターは、ストーク・オン・トレントにある6つの町より南に位置し、やや遠いがそのぶん施設は大きく、日本語の音声ガイドツアーもあるので、非常にわかりやすい。

ビジターセンターではまず、ジョサイヤ・ウェッジウッドの生涯とその作品に関する展示を見学。その後、実際の工場を見学し、最後の職人による実演コーナーでは、見学だけでなく、自ら陶磁器作りに参加することもできる。なお、土・日曜のツアーは月～金曜のツアーより見学できる場所が少ない。

■セラミカ
Map P.302-1外
🚌ヘンリーから20、20A
✉Ceramica, Market Pl., Burslem, ST6 3DS
TEL(01782) 832001
FAX(01782) 823300
inet www.ceramicauk.com
開9:30～17:00
(日10:30～13:30)
休無休
料£4.10　学生£2.90
■セラミカのショップ
TEL(01782) 832029
開9:30～17:00
休日
セラミカの入場券提示で全品10%オフ

楽しみながら陶器のことがわかる

セラミカ
Ceramica

見学所要時間の目安 2時間

ヘンリーの北、バースレムBurslemにあるオールド・タウン・ホールOld Town Hallを改装してできたアトラクション。陶磁器の過去、現在、そして未来をテーマにした展示をはじめ、陶磁器製作のデモンストレーション、さらに子供向けのアトラクションなども用意されており、家族で楽しめるスポットになっている。

重厚な外観のセラミカ

■グラッドストーン・ポッタリー博物館
Map P.302-3
🚌ヘンリーからファースト社のバス6、6A
✉Uttoxeter Rd., Longston, ST3 1PQ
TEL(01782) 319232
開10:00～17:00
休クリスマス～新年
料£4.95　学生£3.95

陶磁器のことがよくわかる

グラッドストーン・ポッタリー博物館
Gladstone Pottery Museum

見学所要時間の目安 2時間

ヴィクトリア朝時代の陶磁器工場を再現しており、当時の窯に入ったり、粘土を伸ばして型造りをする職人の作業を目にすることができる。昔はどうやって陶磁器を製作していたのかが、よくわかる。

ポットやチャイナフラワー作りを体験できるコーナーのほか、ギフトショップやティールームも併設されている。

ホテル＆レストラン Hotel&Restaurant

ストーク・オン・トレントは、宿泊施設の数が比較的少ない。ストークの駅周辺とヘンリーにそれぞれ数軒あるだけだ。シーズン中の週末にはどこも満室になるので、早めの予約が必要だ。レストランはヘンリーの中心部に多い。

日本からホテルへの電話 電話会社の番号 + 010 + 国番号44 + 市外局番の最初の0を取った掲載の電話番号

ノース・スタッフォード The North Stafford Hotel 【高級】

●ストークの鉄道駅の正面にある堂々とした建物がこのホテル。ストーク・オン・トレントでは最高級だ。もちろんレストランも併設されており、ランチタイムにはお得なメニューも用意されている。部屋は重厚さはなく、明るい雰囲気。

88室 Map P.302-2

✉Station Rd., ST4 2AE
TEL(01782) 744477 FAX(01782) 744580
inet www.britanniahotels.com
S £90.00〜115.00
W £105.00〜135.00
£ € US$ JPY T/C £ € US$ JPY
C/C Ⓐ Ⓓ Ⓙ Ⓜ Ⓥ

クオリティ・ストーク・オン・トレント Quality Hotel Stoke-on-Trent 【高級】

●ヘンリーの中心部にあり、どこへ行くにも便利な立地。ツアーの利用客が多い。室内プールやフィットネスセンターなども備えている。部屋にはティーセット、ドライヤー、衛星放送が見られるテレビもある。レストランも併設されている。

136室 Map P.303

✉66 Trinity St., Hanley, ST1 5NB
TEL(01782) 202361 FAX(01782) 286464
inet www.choicehotels.com
S £110.00〜
W £120.00〜
£ T/C不可 C/C Ⓐ Ⓓ Ⓙ Ⓜ Ⓥ

スター The Star Hotel 【経済的】

●ヘンリーにある家族経営のホテル。全9室のうち、2室のみトイレ共同。夏期は満室になることも多いので、2週間程度前の予約をすすめるとのこと。駐車場もある。部屋は非常にシンプル。朝食はフル・イングリッシュ・ブレックファスト。

9室 Map P.303

✉92 Marsh St. North, Hanley, ST1 5HH
TEL&FAX(01782) 207507
inet www.cityhotels.org.uk
S £26.00
W £42.00
£ T/C £ C/C Ⓜ Ⓥ

エル・ビーズ L. Beez Guest House 【ゲストハウス】

●全5室のうち、1室だけトイレ、シャワー付きの部屋がある。夏期、特に週末は混雑するので予約はしたほうがよいだろう。部屋は淡い色を基調とした明るい部屋。全室にテレビ、ティーセットが付いている。

5室 Map P.302-2

✉46 Leek Rd., Stoke, ST4 2AR
TEL&FAX(01782) 846727
S £21.00 W £37.00
W £44.00
£ T/C £ C/C Ⓜ Ⓥ

エドワーズ・チャイナ Edward's China Coffee Shop 【ティー＆カフェ】

●ヘンリーの町の中心にある陶器工房のひとつ、エドワーズ・チャイナが提供するコーヒーショップ。真っ白に輝く陶器でアフタヌーン・ティーを楽しむのはなかなか贅沢な気分。隣にはショップ部門があるので、帰りに立ち寄って気に入った陶器を買ってみてはいかが。

Map P.303

✉2-10 Market Ln., Hanley, ST1 1LA
TEL(01782) 260345
FAX(01782) 204246
inet www.edwardschina.co.uk
開9:00〜17:00
休日
£ T/C不可
C/C Ⓜ Ⓥ

ロビン・フッドの故郷

ノッティンガム Nottingham

人口26万7000人

市外局番0115

ノッティンガムへの行き方

●ロンドンから

セント・パンクラス駅発
1時間に2便程度
所要：1時間40分

ヴィクトリア・コーチステーション発
2時間に1便程度
所要：3時間

●バーミンガムから

ニュー・ストリート駅発
1時間に2便程度
所要：1時間20分

2時間30分に1便程度
所要：1時間20分～2時間20分

●マンチェスターから

オックスフォード・ロード駅発
1時間に1便
所要：1時間50分

ナショナル・エクスプレス
9:15、14:30発
所要：3時間

トレント・バートン・バス Trent Burton Bus
2時間に1便程度
所要：2時間50分

●ストーク・オン・トレントから

ダービーDerbyで乗り換え
1時間に1便
所要：1時間20分

バーミンガムで乗り換え
所要：3～5時間

■ノッティンガムの❶
Map P.306B-1
✉1-4 Smithy Row, NG1 2BY
TEL(0115) 9155330
FAX(0115) 5155323
inet www.nottinghamcity.gov.uk
開 9:00～17:30（土9:00～17:00、日10:00～16:00）
休 無休
宿の予約は手数料£3.00とデポジットとして1泊目の宿泊料金の10%

ノッティンガムの❶

カウンシルハウス前を通る路面電車

ノッティンガムはロビン・フッドゆかりの地。伝説の義賊、ロビン・フッドが立ち上がったのは、この町の近くにあるシャーウッド・フォレストだった。

また、産業革命で重要な役割を果たした町としても世界的に知られ、現在もイギリス有数の工業都市である。

歩き方

町の中心は、カウンシルハウスCouncil House P.306B-1のあるオールド・マーケット・スクエアOld Market Sq. P.306A-1。周辺は旧市街とショッピングセンターが混在する華やかなショッピングエリアだ。

鉄道駅は町の南にあり、橋を渡るとブロードマーシュ・バスステーションBroadmarsh Bus Stationがある。長距離バスや一部の近距離バスはここから発着。ほとんどの近郊へのバスは町の北のヴィクトリア・バスステーションVictoria Bus Stationから。また、鉄道駅からは、カウンシルハウスを通って、町の北西へ行く路面電車が運行されている。

見どころ

ロビン・フッドの像

ノッティンガム城の近くには、古い醸造所を利用した生活博物館Museum of Nottingham Lifeや、テイルズ・オブ・ロビン・フッドThe Tales of Robin Hoodというロビン・フッドに関するビジターセンターがある。そのほか、ブロードマーシュ・ショッピングセンターBroadmarsh S. C. 内には、シティ・オブ・ケイブスCity of Cavesという洞窟巡りツアーがある。

町を見下ろすようにそびえる

見学所要時間の目安 2時間

ノッティンガム城
Nottingham Castle

ロビン・フッドが戦いを挑んだのがこのノッティンガム城だった。1068年に征服王ウィリアムによって建てられたこの城に、ロビン・フッドの敵役、州長官フィリップ・マークが入ったのは13世紀初めのことだ。

現在は多くの展示物を蔵する博物館になっている

19世紀にはこの地域初の博物館として公開された。現在はノッティンガムの歴史をはじめ、さまざまな事物を紹介する博物館となっている。

近郊の見どころ

伝説に彩られた

見学所要時間の目安 3時間

シャーウッド・フォレスト
Sherwood Forest

ロビン・フッドが大活躍した伝説の舞台が、ここシャーウッド・フォレストだ。このエリアにある最大の見どころは、エドウィンストーEdwinstoweの北にあるシャーウッド・フォレスト・ビジターセンター。ロビン・フッドに関するさまざまな展示がある。近くにはロビンとマリアンが結婚式を挙げたという、聖メアリー教会もある。

バイロンも滞在した

見学所要時間の目安 1時間

ニューステッド・アビー
Newstead Abbey

ノッティンガムはロビン・フッドだけのものではない。大詩人バイロンも、ここで育った。このニューステッド・アビーはバイロンの一家が住んでいた館として知られている。12世紀以来修道院として使われてきたが、16世紀の宗教改革以降使われなくなり、その後、バイロン家が代々住んできた。

■生活博物館
Map P.306A-2
✉Castle Boulevard, NG7 1FB
TEL(0115) 9153600
開10:00～16:30 休無休
料£3.00 学生£1.50
(ノッティンガム城と共通)

■テイルズ・オブ・ロビン・フッド
Map P.306A-2
✉30-38 Maid Marian Way, NG1 6GF
TEL(0115) 9483284
inet www.robinhood.uk.com
開春夏10:00～18:00
秋冬10:00～17:30
休12/25～26
料£8.95 学生£7.95

■シティ・オブ・ケイブス
Map P.306B-2
✉Duey Walk, Broadmarsh S. C., NG1 7LS
TEL(0115) 9520555
inet www.cityofcaves.com
開10:30～16:30 休無休
料£4.95 学生£3.95

■ノッティンガム城
Map P.306A-2
TEL(0115) 9153700
開3～9月10:00～17:00
10～2月10:00～16:00
休無休
料£3.00 学生£1.50
(生活博物館と共通)

■シャーウッド・フォレスト・ビジターセンター
Map P.18A-1
🚌ヴィクトリア・バスステーション発 33番(1日4便がビジターセンター前に停まる)
所要：55分
✉Edwinstowe, NG21 9HN
TEL(01623) 823202
開4～10月10:30～17:00
11～3月10:30～16:30
休12/25 料無料

■ニューステッド・アビー
Map P.18A-1
🚃1時間に1便程度
所要：20分
🚌ヴィクトリア・バスステーションから737、747番が頻発
所要：25分
TEL(01623) 455900
inet www.newsteadabbey.org.uk
開12:00～17:00
庭園9:00～日没
休10～3月
庭園は11/24、12/25
料£6.00 学生£4.00
庭園£3.00 学生£2.50

ホテル＆レストラン Hotel&Restaurant

ノッティンガムは国際チェーンの大手ホテルからゲストハウスまで、質、量ともに豊富。難をいえば町の中心に規模の小さなB&Bが少ないくらい。料金の安いホテルは駅周辺に、旧市街の周囲に大手ホテルが多い。パブやカフェは旧市街に集中。

日本からホテルへの電話 電話会社の番号 + 010 + 国番号44 + 市外局番の最初の0を取った掲載の電話番号

レース・マーケット Lace Market Hotel 【高級】

●イギリスでも有数のブティック・ホテル。部屋ごとに異なるデザインがされており、設備もCD、DVDプレーヤー、無線LANなど最新のもの。スタイリッシュなインテリアのバーとレストランも併設している。全室禁煙。

42室 Map P.306B-2

29-31 High Pavement, NG1 1HE
TEL (0115) 8523207 FAX (0115) 8523223
Inet www.lacemarkethotel.co.uk
S £90.00
W £112.00
£ T/C £ C/C A M V

パーク Park Hotel 【ゲストハウス】

●駅から路面電車に乗り、ノッティンガム・トレント・ユニヴァーシティ駅Nottingham Trent Universityか次の駅で下車。両駅の中間あたりにある。客室は庭の奥の別棟にあるので静かな環境だ。バスタブのみ、シャワーのみ、シャワー＆バスタブの3種類の部屋があるが値段は同じ。

27室 Map P.306A-1外

5-7 Waverley St., NG7 4HF
TEL (0115) 9786299 FAX (0115) 9424358
Inet www.parkhotelcitycentre.co.uk
S £48.00
W £68.00～80.00
£ T/C £
C/C J M V

グレシャム Gresham Hotel 【ゲストハウス】

●駅の近くにあり、便利な立地。ゲストハウスというより安ホテルといった風情だが、部屋も比較的きれい。この値段でフル・イングリッシュ・ブレックファストが付くのもうれしい。全室テレビ、ティーセット付き。一部バスタブ付きの部屋もある。大通りに面しているので、車などの音がやや気になるが、コストパフォーマンスがいいのは確かだ。

60室 Map P.306B-2

Carrington St., NG1 7FE
TEL (0115) 9501234 FAX なし
S £24.00 S £28.00
S £30.00 W £38.00
W £44.00～47.00
£ T/C £
C/C M V

イグロー Igloo Tourist Hostel 【ホステル】

●町の北側にある、バックパッカーに人気のホステル。目立つ看板はなく、見つけにくいので、右の写真と住所を頼りに探そう。4室ある部屋はすべてドミトリーで、小さな6人部屋は、原則として女性専用。朝食はないが、地下にあるキッチンが使用できる。全館禁煙。

ベッド数36 Map P.306A-1外

110 Mansfield Rd., NG1 3HL
TEL (0115) 9475250 FAX なし
Inet www.igloohostel.co.uk
D £13.50
£ T/C 不可
C/C D M V

オールド・トリップ・トゥ・ジェルーサレム Ye Olde Trip to Jerusalem 【パブ】

●イングランド最古のインとされている。リチャード1世の治世の1189年の日付がここに書かれていたからだが、考古学調査の結果、少なくとも11世紀にはここに醸造所があったことがわかったという。遠征する十字軍が立ち寄ったという当時に思いをはせながらエールを飲んでみてはいかが。

Map P.306A-2

Brewhouse Yard, NG1 6AD
TEL (0115) 9473171 FAX (0115) 9501185
Inet www.triptojerusalem.com
開 11:00～23:00
休 無休
£ T/C 不可
C/C M V

美しい建築物に彩られた学問の都

ケンブリッジ Cambridge

人口10万9000人　市外局番01223

ケム川にかかる数学橋

パントという小舟が行き交うケム川と、川沿いに建てられた壮麗な建築物の数々。初めてケンブリッジを訪れる人は、必ずやその美しさに心を打たれるだろう。

ケンブリッジに大学ができたのは13世紀のこと。以来ヘンリー6世やその妻マーガレットをはじめとする王族や貴族たちの援助により、ケンブリッジの町には、カレッジなどの大学の施設が次々と建てられていった。建物はさまざまな規模、年代にわたっており、それぞれがその建築美を競い合っている。さながら町全体が、ひとつの美術館のようだ。

舟にゆられながら、あるいはゆっくりと歩きながら、心ゆくまでこの町を観賞しよう。

モデルルート

ケンブリッジの楽しみは、やはりカレッジ見学。ただし、カレッジは時期により観光客が入場できないこともあるので、ⓘで事前に確認しておこう。ケム川でのパントや、サイクリングもぜひ楽しみたい。

ケンブリッジ1日コース

カレッジ巡り→パントで周遊→フィッツウィリアム博物館→聖メアリー教会

まずはケンブリッジを代表するカレッジを見ていこう。おもなカレッジの見学が終わったらパントを借りて、今度はケム川から違った角度のカレッジを見学。パントを借りるつもりがなければ、ケム川の西岸のバックスを散歩するのもいいだろう。続いて、フィッツウィリアム博物館を見学し、最後は町の中心に戻り聖メアリー教会へ。塔に上って1日かけて回ったケンブリッジの町が夕日に染まってゆくさまを眺めよう。

ケンブリッジへの行き方

●ロンドンから
🚃キングズ・クロス駅発、頻発
所要：45分～1時間30分
🚌ヴィクトリア・コーチステーション発
1時間に1便
所要：2時間

●スタンステッド空港から
🚌1時間に1便
所要：50分

●バーミンガムから
🚃1時間に1便
所要：3時間
🚌1日2便
所要：3時間20分～3時間50分

●ノッティンガムから
🚃イーリーで乗り換え。1時間に1便程度
所要：2時間15分
🚌1日3便
所要：2時間40分～4時間

●イーリーから
🚃頻発
所要：20分
🚌ステージコーチ9、X9、12番
1時間に3～4便
所要：35分～55分

●イプスウィッチから
🚃イーリーで乗り換えるほうが早い場合もある。
直通は1時間に1便程度
所要：1時間20分
🚌9:40発
所要：1時間50分

聖メアリー教会

ケンブリッジの鉄道駅

歩き方

ケンブリッジ観光の中心となるのは、ケム川River Camとキングス・パレードKings Pde.P.310A-2という通り。両者は並行して南北を走っており、町を代表するカレッジ群はこの間に位置する。また、ケム川の西岸部は、バックスBacksと呼ばれる緑あふれる公園になっている。

ターミナルから市の中心部へ

鉄道駅からのバス

鉄道駅

鉄道駅は町の南東にあり、徒歩なら20～30分ほどかかる。駅前からバスに乗れば、5分ほどで町の中心に着く。

バスステーション

バスは町の中心にあるバスステーションから発着する。すぐそばにある建物はクライスト・カレッジChrist's College。

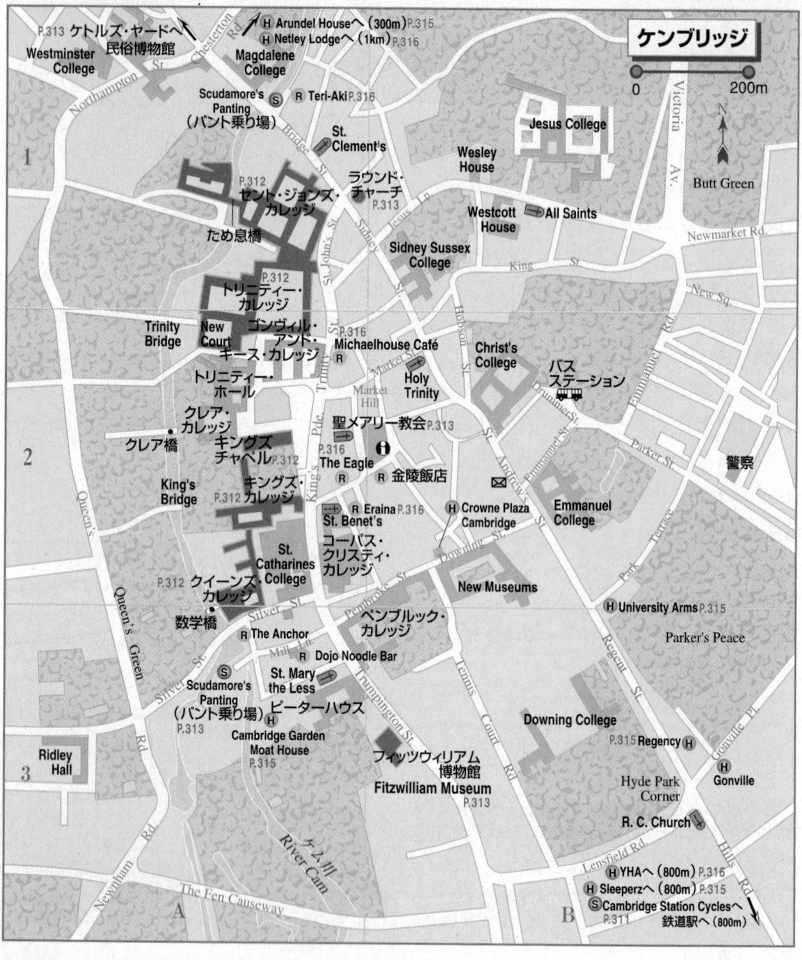

市内交通

ケンブリッジの見どころは比較的コンパクトにまとまっている。また、中心部は車の進入が禁止されている場所が多いので、基本的に見学は徒歩でということになる。一方ケム川をパントPunt (→P.313) という平底の小舟で回るのはケンブリッジ観光のハイライト。ほかにも自転車をレンタルして町を回るのもおすすめ。町なかの見学や、近郊のグランチェスターなどへサイクリングで行くのも楽しい。

旅の情報収集

観光案内所

ケンブリッジの❶は町の中心部、ホイーラー・ストリートWheeler St.にある。ケンブリッジ大学のカレッジは時期により見学できない場合があるので、まずはここでどのカレッジが見学可能なのかをチェックしておこう。そのほか、宿の予約や、地図の販売などのほか、パントやレンタル自転車の情報提供なども行っている。

ケンブリッジの❶

インターネットカフェ

世界各国からの学生が集まるケンブリッジには、インターネットカフェが数軒あるが、日本語が入力できるPCがあるところは少ない。あっても数台あるだけだ。店で日本語が使えるPCがあるのか確認しよう。

ツアー

ケンブリッジでは、乗り降り自由のバスで市内を巡るツアーと、カレッジを含む町の見どころを徒歩で回るウオーキングツアーが催行されている。

■レンタル自転車
ケンブリッジ市内にはレンタル自転車店が数軒ある。
●ケンブリッジ・ステーション・サイクルズ
Map P.310B-3外
ケンブリッジ駅を出たすぐ右側にある。荷物預かりも行っている。
✉Charlie Warboys, Station Building, Station Rd., CB1 2JW
TEL(01223) 307125
inet www.stationcycles.co.uk
開7:00～20:00（土9:00～17:00、日10:00～17:00）
10～3月の日曜
10:00～16:00
休無休
料半日レンタル£6.00
1日レンタル£8.00
荷物預かり1日
バッグ小£2.00
バッグ大、スーツケース£3.00

■ケンブリッジの❶
Map P.310B-2
✉The Old Library, Wheeler St., CB2 3QB
TEL(0906) 5862526
FAX(01223) 457549
inet www.visitcambridge.org
開夏期10:00～17:30
（土10:00～17:00、日・祝11:00～16:00）
冬期10:00～17:30
（土10:00～17:00）
休冬期の日曜
宿の予約は手数料£3.00とデポジットとして宿泊料の10%

ケンブリッジ市内ツアー

シティ・サイトシーイング City Sightseeing
TEL(0871)6660000　inet www.citysightseeing.co.uk

●ケンブリッジ・サイトシーイング Cambridge Sightseeing

出発：夏期9:30～17:00、冬期10:00～15:30　料£9.00　学生£7.00

市内16カ所を巡回する乗り降り自由のバスツアー。バスは15～30分おきに出発。町の中心から少し離れている鉄道駅出発というのがうれしい。パントとの共通チケットもある。

❶主催のウオーキングツアー
TEL(01223)457574　inet www.visitcambridge.org

出発：13:30ほか　料£8.50

❶の前を出発。英語のガイドによる2時間のウオーキングツアー。夏期は1日2～4回のツアーが行われる。コースは時期により変更されるので、事前に❶で確認を。予約は出発の24時間前から。ツアーにキングズ・カレッジが含まれない場合£2.00安くなる。

■キングズ・カレッジ
Map P.310A-2
✉King's Pde., CB2 1ST
TEL(01223) 331212
FAX(01223) 331315
inet www.kings.cam.ac.uk
開学期内9:30〜15:30
(土9:30〜15:15、日13:15〜14:30)
学期外9:30〜16:30
(日10:00〜17:00)
休試験期間中のチャペル以外。チャペルは試験中でも開いているが、1年を通じて不定期に閉まっていることがある。事前に確認をすること
料£4.50　学生£3.00

■クイーンズ・カレッジ
Map P.310A-2
✉Silver St., CB3 9ET
TEL(01223) 335511
FAX(01223) 335522
inet www.quns.cam.ac.uk
開6/25〜10/1 10:00〜16:30
10/2〜10/29 13:45〜16:30
(土・日10:00〜16:30)
10/30〜3/17　13:45〜16:30
3/18〜4/13　11:00〜15:00
(火・水13:45〜16:30、土・日10:00〜16:30)
4/14〜4/17 10:00〜16:30
4/18〜5/21 11:00〜15:00
(火・水13:45〜16:30、土・日10:00〜16:30)
休5/22〜6/24、6/30、7/6、7/7、9/28、クリスマス
料£1.50
(3/18〜4/13、4/18〜5/21の火・水、10/2〜10/29の月〜金、10/30〜3/17は無料)

■トリニティー・カレッジ
Map P.310A-1
✉Trinity St., CB2 1TQ
TEL(01223) 338400
FAX(01223) 338564
inet www.trin.cam.ac.uk
開カレッジ10:00〜17:00
レン・ライブラリー12:00〜14:00(学期内の土曜10:30〜12:30)
休カレッジは6/12〜22・29、9/30〜10/4、12/26。レン・ライブラリーは日曜と学期外の土曜。
料£2.40　学生£1.40
(10/30〜3/12は無料)

■セント・ジョンズ・カレッジ
Map P.310A-1
✉St. John's St., CB2 1TP
TEL(01223) 338600
FAX(01223) 337720
inet www.joh.cam.ac.uk
開10:00〜17:00
(土・日9:30〜17:00)
休不定休　❶にて要確認
料£2.50　学生1.50

見どころ

ケンブリッジにはカレッジ以外にも、魅力的な博物館がいくつもあるので、できれば数日かけてゆっくり回りたい。

美麗な建築物が並ぶ

ケンブリッジ大学のカレッジ群
Colleges of the Cambridge University

見学所要時間の目安　半日以上

キングズ・カレッジ

堂々としたカレッジの門楼

キングズ・カレッジは、イートン校の卒業生たちの受け入れのために1441年、ヘンリー6世によって建てられたカレッジ。以来400年の間、イートン校出身者のみがこのカレッジで学ぶことが許された。立派な門楼をくぐって右側にあるのが、このカレッジ最大の見どころキングズ・チャペルKings Chapel。この礼拝堂の建設は、1446年に始まったが、バラ戦争の勃発と、それにともなうヘンリー6世の廃位により工事は中断し、完成したのはバラ戦争が終わった、テューダー王朝期だった。

クイーンズ・カレッジ

1446年に建てられ、その後ヘンリー6世の妻マーガレット・アンジューとエドワード4世の妻エリザベス・ウッドヴィルというふたりの王妃の援助により再建されたため、この名が付いている。ケム川の両岸にまたがって数々の建物が建てられており、両岸を数学橋がつないでいる。

クイーンズ・カレッジの中庭

トリニティー・カレッジ

ヘンリー8世によって1546年に創設されたカレッジ。これまでに6人の英国首相と31人のノーベル賞受賞者を輩出しており、フランシス・ベーコン、アイザック・ニュートン、バイロンもこのカレッジ出身。カレッジ内にはクリストファー・レンが設計した図書館、レン・ライブラリーがある。

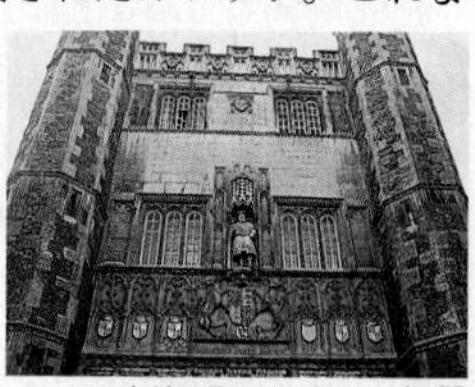
トリニティー・カレッジの門

セント・ジョンズ・カレッジ

1511年の創設以降、何度も増築を重ね、ケム川を越え西へと拡大していった。ケム川にかかるため息橋は、屋根付きの美しい橋。ヴェネツィアにある同名の橋の名を取ったもの。

塔からの眺めは抜群

見学所要時間の目安 30分

聖メアリー教会
Great St. Mary Church

ケンブリッジ大学全体の公式の教会。大学の規模が大きくなるに従って、幾度かの改築を行っている。1608年に完成した塔からは町の全景を見渡すことができる。

多彩なコレクション

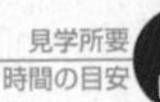

見学所要時間の目安 2時間

フィッツウィリアム博物館
Fitzwilliam Museum

ケンブリッジ大学が運営する博物館。世界各地から集められた収蔵品の数は50万点以上を数え、収蔵品もエジプトのミイラから陶磁器、貨幣コレクション、ファン・ダイクやピカソの絵画と多種多様にわたる。

イギリスでは珍しい円形の教会

見学所要時間の目安 1時間

ラウンド・チャーチ
Round Church

ノルマン様式のこの教会は、イギリスのほとんどの教会が十字架の形をしているのに対し、円形をしている。内部では『ケンブリッジ・ストーリー』The Cambridge Storyという町の歴史を説明するビデオを流している。

珍しい形のラウンド・チャーチ

現代美術を展示する

見学所要時間の目安 1時間

ケトルズ・ヤード
Kettle's Yard

20世紀の現代芸術を集めた美術館。ギャラリーとハウスとに分かれており、ハウスにはおもに20世紀前半の美術品が、ギャラリーにはより新しい作品が展示されている。

■聖メアリー教会
Map P.310A-2
✉St Mary's Passage, CB2 3PQ
TEL(01223) 741716
inet www.ely.anglican.org
開夏期9:30～17:30
(日12:30～17:00)
冬期10:00～16:00
(日12:30～16:00)
休無休 料無料　塔￡2.00

■フィッツウィリアム博物館
Map P.310B-3
✉Trumpington St., CB2 IRB
TEL(01223) 332900
FAX(01223) 332923
inet www.fitzmuseum.cam.ac.uk
開10:00～17:00
(日12:00～17:00)
休月　料無料

■ラウンド・チャーチ
Map P.310A-1
✉Bridge St., CB2 1UB
TEL(01223) 311602
FAX(01223) 306693
inet www.christianheritageuk.org.uk
開10:00～17:00
(日・月13:00～17:00)
休無休
料￡1.00

■ケトルズ・ヤード
Map P.310A-1外
✉Castle St., CB3 0AQ
TEL(01223) 352124
FAX(01223) 324377
inet www.kettlesyard.org.uk
開ギャラリー11:30～17:00
ハウス4～10月14:00～16:00
11～3月13:30～16:30
休バンクホリデイ以外の月
聖金曜、12/24～1/1
料無料

Information　History　Topics

パントでケム川を下る

パントでの川下りはケンブリッジの風物詩だ。西には緑豊かなバックスが広がり、東には壮麗なカレッジ群。南から乗れば、数学橋、クレア橋、ため息橋といった美しい橋をくぐっていく。そんな美しい風景を提供するパントを、ケンブリッジでぜひ試してみたい。

■パント乗り場
町の中心の乗り場はミル・レーンMill Ln.にある。
●スクダモアズ・パンティング
Scudamore's Punting
Map P.310A-3
✉Mill Ln., CB2 1RS
TEL(01223) 359750　FAX(01223) 357565
inet www.scudamores.co.uk
開4～9月9:00～日没
10～3月10:00～日没
休無休
料40分のこぎ手付きツアー￡12.00 学生￡10.00
1時間貸し切り￡14.00　土・日￡16.00

■ニューマーケット
Map P.19A-3
🚌1〜2時間に1便
所要：20分
🚌ステージコーチの11、12番のバスが1時間に2便、日曜は2〜3時間に1便
■ニューマーケットの❶
✉Palace HousePalace St., CB8 8EP
TEL(01638) 667200
FAX(01638) 667415
開9:00〜17:00
(土10:00〜16:00)
休日・祝
■国立競馬博物館
✉99 High St., CB8 8JL
TEL(01638) 667333
FAX(01638) 665600
inet www.nhrm.co.uk
開10:00〜16:30
休10月下旬〜4月中旬
料£4.50　学生£3.50

■ナショナル・スタッド
ツアーは予約制。出発の10分前には到着しておこう。
🚌ステージコーチの11、12番でジュライ・レースコースJuly Race course下車。
✉The National Stud, Newmarket, CB8 0XE
TEL(01638) 663464
inet www.nationalstud.co.uk
開ツアーは3〜9月、10月の競馬開催日11:15、14:30発
休11〜2月
料£5.00　学生£3.50
■グランチェスター
Map P.18C-3
🚌ステージコーチの18、18A番が1時間に1便
所要：13分

■ピーターバラ
Map P.18C-2
🚌1〜2時間に1便
所要：50分〜1時間10分
🚌1日2便　所要：1時間
■ピーターバラの❶
✉3-5 Minster Precincts, PE1 1XS
TEL(01733) 452336
FAX(01733) 452353
開9:00〜17:00
(火10:00〜17:00、土10:00〜16:00、祝10:00〜14:00)
休日
■ピーターバラ大聖堂
✉Peterborough, PE1 1XS
TEL(01733) 343342
FAX(01733) 355316
inet www.peterborough-cathedral.org.uk
開9:00〜17:00
(土9:00〜15:00、日7:30〜15:00)
休無休　料希望寄付額£3.50
学生£2.50

近郊の見どころ

英国競馬界の中心地

ニューマーケット Newmarket

見学所要時間の目安 半日

英ダービーを制したハイペリオンの像

ケンブリッジの北西に位置するこの町は、馬好きには見逃せないポイントといえるだろう。ここは、ジェイムス1世が競馬の中心地に定め、現在では30以上もの競馬場や牧場が点在する。

競馬の歴史を知るなら、絵画やビデオなどのディスプレイでわかりやすく説明されている国立競馬博物館National Horseracing Museumへ。また、レースに出走する競走馬が飼育されているナショナル・スタッドThe Natonal Studへもバスで行くことができる。

素朴な雰囲気のイギリスのいなか

グランチェスター Grantchester

見学所要時間の目安 1時間

昔はバイロンやミルトンなど文人が思索にふけったという、閑静な村グランチェスター。ただし、村にはパブや民家が点在するのみで、博物館や美術館があるわけではない。とにかくのんびりとイギリスらしいいなかを味わうにはもってこいの村といえるだろう。ケンブリッジの南西5kmに位置しており、できれば徒歩か自転車で行ってみたい。途中の田園風景を眺めながら行くと、イギリスの自然を身近に感じることができる。

立派な大聖堂が建つ

ピーターバラ Peterborough

見学所要時間の目安 2時間

歴史的町並みと壮大な大聖堂によって知られる町。ピーターバラ大聖堂Peterborough Cathedralの身廊はイングランドのノルマン様式のなかでも最高傑作といわれる。

巨大なゴシック様式のファサードは圧巻

主祭壇の南にはヘンリー8世の最初の妻キャサリン・ド・アラゴンの墓が置かれている。エリザベス1世と王位をかけて争い、処刑という悲しい最期を遂げたスコットランド女王メアリーも、1612年にウェストミンスター寺院に移葬されるまでは、このこの大聖堂の主祭壇の北に埋葬されていた。

ホテル＆レストラン Hotel&Restaurant

ケンブリッジの町の中心にホテルが点在しているが、B&Bは周辺に多く中心部には少ない。レストランやパブはたくさんある。各国から学生たちが集まる町なので、メニューに国際色が豊かなのが特色だ。

日本からホテルへの電話 電話会社の番号 + 010 + 国番号44 + 市外局番の最初の0を取った掲載の電話番号

ケンブリッジ・ガーデン・モート・ハウス Cambridge Garden Moat House 【大型】

●ケム川のほとりにある。部屋からすぐそばを流れる川を眺めているだけでも心地よい。ビジネスユースが多いとのことだが、室内プールやフィットネスセンター、サウナなど、レジャーホテルとしても充実した設備を誇る。

122室 Map P.310A-3

Granta Pl. Mill Ln., CB2 1RT
TEL (01223) 259933
FAX (01223) 316605
inet www.moathousehotel.com
S W £199.00
£ T/C £ C/C A D J M V

ユニバーシティ・アームズ University Arms 【大型】

●イギリス全土に店舗をもつチェーンホテルで、ロビーには高級感が漂っている。右記の料金は公式料金だが、2泊すれば非常に安くなる。多くの部屋はパーカーズ・ピース Parker's Peaceに面しており、広い緑の庭園を眺めながらのんびりと過ごすことができる。

120室 Map P.310B-2

Regent St., CB2 1AD
TEL (01223) 351241 FAX (01223) 315256
inet www.devereonline.co.uk
S W £159.00～
£ T/C £
C/C A D J M V

アルンデル・ハウス Arundel House Hotel 【中級】

●中心からは少し離れるが、静かで美しい環境にあるホテル。浴室はシャワーのみやバスタブのみ、両方あるものなど部屋によって設備が異なっている。コーチハウスCoach Houseという別館もある。併設のレストランではステーキや魚介類のグリルメニューが楽しめ、メインとワインで予算はひとり£30.00ぐらい。

103室 Map P.310A-1外

Chesterton Rd., CB4 3AN
TEL (01223) 367701 FAX (01223) 367721
inet www.arundelhousehotels.co.uk
S £75.00～95.00
W £85.00～120.00
£ T/C £
C/C A D M V

リージェンシー Regency Guest House 【ゲストハウス】

●町の中心にあり、ゲストハウスとしては抜群のロケーション。建物の向かい側は広大な緑、パーカーズ・ピースが広がっており、大通りにも面しておらず静かな環境。全室にティーセットとテレビが付いている。内装は白を基調とした明るい雰囲気。全室禁煙。

8室 Map P.310B-3

7 Regent Ter., CB2 1AA
TEL (01223) 329626 FAX (01223) 301567
inet www.regencyguesthouse.co.uk
S £48.00
W £68.00
W £78.00
£ T/C £ C/C A M V（手数料3％別途）

スリーパーズ Sleeperz Hotel 【中級】

●駅のすぐ横にある。部屋は「船のキャビン」風。ツインルームとダブルルームがあり、ツインルームは2段ベッド。シングルはツインルームを使用する。ダブルルームのほうが広くて高い。朝食は簡素なコンチネンタルブレックファスト。

25室 Map P.310B-3外

Station Rd., CB1 2TZ
TEL (01223) 304050 FAX (01223) 357286
inet www.sleeperz.com
S £39.00
W £49.00～59.00
£ T/C £ C/C A M V

ネトリー・ロッジ Netley Lodge Bed & Breakfast 【B&B】

●町からやや距離があるが、市内バスの2番が通る。Hawthorn wayのバス停で下車。あたりはB&Bやゲストハウスが並ぶエリア。部屋はティーセット、テレビ付きで、バスルームも清潔にされている。シャワー、トイレ付きの部屋は1室。

3室 Map P.310A-1外

112 Chesterton Rd., CB4 1BZ
TEL (01223) 363845 FAX なし
S £30.00～40.00
W £55.00
W £65.00
£ T/C £ C/C 不可

YHAケンブリッジ YHA Cambridge 【ユースホステル】

●ケンブリッジ駅から徒歩3分に位置するヴィクトリア朝様式の建物がこのユース。キッチン、ランドリー、インターネットなどを備えている。非会員はひとりにつき＋£3.00が必要。B&Bにも負けないようなフル・イングリッシュ・ブレックファスト付き。昼食、夕食付きにすることもできる。

ベッド数104 Map P.310B-3外

97 Tenison Rd., CB1 2DN
TEL (01223) 354601 FAX (0870) 7705743
Inet www.yha.org.uk
D £18.50～19.50
S £38.50～40.50
W £41.50～43.50
£ T/C £ C/C M V

エレナ・タヴェルナ Eraina Taverna 【バラエティ】

●スブラキ（ギリシア風ケバブ）やムサカ（ギリシア風ラザニア）、グリークサラダなどギリシア料理がメニューの中心だが、ステーキやピザの種類も豊富で、フランス料理やインド料理のメニューもあるレストラン。

Map P.310A-2

2 Free School Ln., CB2 3QA
TEL (01223) 368786 FAX なし
開 12:00～14:30 17:30～23:30
（土・日12:00～15:00 17:30～23:00）
休 無休
£ T/C £ C/C A M V

テリ・アキ Teri-Aki 【日本料理】

●平日はビジネスマン、週末はファミリーでにぎわう日本食レストラン。メニューは、寿司や焼きそばをはじめ、天ぷら、揚げだし豆腐、ウナギの蒲焼、牛肉の野菜巻きといったラインアップ。うどんやラーメンも出す。アルコール類は、キリンやアサヒといったビールやワインの種類も豊富。

Map P.310A-1

6-8 Quayside, CB5 8AB
TEL (01223) 882288
FAX (01223) 309888
Inet www.teri-aki.co.uk
開 12:00～22:30
休 無休
£ T/C 不可 C/C M V

イーグル The Eagle 【パブ】

●もともとは旅館を兼ねたインで、中庭では1602年にシェイクスピアの劇団がハムレットを上演したという記録がある。1950年にDNAの二重らせん構造を解明したJ.ワトソンとF.クリックが議論を行ったという逸話も残るなど、ケンブリッジで最も有名なパブ。

Map P.310A-2

11 Peas Hill, CB2 3PP
TEL (01223) 566188
FAX (01223) 880581
開 11:30～15:00 17:30～22:30
休 無休
£ T/C 不可 C/C M V

マイケルハウス・カフェ Michaelhouse Café 【ティー&カフェ】

●ゴンヴィル・アンド・キース・カレッジからトリニティー・ストリートを挟んで向かいにあるカフェ。教会を利用しており、天井が高くて開放的。礼拝もちゃんと行われる。スコーンやケーキなどのスイーツが味わえる。ランチは12:00～15:00。

Map P.310A-2

St. Michael's Church, Trinity St., CB2 1SU
TEL (01223) 309147
FAX なし
開 9:30～17:00 休 日
£ T/C 不可 C/C D M V

古い大聖堂が町のシンボル

イーリー Ely

人口1万5000人
市外局番01353

町の歴史は7世紀、アングロ・サクソン時代にさかのぼる。王の娘として生まれたエセルドリーダEtheldredaは神のお告げを聞き、神の道に生きることを決意した。しかし、父王の決めた相手と2度も政略結婚をさせられることになる。そして2度目の結婚相手から逃れてやって来たのがイーリーだった。エセルドリーダは673年に修道院と尼僧院を築き、679年にこの世を去った。修道院は200年ほど繁栄したが、9世紀にデーン人の侵略によって破壊され、その後ベネディクト派修道会によって再建された。そんな伝説のある修道院は、今ではイーリー大聖堂として町のシンボルとなっている。

歩き方

マーケット・プレイス

町の中心となるのは、イーリー大聖堂。メインストリートは南北に延びるリン・ロードLynn Rd.P.318と東西に延びるハイ・ストリートHigh St.P.318。ふたつの通りは大聖堂の横で交差する。ⓘはこの交差点を西に行ったクロムウェルの家Oliver Cromwell's Houseの中にある。

交差点を北に行き、マーケット・ストリートMarket St.P.318とのT字路にバス停がある。鉄道駅はザ・ギャラリーThe GalleryP.318を南に行った所にあり、大聖堂へは徒歩20分。

また、マーケット・ストリートとハイ・ストリートが出合うマーケット・プレイスMarket Pl.P.318では毎週木曜に市場が開かれる。第2・第4土曜にはファーマーズ・マーケットも立つ。

見どころ

小さな町なので徒歩で回れる。ケンブリッジからの日帰り旅行にも最適。

町のシンボル

イーリー大聖堂
Ely Cathedral

聖エセルドリーダによって7世紀に創建された。10世紀にはベネディクト派修道会によって再建され、1351年に現在の形となった大聖堂だが、ヘンリー8世からは逃れられず、多くの彫像や礼拝堂が破壊された。その後19世紀から修復が始まり、2000年に完了した。

大聖堂内部

美しい装飾が施された入口を入ると、12世紀に造られた長さ約76mの身廊が続く。天井には天地創造からキリストの昇天ま

イーリーへの行き方

●ロンドンから
🚃キングズ・クロス駅から1時間に1便
所要：1時間10分
●ケンブリッジから
ケンブリッジとイーリーの駅はともに中心部からやや距離があるので、それぞれの町の中心を結ぶバスを使ったほうが乗り換えなしで便利。
🚃1時間に3便程度
所要：15分
🚌ステージコーチ9、X9、12番が1時間に3～4便
所要：35～55分

■イーリーのⓘ
Map P.318
✉Oliver Cromwell's House, 29 St. Mary's St., CB7 1HF
TEL(01353) 662062
開4～10月10:00～17:30
10～3月11:00～16:00（土10:00～17:00）
休12/25・26、1/1
宿の予約は手数料￡2.00とデポジットとして1泊目の宿泊料金の10%

■イーリー大聖堂
Map P.318
✉The College, CB7 4DL
TEL(01353) 667735
Inet www.cathedral.ely.anglican.org
開夏期7:00～19:00
冬期7:30～18:00
（日7:30～17:00）
オクタゴン・ツアー
13:00、14:15、15:30
（土10:45、13:00、14:15、15:30、日12:30、13:30）
休無休、オクタゴン・ツアーは11～3月の月～金
料￡5.20　学生￡4.50
オクタゴン・ツアー（入場料を含む）
￡8.00　学生￡4.50
日曜￡5.00

■ステンドグラス博物館
Map P.318
TEL(01353) 660347
Inet www.stainedglassmuseum.com
開イースター～10月10:30～17:00（土10:30～17:30、日12:00～18:00）
11月～イースター
10:30～17:00（土10:30～17:00、日12:00～16:30）
休12/25、12/26
料￡3.50　学生￡2.50

訪れる人を圧倒するイーリー大聖堂の外観

での絵が描かれている。身廊の奥、大聖堂の中心部分には八角形の塔オクタゴンThe Octagonがある。完成に12年を要したという八角形の天井装飾が美しい。最奥部の内陣The Presbyteryは13世紀に造られた。聖エセルドリーダを祀っており、中世は多くの巡礼客が訪れたが、残念ながらクロムウェル軍により破壊されてしまった。

聖母礼拝堂

大聖堂の南側にある聖母礼拝堂The Lady Chapelは1349年に完成し、大聖堂に付属する礼拝堂としてはイギリス最大の規模を誇る。

ウエストタワー

高さは約66m。12世紀に完成したが、上部の3分の1の部分だけ14世紀に付け加えられた。

ステンドグラス博物館

大聖堂の内部にあり、美しいステンドグラスが多数展示されている。

町の歴史を語る

イーリー博物館
Ely Museum

見学所要時間の目安 1時間

アングロサクソン時代の装飾品や、イーリーの名前の由来となったウナギ（英語でイールeel）を捕まえる道具など、先史時代から現在までのイーリーの歴史と文化を網羅した博物館。建物は刑務所として使われていた時期もあり、囚人の生活を人形を使って再現している。

白壁が美しい

クロムウェルの家
Oliver Cromwell's House

見学所要時間の目安 30分

クロムウェルの家はⓘが入っている建物。かつてクロムウェルはイーリーに住んだことがあり、この町を掌握したときはここが司令本部として使われた。家の中ではクロムウェルに関する展示も行っており、日本語の解説書も用意されている。

■イーリー博物館
Map P.318
✉The Old Gaol, Market St., CB7 4LS
Inet www.elymuseum.org.uk
TEL (01353) 666655
開 4〜9月10:30〜17:00
（日13:00〜17:00）
10〜3月10:30〜16:00
（日13:00〜16:00）　休 火
料 £3.00　学生£2.00

■クロムウェルの家
Map P.318
✉29 St. Mary's St., CB7 4HF
TEL (01353) 662062
開 4〜10月10:00〜17:30
11〜3月11:00〜16:00
（土10:00〜17:00）
休 12/25・26、1/1
料 £3.85　学生£3.35

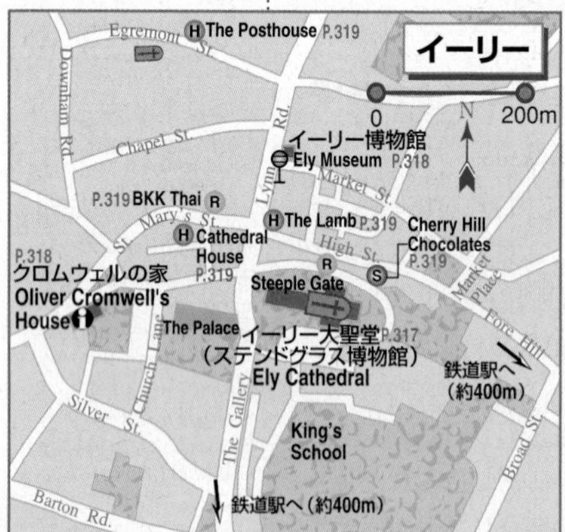

クロムウェルの家は現在ⓘとして利用されている

ホテル&レストラン&ショップ Hotel&Restaurant&Shop

イーリーは小さな町なのでホテルやB&B、レストランはともに少ない。大聖堂周辺にはパブやコーヒーショップ、レストランがそれぞれ数軒ある。

日本からホテルへの電話 電話会社の番号 + 010 + 国番号44 + 市外局番の最初の0を取った掲載の電話番号

ラム The Lamb Hotel 中級

●リン・ロードとハイ・ストリートの交差点に建つ絶好のロケーション。15世紀以来の旅籠として数多くの巡礼者を受け入れてきた。客室は最新の設備が整っており、部屋によってはDVDプレーヤーを備えているものもある。1階はレストラン兼パブとなっている。

31室 Map P.318

2 Lynn Rd., CB7 4EJ
TEL(01353) 663574 FAX(01353) 662023
inet www.oldenglish.co.uk
S £70.00
W £95.00
£ T/C不可 C/C A D J M V

カシードロ・ハウス Cathedral House B&B

●クロムウェルの家と大聖堂の間にあり、便利な場所にある。本棟のカシードロ・ハウスと別棟でセルフケータリングのコーチ・ハウスに分かれている。カシードロ・ハウスのほうが部屋、バスルームともにやや広い。長期滞在割引あり。ピークシーズンは2泊以上宿泊すること。

3室 Map P.318

17 St. Mary's St., CB7 4ER
TEL&FAX (01353) 662124
inet www.cathedralhouse.co.uk
S £45.00～
W £80.00～
£ € T/C £
C/C不可

ポストハウス The Posthouse B&B

●大聖堂から徒歩5分ほど。駐車場もある。全室にテレビ、ティーセットが付いており、部屋はシンプルだがとてもきれい。朝食はイングリッシュ、コンチネンタル、ベジタリアンのほかに、あらかじめリクエストしておけば、スペシャルダイエットメニューもチョイスできる。

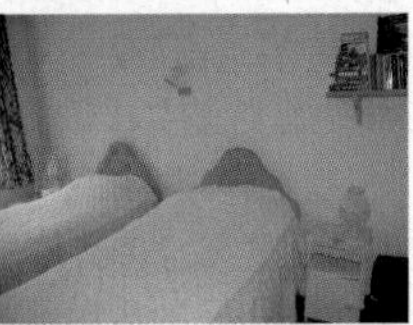

4室 Map P.318

12A Egremont St., CB6 1AE
TEL(01353) 667184 FAXなし
e-mail nora@covell.fsbusiness.co.uk
S £25.00～
W £55.00～
W £55.00～
£ T/C £ C/C不可

BKKタイ BKK Thai Restaurant タイ料理

●イーリー初のタイ料理レストラン。メニューはタイカレーや魚、ヌードルなど多数。月～土曜のランチタイムにはメインでも£5.00前後で食べることができる。セットメニューはひとり£16.00と£17.50の2種類がある。テイク・アウェイも可能。

Map P.318

8 St. Mary St., CB7 4ES
TEL(01353) 665011
FAX(01353) 615211
開12:00～15:00 17:30～22:30（日12:30～15:30 17:30～22:30）
休無休
£ T/C不可 C/C M V（£15.00以上）

チェリー・ヒル・チョコレート Cherry Hill Chocolates お菓子屋

●イーリー大聖堂近くにある、ベルギー産のチョコレートショップ。トリュフなどは100gで£3.40～。フクロウや犬の形をしたかわいらしい形のチョコレートは、1個£0.44～0.85。口あたりがマイルドなものから、ビターなものまでさまざまな種類を取り揃えている。おみやげにもぴったり。

Map P.318

28a High St., CB7 4JU
TEL & FAX(01353)650189
inet www.cherryhillchocolates.co.uk
開9:00～18:00（日12:00～17:00）
休無休
£ T/C不可 C/C A M V

ノーフォーク州の州都

ノーリッジ Norwich

人口12万1500人
市外局番01603

ノーリッジへの行き方

●ケンブリッジから
🚃1時間に1便
所要：1時間20分
●ロンドンから
🚃リヴァプール・ストリート駅から1時間に2便
所要：1時間50分

■ノーリッジのℹ
Map P.320B
✉The Forum, Millennium Plain, NR2 1TF
TEL(01603) 727927
FAX(01603) 765389
Inet www.norwich.gov.uk
開4～10月9:30～18:00
（日10:30～16:30）
11～3月9:30～17:30
休11～3月の日曜
宿の予約はデポジットとして1泊目の宿泊料金の10%

■シティ・ボート
City Boats
鉄道駅前ボート乗り場とエルム・ヒルボート乗り場から出発する。所要35分のシティ・クルーズから所要3時間15分のアフタヌーン・ティー・クルーズまで、いくつかの種類がある。
TEL(01603) 701701
FAX(01603) 700324
Inet www.cityboats.co.uk

ノーリッジの起源はアングロ・サクソンが最初に作った町「Northwicノースウィック」。その後も発展を続け、中世にはイングランド最大の城塞都市となった。町にはノルマン朝からテューダー朝時代にかけての建物が多く残り、教会が多い町としても知られている。かつては城内に57もあったという教会のなかでも、11世紀のノーリッジ大聖堂はノーリッジのシンボル的な存在。また、町の中心にそびえるノーリッジ城は博物館になっており、ノーリッジを中心としたこの地方の歴史をあますことなく伝えている。

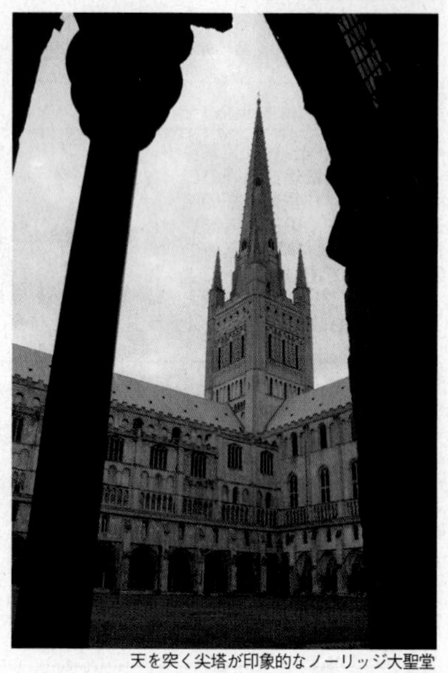
天を突く尖塔が印象的なノーリッジ大聖堂

歩き方

鉄道駅は町の東側に位置する。駅を出てすぐの川岸には、シティ・ボートの遊覧船乗り場がある。駅から橋を渡り直進して行くと、町のランドマーク、ノーリッジ城へとたどり着く。城

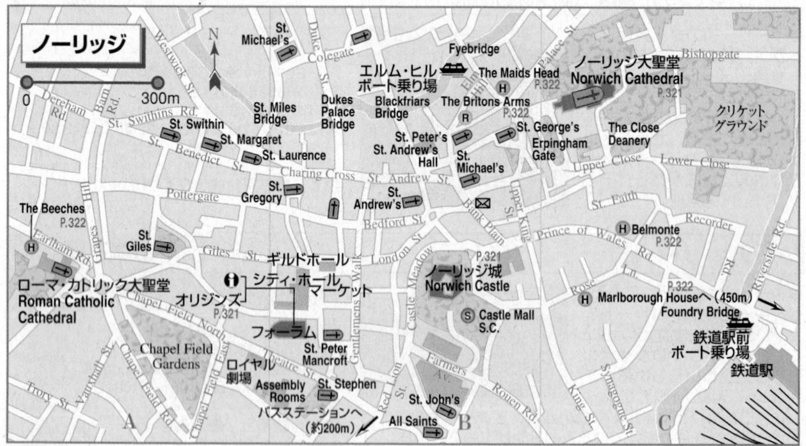

の西側は数々のショップが並ぶにぎやかな地域になっており、特にシティ・ホールとギルドホールの間に広がるマーケットはイギリスでも最大級の屋外マーケット。日曜を除く毎日開催されている。❶はシティ・ホールの南、フォーラムForumという近代的な建物の中にある。

見どころ

ノーリッジ城とノーリッジ大聖堂が、町を代表する見どころ。このふたつの見どころの間にはテューダー朝時代の建物が数多く残る石畳の美しい通り、あるエルム・ヒルElm Hillがある。

町の中心にどっしりと構える

見学所要時間の目安 2時間

ノーリッジ城
Norwich Castle

この地に最初に城が建てられたのは、ノルマン征服の翌年である1067年、ウイリアム征服王の手によってのこと。もともと木製であった城は、12世紀には石造りに改築され、以来町の歴史を見守ってきた。現在城は博物館となっており、イースト・アングリアの歴史の紹介をはじめ、ヨーロッパ絵画、郷土の画家の作品の展示、古代エジプトの展示など、多様なコレクションを誇っている。博物館以外の城内は2種類あるガイドツアーで見学ができる。

天井にちりばめられた彫刻は必見

ノーリッジ大聖堂
Norwich Cathedral

1096年に建てられた壮麗な大聖堂。93mの尖塔はソールズベリ大聖堂に次いで英国第2位の高さで、回廊の大きさは英国最大を誇っている。天井は1000を超す中世の彫刻によって飾られており、その一つひとつが独創的で美しい。

ノーフォーク州の歴史を振り返る

オリジンズ
Origins

❶が入っているフォーラム内にあるアトラクション。2000年にも及ぶノーフォーク州とノーリッジの歴史を、180度の巨大スクリーンによる映像をはじめとする60もの展示により、さまざまな角度から紹介する。

近郊の見どころ

300年前の豪華な屋敷

見学所要時間の目安 1時間

ブリックリング・ホール
Blickling Hall

ナショナル・トラストが管理する、17世紀初頭に造られたジャコビアン様式の豪華な館と手入れの行き届いた庭園。館内では、多くの絵画や書籍が飾られた、37.5mにも及ぶロング・ギャラリーLong Galleryと呼ばれる部屋が必見。

■ノーリッジ城
Map P.320B
✉Castle Meadow, NR1 3JU
TEL(01603) 493625
FAX(01603) 493623
inet www.museums.norfolk.gov.uk
開10:00～16:30
(土10:00～17:00、日13:00～17:00)
最終入場は閉館の30分前
休12/22～12/26、1/1
料歴史ゾーン£4.30
学生£3.65
美術ゾーン£4.30
学生£3.65
両ゾーン£6.30
学生£5.35

■ノーリッジ大聖堂
Map P.320C
✉12 The Close, NR1 4DH
TEL(01603) 218321
inet www.cathedral.org.uk
開夏期7:30～19:00
冬期7:30～18:00
休無休
料希望寄付額£4.00

■オリジンズ
Map P.320B
✉The Forum, Millennium Plain, NR2 1TF
TEL(01603) 727920
inet www.originsnorwich.co.uk
開夏期10:00～17:45
(日11:00～16:45)
冬期10:00～17:15
(日11:00～16:45)
休12/25・26
料£5.95　学生£3.95

■ブリックリング・ホール
Map P.19B-2
🚌ノーリッジからX5番が1時間に1便
所要：50分、アイルシャム・マーケット・プレイスAylsham Market Placeで下車し、徒歩40分。
✉Blickling, NR11 6NF
TEL(01263) 738030
inet www.nationaltrust.org.uk
開館内3/25～10/1 13:00～17:00、10/4～10/29 13:00～16:00
庭園3/25～10/29 10:15～17:15、11/2～3/24 11:00～16:00
休館内3/25～7/29、9/6～10/1の月・火、7/30～9/3の火、10/31～3/24
庭園3/25～7/29、9/6～10/29の月・火、7/30～9/3の火、11/2～3/24の月～水
料£8.00

ホテル＆レストラン Hotel&Restaurant

ノーリッジの宿は中心部には少ない。比較的多いのは、駅から東へ行ったストレーシー・ロードStracey Rd.沿いとノーリッジ・ローマ・カトリック大聖堂の西に広がるエーラム・ロードEarlham Rd.沿い。

日本からホテルへの電話 電話会社の番号 + 010 + 国番号44 + 市外局番の最初の0を取った掲載の電話番号

メイズ・ヘッド The Maids Head Hotel 【高級】

●ノーリッジ大聖堂のすぐそばにある。13世紀の建造物を利用しており、内装も建物のもつ古さを活かしながらも、機能的な造りになっている。もちろん設備は最新のもので、テレビは衛星放送対応。別料金の朝食はイングリッシュが£12.50、コンチネンタルが£9.50。

83室 Map P.320B

Tombland, NR3 1LB
TEL (0870) 6096110
FAX (01603) 613688
inet www.corushotels.com/maidshead
S W £105.00
£ T/C £ C/C A D M V

ビーチェス The Beeches Hotel 【中級】

●ローマ・カトリック大聖堂から西へエーラム・ロードを進んですぐ。町の中心から少しはずれた静かな環境にあり、建物の裏に広がる美しい庭園は軽めの散策にぴったりだ。ホテルにはレストランも併設しており、食事込みの宿泊プランも用意されている。

43室 Map P.320A

2-6 Earlham Rd., NR2 3DB
TEL (01603) 621167 FAX (01603) 620151
inet www.mjbhotels.com
S £74.00～79.00
W £95.00
£ T/C £ C/C A D J M V

ベルモンテ Hotel Belmonte 【イン】

●駅から町の中心に行く途中にあり、どこに行くにもアクセスがよい。部屋は広々としていて、テレビも大きめ。1階がバーになっており、ここでランチもとれる。週末に宿泊する人にとっては、深夜にバーから漏れる騒音が気になるかもしれない。朝食はコンチネンタル。

8室 Map P.320C

60-62 Prince of Wales Rd., NR1 1LT
TEL (01603) 622533
FAX (01603) 760805
S £35.00
W £53.00～57.00
£ T/C £ C/C A M V

マールバラ・ハウス Marlborough House Hotel 【ゲストハウス】

●駅から町の中心とは反対の方向へ進み、350mほど行った所で右折。さらに100mほど進んだ左側にある。B&Bが並ぶ通りの中の1軒で客室数も多い。朝食はイングリッシュとコンチネンタルを選ぶことができる。全館禁煙。

28室 Map P.320C外

18-22 Stracey Rd., NR1 1EZ
TEL&FAX (01603) 628005
S £26.00
S £36.00
W £55.00
£ € T/C £ C/C 不可

ブリトンズ・アームス The Britons Arms 【ティー＆カフェ】

●ノーリッジの中でも最も中世の雰囲気を残しているというエルム・ヒルにあるコーヒーハウス。50年以上の歴史をもつ老舗だ。ホームメイドのケーキやキッシュの人気が高い。ランチも出す。夏には庭が開放される。

Map P.320B

Elm Hill, NR3 1HN
TEL (01603) 623367
FAX なし
開 9:30～17:00
休 月・日・祝
£ T/C 不可 C/C 不可

500年以上前に建てられた建築が点在

イプスウィッチ Ipswich

人口11万7000人
市外局番01473

イプスウィッチはヘンリー8世の下で権力を欲しいままにしたウルジー枢機卿の出身地。そんなこともあってか、町にはテューダー朝期の建物が数多く残されている。かといってここが中世から時間が止まってしまったような町と思うのは大間違い。町にはおしゃれなショップが軒を連ね、歴史的建築物もあちこちに点在する。新しいものと古いものがうまく混ざり合った町、それがイプスウィッチだ。

鉄道駅は町の南西にあり、中心まではプリンセス・ストリートを真っすぐ行く。ⓘは聖スティーブン教会の内部にある。その近くにある同じく15世紀に建てられたエンシェント・ハウスAncient Houseは外観の装飾が見事な館で、現在はおしゃれな家庭雑貨店だ。町の北側に広がるなクライストチャーチ・パーク内にはクライストチャーチ・マンションと呼ばれる邸宅がある。ウルジー枢機卿によって1548年に建てられた館で、内部は美術館になっている。

また、町の南側を流れるオーウェル川River Orwellではシーズン中にクルーズ船オーウェル・レディOrwell Lady号が出ており、ウエスト・ドックからハーリッジのハーバーまで行くことができる。

16世紀に建てられたクライストチャーチ・マンション

イプスウィッチへの行き方

●イプスウィッチから
🚌1時間に2便程度
所要：40分
●ケンブリッジから
🚌1時間に1便
所要：1時間20分
●ロンドンから
🚌1時間に2～3便
所要：1時間15分

■イプスウィッチのⓘ
Map P.323
✉St. Stephen's Ln., IP1 1DP
TEL(01473) 258070
inet www.visit-ipswich.com
開9:00～17:00　休日
宿の予約はデポジットとして1泊目の宿泊料金の10%

イプスウィッチ

0　500m
クライストチャーチ・パーク
クライストチャーチ・マンション
イプスウィッチ博物館
劇場
St. Margaret
聖メアリー教会
タウンホール
St. Mary Elms
St. Lawrence's
エンシェント・ハウス Ancient House
ⓘ 聖スティーブン教会
バスステーション
Recreation Ground
フットボールグラウンド
St. Clement's Baths
St. Peter's
St. Mary-at-Quay
オーウェル川クルーズ乗り場へ(約50m)
ウエスト・ドック West Dock
Station Bridge
オーウェル川 River Orwell
鉄道駅
Norwich Rd.　Clarkson Rd.　London Rd.　St. Matthew's St.　St. George St.　High St.　Fonnereau Rd.　Charles St.　William St.　Crown St.　Tower Rampart　Northgate　St. Margaret's St.　Bolton Ln.　Christchurch St.　Henley St.　Cobbold St.　Berners St.　Crescent Rd.　Dalton Rd.　Handford Rd.　Portman Rd.　Civic Dri.　Elm St.　Princes St.　Friars St.　Upr. Orwell St.　Bond St.　Orchard St.　St. Helens St.　Rope Walk　Waterworks St.　Grimwade St.　Portman's Walk　Russell Rd.　Cardinal St.　Cecilia St.　Wolsey St.　Greyfriars Way　Foundation St.　Lower Orwell St.　Quadling St.　Chancery Rd.　Commercial Rd.　College St.　Albion Wharf　Bridge St.　Dock St.　Vernon St.　Ranelagh Rd.　Burrell Rd.

■クライストチャーチ・マンション
Map P.323
✉Christchurch Park, Soane St., IP4 2BE
TEL(01473) 433554
開10:00～17:00（日14:30～16:30）
休月
料無料

■イプスウィッチ博物館
Map P.323
✉High St., IP1 3QH
TEL(01473) 433550
開10:00～17:00
休日・月
料無料

■オーウェル川クルーズ
TEL(01473) 836680
FAX(01473) 836702
inet www.orwellrivercruises.co.uk
料£11.50　学生£9.00
運航は4～9月の土・日曜など。6～8月は増便。

文献に出てくる英国最古の町
コルチェスター Colchester

人口15万5800人
市外局番01206

コルチェスターへの行き方

●イプスウィッチから
🚃頻発　所要：20分
●ロンドンから
🚃リヴァプール・ストリート駅から頻発
所要：45分～1時間

■コルチェスターの❶
Map P.324
✉1 Queens St., CO1 2PG
TEL(01206) 282920
inet www.colchesterwhatson.co.uk
開 イースター～10月9:00～18:00(日10:00～17:00)
11月～イースター10:00～17:00(金11:00～17:00)
休10月～イースターの日曜
宿の予約はデポジットとして1泊目の宿泊料金の10%

■コルチェスター城
Map P.324
TEL(01206) 282939
inet www.colchestermuseums.org.uk
開10:00～17:00(日11:00～17:00)
最終入場は16:30
休無休
料£4.90

書物に名前が出てくる町としては英国最古といわれるコルチェスター。その歴史はケルトの時代にまでさかのぼる。その後ローマ時代にはブリテン島の支配の拠点として、城壁や神殿が造られた。60年にはローマの支配に対してブリトン人のボアディキア女王が反乱を起こしている。

鉄道駅から町の中心へ

コルチェスターの鉄道駅には北駅North Stationとタウン駅Colchester Town Stationのふたつがあり、ロンドンやイプスウィッチからの列車が到着するのは北駅のほうだ。北駅から町の中心へは、ノース・ステーション・ロードNorth Station Rd.を南へ10分。城壁内に入って、そのまま直進し、ハイ・ストリートHigh St.を左に曲がってしばらく行くとコルチェスター城が見えてくる。❶は通りを挟んで城の南側にある。

ローマ時代の神殿

この町で見逃せないのがコルチェスター城と博物館。ローマ時代はこの地にはクラウディウス神殿が建っており、ローマ支配の象徴であった。反乱を起こしたボアディキア女王は、コルチェスターを攻撃した際、神殿を、中に逃げ込んだ住民ともども焼き払ったと伝えられている。

神殿から城塞へ

1076年、ウィリアム征服王は町に残っていたローマ時代の石材の転用を命じ、神殿跡の上にコルチェスター城を築いた。中世には牢獄として使用されたこともあるこの城は、現在は博物館として、この地で発掘されたさまざまな物品を展示している。

城の近くには自然史博物館や19世紀の衣装や生活用品を展示したホリー・ツリー博物館もある。

イングランド北部

Northern England

緑豊かな湖水地方

のんびりとヒツジが横切る

雄大な自然と牧歌的風景が広がる

イングランド北部

北部の代表的な地域

イングランド北部は多くの地域に分かれている。イギリス最大の州、ヨークシャーYorkshireを筆頭に、最北のノーザンバーランドNorthumberland、湖水地方があるカンブリアCumbria、その南にはランカシャーLancashireがある。さらにその南にはリヴァプールやマンチェスターなどの工業都市群がある。チェスターを中心とするチェシャーCheshireは北ウェールズと接している。

ヨークシャー

古都ヨークを中心とするヨークシャーは、細かく分けて7つの地域に分けられるが、その大部分を占めるのがノース・ヨークシャーNorth Yorkshireだ。ノース・ヨークシャーにはヨークシャー・デイルズ国立公園やノース・ヨーク・ムーアズ国立公園に代表されるように、荒涼とした大自然を満喫でき、名作『嵐が丘』の舞台となったハワースもある。都会的なリーズや洗練された町並みのハロゲイトなどの個性的な町々がある。

ノーザンバーランド

スコットランドと接するノーザンバーランドには北部最大の都市、ニューキャッスル・アポン・タインがある。ハドリアヌスの城壁や、世界遺産のダラム大聖堂がこの地域のおもな見どころだ。

北イングランドらしい荒涼とした風景

湖水地方

イギリスを代表する観光エリアの湖水地方。ベアトリクス・ポターの描いた絵本「ピーター・ラビット」の世界がそのまま残っている。英国を代表するロマン派詩人ワーズワースをはじめ、多くの文人がその自然美を作品に残している。

リヴァプール、マンチェスター

多くの工業都市がひしめき合っているが、ビートルズの故郷リヴァプールや産業革命の代名詞マンチェスターがこの地域の中心都市。アイリッシュ海に浮かぶマン島へはリヴァプールから行くことができる。

移動のコツ

多くの鉄道路線があるが、ヨーク〜ニューキャッスル・アポン・タイン〜エディンバラを結ぶ東海岸本線East Coast Main Lineとマンチェスター〜カーライル〜グラスゴーと続く西海岸本線West Coast Main Lineが東西の大動脈。リヴァプール〜マンチェスター〜リーズ〜ヨークなど都市間を結ぶ路線も便数が多い。景観路線を楽しむならカーライル発着のローカル線がおすすめ。

プランニングのコツ

北部イングランドを満喫するためのキーワードは「歴史」、「自然」、「町」の3つ。ヨーク、チェスター、カーライルでは歴史ある町並みを堪能し、ヨークシャー・デイルズや湖水地方で大自然を満喫、リヴァプールやマンチェスター、リーズなどの都会では最先端のポップカルチャーやショッピングを楽しむ。自分の好みと日程に合わせてプランを組み立ててみたい。

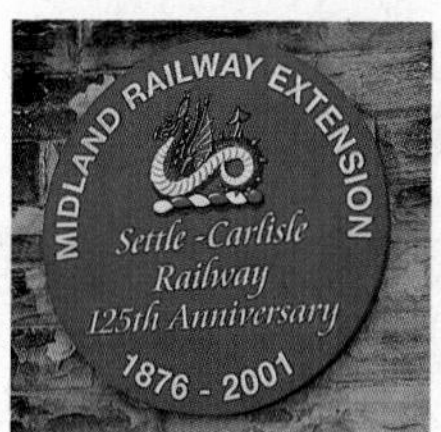

セトル・カーライル鉄道のエンブレム

時間のない人は人気観光地のヨークと湖水地方を押さえよう。ロンドンからまずヨークに行き、ヨークからマンチェスター経由で湖水地方のウィンダミアに入るとむだがない。4〜5日もあれば充分。ヨーク〜ウィンダミアの移動は3時間30分〜4時間かかり、乗り換えのタイミングで到着時間も変わるので、できれば便数が少ない日曜の移動は避けたい。

モデルコース

北部イングランド・ダイジェスト・コース

ロンドンからマンチェスターへ入り湖水地方へ。そこから北へ向かいカーライルからハドリアヌスの城壁へ。ニューキャッスル・アポン・タインからダラム、ヨークと下ってロンドンへ戻る。

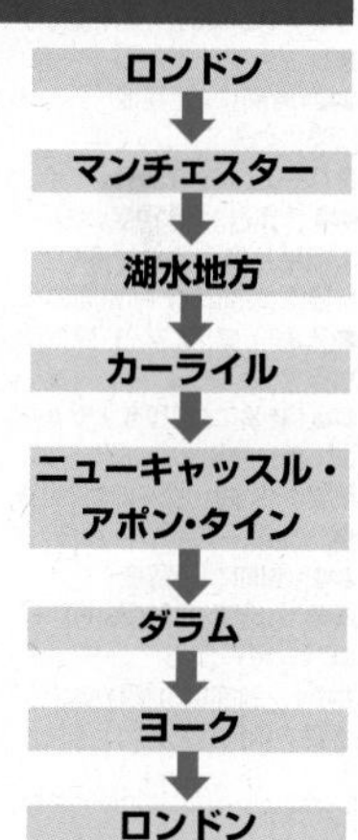

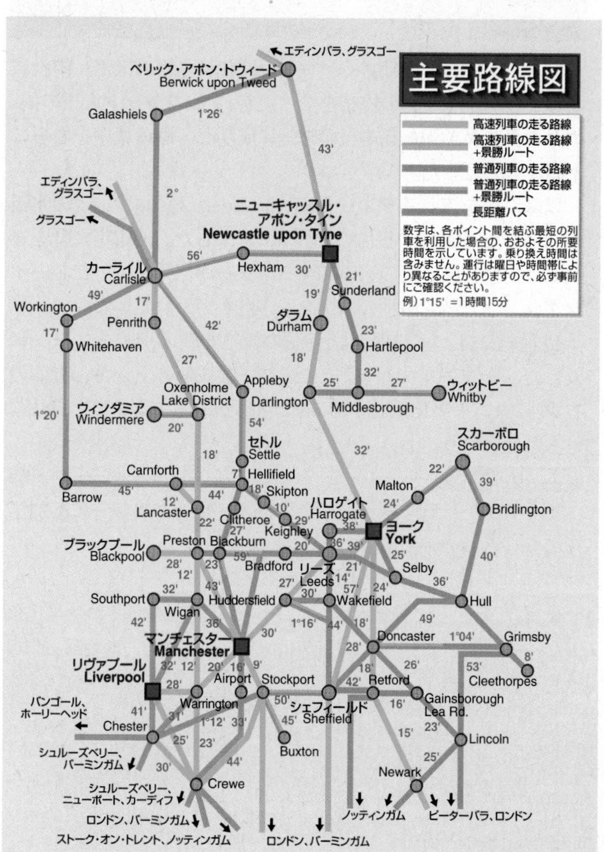

ニア・ソーリーへの道

犬も一緒に旅に出る

ローマ時代からの城塞都市

チェスター Chester

人口32万人　市外局番01244

城壁から見たディー川の流れ

チェスターの歴史は古く、ローマ時代にさかのぼる。中世になるとヴァイキングの侵略を受けたが、アルフレッド大王の娘、エセルフレダAethelflaedaが撃退に成功し、町の城壁をさらに堅固なものとした。

以降、町を流れるディー川River DeeP.329A-3～B-2の水運を利用した通商都市としておおいに繁栄した。旧市街に軒を連ねる、白壁に黒い梁の家々もチェスターが繁栄していた証。イングランドで最も中世の面影を残す町といわれている。

17世紀には、王党派と議会派の壮絶な戦いがチェスターに及んだ。チャールズ1世はチェスターの城壁の上から、近郊のロウトン・ムーアRowton Moorで自軍が敗北するさまを見せつけられたという。

モデルルート

チェスターは町歩きが楽しい。ウオーキングツアーに参加するのもひとつの手だろう。

チェスターへの行き方

●ロンドンから
🚃ユーストン駅から1時間に1～2便、クルーエCreweで乗り換える便が多い
所要：2時間40分
🚌10:30、17:00発
所要：4時間15分～6時間20分
●リヴァプールから
🚃1時間に2便程度
所要：45分
●バーミンガムから
🚃1時間に1便程度。クルーエで乗り換える便が多い
所要：1時間25分～1時間50分
●ストーク・オン・トレントから
🚃1時間に1便程度。クルーエで乗り換え
所要：1時間10分～1時間30分
●シュルーズベリーから
🚃1時間に1便程度
所要：1時間～1時間30分
●バンガーから
🚃1～2時間に1便程度
所要：1時間10分

イーストゲートに掲げられたチェスターの紋章

チェスター旧市街とディー川の1日

ノースゲート→イーストゲート→チェスター大聖堂→ロウズ→グロヴナー博物館→ニューゲート→ディー川クルーズ

チェスターは城壁がほぼ完全な形で残っているため、城壁巡りをしながらの観光が楽しい。ノースゲートからイーストゲートへの城壁は、途中大聖堂の裏庭が見える。美しいイーストゲート・クロックを見てからイーストゲート・ストリートを歩くと、途中にすばらしい木組みの建物を見ることができる。大聖堂を見てからブリッジ・ストリートを行くと、途中デワ・ローマン・エクスペリエンスがあるので立ち寄ってもよいだろう。グロヴナー博物館でチェスターの歴史を勉強したら、再び城壁巡りへ。ブリッジゲートからニューゲートへ向かうルートではディー川の美しい流れが見られる。最後はディー川のショートクルーズを楽しんで、再び旧市街でディナーをどうぞ。

歩き方

チェスターの町は城壁に囲まれており、4つの門と4つのメインストリート、それが交差する中心を覚えれば、迷うことはない。

4つの門

イーストゲート・クロック

旧市街を取り囲む城壁に東のイーストゲートEastgateP.329B-2、西のウォーターゲートWatergateP.329A-2、南のブリッジゲートBridgegateP.329B-3、北のノースゲートNorthgateP.329A-1の4つの門がある。4つの城門からそれぞれの名の付いた通りが中心部へ向かって延びている。

4つの通りが交差するザ・クロス

4つの城門から延びる通りが交差するのがザ・クロスThe CrossP.329A-2といわれる。ここが町の中心だ。

ロウズ

チェスターがチェスターたるゆえんはロウズThe RowsP.329A-2と呼ばれる木組みのかわいらしい商店街。中世から続くこの商店街の伝統的な建物の上階部分がつながっているのは、傘を使うことなく買い物を楽しめるようにと考えられたものだ。ザ・クロスを中心に広がっている。

ディー川周辺

イーストゲートの南にあるニューゲートから旧市街を出ると、正面に空き地のようなものがある。これがローマの円形劇

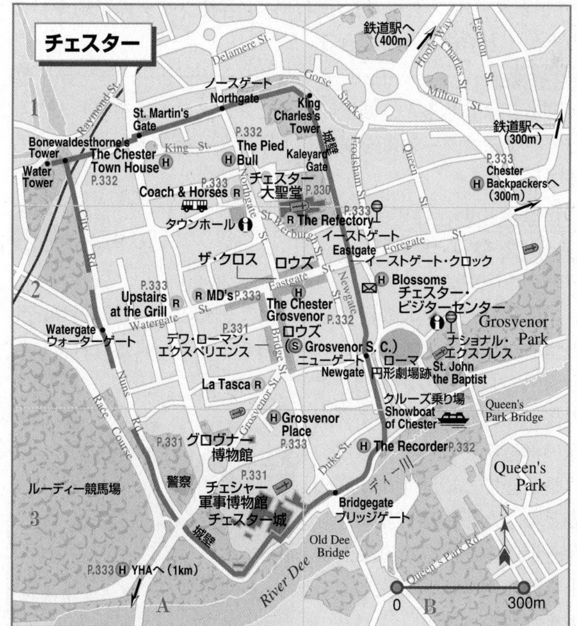

■市内観光バス
City Sightseeing
●ザ・チェスター・ツアー
The Chester Tour
TEL(01244) 347452
inet www.city-sightseeing.com
出発：3月下旬～10月9:55～17:40の15～30分毎
所要：1時間
料£8.00　学生£6.50
チケットは24時間有効

グロヴナー・ショッピングセンター

■ウオーキングツアー
ⓘが主催するウオーキングツアー。チェスター・ビジターセンター発。タウンホールのⓘは15分後に出発。
●ヒストリー・ハンター
History Hunter
出発：10:15
料£4.00　学生£3.00
●ゴーストファインダー・ツアーズGhostfinder Tours
出発：土19:30、6～10月の木・金19:30
料£4.50 学生£3.50
■ディー川ボートクルーズ
Showboats of Chester
Map P.329B-3
ブリッジゲートを出て左に行った埠頭から出発する。
TEL(01244) 325394
inet www.showboatsofchester.co.uk
●シティ・リバー・クルーズ
City River Cruise
出発：11:00～16:30（11～3月は土・日のみ）の30分毎
所要：30分
料£6.00　学生£4.50
●アイアンブリッジ・クルーズIronbridge Cruise
イートン・エステートやアイアンブリッジまで行く
出発：5～9月12:00
所要：2時間
料£12.00　学生£10.00

場跡だ。手前の道を右折すると、ディー川の河畔に出る。クルーズ船の乗り場はここだ。

シティ・リバー・クルーズ

■チェスターの❶
Inetwww.chestertourism.com
宿の予約は手数料£3.00とデポジットとして1泊目の宿泊料金の10%
●タウンホールの❶
Map P.329A-2
✉Town Hall, CH1 2HJ
TEL(01244) 402111
FAX(01244) 400420
開4～10月9:30～17:30
(水10:00～17:30、日10:00～16:00)
11～3月9:30～17:00(水10:00～17:00、
休11～3月の日曜

タウンホールの❶

●チェスター・ビジターセンターの❶
Map P.329B-2
✉Vicar's Ln., CH1 1QX
TEL(01244) 351609
FAX(01244) 403188
開5～9月9:30～17:30
(水10:00～17:30、日10:00～16:00)
10～4月9:30～17:00
(水10:00～17:00、日10:00～16:00)
休無休

ターミナルから市の中心部へ

鉄道駅

鉄道駅は町の北東にあり、旧市街へは徒歩20分ほど。駅前のフール・ウェイHoole Way**P.329B-1**を直進し、ロータリーを越えたフロッシャム・ストリートFrodsham St.**P.329B-1**を直進するとイーストゲートの前に出る。また、鉄道の切符があれば無料で(ない場合は£0.45で)イーストゲートの東のバス停まで行くシティレイル・リンクCityrail Link(7:30～19:24の10分おきに運行。日曜は30分おき)のバスを利用できる。

長距離バス

ナショナル・エクスプレスの長距離バスはチェスター・ビジターセンターの向かいに停まる。

市内交通

リヴァプールやチェスター動物園へ行くバスや、ユースホステルへ行くバスなど、市内を走るバスはタウンホール裏のバス停から出る。

旅の情報収集

❶はタウンホール内と、ローマ円形劇場跡前にあるチェスター・ビジターセンターの2ヵ所にある。各種ツアーの予約やバスのチケット予約などができる。

見どころ

町歩きはもちろん、城壁に上ったり、クルーズを楽しんだりして、チェスターの町を満喫しよう。楽しいアトラクションも多い。

中世は巡礼地として栄えた

チェスター大聖堂
Chester Cathedral

見学所要時間の目安 1時間

■チェスター大聖堂
Map P.329A-1
✉12 Abbey Sq., CH1 2HU
TEL(01244) 324756
FAX(01244) 341110
Inetwww.chestercathedral.com
開9:00～17:00
(日13:00～17:00)
休無休
料£4.00(オーディオガイド付き)
日曜はオーディオガイド使用不可

10世紀、デーン人の侵略をおそれて、聖ワーバラWerburghの聖骸がスタッフォードシャーからチェスターに運ばれて、教会が建てられたのが最初。その後、1092年にベネディクト派の修道院となった。数度の改築を経て、1250年に現在の姿となったが、1541年にヘンリー8世によって修道院が廃止されたため、大聖堂として生まれ変わった。

チェスター大聖堂

ローマ時代の遺物が展示されている

見学所要時間の目安 1時間

デワ・ローマン・エクスペリエンス
Dewa Roman Experience

デワDewaとは、ローマ時代のチェスターの名前。チェスターで発掘された、ローマ時代の陶器や鎧などが展示され、実際に手に取って見ることができる。

チェスター城の横にある

見学所要時間の目安 30分

チェシャー軍事博物館
Cheshire Military Museum

チェスター城の横にある博物館。もともとは兵士や士官の宿泊施設だった建物。おもにチェシャー連隊The Cheshire Regimentや、第5近衛イニシュキリング竜騎兵連隊The 5th Royal Iniskilling Dragoon Guardsなどの軍服や勲章などを展示している。ちなみにチェスター城は19世紀にトーマス・ハリソンによって設計され、1810年に完成した。

2000年の歴史が早わかり

見学所要時間の目安 30分

グロヴナー博物館
Grosvenor Museum

グロヴナー博物館

ローマ時代から現在にいたるチェスターの長い歴史を、興味深い展示で紹介した博物館。時代を追って町の歴史を紹介するチェスター・タイムライン・ギャラリーChester Timeline Galleryや、迫力あるローマ兵の人形などがある。

■デワ・ローマン・エクスペリエンス
Map P.329A-2
✉Pierpoint Ln., Bridge St., CH1 1NL
TEL(01224) 343407
inet www.dewaromanexperience.co.uk
開9:00～17:00
(日、12・1月10:00～17:00)
休無休
料£4.25 学生£3.75

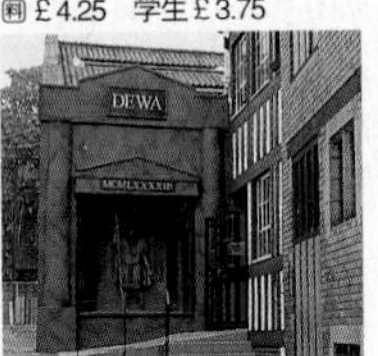

デワ・ローマン・エクスペリエンス

■チェシャー軍事博物館
Map P.329A-3
✉The Castle, CH1 2DN
TEL(01224) 327617
inet www.chester.ac.uk/militarymuseum
開10:00～17:00
最終入場は16:00
休無休 料£2.00

■グロヴナー博物館
Map P.329A-3
✉Grosvenor St., CH1 2DD
TEL(01224) 402008
開10:30～17:00 (日13:00～16:00)
休無休 料無料

Information History Topics

チェスターの城壁巡り

チェスターの城壁はローマ時代から存在しているが、世の中が平和になった17世紀以降は、町を守るものから、遺産として町に守られていくものへと変化していった。今もほぼ完全な状態で残り、19世紀に付け加えられたイーストゲート・クロックも、城壁に彩りを添えている。

城壁をのんびり歩こう

城壁へは城門の脇などから上る場所があり、美しい風景を見ることができるポイントがいくつかある。ノースゲートからイーストゲートへ下ると大聖堂の裏庭に出る。ここではリスたちが活発に走り回る様子を見ることができる。旧市街の美しい姿を見たければイーストゲートがよい。木組みの家並みを上から望める。ディー川を眺めるならニューゲートから城壁に上がり、ブリッジゲートへ歩くとよいだろう。

■❶主催の城壁ウオーキングツアー
●ローマン・ソルジャー・パトロール
Roman Soldiers Patrol
出発：6～8月の木～土13:45 チェスター・ビジターセンターの❶前
料£4.50 学生£3.50

■チェスター動物園
Map P.17A-1
🚌1番のバスで約30分
✉Upton By Chester, CH2 1LH
TEL(01244) 380280
inet www.chesterzoo.org
12/24　10:00～15:00
10/30～12/23、12/27～2/10
10:00～16:00
2/11～4/7　10:00～16:30
4/24～10/29　10:00～17:00
4/8～23、4/24～10/29の土・日　10:00～18:00
最終入場は閉園1時間前
㊡12/25・26　㊎£14.50

見どころ

英国最大級の動物園

チェスター動物園
Chester Zoo

見学所要時間の目安 **半日以上**

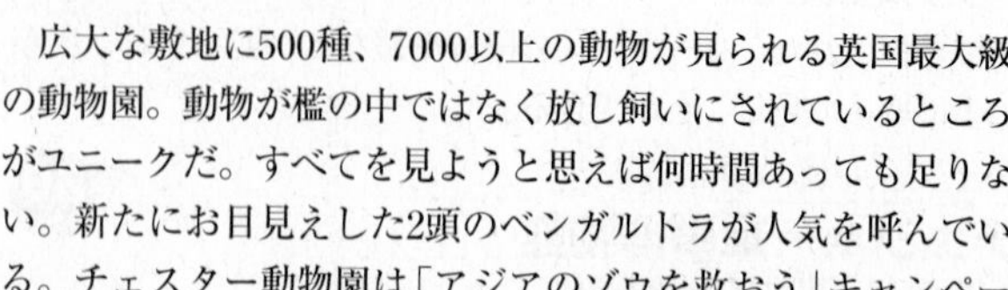

広大な敷地に500種、7000以上の動物が見られる英国最大級の動物園。動物が檻の中ではなく放し飼いにされているところがユニークだ。すべてを見ようと思えば何時間あっても足りない。新たにお目見えした2頭のベンガルトラが人気を呼んでいる。チェスター動物園は「アジアのゾウを救おう」キャンペーンにも力を入れており、ゾウの飼育舎も拡張した。

ホテル＆レストラン Hotel&Restaurant

人気の観光地だけあって、宿泊施設の数は多い。町の中心部にもさまざまなタイプの宿がある。中級ホテルは鉄道駅から町の中心へ延びるシティ・ロードCity Rd.沿いに数軒ある。ユースホステルの周辺にもB&Bが数軒ある。

日本からホテルへの電話　電話会社の番号 ＋ 010 ＋ 国番号44 ＋ 市外局番の最初の0を取った掲載の電話番号

チェスター・グロヴナー The Chester Grosvenor 【高級】

●旧市街にある最高級のホテル。木組みの立派な建物で、豪華なスパ施設やエステサロンなども完備。建物の外観にふさわしく内装も重厚。厳選された調度品もすばらしい。レストランへはおしゃれをして入りたい。

80室　Map P.329A-2
✉Eastgate, CH1 1LT
TEL(01244) 324024　FAX(01224) 313246
inet www.chestergrosvenor.co.uk
S W £223.25～
£　T/C £　C/C Ⓐ Ⓓ Ⓙ Ⓜ Ⓥ

レコーダー The Recorder Hotel 【中級】

●ブリッジゲートからデューク・ストリートDuke St.を入って少し行った右側にある。城壁の上に建っており、多くの部屋がリバービュー。庭に面した部屋よりは若干高いが、眺めは抜群。部屋には番号ではなく、星座の名が付けられている。全室テレビ、ティーセット付き。

11室　Map P.329B-3
✉19 City Walls, CH1 1SB
TEL(01244) 326580　FAX(01244) 401674
inet www.recorderhotel.co.uk
S £45.00～50.00
W £70.00～100.00
£　T/C £　C/C Ⓜ Ⓥ

チェスター・タウン・ハウス The Chester Town House 【ゲストハウス】

●1680年に建てられたという歴史ある建物を利用している。内装はすっきりとまとまっているものの、何気なくアンティークの家具などが置かれていたりする。伝統的な英国式朝食を明るい部屋でとるのは気持ちがよい。

5室　Map P.329A-1
✉23 King St., CH1 2AH
TEL(01244) 350021　FAX なし
inet www.chestertownhouse.co.uk
S £45.00
W £65.00～70.00
£　T/C £　C/C Ⓙ Ⓜ Ⓥ

パイド・ブル The Pied Bull 【イン】

●宿泊施設付きのパブ。全室テレビ、ティーセット付き。部屋は広々しており、バスルームも使いやすい。パブ部門は11:00～23:00、日曜は12:00～22:30のオープン。食事もできる。

11室　Map P.329A-1
✉57 Northgate St., CH1 2HQ
TEL(01244) 325829　FAX(01244) 350322
S £45.00
W £55.00～65.00
£　T/C 不可　C/C Ⓐ Ⓓ Ⓜ Ⓥ

グロヴナー・プレイス Grosvenor Place Guest House 【ゲストハウス】

●町の中心部にあるゲストハウス。19世紀の前半に建てられた建物。グロヴナー・ストリートからから入った所にある。全室テレビ、ティーセット付き。部屋も清潔。城壁内にもう1軒同経営のB&Bがある。

5室　Map P.329A-3

2-4 Grosvenor Pl., CH1 2DE
TEL (01244) 324455　FAX (01244) 400225
S £28.00
W £50.00
£　T/C £　C/C 不可

チェスター・バックパッカーズ Chester Backpackers 【ホステル】

●町からも駅からも徒歩10分以内と便利な位置にある。オープンして間もないからか、部屋もきれい。洗濯やインターネットもできる。朝食は付いていないが、キッチンもあり、近くにテイク・アウェイの店もあるので困らない。

ベッド数33　Map P.329B-1外

67 Boughton, CH3 5AF
TEL&FAX (01244) 400185
inet www.chesterbackpackers.co.uk
D £13.00
S £18.50　W £34.00
£　T/C £　C/C ⒶⒿⓂⓋ

YHAチェスター YHA Chester 【ユースホステル】

●町の中心から歩くと30分ぐらいかかるので、バスで行こう。タウンホール裏のバス停から16番でユースホステル下車。鉄道駅からなら4番のバス。周囲は静かな環境だ。テレビルームやランドリー、ゲームルーム、インターネットなど設備も充実している。フロントで菓子類を販売している。

ベッド数117　Map P.329A-3外

40 Hough Green, CH4 8JD
TEL (0870) 7705762　FAX (0870) 7705763
inet www.yha.org.uk
D £16.00　S W £39.00
S W £43.00
£　T/C £　C/C ⓂⓋ

アップステアーズ・アット・ザ・グリル Upstairs at the Grill 【英国料理】

●ウォーターゲート・ストリートにある洗練された雰囲気の店。素材や盛り付けにこだわった肉や魚のグリル料理が専門。前菜とメインで£25.00ぐらい。ランチの営業は土曜のみ。

Map P.329A-2

70 Watergate St., CH1 2LA
TEL (01244) 344883　FAX なし
開 18:00〜23:00 (日16:00〜21:00)　休 無休
£　T/C 不可　C/C ⒶⓂⓋ

エム・ディーズ MD's 【地中海料理】

●歴史ある建物を利用したレストランで、間接照明のあたたかみのある店内。ハドック(タラの一種)やサーモンなどの魚介料理が中心。予算は前菜とメインで£20.00ぐらい。10:00〜16:00は、カフェとなる。

Map P.329A-2

38 Watergate St., CH1 2LA
TEL (01244) 400322
FAX (01244) 400991
開 17:00〜21:30　休 日
£　T/C 不可　C/C ⓂⓋ

コーチ&ホーシズ Coach & Horses Pub-Bed & Breakfast 【パブ】

●タウンホールの横にあるパブ。ランチ(11:00〜14:30)は日替わりメニュー。上階は宿泊施設(全7室)も併設しており、シャワー、トイレ付き。朝食込みで W £50.00、S £40.00。

Map P.329A-1

39 Northgate St., CH1 2HQ
TEL (01244) 325533　FAX (01244) 405080
開 11:00〜23:00 (日12:00〜22:30)　休 無休
£　T/C £　C/C ⓂⓋ

リフェクトリー The Refectory 【ティールーム】

●チェスター大聖堂内にあり、かつての修道僧たちの食堂を、カフェとして利用したもの。天井が高く、客席数も多い。品数は少ないが、セルフサービス形式で値段も手頃。

Map P.329A-2

12 Abbey Sq., CH1 2HU
TEL (01244) 324756　FAX (01244) 341110
開 10:00〜16:30　休 無休
£　T/C 不可　C/C 不可

不滅のビートルズに出会える地
リヴァプール Liverpool

人口43万9500人　市外局番0151

リヴァプールへの行き方

国内便は、マン島、ベルファストからの便があるほか、パリ、ダブリン、ブリュッセルなどヨーロッパ諸都市からの便もある。

マン島のダグラス、アイルランドのダブリンから便がある。

●ロンドンから

ユーストン駅発、毎時2便程度、クルーエCrewe乗り換えの便もあり
所要：3時間30分

ヴィクトリア・コーチステーションから1日8便
所要：5時間〜6時間40分

●マンチェスターから

ピカデリー駅から1時間に3便、ヴィクトリア駅から1時間に2便程度
所要：約1時間

毎時1〜2便
所要：約1時間

●チェスターから

毎時2便
所要：45分

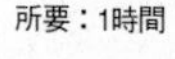1時間に2〜3便程度
所要：約1時間

●マン島から

1日4〜6便
所要：30分

週3便〜1日2便
所要：2時間30分

●湖水地方から

オクセンホルム・レイク・ディストリクト、プレストンPrerstonで乗り換え
所要：1時間

マン島からの高速船

アルバート・ドックから大聖堂を眺める

17世紀まで小さな港町に過ぎなかったリヴァプールは、アメリカのヴァージニア州や西インド諸島との貿易により、18世紀に大きく発展。大英帝国の発展に大きく貢献した。しかし第2次世界大戦以降、町には失業者があふれ、活気はどんどん失われていった。

そんな町の再浮上のカギを握るのが観光業。もともと博物館や美術館などの文化資産が豊富なうえに、ビートルズ誕生の地であることや、エヴァートンとリヴァプールというふたつの強豪サッカークラブを抱えていることも大きな強みになっている。さらに2008年の「ヨーロッパ文化都市European Capital of Culture」にも指定されており、リヴァプールは今まさに大きな変化を遂げようとしているのだ。

モデルルート

中心部の見どころを見学するだけなら徒歩で充分。ビートルズ関係の見どころを中心に回るのなら、❶でガイドマップなどを購入すると効率的に回ることができる。

リヴァプール1日コース

リヴァプール大聖堂→アルバート・ドック→ウォーカー美術館→マシュー・ストリート

リヴァプール大聖堂からスタートして、中華街を通り、アルバート・ドックで興味のある展示を見学。さらにウォーカー美術館を見学したらもう夕方近くだろう。マシュー・ストリートは昼よりも夕方、夜のほうが活気があり楽しい。

歩き方

リヴァプールの観光の中心となるのはライム・ストリート駅周辺と、マージー川沿いのアルバート・ドックAlbert DockP.335 B-4～C-4。その間にあるのがビートルズ関係の見どころが多いマシュー・ストリートMathew St.P.335拡大図だ。このあたりを回るだけなら徒歩で充分。ライム・ストリート駅前のクイーン・スクエアQueen Sq.P.335A-3とアルバート・ドックは1、4番のバスで結ばれている。また、リヴァプール大聖堂も町の中心部から徒歩で10分ほど。

活気あふれる町の中心、チャーチ・ストリート

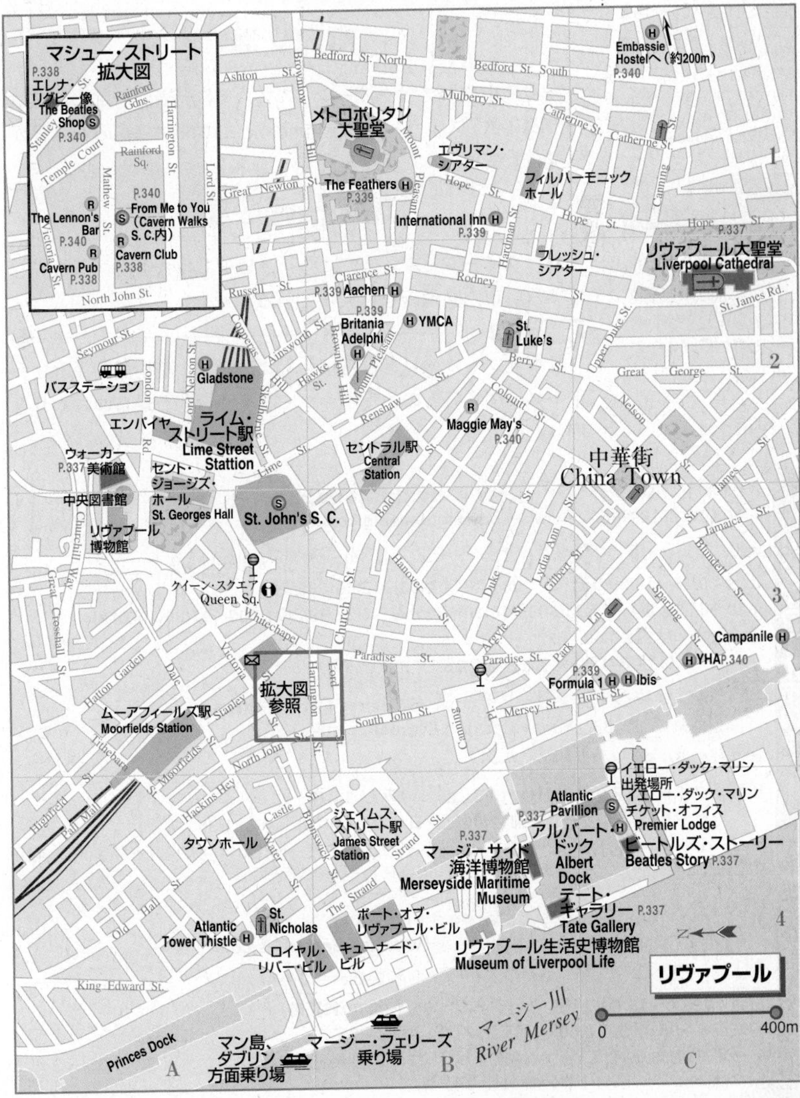

リヴァプール

マシュー・ストリート 拡大図
P.338 エレナ・リグビー像
The Beatles Shop P.340
The Lennon's Bar P.340
From Me to You (Cavern Walks S. C.内) P.340
Cavern Club P.338
Cavern Pub P.338
Embassie Hostelへ（約200m） P.340
メトロポリタン大聖堂
The Feathers P.339
エヴリマン・シアター
フィルハーモニック ホール
International Inn P.339
リヴァプール大聖堂 Liverpool Cathedral P.337
フレッシュ・シアター
Aachen P.339
Britania Adelphi P.339
YMCA
St. Luke's
Gladstone
バスステーション
エンパイヤ
ライム・ストリート駅 Lime Street Station
ウォーカー美術館 P.337
セント・ジョージズ・ホール St. Georges Hall
中央図書館
リヴァプール博物館
St. John's S. C.
セントラル駅 Central Station
Maggie May's P.340
中華街 China Town
クイーン・スクエア Queen Sq.
拡大図参照
ムーアフィールズ駅 Moorfields Station
Campanile
YHA P.340
Formula 1 Ibis P.339
イエロー・ダック・マリン出発場所
Atlantic Pavillion
イエロー・ダック・マリン チケット・オフィス
Premier Lodge
アルバート・ドック Albert Dock P.337
ビートルズ・ストーリー Beatles Story P.337
マージーサイド海洋博物館 Merseyside Maritime Museum P.337
テート・ギャラリー Tate Gallery P.337
ジェイムス・ストリート駅 James Street Station
タウンホール
St. Nicholas
Atlantic Tower Thistle
ポート・オブ・リヴァプール・ビル
ロイヤル・リバー・ビル
キューナード・ビル
リヴァプール生活史博物館 Museum of Liverpool Life
マージー川 River Mersey
マン島、ダブリン方面乗り場
マージー・フェリーズ乗り場
Princes Dock
0 400m
A B C 1 2 3 4

■リヴァプールの❶
Map P.335A-3
✉Queen Sq., L1 1RG
TEL 09066806886
FAX 09067080204
inet www.visitliverpool.com
開 9:00〜17:30（火10:00〜17:30、日・祝10:30〜16:30）
休 無休
ホテルの予約はデポジットとして宿泊料金の10%が必要

■水陸両用車DUKWのイエロー・ダックマリン
水陸両用車でアルバート・ドックを遊覧。チケットはアンカー・コートヤードのオフィスで購入可能。11:00〜16:00（夏期17:00）に運行。所要1時間。料金は£11.95。
TEL (0151) 7087799
FAX (0151) 7091948
inet www.theyellowduckmarine.co.uk

マージー川を航行する

ターミナルから市の中心部へ

鉄道駅、バスステーション

ほとんどの列車はライム・ストリート駅Lime Street Stationに到着。近郊を結ぶマージーレイルMreseyrailはセントラル駅Central Stationに発着。バスステーションもライム・ストリート駅の北側にある。

空港

リヴァプール・ジョン・レノン国際空港から市内へは、エアポートバスが30分おきに運行している。

市内交通

多くの市内バスはクイーン・スクエアに発着。一部のバスはパラダイス・ストリートParadise St.P.335B-3にあるバス停から発着している。

旅の情報収集

❶はクイーン・スクエアにあり、ビートルズグッズも販売している。市内交通の❶も入っている。

見どころ

リヴァプールの見どころはおもに博物館、美術館関係とビートルズに関するもの。途中カフェでくつろぎながらゆっくりと回りたい。

リヴァプール市内ツアー

シティ・サイドシーイング Citysightseeing
TEL (01789)294466　inet www.city-sightseeing.co.uk

●リヴァプール・シティ・サイトシーイング Liverpool City Sightseeing

出発：9/25〜10/29の土・日、4/8〜28の10:00〜16:00に30分毎
4/29〜6/21、9/4〜24の10:00〜16:30に30分毎、6/22〜9/3の10:00〜17:30に30分毎
料 £5.00　学生£4.50
リヴァプールの主要な見どころを巡る乗り降り自由のツアー。

キャヴァーン・シティ・ツアーズ Cavern City Tours
TEL (0151)7093285　inet www.cavern-liverpool.co.uk

●マジカル・ミステリー・ツアー Magical Mistery Tour

出発：クイーン・スクエアの❶11:40（土・日のみ）、14:10
ビートルズ・ストーリー前12:00（土・日のみ）、14:30　料 £11.95
ペニー・レーンや、ストロベリー・フィールドなどミニバスでビートルズゆかりの場所を見ながら、英語の解説を聞くツアー。チケットは❶やビートルズ・ストーリーで購入可能。

その他のツアー

マージー・フェリーズ Mersey Ferries
✉Pier Head　TEL (0151) 6301030　inet www.merseyferries.co.uk

●リバー・エクスプローラー・クルーズ River Explorer Cruise

出発：10:00〜15:00の毎正時（土・日10:00〜16:00の毎正時）
料 往復£4.95（学生£3.60）　片道£2.50（学生£1.95）
マージー川を50分かけて周遊し、船の上からリヴァプールを観光する。途中、水族館のあるシークームSeacombeとウッドサイドWoodsideを経由する。

イギリス最大の大聖堂

見学所要時間の目安 1時間

リヴァプール大聖堂
Liverpool Cathedral

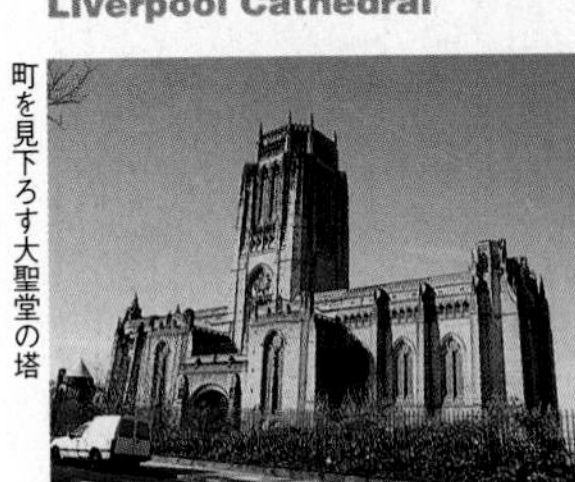
町を見下ろす大聖堂の塔

リヴァプールのランドマーク的存在のリヴァプール大聖堂。英国国教会系の大聖堂としては世界最大の大きさを誇り、見る者を圧倒する。着工から完成までに74年の歳月をかけ、1978年に完成した。塔からはリヴァプールの町並みを見渡すことができる。

■リヴァプール大聖堂
Map P.335C-2
✉St. James Mount, L1 7AZ
TEL(0151) 7096271
inet www.liverpoolcathedral.org.uk
開10:00～17:30
休無休
料希望寄付額£1.00
塔£4.25　学生£2.00
日本語解説書あり

博物館、美術館が建ち並ぶ

見学所要時間の目安 半日以上

アルバート・ドック
Albert Dock

リヴァプールの再開発地域を代表する一大レジャー・コンプレックス。ショップやレストラン、ホテルをはじめ、さまざまな見どころがひしめいており、1日中いても飽きない。

■アルバート・ドック
Map P.335B-4～C-4
✉Albert Dock, L3 4BB
inet www.albertdock.com

マージーサイド海洋博物館

かつて世界有数の港町として栄えたリヴァプール港の歴史にスポットを当てた博物館。悪名高い奴隷貿易や、この地から新世界へと旅立っていった何百万人もの移民、さらにタイタニック号やルシタニア号の海難事故など、興味深い展示がめじろ押し。

■マージーサイド海洋博物館
Map P.335B-4
✉Albert Dock, L3 4BB
TEL(0151) 4784499
inet www.liverpoolmuseums.org.uk
開10:00～17:00
休無休
料無料

テート・ギャラリー

ロンドンのテート・ブリテンの分館。ジャコメッティ、ムーアなど近代から現代の作家に関する常設展示の質も高いが、企画展にも優れたものが多い。

■テート・ギャラリー
Map P.335B-4
✉Albert Dock, L3 4BB
TEL(0151) 7027400
FAX(0151) 7027401
inet www.tate.org.uk
開10:00～17:50
休月(バンクホリデイを除く)、1/1、聖金曜、12/24～12/26
料無料（特別展は有料）

ビートルズ・ストーリー

こぢんまりとしているが、ビートルズファンならぜひとも、あまり知らない人もやはりここは訪れておきたい。ビートルズの結成から解散までをビートルズのサウンドを聴きながら年代順に見て行く。

ビートルズ・ストーリー

■ビートルズ・ストーリー
Map P.335C-4
✉Britannia Vaults, L3 4AA
TEL(0151) 7091963
inet www.beatlesstory.com
開10:00～18:00
最終入場は閉館の1時間前
休12/25・26
料£8.99　学生£5.99

ヨーロッパ絵画が充実

見学所要時間の目安 2時間

ウォーカー美術館
The Walker

ロンドン以外にあるイギリスの美術館のなかでは、屈指のコレクションを誇っている。14世紀から20世紀にかけてのヨーロッパ絵画が集められており、特にイタリア絵画とオランダ絵画が充実している。なかでもレンブラントやルーベンス、ドガといった巨匠の作品が充実している。

■ウォーカー美術館
Map P.335A-2
✉William Brown St., L3 8EL
TEL(0151) 4784199
inet www.thewalker.org.uk
開10:00～17:00
料無料
休1/1、12/25・26

ビートルズの足跡を訪ねて

リヴァプールで誕生し、世界中に名をとどろかせたビートルズ。今もリヴァプールにあるゆかりの地を訪ねるファンはあとを絶たない。ここでは有名なものを紹介しよう。

ビートルズがデビューした店、キャヴァーン・クラブ

マシュー・ストリート
Mathew Street

リヴァプール・サウンドのメッカだったマシュー・ストリートは、ビートルズ発祥の地として有名な通りで、リヴァプールを代表する観光スポット。彼らがデビューを飾った伝説のパブ、キャヴァーン・クラブCavern Clubがあったのもここだ。クラブは1973年に閉店してしまったが、1984年にマシュー・ストリートのキャヴァーン・ウォークスの横に再建された。その斜め向かいにあるのがキャヴァーン・パブCavern Pub。ここではビートルズの曲を生演奏することが多い。

また、ビートルズの歌に登場するエレナ・リグビーElenor Rigbyの像は、マシュー・ストリートからスタンリー・ストリートを左折すると右側にある。

ペニー・レーン
Penny Lane

ロンドンのアビー・ロードと同様、ビートルズによって世界的に有名になった通り。歌詞に出てくる床屋さんや銀行、ラウンド・アバウトなどもちゃんとある。

ストロベリー・フィールド
Strawberry Field

ストロベリー・フィールドは、ビートルズの数ある名曲のなかでも特に評価が高い『ストロベリー・フィールズ・フォーエバーStrawberry Fields Forever』のモデルとなった場所。ジョンが子供の頃ときどき訪れていたという孤児院だが、門が閉まっており中に入ることはできない。2005年1月には孤児院が2年後をめどに閉鎖されることが発表されたが、建物の今後については未定。

メンディップス
Mendips

メンディップスは、ジョンが1945年から1963年まで住んでいた家。現在はナショナル・トラストが管理。内部の見学はナショナル・トラストのツアーでのみ可能。

20フォートフリン・ロード
20 Forthlin Road

ポールが家族と住んでいた家。ポールとジョンはこの家で頻繁に曲作りを行っていたそうだ。現在はメンディップスと同様にナショナル・トラストが管理している。

■マシュー・ストリート Map P.335拡大図
●キャヴァーン・クラブ
✉10 Mathew St., L2 6RE TEL(0151) 2361965
Inet www.cavern-liverpool.co.uk
開 月～水11:00～18:00、木～土11:00～翌2:00、日12:00～翌0:30 休 無休
●キャヴァーン・パブ
✉5 Mathew St., L2 6RE TEL(0151) 2364041
Inet www.cavern-liverpool.co.uk
開 月～水12:00～23:00、木～土12:00～翌2:00、日12:00～翌0:30 休 無休
■ペニー・レーン 地図外
バス パラダイス・ストリートのバス停から176、177番のバスでペニー・レーン下車
所要：約30分
■ストロベリー・フィールド 地図外
バス パラダイス・ストリートのバス停から176、177番のバスに乗ってメンラブ・アベニューMenlove Av.上にある、ビーコンズフィールド・ロードBeaconsfield Rd.付近で降ろしてもらう。
所要：約35分
✉Beaconsfields Rd., L25 6LJ
■メンディップスと20フォートフリン・ロード 地図外
✉251 Menlove Av.（メンディップス）
✉20 Fortflin Rd.（20フォートフリン・ロード）
TEL(0870) 9008256
Inet www.nationaltrust.org.uk
開 3/22～10/29の水～日
休 3/22～10/29の月・火、10/30～3/21
料 £12.00
このふたつの施設はナショナル・トラストのツアーでのみ見学可。定員制なので事前の予約が望ましい。クイーン・スクエアのⓘで予約可能。

ホテル Hotel

大手のチェーンホテルはライム・ストリート駅周辺と、アルバート・ドックの周辺に集中している。アルバート・ドックのほうがやや値段は安め。ゲストハウスは町の中心部には少ないが、マウント・プレゼントMount Pleasantに数軒ある。

日本からホテルへの電話　電話会社の番号 + 010 + 国番号44 + 市外局番の最初の0を取った掲載の電話番号

ブリタニア・アデルフィ Britannia Adelphi Hotel 【大型】

●ライム・ストリート駅のそばにあり、町の中心部に位置する町のランドマーク的な存在。レジャーセンター、レストラン、バーなども併設されている。朝食はコンチネンタルが£5.75、イングリッシュが£10.50。

402室 Map P.335B-2

⊠Ranelagh Pl., L3 5UL
TEL (0151) 7097200　FAX (0151) 7088326
inet www.britanniahotels.com
S W £180.00
£　T/C £
C/C A D M V

フェザーズ The Feathers Hotel 【中級】

●何度か賞を受けている評判のよいホテル。右の値段はあくまで公式料金。ウエブサイトで申し込むと大幅な割引が適用されることがあるので、行く前にチェックしておこう。レストランとパブも併設されている。朝食はビュッフェ方式。

81室 Map P.335B-1

⊠117-125 Mount Pleasant, L3 5TF
TEL (0151) 7099655　FAX (0151) 7093838
inet www.feathers.uk.com
S £45.00～
W £75.00～
£　T/C £
C/C A J M V

アーヘン Aachen Hotel 【中級】

●設備の整った小規模なホテル。過去に何度も賞を受賞している。部屋のタイプはいろいろあるが、各部屋には衛星放送視聴可能なテレビ、ティーセット、ドライヤーなどが完備。1階にはバーもある。学生割引、長期滞在割引なども交渉可能。朝食はボリューム満点。クレジットカードでの支払いは手数料4%別途。

17室 Map P.335B-2

⊠89-91 Mount Pleasant, L3 5TB
TEL (0151) 7093477　FAX (0151) 7091126
inet www.aachenhotel.co.uk
S £32.00　S £38.00
S £42.00
W £50.00　W £54.00
W £60.00
£　T/C £　C/C A D J M V

フォーミュラー・ワン Formula 1 Hotel Liverpool 【大型】

●格安ホテルチェーンのホテル。設備は最低限だが、部屋にはちゃんとテレビも付いているし、何より値段が魅力的。朝と夕以外にはレセプションに人がいなくなるので、機械による自動チェックインを行う。機械はVISAとMasterCardにしか対応していない。

87室 Map P.335C-3

⊠25 Wapping, Baltic Triangle, L1 8DR
TEL (0151) 7092040
FAX (0151) 7093420
inet www.hotelformule1.com
S W £29.95
£　T/C £　C/C A M V

インターナショナル・イン International Inn 【ホステル】

●ハードマン・ストリートHardman St.から少し入った所にある。部屋はフローリングで清潔かつ広々している。全室トイレ、シャワー付きで、簡単な朝食付き。ランドリーやテレビ室、ゲームルームなど設備も充実。

ベッド数103 Map P.335B-1

⊠4 South Hunter St., L1 9JG
TEL & FAX (0151) 7098135
inet www.internationalinn.co.uk
D £15.00～18.00
W £36.00～40.00
£　T/C £　C/C J M V

YHAリヴァプール YHA Liverpool 【ユースホステル】

●アルバート・ドックからほど近い場所にあるユースホステル。階ごとに「ストロベリー・フィールズ」、「マシュー・ストリート」などの名前が付いている。テレビラウンジ、キッチン、ゲームルームなど、設備も揃っている。

ベッド数108 Map P.335C-3

✉25 Tabley St., off Wapping, L1 8EE
TEL(0151) 7098888 FAX(0151) 7090417
inet www.yha.org.uk
D £20.95 W £49.50
£ T/C £ C/C M V

エンバシー Embassie Hostel 【ホステル】

●アットホームでフレンドリーな雰囲気が魅力のホステル。気さくなオーナーや常連の滞在者もあたたかく迎えてくれる。オーナーは大のエヴァートン・ファンで、試合の日はバーベキューパーティが開かれることもある。

ベッド数62 Map P.335C-1外

✉1 Falkner Sq., L8 7NU
TEL(0151) 7071089 FAX(0151) 7078289
inet www.embassie.com
D £14.50 (2泊目以降£13.50)
£ T/C £ C/C不可

レストラン&ショップ Restaurant & Shop

レストランはライム・ストリート駅の南側のエリアに多い。アルバート・ドックと大聖堂の間にあるのは中華街。マシュー・ストリートやヴィクトリア・ストリート周辺のパブでは、週末の夜になると生演奏が行われる。

日本からホテルへの電話 電話会社の番号 + 010 + 国番号44 + 市外局番の最初の0を取った掲載の電話番号

マギー・メイズ Maggie May's 【ティー&カフェ】

●多くのレストランが並ぶボールド・ストリートにあるカフェ。軽食中心のメニューだが、人気は1日中出している朝食。イングリッシュ、ベジタリアン、ブランチと3種あり、£3.45〜4.50。

Map P.335B-2

✉90 Bold St., L1 4HY
TEL(0151) 7097600 FAXなし
開9:45〜18:00(木・金〜19:00) 休日
£ T/C不可 C/C J M V

レノンズ・バー The Lennon's Bar 【パブ】

●ジョン・レノンにちなんだ店で、店の前にはレノンの像がある。店内には数多くの彼の肖像画などが飾られている。金・土曜は生演奏がある。ほかの日はジュークボックス。ドリンクのみ。

Map P.335拡大図

✉23 Mathew St., L2 6RE
TEL(0151) 2365225 FAXなし
開12:00〜23:00(金・土11:00〜翌2:00、日14:00〜23:00) 休無休
£ T/C不可 C/C不可

ビートルズ・ショップ The Beatles Shop 【音楽】

●ビートルズグッズを取り扱う店のなかでも、最も有名なのがこの店。マシュー・ストリート沿いにあり、立地条件は抜群。日本で出たアルバムなども置いている。品揃えは豊富なので、見ているだけでも充分に楽しめる。

Map P.335拡大図

✉31 Mathew St., L2 6RE
TEL(0151) 2368066 FAX(0151) 2360009
inet www.thebeatleshop.co.uk
開9:30〜17:30(土9:30〜18:00、日10:30〜16:30) 休無休 £ T/C £ C/C A M V

フロム・ミー・トゥ・ユー From Me to You 【音楽】

●ショッピングセンターの2階にある。ビートルズグッズの品揃えなら世界一を自負するだけあり、Tシャツやステッカーの多さは圧巻。その他のUKバンドのグッズも置いているのでロックファンはぜひ行ってみよう。マシュー・ストリートの詳細地図も無料配布している。

Map P.335拡大図

✉Cavern Walks Mathew St., L2 6RE
TEL(0151) 2271963 FAXなし
inet www.beatles64.co.uk
開10:00〜17:45(日12:00〜16:00) 休無休
£ T/C不可 C/C M V

独自の伝統と文化が育まれた

マン島 Isle of Man

人口7万3900人
市外局番01624

ポート・セント・メアリーの港

マン島は、ヴァイキングとケルトの影響を受け、独自に発達した文化をもつ島。現在でもマン島は独自の憲法と議会を保持し、独自の貨幣や郵便システムなども有するなど、英国本国とは一線を画している。また、マン島は世界的に有名なTTレースの開催地。5月から6月にかけて行われるこのレースはマン島の公道を疾走するバイクレースの最高峰。この時期は非常に混雑するので、宿の予約をしておこう。

見どころ

マン島の首都、ダグラスはマン島観光の起点となる町。港にあるⓘで情報収集をしたら、マンクス博物館Manx Museumへ向かおう。ここはマン島の国立博物館で、「ストーリー・オブ・マンThe Story of Man」と題した映画の上映のほか、マン島に関する文化や歴史の包括的な展示を行っている。

ブリテン島やアイルランドからの船は、ダグラスの南東端にある港に到着する。北に行けば海岸通りのプロムナードPromenade、西に行けばマン島各地へのバスが発着するバスステーションがある。さらにキング・エドワード・ピアの北岸を西へ歩けば、ほどなく蒸気機関車が走る鉄道のダグラス駅に着く。

近郊の見どころ

中世の城がそびえる

キャッスルタウン Castletown

見学所要時間の目安 2時間以上

キャッスルタウンは19世紀中頃までマン島の首都だった港町。キャッスルタウンという名のとおり、町にはどっしりとした中世の城、ルシェン城Castle Rushenが建っている。イギリスでも最も保存状態のよい城のひとつで、マン島の君主の居城であ

マン島への行き方

✈ロンドンやマンチェスターをはじめイギリス各地から便がある
🚢ブリテン島から最も近い港はヘイシャムHeysham。各地からヘイシャムへは列車でランカスターLancasterを経由して行く。ランカスターからヘイシャムへは毎時運行、所要時間15分。
運航：1日1～4便
所要：普通船3時間30分、高速船2時間
●リヴァプールから
🚢週3便～1日3便
所要：2時間30分
✈1日5～6便
所要：30分
●ベルファストから
🚢4～9月週1～3便
所要：2時間45分
✈1日1～2便
所要：35分
●ダブリンから
🚢4～9月週1～3便
所要：2時間50分

■マン島のⓘ
ダグラス港にある。ホテルの予約はできないが、ホテルの紹介は可能。ホテルリストもある。
✉Sea Terminal,Douglas, IM1 2RG
TEL(01624)686801
Inet www.visitisleofman.com
開夏期9:00～19:00
冬期9:00～17:30
休冬期の土・日

■マンクス博物館
ダグラスの中心からプロムナードを北上した所にある。
✉Kingswood Grove, Douglas, IM1 3LY
TEL(01624)648000
Inet www.gov.im/mnh
開10:00～17:00
休日、1/1、12/25・26
休無料

■キャッスルタウン
Map P.342
🚌ダグラスから頻発
所要：30分

った。このほかマン島の議事堂Old House of Keysや、13世紀に建てられたオールド・グラマー・スクールOld Grammer SchoolなどもおもなDBどころ。

マン島の古都

ピール
Peel

ピールは島の西岸にある港町。町の西にあるセント・パトリック島St. Patrick Islandは7000年以上も前から人々が生活していた痕跡が残されている。また、ここに建つピール城Peel Castleはキャッスルタウンの城に移るまでマン島の王の居城であった。町とセント・パトリック島を結ぶ橋のそばには、マナナンの家House of Manannanという博物館がある。ここでは、ケルト人やヴァイキング、マン島の海洋史全般に関する展示を行っている。

世界最古の議会？

見学所要時間の目安 2時間以上

セント・ジョン
St. John

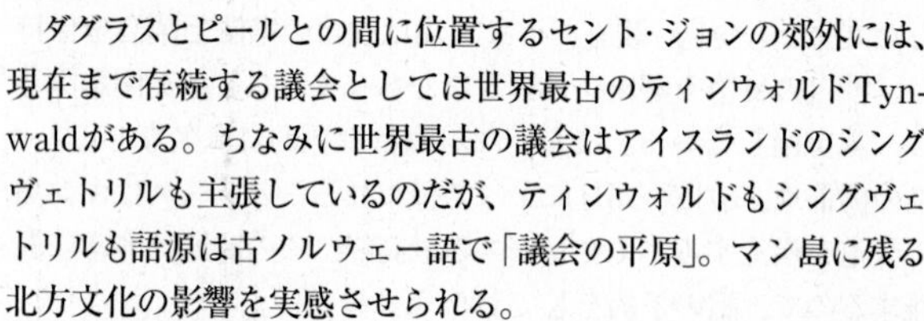

ダグラスとピールとの間に位置するセント・ジョンの郊外には、現在まで存続する議会としては世界最古のティンウォルドTynwaldがある。ちなみに世界最古の議会はアイスランドのシングヴェトリルも主張しているのだが、ティンウォルドもシングヴェトリルも語源は古ノルウェー語で「議会の平原」。マン島に残る北方文化の影響を実感させられる。

のんびりと島を巡ろう

見学所要時間の目安 半日以上

マン島の保存鉄道
Heritage Railways of the Isle of Man

マン島名物の保存鉄道は夏期に運行される。ぜひ利用してみよう。マン島蒸気機関車Isle of Man Steam Railwayはダグラスから南のキャッスルタウンを通って南端のポート・エアリンPort Erinまで行く。ダグラスではプロムナード沿いの海岸に路面馬車Horse Tramwayが走る。路面電車のマンクス電気鉄道Manx Electric RailwayはオンチャンOnchanと北のラムズィRamseyを結んでいる。さらに路面電車のラクシー駅Laxeyからは、スネフェル登山鉄道Snaefell Mountain Railwayが運行されている。頂上からの眺めは非常によく、天気がよければイングランド、スコットランド、ウェールズ、アイルランドを見渡せる。アイリッシュ海の真ん中にあるマン島のみに可能な贅沢な眺めだ。

■ピール
Map P.342
ダグラスから頻発
所要：30分

■セント・ジョン
Map P.342
ダグラスから頻発
所要：20分

■蒸気機関車
Inet www.iombusandrail.info
ダグラス発、キャッスルタウン経由、ポート・エアリン行き
運行：4/5～10/31　10:15～16:15に2時間毎
所要：1時間10分

■路面馬車
Inet www.douglashorsetramway.net
ダグラスのプロムナード沿いを随時運行

■路面電車
Inet www.isleofman.com
ダグラス、ダービー・キャッスル駅Derby Castle発、ラクシー経由、ラムズィ行き
運行：9:40～16:40
所要：1時間15分

■登山鉄道
Inet www.iombusandrail.info
ラクシー発、スネフェル山頂上Summit行き
運行：4/26～10/3　10:15～16:45
冬期運休　所要：30分

■アイランド・エクスプローラー
マン島のバス、路面馬車、路面電車を含むほぼ鉄道全線に乗れるパス。1日券（£10.00）から7日券（£35.00）までの4種類ある。

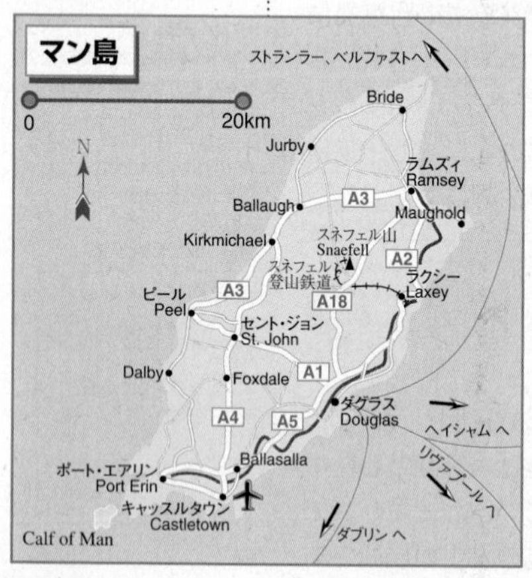

産業革命の原動力となった町

マンチェスター Manchester

人口39万3000人
市外局番0161

マンチェスターの歴史はローマ時代に造られた砦にさかのぼり、町の名前はラテン語で「胸の形をした丘」マムシウムMamciumに由来する。マンチェスターの名を一躍高めたのは産業革命。綿工業の機械化により世界史の中心に躍り出た。

現在ではロンドンに次ぐ金融の中心であり、ポップカルチャーの発信基地。観光客にとっては湖水地方への入口であり、ピーク・ディストリクトへの起点になる街でもある。

歩き方

オックスフォード・ストリート

大都市マンチェスターだが、アーウェル川River Irwellとロッチデイル運河Rochdale Canalに挟まれたエリアが街の中心部だ。それぞれを結ぶのは、路面電車のメトロリンクMetrolink。中心部は徒歩でも移動可能。郊外に行くときは、乗り放題の乗車券、メトロマックスMetromax（£3.60～）を買って移動すると便利。

ピカデリー駅周辺

ピカデリー駅から北西へ5分ほど歩くとコーチステーションがあり、その南西に広がるのが中華街China TownP.344B-2。中華街を抜けると街の中心を貫くモズリー・ストリートMosley St.P.344B-2に出る。

また、コーチステーションの北にはピカデリー・ガーデンズPiccadilly Gdns.P.344C-2があり、ここからヴィクトリア駅にかけての一帯はショッピングエリアで、マンチェスターの流行発信地となっている。

キャッスルフィールド

ロッチデイル運河沿いにあり、最も古いエリア。ローマ時代の城跡があるため、この名で呼ばれている。科学産業博物館があるのはここ。

サルフォード&トラフォード

中心部の西には、帝国戦争博物館やアウトレットモールのあるサルフォードSalfordとマンチェスター・ユナイテッドのホームスタジアムがあるトラフォードTraffordがある。

ターミナルから市の中心部へ

空港

マンチェスター国際空港はヒースロー空港に次ぐ大きな空港で、3つのターミナルがある。ヨーロッパの主要都市からの便も

マンチェスターへの行き方

●ロンドンから
✈ヒースロー空港から頻発
所要：55分
🚃ユーストン駅から1時間に1～2便
所要：2時間20分
🚌ヴィクトリア・コーチステーションから1日12便
所要：4時間30分～5時間
●リヴァプールから
🚃頻発
所要：50分～1時間
🚌頻発
所要：50分～1時間20分
●リーズから
🚃頻発
所要：約1時間10分
🚌1時間に1～2便
所要：1時間～1時間30分
●バーミンガムから
🚃1時間に1～2便
所要：約1時間50分
🚌1～2時間に1便
所要：2時間30分～3時間
●ノッティンガムから
🚃1時間に1便程度
所要：約2時間
●ウィンダミアから
🚃直通は8:21、10:40、13:25、15:31、18:05
所要：約2時間

■メトロリンク
運行は5:50～23:50（金・土～翌0:50、日7:00～22:30）。
運賃はゾーンにより異なる。
inet www.metrolink.co.uk

キャッスルフィールドに残る遺跡

■マンチェスターのⓘ
Map P.344B-2
✉Town Hall Extension, M60 2LA
TEL (0161) 2343157
inet www.visitmanchester.com
開10:00～17:30、日10:30～16:30
休無休
宿の予約は手数料£2.50とデポジットとして宿泊料金の10%

■マンチェスター空港
inet www.manairport.co.uk

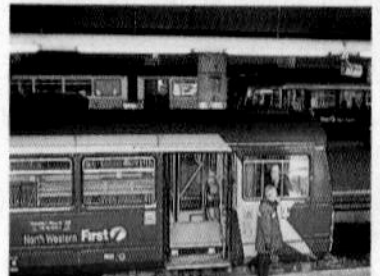

ヴィクトリア駅にはヨークやリーズなどからの列車が発着する

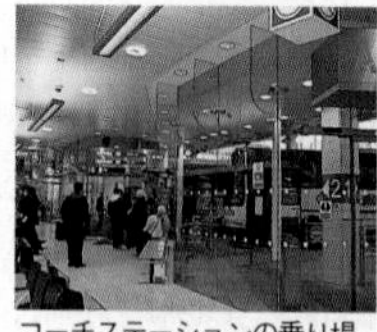

多く発着する。空港駅から鉄道で中心部のピカデリー駅まで約15分。25～30分間隔で運行している。

鉄道駅

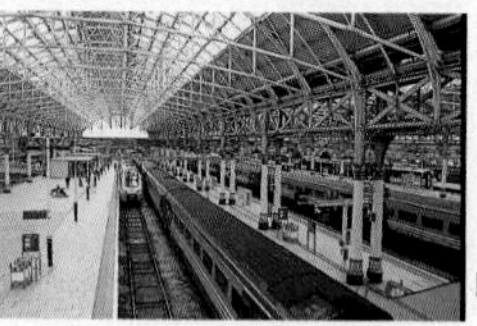

ロンドンからの列車も到着するピカデリー駅

マンチェスターにはふたつのターミナル駅がある。それぞれの駅はメトロリンクや市内バスで結ばれている。

中華街の東にあるピカデリー駅がメインのターミナルで、ロンドンやバーミンガムなど南方面や湖水地方、グラスゴー方面の便が発着する。北にあるヴィクトリア駅にはおもにヨークやリーズ、リヴァプールなど北部からのローカル列車が発着する。また、一部の列車はオックスフォード・ロード駅にも発着している。

バスステーション

コーチステーションの乗り場

ナショナル・エクスプレスなどの長距離バスはピカデリー駅の北西にあるコーチステーションから発着。

見どころ

歴史的建造物は少ないが、見ごたえのある博物館やアトラクションが多い。

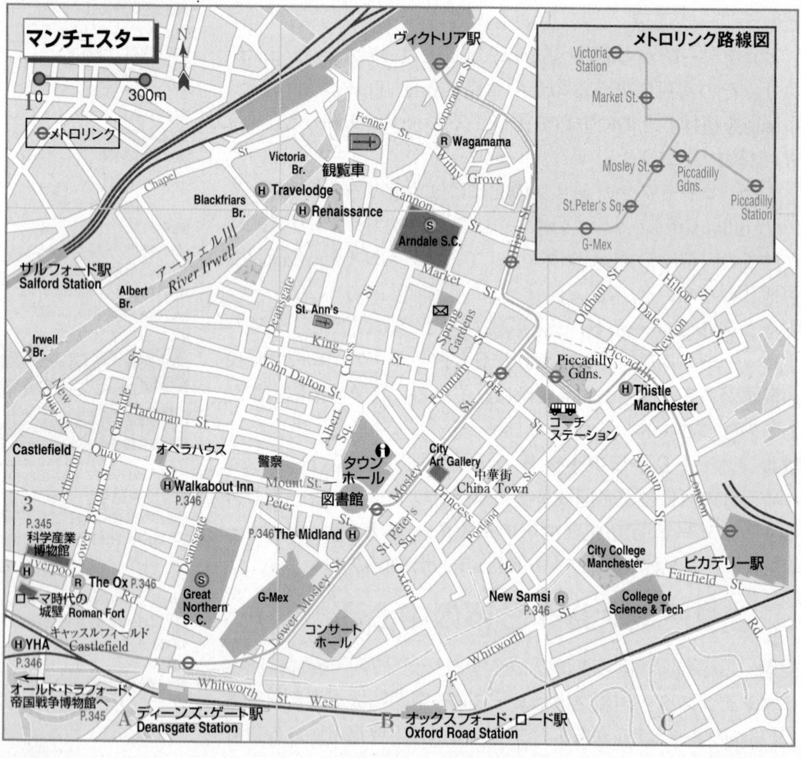

マンチェスター
0
300m
メトロリンク
メトロリンク路線図
Victoria Station
Market St.
Mosley St.
Piccadilly Gdns.
Piccadilly Station
St.Peter's Sq.
G-Mex
ヴィクトリア駅
Fennel St.
Corporation St.
Wagamama
Withy Grove
Victoria Br.
観覧車
Chapel St.
Blackfriars Br.
Travelodge
Renaissance
Cannon St.
Arndale S.C.
High St.
サルフォード駅
Salford Station
アーウェル川
River Irwell
Albert Br.
Market St.
St. Ann's
Deansgate
King St.
Cross St.
Spring Gardens
Oldham St.
Hilton St.
Dale St.
Newton St.
Irwell Br.
John Dalton St.
Piccadilly Gdns.
Piccadilly
Thistle Manchester
New Quay St.
Gartside St.
Hardman St.
Albert Sq.
Fountain St.
York St.
コーチステーション
Castlefield
Quay St.
オペラハウス
警察
タウンホール
City Art Gallery
中華街
China Town
Atherton St.
Byron St.
Walkabout Inn
P.346
Mount St.
図書館
Peter St.
Mosley St.
Princess St.
Aytoun St.
London Rd.
P.345
科学産業博物館
Lower Byron St.
Liverpool Rd.
The Ox P.346
P.346 The Midland
St. Peter's Sq.
Portland St.
City College Manchester
ピカデリー駅
Fairfield St.
ローマ時代の城壁 Roman Fort
Great Northern S.C.
G-Mex
Lower Mosley St.
Oxford St.
New Samsi
P.346
College of Science & Tech
キャッスルフィールド
Castlefield
YHA
P.346
コンサートホール
Whitworth St.
オールド・トラフォード、帝国戦争博物館へ
P.345
ディーンズ・ゲート駅
Deansgate Station
Whitworth St. West
オックスフォード・ロード駅
Oxford Road Station

世界有数の質と量を誇るコレクション

科学産業博物館
Museum of Science & Industry

見学所要時間の目安 2時間

科学産業博物館

マンチェスター〜リヴァプール間に1830年に開通した世界最初の旅客鉄道の駅舎を利用した博物館。鉄道関係の展示はもちろん、飛行機などの乗り物、水力やガス、電気などのエネルギーといった分野別にアトラクションが分かれている。

科学系博物館の横綱

帝国戦争博物館
Imperial War Museum North

見学所要時間の目安 2時間

現代的な建物が特徴のこの博物館は、ロンドンの帝国戦争博物館の姉妹館だ。戦争と科学、戦争と女性、戦争が残した遺産など、さまざまなテーマに分け、それぞれの視点から戦争を分析している。展示は第1次世界大戦前夜から第2次世界大戦、東西冷戦の時代を経て9.11同時多発テロまでを網羅し、見学者に戦争とは何なのかを問いかける。

帝国戦争博物館の展示

■科学産業博物館
Map P.344A-3
✉Liverpool Rd., M3 4FP
TEL(0161) 8322244
inet www.msim.org.uk
開10:00〜17:00
休12/24〜26
料常設展は無料

■帝国戦争博物館
Map P.344A-3外
🚃メトロリンクでハーバー・シティHarbour City下車徒歩15分
✉Trafford Wharf Rd., M17 1TZ
TEL(0161) 8364000
inet www.iwm.org.uk
開10:00〜18:00
休無休　料常設展は無料

Information　History　Topics

マンチェスター・ユナイテッド博物館とツアー

マンチェスターの名前を世界的に有名にしているのは産業革命だけではない。イングランドのサッカー・プレミアリーグの盟主、マンチェスター・ユナイテッドの名前はサッカーファンならずとも聞いたことがあるだろう。

マンチェスター・ユナイテッドの設立は1878年。1999年には国内リーグ、FAカップ、さらには、伝説となった奇跡の逆転でUEFAチャンピオンズリーグまで制し、3冠を達成したチームだ。この世界的な人気を誇るマンチェスター・ユナイテッドのホームスタジアム、オールド・トラフォードでは、スタジアムツアーと博物館ツアーを行っている。なかなかチケットが取れないオールド・トラフォードのピッチを間近に見ることができ、選手が使用するロッカールーム、数々のトロフィーや往年の名選手のユニホームが飾られた博物館が見学できる。このツアーはマンチェスターでも最も人気の高いアトラクションで、年間20万人ものファンが訪れる。参加希望者は予約したほうがよいだろう。

オールド・トラフォード・スタジアム

■マンチェスター・ユナイテッド博物館とツアー
Map P.344A-3外
🚃メトロリンクでオールド・トラフォードOld Trafford下車。徒歩10分。
✉Sir Matt Busby Way, Old Trafford, M16 0RA
TEL(0870) 4421994　inet www.manutd.com
開9:30〜17:00　ツアー9:40〜16:30
休試合日
料博物館とツアー £9.50　学生 £6.50
博物館のみ £6.00　学生 £4.25

ホテル＆レストラン Hotel&Restaurant

マンチェスターにはホテルが多い。宿泊施設が併設されたパブも多いが、B&Bは中心部には少ない。大型チェーンホテルが多いのは中華街周辺。大きな中華街があることからもわかるように、マンチェスターではさまざまな料理が味わえる。

日本からホテルへの電話 電話会社の番号 + 010 + 国番号44 + 市外局番の最初の0を取った掲載の電話番号

ミッドランド The Midland 大型

●マンチェスターの中心にある。現在は大手チェーン、パラマウント系列だがその歴史は古い。20世紀初頭に建てられたエドワード王朝様式の重厚感のある外観。部屋も落ち着いた雰囲気で居心地はすばらしい。エントランスも重厚な感じ。併設のフランス料理レストランも受賞歴あり。

303室 Map P.344B-3

Peter St., M60 2DS
TEL (0161) 2363333
FAX (0161) 9324100
inet www.qhotels.co.uk
S £110.00～
W £165.00～
£ T/C £ C/C A D M V

ウォークアバウト・イン Walkabout Inn 中級

●オーストラリアン・バーを併設するチェーンホテル。手頃な値段で宿泊できるので若者を中心に人気。1階がバーになっており、週末は深夜2:00まで営業している。一部バスタブ付きの部屋もある。朝食は別料金。チェックアウトの時間は遅めの12:00。

21室 Map P.344A-2

13 Quay St., M3 3HN
TEL (0161) 8174800 FAX (0161) 8174804
inet www.walkaboutinns.com
S £39.95～44.95
W £44.95～49.95
£ T/C 不可 C/C M V

YHAマンチェスター YHA Manchester ユースホステル

●科学産業博物館を過ぎてキャッスルフィールド・ホテルの角を左折した運河沿いにある。設備は非常に充実しており、全室にシャワーとトイレが付いている。インターネットサービスやランドリーもある。全室禁煙。朝食はイングリッシュ、コンチネンタルのほかベジタリアンも選択可能。

ベッド数144 Map P.344A-3

Potato Wharf Castlefield, M3 4NB
TEL (0870) 7705950 FAX (0870) 7705951
inet www.yha.org.uk
D £20.95～23.95
W £49.50～52.50
£ T/C £
C/C M V

オックス The Ox 英国料理

●科学技術博物館の斜め向かいにある。数々の賞も受賞した、評判のよいバー＆レストラン。サッカーの試合がある夜には多くのファンが試合に一喜一憂しながら料理に向かい合っている。また、ここの上階は宿泊施設(7室)になっている。全室テレビ、ティーセット付きでシャワー、トイレ付きの部屋がS W £44.95～。

Map P.344A-3

71 Liverpool Rd., Castle Field, M3 4NQ
TEL (0161) 8397740 FAX (0161) 8397760
inet www.theox.co.uk
開 11:00～23:00 (木・金～24:00)
休 無休
£ T/C 不可
C/C M V

ニュー・サムシ New Samsi 日本料理

●掛け軸や竹などのディスプレイに加え、着物を身に着けた店員さんに接客されるなど、本格的なジャパニーズ・スタイル。丼ぶりもの（天丼£9.95や、うな丼£9.95）や、焼き鳥、天ぷら、寿司など。地下のフロアでは、日本の食材も販売。

Map P.344C-3

36-38 Whitworth St., M1 3NR
TEL (0161) 2790022 inet www.samsi.co.uk
開 12:00～14:30 (日12:00～16:30)
18:00～23:00(金・土17:00～24:00)
休 無休
£ T/C 不可 C/C M V

マンチェスターから足を延ばして近郊の旅

のんびりとした風景が広がる

ピーク・ディストリクト

小さな山と川沿いの渓谷が美しい風景を織りなすピーク・ディストリクト。小さな街を巡りながらウオーキングを楽しむのにぴったりの場所だ。

ピーク・ディストリクトはマンチェスターとシェフィールドShefieldの間のダービーシャーDerbyshireに広がる国立公園。山岳地帯といってもその標高は600m級と、我々がイメージする山とはずいぶんかけ離れたものだ。

ピーク・ディストリクトは1951年にイングランドで初めて国立公園に指定された地域。このあたりの自然は、北イングランド特有のムーア（荒れ地）とデイル（谷）の景観が広がっている。ピーク・ディストリクトは北部のダーク・ピークDark Peakと南部のホワイト・ピークWhite Peakに分けられる。

ダーク・ピーク

起点となる町はグロサップGlossop。ゴツゴツとした岩場や湖が点在しており、鍾乳洞なども見られる。ダーウェント渓谷へリテイジ・ウェイDerwent Valley Heritage Wayは川沿いを歩くコース。すばらしい景色が広がる。

ホワイト・ピーク

起点となる町はバクストンBuxton。石灰岩が水を浄化し、ミネラルを多く含んだ水が湧き出る。このため古代からよく知られた保養地だった。

ベイクウェル

ピーク・ディストリクト東側の起点。周辺にマナーハウスが多いことでも知られる観光地。町の中心部にあるベイクウェル橋もぜひ見ておきたい。

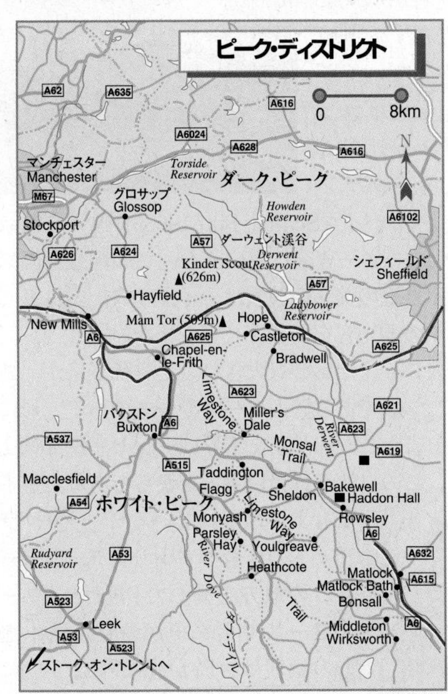

TRAVEL DATA
トラベル・データ

■ピーク・ディストリクトへの行き方
起点となる町は北部のグロサップと南部のバクストンのふたつ。

■グロサップへの行き方
🚃マンチェスターのピカデリー駅から1時間に2便
所要：30分

■バクストンへの行き方
🚃マンチェスターのピカデリー駅から1時間に1便
所要：1時間
🚌マンチェスター国際空港から1時間に1便
所要：1時間20分
🚌ストーク・オン・トレント（ヘンリーのバスステーション）から1日4便
所要：1時間10分

■ベイクウェルへの行き方
🚌マンチェスターから1日6便
所要：1時間30分
🚌シェフィールドから1日7便
所要：約45分

■国立公園内の交通
本数は多くないが、小さな町までバスで結ばれている。マンチェスターのℹで時刻表を手に入れておこう。
Inet www.derbyshire.gov.uk/transport

ロンドン
湖水地方

水と緑に囲まれた自然のオアシス
湖水地方 Lake District

ウィンダミア／ボウネス／アンブルサイド／グラスミア／ケズィック／ケンダル

緑深い森に覆われたウィンダミア湖畔

湖水地方という名が示すように多くの湖が点在する地域であり、高い山の少ないイギリスにおいて「山」と呼ばれる標高1000m近い山々が連なる山岳地帯である。イングランド最高峰スカーフェル・パイクScafell Pike（963m）やイギリス最深の湖ワスト・ウォーターWast Waterも、この国立公園に位置する。これら水と緑の美しい競演は、イギリス国内はもちろん世界中から多くの観光客を引き寄せてやまない。

グラスミア近くの風景

これらの自然が人に与えた影響も大きい。その代表格が、湖水地方を代表する文学者である詩人ワーズワースである。形にとらわれず自然体で書かれた作品が文学界にセンセーションを巻き起こしたのも、この自然が背景にあったからである。日本でもよく知られているピーター・ラビットの作者ベアトリクス・ポターもこの地方を愛した作家だ。ワーズワースやポターが愛した湖水地方の景観は、時が止まったように現在も200年前と変わっていない。

ピーター・ラビットの置物

湖水地方への行き方

✈最も近い空港はマンチェスター空港。空港駅から列車で1時間30分ほど

🚌ロンドンからはヴィクトリア・コーチステーションから毎日1便、NX570の便が出ている。毎日11:00発。湖水地方への到着は18:30～19:30なので、宿を予約しておこう。

🚃各主要都市から湖水地方へ列車でアクセスする場合は、オクセンホルム・レイク・ディストリクトOxenholme Lake Districtで湖水線（1日16便、日曜10便）に乗り換える。ここからウィンダミアまで約20分。マンチェスター・ピカデリー駅からは直通列車が1日7便（日曜2便）、所要約2時間。

■ウィンダミアへの行き方
●ロンドンから
🚃ユーストン駅から1～2時間に1便程度
所要：3時間45分～4時間
🚌ヴィクトリア・コーチステーション11:00発
所要：約7時間50分
●グラスゴーから
🚃セントラル駅から1～2時間に1便程度
所要：2時間20分～3時間

■アンブルサイドへの行き方
●ロンドンから
🚌ヴィクトリア・コーチステーション11:00発
所要：約8時間

■グラスミアへの行き方
●ロンドンから
🚌ヴィクトリア・コーチステーション11:00発
所要：約8時間10分

■ケズィックへの行き方
●ロンドンから
🚌ヴィクトリア・コーチステーション11:00発
所要：約8時間30分
●カーライルから
🚌1日3便
所要：約1時間10分

起点にする町を決めよう

ウィンダミアとボウネス

ボウネスのフェリー乗り場

湖水地方南部の玄関とされるウィンダミアはバスや列車での移動の起点となる町。ボウネスは、正式名称をボウネス・オン・ウィンダミアBowness-on-Windermereといい、ウィンダミアにあるボウネスという意味、フェリーやクルーズ船の発着する埠頭があり、こちらも観光に欠かせない交通手段だ。ウィンダミアとボウネスの間は徒歩30分ほど。

アンブルサイド

ウィンダミア湖北岸の町。19世紀からリゾート地として発展し、湖水地方独特の古い町並みが残っている。ホークスヘッドやグラスミアへもアクセスしやすい。

グラスミア

ワーズワースゆかりの見どころが多く、フットパスが整備されているので、ウオーキングの起点としても最適な町。静かな環境で滞在したい人におすすめ。

ケズィック

湖水地方北部の玄関口。湖水地方の各地域を結ぶバスの起点となっている。ダーウェント湖に近く、周囲を山に囲まれているので、フットパスの種類が豊富。

歩き方

イギリス国内に11ある国立公園のなかで最大級の面積を誇る湖水地方国立公園だけに、景勝地を挙げればきりがない。歩いて回ることもできるが、時間や体力を考えるとレンタカーやバスでの移動が現実的。ミニバスのツアーも有効活用しよう。

レンタカー

短時間で効率的に回ることができるが、観光客の多い夏は駐車場がいっぱいになってしまうことも。ウィンダミアやケズィックでレンタル可能（→P.354）。山道やカーブが多いので、運転は慎重に。

バス

主要な町を結ぶ555、556番のバスは非常に利用価値が高い。❶で時刻表を手に入れておこう。夏期のみの路線もあるので、カンブリア全域の公共交通機関を網羅した時刻表があれば、スケジュールが立てやすい。P.353の交通図も参考に。

■湖水地方の❶
inet www.golakes.co.uk
宿の予約はデポジットとして宿泊料金の10%。周辺地域外は手数料£3.00が必要。

●ウィンダミアの❶
Map P.365B-1
✉Victoria St., LA23 1AD
TEL (015394) 46499
FAX (015394) 47439
開 4～10月9:00～18:00
11～3月9:00～17:00（日10:00～17:00）
休 無休

●ボウネスの❶
Map P.364右-2
✉Glebe Rd., LA23 3HJ
TEL (015394) 42895
FAX (015394) 88005
開 4～10月9:30～17:30
11～3月10:00～16:00
休 12/25

●アンブルサイドの❶
Map P.371-1
✉Central Buildings, Market Cross, LA22 9BS
TEL (015394) 32582
FAX (015394) 34901
開 9:00～17:00
休 12/24～26、1/1

アンブルサイドの❶

●ケズィックの❶
Map P.376C-2
✉Moot Hall, Main St., CA12 5JR
TEL (017687) 72645
FAX (017687) 75043
inet www.keswick.org
開 イースター～10月9:30～17:30
11月～イースター9:30～16:30
休 無休

ウィンダミアにあるレンタサイクル店

555番のバスは大活躍

■カンブリア・エクスプローラー
カンブリア（湖水地方やランカシャー）地域を走るステージコーチ社のバスが乗り放題。バスの運転手から購入可能。
料1日券£9.50
4日券£19.00
7日券£26.50

■エスクデイル・レイヴェングラス鉄道
TEL(01229) 717171
Inet www.ravenglass-railway.co.uk
3月下旬～10月は1日7～18便。11～3月上旬は土・日を中心に1日3便程度の不定期運行。

■アルズウォーター遊覧船
TEL(017684) 82229
FAX(017684) 82669
Inet www.ullswater-steamers.co.uk
夏期8～10便、冬期3便

■コニストン湖遊覧船
TEL(015394) 36216
Inet www.conistonlaunch.co.uk
夏期8便、冬期5便

ターミナルから市の中心部へ

湖水地方を走る湖水線はオクセンホルム・レイク・ディストリクトからウィンダミアまで。アイリッシュ海の沿岸を走るカンブリア海岸線は景勝路線としても名高い。保存鉄道ではハバースウェイト鉄道（→P.359）やエスクデイル・レイヴェングラス鉄道がある。

ターミナルから市の中心部へ

ウィンダミア湖のクルーズ船（→P.358）は交通手段としても遊覧船としても湖水地方の観光には欠かせない。ボウネス・ピアの南にあるフェリー・ナブからは対岸のフェリーハウスを結ぶカーフェリーが発着している。ケズィックのダーウェント湖（→P.354）やアルズウォーターUllswater、コニストン湖Coniston Waterなど主要な湖では遊覧船も出ている。

モデルルート

イギリス各地から湖水地方に入ると、各町への到着は昼過ぎから夕方になる。初日は移動日として考えよう。バスでは行ける場所が限られるので、時間のない人はツアーに参加すると効率よく回れる。

ウィンダミア発、イギリス文学をたどる1泊2日の旅

1日目：ウィンダミア→ホークスヘッド→ニア・ソーリー→ボウネス
2日目：ウィンダミア→コッカーマス→ケズィック→グラスミア→アンブルサイド

1日目は朝一番に505番のバスでホークスヘッドへ。ワーズワースのグラマースクールやベアトリクス・ポター・ギャラリーを見学し、昼食をとる。午後はマウンテン・ゴート・ツアーズのバス（夏期のみ運行）でニア・ソーリーへ。ヒル・トップを見学し、ニア・ソーリーでアフタヌーンティーを楽しむのもいい。ニア・ソーリーからフットパスを通ってフェリーハウスへ行き、フェリーでボウネスへ戻る。
2日目も朝一番のバスでケズィックへ行き、バスを乗り換え、コッカーマスへ。ワーズワース・ハウスを見学し、再びバスでケズィックへ戻り、昼食と町歩き。午後はバスでグラスミアへ行き、ダヴ・コテージ&ワーズワース博物館を見学。グラスミアからバスでアンブルサイドへ行き、ライダル・マウントを見学してから、ウィンダミアへバスへ戻る。

ケズィック発、湖水地方の自然を肌で感じる1泊2日

1日目：ケズィック→グラスミア→アンブルサイド
2日目：ケズィック→アンブルサイド→ボウネス→レイクサイド→ハバースウェイト→レイクサイド→ボウネス→アンブルサイド

1日目はまずケズィックの町を観光しダーウェント湖へ行こう。ケズィックで昼食をとったあと、バスでグラスミアへ。町を散策後、グラスミア湖やライダル・ウォーターに沿ってフットパスを通り抜けよう。途中、ライダル・マウントに立ち寄り、ワーズワース・ハウスと彼の作った庭園を見学し、徒歩でアンブルサイドに入る（約3km、約1時間）。ウォーターヘッドでウィンダミア湖畔の散歩を楽しんだあと、バスでケズィックへ戻る。

2日目はバスでアンブルサイドに行き、ウォーターヘッドからフェリーにてボウネスへ。ボウネスでフェリーを乗り換えレイクサイドへ。レイクサイドから蒸気機関車に乗ってハバースウェイトへ向かおう。ハバースウェイトで昼食をとったあと、蒸気機関車でレイクサイドへ戻り、水族館へ。再びフェリーを乗り継いでアンブルサイドへ行き、バスでケズィックに戻る。

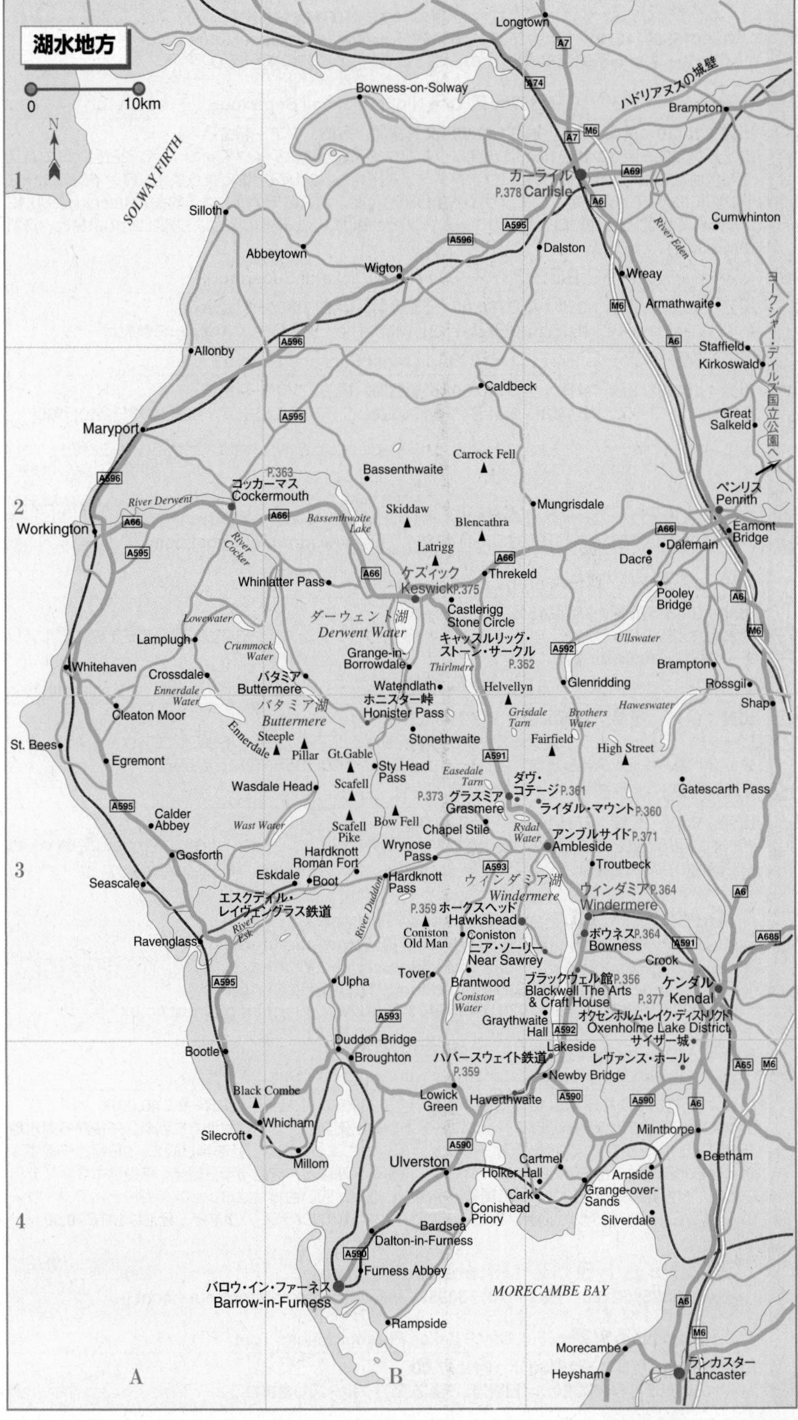
湖水地方
0
10km
N
SOLWAY FIRTH
Longtown
A7
A74
Bowness-on-Solway
ハドリアヌスの城壁
Brampton
M6
A7
カーライル
P.378 Carlisle
A69
A6
Silloth
A595
A596
Cumwhinton
River Eden
Abbeytown
Dalston
Wigton
Wreay
ヨーク・シャー・デイルズ国立公園へ
M6
Armathwaite
A596
A6
Staffield
Allonby
Kirkoswald
Caldbeck
A595
Great
Salkeld
Maryport
Carrock Fell
P.363
Bassenthwaite
A596
コッカーマス
Cockermouth
ペンリス
Penrith
River Derwent
Skiddaw
Mungrisdale
A66
Bassenthwaite Lake
Blencathra
Eamont
Bridge
Workington
A66
A66
River Cocker
Latrigg
Dalemain
A595
A66
Dacre
ケズィック
Threkeld
A66
Whinlatter Pass
Keswick P.375
Pooley
Bridge
Castlerigg
Stone Circle
A6
Lowewater
ダーウェント湖
Derwent Water
M6
Lamplugh
Crummock
Water
キャッスルリッグ・
ストーン・サークル
Ullswater
A592
Grange-in-
Borrowdale
P.362
Brampton
Whitehaven
Crossdale
バタミア
Buttermere
Thirlmere
Glenridding
Rossgil
Ennerdale
Water
Watendlath
Helvellyn
ホニスター峠
Honister Pass
Haweswater
Shap
Cleaton Moor
バタミア湖
Buttermere
Grisdale
Tarn
Brothers
Water
Ennerdale
Steeple
Stonethwaite
Fairfield
St. Bees
Pillar
High Street
Gt.Gable
Sty Head
Pass
A591
Egremont
Easedale
Tarn
ダヴ・
コテージ P.361
Gatescarth Pass
Wasdale Head
Scafell
P.373
グラスミア
Grasmere
ライダル・マウント P.360
A595
Calder
Abbey
Wast Water
Scafell
Pike
Bow Fell
Chapel Stile
Rydal
Water
アンブルサイド P.371
Ambleside
Gosforth
Hardknott
Roman Fort
Wrynose
Pass
Troutbeck
Eskdale
A593
Seascale
Boot
Hardknott
Pass
ウィンダミア湖
Windermere
ウィンダミア P.364
Windermere
A6
エスクディル・
レイヴェングラス鉄道
River Duddon
P.359 ホークスヘッド
Hawkshead
River
Esk
Coniston
Old Man
Coniston
ボウネス
Bowness P.364
A591
A685
Ravenglass
ニア・ソーリー
Near Sawrey
Crook
Tover
Brantwood
ブラックウェル館 P.356
Blackwell The Arts
& Craft House
ケンダル
P.377 Kendal
A595
Ulpha
Coniston
Water
オクセンホルム・レイク・ディストリクト
Graythwaite
Hall
A592
Oxenholme Lake District
A593
サイザー城
Bootle
Duddon Bridge
Lakeside
Broughton
ハバースウェイト鉄道
レヴァンス・ホール
A65
M6
P.359
Newby Bridge
Black Combe
Lowick
Green
Haverthwaite
A590
A590
A6
Whicham
Silecroft
Milnthorpe
A590
Millom
Cartmel
Beetham
Ulverston
Holker Hall
Arnside
Cark
Grange-over-
Sands
Conishead
Priory
Silverdale
Bardsea
Dalton-in-Furness
A590
Furness Abbey
バロウ・イン・ファーネス
Barrow-in-Furness
MORECAMBE BAY
A6
Rampside
M6
Morecambe
ランカスター
Lancaster
Heysham
1
2
3
4
A
B
C

レイクス・スーパーツアーズ Lakes Supertours

Map P.365B-1

TEL (015394) 42751　FAX (015394) 46026　inet www.lakes-supertours.co.uk

インターネット予約、60歳以上のシニア、学生は10%の割引あり

●スーパーツアー1泊2日コース One Night Package Supertour

出発：10:30　所要：2日　料 £140.00（交通機関、宿泊、ツアー料金込み）

ロンドンのユーストン駅を10:45に出発。ウィンダミア到着後、レイクス・ホテルへ。2日目はミニバスで湖水地方を観光。帰路は17:40にウィンダミアを出発し、プレストンで乗り換え、ロンドンのユーストン駅に22:04に到着予定。ウエブサイトから予約可能。鉄道のチケットは予約番号Reference No.（Eメールにて受信）を伝えてロンドンのユーストン駅で受け取る。郵送の場合は1週間ほどの余裕と、送料が別途必要。

●スーパーツアー2泊3日コース Two Night Package Supertour

出発：10:30　所要：3日　料 £168.00（交通機関、宿泊、ツアー料金込み）

基本的に1泊コースと同じだが、3日目は自由行動または半日オプショナルツアーに参加。

●スーパーツアー3泊4日コース Three Night Package Supertour

出発：10:30　所要：4日　料 £196.00（交通機関、宿泊、ツアー料金込み）

基本的に1泊コースと同じだが、3日目は午前に半日観光、午後は自由行動。4日目は終日自由行動。

☺このツアーのドライバーさんはとてもにフレンドリーで、わざわざトイレを探してくれたり、いろいろ親切にしてくださり、とてもよかったです。（東京都　菜波　'05春）

マウンテン・ゴート・ツアーズ Mountain Goat Tours

Map P.365B-1

TEL (015394) 45161　FAX (015394) 45164　inet www.mountain-goat.com

●10の湖巡り（ツアーA）Ten Lakes Spectacular

出発：9:45　所要：7時間45分　料 £29.95

湖水地方北部のハイライト。グラスミア湖や、ダーウェント湖、バタミア湖、サールミア湖、アルズウォーターなど10の湖を巡る。

●ピーター・ラビットの湖水地方とワーズワースの旅（ツアーB）Beatrix Potter's Lakeland and Wordsworth Tour

出発：9:45　所要：7時間45分　料 £29.95

ピーター・ラビットとワーズワースゆかりの場所を巡るツアー。ヒル・トップ、エスウェイト湖、ダーウェント湖、キャッスルリッグ・ストーン・サークル、ダヴ・コテージなどを観光。

●ハイ・アドベンチャー（ツアーC）The High Adventure

出発：9:45　所要：7時間45分　料 £29.95

湖水地方西部の見どころを網羅した定番ツアー。エスクデイル、コニストン湖、マンカスター城や、ローマ時代の砦などを訪れ、エクスデイル・レイヴェングラス蒸気機関車にも乗車する。

パークツ・アーズ Park Tours & Travel

TEL (015394) 45161　FAX (015394) 45164　inet www.parktours.co.uk

予約先：ガーディアン・サービスGuardian Service（ロンドン）　Map①P.60-61B-2

✉3rd Floor, 16 Maddox Street, London W1R 9PL

TEL (020) 74958404　FAX (020) 74958408　inet www.guardian.nildram.co.uk

●日本人ガイド付き湖水地方1泊2日手ぶらの旅
One Night Two Days Lake District Tour with Japanese Guide

出発：4～10月の月～木9:46　所要：2日　料 £230.00（1人部屋追加料金 £40.00）

日本人ガイド付きのツアー。ロンドンのユーストン駅を出発し、昼頃湖水地方に到着。午後から湖水地方南部（ヒル・トップに入場観光、ホークスヘッド、コニストン湖など）を半日観光。2日目の午前中は湖水地方北部（サールミア湖、ホニスター峠、バタミア湖など）を回る半日観光。午後はボウネスで自由時間。夕方発の列車でロンドンに戻る。予約申し込み、問い合わせはロンドンのガーディアン・サービスへ。7日前までの予約が必要。宿泊ホテルはボウネスのリンデス・ハウなど。延泊は1泊£70.00。

ミレニアムトラベル Millennium Travel

地図外

TEL (015395) 52106　FAX (0870) 7623826　inet www.lakedistricttours.com

●9つの湖を巡るツアー Full Day 9 Lakes Photographer's Tour

出発：9:00　所要：6時間30分　料 £47.00

湖水地方の見どころを網羅した1日観光。天候次第でクルーズも含まれる。

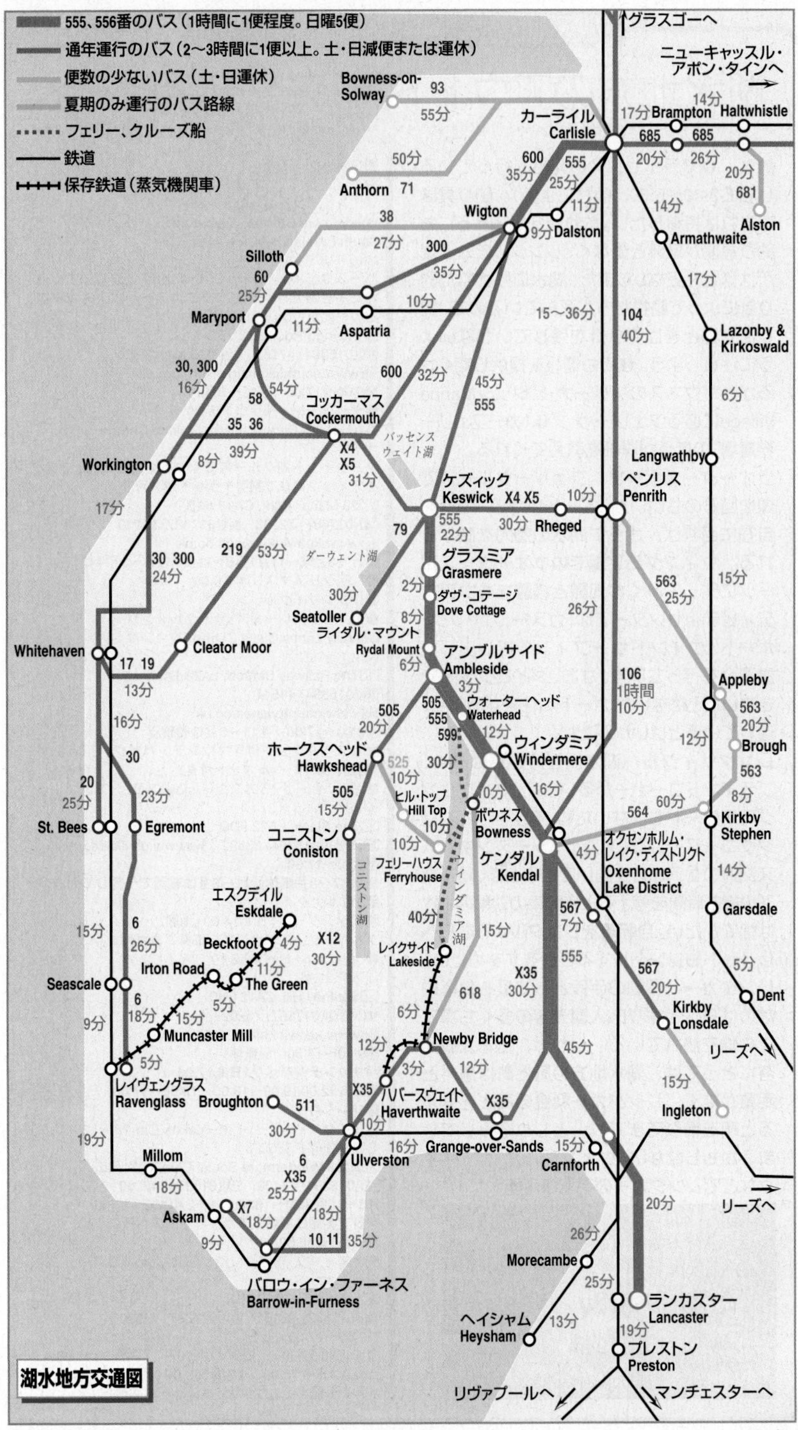

555、556番のバス（1時間に1便程度。日曜5便）
通年運行のバス（2～3時間に1便以上。土・日減便または運休）
便数の少ないバス（土・日運休）
夏期のみ運行のバス路線
フェリー、クルーズ船
鉄道
保存鉄道（蒸気機関車）
グラスゴーへ
ニューキャッスル・アポン・タインへ
Bowness-on-Solway
93
55分
カーライル
Carlisle
17分
Brampton
14分
Haltwhistle
685
685
20分
26分
20分
681
Alston
50分
Anthorn
71
600
35分
555
25分
11分
Wigton
9分
Dalston
38
27分
300
35分
14分
Armathwaite
Silloth
60
25分
10分
17分
Maryport
11分
Aspatria
15～36分
104
40分
Lazonby & Kirkoswald
30, 300
16分
600
32分
45分
555
54分
58
6分
コッカーマス
Cockermouth
35 36
39分
X4
X5
31分
バッセンスウェイト湖
Workington
8分
Langwathby
ケズィック
Keswick
X4 X5
10分
ペンリス
Penrith
17分
555
22分
30分
Rheged
79
30 300
24分
219
53分
グラスミア
Grasmere
ダーウェント湖
563
25分
15分
2分
ダヴ・コテージ
Dove Cottage
30分
8分
26分
Seatoller
ライダル・マウント
Rydal Mount
Whitehaven
17 19
Cleator Moor
アンブルサイド
Ambleside
6分
13分
3分
106
1時間
10分
Appleby
505
20分
505
555
599
ウォーターヘッド
Waterhead
12分
563
20分
16分
ホークスヘッド
Hawkshead
525
10分
30分
ウィンダミア
Windermere
12分
Brough
30
563
20
25分
23分
505
15分
ヒル・トップ
Hill Top
10分
ボウネス
Bowness
16分
8分
564
60分
St. Bees
Egremont
10分
10分
コニストン
Coniston
ケンダル
Kendal
4分
オクセンホルム・レイク・ディストリクト
Oxenhome Lake District
Kirkby Stephen
フェリーハウス
Ferryhouse
コニストン湖
ウィンダミア湖
14分
エスクデイル
Eskdale
40分
567
7分
Garsdale
15分
6
26分
Beckfoot
4分
X12
30分
レイクサイド
Lakeside
15分
555
X35
30分
567
5分
Irton Road
11分
The Green
Seascale
5分
618
20分
Dent
6
18分
15分
6分
Kirkby Lonsdale
9分
Muncaster Mill
12分
Newby Bridge
45分
リーズへ
5分
3分
12分
レイヴェングラス
Ravenglass
X35
ハバースウェイト
Haverthwaite
15分
Broughton
511
X35
Ingleton
19分
30分
10分
16分
Grange-over-Sands
15分
Carnforth
Millom
Ulverston
6
X35
25分
18分
20分
リーズへ
Askam
X7
18分
18分
9分
10 11
35分
26分
Morecambe
バロウ・イン・ファーネス
Barrow-in-Furness
25分
ランカスター
Lancaster
ヘイシャム
Heysham
13分
19分
プレストン
Preston
リヴァプールへ
マンチェスターへ
湖水地方交通図

湖水地方のアウトドア・アクティビティ

釣り　ⓘでライセンスの発給を行っている(1日£3.00～6.50、魚種による)。釣り具はできれば持参したい。釣り具を購入するにも釣り具屋が意外と少なく、レンタルできる場所はほとんどない。また、湖水に残された釣り針によって動物たちが死んでいるので、釣りをするときは釣り針を残していかないように注意しよう。ⓘでも情報を提供してくれるが、ボウネスのマリーナ・ビレッジMarina Villageにあるフェリー・ナブⓘ(カーフェリー発着場)のほうが詳細を教えてくれる。

ウオータースポーツ　フェリークルーズで湖を回るのもいいが、ボートやカヌーで湖を自在に回れば、さらに湖水の魅力を感じられる。ウィンダミア湖でのウオータースポーツに関して多くの知識と経験をもつアクティビティセンターでは、カヌー、カヤック、ボート、ウインドサーフィンの貸し出しや講習会を行っている。なお、ダイビングもできないことはないがボートの往来が激しく、適しているとはいいがたい。

レンタサイクル　湖水周辺の道路は狭く、ブラインドコーナーが多いうえ、サイクリング専用ロードも少ないため、安全なサイクリングコースではない。だが、シーズン中はバス交通のケアが行き届いているとはいえ、バスの待ち時間を考えると自転車の効率のよさは捨てがたい。自転車をレンタルするならヘルメットもレンタルすることをすすめたい。

レンタカー　移動の手段として最も効率的なのは車。イギリス人観光客の多くも車でこの地を訪れている。しかし、日本人観光客にとっては、湖水地方の町と町は意外と距離がなく、レンタカー料金の高さを考えると車を借りてまで……としり込みしてしまうかもしれない。ウィンダミア、ケズィックなどでレンタカーの手配が可能。

グラスミア湖で釣りを楽しむ

■ウオータースポーツ

●ウィンダミア・アウトドア・アドベンチャー・サウス・レイクランド・レジャー
Windermere Outdoor Adventure
South Lakeland Leisure
Map P.365A-2外
バースウェイト・ロードBirthwaite Rd.を真っすぐ進んだ突きあたり。カヤックやカヌー、水上スキーなどの手配が可能。
✉Rayrigg Rd., LA23 1BP
TEL(015394) 47183　FAX(015394) 47330
Inet www.southlakelandleisure.org.uk
開9:00～17:00　休11～3月

●ダーウェント湖ラウンチ(ケズィック)
Keswick on Derwentwater Launch Company Ltd.
地図外
ダーウェント湖クルーズでくつろぐ湖上のひととき。ケズィックのⓘで割引チケット購入可能。
✉29 Manor Park, CA12 5AB
TEL(017687) 72263　FAX(017687) 80279
Inet www.keswick-launch.co.uk
運行:3月末～11月1日6～11便、12月～3月半ば1日約3便　休クリスマス　料£6.00

■レンタサイクル

●カントリーレーンズ・サイクルセンター
Country Lanes Cycle Centre(ウィンダミア)
Map P.365C-1
✉The Railway Station, LA23 1AH
TEL(015394) 44544
Inet www.countrylanes.co.uk
開9:00～17:00　休11～3月は要確認
料サスペンション付きマウンテンバイク1日£18.00(地図、カギ、ヘルメット付き)

●ギルサイド・サイクルズGhyllside Cycles(アンブルサイド)　Map P.371-1
✉The Slack, LA22 9DQ
TEL & FAX(015394) 33592　Inet www.ghyllside.co.uk
開9:30～17:30
休水(7～8月無休。11～3月は電話で予約してからが望ましい)
料スタンダード1日£14.00(地図、ヘルメット、サイクルバッグ、エアポンプ、工具、カギ付き)

●ケー・エム・ビーKMB(ケズィック)
Map P.376A-1
✉Southey Hill, CA12 5ND
TEL & FAX(017687) 75202
Inet www.keswickbikes.co.uk
開9:00～17:30　休無休
料マウンテンバイク1日£17.00
半日£12.00(9:00～13:00/13:00～17:00)

■レンタカー

●レイクス・カー・ハイヤーLakes Car Hire(ウィンダミア)　Map P.365B-3
✉Back Windermere Social Club, Lake Rd.
TEL(015394) 44408　FAX(015394) 42200
開3～10月8:30～18:30　11～2月9:00～17:00
休日(冬期は電話してからオフィスへ行こう)
料車1日£36.50～

●ケズィック・モーターKeswick Motor(ケズィック)
Map P.376C-2
✉Lake Rd., CA12 5BX
TEL(017687) 72064　FAX(017687) 74590
開9:00～17:30　休日
料車1日£32.00～、週末£62.00～、1週間£192.00～
自転車1日£15.00、4時間108.00(保険料は含まれるが、身分証、£20.00のデポジットが必要)

ツアーに参加するのも手

■ブラックウェル館
Map P.351C-3
ボウネスの埠頭から徒歩約25分の所にあるカントリーハウス。館内の随所に見られる伝統的デザインは一見の価値あり。アフタヌーンティーも楽しめる。
✉Bowness-on-Windermere, LA23 3JT
TEL (015394) 46139
FAX (015394) 88486
inet www.blackwell.org.uk
開 10:30～17:00
11・12・2・3月10:00～16:00
休 12/24～2月中旬
料 £5.45　学生£3.00

■オレスト・ヘッド
Map P.357B-2
❶前のチャーチ・ストリートChurch St.を左に少し行くと、オレスト・ヘッドへ行くフットパスの看板が現れる。あとは矢印に従って徒歩20分ほど。

見どころ

湖水地方には広範囲にさまざまな見どころが点在するので、自然やワーズワース、ピーター・ラビットなど自分のテーマに沿って回るとよいだろう。

ボウネス・ピア

ウィンダミア、ボウネスの見どころ

町や湖を360度見渡せる

見学所要時間の目安　1時間

オレスト・ヘッド
Orrest Head

オレスト・ヘッドへのフットパスの風景

オレスト・ヘッドはウィンダミア近くの丘（山？）のこと。標高は239m。ウィンダミアの❶近くから看板（Footpath to Orrest Head）に沿って頂上まで延びているフットパスを登っていくと、広く開けた台地にたどり着く。そこからは360度、視界を遮るものも何もない状態で、すばらしい景色を堪能することができる。

Information　History　Topics

ナショナル・トラストって何？

イギリスを旅していてよく耳にするのが「ナショナル・トラストNational Trust」という言葉だ。ナショナル・トラストとは1895年に発足した民間非営利団体であり、イギリス国内の歴史的建造物や美しい庭園、国立公園などを守っていこうと活動している文化保護協会のことをいう。現在では歴史的建造物が200、イギリス式庭園が160、ほか鉄道など25もの産業遺構がナショナル・トラストの管理のもと、保存・運営されている。会員数は海外会員を含めて200万人を超えるという。

ナショナル・トラストのおもしろいところは、歴史的遺産を博物館として保存するだけではなく、ホテルやカフェなどとして実際に利用しながら保存していること。例えば貴族が暮らしていたマナーハウスや、中世から続く醸造所などが、「生きた遺産」として守られているわけだ。

この章で紹介している湖水地方の多くの建物や自然はナショナル・トラストの管理下にある。もともとナショナル・トラストの創始者のひとりカノン・ローンズリーは湖水地方在住の牧師であった。『ピーター・ラビット』の作者ベアトリクス・ポターは、絵本の収入で湖水地方の土地を買い取り、そのすべてを当時のままの姿で維持するという条件でナショナル・トラストに託した。すべてとは15の農場と16.19km²の土地（東京ドーム約344個分）、そして数々のコテージである。それも自分が生涯愛してきた大自然が開発によって壊されることを防ぐためであった。そのために湖水地方は100年以上の時を経ても、変わらぬ美しさを保っている。ナショナル・トラストが管理する遺産にはバースのローマン・バス、ドーヴァー城、ペンザンスのセント・マイケルズ・マウントなどもある。

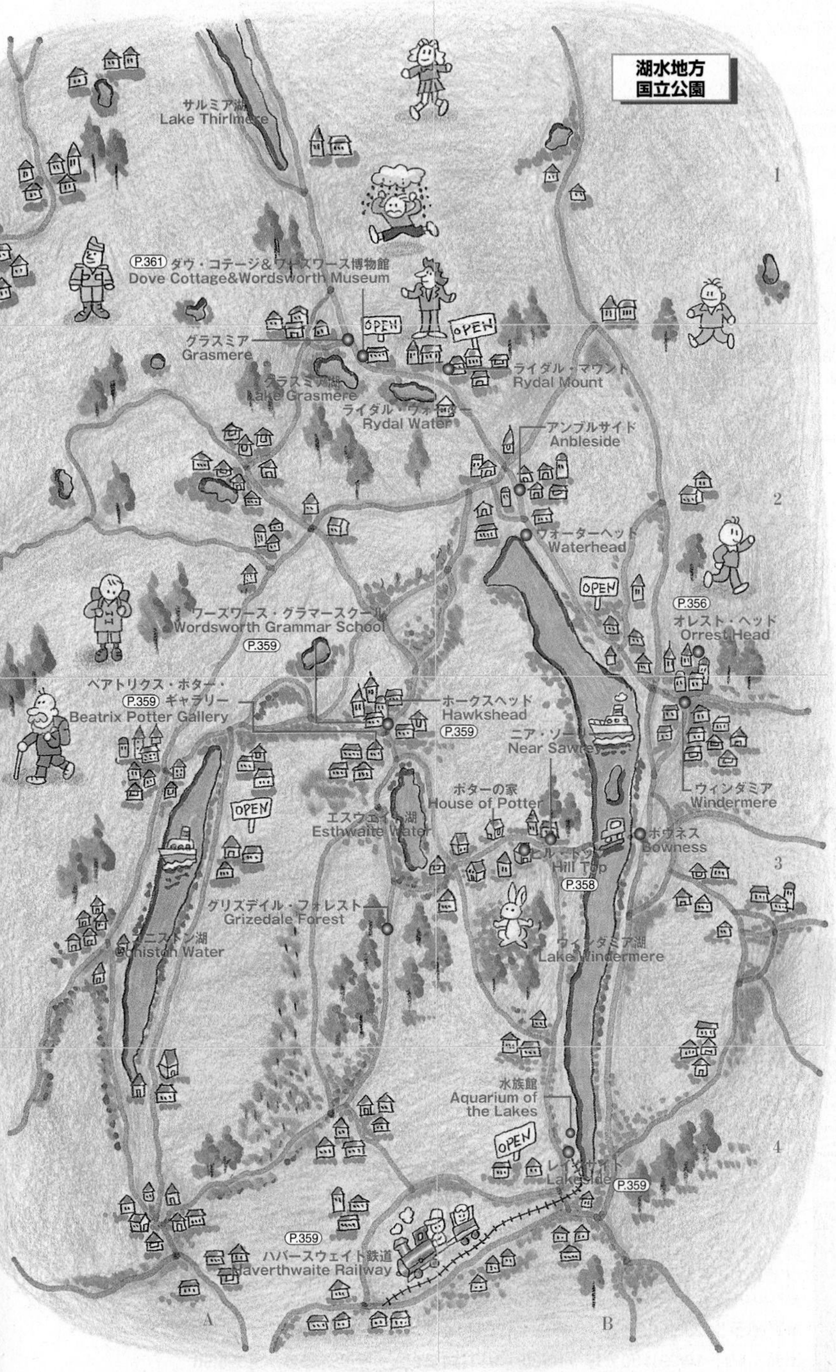
湖水地方
国立公園
サルミア湖
Lake Thirlmere
P.361 ダウ・コテージ&ワーズワース博物館
Dove Cottage&Wordsworth Museum
OPEN
OPEN
グラスミア
Grasmere
グラスミア湖
Lake Grasmere
ライダル・マウント
Rydal Mount
ライダル・ウォーター
Rydal Water
アンブルサイド
Anbleside
ウォーターヘッド
Waterhead
OPEN
P.356
オレスト・ヘッド
Orrest Head
ワーズワース・グラマースクール
Wordsworth Grammar School
P.359
ベアトリクス・ポター・ギャラリー
P.359
Beatrix Potter Gallery
ホークスヘッド
Hawkshead
P.359
ニア・ソーリー
Near Sawrey
ウィンダミア
Windermere
OPEN
ポターの家
House of Potter
エスウェイト湖
Esthwaite Water
ボウネス
Bowness
ヒル・トップ
Hill Top
P.358
グリズデイル・フォレスト
Grizedale Forest
コニストン湖
Coniston Water
ウィンダミア湖
Lake Windermere
水族館
Aquarium of the Lakes
OPEN
レイクサイド
Lakeside
P.359
P.359
ハバースウェイト鉄道
Haverthwaite Railway
1
2
3
4
A
B

ピーター・ラビットと遊ぼう

見学所要時間の目安 1時間

ベアトリクス・ポターの世界
The World of Beatrix Potter Attraction

ボウネスの町の入口付近にある。ポター女史の物語の登場人物や、物語のシーンがそのまま再現されたアトラクションスペース。ポター女史の生涯をわかりやすく紹介したビデオテープも流されており、ヒル・トップへ出かける前に見ると理想的だ。また、館内にはピーター・ラビットのキャラクター商品を扱うショップやティールームもある。

ベアトリクス・ポターの世界

■ベアトリクス・ポターの世界
Map P.364右-1
✉The Old Laundry, LA23 3BX
TEL(015394) 88444
FAX(015394) 40870
inetwww.hop-skip-jump.com
開夏期10:00～17:30
冬期10:00～16:30
休1月末の3週間、12/25
料£6.00

入口にある展示

ニア・ソーリー村にあるポターの家

見学所要時間の目安 

ヒル・トップ
Hill Top

ベアトリクス・ポターBeatrix Potterが16歳のとき、この地を家族とともにバカンスで訪れたからこそ、あのピーター・ラビットの物語は生まれた。このとき、ポターが飼っていたうさぎの名前がピーター。彼女の物語を読めば、挿し絵の背景が、ニア・ソーリー村に今なお残っていることに気付く。ポター女史は77歳で亡くなるまでヒル・トップに住んでいた。屋内はポター女史が生前使っていた様子のままに広間や寝室がナショナル・トラストによって保存されている。

ヒル・トップには、静かで落ち着いた湖水地方ならではの田園風景が広がる。

チケット・オフィス

■ヒル・トップ
Map P.357B-3
ニア・ソーリー村にある。
⛴🚌ボウネス・ピアの南にあるフェリー・ナブ発のカーフェリー（通年運行）でフェリーハウスへ行き、525番のバス（夏期のみ運行）でヒル・トップ下車。
🚌ホークスヘッドから525番のバス（夏期のみ運行）でヒル・トップ下車。徒歩なら1時間。
✉Near Sawrey, LA22 0LF
TEL(015394) 36269
inetwww.nationaltrust.org.uk
開4/1～10/29の月～水・土・日10:30～16:30
ガーデンショップは3/19～12/6の10:30～17:00
休10/30～3/31
料£5.10
内部保存のため入場制限あり。夏期は込み合うので予約が望ましい。

ウィンダミア湖クルーズ

ウィンダミア・レイク・クルーズ Windermere Lake Cruises
TEL(015395)31188　inetwww.windermere-lakecruises.co.uk
ハバースウェイト鉄道との共通チケットもある(→P.359)。

●ボウネス～アンブルサイド Bowness～Ambleside（レッド・クルーズ）

出発：4/1～10/29は1日16～18便　10/30～3/31は1日9便
所要：片道30分　料片道£4.95　往復£7.30

●ボウネス～レイクサイド Bowness～Lakeside（イエロー・クルーズ）

出発：4/1～10/29は1日8～10便　10/30～3/31は1日4便
所要：片道40分　料片道£5.10　往復£7.60

●フリーダム・オブ・ザ・レイク Freedom of the Lake

料£13.25（24時間有効）
ウィンダミア湖のフェリー全路線に乗り放題のチケット。アンブルサイド～レイクサイド片道は£7.40。

●アイランズ・クルーズ Islands Cruises

出発：4/1～10/29は30分毎　10/30～3/31は1日2便　所要：45分　料£5.50
ボウネス発のウィンダミア湖周遊クルーズ。

ホークスヘッドの見どころ

ピーター・ラビットのことなら何でも

見学所要時間の目安 1時間

ベアトリクス・ポター・ギャラリー
Beatrix Potter Gallery

ℹの前からメイン・ストリートMain St.を北に進んだ右側にある。ポター女史の夫が弁護士事務所として使用していた家屋だが、現在はナショナル・トラストが管理し、ポター女史の遺品や原画・写真を収めるギャラリーとして使用している。

ベアトリクス・ポター・ギャラリー

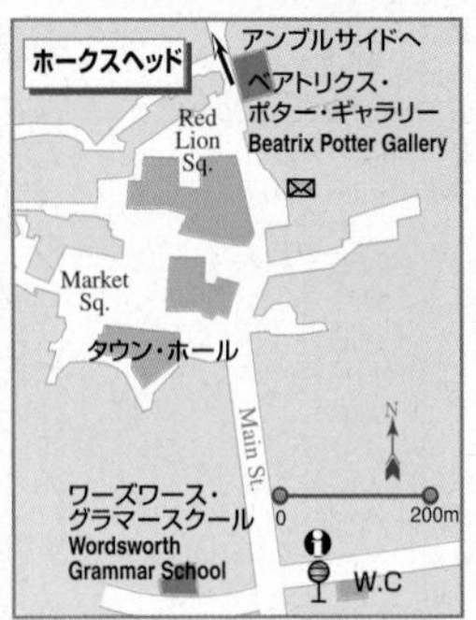

■ベアトリクス・ポター・ギャラリー　Map P.359
✉Main St., LA22 0NS
TEL(015394) 36355
inet www.nationaltrust.org.uk
開4/1〜10/29 10:30〜16:30
休3/19〜10/22の木・金、10/30〜3/31
料£3.60

ワーズワースが通った中学校

見学所要時間の目安 30分

ワーズワース・グラマースクール
Wordsworth Grammar School

ワーズワースゆかりのこの学校はヨーク大司教によって1585年に建てられた。1階の教室にある机にはワーズワースと弟のジョンが彫った落書きが残っている。2階は校長室と展示室がある。保存のために木製の大きなドアはいつも閉められているが、「Open」と書いてあるので安心して押し開けて。

学校内部の展示

■ワーズワース・グラマースクール　Map P.359
✉Hawkshead, LA22 0NT
TEL(015394) 35647
開10:00〜12:30　13:30〜17:00(日13:00〜17:00、10月の日曜13:00〜16:30)
休11月〜イースター
料£1.00

Information　History　Topics

湖水地方を走る蒸気機関車

ウィンダミア湖南端にあるレイクサイドLakesideからハバースウェイトHaverthwaiteまで蒸気機関車が走っている。途中停まる駅はニュービー・ブリッジNewby Bridge。1日6〜7本の運行。

ニュービー・ブリッジ駅まではバスで行くこともできるが、ボウネス・ピアやアンブルサイドからのクルーズ往復とレイクサイド〜ハバースウェイト鉄道往復がセットになった共通チケットもある。

ハバースウェイト鉄道の蒸気機関車

■ハバースウェイト鉄道
Haverthwaite Railway　Map P.357A-4・B-4
✉Haverthwaite Statio, Nr Ulverston, LA12 8AL
TEL(015395) 31594
inet www.lakesiderailway.co.uk
運行：4/1〜10/29　休10/30〜3月下旬
料レイクサイド〜ハバースウェイト片道£2.95、往復£4.90
ボウネス・ピア〜レイクサイドのクルーズ往復とハバースウェイト鉄道往復の共通券£12.00
アンブルサイド〜レイクサイドのクルーズ往復とハバースウェイト鉄道往復の共通券£16.50

アンブルサイドの見どころ

橋の上に建つ一軒家

見学所要時間の目安 2時間

ブリッジ・ハウス
Bridge House

ブリッジ・ハウスは、ライダル・ロードRydal Rd.**P.371-1**沿いに建つ、17世紀に造られた切石造りの小さな小さな家。現在はナショナル・トラストのショップになっている。

川をまたぐように建つ

ウィンダミア湖が見渡せる小山

見学所要時間の目安 30分

ジェンキンス・クラッグ
Jenkin's Crag

アンブルサイドのパノラマ・ポイントとして挙げられるのがジェンキンス・クラッグという小高い山。アンブルサイドとトラウトベックを結ぶ、全長11kmのウオーキングコースのルート上にある。

ワーズワースが最後まで住んだ家

見学所要時間の目安 30分

ライダル・マウント
Rydal Mount

ライダル・マウント入口

ワーズワースが1813年に家族とともにこの地に来てから、晩年亡くなるまでの37年間を過ごした家。彼の遺品や肖像画、彼自身が描いた絵などが置かれている。テラスやシェルターは、晩年の多くの作品を生み出した場所だ。庭はワーズワースが自らデザインしたものであり、彼の自然に対する思いがこの風景式庭園からかいま見られる。勾配のきつい坂の上にあり、ライダル・ウォーターを望むことができる。

グラスミアの見どころ

手軽に回れる湖畔フットパス

見学所要時間の目安 2時間

グラスミア湖
Lake Grasmere

グラスミア湖は有名観光地でありながら、その静けさと美しさもすばらしい。ここではぜひ湖畔を1周するウオーキングコースを歩いてみたい。❶から出発し、ラングデール＆コニストンLangdale and Coniston方面に進み、湖畔ウオーキングを楽しみ、小さな村々を抜け、ダヴ・コテージを経由する5.6kmのコースだ。

グラスミア湖

■ブリッジ・ハウス
Map P.371-1
✉Rydal Rd., LA22 9AN
開10:00～17:00
TEL(015394) 32617

■ジェンキンス・クラッグ
Map P.371-2
❶前のマーケット・クロスMarket Cross.をウォーターヘッド方面に進み、途中左に延びるオールドレイク・ロードOld Lake Rd.に入って200mほど行くと、左側にジェンキンス・クラッグスケリー・レーントラウトベックJenkin's Crag-Skelghy Lane-Toroutbeckの表示が現れる。これを左折し、続いてジェンキンス・クラッグ・フットパスの看板に従って進んでいくと到着する。

■ライダル・マウント
Map P.351C-3
ライダル・ロードをアンブルサイドからグラスミアに向かった2km先。アンブルサイドから徒歩約1時間。バス555、556番でライダル・チャーチRydal Church下車、バス停の前から延びる坂を200mほど上った左側。
✉Rydal Mount, LA22 9LU
TEL(015394) 33002
FAX(015394) 31738
inet www.wordsworthlakes.co.uk
開3～10月9:30～17:00
11～2月10:00～16:00
休11～2月の火曜、1/8～2/1
料£4.50 学生£3.50
庭のみ£2.00

■グラスミア湖
Map P.373
町を背に湖の右側は湖水に面したフットパスが続くが、左側は森の散策路になっている。

湖畔を1周してみよう

ワーズワースが最も愛した家

見学所要時間の目安 2時間

ダヴ・コテージ&ワーズワース博物館
Dove Cottage & Wordsworth Museum

ワーズワースの最盛期の作品の多くは、このダヴ・コテージで書かれた。この建物はもともと宿屋として建てられ、現在は彼のパスポートやトランクケースなど、興味深い遺品が数多く展示されており、偉大な詩人の生活をのぞくようで楽しい。併設されたワーズワース博物館では彼の原稿や当時の絵画を見ることができる。

ダヴ・コテージ内を巡る20分ほどの無料ガイドツアー(英語)が行われており、ダヴ・コテージに入ってす

ワーズワース博物館

■ダヴ・コテージとワーズワース博物館
Map P.373
✉Dove Cottage, LA22 9SH
TEL(015394) 35544
FAX(015394) 35748
Inet www.wordsworth.org.uk
開9:30～17:30
休12/24～12/26、1月上旬～2月上旬
料£6.20　学生4.95
博物館のみ£5.25

Information　History　Topics

ロマン派詩人、ワーズワース

湖水地方を語るうえで、ワーズワースWordsworthに触れないわけにはいかない。ロマン派を代表する詩人ウイリアム・ワーズワース(1770～1850)がその生涯を送り、彼の作品に計り知れない影響を与えたのは、湖水地方の美しい自然だった。

ワーズワースはコッカーマスの裕福な家に生まれた。彼を生涯にわたり支え続けた妹ドロシーとともに、コッカーマスとペンリス、ホークスヘッドで少年時代を送った。長じてケンブリッジのセント・ジョン・カレッジへ入学した彼は、1790年の夏休みにフランスに旅行に行き、フランス革命におおいに影響を受けたという。その後、パブとして使われていたダヴ・コテージに引っ越し、ここで彼の創作活動は華の時代を迎えた。幼なじみのメアリーと結婚し、家族が増えたため、手狭になったダヴ・コテージを離れた。ワーズワースは2度の引っ越しを経て、ライダル・マウントに落ち着き、そこでその生涯を閉じた。彼はグラスミアのオズワルド教会裏手の墓地に、妻メアリー、妹ドロシーとともに葬られている。

当時の文学界にセンセーションを巻き起こした彼の作品の魅力は、万物の真の姿を追求し、それを簡潔に表現している点にある。これは当時でいえば、あまりにも画期的な表現方法だった。彼は湖水地方についてこのように称えている「ものを見る目と楽しむ心があるすべての人は、この地に来て分かち合う権利がある」と。

■湖水地方にあるワーズワースゆかりの地
●グラスミア周辺　最も愛した家ダヴ・コテージ、墓地のあるオズワルド教会、教鞭を執った元学校のジンジャーブレッド・ショップ
●アンブルサイド周辺　亡くなるまで住んだライダル・マウント、切手分配事務官として働いたオールド・スタンプ・ハウス
●コッカーマス周辺　生家ワーズワース・ハウス
●ホークスヘッド周辺　幼い頃通ったグラマースクール
ダヴ・コテージ、ライダル・マウント、ワーズワース・ハウスのいずれか1ヵ所に入場すれば、割引券がもらえ、ほかの2ヵ所の見どころが安くなる

グラスミアの近郊にあるダヴ・コテージ

ぐの所にガイド開始時刻が書かれている。ガイドなしの見学も可。また、このガイドツアーに参加すると日本語の解説シートを貸してくれるのでわかりやすい。

ケズィックの見どころ

■キャッスルリッグ・ストーン・サークル
Map P.351B-2
ケズィックの町から徒歩1時間。往復なら6kmで見学も含め3〜4時間はみておこう。
開随時
休無休
料無料

❶で買えるウオーキング・マップ

ストーンヘンジに並ぶ奇妙な巨石群

キャッスルリッグ・ストーン・サークル
Castlerigg Stone Circle

キャッスルリッグは、卵形の石が48個並ぶストーン・サークル。ストーンヘンジのものよりも規模は小さめ。このストーン・サークルは3000〜4000年前にスキッドウSkiddawとヘルブリンHelvellynの間にある丘に造られたといわれている。バスも通っているが、ケズィックから歩いても片道1時間ちょっと。バスで片道約10分だが、非常に便数が少ない路線なので、行きは歩きで帰りはバス、などとアレンジするとよいだろう。❶でキャッスルリッグまでのルートを紹介したウオーキング・マップが£0.60で手に入る。

■ケズィック博物館
Map P.376C-1
フィッツパークの脇にある。ユースホステルから100mほど。
✉Fitz Pk., Station Rd., CA12 4NF
TEL(017687) 73263
FAXなし
開4〜10月の火〜土・祝10:00〜16:00、木10:00〜19:00
休日・月、11〜3月
料無料

ケズィックの産業から文化まで

見学所要時間の目安 1時間

ケズィック博物館
Keswick Museum

ヴィクトリア朝時代のケズィックの歴史や文化、湖水地方ゆかりの美術品を集めた博物館。湖水地方でも最も古い博物館のひとつ。200年にわたる観光地としての湖水地方の歴史と発展を解説している。

もともと博物館として使用する目的で建てられた

■モーター博物館
Map P.376B-1
✉Standish St., CA12 5LS
TEL(017687) 73757
inet www.carsofthestars.com
開イースター〜11月10:00〜17:00、12月の週末のみ10:00〜17:00
休日、11月〜イースター
料£4.00

このマークが目印

世界の名車が勢揃い

見学所要時間の目安 1時間

モーター博物館
Cars of the Stars Motor Museum

ジェームス・ボンドのアストン・マーチンやMr.ビーンのミニ、バットマンのバット・モービル、バック・トゥ・ザ・フューチャーのデロリアンなど、有名映画で活躍した名車を公開している。チキ・チキ・バン・バンやピンクパンサー、フリント・ストーンといった変わり種もあって興味は尽きない。なかでも007の歴代映画で使われたボンド・カーのコレクションは圧巻。映画好きも車好きも楽しめるアトラクションだ。

工場のような外観が目立つ

鉛筆の歴史がひとめでわかる

鉛筆博物館
Pencil Museum

見学所要時間の目安 30分

鉛筆工場のすぐ裏側にある

ケズィックで150年以上前から鉛筆を造る、ダーウェント・ペンシル社の博物館。鉛筆の製作過程や珍しい鉛筆、世界一長い鉛筆などが見られる。ギフトショップもあり、珍品を見つけることもできる。

■鉛筆博物館
Map P.376A-1
✉Southey Works, Greta Br., CA13 9XX
TEL(017687) 73626
inet www.pencils.co.uk
開9:30～16:00
休1/1、12/25、12/26
料£3.00　学生£2.00

コッカーマスの見どころ

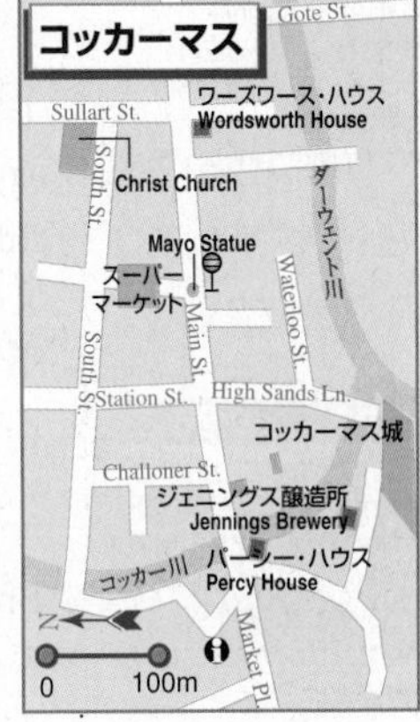

ワーズワースの生家

ワーズワース・ハウス
Wordsworth House

見学所要時間の目安 30分

18世紀に建てられた邸宅

ワーズワース生誕の地、コッカーマスに残る生家。ワーズワースと彼の妹ドロシーが生まれたジョージ王朝風の大きな家では、彼の遺品を説明付きで展示している。

コッカーマスで一番古い建物

パーシー・ハウス
Percy House

見学所要時間の目安 30分

白壁の小さな建物

1598年にノーザンバーランド公のヘンリー・パーシーによって建てられたとされるが、近年の研究によってその歴史は14世紀にまでさかのぼることがわかった。内部はギャラリーとして使用されており、2階に残る梁部分などは創建当時のものだそうだ。

■ワーズワース・ハウス
Map P.363
✉Main St., CA13 9RX
TEL(01900) 824805
inet www.nationaltrust.org.uk
開11:00～16:30
休日、10/29～3月下旬
料£4.70

■パーシー・ハウス
Map P.363
✉38-42 Market St., CA13 9NG
TEL(01900) 829667
inet www.percyhouse.co.uk
開10:00～17:00
休日
料無料

湖水地方の地ビールを造る

ジェニングス醸造所
Jennings Brewery

見学所要時間の目安 2時間

1828年にジョン・ジェニングスJohn Jenningsによって創設されたビール醸造所。湖水地方やランカシャーのパブの看板に出ているカンバーランド・エールCumberland Aleはここで造られている。醸造所ではツアーがあり、伝統的なビール造りを見学することができる。

醸造所の入口は煙突が目印

■ジェニングス醸造所
Map P.363
✉The Castle Brewery, CA13 9NE
TEL(0845) 1297190
inet www.jenningsbrewery.co.uk
開1時間半のツアーは3～9月の月～土11:00発、14:00発の1日2回（7・8月は日曜も行われる）、10～2月は月～土14:00発の1日1回
休無休　料£4.95

交通の便のよい湖水地方南部の玄関口

ウィンダミア&ボウネス Windermere & Bowness

人口6800人
市外局番015394

ウィンダミアへの行き方

●湖水地方の各町から
→P.353
●カーライルから
🚃1日17便（日曜10便）
所要：約1時間
🚌1日3便
所要：約2時間20分
●ランカスターから
🚃1日17便（日曜10便）
所要：約40分
🚌1時間に1便程度（日曜運休）
所要：約1時間30分

ボウネスへの行き方

●湖水地方の各町から
→P.353
🚌アンブルサイド～ウィンダミア～ボウネスと行く505、599、618番が便利
⛴アンブルサイド、レイクサイドから便がある

レイク・ロード

ウィンダミア

ウィンダミアの町並み

ウィンダミアは、鉄道やバスの便が多く、観光客でにぎわう町。ⓘは鉄道駅を出て左に下った所にある。町の中心部は、ヴィクトリア・ストリートVictoria St.P.365-B1～2からメイン・ロードMain Rd.P.365-B2、クレッセント・ロードCrescent Rd.P.365-B2にかけて。メイン・ロードとクレッセント・ロードは合流し、ニュー・ロードNew Rd.P.365-A3～B3、レイク・ロードLake Rd.P.364左と名前を変え、ウィンダミア湖のほとりのボウネスへと続く。

ボウネス

ボウネスは18世紀からリゾート地として発展してきた町。ウィンダミアからレイク・ロードを下って20～30分ぐらい。レストランやショップが軒を連ねるエリアはクラッグ・ブロウCrag BrowP.364右-1からプロムナードPromenadeP.364右-2にかけて。さらに南へ行くとアンブルサイドやレイクサイドへ渡るフェリーが発着する埠頭、ボウネス・ピアBowness Pierがある。ⓘも埠頭の前にある。ボウネス・ピアのさらに南にはカーフェリーが発着するフェリー・ナブFerry Nabがある。

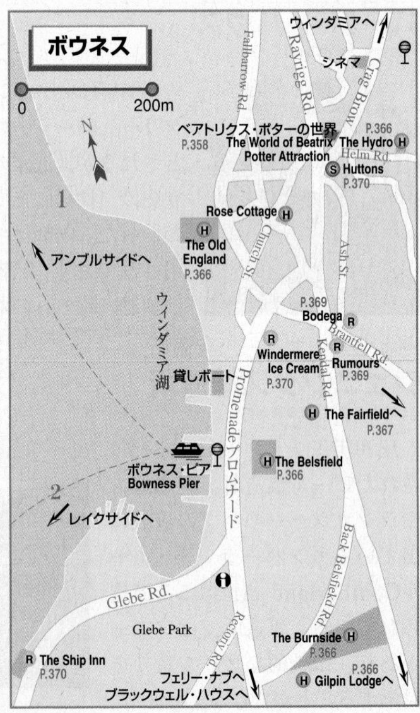

ホテル Hotel

観光客の多いウィンダミアにはB&Bの数が多く、町中にあふれているといっても過言ではない。ただしホテルの数は少ない。ボウネスには中高級ホテルからB&Bまで種類が豊富。ボウネスのB&Bはチャーチ・ストリート周辺などに多い。

日本からホテルへの電話 電話会社の番号 + 010 + 国番号44 + 市外局番の最初の0を取った掲載の電話番号

レイクス Lakes Hotel 【B&B】

●❶のすぐ近くにある。レイクス・スーパーツアーズが経営するB&Bで、1階はツアーのオフィス兼フロントになっている。宿泊とツアー、湖水地方までの列車往復がセットになったお得なプランもある。全室テレビ、ティーセット、ドライヤー付き。日本びいきのスタッフはフレンドリーで、片言の日本語で話しかけてくれる。駐車場あり。

10室 Map P.365B-1

読者割引1泊5%、2泊以上10%

✉1 High St., LA23 1AF
TEL (015394) 42751 FAX (015394) 46026
inet www.lakes-hotel.com
S £24.00～32.00
W £48.00～62.00
£ T/C £
C/C J M V

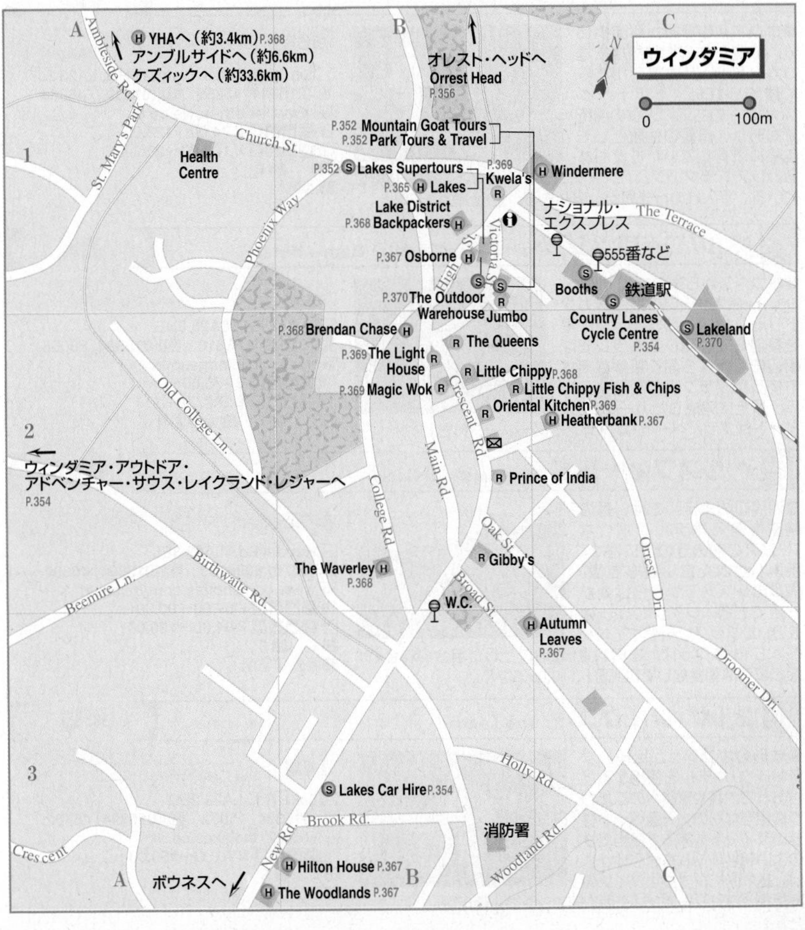

ウィンダミア

A B C
1 2 3
0 100m
YHAへ（約3.4km）P.368
アンブルサイドへ（約6.6km）
ケズィックへ（約33.6km）
オレスト・ヘッドへ
Orrest Head
P.356
Ambleside Rd.
St. Mary's Park
Church St.
Health Centre
P.352 Mountain Goat Tours
P.352 Park Tours & Travel
P.352 Lakes Supertours
P.365 Lakes
P.369 Kwela's
Windermere
Lake District
P.368 Backpackers
ナショナル・エクスプレス
The Terrace
Phoenix Way
P.367 Osborne
High St.
Victoria St.
555番など
Booths
鉄道駅
P.370 The Outdoor Warehouse
Jumbo
Country Lanes Cycle Centre
P.354
Lakeland
P.370
P.368 Brendan Chase
The Queens
P.369 The Light House
Little Chippy P.368
P.369 Magic Wok
Little Chippy Fish & Chips
Crescent Rd.
Oriental Kitchen P.369
Heatherbank P.367
Old College Ln.
ウィンダミア・アウトドア・アドベンチャー・サウス・レイクランド・レジャーへ
P.354
Main Rd.
Prince of India
College Rd.
Oak St.
Gibby's
Orrest Dr.
The Waverley
P.368
Beemire Ln.
Birthwaite Rd.
Broad St.
W.C.
Autumn Leaves
P.367
Droomer Dri.
Holly Rd.
Lakes Car Hire P.354
Brook Rd.
消防署
Woodland Rd.
New Rd.
Crescent
Hilton House P.367
The Woodlands P.367
ボウネスへ

バーンサイド The Burnside Hotel 【高級】

●ボウネスの町の南に位置している。温水プールなど各種レジャー施設があり、設備と規模はウィンダミア周辺ではナンバーワンを誇っている高級ホテル。150年前の建物を増改築しているので、ちょっと複雑な造りになっている。

57室 Map P.364右-2

✉Bowness on Windermere, LA23 3EP
TEL(08700) 468640 FAX(08700) 468621
inet www.burnsidehotel.com
S £65.00〜85.00
W £80.00〜140.00
£ T/C £
C/C A J M V

オールド・イングランド The Old England Hotel 【高級】

●ボウネス・ピアの北に建つ格調高いホテル。ヴィクトリア調の外観と、豪華なインテリアが長い歴史を感じさせる。眺めのよいレストランVinardは賞にも輝いたことがあり、宿泊客以外でも利用可能（18:30〜21:00）。レイクビューの部屋は£30.00〜50.00プラス、天蓋付きベッドの部屋は£55.00〜60.00プラス。

103室 Map P.364右-1

✉Bowness on Windermere, LA23 3DF
TEL(015394) 42444 FAX(015394) 43432
inet www.macdonald-hotels.co.uk
S £95.00〜165.00
W £130.00〜230.00
£ T/C £
C/C A D J M V

リンデス・ハウ Lindeth Howe 【高級】

●ボウネスの埠頭から徒歩15分。緑豊かな広大な敷地に建つカントリーハウス。1875年に建てられた。ベアトリクス・ポターのお気に入りの場所でもあり、母親の住居として実際に所有していたこともある。レストラン、ジム、スイミングプールなど設備も充実している。手入れの行き届いた庭もある。金・土曜は2泊以上。

36室 Map P.364左Map A

✉Lindgeth Drive, Longtail Hill, LA23 3JF
TEL(015394) 45759 FAX(015394) 46368
inet www.lindeth-howe.co.uk
S £74.00〜128.00
W £108.00〜206.00
£ T/C £
C/C A M V

ギルパン・ロッジ Gilpin Lodge Country House Hotel 【高級】

●ボウネスから車で5分。ルレ・シャトーグループの最高級カントリーハウス。ミシュランの星を獲得しているレストランでは周辺の農家から届く新鮮な素材を使ったフランス料理を楽しめる。新たに完成したガーデン・スイートはプライベート・ガーデンとジャクージ付き。

20室 Map P.364右-2外

✉Crook Rd., LA23 3NE
TEL(015394) 88818 FAX(015394) 88058
inet www.gilpinlodge.jp
S £175.00〜
W £180.00〜
£ T/C £ C/C A D J M V

ベルスフィールド The Belsfield Hotel 【中級】

●湖周辺のホテルでは一番の眺望を誇るホテル。ボウネス・ピアの前の丘の上に建つ。手入れされた広い庭も自慢。併設のレストランからは湖が一望できる。レイクビューは£20.00プラス、天蓋付きベッドは£40.00プラス。右の料金は2泊以上した場合の料金。1泊の場合は朝食なしでS W £110.00になる。

64室 Map P.364右-2

✉Kendal Rd., LA23 3EL
TEL(0870) 6096109 FAX(015394) 46397
inet www.corushotels.com/belsfield
S £67.00〜90.00
W £84.00〜130.00
£ T/C £
C/C A D J M V

21ザ・レイクス 21 The Lakes 【中級】

●球形のオブジェが目印。ブティック・ホテルを標榜するだけあって内装や家具へのこだわりは相当なもの。天蓋ベッド付きのスイートもある。日当たりのよい朝食ルームも居心地がよい。基本的にダブルかツインのみだが、ローシーズンは交渉次第でシングル使用可。

14室 Map P.364左

✉Lake Rd., LA23 2EQ
TEL(015394) 45052 FAX(015394) 46702
inet www.21thelakes.co.uk
W £70.00〜160.00
£ T/C £
C/C M V

ヘザーバンク Heatherbank Guest House 【ゲストハウス】

●郵便局の角を曲がった突きあたりにある。日本人夫婦がオーナーで、朝食はボリュームたっぷりの日本食も出す。朝食時にオーダーすれば夕食も日本食が食べられる。日本人経営ならではのかゆいところに手が届くサービスが自慢。掃除も行き届き、部屋も機能的。ミニ冷蔵庫やスリッパ、ティーセットなども置かれている。

5室 Map P.365C-2

13 Birch St., LA23 1EG
TEL & FAX (015394) 46503
inet www.heatherbank.com
S £31.00～40.00
W £46.00～64.00
£ T/C £
C/C 不可

オズボーン Osborne Guest House 【ゲストハウス】

●レイクス・ホテルの裏側にある。家族経営の小さな宿で、部屋はパステル調のかわいらしい感じで全室テレビ、ドライヤー、ティーセット付き。掃除も念入りにされている。朝食は地元産の食材やオーガニックの食パンを使っている。

12室 Map P.365B-1

3 High St., LA23 1AF
TEL (015394) 46452 FAX なし
inet www.osborneguesthouse.co.uk
S £20.00～35.00
W £40.00～70.00
£ T/C £ C/C 不可

オータム・リーブス Autumn Leaves Guest House 【ゲストハウス】

●公園に面したブロード・ストリートを100mほど行った閑静な場所に建つ。家庭的なもてなしが評判。柔らかな日差しがたっぷり差し込む天窓の付いたファミリールームが特におすすめ。朝食ルームも日当たりがよい。全室禁煙で、テレビ、ティーセット付き。オーナー夫妻はフランス語とドイツ語も堪能。クレジットカード払いの場合は読者割引2泊以上10%が5%になる。

6室 Map P.365B-3

読者割引2泊以上現金払いで10%
29 Broad St., LA23 2AB
TEL (015394) 48410 FAX なし
inet www.autumnleaves.gbr.cc
S £20.00～23.00
W £42.00～52.00
£ T/C £ C/C M V

ヒルトン・ハウス Hilton House 【ゲストハウス】

●ニュー・ロード沿いのB&Bが集中する場所にある。両横にあるB&Bに比べるとやや地味な感じがするが、カントリー調の館内は雰囲気がよい。天蓋付きの部屋もある。ダブルかツインのみだが、シングル使用は冬期のみ応相談。

8室 Map P.365B-3

New Rd., LA23 2EE
TEL (015394) 43934 FAX なし
inet www.hiltonhouse-guesthouse.co.uk
W £60.00～90.00
£ T/C £
C/C M V

ウッドランズ The Woodlands Hotel 【B&B】

●ヒルトン・ハウスと同じ並びにある。テレビや雑誌でも紹介されたことがある人気の宿。地元産の食材を使った夕食にも定評がある。朝食をとる部屋も日当たりがよく、ラウンジもあってくつろげる。駐車場あり。シングル使用は冬期のみ応相談。

15室 Map P.365A-3

Lake Rd., LA23 2EE
TEL & FAX (015394) 443915
inet www.woodlands-windermere.co.uk
W £60.00～80.00
£ T/C £
C/C A M V

フェアフィールド The Fairfield 【B&B】

●ブラントフェル・ロードBrantfell Rd.の坂道を3分ほど上った右側にある。周囲には緑があふれ環境は抜群。日本人客も多い。アメックスのクレジットカードによる支払いのみ2%の手数料が必要になる。冬期以外週末は2泊以上から。

10室 Map P.364左

Brantfell Rd., LA23 3AE
TEL & FAX (015394) 46565
inet www.the-fairfield.co.uk
S £39.00～52.00
W £58.00～80.00
£ T/C £ C/C A M V

ブレンダン・チェイス Brendan Chase 【B&B】

●ハイ・ストリートからカレッジ・ロードCollege Rd.に入ってすぐ。宿泊料金は部屋のタイプや宿泊日数、シーズンなどにより異なる。シングルはなく、4人が泊まれる家族用の部屋もある。室内はピンクやイエローのパステル調の内装。新鮮な地元食材を使用したボリューム満点のイングリッシュ・ブレックファストも自慢。全館禁煙。

非公開 Map P.365B-2

⌧1 College Rd., LA23 1BU
TEL & FAX (015394) 45638
inet www.placetostaywindermere.co.uk
S £20.00～
S £25.00～30.00
W £36.00～50.00
£ T/C £ C/C 不可

ウェイヴァリー The Waverley Hotel 【B&B】

●駅から10分。ハイ・ストリートHigh St. を真っすぐ進んだカレッジ・ロード中ほどに建つ家族経営のアットホームなB&B。ツタのからまる風格ある建物が目印。部屋数も多く、ナチュラル系の内装。地元食材を使った夕食はオーナー自らが腕を振るう。

12室 Map P.365B-2

読者割引3泊以上10%
⌧College Rd., LA23 1BX
TEL (015394) 45026 FAX なし
inet www.waverleyhotel.com
S £25.00～40.00
W £50.00～80.00
£ T/C £ C/C J M V

YHAウィンダミア YHA Windermere 【ユースホステル】

●アンブルサイドへ向かうA591にあり、ウィンダミアからバスで5分。トラウトベック・ブリッジTroutbeck Bridgeで下車してから徒歩20分ほど。夏期のみ駅前からシャトルバス(1日7便)あり。詳細はアンブルサイドのユースにて。台所使用可。食事サービスあり。

ベッド数69 Map P.365A-1外

⌧High Cross, Bridge Lane, Troutbeck, LA23 1LA
TEL (015394) 43543 FAX (015394) 47165
inet www.yha.org.uk
D £13.95
£ T/C 不可 C/C J M V

レイク・ディストリクト・バックパッカーズ Lake District Backpackers 【ホステル】

●駅から2分。立地条件抜群のホステル。ハイ・ストリートに入ってすぐ右側。建物が奥まってわかりにくいので、緑色の看板を目印に見つけよう。ドミトリーは男女共同部屋と男女別の部屋がある。人気の個室はダブルとツインの部屋がある。台所使用可。テレビルームもある。ランドリー完備。駐車場あり。

ベッド数21 Map P.365B-1

⌧High St., LA23 1AF
TEL & FAX (015394) 46374
inet www.lakedistrictbackpackers.co.uk
D £13.00 W £31.00
£ T/C 不可 C/C 不可
☺トイレとシャワーが一体で、しかもふたつしかないから、混雑すると困る。
(埼玉県 日野烈 '05春)

レストラン Restaurant

レストランは、ウィンダミアよりもボウネスのほうが種類も数も多いが、どちらも閉店時間が21:00頃と早いので食事の時間に注意。ウィンダミアはクレッセント・ロードCrescent Rd.、ボウネスはクラッグ・ブロウCrag Browやその裏通りのアッシュ・シュトリートAsh St.に多い。

リトル・チッピー Little Chippy Restaurant & Cafe 【英国料理】

●ハイ・ストリートHigh St.からクレッセント・ロードCrescent Rd.に入ってすぐ左側にあるレストラン。スープとメインで£10.00前後。デザートの味もなかなか。店を出て左に行った最初の通りに同系列のフィッシュ&チップスの店がある。

Map P.365B-2

⌧Crescent Rd., LA23 1EA
TEL (015394)44132 FAX なし
開 12:00～20:00 (金・土～21:00)
休 火
£ T/C 不可
C/C J M V

オリエンタル・キッチン松苑 Oriental Kitchen 【中華料理】

●クレッセント・ロードCrescent Rd.中ほどにあり、中華料理らしくない店構え。ディナーだけの広東料理の店。メインは£6.50～9.90。セットメニューはふたりからで£30.00～。ウィンダミアでは人気の店で20:00を過ぎるとすぐにいっぱいになる。

Map P.365B-2

✉13 Crescent Rd., LA23 1EA
TEL(015394)45110 FAXなし
開17:00～23:00
休無休
£ T/C不可
C/C M V

マジック・ウォック妙厨閣 Magic Wok 【中華料理】

●リトル・チッピーの向かいにある中華料理店。広東料理がメイン。テイク･アウェイの客が多いが、店内の奥にもテーブル席がある。メニューは豊富で、メインの料理は1品£6.50～9.50。ビールやワインなどアルコール類も出す。

Map P.365B-2

✉2 Crescent Rd., LA23 1EA
TEL(015394)88668 FAXなし
開17:30～23:00
休月
£ T/C不可
C/C J M V

クウェラズ Kwela's 【アフリカ料理】

●店名はアフリカの民俗音楽とジャズが融合した音楽、クウェラが由来。アフリカの置物や雑貨が店内にディスプレイされている。人気メニューのボボティBobotieは南アフリカの郷土料理で、挽肉を使ったカレー風味のグラタン。前菜とメインで£20.00ぐらい。

Map P.365B-1

✉4 High St., LA23 1AF
TEL(015394)44954 FAX(015394)44921
inet www.kwelas.co.uk
開18:30～21:00(金・土～21:30)
休月
£ T/C不可 C/C J M V

ライト・ハウス The Light House 【カフェテリア】

●クレッセント・ロードCrescent Rd.とメイン・ロードMain Rd.の交差する角に建つおしゃれなカフェテリア。朝一番にはフル・イングリッシュの朝食サービスがある。ランチタイム、ディナータイムにはスペシャルメニューが用意されている。ワインやビールも出す。

Map P.365B-2

✉Acme House, Main Rd., LA23 1DY
TEL(015394)88260 FAXなし
inet www.lighthousecafebar.co.uk
開8:30～21:30(日～21:00) 休無休
£ T/C不可
C/C M V

ルーマーズ Rumours Pizza Pasta 【イタリア料理】

●ブラントフェル・ロードBrantfell Rd.とケンダル・ロードKendal Rd.の角に建つイタリア料理店。前菜は£3.00～5.00。パスタが1品£9.00前後。ピザは£7.00前後。内装はモノトーン系で盛り付けも洗練されている。ピザやガーリックブレッドなどの一部メニューはテイク・アウェイもできる。

Map P.364右-1

✉St. Martins Sq., LA23 3DD
TEL(015394)44382 FAXなし
開17:00～22:00 (金～日12:00～22:00)
休無休
£ T/C不可
C/C J M V

ボデガ Bodega 【スペイン料理】

●湖水地方では珍しいスパニッシュ・バー。小皿料理のタパスは30種類以上。1皿の量が少ないので日本の居酒屋のように注文できる。パエリャやチョリソ、カラマリなど、どれを頼んでも納得の味。スペインのワインやスパークリング・ワインも各種あり。スペインビールのサン・ミゲルも出す。

Map P.364右-1

✉Ash St., LA23 3EB
TEL(015394)46825 FAX(015394)43730
inet www.bodegabar.com
開12:00～24:00
休無休
£ T/C不可
C/C M V

シップ・イン The Ship Inn 【パブ】

●ウィンダミア湖畔に建つ大型パブ。ⓘから湖沿いにグレーブ・ロードGlebe Rd.を3分ほど行った所にある。店内は広く、週末など、サッカーの試合のある日には、大型モニターの前にファンが集まる。外には心地よいテラス席もある。ステーキやピザ、シーフードなどフードメニューも豊富。食事のラストオーダーは21:30。

Map P.364右-2

✉Wheelhouse Centre, Glebe Rd., LA23 3HE
TEL(015394)45001 FAX(015394)45983
e-mail shipinn@bownessbay.com
開11:00～23:00（日11:00～22:30）
休無休
💱£ T/C不可
C/C Ⓙ Ⓜ Ⓥ

ウィンダミア・アイスクリーム Windermere Ice Cream 【ファストフード】

●1920年創業の歴史あるアイスクリームショップ。32種類のフレーバーがあり、いつも多くの人だかりができている。すぐ隣は同経営のおもちゃ屋さんで、店内はつながっている。朝から夕方まで毎日営業しているが、お兄さんがひとりで切り盛りしているので、昼休みに12:00頃に30分から1時間閉まることがある。

Map P.364右-1

✉Promenade, LA23 3DE
TEL(015394)43047
FAX(015394)45561
開9:00～18:00（7・8月～22:00）
休無休
💱£ T/C不可 C/C不可

ショップ Shop

ウィンダミアもボウネスも湖水地方を代表する観光地だが、みやげ物店はそれほど多くはない。なぜなら、長期滞在客が多い湖水地方では、みやげ物よりも生活必需品の需要が高いからだ。スーパーマーケットのブースBoothsがウィンダミア駅前にあり、トレッキングを楽しむためのアウトドアショップは多い。

アウトドア・ウェアハウス The Outdoor Warehouse 【アウトドアショップ】

●ウィンダミア駅から徒歩2分。レイクス・スーパーツアーズの隣にある。ウィンダミアの町なかに数あるアウトドアショップのなかでも、品揃えのユニークさと良心的な価格が魅力の店。アウトドア用品はもちろん、トラベルグッズも扱っているので、アウトドアには無縁の人が立ち寄っても楽しい品揃え。

Map P.365B-1

✉2 Victoria St., LA23 1AB
TEL(015394)44876 FAXなし
inet www.outdoorwarehouse.co.uk
開9:30～17:30
（土9:00～17:30、日10:00～17:00）
休無休
💱£ T/C不可
C/C Ⓙ Ⓜ Ⓥ

レイクランド Lakeland Limited 【デパート】

●ウィンダミア駅を出て右側に向うとある駐車場の奥にあるデパート。ガラス張りの明るい店内ではデザインと機能性に優れたキッチン用品が売られている。2階はカフェレストランになっており、ランチタイムは30分待ちという人気ぶり。2階のラウンジにはインターネットスペースもあり休憩にもちょうどよい。

Map P.365C-2

✉Alexandra Buildings, LA23 1BQ
TEL(015394)88100 FAXなし
inet www.lakelandlimited.com
開8:00～19:00
（土9:00～18:00、日11:00～17:00）
休無休 C/C Ⓜ Ⓥ

ハットンズ Huttons 【お菓子屋】

●ショーウインドーに飾られたチョコレートに開店前から、多くの観光客が見入るお菓子屋。オリジナルチョコレートの品数が豊富で、手作りチョコなのに価格もお手頃。プレーンチョコ£2.00～。ほかにはカンブリア地方の名菓も多いので、おみやげ探しにも便利。ボウネス、アンブルサイド、ブラックプールにも支店がある。

Map P.364右-1

✉The Arcade, Crag Brow, LA23 3BX
TEL(015394)42282 FAX(015394)36352
開9:00～18:00
休無休
💱£ T/C不可
C/C Ⓐ Ⓓ Ⓜ Ⓥ

ウィンダミア湖北岸の町

アンブルサイド Ambleside

人口3600人
市外局番015394

ワーズワースが「文学芸術の題材の宝庫」と詩に書いたように、アンブルサイドはさまざまな自然の姿が見られる場所だ。ホテルやレストランも多く、湖水地方観光の拠点となるため、町にはトレッキングや長期バカンスを楽しむ観光客が多い。

ボウネス・ピアを出発したフェリーは、ウィンダミア湖北岸にあるウォーターヘッド・ピアP.371-2に到着する。ウォーターヘッドからレイク・ロードLake Rd.P.371-1~2を1kmほど北上するとアンブルサイドの町に出る。パブやレストランが多い町の中心は🛈があるマーケット・クロスMarket CrossP.371-1周辺。中心部は一方通行が多いのでレンタカーを利用する人は標識に注意しよう。

メインのバス停はケズィック・ロードKeswick Rd.P.371-1沿いにある。ケズィック・ロードは一方通行になっており、ウィンダミア行きもケズィック行きもバスは同じ方向から来る。行き先を確かめてから乗車しよう。ウォーターヘッドのバス停はウォーターヘッド・ホテルの横にある。

アンブルサイドへの行き方

●湖水地方の各町から
→P.353

ホテル＆レストラン Hotel&Restaurant

アンブルサイドは湖水地方観光の滞在拠点のなかでも人気が高い町。ホテルは町の中心部とウィンダミア湖畔のウォーターヘッドに多い。レストランが多く集まるのはマーケット・クロスやライダル・ロード沿い。

日本からホテルへの電話　電話会社の番号 + 010 + 国番号44 + 市外局番の最初の0を取った掲載の電話番号

ウォーターヘッド The Waterhead Hotel 【高級】

●ウォーターヘッドの1等地に建つホテル。まさに埠頭の目の前。デザイナーズ・ホテルを思わせるスタイリッシュなインテリアが配された室内にはフラットテレビとDVDが完備。DVDのソフトはレセプションで借りることができる。レストランやカフェなど飲食施設も充実している。レイクビューは£10.00プラス。

41室　Map P.371-2

✉Ambleside, LA22 0ER
TEL (015394) 32566　FAX (015394) 31255
inet www.elh.co.uk
S £103.00～120.00
W £156.00～190.00
£　T/C £
C/C A D J M V

サルテイション Salutation Hotel 【高級】

●❶のすぐ横にある。アンブルサイドの町の中心では最も大型のホテル。グラスミアのレッド・ライオン・ホテルと同系列。広々とした客室は暖色系の内装でまとめられており、衛星放送視聴可能なテレビやズボンプレスも置かれている。館内には室内プールやサウナ、ジムなども完備。併設のレストランではコース料理を出している。

42室 Map P.371-1

Lake Rd., LA22 9SS
TEL(015394) 32244 FAX(015394) 34157
inet www.hotelslakedistrict.com
S £74.50〜104.50
W £98.00〜139.00
£ T/C £
C/C ⒶⒹⓂⓋ

キングスウッド Kingswood B&B 【B&B】

●オールド・レイク・ロードOld Lake Rd.の脇道にあるゲストハウス。カントリー調の装飾はオーナー夫妻が手がけた手作りの宿。ナチュラルで清楚な感じで、特に女性に高い人気を誇っている。館内のあちこちにはかわいらしい小物が配されている。全室禁煙。駐車場や駐輪場もある。

5室 Map P.371-1

読者割引2人3泊以上10%
Old Lake Rd., LA22 0AE
TEL&FAX(015394) 34081
inet www.kingswood-guesthouse.co.uk
S £30.00〜35.00
W £56.00〜66.00
£ T/C £ C/C不可

スモールウッド・ハウス Smallwood House Hotel 【B&B】

●B&Bが多いコンプストン・ロードCompston Rd.にあり緑のストライプの天蓋が目印。町の中心に位置するので、アンブルサイドを満喫するには絶好の場所にある。室内は広く、ゆったりとくつろげる造りだ。夕食をリクエストできる英国料理レストランも併設。ランチボックスも手配可能。駐車場あり。

12室 Map P.371-1

読者割引3泊以上5%
Compston Rd., LA22 9DJ
TEL(015394) 32330 FAX(015394) 33764
inet www.smallwoodhotel.co.uk
S £27.50〜45.00
W £55.00〜90.00
£ T/C £ C/C ⒿⓂⓋ

クロイデン・ハウス Croyden House 【B&B】

●19世紀に造られた石造りの建物を使用している。部屋はカントリー調の暖色系の内装で明るい感じ。リピーターや口コミで評判を聞いてやって来る人も多いとか。増築してダイニングルームも新しくなった。朝食は地元産の食材を使用。駐車場もある。全室禁煙。

10室 Map P.371-1

Church St., LA22 0BU
TEL(015394) 32209 FAXなし
inet www.croydenhouseambleside.co.uk
S £25.00〜40.00
W £50.00〜80.00
£ T/C £ C/C ⒿⓂⓋ

YHA アンブルサイド YHA Ambleside 【ユースホステル】

●桟橋に面しており、眺めがすばらしい。ウィンダミア駅から4〜10月のみ1日7便のシャトルバスも出ているが、ローカルバスでもウォーターヘッドのバス停から2分。ファミリールームあり。昼夕食サービスあり（別料金）。人気のユースなので予約が望ましい。コインランドリーあり。受付は24時間対応。駐車場あり。

ベッド数257 Map P.371-2

Waterhead, LA22 0EU
TEL(015394) 32304 FAX(015394) 34408
inet www.yha.org.uk
D £19.95
W £44.00〜45.00
£ T/C £
C/C ⒿⓂⓋ

アンブルサイド・バックパッカーズ Ambleside Backpackers 【ホステル】

●レイク・ロードLake Rd.からオールド・レイク・ロードOld Lake Rd.に入って100mほど。ダイニングルームも広く、キッチンも使用可。ランドリーもある。男女共同、男女別のドミトリーがある。簡単な朝食付きで、フェイスタオルも支給されるのがうれしい。

ベッド数72 Map P.371-2

Old Lake Rd., LA22 0DJ
TEL&FAX(015394) 32340
inet www.englishlakesbackpackers.co.uk
D £15.00
£ T/C £
C/C ⓂⓋ（手数料3%別途）

ルイージス Luigi's Restaurant 【イタリア料理】

●バス停の前にある小さなレストラン。おいしい料理はもちろん、本場イタリアのワインを楽しめる店としても興味深い。湖水地方で毎年バカンスを楽しむイギリス人の常連客も多い。スタッフは気さくでアットホーム。小さな店なだけに、その場に居合わせた客同士で話が弾むこともある。

Map P.371-1

✉Osborne Villa, Keswick Rd., LA22 0BZ
TEL (015394) 33676 FAX なし
開 18:30～21:30（ラストオーダー）
土18:30～22:00
休 月
£ T/C 不可 C/C Ⓜ Ⓥ

アップル・パイ The Apple Pie 【ティー＆カフェ】

●ブリッジ・ハウスの並びにあり、青リンゴの看板が目印。トレッキングで疲れた体は甘い物が欲しくなるもの。店内はいつもそんな客でごった返している。アップルパイやクッキーは自家製で、焼きたてパンも販売している。アップルパイ£3.05、クッキー£1.55。テイク・アウェイもできる。

Map P.371-1

✉Rydal Rd., LA22 9AN
TEL (015394) 433679 FAX なし
開 9:00～17:30 休 なし
£
T/C 不可
C/C Ⓙ Ⓜ Ⓥ

グラスミア湖畔の小さな村

グラスミア Grasmere

1500人　市外局番015394

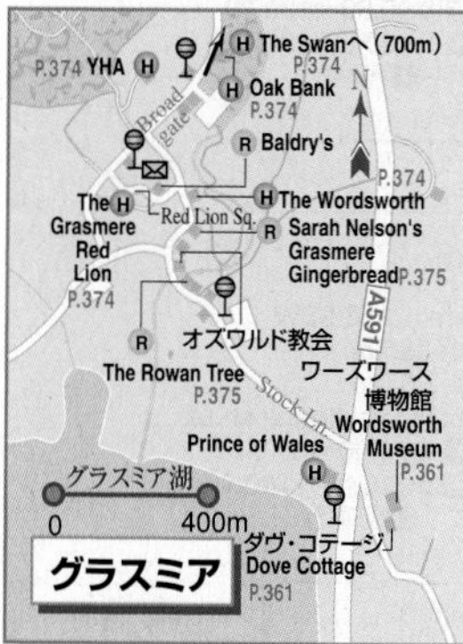

ワーズワースがその生涯のなかで最も愛したこの地は、彼の眠る場所でもある。彼が過ごしたダヴ・コテージは町の南側にあり、橋のたもとにあるオズワルド教会にはワーズワースと妻メアリー、彼の妹ドロシーが眠る墓地がある。教会内のイチイの木は彼が植えたものだ。オズワルド教会からレッド・ライオン・スクエアRed Lion Sq.P.373にかけてが町の中心部で、みやげ物店が並ぶ。

クルーズやウオータースポーツでにぎわうウィンダミア湖に比べ、ひっそり緑の中にたたずむグラスミア湖の静けさは格別だ。時間があれば湖畔の遊歩道を散歩してみたい。

グラスミアへの行き方

●湖水地方の各町から
→P.353

グラスミアの町並み

ダヴ・コテージ

グラスミアのピーター・ラビット・ショップ

グラスミア近郊の田園風景

グラスミア湖から流れる川

ホテル Hotel

自然環境がとてもよいので、小さな村だが地価はイギリス屈指の高さ。そのため湖水地方のほかの町と比べても料金は高め。のんびりと湖水地方を楽しみたいなら打ってつけだが、安いB&Bは少ない。

日本からホテルへの電話 電話会社の番号 + 010 + 国番号44 + 市外局番の最初の0を取った掲載の電話番号

レッド・ライオン The Grasmere Red Lion Hotel 高級

●グラスミアでは最も大きなホテル。室内プールやジャクージも完備。白いソファが配された感じのよいラウンジもある。広々とした暖色系の内装の室内で、バスルームも広くて使いやすい。パブ＆レストランのThe Lamb Innや、コース料理を出すレストランも併設されている。朝・夕食2付き宿泊プランはウエブサイトをチェック。

49室 Map P.373

✉Red Lion Sq., LA22 9SS
TEL(015394) 35456
FAX(015394) 35579
Inet www.hotelslakedistrict.com
S £74.50～94.50
W £98.00～139.00
£ T/C £ C/C A M V

スワン The Swan Hotel 高級

●ウィンダミア方面から555番のバスで、グラスミア中心部の次のバス停で下車、A591沿いにあるホテル。周囲にはのどかな風景が広がっている。白壁のシンプルな外観だが、ロビーは重厚感にあふれ、客室も機能的だ。併設のレストランの評価も高く、シェフは受賞歴もある。

38室 Map P.373外

✉Grasmere, LA22 9RF
TEL(0870) 4008132
FAX(015394) 35741
Inet www.swan-grasmere.co.uk
S £90.00～130.00
W £120.00～200.00
£ T/C £ C/C A M V

ワーズワース The Wordsworth Hotel 中級

●ワーズワースのお墓があるオズワルド教会から、100mほど中心地に向かった左側に建つ、グラスミアの村一番のホテル。ホテル内には、本格的コース料理が味わえるレストランも併設され、ミニジム、屋内プールなど設備も充実している。なかでもレストランは賞にも輝いたことがある。

37室 Map P.373

✉Grasmere, LA22 9SW
TEL(015394) 35592
FAX(015394) 35765
Inet www.grasmere-hotels.co.uk
S £70.00～80.00
W £110.00～180.00
£ T/C £ C/C A D M V

オーク・バンク Oak Bank Hotel 中級

●ブロードゲート沿いにある、湖水地方らしいシックな石造りのホテル。ナチュラルな感じの内装が好印象。天蓋付きベッドの部屋は£10.00ほどプラス。ホテル内には明るい日差しのたっぷり注ぎ込むダイニングルームがあり、地元の食材を使った食事が供される。駐車場完備。1月のほとんどは休館になる。

15室 Map P.373

✉Broadgate, LA22 9TA
TEL(015394) 35217
FAX(015394) 35685
Inet www.lakedistricthotel.co.uk
S £70.00～90.00
W £100.00～140.00
£ T/C 不可 C/C M V

YHA グラスミア・ブーサーリップ・ハウ YHA Grasmere Butharlyp How ユースホステル

●ウィンダミア行きのバス停前から延びるイースデール・ロードEasedale Rd.を150mほど行き、YHAの看板を右折した突きあたり。切石造りの建物は緑に囲まれており、環境はとてもよい。食事サービス、コインランドリーあり。人気なので予約しよう。近くにソーニー・ハウThorney Howという別館もある。

ベッド数128 Map P.373

✉Easedale Rd., LA22 9QG
TEL(0870) 7705836
FAX(0870) 7705837
Inet www.yha.org.uk
D £15.50
£ T/C £ C/C M V

レストラン Restaurant

ファストフード店やカフェテリアは中心部のバス停周辺に数軒ある。本格的な食事ができるレストランやパブはホテル内（ワーズワース・ホテルやレッド・ライオン・ホテル）にある。スワン・ホテル内にあるレストランはツアー客が昼食時によく使用する。

ロワン・ツリー The Rowan Tree 【カフェテリア】

●ロゼイ川River Rothayの横にあるカフェテリアで反対側にはオズワルド教会があり、ロケーションは抜群。川沿いにオープンテラスの席もある。カフェテリアといっても、ランチやディナー時にはボリュームたっぷりのメニューがある。セルフサービス形式なので、ハイシーズンは長蛇の列になる。

Map P.373

✉Church Bridge, LA22 9SN
TEL(015394) 35528 FAXなし
開イースター～11月10:00～17:00 18:00～21:00
12月～イースター10:00～17:00
休無休
£ T/C不可 C/C Ⓐ Ⓙ Ⓜ Ⓥ

セイラ・ネルソンのジンジャーブレッド Sarah Nelson's Grasmere Gingerbread 【ベイカリー】

●ワーズワースもお気に入りだったという、ほんのりショウガの香りがするジンジャーブレッド（パンというより黒糖菓子に近い）の店。ここは1660年創業というジンジャーブレッドの本家で、観光客がわんさか押し寄せるグラスミアの観光名所にもなっている。本家本元のジンジャーブレッド£1.70～の味は格別。

Map P.373

✉Church Cottage, LA22 9SW
TEL(015394) 35428 FAX(015394) 35155
Inet www.grasmeregingerbread.co.uk
開夏期9:15～17:30（日12:30～17:30）
冬期9:30～16:30（日12:30～16:30） 休無休
£ T/C不可 C/C不可

湖水地方北部の中心

ケズィック Keswick

4800人　市外局番017687

湖水地方北部の中心なので町には活気もある。周辺の景勝地へ出かけるウオーキングの起点になっており、人も多く集まる場所なので博物館など見どころも多い。

マーケット・プレイス周辺

ⓘは町の中心のマーケット・プレイスMarket Pl.P.376B-2にある時計台の中。各方面へのバスが発着するバスステーションはⓘからメイン・ストリートMain St.P.376B-2を進み、最初のロータリーを左折した所にある。ケズィックのバスステーションはこの地域の交通の要所なので、比較的多くのバスが発着する。

また、町からほど近いダーウェント湖畔にもビューポイントがたくさんある。ケズィックからダーウェント湖のほとりを歩き、フライヤーズ・クラッグFriars Cragを経て、小高い丘のキャッスルヘッドCastlehead、そしてケズィックへと戻る4.8kmのウオーキングコースは景色がすばらしい。

ケズィックへの行き方

●湖水地方の各町から
→P.353
●カーライルから
バス1日3便
所要：約1時間10分

町の北側を流れる川

バスステーションの前にはスーパーマーケットがある

ホテル＆レストラン Hotel&Restaurant

B&Bが多いのはグレタ・ストリートGreta St.やセント・ジョンズ・ストリートSt. John's St.界隈。パブやレストランが多いのはマーケット・プレイスMarket Pl.からメイン・ストリートにかけてのエリア。

日本からホテルへの電話 電話会社の番号 ＋ 010 ＋ 国番号44 ＋ 市外局番の最初の0を取った掲載の電話番号

キングス・アームズKings Arms Hotel 中級

●街の中心地である❶のあるマーケット・プレイスにある立地条件抜群のホテル。17世紀頃から宿場町だった当時のケズィックの様子がうかがえる、昔ながらのシックな英国調の調度品と造りが特徴。レセプションは入口を入ってすぐ左側にある。シングル使用は、1泊£53.00～62.00。レストランやバーも併設されている。

13室 Map P.376B-2

✉Main St., CA12 5BN
TEL(017687) 72083
FAX(017687) 75550
inet www.lakedistricthotels.net/kingsarms
W £76.00～94.00
£ T/C £
C/C M V

ピットカーン・ハウス Pitcairn House ゲストハウス

●❶からステーション・ストリートStation St.を直進、サウシー・ストリートSouthey St.を右折し、ふたつ目の角を左折し、肉屋の2軒先にある。B&Bが多く点在するこの界隈でも比較的町の中心に近く、使い勝手がよい。部屋の造りはシンプルだが、オーナー夫妻のあたたかいもてなしはそれ以上の魅力だ。

8室 Map P.376C-1

✉7 Blencathra St., CA12 4HW
TEL(017687) 72453 FAX(017687) 73887
inet www.pitcairnhouse.co.uk
S £25.00 W £45.00
W £50.00～55.00
£ T/C £ C/C不可

スイス・コート Swiss Court Guest House ゲストハウス

●バスステーションから徒歩5分ほど。B&Bが並ぶ通りの一角にあるゲストハウス。親切な夫人が経営している。全室トイレ・シャワー付きで、1室だけバスタブ付きの部屋もある。朝食はシリアルやフルーツジュースの種類が豊富に揃っている。シングル使用は冬期のみ応相談。

7室 Map P.376B-1

✉25 Bank St., CA12 5JZ
TEL(017687) 72637 FAX(017687) 80146
inet www.swisscourt.co.uk
W £50.00～78.00
£ T/C不可
C/C M V

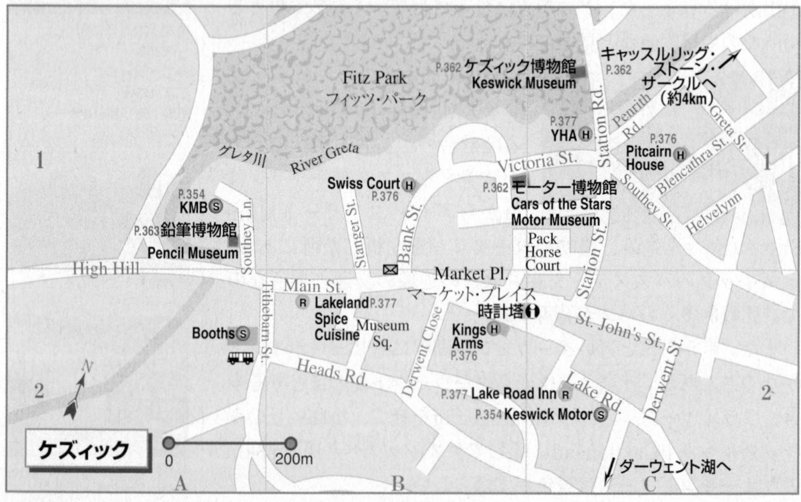

YHAケズィック YHA Keswick 【ユースホステル】

●マーケット・スクエアからステーション・ロードStation Rd.を進むと看板が見え、川沿いの小道を奥に行くとある。すぐ横に川が流れ、向かい側に公園が広がる抜群の環境。ランドリーもあり、インターネットも利用可能。別料金で朝食、夕食も出している。基本的に4人部屋が多いのでリラックスして滞在できる。

ベッド数91 Map P.376C-1

⊠Station Rd., CA12 5LH
TEL(017687) 35316 FAX(017687) 74129
inet www.yha.org.uk
D £17.50
£ T/C不可
C/C M V

レイクランド・スパイス・キュイジーン Lakeland Spice Cuisine 【インド料理】

●マーケット・プレイスからバスステーションに向かうメイン・ストリートMain St.左側にあるおしゃれなインド料理店。1品£5.95〜。ふたり分からのセットメニューあり。野菜がたっぷり入った煮込みのバルティBaltiやタンドーリ、ティッカなどメニューは豊富。

Map P.376B-2

⊠81 Main St., CA12 5DT
TEL(017687) 80005 FAXなし
開12:00〜14:30 17:30〜23:30 休無休
£ T/C不可
C/C M V

レイク・ロード・イン Lake Road Inn 【パブ】

●マーケット・プレイス東側からレイク・ロードLake Rd.を進み、道が折れる右側にある。裏手にオープンテラスのビアガーデンもあるパブレストラン。フードメニューも豊富で、料金も手頃。メインは£6.25〜7.00前後。夕食時はかなり混雑するので早めにテーブルを確保しておきたい。

Map P.376C-2

⊠Lake Rd., CA12 5BT
TEL(017687) 72404 FAXなし
開12:00〜23:00 (日12:00〜22:30)
休無休
£ T/C不可
C/C M V (£10.00以上)

湖水地方南部の玄関口

ケンダル Kendal

2万5500人 市外局番01539

ケンダルの町並み

湖水地方南部の中心、ケンダルは鉄道で通り過ぎるには惜しい町。石畳が続く中世の町並みが残り、青空市場Outdoor Market(水・土曜開催)や屋内市場Indoor Market(月〜土曜開催)が開かれ、アウトレットショップK Village Outlet Centreをはじめとする興味深いショップが建ち並んでいる。

ケンダルには湖水地方を知るための見どころも多い。創立1796年という古い歴史を誇る自然史考古学博物館Museum of Natural History and Archaeologyをはじめ、18〜19世紀に描かれた湖水地方の風景画が収められたアボット・ホール・アート・ギャラリーAbbot Hall Art Gallery、湖水地方200年の歴史や風俗を展示している湖水地方生活博物館Museum of Lakeland Lifeなどがある。

ケンダルへの行き方

●湖水地方の各町から
→P.353
●オクセンホルム・レイク・ディストリクトから
🚂1日16便、日曜8便
所要：15分

■ケンダルの❶
⊠Town Hall, Highgate, LA9 4DL
TEL(01539) 725758
FAX(01539) 734457
inet www.lakelandgateway.info
開9:00〜17:00
3〜6・9〜12月の日曜10:00〜16:00
7・8月の日曜10:00〜20:00
休1・2月の日曜
湖水地方の宿の予約はデポジットとして宿泊料金の10%

カーライル
ロンドン

スコットランドとの国境(ボーダー・タウン)の町
カーライル Carlisle

人口7万2400人　市外局番01228

シタデルにはイングランドの国旗が翻る

カーライルへの行き方

●ロンドンから
🚃ユーストン駅発1時間に1便程度。プレストン乗り換えの便もある。
所要：5〜6時間
🚌9:00、22:30発
所要：6時間40分

●グラスゴーから
🚃1時間に1便程度（日曜の始発は10:00）
所要：2時間〜2時間30分
🚌1日4便
所要：約2時間

●ニューキャッスル・アポン・タインから
🚃1時間に1便程度
所要：約1時間20分

●ケズィックから
🚌1日3便
所要：約1時間20分

●リーズから
🚃直通は1日7便程度。ランカスター乗り換えのルートもある。
所要：2時間40分〜4時間10分

カーライルはスコットランドと川ひとつ隔てた場所にあり、昔からボーダー・シティThe Border Cityと呼ばれていた。ハドリアヌスの城壁（ヘイドリアンズ・ウオールHadrian's Wall）の最西端に位置しており、北方のピクト族やスコット族の侵入を防ぐ重要な軍事拠点であった。駅を出てまず目に入るシタデルCitadelなどの重厚な建築物も、国境の町としての重要性を物語っている。

また、カーライル駅からは絶景揃いの路線がいくつも延びている。有名なセトル・カーライル鉄道Settle-Carlisle Lineの始発点でもあり、ここからヨークシャー・デイルズに向かう観光客も多い。湖水地方に抜ける湖水線Lakes Line、ほかにもニューキャッスル・アポン・タインへ向かうタイン・バレー線Tyne-Valley Line、グラスゴー・カーライル線Glasgow-Carlisle Line、カーライルとランカスターを結ぶカンブリア海岸線Cumbrian Coast Lineなど、鉄道ファンならずとも乗ってみたい路線が多い。

カーライル
0　300m
クリケット場
River Eden
Eden Br.
Sands Centre
ビッツ公園 Bitts Park
カーライル城 Carlisle Castle P.379
地下道
警察
Civic Centre
YHA P.381
陸橋
テュリー・ハウス Tullie House P.380
Castle Way
West Tower St.
Fisher St.
Market Hall
Lanes S. C.
Conerways P.381
Prior's Kitchen
ギルドホール Guildhall Museum P.380
Victoria Rd.
Market Pl.
カーライル大聖堂 Carlisle Cathedral P.380
Lonsdale St.
Chiswick St.
Howard Pl.
River Caldew
Dempsey's P.381
Ivy House P.381
Warwick Rd.
Lowther St.
English St.
Scotch St.
Georgian Way
シタデル
ハドリアヌスの城壁方面AD122バス
Court Sq.
鉄道駅
The Lakes Court P.381
Hertz（レンタカー）
Shaddon Gate
Junction St.
Charlotte St.
Denton St.
James St.
Crown St.
London Rd.
Rydal St.
Fusehill St.
Aglionby St.
Mary St.
Broad St.
Viaduct East Rd.
West Walls
Castle St.

モデルルート

カーライル市内の見どころは徒歩で充分に観光可能。ハドリアヌスの城壁に行く人はもう1泊していこう。

カーライル市内散策半日コース

シタデル駅→マーケット・プレイス→大聖堂→テュリー・ハウス→カーライル城

1847年にウイリアム・タイトWilliam Titeによって建てられたカーライルの鉄道駅(シタデル駅)を出発し、❶のあるマーケット・プレイスMarket Placeに向かおう。キャッスル・ストリートへ入り、大聖堂を見学してからテュリー・ハウスへ。そして、キャッスル・ウェイの下を通る地下道のオブジェを鑑賞しながら、カーライル城へ向かう。カーライル城と博物館を見学したあと、にぎやかなウエスト・タワー・ストリートWest Tower St.から町の中心部へウインドーショッピングをしながら戻ろう。

歩き方

すべての見どころが鉄道駅とカーライル城の間にあり、町歩きも楽しい。駅を出て、まず目に入るのが円筒型のふたつの塔、シタデルだ。第2の防御壁として1541年にヘンリー8世によって築かれ、塔に隣接する建物は現在裁判所として使われている。にぎやかなメインストリートのイングリッシュ・ストリートEnglish St.P.378A-2~B-2を進むと、❶のある町の中心、マーケット・プレイスMarket PlaceP.378A-1に出る。ここからカーライル城まではキャッスル・ストリートCastle St.P.378A-1を歩いて10分ほど。スコッチ・ストリートScotch St.P.378B-1もショップが並ぶ楽しいエリアだ。

バスステーション

ロンズデイル・ストリートLondsdale St.P.378B-2に大きなバスステーションがあり、湖水地方などへ向かうバスやの長距離バスが発着している。

見どころ

カーライルには小さいながらも興味深い見どころも多い。例えば、❶の前にある郵便ポストVictorian Post Boxは1853年に設置されたもののレプリカ。マーケット・プレイス周辺の店や建物の壁には、ピューリタン革命の際、議会軍に包囲されながらも果敢に戦った街の人々の名前が刻まれている。

ローマ人から引き継がれてきた軍事要塞

見学所要時間の目安 1時間

カーライル城(国境部隊博物館)
Carlisle Castle & Border Regimental Museum

青々とした緑の芝生に包まれた質実剛健な造りのカーライル城。この城自体は1092年に建てられたものだが、それ以前にはケルト人、そしてローマ人の砦があ

カーライル城

■レンタカー
●ハーツ Hertz
Map P.378B-2
カーライル駅構内にある。
✉Railway Station-Court Sq.
TEL(01228) 524273
FAX(01228) 522788
開8:00~18:00
(土9:00~13:00)
休日・祝

■カーライルの❶
Map P.378A-1
✉Old Town Hall, CA3 8JH
TEL(01228) 625600
FAX(01228) 625604
Inet www.historic-carlisle.org.uk
Inet www.carlislesborderlands.co.uk
開9:30~17:00
7・8月9:30~17:30
5~8月の日曜10:30~16:00
11~2月10:00~16:00
休9~4月の日曜
宿の予約はデポジットとして宿泊料の10%(湖水地方含む)、それ以外の地域の宿の予約は手数料£3.00も必要

カーライルの❶

■シタデル
Map P.378B-2
開内部は原則非公開だが、不定期でガイドツアーのプログラムが組まれる。詳細は❶で。

■カーライル城
(国境部隊博物館)
Map P.378A-1
キャッスル・ウェイの地下通路か陸橋から入る。
✉Castle Way, CA3 8UR
TEL(01228) 591922
Inet www.english-heritage.org.uk
開4~9月9:30~17:00
10~3月10:00~16:00
休1/1、12/24~26
料£4.10 学生£3.10
ガイド付きツアーが4~9月の期間に行われる。日程は不定期で、ツアー催行日、出発時間は❶前に掲示される。11:30、13:30出発で1人£5.90。チケットの購入、出発場所はカーライル城のチケットオフィス。

り、この場所に最初に目を付けたケルト人は、ここをカール・ルエルCaer Luel（丘の砦）と呼んでいたという。これがカーライルの町の名前の由来だそうだ。城の中には国境部隊博物館もあり、カーライルの歴史を知ることができる。国境部隊博物館は塔の内部にあるのだが、看板表示が小さくわかりにくい。城内に入って、左側に注意しておこう。赤茶けた壁のくぼみに立て看板を発見できる。城へ行く地下道内には、オブジェが飾られている。

ステンドグラスは必見

見学所要時間の目安 30分

カーライル大聖堂
Carlisle Cathedral

■カーライル大聖堂
Map P.378A-1
⊠7 The Abbey, CA3 8TZ
TEL(01228) 548151
FAX(01228) 547049
inet www.carlislecathedral.org.uk
開7:30～18:15、日7:30～17:00 休無休 料無料
■大聖堂ギフトショップ
TEL(01228) 548151
開夏期10:00～17:00
冬期10:00～16:00 休日
■大聖堂プライアーズ・キッチン（レストラン）
ランチやアフタヌーンティーも楽しめる。
TEL(01228) 548151
開9:45～15:30（7・8月9:45～16:00）
10月末～イースター9:45～15:00 休日

カーライルの大聖堂は8世紀頃に造られたが、1122年の火事で焼失してしまい、その後新たに再建された。壮麗な外観もさることながら、内部に目を移すと14世紀に東側の壁にはめられたステンドグラスに圧倒される。大聖堂脇には、ギフトショップや、元修道院のダイニングルームを使ったレストランがある。

カンブリアを代表する大聖堂

中世の経済を支えたギルド商人の博物館

見学所要時間の目安 1時間

ギルドホール
Guildhall Museum

■ギルドホール
Map P.378A-1
⊠Fisher St., CA3 8JE
TEL(01228) 534781
（テュリー・ハウス事務所）
FAX(01228) 810249（テュリー・ハウス事務所）
開4～10月12:00～16:30
休11～3月
料無料

にぎやかな広場の一画に建つ

マーケット・プレイスを散策していると、白壁と赤レンガで造られた古めかしい造りの建物に気付く。このギルドホールは1407年に造られた建物。ギルドとは中世ヨーロッパの同業者組合を指す。内部では当時の職人たちが作った品々や使った商売道具などを展示している。

ケルト辺境征服の歴史を物語る

テュリー・ハウス
Tullie House

■テュリー・ハウス
Map P.378A-1
キャッスル・ストリート側にメインエントランスがあるが、キャッスル・ウェイからも入場可能。
⊠Castle St., CA3 8TP
TEL(01228) 534781
FAX(01228) 810249
inet www.tulliehouse.co.uk
開4～6・9・10月
10:00～17:00
（日12:00～17:00）
11～3月10:00～16:00
（日12:00～16:00）
7・8月10:00～17:00
（日11:00～17:00）
休1/1、12/25・26
料£5.20 学生£3.60
1階アートギャラリーは無料

イングランドとスコットランドの攻防史を知る手がかりとなる品々や、中世の衣装が展示された博物館。カーライルだけでなくイギリスの民族間による攻防の歴史を知ることができる。2階が博物館で、1階はアートギャラリーやイベントスペースとなっている。館内にはカフェもある。

ホテル＆レストラン Hotel&Restaurant

ホテルは中心部に多く、B&Bが集まるのは郵便局のある通り、ウォーリック・ロードWarwick Rd.だ。レストランは❶のあるマーケット・プレイスではなく、マーケット・プレイスの裏通りなどに点在している。

日本からホテルへの電話 電話会社の番号 + 010 + 国番号44 + 市外局番の最初の0を取った掲載の電話番号

レイクス・コート The Lakes Court Hotel 中級

●カーライル駅のすぐそばに位置しており、観光にも便利。外観は地味だが、内部はヴィクトリア朝のエレガントな造り。室内は暖色系でまとめられて機能的な造り。スイートルームには天蓋付きのベッドがある部屋もある。ホテル内のレストランでは地元の新鮮な食材を使った料理が味わえる。駐車場も完備。

60室 Map P.378B-2

✉Court Sq., CA1 1QY
TEL(01228) 531951
FAX(01228) 547799
inet www.lakescourthotel.co.uk
S £75.00
W £100.00
£ T/C £ C/C A M V

コーナーウェイズ Cornerways ゲストハウス

●150年前に建てられた歴史ある建物を利用したゲストハウス。TVラウンジには大きめのソファが配され、アンティークな雰囲気。客室は、シャワー付きや共用など、タイプはさまざま。オーナーの奥様の明るい人柄も魅力のひとつ。なお、12/25から約2週間は冬期休業するとのこと。

11室 Map P.378B-2

✉107 Warwick Rd., CA1 1EA
TEL(01228) 521733 FAX(01228) 514060
inet www.cornerwaysbandb.co.uk
S £30.00
S £35.00
W £50.00
W £60.00～65.00
£ T/C不可 C/C A M V

アイヴィ・ハウス Ivy House B&B

●B&Bが集まるウォーリック・ロードでも中心地寄りにあって便利な立地。ウォーリック・ロードにある教会のはす向かい。入口が少し見つけにくいので、あたりを注意深く見渡してみよう。ツタの絡まった家があるはず。暖炉のある広い快適なリビングが魅力。

3室 Map P.378B-2

✉101 Warwick Rd., CA1 1EA
TEL&FAX(01228) 530432
email ivyhouse101@amserve.com
W £40.00
W £48.00
£ T/C £ C/C不可

YHAカーライル YHA Carlisle ユースホステル

●カーライル城前の通りから延びる坂道を下った右側、橋を渡ってすぐの所にある。ノーザンブリア大学の学生寮が夏期のみユースホステルとして使用される。2006年のオープンは4/17～10/31。もともとビール醸造所だった建物を改装して使用している。駐車場、駐輪場あり。コインランドリーもある。

ベッド数56 Map P.378A-1

✉The Old Brewery Residences, Bridge Lane, Caldewgate, CA2 5SR
TEL&FAX(01228) 597352
inet www.yha.org.uk
D £17.50
£ T/C不可
C/C M V

デンプシーズ Dempsey's 英国料理

●ウォーリック・ロードの郵便局のすぐ前にある、ステーキハウス＆サラダレストラン。高級店ではないが、店内はシックで落ち着いた雰囲気。2階席もある。ランチのメインは£5.00～7.00。ディナーはステーキなどのグリルメニュー£11.50～やワインの種類も豊富。予算はひとり£30.00ぐらい。

Map P.378B-2

✉11 Warwick Rd., CA1 1DH
TEL(01228) 818666 FAX(01228) 513932
開 火・木10:00～15:00、水・金・土10:00～22:00 日17:30～22:30
休 月
£ T/C不可 C/C M V

カーライルから足を延ばして近郊の旅

古代ローマ人の夢の跡 ハドリアヌスの城壁 Hadrian's Wall

ハドリアヌスの城壁は、ローマ帝国が400年間にわたり、イギリスを支配していた時代の重要な遺跡で、イギリスに現存するローマ遺跡のなかで最大のもの。世界遺産にも登録されている。

ハウスステッズに残るハドリアヌスの城壁

ハドリアヌスの城壁は、北からのピクト族やスコット族の侵入を防ぐためにローマ帝国によって122～126年に建設され、東はニューキャッスルから西のソルウェイ湾Solway Firthまで全長117kmの城壁が続いていた。しかし、ローマ帝国の国力の減衰にともない、5世紀頃にはここも打ち捨てられ、積み重ねられた石は地元の人々の農場や住宅、囲いに使うため持ち去られたという。

AD122のバスが便利

ハドリアヌスの城壁には見るべきポイントが多数あるが、交通の便がよくない。夏期のみハドリアヌスの城壁を巡回するバスAD122が一番便利で使いやすいが、それでも運行便数が少なく、遺跡と遺跡は離れているので歩いて回るには相当の覚悟がいる。興味のある場所だけをピックアップして、時刻表と照らし合わせながら目的地を決めるのが得策だろう。

ハウスステッズ・ローマン・フォート Housesteads Roman Fort

ハドリアヌスの城壁のなかでも、最も保存状態がよく、往時の面影を偲ぶことができるのがハウスステッズだ。緑の田園風景とどこまでも続く城壁のコントラストがすばらしい。

ハウスステッズには博物館も併設されているので、城壁の見学の前にまず博物館を見学しておこう。

城壁以外にも共同トイレや石造りの病院などの遺跡があり、ここに駐留した兵士たち（多くはオランダ、スペイン、フランスからやって来た）の姿を容易に想像できる。日本語の解説もある。

AD122と185番のバスがハウスステッズの駐車場に乗り入れているので、アクセスも楽だ。

チェスターズ・ローマン・フォート
Chesters Roman Fort

ハウスステッズのように長々と続く城壁の跡はないが、駐留兵士たちのサウナや水風呂施設を整えた共同風呂跡がある。併設の博物館には彫刻や生活道具などが展示されている。

ローマン・アーミー博物館
The Roman Army Museum

ハウスステッズやチェスターズとは趣向の違う博物館。当時のローマ兵士の様子を再現したビデオ上映、復元されたローマ遺跡などが展示されており、わかりやすく、そして楽しめる場所だ。

TRAVEL DATA
トラベル・データ

■ハドリアヌスの城壁への行き方
起点となるのはカーライル、ニューキャッスル・アポン・タイン、ヘクサムHexhamの3つの町。
🚃タイン・バレー線Tyne-Valley Lineで行きやすいのは、ヘクサムとハルトウィッスル。
運行：1日11～12便、日曜10便
所要：約1時間20分
🚌AD122（ニューキャッスル・アポン・タイン～ヘクサム～カーライル）
運行：1日6便。イースター・4月下旬～5月中旬・10月は日曜のみ。5月下旬～9月は毎日運行。1日1往復のみニューキャッスル・アポン・タイン発着、ほかはヘクサム発着。
所要：3時間10分
㊒1日券£6.00、3日券£12.00、7日券£24.00
🚌685番（ニューキャッスル・アポン・タイン～カーライル、通年運行）
運行：1日10～12便（日4便）　所要：2時間10分
🚌185番（カーライル～ハウスステッズをハドリアヌスの城壁に沿って走る。通年運行、日曜運休）
●カーライルから
🚌AD122のバスはシタデル・コート前で乗車可能。685番のバスはバスステーション発。
●ニューキャッスル・アポン・タインから
🚌AD122のバスは鉄道駅前発、685番はエルダン・スクエア発。
●ヘクサムから
🚌AD122のバスはヘクサム駅前、ヘクサム❶前から乗車可能。
685番のバスはヘクサムのバスステーション発。
●カーライル～ハウスステッズ
🚌185番ハルトウィッスル駅経由
運行：月～土の1日3便　所要：1時間20分～2時間

■ハドリアヌスの城壁公式ウエブサイト
inet www.hadrians-wall.org
■ヘクサムの❶
✉Wentworth Car Park, Hexam, NE46 1QE
TEL(01434) 652220　FAX(01434) 600325
開5月中旬～9月9:00～18:00（日10:00～17:00）
10月～5月中旬9:00～17:00
休10月～5月中旬の日曜
■ハルトウィッスルの❶
✉The Railway Station Rd., NE49 0AH
TEL(01434) 322002
開9:30～13:00　14:00～17:30（イースター～5月中旬・10月14:00～17:00）
11月～3月中旬9:30～12:00　13:00～15:30　休日
■ハウスステッズ・ローマン・フォート
✉Housesteads, NE47 6NN
TEL(01434) 344363
inet www.english-heritage.org.uk
開4～9月10:00～18:00、10～3月10:00～16:00
休1/1、12/24～26　料£3.80　学生£2.90
■チェスターズ・ローマン・フォート
✉Chesters, NE46 4EP　TEL(01434) 681379
inet www.english-heritage.org.uk
開4～9月9:30～18:00、10～3月10:00～16:00
休1/1、12/24～26
料£3.80　学生£2.90
■ローマン・アーミー博物館
✉Bardon Mill, NE47 7JN
TEL(016977) 47485
inet www.Vindolanda.com
開4～9月10:00～18:00
2・3・10・11月10:00～17:00
休1・12月　料£3.95　学生£3.50

ニューキャッスル・アポン・タイン

ロンドン

優雅な6つの橋がかかる町

ニューキャッスル・アポン・タイン

Newcastle-upon-Tyne

人口25万9600人　市外局番0191

町の中心にあるモニュメント

ニューキャッスル・アポン・タイムへの行き方

●ロンドンから
キングズ・クロス駅から1時間に1～2便
所要：約3時間20分
ヴィクトリア・コーチステーションから1日5便
所要：6時間35分～7時間10分
●カーライルから
1時間に1便程度
所要：約1時間20分
●エディンバラから
1時間に1～2便
所要：1時間30分
1日3便
所要：2時間40分～3時間15分
●ヨークから
1時間に1～2便
所要：1時間15分
●リーズから
1時間に1便程度
所要：1時間30分～2時間
1日8便
所要：2時間30分～3時間30分

アームストロングの像

ニューキャッスル・アポン・タインはノーザンブリア州の州都であり、イングランド北部最大の町。町の歴史は2000年以上前にさかのぼり、ローマ時代にはすでにタイン川に橋がかけられ、ハドリアヌスの城壁Hadrian's Wallの最東端だった。ニューキャッスルと呼ばれるようになったのは11世紀。町の由来となった城跡は、現在でも鉄道駅の横にその姿を留めている。イングランド北部の交易の中心として中世を通じて栄え、17世紀には石炭の輸出で大きな富を得た。そして産業革命後は、製鉄や造船の町として大きく発展し、機関車の発明で有名なジョージ・スティーブンソンや、水圧機の発明で名高いアームストロングといった人材を輩出した。

モデルルート

市内観光は徒歩や市内バスで充分。ユニークで興味深い見どころが多く、それぞれの見どころで意外に時間がかかる。

歩き方

観光客が訪れるエリアは町の中心部、キーサイド、ゲーツヘ

ニューキャッスルからゲーツヘッドまで市内1周コース

鉄道駅→ライフ・サイエンス・センター→ディスカバリー博物館→タウン・ウォール→中華街→キーサイド→バルチック

鉄道駅から出発し、まずはライフ・サイエンス・センターへ。科学をおもしろおかしく体験し、ディスカバリー博物館でニューキャッスル・アポン・タインの歴史を知ろう。ここを最初に見ておくと、あとで回るキーサイド周辺の様子が非常にわかりやすくなる。博物館見学のあとは市内に残るハドリアヌスの城壁跡のタウン・ウォールTown Wallを見ながら、中華街でランチタイム。午後はキーサイドへ向かおう。シアター・ロイヤルTheatre Royal の前のグレイ・ストリートGrey St.を下るとタイン・ブリッジTyne Bridge脇に抜ける。キーサイドで橋の優雅さを鑑賞したら、ミレニアム・ブリッジを渡って対岸にあるバルチックでアート鑑賞だ。

ッドの3つ。中心部とキーサイドは歩いて20分ほど。しかし、途中に傾斜のきつい坂があるため、行ったり来たりするのは楽ではない。

中心部

グレイズ・モニュメントGrey's Monument**P.385B-2**のあたりが町のヘソ。ⓘはモニュメントの近く、グレインジャー・ストリートGrainger St.**P.385B-3**沿いにある。この通りを南に行くと鉄道駅に出る。

キーサイド

キーサイドはタイン河岸のエリア。中心部から来ると坂を

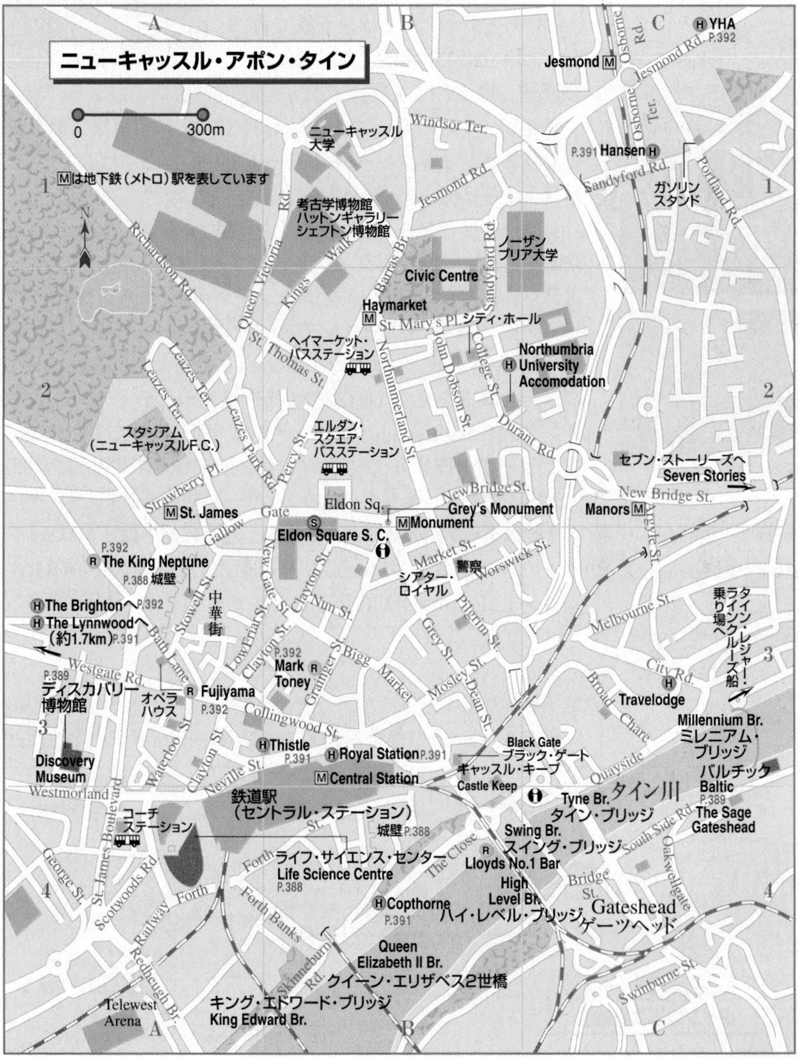

サッカーの試合がある日には、地元チームのユニホームを着たファンであふれる

ニューキャッスル・アポン・タイン

■中華街　Map P.385A-3
ロンドンやバーミンガムのように大きくはないが、ニューキャッスル・アポン・タインにもストウェル・ストリートStowell St.周辺に中華街がある。「唐人街」とも書かれている。

中華街

下りなければいけない。タイン川にはタイン・ブリッジTyne BridgeP.385C-4、ハイ・レベル・ブリッジHigh Level Bridge P.385B-4～C-4などの多くの橋がかかっている。

ゲーツヘッド

タイン川の対岸のゲーツヘッドGatesheadは別の町だが区別はない。現代美術ギャラリーのバルチックやコンサートホールのThe Sage GatesheadP.385C-4がある。

ターミナルから市の中心部へ

空港

ニューキャッスル空港

ニューキャッスル空港からセントラル・ステーションまでは地下鉄で約25分。5:45～23:05に頻発している。

●ニューキャッスル空港
TEL(0870) 1221488

重厚な鉄道駅の建物

鉄道駅

鉄道駅（セントラル・ステーション）は中心部の南側に位置しており、グレインジャー・ストリートで中心部と結ばれている。

バスステーション

ニューキャッスル・アポン・タインには3つのバスステーションがある。ナショナル・エクスプレスはコーチステーションに発着。近郊バスはヘイマーケット・バスステーション（ウィットリー・ベイ、タインマスなど）やエルダン・スクエア・バスステーション（ダラム、ヘクサム、カーライルなど）に発着している。ハドリアヌスの城壁を巡るAD122や、市内観光のシティ・サイトシーイングCity Sightseeingなどのバスは、鉄道駅前に発着する。

観光に便利なシティ・サイトシーイングのバス

フェリーターミナル

北欧やドイツ、オランダへのフェリーが発着するフェリーターミナルはタイン川の河口近くにある。近くに地下鉄イエロー・ラインのメドウ・ウェルMeadow Well駅があり、町の中心のモニュメントMonument駅に出ることができる。

■国際フェリーの問い合わせ先
TEL(0191) 2961313
inet www.ferrybooker.com

市内交通

地下鉄

ホテルやB&Bが集まるジェスモンドJesmondや、空港、近

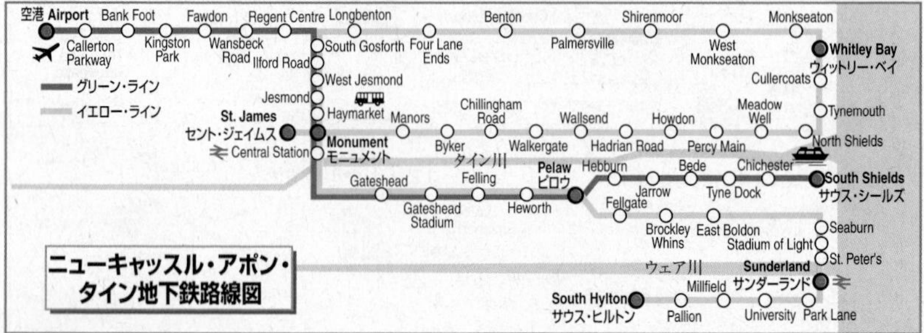

郊のウィットリー・ベイWhitley BayやタインマスTynemouthに行くには便利。イエロー・ラインとグリーン・ラインのふたつの路線があり、イエロー・ラインは鉄道駅（セントラル・ステーション）とウィットリー・ベイを回る環状線の部分と、スタジアムのあるセント・ジェイムスSt. Jamesとサウス・ヒルトンSouth Hyltonを結ぶ往復路線から成り立つ。グリーン・ラインは空港と近郊の都市を結ぶ。

市内バス

エルダン・スクエアや鉄道駅前にバス停が集中している。一方通行が多いため、行きと帰りのバス停の位置が違うことが多く、使いこなすのは難しい。帰りのバス停を運転手に聞いておくのも手だ。

フェリー

タイン川河口のノース・シールズNorth Shieldsとサウス・シールズSouth Shields間をフェリーが往復しており、川の両岸を結ぶ重要な交通手段となっている。反対側の岸へは約5分間で到着。フェリー乗り場は、ノース・シールズとサウス・シールズの地下鉄駅から徒歩10分。

旅の情報収集

観光案内所

❶はグレインジャー・ストリートGrainger St.と川沿いのギルドホールの2ヵ所にある。ギルドホールの❶は日曜もオープンしており、情報量も豊富。

ツアー

市内ツアーのほか、タイン川クルーズもある。移動手段と観光を兼ねて利用してみたい。

ニューキャッスル・アポン・タイン市内ツアー

シティ・サイトシーイング City Sightseeing

TEL 08716660000　inet www.city-sightseeing.com

●オープントップバス・タウンツアー

運行：10:00～16:00（10/30～12/31～14:00）　鉄道駅前から出発
4/8～5/26、9/11～10/29の90分毎（土・日30分毎）
5/27～9/10の30分毎　10/30～12/1の90分毎
12/2～31の土・日の90分毎　休12/24～26、1/1～4/7　料£7.00

市内の主要見どころを、オープントップバスが巡回する。スタジアムや考古学博物館、エルダン・スクエアなどを巡回するルートと、キーサイドやゲーツヘッドなどを回る2路線がある。

タイン・レジャー・ライン Tyne Leisure Line

TEL (0191)2966740/2966741　inet www.tyneleisureline.co.uk

●サイトシーイング・クルーズ Sightseeing Cruises

運航：日11:30　料£12.00　休1月～3月上旬

ミレニアム・ブリッジの北岸からさらに東に2分ほど行った所にチケットオフィスと乗り場がある。所要時間は約3時間。6～9月は火・木曜もあり。人気が高いので予約が望ましい。

セントラル・ステーション

■地下鉄
inet www.tyneandwearmetro.co.uk
料区間券£1.30～2.60
1日券デイ・セーバーDay Saver£3.40（9:00以降）
チケットは駅の自動販売機で購入する。行き先一覧の中から目的地を探し、そこに書かれているアルファベットを画面から選択する。1日券は直接デイ・セーバーDay Saverにタッチする。

■市内バス
TEL (0870) 6082608
inet www.nexus.org.uk
料£0.75～

ノース・シールズのフェリー乗り場

■ニューキャッスル・アポン・タインの❶
inet www.visitnewcastlegateshead.com
宿の予約はデポジットとして宿泊料金の10％

●メインの❶
Map P.385B-3
✉128 Grainger St., NE1 5AF
TEL (0191) 2778000
FAX (0191) 2778009
開9:30～17:30
（木9:30～19:30）
休日

メインの❶

●ギルドホールの❶
Map P.385C-4
✉Guild Hall, NE1 3AF
TEL (0191) 2772443
開10:00～17:00
（土9:00～17:00、日9:00～16:00）　休無休

■中心部に残るハドリアヌスの城壁の一部
Map P.385A-3・B-4
タウンウォールTown Wallという城壁跡が、チャイナタウンの裏と鉄道駅の裏の2ヵ所にある。

市内に残る城壁の一部

見どころ

キーサイド周辺は再開発が進められ、中心部の街並みとのコントラストがおもしろい。また、ニューキャッスル・アポン・タインは芸術活動の盛んな町。市内の随所にアートギャラリーがあり、オペラ・ハウスやシアター・ロイヤルなど、市内に数多くある劇場では1年を通じてあらゆる催し物を行っている。

難しい科学もなるほど！とわかる

見学所要時間の目安 2時間

ライフ・サイエンス・センター Life Science Centre

斬新なデザインの建築

駅前のネビル・ストリートNeville St.を西に進んで徒歩5分。昆虫の不思議、心臓について、水の実験……などなど、堅苦しいテーマをおもしろおかしく、しかもわかりやすく見せてくれる科学アトラクションで、大人も楽しめる構成になっている。建物の中心にあるタイムズ・スクエアにはオープンテラスのカフェテリアがあり、若者たちにも人気のスポット。11月半ばから1月までスケートリンクも開かれる。

■ライフ・サイエンス・センター
Map P.385A-4
✉Times Sq., NE1 4EP
TEL(0191) 2438210
FAX(0191) 2438201
Inet www.centreforlife.co.uk
開10:00～18:00
(日11:00～18:00)
最終入場16:00
休1/1、12/25・26
料£6.95、学生£5.50

Information History Topics

タイン川の6つの橋巡り

ニューキャッスル・アポン・タインの最大の見どころは、タイン川にかかる個性的な橋。人が歩いて渡れるのはミレニアム・ブリッジとハイ・レベル・ブリッジとスイング・ブリッジの3つだけだが、タイン川の南北を結ぶ町の大動脈として多くの橋が活躍している。

ミレニアム・ブリッジ

ミレニアム・ブリッジ Millennium Bridge
機能性のすばらしさと橋の美しさは現代建築の傑作と評される。この橋は跳ね橋で、各地でよく見かけられる両岸に開くタイプではなく、歩道が上下するタイプ。ただし、これを見ることができるのは運次第。上下するのはおよそ1週間に1～2度。日程は橋の両岸にある駐車場入口の建物に掲示される。

タイン・ブリッジ Tyne Bridge
タイン川にかかる橋のなかで最も有名で美しいとされる。1925～28年の間に建てられ、現在はA167が走っている。

スイング・ブリッジ Swing Bridge
6つの橋のなかで一番小さな橋。1876年にかけられた跳ね橋。

ハイ・レベル・ブリッジ High Level Bridge
最も古く、その名のとおり一番の高さを誇る。1849年、鉄道高架橋として世界で初めて造られた重要な橋だ。

クイーン・エリザベス2世橋 Queen Elizabeth II Bridge
地下鉄の高架橋になっている橋。1978年にかけられた。スコットランドのグレンコー近くの湖にかかる橋のデザインが元になっている。

キング・エドワード・ブリッジ King Edward Bridge
1906年にかけられた鉄道橋。この橋の開通によって複々線化が可能となった。

企画展もおもしろい

見学所要時間の目安 1時間

ディスカバリー博物館
Discovery Museum

コーチステーションの前にある博物館。ここにはニューキャッスル・アポン・タインに関する遺物や、歴史パネルなどが展示されている。そのほかにも、企画展としてさまざまな展示が行われている。

■ディスカバリー博物館
Map P.385A-3
✉Blandford Sq., NE1 4JA
TEL(0191) 2326789
開10:00～17:00（日14:00～17:00）
休無休　料無料

ディスカバリー博物館

モダンアートを集めたギャラリー

バルチック
Baltic the Centre for Contemporary Art

川沿いのよく目立つ建物

ミレニアム・ブリッジの前にあるアートギャラリー。建物からしてすでにアートしているからおもしろい。国内外問わず、多くの傑作を集めている。もちろん日本人アーティストの作品も展示されている。ショップでは優れたデザインのバルチックのオリジナルグッズも売られている。また、最上階の6階にはミレニアム・ブリッジを眼下に見られるレストランもあり、これがお目当ての見物客も多いようだ。

■バルチック
Map P.385C-3
✉South Shore Rd., Gateshead, NE8 3BA
TEL(0191) 4781810
FAX(0191) 4781922
inet www.balticmill.com
開10:00～19:00、木10:00～20:00、日10:00～17:00
休無休
料無料

英国屈指の規模のショッピングセンター

メトロ・センター
Metro Centre

北部イングランドおよびスコットランドでは最大の規模を誇る巨大なショッピングセンター。一度中に入ると、必ず迷ってしまう。敷地も広く、4つのエリアに分かれている。300以上の店舗を抱え、11面のスクリーンがあるシネマ・コンプレックスやボーリング場、遊園地などありとあらゆる施設や店舗が揃っている。

■メトロ・センター　地図外
🚌駅前とエルダン・スクエアからシャトルバスMetro Centre Shuttle 100が出ている。
🚃セントラル・ステーションからカーライル方面行きに乗り、メトロ・センター駅下車、所要8分。
✉Metro Centre
TEL(0191) 4605299
inet www.metrocentre.uk.com
開10:00～21:00（土9:00～19:00、日11:00～17:00）
休無休

近郊の見どころ

タイン川の尖端

見学所要時間の目安 1時間

タインマス
Tynemouth

タインマスはビーチリゾートとして観光客でにぎわう町。地下鉄駅から延びるマナー・ロードManor Rd.にはアンティークショップや宝石ショップなど華やかな店舗が軒を連ねる。地下鉄駅では毎週土曜にアンティークや本、クラフト品のマーケットが出る。

タインマスは地理的にタイン川の河口に突出しており、その突端は何世紀もの

■タインマス
🚇ニューキャッスル・アポン・タイン中心部から地下鉄で30分
■タインマス城
Map P.389
✉Tynemouth, NE30 4BZ
TEL(0191) 2571090
FAX(0191) 2008703
Inet www.english-heritage.org.uk
4～9月10:00～18:00
10月10:00～16:00
11～3月の月・木～日10:00～16:00
休 1/1、11～3月の火・水、12/24～12/26
料 £3.40　学生£2.60

■ウィットリー・ベイ
🚇ニューキャッスル・アポン・タイン中心部から地下鉄で30分
■ウィットリー・ベイの ❶
駅からパーク・ロードPark Rd.を下った所にある公園内にある。ホテル予約は不可。
✉Park Rd., NE26 1EJ
TEL(0191) 2008535
FAX(0191) 2008703
開 9:30～17:00　休 日

■アニック城
Map P.27C-2
🚃ニューキャッスル・アポン・タインからエディンバラ方面行き列車で約25分のアルンマスAlnmouth (Alnmouth for Alnwick) 下車。駅から518番のバスが毎時23分発。アニック城入口まで行く。
🚌ヘイマーケット・バスステーションから518、505、515番がアニックへ行く。
所要：約1時間50分
✉Alnwick, NE66 1NQ
TEL(01665) 511100
Inet www.alnwickcastle.com
開 4/5～10/29　10:00～18:00
休 10/30～4/4
料 £8.50　学生£7.50
■アニック・ガーデン
Inet www.alnwickgarden.com
開 4・5・10月10:00～18:00
6～9月10:00～19:00
11～3月10:00～16:00
最終入場は閉園の45分前
料 £8.50　学生£7.50

☺1日遊べるアニック城
大きくて城の中も調度品もすばらしいです。美術館も小さいですが城内にあり、庭ではフクロウのショーなどもありました。
(鹿児島県　八尋千代子　'04夏)

タインマス城

間、戦略上の重要拠点だった。近代においてもタインマスは、軍港として重要な役割を担った。北海に面して建つタインマス城は、第1次世界大戦中、霧の中で砲台と間違えたドイツ軍に砲撃されてしまい、現在では城門と城塞の一部が残るのみ。城の背後には、高く連なるアーチが印象的なタインマス修道院跡がある。

タイン川の尖端

ウィットリー・ベイ
Whiteley Bay

見学所要時間の目安 1時間

イースト・プロムナード

タインマス同様、夏期はリゾート客でにぎわう町。白砂の長く美しいビーチは北部随一の海水浴場。リゾート客向けの宿泊施設も多く、海沿いの町だけあっておいしいシーフード店も多い。メインストリートはウィットリー・ロードWhitley Rd.。冬は北海の冷たい風が吹き付け、閑散としてしまう。

数々の映画の舞台となった

アニック城
Alnwick Castle

見学所要時間の目安 半日以上

映画の舞台の説明パネル

「ハリー・ポッター」や「ロビン・フッド」など数々の映画の舞台となった名城。居城の中ではイングランドでウィンザー城に続いて2番目の大きさを誇る。ノーサンバランド公パーシー家によって14世紀に建造され、1750年にほぼ現在の形となった。アボッツ・タワーAbbot's Towerはノーザンバーランド・フュージリア連隊博物館となっており、ポスターン・タワーPostern Towerはちょっとした考古学博物館になっている。

アニック城に隣接したアニック・ガーデンThe Alnwick Gardenはノーザンバーランド公爵夫人の意向で整備され、2002年にオープンした広大な庭園。大がかりな噴水やバラ園などがあり、四季折々の花を見ることができる。

中庭から見た城

ホテル Hotel

市内で安宿を見つけるのは難しい。駅前に大きなホテルが数軒あるがちょっと高め。安宿を探すなら、地下鉄やバスで中心から少し離れなければならない。地下鉄ジェスモンド駅周辺や、バスで西側に行った地区に安宿が多い。

日本からホテルへの電話 電話会社の番号 + 010 + 国番号44 + 市外局番の最初の0を取った掲載の電話番号

コプソーン Copthorne Hotel Newcastle 【高級】

●ミレニアムホテルの系列のひとつ。ハイ・レベル・ブリッジとクイーン・エリザベス2世橋の間に位置し、眺めは最高。ただし、リバービューでない部屋もあるので、予約時に確認を。ロビーではタイン川を眺めながらのティータイムもできる。スイミングプールやフィットネスクラブも完備している。

156室 Map P.385B-4

✉The Close, Quayside, NE1 3RT
日本での予約：無料0120-500174
TEL(0191) 2220333
FAX(0191) 2301111
inet www.millenniumhotels.com
S W £250.00～
£ € US$ T/C £ C/C A D M V

ロイヤル・ステーション Royal Station Hotel 【中級】

●駅の真横という抜群の立地条件。ホテルの建物も部屋もクラシックな造り。時期によって週末料金が安くなることも。レストランはもちろん、室内プールやジムなども完備している。駐車場あり。地下鉄ジェスモンド駅近くのオズボーン・ロードOsborne Rd.沿いにも系列のホテルが2軒ある。

142室 Map P.385B-3

✉Neville St., NE1 5DH
TEL(0191) 2320781 FAX(0191) 2220786
inet www.royalstationhotel.com
S £60.00～75.00
W £72.50～95.00
£ € US$ T/C £ € US$
C/C A M V

シスル Thistle Hotel 【中級】

●駅の正面入口の目の前に建っているので便利。観光客はもちろん、ビジネスユースの客も多いので、時期によってはかなりお得な宿。比較的安い時期はローシーズンの週末。料金は電話等で要確認。駐車場、レストラン完備。

115室 Map P.385B-3

✉Neville St., NE1 5DF
TEL(0191) 2322471 FAX(0191) 2321285
inet www.thistlehotels.com
S £137.00～
W £158.00～
£ € US$ T/C £ € US$
C/C A D J M V

ハンセン Hansen Hotel B&B 【B&B】

●地下鉄ジェスモンド駅からオズボーン・テラスOsborne Ter.を下った角、徒歩3分。部屋は古く、あまりきれいとはいえないが、B&Bが集まるジェスモンド駅周辺でも駅に最も近く、ヘイマーケットへも徒歩10分という立地条件は捨てがたい。周囲に飲食店はないが、1階がカフェテリアになっているので便利。

12室 Map P.385C-1

✉131 Sandyford Rd., NE2 1QR
TEL(0191) 2810289 FAX なし
Mail hansen.bookings@btconnect.com
S £25.00～28.00
S £28.00～30.00
W £46.00～50.00
£ T/C 不可 C/C M V

リーンウッド The Lynnwood 【B&B】

●駅からバスで5分。駅前のバス停から10、11、38、81番でニューキャッスル総合病院Newcastle General Hospitalで下車。来た道を少し戻り、ボウリング場の通りを挟んだ真横。中心部から歩いて20分。バス移動は面倒と思うだろうが、バスの便数は地下鉄よりも多いので案外便利。ハイシーズンの土・日曜は朝食が別料金£5.00。

14室 Map P.385A-3外

✉1 Lynnwood Terrace, Westgate Rd., NE4 6UL
TEL&FAX(0191) 2733637
inet www.thelynnwood.co.uk
S £25.00 S £30.00
W £50.00 W £60.00
£ T/C £ C/C 不可

ブライトン The Brighton 【B&B】

●前述のリーンウッドと同経営で、リーンウッドよりも少し豪華な造りだ。バス停からさらに5分ほど歩かなければならない。リーンウッドのはす向かいのブライトン・グローブBrighton Groveに入り、道がカーブする所を左に100mほど行った所にある。左記料金は朝食込みだが、週末は朝食が別料金になり、£5.00。

18室 Map P.385A-3外

✉49 Brighton Grove, Fenham,.
TEL(0191) 2733600 FAX(0191) 2260563
S £25.00
S £30.00
W £50.00
W £60.00
£ T/C £ C/C不可

YHA ニューキャッスル・アポン・タイン YHA Newcastle-upon-Tyne 【ユースホステル】

●地下鉄ジェスモンド駅から信号を渡ってArrivaのバス車庫のほうに行き、Imperial Hotelを越えた先。学生寮としても使用されており、夏期は学生がいなくなるのでベッド数が20ほど増える。昼食や夕食も出す。自炊可能なキッチンもある。クリスマス～1月下旬は閉館。

ベッド数50 Map P.385C-1

✉107 Jesmond Rd., NE2 1NJ
TEL(0191) 2812570 FAX(0191) 281 8779
inet www.yha.org.uk
D £17.50
£ T/C不可
C/C Ⓜ Ⓥ

レストラン Restaurant

レストランは中心部の大通りから1本入った通りなどに点在している。キーサイドにもおしゃれなレストランやカフェが点在している。もちろん、中華街には多くの中華料理屋が並んでいる。ホテルが集まるジェスモンド地区にはレストランはほとんどない。

キング・ネプチューン The King Neptune 【中華料理】

●中華街で一番おいしいと有名な店。海に近いこの町ならではの、クオリティが高いシーフードがおすすめ。セットメニューが£13.00からあり、ひとりあたりの予算は£13.00～30.00が目安。ディナータイムは長いが、ランチタイムは営業時間が短いので早めに入店するのが望ましい。

Map P.385A-3

✉34/35 Stowell St., NE1 4XQ
TEL(0191) 2616657 FAX(0191) 2328319
開12:00～13:45 18:00～22:45
土12:00～13:45 17:30～23:00
日18:00～22:30 休日のランチ
£ T/C不可 C/C Ⓐ Ⓜ Ⓥ

富士山(フジヤマ) Fujiyama 【日本料理】

●中華街にある日本食レストラン。鉄板焼きのほかにもうどんや丼物、居酒屋風のつまみなどメニューも豊富。シェフは日本人ではないが、東南アジアの高級ホテルや和食店で腕を振るった実績をもつ。ランチのセットが£5.80～。鉄板焼きのセットは£18.50。カツ丼£8.00、うどん£4.00～。

Map P.385A-3

✉35-39 Bath Ln., NE4 5SP
TEL(0191) 2330189 FAX(0191) 2210333
inet www.fujiyamarestaurant.co.uk
開12:00～14:00 18:00～23:00
休無休
£ T/C不可
C/C Ⓐ Ⓙ Ⓜ Ⓥ

マーク・トニー Mark Toney 【ティー&カフェ】

●ニューキャッスル・アポン・タインの隠れた地元の味が、ここのアイスクリーム。ローマ出身のマーク・トニーがここでアイスクリームを作り始めたのが約100年前。その味が受け継がれ、今日ではこの町独自のアイスクリームとなっている。アイスクリーム以外に、軽食メニューも出す。地下にもテーブル席あり。

Map P.385B-3

✉53 Grainger St., NE1 7YA
TEL(0191) 2327794 FAXなし
inet www.marktoney.co.uk
開7:45～20:00 (日10:00～20:00)
休無休
£ T/C不可 C/C不可

聖者に選ばれた北イングランドの聖地

ダラム Durham

人口18万7000人
市外局番0191

ダラムとその周辺地域は、聖カスバートを祀った教会が10世紀に建てられて以降、王侯貴族ではなくプリンス・ビショップPrince Bishopと呼ばれる司教によって代々治められてきた。司教が一国の支配権をもつことは英国史上極めて稀である。プリンス・ビショップは独自の軍隊、裁判所をもち、硬貨を鋳造し、課税権を有した。プリンス・ビショップの繁栄は宗教改革の時代も生き抜き、19世紀まで続いた。

歩き方

鉄道駅を出て階段を下りると、大聖堂とダラム城が南東に見えるので、その方向に進んでいけばよい。鉄道駅とダラム大聖堂を結ぶカシードロ・バスCathedral Busも頻繁に運行されているのでこれに乗るのも便利。バスステーションはノース・ロードNorth Rd.にある。その先のフラムウェルゲート橋Framwelgate Bridgeからはダラム大聖堂と城が間近に見える。橋のたもとにはウィアー川沿いに遊歩道がある。大聖堂を写真に収めるなら絶好の撮影スポットだ。橋を渡れば町の中心、マーケット・プレイスの広場に出る。ⓘは広場から北に行ったガラ・シアター内にある。ダラム大聖堂へはマーケット・プレイスからサドラー・ストリートを上っていく。

マーケット・プレイス

パイプオルガンの音色が響く

ダラム大聖堂 Durham Cathedral

見学所要時間の目安 1時間

7世紀に活躍した聖カスバートSt. Cuthbert（635～687）は、スコットランド国境に近いホーリー・アイランドに埋葬された。彼の遺体は10年以上経っても朽ち果てず、聖者に列せられた。以降、島は聖なる巡礼の地となった。

ヴァイキングの攻撃が激しさを増す9世紀、修道院もその標的となり、決意を固めた修道士たちは聖カスバートの聖骸とともに、安住の地を求めて旅に出た。一行がダラムの町にやって来ると、不思議なことに聖カスバートの遺骸の入った棺がビクとも動かなくなった。聖者の意思を感じ取った彼らは、995年に町を見下ろす高台の上に白い小さな教会を建て、

ダラムへの行き方

●ニューキャッスル・アポン・タインから
🚃1時間に1～2便
所要：15～20分
🚌1時間に1～2便
所要：40分
●ヨークから
🚃1時間に1～2便
所要：45分～1時間

■ダラムのⓘ Map P.393
✉2 Millennium Pl., DH1 1WA
TEL (0191) 3843720
FAX (0191) 3863015
inet www.durhamtourism.co.uk
開 9:30～17:30
（日11:00～16:00）
休 無休
宿の予約はデポジットとして1泊目の宿泊料金の10%

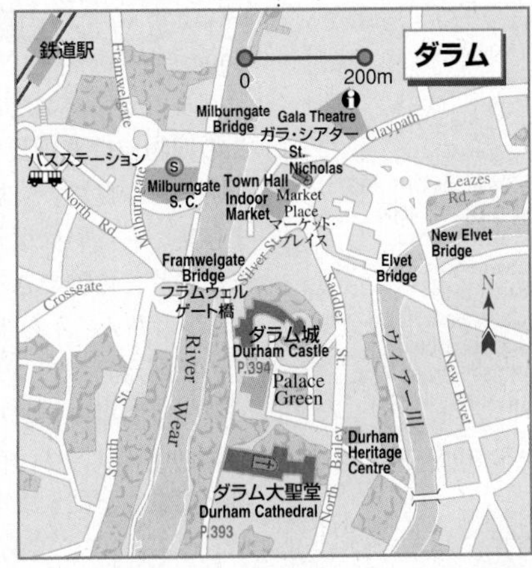

■ダラム大聖堂 Map P.393
✉The College
TEL(0191) 3864266
inet www.durhamcathedral.co.uk
開9/5～5/29 9:30～18:15（日12:30～17:00）
5/30～9/4 9:30～20:00
休無休
料指定の金額を寄付する
●宝物庫The Treasures
開10:00～16:30（日14:00～16:30） 休無休
料£2.50
●塔The Tower
開10:00～15:00
4/17～9/23 10:00～16:00
休日 料£3.00
●僧坊The Monks' Dormitory
開4/17～9/24 10:00～15:30
日12:30～15:15
休9/25～4/16 料£1.00
●オーディオ・ビジュアル・ディスプレイ
開2/27～10/28 10:00～15:00
10/30～12/2の火～木10:00～15:00（日11:00～15:00）
休12/3～2/26
料£1.00

■ダラム城 Map P.393
TEL(0191) 3343800
inet www.durhamcastle.com
開イースター～9月
10:00～12:30 14:00～16:30
休10～6月（イースターを除く）の火・木・金
料£5.00 学生£3.50
見学はツアー形式のみ。10～6月（イースターを除く）は、月・水・土・日で要予約。

■ビーミッシュ屋外博物館 Map P.27C-3
🚌ダラムから720番のバスで約30分
🚌ニューキャッスル・アポン・タインのエルダン・スクエア・バスステーションから709番で約50分
✉Beamish, DH9 0RG
TEL(0191) 3704000
FAX(0191) 3704001
inet www.beamish.org.uk
開4/1～10/29 10:00～17:00
10/30～3/23 10:00～16:00
最終入場15:00
休10/30～3/23の月・金
料4～10月£16.00
学生£12.50
11月～3月£6.00

聖カスバートを祀った。約100年後の1093年に大聖堂の建設が始まり、1133年に完成した。以来、多くの巡礼者を集め、町はおおいに繁栄した。

大聖堂内部にあるガリラヤ礼拝堂The Galilee Chapelは大聖堂内部の最も古い部分で後期ノルマン様式。12世紀の壁画が残る。身廊Naveには大きな石柱（直径6.6m、高さ6.6m）が並んでいる。聖カスバートの墓は大聖堂の最奥部にあり、Cuthberthusと名が刻まれている。また、僧坊は回廊Cloisterに面しており、現在は図書室になっている。

ウィアー川から見た大聖堂

大聖堂の回廊

プリンス・ビショップの居城だった

ダラム城 Durham Castle

見学所要時間の目安 30分

フラムウェルゲート橋とダラム城

歴代プリンス・ビショップの居城だったダラム城は大聖堂のすぐ横に建つ。11世紀に建てられた城で、現在はダラム大学の一部になっている。ダラム大学の創始者は、最後のプリンス・ビショップ、ウィリアム・ファン・ミルダートWillam Van Mildertである。

イギリスの時代村

ビーミッシュ屋外博物館 Beamish Open Air Museum

見学所要時間の目安 半日以上

ダラムからバスで約30分。のどかなビーミッシュ村にあるこの博物館は英国最大級の屋外博物館。19世紀～20世紀初頭の町並みや農場、炭坑がそのまま移築、あるいは復元され、実際に触れて体験できる。スタッフ（役者さん？）も当時の衣装でお出迎え。スティーブンソンの蒸気機関車のレプリカや、20世紀初頭のクラシックなバス、路面電車などにも乗車することができる。

ビーミッシュ屋外博物館の入口

緑多き地に優雅な建物が並ぶ保養地

ハロゲイト Harrogate

人口15万1300人
市外局番01423

ハロゲイトは小さな村だったが、18世紀に医者のティモシー・バイトが、硫黄と鉄分を多く含んだハロゲイトの水が難病を治癒すると発表して以降、王侯貴族たちがこぞってこの地を訪れるようになった。ドイツのバーデン・バーデンや、イタリアのモンテカティーニのような高級温泉保養地として発展し、トルコのハマム(浴場)を模した大きな浴場も造られた。現在も四季折々の花々にあふれ、ヴィクトリア朝時代の美しい町並みが広がる。優雅な町の姿は健在だ。

歩き方

鉄道駅

鉄道駅は町の東側にある。ハロゲイトはリーズとヨークとを結ぶ支線上にあるため、ほかの町から来る場合もこのどちらかを経由する。

バスステーション

ハロゲイトのバスステーション

バスステーションは鉄道駅に隣接しており、リーズ、ヨークをはじめ、ヨークシャー・デイルズ方面からのバスも発着する。

ショッピングゾーン

ケンブリッジ・ストリート

駅前から延びるケンブリッジ・ストリートCambridge St.P.395B-1にはヴィクトリア・ショッピングセンターや、マークス＆スペンサー、ブーツといった大型店舗が連なるショッピングゾーン。ケンブリッジ・ストリートを抜け、南北に延びるパーラメント・ストリートParliament St.P.395A-1を北に行ったクレッセント・ロードCrescent Rd.との交差点にⓘがある。ⓘではハロゲイトならではの

ロイヤル・バス

ハロゲイトへの行き方

●リーズから
🚃1時間に1～2便、日曜減便
所要：35分
🚌頻発
所要：40分
●ヨークから
🚃1時間に1便、日曜減便
所要：35分
🚌1時間に1便程度
所要：45分
●スキップトンから
🚌9:30～18:30に2～3時間に1便、日曜運休
所要：55分

■ハロゲイトのⓘ
Map P.395A-1
✉Royal Baths Crescent Rd., HG1 2RR
TEL(01423) 537300
FAX(01423) 537305
inetwww.enjoyharrogate.com
開4～9月9:00～18:00
(日10:00～13:00)
10～3月9:00～17:00
(土～16:00)
休10～3月の日曜
宿の予約はデポジットとして1泊目の宿泊料金の10%

スパ関連商品や、美容グッズの販売もしている。

クレッセント・ロードをさらに西に行くとロイヤル・パンプ・ルームがあり、その先にはバレー・ガーデンズValley Gardensがある。町の南側には広大なストレイ公園The StrayP.395B-2が広がっている。

バレー・ガーデンズ

ハロゲイトの❶

ロイヤル・パンプ・ルーム

■ロイヤル・パンプ・ルーム
Map P.395A-1
TEL(01423) 556188
FAX(01423) 556760
開 4～10月10:00～17:00（日14:00～17:00）
11～3月10:00～16:00（日14:00～16:00）
休1/1、12/24～12/26
料 £2.80

■ターキッシュ・バス
Map P.395A-1
✉Parliament St., HG1 2WH
TEL(01423) 556746
FAX(01423) 556760
inet www.harrogate.gov.uk
開 女性は月9:30～17:00、火・木13:00～21:00、金9:30～12:30、日9:30～13:00 13:30～17:00
男性は月17:30～21:00、水・金13:00～17:00
混浴（水着着用）火9:30～12:30（オフシーズンのみ）、水17:30～21:00、金・日17:30～21:00（カップルで受付）、土9:00～11:30 12:00～14:30 15:00～17:30
料 £15.00（オフシーズンの火£10.00）各種マッサージ、エステは要予約

■ファウンテンズ・アビー
Map P.417B-3
起点となる町はハロゲイトからバスで30分のリポンRipon。リポンからアビーまでは6.5km。
✉Fountains, Ripon, HG4 3DY
TEL(01765) 608888
FAX(01765) 601002
inet www.fountainsabbey.org.uk
開3～10月10:00～17:00
11～2月10:00～16:00
休11～1月の金、12/24・25
料 £6.50

見どころ

町は歩いて回れるサイズ。骨董品店も多いので、目利きに自信がある人はのぞいてみよう。

硫黄の臭いが強烈

見学所要時間の目安 1時間

ロイヤル・パンプ・ルーム
Royal Pump Room

ロイヤル・パンプ・ルームRoyal Pump Roomはかつての温泉施設。王侯貴族や国会議員など著名人の多くがここを訪れ、バイロンも常連客だった。現在は博物館になっており、華やかなりし頃の様子や鉱泉の効能などを知ることができる。また、入口では今でも温泉の水を飲むことができる。硫黄泉の臭いは悪名高いが、怖い物見たさにひと口飲んで……の観光客があとを絶たない。

また、ここから西に延びる大きな公園はバレー・ガーデンズ。19世紀の終わりに造られた。四季の花が咲く美しい庭園だが、ボグズ・フィールドBog's Fieldと呼ばれる一帯にある泉からは、ミネラル分を豊富に含んだ水があふれ出している。

旅の疲れをリフレッシュ

見学所要時間の目安 1時間

ターキッシュ・バス
Turkish Baths

ハロゲイトで有名なスパ施設といえば、ターキッシュ・バスTurkish Bathsと呼ばれるエステ施設。

内部は連なるアーチの美しいトルコ式の装飾が施されている。水のプールから始め、徐々に温度の高いサウナ室へ行き、再び冷水のプールに入ることによって、血行が促進され、疲れが取れるという。

巨大な修道院の廃墟

見学所要時間の目安 1時間

ファウンテンズ・アビー
Fountain's Abbey

ファウンテンズ・アビーは12世紀に創建されたシトー派Cistercianの修道院だ。痩せた土地で清貧の修道生活を送った修道士たちは往時には1000人を超えたという。16世紀に修道院が閉鎖されてからは廃墟になってしまったが、厨房や僧坊な

どから、修道士たちが送った当時の生活を知ることができる。周囲の自然も美しく、ウオーキングにもぴったりだ。

英国最古の観光名所

見学所要時間の目安 1時間

マザー・シップトン洞窟
Mother Shipton's Cave

マザー・シップトンは約500年前にスペイン無敵艦隊とのアルマダ戦争やロンドン大火などを的中させたといわれている予言者のおばさん。ここは彼女の生誕の地にちなんで名付けられた。必見なのは、洞窟の横にある石化の井戸Petrifying Well。なんと、岩からしたたり落ちる水が、下につるされたものを石化してしまうのだ。だから石になったぬいぐるみや傘などいろいろな物がつるされている。この奇妙な光景が人々を集め、17世紀にはすでに観光地だったそうだ。

■マザー・シップトン洞窟
Map P.24A-2
バス 隣町のネイルズバラKnaresboroughにある。101、102番のバスで所要15分。
✉Knaresborough, HF8 5DD
TEL(01423) 864600
FAX(01423) 868888
inet www.mothershipton.co.uk
開3～10月10:00～17:30
休11～2月
料£5.50

ホテル＆レストラン Hotel&Restaurant

宿泊施設は多い。B&Bはフランクリン・ロードFranklin Rd.沿い、バレー・ガーデンズの前のバレー・ドライブValley Dri.などに集中している。リーズなどの町で泊まるより料金も安いので、ここを起点に観光する人も多い。

日本からホテルへの電話　電話会社の番号 + 010 + 国番号44 + 市外局番の最初の0を取った掲載の電話番号

アーデン・ハウス Arden House Hotel
ゲストハウス

●B&Bが多い通りにあって、そのなかでも評判がよいゲストハウス。部屋もとてもかわいらしく、天蓋付きベッドがある部屋もある。朝食はポリッジも選べるほか、サーモン&エッグなどちょっと変わった要望にもこたえてくれるそうだ。

14室　Map P.395B-1
✉69-71 Franklin Rd., HG1 5EH
TEL(01423) 509224　FAX(01423) 561170
inet www.ardenhousehotel.co.uk
S £45.00
W £75.00～90.00
£　T/C不可　C/C M V

デイルズ The Dales Hotel
ゲストハウス

●町の中心からはやや距離があるが、人気のあるゲストハウス。バレー・ガーデンズの横のバレー・ドライブをひたすら直進した所。B&Bが点在するエリアにある。鉄道駅からだと徒歩15分ほど。目の前が公園なので静かな環境と、家庭的なもてなしが自慢。全室テレビ、ティーセット付き。また、バスタブ付きの部屋は2室ある。

客室数非公開　Map P.395A-2
✉101 Valley Dri., HG2 0JP
TEL(01423) 507248　FAX(0870) 1224780
inet www.dales-hotel.co.uk
S £40.00
W £65.00
£　T/C £
C/C M V

ベティズ Betty's
ティー&カフェ

●ヨークシャーに展開するティールームの本店。紅茶の量り売りは、ブレンド茶葉は1缶£6.95～7.95。テイク・アウェイのスコーンはひとつ£0.55～0.65。ティールームでは、朝から楽しめるトラディショナル・アフタヌーン・ティー£12.75が人気。

Map P.395A-2
✉1 Parliament St., HG1 2QU
TEL(01423) 877300　FAX(01423) 814007
inet www.bettysbypost.com
開9:00～21:00
休無休
£　T/C不可　C/C M V

ノース・ヨーク・ムーアズ
国立公園
ロンドン

イギリスで一番広大な国立公園

ノース・ヨーク・ムーアズ国立公園

North York Moors National Park

ウィットビー、スカーボロ

丘の上に建つウィットビー・アビー

ヨークシャー西部のヨークシャー・デイルズは「デイル（谷）」の多い地域、一方、北に位置するノース・ヨーク・ムーアズは比較的平らな「ムーア（荒野）」が広がり、80万ヘクタール（静岡県ぐらい）という広大な面積を誇る。ウオーキングルートやサイクリングコースを合わせると2200km以上あり、多くのハイカーやサイクリストでにぎわう。

ムーアはときに荒々しく野性的な表情を見せ、夏ともなればヘザーHeather（ヒースHeath）の薄紫色の花で覆われる。この雄大な光景を、ムーアを横断するエスクバレー線Esk Valley Lineや、縦断するノース・ヨークシャー・ムーアズ鉄道North Yorkshire Moors Railway（NYMR）の車窓から楽しむことができる。

歩き方

広大な範囲に見どころや小さな町が点在するノース・ヨーク・ムーアズは、バスや鉄道でも観光できる。ノース・ヨーク・ムーアズの主要地を結ぶムーアズ・バスMoors Busや、ウィットビーとミドルスボローを結ぶエスクバレー線、グロスモントGrosmontとピカリングPickeringを結ぶ保存鉄道のノース・ヨークシャー・ムーアズ鉄道がある。ノース・ヨーク・ムーアズの交通機関をまとめた時刻表が❶で手に入るので、目的地と日程に合わせて動き方を決めよう。

ノース・ヨーク・ムーアズ国立公園への行き方

ノース・ヨーク・ムーアズ国立公園の入口になるのは北海沿岸のウィットビー（→P.399）とスカーボロ（→P.402）。

■ウィットビーへの行き方

●ロンドンから

1日に2便程度
所要：約5時間
キングズ・クロス駅発、ダーリントン、ミドルズボローなどで乗り換え

ヴィクトリア・コーチステーション13:00発
所要：7時間40分

■スカーボロへの行き方

●ロンドンから

1時間に1便程度
所要：3時間30分
キングズ・クロス駅発、ヨークで乗り換え

ヴィクトリア・コーチステーション13:00発
所要：約7時間

●ヨークから

1時間に1便程度
所要：50分

1時間に1便
所要：1時間40分

■ノース・ヨークシャー・ムーアズ鉄道（NYMR）

TEL (01751) 473535
inet www.northyorkshiremoorsrailway.com
運行：4～10月は毎日運行。それ以外は土・日、イースター週間などに運行する。

■ノース・ヨーク・ムーアズのバス会社

●ヨークシャー・コーストライナー
Yorkshire Coastliner
TEL (01653) 692556
inet www.yorkshirecoastliner.co.uk

●ムーアズ・バス
Moors Bus
TEL (01845) 597000

モデルルート

レンタカーがあれば最高だが、鉄道やバスを使っても充分に観光が可能。

ノース・ヨークシャー・ムーアズ鉄道で回る充実の1日

ウィットビー→グロスモント→ピカリング→スカーボロ→ウィットビー

ウィットビーからエスクバレー線でグロスモントへ。グロスモント到着ホームの反対線に停まっているノース・ヨークシャー・ムーアズ鉄道に乗り換え、ピカリングまでの約1時間、蒸気機関車に乗ってノース・ヨーク・ムーアズのニュートンデイルNewtondaleの景色を楽しもう。ピカリングで昼食をとり、中世の町並みが残るピカリング市内を散策後、バスでスカーボロへ。スカーボロ〜ウィットビー間のバスは23:00頃まであるので、スカーボロで夕食をとったあと、ウィットビーへ戻ろう。

キャプテン・クックとドラキュラの故郷

ウィットビー Whitby

1万3500人　市外局番01947

ウイットビーの裏路地

北海に臨む小さな港町ウィットビーは、さまざまな歴史をもつ街である。ウィットビーの有名人といえばジェームス・クック船長こと探検家キャプテン・クックCaptain Cookだ。大型帆船エンデバー号に乗って太平洋に出帆したのは、ウィットビー港から。これを記念して、ウィットビーの高台にある広場には彼のモニュメントが建っている。そばには鯨の骨で作られたアーチもあり、これを通して眺める風景も絶品だ。

また、ここで生まれた創作上の有名人はドラキュラ。作家ブ

ウィットビーへの行き方

●ミドルズボローから
1日4便
所要：1時間30分
1時間に1便
所要：1時間30分
●ヨークから
1日4便
所要：2時間10分
●スカーボロから
1時間に1便、日曜9便
所要：50分

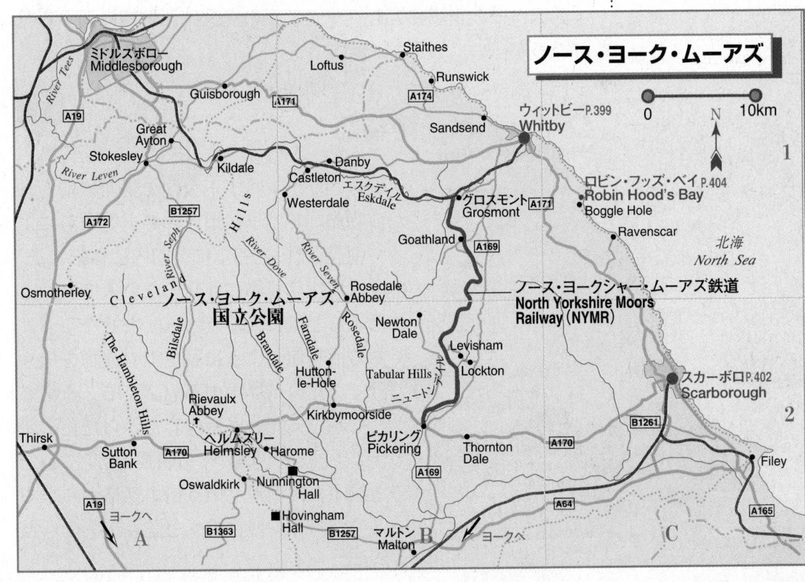

ラム・ストーカーはウィットビー滞在中に、アビー脇に建つ聖メアリー教会の墓場からヒントを得て、世界的に有名なキャラクターを創り上げたのだ。

見どころ

キャプテンクックやドラキュラ、ブラム・ストーカーにちなんだ見どころが多い。

英国史を丘の上から見守り続けた

見学所要時間の目安 1時間

ウィットビー・アビー
Whitby Abbey

7世紀に建てられ、静かにウィットビーの丘の上にたたずんでいる修道院。このアビーは英国史上重要な位置を占める。ケルトがローマにその座を譲った宗教会議の場であり、スコットランドとの争い、デーン人の侵入……、1000年以上もの間、破壊と再建が繰り返された。そして、アビー最後の悲劇は1914年。霧の中でアビーを砲撃台と勘違いしたドイツ巡洋艦によって西側正面に大きな損害を受けてしまった。

偉大なクック船長を記念した

キャプテン・クック記念博物館
Captain Cook Memorial Museum

クック船長が10代の頃、見習いとして働いていた大船主の家が現在、博物館としてクック船長が生活していた当時の様子を再現している。路地裏にあり、出入口も小さく見落としやすいので注意。立て看板を頼りに探そう。

また、ウィットビーには大型帆船エンデバー号のレプリカ、ミニ・エンデバー号によるクルーズ、エンデバー号が出港したエンデバー波止場に臨むクック船長の記念碑など彼に関する見どころが多い。

不思議なモノのオンパレード！

ウィットビー博物館
Whitby Museum

緑豊かなパンネット公園の斜面に造られた博物館。1823年に地元の郷土史家らによって創設され、1923年に公園内に移転した。普段は博物館見物に興味のない人でも、ここはきっと気に入るだろう。なぜなら、よくある博物館のように歴史上の遺物を扱うだけでなく、世界中の不思議なモノを集めたとしか思えない展示内容だからだ。造船の街として栄え、クック船長の3度にわたる大航海の出港地という街の性格から来ているのだろう。博物館へと誘う道案内もとてもユニーク!

■ウィットビーの観光案内所
Map P.400
✉Langborne Rd., YO21 1YN
TEL(01723) 383637
FAX(01947) 606137
inet www.discoveryorkshirecoast.com
開5～9月9:30～18:00
10～4月10:00～12:30
13:00～16:30 休12/25
宿の予約は手数料£1.00とデポジットとして宿泊料金の10%

■ウィットビー・アビー
Map P.400
✉Whitby Abbey, YO22 4JT
TEL(01947) 603568
inet www.english-heritage.org.uk
開4～9月10:00～18:00
10月10:00～17:00
11～3月10:00～16:00
休11～3月の火・水、12/24・26、1/1
料£4.20 学生£3.20

■キャプテンクック記念博物館
Map P.400
✉Grape Lane, YO22 4BA
TEL(01947) 601900
inet www.cookmuseumwhitby.co.uk
開3月11:00～17:00
4～9月9:45～17:00
最終入場は閉館の30分前
休10～2月
料£3.50

■ウィットビー博物館
Map P.400
✉Pannett Park, YO21 1RE
TEL(01947) 602908
inet www.durain.demon.co.uk
開9:30～16:30
休月
料£3.00 学生£2.50
併設されているアート・ギャラリーは無料

ホテル Hotel

ホテルは町全体に点在している。ノルマンビー・テラスNormanby Terraceには B&Bが集まっている。ウィットビー・バックパッカーズ・ホステルはB&Bが集まる一角にあり、観光にも便利な立地。

日本からホテルへの電話 電話会社の番号 + 010 + 国番号44 + 市外局番の最初の0を取った掲載の電話番号

アルンデル・ハウス Arundel House Hotel ゲストハウス

●バンネット公園の南側にある。駅から歩くと5分ほど。家族経営のアットホームなゲストハウス。全室テレビ。ティーセット付き。バーや英国料理のフルコースメニューを供するレストランも併設されている。レストランでの食事は要予約。専用駐車場あり。ペット持ち込みOK。禁煙の客室もある。

11室 Map P.400

読者割引2泊以上10%
✉Bagdale, YO21 1QJ
TEL (01947) 603645 FAX (0870) 1656214
inet www.arundelhousehotel.co.uk
S £36.00～40.00
W £60.00～76.00
£ T/C £ C/C M V

YHAウィットビー YHA Whitby ユース

●聖メアリー教会の向かい側にあり、アビーの馬小屋を改造して使用されている。階段の上り下りはきついが街の高台に位置するので眺めは最高。イースター～10月の開館。門限は23:00。食堂も併設されており、夕食も出す。

ベッド数 Map P.400

✉East Cliff, YO22 4JT
TEL (01947) 602878 FAX (01947) 825146
inet www.yha.org.uk
D £11.95
£ T/C 不可
C/C M V

Information History Topics

ドラキュラゆかりの肝試し

ドラキュラ・トレイルの本

ウィットビーは、小説『吸血鬼ドラキュラ』の中でドラキュラ伯爵がルーマニアからデメテル号で入港してきた港町。この町にはドラキュラにちなんだウオーキングツアーや、お化け屋敷のようなドラキュラ・エクスペリエンスがあり、観光客をおおいに怖がらせてくれる。街の中にはブラム・ストーカーがアイデアを巡らせたベンチなども残されており、興味は尽きない。ブラム・ストーカーがインスピレーションを得たという聖メアリー教会は高台に位置し、199段の階段を上らなければならない。ブラム・ストーカーは教会横に無数に建つ墓碑から作品を思いついたという。

ドラキュラ・エクスペリエンス

■ウィットビー・ウオーク Map P.400
✉22 Rosemount Rd., YO21 1LB
TEL & FAX (01947) 821734
inet www.whitbywalks.com
出発：20:00（ホエールボーン集合） 料 £4.00
ブラム・ストーカーゆかりの地を黒マントに身を包んだ紳士が、ドラキュラ伯爵とストーカーの足跡をおもしろおかしく案内してくれる英語のウオーキングツアー。出発前に『ウィットビー・ドラキュラ・トレイル』の本を読んでおくと役立つ。

■ドラキュラ・エクスペリエンス Map P.400
✉9 Marine Parade, YO21 3PR
TEL (01947) 601923
開 イースター～10月10:00～19:00、10月～イースターの週末のみ10:00～17:00
休 10月～イースターの平日 料 £1.95
ドラキュラにちなんだお化け屋敷のアトラクション。映像を駆使して小説ドラキュラの場面を再現。

北海に面するリゾート地

スカーボロ Scarborough

人口10万6243人
市外局番01723

スカーボロへの行き方

●ウィットビーから
バス 1時間に1便、日曜9便
所要：50分
●ヨークから
バス 1時間に1便程度
所要：50分
鉄道 1時間に1便
所要：1時間40分

■スカーボローの❶
Map P.402A-1
✉Brunswick Shopping Centre, Westborough, YO11 1UE
TEL(01723) 383636
FAX(01723) 363785
Inet www.discoveryorkshirecoast.com
開5～9月9:30～18:00
10～4月9:30～17:30
日11:00～17:00
休無休
宿の予約は手数料£1.00～とデポジットとして宿泊料金の10%

スカーボロは、ブロンテ姉妹の末っ子で、『メアリー・グレイ』の著者アン・ブロンテが眠る地。29歳の若さで亡くなった彼女の墓は、スカーボロの街を見渡せる丘の上にある。聖メアリー教会St. Mary's Parish Churchの墓地の中で、いつも花が絶えないのは彼女の墓だ。死に瀕した彼女がこの地を訪れたいと強く願ったのも、この地は400年もの昔から、北海に面し、東海岸で最も美しいといわれたリゾート地だったからだ。今は当時の面影はなく、海岸線には多くのアトラクションや遊戯施設のネオンが光っている。ウィットビーのドラキュラ伝説にあやかってか、お化け屋敷のテラー・タワーTerror Towerやゴーストツアー The Original Scarborough Ghost Tourがある。ノース・ベイには広い敷地内に池やアドベンチャープール、遊園地があるノースベイ・レジャー・パークもあり、家族連れもスカーボロ滞在に飽くことはない。

歩き方

町はウエストボローWestboroughと呼ばれる通りを中心に広り、スカーボロ城方面に向かうに従い、ニューボローNewborough、イーストボローEastboroughとなる。海岸線はスカーボロ城を中心にして、北のノース・ベイ、南のサウス・ベイに分かれている。❶はメインストリートのウエストボローにあるブランズウィック・ショッピングセンターBrunswick Shopping Centreの地階にある。

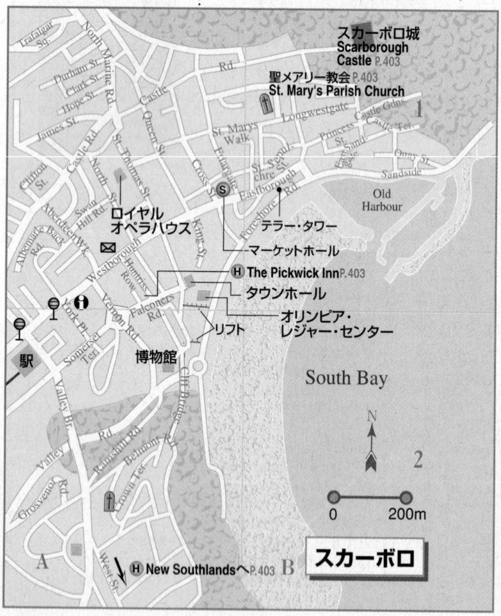

スカーボロの海岸線に出るためには急な坂を下らなければならない。そこで役立つのが2機のリフト。クリフ・ブリッジCliff Bridge脇にある青いリフトとオリンピア・レジャー・センターに沿う緑のリフトだ。これだけの高低差がある町なので、一番の高台に建つスカーボロ城からの眺めは最高だ。

主要なバス停は2ヵ所。長距離バスが停まるのは駅前のバス停で、次のバス停がウエストボロー通りにある。

見どころ

スカーボロはビーチリゾート地なので、ビーチなどでのんびり時間を過ごしてみたい。

アン・ブロンテの墓のある

見学所要時間の目安 30分

聖メアリー教会
St. Mary's Parish Church

墓地は教会の裏手、キャッスル・ロードCastle Rd.側にあり、道路側の格子戸から中に入るとすぐ左、ベンチの隣にアン・ブロンテの墓がある。アンは病気療養のためにスカーボロへの転地療養を強く願ったが、長旅で病気を悪化させてしまい、彼女がここに滞在したのは3日間だけだったという。

■聖メアリー教会
Map P.402B-1
✉Castle Rd., YO11 1TH
TEL (01723) 500541
開 9:30～18:30
休 無休
料 寄付歓迎

スカーボロ城

北海の岬に建つノルマンの古城

見学所要時間の目安 30分

スカーボロ城
Scarborough Castle

12世紀にヘンリー2世によって築城されたが、相次ぐ戦乱で荒廃し、第1次世界大戦でのドイツ軍の誤爆でとどめを刺された。芝生の中に廃墟が点々とあるのみだが、ここからの眺めは最高。スカーボロの町や北海を一望できる。英語のオーディオガイドが無料で借りられる。

■スカーボロ城
Map P.402B-1
✉Castle Rd., YO11 1HY
TEL (01723) 372451
inet www.english-heritage.org.uk
開 4～9月10:00～18:00
10～3月の木～月10:00～16:00
休 10～3月の火・水、12/24～26、1/1
料 £3.50　学生£2.60

ホテル Hotel

中心街に宿泊施設の数は少なく、それを取り巻くようにノース・ベイNorth BayとサウスSouth Bayの高台にホテルやB&Bが多く集まる。庶民的なレストランは町の中心に、おしゃれなレストランは海岸沿いにある。

日本からホテルへの電話　電話会社の番号 + 010 + 国番号44 + 市外局番の最初の0を取った掲載の電話番号

ニュー・サウスランズ New Southlands Hotel　【中級】

●バレー・ブリッジValley Bridgeを過ぎた所にある教会のはす向かいから延びるウエスト・ストリートWest St.を3ブロック進んだ角にある。シアリングス・グループのホテルで、予約センターを通して2泊以上の予約が必要だが、空室状況により飛び込みでも宿泊可能。

58室　Map P.402A-2外
✉15 West St., YO11 2QW
TEL (01942) 824824 （予約センター）
FAX (01723) 376035
inet www.washearings.com
S W £65.00～
£　T/C 不可　C/C M V

ピックウイック・イン The Pickwick Inn　【イン】

●駅から❶の前に延びるウエストボローから見て、1本サウス・ベイ寄りにあるサマセット・テラスSomerset Terraceという通りを海側に進んだ通りの角にあるイン。入口はハントリス・ロウHuntriss Row側にある。おしゃれな雰囲気のパブも併設されており、食事も出している。メニューの種類もなかなか豊富。

11室　Map P.402A-1
読者割引10%
✉41 Huntriss Row, YO11 2ED
TEL (01723) 375787
FAX (01723) 366119
S £35.00
W £58.00
£　T/C 不可　C/C M V

ウィットビーやスカーボロから足を延ばして 近郊の旅

北海を望む小さな漁村
ロビン・フッズ・ベイ

ウィットビーとスカーボロを結ぶバス路線上にある小さな小さな漁村、ロビン・フッズ・ベイ。かつての漁村の姿を今に留めるひなびた村だ。

かつてウィットビーが造船の村、ロビン・フッズ・ベイが漁港の村として栄えていた。険しい崖の間を縫うように漁村が開けており、崖に貼り付くように造られた村には勾配のきつい坂が多い。しかし、昔の漁港の面影を色濃く残すこの村は一見に値する。かつての繁栄と今の静寂。北海から吹きすさぶ冷たい風にさらされ、決して陽気な村ではないが、さびしく冷たい美しさがある。

美しい海岸線を誇るスカーボロからロビン・フッズ・ベイ、さらにウィットビーの先にあるサルトバーンSaltburnまでヘリテージ・コーストHeritage Coastとして保存対象となっている。

歩き方

バス停はソープ・レーンThorpe Ln.にあり、普通の住宅地に着いたのかと思ってしまうが、その住宅地の裏にロビン・フッズ・ベイの村がある。ソープ・レーンを100mほど北に行った突きあたりを右に行くと、宿泊施設が多く集まる一角がある。さらに進むと北海のさびしい光景が目に飛び込んでくる。

漁船が停泊するザ・ドック

村のメインロードはニュー・ロードNew Rd.。といっても、観光地に見られるにぎやかさはない。かつてここが栄えていた頃のメインロードはキング・ストリートKing St.だったそう。

村の中心街へはすごい傾斜の坂を下り（脇に階段もあり）、突きあたるとザ・ドックThe Dockだ。ザ・ドックにあるパブの脇を奥へ進むとシー・ウォールSea Wallという海岸線に出られる。

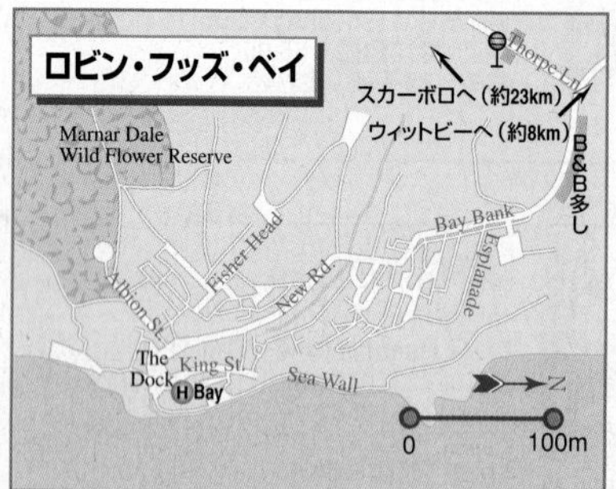

TRAVEL DATA
トラベル・データ

■ロビン・フッズ・ベイへの行き方

●ウィットビーから

アリーヴァ社のバス93、93Aが頻発

所要：約20分

●スカーボロから

アリーヴァ社のバス93、93Aが頻発

所要：約40分

ロビン・フッズ・ベイのバス停は、北海を見下ろす広場から、村と反対に進み、大きなT字路を左折。ソープ・レーンThorpe Laneを50mほど行った所にあるレンガ造りの小屋がバス停。スカーボロ行きにはバス停表示があるが、ウィットビー行きには表示なし。

■ホテル&レストラン

この村の規模にしてはホテル兼パブのインがけっこうある。なかでも、バス停から村に向かう見晴らし台付近に固まっている。また、村の中にも点々とインが点在している。

北部イングランドの古都

ヨーク York

人口18万1100人　市外局番01904

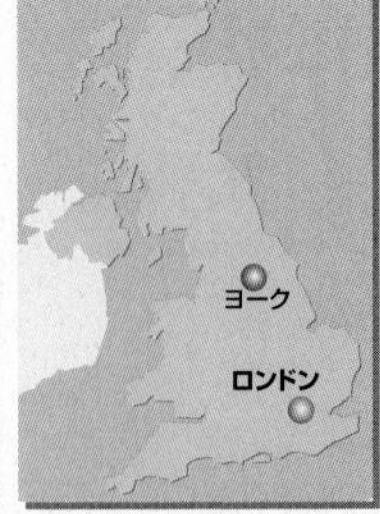

城壁巡りの途中にベンチでひと休み

「ヨークの歴史はイングランドの歴史であるThe history of York is the history of England」。ジョージ6世の言葉が表すように、ヨークは2000年の長きにわたり、ローマ、サクソン、デーン、ノルマンと多くの民族の争いと交流を見続けてきた。町の歴史は71年にローマ人によって創設された都市に端を発し、ヨークの名は、9世紀にこの地を制圧したヴァイキングによって付けられたヨーヴィックJorvikに由来する。

イギリス最大のゴシック聖堂、ヨーク・ミンスターに見守られたヨークは、中世の雰囲気を現在に伝える古都。北部イングランドを代表する町でもある。町は城壁に囲まれ、城壁内のあちこちに歴史的建造物が建ち並んでいる。

モデルルート

ヨークの見どころをすべて見るのに2、3日は割きたい。少なくともヨーク・ミンスターは必須。そのほかの見どころは、興味に従って取捨選択をしよう。交通の便もよく、ホテルも多いので、ヨークシャーや北部イングランド観光の拠点としても滞在できる。

ヨーク1日ダイジェストコース

ヨーク・ミンスター→シャンブルズ→クリフォーズ・タワー→城壁巡り

あえてすべての博物館を除いたモデルコース。これに自分の興味ある博物館やアトラクションなどを加えていくといいだろう。時間に余裕があればウオーキング・ツアー（特にゴースト・ツアー）や、ウーズ川のボートクルーズなどにも参加したい。

ヨークへの行き方

●ロンドンから
🚃キングズ・クロス駅から1時間に2～3便
所要：約2時間
🚌ヴィクトリア・コーチステーションから1日3～4便。リーズ乗り換えの便も多い。
所要：4時間30分～5時間
●ケンブリッジから
🚃1時間に1～2便、ピーターバラ乗り換え
所要：約2時間30分
●エディンバラから
🚃1時間に1～2便
所要：約2時間30分
🚌1日1便
所要：約5時間40分
●グラスゴーから
🚃2時間に1便程度、エディンバラ乗り換えの便も多い。
所要：約3時間30分
🚌1日1便
所要：約7時間
●ニューキャッスル・アポン・タインから
🚃頻発
所要：約1時間
🚌1日4便
所要：2時間30分
●ダラムから
🚃頻発
所要：50分
●リーズから
🚃1時間に1～3便程度
所要：1時間15分
🚌1時間に2便程度
所要：1時間10分
●マンチェスターから
🚃1時間に2～3便程度
所要：1時間30分
🚌直通は1日1便。リーズ乗り換えの便なら1時間に1便程度
所要：2時間40分～3時間25分

ヨーク駅

■ヨーク・パス
町の30を超す見どころに無料で入ることができるほか、ツアーやショッピング、レストランでも数々の特典がある。❶やウエブサイトで購入可。
inet www.yorkpass.com
料 1日￡19.00
2日￡25.00
3日￡32.00

■ヨークの❶
TEL (01904) 621756
inet www.visityork.org
開 4～10月9:00～18:00
(日10:00～17:00)
11～3月9:00～17:00
(日10:00～16:00)
休 無休
宿の予約は手数料￡4.00とデポジットとして宿泊料の10%が必要
●メインの❶
Map P.406B-1
✉De Grey Rooms, Exhibition Sq., YO1 2HB
●鉄道駅の❶
Map P.406A-2
✉York Railway Station, YO1 7HB

メインの❶

歩き方

歴史的見どころの多くは城壁の内側にあり、ヨーク・ミンスターは城壁の北の角あたりにある。城壁には6つの門があり、バーBarと呼ばれている。❶の近くにはブーサム・バーBootham Bar**P.406B-1**、鉄道駅の南東にはミクルゲート・バーMicklegate Bar**P.406A-2**がある。城壁内やその周辺の見どころを見て回るのは、徒歩で充分。むしろヨークの楽しみは古い町並みを歩くことにある。

ターミナルから市の中心部へ

鉄道駅とバスステーション

鉄道駅とバスステーションは隣接しており、町の中心部の南西に位置する。中心部へはステーション・ロードStation Rd.**P.406A-2**を進み、そのままウーズ川にかかるレンダル・ブリッジLendal Bridge**P.406A-1**を越えると、まもなくヨーク・ミンスターの前に出る。

旅の情報収集

観光案内所

ヨークには❶がふたつある。メインの❶はヨーク・ミンスターのすぐそばにあり、もうひとつは鉄道駅の中にある。❶では宿の予約のほか、ヨーク・パスの販売や両替など、さまざまなサービスを行っている。

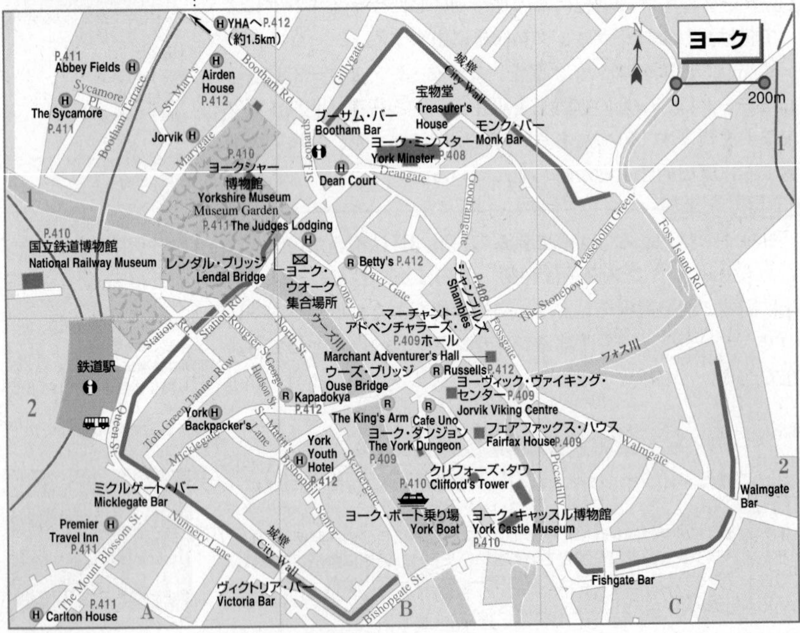

ツアー

北部イングランド有数の観光地だけあり、数多くのツアーが用意されている。まずは❶で情報収集してみよう。そのなかでも特に人気が高いのが、いわゆるゴースト・ツアーだ。2000年もの歴史を誇るヨークの町には怪談や恐怖談も数限りなく、毎晩いくつものゴースト・ツアーが催行されている。暗くなった古い町並みで聞かされる話は雰囲気たっぷりだ。ウーズ川クルーズも人気が高い。

ボートで行くヨークも楽しい

市内観光バス

シティ・サイトシーイング City Sightseeing
TEL(01904)655585　inet www.city-sightseeing.com

●ヨーク・サイトシーイング York Sightseeing

出発：9:00～16:20（冬期9:45～14:45）　料 £8.50　学生 £6.00

オープントップの2階建てバスによる乗り降り自由の巡回ツアー。1周1時間のルートB（通年運行、30分おき）と1周45分のルートA（4～9月の毎日、10月の土・日、10～15分おき）の2ルートが用意されている。チケットは24時間有効で、バスのドライバーから直接購入することができる。

ウオーキング・ツアー

ヨーク・ウオーク York Walk
TEL(01904)622303　inet www.yorkwalk.co.uk

出発：10:30、14:15　料 £5.00

ミュージアム・ガーデンズ・ゲート前を出発。毎日2種類のツアーが催行されている。所要時間は1時間30分から2時間。

ゴースト・ハント・オブ・ヨーク The Ghost Hunt of York
TEL(01904)608700　inet www.ghosthunt.co.uk

出発：19:30　休 12/24～31　料 £5.00

ヨークの怪奇スポットを巡るウオーキング・ツアーで、2001年には賞も獲得している。シャンブルズ通りを出発。事前の予約は必要ない。所要時間は約1時間15分。

オリジナル・ゴースト・ウオーク The Original Ghost Walk of York
TEL(01904)764222　inet www.theoriginalghostwalkofyork.co.uk

出発：20:00　料 £3.50

ゴースト・ウオークの草分け的存在。出発場所はウーズ・ブリッジOuse Bridgeたもとのキングズ・アーム・パブThe King's Arm Pub。

ウーズ川クルーズ

ヨーク・ボート York Boat
TEL(01904)628324　inet www.yorkboat.co.uk

●ヨーク・ボート York Boat Guided River Trips

出発：10:30、12:00、13:30、15:00発　休 11/27～2/3　料 £6.50

キングズ・ステイスKing's Staithを出発し、10分後にレンダル・ブリッジを経由。ウーズ川からヨークの見どころを見学するボートツアー。ヨーク大司教が住んでいたビショップソープ宮殿Bishopthorpe Palaceに行くクルーズは3/19～9/25の11:30、13:00、14:30発。

●ゴースト・クルーズ Ghost Cruise

出発：4～10月19:00発　7/22～9/2　19:00、20:30発　休 11～3/月　料 £7.50

キングズ・ステイスKing's Staith発（30分前から乗船開始）。ヨークにまつわる怪談を聞きながらの1時間のクルーズ。

●イブニング・クルーズ Floodlit Evening Cruise

出発：4/1～10/29　21:15発　休 10/30～3/31　料 £7.50

レンダル・ブリッジLendal Bridge発。夜景を見ながらビショップソープ宮殿まで行くクルーズ。ドリンク付き。ヨーク滞在最後の思い出作りに。

見どころ

歴史的な見どころの多いヨークには、さまざまな時代にわたる見どころが満載。しかもそのほとんどが城壁の中にコンパクトにまとまっており、非常に観光しやすい。

英国最大の大伽藍

ヨーク・ミンスター
York Minster

見学所要時間の目安 1時間

■ヨーク・ミンスター
Map P.406B-1
✉Deangate, YO1 7HH
TEL(01904) 557216
FAX(01904) 557201
inet www.yorkminster.org
開4～10月9:00～17:00
(日12:00～15:45)
11～3月9:30～17:00
(日12:00～15:45)
休聖金曜日、イースター、12/24・25
料£5.00　学生£4.00
大聖堂と地下宝物堂の共通券£7.00　学生£5.00
●地下宝物堂
開9:30～17:00
(日12:00～17:00)
7・8月9:30～17:30
休聖金曜日、イースター、12/24・25
料£4.00　学生£3.00
●塔
開4～6・9・10月10:00～17:00
(日12:00～17:00)
7・8月10:00～17:30
11～3月10:00～日没の30分前
開聖金曜日、イースター、12/24・25
料£3.50

ヨーク・ミンスターは、13世紀の初めから約250年の歳月をかけ、1472年に完成したイギリス最大のゴシック建築。もともとローマ時代の要塞やノルマン朝時代の大聖堂があった場所に建てられた。カンタベリー大聖堂に次いで、イギリスでも2番目に格式があり、イングランド北部を代表する大聖堂といえる。

建物の大きさにはただ圧倒される

内部の美しいステンドグラスが必見。東の壁にあるステンドグラスは、世界最大級のもので、天地創造と世界の終わりをモチーフにしている。南翼廊のステンドグラスは、バラ戦争の終結を記念して作られ、テューダー朝のバラが描かれている。北翼廊にある大聖堂で最も古いステンドグラスは、13世紀に作られた。

北側にあるチャプター・ハウスは会議目的で使用された部屋。細かな装飾の天井にも注目したい。中央の聖歌隊席には、5300本のパイプからなるパイプオルガンがある。高さ60mの塔からはヨークの町を一望にできる。

軒が突き出た家々が並ぶ

シャンブルズ
Shambles

見学所要時間の目安 30分

■シャンブルズ
Map P.406B-1～2

狭い通りながらにぎわいを見せる

シャンブルズの石畳へ一歩足を踏みこむと、その細く曲がりくねった道の先へ先へと吸い込まれるようだ。両側のしぶい色調の木骨造りの店、1階よりも2階、2階より3階が前に突き出し、軒がくっつかんばかりに建っている。現在は美術品や工芸品などを売る店となっているが、昔は、この突き出した軒下に肉屋が肉をつり下げたという。

町に中世の雰囲気を与える

城壁
City Wall

見学所要時間の目安 2時間

■城壁
Map P.406

ミクルゲート・バー

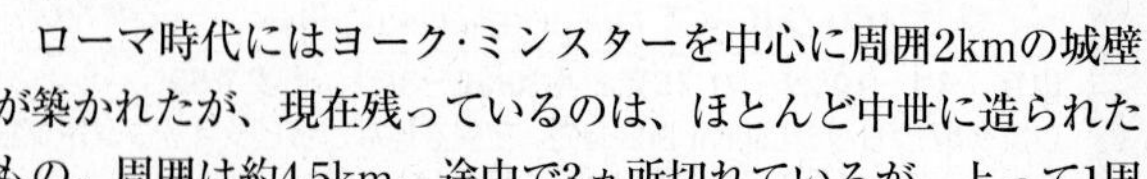
ローマ時代にはヨーク・ミンスターを中心に周囲2kmの城壁が築かれたが、現在残っているのは、ほとんど中世に造られたもの。周囲は約4.5km。途中で3ヵ所切れているが、上って1周

することができる。城壁の上からさまざまな角度で見るヨーク・ミンスターは格別だ。ウーズ川のほとりから駅前を通り、ミクルゲート・バーへ抜けるルートも人気。

中世ギルドの財力を今に伝える

見学所要時間の目安 30分

マーチャント・アドベンチャラーズ・ホール
Merchant Adventurer's Hall

ギルドの財力の象徴

14世紀に建てられたギルドホールで、ヨークにある中世の建造物のなかでも最も美しいといわれている。当時のギルドは、ヨークにおける海外貿易を独占しており、この建築物を見るだけでも、その財力をうかがい知ることができる。必見は木骨造りのグレート・ホールGreat Hallで、現在でも結婚式場などに用いられている。横にある石造りの小さなチャペルは1411年に建てられたものだ。

■マーチャント・アドベンチャラーズ・ホール
Map P.406B-2
✉Fossgate, YO1 9XD
TEL(01904) 654818
inet www.theyorkcompany.co.uk
開4～9月9:00～17:00
(金・土9:00～15:30、日12:00～16:00)
10～3月9:00～15:30
休10～3月の日曜、12/25～1/1
料£2.50　学生£2.00

18世紀の邸宅

見学所要時間の目安 1時間

フェアファックス・ハウス
Fairfax House

レンガ造りの美しい邸宅

1760年代に建てられたジョージ王朝時代の美しい邸宅。1980年代初頭には廃墟寸前だったが、丹念に修復された。客間のレッド・サルーンRed Saloonなど内部は、建物が建てられた当時の調度品によって美しく装飾されており、ジョージ王朝時代に造られた時計のコレクションも見逃せない。

■フェアファックス・ハウス
Map P.406B-2
✉Castlegate, YO1 9RN
TEL(01904) 655543
FAX(01904) 652262
inet www.fairfaxhouse.co.uk
開11:00～17:00
(日13:30～17:00)
金曜はガイドツアーのみで11:00、14:00発
休12/24～26・31、1/1
料£4.50　学生£4.00

ヴァイキング時代のヨークを体験

見学所要時間の目安 1時間

ヨーヴィック・ヴァイキング・センター
Jorvik Viking Centre

ヨーヴィックとは、ヴァイキングがこの地を支配していた時代のヨークの名前。当時のヨークは、交易の中心地として栄え、特に羊毛の取引が盛んだった。このアトラクションではタイムマシンに乗ってヴァイキング時代のヨークを訪れるという設定。途中見られる市場や波止場、家の様子などが、考古学的データに基づいて忠実に再現されている。

■ヨーヴィック・ヴァイキング・センター
Map P.406B-2
✉Coppergate, YO1 9WT
TEL(01904) 543403
inet www.vikingjorvik.com
開4～10月10:00～17:00
11～3月10:00～16:00
休12/24・25
料£7.75　学生£6.60

ヨークの闇の部分に迫る

見学所要時間の目安 1時間

ヨーク・ダンジョン
The York Dungeon

2000年にも及ぶヨークの歴史の中で実際に起きたおそろしい話を再現するイギリス風お化け屋敷。ヨークで絞首刑にされた強盗タービンや、ヴァイキングの襲来、14世紀のヨークを襲った疫病のペストなど、ヨークの闇の歴史に迫る。

■ヨーク・ダンジョン
Map P.406B-2
✉12 Clifford St., YO1 9RD
TEL(01904) 632599
inet www.thedungeons.com
開4～9月13:00～17:00
10～3月10:30～16:00
料£9.95　学生£8.95

世界最大の鉄道博物館

見学所要時間の目安 2時間

国立鉄道博物館
National Railway Museum

流線型の車体が美しいマラード号

ヨーク鉄道駅のすぐ裏にある。鉄道関係の博物館としては世界最大級の規模を誇る。1829年に走った世界初のSL、ロケット号の復元車両や、SLとしては世界最高速度(時速202km)のマラード号、さらにヴィクトリア女王を乗せた車両など、鉄道ファンならずとも思わず見入ってしまうコレクションはさすが。日本の新幹線の車両も展示されており、内部も見学可能。また、売店では本や写真など、鉄道に関するさまざまな資料が手に入る。

■国立鉄道博物館
Map P.406A-1
✉Leeman Rd., YO26 4XJ
TEL(01904) 621261
FAX(01904) 611112
inet www.nrm.org.uk
開10:00〜18:00
休12/24〜26
料無料

ヴィクトリア朝時代を再現

見学所要時間の目安 1時間

ヨーク・キャッスル博物館
York Castle Museum

クリフォーズ・タワー

17世紀終わりから19世紀まで、ヨークシャー地方で使われていた家具、衣服、装飾品、武具、農具などの膨大なコレクションを展示した博物館。各時代の部屋は、今でも人が住んでいるかのように再現されている。なかでもヴィクトリア時代の通りを再現したカークゲートKirkgateがすばらしい。ショーウインドーまできれいに飾られた店が並び、馬車も走り、まるで100年前の町に迷い込んだような気がしてくる。

また、同じ敷地にある小さな丘には、13世紀のヨーク城の一部であるクリフォーズ・タワーClifford's Towerが残っているので行ってみよう。ここからの眺めは非常にすばらしい。

■ヨーク・キャッスル博物館
Map P.406B-2
✉Eye of York, YO1 9RY
TEL(01904) 687687
FAX(01904) 671078
inet www.yorkcastlemuseum.org.uk
開9:30〜17:00
休1/1、12/25・26
料£6.50　学生£5.00

■クリフォーズ・タワー
Map P.406B-2
✉Tower St., YO1 9RY
TEL(01904) 646940
inet www.english-heritage.org.uk
開4〜9月10:00〜18:00
10月10:00〜17:00
11〜3月10:00〜16:00
休1/1、12/24〜26
料£3.00　学生£2.30

考古学ファン必見

見学所要時間の目安 1時間

ヨークシャー博物館
Yorkshire Museum

ヨークシャーから出土したものを展示している博物館で、ミュージアム・ガーデンにある。ローマ時代の出土品、ヴァイキング時代や中世に王族が所有した財宝など、貴重な品々が多いが、なかでもローマ時代のモザイクは必見だ。太古の化石から20世紀までの幅広い展示は、そのままこの地域の歴史的重要性を物語っている。

博物館の中庭

■ヨークシャー博物館
Map P.406A-1
✉Museum Gdns., YO1 7FR
TEL(01904) 687687
FAX(01904) 687662
inet www.yorkshiremuseum.org.uk
開10:00〜17:00
休1/1、12/25・26
料£5.50　学生£4.50

庭には遺構も残っている

ホテル&レストラン Hotel&Restaurant

B&Bは城壁の中にはそれほど多くはないが、駅の裏側や町の南側などに多い。ただし、観光地なので、シーズン中は込み合うことが多い。早めに宿探しをしておこう。レストランはさすがに観光地だけあり、各種揃っている。

日本からホテルへの電話 電話会社の番号 + 010 + 国番号44 + 市外局番の最初の0を取った掲載の電話番号

ジャッジズ・ロッジング The Judges Lodging 高級

●1710年頃に建てられたジョージア王朝様式の建物を利用。部屋はモダンな部屋やアンティークな雰囲気漂う部屋など、それぞれ独自に飾り付けられているが、設備はいずれも整っている。併設のレストラン、バーも雰囲気がよい。

14室 Map P.406B-1

⊠9 Lendal, YO1 8AQ
TEL (01904) 638733
FAX (01904) 679947
inet www.judgeslodgings.com
S £85.00〜
W £100.00〜
£ T/C £ C/C A M V

プレミア・トラベル・イン Premier Travel Inn 中級

●イギリス全土に展開するホテルチェーンの系列。鉄道駅近くの立地のよさに加えて、各部屋には衛星放送が視聴可能なテレビやADSLモデムポートなども完備、バスルームも使いやすい造り。別料金の朝食は、イングリッシュが£6.95、コンチネンタルが£4.95。駐車場完備。

86室 Map P.406A-2

⊠20 Blossom St., YO24 1AJ
TEL (0870) 9906594
FAX (0870) 9906595
inet www.premiertravelinn.com
S W £59.95〜
£ T/C 不可
C/C A D M V

カールトン・ハウス Carlton House Hotel ゲストハウス

●駅から南に行くとある。このあたりには、1800年代のジョージ王朝様式の建物が並んでいるが、ここもそのひとつ。内装も落ち着いており、心がなごむ。朝食はボリュームたっぷり。全館禁煙。

13室 Map P.406A-2

⊠134 The Mount, YO24 2AS
TEL (01904) 622265 FAX (01904) 637157
inet www.carltonhouse.co.uk
S £40.00
W £60.00〜70.00
£ T/C £ C/C J M V

アビー・フィールズ Abbey Fields ゲストハウス

●B&Bが軒を連ねるブーサム・テラスBootham Terraceにある。シンプルだが、木のぬくもりが感じられる内装が印象的。部屋にはテレビ、ティーセットなどが完備されている。全室禁煙。駐車場もあり。長期滞在割引は応相談とのこと。大理石でできた暖炉のあるゲストラウンジもあり、のんびりくつろぐことができる。

8室 Map P.406A-1

⊠19 Bootham Ter., YO30 7DH
TEL&FAX (01904) 636471
inet www.abbeyfields.co.uk
S £42.00
W £70.00
£ T/C £
C/C A D M V

シカモー The Sycamore Guest House ゲストハウス

●駅から徒歩で15分程度。ギリシア人とイギリス人のフレンドリーな夫婦が経営している。花柄を基調とした内装はとてもかわいらしい。バス、トイレ共同の屋根裏部屋が意外にも人気だとか。館内禁煙。朝食はビュッフェ形式。

6室 Map P.406A-1

⊠19 Sycamore Pl., Bootham, YO30 7DW
TEL (01904) 624712 FAX なし
inet www.thesycamore.co.uk
S £35.00
W £52.00 W £68.00
£ T/C £ C/C 不可

エアーデン・ハウス Airden House

ゲストハウス

●ヨーク・ミンスターから徒歩5分。B&B街の入口付近にある。家庭的なもてなしが評判でリピーターも多いとか。くつろげるラウンジもある。客室はかわいらしい感じで、全室ティーセット付き。2005年に改装が終了し、さらにグレードアップした。

8室　Map P.406A-1

✉1 St. Mary's, YO30 7DD
TEL&FAX (01904) 638915
inet www.airdenhouse.co.uk
S £40.00
W £70.00
£　T/C £　C/C M V

ヨーク・ユース・ホテル York Youth Hotel

ホステル

●駅と町の中心の間にあり、便利な立地。一番大きなドミトリールームは男女共同。ランドリーサービス、インターネットサービスあり。共同のキッチンやダイニングルームも併設されている。部屋は非常に簡素。

ベッド数100　Map P.406B-2

✉11-13 Bishophill Senior, YO1 6EF
TEL (01904) 625904　FAX なし
inet www.yorkyouthhotel.demon.co.uk
D £12.00～16.00
S £25.00　W £38.00
£　T/C 不可　C/C A M V

YHAヨーク YHA York

ユースホステル

●駅から歩くと30分ほどかかる。駅前から17番、パーク&ライド・グリーン・レーンPark & Ride Green Lane2番のバスでクリフトン・グリーンClifton Green下車。ドミトリーは1部屋にベッドが4～6つの部屋がある。シングルは1部屋のみ。

ベッド数150　Map P.406A-1外

✉Water End, Clifton, YO30 6LP
TEL (01904) 653147　FAX (01904) 651230
inet www.yha.org.uk
D £18.50　S £26.00
W £48.00
£　T/C £　C/C M V

☺街から離れているので静かですし、小さい街だったので中心地にもすぐ行けました。　（東京都　塩原洋二　'05夏）

ラッセルズ Russels

英国料理

●ヨークシャーの伝統料理を出すレストラン。人気は何といっても肉のロースト。調理用テーブルの上にのせられたチキン、ポーク、ビーフ、ラムといった肉から選んで、料理人に切り分けてもらう。付け合わせの野菜もボリュームたっぷり。

Map P.406B-2

✉34 Stonegate, YO1 8AX
TEL (01904) 641432　FAX なし
inet www.russells-restaurants.com
開 12:00～21:30（金・土～22:00）
休 無休
£　T/C 不可　C/C M V

カッパドキア Kapadokya

トルコ料理

●ポップな内装のトルコ料理店。メニューが豊富でかなり本格的。ケバブはイスケンデル（ヨーグルトソース添え）、アダナ（ピリ辛風味）など数種あり、1品£10.00前後。カルシュック・メゼ（前菜盛り合わせ）は£5.45。3品のセットは£16.50。ランチセットも3品で£6.50。

Map P.406B-2

✉24 George Hudson St., YO1 6LT
TEL (01904) 625250　FAX なし
開 12:00～15:00　17:00～23:00
日12:00～22:30
休 無休
£　T/C 不可　C/C J M V

ベティズ Betty's

ティー&カフェ

●1930年代創業の歴史あるカフェ。町の中心にあるのでいつもにぎやか。夕方（日曜は午後）にはピアノの生演奏が聴ける。アフタヌーンティーは£12.50。

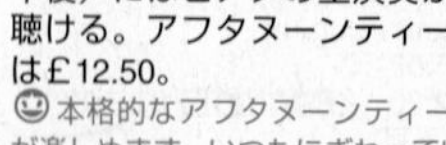
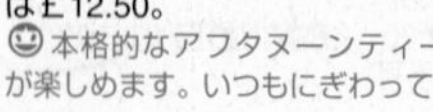

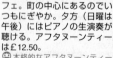

☺本格的なアフタヌーンティーが楽しめます。いつもにぎわっています。（大阪府　きなこ　'05夏）

Map P.406B-1

✉6-8 St. Helen's Sq., YO1 8QP
TEL (01904) 659142　FAX なし
inet www.bettys.co.uk
開 9:00～21:00（土8:30～21:00）
休 無休　£　T/C 不可　C/C M V

ショッピングの都

リーズ Leeds

人口71万5000人
市外局番0113

リーズは19世紀に毛織物産業をてこに大きく発展した街。商業の伝統は今も生きていて、個性的なショッピングセンターがにぎわいを見せる。この地方の交通の要衝でもあり、ヨークシャー・デイルズ国立公園、ハワース、ハロゲイトへの起点にもなる。

現代的なリーズの町並み

歩き方

リーズはシティ駅を中心に広がっている。駅の北東が大きな歩行者天国となっており、おもなショッピングセンターが点在している。シティ駅前から北に延びるパーク・ロウPark RowP.413A-2と美術館やタウンホールがあるザ・ヘッドロウThe HeadrowP.413A-1がメインストリート。

ターミナルから市の中心部へ

空港

リーズ・ブラッドフォード国際空港はリーズの北西にある。市内へはエアリンクAirlink757番のバスで。1時間に1～2便、所要約40分でバスステーションに到着する。

鉄道駅

シティ駅は市街地の南にある。主要幹線をはじめ、セトル・カーライル鉄道など多くの路線が発着する。ターミナルやプラットホームも近代的。改札口があるので、切符はなくさないように。この駅では乗り越し精算もできる。

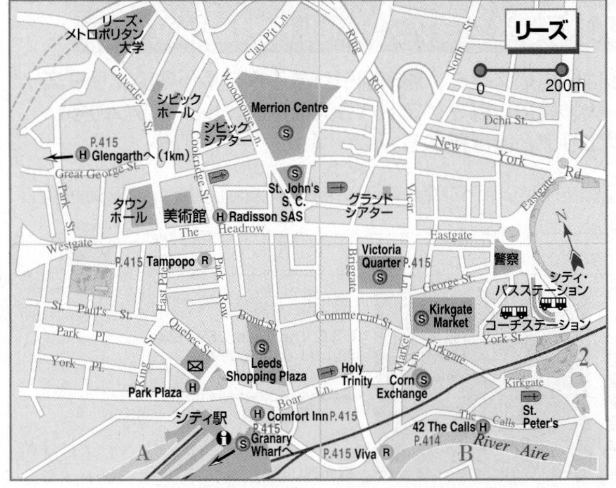

リーズへの行き方

●ロンドンから
ヒースロー空港発
1日2～5便
所要：約1時間
キングズ・クロス駅発
1時間に1便
所要：2時間30分
ヴィクトリア・コーチステーションから1時間に1便
所要：4時間～5時間45分

●エディンバラから
1日1～4便
所要：50～55分
1時間に1～2便、ヨーク乗り換えの便もある
所要：3時間

●マンチェスターから
頻発
所要：約1時間
1時間に1～2便
所要：1時間～1時間30分

●バーミンガムから
1時間に1便、ドンカスターDoncaster乗り換えの便もある
所要：約2時間
1日5～6便、マンチェスター乗り換えの便もある
所要：2時間50分～3時間15分

●ヨークから
頻発
所要：40分
1時間に1～3便
所要：45分～1時間15分

●ハロゲイトから
1時間に1便程度
所要：40分
1時間に1～3便
所要：45分

●スキップトンから
1時間に1～2便
所要：45分

■リーズの
Map P.413A-2
Leeds City Station, LS1 1PL
TEL (0113) 2425242
FAX (0113) 2428132
inet www.leeds.gov.uk
開 9:00～17:30（月10:00～17:30、日10:00～16:00）
休 無休
宿の予約は手数料£1.00とデポジットとして宿泊料金の10%

バスステーション横のカークゲート・マーケットは、マークス&スペンサー発祥の地でもある

エア川沿いには倉庫として利用されていた建物が多い

コーチ／バスステーション

ナショナル・エクスプレスのコーチはカークゲート・マーケットKirkgate Market**P.413B-2**の横にあるコーチステーションに到着。中・近距離バスや近郊へのバスは、その東隣のシティ・バスステーションに到着する。内部はつながっており、乗り換えは非常に便利。

バスステーションから出るバス

旅の情報収集

観光案内所

ⓘはシティ駅の構内（正面入口に向かって右側）にあり、ヨークシャー・デイルズ国立公園など周辺地域のパンフレットもたくさん置いており、情報量も豊富。

見どころ

王女の住まいでもあった

ヘアウッド・ハウス
Harewood House

見学所要時間の目安 半日以上

ヘアウッド・ハウスはリーズからヨークシャー・デイルズ国立公園へ向かう途中にある。1759年、ヘアウッド伯爵によって建てられた後、代々ヘアウッド家が継承し、ジョージ5世の娘、メアリー王女がヘアウッド伯ヘンリー・ラッセルと結婚し、1965年にその死を迎えるまでここに35年暮らした。当時の調度品も保存、展示されている。広い庭園や湖も非常に魅力的。園内を散策したり、敷地内にある施設に立ち寄ったりしていると、あっという間に時間が経ってしまう。

■ヘアウッド・ハウス
Map P.417B-4
🚌リーズとハロゲイトを結ぶ36番のバスがヘアウッド・ハウスの前を通る。20分～1時間ごと。リーズから所要20分。ハロゲイトから所要20分。
✉Harewood, LS17 9LQ
TEL(0113) 2181010
FAX(0113) 2181002
Inet www.harewood.org
開12:00～16:00
庭10:00～16:30または日没1時間前
休11月～2月上旬
料￡11.00　学生￡6.50
土・日・祝￡13.00
学生￡8.00

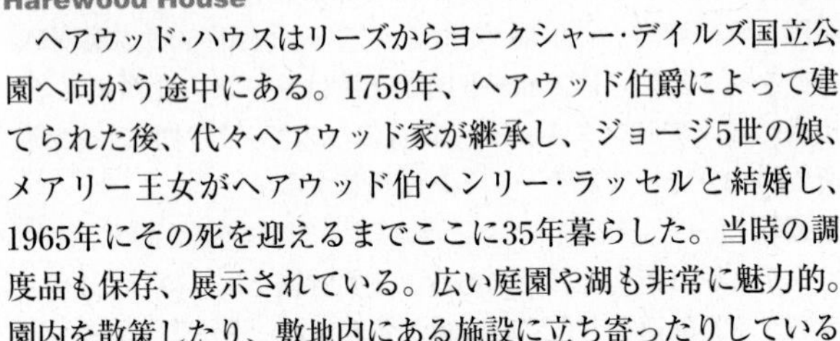

ホテル&レストラン&ショップ Hotel&Restaurant&Shop

中高級の大型ホテルは駅周辺に多く、週末割引があるホテルが多い。リーズの町の中心部には、大学周辺以外でゲストハウスはない。レストランの多い場所はショッピングエリアとほぼ重なる。

日本からホテルへの電話　電話会社の番号 + 010 + 国番号44 + 市外局番の最初の0を取った掲載の電話番号

42コールズ 42 The Calls　【高級】

●再開発地区にあるおしゃれなデザイナーズホテル。一つひとつの部屋にそれぞれテーマの異なった内装が施してあるが、古い木材や建物の形を活かすようなデザイン。モノトーン系のインテリアも都会的な感じを演出している。併設のレストランも評価が高い。

41室　Map P.413B-2
✉42 The Calls, LS2 7EW
TEL(0113) 2440099
FAX(0113) 2344100
Inet www.42thecalls.co.uk
S W ￡150.00～395.00
￡
T/C ￡
C/C A D J M V

コンフォート・イン Comfort Inn Leeds 【大型】

●シティ駅の正面にあり、非常に便利なチェーンホテル。駅の周辺には大手のチェーンホテルが多いが、ここはそのなかでも値段が手頃なほうだ。一部バスタブ付きの部屋もある。オプションの朝食は、コンチネンタルが£3.25、イングリッシュが£5.95。

80室 Map P.413A-2

✉Bishopgate St., LS1 5DF
TEL(0113) 2422555 FAX(0113) 2423076
inet www.choicehotelseurope.com
S £60.00 W £65.00
£ T/C £ C/C J M V
☺駅の正面で便利がよく、夜遅い到着だったので助かりました。 （広島県 岩永恭子 '05年1月）

グレンガース Glengarth Hotel 【ゲストハウス】

●グレート・ジョージ・ストリートGreat George St.を西に進み、クラレンドン・ストリートCarendon St.の坂を上っていく。部屋は明るい感じで、パステルカラーの壁。簡素だが、ていねいに掃除されている。シャワーも新しい。

14室 Map P.413A-1外

✉162 Woodsley Rd., LS2 9LZ
TEL(0113) 2457940 FAX(0113) 2168033
S £30.00 S £40.00
W £40.00～50.00
W £50.00～60.00
£ T/C £ C/C M V

ヴィヴァ Viva 【イタリア料理】

●シティ駅の南東、橋のたもとにある小さなイタリア料理店。ピザ、パスタは£6.95～7.50が目安。前菜は£4.00～7.00ほど。ワインやビールも出す。前菜とパスタかピザのアーリーバード・メニュー(月～金17:00～19:30)は£12.95。

Map P.413B-2

✉9 Bridge St., LS1 7HG
TEL & FAX(0113) 2420185
開12:00～14:30 17:30～22:30
休日のランチ
£ T/C不可
C/C M V

タンポポ Tampopo 【ヌードルバー】

●ヘルシーなイメージで人気のヌードルバー。シンプルな店内に長イス、長テーブルが並んでいる。日本食では、焼きうどん、野菜の天ぷら、餃子、ラーメンなど、そのほかにはタイカレーやナシゴレンなど、さまざまなメニューがある。レストラン内は禁煙。

Map P.413A-2

✉15 South Parade, LS1 5QS
TEL(0113) 2451816 FAX(0113) 2451878
開12:00～23:00（日12:00～22:00）
休無休
£ T/C不可
C/C A M V

ヴィクトリア・クオーター Victoria Quarter 【ショッピングセンター】

●「全英で最も美しいショッピングセンター」といわれる、美しいアーケードをもつショッピングセンター。明るいなかにも高級感を失わないアーケードに、さまざまなブランド物が並んでいる。ハーベイ・ニコルズも入っている。

Map P.413B-2

✉Victoria Quarter, LS1 6AZ
TEL(0113) 2455333（総合案内） FAXなし
inet www.vqleeds.com
開月・火8:00～21:00、水～土8:00～22:30 日10:00～18:00 休無休
£ T/C不可 C/C店により異なる

グレナリー・ワーフ Granary Wharf 【ショッピングセンター】

●もともとは鉄道で運ばれてきた荷物を運河へ積み出すために使われていたスペースを、ショッピングセンターとして再生させたもの。今は国際色豊かなショッピングモールとなり、週末にはさまざまなイベントが催されることもある。

Map P.413A-2外

✉Granary Wharf, LS1 4BR
TEL(0113) 2446570（総合案内）
FAXなし
開10:00～17:00（店により異なる） 休無休
£ T/C不可
C/C店により異なる

ヨークシャー・デイルズ
国立公園
ロンドン

あたたかくも厳しい自然がここにある

ヨークシャー・デイルズ国立公園

Yorkshire Dales National Park

スキップトン、セトル、ホウズ、マラム

荒涼とした大地を突き抜けるリブルヘッドの陸橋

ヨークシャー・デイルズへの行き方

起点となる町はスキップトン(→P.421)とセトル(→P.423)。鉄道で入る場合はリーズやカーライルで乗り換える。

■スキップトンへの行き方

●ロンドンから

キングズ・クロス駅発、1時間に1便程度、リーズで乗り換え

所要：3時間30分～4時間

ヴィクトリア・コーチステーション13:30、15:30、17:30発

所要：約5時間45分

■セトルへの行き方

●ロンドンから

キングズ・クロス駅発、1～2時間に1便程度、リーズで乗り換え

所要：約4時間

リブルヘッド陸橋近くの風景

リーズとスキップトンを結ぶ列車

厳しい自然と独特な文化で知られるヨークシャー・デイルズ国立公園はノース・ヨークシャーとカンブリアの間に広がり、その面積は1769km²（大阪府よりやや狭い）。ヨークシャー・デイルズの「デイルズDale」は「谷」を意味し、20を超えるデイルがある。景色の多くは、青々とした緑のデイルと、白い石灰岩のそびえ立つ峰々Peaksによって構成されている。湖水地方をあたたかい自然の母と形容するなら、ヨークシャー・デイルズ地方は厳しい父の姿にたとえられるだろう。

モデルルート

できれば数日かけてのんびりと自然を満喫したいが、おもな町だけならセトル・カーライル鉄道で巡ることができる。

セトル・カーライル鉄道を満喫する1泊2日の旅

1日目：スキップトン→ソルテア→スキップトン→運河クルーズ→スキップトン城
2日目：スキップトン→リブルヘッド→リブルヘッド陸橋→セトル→スキップトン

セトル・カーライル鉄道沿線の見どころを満喫するコース。移動は鉄道のみなので、シーズンに関係なく回ることができる。1日目はまずスキップトン（リーズでも可）から世界遺産の町並みが残るソルテアへ。独特の町並みを散策したあとはスキップトンまで戻り、町をのんびりと散策。リーズ・リヴァプール運河クルーズやスキップトン城を見学。
2日目は午前中に列車でリブルヘッドへ行き、リブルヘッド陸橋とビジターセンターを見学、リブルヘッドから列車でセトルへ行き、セトルの町をのんびり散策し、スキップトンへバスか列車で帰ろう。そのままカーライルへ抜けるのもよい。

歩き方

ヨークシャー・デイルズは東西南北に分けられる。スキップトンSkiptonやセトルSettleなどがある南部のサザン・デイルズSouthern Dales、北部のノーザン・デイルズNorthern DalesにはチーズでI有名なホウズHawes、東部のイースタン・デイルズEastern DalesにはリポンRiponやファウンテンズ・アビーFountain's Abbeyがある。西部のウエスタン・デイルズWestern Dalesは湖水地方に近く、カークビー・ステファンKirkby Stephenなどの町がある。

ヨークシャー・デイルズは非常に交通の便が悪い。ヨークシャー・デイルズを縦断するセトル・カーライル鉄道は便利だが、スキップトンから北は極端に便数が少なくなる。沿線以外の町や見どころへのバスの便は、ハイシーズンでさえ週末しか運行しないことも多い。❶で時刻表をもらって計画を練ろう。可能ならレンタカーで回るのが理想的。

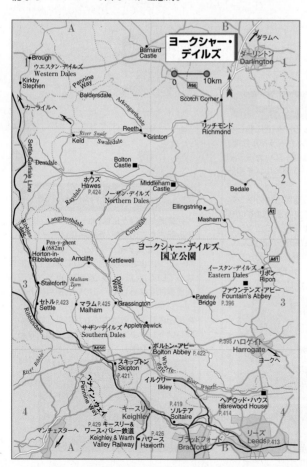

ヨークシャー・デイルズ

A B 1 2 3 4
ダラムへ
Barnard Castle
ダーリントン Darlington
Brough
ウエスタン・デイルズ Western Dales
Kirkby Stephen
Pennine Way
0 10km
A66
N
Scotch Corner
Baldersdale
Arkengarthdale
カーライルへ
Reeth
Grinton
リッチモンド Richmond
River Swale
Keld
Swaledale
Settle-Carlisle Line
Dentdale
Bolton Castle
ホウズ Hawes P.424
Raydale
Middleham Castle
Bedale
ノーザン・デイルズ Northern Dales
Ellingstring
A1
Masham
Langstrothdale
Coverdale
Ribblesdale
Pen-y-ghent (682m)
ヨークシャー・デイルズ 国立公園
Horton-in-Ribblesdale
Arncliffe
Kettlewell
A61
イースタン・デイルズ Eastern Dales
リポン Ripon
Stainforth
Malham Tarn
Dales Way
ファウンテンズ・アビー Fountain's Abbey P.396
Pateley Bridge
セトル Settle P.423
マラム Malham P.425
Grassington
Appletreewick
サザン・デイルズ Southern Dales
Ribblesdale
A650
ボルトン・アビー Bolton Abbey P.422
P.395 ハロゲイト Harrogate
ヨークへ
River Ribble
スキップトン Skipton P.421
Wharfedale
イルクリー Ilkley
River Wharfe
ペナイン・ウェイ Pennine Way
ヘアウッド・ハウス Harewood House P.414
キースリー Keighley
P.419 ソルテア Soltaire
P.429 キースリー&ワース・バレー鉄道 Keighley & Warth Valley Railway
P.426 ハワース Haworth
マンチェスターへ
ブラッドフォード Bradford
リーズ Leeds P.413

■ヨークシャー・デイルズ国立公園の❶
[inet] www.yorkshiredales.org
宿の予約はデポジットとして1泊目の宿泊料金の10%

●スキップトンの❶
Map P.421
✉35 Coach St., BD23 1LQ
TEL (01756) 792809
FAX (01756) 797528
[inet] www.skiptononline.co.uk
開 月～土10:00～17:00
4～10月の日曜11:00～15:00
休 11～3月の日曜

スキップトンの❶

●セトルの❶ Map P.423
タウンホール内
✉Town Hall, BD24 9EJ
TEL (01729) 825192
FAX (01729) 824381
[inet] www.settle.org.uk
開 4～9月9:30～16:30
10～3月10:00～16:00
休 無休

●ホウズの❶ Map P.424
✉Station Yard, DL8 3NT
TEL (01969) 667450
FAX (01969) 667165
開 4～10月10:00～17:00、冬季は要確認
休 日、11～3月

●マラムの❶
(National Park Centre)
Map P.425
村入口の駐車場前
✉Malham, BD23 4DA
TEL (01729) 830363
FAX (01729) 830673
開 10:00～16:00
休 11～3月の月～金曜

■スキップトンのレンタカー会社

●スキップトン・セルフ・ドライブSkipton Self Drive
Map P.421
✉Otley Rd., BD23 1EY
TEL (01756) 792911
FAX (01756) 796285
[inet] www.skiptonselfdriveltd.co.uk
開 8:00～18:00
土8:00～17:00
日8:30～12:00
休 無休
料 1日£28.95～

セトル・カーライル鉄道

カーライル
Carlisle
アーマスウェイト
Armathwaite
ラゾンビー&カーコズワルド
Lazonby & Kirkoswald
ラングワスビー
Langwathby
カークビー・スティーヴン
Kirkby Stephen
アップルビー
Appleby
ガースデイル
Garsdale
ホウズ
Hawes
デント
Dent
ブレア・ムーア・トンネル

ホウズ Hawes

のどかな風景が広がる小さな農村。特産のウェンズリーデイル・チーズは英国屈指のブルーチーズとして有名。「チョコレート・ボックス」と形容される、絵ハガキのような風景も多くの旅行者を魅了してやまない。

ホウズの町並み

セトル・カーライル鉄道 Settle-Carlisle Line

19世紀にセトル～カーライル間に造られた路線。名前こそ「セトル・カーライル鉄道」となっているが、実際はリーズ～カーライル間を結び、ヨークシャー・デイルズを縦断している。

全長116kmの間に22の陸橋と14のトンネルがあり、その車窓から見る風景はすばらしい。連なる小高い山々を背景にヒツジが静かに暮らしている光景があるかと思えば、丘陵と岩だらけの荒野が現れる。そんな変化に富んだヨークシャー・デイルズのあらゆる姿を車窓から見ることができる。

ブラッドフォード行きもある

■セトル・カーライル鉄道
TEL(09065) 660607
Inet www.settle-carlisle.co.uk
ブリットレイルパスで利用可能

セトル・カーライル鉄道の車内

ホートン・イン・リブルスデイル Horton-in-Ribblesdale

列車時刻表などには「ホートンHorton」とのみ記されているが、正式名称はホートン・イン・リブルスデイルHorton-in-Ribblesdale。ホートンは小さな駅で、駅の前は住宅地になっているだけ。しかし周辺の穏やかな田園風景はすばらしく、この駅を拠点にトレッキングに出かける人々が多い。川を渡った南側の駐車場敷地内に❶があり、周辺の詳しいトレッキング情報はここで仕入れることができる。

ホートン・イン・リブルスデイルの❶

リブルヘッド陸橋
Ribblehead Viaduct

24本の柱によって支えられる鉄道橋リブルヘッド・ヴィアダクトはこの路線のハイライト。リブルヘッド駅からB6255の通りに出て、突きあたりを左に進むと、巨大な鉄道橋が見え始める。125年以上前に建てられたリブルヘッド駅構内にはビジターセンター（エキシビジョン・センター）があり、セトル・カーライル鉄道の歴史を紹介している。

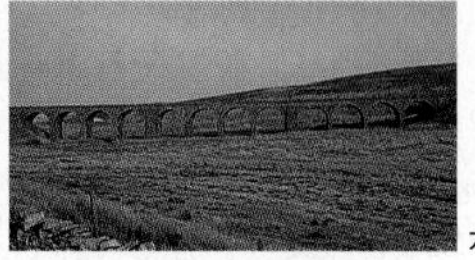

ガーズデイルの陸橋

■リブルヘッド・ビジターセンター
Ribblehead Visitor Centre
✉Ribblehead Station　開9:30～19:00　休月　料無料

Settle
The Settle-Carlisle Line
Welcome
you to the market town of Settle
in the county of North Yorkshire

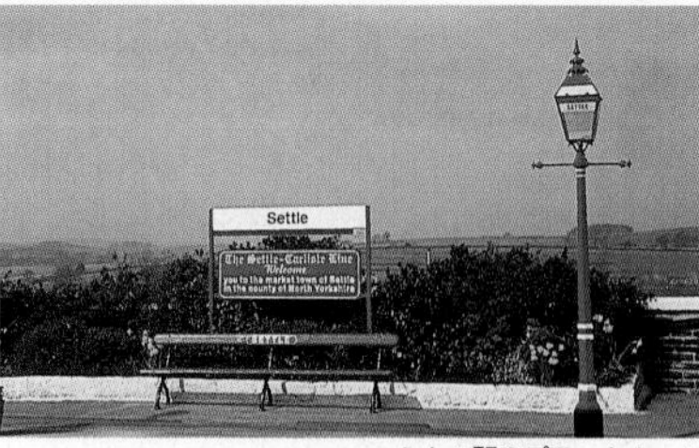

セトル駅のプラットホーム

マラム Malham

近郊にあるマラム・カーヴの圧倒的な迫力の石灰岩群には自然への畏怖を感じずにはいられない。平板岩のムーンブリッジMoon Bridge、妖精の女王にちなんで名付けられたかわいい滝ジャネッツ・フォスJanet's Fossなどもある。このあたりは天候がくずれやすいので、雨具の用意をしておこう。

ソルテア Soltaire

19世紀、産業革命の時代に地元の有力者、タイタス・ソルトによって造られたモデルビレッジ。ソルトが所有する毛織物工場の労働者のため、住居や教会や学校を含めた総合的都市設計で造られた。町全体にヴィクトリア様式の建物が並ぶ独特の景観は、世界遺産にも登録されている。

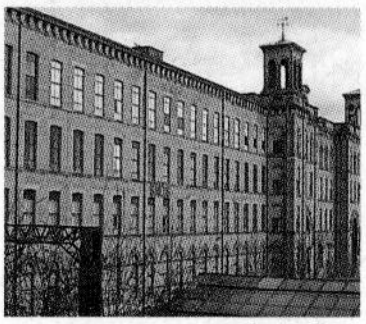

ソルツ・ミル

ソルテア駅を出て目の前に見える建物がソルツ・ミルSalts Millで、かつてはソルテアの中心をなす工場だった。ソルツ・ミルからヴィクトリア・ロードVictoria Rd.を南に行くと、学校や病院などがある。ソルツ・ミルの南側には公園が広がっている。

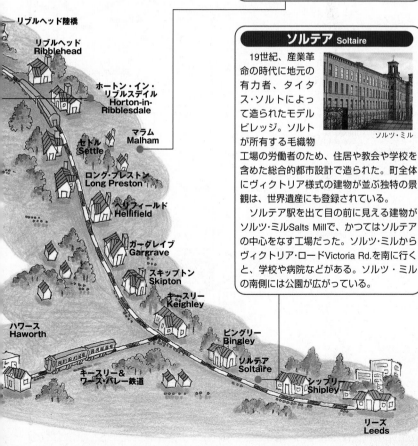

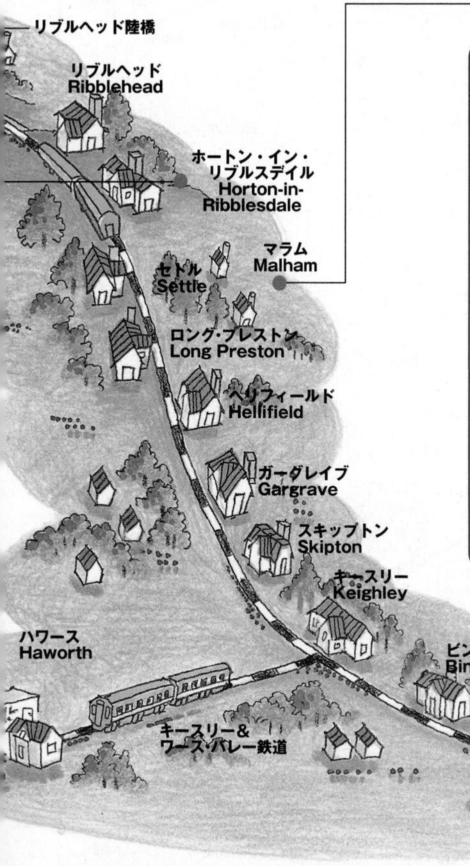

リブルヘッド陸橋
リブルヘッド
Ribblehead
ホートン・イン・リブルスデイル
Horton-in-Ribblesdale
マラム
Malham
セトル
Settle
ロング・プレストン
Long Preston
ヘリフィールド
Hellifield
ガーグレイブ
Gargrave
スキップトン
Skipton
キースリー
Keighley
ハワース
Haworth
ビングリー
Bingley
ソルテア
Soltaire
キースリー＆ワース・バレー鉄道
シップリー
Shipley
リーズ
Leeds

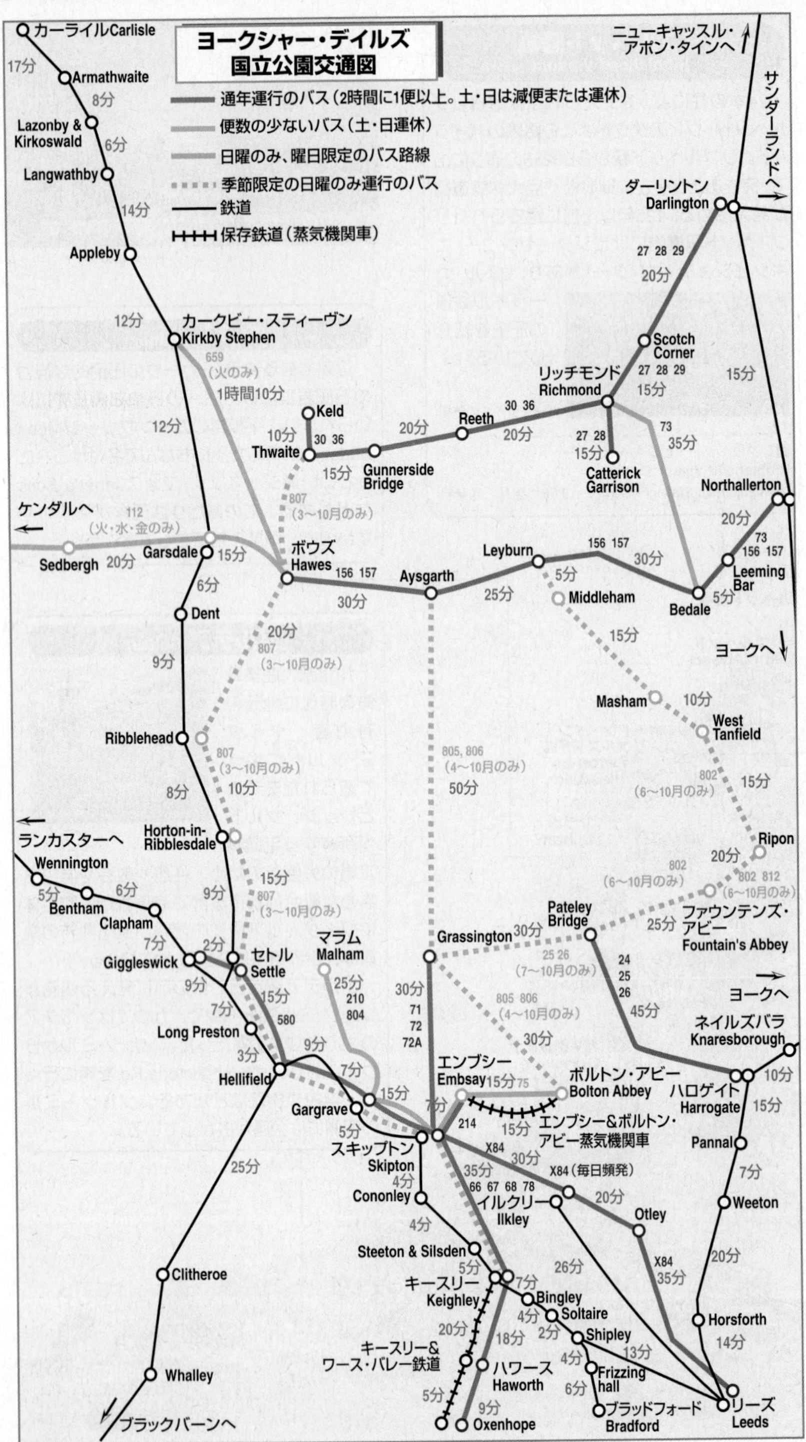

ヨークシャー・デイルズ
国立公園交通図
通年運行のバス（2時間に1便以上。土・日は減便または運休）
便数の少ないバス（土・日運休）
日曜のみ、曜日限定のバス路線
季節限定の日曜のみ運行のバス
鉄道
保存鉄道（蒸気機関車）
カーライルCarlisle
Armathwaite
Lazonby & Kirkoswald
Langwathby
Appleby
カークビー・スティーヴン
Kirkby Stephen
659
（火のみ）
1時間10分
Keld
Thwaite
Gunnerside Bridge
Reeth
リッチモンド
Richmond
Catterick Garrison
Scotch Corner
ダーリントン
Darlington
ニューキャッスル・アポン・タインへ
サンダーランドへ
Northallerton
Leeming Bar
Bedale
ヨークへ
ケンダルへ
112
（火・水・金のみ）
Sedbergh
Garsdale
ボウズ
Hawes
Aysgarth
Leyburn
Middleham
Dent
807
（3〜10月のみ）
Ribblehead
805, 806
（4〜10月のみ）
Masham
West Tanfield
802
（6〜10月のみ）
Ripon
ランカスターへ
Wennington
Bentham
Clapham
Giggleswick
Horton-in-Ribblesdale
セトル
Settle
マラム
Malham
210
804
Grassington
25 26
（7〜10月のみ）
Pateley Bridge
802 812
ファウンテンズ・アビー
Fountain's Abbey
24
25
26
ネイルズバラ
Knaresborough
ハロゲイト
Harrogate
Long Preston
580
Hellifield
Gargrave
スキップトン
Skipton
71
72
72A
エンブシー
Embsay
75
ボルトン・アビー
Bolton Abbey
214
エンブシー&ボルトン・アビー蒸気機関車
X84
X84（毎日頻発）
66 67 68 78
イルクリー
Ilkley
Otley
Cononley
Steeton & Silsden
キースリー
Keighley
Bingley
Soltaire
Shipley
Frizzing hall
キースリー&ワース・バレー鉄道
ハワース
Haworth
Oxenhope
ブラッドフォード
Bradford
リーズ
Leeds
Pannal
Weeton
Horsforth
Clitheroe
Whalley
ブラックバーンへ

最も便利なヨークシャー·デイルズの玄関口

人口1万3000人
市外局番01756

スキップトン Skipton

唯一ともいえるヨークシャー·デイルズの玄関口であるスキップトンは、多くの観光客の通過点だ。スキップトンには見どころもあるが決して多くはない。スキップトンは周辺の観光地へ日帰りで出かけたあと、のんびり憩う場所なのだ。しかし、夏期でさえ交通の便が非常に悪く、観光シーズンは春～初冬にかけて。逆に、スキップトンを保養目的で訪れるなら冬場はまさに狙い目ということにもなる。

ノルマン様式の堅固な城

見学所要時間の目安 1時間

スキップトン城
Skipton Castle

スキップトン城

スキップトン城はイギリスで最も保存状態のよい中世の城のひとつである。スコットランドからの侵入に対して1090年に建てられた木製の砦が起源で、その後襲ってくる敵に対して守りを強化すべく、ノルマン様式の石の城に取り替えられ、900年以上スキップトンの街の高台に位置している。クロムウエルの活躍で知られるイギリス大内乱の際に破壊されたが、すぐに再建され、現在の姿になっている。

イギリスで2番目に長い

見学所要時間の目安 2時間

リーズ·リヴァプール運河
Leeds & Liverpool Canal

もともとは石や石炭の搬送のために造られた水路で、イギリスで2番目に長く、全長は127マイル(204.4km)で、内陸に入り込んでいるのが特徴である。現在は運送用としては使われておらず、もっぱら観光客のクルーズ用運河となっている。ペナイン・ボート・トリップPennine Boat Tripで19世紀の古い街並みを色濃く残すスキップトン、雄大なヨークシャーの広野を優雅にクルーズで楽しむのはオツなものである。

ナローボート

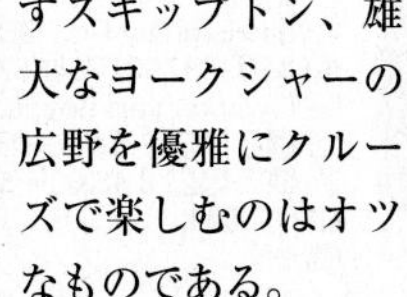

スキップトンへの行き方

●カーライルから
→P.420
●リーズから
→P.420
●ウインダミアから
🚌2時間に1便程度、オクセンホルム・レイク・ディストリクトとランカスターで乗り換え
所要：2時間30分～4時間

■スキップトン城
Map P.421

✉Skipton Castle, BD23 1AQ
TEL(01756) 792442
FAX(01756) 796100
inetwww.skiptoncastle.co.uk
開3～10月10:00～18:00
(日12:00～18:00)
11～2月10:00～16:00
(日12:00～16:00)
休無休
料£5.40　学生£4.80

■リーズ·リヴァプール運河
Map P.421
●ペナイン·ボート·トリップ
Map P.421
✉Coach St., BD23 1LH
TEL(01756) 701212
TEL&FAX(01756) 790829
inetwww.canaltrips.co.uk
4・10月13:00、14:30発
5·6·9月11:30、13:00、14:30発
7・8月、バンクホリデイ11:30、13:00、14:30、15:45、17:15発
休11～3月　料£5.00

■ボルトン・アビー
Map P.417A-3
🚌日曜は近隣の町からバスが出ているが、本数は多くはない。
🚃エンブシー＆ボルトン・アビー蒸気機関車Embsay & Bolton Abbey Steam Railwayがエンブシー～ボルトン・アビー間を運行。7月中旬～8月は毎日、そのほかは週末などに運行している。エンブシーへはスキップトンからバス（日曜運休）で行ける。
✉Bolton Abbey, BD23 6EX
TEL（01756）718009
inet www.boltonabbey.com
開9:00～日没
休無休　料無料
●エンブシー＆ボルトン・アビー蒸気機関車
✉Bolton Abbey Station, BD23 6AF
TEL（01756）795189
inet www.pogo.org.uk/railway
運行：7月中旬～8月はほぼ毎日運行、4～6・9・10月は土・日、11～3月は日曜のみの運行が多い

大自然の中にある
ボルトン・アビー
Bolton Abbey

見学所要時間の目安 1時間

ボルトン・アビーをひとことで説明するのは難しい。歴史的な教会や廃墟があり、川が流れ、村があり、トレッキングルートが多数ある。言うなればボルトン・アビー自然公園。広大な敷地内をゆったりと流れるワルファ川Wharfaでは、水浴びや釣りを楽しむ人々、シダの藪林を訪れる雷鳥を愛でるバードウオッチャー、12世紀に建てられた聖アウグスティヌスの修道院や古代の廃墟バーデン・タワーBarden Towerを訪れる人々が、思いおもいの休日を過ごしている。また、エンブシーとボルトン・アビー間にはエンブシー＆ボルトン・アビー蒸気機関車Embsay & Bolton Abbey Steam Railwayも走っている。

荒野にたたずむ廃墟は英国教会の歴史を語る

ホテル Hotel

スキップトンのホテルは中心地には少なく、バスステーションの先にあるキースリー・ロードKeighley Rd.の周辺に集中している。一方、レストランは町中に点在しており、パブや手軽なレストランなど種類も多い。

日本からホテルへの電話　電話会社の番号 + 010 + 国番号44 + 市外局番の最初の0を取った掲載の電話番号

ユニコーン・ホテル Unicorn Hotel　中級

●バスステーションのすぐ前にあり、観光に便利なロケーション。レストランも併設されており、朝食にはヨークシャーの伝統料理が振る舞われる。客室はさわやかなブルーやグリーン系の内装でまとめられている。全室テレビ、ティーセット付き。ファミリールームや禁煙ルームもある。

10室　Map P.421
読者割引2泊以上10%
✉Devonshire Place, Keighley Rd., BD23 2LP
TEL（01756）794146　FAX（01756）793376
inet www.unicornhotelskipton.co.uk
S £39.50～45.00
W £55.00～75.00
£　T/C不可　C/C M V

クラバン・ハウス Craven House　B&B

●B&Bが建ち並ぶキースリー・ロードKeighley Rdの奥側に位置する。家族経営の小規模なゲストハウスで、アットホームな雰囲気を大切にしている。客室は、花柄のファブリックを使用した英国調のスタイル。全室シャワー、トイレ、ティーセット付き。スーパーマーケットも近くにある。

5室　Map P.421
✉56 Keighley Rd., BD23 2NB
TEL&FAX（01756）794657
inet www.craven-house.co.uk
S £32.00～34.00
W £48.00～50.00
£　T/C £
C/C M V

小さな箱庭のようなかわいい街

セトル Settle

人口2700人
市外局番01729

ヨークシャー・デイルズで一番美しい駅と評されるのが、セトルの駅。セトルはその駅に冠された評に負けないくらい小さいながらも美しく穏やかな町。セトル・カーライル鉄道の駅があることから、ここを拠点にヨークシャー・デイルズを楽しむ人が多いが、それほど大きな町ではない(スキップトンの半分ほど)。町なかに見どころと呼ぶべきものはないが、ここから大小さまざまなフットパスがあり、ヨークシャー・デイルズの洞窟探検などができる。また、火曜はセトルの青空市の日で、🛈裏のマーケット・プレイスMarket Pl.に日用品からアンティークまで、さまざまな露店が出て、見ているだけでもおもしろい。

マーケット・プレイスの青空市

セトルへの行き方

●カーライルから
→P.420
●リーズから
→P.420

ホテル Hotel

セトルは小さな町なので、ホテルもレストランもそれほど多くはない。しかし、そのぶん家庭的なもてなしや伝統的な味を提供する場所が多く、好感度が高い。そのため観光客にも人気が高く、リピーターも多い。

日本からホテルへの電話 電話会社の番号 + 010 + 国番号44 + 市外局番の最初の0を取った掲載の電話番号

ステーション・マスターズ・ハウス Station Master's House (ゲストハウス)

●セトル駅のすぐ横に建つ絶好のロケーション。ホテルの建物自体は1875年に建てられたもの。ステーション・マスター(駅長)という言葉も旅情をそそるが、内部の家具や調度品もアンティークな物が配されている。エントランスには日差しがたっぷりと注ぎ込むリビングもあって快適。全館禁煙。駐車場あり。

2室 Map P.423
✉Settle, BD24 9AA
TEL (01729) 822533 FAX なし
inet www.stationhouse.btinternet.co.uk
W £50.00
£ T/C不可
C/C不可

ゴールデン・ライオン・イン Golden Lion Inn (イン)

●メインストリートに面したインで町のほぼ中心にある便利な立地で、17世紀に建てられた古い建物を利用している。室内はやや古びてはいるものの、かわいらしい内装でまとめられている。全室テレビ、ティーセット付き。パブでは食事も出しており、郷土料理のほかにもピザやグリル系の料理も出す。

6室 Map P.423
✉Duke St., BD24 9DU
TEL (01729) 822203 FAX (01729) 824103
inet www.goldenlionhotel.net
S £31.00 S £57.00
W £38.00 W £69.00
£ T/C不可
C/C M V

素朴な村の生活風景が心を癒す

ホウズ Hawes

人口1120人
市外局番01969

ホウズへの行き方

●セトル、スキップトンから
→P.420
●ケンダルから
🚌ケンダル駅から火・水・金1便
所要：約1時間

■ウェンズリーデイル・チーズ工場　Map P.424
✉Gayle Ln. DL8 3RN
TEL(01969) 667664
FAX(01969) 667638
Inet www.wensleydale.co.uk
開夏期9:00〜17:30
冬期9:30〜16:30
休12/25
料£2.50

■デイルズ・カントリーサイド博物館　Map P.424
✉Station Yard, DL8 3NT
TEL(01969) 667450
FAX(01969) 667165
Inet www.yorkshiredales.org.uk
開10:00〜17:00
休無休
料£3.00

小さな保養地、ホウズ。交通の便は極めて悪いが、苦労してでも訪れたい村だ。端から端まで歩いて20分ほどと村の規模は小さいが、ここで生活するデイルズの人々は活気がある。

クリーミー な味

ウェンズリーデイル・チーズ工場 Wensleydale Creamery

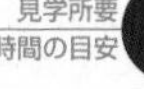

見学所要時間の目安 1時間

チーズ工場

イギリスのテレビ番組『ウォレス&グルミット』で一躍有名になったホウズのウェンズリーデイル・チーズ。チーズ作りの過程を見学できるツアーTours of the Creameryや、できたてのチーズを出すレストランもある。

地方の伝統を展示した

デイルズ・カントリーサイド博物館 Dales Countryside Museum

見学所要時間の目安 1時間

ヨークシャー・デイルズの人々の伝統的な暮らしぶりを模型で再現したり、歴史解説、ヨークシャー・デイルズの伝統工芸教室などがある。

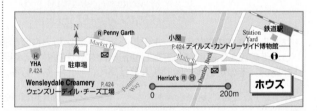

ホウズ
N
R Penny Garth
Market Pl
小屋
P.424 デイルズ・カントリーサイド博物館
Station Yard
鉄道駅
Main St.
Duerley Beck
H YHA P.424
駐車場
Wensleydale Creamery P.424
ウェンズリーデイル・チーズ工場
Pennine Way
Herriot's R H
0 200m

ホテル Hotel

ホウズは小さな村だが、宿泊施設は意外にある。レストランはきちんと夕食がとれるのはインがほとんどで、あとは軽食店が多い。ちなみにメイン・ストリートにはヘリオッツHerriot'sというレストランがある。

日本からホテルへの電話　電話会社の番号 + 010 + 国番号44 + 市外局番の最初の0を取った掲載の電話番号

YHAホウズ YHA Hawes　ユースホステル

●ホウズの中心地の端にあり、高台に建っているので眺めは最高。ベッド数もそれほど多くはなく、シーズン中は込み合うので予約が望ましい。受付は8:00〜10:00、17:00〜23:00にオープン。ファミリールーム、コインランドリーあり。4〜10月の毎日、11月〜12月中旬は金・土曜のみの開館。

ベッド数54　Map P.424
✉Lancaster Terrace, DL8 3LQ
TEL(01969) 667368　FAX(01969) 667723
Inet www.yha.org.uk
D £13.95
£　T/C不可
C/C M V

石灰岩の奇景が広がる

マラム Malham

人口150人
市外局番01729

小さな村だが、マラム・カーヴとゴルデイル・スカーの風景が、世界中からの旅行者を集めている。

石灰岩群の大パノラマ

マラム・カーヴ Malham Cave

大きくカーブした円形劇場型の石灰岩の壁が押し迫ってくる感があるマラム・カーヴ。削り取られた石灰岩が不気味な姿をさらしている。その形成は氷河期時代に始まり、長い年月をかけて現在の形になった。

自然が造り上げたもうひとつの石灰岩群

ゴルデイル・スカー Gordale Scar

見学所要時間の目安 2時間

ゴルデイル・スカーは起伏に富んだ石灰岩の丘陵地帯。たどり着くまでの道程は厳しいが、緑の絨毯に敷き詰められたフットパスを進むと、ゴルデイル・スカーの景色が目の前に広がる。マラムから片道約1時間強。

ゴルデイル・スカー近くの平原

マラムへの行き方

●スキップトンから
→P.420

■マラム・カーヴ
Map P.425外
カーヴ・ロードCave Rd.を進んでいくとフットパス入口があり、片道約30分ほど

マラム・カーヴへ続くフットパス

■ゴルデイル・スカー
Map P.425外
フィンクル・ストリートFinkle St.の坂を進むと、フットパス入口がある。

ホテル Hotel

小さな村なので、ホテルやレストランの数は非常に少ない。にもかかわらず、多くの観光客が1年を通じて訪れる場所なので、ほとんどが年中オープンしている。ⓘのすぐそばにはゴールデン・ライオンというレストランがある。

日本からホテルへの電話　電話会社の番号 + 010 + 国番号44 + 市外局番の最初の0を取った掲載の電話番号

YHAマラム YHA Malham

ユースホステル

●マラム村の中心にあり、ファミリールームもあるので、人気が高い。庭もあって、館内もきれい。ベッド数はそれなりにはあるが、夏場は早い時期から予約でいっぱいになるので、ファミリールームを狙うなら早めの予約をしよう。朝食や夕食なども出している。11月～2月中旬は金・土曜のみの開館となる。

ベッド数82　Map P.425

✉Malham, BD23 4DE
TEL (01729) 830321　FAX (01729) 830551
inet www.yha.org.uk
D £13.95
£　T/C 不可
C/C M V

ヒースが生い茂る『嵐が丘』の舞台

ハワース Haworth

人口2750人　市外局番01535

ハワース旧市街からの眺め

『嵐が丘』、『ジェーン・エア』など、英国文学史に偉大な足跡を残したブロンテ姉妹。ハワースの町には、彼女たちが住んでいた家をはじめとして、数々のゆかりの地が残っている。果てしなく続く荒野に、吹きすさぶ風という『嵐が丘』の世界がそのまま広がる大地。ハワースを訪れると、この厳しい自然なしに、あの名作はあり得なかったということを改めて実感させられるだろう。

ハワースでは郊外に広がるムーアmoor（荒野）を散策してみたい。例えばハワースから約4kmの所には、『嵐が丘』の家のモデルといわれている、トップ・ウィズンズがある。そのほかにもハワースの周辺にはブロンテ姉妹のお気に入りの場所がいくつも存在している。

モデルルート

ハワースとその周辺はブロンテ・カントリーBrontë Countryとも呼ばれるように、観光の醍醐味は、フットパスを歩きながらブロンテゆかりの地を訪れることだ。徒歩なので、当然時間もかかる。

ハワースの鉄道駅

また、このハワースとキースリーの間は、キースリー＆ワース・バレー鉄道Keighley & Worth Valley Railwayという蒸気機関車の保存鉄道が走り、さらにキースリーからはイギリスで最も美しい景色が楽しめるセトル・カーライル鉄道（→P.418）に続いている。1日たっぷりとハワー

ハワースへの行き方

🚃🚌ハワースへは、まずキースリーKeighleyまで行き、キースリー＆ディストリクト社のバス663、664、665、720番に乗り換える。週末や学校が休暇の期間には、キースリー＆ワース・バレー鉄道（→P.429）の便もある。

●ロンドンから
🚃キングズ・クロス駅発、毎時1～2便程度。リーズ、シップリーShipley、ドンカスターDoncasterで一度乗り換える必要がある。
所要：約3時間
🚌ヴィクトリア・コーチステーションからキースリーまで1日3便
所要：5時間30分

●リーズから
🚃キースリーまで頻発
所要：25分
🚌キースリーまで1日4便
所要：約1時間

●マンチェスターから
🚃リーズで乗り換え
所要：1時間40分
🚌キースリーまで1日4便、リーズで乗り換え
所要：約3時間

●カーライルから
🚃キースリーまで1日7便
所要：2時間15分
🚌キースリーまで1日1便
所要：約3時間

キースリー＆ワース・バレー鉄道はキースリー駅の4番ホーム発着

キースリーのバスステーション

スの大地を歩き回ったら、翌日は鉄道でヨークシャー・デイルズを疾走するのもいいだろう。

ハワースと周辺基本コース

1日目：ハワース→トップ・ウィズンズ→ハワース
2日目：ハワース→キースリー→カーライル

まずはハワースで、ゆっくりブロンテ博物館やハワース・パリッシュ・チャーチなど、町なかを見学。その後自分のペースで郊外をウオーキング。トップ・ウィズンズまでは往復で5時間ほどの道のりだ。翌日は、ハワースからキースリーに行くが、夏期や週末ならキースリー＆ワース・バレー鉄道に乗ってキースリーへ、そこからセトル・カーライル鉄道へと乗り換えて、ソルテアやスキップトンにも行ってみよう。

歩き方

非常に小さな町なので、町なかの観光なら徒歩で充分。ただし、町の中だけの観光では、この地域のよさの半分も理解したことにはならない。やはり少しでもいいからムーアを歩いてみるといいだろう。ムーアは天気も変わりやすく、風も強いので、風雨に耐えられる服装と滑りにくい靴などの装備をして出発しよう。

ターミナルから市の中心部へ

ハワースの駅は、町のある丘の、ちょうど麓に位置している。ここから町の中心までは15分程度。駅から延びている歩行者用の橋を渡り、石畳のバット・レーンButt Ln.P.427A～Bをひたすら上る。そうすると、少し広い道路ラウドン・ロードRawdon Rd.P.427Aに出るので、車に注意してここを横切り、目の前にある細い急な道を上り詰める。そこがやっとメイン・ストリートMain St.P.427Aだ。多くのバスはここまで来てくれる。ここで右折してメイン・ストリートを進んでいくと❶や博物館のある観光の中心地に出る。

メイン・ストリートはかなりの勾配

旅の情報収集

❶はメイン・ストリートがウエスト・レーンWest Ln.とチェンジゲートChange-gateに分かれる所に建っている。さまざまなウオーキングコースやハイキングコースを紹介した地図もたくさん取り揃えているので、まずここでウオーキングの資料を集めよう。日本語のウオーキングマップもある。ヨークシャー・デイルズのパンフレットも各種揃う。

子ヒツジがじっとこちらを見つめていた

☺ブロンテ博物館のショップ
ブロンテに関する本やビデオだけでなく、ポストカードや子供向けのアートグッズ、センスのいいおみやげなど、充実しています。
（大阪府　H.wave　'05夏）

■ハワースの❶
Map P.427A
✉2-4 West Ln., BD22 8EF
TEL(01535) 642329
FAX(01535) 647721
Inet www.visithaworth.com
開夏期9:30～17:30
冬期9:30～17:00（水10:00～17:00）
休無休
宿の予約はデポジットとして1泊目の宿泊料金の10%

ハワースの❶

■ブロンテ博物館
Map P.427A
✉Church St., BD22 8DR
TEL (01535) 642323
FAX (01535) 647131
Inet www.bronte.info
開4～9月10:00～17:30
10～3月11:00～17:00
最終入場は閉館の30分前
休12/24～27、1/2～31
料£5.00　学生£3.80

ブロンテ博物館前はブロンテ家の人々が眠る墓地

歩き方

町の見どころはブロンテ一色。キースリー＆ワース・バレー鉄道の保存蒸気機関車が唯一の例外といえる。ウオーキングコースも歩いてみよう。

ブロンテ姉妹が住んでいた

見学所要時間の目安 30分

ブロンテ博物館
The Brontë Parsonage Museum

ブロンテ一家が1820年から1861年まで住んでいたこの家は、1779年に建てられた小さなジョージ王朝様式の建物。内部は、一家が住んでいた当時のように再現されている。アンが好きだったロッキングチェアーや、エミリーがその上で亡くなったとい

ブロンテの家は博物館となっている

Information　History　Topics

『嵐が丘』の足跡を追う

ハワースの村から南西にかけて広大なムーア（荒野）が続く。ここは、幼いブロンテ姉妹の遊び場だった。彼女たちは、激しい嵐の合間をぬって、毎日のようにムーアに住む野生動物を観察したり、空想にふけったりしていた。特に、小説『嵐が丘』や多くの詩を書いているエミリーの作品の中には、このムーアでの体験が色濃く出ている。

ヘザー
Heather

『嵐が丘』の中で、キャシーと情熱的な恋愛をするヒースクリフHeathcliff。この名は、「ヒースの茂った荒野」と「断崖」との造語ともとれる。物語を象徴するような名だが、このヒースHeath（地元の人はヘザーと呼ぶようだ）とは、イングランド北部からスコットランドにかけて群生する植物のこと。花の盛りは8月の末頃。この時期には、ムーアというムーアが紫一色に染め上げられる。

ブロンテの滝とブロンテ・ブリッジ
Brontë Falls & Brontë Bridge

教会から西へ向かうとペニストン・ヒルPenistone Hillへ出る。この丘からムーアの中にできたフットパスを進んで行くと、ブロンテの滝とブロンテ・ブリッジに着く。

この場所は姉妹のお気に入りだった所。小川にかかる小さな石造りの橋がブロンテ・ブリッジ、その奥には、雨上がりが最高に美しいといわれるブロンテの滝がある。

ハワースからここまで、約4km、往復3時間30分ほど。ここまでなら、道は比較的平坦。時間のない人は、ここまで歩くだけでもヒースの茂るムーアを体験できる。

トップ・ウィズンズ
Top Withens

現在、建物はほとんど残っておらず、壁のみが一部残る廃墟。このあたりが、小説『嵐が丘』のモデルとなったといわれている。

遠くを流れゆく暗雲。ヒースで敷き詰められた荒涼とした丘を吹き抜ける強い風。大きな2本のカエデでの木のもとで廃墟と化したトップ・ウィズンズ。まさに、すべてが『嵐が丘』の世界。ハワースから、ブロンテ・ブリッジを通って、約5kmの道のり。往復5時間ほどかかるが、ここまで苦労して登ってきたかいがあったと思わせてくれるほどの雰囲気だ。

私有地の敷地内に入るフットパスも多い。歩くときは気を付けて

うソファまでもが残され、ブロンテ姉妹の当時の暮らしぶりを知ることができる。当時の衣装もあり、これを着てムーアの中を走り回っていたのかと思うと、頭の中を『嵐が丘』の世界が駆け巡る。

建物を少し拡張して展示室が設けてあり、姉妹やそれをとりまく人々の生い立ちなどがわかるようになっている。スケッチなど、数多くの遺品や遺稿もここに展示されている。

ブロンテ一族ゆかりの

見学所要時間の目安 30分

ハワース・パリッシュ・チャーチ
Haworth Parish Church

この教会では、姉妹の父親で、牧師のパトリックが説教をしていた。塔以外は当時の建物ではないが、教会の外観や礼拝堂内部は静かで落ち着いている。

パリッシュ・チャーチの内部

ここには、ブロンテ一族の没した年月日を印した石版もあり、一族と教会との結びつきを感じさせられる。この教会近くの地下納骨堂に、スカーボロの聖メアリー教会に眠るアン以外のブロンテ一族が安らかに眠っている。

古きよき時代に思いをはせる

見学所要時間の目安 1時間

キースリー&ワース・バレー鉄道
Keighley & Worth Valley Railway

週末と学校の休日に運行されている蒸気機関車の保存鉄道。キースリーとオクセンホープOxenhopeとを25分で結んでおり、ハワースはオクセンホープのひとつ手前の駅になっている。

ハワース駅に入ってきた蒸気機関車

停車駅は全部で6つ。デイムス駅Damesはイギリスで最も小さい鉄道駅。また、キースリーはヨークシャー・デイルズを横断するセトル・カーライル鉄道の停車駅。キースリーで蒸気機関車から英国屈指の景観を誇るセトル・カーライル鉄道に乗り換えるという鉄道満喫ルートを楽しむことも可能だ。

出番を待つ蒸気機関車

蒸気機関車の車内

■ハワース・パリッシュ・チャーチ
Map P.427A
✉Revd Jenny Savage, 2 Prospect Dri., Fell Ln., BD22 6DD
TEL(01535) 669934
開9:00～17:00
休無休　料寄付歓迎

ブロンテ一族が眠るハワース・パリッシュ・チャーチ

■キースリー&ワース・バレー鉄道
Map P.417A-4
✉Haworth Station, BD22 8NJ
TEL(01535) 645214
FAX(01535) 647317
inet www.kwvr.co.uk
開土・日、イギリスの学校の夏休み中（7・8月）
休イギリスの学校の夏休み以外の月～金
料1日券£12.00
　1周券£8.00

ぜひ乗ってみよう！
ホームの売店にはトーマスなど鉄道グッズも売っている。駅員さんたちの笑顔と、のんびりムードに癒された。時間があればぜひ乗るべき！
（大阪府　H.wave　'05夏）

ディーゼル車も運行される

ホテル＆レストラン Hotel&Restaurant

ハワースは小さな町だが、人気のある観光地なので、大規模なホテルこそないものの、かわいらしいB&Bが多い。メイン・ストリート沿いには何軒も並んでいる。レストランらしいレストランはほとんどないのでカフェやパブを利用しよう。

日本からホテルへの電話 電話会社の番号 + 010 + 国番号44 + 市外局番の最初の0を取った掲載の電話番号

オールド・ホワイト・ライオン The Old White Lion Hotel 【中級】

●ⓘのすぐ裏側にあるホテル。町の中心では一番立派な造り。18世紀の建物を改装しており、1階は伝統的な内装のパブになっている。室内は明るめの内装で機能的な造り。1階のパブではヨークシャー地方の郷土料理なども出している

14室 Map P.427A

✉Main St., BD22 8DU
TEL(01535) 642313 FAX(01535) 646222
inet www.oldwhitelionhotel.com
S £52.50
S £73.00
£ T/C £ C/C A M V

アシュマウント Ashmount 【ゲストハウス】

●ⓘから北へ坂を下った所にある。ブロンテー家にゆかりのある元医師の家を、ゲストハウスとして利用している。重厚な屋敷で、手入れの行き届いた前庭からの眺めがすばらしい。18世紀に建てられた内部は、ダイニングルームなどアンティークな雰囲気。朝食は地元産の新鮮な食材を使用している。

8室 Map P.427A

✉Mytholmes Lane, BD22 8EZ
TEL & FAX(01535) 645726
inet www.ashmounthaworth.co.uk
S £32.00
S £35.00～40.00
W £47.00
W £50.00～60.00
£ T/C不可 C/C M V

フリース・イン The Fleece Inn 【イン】

●メイン・ストリートのほぼ中央にある便利な立地のイン。室内はカントリー調で明るい感じにまとめられており、眺めのよい部屋も多い。朝食はコンチネンタルだがプラス£4.95でイングリッシュにグレードアップ可能。パブで出している地ビールのティモシー・テイラーはクリーミーで飲みやすい。

7室 Map P.427A

✉67 Main St., BD22 8DA
TEL(01535) 642172 FAX(01535) 642576
inet www.timothytaylor.co.uk/fleeceinn
S £40.00
S £65.00～75.00
£ T/C £
C/C A M V

YHAハワース YHA Haworth 【ユースホステル】

●ハワースの駅から線路沿いにオークワースのほうへ10分ほど歩いていくと看板が見えるので、左へと入る。そこから5分ほど。ヴィクトリア王朝期のマナーハウスを利用しており、建物は非常に立派だ。キッチンもあるので、自炊も可能。

ベッド数92 Map P.427B外

✉Longlands Hall, Longlands Dr., BD22 8RT
TEL(01535) 642234 FAX(01535) 643023
inet www.yha.org.uk
D £13.95
S £17.00
W £30.00
£ T/C £ C/C J M V

ブラック・ブル Black Bull 【パブ】

●ハワース・パリッシュ・チャーチのすぐ横にある。長い歴史をもつパブで、3姉妹の肖像画を描いたパトリック・ブランウェル・ブロンテは、一時期ここで働いており、長い時間を過ごした。彼が座っていたイスのレプリカが置かれている。食事も出している。

Map P.427A

✉117 Main St., BD22 8DP
TEL(01535) 642249 FAX なし
開12:00～23:00(日12:00～22:30)
休無休
£ T/C £
C/C M V

ウェールズ

Wales

カーディフ城の時計塔

カーディフ城のノーマン・キープ（城塞）

数多くの古城が残る辺境の地

ウェールズ

ケルト文化を継承する誇り高きウェールズの人々

紀元前5世紀頃からグレート・ブリテン島に住んでいたケルトは、アングロ・サクソンやノルマンの侵略を受けるが、ウェールズだけは山がちな地形のお陰で侵入を免れ、ケルトはここに生き残って独自の文化を育んできた。かつてのウェールズ王国だったこの地方は、1536年にイングランドに併合されてしまうが、独自の文化は生き続け、現在でも英語のほかにウェールズ語が公用語として使われている。町の標識やパンフレット、ウエブサイトなどすべてに英語とウェールズ語が併記される。

At any time
Ar unrhyw adeg
No loading
at any time
Dim llwytho
ar unrhyw
adeg

ウェールズ語と英語が併記された道路表示板

南ウェールズと北ウェールズ

ウェールズはイギリスのほかの地域に比べると山がちの地形で、おもだった町は南ウェールズと北ウェールズの海側に集中している。中央にはカンブリア山脈が南北に走り、その南と北にブレコン・ビーコンズ国立公園とスノードニア国立公園がある。

スランベリス近郊に広がる湖

ラグビーの試合で盛り上がる人々

南ウェールズには、首都カーディフとスウォンジー、日本の大手電気企業が多く進出しているブリッジェンドBridgendなどの町がある。

北ウェールズには、コンウィ、バンガー、カナーヴォンなど中世の香りが漂う町が集まっている。

移動のコツ

鉄道は南北ウェールズの海岸線に沿っており、内陸部はシュルーズベリーとウェルシュプール方面を結ぶ路線のみ。南ウェールズから北ウェールズに移動する場合は、チェスターやクルーエCreweという町が乗り換えポイントとなる。乗り換えの待ち時間もチケット購入時に確認しよう。列車の移動で注意したいのは週末。たびたび線路の修復工事があり、列車がすべてストップするが、代替バスが運行されている。

南ウェールズの交通の起点はカーディフ。ロンドンやバーミンガム、マンチェスターからも直通の列車が出ている。ただし、スウォンジーから西は便数が少なくなる。

北ウェールズの主要幹線はチェスターからスランドゥドゥノ・ジャンクション～バンガー～ホーリーヘッドを結ぶが、便数はあまり多くない。

北ウェールズの交通の主役はバス。カナーヴォン～バンガー～コンウィ～スランドゥドゥノと主要な町を結ぶ5、5Xのバスは便数も多く、非常に便利。

プランニングのコツ

カーディフ、コンウィ、バンガー、カナーヴォンなどウェールズの主要な町を回るつもりなら、約1週間は必要。首都カーディフは2日はかけたい。カーディフからバンガーへの移動は約5時間、1日はみておこう。乗り換えついでにチェスターを観光するのもいいだろう。

コンウィ、バンガー、カナーヴォン間は各30分から1時間でアクセスできるので、どこかを起点にして回ってもいい。バンガーは列車で移動するには便利だが、リゾート気分を味わいたいなら、スランドゥドゥノや、アングルシー島のボーマリスに滞在するのもおすすめ。アングルシー島からホーリーヘッドへ渡ると、アイルランドはすぐそこだ。

モデルコース

首都カーディフと、北ウェールズの古城を巡る旅（1週間コース）

カーディフ観光と、北ウェールズでエドワード1世が築いた、3つの世界遺産の城を見学するコース。カーディフでウェールズの都会を楽しんだあと、列車でコンウィへ。駅に隣接したコンウィ城と中世の町並みを満喫したら、バスでバンガーへ行き、バスを乗り継いでボーマリス城へ向かう。ボーマリスからバンガーへ戻り、カナーヴォンへ。カナーヴォン城を見学したあと、時間に余裕があれば、スノードニア国立公園まで足を延ばすのもいい。

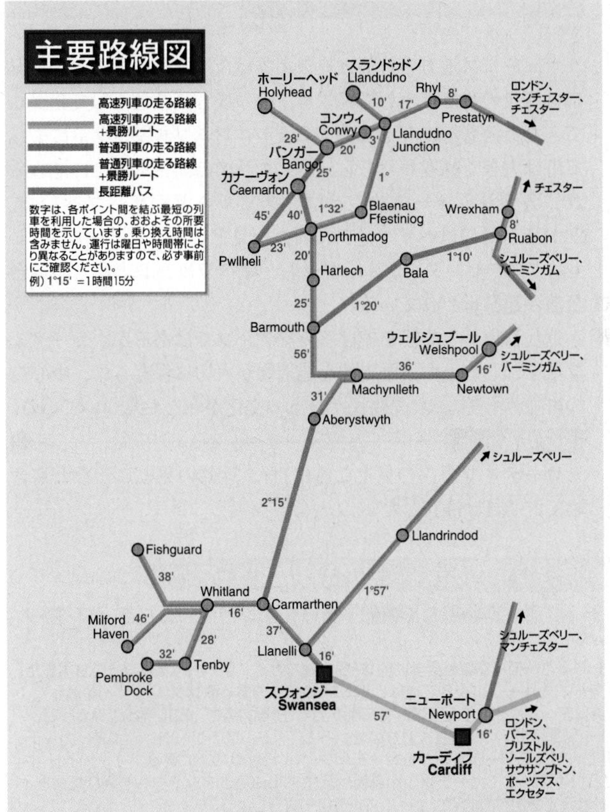

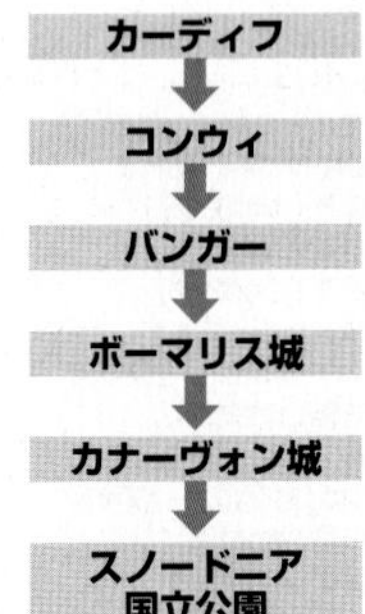

カーディフの聖ジョン教会

カーディフのクイーンズ・ストリート

ロンドン
カーディフ

城下町と近未来ビルが見事に融合

カーディフ Cardiff

人口32万人　市外局番029

多くの人でにぎわうキャピトル・センター周辺

ウェールズ地方の首都カーディフは、産業革命以降の19世紀には石炭の輸出港として繁栄し、その後も工業地として発展してきた。西暦2000年を記念するミレニアムプロジェクトによって町は大きく様変わりをし、ベイエリアの開発も盛んに進められ、各種レジャー施設、オフィスビルなどがオープンした。2004年11月にはベイエリアに新たな見どころ、ウェールズ・ミレニアム・センターがオープンし、オペラやバレエなどの舞台公演が連日行われている。

近代都市へと発展を続けるカーディフではあるが、カーディフ城をはじめとする歴史的な建造物が大切に保存され、中心街の町並みも美しく、先住民ケルトの文化が今なお息づいている。

モデルルート

カーディフ市内の見どころに1日、近郊の見どころなども含めて2～3日は滞在したい。

カーディフへの行き方

●ロンドンから
🚃パディントン駅から1時間に2便
所要：約2時間
🚌ヴィクトリア・コーチステーションから1時間30分～3時間に1便程度
所要：3時間10分
●ヒースロー空港から
🚌1時間～2時間に1便程度
所要：3時間30分
●ブリストルから
🚃頻発
所要：40～50分
●バーミンガムから
🚃1時間に1便程度
所要：1時間50分
🚌1日4便
所要：2時間30分
●シュルーズベリーから
🚃1時間に1～2便程度
所要：約2時間
●スウォンジーから
🚃1時間に2～3便程度
所要：約1時間
🚌1～2時間に1便
所要：約1時間

カーディフ市内とベイエリア1日散策コース

カーディフ城→カーディフ国立博物館＆美術館→カーディフ市内→カーディフ・マーケット→カーディフ・ベイ

朝一番に町のシンボルでもあるカーディフ城を見学。約1時間の城内ガイドツアー（英語のみ）に参加したあと、ガーデン内の要塞ノーマン・キープに上る。次はヒルトン・ホテルのあるキングズ・ウェイを通って、カーディフ国立博物館＆美術館へ。ゆっくりと鑑賞して時計を見ると14:00過ぎ。町に戻ってショッピング街のクイーンズ・ストリート周辺を歩く。目抜き通りのセント・メアリー・ストリートへと歩き、カーディフ・マーケットなどを見て、バスステーションからカーディフ・ベイ行きのバスに乗る。マーメイド・キーをゆっくりと散策したら、再びバスでカーディフ中心街へ。ホテルに戻ってシャワーを浴びたあと、最初のカーディフの夜は、地元でも定評のあるウェールズ料理店へ直行しよう。

近郊の古城と博物館を巡る旅

セント・ファガンズ国立歴史博物館→キャステル・コッホ

セントラル駅近くのバステーションから、西へ6kmにあるセント・ファガンズ国立歴史博物館へ。博物館を見学したあと再びカーディフへ戻り、26Aのバスに乗り換えて北部のキャステル・コッホを目指す。さらに余裕があれば26番のバスに乗り、ケーフェリー城も一緒に回ってもよい。郊外行きのバスは便数が少ないので、あらかじめ時間を確認しておくこと。

6ヵ国対抗ラグビーの試合の応援に駆け付けたアイルランドのサポーター。ビールを飲んで勝利を祝う

歩き方

首都とはいえ中心街はこぢんまりとまとまり、歩き回るにはちょうどいい大きさ。町の中心となるカーディフ城をランドマークにして歩こう。

中心部

メイン・ストリートは、カーディフ城から南に延びるハイ・ストリートHigh St.P.435A-2とセント・メアリー・ストリートSt. Mary St.P.435A-3。この通りの左右に商業地区が集中する。カーディフ城の北東側一帯はカーディフ大学をはじめ、シティホールや裁判所などが集まる行政地区。

イタリア産の大理石で造られたシティホール

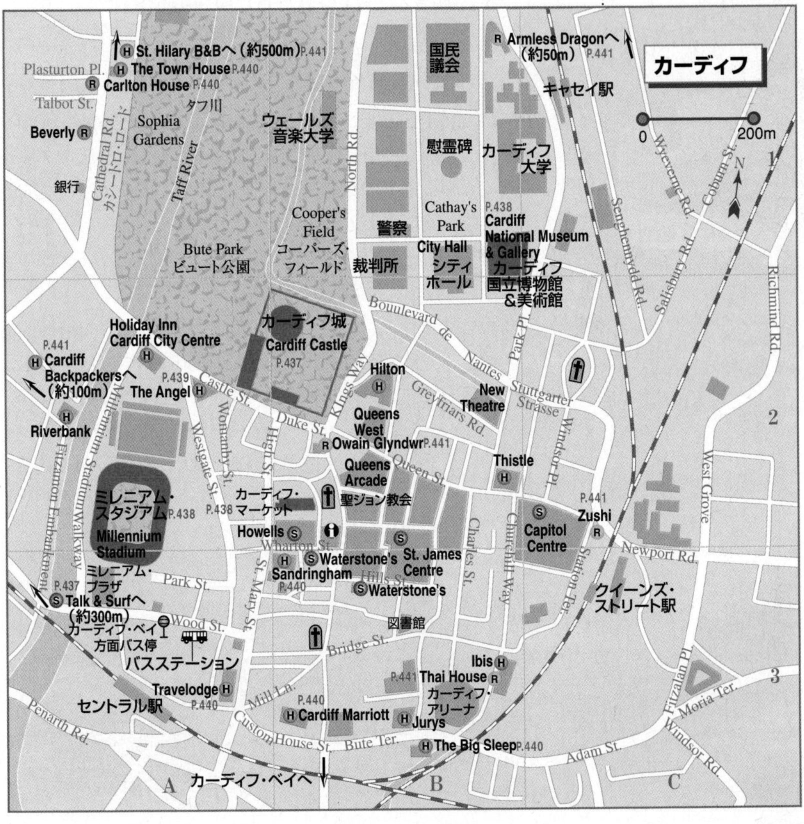

カーディフ

St. Hilary B&Bへ（約500m）P.441
The Town House P.440
Carlton House P.440
Plasturton Pl.
Talbot St.
Beverly
Cathedral Rd. カシードロ・ロード
銀行
タフ川
Sophia Gardens
Taff River
ウェールズ音楽大学
North Rd.
Cooper's Field コーパーズ・フィールド
Bute Park ビュート公園
国民議会
Armless Dragonへ（約50m）P.441
キャセイ駅
慰霊碑
カーディフ大学
Cathay's Park
警察
裁判所
City Hall シティホール
P.438 Cardiff National Museum & Gallery カーディフ国立博物館&美術館
0 200m
Wyeverne Rd.
Coburn St.
Senghennydd Rd.
Salisbury Rd.
Richmond Rd.
1
2
3
Boulevard de Nantes
Park Pl.
Stuttgarter Strasse
Holiday Inn Cardiff City Centre
カーディフ城 Cardiff Castle P.437
P.441 Cardiff Backpackersへ（約100m）
P.439 The Angel
Castle St.
Riverbank
Hilton
Greyfriars Rd.
New Theatre
Windsor Pl.
Kings Way
Duke St.
Queens West
Owain Glyndwr P.441
Queens Arcade
Queen St.
Thistle
Westgate St.
Womanby St.
High St.
Millennium Stadium Walkway
Fitzhamon Embankment
ミレニアム・スタジアム P.438 Millennium Stadium
P.438 カーディフ・マーケット
聖ジョン教会
Howells
Wharton St.
Waterstone's
St. James Centre
Sandringham P.440
Hills St.
Waterstone's
Charles St.
Churchill Way
P.441 Zushi
Capitol Centre
Station Ter.
Newport Rd.
West Grove
ミレニアム・プラザ
P.437 Talk & Surfへ（約300m）
Park St.
St. Mary St.
クイーンズ・ストリート駅
図書館
Wood St.
カーディフ・ベイ方面バス停
バスステーション
Bridge St.
Ibis
P.441 Thai House
カーディフ・アリーナ
Travelodge P.440
セントラル駅
Mill Ln.
P.440 Cardiff Marriott
Jurys
Fitzalan Pl.
Moria Ter.
Windsor Rd.
Penarth Rd.
Custom House St.
Bute Ter.
The Big Sleep P.440
Adam St.
A
B
C
カーディフ・ベイへ

シティ・ロード

市街地から西へ約3km、バスで10分ほどの所にあるシティ・ロードCity Rd.は安い各国料理やテイク・アウェイの店が集まるレストラン街。メキシコ、ハワイ、インド料理、ケバブ、日本料理などさまざま。駅前のウッド・ストリートから8番のバスで行ける。

カーディフ・ベイ

港町としての風情を楽しめるカーディフ・ベイは、市街地から南へバスで6〜7分ほど。シーフードレストランやバー、日本食レストランなどが入っているマーメイド・キーMermaid Quayのほか、プラネタリウムや160の展示がある科学博物館テクニクエストTechniquestがあり、カップルやファミリーでも楽しめる。

カーディフ・ベイ

■テクニクエスト
Map P.436
🚌ウッド・ストリートのバス停から8番のバスで約7分
✉Stuart St., Cardiff Bay, CF10 5BW
TEL(029) 20475475
Inet www.techniquest.org
開9:30〜16:30
(土・日・祝10:30〜17:00)
休12/24〜12/26
料£6.90 学生£4.80

テクニクエスト

ターミナルから市の中心部へ

鉄道駅とバスステーション

ロンドンから列車が到着するのはカーディフ・セントラル駅。駅とバスステーションは町の南にあり、中心街の目抜き通りセント・メアリー・ストリートSt. Mary St.P.435A-3へは歩いて5分もかからない。B&B街のカシードロ・ロードCathedral Rd.P.435A-1へは歩くと20分以上はかかるので、バスステーションから24番のバスに乗るかタクシーで。

市内交通

市内バス

カーディフ・ベイや郊外の見どころへは、バスを利用しよう。市内の中心はカーディフ・バスCardiff Bus、近郊の町へはベッブ・トラベルBebb Travelのバスが運行。ウッド・ストリートWood St.P.435A-3からカーディフ・ベイへは6〜7分で到着し、行き帰りとも約10分間隔で出ている。

■カーディフ・バス
Inet www.cardiffbus.com
■ベッブ・トラベル
Inet www.bebb-travel.plc.uk

旅の情報収集

観光案内所

町の中心、ショッピングセンターが建ち並ぶ一角にある。カーディフのほか、ウェールズ地方の地図や各種観光パンフレットが多数揃っている。

カーディフのℹ

■カーディフのℹ
Map P.435B-2
✉The Old Library, The Hayes, CF10 1AH
TEL(0870) 1211258
Inet www.southernwales.com
開9:30〜18:00
(日10:00〜16:00)
7・8月9:00〜19:00
(日10:00〜16:00)
休無休
宿の予約は手数料£2.00とデポジットとして1泊目の宿泊料金の10%

インターネット

ミレニアム・プラザの前からウッド・ストリートを西へ10分ほど進むと、トーク・アンド・サーフTalk & Surfというインターネットカフェがある。日本語の入力はできないが、一部日本語が読めるものもある。

書店

大型書店のウォーターストーンズ・ブックショップWaterstone's Bookshopがワートン・ストリートWharton St.とヒルズ・ストリートHills St.にある。

■トーク・アンド・サーフ
Map P.435A-3外
✉60 Tudor St., CF11 6AJ
TEL(029) 20226820
開9:30～22:00（日12:00～22:00） 休無休

■カーディフのおすすめショッピングエリア
ローラ・アシュレイなどメジャーなデザイナーズブランド類は、クイーンズ・ストリートへ。おみやげ類を探すなら、セント・メアリー・ストリートの中ほどにある老舗デパート、ホーウェルズHowellsの1階へ。チョコレートや紅茶の詰め合わせ、ポプリ、リネン類などが手に入る。キャッスル・ストリートから南へ入るウマンビー・ストリートWomanby St.周辺ではケルト模様のアクセサリーなどを見つけられるだろう。

ツアー

カーディフ市内を回るオープントップバスは、移動手段としても便利。カーディフ・ベイのクルーズも人気が高い。

見どころ

カーディフ城ははずせないが、それ以外にも博物館やギャラリーなど見ごたえのある見どころも多い。

細部にわたる華麗な装飾が見もの

見学所要時間の目安 1時間

カーディフ城
Cardiff Castle

基礎は1世紀半ばのローマ時代に築かれたといわれるが、現在の建物は19世紀にビュート家第3代城主が再建したもの。設計は当時の人気建築家ウイリアム・バージェス。ヴィクトリア様式がベースになっており、金箔や大理石などをふんだんに使い、独創的な装飾が施されている。城内ツアーでは8つの部屋を回る。カラフルな壁画に覆われ細密なステンドグラスが美しいウィンター・スモーキン

12世紀に建造のノーマン・キープ

カーディフ城

■カーディフ城
Map P.435B-2
✉Castle St., CF10 3RB
TEL(029) 20878100
FAX(029) 20231417
inet www.cardiffcastle.com
開3～10月9:30～18:00
11～2月9:30～17:00
最終入場は3～10月16:00、11～2月15:30
休1/1、12/25、12/26
料£6.95 学生£5.60
庭のみ£3.50 学生£2.95

バスツアー

シティ・サイトシーイング City Sightseeing
TEL(029)20384291 inet www.city-sightseeing.com

出発：2/18～4/2・11/4～12/17 10:00～15:00の30分～1時間ごと
4/8～7/21 10:00～16:30の30分～1時間ごと
7/22～9/10 10:00～17:00の30分～1時間ごと
9/11～10/29 10:00～16:00の30分～1時間ごと
休3/4～4/2の月～金、11/4～12/17の月～金、12/18～2/17 料£7.50 学生£5.50
市内の主要観光スポットを10ヵ所ほど回るバスツアー。出発地点はカーディフ城前。

クルーズ

カーディフ・ウォーターバス The Cardiff Waterbus
TEL(07940)142409 inet www.cardiffwaterbus.com

出発：10:40～17:00の20～40分毎 料片道£2.00 往復£4.00
マーメイド・キー前から出ているボートに乗り、カーディフ・ベイの水門バレージBarrageを見学する。水門を通りカーディフ中心街まで行く便もある。

グ・ルーム、有名な9つの童話が壁に描かれた子供部屋ナーサリー、モスクを模した天井が印象的なアラブルームなど、どれも目を見張るものばかり。城外の中庭に建つ12角形の要塞ノーマン・キープは12世紀ノルマン朝時代に建てられたもの。

■カーディフ国立博物館＆美術館
Map P.435B-1
✉Cathays Pk., CF10 3NP
TEL(029) 20397951
inet www.nmgw.ac.uk
開10:00～17:00
休月・祝、1/1、12/24～26
料無料

ケルト十字

秀逸なコレクション

ウェールズ自然史の展示や芸術品が充実

見学所要時間の目安 2時間

カーディフ国立博物館＆美術館
Cardiff National Museum & Gallery

博物館の建物

ネオクラシック様式の優雅な外観をもつ、ユニークなコンセプトの博物館。1階はウェールズの自然史と動植物に関する展示が中心。海洋生物にも詳しく、クジラやカメ、サメなどのはく製はリアリティあふれるディスプレイで音響効果も抜群。2階は16～19世紀のヨーロッパ絵画コレクションが中心。写実主義や抽象主義、フランス印象派のモネやルノアールなどの名画もある。通路のガラスケースに収められたウェールズの陶磁器コレクションもお見逃しなく。

■ミレニアム・スタジアム
Map P.435A-2
TEL(029) 20822228
inet www.millenniumstadium.com
スケジュールやチケット予約などはウエブサイトで確認できる。
開ツアーは10:00～17:00
日・祝10:00～16:00
休試合日、12/25・31、1/1
料ツアー£5.50　学生£3.50

ウェールズ代表のホームスタジアム

見学所要時間の目安 1時間

ミレニアム・スタジアム
Millennium Stadium

英国で屈指のスタジアム

ラグビーのウェールズ代表チームのホームグラウンドで、国際試合やコンサートにも利用される、7万2500人収容のスタジアム。試合のない日にはスタジアムツアーが行われ、選手控え室からプレーヤーズ・トンネルを通り、ピッチにまで行くことができる。

■カーディフ・マーケット
Map P.435B-2
TEL(029) 20871214
inet www.cardiff-market.co.uk
開8:00～17:30
休日
料無料

☺マーケットのおすすめ
1階奥にある魚屋、おすすめします。生牡蠣や、タコ、貝、イカのマリネなど店先でも食べられます。ロンドンよりも物価もやや安く、おいしかったです。
（大阪府　ジュンコ　'06年1月）

カーディフ市民の台所

見学所要時間の目安 1時間

カーディフ・マーケット
Cardiff Market

活気あふれる市場

セント・メアリー・ストリートに面した2階建てのマーケット。1階には生鮮品、ベーカリー、古本、カーペット、生地、食器などが売られている。ハムやローストビーフ、ミートパイなどなじみの惣菜も並ぶ。カーディフ城外の芝生でひと休みしながら、地元の惣菜の味を試してみるのもいい。2階はペットフード店や古玩具など、イギリス人的「趣味の世界」がかいま見られる。

近郊の見どころ

昔の生活がリアルに伝わる

見学所要時間の目安 **半日**

セント・ファガンズ国立歴史博物館
St. Fagans National History Museum

カーディフの中心から西へ約6km、セント・ファガンズ公園St. Fagans内にある。イギリス最大規模の野外博物館で、約500年にわたるウェールズの歴史を紹介する。約6万坪の敷地内には、商家や農家の家屋、郵便局や小学校など40もの建築物が建っている。いずれも実際に使われていたのを移築してきたもので、ウェールズの村を完全に再現。展示室には衣装や生活用具などが置かれ、ウェールズの伝統的生活がよくわかる。

■セント・ファガンズ国立歴史博物館
Map P.12C-1
バスステーションB6の乗り場から320番で約20分
St. Fagans's, CF5 6XB
TEL (029) 20573500
Inet www.nmgw.ac.uk
開 10:00～17:00
休 1/1、12/24～26
料 無料

赤い名城

見学所要時間の目安 **1時間**

キャステル・コッホ
Castell Coch

カーディフ城の城主ビュート侯爵3世が、中世の遺跡を19世紀後半に再建し別荘として使っていた城。コッホとはウェールズ語で赤を意味し、そのとおり柱や壁などが朱色に塗られている。カーディフ城と同じ建築家が設計し、華美な装飾が施され、きらびやかな調度品が置かれている。

■キャステル・コッホ
Map P.12C-1
バスステーションC1の乗り場から26Aのバスで約30分
Tongwynlais, CF15 7JS
TEL (029) 20810101
Inet www.cadw.wales.gov.uk
開 4・5・10月9:30～17:00
6～9月9:30～18:00
11～3月9:30～16:00
(日11:00～16:00)
休 9/18～9/29、12/24～26、1/1、1/8～2/9
料 £3.50　学生£3.00

池に囲まれた

ケーフェリー城
Caerphilly Castle

1268年、ノルマン人の領主ギルバート・ド・クレアにより築かれた城。約1万2401m²の敷地の中には広い池が造られ、重厚な城塞が水面に浮かび、美しい。クロムウェルから攻撃を受けたとき傾いてしまったという斜塔と、大広間が有名。

■ケーフェリー城
Map P.12C-1
バスステーションC1の乗り場から26のバスで約50分
Caerphilly, CF83 1HD
TEL (029) 20883143
Inet www.cadw.wales.gov.uk
開 4・5・10月9:30～17:00
6～9月9:30～18:00
11～3月9:30～16:00
(日11:00～16:00)
休 1/1、12/24～26
料 £3.50　学生£3.00

ホテル＆レストラン Hotel&Restaurant

大型、中級ホテルは町の南側やミレニアム・スタジアム付近に集まり、安宿街は町の北外れのカシードロ・ロード沿いに軒を連ねている。ラグビーやサッカーの大会が開催される時期はカーディフや周辺の町のホテルも満室になるので注意。

日本からホテルへの電話　電話会社の番号 + 010 + 国番号44 + 市外局番の最初の0を取った掲載の電話番号

エンジェル The Angel Hotel　高級

●カーディフ城の真向かいに建つ4つ星ホテル。ヴィクトリア様式のエントランスは美しく、ロビーに踏み込むと、淡いクリーム色の壁に間接照明が照らされ優雅な雰囲気に包まれる。レストランも併設しており、ウェールズ料理が楽しめる。

102室　Map P.435A-2

Castle St., CF10 1SZ
TEL (029) 20649200
FAX (029) 20396212
Inet www.paramount-hotels.co.uk
S £80.00～
W £98.00～118.00
£　T/C £
C/C A D M V

カーディフ・マリオット Cardiff Marriott Hotel 【大型】

●町の南部に建つ4つ星ホテル。南向きの客室からはカーディフ・ベイが、北側からは市街が一望できる。ジャクージ付きの室内プールやサウナ、ジムなどを完備していて旅の疲れを癒すのに最適。客室もそつなくまとまり、バスアメニティは自然派コスメのニュートロジーナを使用。

184室 Map P.435B-3

✉Mill Ln., CF10 1EZ
TEL(029) 20399944 FAX(029) 20395578
inet www.marriotthotels.com/cwldt
S W £115.00
£ T/C £
C/C A D J M V

トラベロッジ・カーディフ・セントラル Travelodge Cardiff Central 【大型】

●鉄道駅から歩いて5分。エントランスやフロントは狭いが、客室は広々としている。グリーン、ブルー、白のこざっぱりとしたモダンなインテリアで、3人掛けの長いソファがある。近くにはパブやバーがあるので夜に多少の騒音が気になる。

100室 Map P.435A-3

✉St. Mary's St., Imperial Gate, CF10 1FA
TEL(0870) 1911723 FAX(029) 20398737
inet www.travelodge.co.uk
S W £55.00～65.00
£ T/C不可
C/C A D M V

ビッグ・スリープ The Big Sleep Hotel 【中級】

●ロビーや室内はパステル調でまとめられ、明るい雰囲気の中級ホテル。客室はとにかくシンプルでむだのない造り。小さなデスクがあり、ティーセット、テレビ、電話が備わっている。

81室 Map P.435B-3

✉Bute Ter., CF10 2FE
TEL(029) 20636363 FAX(029) 20636364
inet www.thebigsleephotel.com
S W £45.00～58.00
£ T/C £ C/C A D M V

サンドリンガム Sandringham Hotel 【中級】

●ショッピングにも観光にも便利なセント・メアリー・ストリートに面している。カーディフの中心街にはB&Bが少ないこともあり、いつ行っても満室のことが多いので、早めの予約が必要。同経営のレストラン＆バーも隣接している。

28室 Map P.435B-3

✉St. Mary's St., CF10 1PL
TEL(029) 20232161 FAX(029) 20383998
inet www.sandringham-hotel.com
S £48.00
W £55.00
£ T/C £ C/C A D M V

☹非常に便利な所にありました。ただ、部屋の清潔さにはやや不満が残りました。窓辺や扇風機にほこりが積もっていました。また、トイレの窓がよく閉まらず、すきま風が入りました。 （広島県 岩永恭子 '05年1月）

カールトン・ハウス Carlton House Hotel 【B&B】

●B&Bが並ぶカシードロ・ロード沿いに建っているが、入口は脇道のプラスタートン・プレイスPlasturton Pl.にある。家族経営の小規模な宿で、朝食はビュッフェ形式のコンチネンタル。

6室 Map P.435A-1

✉73 Cathedral Rd., CF11 9HE
TEL&FAX(029) 20373722
S £40.00
W £60.00
£ T/C不可 C/C A J M V

タウン・ハウス The Town House 【B&B】

●カシードロ・ロードにある人気の宿。B&Bとはいってもやや値は張るが、客室をはじめダイニングルームやラウンジなどのすばらしいインテリアを見れば納得できる。アットホームな雰囲気にあふれており、ウェールズの旅を思い出深いものにしてくれるはず。古いイギリス小説のワンシーンに出てきそうな宿。

8室 Map P.435A-1

読者割引10%
✉70 Cathedral Rd., CF11 9LL
TEL(029) 20239399 FAX(029) 20223214
inet www.thetownhousecardiff.co.uk
S £45.00～55.00
W £59.50～89.50
£ T/C £ C/C A J M V

セント・ヒラリー St. Hilary

B&B

●カシードロ・ロードにあるB&B、タウン・ハウスからさらに300mほど北へ行った所に位置している。青と白で縁取った建物がひときわ目立っているので、すぐにわかるだろう。全12の客室はそれぞれに異なった趣向のインテリアで、部屋には小さな机とテレビ、ティーセットが配されている。

12室 Map P.435A-1外

144 Cathederl Rd., CF11 9JB
TEL (029) 20340303 FAX なし
e-mail sthilary.hotel@virgin.net
S £20.00～
S £25.00～
W £40.00～
£ T/C不可 C/C不可

カーディフ・バックパッカーズ Cardiff Backpacker

ホステル

●セントラル駅から西に行き、橋を渡ってすぐ右折。川沿いの道を進み、リバーバンク・ホテルRiverbank Hotelの前で左折してしばらく進むとある。設備がよく整ったホステル。ロッカーを使用する場合は、レセプションに£5.00のデポジットを払ってカギをもらう。

ベッド数74 Map P.435A-2外

98 Neville St., CF11 6LS
TEL (029) 20345577 FAX (029) 20230404
inet www.cardiffbackpacker.com
D £16.50
W £39.00
£ T/C不可 C/C M V

☺テラスにハンモックがあります。ぜひ利用してみてください。シャワー上がりにテラスに出ると気持ちよかったです。インターネット(有料)も使えました。 （東京都 塩原洋二 '05夏）

アームレス・ドラゴン Armless Dragon

英国料理

●地元で評判のウェールズ料理のレストラン。厳選された地元の食材を使用し、伝統的かつモダンなテイストを取り入れた料理が自慢。ほかでは見かけない独創的なメニューが目立つ。シェフのおすすめは、ブレコンヒルで育ったラム料理。中心から徒歩15分。

Map P.435C-1外

97 Wyeverne Rd., CF2 4BG
TEL (029) 20382357 FAX なし
開 12:00～14:00 19:00～21:00 (金～21:30)、土19:00～21:30
休 日・月
£ T/C不可 C/C A M V

タイ・ハウス Thai House

タイ料理

●1985年のオープン以来、地元で評判の高級タイ料理店。毎週タイから直送される食材やスパイスにウェールズ地方の食材を合わせ、オリジナルなタイ料理に仕上げている。前菜盛り合わせのルアン・ミットRuan Mitほか、料理に合ったワインの品揃えも確か。

Map P.435B-3

3-5 Guildford Cres., Churchill Way, CF10 2HJ
TEL (029) 20387404 FAX (029) 2064 0810
inet www.thaihouse.biz
開 12:00～14:30 18:30～23:15
休 日
£ T/C不可 C/C A D M V

ズシ Zushi

日本料理

●町の中心部にある回転寿司屋。値段は皿の色によって値段が変わり、1皿£1.50～3.50。寿司以外のメニューでは、ラーメン£6.70～7.20、焼きそば£5.90～6.50、カレー£5.90～6.90などがある。アルコール類は日本酒、酎ハイなどのほか、ワインの種類も豊富。

Map P.435C-2

140 Queen's St., CF10 2GP
TEL (029) 20669911 FAX なし
inet www.zushicardiff.com
開 12:00～22:00 (日12:00～17:00)
休 無休
£ T/C不可 C/C A M V

オウィン・グリンダー Owain Glyndwr

パブ

●ビールのセレクトは地元でもお墨付きで、本当のビール好きが集まる。ビールの銘柄は毎週替わり、特に人気の高かったビールはそのまま残される。ちなみにカーディフの人に一番好まれるビールはブレイウズBraiw's。ビター系ではコパーズ・ホッパーCoppers Hopperが人気。

Map P.435B-2

St. Johns Sq., CF10 1GL
TEL (029) 20221980 FAX なし
開 11:00～翌2:00 (金11:00～24:00、土11:00～翌3:00、日12:00～23:00)
休 無休
£ T/C不可 C/C M V

カーデイフから足を延ばして近郊の旅

雄大な風景が広がる
ブレコン・ビーコンズ国立公園

南ウェールズに広がるブレコン・ビーコンズ国立公園は、ウオーキングやポニートレッキングをしながらウェールズの大自然が満喫できる場所だ

ブレコン・ビーコンズ国立公園は、イングランド南西部との境目にあり、ブラック・マウンテンズBlack Mountains、フォレスト・フォーFforest Fawr、西端のブラック・マウンテンBlack Mountainの3つのエリアに分けられる。

ここでは何かを見に行くのではなく、さざまなアウトドアアクティビテイを楽しみながらウェールズの大自然に身を浸すことが楽しみ方の基本だ。

アバガヴェニー

国立公園の南の入口に位置し、ほかの町へのアクセスもよい。数々のウオーキングコースやサイクリングコースが出ている。

ブレコン

国立公園の中央部の北端に位置する村。ここもアウトドアスポーツを楽しむ人の拠点となる村。

TRAVEL DATA トラベル・データ

■ブレコン・ビーコンズ国立公園への行き方
起点となる町はアバガヴェニーとブレコンのふたつ。

●アバガヴェニーへ
🚌カーディフから1時間に1便程度
所要：約40分

●ブレコンへ
🚌カーディフからX43番が1日4便
所要：1時間20分
アバガヴェニーからX43番が1日6便
所要：1時間10分

■アバガヴェニーのⓘ
✉Swan Meadow, Cross St., NP7 5HH
TEL(01873) 857588
inet www.abergavenny.co.uk
開10:00～17:30
休無休

■ブレコンのⓘ
✉Cattle Market Car Park, LD3 9DA
TEL(01874) 622485
inet www.breconbeacons.org
開4～9月9:00～17:30　10～3月9:00～17:00
休無休

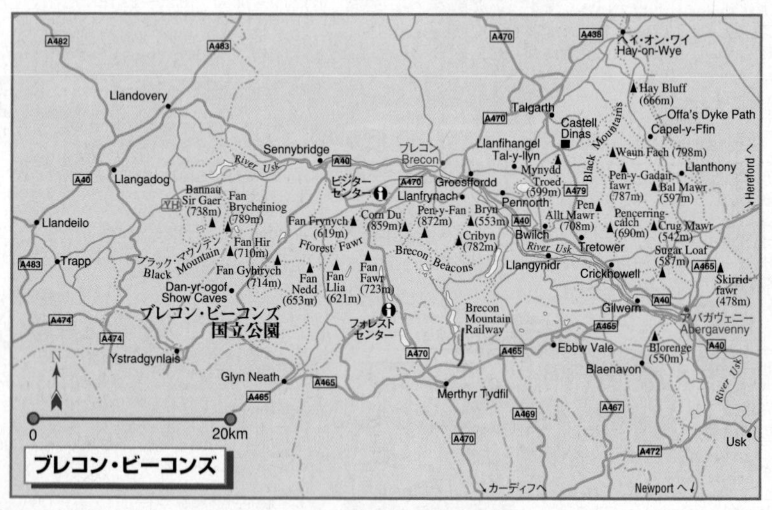

ブレコン・ビーコンズ

銅の精錬で潤ってきた港町

スウォンジー Swansea

人口22万3000人
市外局番01792

スウォンジーは人口22万人を超す、ウェールズ第2の都市。産業革命後には、銅の精錬所の煙突が立ち並ぶ工業都市だった。現在はリゾートタウンとして変貌を遂げつつあり、スウォンジー・ベイSwansea Bayはイギリスで最もサーフィンが盛んな所として有名だ。市内にはサーファー向けのショップが多く、ほかの町とはまた違った魅力がある。港町としても知られ、アイルランド第2の都市、コークCorkへのフェリーが出ている。

歩き方

スウォンジー城跡

鉄道駅を出て、ハイ・ストリートHigh St.を南に行けば、14世紀に建てられたとういうガワー司教の館だったスウォンジー城跡Swansea Castleがある。スウォンジー城跡の西から延びるプリンセス・ウェイPrincess Wayを南に行くと、ドックのあるマリーナ地区に出る。このエリアには、2005年にリニューアルオープンしたばかりの国立ウォーターフロント博物館やスウォンジー博物館Swansea Museumなどがある。国立ウォーターフロント博物館は、ウェールズの工業、産業の発展とそれが環境や人々の生活に及ぼす影響などを紹介する。スウォンジー博物館の北側には、スウォンジーが誇る偉大な詩人、ディラン・トーマスDylan Thomas (1914～1593)を記念したディラン・トーマス・センターがある。

ちなみにボブ・ディランはディラン・トーマスの大ファンで、彼の名前から芸名を付けたといわれている。

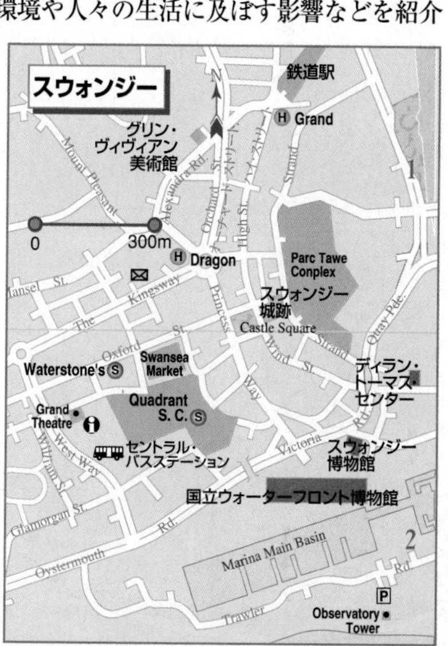

スウォンジーへの行き方

●カーディフから
🚃1時間に2～3便
所要：約1時間
🚌1～2時間に1便程度
所要：約1時間
●シュルーズベリーから
🚃1時間に1便程度
所要：約3時間
●ロンドンから
🚃パディントン駅から1時間に1便
所要：約3時間
🚌1日4便
所要：4時間45分

スウォンジーの❶

■スウォンジーの❶
Map P.443-2
✉Plymouth St., SA1 3QG
TEL(01792) 468321
FAX(01792) 464602
Inet www.visitswanseabay.com
開10:00～17:00(日10:00～16:00)
休冬期の日
宿の予約は手数料£2.00とデポジットとして宿泊料金の10%

■国立ウォーターフロント博物館 Map P.443-2
✉Oystermouth Rd., Maritime Quarter
TEL(01792) 638950
開10:00～17:00
(第1水曜10:00～20:00)
休無休 料無料

■スウォンジー博物館
Map P.443-2
✉Victoria Rd., Maritime Quarter, SA1 1SN
TEL(01792) 653763
開10:00～17:00
最終入場は16:45
休月
料無料

■ディラン・トーマス・センター
Map P.443-2
✉Somerset Pl., SA1 1RR
TEL(01792) 463980
Inet www.dylanthomas.org
開10:00～16:30
休無休
料無料

中世の城壁に囲まれた静かな古城

コンウィ Conwy

人口3800人
市外局番01492

コンウィへの行き方

●ロンドンから
ユーストン駅発、2時間に1便程度。クルーエCreweかスランドゥドゥノ・ジャンクションLlandudno Junction乗り換え。
所要：3時間20分～3時間40分
●バンガーから
1～2時間に1便程度
所要：20分
頻発
所要：40分
●チェスターから
1～2時間に1便程度
所要：50分
●カーディフから
1日6便前後
所要：4時間30分～5時間
チェスターかクルーエ乗り換え

■コンウィのⓘ
Map P.444B
コンウィ城内にある。
✉Castle Sq., LL32 8LD
TEL(01492) 592248
Inet www.visitwales.com
開 イースター～5月・10月 9:30～17:00
6～9月9:30～18:00
11月～イースター9:30～16:00（日11:00～16:00）
休 無休
宿の予約は手数料£2.00とデポジットとして宿泊料金の10%

コンウィのⓘ

ハイ・ストリート

北ウェールズの森と川に囲まれた美しい中世の町コンウィ。13世紀に築かれた城壁がすっぽりと町を取り囲み、町なかを歩くと中世の世界に紛れ込んでしまったよう。ここはエドワード1世がコンウィ城建設とともにその西側に町を築いて城壁で囲み、イングランドから商人や職人を呼んで住まわせた町である。コンウィ城はユネスコの世界遺産にも登録されており、大勢の観光客でにぎわう。

歩き方

ランカスター・スクエア

ランカスター・スクエア

城壁内は歩いて回っても1時間かからない。町の中心となるのはコンウィ駅に近いランカスター・スクエアLancaster Sq.P.444A。広場周辺には、銀行がふたつと商店を兼ねた郵便局がある。

ふたつのメイン・ストリート

広場から延びるハイ・ストリートHigh St.P.444Aと、これに交差するキャッスル・ストリートCastle St.P.444Bが城壁内のメイン・ストリートとなる。

ハイ・ストリート

石畳のハイ・ストリートは、デリカテッセン、フィッシュ&チップスのテイク・アウェイの店、おみやげ店が並び、かわいらしい町並みが続く。

キャッスル・ストリート

キャッスル・ストリートにはレストランやパブ、ホテルなどが軒を連ね、にぎわっている。

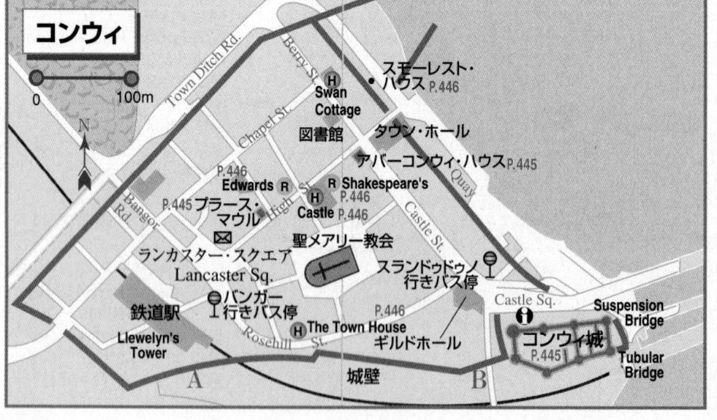

城壁を抜けて川岸へ出ると、色とりどりのヨットが並んでいるのが見える。川岸寄りの城門を出て左へ歩くと、イギリスで一番小さな家といわれている、スモーレスト・ハウスSmallest Houseがある。

見どころ

城壁内の散策はもちろん、近郊のスランドゥドゥノへも足を延ばしてみたい。

難攻不落の堅固な城塞

見学所要時間の目安 1時間

コンウィ城
Conwy Castle

キャッスル・スクエアとコンウィ城

イングランド王エドワード1世(在位1272～1307)がウェールズ征服のための軍事拠点として建てた城塞。城の建設は1283年に始まり、わずか4年半で完成した。イギリスの城塞のなかでも最も保存状態がよく、現在は建物の外壁と8つの円柱型の塔が残っており、いくつかに上ることができる。町側に一番近い塔に上ると、コンウィの町並みとコンウィ川、海が一望できて気持ちがいい。

城内は、まず入口を入ってすぐの西外堡West Barbican、アウター・ウォードと城の中心となるインナー・ウォード、東外堡East Batbicanの4つに分かれている。アウター・ウォードには護衛所と馬屋、キッチン、大広間(グレート・ホール)、牢獄などがあった。インナー・ウォードはエドワード1世と妃エリノアEleanorの住まいだった所。2階には王の間、謁見の間、礼拝堂、1階には騎士の間の跡が残っている。

城につながる吊り橋は現在使われていない

コンウィ川の対岸からは城の全景が見渡せて美しい。特に夕景がすばらしいので、夕暮れ時に橋を渡って眺めてみるのもいい。ここから見るコンウィ城の夕景を画家ターナーが描いており、その作品はカーディフ国立博物館&美術館に収蔵されている。

中世のマンション・ハウス

見学所要時間の目安 1時間

プラース・マウル
Plas Mawr

プラース・マウルはウェールズ語で大広間の意味。現存するエリザベス王朝時代の邸宅では最も保存状態がよいもののひとつ。豪商ロバート・ウィンRobert Wynnの邸宅として16世紀に建てられ、3回の増改築を経ている。現室内のインテリアはルネッサンスや北欧の影響が見られる。

キャッスル・ストリートにあるアバーコンウィ・ハウスAberconwy House も同じような中世の邸宅である。

■コンウィ城
Map P.444B
✉Conwy, LL32 8LD
TEL(01492) 592358
Inet www.cadw.wales.gov.uk
開6～9月9:30～18:00
4・5・10月9:30～17:00
11～3月9:30～16:00
(日 11:00～16:00)
休12/24～26
料£4.50
プラース・マウルとの共通券
£7.00

町の入口のひとつの城門

■プラース・マウル
Map P.444A
✉High St., LL32 8DE
TEL(01492) 580167
開4・5・9月9:30～17:00
6～8月9:30～18:00
10月9:30～16:00
休4月初旬～9月の月曜、11月～4月初旬
料£4.90(コンウィ城との共通券£7.00)

■アバーコンウィ・ハウス
Map P.444B
✉Castle St., LL32 8AY
TEL(01492) 592246
開11:00～17:00
休火、11/1～3/17
料£2.60
1階はナショナル・トラストのギフトショップになっていて、質のいいおみやげ品が手に入る。キャッスル・ストリート側から入る。

アバーコンウィ・ハウスのショップ入口

■スモーレスト・ハウス
Map P.444B
✉The Quay, LL32 8DE
TEL(01492) 593484
開4月～6月中旬・9月10:00～18:00
6月中旬～8月10:00～21:00
10月10:00～17:00
休雨天、悪天候時、11～3月
料£0.75

イギリスで一番小さな家

スモーレスト・ハウス
Smallest House

見学所要時間の目安 30分

高さ3m、横幅1.8mという小さな小さな家。ギネスブックにも載っているほど。入口も腰をかがめて入らなければならないほど低い。興味のある人は内部をのぞいてみては？

ホテル＆レストラン Hotel&Restaurant

小さな町なので、ホテルやB&Bは数えるほどしかない。シーズン中は必ず予約してから出かけよう。もしコンウィがいっぱいなら、バスで30分もかからないスランドゥドゥノへ。リゾート地なので大小多くのホテルが海沿いに並んでいる。

日本からホテルへの電話 電話会社の番号 + 010 + 国番号44 + 市外局番の最初の0を取った掲載の電話番号

キャッスル Castle Hotel 【高級】

●15世紀に小さなインとしてスタートした古いホテル。典型的なヴィクトリア様式のインテリアでまとめられながらも、CDプレーヤーや大型テレビ、ドライヤーも備わっていて快適さも重視。サービスもよいおすすめの宿だ。併設のシェイクスピアズ・レストランも評判がいい。

29室 Map P.444A
読者割引10%
✉High St., LL32 8DB
TEL(01492) 582800 FAX(01492) 582300
inet www.castlewales.co.uk
S £69.00～82.00
W £90.00～290.00
£ T/C £ C/C A M V

タウン・ハウス The Town House 【B&B】

●鉄道駅とコンウィ城の中間にあるB&B。看板は出ていないが、パステルグリーンの建物が目印。ピンクやブルーなどパステル調でコーディネートされたかわいらしい室内で、オーナー夫妻もとても親切。城壁や城が見える部屋も多い。朝食はコンチネンタルやベジタリアンも選択可能。

6室 Map P.444A
✉Rosehill St., LL32 8LD
TEL & FAX(01492) 596454
inet www.thetownhousebb.co.uk
S £30.00 W £45.00
W £55.00～60.00
£ T/C £ C/C 不可

シェイクスピアズ Shakespeare's Restaurant 【バラエティ】

●キャッスル・ホテル内にある高級レストラン。その日仕入れる材料によって毎日アラカルトメニューが変わるので、新鮮な料理が期待できる。前菜は£6.00前後、メインは£14.00～17.00。併設のバーやラウンジでも11:00～21:30にこのレストランの料理を味わえる。

Map P.444A
✉High St., LL32 8DB
TEL(01492) 582800 FAXなし
開19:00～21:30
休無休
£
T/C 不可
C/C A M V

エドワーズ Edwards 【デリカテッセン】

●上質の手作りハムやソーセージ、チーズや惣菜などを売るデリカテッセン。ほぼ毎年受賞している。お昼時は地元のビジネスマンや主婦たちで行列ができるほどの人気ぶり。各種パイ£1.10～などをテイク・アウェイにして食事を安く上げよう。バゲットもおいしいが、クルミパンもすばらしく美味。

Map P.444A
✉18 High St., LL32 8DE
TEL(01492) 5922443 FAXなし
inet www.edwardsofconwy.co.uk
開7:00～17:30
休日
£ T/C 不可
C/C M V

コンウィから足を延ばして 近郊の旅

エレガントなリゾートタウン スランドゥドゥノ

白砂のビーチに沿ってパステルカラーのホテルや別荘が建ち並ぶスランドゥドゥノは、北ウェールズを代表するリゾート地である。

コンウィからバスで北へ20分も走れば、ヴィクトリア王朝時代から保養地として人気の高いビーチリゾート、スランドゥドゥノへ着く。『不思議の国のアリス』のモデルだったアリス・リデルの家族もよくこの町で休暇を楽しんでいたそうで、トリニティ・スクエアTrinity Sq.には、アリスの世界を人形で再現したアリス・イン・ワンダーランド・センターAlice in Wonderland Centreがある。夏期のみだが、町の北側にそびえるオルメス山Great Ormes Headの麓からケーブルカーが出ていて、頂上からはスノードン山を一望できる。

スランドゥドゥノのビーチ

歩き方　鉄道駅は町の南側にあり、バスが到着するのはメインストリートのモスティン・ストリートMostyn St.。この通りから海側に向かって歩いていくと、スランドゥドゥノ湾が広がる。海岸沿いはプロムナードPromenadeと呼ばれる通りで、長い長いベンチが置かれている。❶はチャペル・ストリートChapel St.にあり、このあたりはB&Bが軒を連ねるエリアになっている。

TRAVEL DATA トラベル・データ

■スランドゥドゥノへの行き方
●コンウィから
🚌7:00～22:15に30分に1便程度
所要：20分
●チェスターから
🚃1～2時間に1便。直通もあるが、スランドゥドゥノ・ジャンクションLlandudno Junctionで乗り換えの便が多い。
所要：1時間20分
■スランドゥドゥノの❶
✉1-2 Chapel St., LL30 2SY
TEL(01492) 876413　FAX(01492) 872722
inet www.llandudno.com
開 夏期9:00～17:30　冬期9:00～17:00
休 冬期の日曜
宿の予約は手数料￡2.00とデポジットとして宿泊料金の10%

学園都市としてにぎわう
バンガー Bangor

人口1万2410人
市外局番01248

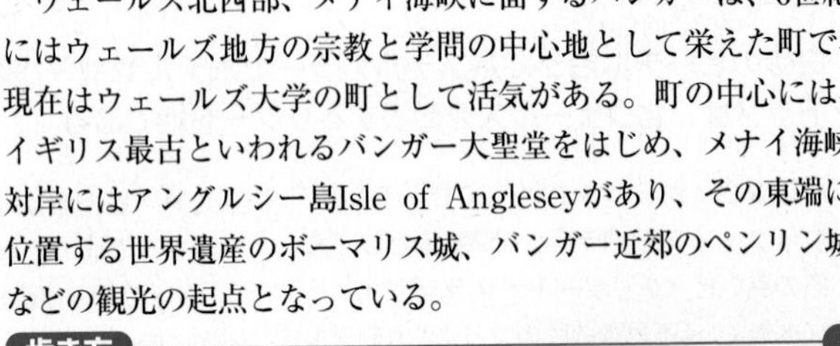

ウェールズ北西部、メナイ海峡に面するバンガーは、6世紀にはウェールズ地方の宗教と学問の中心地として栄えた町で、現在はウェールズ大学の町として活気がある。町の中心には、イギリス最古といわれるバンガー大聖堂をはじめ、メナイ海峡対岸にはアングルシー島Isle of Angleseyがあり、その東端に位置する世界遺産のボーマリス城、バンガー近郊のペンリン城などの観光の起点となっている。

バンガーへの行き方

●ロンドンから
ユーストン駅発、クルーエCrewe乗り換えの便が多い
所要：3時間20分～4時間
●コンウィから
1～2時間に1便程度
所要：20分
頻発
所要：40分
●カナーヴォンから
頻発
所要：30分
●チェスターから
1～2時間に1便程度
所要：1時間15分

■バンガーの❶
Map P.451B-2
✉Town Hall, Deiniol Rd.
TEL (01248) 352786
FAX (01248) 362701
inet www.gwynedd.gov.uk
開 イースター～9月10:00～18:00（火・木・土～17:00）
休 10月～イースター
宿の予約は手数料£2.00とデポジットとして宿泊料金の10%

■近郊へのバス
●ボーマリス城
乗り場Dから53、57 / 58番
●ペンリン城
乗り場Eから5、5X
●カナーヴォン
乗り場Aから5、5X

■バンガー大聖堂
Map P.451B-2
✉Cathedral Close, LL57 1RL
TEL (01248) 354999
inet www.cadw.wales.gov.uk
開 10:00～16:30
休 無休
料 無料

歩き方

ハイ・ストリート

学園都市のバンガー

バンガー・ピア

鉄道駅から中心街へは歩いて20分ほど。町はバンガー大聖堂を中心に広がっている。ハイ・ストリートHigh St.**P.451A-2～B-2**が繁華街で、特に時計台付近が最もにぎやか。ショッピングセンターやスーパー、銀行、ショップなどが並ぶ。大聖堂から西側のハイ・ストリートにはカフェレストランやパブが数軒ある。

鉄道駅から海側へ真っすぐ延びる大通りが、デニオール・ロードDeiniol Rd.**P.451A-2～B-2**とガース・ロードGarth Rd.**P.451B-2～C-1**だ。デニオール・ロード北側一帯の広い敷地がウェールズ大学Wales University。ガース・ロードをさらに進むと見晴らしのよいバンガー・ピアBangor Pierに出る。ガース・ロードからビーチ・ロードBeach Rd.を南に下ると、ユースホステルやペンリン城へと続く。

見どころ

ボーマリス城やペンリン城へもぜひ足を延ばしたい。バスに乗ればコンウィやカナーヴォンへも日帰りできる。

神聖なる雰囲気に包まれた
バンガー大聖堂 Bangor Cathedral

見学所要時間の目安 30分

バンガー大聖堂の内部

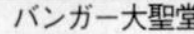

バンガー大聖堂

カンタベリー大聖堂が築かれる約70年ほど前の525年、宣教師デニオールSt. Deiniolによって基礎が築かれ、20年がかりで建設されたイギリス最古の大聖堂。

1073年にはノルマン侵入で破壊されたが12世紀に再建され、その後幾度か改築を重ねて現在の姿になった。聖堂内は目を見張るほどの華麗な装飾はないが、白壁の木造建築が美しく、どこか威厳に満ちていて神聖な空気に包まれている。

ケルト模様の家具は必見

見学所要時間の目安 30分

バンガー博物館&美術館
Bangor Museum & Art Gallery

バンガー大聖堂のすぐ北側にある3階建ての小さな博物館。2〜3階が博物館になっていて、2階には17〜18世紀のケルト模様が彫られた家具類、19世紀半ばの食器類などが展示され、当時の暮らしが再現されている。3階は衣服や小物、石器時代の出土品など。1階には地方のアーティスト作品を中心としたギャラリーとなっている。

■バンガー博物館&美術館
Map P.451B-2
✉Ffordd Gwynedd, LL57 1DT
TEL(01248) 353368
開12:30〜16:30
(土10:30〜16:30)
休月・日 料無料

バンガー博物館&美術館

緑豊かな丘にある

見学所要時間の目安 1時間

ペンリン城
Penrhyn Castle

バンガーの中心街から東へ約3km、広大な敷地に建つネオ・ノルマン様式の城。1827〜40年にかけて、ジャマイカ砂糖の輸出入とウェールズ産スレート(石板)で財を築いたジョージ・ドーキンズ・ペナントが建設。設計はトマス・ホッパーが担当し、緻密な彫刻とステンドグラスなどが施され、当時の華麗な暮らしぶりがうかがえる。世界中から集めた家具調度品が多数展示されており、17〜18世紀の日本家具もある。1トンものスレートを利用したベッドやヴィクトリア王朝時代のキッチンなども見もの。産業用鉄道博物館、人形博物館も併設している。

威風堂々としたペンリン城

■ペンリン城
Map P.451C-2外
✉Gwynedd, LL57 4HN
TEL(01248) 353084
inet www.nationaltrust.org.uk
開7・8月11:00〜17:00
4〜6・9〜11月12:00〜17:00
休火、12〜3月
料£7.00(庭園のみ£5.00)

世界最初の美しいつり橋

見学所要時間の目安 1時間

メナイ・ブリッジ
Menai Bridge

ウェールズ本土とアングルシー島をつなぐ唯一の吊り橋。『鏡の国のアリス』にも登場する。土木技師トーマス・テルフォードによって1819〜26年に完成し、1938〜41年に再建された。メナイ海峡周辺の自然や家々に調和し、美しい景観を見せる。歩道があり、歩いて渡ることもできる。

現在でも現役のつり橋、メナイ・ブリッジ

メナイ・ブリッジから見たアングルシー島

■メナイ・ブリッジ
Map P.451A-1外
🚌4、42、43、44、53、57、58、62、63番でメナイ・ブリッジ下車
所要:10分

ホテル＆レストラン Hotel&Restaurant

バンガーを拠点にしてボーマリス城観光へ行くのもいいが、バンガーはホテル数が少ないのでアングルシー島で探すのもおすすめだ。レストランは、ハイ・ストリート沿いに、いい店がいくつかあって学生向けの手頃な店も多い。

日本からホテルへの電話 電話会社の番号 + 010 + 国番号44 + 市外局番の最初の0を取った掲載の電話番号

エリル・モール Eryl Mor Hotel 中級

●海の真ん前にある手頃な2つ星ホテル。鉄道駅からは少し離れるが、バンガーできちんとしたホテルはここくらい。海側の部屋からはアングルシー島が見渡せる。写真のスーペリア・ツインルームはモダンなデザインで、浴室に外光がたっぷり入る造りになっていて気持ちがよい。1階のレストランもにぎわっている。

23室 Map P.451C-1

2 Upr Garth Rd., LL57 2SR
TEL (01248) 353789 FAX (01248) 354042
inet www.s-h-systems.co.uk/hotels/erylmor.html
S £30.00 S £44.00
W £44.00 W £68.00
£ T/C £
C/C A M V

ガーデン Garden Hotel 中級

●鉄道駅を出て右側の坂を下りると道の左側に見える。中国系の家族が経営する小規模なホテルで、1階は広東風の中華料理店になっており、朝食はそこで出している。室内はカントリー調でシンプルな感じでまとめられており、バスルームも広々している。全室テレビ、ティーセット、ドライヤー付き。館内禁煙。

11室 Map P.451A-2

1 High St., LL57 1DQ
TEL (01248) 362189 FAX (01248) 3731328
inet www.gardenhotelbangor.co.uk
S £49.00～59.00
W £74.00
£ T/C £ C/C M V

Information History Topics

美しい海辺の町ボーマリス

バンガーからバスで約30分、アングルシー島内で気軽に足を延ばせるのがボーマリス。メナイ・ブリッジを渡り、海沿いを進むとたどり着くボーマリスは、パステルカラーの家々が続く美しい港町だ。

ボーマリス城前の広場

ボーマリス城に来たついでにぜひ、メインストリートのキャッスル・ストリートCastle St.やチャーチ・ストリートChurch St.を散策しよう。小さな教会やベーカリー、雰囲気のよいアンティーク店などが並んでいる。

守りやすく攻め難い城壁

ボーマリス城 Beaumaris Castle

1293年、エドワード1世が、ウェールズ征服のために北ウェールズに築いた10の城塞のうちのひとつ。最後に建てられた城塞で、未完のままだが、イギリス内でも最も建築技術に優れ、最も美しい城といわれている。

外は6角形、内は正方形の二重の城壁に囲まれており、外城壁まで攻められても内城壁から攻撃できるよう緻密な計算がなされている。城壁の上に登ると、周辺ののどかな田園風景とメナイ海峡が見渡せて美しい。

■ボーマリスへの行き方
バンガーのバスステーションD乗り場から53か57/58で約20～30分。
■ボーマリス城
Beaumaris, Anglesey, LL8 8AP
TEL (01248) 810361 inet www.beaumaris.com
開 4・5・10月9:30～17:00 6～9月9:30～18:00
11～3月9:30～16:00（日11:00～16:00）
休 無休 料 £3.00

ア・ガース Y Garth 【ゲストハウス】

●3軒並ぶゲストハウスのなかでは一番きれい。ツインルームが2部屋、ダブルルームとファミリールームが各1部屋ある。ダブルルームはかなり狭いが、共同トイレ＆シャワーは独占的に使えるので不自由はない。どの部屋も清潔で快適に過ごせる。町の中心へは歩いて10分。朝食もボリュームたっぷり。

4室 Map P.451C-2

Garth Rd., LL57 2RT
TEL (01248) 362277 FAX (01248) 353536
e-mail johnygarth@aol.com
S £20.00
W £40.00
W £45.00
£ T/C £ C/C 不可

YHAバンガー YHA Bangor 【ユースホステル】

●ハイ・ストリートを直進し、ビーチ・ロードを南に行くと、看板が出ているので林道を右に入ると左側に見えてくる。町の中心から徒歩約20分。ラウンジやゲームルーム、インターネット施設もあってかなり設備が整っている。受付時間は7:30～22:30。12月は休館。11・1～3月は日・月曜休館。

ベッド数70 Map P.451C-2外

Tan-y-Bryn, Llandegai, LL57 1PZ
TEL (01248) 353516 FAX (01248) 371176
inet www.yha.org.uk
D £13.50
£ T/C £
C/C Ⓐ Ⓜ Ⓥ

ファット・キャット Fat Cat 【パブ】

●音楽の趣味もよく、気軽に入れて店内もおしゃれな感じ。パブというよりカフェレストランに近い。パスタやサンドイッチ、サラダなどのメニューが中心。メインの料理は£5.95～9.95と学生が多いエリアにしてはちょっと高めだが、どれを注文しても外れはない。付け合わせもボリュームたっぷり。

Map P.451A-2

161 High St., LL57 1NU
TEL (01248) 370445 FAX なし
開 10:00～23:00
（木11:00～24:00、金・土10:00～24:00）
休 無休
£ T/C 不可 C/C Ⓜ Ⓥ（£10.00以上）

ハーブス Herbs 【バラエティ】

●健康志向のヘルシーメニューが自慢のレストラン。青いテーブルとイスがさわやかな感じ。サラダバー、シーフードのほかにタイ風カレー、インドカレー、メキシコ風チリライスなどご飯物も充実。サラダ、スープはテイク・アウェイもできる。ディナーは金・土曜のみ。ランチセットは£10.00。

Map P.451B-2

162 High St., LL57 1NU
TEL (01248) 351249 FAX (01248) 351436
inet www.herbsrestaurant.co.uk
開 10:00～15:00（金・土10:00～21:00）
休 日
£ T/C 不可
C/C Ⓜ Ⓥ（£15.00以上）

北ウェールズを代表する中世の古都
カナーヴォン Caernarfon

人口9700人
市外局番01286

カナーヴォンへの行き方

イングランド中央部からの列車はバンガーからアングルシー島へと続いており、カナーヴォンまで列車は走っていない。唯一の交通手段はバンガーからのバス。

●バンガーから

乗り場Aから5、5Xのバスが6:00～22:35の20～30分おき

所要：25分

バンガーからカナーヴォンへのバス

■カナーヴォンの
Map P.452A-2
Castle St., LL55 1ES
TEL (01286) 672232
inet www.gwynedd.gov.uk
開 イースター～10月9:30～17:30
11月～イースター10:00～16:00
休 10月～イースターの日曜
宿の予約は手数料￡2.00とデポジットとして宿泊料金の10%

カナーヴォン城から見下ろす町並み

バンガーの町からバスで約25分。カナーヴォンはウェールズ北西の端に位置し、メナイ海峡Menai Straitとセイオント川Seiont Riverに挟まれた小さな町。旧市街は中世の城壁に囲まれていて、石畳の通りと古い建物が続き、しっとりとしたたたずまいを見せる。世界遺産のカナーヴォン城を見ようと大勢の旅行者が訪れる町だが、新市街の中心、キャッスル・スクエアCastle Sq.P.452B-2から東の路地などに足を踏み入れると、静かな住宅街が広がっている。

ケルトの集落だったカナーヴォンは、かつてローマ軍の駐屯地が築かれ、中世にはコンウィやボーマリスと同様、エドワード１世（在位1272～1307）のウェールズ征服のための軍事拠点となった。1284年にウェールズがイングランドに併合されたあと、王宮がカナーヴォンに移され、イギリスの中心地となった時期もある。

ウェールズ陥落後、エドワード1世はウェールズ人の心証をよくするため、王妃エリノアをカナーヴォン城に呼び出産させ、イングランド皇太子（後のエドワード2世）に「プリンス・オブ・ウェールズPrince of Wales」という称号を授けた。これ以降、現在まで歴代の皇太子はこの称号で呼ばれており、1969年に現在のチャールズ皇太子の就任式もカナーヴォン城で行われた。

カナーヴォン城前のキャッスル広場

歩き方

バンガーからのバスは、旧市街の外側、ペンリン・ストリートPenllyn St.**P.452B-2**のバスステーションに到着する。町は城壁に囲まれた旧市街と、旧市街の東側に広がる新市街に分かれる。一番の見どころであるカナーヴォン城は、旧市街の南側にある。

旧市街

旧市街は東西にメインストリートのハイ・ストリートHigh St.**P.452A-2**が走り、南北に3本の通りがあるだけのこぢんまりとした造り。ℹはカナーヴォン城の北側のキャッスル・ストリートCastle St.**P.452A-2**にある。

キャッスル・スクエア

カナーヴォン城のすぐ東側には町の中心となる広場キャッスル・スクエアCastle Sq.があり、銀行や郵便局のほか、カフェ、レストラン、パブなどが集中する。キャッスル・スクエアから東へ続く大通りプール・ストリートPool St.**P.452B-2**は商店街。この先約1km地点にもうひとつの見どころ、セゴンティウム・ローマン博物館Segontium Roman Museumがある。

見どころ

バンガーからの日帰りも可能。ボーマリス城（→P.450）と一緒に回るのもよい。

ウェールズで最も堅固かつ美しい

見学所要時間の目安 2時間

カナーヴォン城
Caernarfon Castle

イングランド王エドワード１世が北ウェールズに築いた10の城塞は、環状に散らばっていることから「アイアン・リング（鉄の環）」と呼ばれていた。そのうち、48年という長い年月と多額の資金を費やして造った最大かつ最強の城がカナーヴォン城だ。

設計は建築家ジェイムス・オブ・セント・ジョージ・デスペランシェが担当。エドワード1世の指示で居城としての快適さも考慮されている。城塞の西側はメナイ海峡、南側はセイオント川に面しているが、これは船で物資や援軍を送りやすくするための計らいだ。正面玄関のキングス・ゲートから入ってすぐ左側はアウター・ウォード、右側はインナー・ウォードで現在は芝生の中庭となっている。その周りを8つの塔が囲み、南側のクイーンズ・タワーはビデ

インナー・ウォード

カナーヴォンのℹ

キャッスル・スクエアのカフェでアフタヌーンティーを楽しむ老夫婦

■カナーヴォン城
Map P.452A-2
✉Castle Ditch, LL55 2AY
TEL (01286) 677617
inet www.cadw.wales.gov.uk
開 4・5・10月9:30〜17:00
6〜9月9:30〜18:00
11〜3月9:30〜16:00
（日11:00〜16:00）
休 無休
料 £4.90　学生£4.50

■メナイ海峡プレジャー・クルーズ
Menai Strait Pleasure Cruises
Map P.452A-2
✉Caernarfon, LL55 2UR
TEL (01286) 672772
開 イースター〜10月11:00〜17:00
休 11月〜イースター
セイオント川のハーバーから、メナイ海峡東端のボーマリスあたりまでを往復する40分のボートツアーが出ている。詳細は船着場かℹへ。

セイオント川のハーバー

■セゴンティウム・ローマン博物館
Map P.452B-2外
✉Route No.95
TEL(01286) 675625
inet www.cadw.wales.gov.uk
開9:30～16:30
博物館は火～日12:30～16:30
休無休（博物館は月曜）
料無料

ローマ時代の遺構が残る

オ上映もある立派な博物館となっている。ここではエドワード1世の資料のほかにも、18世紀のアメリカ独立戦争についての展示も豊富。一番西側のイーグル・タワーからはカナーヴォンの町を一望できる。

ローマ軍の駐屯地跡

見学所要時間の目安 30分

セゴンティウム・ローマン博物館 Segontium Roman Museum

カナーヴォンの町から東へ約1kmほど離れた所に、古代ローマ時代の要塞跡がある。博物館にはここで発掘されたさまざまな武器や生活用具、コインなどを展示していて、博物館の外の敷地は要塞の遺跡となっている。

遺構の中にポツンとある博物館

ホテル＆レストラン Hotel&Restaurant

ホテルの数は少ないので、あまり選択の余地はない。レストランやパブは城壁内に点在しており、ランチ向けのカジュアルなレストランはキャッスル・スクエア周辺や、プール・ストリートで見つけられる。

日本からホテルへの電話 電話会社の番号 + 010 + 国番号44 + 市外局番の最初の0を取った掲載の電話番号

プリンス・オブ・ウェールズ Prince of Wales 【中級】

●城壁外にある2つ星ホテル。客室はかなりくたびれた感があるが、フロントやセキュリティなどはしっかりしている。古いホテルで1階のパブは地元の人たちがビリヤードなどを楽しんでいる。浴室はシャワーなしでバスタブのみの部屋が多い。バスステーションから歩いて10分ほど。

21室 Map P.452B-1
読者割引10%　✉Bangor St., LL55 1AR
TEL(01286) 673367　FAX(01286) 676610
S £27.50　S £36.00
W £55.00　W £72.00
£　T/C £
C/C A D M V

ブラック・ボーイ・イン Black Boy Inn 【イン】

●1520年代にインとして創業した古い宿で、白壁の建物に鉢植えの緑が美しく映える外観は16世紀当時を偲ばせる。客室内はいたってシンプルな造り。1階のパブ＆レストランは夕方になると着飾った土地の人々が集まってきて、町の社交場といった感じだ。

14室 Map P.452A-2
✉North Gate St., LL55 1RW
TEL(01286) 673604　FAX(01286) 674955
inet www.welsh-historic-inns.com
S £30.00　S £40.00
W £45.00　W £60.00
£　T/C £　C/C A J M V

ヴィクトリア・ハウス Victoria House 【ゲストハウス】

●B&Bが建ち並ぶチャーチ・ストリートChurch St.にあり、一部の客室から海を眺められる。客室は白を基調にスッキリまとめられ、バスローブを備えるなど、さりげないもてなしも。DVDやデジタル放送対応テレビも全室に設置され、無線LANも設置予定とホテル並みの設備も自慢。11～1月は冬期休業。

4室 Map P.452A-1
読者割引 以下読者特別価格
✉Church St., LL55 1SW
TEL(01286) 678263　FAXなし
inet www.thevictoriahouse.co.uk
S £30.00～40.00
W £50.00～60.00
£　T/C £　C/C不可

トッターズ Totters Independent Backpacker Hostel 〔ホステル〕

●北ウェールズでは数少ない独立系ホステルのひとつで、ハイ・ストリートの西端に位置している。看板が出ていないのでややわかりづらい。PLAS PROTH-YR-AURという表札が出ている建物がそれ。小規模でアットホームな感じ。テレビルームやキッチンもある。簡単な朝食付き。

ベッド数30 Map P.452A-1
✉Plas Proth Yr Aur, High St., LL55 1RN
TEL(01286) 672963
TEL(07979) 830470（携帯）
inet www.totters.co.uk
D £13.00
£ T/C不可 C/C不可

モリーズ Molly's Restaurant 〔英国料理〕

●値段は高めだが、地元の人々の間でも評判がよく、イギリスの雑誌でもよく紹介されている。ローストやステーキなどのグリル系のほか、港町ならではのシーフードなどのメニューがある。日曜はランチセットが用意される。

Map P.452B-2
✉Wall St., LL55 1RF
TEL(01286) 673238 FAXなし
開火～木18:00～22:30
金・土・日18:00～23:30 休月
£ T/C不可 C/C Ⓐ Ⓙ Ⓜ Ⓥ（£15.00以上）

アナー The Honour 〔中華料理〕

●オーナーシェフの香港人が作る広東、北京、四川料理が食べられる。値段も手頃で味も満足できる店。ランチのセットは£6.50と狙い目。新鮮な野菜をふんだんに使ったベジタリアン・メニューもある。隣は同経営のテイク・アウェイ店になっており、店で食べるよりも、10%安くなる。

Map P.452B-2
✉9 Castle Sq., LL55 2NF
TEL(01286) 678788 FAXなし
開12:00～14:00 17:30～23:00
休日曜のランチ
£ T/C不可
C/C Ⓜ Ⓥ（£15.00以上）

雄大な北ウェールズの大自然に抱かれた

スノードニア国立公園 Snowdonia N.P.

2万6262人 市外局番01286

スノードニアの山々

ウェールズ北西部にはウェールズの最高峰スノードン山(1085m)がある。スノードン山を取り巻く山々と湖を含む一帯はスノードニア国立公園と呼ばれ、登山やアウトドアスポーツのメッカとなっている。

ウェールズ語で「鷲の地」を意味するスノードニアは、険しい絶壁となだらかで美しい草原や湖など、さまざまな表情を見せる。軽く山登りを楽しみたい旅行者には手軽なコースが用意されていて、イングランド中央部とはひと味違うウェールズの大自然に触れるにはいい場所だ。

近くの湖ではカヌーも楽しめる

スノードニア国立公園への行き方

起点となる町はスランベリスLlanberis。

■スランベリスへの行き方
●カナーヴォンから
🚌88番が頻発
所要：約25分
●バンガーから
🚌85、86番が1時間に1便程度
所要：約30分

■スランベリス湖岸鉄道 Llanberis Lake Railway
Map P.436-1
パダーン・パークPadarn Parkから湖周辺を走るミニ蒸気機関車。往復40分。
TEL(01286) 870549
inet www.lake-railway.co.uk
運行：4～10月はほぼ毎日、10月の木・金は運休
1日に5～8便
運賃：往復£6.00

歩き方

起点となるスランベリスへ

スノードニア国立公園へは、コンウィやバンガーからもアクセスできるが、スノードン山に一番近いのがカナーヴォン。頂上を目指したいなら、まずはカナーヴォンからスノードン山の麓にあるスランベリスLlanberisの村を目指そう。

スランベリス

スランベリスは、スノードン山の麓にある小さな村。メインストリートのハイ・ストリートHigh St.にバス停、ホテルやB&B、スーパー、レストランなどが並んでいる。❶はバス停のそばにある。

スノードン山

スランベリスからは、スノードン山頂上までの登山列車が出ている。ここから自力で登山してもいいし、歩きが苦手な人でも列車で頂上まで行き山々の景色を堪能することができる。登山列車に並行する登山ルートは、一番緩やかなコースで頂上までは所要4時間。岩肌は思った以上に歩きにくいので、登山靴を用意したい。中級者レベル以上の登山に関しては❶や登山用具専門店などで情報収集を。

■スランベリスの❶
✉41b, High St.
TEL(01286) 870765
開イースター～10月
9:30～17:00
11月～イースター
11:00～16:00
休11月～イースターの火～木
宿の予約は手数料￡2.00とデポジットとして宿泊料金の10%

■スノードン登山鉄道
Map P.456-1
TEL08704580033
Inetwww.snowdonrailway.co.uk
運行：3月～11月第1週9:00～17:00の30分に1便（山頂へは5～10月の運行）
11月～イースターは9:00～15:00の1～2時間に1便程度
休悪天候時
料往復￡21.00

見どころ

登山鉄道のほかに、近くの湖を回るスランベリス湖岸鉄道Llanberis Lake Railwayもある。

登山客を横目に一気に頂上へ

見学所要時間の目安 

スノードン登山鉄道
Snowdon Mountain Railway

スノードン登山鉄道は、1896年に開業したアプト式（歯車を噛み合わせて登るタイプ）の登山鉄道。乗車には原則として前日までに予約が必要。片道券は当日販売分のみとなるので注意。スランベリスのバス停で下車して、ハイ・ストリートを進行方向に歩いていくと、登山鉄道の駅が右側にある。頂上までの往復所要時間は2時間30分。頂上では30分休んで下山するので、帰りの電車に乗り遅れないように注意したい。また、頂上は天候が変わりやすく、夏でも肌寒いので、長袖を用意していこう。11月～イースターの時期は頂上までは行かず、途中のクログウィンClogwynまたはロッキー・バレーRocky Valley止まりとなる。

スノードン登山鉄道

スコットランド

Scotland

エディンバラ、カールトン・ヒルからの眺め

スコットランドの最高峰ベン・ネヴィス

イギリスの中のもうひとつの国

スコットランド

プランニングのコツ

スコットランドの首都エディンバラは、エディンバラ城やホリルードハウス宮殿など、英国史を語るうえでも重要な見どころが多い。エディンバラの南部に広がるボーダーズ地方にもダンフリースDumfriesやメルローズMelrose、ケルソKelsoなど魅力ある町が多く、修道院巡りの旅などが楽しめる。

グラスゴーと周辺

ポップカルチャーの発信基地、グラスゴーは、スコットランドの交通の中心。大都市だけあってショッピングも充実し、見ごたえある博物館や、近代建築や現代美術などがめじろ押し。産業革命期の工場群で有名なニュー・ラナークNew Lanarkは世界遺産にも登録されており、グラスゴーから電車で1時間。

グラスゴー大聖堂

スコットランド中部

セント・アンドリューズでゴルフ

スコットランド中部には、かつての都スターリングや、スクーン宮殿で有名なパース、ゴルフの聖地セント・アンドリューズといった古都がある。パースシャーや、スターリング周辺のトロサックス地方には美しい自然が残る。

アバディーンと周辺

スコットランド北東部の都市アバディーンは、北海油田の基地として有名な町。周辺はグランピアン地方と呼ばれており、美しい古城が点在し、多くの蒸溜所があるので、スコッチウイスキーの聖地と呼ばれている。

ハイランド

スコットランド北部を占める広大な地域がハイランド。グレンGlenと呼ばれる峡谷や、ロッホLochと呼ばれる湖、氷河によってできた複雑な海岸線が独特の景観美を造り上げる。ネッシーで有名なネス湖観光の起点、インヴァネスや、ゲール語が今も根付くスカイ島、冬はスキー客でにぎわうアヴィモアAviemoreなど、個性的な町が多い。

移動のコツ

スコットランドの玄関はエディンバラとグラスゴー。湖水地方から北上するならグラスゴー、ヨーク方面からはエディンバラを目指そう。この両都市へはロンドンからの航空運賃も安いので、飛行機で一気に移動するのも手。

鉄道網はイングランドに比べると路線の数は少ないが、遅れや運休はほとんどなく、時刻表どおりに運行している。

スコットランドではバスも重要な交通手段。ただしハイランドのように人口の少ない地域では、バスの便数はあまりなく、日曜は運休してしまう路線も少なくない。こういった地域では、レンタカーの機動力が威力を発揮する。島嶼部へはフェリーが運行されている。

プランニングのコツ

スコットランドの楽しみは、歴史的建造物を巡る町歩きや古城巡りと、豊かな自然を満喫するアウトドア・アクティビティに大別される。

古城や修道院、町歩きをメインにするなら、エディンバラやボーダーズ、グランピアン地方を中心に回るとよい。ウオーキングやサイクリング、フィッシングで自然を満喫するなら、ハイランドや北の島々がおすすめ。レジャー施設が整うのは、アヴィモアやインヴァネス、フォート・ウィリアムといった町だ。

モデルコース

スコットランド縦断主要都市基本コース（6日間コース）

出発はエディンバラ。ここでは2～3泊してゆっくり観光、そのあとスターリングとパースはどちらか好きなほうに行ってもよい。最後のインヴァネスではネス湖クルーズを満喫。

ハイランドの谷と湖を行く自然ツアー（1週間コース）

出発はインヴァネス。ネス湖観光を終えたらフォート・ウィリアムへ。その後ウエスト・ハイランド鉄道でマレイグを経由して船でスカイ島へ行く。

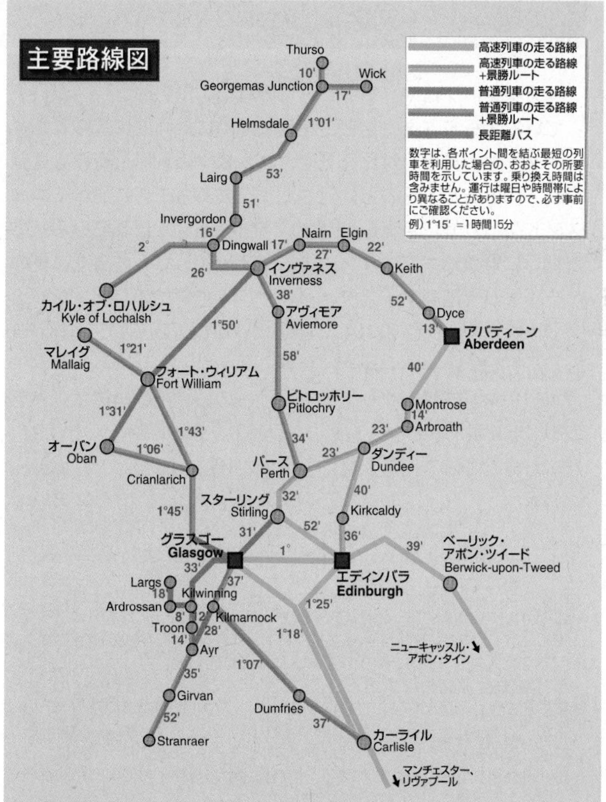

スコットランド縦断主要都市基本コース（6日間コース）

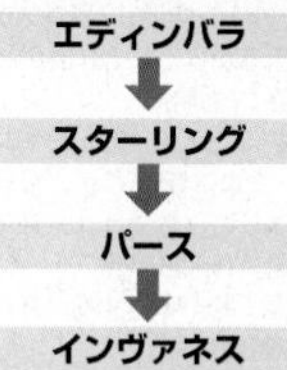

スターリング城

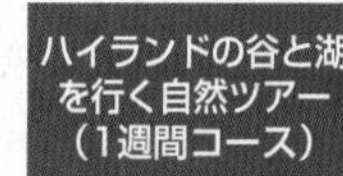

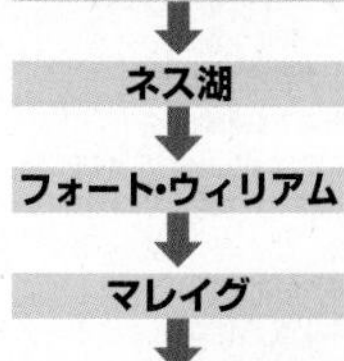

フォート・ウィリアム

エディンバラ
ロンドン

スコットランドの首都
エディンバラ Edinburgh

人口38万500人　市外局番0131

カールトン・ヒルからの眺め

エディンバラはスコットランドの首都。歴史的建造物が集まっているオールドタウンと、18世紀以降に計画的に造られたニュータウンが見事な対比を見せ、ユネスコの世界遺産にも登録されている街だ。丘の上に建つ城や街のあちこちに建つモニュメントなどの美しさから、「北のアテネ」とも呼ばれている。また世界に冠たるフェスティバル・シティとしても名高く、夏のエディンバラ国際フェスティバルや、年末年始のエディンバラズ・ホグマニーの時期には、世界中から観光客が集まってくる。

モデルルート

エディンバラはスコットランド随一の観光地。エディンバラ城や、ホリルードハウス宮殿、スコットランド博物館など、おもだった見どころを回るだけでも最低2日間は予定しておきたい。

ロイヤル・マイル満喫1日コース

エディンバラ城→聖ジャイルズ大聖堂→ジョン・ノックスの家→ホリルードハウス宮殿

ロイヤル・マイルはエディンバラ観光のハイライト。エディンバラ城からホリルードハウス宮殿まで続く1マイル(約1.6km)を、1日かけてゆっくりと回ろう。スタートはエディンバラ城。ゆっくり回ると、見終わる頃にはもうお昼過ぎ。周辺のパブやレストランで食事をとったら、聖ジャイルズ大聖堂とジョン・ノックスの家を見学。いずれもスコットランドの宗教改革の指導者であった、ジョン・ノックスゆかりの場所だ。途中クロースCloseと呼ばれる脇道をのぞいたりしながら、ロイヤル・マイルを下り、最後にホリルードハウス宮殿を見学して終了。再びロイヤル・マイルに戻るか、グラスマーケットの雰囲気のあるパブでひと休みしよう。

エディンバラへの行き方

●ロンドンから

ヒースロー空港をはじめ、ガトウィック空港、シティ空港、ルトン空港、スタンステッド空港からそれぞれ便がある
所要：約1時間

ほとんどの便はキングズ・クロス駅発だが、夜行便をはじめ、数便はユーストン駅発。1時間に1便
所要：約4時間30分（夜行は約7時間）

ヴィクトリア・コーチステーション発9:30、23:00
所要：8時間40分～9時間40分

●グラスゴーから

クイーン・ストリート駅から頻発
所要：40～55分

ブキャナン・バスステーションから頻発
所要：1時間10分

●ヨークから

1時間に1～2便
所要：2時間40分

●カーライルから

1～2時間に1便
所要：1時間30分～1時間50分

ファースト社95、X95番が1～2時間毎
所要：3時間30分

●ニューキャッスル・アポン・タインから

1時間に1～2便
所要：1時間50分

14:00、16:15、16:20発
所要：2時間40分～3時間10分

●湖水地方から

直通はない。ウィンダミアからはオクセンホルム・レイク・ディストリクト、マザウェルMotherwellなどで乗り換える。
所要：3時間～4時間40分

直通はない。ケズィック、カーライル、グラスゴーで乗り換える。
所要：4時間～3時間30分

スコットランドの文化に触れる1日コース

スコットランド博物館→スコッチウイスキー・ヘリテージセンター→国立スコットランド美術館

まずは、スコットランド博物館を見学。隣のロイヤル博物館と合わせてじっくりと見学したらそれだけで1日がかりになってしまうので、このモデルコースでは、スコットランドに関する展示の多いスコットランド博物館のみ見学する。それが終わったらロイヤル・マイルへ行き、昼食をとってからスコッチウイスキー・ヘリテージセンターへ。そして最後は、ニュータウンのほうへ進み、国立スコットランド美術館を見学して終了。1日で回るのはこのへんが限界だろう。

地図の自販機

歩き方

エディンバラの町はウェイヴァリー駅Waverley StationP.463C-2、プリンスィズ・ストリート・ガーデンズPrinces St. Gdns.P.462B-2を境に北側のニュータウンNew Town（新市街）と、南側のオールドタウンOld Town（旧市街）に分かれる。

市内と空港を結ぶエアリンクのバス

ニュータウン

ニュータウンは、18世紀の都市計画にのっとって造られた地域。道路は全体的に広く、整然と区画されており、中世の混沌とした町並みを残したオールドタウンとは対照的である。このエリアの起点となる通りは東西600mほどに延びるプリンスィズ・ストリートPrinces St.P.462B-2。南側をプリンスィズ・ストリート・ガーデンズに接し、さらにその南にあるエディンバラ城を望むエリアだ。この通りの北側にあるローズ・ストリートRose St.P.462B-2、ジョージ・ストリートGeorge St.P.462B-2、クイーン・ストリートQueen St.P.462B-2といった通りは、いずれもプリンスィズ・ストリートと並行して延びている。この周辺は、高級デパートや、数々のショップ、パブ、レストランが並ぶ繁華街。プリンスィズ・ストリートから東へと進んで行くと、数々のモニュメントが建っている丘、カールトン・ヒルP.463C-2にたどり着く。

高級デパート、ジェナーズ

オールドタウンへ

ニュータウンの南は歴史地区のオールドタウン。このふたつのエリアを結ぶおもな通りは、プリンスィズ・ストリート・ガーデンから延びているザ・マウンドThe MoundP.462B-2~463C-2、ウェイヴァリー駅の上を通っているウェイヴァリー・ブリッジWaverley Br.P.463C-2、ノース・ブリッジNorth Br.P.463C-2の3つである。

ロイヤル・マイル

エディンバラ城からホリルードハウス宮殿までの通りをロイヤル・マイルThe Royal MileP.463B-2~463D-2といい、城に近いほうからキャッスル・ヒルCastle HillP.462B-2、ローンマーケットLawnmarketP.463C-2、ハイ・ストリートHigh St.P.463C-2、キャノンゲートCanongateP.463D-2と変わる。

エディンバラ城前に建つモニュメント

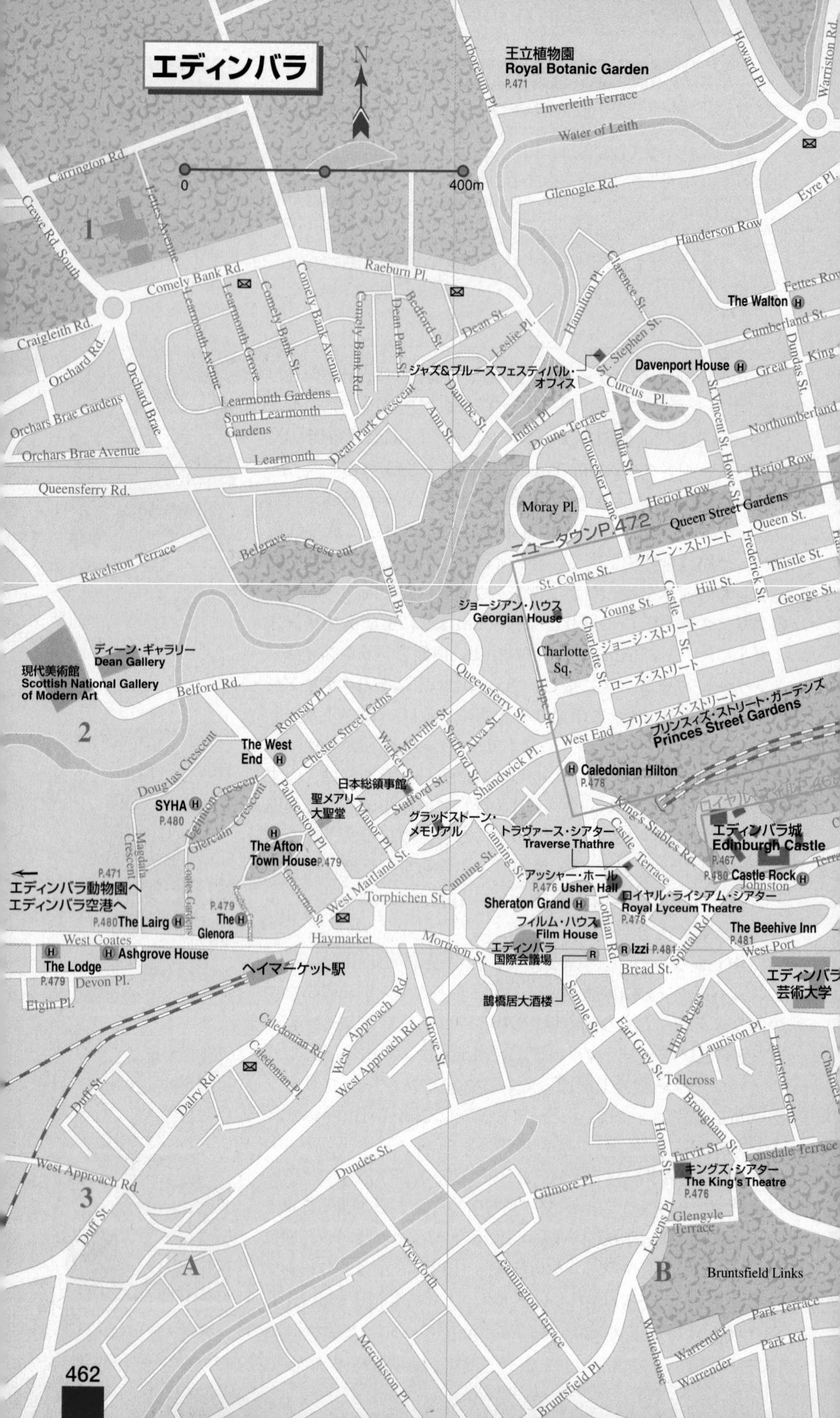

エディンバラ
N
0
400m
王立植物園
Royal Botanic Garden
P.471
Arboretum Pl.
Inverleith Terrace
Water of Leith
Howard Pl.
Warriston Rd.
Carrington Rd.
Crewe Rd. South
Fettes Avenue
Glenogle Rd.
Eyre Pl.
Henderson Row
Fettes Row
Comely Bank Rd.
Raeburn Pl.
Learmonth Avenue
Learmonth Grove
Comely Bank St.
Comely Bank Avenue
Comely Bank Rd.
Dean Park St.
Bedford St.
Dean St.
Leslie Pl.
Hamilton Pl.
Clarence St.
St. Stephen St.
The Walton
Cumberland St.
Davenport House
Great King
Dundas St.
Craigleith Rd.
Orchard Rd.
Orchard Brae
Orchars Brae Gardens
Orchars Brae Avenue
Learmonth Gardens
South Learmonth Gardens
Learmonth
Dean Park Crescent
Danube St.
Ann St.
ジャズ&ブルースフェスティバル・オフィス
Curcus Pl.
India Pl.
Doune Terrace
Gloucester Lane
India St.
St.Vincent St.
Howe St.
Northumberland
Heriot Row
Queensferry Rd.
Moray Pl.
Queen Street Gardens
Queen St.
ニュータウンP.472
クイーン・ストリート
Frederick St.
Thistle St.
Belgrave Crescent
Ravelston Terrace
Dean Br.
St. Colme St.
Castle St.
Hill St.
Young St.
George St.
ジョージアン・ハウス
Georgian House
Charlotte St.
ジョージ・ストリート
Charlotte Sq.
ローズ・ストリート
ディーン・ギャラリー
Dean Gallery
現代美術館
Scottish National Gallery of Modern Art
Belford Rd.
Queensferry St.
Hope St.
プリンスィズ・ストリート
プリンスィズ・ストリート・ガーデンズ
Princes Street Gardens
Rothsay Pl.
Chester Street Gdns
Melville St.
Walker St.
Stafford St.
Alva St.
West End
The West End
Douglas Crescent
Shandwick Pl.
Caledonian Hilton
P.478
SYHA
P.480
Eglinton Crescent
Glencairn Crescent
Palmerston Pl.
日本総領事館
聖メアリー大聖堂
Manor Pl.
グラッドストーン・メモリアル
Canning St.
King's Stables Rd.
エディンバラ城
Edinburgh Castle
P.467
トラヴァース・シアター
Traverse Thathre
Castle Terrace
Magdala Crescent
Coates Gardens
The Afton Town House
P.479
West Maitland St.
Grosvenor St.
P.471
エディンバラ動物園へ
エディンバラ空港へ
P.480 The Lairg
P.479
The Glenora
Torphichen St.
アッシャー・ホール
P.476 Usher Hall
P.480 Castle Rock
Johnston
Sheraton Grand
ロイヤル・ライシアム・シアター
Royal Lyceum Theatre
P.476
フィルム・ハウス
Film House
Lothian Rd.
The Beehive Inn
P.481
West Coates
Haymarket
Morrison St.
エディンバラ国際会議場
Izzi P.481
Spittal Rd.
West Port
The Lodge
P.479
Ashgrove House
ヘイマーケット駅
Bread St.
エディンバラ芸術大学
Devon Pl.
Elgin Pl.
West Approach Rd.
Caledonian Rd.
Caledonian Pl.
Grove St.
鵲橋居大酒楼
Semple St.
High Riggs
Lauriston Pl.
Earl Grey St.
Tollcross
Lauriston Gdns
Dalry Rd.
Duff St.
Brougham St.
Home St.
Tarvit St.
Lonsdale Terrace
West Approach Rd.
Dundee St.
キングズ・シアター
The King's Theatre
P.476
Gilmore Pl.
Glengyle Terrace
Duff St.
Viewforth
Leamington Terrace
Levens Pl.
Bruntsfield Links
Whitehouse
Park Terrace
Warrender
Park Rd.
Merchiston Pl.
Bruntsfield Pl.
1
2
3
A
B

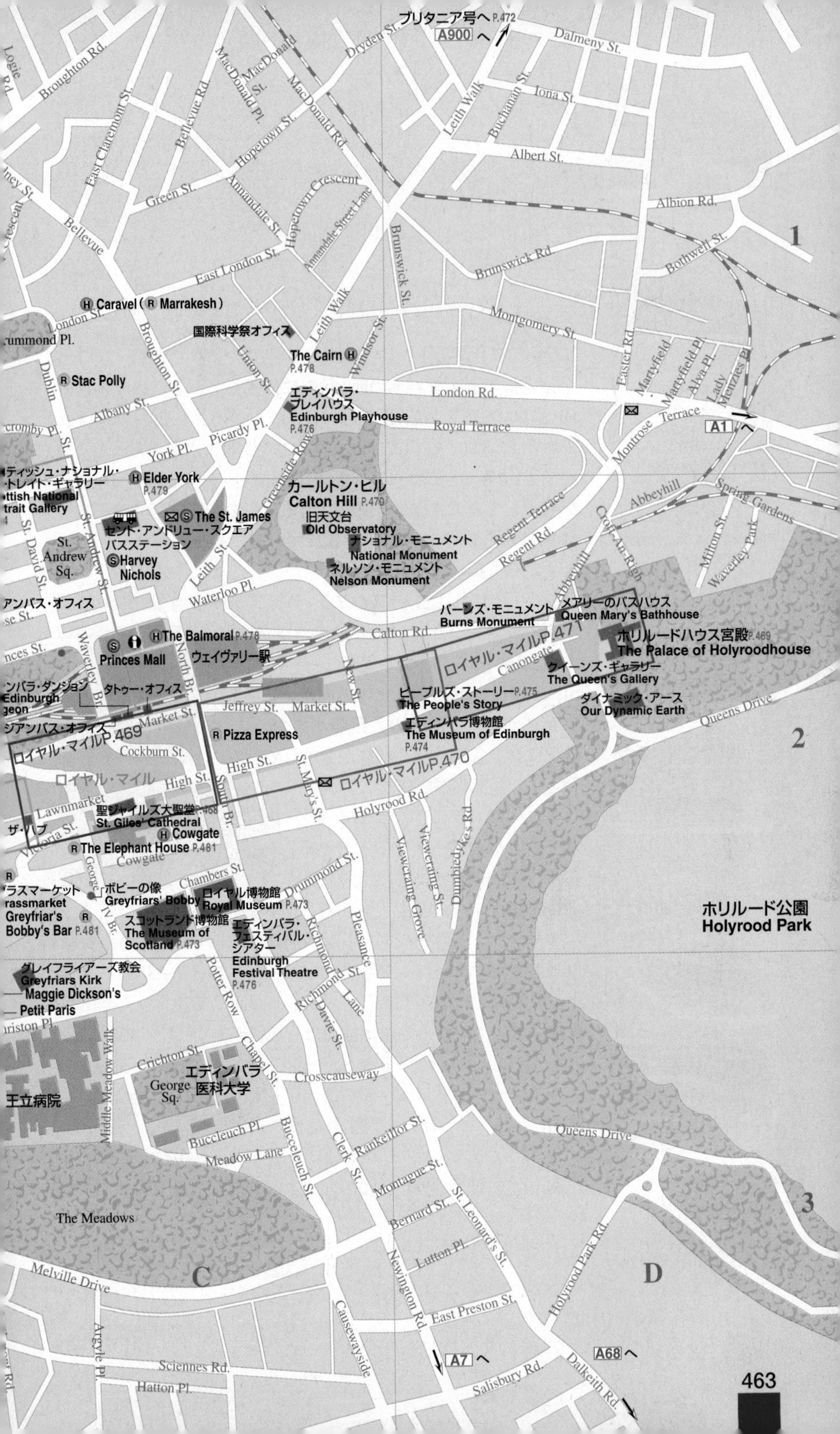

ブリタニア号へ P.472
A900 へ
Dalmeny St.
Dryden St.
Logie Rd.
Broughton Rd.
MacDonald St.
MacDonald Pl.
MacDonald Rd.
Bellevue Rd.
East Claremont St.
Hopetown St.
Leith Walk
Buchanan St.
Iona St.
Albert St.
Green St.
Annandale St.
Hopetown Crescent
Annandale Street Lane
Albion Rd.
Bellevue
East London St.
Brunswick St.
Brunswick Rd.
Bothwell St.
1
Caravel（Marrakesh）
London St.
Drummond Pl.
国際科学祭オフィス
Montgomery St.
Broughton St.
Union St.
Windsor St.
The Cairn
P.478
Easter Rd.
Martyfield
Martyfield Pl.
Alva Pl.
Lady Menzies Pl.
Dublin St.
Stac Polly
Albany St.
エディンバラ・プレイハウス
Edinburgh Playhouse
P.476
London Rd.
Montrose Terrace
A1 へ
Abercromby Pl.
Picardy Pl.
Royal Terrace
York Pl.
Greenside Row
スコティッシュ・ナショナル・ポートレイト・ギャラリー
Scottish National Portrait Gallery
Elder York
P.479
カールトン・ヒル
Calton Hill P.470
Abbeyhill
Spring Gardens
The St. James
St. Andrew St.
St. David St.
旧天文台
Old Observatory
Regent Terrace
Croft-An-Righ
セント・アンドリュー・スクエア
バスステーション
ナショナル・モニュメント
National Monument
Milton St.
Waverley Park
St. Andrew Sq.
Harvey Nichols
Leith St.
Regent Rd.
ネルソン・モニュメント
Nelson Monument
Waterloo Pl.
Abbeyhill
シティアンバス・オフィス
Rose St.
バーンズ・モニュメント
Burns Monument
メアリーのバスハウス
Queen Mary's Bathhouse
Princes St.
Waverley Br.
The Balmoral P.478
Calton Rd.
ロイヤル・マイル P.471
ホリルードハウス宮殿 P.469
The Palace of Holyroodhouse
Princes Mall
North Br.
ウェイヴァリー駅
Canongate
クイーンズ・ギャラリー
The Queen's Gallery
エディンバラ・ダンジョン
Edinburgh Dungeon
タトゥー・オフィス
New St.
ピープルズ・ストーリー P.475
The People's Story
ダイナミック・アース
Our Dynamic Earth
Jeffrey St.
Market St.
Queens Drive
シティアンバス・オフィス
Market St.
Pizza Express
エディンバラ博物館
The Museum of Edinburgh
P.474
ロイヤル・マイル P.469
Cockburn St.
2
ロイヤル・マイル
High St.
High St.
St. Mary's St.
ロイヤル・マイル P.470
Holyrood Rd.
Lawnmarket
聖ジャイルズ大聖堂 P.468
St. Giles' Cathedral
South Br.
Dumbiedykes Rd.
ザ・ハブ
Victoria St.
Cowgate
The Elephant House P.481
Viewcraig Gardens
Cowgate
Viewcraig St.
Chambers St.
Drummond St.
グラスマーケット
Grassmarket
George IV Br.
ボビーの像
Greyfriars' Bobby
ロイヤル博物館
Royal Museum P.473
Greyfriar's Bobby's Bar P.481
Pleasance
ホリルード公園
Holyrood Park
スコットランド博物館
The Museum of Scotland P.473
エディンバラ・フェスティバル・シアター
Edinburgh Festival Theatre
P.476
Richmond St.
グレイフライアーズ教会
Greyfriars Kirk
Potter Row
Richmond Lane
Maggie Dickson's
Petit Paris
Lauriston Pl.
Davie St.
Chapel St.
Crichton St.
Middle Meadow Walk
エディンバラ医科大学
George Sq.
Crosscauseway
王立病院
Buccleuch Pl.
Buccleuch St.
Clerk St.
Rankeillor St.
Queens Drive
Meadow Lane
Montague St.
3
The Meadows
Bernard St.
St. Leonard's St.
Lutton Pl.
Melville Drive
C
D
Holyrood Park Rd.
Newington Rd.
East Preston St.
Argyle Pl.
Causewayside
A7 へ
A68 へ
Sciennes Rd.
Salisbury Rd.
Dalkeith Rd.
Hatton Pl.

グラスマーケット

ロイヤル博物館

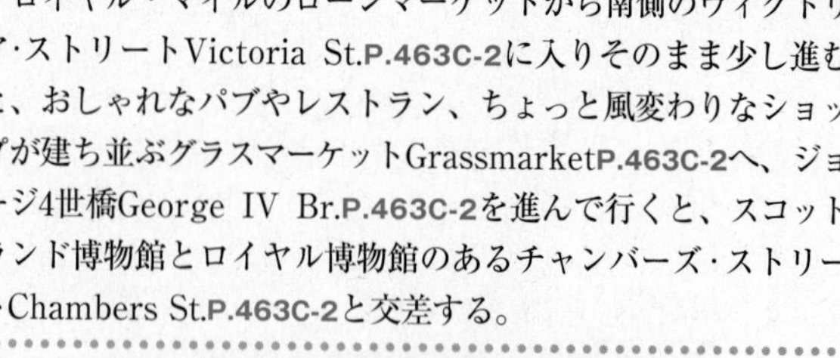

ロイヤル・マイルのローンマーケットから南側のヴィクトリア・ストリートVictoria St.**P.463C-2**に入りそのまま少し進むと、おしゃれなパブやレストラン、ちょっと風変わりなショップが建ち並ぶグラスマーケットGrassmarket**P.463C-2**へ、ジョージ4世橋George IV Br.**P.463C-2**を進んで行くと、スコットランド博物館とロイヤル博物館のあるチャンバーズ・ストリートChambers St.**P.463C-2**と交差する。

ターミナルから市の中心部へ

エディンバラ空港

■エディンバラ空港
TEL(0131) 3331000
Inet www.baa.com
■エアリンク
TEL(0131) 5556363
Inet www.flybybus.com
4:50〜翌0:25
(日5:00〜24:00)
■空港からのタクシー料金
料金は約£15.00。市内までは所要時間約20分。

空港はエディンバラの西13kmに位置している。空港から市内へはエアリンクAirlinkというシャトルバスによって結ばれている（£3.00、往復£5.00）。エアリンクは、空港からエディンバラ動物園、ヘイマーケット駅Haymarket Station**P.462A-3**を経由してウェイヴァリー駅に着く。所要時間は約25分。バスは10分から15分おきに運行されている。チケットはバスの運転手から直接購入できる。

空港と市内を結ぶエアリンクのバス

セント・アンドリュー・スクエア・バスステーション

バスステーションはニュータウンの東にある広場、セント・アンドリュー・スクエアSt. Andrew Sq.**P.463C-2**の向かいにある。イングランド方面への長距離バスや、スコットランド各地へ行くバスが発着している。

チケットオフィス

セント・アンドリュー・スクエア・バスステーションの乗り場

鉄道駅

ウェイヴァリー駅

エディンバラには、ウェイヴァリー駅とヘイマーケット駅というふたつの鉄道駅がある。大きな駅がウェイヴァリー駅で、ちょうどニュータウンとオールドタウンの間に位置している。❶やショッピングセンターも隣接している。ウェイヴァリー駅のチケット売り場は2ヵ所あり、イングランド方面はGNERのチケットオフィス。スコットランド方面は自販機か、14番線横のファースト・スコットレイルFirst Scotrailのオフィスで購入する。

ヘイマーケット駅はウェイヴァリー駅の西約1kmにある。規模的にはウェイヴァリー駅よりもはるかに小さいが、ウェイヴァリー駅からスコットランドのほかの町へ行く鉄道はすべてヘイマーケット駅に停車する。また、駅周辺はB&B街になっている。

ヘイマーケット駅

ウェイヴァリー駅から発車するスコットレイルの列車

■ウェイヴァリー駅の荷物預かり所
TEL(0131) 5502333
開9:00〜17:00
休土・日
料0〜6時間：£3.50
6〜24時間：£4.50
以降1日につき：£4.50

市内交通

市内バス

ちょっと郊外の見どころに行ったり、中心からやや離れた場所に宿を取ったときなどは、市内バスを利用しよう。エディンバラ市内は、ロジアンバスLothian Busと、ファースト・エディンバラFirst Edinburghの2社が運行している。両社とも1日券を販売している。1日券の値段は有効なゾーンによって変わるが、ちょっと郊外にあるブリタニア号も含めて、普通に観光するのであれば、最も範囲の狭いゾーンで充分。もちろん1日券は、その会社のバスのみ有効だ。

タクシー

エディンバラのタクシーは、ロンドンのものと同様、基本的に黒くてクラシカルなタイプ。電話で直接呼ぶか、町でつかまえて乗る。料金は初乗り£1.40から。

旅の情報収集

観光案内所

おみやげも豊富

エディンバラのⓘはウェイヴァリー駅のプリンスィズ・モール側の出口を出た左側。各種パンフレットやおみやげも豊富。常に行列ができているので、欲しいパンフレットの種類や調べてもらいたいことを箇条書きにしておくとよい。宿の予約はもちろん、各種ツアーの予約も可能。インターネットも利用できる。

情報誌

エディンバラとグラスゴーのアートや劇場、スポーツ、レストランなどの最新情報が載っている『ザ・リストThe List』は£2.20で、隔週発売。書店やコンビニなどで販売している。

ツアー

市内バスツアー

乗り降り自由の市内観光バスはウェイヴァリー・ブリッジ発。バス会社によって多少コースが異なるが、各社とも大差はない。利用するバス会社によって、割引特典がそれぞれ異なる。チケットはドライバーから直接購入するか、ウェイヴァリー・ブリッジのオフィスでも購入可能。エディンバラ・ツアーでは日本語音声ガイドもある。

市内ウオーキングツアー

エディンバラはバスツアー以上にウオーキングツアーが充実。恐怖スポットや怪奇スポットを巡るゴーストツアーはエディンバラ名物で、毎晩多くの観光客が参加する。集合場所はⓘの前か、聖ジャイルズ大聖堂前。パンフレットはⓘに各種揃っている。

■ロジアンバス
TEL(0131) 5556363
Inet www.lothianbuses.co.uk
1回券£0.80～£1.00
1日券£2.50
オフピーク1日券£2.00（平日9:30以降、土・日は終日）

奥の階段を下りた半地下がⓘのオフィスになっている

■エディンバラのⓘ
TEL(0131) 4733800
FAX(0131) 4733881
Inet www.edinburgh.org
宿の予約は手数料£3.00と、デポジットとして宿泊料金の10%

●ウェイヴァリー駅横のⓘ
Map P.463C-2
✉Waverley Market, 3 Princes St., EH2 2QP
開4・10月9:00～18:00（日10:00～18:00）
11～3月9:00～17:00（木・土9:00～18:00、日10:00～17:00）
5・6・9月9:00～19:00（日10:00～19:00）
7・8月9:00～20:00（日10:00～20:00）
休無休

●エディンバラ空港のⓘ
地図外
✉Edinburgh International Airport, EH12 9DN
開4～10月6:30～22:30
11～3月7:00～21:00
休無休

☺観光バスの2階席
2階の屋根なしの席は風がさわやかで（冷えましたが）町の香りも楽しめました。バスを降りずに1周すると約1時間です。7ヵ国語の解説チャンネルがイヤホンで聞け、観光ガイドとして役立ちました。
（大阪府　赤石明美　'04夏）

エディンバラ・ツアーの市内観光バス

エディンバラ市内ツアー

マック・ツアーズ Mac Tours

TEL (0131)2200770　inet www.mactours.co.uk

●シティ・ツアー City Tour

出発：9:20～17:40（6/17～8/28～18:55）の20分毎　料£9.00　学生£8.00（24時間有効）
エディンバラ城、ホリルードハウス宮殿など市内各所の見どころを訪れる乗り降り自由のツアー。

シティ・サイトシーイング City Sightseeing

TEL(0131)5556363　inet www.lothianbuses.co.uk　inet www.city-sightseeing.com

●エディンバラ・ツアー Edinburgh Tour

出発：9:45～17:15（11/2～4/2～16:10）の20分毎　料£9.00　学生£8.00（24時間有効）
コースは、マック・ツアーズのシティ・ツアーとほぼ同じ。日本語の音声ガイドもある。

マジェスティック・ツアー Majestic Tour

TEL (0131)2200770　inet www.edinburghtour.com

出発：9:45～17:15の30分毎（冬期～15:15）　料£9.00　学生£8.00（24時間有効）
王立植物園、ブリタニア号、現代美術館など、郊外の見どころを巡る乗り降り自由のツアー。

●エディンバラ・グランド・ツアー The Edinburgh Grand Tour

料£12.00　学生£10.00（24時間有効）
上記すべてのツアーバスに乗車できる共通チケット。

エディンバラ市内ウオーキングツアー

エディンバラ文学パブツアー Edinburgh Literary Pub Tour

TEL(0131)226 6665　inet www.edinburghliterarypubtour.co.uk

出発：19:30（11～3月は金のみ、4・5・10月は木～日、6～9月は毎日）　料£8.00　学生£6.00
グラスマーケットのパブ、ビーハイブ・インThe Beehive Inn出発。オールドタウンとニュータウンの歴史あるパブを回りながら、スコットランド文学にまつわる話を聞く。

メルカト・ツアーズ Mercat Tours

TEL(0131)5576464　inet www.mercattours.com

●シークレッツ・オブ・ザ・ロイヤル・マイル Secrets of the Royal Mile

出発：10:30に聖ジャイルズ大聖堂横のメルカト・クロスから出発　料£7.50　学生£7.00
ロイヤル・マイルの歴史的名所や、クロースを訪れながら、エディンバラの歴史に触れるツアー。

●ゴースツ＆グールズ・ツアー Ghosts & Ghouls Tour

出発：19:00、20:00、4～9月21:00　料£7.50　学生£7.00（ドリンク付き£9.00　学生£8.50）
エディンバラのオールドタウンを巡りながら、この街の歴史の暗部に光を当てるツアー。サウス・ブリッジの下に広がる地下納骨場にも足を踏み入れる。**メルカト・クロス**から出発。

●ゴースト・ハンター・トレイル Ghosts Hunter Trail

出発：21:30、22:30（4～10月）　料£7.50　学生£7.00
かつて拷問が行われた場所や処刑場などを訪れるツアー。ハイライトは地下納骨場。エディンバラ最古の墓地、キャノンゲート墓地がツアーの締めくくり。**メルカト・クロス**から出発。

ブラック・ハート・ストーリーテラーズ Black Hart Storytellers

TEL(0131)2259044　inet www.blackhart.uk.com

●死者の町ツアー City of The Dead Walking Tour

出発：20:30、21:15、22:00　料£8.50　学生£6.50
聖ジャイルズ大聖堂の前を出発し、グレイフライアーズ教会にある墓地へと行く。

近郊ツアー

グレイ・ライン Gray Line

TEL (0131)5555558　inet www.graylinetours.com

　ボーダーズ地方やセント・アンドリューズ、パースシャー、古城巡りなど、日替わり近郊ツアーを豊富に取り揃えている。半日ツアーと1日ツアーがある。ネス湖ツアーも人気。出発前日までに要予約。❶でも予約可能。

見どころ

スコットランドの首都、エディンバラには、歴史を感じさせる建築物から、最新技術を駆使したアトラクション、充実した収蔵品を誇る博物館、美術館など盛りだくさんだ。ゆっくりと滞在してその多彩な魅力を味わいたい。

岩山から街を見下ろす

エディンバラ城
Edinburgh Castle

見学所要時間の目安 2時間

エディンバラの中心に街を見下ろすように建つ城。城が建っている岩山は、キャッスル・ロックCastle Rockといわれ、城が築かれる以前から天然の要塞として利用されていた。

城は幾度もの戦闘と破壊を経験し、そのたびに再建と増改築が繰り返された。現在残されている最古の建物は、聖マーガレット礼拝堂St. Margaret's Chapel。1110年に建てられた礼拝堂で、ノルマン様式のアーチが印象的だ。

城内の有名な建築物はクラウン・スクエアCrown Sq.周辺にあり、戦没者記念堂、ルネッサンス期に建てられたグレートホール、さらに王宮が中庭を取り囲むように建てられている。なかでも王宮は、スコットランド女王メアリー・スチュアートがスコットランド王ジェイムス6世（イングランド王ジェイムス1世）を産んだ「メアリー女王の部屋」があったり、スコットランド王の即位の宝器と運命の石が保管されているなど、必見の場所といえる。

宝器とは、王冠、御剣、王笏の3つから成り立っており、1707年にイングランドとスコットランドの間で連合条約が結ばれて以来、封印され続けていたが、ウォルター・スコットによって封印を解かれ、再び日の目を見るようになった。また、運命の石は、古来からスコットランドの王が即位式のときに座ることになっていた石。イングランド王エドワード1世によってイングランドに持ち去られて以来、ロンドンのウェストミンスター寺院に保管されていたが、1996年にスコットランドに返還された。本来はパースのスクーン宮殿に置かれていたものであったが、現在宝器と一緒に王宮の中のクラウン・ルームに保管されている。

エディンバラ城の入口

城の入口にある広場では夏のフェスティバル期間中にミリタリー・タトゥーと呼ばれる盛大なパフォーマンスイベントが毎晩開かれる。

■エディンバラ城
Map P.468-A
✉Castle Hill, EH1 2NG
TEL (0131) 2259846
FAX (0131) 2204733
Inet www.historic-scotland.gov.uk
開 4～9月9:30～18:00
10～3月9:30～17:00
最終入場は閉館の45分前
休 無休
料 £10.30　学生£8.50
オーディオガイド£3.00

グレートホール

ウォルター・スコットによる即位の宝器発見の場面

ミリタリー・タトゥー
ミリタリー・タトゥーは現地の人でもなかなかチケットは手に入らないと言っていたので、これは日本で予約していったのでよかった。でも料金は最前列でも同じなので、最上段で席はよくなかった。前のほうの席ならよく見えたと思う。
（愛知県　長嶋三鈴　'04夏）

■スコッチウイスキー・ヘリテージセンター
Map P.468-B
✉354 Castle Hill, EH1 2NE
TEL(0131) 2200441
FAX(0131) 2206288
Inet www.whisky-heritage.co.uk
開5～9月 9:30～18:30
10～4月 10:00～18:00
最終ツアーは閉館の1時間前
休無休
料£8.95　学生£6.75

エディンバラ城のすぐ近くにある

スコッチウイスキー入門にぴったりのアトラクション

スコッチウイスキー・ヘリテージセンター
The Scotch Whisky Heritage Centre

見学所要時間の目安 1時間

スコッチウイスキー・ヘリテージセンター

スコッチウイスキーなくしてスコットランドは語れない。スコットランドには見学のできる蒸溜所がいくつもあるが、ここスコッチウイスキー・ヘリテージセンターでは、蒸溜の過程のみでなく、300年以上にわたるスコッチウイスキーの歴史、スペイサイドやアイラ島など地域による特徴の違い、ブレンドの秘密など、さまざまな角度からスコッチウイスキーの秘密に迫る。解説が日本語で聞けるのもありがたい。また、館内のショップにはスコットランド各地から集められたボトルが並んでおり、その数270種以上。併設のレストランAmber Restaurantでは伝統料理も楽しめる。

■聖ジャイルズ大聖堂
Map P.469-B
✉The Royal Mile, EH1 1RE
TEL(0131) 2259442
FAX(0131) 2204763
Inet www.stgiles.net
開9:00～19:00
(日 8:00～19:00)
休無休
料無料
(シスル礼拝堂は£1.00)
毎日12:00に礼拝が行われているので、その間の一般観光客の入場は控えたい。

ロイヤル・マイルに建つ

聖ジャイルズ大聖堂
St. Giles' Cathedral

見学所要時間の目安 1時間

さまざまな歴史の舞台にもなった

ロイヤル・マイルの中心に堂々と建っている教会が、聖ジャイルズ大聖堂。王冠の形をした屋根が印象的なゴシック様式の教会だ。教会の前は広場になっており、スコットランドにおける宗教改革の旗手、ジョン・ノックスの像が立っている。彼は、この大聖堂で新教の教えを説いていた。内部は宗教改革の最中に多くの装飾が破壊されたが、それでも見るべき

ところは多い。特にシスル礼拝堂Chapel of the Thistleは一見の価値あり。教会内では頻繁にコンサートが行われるので、機会があれば聴いてみよう。

英国王室の宮殿

見学所要時間の目安 2時間

ホリルードハウス宮殿
The Palace of Holyroodhouse

ロイヤル・マイルの東の果てに位置する宮殿。スコットランドにおける英国王室の宮殿として現在も利用されており、王室がスコットランドを訪問するときはここに滞在している。宮殿は華麗な装飾がされており、なかでもグレート・ギャラリーGreat Galleryにある、89人の歴代スコットランド王の肖像画は圧巻。

ホリルードハウス宮殿

また、この宮殿はスコットランド女王メアリーにまつわるエピソードが数多く残るところとしても有名だ。メアリーは、エディンバラ城よりもホリルードハウス宮殿を好み、最初の夫フランス王フランソワ2世が亡くなり、スコットランドに戻ってきてからの6年間をここで過ごした。メアリーの部屋Mary Queen of Scot's Chamberは北西の塔にある。彼女の2度目の夫、ダーンリが嫉妬に狂いメアリーの秘書であったリッチオを刺し殺すという事件が起こったのもこの北西の塔であった。この事件によって、妊娠中であったメアリーはあやうく流産するところだったらしい。ちなみにその後無事生まれた子が、後のジェイムス6世（イングランド王ジェイムス1世）である。

宮殿に隣接するホリルード・アビーHolyrood Abbeyは廃墟になっているが、12世紀にデイビッド1世によって建てられた

■ホリルードハウス宮殿
Map P.471-B
✉The Palace of Holyroodhouse, EH8 8DX
TEL (0131) 5565100
FAX (0131) 5575256
inet www.royal.gov.uk
開 4～10月9:30～18:00
11～3月9:30～16:30
最終入場は閉館の1時間前。冬期はガイドツアーによる見学のみ。ガイドツアーの時間については要確認。
休 英国王室の所有する宮殿のため、王室のスコットランド滞在時など不定期に閉まることがある。
料 £8.80　学生£7.80

オーディオガイド
オーディオガイドのおかげで予想外の興味をもってみることができ、非常に楽しめました。ホリルードハウス宮殿を知るというだけでなく、スコットランドの歴史も一緒に学べるガイドだと思います。ぜひ借りることをおすすめします。（愛知県　kei・to　'04夏）

宮殿の外にはメアリーのバスハウスといわれている小さな建物がある

由緒正しい修道院。デイビッド2世、ジェイムス2世、ジェイムス5世など、歴代のスコットランド王が埋葬されている。

市街を一望する公園

見学所要時間の目安 30分

カールトン・ヒル
Carlton Hill

■カールトン・ヒル
Map P.463C-2
開随時　休無休　料無料

■ネルソン・モニュメント
Map P.463C-2
✉Calton Hill, EH1 3BJ
TEL(0131) 5297902
FAX(0131) 5293986
inet www.cac.org.uk
開 4～10月10:00～18:00
（月13:00～18:00）
11～3月10:00～17:00
休日
料£3.00

☺カールトン・ヒル
カールトン・ヒルの丘はとてもすばらしかったです。歩いても行けるし、青空の日は最高の眺めでした。ここでランチなんてすてきかも。
（北海道　mi23　'05秋）

ナショナル・モニュメント

ニュータウンの東にある小高い丘、カールトン・ヒルは、エディンバラの全景を眺めるのにうってつけの場所。なかでも丘の頂上部に建っているネルソン・モニュメントNelson Monumentは1805年のトラファルガーの海戦の勝利を記念して1815年に建てられた記念碑。143段の階段を上って頂上に出れば、エディンバラ市内はもちろんフォース湾まで見渡すことができる。

カールトン・ヒルにはそのほか旧天文台City Observatoryや、ナショナル・モニュメントNational Monumentなどいくつものモニュメントが建てられている。ナショナル・モニュメントは、北のアテネともいわれるエディンバラにふさわしく、アテネのパルテノン神殿を模して、ナポレオン戦争戦没者記念として建てられた。ところがこのモニュメントの建築は予算が途中で尽きてしまい、あえなく中止。現在も未完成のままで、その姿をさらしている。

偉大な詩人を記念する塔

見学所要時間の目安 30分

スコット・モニュメント
Scott Monument

■スコット・モニュメント
Map P.472B
✉Princes St., EH2 2EJ
TEL(0131) 5294068
inet www.cac.org.uk
開4～10月 9:00～18:00
（日10:00～18:00）
11～3月 9:00～15:00
（日10:00～15:00）
休無休
料£3.00

プリンスィズ・ストリートに建つ、ひときわ目立つ塔が、スコット・モニュメント。その名のとおり、スコットランドを代表する文豪、サー・ウォルター・スコットを記念して建てられた。作家の記念碑としては世界最大。後ろに回り込むと入口があり、塔の頂上まで上ることができる。

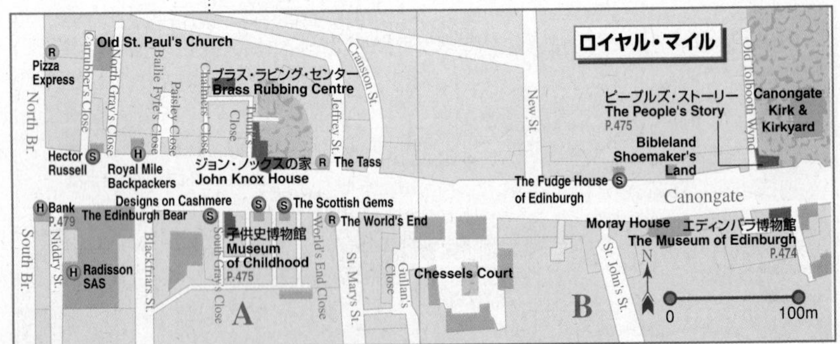

市街を一望する公園

見学所要時間の目安 2時間

王立植物園
Royal Botanic Garden

エディンバラの街の中心から1.5kmほど北に位置する広大な植物園。27ヘクタールの敷地におよそ1万4500種の植物が植えられている。植物園の中心よりやや西、少し盛り上がった所にあるのが、インヴァリース・ハウスInverleith House。この近くには喫茶店などもあり、ここから眺めるエディンバラの街はなかなか見ごたえがある。ここにいたる坂の途中にはチャイニーズ・ヒルサイドChinese Hillsideという中国の植物が集められたエリアもある。

植物園の温室

広場の北東には大小さまざまな種類の温室が建てられており、それぞれ特徴ある植物が植えられている。約5000種もの植物が植えられているロック・ガーデンRock Gardenというエリアも興味深い。

■王立植物園
Map P.462B-1
🚌ハノーバー・ストリートのバス停から23、37番が植物園の東門に行く。マジェスティック・ツアーの観光バスでも行ける。
✉20A Inverleith Row, EH3 5LR
TEL(0131) 5527171
FAX(0131) 2482901
Inet www.rbge.org.uk
開11～2月10:00～16:00
3・10月10:00～18:00
4～9月10:00～19:00
休無休
料無料

ペンギンパレードは必見

見学所要時間の目安 2時間

エディンバラ動物園
Edinburgh Zoo

市内の中心部から西に約5km。広大な敷地内に、カエルからカバまで1000種以上の動物がいる英国最大級の動物園。園内はいくつかのエリアに分かれており、ヒルトップ・サファリHilltop Safariという巡回バスで見晴らしのよい丘の上に行くこともできる。

よちよちと歩くペンギン

■エディンバラ動物園
Map P.462A-2外
🚌プリンスィズ・ストリートからロジアンバスの12、26、31番。ファースト・エディンバラの12、16、38、86番。ウェイヴァリー・ブリッジからエアリンクでも行ける。
✉Edinburgh Zoo, EH12 6TS
TEL(0131) 3349171
FAX(0131) 3140320
Inet www.edinburghzoo.org.uk
開4～9月9:00～18:00
3・10月9:00～17:00
11～2月9:00～16:30
休無休
料£9.00 学生£7.00

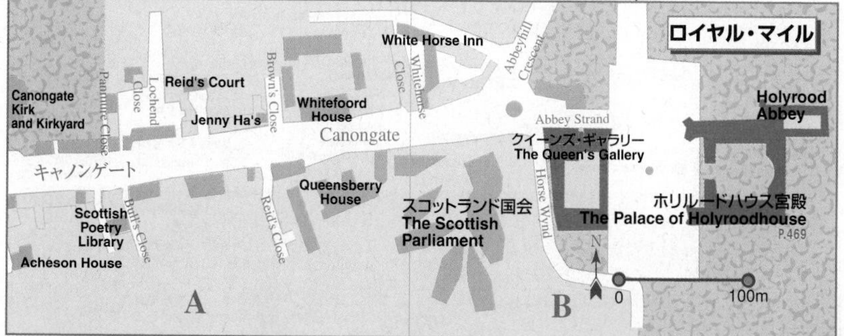

週末は家族でにぎわう

この動物園のハイライトは、世界で最も大きなペンギン用のプール。有名なペンギンパレードは4月から9月の毎日14:15から行われている。大勢のペンギンがプール前の広場をゆっくりと1周する。横にはペンギン・ショップがあり、各種ペンギングッズを取り揃えている。

英王室の船として活躍した

見学所要時間の目安 2時間

ブリタニア号
The Royal Yacht Britannia

■ブリタニア号
Map P.463D-1外
🚌プリンスィズ・ストリートからロジアンバスの11、22、34、35番で終点のオーシャンターミナル下車。マジェスティック・ツアーの観光バスでも行ける。
✉Ocean Terminal, Leith, EH6 6JJ
TEL(0131) 5555566
inet www.royalyachtbritannia.co.uk
開4～9月 9:30～16:30
10～3月10:00～15:30
休12/25、1/1
料£9.00　学生£5.00

最後の航海の目的地は香港だった

ブリタニア号は1953年から1997年の44年間にもわたり、英国王室の船として世界中を航海してきた。務めを終えた現在は、エディンバラ近郊のリース港にあるショッピングセンター、オーシャンターミナルOcean Terminalに接岸され、一般に公開されている。

入口はオーシャンターミナルの3階にある。チケットを買ったらビジターセンターで船の仕組みや歴史などの説明をひととおり見てから、いよいよ船の中へ。エリザベス女王が使っていたベッドルームや豪華なダイニングルーム、船員の部屋や機関室など船内の設備をくまなく見ることができる。船の中はセルフガイド形式になっており、日本語のオーディオガイドもある。

機関室はガラス越しに見る

文化財の宝庫

見学所要時間の目安 2時間

スコットランド博物館
The Museum of Scotland

スコットランド博物館

その名のとおりスコットランドをテーマにした博物館。1998年12月にできた比較的新しい博物館で、外観もひときわ目を引く6階建ての建物だ。スコットランドの大地の形成から始まり、先史時代、古代、中世、近代、19世紀、20世紀と年代順に進んでいく形式。ハイテクを導入した映像やコンピュータ端末などでスコットランドの歴史の流れをわかりやすく解説している。収蔵品もスコットランド中から集められた重要な文化財が多く、非常に充実している。隣のロイヤル博物館とは、内部でつながっている。1日にテーマの異なる無料ツアーが数回あるので、それらに参加するのもおすすめ。

■スコットランド博物館
Map P.463C-2
✉Chambers St., EH1 1JF
TEL(0131) 2474422
FAX(0131) 2204819
Inet www.nms.ac.uk
開10:00～17:00
(火10:00～20:00、日12:00～17:00)
休12/25～1/1
料無料(非常設展は有料の場合もあり)

先史時代に関する展示。ほかでは見られない斬新なレイアウトで展示されている

幅広い展示内容の

見学所要時間の目安 2時間

ロイヤル博物館
Royal Museum

ロイヤル博物館

ロイヤル博物館は、世界中からあらゆる物を集めたユニークな博物館だ。自然科学に関するものや、陶器やガラス類などの装飾美術品、さらに古代エジプト美術や日本、中国、韓国など東洋の美術品など多岐にわたっている。入口を入ると自然光が降り注ぐ広大な吹き抜けのホールがあり、圧倒される。非常設展でも興味深いテーマの展示がされる。

■ロイヤル博物館
Map P.463C-2
✉Chambers St., EH1 1JF
TEL(0131) 2257534
FAX(0131) 2204819
Inet www.nms.ac.uk
開10:00～17:00
(火10:00～20:00、日12:00～17:00)
休12/25～1/1
料無料(非常設展は有料の場合もあり)

よく目立つ神殿風の重厚な建物

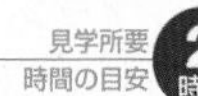
見学所要時間の目安 2時間

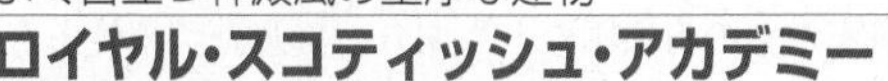

ロイヤル・スコティッシュ・アカデミー
Royal Scottish Academy

ギリシア風の外観が印象的

プリンスィズ・ストリートとザ・マウンドの交差する所にある、ギリシア神殿のような建物がロイヤル・スコティッシュ・アカデミーだ。設計はウィリアム・プレイフェアWilliam Playfairによるギリシア復興様式。ギャラリーでは、歴代のアカデミー会員たちによる作品を展示している。また、非常設展もレベルが高い。

■ロイヤル・スコティッシュ・アカデミー
Map P.472-B
✉The Mound, EH2 2EL
TEL(0131) 2256671
FAX(0131) 2206016
Inet www.royalscottishacademy.org
開10:00～17:00
(木10:00～19:00)
料無料(非常設展は有料)

巨匠の作品がずらり

見学所要時間の目安 2時間

国立スコットランド美術館
National Gallery of Scotland

1859年にエディンバラで最初に開館した美術館。建物はロイヤル・スコッティッシュ・アカデミーと同様、ウィリアム・プレイフェア設計のもの。ヨーロッパとスコットランドの芸術家の作品を収蔵しており、ヨーロッパの作品のなかには、ボッティチェッリ、ラファエッロ、エル・グレコ、ベラスケス、レンブラント、ゴーギャンなど、ルネッサンスから後期印象派にかけてのヨーロッパの巨匠の作品も多数収蔵。アラン・ラムズィー、ヘンリー・レーバンといったスコットランドを代表する芸術家たちの作品も多数収蔵している。

スコットランドを代表する美術館だけあって壮麗な建物

■国立スコットランド美術館
Map P.472-B
✉The Mound, EH2 2EL
TEL(0131) 6246200
FAX(0131) 2200917
inet www.nationalgalleries.org
開10:00～17:00
(木10:00～19:00)
休12/25・26
料無料（非常設展は有料の場合もあり）

☺じっくり鑑賞したい
ひと部屋ひと部屋がとても居心地のよい雰囲気を醸し出しているので、時間があれば1日じっくりと観ていたかったです。大作家の絵画の数々（モネ、ゴーギャン等々）を至近距離でじっくりと観ることができたので感激でした。
（愛知県　kei・to　'04夏）

歴史上の有名人の肖像画で彩られた

見学所要時間の目安 2時間

スコティッシュ・ナショナル・ポートレイト・ギャラリー
Scottish National Portrait Gallery

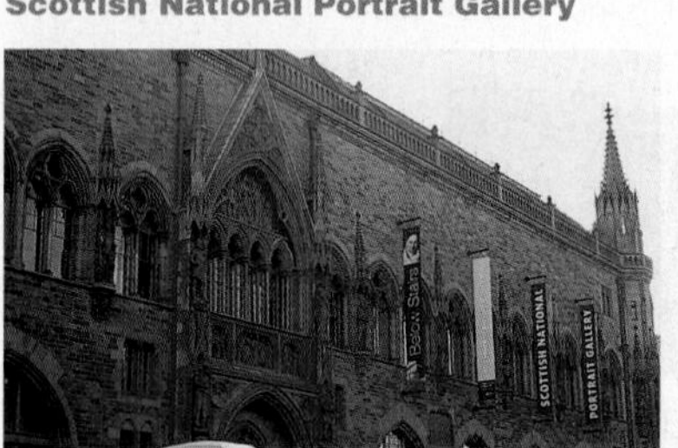

レンガ造りの赤い建物

ニュータウンにある赤いレンガ造りのネオ・ゴシック風の建物。悲劇の女王メアリー・スチュアートや、小僭称者チャールズ・エドワード・スチュアート、さらにウォルター・スコットなどなど、スコットランドの歴史を彩った人物たちの肖像画や像を収蔵している美術館。また、アラン・ラムズィーやファン・ダイク、ゲンズボローなど、有名な芸術家たちの肖像画などもあり、優れた芸術性をもつ作品が多い。

■スコティッシュ・ナショナル・ポートレイト・ギャラリー
Map P.472-B
✉1 Queen St., EH2 1JD
TEL(0131) 6246200
FAX(0131) 6237126
inet www.nationalgalleries.org
開10:00～17:00
(木10:00～19:00)
休12/25・26
料無料（特別展は有料）

☺歴史がよくわかる
ここではスコットランドの歴史を知らなくても大丈夫です。こんな人たちがスコットランドの歴史にいたのだなあと見ているだけでも想像力が働きます。所蔵している作品もすばらしいものばかりで圧巻です。こんなにすばらしいものが揃っているのに無料というのはすごいお得な気分になります。
（愛知県　kei・to　'04夏）

16世紀の屋敷を利用した

エディンバラ博物館
The Museum of Edinburgh

ハントリーハウスHuntry Houseという16世紀に建てられた建物を利用した博物館。先史時代から現在までのエディンバラに関するものを展示している。なかでもプレスビテリアン貴族たちによって署名された「国民盟約」は、スコットランドの歴史において非常に重要な史料とされる。このほかにもグレイフレイアーズ・ボビーの首輪や、餌皿なども収蔵している。

■エディンバラ博物館
Map P.470-B
✉142 Canongate, EH8 8DD
TEL(0131) 5294143
inet www.cac.org.uk
開10:00～17:00
8月の日曜14:00～17:00
休9～7月の日曜
料無料

子供から大人まで人気の

子供史博物館
Museum of Childhood

見学所要時間の目安 1時間

もともとは、子供嫌いで変わり者である市議会議員によって、大人のために設立された博物館。皮肉にも、現在はテディ・ベアや人形、汽車模型などおもちゃのコレクションが子供に大人気。小さいながらもにぎやかな博物館で、「世界で最もうるさい博物館」ともいわれている。

子供史博物館

■子供史博物館
Map P.470-A
✉42 High St., EH1 1TQ
TEL (0131) 5294142
inet www.cac.org.uk
開10:00～17:00
7・8月の日曜12:00～17:00
休9～6月の日曜
料無料

庶民の歴史をつづった

ピープルズ・ストーリー
The People's Story

見学所要時間の目安 1時間

ピープルズ・ストーリーはフランス建築の影響を受けている

キャノンゲート・トルボースCanongate Tolboothという、16世紀に建てられた建築物を利用した博物館。円錐型の屋根に、突き出た時計が印象的だ。展示では、18世紀から今日にいたるまでのエディンバラの一般市民の生活史を紹介している。さまざまな職業で働いている人形が並び、当時の仕事の様子などを再現している。

■ピープルズ・ストーリー
Map P.470-B
✉163 Canongate, EH8 8DD
TEL (0131) 5294057
inet www.cac.org.uk
開10:00～17:00
8月の日曜12:00～17:00
休9～7月の日曜
料無料

☺人形の展示がおもしろい
マネキン人形が時代の変遷を示してくれます。意外とわかりやすく、楽しかったです。警備員のおじさんがひょうきんな人でした。たったこれだけしか思い浮かびませんが、けっこう印象に残った場所です。（愛知県　kei・to　'04夏）

文豪たちを記念する

作家博物館
The Writers' Museum

見学所要時間の目安 1時間

ノース・バンク・ストリートから細い道を入った突きあたりにある。ロバート・バーンズ、ウォルター・スコット、ロバート・ルイス・スティーブンソンという、スコットランドを代表する3人の作家を記念して開館され、3人の作品や、生前に利用していた道具などが展示されている。特にスティーブンソンのものは非常に充実。また、博物館の建物はレディ・ステアーズ・ハウスLady Stair's Houseとして知られている。

1622年にウォルター・グレイによって建てられた

■作家博物館
Map P.469-A
✉Lady Stair's Close, Lawnmarket, EH1 2PA
TEL (0131) 5294901
inet www.cac.org.uk
開10:00～17:00
8月の日曜12:00～17:00
休9～7月の日曜
料無料

☺文学気分が味わえる
けっこう見ごたえがありました。スコットランドを代表する作家たちの真摯な態度が伝わってくる所蔵品の数々でした。門から入ってすぐある石板に刻まれている作家たちの一文を読むだけでも文学気分を味わうことができます。
（愛知県　kei・to　'04夏）

シアター・演劇

8月のフェスティバル時には街のあちこちに特設会場ができるが、1年を通じて秀作が上映されている常設劇場も多い。プログラムについての問い合わせは❶か直接劇場へ。『ザ・リスト』などの情報誌もうまく利用しよう。

ハイ・ストリートにあるフェスティバル・フリンジのオフィス

■アッシャー・ホール
Map P.462B-2
✉Lothian Rd., EH1 2EA
TEL(0131) 2281155
inet www.usherhall.co.uk

アッシャー・ホール
Usher Hal

非常に立派な外観が目を引く、エディンバラのメインコンサートホール。コーラス、シンフォニー・オーケストラのコンサートは定評がある。

■エディンバラ・フェスティバル・シアター
Map P.463C-2
✉13-29 Nicolson St., EH8 9FT
TEL(0131) 5296000
inet www.eft.co.uk

エディンバラ・フェスティバル・シアター
Edinburgh Festival Theatre

ガラス張りの外観が印象的で美しいオペラハウス。オペラやバレエがおもに演じられるほか、演劇、ダンス、ミュージカルなども上演される。

■エディンバラ・プレイハウス
Map P.463C-1
✉18-22 Greenside Pl., EH1 3AA
TEL(0870) 6063424

エディンバラ・プレイハウス
Edinburgh Playhouse

市内の東側にある劇場。ニューヨークのブロードウェイやロンドンのウエストエンドなどでヒットしたミュージカルを頻繁に上演することで有名な劇場。オペラやバレエなども上演される。

人気ミュージカルが上演される
エディンバラ・プレイハウス

■ロイヤル・ライシアム・シアター
Map P.462B-2
✉Grindlay St., EH3 9AX
TEL(0131) 2484848
FAX(0131) 2219494
inet www.lyceum.org.uk

ロイヤル・ライシアム・シアター
Royal Lyceum Theatre

アッシャー・ホールのすぐそばにある劇場。1883年に設立され、シェイクスピアなどの古典劇から新作まで、幅広いジャンルの演劇を上演する。コンサートやバレエ、ミュージカルなどが開かれるときもある。

■キングズ・シアター
Map P.462B-3
✉2 Leben St., EH3 9LQ
TEL(0870) 5296000
inet www.eft.co.uk

キングズ・シアター
The King's Theatre

エドワード王朝様式の由緒ある建物。内装の豪華さに思わずため息が出る。オペラからダンス、コメディまでバラエティ豊かなショーを上演している。

エディンバラのフェスティバル

エディンバラは別名フェスティバル・シティと呼ばれ、年間を通じてさまざまなフェスティバルが開かれている。特に8月はエディンバラ国際フェスティバル、ミリタリー・タトゥー、フェスティバル・フリンジなど、イベントがめじろ押し。年末年始のエディンバラズ・ホグマニーも必見。

エディンバラ国際フェスティバル
Edinburgh International Festival

エディンバラ国際フェスティバルは1947年に始まって以来、50年以上の歴史をもつ世界でも有数の芸術祭。毎年8月、3週間にわたって、世界の一流のアーティストたちによるオペラ、演劇、コンサート、ダンスなどがさまざまな会場で連日開かれる。詳しい情報は、ロイヤル・マイルにあるフェスティバルセンター、ザ・ハブThe Hubで入手できる。

ミリタリー・タトゥー
Edinburgh Military Tattoo

ミリタリー・タトゥーは、8月の3週間にわたってエディンバラ城前の広場で繰り広げられる一大イベント。バッグパイプを中心にして、各国のバンドやダンサーたちが音楽とパフォーマンスを披露する。そして背後にはライトアップされたエディンバラ城。当然人気も高いので、チケットの入手も困難。

ジャズ&ブルース・フェスティバル
Edinburgh International Jazz & Blues Festival

夏に行われるフェスティバルのなかで最初に始まり、エディンバラにフェスティバルシーズン到来を告げるのが、エディンバラ国際ジャズ&ブルース・フェスティバル。コンサートホールや劇場をはじめ、クラブやパブ、野外劇場などで、大小さまざまなコンサートが開かれる。フェスティバルの最初の土曜にはパレードがあり、ロイヤル・マイルからグラスマーケットを行進する。

フェスティバル・フリンジ
Edinburgh Festival Fringe

フリンジとは実験的な劇のこと。エディンバラ国際フェスティバルが開催される少し前から開かれる。街中のあちこちにはフリンジ用の特設劇場ができ、さまざまな劇やパフォーマンスが行われる。値段は無料のものから£10.00程度のものまでさまざま。実験的な劇が多いため、あたり外れもかなり大きく、質が必ずしも値段に比例するわけでもない。

エディンバラズ・ホグマニー
Edinburgh's Hogmanay

エディンバラの年末年始を祝うのが、エディンバラズ・ホグマニー。ヨーロッパで開かれる冬のフェスティバルのなかで最大の規模を誇る。このイベントのハイライトは、12月31日の夜から1月1日の昼頃まで続くプリンスィズ・ストリート周辺で行われるロイヤル・バンク・ストリート・パーティ。

■エディンバラ全フェスティバル情報
TEL (0131) 4732001
inet www.edinburgh-festivals.com
※フェスティバル期間中を通じて、多くのホテルは満室状態が続くので、この時期にエディンバラを訪れる人は前もって宿を確保しておこう。

■ミリタリー・タトゥー
Map P.463C-2（タトゥー・オフィス）
✉32 Market St., EH1 1QB
TEL (0131) 5551188 inet www.edintattoo.co.uk
2006年は8/4～8/26。チケットの発売は、電話、ファクス、インターネットで前年の12月から。タトゥー・オフィスの窓口からはその年の3月から。

■ジャズ&ブルース・フェスティバル
Map P.462B-1
✉29 St. Stephens St., EH3 5AN
TEL (0131) 2252202
inet www.edinburghjazzfestival.co.uk
2006年は7/28～8/6

■フェスティバル・フリンジ
Map P.469-B
✉180 High St., EH1 1QS
TEL (0131) 2260000
inet www.edfringe.com
2006年は8/6～28

■エディンバラズ・ホグマニー
Map P.468-B（ザ・ハブThe Hub）
✉The Hub, Castle Hilll, EH1 2NE
inet www.edinburghshogmanay.org

ホテル Hotel

エディンバラには、あらゆるタイプの宿泊施設が揃っているが、B&Bだけは街の中心地には少なく、ヘイマーケット駅周辺など、少し離れた所に集中している。どの宿も8月のフェスティバル時などは、非常に込み合うので、予約は必須だ。

日本からホテルへの電話 電話会社の番号 + 010 + 国番号44 + 市外局番の最初の0を取った掲載の電話番号

バルモラル The Balmoral Hotel 【伝統と格式】

●ウェイヴァリー駅のすぐ近く、絶好のロケーションにある。時計塔がひときわ印象的な建物だ。衛星放送視聴可能のテレビを備えており、設備も万全。部屋からの眺めもすばらしく、多くの部屋からはエディンバラ城を眺めることができる。

188室 Map P.463C-2

1 Princes St., EH2 2EQ
TEL (0131) 5562414 FAX (0131) 5573747
inet www.thebalmoralhotel.com
S £210.00〜360.00
W £240.00〜410.00
£ € US$ JPY T/C £ € US$
C/C A D J M V

カレドニアン・ヒルトン Caledonian Hilton 【伝統と格式】

●プリンスィズ・ストリートの西の外れにある。かつてステーションホテルとして、バルモラルとともに名をはせた、古式ゆかしい最高級ホテル。外観、内装とも歴史を感じさせる造りだが、部屋の設備は近代的。エディンバラ城の眺めも自慢。

249室 Map P.472-A（P.462B-2）

Princes St., EH1 2AB
日本での予約：TEL (03) 5405-7700
TEL (0131) 2228888 FAX (0131) 2228889
inet www.caledonian.hilton.com
S £235.00〜
W £265.00〜
£ € US$ JPY T/C £ € US$
C/C A D J M V

ジョージ The George Hotel 【伝統と格式】

●ニュータウンの中心に位置しており、どこへ行くのにも便利なロケーション。建物は200年ほど前にロバート・アダムが設計したもの。内装も外観同様に豪華で、建築当時の雰囲気を保っており、さまざまなアンティークが配されている。併設のレストランも高い評価を受けている。

195室 Map P.472-B

19-21 George St., EH2 2PB
TEL (0131) 2251251 FAX (0131) 2265644
inet www.principal-hotels.com
S £94.00〜
W £109.00〜
£ T/C £
C/C A D J M V

アイビス・エディンバラ Ibis Edinburgh 【中級】

●ロイヤル・マイルのすぐそばで、値段もお手頃、部屋も機能的で快適。シングルでも部屋は広々としており、バスルームも使いやすい。衛星放送が視聴可能なテレビ付き。別料金の朝食はコンチネンタルのビュッフェ方式で£4.95。クロワッサンやハム、チーズ、コーンフレークなどが出る。

99室 Map P.469-B

6 Hunter Sq., EH1 1QW
日本での予約：無料 00531-61-6353
TEL (0131) 2407000 FAX (0131) 2407007
inet www.ibishotel.com
S W £49.95〜69.95
£ T/C 不可 C/C A M V

ケアン The Cairn Hotel 【中級】

●ニュータウンの東側にある中級ホテル。このエリアではけっこうお得な料金設定がうれしい。ロンドン・ロードからウィンザー・ストリートに入ってすぐ。全室トイレ、シャワー付きで、テレビ、電話、ティーセットなどを完備。併設のレストランではスコットランドの伝統料理が楽しめる。

51室 Map P.463C-1

10/18 Windsor St., EH7 5JR
TEL (0131) 5570175 FAX (0131) 5568221
inet www.cairnhotelgroup.com
S £35.00〜60.00
W £55.00〜98.00
£ T/C £ C/C A D J M V

オールド・ウェイヴァリー The Old Waverley Hotel 【中級】

●プリンスィズ・ストリートにあり、どこへ行くにも便利な環境。多くの部屋は、プリンスィズ・ストリートに面しており、エディンバラ城を眺めることができる。

☹立地は大変よいのですが、一晩中、車、バス、列車の音がうるさかったです。（愛知県　坂本リナ　'04秋）

66室 Map P.472-B

✉43 Princes St., EH2 2BY
TEL (0131) 5564648　FAX (0131) 5576316
inet www.old-waverley-hotel.co.uk
S £129.00
W £149.00～169.00
£　T/C £　C/C A D M V

バンク Bank Hotel 【中級】

●サウス・ブリッジとハイ・ストリートの交差点に面したホテル。もともとは1923年に銀行として建てられた。1階はにぎやかなパブになっていて、朝食やチェックインもここで。各部屋は、ロバート・バーンズや、チャールズ・レーニー・マッキントッシュなどスコットランドの有名人の名前が付けられている。

9室 Map P.470-A

✉1 South Bridge, EH1 1LL
TEL (0131) 6226800　FAX (0131) 6226822
inet www.festival-inns.co.uk
S W £150.00～250.00
£　T/C 不可
C/C A M V

グレノラ The Glenora Hotel 【ゲストハウス】

●ヘイマーケット駅の近くにある家庭的な雰囲気のゲストハウス。2005年3月に全面改装が終了し、客室数は減ったがブティックホテル風に大幅グレードアップした。全室テレビ、ティーセット付き。全館禁煙。

11室 Map P.462A-2

✉14 Rosebery Crescent, EH12 5JY
TEL (0131) 3371186　FAX (0131) 3371119
inet www.glenorahotel.co.uk
S £55.00～75.00
W £88.00～126.00
£　T/C £　C/C M V

エルダー・ヨーク Elder York Guest House 【ゲストハウス】

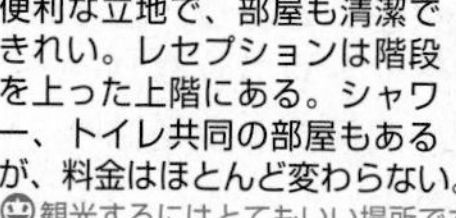

●セント・アンドリュー・スクエア・バスステーションに近い便利な立地で、部屋も清潔できれい。レセプションは階段を上った上階にある。シャワー、トイレ共同の部屋もあるが、料金はほとんど変わらない。

☺観光するにはとてもいい場所です。朝食はスコティッシュで、とても食べきれないほどのボリューム！（東京都　Mika　'05春）

13室 Map P.463C-1

読者割引11～4月10%
✉38 Elder St., EH1 3DX
TEL (0131) 5561926　FAX (0131) 6247140
inet www.elderyork.co.uk
S £30.00～60.00
W £50.00～100.00
£　T/C £　C/C A J M V

アフトン・タウン・ハウス The Afton Town House 【ゲストハウス】

●ヴィクトリア王朝様式の建物が建ち並ぶ閑静な一画にある。全13室のうち、8部屋にはバスタブ付き。全室テレビ、ティーセット付き。朝食はコンチネンタルだが、別料金を払えばスコティッシュにすることもできる。

13室 Map P.462A-2

✉6 Grosvenor Crescent, EH12 5EP
TEL (0131) 2257033
FAX (0131) 2257044
S £47.50～65.00
W £70.00～110.00
£　T/C £　C/C M V

ロッジ The Lodge Hotel 【ゲストハウス】

●ヘイマーケット駅から徒歩5分。1830年代に建てられたジョージ王朝様式のタウン・ハウス・ホテル。エディンバラでも数少ないダイヤモンド5つの評価を受けている。部屋の内装は薄い青を基調としており、清潔でさわやかな感じ。また、ラウンジには大型液晶テレビがあり、横の部屋には小さなバーカウンターがある。

10室 Map P.462A-3

✉6 Hampton Terrace, West Coates, EH12 5JD
TEL (0131) 3373682
FAX (0131) 3131700
inet www.thelodgehotel.co.uk
S £55.00～75.00
W £80.00～150.00
£　T/C £　C/C J M V

レアーグ The Lairg

ゲストハウス

●ヘイマーケット駅から歩いてすぐ。家族経営のゲストハウス。このあたりでは良心的な値段設定。2005年に全面改装済みで、天蓋付きベッドの部屋もあり、広々したスイートルームもある。オーナーの応対も親切。全室テレビ、ティーセット付き。全館禁煙。

11室 Map P.462A-2

読者割引8月以外10%

11 Coates Gardens, EH12 5LG
TEL (0131) 3371050 FAX (0131) 3462167
inet www.thelairghotel.co.uk
S £45.00～85.00
W £60.00～130.00
£ T/C £ C/C A J M V

SYHAエディンバラ SYHA Edinburgh

ユースホステル

●ドイツ総領事館などがある閑静な一画に建てられたユースホステル。玄関をくぐり中に入ると、ユースホステルらしからぬ内装の立派さに驚かされる。朝食は別料金。インターネットやランドリーなども整っている。

ベッド数150 Map P.462A-2

18 Eglinton Crescent, EH12 5DD
TEL (0131) 3371120 FAX なし
inet www.syha.org.uk
D £13.00～18.00
£ T/C 不可
C/C M V

キャッスル・ロック・ホステル Castle Rock Hostel

ホステル

●エディンバラ城のすぐ南にあるホステル。建物は古めかしいが、内部は打って変わって明るい。共同のキッチンはかなり広い。別料金の朝食は£1.90。1部屋あたりのベッド数は8から16で、男女別。

ベッド数270 Map P.462B-2

15 Johnston Terrace
TEL (0131) 2259666 FAX なし
inet www.scotlands-top-hostels.com
D £12.50～13.50
£ T/C £
C/C A M V

レストラン Restaurant

おしゃれな店はローズ・ストリートなどニュータウンに点在しており、ロイヤル・マイルにもパブやレストランが多い。グラスマーケットやコックバーン・ストリートCockburn St.もグルメに人気のエリアだ。エスニック系はヘイマーケット駅からロジアン・ロードにかけての一帯に多い。

ウィッチャリー The Witchery

英国料理

●16世紀に建てられた由緒正しい建物を利用した、エディンバラを代表する高級レストラン。ファイン湖の牡蠣やアンガスビーフなど厳選された食材を使用した料理は、数々の賞を受賞している。12:00～16:00、17:30～18:30、22:30～23:30は£12.50のお得なセットメニューを出している。

Map P.468-B

Castle Hill, Royal Mile, EH1 2NF
TEL (0131) 2255613
FAX (0131) 2204392
inet www.thewitchery.com
開 12:00～16:00 17:30～23:30
休 無休 £ T/C £
C/C A M V

マッスル・イン Mussel Inn

シーフード

●ローズ・ストリートにあるシーフード・レストラン。カキやホタテ、ムール貝の養殖場の直営店なので鮮度と味は保証付き。看板メニューのムール貝は、6種類のソースのなかから選ぶことができる。1kgのポットに入ったムール貝は£9.90。ほかにも大ぶりなホタテや生牡蠣、日替わりの魚もある。

Map P.472-B

61-65 Rose St., EH2 2NH
TEL (0131) 2255979 FAX なし
inet www.mussel-inn.com
開 12:00～15:00 18:00～22:00
(金・土12:00～22:00、日12:30～22:00)
休 無休 £ T/C £
C/C A D M V

バー・ヴェネツィア Bar Venezia 【イタリア料理】

●ハノーヴァー・ストリートにあるイタリア料理店。スタッフはイタリア人で味も本格的。メニューはパスタ£6.50～9.50、ピザ£6.00～8.00のほか、チキンPollo£11.45、魚Pesce£10.45～18.00なども充実している。ランチのコースメニューは2品で£5.90。ワインリストもある。

Map P.472-B

✉109 Hanover St., EH2 1DJ
TEL(0131) 2266990　FAXなし
開12:00～14:00　17:00～24:00
休日曜のランチ
£　T/C不可
C/C Ⓐ Ⓜ Ⓥ

イッツィ Izzi Japanese Chinese Restaurant 【日本・中華料理】

●モリソン・ストリートMorrison St.とロジアン・ロードLothian Rd.の交差点にある。日本人スタッフはいないが、寿司や天ぷら、うどん、鉄板焼きのほか各種中華料理も出す。みそ汁、刺身、鉄板焼き、アイスクリームのセットメニューIzzi Setは£23.00。テイク・アウェイも可能。

Map P.462B-3

✉119 Lothian Rd., EH3 9AN
TEL(0131) 4669888　FAXなし
inet www.izzi-restaurant.co.uk
開12:00～24:00（日12:30～24:00）
休日
£　T/C不可
C/C Ⓜ Ⓥ

ナルギレ Nargile 【トルコ料理】

●ニュータウンにあるトルコ料理店。イタリア料理店が軒を連ねる一画にある。数種の前菜が一度に楽しめるメゼmeze£11.95（2人前）がおすすめ。メインの料理は£9.95～12.50。ランチセットは£7.50。ディナーのコースはケバブ£19.95と魚£21.95の2種。トルコ産のワインも各種揃っている。

Map P.472-B

✉73 Hanover St., EH2 1EE
TEL(0131) 2255755　FAXなし
inet www.nargile.co.uk
開12:00～14:00　17:30～22:30
休9～7月の日・祝
£
T/C不可　C/C Ⓜ Ⓥ

ビーハイブ・イン The Beehive Inn 【パブ】

●グラスマーケットにある人気パブ。ハチの巣型の看板が目印。また、裏はビアガーデンになっており、夏はこっちで飲むのがおすすめ。食事は、メインが£10.00～14.00程度。また、エディンバラ文学パブツアーは、ここがスターティング・ポイントになっている。レストランでの食事は18:00～22:00。

Map P.462B-2

✉18-20 Grassmarket, EH1 2JU
TEL(0131) 2257171
FAX(0131) 2261928
開11:00～24:00
（金・土11:00～翌1:00、日12:00～24:00）
休無休
£　T/C不可　C/C Ⓐ Ⓓ Ⓜ Ⓥ

グレイフライアーズ・ボビーズ・バー Greyfriar's Bobby's Bar 【パブ】

●ボビーの像のすぐそばにあるパブ。店の外側には忠犬ボビーの逸話を説明したパネルがある。観光客が多い場所柄だが、地元の人にも人気がある。プロジェクターが設置されており、サッカーの試合があるときは非常に盛り上がる。食事は18:00～22:00。

Map P.463C-2

✉30-34 Candlemaker Row
TEL(0131) 2258328　FAXなし
開11:00～翌1:00（日12:30～翌1:00）
休無休　£　T/C不可　C/C Ⓙ Ⓜ Ⓥ

☺居心地のよいお店でした。バーのお姉さんは明るく親切です。　（愛知県　kei・to　'04夏）

エレファント・ハウス The Elephant House 【ティー＆カフェ】

●エレファント・ハウスという名のとおり、店内にはゾウの絵や写真が飾られている。エディンバラでも屈指の人気を誇るカフェで、The List誌でBest Coffee Shopに選ばれた。『ハリー・ポッター』の作者も常連だったことがあり、多くのファンが訪れる人気スポットとなっている。

Map P.463C-2

✉21 George IV Bridge, EH1 1EN
TEL(0131) 2205355　FAXなし
開8:00～19:00（土・日9:00～19:00）
休無休
£　T/C不可
C/C Ⓜ Ⓥ

ゴルフと大学の町

セント・アンドリューズ St. Andrews

人口1万1100人
市外局番01334

セント・アンドリューズへの行き方

🚃セント・アンドリューズに駅はなく、町の約10km北に位置するルーカスLeucharsが最寄り駅。ここからバス99、99A、99Bに乗り換えて約15分。30分～1時間に1便の運行。乗り換えの手間を考えると、バスのほうが便利。

●エディンバラから
🚃1時間に1便程度
所要：約1時間
🚌ステージコーチのX59、X60が1時間に1便程度
所要：約2時間

●ダンディーから
🚃1時間に1～3便
所要：約15分
🚌ステージコーチの99、99A、99Bが1時間に4便、日曜1時間に1便
所要：30分～1時間

●スターリングから
🚌ステージコーチの23Bが2時間に1便、日曜運休
所要：約2時間

北海に面した美しい町セント・アンドリューズは、ゴルフ発祥の地としてあまりにも有名な所。世界最大のゴルフトーナメント、全英オープンも、潮の香りが漂うこの町の広大なグリーンが舞台である。その同じコースでプレイしようと、シーズンともなれば世界中から多くのゴルファーが訪れる。

町の名の由来ともなっている聖アンドリューは、イエス・キリストの使徒のひとり。4世紀頃ギリシアの修道士が、彼の遺骨をこの地に運んできたのを機に、多くの巡礼者が訪れるようになった。12～13世紀頃には壮大な聖アンドリュー大聖堂が、15世紀初頭にはスコットランド初の大学、セント・アンドリューズ大学が設立され、町は栄華を極めた。しかし16世紀半ばに押し寄せた宗教改革の波によって、その多くが破壊される運命となった。

歩き方

見どころは町の中心部の半径1km以内の所に集中している。バスステーションは町の西寄りにあり、ℹのある町の中心のマーケット・ストリートMarket St.**P.482B**へは徒歩5分ほどだ。マーケット・ストリートにはレストラン、ショップ、銀行などが並ぶ。この通りをさらに東へ行くと聖アンドリュー大聖堂だ。ノース・ストリートNorth St.**P.482B**と、北の海沿いに延びるザ・スコアーズThe Scores**P.482A～B**に挟まれた一帯は、セント・サルバトール・カレッジSt. Salvator's Collegeがあるアカデ

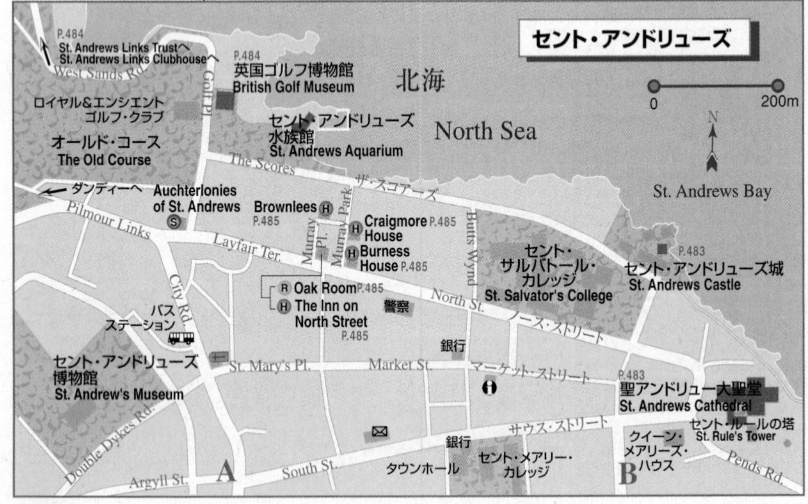

ミックなエリア。ザ・スコアーズの東にはセント・アンドリューズ城が、西にゴルファー憧れのオールド・コースThe Old CourseP.482Aが広がる。

旅の情報収集

観光案内所

町の地図や見どころが掲載されている『St. Andrews Town Map and Guide』ほか、無料のパンフレットなども豊富。頼めば町を紹介した日本語のリーフレットのコピーももらえる。ゴルフ関連のちょっとしたみやげ物を販売するショップも併設。

見どころ

市内観光だけなら徒歩でも充分に回れる。夏期は市内観光バスが出ているので、時間がない人は利用するのもよいだろう。

守護聖人を祀る

見学所要時間の目安 

聖アンドリュー大聖堂
St. Andrews Cathedral

かつてスコットランドで最大規模を誇っていたという、12～13世紀頃に建設された聖堂跡。当時の聖堂は、各地からの巡礼者でにぎわう、スコットランドにおける宗教の中心地であったが、16世紀の宗教改革によってその壮大な建物のほとんどが破壊されてしまった。今もわずかに残る聖堂の壁や尖塔の一部からは、当時の面影を偲ぶことができる。

敷地内中央にそびえ建つセント・ルールの塔St. Rule's Towerは、大聖堂の建設以前からここにあった聖ルール教会St. Rule's Churchの一部。157段のらせん階段をたどって塔のてっぺんに上れば、北海に抱かれたセント・アンドリューズの町を眼下に収めることができる。潮風も心地よく、海岸線を順に西へ目で追っていくと、セント・アンドリューズ城やオールド・コースのグリーンまで見渡せる。

町の歴史を凝縮した

見学所要時間の目安 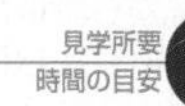

セント・アンドリューズ城
St. Andrews Castle

北海を見下ろす岸壁にたたずむ、13世紀に建てられた城跡。ここは、代々司教たちの住居であったが、砦としても重要な役割を果たしていた。地下に巡らされた薄暗いトンネルや、"捕らえられた者は死のほかに道はなし"とおそれられた地下牢なども必見。城に関わる人物や歴史などを紹介した、ビジターセンターの展示も合わせて見学しよう。

セント・アンドリューズ城

■セント・アンドリューズの❶
Map P.482B
✉70 Market St., KY16 9NU
TEL(01334) 472021
FAX(01334) 478422
inet www.standrews.com/fife
開3/25～6/26　9:30～17:00
(日11:00～16:00)
6/27～9/4　9:30～19:00
(日10:00～17:00)
9/5～18　9:30～18:00
(日10:00～17:00)
9/19～10/28　9:30～17:30
(日11:00～16:00)
10/29～イースター9:30～17:00
休10/29～イースターの日曜
宿の予約は手数料£3.00とデポジットとして宿泊料金の10%。

■市内観光バス
オールド・コース、セント・アンドリューズ大聖堂などの見どころを巡回する観光バス。乗り降り自由。運行は6月下旬～9月上旬のみ。チケットは運転手から購入する。
料£5.50　学生£4.50

セント・ルールの塔

■聖アンドリュー大聖堂
Map P.482B
✉The Pends, KY16 9AR
TEL(01334) 472563
inet www.historic-scotland.gov.uk
開4～9月9:30～18:00
10～3月9:30～16:00
休無休
料塔内部と博物館£3.50　学生£2.50（大聖堂の敷地内は無料）、セント・アンドリューズ城との共通券£6.00　学生£4.50

■セント・アンドリューズ城
Map P.482B
✉The Scores, KY16 9QL
TEL(01334) 477196
inet www.historic-scotland.gov.uk
開4～9月9:30～18:30
10～3月9:30～16:30
休無休
料£4.50　学生£3.50
セント・アンドリューズ大聖堂との共通券£6.00　学生£4.50

■英国ゴルフ博物館
Map P.482A
✉Bruce Embankment, KY16 9AB
TEL(01334) 460046
FAX(01334) 460064
inet www.britishgolfmuseum.co.uk
開4〜10月9:30〜17:30（日〜17:00）
11〜3月10:00〜16:00
休無休
料£5.00　学生£4.00

ゴルフファン必見
英国ゴルフ博物館
British Golf Museum

見学所要時間の目安 2時間

500年にも及ぶゴルフの歴史を、写真や映像などと合わせてわかりやすく紹介した博物館。全英オープンの歴代優勝者のプロフィールや歴史に残る名プレイの解説など、ゴルフ好きにはたまらない展示が満載だ。特に見逃せないのは、パターやクラブといったゴルフ道具のコレクション。年代ごとに少しずつ変化していくクラブの形を通して、ゴルフが単なる「遊び」から、シビアなスポーツへと移り変わっていった様子がわかり、とても興味深い。

Information　History　Topics

憧れのセント·アンドリューズでゴルフ

ひと口にセント・アンドリューズのゴルフ場といってもコースもさまざま。オールドOld、ニューNew、ジュビリーJubilee、イーデンEden、ストラスタイラムStrathtyrum、バルゴヴBalgove（ここのみ9ホール、初心者·子供用）の6コースと練習場（イーデン横）がある。

オールド、ニュー、ジュビリーは中〜上級者向けで、ハンディキャップ男性24以下、女性36以下が目安。イーデン、ストラスタイラムは初級〜中級者向け、ハンディキャップ男性16〜28、女性20〜36が目安。個人プレーヤーも歓迎とのこと。

このうちのオールド·コースこそ、メアリー女王も回ったという15世紀からゴルフが行われてきた名門コース。地形を活かしたコースなので“神の造ったコース”と呼ばれている。ここは世界からゴルフ巡礼者が集まるので、次シーズン予約受付時（10月）からどんどん予約が入っていく。多くの観光客の熱い視線を浴びながらのティーオフとなるので、腕だけでなく度胸も必要。

憧れのグリーンに立ってみよう

■予約·問い合わせ
予約は通常少なくとも1ヵ月前に。ただし、ジュビリー、イーデン、ストラスタイラムは前日予約受付もあり。オールド·コースはハンディの証明書が必要。

■セント·アンドリューズ·リンクス·トラスト
Map P.482A外
コースの予約やクラブのレンタル、コース情報などが得られる。1階がイーデン·クラブ·ハウスEden Club Houseで、建物の2階にある。コース内にはほかにもいくつかのクラブハウスが点在している。
✉St. Andrews Links Trust, Pilmour House, KY16 9SF
TEL(01334) 466666　FAX(01334) 477036
inet www.standrews.org.uk
開9:00〜17:00
休土·日
料レンタル料（1日）キャロウェイのスティール·クラブ£30.00、キャロウェイのグラファイト·クラブ£40.00（レディースもあり）、シューズ£12.50

■コース
開4〜10月6:30（11〜3月8:30）〜日没
休オールド·コースのみ日曜
日照条件などによっても異なるので要確認。全英オープン·チャンピオン大会の開催年は7月の大会中はクローズされるので注意。

■練習場
開4〜10月7:00〜21:00（11〜3月8:00〜21:00）
休無休

■コースの料金
休オールド：4〜10月£120.00、11〜3月£84.00
ニュー：4〜10月£57.00、11〜3月£40.00
ジュビリー：4〜10月£57.00、11〜3月£40.00
イーデン：4〜10月£34.00、11〜3月£17.00
ストラスタイラム：4〜10月£23.00、11〜3月£16.00
バルゴヴ：4〜10月£10.00、11〜3月£10.00

■キャディ
キャディ·フィー£40.00
トレイニーキャディ（見習いキャディ）£25.00
手数料£3.00、チップも忘れずに

ホテル＆レストラン Hotel&Restaurant

B&Bが多いのは、バスステーションから徒歩5分ほどのマレー・パークとマレー・プレイスの一帯で、ここに10軒ほど並んでいる。北海に面したザ・スコアーズThe Scoresという通り沿いには、高級ホテルが集中している。

日本からホテルへの電話 電話会社の番号 + 010 + 国番号44 + 市外局番の最初の0を取った掲載の電話番号

バーネス・ハウス Burness House 【ゲストハウス】

●マレー・パークの南端にあるゲストハウス。通りに面した看板の地味さに比べ、内部はとてもゴージャス。廊下や階段の壁は絵や写真でセンスよく彩られ、各部屋のベッドにはミニ天蓋まで付いている。ティーセットのほか、ドライヤー、ズボンプレッサーなども完備。11月～4月初旬は約10%割安に。12/25は休業。

5室 Map P.482A

✉Murray Park, KY16 9AW
TEL & FAX(01334) 474314
inet www.burnesshouse.com
S £50.00～76.00
W £60.00～80.00
£ T/C不可
C/C Ⓜ Ⓥ

ブラウンリース Brownlees Guest House 【ゲストハウス】

●マレー・プレイス沿いにある。セント・アンドリューズでは良心的な料金設定がうれしい。室内は真っ白な壁にタータンチェックのベッドカバーで、スコットランドらしさを演出。フル・スコティッシュの朝食には新鮮な果物も付く。なかには同料金でバスタブ付きの部屋も。1～3月は約10%割安。11月下旬～1月中旬は休業。

6室 Map P.482A

✉7 Murray Pl., KY16 9AP
TEL & FAX(01334) 473868
inet www.brownlees.co.uk
S £30.00～34.00
W £60.00～68.00
£ T/C不可
C/C不可

クレイグモア・ハウス Craigmore House 【ゲストハウス】

●マレー・パーク沿いにあるゲストハウス。オーナーはゴルフ好きで、ゴルフのことなら何でも教えてくれる。部屋は柔らかなピンクを基調としたあたたかみのある雰囲気。壁にはゴルフをモチーフにした絵なども飾られている。1室のみバスタブ付き。5～9月は約25%割高に。クリスマス前後の約1週間は休業。

7室 Map P.482A

✉3 Murray Park, KY16 9AW
TEL(01334) 472142 FAX(01334) 477963
inet www.standrewscraigmore.com
S £45.00～72.00
W £68.00～90.00
£ T/C £ C/C Ⓜ Ⓥ

イン・オン・ノース・ストリート The Inn on North Street 【イン】

●バスステーションから徒歩5分。1階にあるOak Roomというレストランのバーカウンターがレセプションを兼ねている。室内はとても広く、内装はデザイナーズホテル風。全室DVDプレーヤー付きだから、レセプションでDVDを借りて映画鑑賞も楽しめる。暖炉付き、ジャクージ付きの部屋もある。年末年始は休業。

13室 Map P.482A

✉127 North St., KY16 9AG
TEL(01334) 473387 FAX(01334) 474664
inet www.theinnonnorthstreet.com
S £80.00～
W £120.00～
£ T/C不可
C/C Ⓜ Ⓥ

オーク・ルーム Oak Room 【英国料理】

●地元の学生に人気のスコットランド料理店。上階にインがあるため宿泊客の利用も多い。店名のとおり、テーブルや床にオーク素材を用いたナチュラル系の店内はとても落ち着いた雰囲気だ。日替わりスープのほか、パスタやハンバーガー、ファヒータスなども出す。週末や夏期は要予約。

Map P.482A

✉127 North St., KY16 9AG
TEL(01334) 473387 FAX(01334) 474664
inet www.theinnonnorthstreet.com
開9:00～24:00（食事は21:30まで）
休無休
£ T/C不可
C/C Ⓜ Ⓥ

グラスゴー
ロンドン

イギリスを代表する芸術都市

グラスゴー Glasgow

人口75万4600人　市外局番0141

ブキャナン・ストリートはいつも人でいっぱい

　スコットランド最大の人口を抱える大都市グラスゴーは、スコットランドにおける貿易と重工業の中心地として、大英帝国の発展に多大な貢献をしてきた。そのため、今までは工業都市という印象が非常に強かったが、この10年くらいの間にそんなイメージは文化、芸術の街へと劇的に変化しつつある。街には質の高い博物館や、ギャラリーも多く、人々はアーバンライフを満喫している。グラスゴーは現在のスコットランドを知るには絶好の街だ。

モデルルート

　グラスゴーの見どころは、街のあちこちに点在しているので、あらかじめ回り方を考えておこう。大きな都市なので、地下鉄やバスなどの交通機関を利用するか、乗り降り自由の観光バスを利用すると効率よく回ることができる。

グラスゴー市内観光基本コース

グラスゴー大聖堂→ケルヴィングローブ美術館＆博物館→ソウキーホール・ストリート→ブキャナン・ストリート

まずは街の東にあるグラスゴー大聖堂へ。周辺には聖マンゴー宗教博物館や、プロバンド領主館があり、グラスゴー観光にははずせないポイントとなっている。その後街の中心に戻り、ランチを食べたら、地下鉄に乗ってケルヴィングローブ美術館＆博物館に行こう。じっくりと展示を鑑賞したらバスや地下鉄で市内を戻ろう。ソウキーホール・ストリートとブキャナン・ストリートはスコットランドでも有数のショッピングエリアなので、ここでみやげ物を探すのもいいだろう。疲れたらちょっとカフェでひと休み。ソウキーホール・ストリートのウィロー・ティールームWillow Tea Roomはマッキントッシュの設計した名物カフェ。ここで午後のひとときをしばらくゆっくりするのもおすすめだ。

グラスゴーへの行き方

●ロンドンから

✈ヒースロー空港、ガトウィック空港、シティ空港、ルトン空港、スタンステッド空港からそれぞれ便がある。なお、ライアンエアの便はグラスゴー国際空港ではなく、グラスゴーから南西に50kmの所にあるプレストウィック空港に発着する。空港からグラスゴー市街へはバスと鉄道がそれぞれ運行されている。
所要：1時間20分

🚃ユーストン駅から1時間に1便程度。セントラル駅着。キングズ・クロス駅発の便はエディンバラ乗り換えでクイーン・ストリート駅着の便が多い。直通は2時間に1便程度。
所要：約5～6時間

🚌ヴィクトリア・コーチステーション発1日3便
所要：約8時間30分

●エディンバラから

🚃頻発、クイーン・ストリート駅着
所要：50分

🚌頻発
所要：1時間10分

●カーライルから

🚃1時間に1～2便
所要：1時間25分～2時間30分

🚌4:15～17:55に数便
所要：約2時間

●ヨークから

🚃1時間に1～2便。エディンバラ乗り換え。直通は2時間に1便程度。
所要：3時間45分

●ベルファストから

✈毎日2～4便。イージージェットがベルファスト国際空港から。
所要：約1時間

🚌ヨーロッパ・バスセンター発6:45、11:30
所要：5時間30分

歩き方

グラスゴーはクライド川River Clydeの岸辺に発展した街。中心となる繁華街は川の北側にあり、ほとんどの見どころも川の北側に位置している。

ジョージ・スクエア周辺

街の中心はジョージ・スクエアGeorge Sq.P.487A·B。この広場を中心に🅘、鉄道駅、バスステーションが点在している。広場からウエスト・ジョージ・ストリートWest George St.P.487A·Bを西に進むと、中心部を南北に貫くブキャナン・ストリートBuchanan St.P.487Aに出る。この通りを北上すると、ソウキーホール・ストリートSauchiehall St.P.487Aに出る。このあたりが一番にぎやかなエリアだ。

ソウキーホール・ストリート

グラスゴー大聖堂周辺

グラスゴー大聖堂やプロバンド領主館の周辺がグラスゴーの歴史地区。産業革命以前は町の中心として栄えたグラスゴー発祥の地でもある。

ケルヴィングローブ公園周辺

町の中心からソウキーホール・ストリートを西に約2kmほど行くと、大きなケルヴィングローブ公園Kelvingrove Parkが広がっている。周辺にはグラスゴー大学Glasgow Universityやケルヴィングローブ美術館&博物館をはじめとする数々の博物館があり、文教地区になっている。

街を流れるクライド川

ジョージ・スクエア

■シティ・サイトシーイング
City Sightseeing
東はグラスゴー大聖堂、西はグラスゴー大学、ケルヴィングローヴ公園まで、全20のポイントを回る乗り降り自由のバスツアー。9:30〜16:30の30分おきにジョージ・スクエアから出発する。
Inet www.citysightseeing.co.uk
料 £9.00　学生£7.00
(24時間有効)

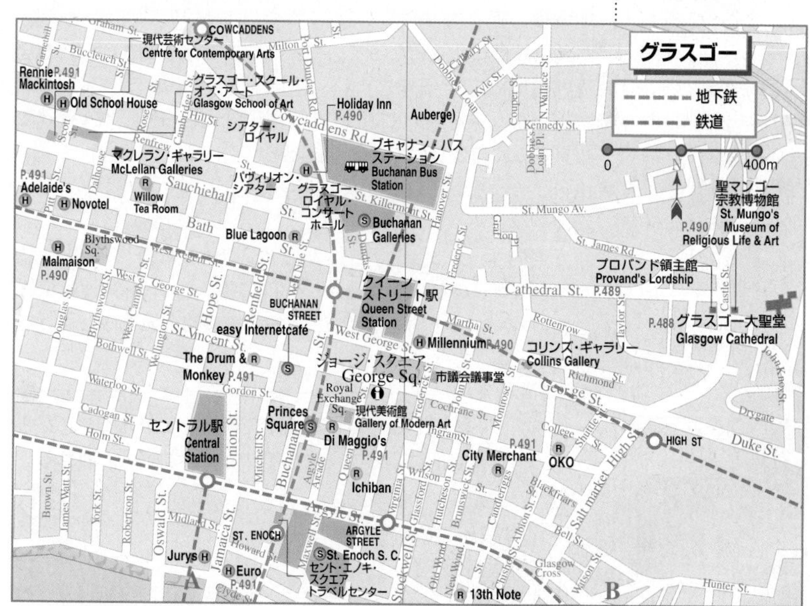

■グラスゴー国際空港
TEL(0870) 0400008
Inet www.baa.com

■グラスゴー・プレストウィック国際空港
TEL(0871) 2230700
Inet www.gpia.co.uk

■セント・エノキ・スクエア・トラベルセンター
Map P.487A
✉St. Enoch Sq., G1 4BW
開8:30～17:30
休日

■グラスゴーのお得なチケット
Inet www.spt.co.uk
●ディスカバリー・チケット
地下鉄が1日乗り放題（月～土9:30以降と日曜終日）
料£1.90
●ラウンドアバウト・チケット
地下鉄と近郊電車が1日乗り放題（月～金9:00以降と土・日曜終日）
料£4.50
●デイトリッパー
グラスゴーおよび周辺のほとんどのバス、近郊電車、地下鉄が1日乗り放題（月～金9:00以降）
料£8.50（15歳以下の子供2人の同伴可）

■グラスゴーのⓘ
Map P.487A
✉11 George Sq.
TEL(0141) 2044400
FAX(0141) 2213524
Inet www.seeglasgow.com
開10～5月9:00～18:00（日10:00～18:00）
6・9月9:00～19:00
7・8月9:00～20:00
休10月～4月中旬の日曜
宿の予約は手数料£2.00とデポジットとして宿泊料金の10%が必要

ジョージ・スクエアのⓘ

ターミナルから市の中心部へ

グラスゴー国際空港

空港はグラスゴーの西15kmほどの所にあり、空港から市内までは、スコティッシュ・シティリンクの905番が結んでいる。片道£3.30。所要時間は25分。タクシーで市の中心部までは約£18.00。

ブキャナン・バスステーション

街の中心から少し北にある。市内バス以外のバスはすべてここに発着する。

クイーン・ストリート駅

クイーン・ストリート駅は、街の中心、ジョージ・スクエアの近くにあり、エディンバラやインヴァネスなど、グラスゴーから北と東へ行く便が発着する。

セントラル駅

セントラル駅は、クイーン・ストリート駅から徒歩7～8分。ボーダーズや、イングランドといったグラスゴーより南の地域への便が発着している。

市内交通

市内バス

市内バス、地下鉄、近郊電車があり、非常に充実している。ルートマップや時刻表など詳しい情報は、ⓘやブキャナン・バスステーション、セント・エノキ・スクエアSt. Enoch Sq.のトラベルセンターで手に入る。

地下鉄

地下鉄は環状線になっていて、どこまで行っても1回£0.90。

近郊電車

グラスゴーを中心に延びる鉄道網はとても充実しているが、東京並みに複雑なので、よく確認して乗ろう。

旅の情報収集

観光案内所

グラスゴーのⓘはジョージ・スクエアGeorge Sq.の南に位置している。宿の予約をはじめ、本やみやげ物の販売なども行っている。

見どころ

グラスゴーの見どころは博物館や美術館などがメイン。あらかじめ何を重点的に見るのか決めておくと、効率よく回れる。

宗教改革の破壊を免れた

グラスゴー大聖堂
Glasgow Cathedral

見学所要時間の目安 30分

中世スコットランドの大聖堂は、宗教改革の際にほとんど破壊されてしまったが、この大聖堂は、例外的に破壊を免れた大変貴重な大聖堂。12世紀にデビッド1世によって建てられて以来、幾度もの増改築を重ね、現在のような姿になったのは15世紀に入ってから。地下にはグラスゴーの創設者、聖マンゴーの墓がある。

グラスゴー最古の館

見学所要時間の目安 30分

プロバンド領主館
Provand's Lordship

1471年建築のグラスゴーで最古の館。当時このあたりは、教会関係の建築物が林立していたそうで、この建物も、聖ニコラス病院の一部として建てられ、後に大聖堂参事会員の住居となった。建物の東側にはグラスゴー大司教の紋章が残っている。内部は3階建てになっている。入口で日本語のパンフレットをもらえる。

幅広い収集で知られる

見学所要時間の目安 2時間

バレル・コレクション
The Burell Collection

グラスゴーの中心部から列車で10分。361エーカーという広大な敷地をもつポロック・カントリー・パーク内のポロック・ハウス内にある。バレル・コレクションはW・バレル卿が生涯かけて集めた蒐集品8000点以上を収蔵する博物館。古代エジプト美術に始まり中国美術、イスラム美術などなど、多様なジャンルの美術品が一堂に会している。絵画も非常に充実しており、特にドガの作品を多数収蔵している。公園内には入口、ポロック・ハウス、バレル・コレクションをつなぐミニバスによる無料巡回サービスがある。

グラスゴーが誇る美の殿堂

見学所要時間の目安 2時間以上

ケルヴィングローブ美術館＆博物館
Kelvingrove Art Gallery & Museum

ソウキーホール・ストリートの西端。ケルヴィングローブ公園の中にある。1902年に建てられたヴィクトリア様式の建物は、グラスゴーで最も美しい建築物であるといわれるほど。コレクションの量や質、入場者数も大英博物館に次ぐ規模だ。

開館100周年を記念し、60億円近い巨費を投じた改修期間は2003年から約3年に及び、再オープンを果たした。

古代エジプトの美術品や中世の兜や甲冑のコレクションに始まり、ゴッホ、モネ、ボッティチェッリなどの巨匠の作品やオランダ絵画、イギリス絵画など幅広いコレクションを誇る。グラスゴーが生んだマッキントッシュの作品群も見逃せない。

博物館では、高さ4mのケラトサウルスCeratosaurの標本や、第2次世界大戦で活躍した戦闘機スピットファイアなどの大型展示物も必見。

■グラスゴー大聖堂
Map P.487B
✉Cathedral Sq., G4 0QZ
TEL(0141) 5526891
FAX(0141) 5520988
Inet www.historic-scotland.gov.uk
3月下旬～9月9:30～17:30
(日9:30～17:00)
10月～3月下旬9:30～16:00
休無休 料無料

■プロバンド領主館
Map P.487B
✉3 Castle St., G4 0RB
TEL(0141) 5528819
FAX(0141) 5524744
Inet www.glasgowmuseums.com
開10:00～17:00
(金・日11:00～17:00)
休無休 料無料

■バレル・コレクション
地図外
ポロック・カントリー・パーク内にある。
🚃ポロックショーズ・ウエストPollokshaws West駅下車
🚌ファースト・グラスゴー45、47、48、57番
✉Pollock Country Park
TEL(0141) 2872550
FAX(0141) 2872597
Inet www.glasgowmuseums.com
開10:00～17:00
(金・日11:00～17:00)
休無休 料無料

■ケルヴィングローブ美術館＆博物館
地図外
🚃地下鉄ケルヴィン・ホールKelvin Hall駅下車。徒歩5分
🚌ファースト・グラスゴー9、16、18、42、62、64番
✉Argyle St.,G3 8AG
TEL(0141) 2872699
開10:00～17:00
(金・日11:00～17:00)
休無休 料無料
2006年7月11日に再オープン予定

■聖マンゴー宗教博物館
Map P.487B
⊠2 Castle St., G4 0RH
TEL(0141) 5532557
FAX(0141) 5524744
inet www.glasgowmuseums.com
開10:00〜17:00
(金・日11:00〜17:00)
休無休
料無料

聖マンゴー宗教博物館

世界の宗教を紹介

聖マンゴー宗教博物館
St. Mungo's Museum of Religious Life & Art

見学所要時間の目安 30分

グラスゴー大聖堂のすぐそばにある博物館。聖マンゴーの名前を掲げているが、キリスト教だけでなく、世界各地の宗教生活、宗教美術を紹介している。1階はショップとカフェになっており、展示は2階。展示場の入口の右には洗礼者ヨハネの像が、そして左側にはインドの神、ガネーシャの像が置かれており、なんとも奇妙。必見なのが、ダリの絵画『十字架の聖ヨハネのキリスト』。1951年にグラスゴー市がダリ本人から購入した作品だ。18〜19世紀に作られたヒンドゥー教の神、『踊るシバ神』のブロンズ像も見逃せない。

ホテル＆レストラン Hotel&Restaurant

大型ホテルは川沿いや中心部に点在する。B&Bやゲストハウスは、街の中心からやや北のレンフリュー・ストリートRenfrew St.やケルヴィングローブ公園周辺に多い。レストランはブキャナン・ストリート周辺に多い。

日本からホテルへの電話 電話会社の番号 ＋ 010 ＋ 国番号44 ＋ 市外局番の最初の0を取った掲載の電話番号

ホリデイ・イン・グラスゴー Holiday Inn Glasgow 【大型】

●ブキャナン・バスステーションのすぐそばにある。部屋はビジネスタイプだが、広々としており、設備も機能的。併設のフレンチ・レストランも本格派。すぐ隣にある系列のホリデイ・イン・エクスプレスはさらに手頃な料金で泊まることができ、部屋のクオリティもそれほど変わらない。

113室 Map P.487A
⊠161 West Nile St., G1 2RL
TEL(0141) 3528300
FAX(0141) 3327447
inet www.higlasgow.com
S W £160.00〜
£ € US$ JPY T/C £ € US$ JPY
C/C A D M V

ミレニアム・グラスゴー Millennium Hotel Glasgow 【大型】

●ジョージ・スクエアの北側に面した高級ホテル。客室の設備も整っており、アメニティグッズも充実している。朝食は豪華なビュッフェ方式。ジョージ・スクエアを眺めるバーやレストランも居心地がよい。館内に配されたインテリアにもセンスがあふれている。

117室 Map P.487B
⊠40 George Sq., G2 1DS
TEL(0141) 3326711
FAX(0141) 3324264
inet www.millennium-hotels.com
S £100.00〜175.00
W £175.00〜235.00
£ € T/C £ € US$ JPY
C/C A D M V

マルメゾン Malmaison 【高級】

●もともとはギリシア風の教会だった建物を改装して造られた、おしゃれなデザイナーズホテル。外観ばかりでなく、内装も凝っており、部屋のデザインも一つひとつ異なっている。ベッドやソファなどインテリアも趣味がよい。地下にはバーがあり、本格的フランス料理も楽しめる。

72室 Map P.487A
⊠278 West George St., G2 4LL
TEL(0141) 5721000
FAX(0141) 5721002
inet www.malmaison.com
S W £135.00〜195.00
£ € US$ JPY T/C不可
C/C A D J M V

アデレーズ Adelaide's 【ゲストハウス】

●ギリシア風のファサードが印象的な、教会が運営するゲストハウス。室内はテレビ、ティーセット付き。中はゲストハウスだけでなく、カフェや、保育所、小さなホールなども併設され、多目的に使われている。朝食は別料金で頼むことができ、£2.00〜6.00。

8室 Map P.487A

✉209 Bath St., G2 4HZ
TEL(0141) 2484970 FAX(0141) 2264247
inet www.adelaides.co.uk
S £30.00
S £43.00
W £50.00
£ T/C不可 C/C M V

レーニー・マッキントッシュ Rennie Mackintosh 【ゲストハウス】

●建築家にして画家のマッキントッシュのファンが経営するホテル。建物がマッキントッシュの設計というわけではないけれど、彼の意匠を採った家具がところどころに置いてあったりする。街の中心部、ユニオン・ストリートUnion St.にも同じ系列のホテルがある。

24室 Map P.487A

✉218-220 Renfrew St., G3 6TX
TEL(0141) 3339992 FAX(0141) 3339995
e-mail renniemackintoshhotel@hotmail.com
S £32.95
W £52.95
£ T/C不可 C/C A M V

ユーロ・ホステル Euro Hostel 【ホステル】

●セントラル駅から南に5分。クライド川の手前にあるホステル。ドミトリーは4人から14人収容。シングルやダブルの個室も多く、全室シャワー、トイレ付き。朝食はコンチネンタルのビュッフェ方式。館内にはテレビルームなどもある。1階にはバーが併設されている。コイン式インターネットあり。

ベッド数360 Map P.487A

✉318 Clyde St., G1 4NR
TEL(0141) 2222828 FAX(0141) 2222829
inet www.euro-hostels.co.uk
D £13.95〜18.95
S £34.95〜35.95
W £39.90〜40.90
£ T/C £ C/C M V

シティ・マーチャント City Merchant 【英国料理】

●モダン・スコティッシュのレストランで、特にシーフードが充実していると評判。四季折々の新鮮な素材を用い、盛り付けや料理法もフランス料理やイタリア料理の手法を取り入れた創作料理を出す。もちろん肉類も出す。予算はランチが£15.00、ディナーが£25.00程度。

Map P.487B

✉97-99 Candleriggs, G1 1NP
TEL(0141) 5531577 FAX(0141) 5531588
inet www.citymerchant.co.uk
開12:00〜22:30
休日
£ T/C不可 C/C A D J M V

ディ・マジオ Di Maggio's 【イタリア料理】

●現代美術館のそばにあるイタリア料理店。地元の人にも高い人気を誇る名店。グラスゴー市内に何軒か支店がある。本格的イタリア料理というよりは、アメリカンテイストが入ったイタリアンレストランで、ステーキなども出す。カジュアルな感じで家族連れにも人気。人気メニューはラザニア£7.45など。

Map P.487A

✉21 Royal Exchange Sq., G1 3AJ
TEL(0141) 2482111 FAX(0141) 2487160
inet www.dimaggios.co.uk
開12:00〜24:00（日12:30〜22:30）
休無休
£ T/C不可
C/C A M V

ドラム＆モンキー The Drum & Monkey 【パブ】

●町の中心部にある伝統的なパブ。店内は広々としており、パブフードも安くて、ボリュームたっぷり。樽仕込みのエールは常時3種ある。木曜の20:30からは、生バンドによるジャズのセッションが行われる。金曜の夜もDJなど、いろいろなイベントが行われる。

Map P.487A

✉93 St. Vincent St., G2 5TF
TEL(0141) 2216636 FAXなし
11:00〜24:00（日12:30〜24:00）
休無休
£ T/C不可
C/C A D M V

スコットランド史の軸となった古都

スターリング Stirling

人口3万500人
市外局番01786

　スターリングは古くから「スコットランドへの鍵（Key to Scotland）」、すなわち「スターリングを制するものがスコットランドを制する」といわれるほど重要な町であった。そのため、何世紀にもわたる戦いの舞台となってきた。しかし、13～14世紀にかけて現れたふたりの英雄、ウィリアム・ウォリスとロバート・ザ・ブルースによって、スコットランド軍はこの地でついにイングランド軍を破り、長年の悲願でもあったイングランドからの独立を成し遂げたのである。町の名の由来が“努力の地”であるように、スコットランドの人々にとってこの町は「独立の象徴」ともいえる場所なのだ。

　その後数世紀にもわたり、スコットランドの政治と文化の中心地として栄えたスターリングにはその歴史を今に伝える名所がいたる所に残っている。

歩き方

　駅とバスステーションは町の東、グースクロフト・ロードGoosecroft Rd.P.493B沿いにほぼ隣合って建っている。

　グースクロフト・ロードの1本西側に南北に延びるのが、町で最もにぎやかな通りバーントン・ストリートBarnton St.P.493B。銀行や郵便局などもこの通り沿いにあり、南へ行くに従いマレー・プレイスMurray Pl.P.493B、ポート・ストリートPort St.P.493Bと名を変える。

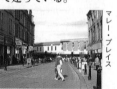

マレー・プレイス

キング・ストリート

　町の北西に位置するスターリング城へは、駅から徒歩15分ほど。マレー・プレイスと交差するキング・ストリートKing St.P.493BからセントジョンSt. John St.へと旧市街の坂道をたどった先にある。このあたりは見どころも多く、ぶらぶら散策するのが楽しいエリアだ。❶はマレー・プレイスを南へ下り、ダンバートン・ロードDumbarton Rd.P.493Aとの交差点を右折して約150m行った左側にある。

旅の情報収集

観光案内所

　駅から徒歩10分弱。ローモンド湖やトロサックス地方の無料パンフレットも豊富。地図やガイドブック、おみやげも充実している。有料でインターネットも使用できる。

スターリングへの行き方

●グラスゴーから
🚃クイーン・ストリート駅から1時間に1～2便
所要：40分
🚌1時間に1～2便
所要：40～45分
●パースから
🚃1時間に1便程度
所要：35分
🚌1時間に1～2便
所要：50分
●エディンバラから
🚃1時間に2便
所要：50分
🚌1時間に1便程度、ファースト社のバス38番はウォータールー・プレイスから1時間に1～3便
所要：1時間

■スターリングの❶
Map P.493A
✉41 Dumbarton Rd., FK8 2QQ
TEL(01786) 475019
FAX(01786) 450039
inet www.scottish.heartlands.org
開4/1～6/5　9:00～17:00
6/6～26　9:00～18:00
（日10:00～16:00）
6/27～8/28　9:00～19:00
（日9:30～18:00）
8/29～9/18　9:00～18:00
（日10:00～18:00）
9/19～10/16　9:00～17:00
10/17～3/31　10:00～17:00
（土10:00～16:00）
休9/19～6/5の日曜
宿の予約は手数料£3.00とデポジットとして宿泊料金の10%が必要

■シティ・サイトシーイング
市内のおもな見どころや、郊外のバノックバーン・ヘリテージ・センターを巡回するオープントップのバス。乗り降り自由。始発は鉄道駅前。
運行：4/14～10/1　9:45～17:15に45分おきに出発、バノックバーン・ヘリテージ・センターへ行くブルース・ルートBruce Routeは6～9月のみの運行
inet www.citysightseeing.co.uk
料£7.00　学生£5.00

見どころ

スターリング城とその城下町ともいうべき旧市街に見どころが集中しており、徒歩で回るなら半日〜1日はみておきたい。

激動の歴史の舞台となった

見学所要時間の目安 1時間

スターリング城
Stirling Castle

スコットランドで最も壮麗な城といわれている、ルネッサンス様式の城郭。わずか生後9ヵ月のスコットランド女王メアリーが戴冠式を行ったのもこの城の礼拝堂である。

城の土台となっている岩山は、数千年の昔からすでに砦として存在していたといわれるが、現在見られるこの優雅な城は、15〜16世紀頃に建設されたもの。その後も城は、スターリングを中心に繰り広げられたイングランドとの独立戦争や、スコットランド王家の興亡など、波乱の歴史劇をじっと見守ってきた。

城内では、16世紀当時の様子がそのままに残る台所や、1999年に復元された大広間Great Hallのほか、軍事関連の博物館なども見学できる。

また、外壁からスターリングの町を見下ろすパノラマビューもすばらしく、天気がよければ遠くエディンバラまで見渡すことができる。

スターリング城

■スターリング城
Map P.493A
❶から旧市街を歩いても20分ほど。
駅または❶からシティ・サイトシーイングのバスで約5分。またはファースト・バスE41番でバスステーションから5分。
✉Stirling Castle, Castle Wynd, FK8 1EJ
TEL (01786) 450000
FAX (01786) 464678
Inet www.historic-scotland.gov.uk
開 4〜9月9:30〜18:00
10〜3月9:30〜17:00
最終入場は閉館の45分前
休 12/25・26
料 £8.50　学生£6.50
日本語対応のオーディオガイドは£3.00

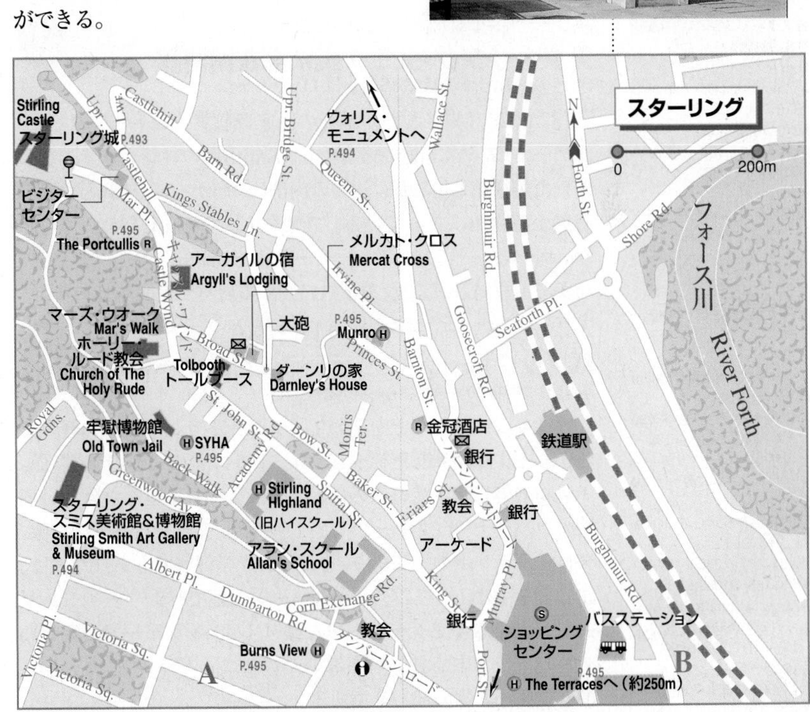

スコットランド独立の父

見学所要時間の目安 1時間

ウォリス・モニュメント
The National Wallace Monument

スコットランドの独立に生涯をかけた英雄、ウィリアム・ウォリスの記念塔。高さ67mを誇るヴィクトリア王朝様式の塔で、1869年に完成した。塔の内部はウォリスの人生に関する展示がされており、彼が使用していた道具なども見ることができる。特に彼の両手持ちの長剣は必見。

ウィリアム・ウォリス像

モニュメントが建っている所までは、246段の急な石段を10分ほど上って行く。ちょっと大変そうという人は、シティ・サイトシーイングのバスを降りた所から約15分ごとに運行されている無料のミニ・シャトルバスを利用しよう。そこから、さらに高さ67mの塔の頂上へ上れば、南西方向にスターリングの町が広がるすばらしい眺望が得られる。

スターリングの歴史がよくわかる

見学所要時間の目安 1時間

スターリング・スミス美術館＆博物館
Stirling Smith Art Gallery & Museum

1874年に設立された、地元の画家兼収集家のトーマス・スチュアート・スミスThomas Stuart Smith氏のコレクションを公開した美術館と博物館。建物の内部は、向かって左側が美術館、右奥が博物館になっている。スターリングの歴史をテーマにした「ザ・スターリング・ストーリーThe Stirling Story」は必見。なかでもウィリアム・ウォリスに関する展示が充実している。

スコットランド独立を勝ち取った過程がよくわかる

見学所要時間の目安 1時間

バノックバーン・ヘリテージ・センター
Bannockburn Heritage Centre

映像やジオラマなどを用いて、スコットランド独立の経緯をわかりやすく紹介したナショナル・トラスト（N.T.S.）の資料館。

建物の外に建っているのは、完全武装で身を包んだ険しい表情のロバート・ザ・ブルース（1274〜1329、在位1306〜1329）像。スコットランドの王であり、また優れた指揮官でもあった彼は、1314年6月24日、ここバノックバーンの地でヘンリー・ド・ボーアン率いるイングランド軍を破り（バノックバーンの戦い）、スコットランドを独立へと導いた。スコットランドの歴史上、最も重要な人物のひとりである。

☺日帰りで行こう
スターリングへはグラスゴーやエディンバラからの日帰りがおすすめです。駅やその近くには荷物預かりの施設がないため、移動に大変苦労します。スターリング城やウォリス・モニュメントにもありませんでした。
（東京都　大石晃士　'05夏）

■ウォリス・モニュメント
Map P.493A外
町の中心から約3kmほどの所にある。徒歩約30分。
🚌シティ・サイトシーイングのバスで30分。またはバス62、23番でバスステーションから10分。
✉Abbey Craig, FK9 5LF
TEL (01786) 472140
FAX (01786) 461322
inet www.nationalwallacemonument.com
開 3〜5月10:00〜17:00
6月10:00〜18:00
7〜8月9:30〜18:30
9月9:30〜17:00
10月10:00〜17:00
11〜2月10:00〜16:00
最終入場は閉館の45分前
休 無休
料 £6.50　学生£4.90

■スターリング・スミス美術館＆博物館
Map P.493A
✉Dumbarton Rd., FK8 2RQ
TEL (01786) 471917
FAX (01786) 449523
開 10:30〜17:00
（日14:00〜17:00）
休 月・祝
料 無料

■バノックバーン・ヘリテージ・センター
地図外
スターリングから南に約4kmほどの所にある。
🚌ファースト社のバスX39などでFinns of Milton下車
6〜9月のみシティ・サイトシーイングのバスで駅から10分。
✉Bannockburn, Glasgow Rd., FK7 OLJ
TEL (01786) 812664
FAX (01786) 810892
inet www.nts.org.uk
開 4〜10月10:30〜17:30
11〜3月10:30〜16:00
休 12/25〜1/31
料 £5.00　学生£4.00

ホテル＆レストラン Hotel&Restaurant

ゲストハウスは❶付近のダンバートン・ロードとその周辺、ほかにプリンセス・ストリートPrincess St.にも1軒ある。バーントン・ストリートにはパブやレストランが並ぶ。ダーンリの家Darnley's Houseはカフェになっている。

日本からホテルへの電話 電話会社の番号 + 010 + 国番号44 + 市外局番の最初の0を取った掲載の電話番号

テラシズ The Terraces Hotel 中級

●中心部から少しはずれてはいるが、静かで落ち着ける環境だ。部屋はそれぞれ異なるスコッチウイスキーの名前が付けられている。1階のレストラン&バー、メルヴィルス・レストランMelville's Restaurantには、部屋名と同じウイスキーがズラリと並ぶ。伝統の味にアレンジを加えたオリジナルメニューにも挑戦してほしい。

18室 Map P.493B外

✉4 Melville Ter., FR8 ZN0
TEL (01786) 472268 FAX (01786) 450314
S £57.00
W £90.00
£ T/C £
C/C M V

マンロー Munro Guest House ゲストハウス

●バーントン・ストリートから西に少し入った坂道の右側にある。駅からも徒歩5分と近く、スターリングでは数少ない中心部にあるゲストハウスだ。タータンのベッドカバーもかわいい。朝食は、イチゴや桃がたっぷり入ったフルーツカクテルが付く豪華版。3月下旬～10月下旬は10%ほど上がる。12/24～1/1は休み。

7室 Map P.493A

✉14 Princes St., FK8 1HQ
TEL (01786) 472685
inet www.munroguesthouse.com
S £28.00 S £32.00
W £40.00
W £46.00～48.00
£ T/C £ C/C 不可

バーンズ・ビュー Burns View Guest House ゲストハウス

●❶のすぐ近く。道を挟んだ向かいに建つバーンズ像が目印だ。玄関を入ると、ふんわりと漂う花の香りに思わずホッとする。部屋はパステルブルーと白を基調にした清楚なコーディネートだ。ボリューム満点のフル・スコティッシュの朝食には、フルーツやヨーグルトも付く。3月初旬～10月初旬は10%ほど上がる。

7室 Map P.493A

✉1 Albert Pl., FK8 2QL
TEL & FAX (01786) 451002
e-mail m.watt@totalise.co.uk
W £42.00
W £46.00
£ T/C £
C/C 不可

SYHAスターリング SYHA Stirling ユースホステル

●1740年に建てられた教会を改装したユースで、石造りの立派な外観だ。中はとても近代的で、広々としたキッチンやテレビルーム、ランドリーなどがあり、設備も整っている。もちろんインターネットもOK。ダブルルームは予約するのが確実。門限深夜2:00。チェックアウト10:00。5～9月は15%ほど上がる。

32室 Map P.493A

✉St. John St., FK8 1EA
TEL (01786) 473442 FAX (01786) 445715
inet www.syha.org.uk
D £14.00
£ T/C £
C/C M V

ポートカリス The Portcullis パブ

●旧市街にある同名ホテル1階のパブ兼レストラン。建物は18世紀に建てられた、もと男子校。むき出しの石壁とロウソクの明かりで当時の雰囲気が再現されている。豊富なメニューには、ハギスなどのスコットランド料理、ステーキ、シーフードをはじめ、パスタやチリコンカーンといった各国料理も並ぶ。

Map P.493A

✉The Portcullis, Castle Wynd, FK8 1EG
TEL (01786) 472290 FAX (01786) 446103
inet www.theportcullishotel.com
開 12:00～14:30、17:30～24:00（食事は～21:00）
休 無休
£ T/C £
C/C M V

黄金の砂に横たわる銀色の都
アバディーン Aberdeen

人口18万8300人
市外局番01224

アバディーンはディー川River Deeとドン川River Donの河口に広がる町。北海油田の基地として、またニシンやタラの漁港として発展を遂げ、グラスゴー、エディンバラに続くスコットランド第3の都市となった。

花崗岩の産地であるアバディーンには、マーシャル・カレッジをはじめ、花崗岩でできた建物がたくさん建っている。「花崗岩の町The Granite City」と称されるアバディーンの町並みは、重厚な石造りの建物で統一され、陽光を反射して銀色に輝く。その格調高い町並みに加え、美しい砂のビーチがあることから、「黄金の砂に横たわる銀色の都」というキャッチフレーズでも呼ばれている。

歩き方

アバディーンの中心は東西に約1.2kmほど延びるユニオン・ストリートUnion St.P.497A-2~B-1だ。この通りにブティック、CDショップ、レストランなどが並び、シティ・アバディーン（新市街）のメインストリートとなっている。端から端まで歩くと20分ほど。ユニオン・ストリートは東端でキング・ストリートKing St.P.497B-1と名前を変え、そのままオールド・アバディーンまで延びている。

ユニオン・ストリート

オールド・アバディーン

町の中心部（シティ・アバディーン）からバスで北に約10分。古い町並みが保存された、喧噪とは無縁の別世界がオールド・アバディーンだ。石畳の道が延びる、キングズ・カレッジや聖マハー大聖堂のある歴史地区から、ドン川にかけての一帯で、元来はアバディーンとは別の司教区として自治権をもっていた地区だ。

旅の情報収集

観光案内所

ⓘはユニオン・ストリートとブロード・ストリートBroad St.P.497B-1が交わるT字路にある。スタッフがていねいに応対してくれる。各種パンフレットやおみやげ、書籍も豊富。インターネットも利用可能で20分£1.00。

アバディーンへの行き方

●ロンドンから
✈ヒースロー空港、ガトウィック空港から便がある
所要：1時間30分
空港からアバディーン市内へはバスで約30分。ファースト社、ステージコーチ社のバスが空港に停車する。
🚃キングズ・クロス駅から1時間に1便程度。直通は1日3便。
所要：約7時間10分
🚌ヴィクトリア・コーチステーション発9:00、22:30
所要：約12時間
●エディンバラから
🚃1～2時間に1便
所要：約2時間30分
🚌2時間に1便程度
所要：約4時間
●グラスゴーから
🚃クイーン・ストリート駅から1時間に1便
所要：2時間40分
🚌2時間に1便程度
所要：3時間40分
●ダンディーから
🚃1時間に1～2便
所要：1時間15分
🚌1時間に1便
所要：1時間20分
●インヴァネスから
🚃2時間に1便程度
所要：2時間15分
🚌1～2時間に1便
所要：3時間45分
●パースから
🚃1～2時間に1便
所要：1時間40分
🚌2時間に1便程度
所要：2時間～2時間30分

■アバディーンのⓘ
Map P.497B-1
✉23 Union St., AB11 5BP
TEL(01224) 288828
FAX(01224) 581367
inet www.agtb.org
開9:00～16:30
7・8月9:00～18:30
(日10:00～16:00)
休9～6月の日曜
宿の予約は手数料£3.00とデポジットとして宿泊料金の10%

見どころ

アバディーンの見どころは市内中心部とオールド·アバディーンのふたつのエリアに分けられる。オールド·アバディーンへはバスで10分ほど。

スコットランドの名門校

見学所要時間の目安 30分

マーシャル·カレッジ
Marischall College

1593年にカトリックのキングズ·カレッジに対抗して創設されたプロテスタントの大学。まるで大聖堂のような高い塔のチャペルが特徴の新ゴシック様式の壮麗な建物。花崗岩で造られた大学校舎のなかでは世界で最も美しいといわれ、また世界で2番目に大きな、花崗岩でできた建物としても名高い。ライバル関係にあったキングズ·カレッジとは1860年に統合されて、アバディーン大学となった。大学の構内にはマーシャル博物館Marischal Museumがあり、古代エジプトなどの収蔵品がある。

■マーシャル博物館
Map P.497B-1
✉Broad St., AB10 1YS
TEL (01224) 274301
inet www.abdn.ac.uk/marischal_museum
開10:00〜17:00
(土14:00〜17:00)
休日 料無料

マーシャル·カレッジ

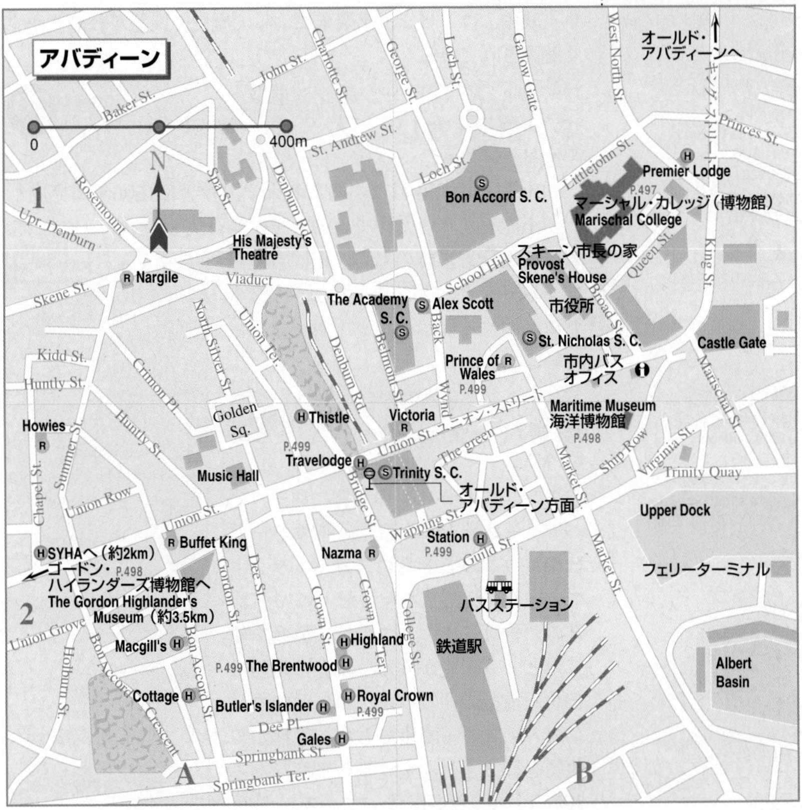

アバディーン

0 400m
N
1
2
A
B
オールド·アバディーンへ
キングズ·ストリート
John St.
Baker St.
Charlotte St.
George St.
Loch St.
Gallow Gate
West North St.
Princes St.
St. Andrew St.
Rosemount
Upr. Denburn
Spa St.
Denburn Rd.
Littlejohn St.
Premier Lodge
Bon Accord S. C.
P.497
マーシャル·カレッジ（博物館）
Marischal College
His Majesty's Theatre
スキーン市長の家
Provost Skene's House
Queen St.
King St.
Nargile
Viaduct
School Hill
Skene St.
The Academy S. C.
Alex Scott
市役所
Broad St.
North Silver St.
Union Ter.
Back Wynd
St. Nicholas S. C.
Castle Gate
Kidd St.
Huntly St.
Crimon Pl.
Belmont St.
Prince of Wales
P.499
市内バスオフィス
Marischal St.
Golden Sq.
Thistle
Victoria
ユニオン·ストリート
Maritime Museum
海洋博物館
P.498
Howies
Huntly St.
P.499
Travelodge
Union St.
The green
Market St.
Ship Row
Virginia St.
Summer St.
Music Hall
Trinity S. C.
Trinity Quay
Chapel St.
Union Row
Bridge St.
オールド·アバディーン方面
Union St.
Wapping St.
Upper Dock
Buffet King
Station
P.499
SYHAへ（約2km）
P.498
Nazma
Guild St.
ゴードン·ハイランダーズ博物館へ
The Gordon Highlander's Museum（約3.5km）
Gordon St.
Dee St.
Crown St.
Crown Ter.
College St.
フェリーターミナル
バスステーション
Market St.
Union Grove
Bon Accord St.
Macgill's
Highland
鉄道駅
Albert Basin
Holburn St.
P.499
The Brentwood
Bon Accord Crescent
Cottage
Butler's Islander
Royal Crown
P.499
Dee Pl.
Gales
Springbank St.
Springbank Ter.

■海洋博物館
Map P.497B-2
✉Ship Row, AB11 5BY
TEL(01224) 337700
開10:00～17:00
(日12:00～15:00)
休無休
料無料

北海の歴史がわかる

海洋博物館
Maritime Museum

見学所要時間の目安

1時間

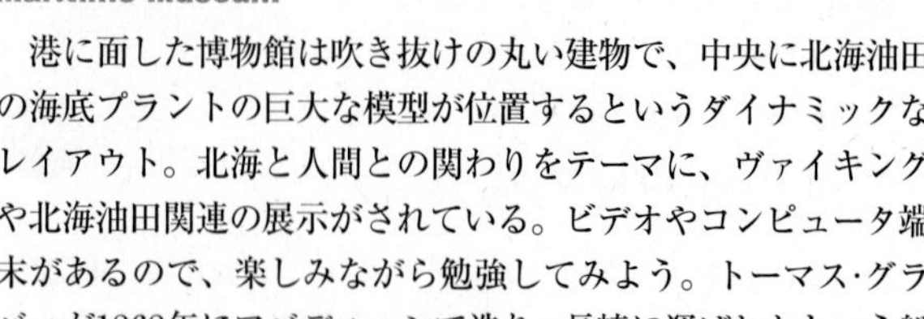

港に面した博物館は吹き抜けの丸い建物で、中央に北海油田の海底プラントの巨大な模型が位置するというダイナミックなレイアウト。北海と人間との関わりをテーマに、ヴァイキングや北海油田関連の展示がされている。ビデオやコンピュータ端末があるので、楽しみながら勉強してみよう。トーマス・グラバーが1868年にアバディーンで造り、長崎に運ばれたという船の模型も残っている。

■ゴードン・ハイランダーズ博物館
Map P.497A-2外
✉St. Lukes Viewfield Rd., AB15 7XH
TEL(01224) 641086
inet www.gordonhighlanders.com
開10:30～16:30
(日13:30～16:30)
休月、9月下旬～4月上旬
料£2.50 学生£1.50
🚌14、15番のバスでヒル・オブ・ルビスロウHill of Rubislow下車

世界中で奮戦したゴードン連隊の記念碑

ゴードン・ハイランダーズ博物館
The Gordon Highlander's Museum

見学所要時間の目安 1時間

大英帝国を支えた英国軍のなかでも、最強の連隊としてその名をはせたのが、キルトの軍服で勇猛果敢に戦ったスコットランドのゴードン・ハイランダーだ。この博物館には、18世紀末のゴードン・ハイランダーの創設から現代までの資料や軍服、勲章などが展示されている。こぢんまりとした博物館だが、ビデオ上映や、コンピュータ端末によって歴史や戦績がわかりやすく解説されている。

■キングズ・カレッジ
Map P498
✉College Bounds, AB24 3UB
TEL(01224) 273702
inet www.abdn.ac.uk/kcc
開 9:30～17:00
(土11:00～16:00) 休日
🚌ブリッジ・ストリートのバス停から20、28番

オールド・アバディーンのシンボル

キングズ・カレッジ
King's College

見学所要時間の目安 30分

1494年に設立された由緒ある大学。校舎は1506年に完成した。王冠をかぶった中央部のチャペルは美しいゴシック様式。木工の部分も当時のもの。旧図書館内にあるビジターセンターでは、大学の歴史に関する展示やグッズ販売を行っている。

■聖マハー大聖堂
Map P498
✉The Chanonry, AB24 1RQ
TEL(01224) 485988
inet www.stmachars.com
開9:00～18:00

アバディーン最古の教会

聖マハー大聖堂
St. Machar's Cathedral

見学所要時間の目安 30分

キングズ・カレッジの北側にある、アバディーン最古の大聖堂。聖マハーとは聖コロンバとともにスコットランドでの布教に活躍した聖人だ。マハーは、神のお告げにより、この地に教会を建てたという伝説が残る。現在の建物は15世紀前半の司教ウィリアム・エルフィンストンによって建てられ、幾度かの改築を経てきた。大聖堂の裏は緑あふれるシートン公園になっている。

ホテル＆レストラン Hotel&Restaurant

B&B街はクラウン・ストリートとボン・アコード・ストリートにある。1年を通じてビジネス客が多く、平日は満室のことも多い。ユニオン・ストリート沿いや駅周辺にレストランが軒を連ねる。パブはベルモント・ストリートBelmont St.に多い。

日本からホテルへの電話　電話会社の番号 ＋ 010 ＋ 国番号44 ＋ 市外局番の最初の0を取った掲載の電話番号

ステーション Station Hotel　【中級】

●鉄道駅とバスステーションのすぐ目の前にある。夜遅い到着のときにも安心。全室に衛星放送視聴可能なテレビやミニ冷蔵庫がある。別料金の朝食はコンチネンタル£6.00、スコティッシュ£8.00。1階にレストラン＆バーが併設されている。専用駐車場も完備。週末割引がある。

126室　Map P.497B-2

✉78 Guild St., AB11 6GN
TEL(01224) 587214　FAX(01224) 573350
inet www.stationhotelaberdeen.com
S £72.50～77.00
W £85.00
£　T/C £
C/C A M V

トラベロッジ Travelodge　【中級】

●ユニオン・ストリートに面した便利な立地。ビジネスマンに人気が高く、夕方にはいつも満室状態になる。入口はブリッジ・ストリートにある。レセプションは階段を上がった2階。アメニティグッズは石けんぐらいしかないがないが、部屋は広々としており、機能的な造り。

97室　Map P.497A-2

✉9 Bridge St., AB11 6JL
TEL(0870) 1911617　FAXなし
inet www.travelodge.co.uk
S W £49.95～
£　T/C不可
C/C A M V

ブレントウッド The Brentwood Hotel　【中級】

●B&B街のクラウン・ストリートにある中級ホテル。週末料金(金～日曜)があり、かなり安くなる。ウエブサイトの特別料金も要チェック。室内は白を基調とした内装で機能的な造り。地下のバー＆レストランは地元でも人気が高い。前菜とメインでだいたい£15.00ほど。お得なビュッフェランチもやっている。ビールの種類も豊富。

65室　Map P.497A-2

✉101 Crown St., AB11 6HH
TEL(01224) 595440　FAX(01224) 571593
inet www.brentwood-hotel.co.uk
S £82.00 (平日)　£40.00 (金～日)
W £92.00 (平日)　£59.00 (金～日)
£　T/C不可
C/C A J M V

ロイヤル・クラウン Royal Crown Guest House　【B&B】

●B&B街のクラウン・ストリートにある。夫婦が経営している家庭的な宿。部屋のタイプはいろいろだが、全室テレビ付き。共同シャワーはひとつで、共同トイレはふたつある。朝食もブラックプディングやハギスなど好みに合わせてアレンジ可能。すぐ横に専用駐車場あり。

8室　Map P.497A-2

✉111 Crown St., AB11 6AN
TEL(01224) 586461　FAX(01224) 575485
inet www.royalcrown.co.uk
S £30.00　S £40.00
S £40.00　W £50.00
W £60.00
£　T/C不可　C/C J M V

プリンス・オブ・ウェールズ Prince of Wales　【パブ】

●1850年にできた、アバディーンで最も有名なパブのひとつで、何度も賞に輝いている。カウンターにはビールやエールがずらりと並び、木樽仕込みのエールReal Cask Aleも常時置いている。ビールサーバーのテクニックも一級品で、おいしいビールが飲める。ランチタイムは11:30～14:00(土・日12:00～16:00)。

Map P.497B-1

✉St. Nicholas Ln., AB10 1HF
TEL(01224) 640570　FAXなし
e-mail wales1881@fsbusiness.co.uk
開10:00～24:00(日12:00～24:00)
休無休
£　T/C不可　C/C不可

ネス湖を望むハイランドの都
インヴァネス Inverness

人口38万500人　市外局番01463

ネス川沿いの街並み

インヴァネスは古くからハイランドの都だったが、歴史の表舞台に現れるのは、12世紀にデイビッド1世がインヴァネス城を築いてから。町の知名度が世界的に高まったのは、ひとえにネス湖Loch Nessの怪物ネッシー(ロッホ・ネス・モンスターLoch Ness Monster)のおかげだろう。

インヴァーInverが河口を意味するように、インヴァネスはネス川River Nessの河口の町。ネス川は全長約10kmのヨーロッパ最短の川として知られている。また、南北に細長いネス湖はインヴァネスから南西へ10kmの所にある。

モデルルート

ネス湖観光に1日、もう1日はインヴァネスと近郊など、観光には2日はみておきたい。

ネス湖1日コース

インヴァネス→アーカート城→ドロムナドロケット→インヴァネス

ネス湖のおもな見どころを回るコース。バスの便は少ないので、時刻表を必ず手に入れよう。行きか帰りにクルーズを利用するのもよいだろう。昼食はドロムナドロケット村で。午後はネッシー関連のアトラクションを楽しんで、バスでインヴァネスに帰ってこよう。朝一番のバスで出れば、フォート・オーガスタスも加えることができる。

カロードゥンの戦場とコーダー城を訪ねる1日コース

インヴァネス→カロードゥンの戦場→コーダー城→インヴァネス

バスに乗って、カロードゥンの戦場へ行き、戦場を散策したらバスでコーダー城へ。コーダー城内や庭園、森林のウオーキングコースをすべて制覇するのは1日がかり。昼食はカロードゥンの戦場のビジターセンターやコーダー城に併設されたレストランでとる。弁当を持っていけばコーダー城でピクニックができる。

インヴァネスへの行き方

●ロンドンから
✈1日3～4便
所要：1時間45分
🚃1日2便、そのうち1便は夜行(カレドニアン・スリーパー)で土曜運休
所要：8時間～11時間30分
🚌1日1便23:00発
所要：12時間35分

●アバディーンから
🚃1～2時間毎
所要：約2時間20分
🚌1時間毎
所要：3時間40分

●パースから
🚃1日9便
所要：2時間20分
🚌1時間に1～2便
所要：2時間40分

●エディンバラから
✈1日2便程度
所要：45分
🚃直通1日8便程度
所要：3時間40分
🚌2時間に1便程度
所要：4時間

●グラスゴーから
✈1日1便程度
所要：50分
🚃直通1日8便
所要：3時間30分
🚌直通1日8便程度
所要：4時間～4時間30分

●フォート・ウィリアムから
🚌1日6便、日曜5便
所要：1時間50分

●スカイ島から
🚌1日3便
所要：3時間15分

歩き方

町の中央をネス川が流れるが、インヴァネスの繁華街は東岸にある。メイン・ストリートは歩行者天国のハイ・ストリートHigh St.P.501B1·C。西に進むとⓘのあるブリッジ・ストリートBridge St.P.501A-1~B-1·Cと、ネス川の橋を渡るとトムナヒューリック・ストリートTomnahurich St.P.501A1~2と名前を変え、ネス湖まで延びている。

■セントラル・ハイランド・タクシーズ
Map P.501C
✉Farraline Park, IV1 1LT
TEL (01463) 222222
inet www.central-highland-taxis.com

ターミナルから市の中心部へ

空港

町から東に約14kmの所にある。市内までは到着と出発に合わせてバスが運行されている。タクシーならインヴァネス市内まで£9.00〜10.00。レンタカーオフィスもある。

■インヴァネス空港
地図外
inet www.hial.co.uk

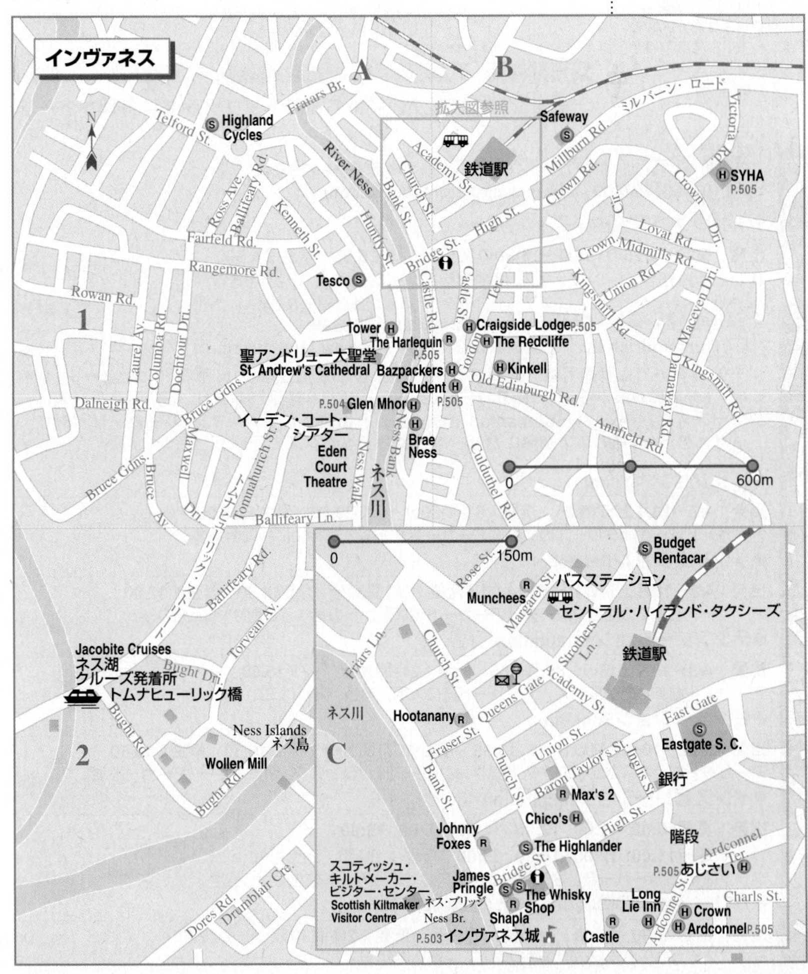

鉄道駅

鉄道駅は市街地のやや東に位置している。駅構内にはホテル予約オフィス、レンタカーオフィスなどもある。

バスステーション

鉄道駅の西側にあり、カフェテリアや荷物預かりなども完備している。

市内交通

近郊へのバス

周辺へのバスは郵便局があるクイーンズ·ゲートQueens Gateのバス停に発着している。空港やコーダー城行きのバスもここから。日曜は大幅減便になるので注意。

タクシー　タクシー乗り場は❶の横や、鉄道駅前にある。

旅の情報収集

観光案内所

情報量、スタッフ、設備の面でトップクラス。各種ツアー予

■インヴァネスの❶
Map P.501C
✉Castle Wynd, IV2 3BJ
TEL (01463) 234353
FAX (01463) 710609
inet www.visithighlands.com
開9:00～18:00(冬期～17:00)
休10月下旬～5月の日曜
宿の予約は手数料£3.00とデポジットとして宿泊料金の10%が必要。インターネットの利用は20分£1.00。

市内ツアー

シティ・サイトシーイング City Sightseeing

TEL (01463)224000　inet www.city-sightseeing.com

●インヴァネス市内ツアー Inverness City Tour

出発：5/29～9/26の10:00～16:30の30分毎　料£6.00　学生£4.500
❶のそばから出発。インヴァネスの町を巡回。コースはおもに川沿いを走る。

ネス湖方面、インヴァネス近郊へのツアー

ジャコバイト・クルーズ Jacobite Cruises

✉Tomnahurich Br.　TEL (01463)233999　inet www.jacobite.co.uk

チケットは❶でも購入可能。夏期のクルーズ（4/3～10月上旬）の出発はトムナヒューリック橋。5分前に❶前から、20分前にバスステーションから送迎バスあり。冬期のクルーズはクランズマン・ハーバーClansman Harbourから出発。クランズマン・ハーバーはインヴァネスの南14kmのネス湖岸にあり、ネス湖方面へのバスで行く。

●パッションPassion

出発：4/3～10月上旬10:35　所要：6時間30分　料£29.50　学生£28.00
アーカート城へ往復クルーズのあと、アーカート城とネス湖2000にも入場見学。

●リフレクションReflection

出発：4/3～10月上旬の10:00、14:00　所要：3時間30分　料£14.50　学生£12.00
アーカート城までの往復クルーズ。アーカート城は船からの見学。冬期は14:00発のみ。

●テンプテーションTemptation

出発：4/3～10月上旬の9:35、14:35　所要：2時間30分　料£15.50
アーカート城までのクルーズ。アーカート城に入場見学し、帰りはミニバス。

●センセーションSensation

出発：3/22～10月上旬の10:35、13:35　所要：3時間30分　料£19.50　学生£18.50
アーカート城とネス湖2000にも入場見学。クルーズはクランズマン・ハーバー～アーカート城。

●インスピレーションInspiration

出発：夏期10:00、11:00、12:00、14:00、15:00、16:00
　　　冬期11:00、12:00、14:00、15:00　所要：1時間　料£9.00
クランズマン・ハーバー発。ネス湖をクルーズしてアーカート城を船から見学。

●カロードゥンの戦場Culloden Battlefield Tour

出発：夏期10:30、14:00　❶の前から出発　所要：2時間30分　料£12.50
ミニバスでカロードゥンの戦場を見学（入場料込み）。

約やチケット購入はもちろん、両替、有料インターネットも完備。すぐ横にフェリー会社のオフィスもある。

見どころ

インヴァネス市内に見どころはあまりない。ネス湖やコーダー城など郊外へ足を延ばすのがメインとなる。

ネス川を見下ろす

インヴァネス城
Inverness Castle

町とネス川を見下ろす絶好の位置に建つインヴァネス城は、町のどこからでも見えるランドマークだ。もともと古い要塞があった場所に、1835年現在の建物が造られた。城内には入れないが、建物の裏ではザ・キャッスル・ガリソン・エンカウンターThe Castle Garrison Encounterというアトラクションが行われている。

■インヴァネス城
Map P.501C
■ザ・キャッスル・ガリソン・エンカウンター
✉Castle Hill, IV2 3EG
TEL(01463) 243363
FAX(01463) 710755
開10:30～17:30
休11～2月
料£6.00

インヴァネス城

近郊の見どころ

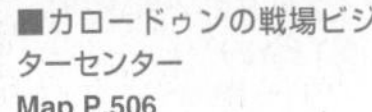

ジャコバイト軍が散った

見学所要時間の目安 2時間

カロードゥンの戦場
Culloden Battle Field

インヴァネスの東、約8kmの所には、スコットランド史上に残るカロードゥンの戦いの戦場となったムーア（荒野）が広がっている。1746年4月16日、追い詰められたジャコバイト派反乱軍が、イングランド政府軍に壊滅させられた戦場である。歴史を知らなければ格好のピクニック地に見える平原だが、政府軍、反乱軍、両軍の陣地を示す旗が翻り、この地で散ったハイランダーの墓標がところどころに見られる。この墓標に花を添える人は今も絶えない。

■カロードゥンの戦場ビジターセンター
Map P.506
🚌7、7Bのバスがビジターセンターに行く
✉Culloden Moor, IV2 5EU
TEL(01463) 790607
inet www.nts.org.uk
開2・3・11・12月10:00～16:00
4・5・9・10月9:00～17:30
6～8月9:00～18:00
休12/24・25、1月
料£5.00　学生£4.00

カロードゥンの戦場ビジターセンター内の展示

『マクベス』で有名な

見学所要時間の目安 半日以上

コーダー城
Cawdor Castle

インヴァネスとネアンNarinの中間地点にあるコーダー城は、シェイクスピアの名作『マクベス』の舞台としてあまりにも有名な城だ。森の中に建つその姿は、ハイランドで一番優美な城と称されており、堀にかかる跳ね橋からの眺めなど、絵本から飛び出てきたような美しさだ。城内は手入れの行き届いた広大な庭園、城の背後に控える森林のウオーキングコースなど、すべてを回ろうと思ったら半日がかりだ。

広大な敷地をもつコーダー城

■コーダー城
Map P.506
🚌7、7Bのバスでコーダーの教会前下車。このバスは夏期のみ城内へも行く。
🚗セントラル・ハイランド・タクシーズ（→P.501）のツアーで、カロードゥンの戦場と一緒に回って1台（4人乗り）£57.00。所要約3時間。
✉Cawdor, IV12 5RD
TEL(01667) 404401
FAX(01667) 404674
inet www.cawdorcastle.com
開5/1～10/8　10:00～17:30
最終入場は17:00
休10月中旬～4月。冬期はコーダー伯爵の住居となる。
料£7.00　学生£6.00
日本語解説書あり

モレイ湾を見下ろす巨大な砦

見学所要時間の目安 **2時間**

フォート・ジョージ
Fort George

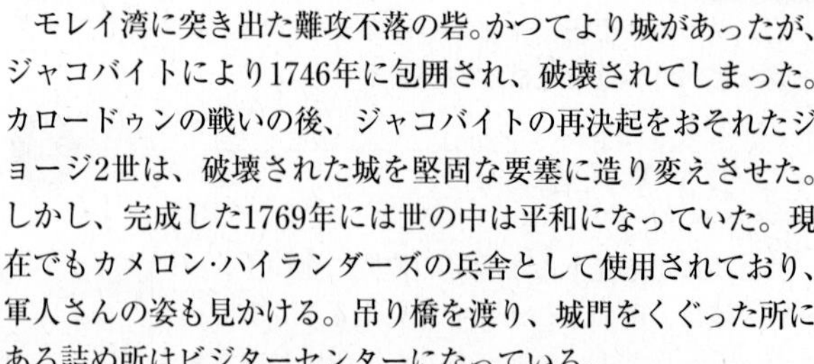

モレイ湾に突き出た難攻不落の砦。かつてより城があったが、ジャコバイトにより1746年に包囲され、破壊されてしまった。カロードゥンの戦いの後、ジャコバイトの再決起をおそれたジョージ2世は、破壊された城を堅固な要塞に造り変えさせた。しかし、完成した1769年には世の中は平和になっていた。現在でもカメロン・ハイランダーズの兵舎として使用されており、軍人さんの姿も見かける。吊り橋を渡り、城門をくぐった所にある詰め所はビジターセンターになっている。

兵舎のひとつはハイランダー連隊博物館The Regimental Museum of Highlandersになっている。第2次世界大戦のコーナーでは旧日本軍の銃剣やハチマキなども展示されている。

■フォート・ジョージ
Map P.506
🚌11番のバスが1日3～4便
✉Ardersier, IV2 7TE
Inet www.historic-scotland.gov.uk
開4～9月9:30～18:30
10～3月9:30～16:30
休無休
料£6.50　学生£5.00

ハイランドの森で思いっきり遊ぼう!

見学所要時間の目安 **2時間以上**

ランドマーク・フォレスト・ヘリテージ・パーク
Landmark Forest Heritage Park

カーブリッジ村にある森のテーマパークで、広大な敷地内はいくつかのゾーンに分かれている。レセプションを出て東側はアント・シティAnt Cityと呼ばれる遊園地になっており、ウオーター・コースターやアスレチック、迷路などがある。北側のティンバー・トレイルTimber Trailはハイランドの林業をテーマにしたエリア。蒸気機関で動く製材用のこぎりSteam Powered Sawmill、火の見やぐらFire Towerなどがある。西側に広がる森はエインシェント・フォレストAncient Forestという森の生態系にスポットをあてたゾーン。

■ランドマーク・フォレスト・ヘリテージ・パーク
Map P.506
インヴァネス南のカーブリッジ村にある。
■カーブリッジへの行き方
●インヴァネスから
🚆1日約2便、日曜4便
所要：約30分
鉄道駅から徒歩25分
🚌月～金約4便、土3便、日曜運休
所要：約40分
バス停から徒歩5分
✉Landmark Carrbridge, PH23 3AJ
TEL(01479) 841613
FAX(01479) 841384
Inet www.landmark-centre.co.uk
開4月～7月中旬10:00～18:00
7月中旬～8月下旬
10:00～19:00
9～3月10:00～17:00
料4/1～10/29　£9.45
10/30～3/31　£2.90
冬期は悪天候で屋外施設が閉まることもある。

ホテル＆レストラン Hotel&Restaurant

中級ホテルはネス川沿いに多く、B&Bはアードコンネル・ストリートArdconnel St.や、オールド・エディンバラ・ロードOld Edinburgh Rd.に多い。レストラン、パブはハイ・ストリート、チャーチ・ストリートなどに多い。

日本からホテルへの電話　電話会社の番号 ＋ 010 ＋ 国番号44 ＋ 市外局番の最初の0を取った掲載の電話番号

グレン・モア Glen Mhor Hotel　【中級】

●聖アンドリュー大聖堂と川を挟んで向かい側にあるホテル。全室に衛星放送視聴可能なテレビや、専用駐車場のスペースも広い。レストランも評判が高い。シーフードがメインのニコス・タヴァーンNico's Tavernではディナーのメインが£9.00～19.00で生牡蠣なども出す。ロビーと一部客室では無線LANが使用可能。

43室　Map P.501B-1
✉9-12 Ness Bank, IV2 4SG
TEL(01463) 234308
FAX(01463) 713170
Inet www.glen-mhor.com
S £59.00～69.00
W £90.00～130.00
£
T/C 不可
C/C J M V

あじさい Ajisai 【B&B】

●日本語の看板が目印。あやこさんと旦那さんのマイケルさんに愛犬のケリーちゃんが迎えてくれるB&B。中庭(日本庭園風)にある茶室風の客室には畳にふとんが敷かれ旅館のよう。母屋の部屋もかわいらしい。ボリューム満点の和朝食は焼き魚と卵焼き、自家製の漬け物付き。夕食もリクエスト可能。

3室 Map P.501C

✉15 Ardoconnel Terrace, IV2 3AE
TEL(01463) 236090 FAXなし
inet www.geocities.co.jp/SilkRoad-Desert/9210
S £27.00 W £50.00
W £70.00
£ T/C不可 C/C不可

クレイグサイド・ロッジ Craigside Lodge 【ゲストハウス】

●アードコンネル・ストリートの南にあるゲストハウス。明るい奥さんが出迎えてくれる。眺めのよい部屋も多く、シャワールームはとても新しくてきれい。朝食ルームは階下にあるが、ここからの眺めもよい。朝食の種類もなかなか豊富。旦那さんが日本で働いていたそうで、日本人形が飾られている。全館禁煙。

5室 Map P.501B-1

✉4 Gordon Terrace, IV2 3HD
TEL(01463) 231576 FAX(01463) 713409
inet www.craigsideguesthouse.co.uk
S £25.00～
W £44.00～
£ T/C £
C/C M V

アードコンネル Ardconnel Guest House 【ゲストハウス】

●ハイ・ストリートのバーガーキング前の階段を上って少し行った左側にある。質の高い4つ星のゲストハウスで、賞も受賞したことがある。庭がとてもきれいに手入れされているのが自慢。ボリュームたっぷりの朝食は、種類も豊富でアレンジも可能。日本人の利用も多いそうだ。全館禁煙。

6室 Map P.501C

✉21 Ardconnel St., IV2 3EU
TEL(01463) 240455 FAXなし
inet www.ardconnel-inverness.co.uk
S £30.00～32.00
W £50.00～60.00
£ T/C £
C/C J M V

ステューデント Inverness Student Hotel 【ホステル】

●バズパッカーズの隣にある。スコットランド各地にあるバックパッカーズ・ホステルの系列。インターネットの使用は30分£0.80。キッチンも使用できる。共同シャワーは4つ、トイレは6つ。キッチンにあるコーヒーや紅茶は自由に飲むことができる。£1.90の簡単な朝食も頼めば出してくれる。

ベッド数57 Map P.501B-1

✉8 Culduthel Rd., IV2 4AB
TEL & FAX(01463) 236556
inet www.scotlands-top-hostels.com
D £12.00～13.50
£ T/C不可 C/C A M V

☺町の中心から徒歩5分。系列のホステルも予約できます。 (岡山県 H.T. '05夏)

SYHAインヴァネス SYHA Inverness 【ユースホステル】

●町の中心からミルバーン・ロードMillburn Rd.を15分ほど歩いた所に看板が出ているので、右折し、しばらく歩いた左側にある。建物も新しく、キッチンやコイン式インターネットなど設備も充実している。広い駐車場も完備。壁には情報が掲示されている。Wの個室は£21.00～27.00。

ベッド数200 Map P.501B-1

✉Victoria Drive, IV2 3QB
TEL(01463) 231771 FAX(01463) 710349
inet www.syha.org.uk
D £14.00～15.00
£ T/C £
C/C A M V

ハーレクイン The Harlequin Bar & Restaurant 【パブ】

●インヴァネス城のすぐ前にあるパブ兼レストラン。眺めのよいテラス席もある。2階はレストランになっており、18:00～21:30の営業。食事のメニューも豊富でサーモンや鹿肉、カレン・スキンク(スープ)などのスコットランド料理もおいしい。スープとメインで£20.00ぐらい。

Map P.501B-1

✉Armoury Rd., IV2 4SA
TEL(01463) 718178 FAX(01463) 241572
inet www.theharlequin.co.uk
開11:00～翌1:00 休無休
£ T/C不可
C/C M V(レストランのみ)

インヴァネスから足を延ばして近郊の旅

怪獣ネッシーで有名な ネス湖 Loch Ness

ネス湖は南北に約38kmと細長い湖で最大水深は290m。この美しい湖に住むといわれるネッシーの最初の記録は、西暦565年、キリスト教布教のために訪れた聖コロンバにまでさかのぼる。聖コロンバは、村人を苦しめる怪物を、神通力で追い払ったという。それ以来1500年にわたって目撃され続けているこのネッシー、果たして代々ここに住む湖の主なのか、それとも最初の住人、古代ピクト人の残していった幻なのか……。

穏やかなネス湖の湖面

ネス湖周辺に鉄道は通っていないので、移動はバスかレンタカーになる。インヴァネスのバスステーションを出発したバスはドロムナドロケットDrumnadrochit、アーカート城Urquhart Castle、ネス湖ユースホステル、フォート・オーガスタスFort Augustusの順に停車していく。

ドロムナドロケット

ネッシー関連のアトラクションやネス湖クルーズなど、ネス湖観光の中心はドロムナドロケット村。ホテルやレストランもあり、滞在拠点にもなる町だ。アーカート城はここからさらに3.5kmほど離れている。

フォート・オーガスタス

ネス湖南端に位置し、村の中央を川が流れ、山に囲まれた美しい村。B&Bやレストランもあり、ネス湖クルーズを楽しむことができる。

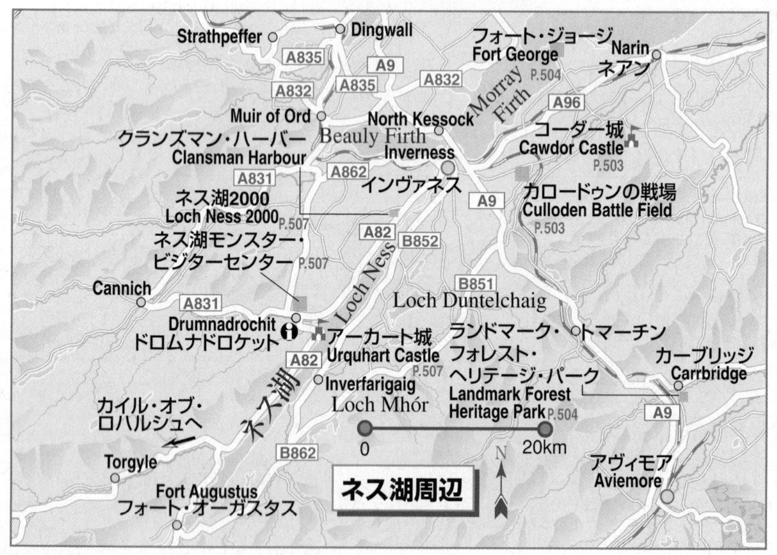

ネス湖2000
Loch Ness 2000

映像や音声を駆使してネス湖の謎に迫るアトラクション。ドキュメンタリー番組のようなタッチで、ネッシーだけでなく、ネス湖の歴史やネス湖に生息する生物の生態系、気候条件などからネッシー生存の可能性を探る構成になっている。日本語のナレーションで回ることもできるので、入口で係の人に聞いてみよう。おみやげコーナーにあるネッシーグッズなどの品揃えは圧巻。

アーカート城とネス湖

ネス湖モンスター・ビジターセンター
The Original Loch Ness Monster Visitor Centr

ドロムナドロケットのバス停から北に見える坂を上り、T字路の左側にあるアトラクション。道沿いにある大きなネッシーの像が目印。過去から現在にいたるネッシーが写った数々の目撃写真（？）や、資料などの展示、25分間のビデオ上映（日本語あり）などネッシーにスポットをあてた内容。

アーカート城
Urquhart Castle

ネス湖の湖面に朽ち果てた姿を映すアーカート城。1230年の築城だが、1296年にエドワード1世率いるイングランド軍に包囲されて破壊された。駐車場の下に位置するビジターセンターから入場し（クルーズで来た場合は城に直接入れる）、建築当初の模型や、城に関する展示を見てから城へ下りていこう。跳ね橋を渡って城内に入れば、チャペル跡や厩舎、厨房などの廃墟が残る。一番保存状態のよいグラント・タワーGrant Towerからはネス湖のすばらしい景色が望める。

TRAVEL DATA
トラベル・データ

■ドロムナドロケットへの行き方
●インヴァネスから
🚌フォート・ウィリアム行きや、インヴァモリストンInvermoriston行きで途中下車。平日8便、日曜4便。
所要：約25分
●フォート・ウィリアムから
🚌月～土6便、日曜2便　所要：約1時間30分

■フォート・オーガスタスへの行き方
●インヴァネスから
🚌平日8便、日曜4便　所要：1時間

■ドロムナドロケットのⓘ　Map P.506
✉The Car Park, IV63 6TX
TEL & FAX(01456) 459076
6月～9月上旬9:00～18:00（日10:00～14:00）
休9月中旬～5月
宿の予約は手数料￡3.00と、デポジットとして宿泊料金の10%が必要

■ネス湖2000　Map P.506
✉Drumnadrochit, IV63 6TU
TEL(01456) 450573　FAX(01456) 450770
Inet www.loch-ness-scotland.com
開11月～イースター10:00～15:30
イースター～5月9:30～17:00
6・9月9:00～18:00　7・8月9:00～20:00
10月9:30～17:30
休無休
料￡5.95　学生￡5.00　日本語音声あり

■ネス湖モンスター・ビジターセンター　Map P.506
✉Drumnadrochit, IV63 6TU
TEL(01456) 450342　FAX(01456) 450429
Inet www.lochness-centre.com
開11～3月9:00～16:00　4・5・10月9:00～18:00
6・9月9:00～19:00　7・8月9:00～21:00
休無休
料￡5.00

■アーカート城　Map P.506
ドロムナドロケットから約3.5km。徒歩なら約1時間。
⛴ネス湖のクルーズ船でも行くことができる。
TEL(01456) 450551
Inet www.historic-scotland.gov.uk
開4～9月9:30～18:30　10～3月9:30～16:30
最終入場は閉館の45分前
休無休
料￡6.50　学生￡5.50

ヘブリディーズ諸島最大の島

スカイ島 Isle of Skye

人口8000人
市外局番01478

「スカイ島」とは、「翼のある島」の意。地図で見れば一目瞭然、まるで島が翼を広げたような形をしている。ヘブリディーズ諸島で最大の島でもある。島に着くなり目に付くのは、ゲール語と英語が併記された標識。現在もゲール語が日常の言葉として使われており、島の人々は自分たちのルーツに大変な誇りをもっている。

歩き方

スカイ島の見どころは広範囲に点在している。よほど時間に余裕のある人以外は、島内の見どころをバス（日曜は運休。冬期も大幅減便）だけで回るのは難しい。効率よく観光するには、レンタカーやツアーなどを上手に組み合わせるのがポイントだ。

ポートリー

スカイ島最大の町でもあり、観光の拠点として多くの観光客が訪れる。町の中心はバスが発着するサマレッド・スクエアSomerled Sq.P.508右。広場の北側に延びるウェントワース・ストリートWentworth St.P.508右はみやげ物屋、レストランが集中するにぎやかな通り。❶は広場の南側を走るベイフィールド・ロードBayfield Rd.P.508右にある。

旅の情報収集

観光案内所

スカイ島には3つのオフィスがあり、メインの❶はポートリー。ダンヴェガンとブロードフォードにもオフィスがある。

見どころ

ダンヴェガン城やスカイ島暮らしの博物館はぜひとも訪れた

スカイ島（ポートリー）への行き方

●マレイグから
カーフェリーがマレイグとスカイ島のアーマデイルArmadaleとを往復している。アーマデイルに着くと、ポートリーPortree行き52番の青いバスが港前で待っている。
●インヴァネスから
1日2便
所要：約3時間
●フォート・ウィリアムから
1日3便
所要：約3時間
●グラスゴーから
1日4便
所要：6〜7時間

■ポートリーの❶
Map P.508右
✉Bayfield House, Bayfield Rd., IV51 9EL
TEL(01478) 612137
FAX(01478) 612141
Inet www.visithighlands.com
開9:00〜17:00
日10:00〜16:00
5/30〜9/4 9:00〜18:00
9/26〜4月上旬の土曜
10:00〜16:00
休9月中旬〜5月中旬の日曜
宿の予約は手数料£3.00とデポジットとして宿泊料金の10%が必要

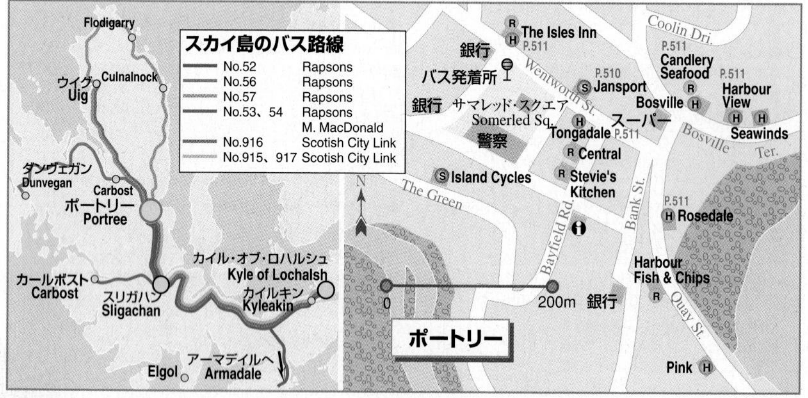

い。ウオーキングやドライブなどでスカイ島の美しい自然を満喫することも忘れずに。

奇跡の旗が保管される

見学所要時間の目安 **2時間**

ダンヴェガン城と庭園
Dunvegan Castle & Gardens

ダンヴェガン城

700年以上も前に建てられた、勇猛果敢を誇るマクラウドMacleod家の居城。ボニー・プリンス・チャールズの巻毛や、妖精からこの一族を祝福して授けられたといわれている巨大な角の盃など、興味深い品々が展示されている。なかでも客間に保管されている1300年前の旗、フェアリー・フラッグFairy Flagは必見。一族をあらゆる窮地から救ったとされるいわく付きの旗だ。

孤高の巨岩

見学所要時間の目安 **30分**

オールド・マン・オブ・ストール
Old Man of Storr

ポートリーからA855を北へ約8km、左前方にそそり立つ岩の尖塔。高さ719mにも及ぶその姿は、遠く離れた場所からも確認でき、その昔、周辺を航海する船にとっては重要な目印でもあった。

昔の島の生活風景を再現

見学所要時間の目安 **2時間**

スカイ島暮らしの博物館
Skye Museum of Island Life

島の人々の生活の変遷を伝える博物館。茅葺き屋根と石積みの壁で造られた博物館の建物は、この地方の伝統的家屋を再現したものだ。200年前は人も家畜もこのような建物の中で一緒に暮らし、食べ物がなくなると豚の血を採って蒸し、固めて食べたという。これがブラック・プディングの起源である。博物館の裏にはボニー・プリンス・チャールズを助けたフローラ・マクドナルドの墓もある。

スカイ島の伝統家屋

■ダンヴェガン城と庭園
Map P.509
🚌サマレッド・スクエアから56番。10:00～17:40の約2時間に1便。日曜運休。所要約1時間。
✉Dunvegan, IV55 8WF
TEL(01470) 521206
inet www.dunvegancastle.com
開3月中旬～10月
10:00～17:00
11月～3月中旬11:00～16:00
入場は閉館の30分前まで
休12/24・25・31、1/1
料£7.00　学生6.00

■オールド・マン・オブ・ストール
Map P.509
🚌サマレッド・スクエアから57番。月～金4～5便、土3便、日曜運休、所要20分。
🚗サマレッド・スクエアから約15分、約£10.00
開随時
休無休
料無料

■スカイ島暮らしの博物館
Map P.509
ウイグの北約8km。
🚌サマレッド・スクエアから57番。月～土4～5便、日曜運休。所要約50分。
✉Kilmuir, IV51 9UE
TEL&FAX(01470) 552206
inet www.skyemuseum.co.uk
開9:30～17:00
休日、10月中旬～3月
料£2.00　学生£1.50

スカイ島
ターバートへ
ロッホマディへ
トロッタニッシュ・アート・ギャラリー Trotternish Art Gallaery
スカイ島暮らしの博物館 Skye Museum of Island Life P.509
Flodigarry
キルト・ロックKilt Rock
Culnaknock
ウイグ Uig
ウォーターニッシュ半島
オールド・マン・オブ・ストール Old Man of Storr P.509
Shieldaig
ダンヴェガン城と庭園 Dunvegan Castle & Gardens P.509
ストール湖 Storr Lochs P.510
A855
Inner Sound
Applecross
Dunvegan
Rmasaig
A863
ポートリー Portree
Isle of Raasay
Toscaig
Loch Bracadale
カイル・オブ・ロハルシュ Kyle of Lochalsh
カールボスト Carbost
Scalpay
カイルアキン Kyleakin
A850
スリガハン Sligachan
ブロードフォード Broadford
Kylehea
Sea of the Hebrides
Bualintur
A8083
Elgol
0　20km
N
Cullin Sound
Sound of Sleat
Armadale アーマデイル
マレイグ Malaig
ラム半島

スリガハンのキャンプサイトでは、多くの人がアウトドアライフを満喫している

■ジャンスポート
Map P.508右
✉Nicolson House, IV51 9EH
TEL&FAX (01478) 612559
inet www.jans.co.uk
開9:00〜17:30
休日
料許可証￡8.00（1日）、許可証＋ボートレンタル￡15（1日）
※ストール湖の釣りシーズンは4〜9月。詳細は確認を。

■ストール湖
Map P.509
🚌サマレッド・スクエアから57番。月〜土5〜6便、日曜運休。所要20分。
🚗ポートリーのサマレッド・スクエアから約15分

■オールド・マン・オブ・ストール近くのトレイルヘッド
ポートリーからA855を約10km北へ。右側に見える湖Loch Leathanの北端あたり。道の左側にある駐車場からスタートする。詳細は❶で確認を。

ネイチャー・アクテビティ

スカイ島へ渡るフェリーやバスに乗ると、大きなザックにハイキングブーツといったいで立ちの旅行者が次々に乗り込んでくる。それもそのはず、スカイ島はスコットランドの中でも屈指のアウトドア天国として知られ、特に天候の安定する5〜9月にかけてはたくさんの人が訪れる。どこまでも広がる緑の丘を駆け巡り、アクティブな休日を過ごそう。

フィッシング

島にはいくつもの湖や清流が散在していて、おもにマスやサーモンなどが釣れる。なかでもポートリーから近くて観光客にも人気なのが、ストール湖Storr Lochs。ここではブラウン・トラウトがターゲットだ。釣りにはエリアごとに許可証が必要だが、ストール湖の許可証は、ポートリーのジャンスポートJansportという店で購入できる（そのほかのエリアの許可証はポートリーでは購入不可。詳細は❶で確認を）。

ハイキング

島内にはいくつものウオーキングルートがあり、2〜3時間の初心者向けから、本格的なロッククライミングまで実にさまざま。各自の体力と経験に応じて選ぶことができる。❶ではウオーキング用の地図やガイドブックを販売しているほか、各ルートや天気などの情報も入手できるので、おおいに活用しよう。また、安全面からもふたり以上で行動し、水や食料は必ず多めに持参すること。

ポートリーから近く比較的トライしやすいのが、「The Sanctuary and the Old Man of Storr」と呼ばれる往復約3.6km（所要約2時間）のルート。急な登りもあるが、オールド・マン・オブ・ストールが間近に迫る雄大な眺めを堪能できる。トレイルヘッドは、ポートリーから約10kmのオールド・マン・オブ・ストールの東側。ルートの詳細はポートリーの❶で確認を。

キルト・ロックの断崖絶壁

オールド・マン・オブ・ストール近く

ポートリー発のツアー

レッド・ディアー・トラベル Red Deer Travel

TEL (01478) 612142　開9:00〜20:00

8人乗りのミニバスツアー。トロッタニッシュ半島やダンヴェガン城、スカイ島暮らしの博物館など、スカイ島のおもな見どころを回る1日ツアーがメインだが、行き先や時間をリクエストすることもできる。ドライバー兼ガイドのデニスさんが、島の歴史や文化などをユーモアたっぷりに解説してくれる。❶でも予約可能。料金は人数が多いほど割安になる。1日ツアーはひとりで1台をチャーター￡50.00〜、ふたりの場合ひとり￡30.00〜、3人以上の場合ひとり￡20.00〜（ツアー内容により料金は異なるので詳細は要確認）。

ホテル＆レストラン Hotel&Restaurant

中級ホテルはサマレッド・スクエア周辺、B&Bはボスヴィル・テラス沿いと、港沿いのキー・ストリートに集中。ホテルやB&Bに併設されたレストランもクオリティが高く、食の充実度にかけてはスコットランドでもトップレベル。

日本からホテルへの電話 電話会社の番号 + 010 + 国番号44 + 市外局番の最初の0を取った掲載の電話番号

ローズデイル Rosedale Hotel 【中級】

●港に面して建つ静かなたたずまいのホテル。建物の白い壁に、赤い文字でホテル名が書かれている。1階にはおいしいと評判のレストランもある。部屋は少し狭いが、ハーバービューの部屋からは、色とりどりの家並みと港が一望できてくつろげる。バスタブ付きの部屋もある。11～3月は休み。

22室 Map P.508右

Beaumont Crescent, IV51 9DB
TEL (01478) 613131 FAX (01478) 612531
inet www.rosedalehotelskye.co.uk
S £35.00～55.00
W £60.00～120.00
£ T/C £ C/C M V

トンガデール Tongadale Hotel 【中級】

●サマレッド・スクエアからすぐの便利な場所にある。通りに面した建物の石壁には、ホテル名が大きく表示されているのですぐわかる。1階は同名のレストラン&バーになっていて、客室は2階から。レストランの人に声をかけると案内してくれる。部屋は狭いが石けん、タオルは付いている。11月～イースターは安くなる。

28室 Map P.508右

Wentworth St., IV51 9EW
TEL (01478) 612115 FAX (01478) 613376
inet www.tongadaleskye.com
S £35.00
W £60.00
£ T/C £
C/C M V

ハーバー・ビュー Habour View 【B&B】

●サマレッド・スクエアから徒歩約3分のボスヴィル・テラス沿いにある。1階は家庭的な雰囲気のレストランになっていて、おいしいシーフードも食べられる。部屋は2階にあり、窓からは穏やかな港の景色が眺められる。朝食はコンチネンタル。11月初旬～3月中旬は休業になるかもしれないので事前に確認を。

3室 Map P.508右

7 Bosville Terrace, IV51 9DG
TEL & FAX (01478) 612069
inet www.harbourviewskye.co.uk
W £40.00～50.00
£ T/C 不可
C/C A D J M V

シャンドレリィ Candlery Seafood Restaurant 【シーフード】

●Bosvile Hotelの1階にある人気店。奥にはビストロもあり、レストランより割安メニューがある。食材はハイランド産のみを使用。特にサーモンやランガスティン(小ぶりの伊勢エビ)など、鮮度抜群のシーフードが自慢。おすすめはライムとバターの風味が効いたランガスティンのロースト。週末は予約が必須。

Map P.508右

9-11 Bosville Terrace, IV51 9DG
TEL (01478) 612846 FAX (01478) 613434
開 18:30～22:00 (ビストロ12:00～22:00)
休 無休
£ T/C £
C/C A M V

アイルズ・イン The Isles Inn 【パブ】

●地元の人でにぎわうパブ兼レストラン。茅葺きの屋根などをあしらったバーカウンターなど、内装は古きよきスコットランド風。店員のユニホームはもちろんタータンチェックのキルト。日曜と水曜は伝統的スコティッシュ音楽の演奏がある。開始時間は入口のボードでチェックしよう。

Map P.508右

Somerled Sq., IV51 9EH
TEL (01478) 612129 FAX (01478) 612528
開 レストラン12:30～21:30
パブ11:00～翌1:00
(土11:00～翌0:30、日12:30～23:30)
休 無休 £ T/C £ C/C M V

ハイランドの名峰への入口

フォート・ウィリアム Fort Willam

人口9320人
市外局番01397

フォートとは「砦」の意。その名のとおり、ここはかつて軍事的に重要な砦のあった町である。その砦を築いたオレンジ公ウィリアムにちなんで、町はフォート・ウィリアムと命名された。イギリスの名誉革命で、オレンジ公ウィリアムとその妻メアリーがジェイムス2世に代わり王位に就いたことが、ジャコバイト派蜂起の引き金となった。現在はスコットランドを代表する観光地のひとつ。英国最高峰のベン・ネヴィスや、映画『ブレイブ・ハート』の撮影が行われた美しい峡谷グレンコーへの観光拠点として、多くの旅行者が訪れる。

歩き方

町はリニー湖Loch Linnheに沿うように細長く広がっている。長距離バスが発着するバス停は、駅前のスーパーに隣接している。駅の西側にある地下道をくぐると、真っすぐ延びているのがハイ・ストリートHigh St.P.512。約1kmにわたって続く歩行者天国。❶はその中ほど、キャメロン・スクエアCameron Sq.P.512の東側にある。

観光案内所

❶の前にその日に行われるツアー情報が掲載されるので、朝一番で確認しよう。ツアーの多くは、❶での予約も可能だ。

フォート・ウィリアムへの行き方

●インヴァネスから
🚌1日6便、日曜2便
所要：1時間50分

●グラスゴーから
🚃クイーン・ストリート駅から1日2～3便
所要：3時間50分
🚌1日4便
所要：3時間

●オーバンから
🚃グラスゴー行きに乗り、クリアンラーリーヒCrianlarichで乗り換え。バスのほうが便利。1日2～3便。
所要：約4時間
🚌1日2便
所要：約1時間30分

●マレイグから
🚃6:15～18:15に4～5便（うち1便が蒸気機関車で14:10発）
所要：1時間30分（蒸気機関車は約2時間）

■フォート・ウィリアムの❶
Map P.512
✉Cameron Sq., PH33 6AJ
TEL(01397) 703781
FAX(01397) 705184
Inet www.visithighlands.com
開4月9:00～17:00
(土10:00～16:00)
5・6・9月9:00～18:00
7・8月9:00～19:00
(日10:00～16:00)
10～3月10:00～17:00
休10～4月の日曜
宿の予約は手数料£3.00とデポジットとして宿泊料金の10%が必要。各種ツアーの予約、長距離バスのチケット販売なども行う。インターネットは20分£2.00。

■ウエスト・ハイランド博物館
Map P.512
✉Cameron Sq., PH33 6AJ
TEL(01397) 702169
FAX(01397) 701927
開10:00～16:00
6～9月10:00～17:00
7・8月の日曜14:00 ～17:00
休9～6月の日曜
料£3.00　学生£2.00

フォート・ウィリアムから足を延ばして 近郊の旅

蒸気機関車で絶景を走る!

ウエスト・ハイランド鉄道

West Highland Railway

フォート・ウィリアム～マレイグ間の全長68kmを走るウエスト・ハイランド鉄道は、1894年に開通した単線。なんと今でも開通当時さながらに、ジャコバイト号Jacobite Steam Trainという蒸気機関車が走っており、鉄道ファンの憧れの列車として知られている。

ジャコバイト号 Jacobite Steam Train

乗車時間は約2時間。なかでも最大の見どころは、フォート・ウィリアムから約30分の所にあるグレンフィナン・ヴァイアダクトGlenfinnan Viaductだ。これは世界最古のコンクリート製高架橋で、高さ30m、長さ381mにも及ぶもの。映画『ハリー・ポッターと秘密の部屋』にも登場し、話題になった。橋がきれいにカーブを描いているため、最後部の車両に乗れば、この高架橋を渡るときに、モクモクと煙を上げて進む機関車の先頭車両を車窓から眺めることができる。その雄姿は、周囲の山並みを背景にして、まるで絵のように美しい。

その後、すぐ左側に見えてくる塔はグレンフィナン・モニュメントGlenfinnan Monument、そしてここで軍勢の旗揚げをしたボニー・プリンス・チャールズの像。下りの機関車は、ここで20分間停車するので、タワーに上り博物館も見学できる。

再び列車に乗り、岩がそそり立つ渓谷に入って行くあたりは、この線を敷いたロバート・マカルピンRobert McAlpineの息子が、岩盤爆破工事で重傷を負った所。知らせを聞いた父は、まだレールが敷かれたばかりの所へ無理矢理機関車を乗り入れて徹夜でグラスゴーから駆けつけ、息子の命を救ったという。

ジャコバイト号

観光地として人気のあるアリセイグArisaigを過ぎ、左に海、右にモラー湖Loch Morarを見る最後の橋もなかなか壮観。この湖も、怪物目撃談がたくさんある神秘的な湖だ。列車は、湖を過ぎるとほどなくマレイグに到着。同じ列車が1日1往復するので、日帰りも可能だ。

車窓からは絶景が広がる

TRAVEL DATA トラベル・データ

■ジャコバイト号
6～9月のシーズン中は込むので下記の予約専用ダイヤルにて予約が必須。空席があれば乗車当日でも列車の乗車口で車掌から直接購入できる。
運行：5/29～10/13の月～金、7/23～8/27の日曜の1日1往復　フォート・ウィリアム発10:20
マレイグ発14:10
料片道￡20.00　往復￡27.00
TEL(01524) 737751（予約専用）
Inet www.steamtrain.info

北アイルランドを楽しむ
自然の旅

伝説が残る石柱の海岸
コーズウェイ・コースト
Causeway Coast

ジャイアンツ・コーズウェイは無数の6角形の石柱群。世界的にも十指に入る奇景として知られており、世界遺産にも登録されている。この石畳は大昔に「巨人が造った土手道」というおもしろい伝説も残っている。

ベルファストからの直通バスは夏期のみ。ポートラッシュがこのエリアの観光の起点となる。

ポートラッシュ

ジャイアンツ・コーズウェイへの起点の町だが、周辺の人々にはリゾート地としても知られている。駅周辺には多くのゲストハウスや経済的なホテルなどがある。

ジャイアンツ・コーズウェイ
Giant's Causeway

まさに奇景！　ジャイアンツ・コーズウェイ

ジャイアンツ・コーズウェイの独特の6角形の柱群は、吹き出したマグマが徐々に固まるときにできたものだ。田圃から水を抜くと、泥の表面に6角形のひび割れが無数にできるのと基本的に同じ理由とされている。このような地形を柱状節理といい、日本でも同じような風景を見ることができるが規模は小さい。

海岸線は、バス停や❶があるあたりから約8kmにわたって高さ30〜80mの断崖となっており、周遊路が続く。ジャイアンツ・コーズウェイは急な坂を1kmほど下った先にあり、ここまではコーズウェイ・コースターCauseway Coasterというミニバスが❶のそばから往復している。

断崖の上は私有地で一般の人は立ち入れな

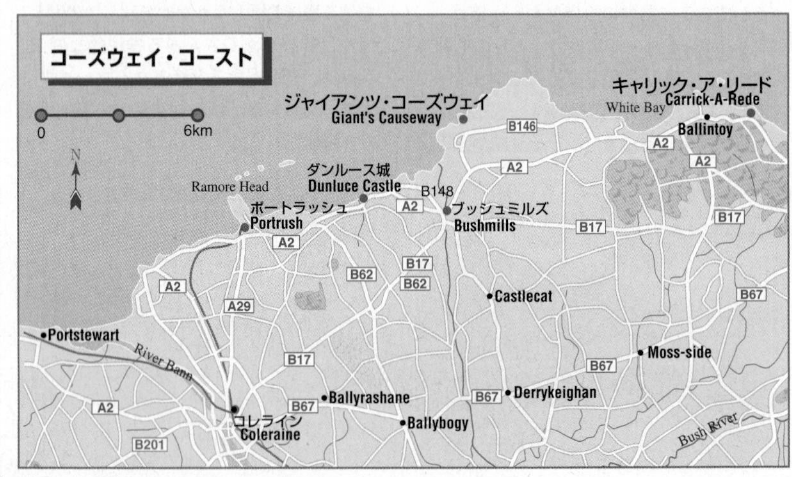

いが、ビジターセンター周辺では散策路もあり、絶好のピクニックエリアとなっている。夏はポートラッシュから遊覧船が出ており、海からの眺めも楽しめる。

近づくと柱のようになっている

ブッシュミルズ蒸溜所
The Old Bushmills Distillery

ブッシュミルズはダンルース城とジャイアンツ・コーズウェイの間にある小さな村。この小さな村の外れにアイリッシュ・ウイスキーで有名な「ブッシュミルズ」の蒸溜所がある。1608年にジェイムス1世によって認可を受けた世界で最古のウイスキー蒸溜所だ。工場内の見学もでき、最初にウイスキーの歴史に関する映画を10分間上映、その後ひととおり製造過程を見学、最後は特設バーで試飲もできる。

ダンルース城
Dunluce Castle

コーズウェイ・コーストには点々と古城が残っているが、そのなかでも最も大きな城がダンルース城。この付近を治めていたマクドネル家の居城として使われてきた。陸と橋を結ぶのは小さな橋1本、周囲は断崖になっていて容易に攻め込めない。天然の地形を巧みに利用した難攻不落の要塞だ。さらに城の真下からは大きな洞窟が外洋に抜けており、脱出用の船を格納できるようになっている。城の外見は崩れかけているが内部は修復されており、当時のままに再現された部屋もあり、ビジターセンターも併設されている。

TRAVEL DATA
トラベル・データ

■ポートラッシュへの行き方
●ベルファストから
鉄道 1日10便（土9便、日4便）　所要：2時間15分
バス 1日6便　所要：2時間15分
夏期は海岸沿いを走るアントリム・コースター（252番）が1日1便　所要：4時間

■ポートラッシュのi
✉Dunluce Centre, Sandhill Drive, BT56 8BF
TEL (028) 70823333
FAX (028) 70822256
Inet www.portrush.co.uk
開 7・8月9:00～19:00　休 9～6月
宿の予約は手数料£2.00とデポジットとして宿泊料金の10%が必要

■ジャイアンツ・コーズウェイへの行き方
バス ポートラッシュからバリーキャッスル行きで途中下車。1日3～5便の運行。

■ジャイアンツ・コーズウェイのi
ブッシュミルズの町の郊外から海岸に向かった海を望む台地にある。ビデオ上映などもやっている。
✉44 Causeway Rd., BT57 8SU
TEL (028) 20731855
FAX (028) 70732537
Inet www.giantscausewayofficialguide.com
開 10:00～19:00
休 無休

■ブッシュミルズ蒸溜所
バス ポートラッシュから1日3～6便
所要：20分
✉Distillery Rd., Bushmills, BT57 8XH
TEL (028) 20733218
FAX (028) 20731339
Inet www.whiskeytours.ie
開 4～9月9:30～17:30（日12:00～17:30）
最終ツアーは16:00発
10～3月10:30、11:30、13:30、14:30、15:30発（土・日13:30、14:30、15:30発）
休 冬期の土・日、聖金曜、7/12
料 £5.00　学生£4.00

■ダンルース城　Map P.514
バス ポートラッシュとブッシュミルズとのほぼ中間点にあり、バスからも見えるので、あらかじめ運転手に頼んでおけば近くで降ろしてくれる。ポートラッシュから1日3～6便。所要10分。
✉87 Dunluce Rd., Bushmills, BT57 8UY
TEL & FAX (028) 20731938
Inet www.ehsni.gov.uk
開 4・5・9月10:00～18:00（日14:00～18:00）
6～8月10:00～18:00（日12:00～18:00）
10～3月10:00～16:00（日14:00～16:00）
最終入場は閉館の30分前
休 無休　料 £2.00

旅の準備とテクニック

Travel Advice

ウィンダミア湖の遊覧船

イギリス略年表

先史時代

紀元前4000年頃	オークニー諸島のスカラ・ブレエなどに集落が作られ始める
紀元前3000年頃	**ストーンヘンジ**が造られる
紀元前800年頃	ヨーロッパ大陸からケルト人が渡ってくる

いまだに多くの謎が残るストーンヘンジ

ローマ時代

43	ブリタニア、ローマの属州となる
120～140	**ハドリアヌスの城壁**が建設される
367	アイルランドのケルト人がブリテン島を侵略
375	ゲルマン民族の大移動始まる アングロ・サクソン族がユトランド半島からブリテン島に侵入
410	ローマ軍、ブリタニアから撤退

城壁は人気の観光地

アングロ・サクソン7王国時代 449～1065

449	アングロ・サクソン人、ケルト人を征服。“England”はもともと「アングロ人の地（Angle-land）」の意。アングロ・サクソン族は7つの王国（ノーザンブリア、マーシア、イーストアングリア、エセックス、ウェセックス、ケント、サセックス）を作って争う
563	聖コロンバ、スコットランドのアイオナ島でキリスト教布教を始める
597	聖アウグスティヌス、イングランドのケント王をキリスト教に改宗させるのに成功
603	ケント王、ロンドンに**セント・ポール大聖堂**を建設
669	テオドロスがカンタベリ司教になる
731	ビード『イギリス民族教会史』
787	ヴァイキングのイギリス侵入
802	ウェセックス王エグバート、7王国の統一に成功。ブリテン島に侵入を繰り返すノルマン系のデーン人を撃退する
871	ウェセックス王アルフレッド（アルフレッド大王）即位。再び侵入したデーン人を破り、アングロ・サクソンの諸部族を支配下に置き、全イングランドの王として認められる
10世紀後半	イングランド王国統一ほぼ完成
1016	デーン人のデンマーク王のカヌートがイングランドを征服。カヌートはデンマーク、ノルウェー、スウェーデンなどスカンジナビア半島とブリテン島など広大な領域を支配するが、わずか20年でその支配は崩壊する
1042	アングロ・サクソン朝のエドワード懺悔王が即位。ノルマン貴族を優遇する

聖パウロの像と大聖堂のドーム

ノルマン朝 1066～1154

1066	ノルマンディ公ギョームがヘイスティングズの戦いで、イングランド王のハロルドを破り、**ウェストミンスター寺院**で即位。ウィリアム1世となる
1086	“ドゥームズデイ・ブック（イングランドの国勢調査書）” の作成
1087	ウィリアム2世即位

ゴシック様式の傑作、ウェストミンスター寺院

プランタジネット朝　1154～1399

1154	アンジュー伯アンリ、ヘンリー2世として即位
1167	**オックスフォード大学**創立
1170	聖トーマス・ベケット、カンタベリー大聖堂で暗殺される
1170	ウェールズ伯ストロングボウに率いられたノルマン人がアイルランドを侵略
1171	ヘンリー2世がアイルランドに上陸。アイルランド貴族がヘンリー2世の宗主権を認める
1189	リチャード1世（獅子心王）、十字軍に出発
1192	リチャード1世、ヤッフォの戦いでサラーフ・アッディーン（サラディン）に勝利
1204	ジョン王、ノルマンディ領を失い、「失地王」とあだ名される
1204	ジョン王、教皇インノケンティウス3世に破門される
1209	ケンブリッジ大学創立
1213	ジョン王、イングランドを教皇に献上
1215	イングランド諸侯がロンドン制圧
1215	ジョン王、“マグナ・カルタ（臣民の自由・権利を認める勅許状）”に署名
1215	ジョン王、3ヵ月後にマグナ・カルタの無効を宣言
1265	シモン・ド・モンフォール、議会召集、イギリス下院の基礎となる
1277	エドワード1世、ウェールズを征服
1295	模範議会召集
1296	エドワード1世のスコットランド遠征。戦利品として**運命の石**を持ち帰る
1297	ウイリアム・ウォレス、スターリングブリッジの戦いでイングランド軍を破る
1305	ウイリアム・ウォレス、ロンドンで処刑される
1314	バノックバーンの戦い。スコットランド王ブルース、イングランドを破る
1328	ノーザンプトン条約でスコットランドの独立が承認される
1337～1453	百年戦争（対フランス）
1340	『カンタベリー物語』の作者、「英詩の父」チョーサー生まれる
1341	イギリス議会、2院制となる
1381	ワット・タイラーの一揆

クライストチャーチ・カレッジ

パースのスクーン宮殿にあるレプリカ

ランカスター朝　1399～1461

1399	ヘンリー4世即位
1411	セント・アンドリューズ大学創立
1418	ルーアンの戦い
1437	スコットランド王ジェイムス2世即位
1453	**百年戦争終結**
1455～1485	バラ戦争（赤バラのランカスター家vs白バラのヨーク家）
1459	ランカスター家がヨーク家に勝利
1460	ヨーク家がノーザンプトンの戦いでランカスター家に勝利
1460	ヨーク公リチャード即位

ヘンリー6世の治世にイギリスは百年戦争に敗北した

ヨーク朝　1461～1485

1461	ヨーク家がランカスター家を破る
1461	エドワード4世即位
1466	ヘンリー6世が**ロンドン塔**に幽閉される
1470	エドワード4世、ランカスター家の反撃に遭い、フランスへ逃亡
1471	バーネットの戦いでエドワード4世が勝利し、復位

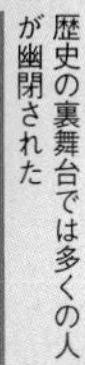

歴史の裏舞台では多くの人が幽閉された

チューダー朝　1485～1603

カンタベリー大聖堂

1485　ランカスター家のヘンリー、ヨーク家の娘と結婚、ヘンリー7世として即位
1509　ヘンリー8世即位
1528　スコットランドにおける宗教改革、始まる
1533　ヘンリー8世、教皇に破門される
1534　**英国国教会成立**

1536　イングランド、ウェールズを統合
1558　エリザベス1世即位
1564　シェイクスピア生まれる
1587　スコットランド女王メアリー・スチュアート、処刑される
1588　スペイン無敵艦隊を破る

初期スチュアート朝　1603～1649

1603　スコットランド王ジェイムス6世、ジェイムス1世としてイングランド王に即位
1605　火薬陰謀事件（王と国会を爆破しようとしたガイ・フォークスらの陰謀、失敗）
1620　ピューリタンへの弾圧が激化。ピルグリム・ファーザーズ、メイフラワー号でアメリカへ移住
1625　チャールズ1世即位
1628　権利の請願
1642　ピューリタン革命

共和政　1649～1653

1649　チャールズ1世、処刑される
オリバー・クロムウェル、共和政布告

護国卿体制　1653～1660

1658　オリバー・クロムウェル死去、リチャード・クロムウェル、護国卿となる

後期スチュアート期　1660～1714

1660　王政復古、チャールズ2世即位
1665　ロンドンにペスト大流行
1666　ロンドン大火
1676　**グリニッジ天文台**設立される
1679　人身保護令成立
1685　ニュートン、万有引力の法則を発見
1688　名誉革命
1689　オレンジ公ウィリアム（ウィリアム3世）とメアリー2世、夫婦で即位
1689　ジェイムス2世、王位復権のためアイルランドに上陸
1690　ウィリアム3世の軍が、ボイン川の戦いでジェイムス2世の軍を破る
1694　イングランド銀行創立
1698　**ロンドン株式取引所**設立される
1707　イングランド、スコットランドを統合、「グレート・ブリテン」誕生

今も世界の時の中心、グリニッジ

ウォール街、兜町と並ぶ証券取引の中心

ハノーヴァー朝　1714～1917

1715	ジャコバイトの反乱（ジェイムス・エドワード・スチュアート、王位を主張）
1726	スウィフト『ガリヴァー旅行記』
1745	ジャコバイトの反乱（ジェイムスの息子「ボニー・プリンス・チャーリー」、カロードゥンの戦いで破れ、フランスへ逃れる）
1755	ジョンソン『英語辞典』
1759	**大英博物館**、開館
1763	パリ条約。七年戦争など、一連の英仏植民地争いは一応終結
18世紀中頃	産業革命始まる
1775～1783	アメリカ独立戦争
1801	アイルランド併合
1805	トラファルガーの海戦。ネルソン提督、フランス・スペイン連合軍を破る
1815	ウォータールーの戦い。ウェリントン公、ナポレオンを破る
1830	リヴァプール～マンチェスター鉄道完成
1831	**ロンドンの地下鉄**、建設開始
1837	ヴィクトリア女王即位
1839	郵便制度、始まる
1842	チャーティスト運動隆盛 南京条約締結、香港を獲得
1845	アイルランドで大飢饉が起こり、多くの人がアメリカに移住
1851	第1回万国博覧会、ロンドンで開催
1859	ダーウィン『種の起源』
1876	ヴィクトリア女王、インド皇帝を兼任
1902	日英同盟
1914～1918	第1次世界大戦

大英博物館の古代エジプトの展示

初めは蒸気機関車が走った

ウィンザー朝　1917～

1922	アイルランド自由国成立
1936	エドワード8世、シンプソン夫人との結婚を選び王位を放棄、ジョージ6世即位
1939～1945	第2次世界大戦
1949	エール共和国（南アイルランド）、アイルランド共和国として独立
1949	北大西洋条約機構（NATO）調印
1952	エリザベス2世即位
1969	十進法による新通貨発行
1970	北海油田発見
1971	十進法通貨制導入
1973	ECに正式加盟
1974	北アイルランド直接統合開始
1975	北海油田、本格的に操業開始
1979	サッチャー首相の保守党内閣成立
1981	チャールズ皇太子、**ダイアナ・スペンサー嬢**と結婚
1987	サッチャー、3選される
1990	サッチャー辞任、新首相にメージャーが就任
1995	チャールズ皇太子、ダイアナ妃と離婚
1996	運命の石、スコットランドに返還
1997	保守党から労働党に政権交替、ブレア党首が首相に就任
1997	イギリス植民地の香港が中国に返還される
1997	ダイアナ元皇太子妃、事故死
2003	イラク戦争に参戦
2005	チャールズ皇太子、カミラ夫人と再婚

ダイアナ妃（写真提供：産経新聞社）

旅の情報収集

**旅のスタートはプランニングから。
楽しみながらいろいろな情報を集めておこう。**

日本での情報収集

英国政府観光庁（VisitBritain）

英国旅行に関する基本情報は、英国政府観光庁のホームページやパンフレットで手に入る。窓口での相談業務は行っていないが、パンフレットは地域や目的別に分けられており、非常に種類が多いので大変役に立つ。直接出向いて選んでもいいし、電話や手紙で資料請求することもできる。なお、資料を郵送で請求するときは、希望の資料があるかどうか確認のうえ、返信用切手を同封すること。

ブリティッシュ・カウンシル British Council

英国の公的な国際文化交流機関。東京、大阪にセンターを開設し、英国の最新の雑誌や新聞、豊富な英国留学情報を揃え、英国文化の情報を一般公開している。

英国大使館

6ヵ月以上の滞在や私費留学など、入国やビザに関する問い合わせは領事部、査証部が担当する。ただし観光に関する情報は大使館では受け付けない。

現地での情報収集

ロンドンにある観光案内所

ロンドンの中心、ピカデリー・サーカスには、ブリテン&ロンドン・ビジターセンターがあり、英国全土の観光情報が集まる。スコットランドのことなら、ビジット・スコットランドに行こう。このふたつのオフィスでは、多くのパンフレットを手に入れられるほか、旅行の相談にも乗ってもらえる。

観光案内所

町の数だけ観光案内所Tourist Information Centre (TIC)があるといわれるイギリス。たいていは町の中心に位置しているが、規模はさまざま。小さな町では、冬期は営業をしていないところも多い。観光案内所では、ホテルの予約、両替、書籍の販売も行う。ホテルの予約は、各地域ごとに手数料が異なるが、一般的に£1.00～5.00に、デポジット（預かり金）として宿泊費の10%を支払う。

パンフレットも豊富に揃う

英国政府観光庁

〒107-0052
東京都港区赤坂2-17-22 赤坂ツインタワー1階
TEL (03) 5562-2550
inet www.uknow.or.jp
開 10:00～17:00（電話での問い合わせは13:30～17:00
休 土・日・祝、12/25、年末年始

ブリティッシュ・カウンシル

inet www.britishcouncil.org/jp/japan.htm
●東京
〒162-0825
東京都新宿区神楽坂1-2
TEL (03) 3235-8031
●大阪
〒530-0003
大阪市北区堂島1-6-20
堂島アバンザ4階
TEL (06) 6342-5301

英国大使館

〒102-8381
東京都千代田区一番町1
TEL (03) 5211-1100
inet www.uknow.or.jp/be

ブリテン&ロンドン・ビジターセンター

Map P.60-61 ①C-3
1 Regent St., Piccadilly Circus, SW1Y 4NR
inet www.visitbritain.com
開 月9:30～18:30
火～金9:00～18:30
土・日10:00～16:00
休 1/1、12/25・26

ビジット・スコットランド

Map P.60-61 ①C-3
19 Cosckspur St., SW1Y 5BL
inet www.visitscotland.com
開 5～9月9:30～18:30
（土10:00～17:00）
10～4月10:30～16:30
（土10:00～17:00）
休 日

役立つ厳選リンク集

観光一般情報

●英国政府観光庁 VisitBritain
inet www.uknow.or.jp

●VisitBritain
inet www.visitbritain.com

●ビジット・スコットランド
inet www.visitscotland.com

●ビジット・ウェールズ
inet www.visitwales.com

●ディスカバー・ノーザン・アイルランド
inet www.discovernorthernireland.com

ロンドンのタウン情報

●ロンドンタウン・ドット・コム
inet www.londontown.com

●ビュー・ロンドン
inet www.viewlondon.co.uk

鉄道関連

●ナショナル・レイル（英国の鉄道総合情報）
inet www.nationalrail.co.uk

●ユーロスター
inet www.eurostar.com

バス関連

●ナショナル・エクスプレス
inet www.nationalexpress.com

●スコティッシュ・シティリンク
inet www.citylink.co.uk

●メガバス
inet www.megabus.com

●トラベライン（ローカルバスなどの情報）
inet www.traveline.org.uk

飛行機、空港関連

●BAA（空港情報、フライト情報）
inet www.baa.com

●チーペスト・フライツ（格安航空券情報）
inet www.cheapestflights.co.uk

ホテル、B&B予約

●イギリス全土のホテル、B&B検索、予約
inet www.s-h-systems.co.uk

●イギリス全土のB&B予約
inet www.bandbBritain.com

●イングランド＆ウェールズ国際ユースホステル協会
inet www.yha.org.uk

●イギリスとアイルランドの独立系ホステル
inet www.backpackers.co.uk

●ロンドンのホテル情報
inet www.bhrc.co.uk

●ロンドン・ホテルズ・ガイド
inet www.london-hotels-guide.co.uk

●アコモデーション・ロンドン
inet www.accommodation-london.com

レストラン関連

●UKレストランガイド
inet www.restaurant-guide.com

●レストラン検索
inet www.restaurant-services.co.uk

●英国全土のパブ検索
inet www.thepubfinder.net

インタラクティブマップ、ルート検索

●ストリートマップ
inet www.streetmap.co.uk

●王立自動車クラブ
inet www.rac.co.uk

エンターテインメント関連

●スポーツ、劇場などのチケット予約
inet www.ticketmaster.co.uk

●スポーツ、劇場など各種チケット予約
inet www.londonticketshop.co.uk

●ロンドン・シアター・ガイド
inet www.officiallondontheatre.co.uk

見どころ関連

●イングリッシュ・ヘリテイジ
inet www.english-heritage.org.uk

●ナショナル・トラスト
inet www.nationaltrust.org.uk

●歴史建造物協会
inet www.hha.org.uk

●ヒストリック・スコットランド
inet www.historic-scotland.gov.uk

●王立園芸協会
inet www.rhs.org.uk

アウトドア関連

●全英最大のウオーキング協会、ランブラーズ
inet www.ramblers.org.uk

●ウオーキング・ブリテン
inet www.walkingbritain.co.uk

事前の準備と手続き

旅行を楽しむ前に、必ずしておかなくてはならないことをチェックしよう。

パスポート取得のために必要な書類

●一般旅券発給申請書（1通）
●戸籍抄本または謄本（1通）
●住民票の写し（1通）
住基ネット導入エリアに住む人は、住民票は不要。申請用紙に住民票コードを記入する。
●写真（1枚）
縦4.5cm、横3.5cm、縁なしで背景が無地の白か薄い色、申請日より6ヵ月以内に撮影された正面向きの無帽のものなどの規格を満たすもの。
●官製ハガキ（1枚）
●身分証明書（2点）
運転免許証などの場合は1点でよい。このほか、印鑑が必要な場合もある。

パスポートと残存有効期間

パスポートは海外で身元を証明するための大切な証明書。申請は出発の1ヵ月前を目安に余裕をもって行おう。住民登録してある各都道府県庁の旅券課へ必要書類を提出する。交付までの所要日数（5～12日）は都道府県により異なる。イギリスへの旅に必要なパスポートの残存有効期間は、基本的に滞在日数以上あればOKだが、6ヵ月以上が望ましい。

ビザの申請

すべての国で外国人が入国するためにはビザが必要だが、観光旅行など短期旅行者には申請を免除する国が多い、イギリスでは、観光を目的とする6ヵ月以内の滞在であれば、出発前にビザ申請をする必要はない。

☺よく雨が降る
スコットランドは、よく雨が降る。エディンバラのゲストハウスを拠点に足を延ばしていましたが、風が強いので、まず傘が壊れる。あちらの人は傘はささない。防水のしっかり利いた、フード付きのコートが必需品です。
（大阪府　岡畑智子　'04年12月）

海外旅行保険

海外での盗難は年々増加しており、保険なしで現地の病院に行くのは金銭的にも大きな負担になる。出発前に海外旅行保険にはぜひとも加入しておこう。

クレジットカード付帯保険の落とし穴

クレジットカードには、海外旅行保険が付帯されているものが多く、保険はこれで充分と考える人もいるだろう。ただし、注意したいのは、疾病死亡補償がない、補償金額が充分でない、複数のカードの傷害死亡補償金額は合算されない、カードによっては旅行代金をカード決算しないと対象にならない、などの「落とし穴」もあることだ。自分のカード付帯保険の内容を確認したうえで、「上乗せ補償」として海外旅行保険に加入することをおすすめする。

タイプに合ったものを選ぶ

海外旅行保険には、必要な保険と補償を組み合わせた「セット型」と、ニーズと予算に合わせて各種保険を選択できる「オーダーメイド型」がある。ただ「セット型」では、荷物の少ない人が携行品 100万円分の保険だったり、逆に「オーダー

成田空港の海外旅行保険自動契約機

海外旅行保険会社

●損害保険ジャパン
TEL(03) 5397-7266
Inet www.sompo-japan.co.jp
●東京海上日動保険
無料 0120-868-100
Inet www.tokiomarine-nichido.co.jp
●AIU保険
TEL(03) 5611-0799
Inet www.aiu.co.jp
●三井住友海上火災保険
TEL(03) 3297-1111
Inet www.ms-ins.com

メイド型」で予算にこだわりすぎて保険が利かない例もあるので慎重に検討したい。

トラブル時は冷静に

アクシデントに遭ったら、速やかに現地デスクに連絡して指示を受ける。その際加入時の書類が必要なので携帯しよう。帰国後の申請に備え、治療や盗難の証明書が必要かどうかについても、出発前に確認しておこう。

いろいろ比べて選ぶ

海外旅行保険を扱う損害保険会社はたくさんあるが、保険商品の特徴や保険料の違い、現地連絡事務所の有無、日本語救急サービスの充実度などをよく検討しよう。最大45%割引のインターネット専用商品「Off！(オフ)」(損保ジャパン)や、「既往症担保特約」(AIU)などの商品が発売されている。「地球の歩き方」ホームページからも、出発当日でも加入できる。アクセスは下記へ。

inet **www.arukikata.co.jp/hoken**

国際運転免許証

レンタカーでイギリスを旅行する場合は国際運転免許証と、日本の運転免許証が必要。国際運転免許証は、住民登録をしている都道府県の運転免許試験場や警察署などで発行してもらう。必要書類や申請料などは都道府県ごとに異なるので、詳細は最寄りの警察署で確認しよう。有効期限は発行日から1年間。

国際学生証

イギリスでは見どころの入場料や公共交通機関などに学生割引制度がある。学生なら国際学生証(ISIC)を取得しておくとよいだろう。申請には学生証のコピーか在学証明書、写真1枚(縦3.3×横2.8 cm、6ヵ月以内に撮影したもの)、申請書、登録料1430円が必要。これらを各大学の生協、大学生協事業センターなどに提出すれば発行してくれる。

ユースホステル会員証

イギリスには合計300以上のユースホステルがある。設備も整っているところが多く、物価の高いイギリスでは何より安いのがうれしい。会員証はイギリスでも作れるが、ユースホステルでの宿泊をメインにする人は日本で作っていこう。地方都市には冬期休業するユースホステルもあるので注意しよう。夏期は込み合うので、早めの予約を心がけよう。

マンチェスターのユースホステル

新・海外旅行保険「Off！」

海外旅行保険は、これまで全世界どこに行くときも同じ保険料だった。しかしこの商品は、渡航地を地域分けし、それぞれ違う保険料に設定している。また、保険料も旅行期間に合わせた合理的な「1日刻み」。さらには「ケガによる死亡補償」をはずすこともできるようになった。加入はインターネットのみ。旅行期間は3ヵ月以内となっている。

警視庁テレホンサービス

テープでの案内だが、FAXで情報を引き出すこともできる。手続きなど申請場所以外の場所なら都民でなくても役立つ。

TEL(03) 3450-5000
TEL(042) 365-5000

大学生協事業センター

inet travel.univcoop.or.jp
●東日本
〒166-8532
東京都杉並区和田3-30-22
大学生協会館4階
●西日本
〒532-0011
大阪市淀川区西中島4-9-26
生協会館新大阪8階

ユースホステル会員証申請窓口

●日本ユースホステル協会
〒101-0061
東京都千代田区三崎町3-1-16
神田アメレックスビル9階
TEL(03) 3288-1417
inet www.jyh.or.jp
●全国都道府県のユースホステル協会
●大学生協プレイガイド
●JR関東バス(東京駅八重洲口高速バス乗り場)など

持ち物と服装

イギリスでの服装は、変わりやすい天候に対応できるものがよい。簡単な雨具もあると重宝する。

スコットランドはさらに寒い

夏のベストシーズンであっても、島々やハイランド地方へ行くなら、セーターの1枚くらいは絶対に必要だし、雨が降ることも多いのでウインドブレーカーのようなかさばらない雨具があるとよい。冬はアウトドア用品店などで購入できる、保温性の高い下着（ぴったりした長袖のシャツやタイツ）や、帽子、手袋を持参するとよい。

雪が積もったアバディーン市内

深部静脈血栓症（エコノミークラス症候群）を防ぐには……

6時間以上のフライトの場合、気を付けたいのが深部静脈血栓症。時々、軽いストレッチをし、水分を効率的に取って予防しよう。水分補給には、水より体液に近く、吸収が素早いイオン飲料がいい。ミネラルウオーターに溶かして飲むポカリスエットなどの粉末タイプなら、旅立ち前に簡単に入手できるし、かさばらないので携帯にも便利。

ポカリスエット粉末タイプ1ℓ用（200mℓ用もあります）

便利なドラッグストア

●Boots
Inet www.boots.com
●Superdrug
Inet www.superdrug.com

初めて海外旅行に出かけるというのなら、何を持っていくのか、とても悩んでしまうかもしれない。しかし、イギリスでは、よほどのいなか町でない限り、旅行に必要な最低限のものは手に入る。もちろん、お金とかパスポート、航空券といった必要不可欠なものを忘れてしまっては話にならないが、衣類など日用品なら、旅の記念に現地で調達するのもおもしろそうだ。

大きなショッピングセンターなら何でも手に入る

旅のスタイルは人それぞれだから、何を持っていくといいのか一概に決めることはできない。ツアー参加だから自分で荷物を移動する必要などないという人は、ハードなスーツケースに好きなだけ荷物を積み込んでリッチな旅をするのもいい。しかし、自分の足で公共交通機関を乗り継ぎ旅しようという人は、なるべく荷物は少なく身軽にすることを心がけたほうが無難だろう。

イギリスでの服装

ロンドンの緯度は、樺太北部と同じくらい。東京と比べて平均気温が5度近く違うので、夏でも雨が降れば薄いセーターが欲しいくらいだ。また、湿気が少ないので、暑い日でも日本のように汗ばむことは少ない。年間を通して降雨があるので、雨具の用意も忘れずに（→P.10）。

イギリスは日本と同じように、南北に長い島国なので、行く場所によって大きく気候も異なる。スコットランドへと考えている人は、ロンドンよりもう1枚余分に着るものを用意していくといいだろう。また、国立公園などでウオーキングを考えている人は、急な気候の変化に耐えられる服装（日本での山登りと同じように考えればいいだろう）を用意していきたい。

イギリス人は服装やマナーにも厳しいイメージがあるが、日常生活では、いたってシンプルな服装をしている。コンサートや観劇、高級レストランでの食事といった特別な場に出るとき以外は、カジュアルな服装でOK。

荷物チェックリスト

◎＝必需品　○＝あると便利　△＝特定の人に必要

	品　名	必要度	持っていく予定	カバンに入れた	現地調達予定	備　考
貴重品	パスポート	◎				滞在日数以上の残存有効期間があるか確認
	トラベラーズチェックT/C	◎				番号をしっかり控えておこう
	現金（外貨）	○				到着時に両替できるのでなくてもよい
	現金（日本円）	◎				帰りの空港から家までの交通費も忘れずに
	航空券	◎				出発日時、ルート等をよく確認しておくこと
	鉄道パス	△				購入したのなら忘れずに！
	海外旅行保険証書	◎				旅行保険をかけた場合は忘れずに
	カード類	◎				国際学生証、クレジットカードなど
	国際運転免許証	△				レンタカードライブには日本の免許証も必要
衛生用品	石けん、シャンプー	○				ホテルにある場合も多い
	歯ブラシ	◎				中級以下のホテルにはないことが多い
	タオル	◎				浴用タオルはたいていホテルにある。外出時に使える薄手のものがあると便利
	ヒゲソリ	△				カミソリか電池式のものが便利
	ドライヤー	△				中高級ホテルには備えられている
	チリ紙	○				旅先で少しずつ買い足そう
	常備薬	△				持病薬のほかは現地調達可能
	洗剤	△				浴用石けんで代用可能。持つなら小さいサイズを
	生理用品	△				現地調達もできる
衣類・雑貨	下着、靴下	○				なかなか乾かないので多めに
	着替え	◎				旅のスタイルに合わせて。高級レストランなどに行く人はおしゃれ着も必要
	室内着	○				パジャマ兼用になるＴシャツやスウェットを日程に合わせて
	スリッパ	○				機内やホテルで。ビーチサンダルなどで代用してもＯＫ
	セーター（トレーナー）	◎				重ね着できると便利
	ウインドブレーカー／防寒具	◎				冬は重装備を。夏でも夜の観光用に１枚は必要
	雨具／レインコート	◎				イギリスは雨が多い。折りたたみの傘や軽いレインコートがあると便利
	手袋、帽子	△				冬はあると助かる。薄手のストールなども重宝
	水着	△				夏、泳ぐ人は必携
	サングラス	△				夏のドライブなどに
	筆記用具	○				筆談時や入国カード記入時に必要。黒のボールペンがよい
	ツメ切り＆耳かき	△				小型携帯用のもの。ツメ切りの機内持ち込みは不可
	万能ナイフ、スプーン、フォーク	○				小さくても刃物の機内持ち込みは不可
	ビニール袋	○				衣類の分類、ゴミ袋として
	錠	△				ユースホステルや列車内で荷物の管理に
	顔写真（4×3.5cmぐらい）	○				パスポートを紛失したときなどのため。現地でのスピード写真もある
	ホステルシーツ、寝袋	△				ユースホステルに泊まる人は必要。借りることもできる
	腕時計	◎				アラーム付きが便利
	電池	△				イギリスは電池も高い
	カメラ、フィルム	△				小型で軽いものを。デジカメも便利
	計算機	△				毎日の支出管理に
本類	辞書	△				とっさの会話には役に立たない。調べるなら電子辞書も便利
	ガイドブック類	◎				『地球の歩き方』『トーマス・クック時刻表』など

イギリスへの道

直行便や経由便などロンドンへは、たくさんの航空便がある。予算や日程に合わせて検討してみよう。

地球の歩き方 旅プラザ

ヨーロッパ個人旅行専門店。ヨーロッパ方面への格安航空券、駅前ホテル3泊付き航空券も扱っている。
●地球の歩き方　旅プラザ
新宿　TEL(03) 5362-7300
●地球の歩き方　旅プラザ
大阪　TEL(06) 6345-4401

アルキカタ・ドット・コム

インターネットで格安航空券を販売している。常に最新の料金情報をウエブサイトで紹介。
inet www.arukikata.com

どんな航空便があるのか

ひと口に空路といっても、イギリスへの道はさまざま。ヨーロッパ統合が進み、大きなひとつの国になろうとしている現在、ロンドンもまたその重要性を増してきており、世界の空からのゲートウエイとして機能しはじめている。

数多くある便を大きく分けると、ノンストップ直行便と経由便、さらに経由便が航空会社によって、ヨーロッパ系、アジア系、アメリカ系の3つに分けられる。ノンストップ便、経由便、航空会社それぞれに、値段の差、メリット、デメリットがあるので、自分はどの部分を重要視するのか、よく考えてみよう。

ノンストップ直行便

ロンドンへのノンストップ便を飛ばしているのは現在4社。イギリスのナショナルフラッグのブリティッシュ・エアウェイ

ロンドンへ直行便を運航する会社

ブリティッシュ・エアウェイズ British Airways
TEL (03)3570-8657　inet www.britishairways.co.jp

出発：毎日2便（成田）
毎日直行便がある。ヨーロッパ系の航空会社のなかでは最大の便数を誇る。チャネル諸島からシェトランド諸島までイギリス各地への国内線網も充実している。

ヴァージン アトランティック航空 Virgin Atlantic Airways
TEL (03)3499-8811　inet www.virginatlantic.co.jp

出発：毎日1便（成田）
ロンドンへは毎日運航。全席にビデオモニター付き。機内食などサービスには定評あり。

日本航空 Japan Airlines
無料 0120-25-5931（国際線予約）　inet www.jal.co.jp

出発：毎日1便（成田）　毎日1便（関空）
ロンドンへは毎日運航。関西国際空港からも便がある。

全日本空輸 All Nippon Airways
無料 0120-029-333（国際線予約）　inet www.ana.co.jp

出発：毎日1便（成田）
ロンドンへは毎日運航。早割のG・E・Tなど安さも魅力。

※2006年5月現在。エアライン各社の運航スケジュールはしばしば変更されますので、計画時には必ず最新情報をご確認ください。

ズ（BA）とヴァージン アトランティック航空（VS）、日本航空（JL）、全日空（NH）である。

スピーディで確実

日本を発ってからどこにも寄らないルートで、所要12時間ほど。帰りは気流の関係で11時間ぐらいで着いてしまう。このノンストップ便は、だいたい日本を午前中から昼過ぎに出発し、同日夕方頃ロンドンに着くので、時差をあまり感じさせないのがうれしい。アジア経由便などに比べれば、料金が多少割高になるのは仕方がないが、旅行日数が少ない人や、確実なスケジュールを立てたい人にとっては最適。

イギリス国内の都市へ

また「ロンドンだけが目的ではない」という人はこのノンストップ便を使ってヒースロー空港まで行き、そこからイギリス国内へ、例えば湖水地方ならマンチェスター空港、スコットランドならエディンバラ空港というように、もうひとっ飛びしてしまうという手もある。時間も経費も節約できてオトク。ただし、ヒースローの別のターミナルや、ロンドン市内の別の空港へ移動しなくてはならないこともあるので、乗り継ぎ時間に気を付けよう。

経由便

ヨーロッパ経由

ヨーロッパ系航空会社としては、BAとVS以外のヨーロッパに本拠をおく、エールフランス（AF）やスイス インターナショナル エアラインズ（LX）、アリタリア航空（AZ）、KLMオランダ航空（KL）、ルフトハンザ・ドイツ航空（LH）などが挙げられる。ルートは日本を出て、まずその航空会社の本社がある都市に行き、そこで乗り換え、ロンドンに着くというものだ。

アジア経由

アジア系の経由便も、乗り換えは同じ。キャセイパシフィック航空（CX）の香港、シンガポール航空（SQ）、ソウル乗り換えの大韓航空（KE）などがある。

アメリカ経由

ユナイテッド航空（UA）、ノースウエスト航空（NW）、アメリカン航空（AA）などで、日本から大西洋を回ってロンドンに着く。アメリカ主要都市からはロンドンへの便数も多く、乗り継ぎもよい。ただし所要時間は長く、ニューヨーク経由の場合、20時間以上（約1万6400km）かかる。

寄り道が楽しい

パリやローマに料金の追加なしにストップオーバー（途中降機）できることが多い。例えば、エールフランスを利用してストップオーバーすれば、パリに滞在できる。アメリカ経由便も、ニューヨークなどに寄れる。

早めに空港に行こう

日本航空や全日空でロンドンから日本へ帰国する場合は特に問題ないのですが、ブリティッシュ・エアウェイズやヴァージン アトランティック航空などイギリスの航空会社で帰国する場合はご注意を。ロンドンから出発する日系航空会社の便は日本行きの便しかありませんが、英国系航空会社は日本だけでなくいろいろな都市へ飛んでいます。行き先別にチェックイン・カウンターを分けていなかったので、かなり長蛇の列になっていました。運もあるかもしれませんが、免税店での買い物など予定している場合は早めに空港へ行くことをおすすめします。

（千葉県　佐藤奈　'04夏）

ヨーロッパ系航空会社

●エールフランス
TEL(03) 3570-8577
inet www.airfrance.co.jp

●スイス インターナショナル エアラインズ
無料 0120-667788
inet www.swiss-japan.co.jp

●アリタリア航空
TEL(03) 5166-9111
inet www.alitalia.co.jp

●KLMオランダ航空
TEL(03) 5419-1160
inet www.klm.co.jp

●ルフトハンザ・ドイツ航空
無料 0120-051-844
inet www.lufthansa.co.jp

アジア系航空会社

●キャセイパシフィック航空
TEL(03) 5159-1700
inet www.cathaypacific.com/jp

●シンガポール航空
TEL(03) 3213-3431
inet www.singaporeair.co.jp

●大韓航空
無料 0088-21-2001
inet www.koreanair.co.jp

アメリカ系航空会社

●ユナイテッド航空
無料 0120-114466
TEL(03) 3817-4411
inet www.unitedairlines.co.jp

●ノースウエスト航空
無料 0120-120-747
inet www.nwa.co.jp

●アメリカン航空
TEL(03) 4550-2111
inet www.aal.co.jp

日本出国

忘れ物はないか出発の前にもう一度確認しておこう。前日は早めに寝て、出発時刻に遅れないように。

搭乗手続き

チェックイン

飛行機に乗るためにはチェックイン・カウンターで航空券を搭乗券に引き換える。空港の利用航空会社のカウンターで通常は2時間ほど前から開始される。航空券を買った旅行会社から空港渡しの指示がある場合は、指定された時刻までに必要書類を持って指定のカウンターへ行く。

カウンターで航空券とパスポートを提示すると、搭乗券（ボーディングパスBoarding Pass）が渡される。ボーディングパスには、搭乗ゲートBoarding Gate、搭乗時間Boarding Time、座席番号Seat Numberが書かれている。

大きな荷物を預ける

チェックインでは、スーツケースやバックパックなどの大きな荷物を預けて身軽になる。これを託送荷物Checked Baggageと呼び、カウンターで計量を受ける。荷物を預けると託送荷物引換証クレームタグ（Claim Tag）を渡してくれる。万一、荷物が届かなかった場合は、この半券でクレームをつける。

出国手続き

チェックインが終わったら出国手続きをする。この順序は日本をはじめどこの国でもだいたい同じだ。なお、要所要所でX線の検査がある。

税関（カスタムCustoms）

高価な貴金属や外国製の時計、ブランド品などを持っている場合、出国時に携帯出国証明申請書に記入し申告をしておかなければならない。これを怠ると、帰国時の税関検査のときに、外国からのおみやげ品とみなされて課税されることがある。もちろん該当品をまったく持っていない人は、素通りしていい。

出国審査（イミグレーションImmigration）

税関のあとは、出国審査だ。出国審査台では、パスポートと搭乗券を提示する。通常はパスポートにポンと出国のスタンプを押すだけなので、スムーズにいくはずだ。

出国手続き後の過ごし方

出国手続きが済めば、そこは「制限エリア」と呼ばれる「日本の外」。免税店で免税品を買うこともできる。

成田国際空港

inet www.narita-airport.jp
TEL (0476) 34-5000
（フライトインフォメーション）

成田国際空港ターミナルガイド

●第1ターミナル
全日本空輸
ブリティッシュ・エアウェイズ
ヴァージン アトランティック航空
●第2ターミナル
日本航空
など

関西国際空港

inet www.kansai-airport.or.jp
TEL (0724) 55-2500（関西空港情報案内）

貴重品は入れないで

パスポートやお金などの貴重品や、カメラなどの壊れ物は託送荷物から除いておく。出国時に税関申告をする必要がある人は、対象物も託送荷物にしないこと。航空機の遅延などのトラブル対策として1泊分程度の身の回り品も手荷物にしておいたほうがいい。

現金の持ち出し限度額

持ち出す現金が100万円相当を超える場合は「支払手段の携帯輸出・輸入届出書」を提出しなければならない。詳しくは空港の税関で相談しよう。
●成田空港税関
inet www.narita-airport-customs.go.jp
●大阪税関
inet www.osaka-customs.go.jp

機内持ち込みの荷物

国際線の機内持ち込みの手荷物は、タテ・ヨコ・高さの合計が115cm以内、日本の国内線は100cm以内。航空会社によって異なることがある。ナイフ、ハサミなどの刃物や危険物は持ち込めないので、万能ナイフなどは、託送荷物のほうへ入れておくこと。

空路での入国と出国

空港に到着したら、まず何をしてどこに行くのか、旅のスタートでは気を引き締めて行動しよう。

ヒースロー空港へ到着

入国カードを記入しておこう

着陸時間が近づくと、入国カードLanding Cardが配られるので、機内で記入してしまおう。記入は下の表を参考にすればよい。空港に降り立ったら「Arrival」の表示に従って歩こう。

入国手続き

入国審査では持っているパスポートの種類別にEU Passports（EU諸国）、United Kingdom Passports（イギリス）、All Other Passports（そのほか）に分かれて列に加わる。日本人はAll Other Passportsの列に並ぶ。パスポートと入国カードを係官に差し出すと質問が始まる。滞在期間や目的など簡単な質問なので、落ち着いて答えよう。帰りの航空券の提示を求められることもある。

荷物の受け取り Buggage Claim

機内に預けた荷物は、バゲージ・クレームBaggage Claimという表示がある荷物引き渡し所で受け取ることになる。自分の乗ってきた航空会社の便名が出ているターンテーブルの前で待とう。

税関 Customs

自分の荷物を受け取ったら、次は税関へと進む。課税対象に

入国審査でよく聞かれる質問

入国審査では、たいてい入国の目的、滞在期間、滞在先などを質問される。以下を参考に、該当する答えを用意しておくと慌てないで済む。

Q:入国の目的は何ですか？
What is the purpose of your visit?
A:観光です
Sightseeing.
Q:滞在期間は？
How long do you intend to stay?
A:2週間です
Two weeks.
Q:どこに滞在しますか？
Where are you going to stay?
A:ロンドンのABCホテルです
At the ABC hotel in London.

アイルランドへは、ヒースロー空港で入国審査を終えて行く

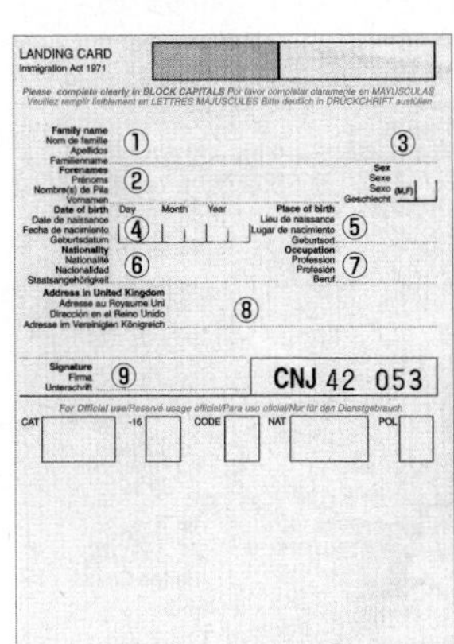

LANDING CARD
Immigration Act 1971

Please complete clearly in BLOCK CAPITALS Por favor completar claramente en MAYUSCULAS
Veuillez remplir lisiblement en LETTRES MAJUSCULES Bitte deutlich in DRUCKCHRIFT ausfüllen

Family name / Nom de famille / Apellidos / Familienname ①
Sex / Sexe / Sexo / Geschlecht (M/F) ③
Forenames / Prénoms / Nombre(s) de Pila / Vornamen ②
Date of birth / Date de naissance / Fecha de nacimiento / Geburtsdatum: Day Month Year ④
Place of birth / Lieu de naissance / Lugar de nacimiento / Geburtsort ⑤
Nationality / Nationalité / Nacionalidad / Staatsangehörigkeit ⑥
Occupation / Profession / Profesión / Beruf ⑦
Address in United Kingdom / Adresse au Royaume Uni / Dirección en el Reino Unido / Adresse im Vereinigten Königreich ⑧
Signature / Firma / Unterschrift ⑨

CNJ 42 053

For Official use/Reservé usage officiel/Para uso oficial/Nur für den Dienstgebrauch
CAT -16 CODE NAT POL

IS28FGS

入国カードLanding Cardの書き方

① 名字（ローマ字で）
② 名前（ローマ字で）
③ 性別：男性ならM（male）女性ならF（female）と書き込む
④ 生年月日：例えば1980年4月1日生まれなら010480となる
⑤ 生まれた所：国名で充分
⑥ 国籍：日本人ならJAPANESE
⑦ 職業：STUDENT、OFFICE WORKER（会社員）、HOUSE WIFE（主婦）、PENSIONER（年金生活者）など具体的に
⑧ イギリスでの住所：普通はその夜泊まるホテルを書く。もし決まっていないなら『地球の歩き方』に載っているホテルのなかから適当なところを書いておけばいい。
⑨ 署名：パスポートの署名と同じように書く

なるものを持っている人は赤ランプ、そうでない人は緑ランプの検査カウンター（Nothing to Declare）を通過する。これで入国手続きは終了。

国内線への乗り継ぎ

ロンドン市内に出ずに、国内便で他都市へ移動する場合は、入国審査の後、国内線ターミナル（ブリティッシュ・エアウェイズの場合Terminal 1）へ移動して、チェックイン・カウンターへ向かおう。

ヒースロー以外の空港から搭乗する便が出る場合は、荷物を受け取ってから該当の空港までシャトルバスなどで移動し、チェックインする。いずれの場合も国内線となるので、改めて出国＆入国の審査をする必要はない。

ロンドンには入らずに目的地へ

ヒースロー空港やスタンステッド空港、ガトウィック空港などロンドンとその近郊にある空港からは、ロンドン市内のターミナルに出なくても、行き先によっては、鉄道やバスの便があり、周辺の都市へ直接移動することができる。特にヒースロー空港のヒースロー・セントラル・バスステーションからはイングランド南部や南西部など主要都市に便がある。

ヒースロー空港の離発着ガイド

●ターミナル1
ブリティッシュ・エアウェイズの日本便とヨーロッパ線（パリ、アムステルダム、アテネ便を除く）と、イギリスの国内線など

●ターミナル2
ヨーロッパ系の航空会社など

●ターミナル3
アジア、アメリカ、オセアニア系の航空会社など。日本からの日本航空、全日空、ヴァージンアトランティック航空

●ターミナル4
ブリティッシュ・エアウェイズの長距離国際線とパリ、アムステルダム、モスクワ便。KLMオランダ航空

●ヒースロー空港のウエブサイト
inet www.heathrowairport.com

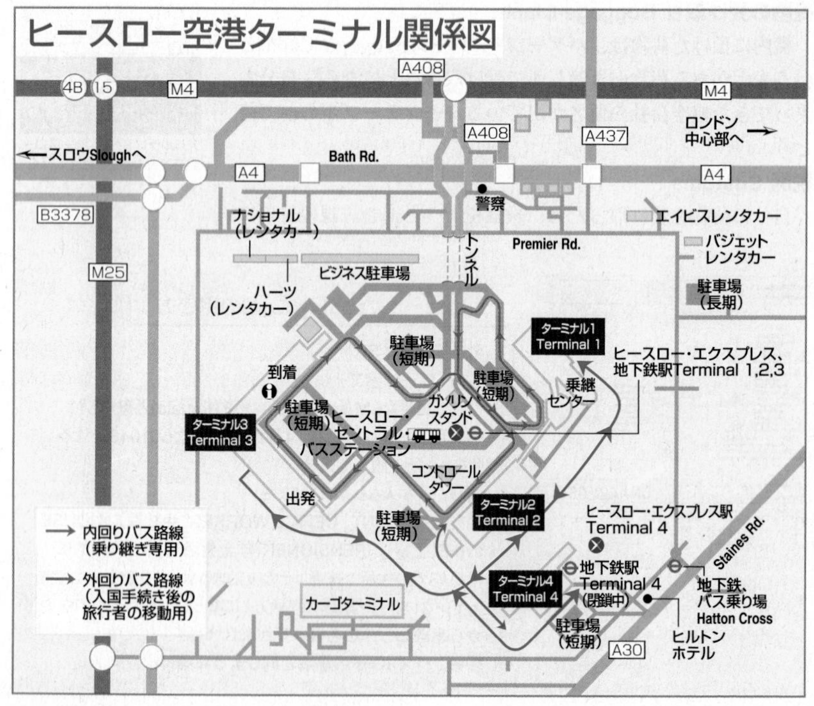

イギリスからの出国手続き

自分の乗る便が出るターミナルへ行き、チェックイン・カウンターで航空券を提示して搭乗券を受け取り、荷物を預ける。その後、出国審査となるが、入国時と比べて非常に簡単に済む。なお、英国のVAT（付加価値税）の払い戻し手続きをする人は、税関に、店で作成してもらった書類と買った品物を提示する（VAT払い戻し方法）。したがって対象の品物は預けずに機内持ち込み手荷物にしておくこと。以上の手続きを済ませたら、出発ゲートへ行き、搭乗となる。

このマークの店で買い物をすると免税の手続きが可能

VATの払い戻し

英国では、商品に17.5%の付加価値税（VAT）がかけられている。旅行者向けの大きなショップで、購入商品をそのまま日本へ送る場合などは、VAT抜きの価格で購入できることもあるが、そうでない場合は払い戻し手続きをしよう。17.5%はけっこう大きいので、高額の買い物をしたときには手続きをする価値はある。免税の最低額は、店により異なるが、1店舗で£50以上、または£100以上というところが多い。

手続きの手順

買い物をした店で手続き用フォーム（VAT form）をもらい、必要事項を記入のうえ、店の人にも払い戻し金額などを記入してもらう。観光客向けの大きなショップでは、たいていこの手続きをしてもらえる。そして、出国の際、空港の税関にて、購入した商品と手続き用フォームを税関係官（HM Customs）に見せ、スタンプを押してもらう。税関付近にポストがあるので、フォームを封筒に入れ投函すれば完了。後日、店から手数料を引いた税金分が返金される。

なお、現金で購入した場合、返金はポンド建ての小切手で送られてくるケースが多い。クレジットカードで買い物すると、返金分をカードの取引口座に振り込んでくれるので、高額の買い物はクレジットカードを使ったほうが便利だ。

日本入国（帰国）

まず、検疫カウンターにある質問票に必要事項を記入して提出。その後、入国審査を受けてから、荷物の受け取りとなる。税関では、免税範囲を超えていない人は「緑の検査台」へ進もう。免税の範囲を超えている人は、「携帯品・別送品申告書」を提出し、「赤の検査台」で検査を受けること。税金は税関検査場内の銀行で納付できる。

ヒースロー空港のターミナル内

VATの払い戻しは最後のEU諸国で

EU（欧州連合）諸国を旅したあとに、EUに加盟していないスイスなどから日本に帰国する場合、空港でVAT払い戻しの手続きはできない。最後のEU諸国を出るときに手続きをしておく必要がある。

EU加盟国

イギリス、アイルランド、フランス、ベルギー、ルクセンブルク、オランダ、ドイツ、オーストリア、スペイン、ポルトガル、イタリア、ギリシア、デンマーク、スウェーデン、フィンランド、ポーランド、チェコ、スロヴァキア、スロヴェニア、キプロス、リトアニア、エストニア、ラトヴィア

日本帰国時の免税範囲

●酒類　3本（1本　760mℓ程度のもの）
●タバコ　「紙巻タバコ」のみの場合200本。「葉巻タバコ」のみの場合50本
●香水　2オンス（1オンスは約28cc　オーデコロン、オードトワレは除く）
●そのほかのもの
20万円以下
詳しくは、東京税関や成田税関ウエブサイトなどで確認できる。
東京税関
Inet www.tokyo-customs.go.jp
成田税関
Inet www.narita-airport-customs.go.jp

検疫

英国から日本へは、ソーセージ、ハム類の肉加工品は持ち込めない。ちなみにスモークサーモンはOK。
検疫の情報
Inet www.maff-aqs.go.jp

鉄道・バスでの出入国

ドーヴァー海峡をユーロトンネルで渡ることにより、鉄道やバスでイギリスへ行けるようになった。

ユーロスター

inet www.eurostar.com

ユーロスターが発着するウォータールー・インターナショナル駅

ユーロスターの食堂車

地球の歩き方 旅プラザ

新宿TEL(03) 5362-7300
大阪TEL(06) 6345-4401

イギリスから海峡を越える交通手段は鉄道、バス、フェリーの3種類。目的地や旅行期間、旅のスタイルに合わせて交通手段を考えてみよう。

ユーロスター

2006年6現在、イギリスとヨーロッパ大陸を結ぶユーロスターは、ロンドン～パリ間（所要2時間35分～2時間50分）を1日14往復ほど、ロンドン～ブリュッセル間（所要2時間20分～2時間30分）を14～16往復前後運行している。

ターミナル駅

ユーロスターが発着するロンドンの駅は、ウォータールー・インターナショナル駅。パリはノルド駅、ブリュッセルは南駅となっている。いずれも町の中心部に発着駅があるので、飛行機での移動より有意義に時間を使うことができる。

チケットの買い方

ユーロスターは1等と2等があり、全席指定。また、ユーレイルパスやブリットレイルパスを持っている人には、割引料金もある。日本では「地球の歩き方 旅プラザ」などで予約が可能。

ユーロスターの料金（ロンドン～パリ、ブリュッセル間）

1等 First Class

- **ビジネス・プレミア** Business Premier
  料4万7300円（片道）
- **シニア（60歳以上）** Senior
  料2万2700円（片道）
- **ユース（12～25歳）** Youth
  料1万7900円（片道）
- **パスホルダー** Passholder
  料1万7100円（片道）対象パスは下記参照

2等 Standard

- **普通運賃** Full Fare
  料3万2200円（片道）
- **シニア（60歳以上）** Senior
  料1万1400円（片道）
- **ユース（12～25歳）** Youth
  料9500円（片道）
- **パスホルダー** Passholder
  料9500円（片道）対象パスは下記参照

●ロンドン～パリの割引対象パス

ユーレイルパス、ユーレイルセレクトパス（フランス選択時）、ユーレイルフランス＆イタリアパス、ユーレイルフランス＆スペインパス、ユーレイルフランス＆スイスパス、ユーレイルフランス＆ジャーマンパス、ユーレイルベネルクス＆フランスパス、フランスレイルパス、ブリットレイルパス、ブリットレイルフレキシーパス

●ロンドン～ブリュッセルの割引対象パス

ユーレイルパス、ユーレイルセレクトパス（ベネルクス選択時）、ユーレイルジャーマン＆ベネルクスパス、ベネルクスツアーレイルパス、ブリットレイルパス、ブリットレイルフレキシーパス

※2006年6月現在、「地球の歩き方 旅プラザ」調べ。列車予約には通信手数料が別途かかります。

チェックインは早めに

ロンドンのウォータールー・インターナショナル駅でチェックインする場合、改札が開くのは、発車時刻の1時間前くらい。パスポートを持っているか確認して、発車の30分前にはボーディングチェックをしよう。これより遅くなると、改札が閉められてしまうので要注意。改札と手荷物検査が済んだら、売店などがある（免税店はない）待合室を抜け、エスカレーターを上ると、ユーロスターが見えてくる。

ユーロスターでロンドンに到着

ブリュッセルやパリからロンドンに到着した場合、入国審査は車内、もしくはウォータールー・インターナショナル駅で行われる。場合によっては手荷物検査が行われることも。

バスでドーヴァー海峡を渡る

ドーヴァー海峡を渡る国際長距離バス（コーチ）はユーロスターに比べて便数が少なく時間がかかるが、パリまで£32.00～と料金が安いのが魅力。さらに安いキャンペーン運賃もある。ロンドンのヴィクトリア・コーチステーションからはヨーロッパの主要都市へユーロラインズEurolines社などの便が出ている。便数は少ないが、遠くはブダペストや、プラハ、ベオグラード、キエフなどへ行く便もある。

チケットの購入

ヴィクトリア・コーチステーションのチケット売り場はいつも込んでおり、さらに出国手続きもしなければいけないので、最低でも出発の1時間前には到着するようにしよう。夜行バス（ナイトコーチ）は特に人気なので、早めに予約するようにしたい。

バスごと列車に乗り込む

バスでドーヴァー海峡を越える際はバスの車体ごと列車に乗ってドーヴァー海峡を越える。

イギリス・ヨーロッパ周遊現地発着バスツアー

英国内やヨーロッパ各所の見どころを巡るインサイト社のバスツアー。イングランド・スコットランド周遊4日間、7日間など人気コースが揃っていて大変便利。
●INSIGHT VACATIONS
（日本地区総代理店）
（株）ワールドブリッジ
TEL (03) 3562-7878
inet www.world-bridge.co.jp

ユーロラインズ

inet www.eurolines.com
●ユーロラインズパス
Eurolines Pass
ヨーロッパの主要都市を結ぶバスが乗り放題。イギリスはロンドンのみ。ユースパスは26歳未満に適用される。
日本での購入はできない
ハイシーズン料金
(6/23～9/10、12/18～1/7)
ミドルシーズン料金
(4/1～6/22、9/11～11/3)
ローシーズン料金
(1/8～3/31、11/4～12/17)
料 ハイシーズン
15日間£225.00
15日間£189.00（ユース）
30日間£299.00
30日間£245.00（ユース）
ミドルシーズン
15日間£159.00
15日間£135.00（ユース）
30日間£219.00
30日間£175.00（ユース）
ローシーズン
15日間£135.00
15日間£115.00（ユース）
30日間£205.00
30日間£159.00（ユース）

ヴィクトリア・コーチステーション発の国際バス

●**パリ行き** Paris
出発：7:30、10:30、20:30　所要：8時間00分～9時間30分

●**アムステルダム行き** Amsterdam
出発：8:00、20:00、22:00　所要：11時間45分～12時間15分

●**ブリュッセル行き** Brussels
出発：8:15、14:30、21:00　所要：8時間15分～8時間31分

●**フランクフルト行き** Frankfurt
出発：21:00　所要：14時間30分

●**ダブリン行き** Dublin
出発：18:00　所要：12時間30分

●**コーク行き** Cork
出発：19:00　所要：15時間35分

船での出入国

ドーヴァー海峡といえばユーロトンネルがクローズアップされるがフェリーで渡るルートもたくさんある。

島国イギリスには英仏を隔てるドーヴァー海峡をはじめ、北海を越えてヨーロッパの多くの国へと船便が出ている。最短区間はドーヴァー～カレーCalaisの1時間で、北欧やドイツ、スペインなどへ行く船は20時間以上かかることもある。

国際フェリーが発着する主要港

大型船が発着するドーヴァーのイースタン・ドックの待合所

ドーヴァー

ロンドンのチャリング・クロス駅か、ヴィクトリア駅から約2時間。ドーヴァーにはドックがふたつあるが、ほとんどのフェリーはイースタン・ドックEatern Dockから出発する。ドーヴァーのプライオリー駅から送迎バスが出ている。

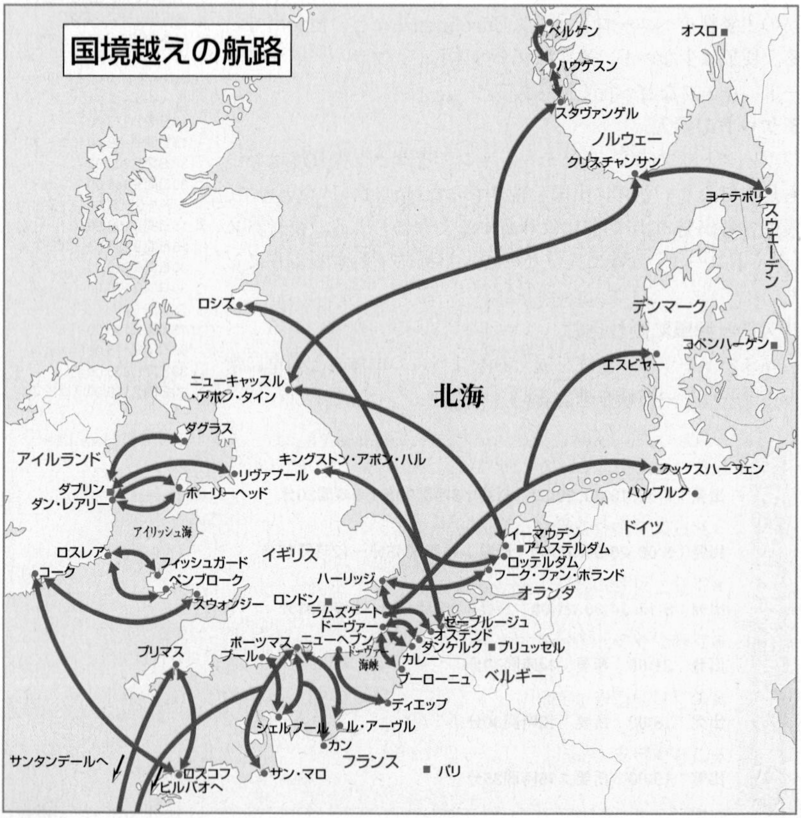

国境越えの航路

ベルゲン
オスロ
ハウゲスン
スタヴァンゲル
ノルウェー
クリスチャンサン
ヨーテボリ
スウェーデン
ロシズ
デンマーク
コペンハーゲン
エスビヤー
ニューキャッスル・アポン・タイン
北海
ダグラス
アイルランド
キングストン・アポン・ハル
クックスハーフェン
リヴァプール
ダブリン
ダン・レアリー
ホーリーヘッド
ハンブルク
ドイツ
アイリッシュ海
イーマウデン
アムステルダム
ロッテルダム
フーク・ファン・ホランド
ロスレア
フィッシュガード
イギリス
コーク
ペンブローク
ハーリッジ
オランダ
スウォンジー
ロンドン
ラムズゲート
ゼーブルージュ
ドーヴァー
オステンド
ポーツマス
ニューヘブン
ダンケルク
ブリュッセル
プリマス
プール
ドーヴァー海峡
カレー
ブーローニュ
ベルギー
ディエップ
シェルブール
ル・アーヴル
カン
フランス
サンタンデールへ
ロスコフ
サン・マロ
パリ
ビルバオへ

フランス行きの船

P&Oフェリーズ P&O Ferries
TEL 08705980333　inet www.poferries.com

●ドーヴァー Dover ～ カレー Calais
出発：ほぼ24時間便がある　所要：1時間15分

シーフランス SeaFrance
TEL 08705711711　inet www.seafrance.com

●ドーヴァー Dover ～ カレー Calais
出発：5:00～翌1:15の1～2時間に1便　所要：1時間10分～1時間30分

ノーフォークライン norfolkline
inet www.norfolkline.com

●ドーヴァー Dover ～ ダンケルク Dunkerque
出発：月～金1:45～23:59の2～3時間に1便（土・日減便）　所要：2時間

スピードフェリーズ SpeedFerries
TEL 0870220570　inet www.speedferries.com

●ドーヴァー Dover ～ ブーローニュ Boulogne
出発：7:00、10:40、14:10、17:40　所要：1時間50分

ブリタニー・フェリーズ Brittany Ferries
TEL 08703665333　inet www.brittany-ferries.com

●ポーツマス Portsmouth ～サン・マロ St. Malo
出発：毎日20:30　所要：11時間45分
●ポーツマス Portsmouth ～シェルブール Cherbourg
出発：13:00、15:45など1日2～3便　所要：3時間45分～4時間
●プリマス Plymouth ～ ロスコフ Roscoff
出発：23:00など1日1～2便　所要：7時間（夜行8時間）

アイルランド行きの船

P&Oアイリッシュ・フェリーズ P&O Irish Ferries
inet www.poirishsea.com

●リヴァプールLiverpool～ダブリンDublin
出発：毎日22:00、火～土10:00　所要：8時間

ステナ・ライン Stena Line
TEL 08705707070　inet www.stenaline.co.uk

●ホーリーヘッドHolyhead～ダブリンDublin
出発（フェリー）：2:30、14:30　所要：3時間15分
●ホーリーヘッドHolyhead～ダン・レアリーDun Laoghaire
出発（高速船）：8:55、16:00　所要：1時間40分
●フィッシュガードFishguard～ロスレアRosslare
出発（フェリー）：2:45、14:30　所要：3時間30分
出発（高速船）：11:30、18:30　所要：2時間

アイリッシュ・フェリーズ Irish Ferries
TEL 08705171717　inet www.irishferries.com

●ホーリーヘッドHolyhead～ダブリンDublin
出発（フェリー）：2:50、15:00　所要：3時間15分
出発（高速船）：9:50、15:15　所要：1時間50分
●ペンブロークPembroke～ロスレアRosslare
出発（フェリー）：2:45、14:30　所要：3時間45分

フェリー会社
●LDラインズ
LD Lines
inet www.ldlines.com
ポーツマス〜ル・アーヴル
●トランスマンシュ・フェリーズ
Transmanche Ferries
inet www.transmancheferries.com
ニューヘブン〜ディエップ
●コンドル・フェリーズ
Condor Ferries
inet www.condorferries.co.uk
ポーツマス〜チャネル諸島〜サン・マロ
●スチーム・パケット
Steam Packet
inet www.steam-packet.com
リヴァプール〜マン島〜ダブリン
●P&Oフェリーズ
P&O Ferries
inet www.poferries.com
ポーツマス〜ビルバオ
キングストン・アポン・ハル〜ロッテルダム
キングストン・アポン・ハル〜ゼーブルージュ
●スーパーファスト
Superfast
inet www.superfast.com
ロシズ〜ゼーブルージュ
●トランスヨーロッパ・フェリーズ
Transeuropa Ferries
inet www.transeuropaferries.co.uk
ラムズゲート〜オステンド
●ブリタニー・フェリーズ
Brittany Ferries
inet www.brittany-ferries.com
プリマス〜サンタンデール
●ステナ・ライン
Stena Line
inet www.stenaline.com
ハーリッジ〜フーク・ファン・ホランド
●DFDSシーウェイズ
DFDS Seaways
inet www.dfdsseaways.co.uk
ハーリッジ〜クックスハーフェン
ハーリッジ〜エスビヤー
ニューキャッスル・アポン・タイン〜アムステルダム
ニューキャッスル・アポン・タイン〜クリスチャンサン〜ヨーテボリ
●フィヨルド・ライン
Fjord Line
inet www.fjordline.co.uk
ニューキャッスル・アポン・タイン〜スタヴァンゲル〜ハウゲスン〜ベルゲン

ポーツマス

ロンドンのヴィクトリア駅、ウォータールー駅から約1時間30分。おもにフランスのブルターニュ地方への便が発着する。ル・アーヴルLe Havreやサン・マロSt. Maloなどモン・サン・ミッシェル観光の起点となる町へも便が出ている。ほかにスペインのビルバオへも便がある。

プリマス

ロンドンのウォータールー駅から約3時間30分。フランスのロスコフRoscoffやスペインのサンタンデールSantanderなどへの便が発着する。

ホーリーヘッド Holyhead

ロンドンのユーストン駅から4時間30分。直通もあるがクルーエ乗り換えの便のほうが多い。駅から港まで連絡バスがある。

キングストン・アポン・ハル Kingston-upon-Hull

ロンドンのキングズ・クロス駅発、ドンカスターで乗り換え。便数は少ないが直通もある。オランダのロッテルダムやベルギーのゼーブルージュZeebruggeへのフェリーが発着する。

ハーリッジ Harwich

オランダやドイツ方面の船が発着する港。ロンドンのリヴァプール・ストリート駅からイプスウィッチIpswich行きの列車に乗り、マンニングトゥリー駅Manningtreeで、ハーリッジ・タウンHarwich Town行きの電車に乗り換え、ハーリッジ・インターナショナル・ポートHarwich International Port駅下車。駅の2階がフェリーターミナルになっており、そのまま手続きができる。

リヴァプール

マン島行きのフェリーが出るリヴァプール港からは、アイルランドのダブリンに行く船も出ている。港は町の中心からも近く、アクセスもよい。

ニューキャッスル・アポン・タイン

ロンドンのキングズ・クロス駅から3時間20分。港へは地下鉄のほか、駅前からバスも出ている。ノルウェーのベルゲンBergenやスウェーデンのヨーテボリGöteborgなど北欧への便が出ている。

船の種類

自家用車を載せることができるフェリーのほかに路線によっては高速船、夜行の船などもあり、料金も異なってくる。長距離を行くフェリーにはキャビン（個室）もあり、レストランやバー、みやげ物店もある。

チケットの購入

港に着いてからでも買えるが、前もってロンドン市内の旅行代理店で買うこともできる。また、ほとんどのフェリー会社ではウエブサイトによるオンライン予約も行っている。

通貨と両替

現金を持つか、トラベラーズチェックにするかクレジットカードも１枚準備。大切なお金の管理について考えよう。

通貨と両替

通貨単位は、英国全土共通のポンドPound（£）、補助単位はペンスPence（p）で、£1＝100p。価格は£のみで表記され、例えば1ポンド50ペンスは、「£1.50」となる。

なお、スコットランド、北アイルランド、マン島ではそれぞれ独自の紙幣を発行しており、何の問題もなく使うことができるが、地方の紙幣はイングランドでは使えないこともあるので注意。また、これらの地方の紙幣は日本に持ち帰っても両替できない。

両替ができる場所

両替は、銀行や“Bureau de Change”の看板のある両替所で行える。❶でも両替業務を行っているところもある。両替所は、空港や大きな駅構内、駅周辺などにあり、朝早くから22:00頃まで営業している。

トラベラーズチェック

スコットランドや英国各地を中心に旅行するのなら、ポンドのT/C（トラベラーズチェック）をおすすめする。現金化がスムーズだし、紛失や盗難の際にも再発行されるので安心。大きなショップやホテルであれば、T/Cで支払っておつりを現金でもらうこともできる。ただし、パスポートを提示しなければいけないので、常に携帯しておこう。現金への両替は、銀行または両替所にて。

クレジットカード

レストランや雑貨屋、スーパーマーケットなどでのクレジットカードの通用度は、日本よりも断然イギリスのほうが高い。VISA、MasterCard、アメリカン・エキスプレス、JCBなどの国際的に信用度の高いクレジットカードは、持っていくとやはり重宝する。ただし、イギリスでは暗証番号を入力するICチップ付きのICカードが主流なので、持参するカードを確認しよう。いざというときにはATMでキャッシングも可能（申し込み時に登録した暗証番号を忘れずに）、電話もかけられる。

ATMの利用も便利

クレジットカードを利用したキャッシング（借り入れ）や、国際キャッシュカードを使った現地通貨の入手は、銀行のATMで24時間可能。日曜や夜間でも問題なく利用できる。

おもなトラベラーズチェック問い合わせ先

●アメリカン・エキスプレス
無料 0120-005-004
●トーマス・クック
TEL (03) 3568-1061

おもなクレジットカード会社問い合わせ先

●三井住友VISAカード
無料 0120-816-437
inet www.smbc-card.com
●MasterCard
inet www.mastercard.com/jp
●アメリカン・エキスプレス
無料 0120-020-222
inet www.americanexpress.co.jp
●JCB
無料 0120-015-870
inet www.jcb.co.jp
●ダイナース
無料 0120-074-024
inet www.diners.co.jp
●DCカード
無料 0120-10-2622
inet www.dccard.co.jp
●クレディセゾン
TEL (03) 5996-1111
inet www.saisoncard.co.jp

クレジットカードの使用時、パスポートなどのID（身分証明書）の提示を求められることがあるので注意。また、ICチップの入ったICカードの場合、暗証番号の入力を求められるので、出発前に確認を

おもな国際キャッシュカード問い合わせ先

●郵便貯金
TEL (044) 540-1770
inet www.yu-cho.japanpost.jp
●三菱東京UFJ銀行
無料 0120-835-024
inet www.bk.mufg.jp
●シティバンク
TEL (044) 540-6000
inet www.citibank.co.jp
●三井住友銀行
無料 0120-56-3143
inet www.smbc.co.jp
●みずほ銀行
無料 0120-3242-86
inet www.mizuhobank.co.jp

旅の予算

物価の高いイギリスをいかに回るか。目的や予算に合わせて、お金の使いどころと節約するところを見極めよう。

バーミンガムで見つけた5ポンドショップ

😃物価高にびっくり
ポンド高なためか、物価の高さに驚きました。例えばマクドナルドのセットが日本円換算すると1000円程度になります。
（愛知県　けいす　'05年1月）

😃タバコが高い
驚いたのは、タバコの値段の高さである。日本のタバコは270円でそのうち税金が60%くらいを占めていて高いなと思っていたが、イギリスでは々20本入り1箱が1100円くらいだった。そのせいか喫煙している人も少なく、制限しようという国家意志もすごいなと思った。
（神奈川県　柳澤邦夫　'05夏）

😃よく値上がりする
『地球の歩き方』に書かれていた入場料より£0.50〜2.00程度高くなっていました。交通費も含めて年々値上がりしているようなので、値段はあくまで参考程度にとらえるのが大事だと感じました。
（広島県　岩永恭子　'05年1月）

近年の好景気を受けて、イギリスの物価は年々上昇している。£1は日本円で約220円ぐらい。しかし、実際は£1が100円ぐらいの感覚でイギリス人は使っているようだ。

ロンドンは物価が高い

ロンドンが一番高く、長く滞在すると出費が多くなる。地方に行けば、ホテル代や食事などは少し安くなる。

食事代

一流レストランでコースディナーが1万円前後。カジュアルなレストランなら3000〜5000円前後。ランチなら2000円ぐらいのお得なセットもある。ファストフードやテイク・アウェイで済ませば500〜1000円前後で収まる。B&Bやホテルに泊まるなら朝食付きのことが多い。

ホテル代

一般的なB&Bで、シングル4000〜8000円ぐらい。ホテルになると1万円前後。ロンドンではホテル代が高く、そのほかの町に比べて4〜5割ほど高くなる。

交通費

ロンドンからヨークまで鉄道の特急を使って片道1万4500円ぐらい。同じ路線をバスで行けば4500円ぐらい。ロンドン市内のタクシーは初乗り£2.00で、1kmで£1.20ぐらい。レンタサイクルは1日£10.00〜15.00ぐらい。

見どころなどの入場料

意外だが、博物館は無料のことが多い。古城やアトラクションなどは500〜2000円ぐらいをみておこう。

タイプ別予算

徹底切り詰め型→1日5000円程度

ユース（1泊£15.00前後）に泊まり、食事は基本的に町のスーパーなどで調達したサンドイッチや冷凍食品で済ませる。

一般的メリハリ型→1日8000円程度

安めのB&B（1泊£25.00前後）に宿泊し、昼・夜の食事はテイク・アウェイやパブ、ファストフード中心だが、レストランも利用する。

ちょっとだけリッチ型→1日2万円程度

宿はB&B中心だが、1〜2度、古城ホテルなどの高級ホテルにも宿泊。昼・夜の食事はレストランとパブが半々くらい。

郵便と電話

旅行先からの一報は、どんな手段でも留守宅にはうれしいプレゼント。手紙やインターネットで連絡をとってみよう。

郵便

どんな小さな町にも郵便局はあり、通常の郵便物や小包を扱っている。郵便局がなくても雑貨屋さんが郵便局を兼ねていることも多い。また、郵便物の局留めも扱っており、預かり期限は2週間。郵便物はパスポートを提示して受け取る。もし、日本から荷物を局留めで送る場合は、Post Restanteと朱書きをし、郵便局の住所と宛名を書けばよい。

民間運送会社

国際宅配便の会社はDHL、Fedex、UPSなど数社あり、イギリス各地から日本に荷物を送ることができる。値段は郵便よりも高いが、確実に早く届くため、利用価値が高い。電話して荷物を取りに来てもらうこともできる。

公衆電話

よくあるタイプの電話ボックス

硬貨のみ使用できるプッシュホンと、カードのみ使用できるカードホンとある。壊れている確率もかなり高いので、受話器を上げても何も音がしなかったら別の公衆電話を探そう。都市部では、インターネットに接続できるタイプの公衆電話なども増えてきた。カードが使えるタイプの公衆電話はクレジットカードでかけることもできる。

普通の公衆電話の使い方

硬貨は10p、20p、50p、£1.00が使用可。硬貨を投入してから電話番号を押すタイプと、相手が出てから硬貨を投入するタイプがある。余分に入れたコインは戻るが、おつりは出ないので、短い通話に£1.00硬貨などを入れてしまうとソン。小額硬貨をたくさん用意しよう。

テレホンカード

暗証番号入力方式のカード

日本のテレホンカードと同じタイプで、カードを直接差し込むタイプのものもあるが、あまり見かけない。しかもイギリスの公衆電話は、複数の会社があり、それぞれの会社に応じたテ

日本への郵便料金

ハガキ：£0.50
10g以下の封書：£0.50
20g以下の封書：£0.72
500g以下の小包：£2.64（船便）、£5.33（航空便）
1kg以下の小包：£5.04（船便）、£10.08（航空便）
2kg以下の小包：£9.84（船便）、£19.58（航空便）
●ロイヤル・メール
inet www.royalmail.com

日本での国際電話の問い合わせ先

●KDDI
無料 0057
inet www.kddi.com
●NTTコミュニケーションズ
無料 0120-506506
inet www.ntt.com
●日本テレコム
無料 0088-41
inet www.japan-telecom.co.jp
●au
無料 0077-7-111
inet www.au.kddi.com
●NTTドコモ
無料 0120-800-000
inet www.nttdocomo.co.jp
●ボーダフォン
TEL 157（ボーダフォンの携帯から無料）
inet www.vodafone.jp

日本語オペレーターに申し込むコレクトコール

●KDDI
ジャパンダイレクト
Free 0800-6312-001
Free 0800-89-0081

公衆電話のボタンと画面

クレジットカードで日本に国際電話をかける

クレジットカードの番号を入力してかける直通電話。日本語ガイダンスに従えばいい。公衆電話からかけるときは、下記のアクセス番号をプッシュしたあとに＊を押す。

●KDDI
スーパージャパンダイレクト
Free 0800-6311-001
Free 0800-89-0181

●NTTコミュニケーションズ
国際クレジットカード通話
Free 0800-085-0339

●日本テレコム
ダイヤルジャパン
Free 0800-890-443
Free 0500-890-443

プリペイドカードで日本に国際電話をかける

日本の電話会社が発行している国際電話のプリペイドカードを使用してかける。クレジットカードでかけるときと同じように音声ガイダンスに従えばOK。

●KDDI
スーパーワールドカード

●NTTコミュニケーションズ
ワールドプリペイドカード

Instructions
1. Dial 0800 279 8447 or 020 7891 8667 from a touch-tone phor
2. Enter your PIN number below:
PIN 6256 300 7015 Serial Number A_34934
3. At the tone, dial the full telephone number you require, including the STD code. If calling abroad please dial the full international cod
4. To place another call do not hang up, press # once and dial the next telephone number you require.
Alpha Customer Care: 020 7892 3689

アクセスナンバーに電話して、ピンコード（暗証番号）を入力してから相手の番号を入力する

主要ターミナル駅やショッピングセンター内にあるWH Smithは便利なコンビニエンスストア的な存在だ

レホンカードが必要になる。これに代わって普及しているのが、暗証番号入力式のカードで、公衆電話の会社に関係なくかけられる。電話機に差し込むのではなく、まず、コールセンターに電話（フリーダイヤルの番号と有料のものがある）して、次にカードの裏を削ると出てくるピンコードを入力し、電話をかけるタイプ。このピンコードを入力するタイプは、国際電話の料金が非常に安く、日本にかけるときに便利。通話時間は地域や時間帯、カード会社によっても異なる。このカードはたくさんの会社から出ており、WH Smithなどの雑貨屋や郵便局などでも買うことができる。£5.00、£10.00、£20.00などのものが出ている。

携帯電話

旅行者が利用しやすいプリペイド方式の携帯電話は、本体が

1万円前後から。vodafoneやO²、T-Mobileなど数社から出ている。通話用のプリペイドカードは雑貨屋やスーパーマーケットなどでも販売されており、レジなどで充填（トップアップTopup）も可能。

海外で使用できる携帯電話

日本で使用している携帯電話をイギリスでそのまま利用する方法やレンタル携帯電話を利用する方法がある。おもに右記の4社がサービスを提供しているので、利用方法やサービス内容など詳しい情報は各社に問い合わせてみよう。

携帯電話の料金や通話エリアの詳細

●au
inet www.au.kddi.com
●NTTドコモ
inet www.nttdocomo.co.jp/service/world
●ボーダフォン
inet www.vodafone.jp
●モベルコミュニケーションズ
inet www.mobell.co.jp

インターネット

インターネットカフェ

インターネットカフェは町の中心部などにあることが多く、ⓘなどでも場所を教えてくれる。また、ⓘでもインターネットが利用可能なところもある。ユースホステルや若者向けのホステルではインターネットが利用可能なところが多い。

料金はだいたい1時間£2.00～5.00。日本語の表示が可能なところはあまり多くはないが、日本人が多い観光地や、留学生が多い町なら使用可能なところもある。残念ながら日本語で書き込みができるところは非常に少ない。最初にチケットを購入しパスワードを入力する方式やコイン式の前払い方式、利用した分だけ払う後払い方式がある。

easyInternetcafé

イギリスやヨーロッパ主要都市に展開するインターネットカフェ。PCの台数も多く、料金も手頃。自販機でチケットを購入し、パスワードを入力するプリペイド方式。残った度数はほかの支店でも使用できる。
inet www.easyinternetcafe.com

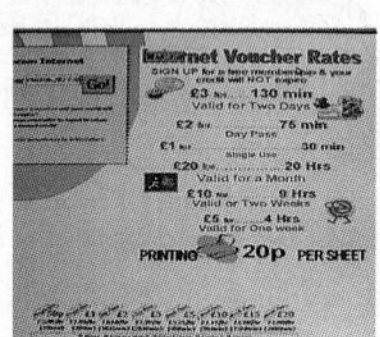

前払い式で、利用時間分を支払ってログインIDをもらう方式の店が多い

モバイラーなら

B&Bの客室にはモジュラージャックがない場合もあるので、ノートパソコンを持っていく人は、宿泊先に事前に確認しておこう。中級以上のホテルならモジュラージャックを完備しているところが多い。

拡大中の無線LAN

無線LANはノートパソコンとLANカードさえあればインターネットに接続できるなシステム。主要空港をはじめ、インターネットカフェ、一部のカフェテリア、ビジネスホテル、列車内（GNER社の新型車両）などイギリスでも使用できる場所が増えてきた。無線LANはWi-Fi（ワイファイ）と呼ばれ、使用できる場所のことをHotspotという。料金はプロバイダーによって違う。ネットワークを検出し、ブラウザを立ち上げると、プロバイダーのサイトに自動的につながるので、利用時間分のIDとパスワードをオンラインで購入し、ログイン画面入力する。ホテルのフロントなどでIDとパスワードを発行してもらえる場合もある。

ヒースロー空港内のホットスポット

地球のつなぎ方

海外でのネット接続が詳しく解説されているウエブサイト。
inet www.tsunagikata.com

swisscom eurospot
Wireless Internet Zone
(Support Line 0870 240 6959)

無線LANが使える場所には表示が出ていることが多い。

BT Openzone

イギリスで無線LANが使用できる場所（Hotspot）が検索できる。
inet www.btopenzone.com

イギリス国内の航空便

鉄道の発達したイギリスだが、首都から遠い北部や島嶼部へ行くなら、飛行機も利用価値がある。

イギリス国内を運航するおもな航空会社

●ブリティッシュ・エアウエイズ
TEL(0845) 7733377
inet www.ba.com
●ブリティッシュ・ミッドランド航空
TEL(01332) 854000
inet www.flybmi.com
●ハイランド・エアウェイズ
TEL(01667) 464141
inet www.highlandairways.co.uk

鉄道網が発達したイギリスだが、スコットランド以北や、ブリテン島の周りの島々へは飛行機が活躍する。国内線の便数はあまり多くないが、格安航空会社による値下げ競争も活発でグラスゴーやエディンバラやベルファストなどへの競合路線は、鉄道よりも空の便のほうが割安ということも多い。マンチェスターやバーミンガム発着の国内線も多い。

レンタカー派にもおすすめ

ほとんどの空港にはレンタカーオフィスが入っており、手続きや配車もスピーディ。空港に到着したらすぐに車に乗って観光へ、というむだの一切ないプランが実行できるのも魅力。シーズン中は車を予約しておこう。

Information　History　Topics

格安航空会社を上手に利用する

格安航空会社は、いずれもロンドンを中心にイギリス国内をはじめ、ヨーロッパ各都市への便がある。スケジュールと合わせることができれば利用価値は大。

チケット予約　基本的にインターネットで予約する。クレジットカードの決済が一般的。

チケットはない　チケットはなく、インターネットで予約したときの予約確認番号がその代わりとなる。予約確認番号が入ったメールが送られてくるので、予約完了画面とそのメールを印刷し、チェックインのときにパスポートとともに提示する。

空港に注意　アクセスが不便な、町から遠い空港が使用されることがある。どこの空港に着陸するのかを事前に確認しよう。

イージージェット

easyJet

発着主要空港　ロンドンのガトウィックやルトン、スタンステッド空港に発着する。

おもな路線　ロンドンからはエディンバラやグラスゴー、インヴァネス、ベルファストへ便が多い。南欧のリゾート地にも強い。

ライアンエア

Ryanair

発着主要空港　ロンドンのスタンステッド、ルトン空港、グラスゴーのプレストウィック空港のほか、ダブリン空港やフランクフルト・ハーン空港もメインターミナルだ。

おもな路線　ロンドン～グラスゴーと、イギリス主要都市とダブリンを結ぶ便が多く、フランス、北イタリアへも便が出ている。

フライビー

Flybe

発着主要空港　ロンドンのスタンステッド空や、バーミンガム、グラスゴーなどに発着。

おもな国内路線　ロンドン発の便は少ないが、チャネル諸島、バーミンガム、ベルファストなど、充実した路線網をもつ。ダブリンやシャノンなどアイルランド路線にも強い。

■イージージェットeasyJet
inet www.easyjet.com
■ライアンエアRyanair
inet www.ryanair.com
■フライビーFlybe
inet www.flybe.com

鉄道旅行入門

鉄道発祥の地として知られるイギリス。伝統を重んじながらも民営化という新しい一歩を踏み出した。

“鉄道王国”の異名は、ダテについているわけではない。列車の遅れや欠便などで、大きく評判を落としてはいるが、イギリスを旅するのに、速くて便利なのはやはり鉄道。

イングランド北部で活躍するノーザン・レイルの車内

ファースト・グレート・ウエスタンの車両

鉄道会社がたくさん！

以前は国鉄が一手に引き受けていた鉄道の運行だが、現在は分割民営化され、イギリス国内で26社ほどの鉄道会社（オペレーターOperatorと呼ばれる）が担当している。

地域ごとに担当がある

オペレーターは、ロンドン近郊、イングランド南東部、中部、北部、スコットランド、ウェールズなどといったように、地域的に運営していることが多い。しかも、同じ路線に2社以上の列車が走っていることもあり、運営体系は非常に複雑といえる。ヴァージン・トレインズVirgin Trainsは南はペンザンスから北はアバディーンまでイギリス主要路線に展開する唯一の会社だ。

ロンドンのユーストン駅

Information　History　Topics

イギリス国内における公共交通の混乱

2000年に起きた鉄道脱線事故を機に、イギリス国内では多くの地域の線路補修工事が大々的に行われ、鉄道をはじめとするイギリスの公共交通は大混乱に陥った。2006年2～5月の本書調査時にも、以前ほどではないが、遅れ、欠便等があり、依然先の見えない状況が続いている。また、週末を中心に行われる工事や整備などで、バスによる代替輸送も頻繁に行われている。

特に注意したいのが、ロンドンとその近郊、マンチェスター、バーミンガムなど、たくさんの路線が集まる大都市のターミナル駅だ。代替輸送や時刻の変更があるので、アナウンスや貼り紙に注意したい。ロンドンや大都市が絡む場合の移動は余裕をもってプランを立てるようにしよう。

逆に便数が少ないローカル路線ではあまり遅れることはない。例えば北アイルランドやスコットランド、ウェールズ域内では、ほぼダイヤどおりに運行されている。ただし、ウェールズでは土・日曜などに線路の補修工事のため、代替輸送のバスが出ることもある。

本書で記述している所要時間は、ダイヤどおりに正常に運行された場合の時間を示している。あくまでも目安と考え、駅などでは常に最新情報を得るように心がけよう。

■鉄道最新情報
TEL 08457484950
inet www.nationalrail.co.uk
トップページの下にある「LIVE DEPARTURES & ARRIVALS」で出発か到着を選び、運行状況を知りたい駅名を入力する。

東部のオペレーター

ワン・アングリア One Anglia
TEL 08456007245　Inet www.onerailway.com

ロンドンのターミナル駅：リヴァプール・ストリート駅
行き先：コルチェスター、イプスウィッチ、ノーリッジ、ハーリッジ、ケンブリッジ、イーリー、キングズ・リン、ノーリッジ、スタンステッド空港

ハル・トレインズ Hull Trains
TEL 08450710222　Inet www.hulltrains.co.uk

ロンドンのターミナル駅：キングズ・クロス駅
行き先：ドンカスター、セルビー、キングストン・アポン・ハル

ファースト・キャピタル・コネクト First Capital Conect
TEL 08450264700　Inet www.firstcapitalconnect.co.uk

ロンドンのターミナル駅：キングズ・クロス駅
行き先：ケンブリッジ、イーリー、キングズ・リン、ピーターバラ、スティーヴェネージ

シー・トゥ・シー c2c
TEL 08456014873　Inet www.c2c-online.co.uk

ロンドンのターミナル駅：リヴァプール・ストリート駅、フェンチャーチ・ストリート駅
行き先：シューベリネス、サウスエンド、アップミンスター

南部のオペレーター

ファースト・キャピタル・コネクト First Capital Conect（テムズリンク線Thameslink）
TEL 08450264700　Inet www.firstcapitalconnect.co.uk

ロンドンのターミナル駅：キングズ・クロス・テムズリンク駅
行き先：ウィンブルドン、ガトウィック空港、ルトン空港、ブライトン

サウス・イースタン・レイルウェイ South Eastern Railway
TEL 08450002222　Inet www.southeasternrailway.co.uk

ロンドンのターミナル駅：ヴィクトリア駅、チャリング・クロス駅
行き先：ガトウィック空港、カンタベリー、ドーヴァー、ヘイスティングズ

サザン・レイルウェイ Southern Railway
TEL 08451272920　Inet www.southernrailway.com

ロンドンのターミナル駅：ヴィクトリア駅、チャリング・クロス駅
行き先：ブライトン、ガトウィック空港、サウサンプトン、ポーツマス、ヘイスティングズ、イーストボーン

サウス・ウエスト・トレインズ South West Trains
TEL 08456000650　Inet www.swtrains.co.uk

ロンドンのターミナル駅：ウォータールー駅
行き先：ウィンザー、ポーツマス、エクセター、サウサンプトン、ソールズベリ、レディング、ベイジングストーク、ボーンマス

中西部・ウェールズのオペレーター

ファースト・グレート・ウエスタン First Great Western
TEL 08457000125　Inet www.firstgreatwestern.co.uk

ロンドンのターミナル駅：パディントン駅
おもなターミナル駅：ブリストル・テンプル・ミーズ駅、エクセター駅、カーディフ駅
行き先：ウィンザー、ガトウィック空港、モートン・イン・マーシュ、バース、ブリストル、エクセター、サウサンプトン、ブライトン、ポーツマス、プリマス、ペンザンス、セント・アイヴス、チッペナム、ソールズベリ、カーディフ

アリーヴァ・トレインズ・ウェールズ Arriva Trains Wales
TEL 08456061660　Inet www.arrivatrainswales.co.uk

おもなターミナル駅：カーディフ駅、ブリストル・テンプル・ミーズ駅
行き先：ソールズベリ、バース、ブリストル、エクセター、プリマス、ペンザンス、カーディフ、スウォンジー、バンガー、コンウィ、スランドゥドゥノ、バーミンガム、シュルーズベリー、チェスター、グロスター、リヴァプール、マンチェスター

中部のオペレーター

ミッドランド・メインライン Midland Mainline
TEL 08457125 678　inet www.midlandmainline.com

ロンドンのターミナル駅：セント・パンクラス駅
行き先：ルトン空港、ノッティンガム、レスター、ヨーク、リーズ、マンチェスター

セントラル・トレインズ Central Trains
TEL (0121)6342040　inet www.centraltrains.co.uk

おもなターミナル駅：バーミンガム・ニュー・ストリート駅
行き先：リヴァプール、マンチェスター、シェフィールド、ノッティンガム、ピーターバラ、イーリー、ノーリッジ、ケンブリッジ、スタンステッド空港、カーディフ

シルバーリンク・トレインズ Silverlink Trains
TEL 08456014868　inet www.silverlink-trains.com

ロンドンのターミナル駅：ユーストン駅
行き先：ノーザンプトン、リッチモンド、ワトフォード、ミルトン・キーネス

チルターン・レイルウェイズ Chiltern Railways
TEL 08456005165　inet www.chilternrailways.co.uk

ロンドンのターミナル駅：マリルボン駅
行き先：バーミンガム、レミントン・スパ、ストラトフォード・アポン・エイヴォン

北部・湖水地方・スコットランドのオペレーター

ノーザン・レイル Northern Rail
TEL 08450000125　inet www.northernrail.org

おもなターミナル駅：リヴァプール・ライム・ストリート駅、リーズ・シティ駅
マンチェスター・ピカデリー駅、マンチェスター・ヴィクトリア駅
行き先：マンチェスター、ストーク・オン・トレント、ヨーク、リーズ、ハロゲイト、ダラム、ニューキャッスル・アポン・タイン、セトル、カーライル、ランカスター、プレストン、キングストン・アポン・ハル、スカーボロ、ウィットビー、ミドルズボロー

トランスペナイン・エクスプレス TransPennine Express
TEL 08456001671　inet www.tpexpress.co.uk

おもなターミナル駅：マンチェスター・ピカデリー駅、リーズ・シティ駅
行き先：ヨーク、リーズ、湖水地方（ウィンダミア、ケンダル）、ランカスター、プレストン、リヴァプール、ダラム、ニューキャッスル・アポン・タイン、スカーボロ

グレート・ノース・イースタン・レイルウェイ GNER（Great North Eastern Railway）
TEL 08457225333　inet www.gner.co.uk

ロンドンのターミナル駅：キングズ・クロス駅
行き先：ピーターバラ、ドンカスター、リーズ、ヨーク、ダーリントン、ダラム、ニューキャッスル・アポン・タイン、エディンバラ、グラスゴー、アバディーン

ファースト・スコットレイル First ScotRail
TEL 08456015929　inet www.firstscotrail.com

おもなターミナル駅：グラスゴー・クイーン・ストリート駅、エディンバラ・ウェイヴァリー駅
行き先：パース、スターリング、アバディーン、インヴァネス、フォート・ウィリアム、カーライル、ニューキャッスル・アポン・タイン、ロンドン・ユーストン駅

全国規模

ヴァージン・トレインズ Virgin Trains
TEL 08707891234　inet www.virgintrains.co.uk

ロンドンのターミナル駅：ユーストン駅
行き先：VT1（ペンザンス～バーミンガム～グラスゴー）
VT2（ブライトン～バーミンガム～マンチェスター～グラスゴー）
VT3（ペンザンス～アバディーン）　VT4（ロンドン～ホーリーヘッド）
VT5（ロンドン～バーミンガム）　VT6（ロンドン～グラスゴー）
VT7（ロンドン～マンチェスター）　VT8（ロンドン～リヴァプール）

北アイルランドでは、ノーザン・アイルランド・レイルウェイズN I Railwaysが運行している。おもな路線はベルファスト～ダブリン、ベルファスト～デリー／ロンドンデリーなど。

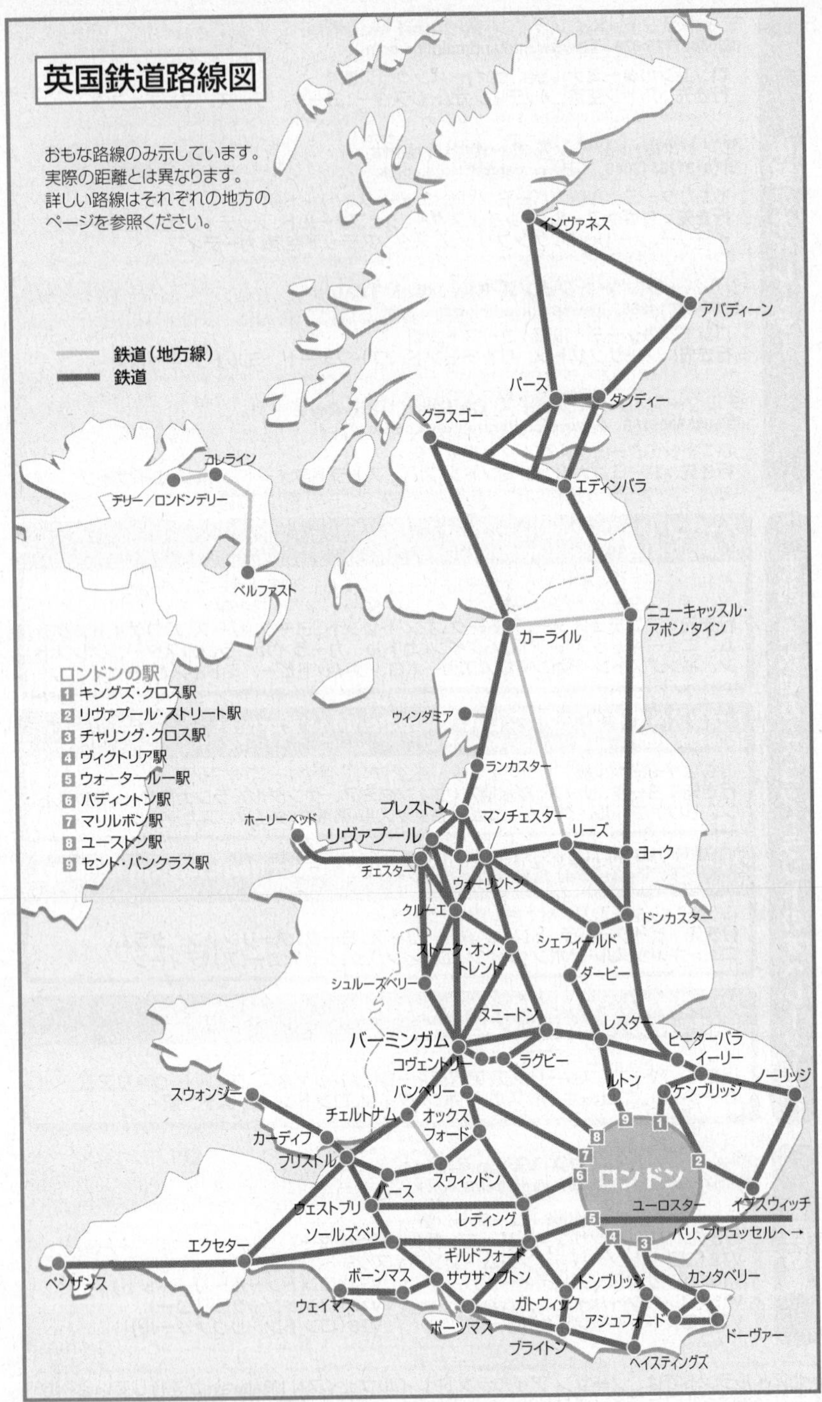

英国鉄道路線図
おもな路線のみ示しています。
実際の距離とは異なります。
詳しい路線はそれぞれの地方のページを参照ください。
鉄道（地方線）
鉄道
ロンドンの駅
1 キングズ・クロス駅
2 リヴァプール・ストリート駅
3 チャリング・クロス駅
4 ヴィクトリア駅
5 ウォータールー駅
6 パディントン駅
7 マリルボン駅
8 ユーストン駅
9 セント・パンクラス駅
インヴァネス
アバディーン
パース
ダンディー
グラスゴー
エディンバラ
コレライン
デリー／ロンドンデリー
ベルファスト
ニューキャッスル・アポン・タイン
カーライル
ウィンダミア
ランカスター
プレストン
マンチェスター
ホーリーヘッド
リヴァプール
リーズ
ヨーク
チェスター
ウォーリントン
クルーエ
ドンカスター
シェフィールド
ストーク・オン・トレント
ダービー
シュルーズベリー
ヌニートン
レスター
バーミンガム
ピーターバラ
イーリー
コヴェントリー
ラグビー
ノーリッジ
ルトン
ケンブリッジ
バンベリー
スウォンジー
チェルトナム
オックスフォード
カーディフ
ブリストル
スウィンドン
ロンドン
バース
イプスウィッチ
ウェストブリ
レディング
ユーロスター
ソールズベリ
パリ、ブリュッセルへ→
ギルドフォード
エクセター
ボーンマス
サウサンプトン
トンブリッジ
カンタベリー
ペンザンス
ウェイマス
ガトウィック
アシュフォード
ポーツマス
ドーヴァー
ブライトン
ヘイスティングズ

列車の種類

列車に区別なし、特急料金もなし

ほかのヨーロッパ諸国と同じように、英国にも高速列車がある。最高時速250kmを誇る車両も運転されている。だが、多くの列車には名前が付いてはいない。もちろん、全部が普通列車というわけではなく、特急的な存在の列車も多いが、普通列車と区別する特定の呼ばれ方はない。したがって、速い列車に乗ったからといって特急料金などを払う必要はない。ただ、昔から運行を続けている名物列車のいくつかに名前（フライング・スコッツマン、ハイランド・チーフタンなど）が付いている。

寝台列車

イギリスで走っている寝台列車は、スコットランド方面へ行くカレドニアン・スリーパーCaledonian Sleeperと南西部のペンザンス方面へ向かうナイト・リビエラ・スリーパーNight Riviera Sleeperのふたつ。寝台料金は1等（シングル）が£39.00、2等（ツイン）が£33.00。簡単な朝食サービスも料金に含まれている。いずれも人気路線なので、利用したい人は早めに予約しておこう。

窓を開けて外からドアを開ける古い車両

オールド・スラム・ドアOld Slam Doorと呼ばれる古い形式の車両ドアの開け方は、窓を下ろして手を窓の外に出し、取っ手を探す。つまり、必ず外から開けなければならないのだ。最近ではこの形式の車両は主要路線ではあまり見かけなくなったが、ローカル路線などではよく出くわすので注意したい。

チケットの買い方

大きなターミナル駅ではオペレーターごとに専用の窓口を設けていることもあるが、とりあえずは駅のメイン窓口へ行くのが賢明だろう。

駅員に任せよう

オペレーターの数が多く、チケットの購入や予約が複雑そうに見えるが、切符売り場のスタッフが、いろいろ考えてくれて、一番安いものや、最短で到着できるものなど、希望に見合ったものを販売してくれるので、必要以上に難しく考える必要はない。

夏など観光シーズンの時期には、主要都市の駅の窓口が込み合うことも多いので、早めに駅に着くよう心がけたい。焦って間違ったチケットを購入して、乗り越しをすると罰金になるので、必ず降車駅までのチケットを購入すること。

英語に自信がない人は、行き先、時間、片道Singleか往復Returnを、前もって紙に書いておくというのも手だ。

名前付きの名物列車

●フライング・スコッツマン
The Flying Scotsman
GNERの運行。ロンドンのキングズ・クロス駅とエディンバラを結ぶ高速列車。ロンドン～エディンバラ間をノンストップで結ぶ列車として1928年に運行開始。毎日10:00に出発する列車として長年親しまれてきた。現在の運行時間は4時間22分。

フライング・スコッツマンのエンブレム

●ハイランド・チーフタン
The Highland Chieftain
GNERの運行。ロンドンのキングズ・クロス駅からスコットランドのインヴァネスへ向かう高速列車。昼の12:00（日曜は12:30）にキングズ・クロス駅を出発し、8～10時間かけてハイランドへ。

旧式の列車のドアは窓から手を伸ばして外側からガチャンと開ける

本当に遅れます
イギリスの鉄道が遅れるのは有名ですが、予想以上です。また、遅れるとアナウンスで言っていても急に列車が予定どおりに来ることもありました。乗り継ぎを計画するのはかなり慎重にしないと大失敗につながります。日曜日はできるだけ長距離の移動を避けたほうがいいと思います。
（広島県　岩永恭子　'05年1月）

チケットの種類

座席の等級

ファーストクラス(1等)とスタンダードクラス(2等)がある。ファーストクラスはスタンダードクラスのほぼ1.5倍の値段。しかし、急行料金、特急料金といった追加料金はない。

指定席

日本のように自由席の車両と指定席の車両に分かれているわけではなく、座席の目立つ所に指定席を示す紙が刺さっている。他人の指定席に勝手に座ると、罰金の対象になる。座席指定料などはオペレーターによっても異なるが、だいたいファーストクラスで£2.00、スタンダードクラスなら£1.00のことが多い。

オペレーターによる違い

同一路線にふたつ以上のオペレーターが入っている場合、料金設定はオペレーターによって異なる場合もある。オペレーターを指定したチケットを購入したときには、その会社の列車に乗車しなければならない。もし違う列車に乗車してしまったら、車内で追加料金を取られることになる。

このような予約票が刺さっていたら指定席。これはGNERの列車

多くのオペレーターが乗り入れるリーズのシティ駅

バスの代替輸送
エディンバラからロンドンに帰るときも日曜にあたり、案の定直行便が出ず、列車とバスを3回乗り継いで移動しました。このときは20kgのスーツケースを持参していたので、かなり苦労しました。このようなバスによる代替輸送には参りましたが、列車とバスへの誘導はかなり迅速で、ていねいでした。何人ものスタッフが立っていて安心しました。(広島県　岩永恭子 '05年1月)

現地で購入する各種割引チケット

往復割引や早期予約割引、オフピーク割引など多くの種類があり、正規料金と比べてかなり割安になっているので、賢く利用したい。しかし、割引チケットによっては、オペレーターごとにさまざまな条件があり、ヴァージン・トレインズなどのように独自の割引システムをもつ会社もある。一般的に制約が厳しくなればなるほど割引率が高くなる。いずれも現地でのみ購入可能。

スタンダード・オープン Standard Open

記載された日から1ヵ月間有効のチケット。シングル(片道)とリターン(往復)がある。途中下車可能。

スタンダード・デイ Standard Day

チケットに記載されている日付の往復チケット。どの時間帯でも利用できる。シングル(片道)とリターン(往復)がある。途中下車可能。

チープ・デイ Cheap Day

オフピークの時間帯(月~金曜の朝・夕のラッシュ時以外)にのみ利用できる日帰り用切符。オフピークの時間帯は地域や路線により異なるが、早いところで7:30、遅いところでも10:00を過ぎれば使用可能。長距離の場合は適用されないこともある。片道と往復がある。

セイバー Saver

50マイル(約90km)以上の行程に適用。往路はチケットに

ロンドン~エディンバラ間の割引料金の例

- スタンダード・オープン・シングル£110.00
- スタンダード・オープン・リターン£220.00
- セイバー・シングル£93.10
- セイバー・リターン£94.10

ロンドン~ドーヴァー間の割引料金の例

- スタンダード・デイ・シングル£22.50
- スタンダード・デイ・リターン£23.90
- チープ・デイ・シングル£22.00
- チープ・デイ・リターン£22.10

記載された期日。復路は1ヵ月以内に利用する。途中下車は往路、片道は不可。復路のみ可能。

スーパー・アドバンス Super Advance

出発前日の18:00までに購入すると割引になる。片道と往復がある。往路Outward Journeyは予約時に指定した便しか利用できない。会社によって名称が違うこともある。

エイペックス Apex

1週間以上など、決められた期日以前に予約することでかなり安くなる。往復だとさらに安くなる。150マイル以上の長距離路線のみ適用される。

現地で購入する周遊券

オペレーターや地域別に乗り放題チケットや周遊券が数多く発売されている。いずれも購入は現地で。

オール・ライン・ローバー・チケット All Line Rover Ticket

ブリットレイルパスと同じようなチケットだが、イギリスで購入可能。若干の例外はあるが、すべてのオペレーターの全線に使用可能。7日間、14日間のチケットがある。

セトル&カーライル・ラウンド・ロビン Settle & Carlisle Round Robin

ニューキャッスル・アポン・タイン〜ヨーク〜リーズ〜ヨークシャー・デイル〜カーライルの周遊券。

フリーダム・オブ・スコットランド Freedom of Scotland

スコットランド内全線、スコティッシュ・シティ・リンクの一部バス路線やフェリー、グラスゴー地下鉄にも適用される。

レイルカード

レイルカードは購入時に提示すれば、正規運賃の3分の2でチケットが買えるカード。平日のピーク時は割引が適用されないなどの制限があるが、うまく利用すれば移動費を抑えられ、切符の自販機でも割引が適用される。1年間有効。購入時には身元証明書と写真が1枚必要になる。

ヤング・パーソンズ・レイルカード Young Persons Railcard

対象は16〜25歳だが、学生は26歳以上でも利用できる。多少の制限はあるが、チケット購入時に提示すれば、路線にもよるが、ほぼ3分の2の金額で購入できる。

シニア・レイルカード Senior Railcard

60歳以上が対象。ロンドンやイングランド南東部は割引の対象外。

ファミリー・レイルカード Family Railcard

大人1人、子供（5〜15歳）1人のペアが最小グループで、大人は最高2人、子供は4人まで登録できる。

ロンドンのパディントン駅のチケット売り場。本日分と翌日以降に分かれている

各種周遊券の詳細

Inet www.nationalrail.co.uk/promotions/rangers_and_rovers.html

オール・ライン・ローバー・チケット

●スタンダード
7日£375.00
14日£560.00
●ファースト
7日£565.00
14日£860.00

セトル&カーライル・ラウンド・ロビン

1日券のみ£35.00

フリーダム・オブ・スコットランド

8日間のうち4日間有効
£96.00
15日間のうち8日間有効
£130.00

ロンドンのキングズ・クロス駅の鉄道インフォメーション

ヤング・パーソンズ・レイルカード

£20.00
Inet www.youngpersons-railcard.co.uk

シニア・レイルカード

£20.00
Inet www.senior-railcard.co.uk

ファミリー・レイルカード

£20.00
Inet www.family-railcard.co.uk

ブリットレイルパス

イギリス旅行の強い味方は、何といっても鉄道パス。切符売り場の窓口の長い列に並ぶ必要はないし、列車を間違えても、チケットを買い直したりする心配もない。鉄道を使って広く動き回ろうと考えている人にとって、これほど便利なものはない。いずれのパスも地下鉄は適用外。夜行列車は寝台券が別途必要になる。

なお、ブリットレイル・クラシックパスなどいずれのパスも、イギリス国内で購入することはできない。日本での申し込みは『地球の歩き方 旅プラザ』まで。

ブリットレイル・クラシックパス
Britrail Classic Pass

北アイルランドを除くイギリスのすべての鉄道に乗り放題の通用日連続タイプのパス。

ブリットレイル・フレキシーパス
Britrail FlexiPass

2ヵ月の有効期間のなかから使用する日を選んで使うパス。

ブリットレイル・パーティパス
Britrail Party Pass

3〜9名用のパーティパス。1〜2人目までは通常料金だが3人目からはパスの料金が半額になる。通用日連続タイプとフレキシータイプの2種類がある。同一行動が原則なので、分かれて行動した場合は、パスの適用外となる。

ブリットレイル・イングランドパス
Britrail England Pass

イングランド地域で有効なパス。フレキシータイプのパス、ブリットレイル・イングランドフレキシーもある。

ブリットレイル・ロンドン プラスパス
Britrail London Plus Pass

ロンドンを含むイングランド南東部の鉄道に有効なパス。ヒースロー・エクスプレス、レディング経由の列車、バース、エクセター行きなどの列車は適用外といった制限がある。

ブリットレイル・クラシックパス

有効期間	2等		1等
	16歳以上25歳未満	大人	大人
4日間	1万7800円	2万3700円	3万5600円
8日間	2万5400円	3万3900円	5万1000円
15日間	3万8200円	5万1000円	7万6300円
22日間	4万8300円	6万4400円	9万6900円
1ヵ月間	5万7300円	7万6300円	11万4700円

ブリットレイル・フレキシーパス

有効期間	2等		1等
	16歳以上25歳未満	大人	大人
4日	2万2500円	3万円	4万4500円
8日	3万2600円	4万3400円	6万5100円
15日	4万9300円	6万5700円	9万8000円

ブリットレイル・イングランドパス

有効期間	2等		1等
	16歳以上25歳未満	大人	大人
4日間	1万4200円	1万8900円	2万8500円
8日間	2万 300円	2万7100円	4万 800円
15日間	3万 600円	4万 800円	6万1100円
22日間	3万8700円	5万1500円	7万7600円
1ヵ月間	4万5800円	6万1100円	9万1800円

ブリットレイル・イングランドフレキシー

有効期間	2等		1等
	16歳以上25歳未満	大人	大人
4日	1万8000円	2万4000円	3万5600円
8日	2万6100円	3万4700円	5万2100円
15日	3万9500円	5万2600円	7万8400円

ブリットレイル・ロンドンプラスパス

有効期間	2等		1等
	16歳以上25歳未満	大人	大人
2日間	5700円	7600円	1万1500円
4日間	1万 800円	1万4400円	1万9100円
7日間	1万4400円	1万9100円	2万5400円

※2006年6月現在「地球の歩き方 旅プラザ」調べ

■「地球の歩き方 旅プラザ」新宿
〒160-0022　東京都新宿区新宿3-1-13
京王追分ビル5階
TEL (03) 5362-7300　FAX (03) 5362-7321
開 月〜金10:30〜18:00
土12:00〜18:00　休 日・祝

■「地球の歩き方 旅プラザ」大阪
〒530-0001　大阪市北区梅田2-5-25
ハービスプラザ3階
TEL (06) 6345-4401　FAX (06) 6343-7197
開 月〜土11:00〜20:00　休 日・祝

■「地球の歩き方 旅プラザ」ホームページ
Inet www.arukikata.co.jp/eurail

路線別鉄道料金と距離

	コルチェスター	イプスウィッチ	ノーリッジ
ロンドン	£18.70／84km	£26.80／111km	£35.80／185km
コルチェスター		£5.00／27km	£12.90／101km
イプスウィッチ			£10.90／74km

	ロンドン	ケンブリッジ	イーリー
ケンブリッジ	£17.90／93km		
イーリー	£20.50／117km	£4.10／24km	
キングズ・リン	£25.50／160km	£9.30／67km	£5.60／43km

	カンタベリー	アシュフォード	ドーヴァー
ロンドン	£18.70／99km	£17.20／90km	£22.50／124km
カンタベリー		£4.90／23km	£5.20／25km
アシュフォード			£7.00／34km

	ロンドン	ソールズベリ	エクセター
ソールズベリ	£25.20／134km		
エクセター	£45.40／277km	£23.50／143km	
ペンザンス	£68.00／389km	£53.60／255km	£28.40／112km

	ピーターバラ	リーズ	ヨーク
ロンドン	£31.50／123km	£70.60／299km	£71.00／303km
ピーターバラ		£43.00／176km	£43.50／174km
リーズ			£8.80／41km

	ヨーク	リーズ	マンチェスター
リーズ	£8.80／41km		
マンチェスター	£16.80／110km	£12.70／69km	
リヴァプール	£29.10／166km	£20.30／125km	£8.30／56km

	オックスフォード	コヴェントリー	バーミンガム
ロンドン	£18.80／102km	£47.00／186km	£54.00／216km
オックスフォード		£17.00／84km	£20.00／114km
コヴェントリー			£3.40／30km

	ロンドン	バース	ブリストル
バース	£54.00／172km		
ブリストル	£56.00／190km	£5.80／18km	
カーディフ	£64.00／234km	£12.90／62km	£10.10／44km

	ニューキャッスル・アポン・タイン	エディンバラ	グラスゴー
ヨーク	£21.30／129km	£63.50／329km	£63.50／422km
ニューキャッスル・アポン・タイン		£39.00／200km	£50.00／293km
エディンバラ			£9.90／93km

	エディンバラ	パース	アバディーン
パース	£11.10／91km		
アバディーン	£34.90／210km	£24.40／150km	
インヴァネス	£51.50／282km	£41.70／191km	£21.50／174km

※料金は割引なしの平日大人1名片道料金　※距離は路線図から算出した目安

バスで移動する

コーチCoachと呼ばれるイギリスの長距離バスは、小さな町から大きな町へと、移動に大活躍。

イギリスの長距離バスはコーチCoachと呼ばれる。昔は箱型で屋根、両ドア付きの大型四輪馬車のことだった。時が移り、姿も動力も変わってしまったのに、名前だけは残った。コーチも鉄道に劣らぬほど充実した路線網をもっている。鉄道よりは一般的に時間がかかってしまうが、ロンドンから各都市に行く場合には、鉄道の約半分のお金で済むこともある。

代表的なバス会社

ナショナル・エクスプレス National Express

イングランドとウェールズ全域を網羅するイギリス最大のバス会社。長距離路線が多く、小さな町には停車しない。

スコティッシュ・シティ・リンク Scottish City Link

スコットランドの主要都市を結ぶ。ローカル路線もある。

アルスター・バス Ulster Bus

ベルファストなど北アイルランドを中心に路線網をもつ。

ファースト First

これといった分担エリアはないが、英国全土に多くの会社を傘下にもつ連合。市内交通をはじめ、近距離、中距離に強い。

ステージコーチ Stagecoach

近郊都市など中距離路線に強い。傘下のメガバスは長距離の格安路線を運営している。

チケットの買い方

バスステーションのチケットオフィスで購入する。ロンドン～エディンバラ間など人気の長距離路線は前日までに予約しておきたい。特にロンドンのヴィクトリア・コーチステーションのチケットオフィスはいつも込んでいるので、早めに到着したい。

小銭を用意しよう

バスステーションのない小さな町やバス停のみの所は、バスの車内でチケットを買うのが一般的。バスに乗り込んだ際、運転手に目的地、片道か往復かを告げるとメーターに料金が提示される。釣り銭は用意されていないことが多いので、小銭や小額紙幣はいつも用意しておこう。

バスの車内

基本的に自由席なので、座りたい席に座ればよい。小さな町

代表的なバス会社

●ナショナル・エクスプレス
inet www.nationalexpress.com
●スコティッシュ・シティ・リンク
inet www.citylink.co.uk
●アルスター・バス
inet www.translink.co.uk/atulsterbus.asp
●ファースト
inet www.firstgroup.com
●ステージコーチ
inet www.stagecoachbus.com
●メガバス
inet www.megabus.com
主要都市間を中心に格安バス路線をもつ。
●アリーヴァ
市内、近郊バスをおもに運営する全国規模のバス会社。
inet www.arriva.co.uk
●ラプソンズ
スコットランド北部、オークニー諸島の市内、近郊バスを運営している。
inet www.rapsons.co.uk
●トラベライン（ローカルバスなどの情報）
inet www.traveline.org.uk
●トラベル・サーチ（バスの時刻表検索）
inet www.carlberry.co.uk

ロンドンのヴィクトリア・コーチステーション

バーミンガムのディグベス・コーチステーション

で降りるときは、乗り込むとき、自分の行き先を運転手に告げるとともに、「着いたら教えて」とひと声かけてから席に着こう。トイレは付いていないことが多く、長距離路線ではトイレ休憩がある。

湖水地方を走るステージコーチのバス車内

バスの割引チケットを利用する

鉄道と同じように往復割引やAPEX早期予約割引、パスなどがあり、チケットオフィスで購入できる。

ブリット・エクスプローラー・パス Brit Xplorer pass

ナショナル・エクスプレスの全路線が乗り放題になるパス。旅行者専用で、7日、14日、28日用がある。座席予約も可能。

ルート・シックスティ route sixty

60歳以上が対象の割引。ナショナル・エクスプレスのほとんどの路線が半額になる。カード作成の必要はなく、パスポートなどを提示すればよい。

ブリット・エクスプローラー・パス

●Hobo（7日間）
料£79.00
●Foot Loose（14日間）
料£139.00]
●Rolling Stone（28日間）
料£219.00
スコティッシュ・シティ・リンクの路線では使用できない。

ロンドンからのバス料金と所要時間

	運賃	所要時間
カンタベリー	£11.40	2時間
ドーヴァー	£11.50	3時間
ペンザンス	£35.50	9時間55分
ソールズベリ	£14.00	3時間30分
バース	£16.50	3時間40分
ブリストル	£16.50	2時間45分
チェルトナム	£17.00	3時間10分
オックスフォード	£12.00	1時間40分
バーミンガム	£14.50	3時間
コヴェントリー	£14.40	2時間10分
ノッティンガム	£16.80	3時間25分
ケンブリッジ	£10.00	2時間20分
ストーク・オン・トレント	£19.00	4時間35分
リヴァプール	£22.00	5時間25分
マンチェスター	£21.00	5時間20分
ウィンダミア	£29.00	8時間7分
ヨーク	£24.50	5時間5分
リーズ	£19.20	4時間25分
カーディフ	£19.00	3時間35分
グラスゴー	£31.00	9時間15分
エディンバラ	£31.00	9時間40分
インヴァネス	£40.00	12時間36分
ベルファスト	£52.00	13時間20分

※料金は割引なしの大人1名　※所要時間は直通便に乗車したときの目安

ストーク・オン・トレントのバスステーション

スコティッシュ・シティ・リンクのバス車内

多くのバスが発着するリーズのコーチステーション

レンタカー事情

イギリスは日本と同じ左側通行の国。マナーもよく運転もしやすい環境だからレンタカーもどんどん利用してみよう。

ロードマップは必携

この先ラウンドアバウトありの標識

イギリスは日本同様、「右ハンドル、左側通行」。そのため、運転がしやすい国だといえる。ただし、ひとつだけ違う点は交差点の渡り方。イギリスの交差点は、ほとんどが信号のないロータリー式（ラウンドアバウト）になっているのだ。

ラウンドアバウトの渡り方

まず、ロータリーに入ると進行方向に関係なく左にハンドルを切り、時計回りに周回しながら行き先の道へと進む。この際、右からの車が優先される。つまり、交差点に入るとき、右に見える車があったらとにかく停止して先に行かせる。このことを覚えておこう。ロータリー内の車線は次の出口へ曲がる車は外側を走る。内側で慌てて車線変更をして外に出るような運転が最も危険。うまく外側に出られなければもう1周すればよい。

制限速度と道路の種類

イギリスの道路には、3種類あり、MとAとBの3種類に区分されている。

M道路は高速道路

Mの付く道路はモーターウエイMotorwayのことで、日本の高速道路にあたるものだが、最高時速はぐっと速くて112km（70マイル）。うれしいことにM道路は基本的に無料。

Aは幹線道路

A道路はM道路以外の幹線道路で、日本でいうなら国道一級線にあたる。デュアル・キャリッジウエイDual Carriagewayと呼ばれる片側2車線、計4車線の部分では、最高時速112km（70マイル）。そのほかでは、少し落ちて96km（60マイル）となっている。

Bはのんびりいなか道

3番目は、B道路。車1台がやっと通れるくらいの道もある。最高時速は48km（30マイル）。M、A道路が結ぶ都市は、列車やコーチでも行くことができる。それに対して、公的交通機関のないいなかの小さな町へと、人々を運んでくれるのがこのB道路。イギリスを車で旅する喜びは、すべてB道路にありといえるほどだ。

ロンドンにあるレンタカー会社

●JEMレンタカー
日本語で予約ができる。オートマチック車の手配もOKなのがうれしい。
TEL（020）83582345
Inet jemuk.co.uk

家畜の横断に注意

いなか道を走っていると、ときどき車が数台連なっていることがある。渋滞と思い、乗り出して見てみるとウシやヒツジの群れがのんびり道路を横切っていたりする。そんなときは、すぐに速度を落とし、必要ならストップして、彼らが無事通り過ぎるのを見届けよう。むやみにクラクションを鳴らして驚かしてはいけない。のどかな光景として観賞するくらいの余裕をもってほしい。

桁数でも道路がわかる

M、A、Bのどれも、この文字のあとに数字が付く。M1とか、A30とかいった具合。数字が小さいほど、重要とみていい。一般に、B道路の4ケタなどは、あまり広くない道ということが想像できるが、イギリスのすばらしい風景を楽しむのにはもってこい。

湖水地方のケズィックにあるレンタカーオフィス

ガソリンスタンド

イギリスでは、ガソリンスタンドのことをペトロール・ステーションPetrol Stationという。レンタカーを借りるときはガソリン（Petrol）のグレード（星のマークで2つ、3つというように表示される）を確かめておこう。

セルフサービスのガソリンスタンド

セルフサービス式での給油方法

イギリスでは自分で給油するセルフサービス式が多い。まず給油口を開けて蓋を取りはずし、ガソリンホースを差し込む。差し込み口はピストルのグリップのようになっていて、引き金を引き続けるとその間ガソリンが流れ込む。タンクがいっぱいになったら自動的に止まる。ほとんどのガソリンスタンドでは量と値段が瞬時に表示されるようになっている。このデータは店内でもチェックされているので、どれだけ入れたかを告げる必要はない。

駐車場

路上パーキングはお金を入れてチケットを取る

どこの町にも路上パーキング・エリアと地方自治体などによる無料駐車場、チケットやコインによる有料駐車場の3種が豊富にある。ロンドンなど大都市中心部では見つけにくいので、慣れないうちは車での乗り入れは控えよう。

レンタカー

空港や主要な観光地でなら、ほとんどどこででもレンタカーを借りることができる。ただし、絶対数は多くはなく、夏のシーズンは予約が必要なこともあるので、早めに予約しておこう。湖水地方やコッツウォルズなどは人気観光地だが、村の規模が小さくレンタカーは限られている。春～夏のシーズンに訪れる人は日本で予約したほうが安心だ。日本で予約を入れた場合は、予約確認書、国際運転免許証、日本の運転免許証、クレジットカードの提示とサインのみで車のキーを手渡してくれる。手続きや言葉に不安がある人も日本で手配していればスムーズに借りることができる。

大手のレンタカー会社では、日本で予約した場合の割安な料金プランを設定している。たとえば、ハーツの場合ヨーロッパ・アフォーダブルという日本で予約し、現地でクレジットカ

レンタカー会社 日本での予約先

●ハーツ
無料 0120-489882
inet www.hertz-car.co.jp
●バジェット
無料 0120-150-801
inet www.budgetrentacar.jp
●エイビス
無料 0120-311-911
inet www.avis-japan.com

レンタカーの年齢制限

イギリスでは、レンタカーを借りて運転できる人に、年齢制限を設けている会社が多い。おおむね25歳以上75歳未満なら問題ないようだが、この範囲外の場合は保険の内容が異なったり、追加料金がかかったり、あるいは借りられないことがある。詳しくはレンタカー会社へ。

ヒースロー空港にあるハーツレンタカーの受付

海外ドライブも安心 JAF会員になっておこう

日本のJAFは、国際旅行同盟（AIT）と国際自動車連盟（FIA）の両国際機関に加盟している。そのため、JAF会員は、イギリスのAAやRACでも現地の会員に準じたサービスを受けることができる。入会の申し込みは、各支部窓口、ウエブサイト、入会申込用紙郵送のいずれかの方法で。詳しくは問い合わせを。

●JAF（社団法人日本自動車連盟）
inet www.jaf.or.jp
●RAC（英国王立自動車クラブ）
inet www.rac.co.uk
ルート検索もできて便利。
●AA（英国自動車協会）
inet www.theaa.com

ード払いにすると適用される事前予約割引システムがある。車種や日数別に走行距離無制限で料金が設定され、税金や保険も含まれている。8日委譲は料金が1日刻みで設定され無駄なく利用することができる。

エイビスでも事前割引がある。日本で予約、円建てでバウチャー（利用券のようなもの）を買っておくシステムだから現地で支払う必要がない。エイビスは、フランスやドイツの国鉄と提携した「レイル＆ドライブ」があるので大陸へも足を延ばそうという人には便利だろう。

営業所が多く車種も豊富なのが大手のレンタカー会社のメリットだ。地図やコンピューターによる道案内サービスなどソフト面も充実している。

現地での手続き

現地で直接借りる場合は、国際運転免許証、日本の運転免許証（もし、提示を求められれば）、クレジットカードを各レンタカー会社のオフィスに提示し、書類に必要事項を記入する。クレジットカードがなくても借りることはできるが、保証金を預けるなどの手続きが必要。

AT車の確保は難しい

マニュアル車が一般的。高級車以外の小·中型車はとくにオートマチック車が少なく、予約しても確保できないことが多い。

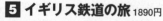

出発前に点検しよう

足回りやヘッドライト、ウィンカー、ワイパーの位置（日本と同じ右ハンドルでもウィンカーとワイパーの位置は逆になっていることが多い）などを、ひととおり操作してから、ゆっくりと出発しよう。慣れてくるまでは、なるべくスピードを抑えて走るようにしよう。

保険内容の確認

保険は大手のレンタカー会社ならセットになっていて、万一の事故にも対処できるが、中小のレンタカー会社なら保険内容をチェックしておこう。もしものときのためにすべてのケースについて補償のある保険（Whole InsuranceまたはFull Protection）をかけること。

返却時は満タンに

レンタカーの返却方法はいたって簡単。返却する前に必ずガソリンを満タンにし、ボディの傷の有無を確認してレンタカーオフィスにキーを返し、精算すればよい。係員が車のチェックをするが、あっけないほど早く終わってしまうことが多い。

高速で買える地図

車をレンタルしたら地図が必要ですよね。イギリスの高速道路のサービスエリアを運営しているのは、ロードシェフRoadshefとウェルカム・ブレイクWellcome Breakとモトmoto。それぞれのサービスエリアでレストランやショップに違いがあります。地図もそれぞれのショップ売っていますが、一番安かったのはロードシェフの£2.99の地図でした。

（東京都　ちゃまん　'05夏）

イギリスのカントリーサイドの旅はレンタカーが便利！

レンタカードライブに役立つ会話

●4WD車を予約している地久です。これが予約確認書です。
My name is Chikyu. I have reserved to rent a 4WD car.This is a confirmation.

●エコノミークラスのオートマチック車を借りたいのですが、明日から1週間空いてますか？
Do you have a economy-class automatic transmission sendan for a week from tomorrow?

●マンチェスターで乗り捨てすることはできますか？
Is it possible to drop the car off at Manchester?

●10リットル（満タンで／10ポンド分）お願いします。
10 litters, please. （Fill it up,please.／for 10 pound）

●ガソリンの入れ方を教えてください。
Can you tell me how to fill the petrol, please

●オイル、タイヤの空気をチェックしてください。
Please check the engine oil and air pressure.

●ここの地域の道路地図をください。
Can I have a road map of this area, please?

●今日、予約を入れている旅島です。到着が遅れそうなのですが、必ず行くのでキャンセルしないでください。
My name is Tabijima. I have a reservartion for tonight. I might arrive late tonight, but will certainly go there. So please do not cancell the reservation.

●レンタカーの返却時間に間に合いそうにありません。
I might not be able to return the car in time.

●車が故障しました。場所は、ランカスターからM6ハイウェイを南に向かって50km走ったところです。
My car has just broken down. I am at 50km south of Lancaster on M6 Moterway.

●事故を起こしました。警察と救急車をお願いします。
I had an accident. Please call the police and an ambulance.

●荷物を盗まれました。どうすればよいでしょう。
My bags have been stolen. Can you tell me what I have to do ?

●駐車場付きのホテルを探しています。
I am looking for a hotel with parking.

ホテルの探し方

領主の館「マナーハウス」から夏に開放される学生寮まで旅のスタイルや予算に合ったホテルを選ぼう。

イギリスの宿は、バラエティに富んでいる。2段ベッドがずらりと並ぶドミトリー（ユースホステル）から、超高級ホテルのペントハウスまで、まさによりどりみどり。

ホテル

B&Bとほとんど変わらないような設備のところから、古城ホテル、デザイナーズホテルまでさまざま。料金も古城ホテルなどではダブルまたはツインで1泊£150以上するものも多いが、普通の町にある中級ホテルでは、シングル£60〜70、ダブルまたはツインは£100程度が目安となっている。

B&B／ゲストハウス

イギリス独特の宿泊施設B&Bとは、Bed & Breakfastの略。その名のとおり、朝食付きの宿のことだ。イギリスの伝統や文化を愛し多くのイギリス人を知ろうという人は何はともあれB&Bに泊まることことをおすすめする。B&Bとゲストハウス

ホテル予約

「地球の歩き方 旅プラザ」はヨーロッパ個人旅行専門店。特選ホテル、ドミトリーなどを扱っている。

●地球の歩き方 旅プラザ新宿
TEL (03) 5362-7300

●地球の歩き方 旅プラザ大阪
TEL (06) 6345-4401

天蓋付きのベッドの部屋がある豪華ゲストハウス

Information　History　Topics

新たなホテル格付け基準は★

バラバラだった格付け基準　イギリスには全国共通のホテル評価システムや格付けランキングといったものはなかった。ETC（イングリッシュ・ツーリズム・カウンシルEnglish Tourism Council）、AA（英国自動車協会Automobile Association）、RAC（英国王立自動車クラブRoyal Automobile Club）などの5団体が、独自に評価を行ってきた。一定の基準がないので、評価が異なることも少なくなかった。そのため、2006年1月より、英国政府観光庁VisitBritainが中心となり、共通の基準により、全英の宿泊施設の格付けをスタートさせた。2008年までに約80%の宿泊施設が査定を終える予定だ。

新たな評価基準　ダイヤや王冠、アザミといった各団体バラバラだった格付けは1つ星〜5つ星で統一され、宿泊施設の種類は「ホテル」、B&Bなどの「ゲスト・アコモデーション」、ホステルなどの「バジェット(格安)」の3種に分類される。

例えばB&Bの場合は「3つ星ゲスト・アコモデーション」、中級クラスのホテルの場合は「2つ星ホテル」といった具合に表示される。ただしバジェットは星による格付けはされない。

評価基準　1つ星〜5つ星の評価基準の内訳は以下のようになっている。

★　シンプルで実用的、基本的なサービス
★★　充分な設備とサービス
★★★　高水準のサービスと快適さ
★★★★　すべてにおいて優れたレベル
★★★★★　非常に優れており高級

には特に区別はなく、客室数が多いものをゲストハウスと呼ぶ傾向にあるようだ。

B&Bの設備

客室に専用のバス、トイレが付いている場合と、専用のものはないが、共同のバス、トイレが付いている場合とがある。湯わかしポットやティーセット、テレビも付いていることが多い。

B&Bの料金

宿泊料金は町やシーズンにより上下するが、シングルで£15～30、ダブルまたはツインで£30～50程度から。ロンドンならシングル£50以上、ツイン£80ぐらいが相場、いなかのほうでは、シングルルームを探すのはひと苦労。ただ、頼めばダブルやツインでもシングル料金で泊めてくれるところはある。また、経営者が個人の場合が多いので、クレジットカードやT/Cが使えないところが多いことも覚えておこう。

年末年始とハイシーズン

クリスマス～年始にかけて休業するところも多いので、必ず確認をとるようにしよう。ほかにも、夏期のリゾート地のゲストハウスやB&Bでは、1泊のみの客は歓迎されないことがある。

イン Inn

その昔、まだコーチが馬車のことを指していた頃、1階は飲み屋で、その上が宿泊所というインがいたる所にあった。どこにでもあるパブの名前に～Innと付くところが多いのはその名残。下のパブで飲んだり食事をして、上の部屋で寝るという、とても便利な宿だ。部屋のタイプはベッドだけのシンプルなものから、中級ホテル並みの設備を備えたところまで値段も室もさまざま。

マナーハウス

貴族の邸宅や旧家を改築したホテル。町からはずれていることが多いが、手入れの行き届いた広い庭があり、優雅な休日を過ごすことができる。特にコッツウォルズには人気のマナーハウスが多い。結婚式場としても人気。

キャンプ場

イギリス各地には大小さまざまな規模のキャンプ場がある。キャンプ場の利用法を大きく分類すると、自前のテントやキャンピングカーに寝泊まりする場合と、キャラバンやテントを借りてそこに泊まる場合がある。寝床さえ確保できれば、トイレや簡易シャワーなどの設備は整っているので、あとは食料を持ち込むだけ。大きなキャンプ場だと、カフェやスイミングプールなどの施設が併設されていることもある。

愛煙家は注意

イギリスのB&Bは、全館禁煙というのが少なくない。愛煙家は、部屋を決める前に確認をしたほうがいいだろう。客室は禁煙だが、パブリックスペースはOKという場合もある。

宿探しに役立つ英単語

●シャワー、トイレ付き
En Suite アン・スイート
●シャワー、トイレ共同
Standard Room スタンダード・ルーム
Basic Room ベーシック・ルーム
●ひとりあたりの料金
p. p. p.（Price per person）プライス・パー・パーソン
●自炊
Self Cateringセルフ・ケータリング

ボリューム満点のイングリッシュ・ブレックファスト

スコットランドの朝食はハギスが付くことも多い

ローズ・オブ・ザ・マナー Lords of the Manor

コッツウォルズを代表する優雅なマナーハウス。アッパースローターにあり、1650年に建てられた歴史ある館。広大な敷地には庭園や湖もあり、最もイギリスらしい優雅な雰囲気が味わえる。

✉Upper Slaughter, Near Bourton-on-the-Water, Gloucestershire, GL54 2JD
TEL(01451) 820243
FAX(01451) 820696
inet www.lordsofthemanor.com
S £110.00～（朝食付き）
W £170.00～（朝食付き）
●日本の連絡先
ワールドブリッジ
TEL(03) 3562-7878

ただし、どのキャンプ場も町からは離れた所にある。車でアクセスすることが前提になり、利用料金も持ち込む車のタイプ（キャンピングカー／ツーリングキャラバン／乗用車など）や利用する施設（キャラバン／テント）により上下する。でも、たいてい1泊£5.00～10.00程度で済む。

ホステル

イギリスの国際ユースホステル協会はイングランド&ウェールズ、スコットランド、北アイルランドの3つに分かれており、2006年現在で約300軒のホステルが加盟している。これらのユースホステルは、いつも若者でにぎわっているので、予約をしておいたほうが賢明。また、スコットランドや湖水地方などではシーズンオフになると、営業をやめてしまうところも多い。

ユースホステルのドミトリールーム

独立系ホステル

非会員でも宿泊できる独立系のホステルも数多く存在する。設備もよく、町の中心に位置する便利なホステルも増えてきた。個室があるホステルも多いが、普通はツインのみで、シングルはないことが多い。

ホテル予約術

夏のフェスティバル期間中のエディンバラや、大規模なイベントがある時期、古城ホテルなどは例外として、イギリスではグレードや設備などにこだわらなければ、何日も前からホテルを予約する必要はあまりない。

予約の方法

自分で電話するのもいいし、❶のホテル予約サービスを利用するのもいい。ホテルのウエブサイトからオンラインで予約できるところも多い。ウエブサイトにはお得な連泊プランや、朝・夕2食付きプラン、週末割引などがあるかもしれないので、ぜひチェックしてみよう。

早めに到着しよう

新しい町には昼過ぎに到着できるように計画を立てよう。チェックインが16:00以降など遅めになる場合は、予約時に到着時間を伝えておかないと、ホテルが混雑しているときには、予約をキャンセルされてしまうこともあるので要注意。

宿なしにならないために

ホテルの予約をしないで、夜に町に着いてしまった。こんなときは大変だ。B&Bやゲストハウスの多くは夜遅くにチェックインできないからだ。ピンチのときは、少々高くてもホテルを何軒か当たってみよう。トホホな状況にならないために旅程はきちんと立て、最低でも次に訪れる町の宿は前もって予約しておくようにしたい。

☺よい宿の見極め方
最近はメールで予約する方が多いと思いますが、①返事が早い。②地図や道順が詳しく書かれている。③こちらの質問にわかりやすくていねいに答えてくれる。こういうところは親切で「当たり」のところが多い。
（和歌山県　Yukako　'05夏）

予約時のクレジットカード番号について
日本から自分でホテルを予約する際には、保証としてクレジットカードの詳細が必要になる（料金は現地で現金で支払うことも可能）。これを最初から知らせる人もいるが、間違いを避けるために、ホテルからOKの返事が返ってきてからにしたほうが無難だろう。ただし、予約が完了するのはクレジットカード番号を知らせたあとなので、予約することに決めたら早めにカードの種類、カード番号Card Number、有効期限Expire Dateを返信しよう。また、予約をキャンセルするときには、ホテル担当者のサインが入ったキャンセル確認の書面をもらっておくといいだろう。行き違いで、宿泊していないのにクレジットカードから料金を引かれてしまうこともあるが、こうした場合にキャンセル確認の書面があれば抗議することができる。

GROBE-TROTTER TRAVEL GUIDE
Booking request

___/___/___
発信日（日／月／年の順。月の名前は必ず英語で）

______
自分の名前

______
自分の住所

______

Tel：81-______
自分の電話番号（市外局番のゼロは不要）

Fax：81-______
自分のファクス番号（市外局番のゼロは不要）

To：______
ホテル名

______
ホテルの住所

Dear Sir/Madam
I'd like to book for ____ persons the following dates：
宿泊する人数

英語の月名	
1月	January
2月	February
3月	March
4月	April
5月	May
6月	June
7月	July
8月	August
9月	September
10月	October
11月	November
12月	December

Date
Check in：____／______／200____
日　月（英語）　年

Check out：____／______／200____
日　月（英語）　年

Total nights：____　Arrival Time：______
宿泊する日数　ホテルに到着する時間

____single room(s)　____double room(s)
必要な部屋数　必要な部屋数

____twin room(s) ＊ツインを希望してもダブルベッドのことがあります
必要な部屋数

☐ with bath / WC　☐ with shower / WC
バスタブ付き　シャワー付き

Message:
Please confirm my reservation as soon as possible.
I'll send credit card detail in return.
予約をできるだけ早く確認してください。確認できたらクレジットカードの詳細を返信します。

______
______
______

以下は返信時、諸条件を了解のうえ、予約を確定するときに記入

Credit Card クレジットカード
☐ American Express　☐ Diners　☐ Visa　☐ MasterCard　☐ JCB

Card No. ______　Expire Date____／____
番号　有効期限　月（数字）　年

Thanks very much.
Yours faithfully,

______
自筆サイン

メッセージの例

●折り返しFAXで料金を教えてください。
Please advise the price by FAX.
●最寄り駅からの行き方を教えてください。
Please advise how to get there from the nearest station.
●予約確認書をFAXで送信してください。
Please send me a confirmation slip by FAX.

レストランの見つけ方

旅行者にとって毎日の食事は楽しみなもの。カフェテリアやテイク・アウェイでも気軽に世界の料理が食べられるのがうれしい。

レストラン

ロンドンなど大都会を除いて、ネクタイやイブニングドレスの必要なレストランは少ない。だが、高級ホテルなどに宿泊するときや、そこでディナーをとるときは予約時に聞いてみること。これらのレストランでは、ディナーはほとんどコース料理のみで、正装が必要な場合もある。

各国料理

イギリス各地の町にはイタリアや中華、インド料理のレストランも多い。特にロンドンでは、世界各国の料理を味わうことができる。ほかにも、最近では各国料理をイギリス風にアレンジしたモダン・ブリティッシュと呼ばれる料理もある。

日本食

以前はロンドンなど大都市にしかなかった日本料理店だが、回転寿司やヌードルバーが地方都市にも広まりつつある。ヌードルバーはラーメンなどの麺類を出す店で、イギリス人にはヘルシーフードとして、人気急上昇中。日本人からすると「何じゃこりゃ？」というメニューや味付けもあるが、そこはご愛嬌。

パブ

パブは、パブリックハウスPublic Houseの略で、イギリス人にとって欠かせない場所。パブはイギリスの庶民の憩いの場所、社交クラブとして親しまれてきた。パブ体験はイギリス旅行の醍醐味。1日の観光を終えたら、パブでひと休み。旅の思い出を整理したり、翌日のプランを練るには最適の場所だ。

ビターとラガー

パブに欠かせないものは何といってもビール。イギリスのビールには多くの種類があるが、代表的なものはビターとラガーのふたつ。ビター Bitterは色の濃い苦味のあるビール。クリーミーな泡立ちも特徴。ラガーLagerはいわゆる日本人がいつも飲んでいるビール。

エール

エールはしっかりとした苦みとさわやかな香りが特徴のイギリス独自のビール。リアル・エールReal Aleと呼ばれるエールは木の樽Caskでさらに発酵させた伝統的ビール。炭酸ガスも樽の内部で自然に発生したものだ。

イギリス料理の食材

羊…Lamb ラム
タラ…Cod コッド
（Haddockハドックは北大西洋に生息するタラ科の魚）
メカジキ…Swordfish ソードフィッシュ
鹿肉…Venison ヴェニソン
鳩…Pigeon ピジョン
兎…Rabbit ラビット
（またはHare ヘア）
マス…Trout トラウト
ウナギ…Eel イール
ヒラメ…Sole ソール
カキ…Oyster オイスター
帆立…Scallop スキャロップ
小エビ…Prawns プラウン
ランガスティン…Lungoustine（ザリガニの一種）
ムール貝…Mussels マッソーズ

お得なアーリーバード・メニュー

18:00～19:00に入店すれば、お得なセットメニューを出すレストランもある。ロンドンのピカデリー・サーカス周辺のレストランでよく見るプレシアター・ディナーは観劇前に早めに夕食を済ませる人向けのディナー。こちらも割安感がある。

パブの営業時間

原則として毎日11:00～23:00。ただし、アルコール販売時間を制限していた頃の習慣が残っており、営業時間は店によってマチマチだ。ロンドンなどのオフィス街では、土・日曜は15:00で一度店を閉めて、19:00から営業を再開する店もある。また、日曜は昼過ぎから22:30までの営業としている店も多い。

スコットランドのパブは禁煙

2006年3月より、スコットランドでは公共の場所での喫煙は禁止されている。これはパブやレストランも例外ではない。いつものクセでタバコに火をつけないように気を付けよう。ちなみにウェールズやイングランドも近い将来に禁煙になることが決まっている。

パブでの食事

食事もできるパブはダイニング・パブと呼ばれる。1階がパブで2階がレストランという形式の店も多い。メニューはフィッシュ&チップスのほか、カレー、ステーキ、サンドイッチなどの手軽なものから本格的コース料理を出す店もある。その日のメニューは入口や店内のボードに書かれている。

オーダーの方法

人の波をかきわけてカウンターまで行き、カウンターの中のバーテンに注文する。ビールを注文する単位はパイントPint。1パイントは約0.57ℓ。大きめの中ジョッキと考えればよい。1パイントで多過ぎる人にはその半分のハーフ・パイントもある。バーテンから注文したものを受け取ったらその場で払う。その際、チップを渡す必要はない。食事のオーダーは自分が座っているテーブル番号を言う。

パブで飲む場所

座るところが空いていない場合、スペースを見つけて立って飲む。暖かい昼下がり、パブの外に出されたベンチで飲むのも気持ちがいい。飲み終わったグラスはカウンターに返すようにしよう。最後に"Thank you."のひとことを忘れずに。

テイク・アウェイ

持ち帰りのことを、アメリカではテイク・アウトというが、英国では"take away(テイカウェイと発音)"。

フィッシュ&チップス

おなじみ英国の代表料理。白身魚のフライにフライドポテトを付け合わせたもの。コッドCodやハドックHaddockなどのタラや、ソールSole(ヒラメ)、ソードフィッシュSwordfish(メカジキ)などの種類がある。

ピザ

大きさ(インチ単位)とトッピングを注文する。ピザ屋のなかにはケバブやフィッシュ&チップスを出す店も多い。

中華料理

白いご飯が恋しくなったときの強い味方。おかずを頼むとご飯も付いてくることが多く、若干の追加料金を払うと炒飯になる。ご飯は別という店もある。

ティールーム、カフェ

ティールームやカフェは昼だけの営業が多く、アルコール類は出さない店が多い。メニューはグリル類やサンドイッチなどファストフード的なものが中心で、値段も手頃。朝早くから営業しているので、朝食も出している。ティールームでは、スコーンやお菓子付きのアフタヌーンティーセットを出す店も多い。

サッカーの試合が中継されることも多い

ホテルやB&Bの部屋に持ち帰る前に

ホテルやB&Bのなかには、テイク・アウェイなどの食事の持ち込みを禁止しているところがある。トラブルを避けるためにもあらかじめ聞いておこう。

テイク・アウェイのピザ

中華料理のテイク・アウェイの一例

中華のテイク・アウェイの英語メニュー

普段は食べ慣れている中華料理でも、メニューを英語で書かれると、わかりにくくなる。そこで、代表的なものを挙げてみた。

炒飯：Fried Rice フライド・ライス
春巻：Spring Roll スプリング・ロール
焼きそば：Chow Mein チャウ・メン
八宝菜：Chop Suey チョプ・スイ
酸辣湯(サンラータン)：Sour & Hot Soup サワー・アンド・ホット・スープ
甘酢風：Sweet & Sour スイート・アンド・サワー
揚げ物：Deep Fried ディープ・フライド
四川風：Szechuan Style セチュアン・スタイル
広東風：Cantonese Style カントニーズ・スタイル
カニ玉風：Foo Young フー・ヨン
豆鼓：Black Bean ブラック・ビーン

イギリス料理図鑑

世界各国の料理が楽しめるイギリスだが、伝統的なイギリス料理は決して洗練された料理ではない。素材の新鮮さにこだわり、とれたての海の幸や質の高い肉類をシンプルかつ大胆に調理するのが特徴。素朴だが心も体もあたたまる。

イングリッシュ・ブレックファスト English Breakfast

ボリューム満点の朝食こそイギリスを代表する名物。卵料理は目玉焼き、ゆで卵、ポーチド・エッグなどからチョイスできることもある。ビーンズをトーストの上に載せて食べるとおいしい。

ロースト・ビーフ Roast Beef

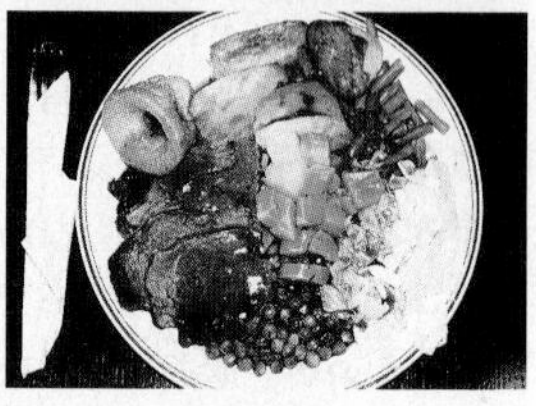

ロースト・ビーフはグリル料理の代表選手。付け合わせもボリュームたっぷりで、温野菜やマッシュポテト、ヨークシャー・プディングが付くことが多い。グレービーソースで食べるのが一般的。

フィッシュ&チップス Fish & Chips

テイク・アウェイの王様。サクサクとした衣がおいしいので、揚げたてをほおばるのが一番。塩とモルト・ビネガーをかけると、淡泊な味が締まる。フライドポテトもどっさり付いてくる。

サーモンのグリル Grilled Salmon

スコットランド名物のアトランティック・サーモンはグリルかフライで食べる。バターと香草の風味が、淡泊なサーモンの味にアクセントを加えている。炭火で焼いて出す店もある。

ヨークシャー・プディング Yorkshire Pudding

ヨークシャー・プディングはシュー皮のような粉料理で、この料理ではそれを器にしてシチューを入れている。特にヨークシャー州の名物というわけではなく、イギリス各地で食べられる。

スモーク・サーモン Smoked Salmon

オークなどのチップを使い、伝統的な手法で丹念に燻したスモーク・サーモンは、香り高く、柔らかくてジューシーな食感が特徴。寿司ネタや刺身にも負けないスコットランドが誇る逸品だ。

ハギス Haggis

スコットランド料理の代名詞的存在。羊の胃袋に羊肉や臓物、オートミール、野菜を加えて煮込んだ料理。スコットランドでは朝食からハギスが付くことも多い。揚げたフライド·ハギスもある。

コッテージ·パイ Cottage Pie

煮込んだ牛ひき肉と野菜の上にマッシュポテトを載せて焼き上げたパイ。羊肉を使うとシェパーズパイとも呼ばれる。パブで出されることが多く、グレービーソースをかけて食べることもある。

アイリッシュ·シチュー Irish Stew

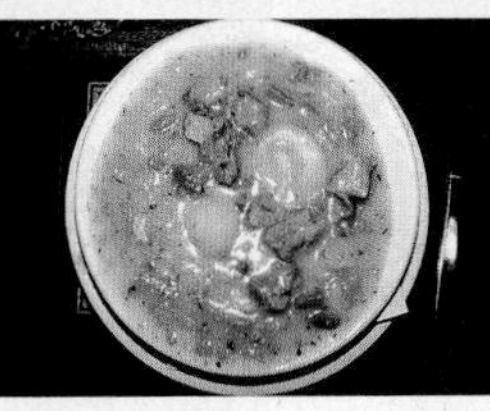

ジャガイモやニンジンと肉をとろっとなるまで煮込んだアイルランド版の肉じゃが。寒い冬に食べると体の芯から温まる。アイルランドの家庭料理の定番だが、パブなどでもよく出されている。

ビーフ&ギネス Beef & Guinness

いわゆる牛肉のビール煮だが、ギネスの芳醇な味わいとほろ苦さが牛肉の臭みを消し、さらに味わい深くしている。付け合わせのパイを浸して食べる。パイ包み焼きにすることもある。

オイスター Oyster

イギリスでは1年を通してカキが食べられるが9～12月が旬。生ガキはカキ専門のオイスターバーや高級なレストランで出している。レモンをかけて食べよう。アイルランドやスコットランドのファイン湖が産地。

コーニッシュ·パイ Cornish Pie

南西部のコンウォール半島に伝わるパイ。中身は牛肉、ジャガイモやタマネギなど。スーパーの惣菜売り場や鉄道駅のデリカテッセンなどでもよく売られている。おやつや軽食にもぴったり。

キッパー Kipper

ニシンの燻製。なかでもマン島で獲れるキッパーManx Kipperが有名。とれたてをすぐに燻製にするのでジューシー。朝食でベーコンなどの代わりに選べることもある。日本人好みの味。

スコーン Scone

イギリスを代表するお菓子。アフタヌーン·ティーには欠かせない存在だ。バター風味だが、それ自体は甘くないので、クロテッドクリームやジャムをたっぷり付けて食べる。なかなかボリュームがある。

英国流生活のルール

イギリスにはみんなが守っている生活の基本的なルールがある。思いやりの気持ちで接してみよう。

キュー Queue

キューとは窓口などで作るフォーク形の行列のこと。トイレ、郵便局、銀行、そのほかあらゆる所で、一列に並ぶ。窓口がいくつあろうと一列。窓口ごとにずらっと並ぶのではなく、順々に空いた窓口へ行く、という極めて公平な待ち方だ。自分の番がきたら、常にあたりを見回し、空いた窓口へと素早く向かう。なお、列の最後がわからないときは“Are you bottom of the line?”、列に並んでいるのかわからないときは“Are you queing?”と尋ねよう。

きちんと並ぶお国柄

チップ Tip

普通の日本人なら、まずとまどうのがこのチップの習慣。ケチだと思われるのもいやだし、たくさんあげすぎるのも、もったいない。中道をいくのが、やはり賢明なやり方だろう。チップは、本来は相手に対する感謝の気持ちの度合いに応じてあげるもの。けれど、そんな感覚を日本で身に付けるのはかなり難しい。

ホテル

ポーターや、ルームサービスのボーイさん、ベッドメイキングをしてくれるメイドさんたちに、1回につき50pぐらいを直接手渡したり、サイドテーブルに置いておけばいいだろう。

レストラン

サービス料が請求されない場合15%くらい。

タクシー

料金の10～15%くらい。

階数の数え方

イギリスでは日本式1階のことをグラウンド・フロアGround Floor、日本式2階をファースト・フロアFirst Floorという。

横断歩道は大胆かつ迅速に渡る

ロンドンなどの大都市では、人々は驚くほど大胆かつ迅速に信号無視をする。隣の人が渡り始めたからといって、ノコノコついていくと大変なことになる。一瞬の遅れが命取り。常に自分の目で確かめて、慎重に横断すること。日本のように押しボタン式の信号もあるし、お年寄りや子供が渡るときはドライバーはちゃんと待っていてくれる。

都市部では押しボタン式の信号も多い

ドアは次の人のために開けて待つ

駅やデパート、ホテルなどで、自分がドアを通過しても、後ろに人がいる場合、その人がドアに手をかけるまで、ドアを押さえておく。逆にドアを開けて待っていてくれた人には“Thank You.”のひとことをお忘れなく。

エスカレーターは右側に立つ

エスカレーターは必ず右側に立つ。左側は急いで駆け上がったり、駆け下りたりする人のために空けておくのがマナー。

旅のトラブル

英国では外国人を狙った凶悪犯罪は少ないが、楽しい旅がだいなしにならないようにトラブル回避の基本的知識は身に付けたい。

イギリスの治安

イギリスは比較的安全な国ではあるが、日本よりも安全とはいえない。特に、ロンドンやエディンバラ、グラスゴーなど、大都市であるほど、犯罪件数も多い。都市部に行ったら、気を引き締めるよう心がけたい。

スリに注意！

地下鉄や駅構内など、人込みでのスリも多い。地下鉄などで、バッグのヒモを切られて、そのまま持ち逃げされたという話も耳にする。外から見えるバッグに多額の現金を入れておくのはやめよう。気を付けているつもりでも、スリやひったくりに遭ってしまうこともある。また、持ち歩く現金は、いつも少なめにしておきたい。

大使館・領事館リスト

●在連合王国日本大使館
Embassy of Japan
✉101-104 Piccadilly, London, W1J 7JT
TEL (020) 74656500

●在エディンバラ日本総領事館
Consulate General of Japan
✉2 Melville Crescent, Edinburgh, EH3 7HW
TEL (0131) 2254777

外務省海外安全情報

Inet www.pubanzen.mofa.go.jp
FAX 0570-023300

緊急時の電話番号

●警察　TEL 999
●救急車　TEL 999
●消防　TEL 999

イギリスで気を付けたいトラブル

旅行中に身を守る方法

地元の人と同じ速さで歩く。とろとろ歩いていると、いかにも観光客という感じで、目をつけられやすいです。小走りだと、せいぜいで、そこに住んでいる外国人くらいに思われます。

しょっちゅうガイドブックを立ち止まって見ることは、観光客であると同時に、日本人であることをアピールしてしまいます。また、本に夢中になり、周囲の状況を観察することがおろそかになりますので、あらかじめ次の目的地の行き方を調べ、覚えるか、メモ書きにするとよいでしょう。濃い目の色のズボンをはきましょう。地元っ子でも、スカートをはいている人は少ないように感じます。ジーンズ、もしくは黒やダークグレーで無地のものをはいているヨーロッパ人が目立ちます。柄物、ビビッドな色は、アジア系の旅行者が多いと思います。

（埼玉県　yoko.S　'05年12月）

懲りないハロッズ前のスリ

前回も同じことを投稿しましたが、今回もナイツブリッジのハロッズ前（正確にはハロッズの信号を渡った側）にスリ集団がいて、私の前の日本人のおばさんがカバンを盗られていました。このおばさんが盗られた前のお店に言いに行くと、店員さんが「always」と言って、何も取り合ってくれませんでした。パスポート、クレジットカード、現金は肌身離さずに!!

（兵庫県　小林康子　'05夏）

盗まれても自力で解決

ヴィクトリア駅前のレストランで友人がバッグを盗まれました。店の人は200mぐらい先に警察があるからと言うだけで何も力になってくれなかったので、自分たちで警察に行き、ポリスレポートを書いてもらったり、パスポートを再発行してもらったりして解決しました。

（東京都　ハンナ　'05秋）

マダム・タッソー蝋人形館のスリ

ロンドンのマダム・タッソー蝋人形館でのこと。人形に見とれていて順路に従って歩いていくと、後半はお化け屋敷になっていた。急に若い2人のイギリス人（？）の女の子がよってきて、雰囲気で「怖いので一緒に回ろう」という感じだった。でも、あまりにくっついてくるので「先に行って」と言っても行かないし、十分怪しいとは感じていたけれど「キャーキャー」言いながら一緒に回っていた。私の友人が財布がないと言い出し「やはりあの2人」と振り向いた時にはすーっと姿を消し、探したけれど人ごみにまぎれて分からずじまいだった。

（奈良県　野口啓子　'05春）

置き引きに注意

高級ホテルでは、ビュッフェスタイルの朝食が多いが、荷物をイスに置いたまま料理を取りに行ったりしないこと。駅でも同じだが、荷物を手から離したら、持っていってもいいと言っているようなものだ。

お金貸してサギ

「お金を落としてしまった」、「取られてしまった」から、貸してほしいと言ってきて、借りたままいつまで経っても戻ってこない、という被害例もよく聞く。

貴重品の管理とトラブル対処法

パスポートや航空券、予備のT/Cは、ホテルにセーフティボックスがあれば預けてもよいだろう。

紛失・盗難等でパスポートをなくしたら、すぐ在外公館（日本大使館や総領事館）へ行き、再発行の手続きをとること。T/Cの再発行手続きは、T/Cを発行している銀行か発行会社の各都市の支店、あるいはその提携銀行や代理店で受け付けてくれる。クレジットカードを紛失した場合は、一刻も早くカード会社に連絡をとらなければならない。たいていのカード会社では、海外専用の日本語で応対してくれる連絡先をもっているので、その連絡先を控えておくといいだろう。

イギリスを賢く旅するためのコツ

ナショナル・トラストのメンバーになろう

イギリスにはナショナル・トラストが管理している場所が多く、ナショナル・トラストのメンバーになると管理している施設などの入場料がタダになる。年会費は大人￡40.50。13〜25歳は￡18.50。ファミリー会員もあります。詳しくはのウエブサイト（www.nationaltrust.org.uk）をチェックしてみてください。

（東京都　CROTO　'05夏）

ユーロスターは事前でネット購入がお得

ユーロスターの料金は現地で出発前に普通に買ったら日本円で3万円。新幹線の東京-大阪間を2倍の料金で乗ったような気分。あとでインターネット予約を調べたらほぼ半額の料金設定もあるのので、ユーロスターに乗る際は後悔しないためにもあらかじめチケットを用意しておくことを強くおすすめします。

（愛知県　けいす　'05年1月）

ⓘを活用しよう

インフォメーションはカンタベリーでもオックスフォードでも大活躍で、とても親切に教えてくれました。英語が話せなくても、相手は慣れているので大いに活用するべきだと思います。

（東京都　momo　'05夏）

週間ジャーニー

日本食レストランを見つけるなら日本語の雑誌、『週刊ジャーニー』を入手することをおすすめします。日本食レストランだけでも50店舗、カラオケ、イベント、ツアー、テレビガイドの情報が一度に手に入ります。ピカデリーサーカス近くのジャパンセンターで入手可能。

（静岡県　H.S.　'05夏）

自転車用ワイヤーキー。
行列車やユースホステルで
物をくくりつける時
便利。
持ち手を引き出して
ゴロゴロ引くこともできる。
サブザックは取り外して
機内では手荷物に。
全てのファスナーには
鍵を付けよう。
外し可能な
ック。
ペンとメモ
背負う
ことができる。
MEMO
MAP
地図や
地球の歩き方
などの
ガイドブック。
ペットボトル
500ml
カメラ
目覚し時計
ファスナーには
必ず鍵を
付けよう。
本体は
飛行機内は
預ける。
携帯電話
板付きで
たいもの。
キャスター付きが便利。
でも、石畳や駅の階段など
担ぐ場面も多い。
持っていて便利な計算機。
黒や寒色系の目立たない色が
おすすめ。
パッキングのポイント
圧縮袋
メッシュポーチ
圧縮袋やメッシュポーチ、ビニール袋を
利用して小分けしよう。
中が見えると便利。
夏は帽子が必需品。
冬はニット帽が
Good。
台所用ファスナー付
ビニール袋も
便利。
雨具の折りたたみ傘。
取り出しやすいよう
一番上に。
高価そうに見える
ネックレスなどは
しないこと。
背中側に
洋服など
やわらかいものを
入れると
背中がゴリゴリ
しない。
下げ
品袋
は、
ポート、
空券、
証券、
道パス
。
防水で
通気性の高い
ジャケット。
洗面道具
シャンプーなど。
見えるところの
ウエストポーチは
危険！
衣類。
必ずビニール袋に
入れよう。
常備薬
変換器、
アダプター
ドライヤーなど。
履きなれた靴で。

イギリスの病気と受診情報

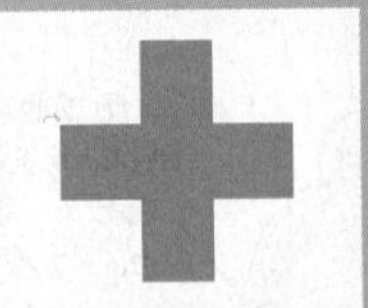

海外旅行では、環境の変化、疲労、ストレスなどからさまざまな病気にかかる可能性がある。また、旅先ならではの風土病や感染症にも気をつけなければならない。ここでは、イギリスを旅するときによく問題となる病気を簡単に解説し、受診に役立つ情報も記載した。帰国後発病することもあるので、旅の前後に一読してほしい。

長野県立須坂病院 海外渡航者外来 担当医高橋央

食中毒／旅行者下痢

下痢は、比較的衛生的な地域を旅行するときでもよく経験する症状。水を飲んで様子を見るだけで良いものから、救急治療を要する場合まである。

発病が疑われたときの対策

海外旅行中の下痢に関して多い誤りは、水分を取るとさらに下痢するからといって、飲水を控えること。下痢で失った水分を補給しないと、特に幼児や高齢者は容易に脱水に陥るのだ。下痢は腸内の有害物質を体外へ押し出そうとする生体防御反応なので、**下痢止めを乱用するのも考えもの**。無理に下痢を止めて観光を続けるよりも、スープやヨーグルトなどで栄養と水分を取りながら、宿で安静にしていた方が、体にも旅の想い出にもプラスになることが多いものだ。

脱水がひどく、朦朧（もうろう）とした受け答えしか出来ない場合は、至急病院を受診すべき病態と心得よう。女性なら生理用ナプキンをして病院に行くと良い。点滴治療を受ける間にも脱水が悪化するので、飲水できるならスポーツ飲料などをできるだけ飲むべきだ。

下痢症状が軽くても、**血性の下痢（血液が変性して、黒褐色のこともある）**の場合も、直ちに医師の診察を受けるのが良い。キャンピロバクター腸炎、腸管出血性大腸菌O-157、細菌性・アメーバ性赤痢のことばかりでなく、中高年の旅行者では大腸癌の初発症状のこともある。腸が破れると腹膜炎を合併し、即命に関わる事態となる。

薬局で抗生剤を入手するためには医師の処方箋が必要。しかし全般的には、旅行中の下痢で抗生剤治療が必要な場合は少ない。抗生剤を服用すると、必要な腸内細菌まで死滅することに注意しよう。

下痢の原因は、微生物だけでなく、ストレスによる過敏性大腸炎の事もある。キノコやフグなどの毒による下痢もあり、その際は食べたものを吐き出させて、病院に行く。ただし、無理に吐かせると気道内に誤飲して危険なこともあるので注意したい。

下痢が消失するまでは、おなかを冷やさない温飲料のほうがよい。コーヒーは胃を刺激するので避ける。たとえばお湯に梅干しを入れて飲めば、**塩分補給**も同時にできる。旅行中は結構汗をかいているので、塩分が足りなくなって体調不良に陥ることも多い。

予防策

下痢を予防するためには、不衛生な食べ物や水を取らないことだ。また旅行中は、疲労や暴飲暴食などで、病原性の微生物を殺菌する胃酸分泌が低下していることが多い。特に高齢者や胃腸の手術を受けた人は要注意。食事のときは、消化の悪いもの、香辛料などの刺激物、 脂肪の多いもの、アルコール類を避ける。路上で売っているアイスクリームなどは避けた方がいい。

水道水のなかには、鉱質分が高いため、下痢をすることもある。成分表示に注意してミネラルウォーターを飲んだ方が良いこともある。食べ物ではハンバーグなど生焼けの肉類や、不衛生な屋台でのなまものには注意が必要だ。

高病原性鳥インフルエンザ (HPAI)

トリに感染し、大量死をもたらす新興感染症。2003年末より確認されたインフルエンザ**A/H5N1型**が主要な病原ウイルスで、トリからヒトへ散発的に感染し、将来的なヒト-ヒト感染が懸念されている。

通常のインフルエンザよりも呼吸器症状が重篤で、急激に呼吸不全に陥ったり、小児では下痢から脳症を合併して、約半数が死亡する。SARSと異なり、小児の発症が比較的多い。抗インフルエンザ薬のタミフルが有効とされるが、ベトナムでは耐性ウイルスの出現も報告されており、明確な結論はない。

予防策

H5N1ウイルスは接触感染するので、**病気の鳥と不用意に接触しない**ことだ。食肉市場などに行く機会は少ないだろうが、2005年の冬には渡り鳥からの感染も確認された。物見遊山で安易に近寄らない方がよい。鶏肉や卵は充分熱したものを食べれば心配ない。

鳥インフルエンザが発生している地域を旅行した後1週間以内、あるいは病気の鳥を触って劇症のインフルエンザ症状を起こした場合には、**地域の保健所**へ連絡を取り、指定された病院を受診して診察を受けること。

ウシ海綿状脳症(BSE)と 新変異型クロイツフェルト・ヤコブ病(nvCJD)

1995年に16歳の子供から初のnvCJD症例が報告されて以来、2006年5月まで165例が世界中から報告され、そのうち155例が英国からのもの。英国旅行中の感染が考えられる外国人症例もある。

nvCJDは10歳代から若年成人に好発する。幻覚などの精神症状で発症し、平衡感覚異常を来たした上、数ヶ月で痴呆状態に陥るのが特徴。この病態が1986年に見つかったBSEと類似していること、肉骨粉を飼料に与えたウシにBSEが多発したこと、ヒツジやネコ等にも海綿状脳症が起こることから、BSEに罹ったウシの肉を食べたことがnvCJD発病の原因ではないかと疑われている。これらの病気ではいずれも、異常プリオン（蛋白質の一種）が脳内に蓄積する。

英国滞在中に特段気をつけることはない。異常プリオンは脳脊髄や腸に蓄積しやすいので、Tボーンステーキ等を食べる時は、正規の流通ルートで販売された牛肉であることが確認できれば安心だ。なお輸血によるnvCJDは未報告だが、1980年〜1996年に半年以上英国に滞在した者は、日本では献血ができないので知っておいてほしい。

性行為感染症とHIV感染症

性行為感染症とHIV感染症は、21世紀に入っても感染拡大に確実な歯止めがかかっていない。麻薬や覚醒剤の近くに、これらの病気が忍び寄っていることも多い。

性行為感染症については、本人の自覚で防げる病気である。セーフセックスの意味を普段から考えよう。海外でハメをはずすという感覚はもってのほかだ。

ロングフライト症候群 (下肢深部静脈血栓症＋肺静脈血栓塞栓症)

この病気は、水分が不足した状態で機内のような低湿度の環境下で長時間同じ姿勢を取っていると起こりやすい。下肢の奥の方にある静脈に**血栓**ができ、体動時に剥がれて肺に到達し、肺静脈を詰まらせて**突発性の呼吸困難**が起こり、心臓機能を低下させる。重症の場合死に至ることもある。

日本とイギリスの直行便飛行時間は約12時間。ひところに比べ短くはなったがこの病気のリスク高い。

血栓症の既往がある人、糖尿病、高脂血症、肥満、動脈硬化などの人は、血栓ができやすいため注意が必要だ。機内では1時間に80ccの水分が失われるので、それ以上の**水分を補給**する。イオン飲料ならば効果的。ビールは利尿作用があり、他の酒類もアルコール分解に水分が必要なため逆効果である。経由便などを使って帰国便を現地深夜発の夜行便にする人は、夕飯で飲酒したり機内で過度に飲酒しないようにしよう。血栓予防に**適宜体を動かす**ことだ。

海外旅行保険

海外では日本の健康保険は使えないので、旅行期間を満たす**海外旅行保険**に加入しよう。治療費の補填のほか、提携病院の紹介や通訳サービスなどが受けられることもある。インターネットからも加入できる。
www.arukikata.co.jp/hoken

医者を探して受診する

語学に自信がある人でも、できるだけ**日本語の通じる医師を探そう**。海外旅行保険に加入している人は、アシスタンスデスク（呼称は会社によって異なる）に電話し、指示を仰ぐ。ホテルならコンシェルジュやフロントに、飛行機や列車なら乗務員に知らせるとよい。

症状を伝えるためのシート

※該当する症状があれば、チェックをして医者に見せよう

□ 吐き気 nausea	□ 悪寒 chill	□ 食欲不振 poor appetite
□ めまい dizziness	□ 動悸 palpitation	□ 痙攣 convulsion
□ 熱 fever	□ 脇の下で計った armpit	＿＿＿＿ °C／°F
	□ 口中で計った oral	＿＿＿＿ °C／°F
□ 下痢 diarrhea	□ 便秘 constipation	
□ 水様便 watery stool	□ 軟便 loose stool	□ 1日に　回　times a day
□ 時々 sometimes	□ 頻繁に frequently	□ 絶え間なく continually
□ 風邪 common cold		
□ 鼻づまり stuffy nose	□ 鼻水 running nose	□ くしゃみ sneeze
□ 咳 cough	□ 痰 sputum	□ 血痰 bloody sputum
□ 耳鳴り tinnitus	□ 難聴 loss of hearing	□ 耳だれ ear discharge
□ 目やに eye discharge	□ 目の充血 eye injection	□ 見えにくい visual disturbance

その他特記事項 others　下記を参考に必要事項を記入しよう

●思い当たる原因を説明する

例1）昨日、屋台で生魚を食べた　I ate raw fish at the stand yesterday.
例2）蜂に刺された　A bee stung me.

●食べた、飲んだ
水　water
氷　ice
ジュース　juice
果物　fruit
野菜　vegetable
肉　meat
魚　fish
卵　egg
チーズ　cheese

●どんな状態のものを
生の　raw
野生の　wild
油っこい oily
よく火が通っていない
uncooked
調理後時間がたった
a long time after it was cooked

●ケガをした
刺された・噛まれたbitten
切ったcut
転んだ　fall down
打った　hit
ひねった　twist
落ちた　fall
やけどした　burn

●原因
蚊　mosquito
ハチ　wasp
アブ　gadfly
毒虫　poisonous insect
サソリ　scorpion
くらげ　jellyfish
毒蛇　viper
リス　squirrel
（野）犬・（stray）dog

●いつ
今日　today
昨日　yesterday
～日前に　~day(s) ago
～時間前に ~hour(s) ago
朝食に　breakfast
昼食に　lunch
夕食に　dinner, supper

●どこで
ホテル　hotel
レストラン　restaurant

●何をしているときに
ジャングルに行った　went to the jungle
ダイビングをした　diving
キャンプをした　went camping
登山をした　went hiking (climbling)
川で水浴びをした　swimming in the river

パーソナル・データ PERSONAL DATA

名前 name	姓 surname	名 first name
生年月日 date of birth	日 date ／ 月 month ／	年 year（西暦）
血液型 blood type O A AB B RH － ＋		性別 sex 男 male 女 female
身長 height cm（ ft）		体重 weight kg（ pd）
持病 chronic disease		
飲んでいる薬 current medication		
アレルギー allergy □あり yes □なし no		
食べ物 food allergy		
薬 medicine allergy		
妊娠の可能性 pregnancy □なし no □しているかもしれない possibly □あり yes		
滞在地 present address		
電話番号 phone number		
治療費の支払い方法 payment □クレジットカード credit card □トラベラーズチェック traveler's check □海外旅行保険 insurance 会社名／証券番号 □現金 cash		

薬の服用方法

※薬の服用の仕方がわからない人は、医師または薬剤師に下の書式を見せて記入してもらおう。

薬の服用について教えてください Please explain how to use/take medicine.

該当する記号を□の中に記入してください Please fill out □s with suitable marks.

薬の種類 Type of Medicine

□内服 for internal use

□錠剤 tablet／□カプセル capsule／□粉 powder／□シロップ syrup／□その他 others

□外用薬for external use

□軟膏 ointment／□液薬 liquid／□点眼薬 eye-drops／□座薬 suppository ／□湿布 compress

1日 ＿＿回 times a day／ □食前 before meals／□食間 between meals／□食後 after meals

時間毎 every ＿＿＿＿ hours □適時 properly

□熱が＿＿度以上ある時 have a fever higher than＿＿°C／°F □痛いとき feel pain severely

1回の分量（適量 properly）＿＿＿＿＿＿＿＿

□服用間隔を ＿＿ 時間あける medication interval is ＿＿ hours

□薬を冷蔵保存する必要がありますか？ Does medicine require refrigeration?

□冷蔵保存する Yes. □冷蔵保存しない No.

いざというときの英会話

●ホテルで薬をもらう

具合が悪い。
アイ フィール イル
I feel ill.

体温計を借りたい。
メイ アイ ボロウ ア クリニカル サモーメーター
May I borrow a clinical thermometer?

下痢止めの薬はありますか。
ドゥ ユー ハウ ア アンティダイリエル メディスン
Do you have a antidiarrheal medicine?

●病院へ行く

近くに病院はありますか。
イズ ゼア ア ホスピタル ニア ヒア
Is there a hospital near here?

日本人のお医者さんはいますか？
アー ゼア エニー ジャパニーズ ドクターズ
Are there any Japanese doctors?

病院の名称と住所と電話番号を教えてください。
プリーズ テル ミー ザ ネイム アドレス
Please tell me the name, address
アンド フォウン ナンバー オヴ ザ ホスピタル
and phone number of the hospital.

病院への行き方を教えてください。
プリーズ テル ミー ハウ トゥ ゲットゥーザ
Please tell me how to get to the
ホスピタル
hospital.

病院へ連れて行ってください。
クッデュー テイク ミー トゥ ザ ホスピタル
Could you take me to the hospital?

タクシーを呼んでください。
プリーズ コール ミー ア タクシー
Please call me a taxi.

●病院での会話

診察を予約したい。
アイドゥ ライクトゥ メイク アン アポイントメント
I'd like to make an appointment.

グリーンホテルからの紹介で来ました。
グリーン ホテル イントロデュースド ユー トゥ ミー
Green Hotel introduced you to me.

受付はどこですか。
ホェア イズ ザ レセプション デスク
Where is the reception desk?

この後は、どこで待っていればいいですか。
ホェア シュッド アイ ウェイト ゼン
Where should I wait, then ?

私の名前が呼ばれたら教えてください。
プリーズ レット ミー ノウ ホェンマイ ネイム
Please let me know when my name
イズ コール
is called.

●診察室にて

入院する必要がありますか。
ドゥ アイ ハフ トゥ アドミッテド
Do I have to be admitted?

通院する必要がありますか。
ドゥ アイ ハフ トゥ ゴー トゥ ホスピタル
Do I have to go to hospital
レギュラリー
regularly?

次はいつ来ればいいですか。
ホェン シュッダイ カム ヒア ネクスト
When should I come here next?

ここにはあと2週間滞在する予定です。
アイル ステイ ヒアフォー アナザ トゥウィークス
I'll stay here for another two weeks.

診療時間と休診日を教えてください。
プリーズ テル ミー ユア オフィス アワーズ
Please tell me your office hours.

●診察を終えて

診察代はいくらですか。
ハウ マッチイズ イット フォー ドクターズ フィー
How much is it for the doctor's fee?

今支払うのですか？
シュッダイ ペイ イット ナウ
Should I pay it now?

保険が使えますか。
ダズ マイ インシュアランス カバー イット
Does my insurance cover it?

クレジットカード（T/C）での支払いができますか。
キャナイ ペイ イット ウィズ マイ クレディットカード
Can I pay it with my credit card
ティーシー
（T/C）?

保険の書類にサインをしてください。
プリーズ サイン オン ザ インシュアランス ペーパー
Please sign on the insurance papar.

●痛みの表現

ガンガンする スピッティング **spitting**	刺すように シャープ **sharp**
キリキリする シャープ **sharp**	鋭く キーン **keen**
ヒリヒリする バミング **buming**	鈍く **dull**
締めつけられるように スクィージング **squeezing**	ひどく **severe**

外国人の扱いが多い病院

■ロンドン

ジャパン・グリーン・メディカルセンター
JAPAN GREEN MEDICAL CENTRE
総合病院、日本語可。 inet www.japan-green.com
TEL (020) 7330-1750

●シティ本院
✉10, Througmorton Avenue London, EC2N 2DL
開 月～金9:00～13:00　14:00～17:00　土9:00～12:30　休 日

●アクトン診療所
✉Unit7, Acton Hill Mews, 310-328 Uxbridge Road London W3 9QN　開 月～金9:00～13:00　15:00～18:00　土・日・祝9:00～12:30

日本クラブ　メディカル・クリニック
NIPPON CLUB MEDICAL CLINIC
内科、小児科、一般診療。日本語可。緊急対応なし
inet www.nipponclub.co.uk

●北診療所 (ST JOHN'S WOOD)
✉Hospital of St John & St Elizabeth Brampton House, 60 Grove End Rd., St John's Wood, London, NW8 9NH　TEL (020) 72661121
開 月～金9:00～13:00、14:00～16:30
土9:00～12:30　休 日

●南診療所 (WIMBLEDON)
✉The Lodge Parkside Hospital, 53 Parkside, Wimbledon, London, SW19 5NX
TEL (020) 8971-8008
開 月・水・木9:00～13:00、14:00～16:30
火・金14:00～16:30　土9:00～12:30　休 日

ロンドン医療センター
LONDON IRYO CENTRE
緊急電話番号(24時間)　TEL (020) 82027272
総合病院、日本語可　inet www.iryo.com
開 月～金9:00～12:00、15:00～19:00、20:00～21:00　土9:00～12:00、14:00～17:00、20:00～21:00　日10:00～12:00、20:00～21:00
(夜間日曜は追加料金)

●本院
✉234-236 Hendon Way London NW4 3NE
TEL (020) 82027272

■エディンバラ

ROYAL INFIRMARY OF EDINBURGH
総合病院、緊急は24時間、日本語不可
TEL (0131) 5361000
✉51 Little France Crescent, Old Dalkeith Rd, Edinburgh, EH16 4SA
inet www.show.scot.nhs.uk

■リヴァプール

ROYAL LIVERPOOL UNIV. HOSPITAL
総合病院、緊急は24時間、日本語不可、通訳斡旋可 (要予約 TEL (0151) 708-2922)
✉Prescot Street, Liverpool, L7 8XP

2006年6月現在。情報は予告なく変更になることがございます。現地で必ずご確認して下さい。

検疫について

動植物を持ち帰った人は税関検査の前に動植物検疫カウンターで検査を受ける必要がある。これは日本には存在しない病原菌や害虫が国内に入るのを防ぐために行われる。

植物に関しては、土や土付きの場合、生産国を問わず輸入禁止となっており、また、地域ごとに多くの生果実、果菜類、熱帯果実類、根付き植物などで輸入禁止の措置がとられている。

動物の場合は、ウシ、ブタ、ヤギ、ヒツジ、ウマ、ニワトリ、ダチョウ、シチメンチョウ、ウズラ、アヒル・ガチョウなどのカモ目の鳥類、ウサギ、ミツバチなどの動物と、これらの動物から作られる肉製品などの畜産物を対象に輸出入検査が行われている。このような肉製品（ハム、ビーフジャーキー、ソーセージなど）は、家畜の病気の発生状況などによって、日本への持込みが制限されている国がある。概して東南アジアからの持ち込みは厳しく制限されており、「加熱処理基準に従って加熱処理されたもの」以外は輸入禁止となっている。持込みができる国でも、その国で日本向けに検査を受け、検査証明書が取得されている必要があり、検査証明書がないものは日本への持込みができず、すべて没収されてしまうので注意が必要だ。

また、狂犬病の侵入防止のため適用された新制度により、平成16年（2004年）11月6日からイヌ・ネコなどを持ち込む際の手続きが変更され、平成17年（2005年）9月1日からは輸入動物を原因とする人の感染症の発生を防ぐため、動物の輸入届出制度がはじまった。詳しくは最寄りの動物検疫場に問い合わせるか、農林水産省動物検疫所、厚生労働省などのホームページを参照してほしい。

農林水産省動物検疫所ホームページ
www.maff-aqs.go.jp/index.htm

厚生労働省:動物の輸入届出制度について
www.mhlw.go.jp/bunya/kenkou/kekkaku-kansenshou12/index.html

旅の病気対策、感染症のwebサイト

- **国立感染症研究所　感染症情報センター** idsc.nih.go.jp/index-j.html
- **感染症～これだけ知っていれば恐くない　日本旅行業協会** tabitokenko.visitors.jp
- **海外勤務健康管理センター** www.johac.rofuku.go.jp
- **FORTH　厚生労働省検疫所 海外感染症情報** www.forth.go.jp
- **FORTH　海外旅行外来、予防接種センターのリスト** www.forth.go.jp/tourist/vaccine-intro.html
- **エイズ予防情報ネット** api-net.jfap.or.jp
- **外務省　海外安全ホームページ** www.anzen.mofa.go.jp
- **外務省　在外公館医務官情報 世界の医療事情** www.mofa.go.jp/mofaj/toko/medi
- **東京都健康安全研究センター** www.tokyo-eiken.go.jp/index-j.html
- **東京都福祉保健局健康安全室感染症対策課** www.fukushihoken.metro.tokyo.jp/kansen
- **日本医師会　感染症危機管理対策室** www.med.or.jp/kansen

旅の言葉

イギリスは英語の母国。とはいえ、文法を難しく考える必要はない。まずは相手に伝えたいという気持ちが重要だ。

イギリスを旅行するのだから、ちゃんとした英語を話さなければ、と何も身構える必要はない。もちろん、より整った英語を話せるよう日々努めることは大切だが、肝心なときに、何も言えないようでは意味がない。旅を始めれば、“Where” や “How”、“When” といった疑問詞は、必要に迫られて自然に口から出てくるものだ。学校で習ったようなキチンとした構文で話さなくてもいい。単語を並べるだけでも充分意思は通じる。自信をもって大きな声で話してみることだ。

Pleaseは万能選手

イギリス人が駅で切符を買う様子を見ていても、彼らは “Oxford, please.” と行き先を言うだけ。銀行で両替をするときは “Exchange, please.”、レストランで食べ物を注文するときもメニューを指して料理名を言うだけ。水が欲しいときは “Water, please.” と手を挙げて言う。すべて “○○, please.” で済ませることもできる。

“プリーズ” の “ーズ” を上げ調子で言うのがコツ。下げ調子だと、いんぎんな命令になってしまうので注意。

英語なのにチンプンカンプン？

イギリスでは地方によって、独特のアクセントや言い回しがあり、ひとことしゃべっただけで出身地がわかってしまうのは有名な話。なかでもスコットランド訛りやリヴァプール訛りは、聞き取りづらく、慣れるのに時間がかかる。

留学情報＆手配

イギリスでの留学（正規留学、語学留学、高校生留学など）や留学準備（エッセーの書き方、ビザ手配）のお問い合わせ。

●地球の歩き方T&E

TEL (03) 5362-7200

Inet www.studyabroad.co.jp

現地で役に立つ旅会話の文例が“ネイティブの発音”で聞ける！

「ゆっくり」「ふつう」の再生スピードがあるので初心者でも安心。

Inet www.arukikata.co.jp/tabikaiwa

Information　History　Topics

覚えておきたい違い　英語と米語

日本語	英語	米語	日本語	英語	米語
1階	ground floor	first floor	祝日	bank holiday	legal holiday
2階	first floor	second floor	公立学校	state school	public school
エレベーター	lift	elevator	私立学校	public school	private school
列	queue	line	高速道路	motorway	freeway
予約する	book	reserve	町の中心部	city centre	downtown
片道切符	single ticket	one-way ticket	酒屋	off-license	liquor store
往復切符	return ticket	round-trip ticket	薬局	chemist	drug store
荷物預かり所	left luggage	baggage room	映画館	cinema	theater
地下鉄	tube	subway	サッカー	football	soccer
地下道	subway	underground	トイレ	toilet	restroom
長距離バス	coach	bus	フライドポテト	chips	french fries
ガソリン	petrol	gas	燻製にしん	kippers	smoked herring
勘定書	bill	check	ロータリー	roundabout	circle drive
休暇	holiday	vacation	秋	autumn	fall

旅の基本英会話

●銀行・両替所で

両替をお願いします。
エクスチェンジ　プリーズ
Exchange, please.

（お札を出しながら）小銭にしてください。
スモール　チェンジ　プリーズ
Small change, please.

おつりはありますか？
イズ ゼ ア エニ チェンジ
Is there any change?

●ℹで

地図をください。
ア マップ プリーズ
A map, please.

ユースホステルはありますか？
イズ ゼ ア ユース ホステル
Is there a Youth Hostel?

どうやって（どんな交通で）行けますか？
ハウ　カナイ　ゴー
How can I go?

●ホテルで

安く清潔なシングルルームをお願いします。
ア チープ クリーン シングルルーム プリーズ
A cheap, clean single room, please.

2泊したい
フォートゥーナイツ　プリーズ
For two nights, please.

部屋を見せてもらえますか？
メイ アイスィー ザ ルーム
May I see the room?

シャワー付きの部屋をお願いします。
ア ルーム ウィザ シャワー プリーズ
A room with a shower, please.

●通りで

道に迷ってしまいました。
アイム ロスト
I'm lost.

～に行きたい。
アイドライク トゥ ゴー トゥ
I'd like to go to ～.

トイレはどこですか？
ウェア イザ トイレット
Where is a toilet?

●列車・バスで

インヴァネスへの片道切符をください。
ア スィングル トゥ インヴァネス プリーズ
A single to Inverness, please.

インヴァネス行きは何番ホームですか？
ウィッチイズ ザ プラットフォーム フォ インヴァネス
Which is the platform for Inverness?

どこで乗り換えればいいのですか？
ウェア シュダイ チェンジ
Where should I change?

～に着いたら教えてください。
プリーズ テル ミー ウェン ウィー ゲットゥー
Please tell me when we get to～.

●お店・レストランで

これをください。
ディスワン　プリーズ
This one, please.

ちょっと見ているだけです。
（アイム）ジャスト ルキング
(I'm) just looking.

試着（試食）してみていいですか？
カナイ　トライ
Can I try?

お勘定をお願いします。
ザ ビル プリーズ
The bill, please.

●困ったとき

助けて！ ヘルプ **Help!**

出ていけ！ ゲタウト **Get out!**

どろぼう！ ロバー **Robber!**

警察を呼んでください
コール ザ ポリース
Call the police.

警察はどこですか？
ホウェアズ ザ ポリース ステイション
Where's the police station.

パスポートをなくしました。
アイヴ ロスト マイ パスポート
I've lost my passport.

財布を盗まれました。
サ ム ワ ン ストール マイ ウォレット
Someone stole my wallet.

カバンをひったくられました。
サ ム ワ ン スナッチト マイ バッグ
Someone snatched my bag.

紛失（盗難）証明書をお願いします。
ア ロスト （セフト） リポート プリーズ
A lost (theft) report, please.

日本大使館に連絡してください。
プリーズ コール ジ エンバシー オブ ジャパン
Please call the Embassy of Japan.

交通事故に遭いました。
アイ ハッドア トラフィック アクシデント
I had a traffic accident.

泥棒に入られました。
アイヴ ビーン ロ ブ ド
I've been robbed.

地名索引

見どころ索引

教会・修道院

城・宮殿・城壁・館

博物館・美術館・動物園・植物園

■英字

■ア

■カ

■サ

■タ■ナ

■ハ

■マ■ヤ

その他

地球の歩き方 シリーズ年度一覧

2006年7月現在

地球の歩き方は1年～1年半で改訂されます。改訂時には価格が変わることがあります。表示価格は定価（税込）です。
●最新情報は、ホームページでもご覧いただけます。URL book.diamond.co.jp/arukikata/

地球の歩き方 アルファベット付きの数字は新番号です●改訂版発行時には順次新番号になります

A ヨーロッパ

A01	ヨーロッパ	2006～2007	￥1869
A02	イギリス	2006～2007	￥1764
A03	ロンドン	2006～2007	￥1659
A04	スコットランド	2005～2006	￥1764
A05	アイルランド	2006～2007	￥1764
A06	フランス	2006～2007	￥1764
A07	パリ&近郊の町	2006～2007	￥1764
A08	南仏プロヴァンスとコート・ダジュール&モナコ	2006～2007	￥1659
A09	イタリア	2006～2007	￥1764
A10	ローマ	2006～2007	￥1659
A11	ミラノ、ヴェネツィアと湖水地方	2006～2007	￥1659
A12	フィレンツェとトスカーナ	2006～2007	￥1659
A13	南イタリアとマルタ	2005～2006	￥1764
A14	ドイツ	2006～2007	￥1764
A15	南ドイツ ロマンティック街道／古城街道 フランクフルト／ミュンヘン	2006～2007	￥1659
A17	ウィーンとオーストリア	2006～2007	￥1764
A18	スイス	2006～2007	￥1764
A19	オランダ／ベルギー／ルクセンブルク	2006～2007	￥1659
A20	スペイン	2006～2007	￥1764
A21	マドリッド　トレドとスペイン中部	2004～2005	￥1659
A22	バルセロナ　マヨルカ島とスペイン東部	2005～2006	￥1659
A23	ポルトガル	2006～2007	￥1659
A24	ギリシアとエーゲ海の島々&キプロス	2005～2006	￥1764
A25	中欧	2006～2007	￥1890
A26	チェコ／ポーランド／スロヴァキア	2006～2007	￥1764
A27	ハンガリー	2005～2006	￥1659
A28	ブルガリア／ルーマニア	2005～2006	￥1764
A29	北欧	2006～2007	￥1764
A30	バルトの国々	2005～2006	￥1764
A31	ロシア	2006～2007	￥1974
A32	シベリア&シベリア鉄道とサハリン	2005～2006	￥1869
10 A33	ヨーロッパのいなか	1999～2000	￥1722

B 南北アメリカ

B01	アメリカ	2006～2007	￥1869
B02	アメリカ西海岸	2006～2007	￥1764
B03	ロスアンゼルス	2006～2007	￥1764
B04	サンフランシスコ	2005～2006	￥1764
B05	シアトル&ポートランド	2006～2007	￥1764
B06	ニューヨーク	2006～2007	￥1764
B07	ボストン&ニューイングランド地方	2006～2007	￥1869
B08	ワシントンD.C.	2005～2006	￥1764
B09	アメリカ東部とフロリダ	2005～2006	￥1764
B11	シカゴ	2006～2007	￥1764
B12	アメリカ南部　アトランタ他	2006～2007	￥1869
B13	アメリカの国立公園	2005～2006	￥1869
B14	テーマで旅するアメリカ	2006～2007	￥1764
B15	アラスカ	2005～2006	￥1764
B16	カナダ	2006～2007	￥1764
B17	カナダ西部　カナディアン・ロッキーとバンクーバー	2006～2007	￥1659
B18	カナダ東部　ナイアガラと赤毛のアンの島	2005～2006	￥1659
B19	メキシコ	2006～2007	￥1869
B20	中米　グアテマラ他	2005～2006	￥1974
B21	ブラジル	2005～2006	￥2079
B22	アルゼンチン／チリ	2005～2006	￥2079
B23	ペルー	2006～2007	￥2079
B24	カリブ海の島々（バハマ、キューバ他）	2006～2007	￥1869
B25	アメリカ・ドライブ	2005～2006	￥1764

C 太平洋／インド洋の島々&オセアニア

C01	ハワイⅠ オアフ島&ネイバーアイランド	2006～2007	￥1764
C02	ハワイⅡ マウイ島　ハワイ島　カウアイ島 モロカイ島　ラナイ島&ホノルル	2006～2007	￥1659
C03	サイパン	2006～2007	￥1449
C04	グアム	2006～2007	￥1449
C05	タヒチ／イースター島／クック諸島	2005～2006	￥1764
C06	フィジー／サモア／トンガ	2005～2006	￥1764
C07	ニューカレドニア／バヌアツ	2006～2007	￥1764
C08	モルディブ	2006～2007	￥1764
114 C09	マダガスカル/モーリシャス/セイシェル	2002～2003	￥1932
C10	ニュージーランド	2006～2007	￥1764
C11	オーストラリア	2006～2007	￥1869
C12	オーストラリア東海岸	2006～2007	￥1764
C13	シドニー&メルボルン	2006～2007	￥1659

D アジア

D01	中国	2006～2007	￥1869
D02	上海　杭州・蘇州	2006～2007	￥1764
D03	北京・天津	2006～2007	￥1659
D04	大連と中国東北地方	2005～2006	￥1764
D05	広州・桂林と華南	2004～2005	￥1764
D06	成都・九寨溝・麗江 雲南・四川・貴州の自然と少数民族	2006～2007	￥1764
D07	西安とシルクロード	2005～2006	￥1764
D08	チベット	2006～2007	￥1974
D09	香港／マカオ	2006～2007	￥1764
D10	台湾	2006～2007	￥1764
D11	台北	2005～2006	￥1554
D12	韓国	2005～2006	￥1764
D13	ソウル	2006～2007	￥1554
D14	モンゴル	2005～2006	￥1827
D15	シルクロードと中央アジアの国々	2005～2006	￥1974
D16	東南アジア	2006～2007	￥1764
D17	タイ	2006～2007	￥1764
D18	バンコク	2006～2007	￥1554
D19	マレーシア／ブルネイ	2006～2007	￥1764
D20	シンガポール	2006～2007	￥1554
D21	ベトナム	2006～2007	￥1764
D22	アンコールワットとカンボジア	2006～2007	￥1764
D23	ラオス	2005～2006	￥1764
D24	ミャンマー	2006～2007	￥1974
D25	インドネシア	2006～2007	￥1659
D26	バリ島	2006～2007	￥1764
D27	フィリピン	2006～2007	￥1764
D28	インド	2006～2007	￥1869
D29	ネパール	2005～2006	￥1869
D30	スリランカ	2005～2006	￥1764
D31	ブータン	2005～2006	￥1827
48 D32	パキスタン	2001～2002	￥1722

E 中近東&アフリカ

E01	ドバイとアラビア半島の国々	2006～2007	￥1974
E02	エジプト	2006～2007	￥1764
E03	イスタンブールとトルコの大地	2006～2007	￥1869
E04	ヨルダン／シリア／レバノン	2004～2005	￥1890
83 E05	イスラエル	2002～2003	￥1617
E06	イラン	2005～2006	￥1869
E07	モロッコ	2006～2007	￥1869
E08	チュニジア	2006～2007	￥1974
E09	東アフリカ ウガンダ／エチオピア／ケニア／タンザニア	2006～2007	￥1974
E10	南アフリカ	2006～2007	￥1974

地球の歩き方 リゾート

301	マウイ島	￥1722
302	カウアイ島	￥1722
303	ハワイ島	￥1722
304	テーマパークinオーランド	￥1827
305	ケアンズとグレートバリアリーフ	￥1722
307	ハワイ・ドライブ・マップ	￥1838
308	プーケット／サムイ島／クラビ	￥1722
309	ホノルル&オアフ島	￥1722
310	ペナン／ランカウイ	￥1722
311	ラスベガス	￥1722
313	カンクン ロス・カボス	￥1722
314	バリ島	￥1722
315	テーマパーク in ロスアンゼルス	￥1722
316	セブ/ボラカイ	￥1722
317	ダイビング旅行完全ガイド	￥1995
318	グアム	￥1512
319	パラオ	￥1617
320	子供と行くハワイ	￥1554
321	子供と行くグアム	￥1554
322	ゴールドコーストとシドニー	￥1722
323	ハワイ バスの旅	￥1155

地球の歩き方 アイ・マップ・ガイド

2	ロンドン	￥1344
3	パリ	￥1344

地球の歩き方 トラベル会話

1	米語+英語	￥1000
2	フランス語+英語	￥1200
3	ドイツ語+英語	￥1200
4	イタリア語+英語	￥1200
5	スペイン語+英語	￥1200
6	韓国語+英語	￥1200
7	タイ語+英語	￥1200
8	ヨーロッパ5カ国語	￥1200

地球の歩き方 旅の会話集

7	ロシア語／英語	￥1509
8	ヒンディー語・ネパール語／英語	￥1512
9	留学&ホームステイ	￥999
10	アラビア語／英語	￥1509
11	インドネシア語／英語	￥1203
12	中国語／英語	￥1509
15	ハンガリー・チェコ・ポーランド語／英語	￥1509
16	ビジネス出張英会話	￥1203

英語でしゃべらナイト海外旅行編

旅の現場の英会話	￥1000

地球の歩き方 旅する会話術

1	アメリカ	￥998
2	ロンドン&イギリス	￥998
3	パリ&フランス	￥1260

地球の歩き方 成功する留学

A	アメリカ語学留学	2005～2006	￥1995
B	イギリス・アイルランド留学	2005～2006	￥1995
C	世界の仲間と本気で学ぶアメリカ大学・大学院留学	2005～2006	￥2625
D	カナダ留学	2004～2005	￥1995
E	スペイン留学	2003～2004	￥2520
F	フランス留学	2004～2005	￥2310
H	ワーキングホリデー完ペキガイド	2006～2007	￥1575
I	イタリア留学	2003～2004	￥2520
J	オーストラリア・ニュージーランド留学	2004～2005	￥1995

地球の暮らし方 海外生活応援ガイド

1	イギリス	2006～2007	￥2310
2	フランス	2006～2007	￥2310
3	ニューヨーク	2004～2005	￥2310
4	カリフォルニア	2004～2005	￥2310
5	オーストラリア	2005～2006	￥2310
6	北京・上海	2006～2007	￥2310
7	カナダ	2006～2007	￥2310
8	ニュージーランド	2005～2006	￥2310
9	香港	2002～2003	￥2310
10	ハワイ	2006～2007	￥2310
11	ロングステイ	2006～2007	￥2310

地球の歩き方 BY TRAIN

1	ヨーロッパ鉄道の旅	￥1785
2	スイス鉄道の旅	￥1890
3	ドイツ&オーストリア鉄道の旅	￥1890
4	フランス鉄道の旅	￥1890
5	イギリス鉄道の旅	￥1890
6	イタリア鉄道の旅	￥1890
7	スペイン&ポルトガル鉄道の旅	￥1890
8	北米大陸鉄道の旅	￥1890
	ヨーロッパ鉄道ハンドブック	￥1260

トーマスクック・ヨーロッパ鉄道時刻表

年4回 3、6、9、12月 各月の中旬発行	￥2200

地球の歩き方 プラス・ワン

401	ヨーロッパ・ドライブ旅行	￥1722
403	ニューヨーク暮らすような旅	￥1617
404	大リーグ観戦ガイド	￥1785
405	欧州サッカー観戦ガイド	￥2100
407	見て読んで旅するインド	￥1722

地球の歩き方 BOOKS

入門 おとなの京都ドリル	￥1050
入門 おとなの京都ドリル 直前予想問題集	￥840
入門 おとなの沖縄ドリル	￥1050
入門 おとなの横浜ドリル	￥1050
入門 おとなの鉄道旅ドリル	￥1050
入門 おとなの世界遺産ドリル	￥1050
入門 おとなの江戸東京ドリル	￥1050
大江戸東京の歩き方 東京シティガイド検定公式テキスト	￥2100
京都の練習帖	￥1000
中学受験 入りやすくてお得な学校	￥1890
ママとキッズの英語体験 ハワイ&オーストラリア プチ親子留学のすすめ	￥1890
やさしく歩く日本百名山	￥1680
世界のラッキーアイテム77 ヨーロッパ編	￥1575
中国・江南 日本人の知らない秘密の街・幻影の村34	￥2600
パリの手帖 とっておきの散歩道	￥1470

地球の歩き方 ポケット

1	ワイキキ	2006～2007	￥1050
2	グアム	2006～2007	￥1050
3	ケアンズ&シドニー	2005～2006	￥900
4	バリ島	2006～2007	￥1050
5	香港	2006～2007	￥1050
6	北京&上海	2005～2006	￥900
7	台北	2006～2007	￥1050
8	ホーチミン	2006～2007	￥1050
9	バンコク	2005～2006	￥900
10	ソウル	2006～2007	￥1050
11	釜山&慶州	2004～2005	￥900
12	シンガポール	2006～2007	￥1050
13	ロンドン	2006～2007	￥1050
14	パリ	2006～2007	￥1050
15	ローマ／フィレンツェ	2006～2007	￥1050
16	マドリッド&バルセロナ アンダルシア	2006～2007	￥1050
17	ロンドン／パリ／ローマ	2004～2005	￥900
18	ウィーン／プラハ／ブダペスト	2005～2006	￥900
19	ニューヨーク	2005～2006	￥900
20	ロスアンゼルス&ラスベガス	2005～2006	￥900

地球の歩き方ムック

ホノルル ワイキキ+オアフ島（6月発行）	￥1100
ハワイ オアフ&マウイ・ハワイ（11月発行）	￥1100
極上のハワイ ハワイの恵みに抱かれて	￥1300
グアム 遊・買・食の楽園リゾート	￥1000
ソウル 近くて、おいしい都市	￥1150
香港 至高のミラクル・シティ	￥1150
台湾 とっておき最新ガイド	￥1100
上海 未来都市と麗しの杭州・蘇州	￥1150
タイ 美と癒しの楽園へ	￥1100
イタリア 美・知・食のワンダーランド	￥1100
京都で過ごす1週間	￥1400
沖縄で過ごす1週間	￥1400
見て 読んで 旅する 世界遺産	VOL.1～3￥1470,VOL.4￥1580
ヨーロッパ 列車の旅 VOL.2～5	￥1260
ヨーロッパ 花めぐり	￥1260
世界のビーチ&リゾート	￥1100